U0896139

2017

湖南统计年鉴

HUNAN STATISTICAL YEARBOOK

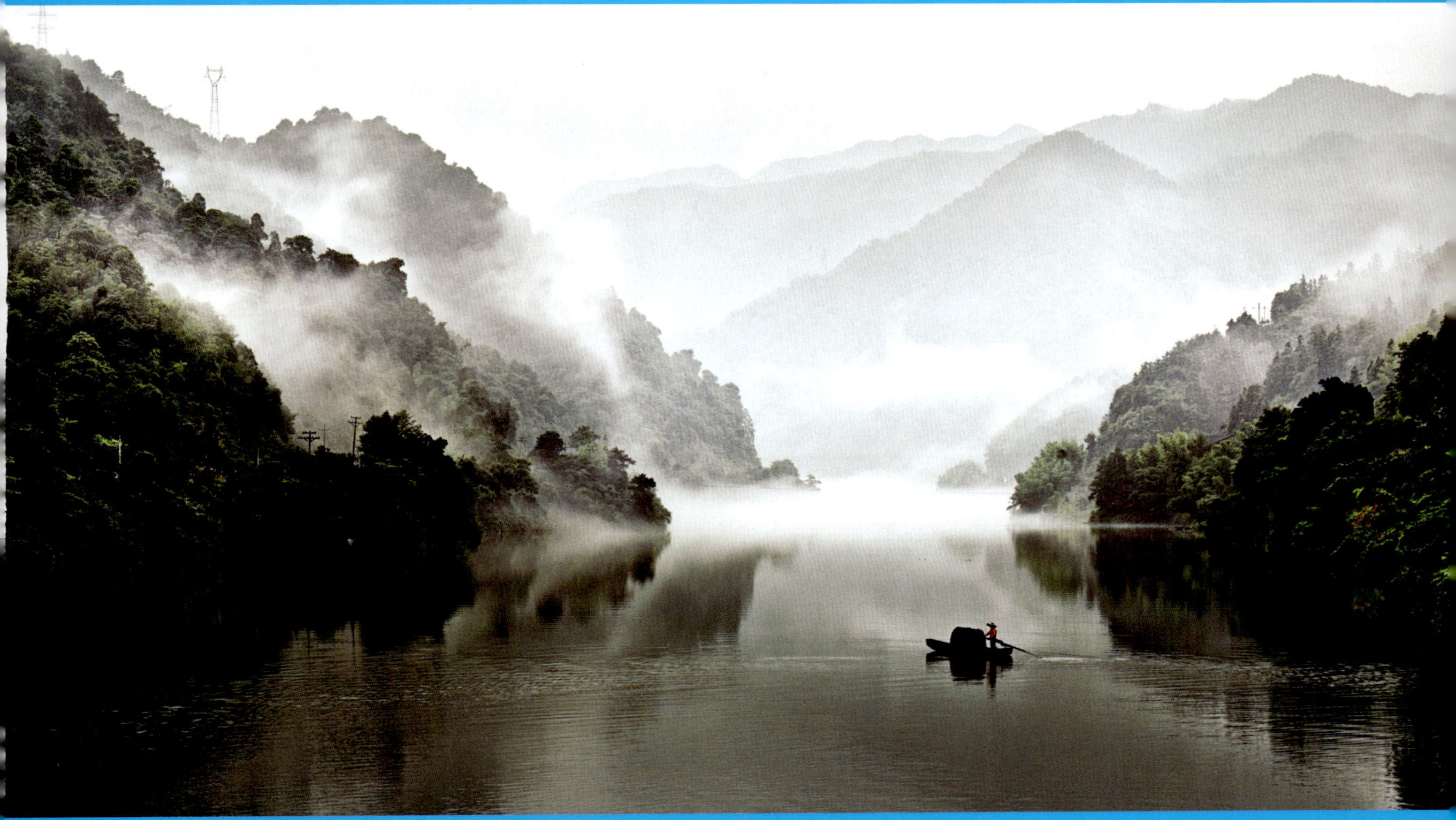

湖南省统计局　编

Compiled by
Hunan Provincial Bureau of Statistics

（总第 35 期　NO.35）

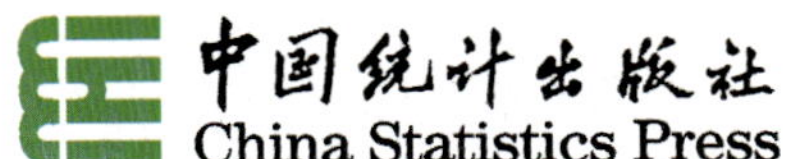

湖湘数典

DIGITAL HUNAN

★ 地区生产总值（亿元）

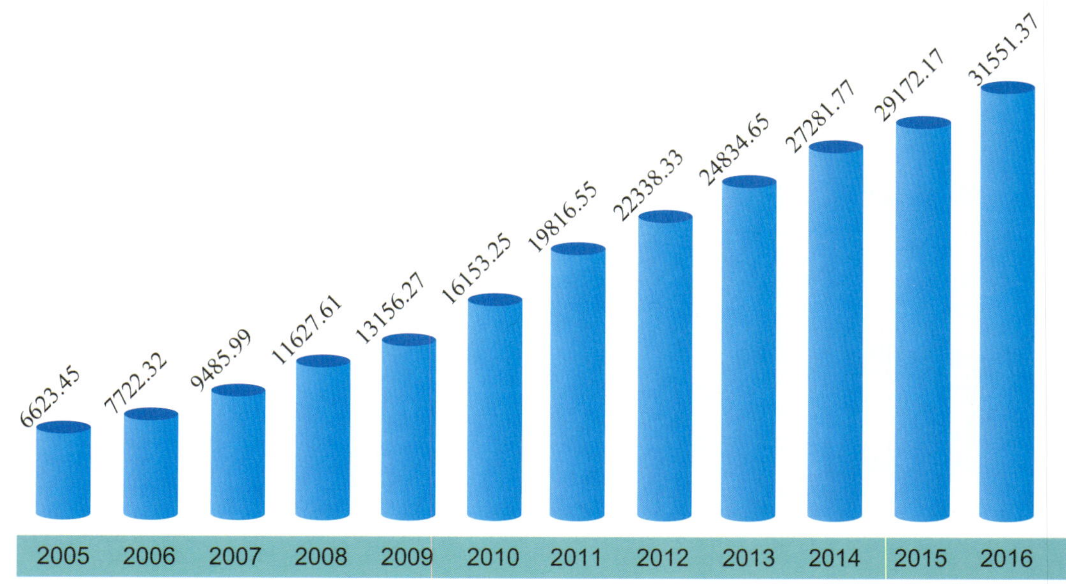

★ 三次产业增加值（亿元）

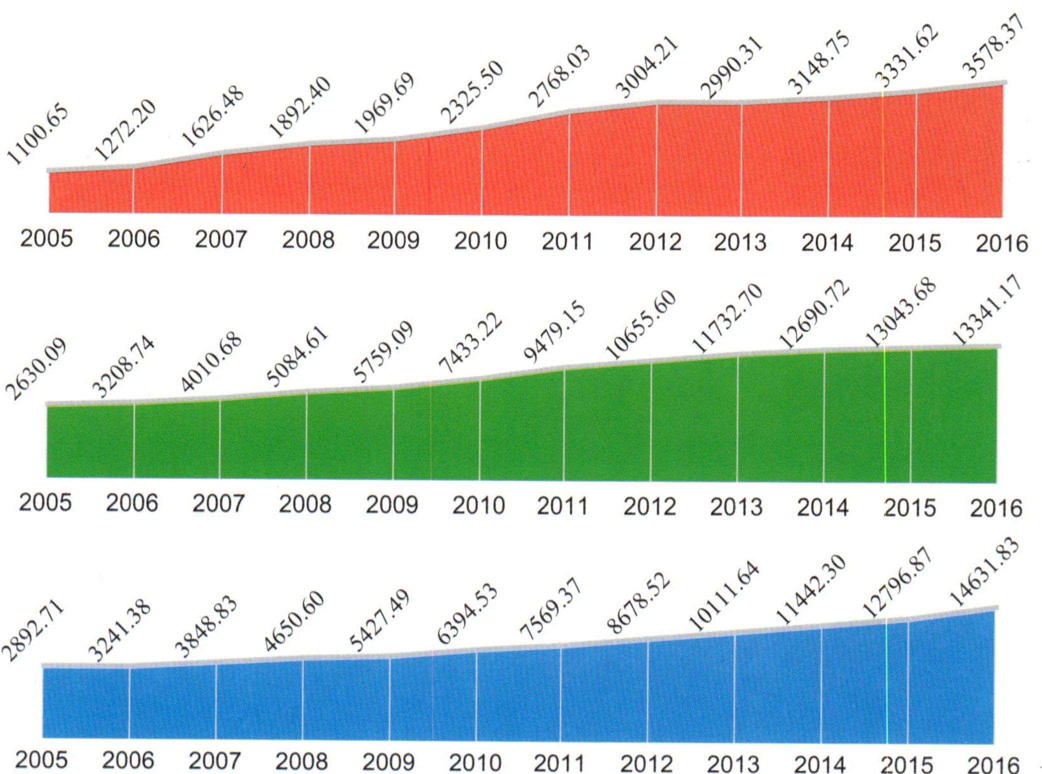

★ 人均生产总值（元）

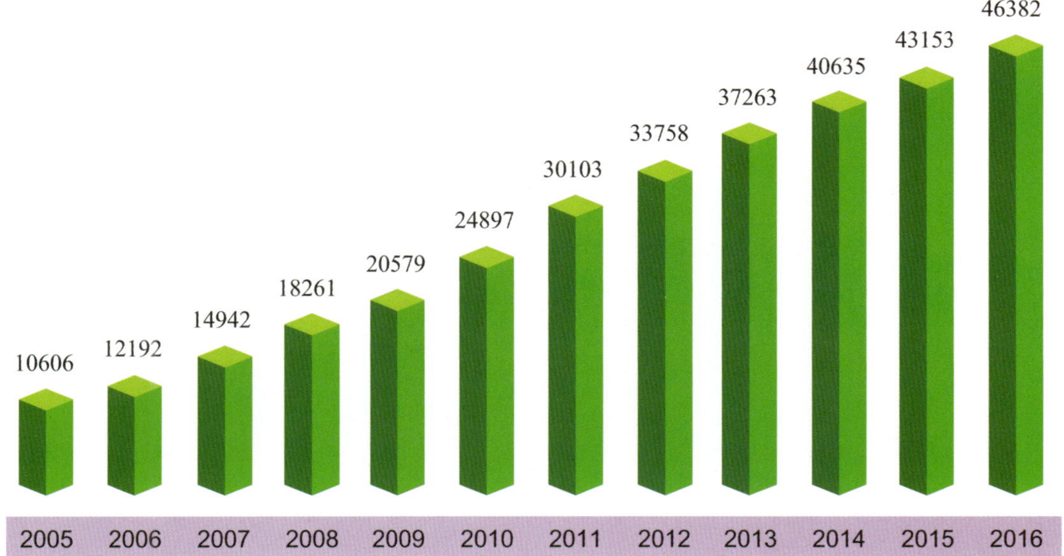

★ 工业增加值增速（%）

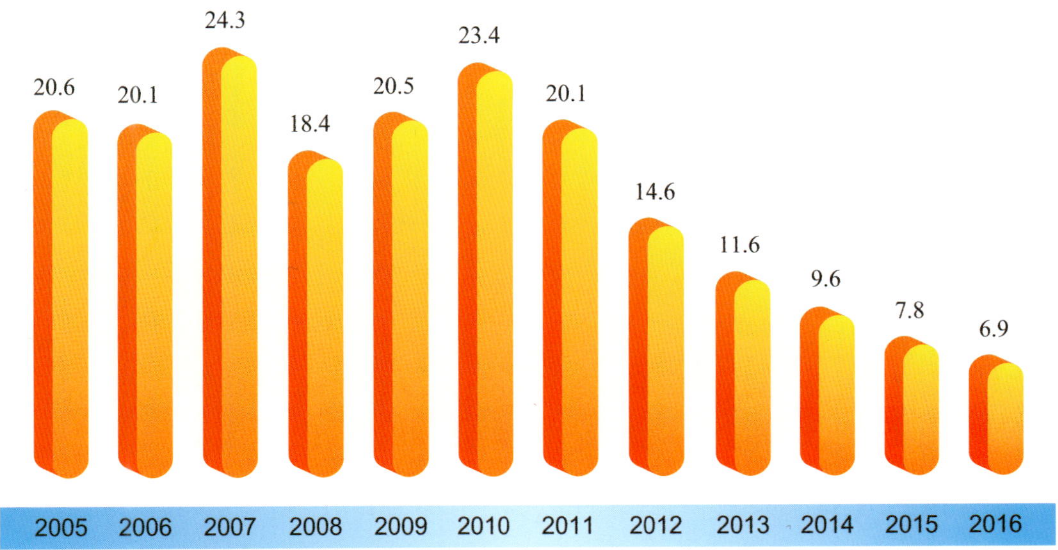

★ 年末总人口（万人）

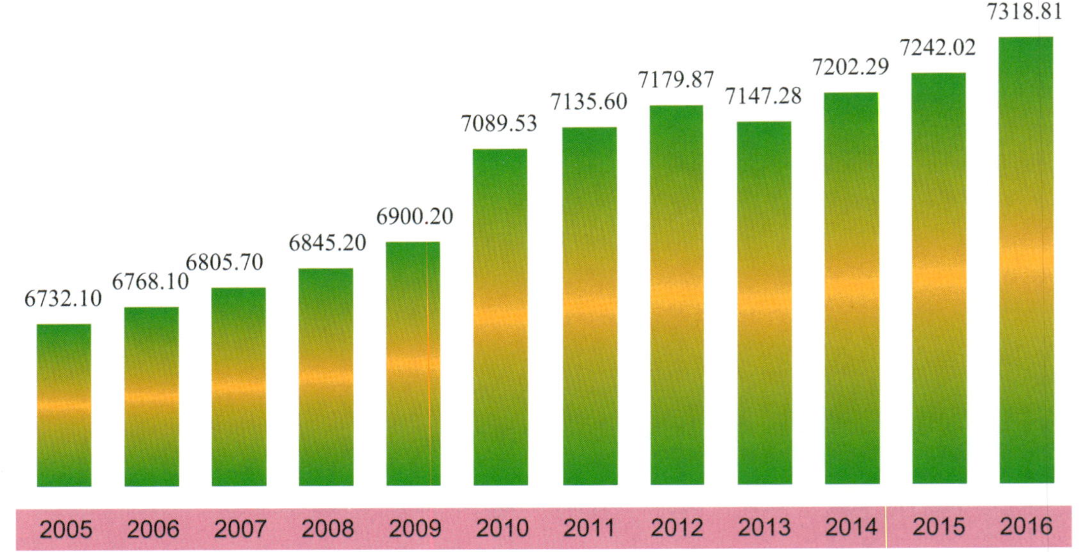

★ 城镇化率（%）

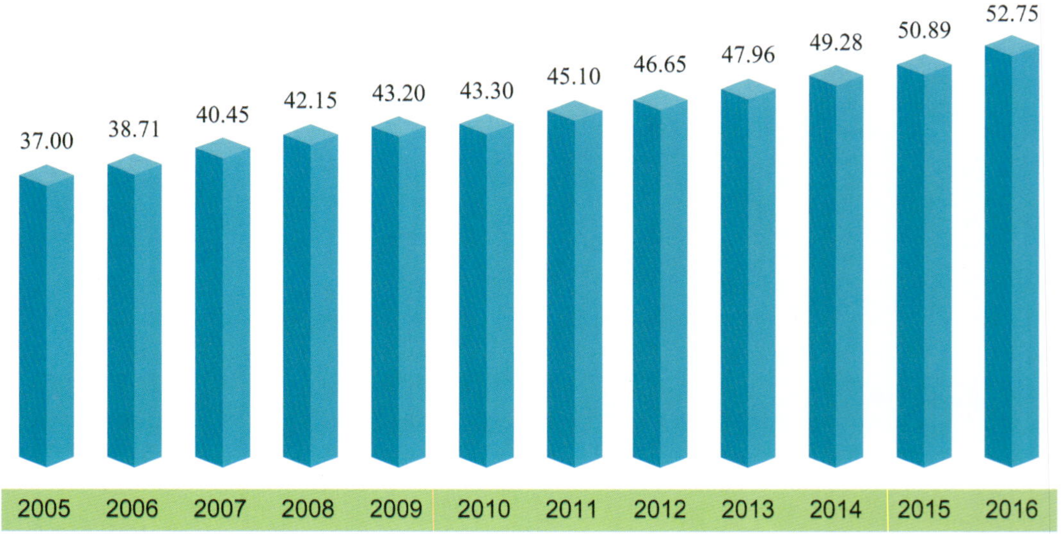

★ 三次产业从业人口（万人）

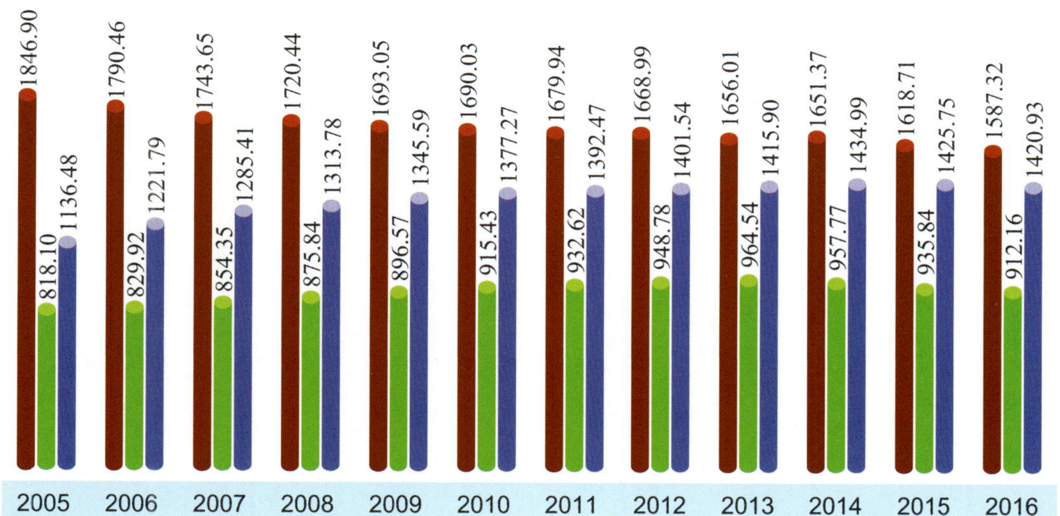

★ 财政收支（亿元）

★ 固定资产投资（亿元）

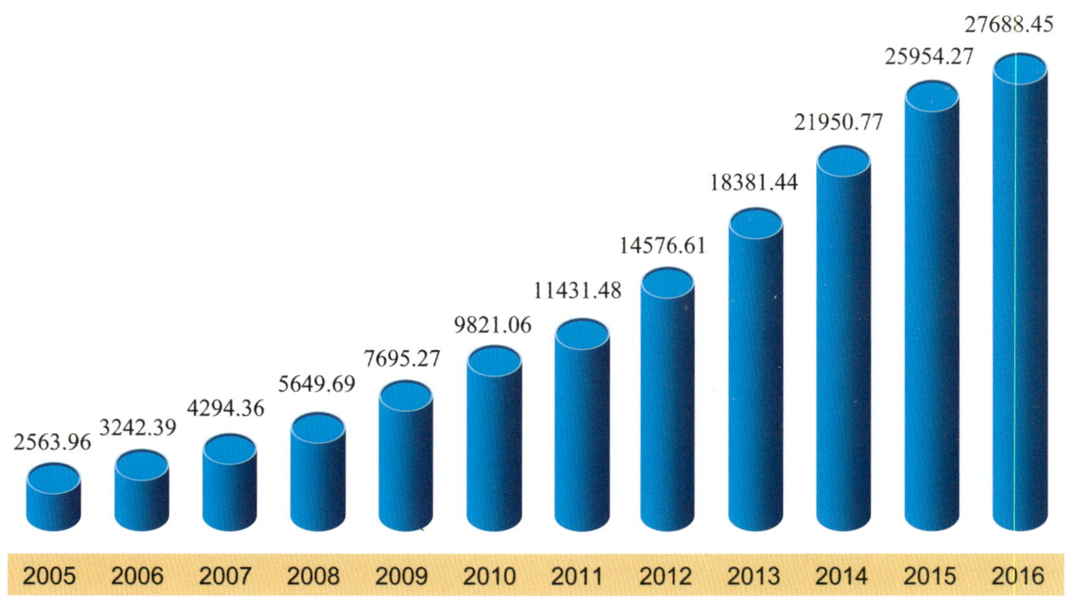

★ 社会消费品零售总额（亿元）

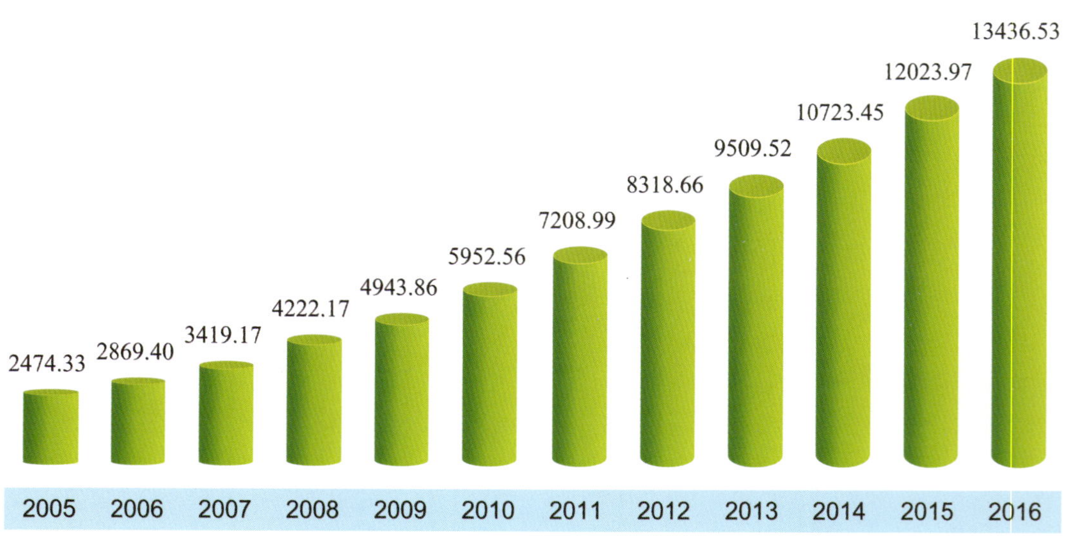

★ 进出口总额（亿美元）

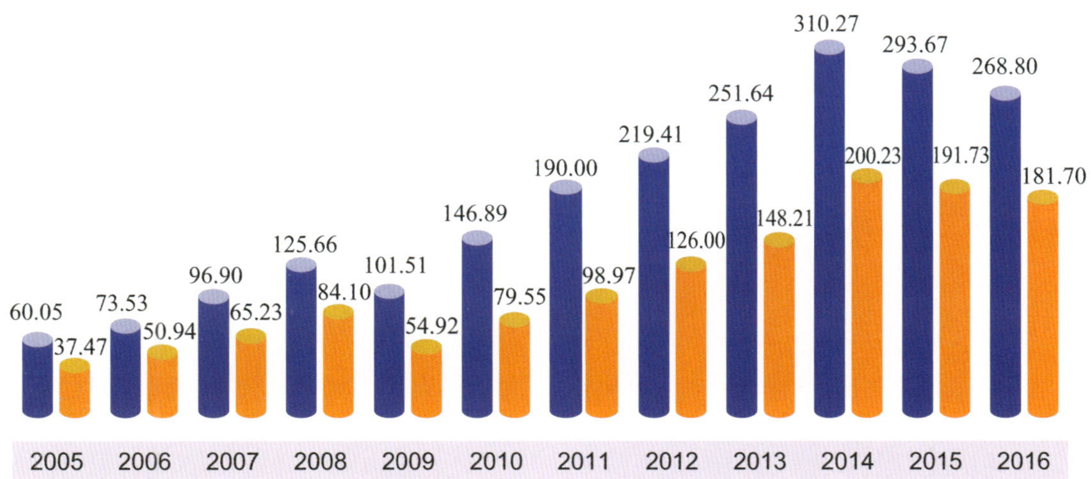

★ 实际利用外商直接投资（亿美元）

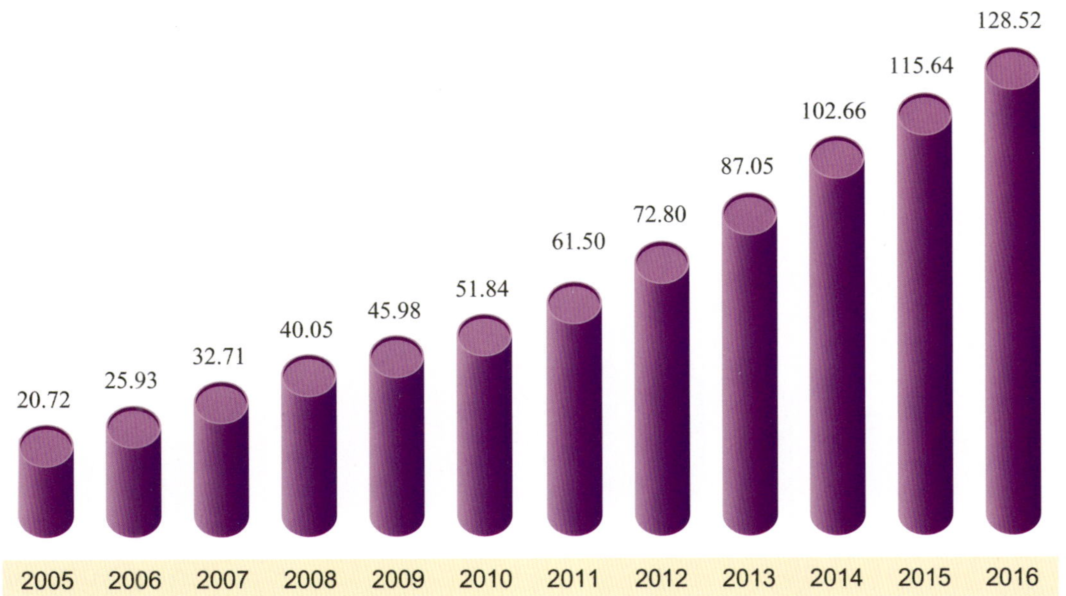

★ 在岗职工年平均工资（元）

★ 城乡居民人均可支配收入（元）

■ 城镇居民人均可支配收入 ■ 农村居民人均可支配收入

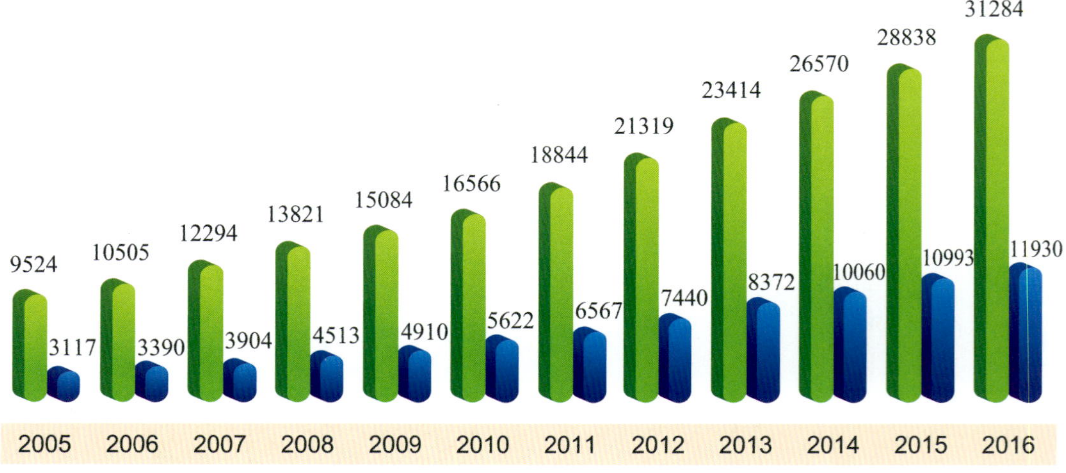

★ 城镇居民人均消费支出（元）

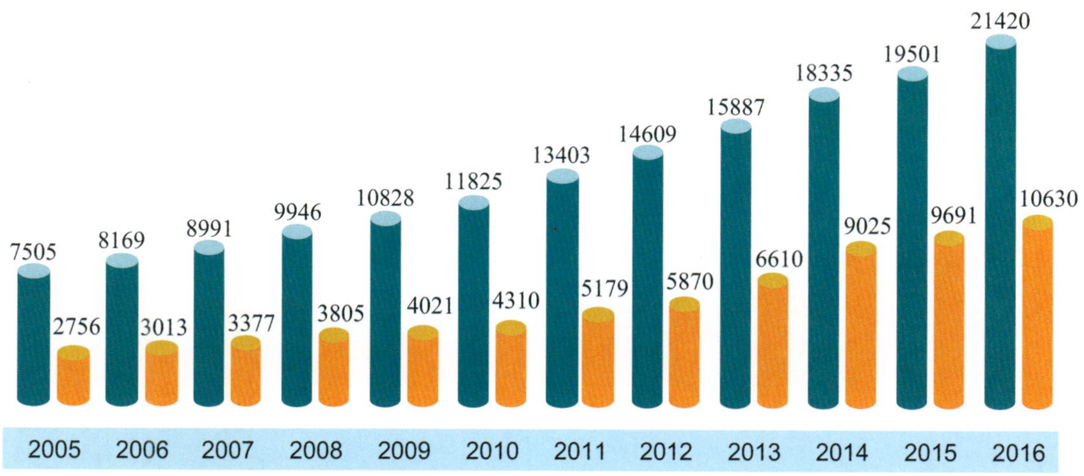

★ 汽车拥有量（万辆）

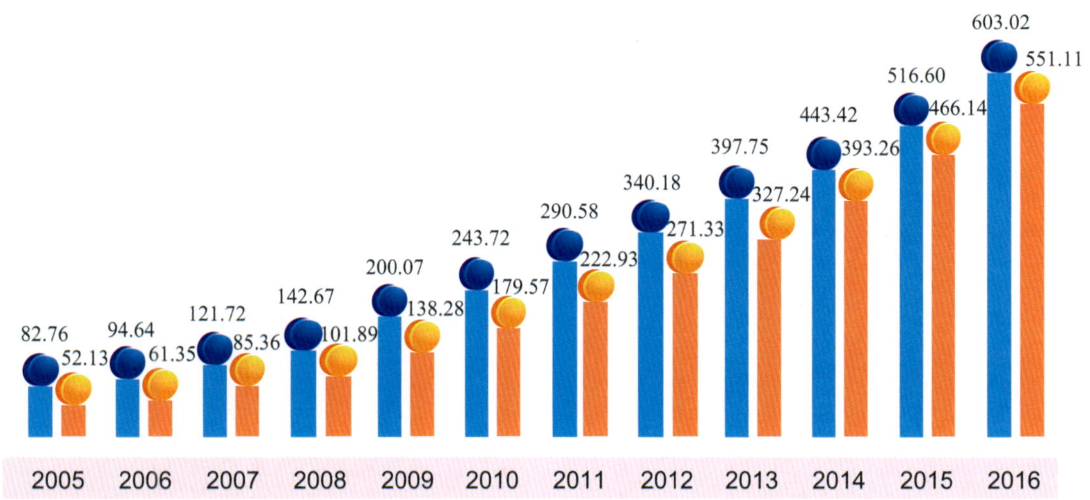

湖湘数典 DIGITAL HUNAN

★ 卫生技术人员与医生数（万人）

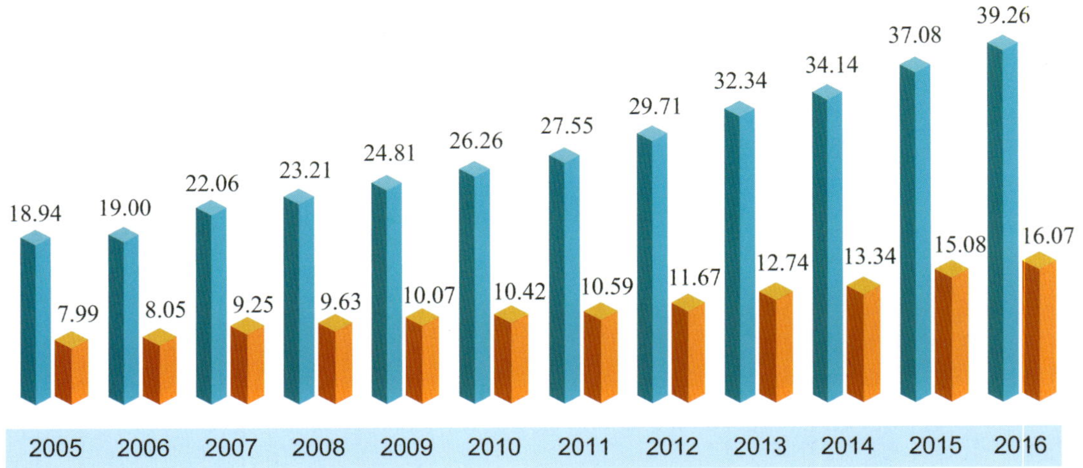

★ 高等学校毕业生数（万人）

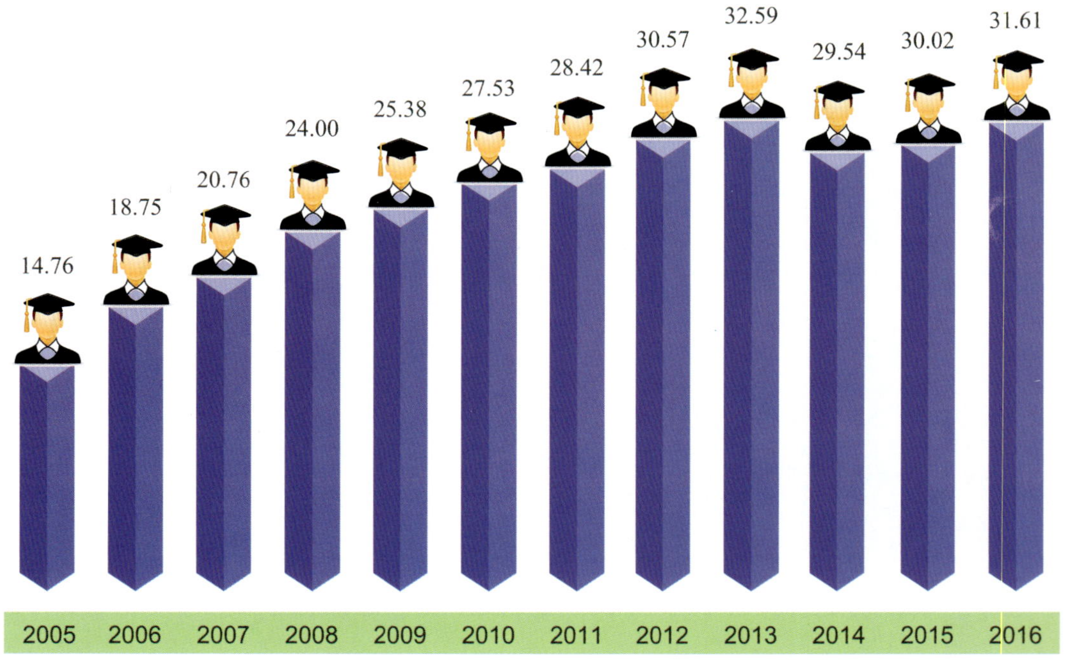

湖南的一天

指　标		Item		2000	2005	2015	2016
全省每天创造的财富		**Daily Production**					
地区生产总值	（亿元）	Gross Domestic Product	(100 million yuan)	9.73	18.15	79.92	86.44
农业总产值	（亿元）	Gross Output Value of Agriculture	(100 million yuan)	3.43	5.63	15.43	16.66
地方财政收入	（万元）	Public Budgetary Revenue	(10 000 yuan)	4850.40	10829.18	68915.90	73914.62
布	（万米）	Cloth	(10 000 m)	93.42	98.98	107.70	109.74
机制纸及纸板	（吨）	Machine-made Paper and Paperboard	(ton)	1919.73	4673.70	10916.97	11565.17
原　煤	（万吨）	Coal	(10 000 tons)	4.08	9.99	9.49	7.11
发电量	（万度）	Electricity	(10 000 kw.h)	9710.14	17268.08	33292.60	35197.53
原油加工量	（吨）	Machining Crude Oil	(ton)	14422.47	16189.52	24038.90	23029.32
粗　钢	（吨）	Crude Steel	(ton)	8331.51	26717.09	50761.10	50077.33
钢　材	（吨）	Steel	(ton)	8193.15	26335.95	53460.00	54758.66
水　泥	（万吨）	Cement	(10 000 tons)	6.56	9.78	31.82	33.36
粮　食	（万吨）	Grain	(10 000 tons)	7.88	7.83	8.22	8.09
棉　花	（吨）	Cotton	(ton)	469.32	508.49	396.24	336.25
油　料	（吨）	Oil-bearing Crops	(ton)	3817.81	3862.47	6654.61	6653.99
苎　麻	（吨）	Ramie	(ton)	181.37	358.08	42.37	36.06
烤　烟	（吨）	Flue-cured Tobacco	(ton)	426.03	558.63	600.75	615.74
茶　叶	（吨）	Tea	(ton)	156.99	197.26	481.38	509.72
柑　桔	（吨）	Oranges	(ton)	3449.86	5630.41	12524.04	13614.96
猪牛羊肉	（吨）	Pork, Beef and Mutton	(ton)	11959.18	14957.26	13136.99	12764.21
水产品	（吨）	Aquatic Products	(ton)	3649.59	4910.14	7258.92	7426.57
进出口总额	（万美元）	Total Imports and Exports	(USD 10 000)	688.49	1645.16	8045.70	7364.30
进口额	（万美元）	#Total Imports	(USD 10 000)	235.62	618.68	2792.85	2386.21
出口额	（万美元）	Total Exports	(USD 10 000)	452.88	1026.48	5252.84	4978.09
其他经济活动		**Other Daily Economic Activities**					
邮电业务总量	（万元）	Business Volume of Postal and Telecommunications Services	(10 000 yuan)	3860.89	10198.36	24770.41	37241.86
出版图书	（万册）	Books Published	(10 000 copies)	68.07	91.06	133.00	141.65
出版杂志	（万册）	Magazines Published	(10 000 copies)	28.78	32.08	38.63	38.26
出版报纸	（万份）	Newspaper Published	(10 000 pieces)	228.68	291.58	365.90	269.66
邮寄函件	（万份）	Post Letters	(10 000 pieces)	58.23	31.07	12.48	8.33
全省每天人口变动和婚姻		**Daily Population Changes and Marriages**					
出　生	（人）	Births	(person)	2054	2195	2515	2529
死　亡	（人）	Deaths	(person)	1218	1245	1271	1307
结　婚	（对）	Marriages	(couples)	1050	1259	1487	1368
离　婚	（对）	Divorces	(couples)	177	227	486	583

图书在版编目（CIP）数据

湖南统计年鉴. 2017 : 汉英对照 / 湖南省统计局编
. -- 北京 : 中国统计出版社, 2017.12
ISBN 978-7-5037-8270-1

Ⅰ. ①湖… Ⅱ. ①湖… Ⅲ. ①统计资料—湖南—2017—年鉴—汉、英 Ⅳ. ①C832.64-54

中国版本图书馆 CIP 数据核字（2017）第 184158 号

湖南统计年鉴-2017

作　　者 / 湖南省统计局
责任编辑 / 佘竞雄
装帧设计 / 李雪燕
出版发行 / 中国统计出版社
地　　址 / 北京市丰台区西三环南路甲 6 号　邮政编码 /100073
电　　话 / 邮购（010）63376909　书店（010）68783171
网　　址 / http://www.zgtjcbs.com
印　　刷 / 河北鑫兆源印刷有限公司
经　　销 / 新华书店
开　　本 / 890mm×1240mm　1/16
字　　数 / 1100 千字
印　　张 / 47　0.75 彩页
版　　别 / 2017 年 12 月第 1 版
版　　次 / 2017 年 12 月第 1 次印刷
定　　价 / 350.00 元

本书附同版本 CD-ROM 一张，光盘内容以书面文字为准。
如有印装差错，由本社发行部调换。

《湖南统计年鉴—2017》

编辑委员会和编辑工作人员

编辑委员会

编辑工作人员

《Hunan Statistical Yearbook - 2017》

Editorial Board and Editorial Staff

编辑说明

一、《湖南统计年鉴—2017》系统收录了全省及各市、州、县2016年经济和社会发展方面的大量统计数据，以及重要历史年份的全省主要统计数据，是一部全面反映湖南省经济和社会发展情况的资料性年刊。

二、全书分为首卷和统计资料。首卷为特载《2017年湖南省政府工作报告》和《2016年湖南省国民经济和社会发展统计公报》。统计资料分为20个章节，即：1.综合；2.国民经济核算；3.人口；4.就业人员和工资；5.固定资产投资；6.对外经济、旅游和开发区；7.能源；8.财政、金融和保险；9.城市建设和环境保护；10.农业；11.工业；12.建筑业；13.交通运输、邮电和其他服务业；14.批发和零售业、住宿和餐饮业；15.教育和科技；16.文化、体育和卫生；17.党群、政法和社会服务；18.区域经济；19.各市、州主要经济和社会统计指标；20.各县（市、区）主要经济和社会统计指标。为方便读者使用，各篇章篇末附有《主要统计指标解释》。

三、与2016年版《湖南统计年鉴》比较，本年鉴内容和篇章结构主要做了如下修订和补充：删减全国各省、市、自治区主要经济和社会统计指标表；从2016年年报开始，研发支出核算方法改革，并相应的对2004年以来的GDP历史数据进行了重新修订；在第15章中新增企业创新基本情况表、企业家对创新的认识及相关情况表、规模以上工业企业创新活动总体情况表；在第20章中删减规模以上服务业企业主要经济指标表；根据专业和部门报表调整情况，本年鉴对有关指标进行了增减和调整，并对有关统计资料进行了不同程度的充实。

四、本年鉴中价值指标均按当年价格计算，指数均按可比价格计算。如有变化，表后附有说明。本年鉴数据均为电脑合成，由于单位取舍按四舍五入处理产生的计算误差，均未作机械调整。

五、本年鉴按照《中国统计年鉴》大体框架和规范要求编辑。统一使用《中国统计年鉴》指标解释，统一采用国际度量衡标准计量单位，统一使用《中国统计年鉴》规范符号。

六、本年鉴中特载《2017年湖南省政府工作报告》、《2016年湖南省国民经济和社会发展统计公报》使用的数据为快报数或初步统计数。

七、本年鉴表中的符号使用说明：“#”表示其中的主要项；“空格”表示指标数据不详、无该项统计数据或数据不足最小计量单位。

八、本年鉴编辑中如有不足之处，恳请广大读者批评指正。

EDITOR'S NOTES

Ⅰ.*Hunan Statistical Yearbook-2017* is an annual statistical publication, which reflects comprehensively the economic and social development of Hunan. It covers data for 2016 and key statistical data in some historically important years at provincial level and local levels of cities, prefecture and counties.

Ⅱ.*Hunan Statistical Yearbook-2017*includes a special issue and statistical figures. The special issue are Government Work Report and Statistical Communiqué of Hunan Province on the 2016 National Economic and Social Development. The statistical data contain the following 20 parts: 1. General Survey; 2. National Accounts; 3. Population; 4. Employment and Wages; 5.Investment in Fixed Assets; 6. Foreign Economy ,Tourism and Development Zones;7. Energy ;8. Government Finance, Banking and Insurance; 9. Construction of Cities and Environmental Protection; 10. Agriculture; 11. Industry; 12. Construction; 13. Transportation, Postal, Telecommunication and Other Services; 14. Wholesale and Retail Trades, Hotels, Catering Services; 15. Education, Science and Technology; 16. Culture, Sports and Public Health; 17.Party and Mass, Politics and Law, Social Service; 18. Regional Economy; 19. Main Economic and Social Statistics Indicators of Cities and Prefecture;20. Main Economic and Social Statistics Indicators of Counties and Cities (districts). To facilitate readers, at the end of each chapter, Explanatory Notes on Main Statistical Indicators are included.

Ⅲ. In comparison with *Hunan Statistical Yearbook-2016*, following revisions have been made in this new version in terms of the statistical contents and in editing: Cut the main economic and social statistics indicators by provinces, municipalities and autonomous regions table； Starting from the 2016 annual report, the research and development expenditure accounting method reform, and corresponding to the 2004 GDP historical data has been revised; In Chapter 15, the Basic Information on the new enterprise innovation table, the entrepreneur's understanding of innovation and the relevant situation table、the overall situation of large-scale Industrial enterprises Innovation activities table；In Chapter 20, the main economic indicators of enterprises above designated size are deleted；adjust the Situation according to the professional and departmental report,relevant statistics are increased or adjusted to enrich relative statistical indicators in different degree.

Ⅳ. All of the value indicators in this book are calculated by the same year's prices. All of the indices are calculated by the constant price. Explanatory notes are provided behind the list in which if there are changes. Data of the book are composed by computers.

Ⅴ. The book is edited according to the frame and standard of China Statistical Yearbook. The indicator explanatory notes are edited according to China Statistical Yearbook, and the units of measurement are internationally standard measurement units. The notations are standard notations of China Statistical Yearbook.

Ⅵ. Figures in Government Work Report, and the communiqué are preliminary statistics.

Ⅶ. Notations used in the yearbook: "#" indicates the major items of the total; "(blank)" indicates that data are not available or the figure is not large enough to be measured with the smallest unit in the table.

Ⅷ. Based on our limited level, perhaps there are some mistakes in the book, we welcome all candid comments and criticism from our readers.

目 录

CONTENTS

特 载

SPECIAL ISSUE

2017年湖南省政府工作报告 ······ 1
2017 Hunan Government Work Report
湖南省2016年国民经济和社会发展统计公报 ······ 11
Statistical Communiqué of Hunan Province on the 2016 National Economic and Social Development

统计资料

STATISTICAL DATA

一、综合

General Survey

1-1 行政区划 ······ 45
Administrative Divisions
1-2 人口和自然资源 ······ 47
Population and Natural Resources
1-3 主要山脉基本情况 ······ 48
Major Mountain Ranges
1-4 主要河流基本情况 ······ 48
Major Rivers
1-5 主要城市平均气温(2016 年) ······ 49
Monthly Average Temperature of Major Cities(2016)
1-6 主要城市降水量 (2016 年) ······ 50
Monthly Precipitation in Major Cities (2016)

1-7 主要城市日照时数 (2016 年)……51
Monthly Sunshine Hours in Major Cities (2016)
1-8 国民经济和社会发展总量指标……52
Principal Indicators of National Economy and Social Development
1-9 国民经济和社会发展速度指标……56
Develop Speed of National Economy and Social Development
1-10 国民经济和社会发展效益指标……60
Beneficial Indicators of National Economy and Social Development
1-11 国民经济主要比例关系……62
Main Proportional Relations of National Economy
1-12 平均每天主要社会经济活动……64
Selected Indicators of Average Daily Social and Economic Activities
1-13 人均主要工农业产品产量……65
Per Capita Output of Major Agricultural and Industrial Products
1-14 贫困市县基本情况 (2016 年)……66
Basic Statistics on Poverty Counties and Cities (2016)
1-15 城乡私营企业基本情况(2016 年)……67
Basic Statistics on Private Enterprises in Urban and Rural Areas (2016)
1-16 城乡个体工商业基本情况(2016 年)……67
Basic Statistics on Individuals and Commerce in Urban and Rural Areas (2016)
1-17 "三资"企业投资基本情况(2016 年)……68
Basic Statistics on Investment of "Three Types of Capital" Enterprises (2016)
1-18 非公有制经济指标(2016 年)……70
Principal Indicators of Non-public Economy(2016)
1-19 按登记注册类型分产业法人单位数(2016 年)……71
Corporate Units by Registration Type and Industry(2016)
1-20 按登记注册类型分机构类型法人单位数(2016 年)……72
Corporate Units by Registration Type and Organization Type(2016)
1-21 按登记注册类型分行业法人单位数(2016 年)……74
Corporate Units by Registration Type and Sector(2016)
主要统计指标解释……77
Explanatory Notes on Main Statistical Indicators

二、国民经济核算

National Accounts

2-1 总产出……83
Gross Output
2-2 总产出构成……84
Composition of Gross Output
2-3 总产出发展速度……85
Growth Rate of Gross Output
2-4 总产出指数……86
Indices of Gross Output
2-5 按产业分的地区生产总值……87
Gross Domestic Product by Industry
2-6 分行业增加值……89
Value added by Sector
2-7 地区生产总值构成……91
Composition of GDP

2-8 地区生产总值发展速度……93
Growth Rate of GDP
2-9 主要行业增加值发展速度……94
Growth Rate of Value added by Sector
2-10 地区生产总值指数……95
Indices of Gross Domestic Product
2-11 主要行业增加值指数……98
Indices of Value added by Sector
2-12 地区生产总值构成项目表……99
Structure of Gross Domestic Product
2-13 支出法地区生产总值……102
Gross Domestic Product by Expenditure Approach
2-14 最终消费发展速度及指数……106
Growth Rate and Indices of Final Consumption Expenditure
2-15 居民消费水平……107
Household Consumption
2-16 支出法地区生产总值构成……108
Composition of Gross Domestic Product by Expenditure Approach
2-17 资本形成总额发展速度及指数……109
Growth Rate and Indices of Gross Capital Formation
2-18 三次产业对地区生产总值增长的贡献率和拉动……110
Contribution Share and Contribution of the Three Strata of Industry to the Growth of GDP
2-19 三大需求对地区生产总值增长的贡献率和拉动……110
Contribution Share and Contribution of the Three Components of GDP to the Growth of GDP
主要统计指标解释……111
Explanatory Notes on Main Statistical Indicators

三、人口

Population

3-1 户籍人口数……117
Household population
3-2 人口出生率、死亡率、自然增长率……119
Birth Rate, Death Rate and Natural Growth Rate of Population
3-3 第1-4次全国人口普查基本情况……121
Basic Statistics on National Population of 1st-4th Censuses
3-4 第五次全国人口普查基本情况……122
Basic Statistics on National Population of Fifth Censuses
3-5 第六次全国人口普查基本情况……123
Basic Statistics on National Population of Sixth Censuses
主要统计指标解释……124
Explanatory Notes on Main Statistical Indicators

四、就业人员和工资

Employment and Wages

4-1 年末从业人员人数……127
Number of Employed Persons at the Year-end

4-2 按三次产业分的年末从业人员……129
Employees by Type of Industry at the Year-end
4-3 年末城镇从业人员……131
Number of Employed Persons in Urban Areas at the Year-end
4-4 按类型分的年末从业人员……132
Employees by Type at the Year-end
4-5 各行业年末从业人员及构成(2016年)……133
Number of Employees and Its Composition by Sector at the Year-end (2016)
4-6 年末城乡劳动力资源与分配……134
Resources and Distribution of Labor Force in Urban and Rural Areas at theYear-end
4-7 年末城镇各单位按行业分组的女性从业人员(2016年)……134
Number of Female Employees by Sector at the Year-end (2016)
4-8 各行业年末在岗职工(2016年)……135
Total Number of Staff and Workers on the Job by Sector at the Year-end (2016)
4-9 在岗职工工资总额及年平均工资……138
Total Wages and Average Annual Wage of Staff and Workers on the Job
4-10 各行业在岗职工工资总额(2016年)……139
Total Wages of Staff and Workers on the Job by Sector (2016)
4-11 各行业在岗职工年平均工资(2016年)……142
Average Annual Wage of Staff and Workers on the Job by Sector (2016)
4-12 社会保险参保人员情况……145
Basic Indicators of Staff and Workers Participated in Social Security System
主要统计指标解释……146
Explanatory Notes on Main Statistical Indicators

五、固定资产投资

Investment in Fixed Assets

5-1 历年固定资产投资及构成……150
Composition of Investments in Fixed Assets over the Years
5-2 固定资产投资……151
Investment in Fixed Assets
5-3 按经济类型分固定资产投资及构成(2016年)……152
Investments in Fixed Assets and its Composition by Economic Types (2016)
5-4 按行业分固定资产投资……153
Investment of Fixed Assets by Sector
5-5 按行业、构成、隶属关系和注册类型分固定资产投资(2016年)……154
Investment of Fixed Assets by Sector, Source of Funds, Jurisdiction of Management and Registration Status (2016)
5-6 各市州按行业分固定资产投资(2016年)……158
Investment of Fixed Assets by Sector of Cities and Prefecture(2016)
5-7 各市州按行业分新增固定资产(2016年)……160
Newly Increased Fixed Assets by Sector of Cities and Prefecture (2016)
5-8 固定资产投资项目个数、项目投产率(2016年)……162
Number of Investment of Fixed Assets Projects, Rate of Projects Put into Use (2016)
5-9 国有经济固定资产投资及构成……163
Investment in Fixed Assets and Its Composition of State-owned Units
5-10 国有经济各种分组的固定资产投资……164
Investment in Fixed Assets of State-owned Units by Various Characteristics
5-11 国有经济各行业固定资产投资(2016年)……165
Investment in Fixed Assets of State-owned Units by Sector (2016)

5-12 国有经济各行业新增固定资产(2016年)……166
Newly Increased Fixed Assets of State-owned Units by Sector (2016)
5-13 国有农林牧渔业投资及新增固定资产……167
Investment and Newly Increased Fixed Assets of State-owned Units of Farming, Forestry, Animal Husbandry and Fishery
5-14 非国有经济投资……167
Investment of Non-State-owned Units
5-15 新增生产能力(2016年)……168
Newly Increased Production Capacity (2016)
5-16 房地产开发统计主要指标(2016年)……171
Major Statistics Indicators of Real Estate Development (2016)
5-17 国有工业施工、投资项目及项目投产率(2016年)……172
Projects Under Construction, Put into Use and Rate of Projects Put into Use of State-Owned Industrial Enterprises (2016)
主要统计指标解释……173
Explanatory Notes on Main Statistical Indicators

六、对外经济、旅游和开发区

Foreign Economy ,Tourism and Development Zones

6-1 对外经济和旅游……183
Foreign Economy and Tourism
6-2 对外经济贸易和旅游概况……184
A Survey on Foreign Trade and Tourism
6-3 进出口商品总值……185
Total Value of Imports and Exports
6-4 进出口商品主要产销国别(地区)总值……185
Value of Imports and Exports by Main Producer and Sales Countries(Regions)
6-5 进出口商品机电电子产品情况……186
Import and Export Value of Machinery and Electrical Products
6-6 进出口商品贸易方式……186
Value of Imports and Exports by Trade Ways
6-7 主要出口商品总值(2016年)……187
Major Exports Commodities in Value(2016)
6-8 主要进口商品总值(2016年)……187
Major Imports Commodities in Value(2016)
6-9 利用外商直接投资……188
Foreign Direct Investments
6-10 外商直接投资签订合同情况(分国别、地区) (2016年)……188
Basic Statistics on Signed Contracts of Direct Foreign Investment(by Country or Region) (2016)
6-11 旅游业基本情况……189
Basic Statistics of Tourism
6-12 国际旅游人数和人天数……189
Number of International Tourists and Days of Tourism
6-13 接待外国人按国别分组……189
Number of Foreign Tourists by Country
6-14 湖南省产业园区基本情况(2016年)……190
Basic Indicators of above the Provincial Level Development Zones(2016)
6-15 湖南省国家级开发区基本情况(2016年)……191
Basic Indicators of National Development Zones(2016)
6-16 湖南省省级开发区基本情况(2016年)……192
Basic Indicators of Provincial Development Zone (2016)

6-17 湖南省省级工业集中区基本情况(2016年)……193
Basic Indicators of above the Provincial Level Development Zones(2016)
主要统计指标解释……194
Explanatory Notes on Main Statistical Indicators

七、能源

Energy

7-1 能源生产消费及构成……199
The Structure of Energy Production and Consumption
7-2 综合能源平衡表……200
Consolidated Balance Sheet of Energy
7-3 煤炭平衡表……201
Balance Sheet of Coal
7-4 石油平衡表……202
Balance Sheet of Petroleum
7-5 电力平衡表……203
Balance Sheet of Electricity
7-6 分行业分品种能源消费总量(2016年)……204
Total Consumption of Various Energy in Different Trades(2016)
7-7 能源加工转换情况(2016年)……206
Energy Processing and Conversion(2016)
7-8 主要能源库存量和周转天数(2016年)……206
The Stock and Inventory Turnover of the Main Energy(2016)
7-9 工业企业能源购进、消费及库存(2016年)……207
Energy Purchase, Consumption and Stock of Industry (2016)
7-10 主要能源按工业行业分组消费量(2016年)……210
Consumption of Energy and Its Main Varieties by Sector (2016)
7-11 主要用能工业企业单位产品能源消耗情况……213
Unit Product Energy Consumption of Industry
7-12 规模工业企业水消费……214
Water Consumption of Scale Industry
7-13 能源消耗指标……214
Indicators of Energy Consumption
7-14 非工业主要耗能单位综合能源消费量……215
Comprehensive Energy Consumption of Non-Industrial Major Enery Consuming Units
主要统计指标解释……216
Explanatory Notes on Main Statistical Indicators

八、财政、金融和保险

Government Finance, Banking and Insurance

8-1 财政、金融和保险……221
Government Finance, Banking And Insurance
8-2 财政收支基本情况……223
Government Financial Revenue and Expenditure
8-3 财政收入及构成……224
Government Financial Revenue and Composition
8-4 财政支出及构成……225
Government Financial Expenditure and Composition

8-5 金融机构本外币信贷收支 …… 226
Loans and Deposits of Financial Institutions
8-6 金融机构本外币存款分机构表 …… 228
Deposits of Financial Institutions by Agency
8-7 金融机构本外币贷款分机构表 …… 229
Loans of Financial Institutions by Agency
8-8 主要金融机构大中小微型企业贷款分行业情况统计表(2016年) …… 230
Loans for Enterprises of All Size by Sector(2016)
8-9 保险机构与人员 …… 232
Institutions and Personnel of Insurance System
8-10 财产保险公司业务主要指标(2016年) …… 232
Major Indicators of Property Insurance Business (2016)
8-11 人寿保险公司主要业务指标(2016年) …… 233
Major Indicators of Life Insurance Business (2016)
主要统计指标解释 …… 235
Explanatory Notes on Main Statistical Indicators

九、城市建设和环境保护

Construction of Cities and Environmental Protection

9-1 城市公用事业基本情况 …… 241
Basic Statistics for urban Public Utilities
9-2 城市规模和建设用地(2016年) …… 243
Urban Scale and Construction Land (2016)
9-3 城市设施水平(2016年) …… 244
Indicators of Municipal Public Utilities Level (2016)
9-4 城市供水(2016年) …… 246
Tap Water Supply in Cities (2016)
9-5 城市公共交通(2016年) …… 247
Public Traffic in Cities (2016)
9-6 城市市政设施(2016年) …… 248
Urban Civil Facilities (2016)
9-7 城市园林绿化(2016年) …… 250
Urban Parks, Gardens and Green Areas (2016)
9-8 城市燃气使用情况(2016年) …… 251
Urban Coal Gas and Liquefied Petroleum (2016)
9-9 环境综合统计基本状况(2016年) …… 253
Basic Environment Comprehensive Statistics (2016)
9-10 全省环保产业统计情况(2016年) …… 254
Statistical Report of Hunan Environmental Protection Industry(2016)
主要统计指标解释 …… 255
Explanatory Notes on Main Statistical Indicators

十、农业

Agriculture

10-1 农林牧渔业总产值和指数 …… 263
Gross Output Value and Indices of Farming, Forestry, Animal Husbandry and Fishery
10-2 农业基本情况 …… 265
Basic Indicators of Agriculture

10-3 农村基层组织 ······ 266
Grassroots Units of Rural Areas
10-4 农林牧渔业增加值(2016年) ······ 266
Added - Value of Farming, Forestry, Animal Husbandry and Fishery (2016)
10-5 耕地面积 ······ 266
Cultivated Areas
10-6 农业生产条件 ······ 267
Condition of Agricultural Production
10-7 农林牧渔业分项产值 ······ 269
Gross Output Value of Farming, Forestry, Animal Husbandry and Fishery by Branch
10-8 农业机械年末拥有量 ······ 270
Year-End Possession of Agriculture Machinery
10-9 农作物生产情况(2016年) ······ 271
Basic Indicators of Farm Corp Production (2016)
10-10 林产品产量(2016年) ······ 272
Output of Major Forestry Products (2016)
10-11 茶叶、水果生产情况(2016年) ······ 272
Output of Tea and Fruit (2016)
10-12 林业情况 ······ 273
Basic Indicators of Forestry
10-13 畜牧业年末存栏情况(2016年) ······ 273
Year-end Animals in Stock (2016)
10-14 主要牲畜存栏和水产品产量 ······ 274
Number of Live Stocks and Output of Aquatic Products
10-15 渔业生产情况 ······ 276
Basic Indicators of Fishery Production
10-16 按全省人口平均的主要农产品产量 ······ 276
Per Capita Output of Major Farm Products
10-17 洞庭湖区主要社会经济指标 ······ 277
Major Economic Indicators and Social Indicators on The DongTing Lake Area
10-18 农村主要能源及物资消耗 ······ 278
Consumption of Major Energy and Materials of Rural Areas
10-19 自然灾害情况 ······ 279
Statistics on Natural Disaster
主要统计指标解释 ······ 280
Explanatory Notes on Main Statistical Indicators

十一、工业

Industry

11-1 规模以上工业企业基本情况 ······ 284
Basic Conditions of Industrial Enterprises above Designated Size
11-2 规模以上工业企业各种分组的主要生产指标(2016年) ······ 285
Major Production Indicators of Industrial Enterprises above Designated Size by Various Characteristics (2016)
11-3 规模以上工业企业主要经济指标(2016年) ······ 287
Major Economic Indicators of Industrial Enterprises above Designated Size(2016)
11-4 规模以上工业企业行业大类主要经济指标(2016年) ······ 299
Main Economic indicators of Industrial Enterprises above Designated Size by Industrial Sector(2016)
11-5 规模以上国有控股工业企业主要经济指标(2016年) ······ 314
Major Economic Indications of State-owned Share Holding Industrial Enterprises above Designated Size(2016)

11-6 集体工业企业主要经济指标(2016年)……322
Major Economic Indications of Collective-owned Industrial Enterprises(2016)
11-7 私营工业企业主要经济指标(2016年)……330
Major Economic Indications of Private Industrial Enterprises(2016)
11-8 外商投资和港澳台投资工业企业主要经济指标(2016年)……338
Main Indicators of Industrial Enterprises with Hong Kong, Taiwan and Foreign Funds(2016)
11-9 规模以上大中型工业企业主要经济指标及在工业中的地位(2016年)……346
Main Indicators of Large and Medium-sized Industrial Enterprises above Designated Size & Percentage of Industry Total(2016)
11-10 规模以上中小型工业企业主要经济指标及在工业中的地位(2016年)……350
Main Indicators of Small and Medium-sized Industrial Enterprises above Designated Size & Percentage of Industry Total(2016)
11-11 规模以上非公有制工业主要经济指标及在工业中的地位(2016年)……354
Main Indicators of Non-public Industrial Enterprises above Designated Size & Percentage of Industry Total(2016)
11-12 规模以上工业主要产品产量……358
Output of Industrial Products above Designated Size
11-13 规模以上工业企业主要产品、生产能力及能力利用率综合表(2016年)……361
Main Products, Production Capacity and Utilization Rate of Industrial Enterprises above Designated Size(2016)
11-14 按全省人口平均的主要产品产量……363
Per Capita Output of Major Industrial Products
11-15 各市、州规模以上工业主要经济指标(2016年)……364
Main Indicators of Industrial Enterprises above Designated Size by Region(2016)
11-16 省级及以上产业园区规模工业主营业务收入(2016年)……368
Revenue from Principal Business of above the provincial level Industrial Park (2016)
主要统计指标解释……370
Explanatory Notes on Main Statistical Indicators

十二、建筑业

Construction

12-1 建筑企业概况……376
General Survey of Construction Enterprises
12-2 建筑施工企业个数和平均人数……380
Number of Construction Enterprises and Its Average Annual Staff and Workers
12-3 建筑施工企业主要效益指标(2016年)……380
Major Benefit Indicators of Construction Enterprises (2016)
12-4 国有建筑企业主要经济指标……381
Major Economic Indicators on State-owned Construction Enterprises
12-5 房屋建筑面积……382
Floor Space of Building Construction
12-6 国有、集体建筑企业生产指标(2016年)……383
Production Indicators of State-owned and Collective-owned Construction Enterprises (2016)
12-7 建筑业企业分行业生产指标(2016年)……384
Production Indicators of Construction Enterprises by Sector(2016)
主要统计指标解释……388
Explanatory Notes on Main Statistical Indicators

十三、交通运输、邮电和其他服务业

Transportation, Postal, Telecommunication and Other Service

13-1 运输线路长度和民用汽车拥有量……393
Length of Transportation Routes and Number of Civil Vehicles Owned

13-2 运输线路、铁路机车基本情况 …… 395
Basic Statistics on Transportation Routes and Railway Locomotives
13-3 民用车辆拥有量(2016年) …… 396
Number of Civil Motor Vehicles (2016)
13-4 水路运输工具拥有量(2016年) …… 396
Number of Civil Transport Vessels(2016)
13-5 公路客货运输量(2016年) …… 397
Passenger and Freight Traffic of Highway Transportation(2016)
13-6 水路客货运输量(2016年) …… 397
Passenger and Freight Traffic of Waterway Transportation (2016)
13-7 旅客运量和旅客周转量 …… 398
Passenger Traffic and Turnover Volume of Passenger Traffic
13-8 货物运量和货物周转量 …… 399
Freight Traffic and Turnover Volume of Freight Traffic
13-9 邮政业务基本情况 …… 400
Basic Statistics of Postal Business
13-10 电信业务基本情况 …… 401
Basic Statistics of Telecommunication
13-11 邮电通信水平(2016年) …… 401
Development of Postal and Telecommunications Services(2016)
13-12 规模以上服务业企业分类别经济指标(2016年) …… 402
Classification Economic Indicators of Service Enterprises above Designated Size (2016)
13-13 规模以上服务业企业分行业大类经济指标(2016年) …… 406
Main Economic Indicators of Service Enterprises above Designated Size by Service Sector(2016)
13-14 重点领域规模以上服务业企业主要经济指标(2016年) …… 415
Key Areas of Main Economic Indicators of Service Enterprises above Designated Size(2016)
主要统计指标解释 …… 416
Explanatory Notes on Main Statistical Indicators

十四、批发和零售业、住宿和餐饮业

Wholesale and Retail Trades, Hotels, Catering Services

14-1 社会消费品零售总额 …… 422
Retail Sale of Consumer Goods
14-2 国内贸易基本情况 …… 424
Basic Statistics on Domestic Trade
14-3 限额以上批发零售、住宿餐饮业基本情况(2016年) …… 425
Basic Conditions on Gross Value of Purchases, Sales and Inventory of Wholesale and Retail Trade above Designated Size (2016)
14-4 商品交易市场基本情况(2016年) …… 426
Basic Statistics on Commodity Exchange Markets(2016)
14-5 商品交易市场经营情况 …… 428
Business Statistics of Commodity Exchange Markets
14-6 亿元以上商品交易市场基本情况 …… 429
Basic Statistics on Commodity Transaction Markets of Turnover above 100 Million Yuan
14-7 限额以上批发、零售业商品购进、销售、库存总额(2016年) …… 430
Total Value of Purchases Sales and Inventory of above Designated Size in Wholesale and Retail Sales Trade (2016)
14-8 限额以上批发和零售业企业财务状况(2016年) …… 432
Financial Affairs of above Designated Size in Wholesale and Retail Trade Enterprises (2016)
14-9 限额以上批发零售企业商品分类零售额(2016年) …… 436
Business Statistics of Commodity Exchange Markets (2016)

14-10 限额以上住宿和餐饮企业财务状况(2016年)……438
Financial Conditions of Hotels and Catering Services Enterprises above Designated Size (2016)
14-11 限额以上住宿和餐饮企业经营情况……442
Business Statistics of Hotels and Catering Services Enterprises above Designated Size
14-12 批发和零售业、住宿和餐饮业连锁经营情况(2016年)……443
Business of Chain Stores above Designated Size of Whloesale and Retail Trade and Catering Services (2016)
主要统计指标解释……444
Explanatory Notes on Main Statistical Indicators

十五、教育和科技

Education, Science and Technology

15-1 教育基本情况……449
Basic Statistics for Education
15-2 各级学校单位数及教职工数……451
Number of Schools and School Staff
15-3 各级学校招生及毕业生数……452
New Student Enrollment and Graduates
15-4 研究生在校学生、招生及毕业生数……453
Student Enrollment, New Student Enrollment and Graduates of Postgraduates
15-5 普通高等学校本科在校学生、招生及毕业生数……453
Student Enrollment, New Student Enrollment and Graduates of Colleges and Universities
15-6 普通高等学校、中等职业教育学校教职工情况……454
Staff and Workers in General Institutions of Higher Education and Specialized Secondary Schools
15-7 普通高等学校分科专任教师情况(2016年)……454
Full-Time Teachers in General Institutions of Higher Education by Field of Study (2016)
15-8 中等职业教育分科专任教师和学生数(2016年)……455
Students and Full-Time Teachers in General Specialized Secondary Schools (2016)
15-9 普通中学、小学按城乡和主办部门分组的情况(2016年)……456
Basic Statistics on General Secondary Schools, Primary Schools by Urban and Rural Area and by Department (2016)
15-10 各级学校在校女学生和女教职工数……457
Number of Female Students and Faculties by Level of School
15-11 平均每万人口中在校学生……458
Student Enrollment Per l0,000 Population
15-12 民办(私立)学校情况……458
Statistics on Private Schools
15-13 特殊教育学校基本情况……459
Basic Statistics on Schools for Special Education
15-14 各类学校代课教师及临时工人数……459
Provisional Teachers and Temporary Workers by Type of School
15-15 平均每一教职工负担学生……460
Student/ Staff and Worker Ratio
15-16 初中和小学毕业生升学率及学龄儿童入学率……460
Percentage of Graduates of Junior Middle Schools and Primary Schools Entering Higher Level Schools, Percentage of School - Age Children Enrolled
15-17 学前教育基本情况……461
Basic Statistics on Pre-school Education
15-18 各类专业技术人员……461
Various Specialized Technical Personnel

15-19 自然科学研究获奖成果 ······ 461
Number of Achievements in Natural Scientific Research
15-20 科技成果情况(2016年) ······ 462
Statistics on Achievements of Science and Technology (2016)
15-21 三种专利申请与批准项数 ······ 463
Three Types of Patent Applications Examined and Certified
15-22 各类技术合同签订及执行情况(2016年) ······ 463
Statistics on Contracts Signed and Performed (2016)
15-23 各级科技计划项目进入技术市场情况(2016年) ······ 463
Statistics on Different Levels of Scientific Plan Items Put into Technical Markets (2016)
15-24 高新技术产业情况(2016年) ······ 464
Basic Statistics on High-tech Industries (2016)
15-25 全省R&D活动基本情况(2016年) ······ 466
Basic Statistics on Scientific Research and Development (2016)
15-26 R&D人员情况(2016年) ······ 467
R&D Personnel (2016)
15-27 R&D人员全时当量情况(2016年) ······ 468
Full-time Equivalent of R&D Personnel (2016)
15-28 按经费来源分R&D经费内部支出情况(2016年) ······ 469
Intramural Expenditure on R&D by Sources (2016)
15-29 按支出用途分R&D经费内部支出情况(2016年) ······ 470
Intramural Expenditure on R&D by Use (2016)
15-30 按活动类型分R&D经费内部支出情况(2016年) ······ 471
Intramural Expenditure on R&D by Activities (2016)
15-31 R&D经费外部支出情况(2016年) ······ 472
External Expenditure on R&D (2016)
15-32 研究机构情况(2016年) ······ 473
Statistics on Scientific Research Institutions (2016)
15-33 全部R&D项目(课题)情况(2016年) ······ 474
Statistics on Total R&D Projects (2016)
15-34 R&D活动产出情况(2016年) ······ 476
Statistics on R&D Outputs (2016)
15-35 规模以上工业企业科技活动情况(2016年) ······ 477
Basic Statistics on Scientific and Technological Activities in Industrial Enterprises above Designated Size (2016)
15-36 规模以上工业企业R&D人员情况(2016年) ······ 478
R&D Personnel in Industrial Enterprises above Designated Size (2016)
15-37 规模以上工业企业按经费来源分R&D经费内部支出情况(2016年) ······ 480
Intramural R&D Expenditures in Industrial Enterprises above Designated Size by Sources (2016)
15-38 规模以上工业企业按支出用途分R&D经费内部支出情况(2016年) ······ 482
Intramural R&D Expenditures in Industrial Enterprises above Designated Size by Use (2016)
15-39 规模以上工业企业办科技机构情况(2016年) ······ 484
Basic Statistics on Institutions for Scientific and Technological in Industrial Enterprises above Designated Size(2016)
15-40 规模以上工业企业R&D项目和新产品开发项目情况(2016年) ······ 486
Basic Statistics on Projects for R&D and New Products Development in Industrial Enterprises above Designated Size(2016)
15-41 规模以上工业企业科技活动产出情况(2016年) ······ 488
Basic Statistics on Scientific and Technological Outputs in Industrial Enterprises above Designated Size (2016)
15-42 大中型工业企业科技活动情况(2016年) ······ 490
Basic Statistics on Scientific and Technological Activities in Large and Medium-Sized Industrial Enterprises (2016)
15-43 大中型工业企业R&D人员情况(2016年) ······ 491
R&D Personnel in Large and Medium-Sized Industrial Enterprises (2016)

15-44 大中型工业企业按经费来源分R&D经费内部支出情况(2016年)……493
Intramural R&D Expenditures in Large and Medium-Sized Industrial Enterprises by Sources (2016)
15-45 大中型工业企业按支出用途分R&D经费内部支出情况(2016年)……495
Intramural R&D Expenditures in Large and Medium-Sized Industrial Enterprises by Use (2016)
15-46 大中型工业企业办科技机构情况(2016年)……497
Basic Statistics on Institutions for Scientific and Technological in Large and Medium-Sized Industrial Enterprises (2016)
15-47 大中型工业企业R&D项目和新产品开发项目情况(2016年)……499
Basic Statistics on Projects for R&D and New Products Development in Large and Medium-Sized Industrial Enterprises (2016)
15-48 大中型工业企业科技活动产出情况(2016年)……501
Basic Statistics on Scientific and Technological Outputs in Large and Medium-Sized Industrial Enterprises (2016)
15-49 企业创新基本情况(2016年)……503
Basic Situation of Enterprise Innovation(2016)
15-50 企业家对创新的认识及相关情况(2016年)……507
Entrepreneurs' understanding of Innovation and Related Situation
15-51 规模以上工业企业创新活动总体情况(2016年)……509
The Overall Situation of Large-Scale Industrial Enterprises Innovation Activities(2016)
主要统计指标解释……512
Explanatory Notes on Main Statistical Indicators

十六、文化、体育和卫生

Culture, Sports and Public Health

16-1 文化事业基本情况……519
Basic Statistics on Culture
16-2 文化机构和人员(2016年)……521
Cultural Institutions and Personnel (2016)
16-3 艺术业机构和人员……521
Art Institutions and Personnel
16-4 出版发行、文物、图书馆、群众文化业机构人员(2016年)……522
Number of Institutions and Personnel in Publishing and Distribution, Cultural Relics, Libraries and Mass Culture (2016)
16-5 图书、杂志、报纸出版情况……522
Statistics on Books, Magazines and Newspapers Published
16-6 广播、电视事业情况……523
Statistics on Broadcasting and Television Stations
16-7 文化和创意产业总产出……524
Gross Output of Cultural and Creative Industries
16-8 文化和创意产业增加值……525
Value-added of Cultural and Creative Industries
16-9 卫生事业基本情况……526
Basic Statistics on Health Institutions
16-10 各类卫生机构、床位和人员(2016年)……528
Health Care Institutions, Beds and Personnel by Type (2016)
16-11 医疗机构运营情况(2016年)……530
Basic Statistics of Operation on Health Care Institutions (2016)
16-12 诊所、卫生所、医务室基本情况(2016年)……531
Statistics on Clinics,Health Service Stations and Health Center(2016)
16-13 村卫生室基本情况(2016年)……531
Statistics on Village Health Center(2016)
16-14 体育事业情况……532
Statistics on Sports

主要统计指标解释……533
Explanatory Notes on Main Statistical Indicators

十七、党群、政法和社会服务

Party and Mass, Politics and Law, Social Service

17-1 历届省人民代表大会的代表人数……539
Number of Deputies to All the Previous Provincial People's Congress
17-2 历届省政治协商会议的委员人数……539
Number of Deputies to All the Previous Provincial People's Political consultative Conferences
17-3 工会工作情况……540
Labor Union Work
17-4 其他社会福利事业单位机构和人员……540
Institution and Personnel in Social Welfare and Special Care
17-5 提供住宿的社会服务机构基本情况(2016年)……541
Basic Statistics of Social Service Agencies with Accommodate (2016)
17-6 社会救济和福利主要费用……541
Value of Major Social Relief and Welfare Funds
17-7 婚姻登记情况……542
Basic Statistics on Marriage Registration
17-8 律师、公证、调解工作基本情况……542
Basic Statistics on Lawyers, Notarization and Mediation
17-9 交通事故发生情况……543
Statistics on Traffic Accidents
17-10 火灾发生情况……544
Statistics on Fires
主要统计指标解释……545
Explanatory Notes on Main Statistical Indicators

十八、区域经济

Regional Economy

18-1 “长株潭城市群”主要经济指标情况(2016 年)……549
Main Economic Indicators of "Changsha, Zhuzhou & Xiangtan" City Clusters(2016)
18-2 “环长株潭城市群”主要经济指标情况(2016 年)……550
Main Economic Indicators of the Rim Chang-Zhu-Tan City Clusters (2016)
18-3 “湘南地区”主要经济指标情况(2016 年)……551
Main Economic Indicators of "Southern Hunan"(2016)
18-4 “大湘西地区”主要经济指标情况(2016 年)……552
Main Economic Indicators of "West Hunan"(2016)
18-5 “洞庭湖生态经济区”主要经济指标情况(2016 年)……553
Main Economic Indicators of "Dongting Lake"(2016)
18-6 各市州中心城区人口情况(2016 年)……554
City Center Population (2016)
18-7 各市州中心城区从业人员情况(2016 年)……555
City Center Staff (2016)
18-8 各市州中心城区土地面积情况(2016 年)……556
City Center Land Area (2016)
18-9 各市州中心城区生产总值情况(2016 年)……557
City Center GDP (2016)

18-10 各市州中心城区财政收支情况(2016 年)……558
City Center Financial Revenue and Expenditure (2016)
18-11 各市州中心城区规模以上工业情况(2016 年)……559
City Center above Industrial Enterprises Designated Size (2016)
18-12 各市州中心城区贸易主要情况(2016 年)……560
City Center Trade (2016)
18-13 各市州中心城区固定资产投资情况(2016 年)……561
City Center Investment in Fixed Assets (2016)
18-14 各市州中心城区教育情况(2016 年)……562
City Center Education (2016)
18-15 各市州中心城区文化、体育、卫生情况(2016 年)……563
City Center Culture, Sports and Public, Health (2016)
18-16 各市州中心城区社会保障情况(2016 年)……564
City Center Social Security (2016)

十九、各市、州主要经济和社会统计指标

Main Economic and Social Statistics Indicators of Cities and Prefecture

19-1 全社会总产出及指数(2016年)……566
Gross Output of Society and Its Indices (2016)
19-2 按产业分的地区生产总值(2016年)……566
Gross Domestic Product by Three Strata of Industry (2016)
19-3 按产业分的地区生产总值指数(2016年)……567
Indices of Gross Domestic Product by Three Strata of Industry (2016)
19-4 地区生产总值项目构成(2016年)……567
Item Composition of Gross Domestic Product (2016)
19-5 按行业分的地区生产总值(2016年)……568
Gross Domestic Product by Sector (2016)
19-6 按行业分的地区生产总值指数(2016年)……568
Indices of Gross Domestic Product by Sector (2016)
19-7 支出法地区生产总值(2016年)……570
Gross Domestic Product by Expenditure Approach (2016)
19-8 支出法地区生产总值结构(2016年)……570
Structure of Gross Domestic Product by Expenditure Approach (2016)
19-9 年末常住人口(2016年)……571
Population at the Year-end (2016)
19-10 计划生育指标(2016年)……571
Indicators of Family Plan (2016)
19-11 国有经济各行业在岗职工年末人数(2016年)……572
Employed Staff and Workers in State-Owned Units by Sector at the Year-end (2016)
19-12 城镇集体经济各行业在岗职工年末人数(2016年)……572
Employed Staff and Workers in Urban Collective-Owned Units by Sector at the Year-end (2016)
19-13 在岗职工工资总额和年平均工资(2016年)……574
Total Wage Bill and Average Annual Wage of Employed Staff and Workers (2016)
19-14 年末在岗职工人数(2016年)……575
Number of Staff and Workers on the Job of Cities and Prefecture at the Year-end (2016)
19-15 年末城镇单位从业人员(2016年)……575
Number of Employed Persons in Urban Unit at the Year-end(2016)
19-16 固定资产投资、新增固定资产及房屋竣工面积(2016年)……576
Investment in Fixed Assets, Newly Increased Fixed Assets and Completed Building Floor Space(2016)

19-17 按经济类型分固定资产投资(2016年)……577
Total Investment in Fixed Assets by Economic Types(2016)
19-18 按构成和建设性质分固定资产投资(2016年)……578
Total Investment in Fixed Assets by Structure and Construction (2016)
19-19 按资金来源和隶属关系分固定资产投资(2016年)……578
Total Investment in Fixed Assets by Source of Funds and Jurisdiction of Management (2016)
19-20 国有经济分地市项目个数、项目投产率及固定资产交付使用率(2016年)……579
Number of Projects，Rate of Projects Put into Use and Rate of Fixed Assets Put into Use of State—owned Units (2016)
19-21 房地产开发情况(2016年)……580
Real Estate Development (2016)
19-22 商品房屋销售情况(2016年)……581
Sales of Commercial House (2016)
19-23 房地产开发建设房屋建筑面积和价值(2016年)……581
Floor Space of Building and Value of Real Estate Development (2016)
19-24 地方财政收入情况(2016年)……582
Public Budgetary Revenue(2016)
19-25 公共财政支出情况(2016年)……582
Public Budgetary Expenditure(2016)
19-26 金融机构人民币存款情况(2016年)……583
RMB Deposits of Financial Institutions(2016)
19-27 金融机构人民币贷款情况(2016年)……583
RMB Loans of Financial Institutions(2016)
19-28 农作物播种面积(2016年)……584
Sown Area of Crops (2016)
19-29 机耕面积及水库、堤防(2016年)……584
Tractor-Ploughed Area, Reservoirs and Dikes (2016)
19-30 主要农业机械年末拥有量(2016年)……585
Year-End Possession of Major Agriculture Machinery (2016)
19-31 农林牧渔业总产值(2016年)……585
Gross Output Value of Farming, Forestry, Animal Husbandry and Fishery (2016)
19-32 主要农产品产量(2016年)……586
Output of Major Farm Crops (2016)
19-33 主要林产品产量(2016年)……587
Output of Major Forest Products (2016)
19-34 牲畜头数、畜产品产量(2016年)……587
Number of Live stocks, Output of Livestock Products (2016)
19-35 农业生产条件(2016年)……588
Condition of Agricultural Production(2016)
19-36 农畜产品产量(2016年)……588
Output of Major Farm and Livestocks Products(2016)
19-37 农业基本情况(2016年)……589
Basic Indicators of Agriculture(2016)
19-38 规模以上工业企业个数(2016年)……590
The Number of Units of Industrial Enterprises above Designated Size(2016)
19-39 规模以上工业企业基本情况(2016年)……591
Basic Indicators of Industrial Enterprises above Designated Size (2016)
19-40 主要工业产品产量(2016年)……592
Output of Major Industrial Products (2016)
19-41 建筑企业概况(2016年)……594
General Survey of Construction Enterprises(2016)

19-42 建筑业指标(2016年)……594
Statistics Indicators on Construction Enterprises (2016)
19-43 房屋建筑面积(2016年)……595
Floor Space of Building Construction(2016)
19-44 公路长度(2016年)……596
Length of Highways (2016)
19-45 民用车辆拥有量(2016年)……596
Number of Civil Motor Vehicles (2016)
19-46 邮电业务量(2016年)……597
Volume of Postal and Telecommunications Services (2016)
19-47 规模以上服务业企业主要经济指标(2016年)……598
Major Economic Indicators of Service Enterprises above Designated Size (2016)
19-48 国内外贸易、对外经济和旅游(2016年)……601
Domestic Trade, Foreign Trade, Foreign Economy And Tourism(2016)
19-49 限额以上批发零售贸易业商品购销存总额(2016年)……601
Total Purchases, Sales and Inventory of Enterprise above Designated Size in Wholesale and Retail Trade (2016)
19-50 限额以上批发零售、住宿餐饮业法人企业数……602
Number of Corporation Units above Designated Size in Wholesale and Retail Trade, Hotels and Catering Services
19-51 限额以上批发零售、住宿餐饮业从业人员……602
Number of Persons Employed in Enterprises Units above Designated Size in Wholesale and Retail Trade, Hotels and Catering Services
19-52 商品交易市场基本情况(2016年)……603
Basic Statistics on Commodity Exchange Markets(2016)
19-53 星级宾馆数(2016年)……604
The Number of Star-Rated Hotels (2016)
19-54 进出口商品总值(2016年)……604
Major Expors Commodities in Value(2016)
19-55 外商直接投资(2016年)……605
Foreign Direct Investment (2016)
19-56 内联引资项目个数情况……605
Number of Projects of Domestic Direct Investment
19-57 内联引资实际到位资金情况……606
Capital Actually Used of Domestic Direct Investment
19-58 对外经济合作情况(2016年)……607
Foreign Economic Cooperation (2016)
19-59 旅游业基本情况(2016年)……607
Basic Statistics of Tourism (2016)
19-60 高新技术产业情况(2016年)……608
Basic Statistics on High-tech Industries (2016)
19-61 规模以上工业企业R&D人员情况(2016年)……610
R&D Personnel in Industrial Enterprises above Designated Size (2016)
19-62 规模以上工业企业按经费来源分R&D经费内部支出情况(2016年)……610
Intramural R&D Expenditures in Industrial Enterprises above Designated Size by Sources (2016)
19-63 规模以上工业企业按支出用途分R&D经费内部支出情况(2016年)……611
Intramural R&D Expenditures in Industrial Enterprises above Designated Size by Use (2016)
19-64 规模以上工业企业办科技机构情况(2016年)……611
Basic Statistics on Institutions for Scientific and Technological in Industrial Enterprises above Designated Size(2016)
19-65 规模以上工业企业R&D项目和新产品开发项目情况(2016年)……612
Basic Statistics on Projects for R&D and New Products Development in Industrial Enterprises above Designated Size(2016)
19-66 规模以上工业企业科技活动产出情况(2016年)……612
Basic Statistics on Scientific and Technological Outputs in Industrial Enterprises above Designated Size (2016)

19-67 大中型工业企业R&D人员情况(2016年)……613
R&D Personnel in Large and Medium-Sized Industrial Enterprises (2016)
19-68 大中型工业企业按经费来源分R&D经费内部支出情况(2016年)……613
Intramural R&D Expenditures in Large and Medium-Sized Industrial Enterprises by Sources (2016)
19-69 大中型工业企业按支出用途分R&D经费内部支出情况(2016年)……614
Intramural R&D Expenditures in Large and Medium-Sized Industrial Enterprises by Use(2016)
19-70 大中型工业企业办科技机构情况(2016年)……614
Basic Statistics on Institutions for Scientific and Technological in Large and Medium-Sized Industrial Enterprises (2016)
19-71 大中型工业企业R&D项目和新产品开发项目情况(2016年)……615
Basic Statistics on Projects for R&D and New Products Development in Large and Medium-Sized Industrial Enterprises (2016)
19-72 大中型工业企业科技活动产出情况(2016年)……615
Basic Statistics on Scientific and Technological Outputs in Large and Medium-Sized Industrial Enterprises (2016)
19-73 幼儿园与小学基本情况(2016年)……616
Statistics on Kingdergartens and Primary Schools(2016)
19-74 普通中学基本情况(2016年)……617
Statistics on Regular Secondary Schools(2016)
19-75 普通高等学校基本情况 (2016年)……617
Statistics on Regular Institutions of Higher Education(2016)
19-76 各级学校(2016年)……618
Number of Schools by Level (2016)
19-77 各级学校教职工(2016年)……618
Number of School Staff and Workers by Level (2016)
19-78 各级学校专任教师(2016年)……619
Number of Full-time Teachers by Level (2016)
19-79 各级学校在校学生(2016年)……619
Number of Students Enrollment by Level (2016)
19-80 公共图书馆、广播和电视综合人口覆盖情况(2016年)……620
Statistics on Public Libraries、Coverage of Radio and TV Program Broadcasting(2016)
19-81 卫生机构基本情况(2016年)……621
Basic Statistics on Health Institutions(2016)
19-82 居民人均可支配收入(2016年)……622
Per Capita Annual Disposable Income of Residents (2016)
19-83 能源消耗指标(2016年)……623
Index of Energy Consumption (2016)
19-84 规模以上工业企业综合能源消费量……623
Total Energy Consumption of Scale Industry
19-85 规模以上工业企业主要能源品种消费量(2016年)……624
Main Energy Consumption of Industrial Enterprises above Designated Size (2016)
19-86 规模以上工业企业取水总量……626
Water Intake Amount of Scale Industry
19-87 分产业法人单位数(2016年)……627
Corporate Units by Industry(2016)
19-88 分机构类型法人单位数(2016年)……628
Corporate Units by Organization Type(2016)
19-89 分行业法人单位数(2016年)……629
Corporate Units by Sector(2016)
19-90 "一套表"联网直报调查单位数(2016年)……631
"A set of table" Networking Straight Survey respondent Numbers(2016)
19-91 新增"一套表"联网直报调查单位数(2016年)……632
Newly Increased "A set of table" Networking Straight Survey respondent Numbers(2016)

19-92 退出“一套表”联网直报调查单位数(2016年)……634
Exited “A set of table” Networking Straight Survey respondent Numbers(2016)

二十、各县(市、区)主要经济和社会统计指标

Main Economic and Social Statistics Indicators of Counties and Cities (Districts)

20-1 年末常住人口(2016 年)……637
Population at the Year-end (2016)
20-2 计划生育指标(2016 年)……640
Indicators of Family Plan (2016)
20-3 城镇单位从业人员年末人数(2016 年)……643
Number of Employed Persons in Urban Areas at the Year-end (2016)
20-4 国有经济各行业在岗职工年末人数(2016 年)……646
Employed Staff and Workers in State-Owned Units by Sector at the Year-end (2016)
20-5 城镇集体经济各行业在岗职工年末人数(2016 年)……652
Employed Staff and Workers in Urban Collective-Owned Units by Sector at the Year-end (2016)
20-6 在岗职工工资总额和年平均工资(2016 年)……658
Total Wage Bill and Average Annual Wage of Employed Staff and Workers (2016)
20-7 地区生产总值(2016 年)……661
Gross Domestic Product (2016)
20-8 农作物播种面积(2016 年)……664
Sown Area of Crops(2016)
20-9 机耕、灌溉面积及水库、堤防(2016 年)……667
Tractor-Ploughed Area and Irrigated Area, Reservoirs and Dikes (2016)
20-10 主要农业机械年末拥有量(2016 年)……670
Year-End Possession of Major Agriculture Machinery (2016)
20-11 农林牧渔业总产值(2016 年)……673
Gross Output Value of Farming, Forestry, Animal Husbandry and Fishery (2016)
20-12 主要农产品产量(2016 年)……676
Output of Major Farm Crops (2016)
20-13 主要林产品产量(2016 年)……682
Output of Major Forest Products (2016)
20-14 牲畜头数、畜产品及水产品产量(2016 年)……685
Number of Live Stocks, Output of Livestock Products and Aquatic Products (2016)
20-15 规模以上工业主营业务收入(2016 年)……688
Revenue of Major Business of Industrial Enterprises above Designated Size (2016)
20-16 规模以上工业企业基本情况(2016 年)……691
Basic Indicators of Industrial Enterprises above Designated Size (2016)
20-17 固定资产投资、新增固定资产及房屋竣工面积(2016 年)……694
Investment in Fixed Assets,Newly Increased Fixed Assets and Completed Building Floor Space (2016)
20-18 社会消费品零售总额(2016 年)……697
Total Value of Retail Sales of Consumer Goods (2016)
20-19 地方财政收入与支出(2016 年)……700
Public Budgetary Revenue and Expenditure (2016)
20-20 各级学校(2016 年)……702
Number of Schools by Level (2016)
20-21 各级学校教职工(2016 年)……705
Number of School Staff and workers by Level (2016)
20-22 各级学校专任教师(2016 年)……708
Number of Full-time Teachers by Level (2016)

20-23 各级学校在校学生(2016 年)……711
Number of Students Enrollment by Level (2016)
20-24 卫生机构、人员与床位(2016 年)……714
Health Care Institutions, Personnel and Beds (2016)
20-25 城乡居民收入、支出和住房情况(2016 年)……717
Urban and Rural Residents Income Expenditure and Houssing Conditions(2016)
20-26 规模工业增加值能耗降低率(2016 年)……720
Decreasing Rate of Added Value Energy Consumption of Scale Industry (2016)
20-27 分行业法人单位数(2016 年)……723
Corporate Units by Sector(2016)

2017年湖南省政府工作报告

湖南省人民政府省长　许达哲

——2017年1月14日在湖南省第十二届人民代表大会第七次会议上

各位代表:

现在，我代表省人民政府向大会作政府工作报告，请予审议，并请各位政协委员提出意见。

一、2016年工作回顾

过去一年，在党中央、国务院坚强领导下，按照省委决策部署，我们主动适应把握引领经济发展新常态，坚持稳中求进工作总基调，着力推进供给侧结构性改革，着力加强保障和改善民生工作，着力推进农业现代化，较好地完成了全年任务。全省地区生产总值增长7.9%，固定资产投资增长13.8%，社会消费品零售总额增长11.7%，一般公共预算收入增长6%。全省经济社会保持平稳健康发展，实现了“十三五”良好开局。

一是经济总量跨上新台阶。首次突破3万亿，达到3.12万亿元，居全国第九位。

二是创新驱动迈出新步伐。长株潭获批创建“中国制造2025”试点示范城市群，湘江新区列为国家级双创基地，高新技术产业增长16%。

三是交通建设取得新成效。长沙磁浮和地铁1号线、长株潭城铁正式通车营运；黄花机场旅客吞吐量超过2000万人次，居中部首位；高速公路通车里程突破6000公里，居全国前列。

四是人民生活得到新改善。全省涉及民生的财政支出占比达到70%，年度民生发展指标全面完成，减少贫困人口125万，全体居民人均可支配收入增长9.3%。

五是环境治理获得新进展。湘、资、沅、澧四水流域水质总体为优，全省空气质量平均优良天数达到293天，湿地保护率达74.13%，森林覆盖率达59.64%。

我们主要抓了九个方面工作。

（一）推进供给侧结构性改革，增强经济发展活力。出台供给侧结构性改革实施意见，实施去产能、去库存和降低实体经济成本等专项方案，全面完成钢铁、煤炭去产能年度目标，商品房待售面积连续10个月下降。加强政府性债务预算管理和风险控制，取消、停征、降标和放开105项涉企收费。深入推进“放管服”改革，非行政许可审批全部取消，行政审批事项取消137项，投资项目报建审批事项减少23项。大力推进国有资本布局结构调整，完成省交通水利建设集团组建等工作。稳步推进财税、商事、价格、省直管县、农业农村、社会信用、不动产统一登记、公共资源交易体制等改革。我省首家民营银行开业，首家消费金融公司批筹。

（二）培育新兴动能，促进产业结构调整。大力推进农业现代化，继续实施农业农村三个“百千万”工程，粮食总产稳定在600亿斤左右，农产品加工业实现销售收入1.35万亿元，双季超级稻年亩产量又创世界纪录。积极推进制造强省建设，对接“中国制造2025”，制定先进轨道交通装备、航空等产业支持政策，电子信息、生物医药、新能源汽车等新兴优势产业增长态势良好。全社会研究与试验发展经费支出占地区生产总值的比重为1.47%，战略性新兴产业增长10%。加快发展现代服务业，出台培育新供给新动能、发展生活性服务业等方面的实施意见，网络消费、文化旅游、健康养老等服务业快速增长。三次产业结构为11.5∶42.2∶46.3，服务业占比提高2.1个百分点。

（三）加强重点工程建设，夯实持续发展基础。启动100个重点制造业项目，高性能碳/碳复合材料研发与产业化、输变电智能电网技术改造等项目建成投产；创新创业园区“135”工程实施以来累计引进双创企业超过 5000 家。加快完善交通、能源、水利、信息等基础设施网络，新增高速公路 427 公里，新改建干线公路 1094 公里，新建、改造农村公路超过 1 万公里；张吉怀高铁以及长益（扩容）、龙琅等高速公路开工建设；农网改造、“气化湖南工程”顺利推进；毛俊水库开工；14 个市州城区全部实现光网覆盖。城镇路网、公共交通、城市绿道、地下综合管廊等基础设施全面加强，海绵城市建设试点进展顺利。

（四）加快开放步伐，拓展发展空间。发挥“一带一部”区位优势，出台对接“一带一路”建设实施意见和三年行动计划，大力开拓南美、非洲、东盟、中东等新兴市场，埃塞•湖南装备制造合作园等项目进展顺利。积极拓展国际交流合作渠道，新结国际友好城市 6 对，中国旅法勤工俭学蒙达尔纪纪念馆建成开馆。全年实际利用外资、对外直接投资分别增长 11.1%、11.5%。湘欧快线纳入中欧班列统一品牌管理，开通长沙至洛杉矶、悉尼直飞国际航线，张家界开通航空口岸落地签证，综合保税区、保税物流中心等开放平台加快完善。启动实施“一核三极四带多点”战略，长株潭城市群核心地位进一步凸显。

（五）实施环境综合整治，建设生态宜居家园。推进长株潭两型社会试验区第三阶段改革建设，启动生态保护红线划定工作，以排污权交易促进第三方污染治理试点项目正式落地，政府两型采购等 8 项改革经验在全国推广。实施湘江保护和治理第二个“三年行动计划”、洞庭湖水环境综合治理专项行动。完成淘汰“黄标车”和老旧车辆年度任务。全面实施土壤污染状况详查，继续开展重金属污染耕地修复及农作物种植结构调整试点。建设美丽乡村 304 个。县以上城镇污水处理率达到 93%，生活垃圾无害化处理率达到 99.57%。全面完成节能减排年度任务。地质灾害防治效果明显。

（六）狠抓脱贫攻坚，提高民生保障水平。集中力量打好脱贫攻坚战，省级以上财政投入专项扶贫资金 58.2 亿元，超额完成年度脱贫攻坚任务。实施省级重点产业扶贫项目 86 个，直接帮扶 20 万贫困人口。完成易地扶贫搬迁 16 万人，武陵源区、洪江区和 1100 多个贫困村正在进行脱贫摘帽、退出验收。持续加大民生保障力度，企业退休人员基本养老金连续 12 年调整提高，城乡居民基础养老金最低标准提高到每人每月 80 元；城乡居民医保财政补助标准提高到每人每年 420 元；城乡居民大病保险和特困人员救助供养制度全面实施。积极应对特大洪涝灾害，受灾群众基本生活得到有效保障。全面完成重点民生实事，新增城镇就业 77.4 万人，改造各类棚户区 45.9 万套、农村危房 26.1 万户，巩固提升农村饮水安全 286.3 万人，新增养老服务床位 2 万张。协调发展各项社会事业，农村义务教育薄弱学校改造和学生营养改善、城市义务教育学校扩容改造等工作深入推进；综合医改有序开展，健康湖南建设不断加强，全面两孩政策稳健实施。慈善救助活动广泛开展。公共文化服务体系持续健全，广播电视、新闻出版、体育等社会事业取得新进步。

（七）强化民主法制建设和社会治理创新，营造和谐稳定社会环境。认真执行省人大及其常委会的决议、决定，自觉接受省人大及其常委会法律监督和工作监督，主动接受人民政协民主监督和社会舆论监督，办理人大代表建议 1236 件、政协提案 649 件。法治湖南建设深入推进，政府法律顾问制度不断健全，提请省人大常委会审议地方性法规草案 8 件，行政决策程序进一步规范。基层民主自治不断发展，普遍建立村（居）务监督委员会。食品药品等质量安全形势总体平稳。组织开展互联网金融专项整治，打击和处置非法集资，金融风险得到有效控制。平安创建、安全生产、信访维稳等工作得到加强。不断推进公民思想道德建设，群众性精神文明创建活动全面深化。

（八）改进工作作风，提升政府行政效能。认真贯彻全面从严治党要求，深入开展“两学一做”学习教育，切实加强政府公务员队伍建设。严格落实中央八项规定精神，认真执行省委九项规定，大力推进纠“四风”、治陋习和“雁过拔毛”式腐败专项整治，严肃查处了一批违纪违法案件。加强文件合法性审查，强化规范性管理。全面推进政务公开。

（九）统筹经济建设和国防建设，促进军民融合发展。全面完成国防动员年度任务，推动民兵预备役建设调整转型。驻湘部队积极参与经济建设、扶贫帮困、抢险救灾、应急救援和社会治理。军民融合深度发展势头良好，双拥共建活动富有成效。

各位代表!

过去一年，成绩来之不易。这是党中央、国务院和中共湖南省委正确领导的结果，是全省人民团结拼搏、共同努力的结果，是各级人大、政协监督和社会各界人士关心支持的结果。在此，我代表省人民政府，向全省各族人民、各民主党派、各人民团体，向驻湘人民解放军和武警部队指战员、政法干警，向中央驻湘单位，向关心支持湖南改革发展的海内外各界人士，表示衷心感谢!

看到成绩的同时，必须清醒认识到，我省经济社会发展仍面临不少困难和问题：一是经济下行压力仍然较大，部分经济指标如地区生产总值增速没有达到预期目标，发展速度不快和质量不高的问题同时存在。二是实体经济面临的困难仍然较大，传统产业转型步伐较慢，新兴产业总体规模较小，企业运行成本较高，内生发展动能不足；民间投资增速放缓、占比下降，投资信心有待提高。三是经济运行隐患和风险仍然较多，部分企业资产负债率过高，少数地方非住宅商品房去化周期较长。四是脱贫攻坚和改善民生的任务仍然较重，就学、就医、生态环境等方面依然存在不少问题。五是干部的作风、能力、工作效率与新常态、新形势的要求仍有差距，少数干部还存在为官不为、落实不力甚至违纪违法等现象。我们要直面这些问题，找准症结，采取有力措施加以解决。

二、2017 年主要目标和任务

今年，是党的十九大胜利召开之年，也是贯彻落实省第十一次党代会精神的第一年。做好全年各项工作，具有十分重要的意义。

当前，全球经济在艰难中曲折前进，但我国经济长期向好的基本面没有变，湖南仍处在大有作为的机遇期。从发展阶段看，我省正处于转型升级的关键时期；从发展基础看，我省经济规模持续扩大，具备后发赶超的基础条件；从发展趋势看，我省大众创业、万众创新蓬勃发展，新技术、新产品、新业态、新模式不断涌现。我们要紧紧围绕省党代会部署和“十三五”目标任务，准确把握湖南所处的发展阶段和历史方位，发挥“一带一部”区位优势，保持战略定力，积极主动作为，通过四到五年的努力，使人均地区生产总值达到 1 万美元以上，每个市州通高铁，每个县市通高速，每个村喝上安全干净的水，每个贫困户摘掉贫困帽子，每个人都能享受到更蓝的天、更绿的山、更清的水，呼吸到更清新的空气，都能生活在更加平安祥和的氛围中，享有更多人生出彩的机会，力争在中部崛起中走在前列。

今年全省经济社会发展总的要求是：全面贯彻党的十八大和十八届三中、四中、五中、六中全会以及中央经济工作会议、省第十一次党代会精神，统筹推进“五位一体”总体布局，协调推进“四个全面”战略布局，坚持稳中求进工作总基调，牢固树立和贯彻落实新发展理念，适应把握引领经济发展新常态，坚持以提高发展质量和效益为中心，坚持以推进供给侧结构性改革为主线，按照“三个着力”要求，围绕建设“五个强省”，大力实施创新引领开放崛起战略，全面做好稳增长、促改革、调结构、惠民生、防风险各项工作，打好脱贫攻坚、转型升级、环境治理战役，促进经济平稳健康发展和社会和谐稳定，加快建设富饶美丽幸福新湖南，以优异成绩迎接党的十九大胜利召开。

今年发展的主要预期目标是：地区生产总值增长 8%左右，固定资产投资增长 13%，社会消费品零售总额增长 11.5%，进出口总额增长 8%，规模工业增加值增长 7%，一般公共预算收入增长 6%以上，全体居民人均可支配收入增长 8%左右，完成国家下达的节能减排任务。

实现上述目标，必须把握以下四个方面。

一要坚决贯彻中央决策部署。自觉把习近平总书记治国理政新理念新思想新战略落实到湖南改革发展的具体实践中。牢固树立和贯彻落实创新、协调、绿色、开放、共享的发展理念，抢抓发展先机，厚植发展优势，创新发展举措，培育发展动力，走出一条符合湖南实际的发展路子。坚持稳中求进工作总基调，明晰“稳”的重点，把握“进”的方向，确保关键领域改革取得新突破，创新开放发展形成新局面，经济运行质量水平迈上新台阶。

二要紧紧盯住发展战略目标。把创新摆在核心位置，以改革为动力，创新体制机制，努力营造充满活力、富有效率、有利创新、更加开放的发展环境。打破传统思维定势，进一步解放思想，以更加开放的意识、更加开放的理念、更加开放的办法谋发展、搞建设，实施好“十三五”规划，构建“四大体系”，打造“五大基地”，加快建设经济强省、科教强省、文化强省、生态强省、开放强省，谱写实现中华民族伟大复兴中国梦的湖南新篇章。

三要切实抓好五大重点工作。围绕稳增长、促改革、调结构、惠民生、防风险，重点做好振兴实体经济、深化供给侧结构性改革、优化产业结构、保障和改善民生、防范债务风险等工作。坚持问题导向，强化底线思维，分类施策、精准发力，推动各种资源向实体经济领域聚集，着力解决供给侧结构性失衡问题，保持经济平稳安全运行。

四要重点打好三大攻坚战役。围绕脱贫攻坚战役，把更大精力、更多财力投入到支持贫困地区发展和贫困人口脱贫致富上，不断提高扶贫工作质量和水平。围绕转型升级战役，提升创新素质，增强内生动力和核心竞争力，不断提高有效供给能力。围绕环境治理战役，继续实施湘江保护和治理“一号重点工程”，统筹推进洞庭湖水环境综合治理专项行动，抓好大气、水、土壤污染防治，让绿水青山成为湖南亮丽的名片。

三、2017 年主要工作

（一）保持经济平稳增长

大力振兴实体经济。立足各地产业基础和资源禀赋，发展一批特色优势产业，催生一批骨干企业集团，培育有特色、有竞争力、高成长性的行业龙头企业和小巨人企业。增强企业核心竞争力，引导企业聚焦主业、突出特色，优化经营结构、生产结构和产品结构。发扬企业家精神和工匠精神，开展“增品种、提品质、创品牌”活动，培育更多“百年老店”。强化对实体经济的政策支持，用好用足税收优惠政策，出台税收增量地方留成部分支持企业技术改造和加强研发的政策；通过减补加奖，引导企业减虚夯实、减少冗员、减少能耗，对新进入中国企业 500 强、中国民营企业 500 强的盈利企业管理团队给予奖励。继续开展百户大型骨干企业精准帮扶活动和涉企收费清理专项检查。提高金融支持实体经济的精准度和实效性，设立新兴产业投资引导基金，成立省担保集团和农业信贷担保公司，引导银行机构做好贷款项目储备，努力解决中小企业融资难、融资贵问题；支持和引导企业通过整体上市、定向增发、并购重组等形式，实现资源整合和产业升级。依法保护各种所有制经济产权和企业家合法权益，着力构建“亲”“清”政商关系。鼓励、支持、引导非公有制经济健康发展。

推进重大项目建设。实施 300 个省级重大项目。交通方面，力争建成高速公路 300 公里以上、干线公路 1000 公里以上；重点推进长益（扩容）高速公路和怀邵衡、张吉怀、黔张常铁路等在建项目，力争长益常高铁年内开工；加快黄花机场 T3 航站楼前期工作，确保武冈机场开通营运，加强支线机场和通用机场建设。能源方面，建成特高压直流输电工程，开工建设五强溪水电站扩机项目，加快推进农网升级改造和“气化湖南工程”。水利方面，推进涔天河水库扩建、莽山水库等项目，力争黄盖湖防洪治理工程开工，抓好洞庭湖重要堤防加固维修工程。信息方面，继续推进城市宽网提速、宽带乡村建设和电信普遍服务工程。制造业方面，加快推进中电信息安全产业园、中航发动机产业园、舍弗勒汽车零部件及精密轴承等重大项目。现代物流方面，实施物流建设三年行动计划，推动冷链物流县（市）全覆盖，健全县乡村三级物流配送体系。

促进区域协调发展。深入实施“一核三极四带多点”战略，推动要素高效集聚，培育高铁经济圈和沿线增长带，重塑和优化区域发展布局。加快长株潭一体化建设，以两型社会试验区、国家自主创新示范区、湘江新区为载体，推动规划、产业、交通、公共服务一体化，大力发展高新技术、智能制造、商贸金融等优势产业。促进洞庭湖区加快融入长江经济带建设，构筑环湖路网、滨湖生态城镇体系、环湖生态文化旅游圈及和谐人水关系，建设“更加秀美富饶的大湖经济区”。以湘南承接产业转移示范区及各类园区为载体，推动有色金属、轻工纺织等产业集聚发展。深入推进武陵山片区发展，加快综合交通、文化旅游、生态保护、特色产业等项目建设。继续推进特色县域经济强县工程建设，不断壮大县域实力。

加快新型城镇化。构建以长株潭城市群为核心、中心城市为主体、县城和中心镇为依托的新型城镇体系，支持长沙创建国家中心城市。加快县域城乡一体化发展，抓好百个特色小镇，建设一批工业强镇、商贸重镇、旅游名镇。完善城市功能，开展“生态修复、城市修补”四年行动计划，推进海绵城市和地下综合管廊建设试点，加强停车场、新能源充电桩等建设，着力解决交通拥堵、城市内涝、水体污染等问题。创新城市管理，推进“多规合一”和城市综合管理立法，盘活存量建设用地。加快推进新型城镇化综合试点，深化户籍制度改革，全面落实居住证制度，建立与农业转移人口市民化相关的财政转移支付、城镇建设用地规模增加等机制，逐步建立土地承包经营权、宅基地使用权和集体收益分配权的依法自愿有偿退出机制；将进城务工人员逐步纳入城镇住房、医疗、养老、教育等保障体系。

推动消费加快升级。开展“优供促销”活动，实施城镇商品销售畅通、农村消费升级、居民住房改善、汽车消费促进等行动。实施“湘品出湘”，打响湘绣、湘瓷、湘菜、湘茶、湘酒等“湖南老字号”、“湘字号”品牌。推进“互联网+商贸流通”，拓宽“工业品下乡”和“农产品进城”双向流通渠道，保障“田间”到“舌尖”的安全。打造以“锦绣潇湘”为品牌的全域旅游基地，提升旅游基础设施和服务水平，建设一批文化和自然遗产保护利用设施，形成一批红色旅游精品线路，深化红色旅游国际合作，推进旅游业标准化、信息化、品牌化和国际化。推动旅游、文化、体育、健康、养老五大幸福产业服务消费提质扩容。

（二）增强创新引领能力

加强创新基地和平台建设。全面推进以长株潭国家自主创新示范区为核心的科技创新基地建设，重点打造长沙“创新谷”、株洲“动力谷”、湘潭“智造谷”。推动高新区提质升级，加快培育新型科研机构，建设湖南制造业创新中心，建立多层次重点实验室、工程（技术）研究中心和企业技术中心。积极拓展科技金融结合试点，建立科技要素交易平台。

促进产学研紧密结合。面向世界科技前沿、面向经济主战场、面向国家重大需求，在人工智能、新材料、先进轨道交通、航空航天、生命科学等领域推进科技重大工程和重大专项，引进消化吸收一批关键核心技术。强化企业创新主体地位，加快培育特色突出、机制灵活、承载性好的创新型企业，支持企业参与国家重大科技专项，牵头组织实施重大科技产业化项目，参与国际、国家标准制定。推动产学研合作体制机制创新，支持园区、企业与高等院校、科研机构、行业协会等共建研发平台，合作开展研发攻关，大力支持城市管廊、蜂巢建筑等技术的开发与应用，促进创新成果转移转化。引导企业加大科研投入，逐步提高全社会研究与试验发展经费支出占地区生产总值的比重。完善省产业技术协同创新研究院运行机制，深化军民融合协同创新，加快技术双向转移。

推动大众创业万众创新。健全激励创新创业的政策和服务体系，建设一批国家级、省级双创基地，建立“苗圃+孵化器+加速器”全链条服务体系。加快组建科技大数据中心，推进大型科研仪器设备和重大科研基础设施开放共享，构建统一开放的公共科技服务平台。深化科技成果使用权、处置权和收益权改革，健全科研项目经费管理制度。

培育和引进创新人才。着力培养引进科技领军人才、专业技术人才、高技能人才和具有国际影响力的创新团队。建立引才绿色通道，探索人才柔性流动机制，完善引进人才的服务和保障措施，建设高标准国际化人才社区。开展知识产权综合管理改革试点，加强知识产权保护与运用。弘扬创新文化，营造人人皆可创新、创新惠及人人的社会氛围。

（三）加快开放崛起步伐

拓展开放空间。深化与“一带一路”沿线国家的交流，推进与俄罗斯伏尔加河沿岸联邦区和东北亚地区地方政府合作，争取外国政府在湘设立领事机构。加强国际产能合作，发挥大型企业对接“一带一路”国家战略的骨干作用，推动“抱团出海”、“借船出海”，继续推进埃塞·湖南装备制造合作园等项目，加快装备、技术、标准、服务整体“走出去”。贯彻实施国家促进中部地区崛起规划，加强与中部省份的产业和科技协作，推进湘赣、湘粤等合作试验区建设。

完善开放平台。积极申报湖南自由贸易试验区。发挥综合保税区、保税物流中心的作用，加快水果、肉类、药品等指定口岸申报建设，推动长沙、张家界航空口岸，以及岳阳城陵矶水运口岸等一类口岸拓展功能，提高集聚开放要素的能力和水平。拓展国际航班航线、湘欧快线、港澳直通车，建设长沙区域性国际航空枢纽，把长沙建成中国腹地直通国际的开放大通道，把岳阳建成大宗货物国际运输交通枢纽和我省通江达海的开放门户。

做强对外贸易。大力开拓中东欧、中东、南美等市场，加大成套设备、轨道交通装备、机电产品、生物医药、农产品等优质产品出口。培育和引进一批贸易龙头企业，支持发展跨境电商经营主体和外贸综合服务企业，积极引进国际采购商，支持关键设备、重要零部件进口。推动加工贸易创新发展，做大做强服务贸易，大力发展转口贸易。

优化开放环境。加大口岸“三互”和“单一窗口”等建设力度，推进区域通关通检一体化，促进贸易便利化。全面实施准入前国民待遇加负面清单管理模式，实行海关特殊监管区贸易项下企业非市场行为“零收费”，深入推进重大项目全程免费代办服务，建立外商投资企业联合年报和信用公示体系。建设招商引资“强磁场”，全面实施“万商入湘”专项行动，开展点对点、产业链、专业化招商，重点引进产业集群、研发中心、采购及结算中心；发挥“湘商”等群体的桥梁纽带作用，开展“迎老乡、回故乡、建家乡”活动，吸引湘籍人士返乡建功立业。

（四）构建现代产业体系

大力推进制造强省建设。实施建设制造强省五年行动计划，推进长株潭“中国制造 2025”试点示范城市群建设，打造以中国智能制造示范引领区为目标的现代制造业基地。实施新兴优势产业链行动计划，重点发展先进轨道交通装备、大功率半导体器件、先进硬质材料等 20 个新兴优势产业链，抓好航空动力、卫星导航、无人化装备、电动汽车、海工装备等产业基地建设，推进通用航空发展。积极发展先进制造业，实施制造业创新能力建设、智能制造、工业强基、绿色制造、中小企业“专精特新”发展、制造+互联网+服务、高端装备创新工程等 7 大专项行动。全面改造提升传统产业，重点在装备制造、钢铁、有色金属、医药食品、石油化工、烟花陶瓷、纺织服装等 7 个行业实施“+互联网”行动，推广应用人机智能交互、数字化设计、柔性自动化生产线、智能物流系统等技术，建设一批智能工厂和车间，推动“湖南制造”向“湖南智造”、“湖南创造”升级。

着力提高农业现代化水平。深入推进农业供给侧结构性改革，建设以精细农业为特色的优质农副产品供应基地，重点培育和提升粮食、畜禽水产、果蔬、林产、茶叶等千亿产业，建设一批特色农产品加工园区，省财政对每年认定的 10 个产业集聚区给予奖励。增强农业综合生产能力，稳定粮食等主要农产品生产，严守耕地红线，加快推进土地整治、中低产田改造和高标准农田建设，修复治理重金属污染耕地，继续实施大中型灌区续建配套和“五小”水利建设，新增高效节水灌溉面积 30 万亩。促进农村一二三产业融合发展，在调整农业种养结构、发展特色农业和新业态等方面加大力度，发展农产品加工、休闲农业和乡村旅游、农村服务业等产业，推广代耕代种、联耕联种、统防统治等专业化社会化服务，完善农产品电商销售体系。加强新品种选育繁育，推广良种良法和先进适用农机，提高主要农作物质量和全程机械化水平。狠抓农产品标准化生产、品牌创建、质量安全监管，实施化肥、农药使用量零增长行动，发展设施农业，培育更多“三品一标”产品，创建省级农业标准化示范基地和全域标准化示范县、乡。继续实施农业农村三个“百千万”工程，支持农业产业化龙头企业发展，扶持农民合作社、家庭农场、专业大户等新型经营主体，加快培育现代新型职业农民。

积极发展现代服务业。建设“三基地两中心”和服务业集聚区，发展工业设计、检验检测、第三方物流、节能环保等生产性服务业和现代金融、会展业，推进企业内置服务市场化、社会化。发展教育培训、体育健身、家政服务等生活性服务业，推进健康湖南建设。实施“湖湘服务”品牌战略和服务型“互联网+”行动，以及服务业示范集聚区提升、龙头企业培育、重大项目推进等工程。

扎实抓好产业园区建设。推进省级特色园区建设和园区改革试点示范，开展园区调区扩区和转型认定。对全省园区进行优化整合，完善基础设施和公共服务，实施清理整顿、环境治理、节能降耗等专项行动，增强产业集聚功能。推进长江经济带国家级转型示范开发区建设，加强产城融合示范区、老工业城市和资源型城市转型升级示范区建设。

（五）系统推进各项改革

深入推进供给侧结构性改革。继续去产能，建立实施产能过剩企业市场化退出机制，稳妥化解钢铁、煤炭、水泥等行业过剩产能，继续淘汰退出落后煤矿产能。有效去库存，坚持分城施策，重点解决三四线城市、县城商业地产库存过多的问题；加强房地产用地调控和市场监管，统筹抓好“控房价、防泡沫、防风险”，规范开发、销售、中介等行为。大力去杠杆，降低企业负债率，深入推进企业债务重组，支持银行、资产管理机构和企业开展市场化债转股；加大股权融资力度，盘活企业存量资产和闲置资产，加快处置“僵尸企业”。多方降成本，深化电力、交通、石油、天然气、市政公用等垄断性行业价格改革，开展农产品目标价格改革试点；积极实施养老保险缴费费率过渡试点，切实降低企业融资、用工、用能、物流、制度性交易、清算退出等成本。努力补短板，从制约经济社会发展的重要领域和关键环节，以及人民群众迫切需要解决的突出问题着手，把着力点放在科技创新、转型升级和公共服务上。

大力推进国有企业改革。把党的建设贯穿国企改革发展的全过程，完成省属国企公司制改制，出台发展混合所有制经济实施意见和国有资本布局结构调整总体方案。加快省属国企战略性重组，深化华菱、湘电改革，着力解决企业同质化和层级过多、战线过长、力量分散等问题，形成有效制衡的公司法人治理结构、灵活高效的市场化经营机制。加快国企“三供一业”分离移交工作，以管资本为主加强国有资产监管，改革国有资本授权经营体制。推进国有企业负责人薪酬制度改革。

稳步推进财税金融体制改革。加快省以下财政事权和支出责任划分改革试点，编制地方政府资产负债表和省级重大改革、重大项目、重要政策中期财政规划。深化预算管理制度改革，强化政府预算全口径大统筹，严格控制并逐步降低非税收入占财政收入的比重，所有非税收入取消收支挂钩。完善重点领域专项转移支付分配办法，推进专项资金深度整合。加快湘江新区滨江金融中心建设。推动我省法人财产保险公司批筹，加快组建金融租赁公司、财务公司等新型金融机构；全面完成农信社改制，继续推动村镇银行县域全覆盖。加快多层次资本市场建设，推动符合条件的企业到新三板和区域股权交易市场挂牌融资；发起设立基金小镇。加大地方金融监管力度，出台对新型金融业态的监管措施，完善区域金融安全网，继续抓好互联网金融专项整治，守住不发生区域性和系统性金融风险的底线。

进一步深化农业农村改革。细化和落实承包土地“三权分置”办法，基本完成农村土地承包经营权确权登记颁证。有序开展农村土地征收、集体经营性建设用地入市、宅基地制度等改革试点。规范农村土地流转，扩大农村集体资产股份制改革试点。深化国有林场和集体林权制度改革，探索建立林地“三权分离”制度。深入推进涉农资金整合试点，整合健全农村金融服务网点，扩大农业保险品种覆盖面。

加快“放管服”改革。继续简政放权，深化行政审批制度改革，出台行政审批事中事后监管制度，进一步精简行政审批事项，推行市场准入负面清单制度。推进经济发达镇行政管理体制改革，深化市场监管领域综合行政执法改革试点。推进事业单位改革，加快中介机构和行业协会商会脱钩。扩大政府购买服务试点。深化商事制度改革，做好企业“五证合一”和个体工商户“两证整合”工作，全面推进电子营业执照的发放和应用、企业登记全程电子化、企业简易注销登记改革。

（六）切实抓好民生工程

坚决完成年度脱贫攻坚任务。把脱贫攻坚作为“第一民生工程”来抓，确保实现减少110万农村贫困人口、10个贫困县和2500个以上贫困村退出的年度目标，做好45万左右丧失劳动能力贫困人口的兜底工作。以自治州建州 60 周年为契机，加大政策、项目、资金整合力度，促进脱贫攻坚和经济社会发展。高质量推进精准脱贫工作，细化落实特色产业、劳务输出、易地扶贫搬迁、生态补偿、教育扶贫、医疗救助、保障兜底等“七大扶贫行动”，启动实施解决贫困村基础设施和公共服务突出问题三年行动计划，完成易地扶贫搬迁 33 万人，提升贫困群众自主发展能力。加大产业扶贫力度，积极推进光伏扶贫、电商扶贫、旅游扶贫。推进教育扶贫，对贫困学生进行精准资助，实现贫困县农村义务教育阶段学生营养改善计划全覆盖。推进健康扶贫，提高医疗保障水平，切实减轻农村贫困人口医疗负担。加大财政、金融的扶贫力度，省财政扶贫资金增长 25%以上，增加重点生态功能区贫困县财政转移支付，基本实现全省贫困村金融扶贫服务站全覆盖，指导帮助符合条件的贫困地区企业上市融资。拓展社会扶贫，开展“万企帮万村”、“一家一”助学就业等扶贫活动。

努力办好重点民生实事。切实抓好 10 项 14 件实事：1.结合精准扶贫，改造农村危房 16 万户，巩固提升农村饮水安全 120 万人，搬迁安置特困移民 3 万人；2.提质改造农村公路 8000 公里，完成农村公路安保设施建设 1 万公里；3.新增城镇就业 70 万人；4.改造城市棚户区 39.3 万套及国有工矿棚户区 4000 套；5.实施农村适龄妇女“两癌”免费检查 100 万人；6.新增养老服务床位 2 万张；7.新增社会治安视频监控摄像头 3 万个；8.完成 2230 个行政村宽带网络升级改造；9.完成 1000 个行政村配电网改造；10.开展孕产妇产前免费筛查 60 万人。

积极扩大就业和提高居民收入。继续实施创业带动就业计划和创业引领计划，分类指导高校毕业生、农民工等群体就业，做好军队转业干部和退役士兵安置工作，抓好去产能企业职工的分流安置，大力援助残疾人、低保对象、零就业家庭等困难群体就业。全面实施双创三年行动计划，加强就业创业服务平台建设。建立重点项目促进就业机制，鼓励支持工业园区、劳动密集型产业、中小微企业吸纳就业。健全企业职工工资正常增长和支付保障机制。完善机关事业单位收入分配制度。根据国家统一部署，实施地区附加津贴制度、公立医院薪酬制度改革和事业单位高层次人才分配激励措施。多渠道增加城乡居民财产性收入。

健全社会保障体系。实施全民参保计划，完善基本养老、基本医疗和失业、工伤、生育等社会保险制度，推进法定人群全覆盖。深化机关事业单位养老保险制度改革，完善灵活就业人员参加企业养老保险政策，严格落实被征地农民社会保障措施。实施全省统一的城乡居民基本医疗保险制度，提高城乡居民医保财政补助标准，深化大病保险制度和医保付费方式改革。继续做好建筑业工伤保险工作，推进补充工伤保险试点。实现农村低保和扶贫标准“两线合一”。健全社会救助体系，完善农村留守儿童、特困人员、残疾人、精神病患者保障制度，对农民工尘肺病患者等特殊困难群体实施医疗救助。大力发展社会福利和慈善事业。保障妇女儿童合法权益。

推动文化创新繁荣。深入开展中国梦和社会主义核心价值观教育，弘扬湖湘文化优秀传统。加快构建公共文化服务体系，实施精品创作和演艺惠民工程，推进全民阅读，建设“书香湖南”。完善基层综合文化设施，加快省博物馆、省美术馆、省图书馆新馆等重大文化设施建设。加强文物、非物质文化遗产，以及历史文化名城、名镇、名街和传统村落的保护与利用，推进侗族村寨申遗。发展和繁荣哲学社会科学。大力发展广播、影视、出版事业。培育新型文化业态，促进文化与科技、旅游、金融、体育、设计、饮食等融合发展，推进马栏山创意产业园建设；支持文化企业并购重组、上市融资，进一步做强做优做大。

大力发展教育、卫生、体育等社会事业。加快发展普惠性学前教育，统筹推进县域内城乡义务教育一体化改革发展，普及高中阶段教育，落实农村中等职业教育攻坚计划。推进高校“双一流”建设，提高高等教育发展质量。加强教师队伍建设。加大困难学生资助力度，保障进城务工人员随迁子女平等接受义务教育，提高残疾儿童少年义务教育普及程度。完善中小学校幼儿园和岳麓山大学城等大学片区的规划建设。加强终身教育体系建设。推进公立医院改革和综合医改试点，推行异地就医直接联网结算，深入实施基本药物制度，建立健全分级诊疗、现代医院管理、全民医保和综合监管等制度。综合防治重大疾病、慢性病和地方病。提升中医药服务能力，振兴发展中医药事业。规范临床诊疗行为，加强医德医风建设。完善与全面两孩政策配套的公共服务体系，加大计划生育家庭扶助，依法防治出生缺陷，积极应对人口老龄化。大力开展全民健身。深化统计管理体制改革，提高统计数据真实性。做好地震、气象、档案、测绘、地质等工作。

（七）加强生态文明建设

推进生态环境治理。以湘江保护和治理“一号重点工程”为抓手，实施山水林田湖生态保护和修复工程，加强湘江源头的生态保护和株洲清水塘、湘潭竹埠港、衡阳水口山、郴州三十六湾、娄底锡矿山等重点地区污染整治，继续加大矿山环境治理力度。全面推行“河长制”，以湘江、洞庭湖为重点，实现全省河段、湖区生态保护与治理责任的全覆盖，严格控制河道采砂，加强沿江两岸生态建设。开展森林禁伐减伐，加强湿地保护，推进交通通道沿线造林绿化。继续推进长株潭地区大气污染联防联控，重点抓好火电超低排放改造、燃煤小锅炉淘汰和挥发性有机物、机动车尾气、建筑及道路扬尘管控。强化工业、生活、畜禽养殖等污染治理，积极推动餐厨废弃物处理利用。启动第二次污染源普查。开展环境保护督察，实施省以下环保监测监察执法垂直管理制度改革。以农村房屋改造和人居环境改善四年行动计划为抓手，推动农村环境综合整治全覆盖，80%的乡镇建成生活垃圾收转运设施，建设更多的美丽乡村。

深化两型社会建设。全面推进长株潭两型社会试验区第三阶段改革，加强两型标准认证，创新清洁低碳技术推广机制，完成湘江新区综合生态补偿、株洲综合执法体制等改革试点。创新生态绿心昭山及周边地区、岳麓山保护发展模式，启动实施生态绿心地区复绿、补绿五年行动。加强循环经济示范城市（县）和循环化改造试点园区建设。

创建国家生态文明试验区。完善自然资源资产产权制度，推进环境信用体系建设和排污权交易，抓好生态环境损害赔偿、生态红线制度和国家公园体制改革试点。建立健全绿色发展引导机制和政策体系，促进生产、生活系统循环链接，实行能源资源消耗、建设用地等总量和强度双控制。推进燃煤工业锅炉节能环保、城镇化节能示范、电机能效提升等重点节能工程。实施低碳城市和气候适应型城市建设试点，推进环境污染第三方治理。

（八）强化社会治理创新

加强民主法治。认真执行省人大及其常委会的决议、决定，自觉接受人大、政协监督，积极听取各民主党派、工商联、无党派人士和各人民团体意见。大力发扬基层民主，健全基层群众自治机制，完善合乡并村后续管理，完成首次村（居）委会同步换届选举。发挥工、青、妇等群团组织作用。深化社会组织登记管理体制改革，促进社会组织健康有序发展。落实“七五”普法规划，健全公共法律服务体系；加强特殊人群管理，提升社区矫正工作质量。进一步做好民族宗教工作。严格落实信访工作责任，依法解决群众合理诉求。切实加强社会治安管理，严密防范和化解社会矛盾风险。全面推行网格化服务管理，健全“三调联动”体系，着力建设“数字政法”、“智慧综治”等大数据平台，依法严厉打击暴恐、邪教、黄赌毒等违法犯罪行为，建设更高水平的平安湖南。创新和加强互联网治理，构建互联网行政监管、网络违法犯罪打防等工作机制。

守住安全底线。全面落实安全生产责任，持续推进道路交通、矿山、危险化学品、烟花爆竹、特种设备、消防、建筑施工等重点行业领域专项整治，防范和遏制重特大事故发生。加强应急管理，提升综合防灾减灾救灾能力。大力实施食品安全战略，坚持严字当头，加强食品药品监管。健全质量安全追溯体系，实施缺陷产品召回制度。加快信用体系建设，充分运用信用激励和约束手段，建立健全失信“黑名单”和社会信用统一代码制度，推动信用信息公开和共享。

防范化解风险。加快政府存量债务置换，健全政府性债务风险预警、化解和应急处置机制。在市县推广编制融资债务预算，推进政府融资平台市场化转型，将平台公司的公益性项目收支全部纳入预算管控。规范 PPP 项目运作，查处违法违规举债融资行为。严格规范设立政府性基金，政府出资与社会资本同股同权、风险共担、收益共享。搭建省级统一公开平台，定期公开各市县平台公司债务、市县政府购买服务、政府性投资基金等相关情况。

各位代表!

新的一年，我们要紧紧围绕实现党在新形势下的强军目标，支持国防和军队改革，推进“智慧动员”和军民融合重点项目建设，加强国防后备力量精准建设和管理，做好国防动员、国防教育和人民防空、国防设施保护工作，开创军政军民团结新局面。

各位代表!

做好今年各项工作，必须不断强化服务意识，提高治理能力和水平，努力建设廉洁高效、人民满意的政府。

一要加强政府系统党的建设。深入学习贯彻习近平总书记系列重要讲话精神，牢固树立政治意识、大局意识、核心意识、看齐意识，自觉向以习近平同志为核心的党中央看齐。落实全面从严治党责任，把严的要求贯穿政府建设全过程，真管真严、敢管敢严、长管长严，把“三严三实”要求落到实处。始终以忠诚为首要品质，以为民为核心价值，以发展为第一要务，以担当为政治责任，以干净为从政底线，着力建设为民务实清廉的公务员队伍。

二要加强政府自身改革。深入推进法治政府建设，完善权力、责任清单管理和动态调整工作，坚持依法行政，促进规范公正文明执法。进一步健全重大行政决策的社会稳定风险评估机制，发挥院士专家、参事和咨询机构的作用，保障重大决策和规范性文件的合法性、科学性、民主性。全面推进政务公开，推行决策、执行、管理、服务、结果“五公开”。加快推进“互联网+政务服务”，整合各类政府信息平台，整治文山会海，努力提高行政效能。

三要加强作风和能力建设。抓好干部队伍教育培训，巩固扩大“两学一做”学习教育成果。深入实际、深入基层，为群众排忧解难。坚持求真务实，不搞面子工程，不急功近利，对弄虚作假等行为“零容忍”。完善政绩考核机制，坚持奖勤罚懒、常态化督查，着力解决不想为、不会为、不敢为的问题。强化正确的用人导向，为敢于担当的干部担当，为敢于负责的干部负责，使办实事、求实效、作风扎实、甘于奉献的干部脱颖而出。

四要加强党风廉政建设。紧紧抓住领导干部这个“关键少数”，遏制权力寻租，规范权力运行，强化对权力集中、资金密集、资源富集部门和岗位的监管，构建不敢腐、不能腐、不想腐的体制机制。纠“四风”、治陋习，继续开展“雁过拔毛”式腐败等问题的专项整治，坚决纠正侵害群众利益的不正之风。坚持“一岗双责”，落实廉政责任，坚定不移惩治腐败。

各位代表!

建设富饶美丽幸福新湖南，我们要不忘初心、奋力拼搏，众志成城、攻坚克难。让我们更加紧密地团结在以习近平同志为核心的党中央周围，在中共湖南省委的领导下，凝心聚力、同心同德，锐意进取、勇于创新，以更加昂扬的斗志、更加务实的作风，干在实处、走在前列，为早日实现全面建成小康社会目标而努力奋斗!

（2017年1月19日省十二届人大七次会议审议通过）

湖南省2016年国民经济和社会发展统计公报

湖南省统计局

2017年3月7日

2016年，面对经济下行压力加大的严峻形势，省委、省政府带领全省人民认真贯彻落实党中央、国务院各项决策部署，全面贯彻新发展理念，坚持稳中求进工作总基调，坚定不移地推进供给侧结构性改革，统筹稳增长、促改革、调结构、惠民生、防风险各项工作，全省经济运行保持总体平稳、稳中有进、稳中向好的发展态势，实现了“十三五”良好开局。

一、综　合

初步核算，全省地区生产总值31244.7亿元，比上年增长7.9%。其中，第一产业增加值3578.4亿元，增长3.3%；第二产业增加值13181.0亿元，增长6.6%；第三产业增加值14485.3亿元，增长10.5%。按常住人口计算，人均地区生产总值45931元，增长7.3%。

全省三次产业结构为11.5：42.2：46.3。规模以上服务业实现营业收入2577.2亿元，比上年增长18.3%；实现利润总额243.5亿元，增长12.1%。第三产业比重比上年提高2.1个百分点；工业增加值占地区生产总值的比重为35.8%，比上年下降2.1个百分点；高新技术产业增加值占地区生产总值的比重为22.0%，比上年提高0.8个百分点；非公有制经济增加值18739.9亿元，增长8.7%，占地区生产总值的比重为60.0%，比上年提高0.4个百分点；战略性新兴产业增加值3499.2亿元，增长9.4%，占地区生产总值的比重为11.2%。第一、二、三产业对经济增长的贡献率分别为4.8%、37.0%和58.2%，第三产业贡献率比上年提高4.3个百分点。其中，工业增加值对经济增长的贡献率为31.6%，生产性服务业增加值对经济增长的贡献率为20.0%。资本形成总额、最终消费支出、货物和服务净流出对经济增长的贡献率分别为49.5%、52.7%和-2.2%。

图1　2011-2016年地区生产总值及其增长速度

分区域看，长株潭地区生产总值13681.9亿元，比上年增长9.0%；湘南地区生产总值6609.6亿元，增

长 8.0%；大湘西地区生产总值 5345.6 亿元，增长 7.8%；洞庭湖地区生产总值 7540.6 亿元，增长 7.8%。

二、农　业

第一产业中，农业实现增加值 2276.6 亿元，比上年增长 3.6%；林业增加值 237.8 亿元，增长 8.2%；牧业增加值 805.4 亿元，下降 0.1%；渔业增加值 258.6 亿元，增长 6.5%。

全省粮食播种面积 489.1 万公顷，比上年下降 1.1%；棉花种植面积 10.4 万公顷，下降 8.9%；糖料种植面积 1.3 万公顷，增长 1.1%；油料种植面积 143.8 万公顷，下降 0.5%；蔬菜种植面积 142.0 万公顷，增长 3.5%。

全省粮食总产量 2953.1 万吨，比上年减产 1.7%；油料与上年持平，棉花减产 15.2%，烤烟增产 2.5%，茶叶增产 5.9%，蔬菜增产 5.0%，猪、牛、羊肉类减产 2.6%，牛奶增产 4.1%，水产品增产 4.0%，禽蛋增产 3.2%。

全年新增农田有效灌溉面积 2.8 万公顷，比上年增长 37.0%；新增节水灌溉面积 1.9 万公顷；开工各类水利工程 7.5 万处，投入资金 292.0 亿元，完成水利工程土石方 10.6 亿立方米；提质改造农村公路 10588 公里。

三、工业和建筑业

全省全部工业增加值 11177.3 亿元，比上年增长 6.6%。其中，规模以上工业增加值增长 6.9%。在规模以上工业中，非公有制企业增加值增长 8.7%，占规模以上工业的比重为 77.0%，比上年提高 1.4 个百分点。高加工度工业和高技术制造业增加值分别增长 10.6%和 11.4%；占规模以上工业增加值的比重分别为 38.0%和 11.2%，比上年提高 0.8 个和 0.7 个百分点。省级及以上产业园区工业增加值增长 9.4%，占规模以上工业的比重为 65.7%，比上年提高 4.2 个百分点。六大高耗能行业增加值增长 5.1%，占规模以上工业的比重为 30.6%，比上年提高 0.3 个百分点。分区域看，长株潭地区增长 7.3%，湘南地区增长 6.6%，大湘西地区增长 6.4%，洞庭湖地区增长 6.6%。

图 2　2011-2016 年全部工业增加值及其增长速度

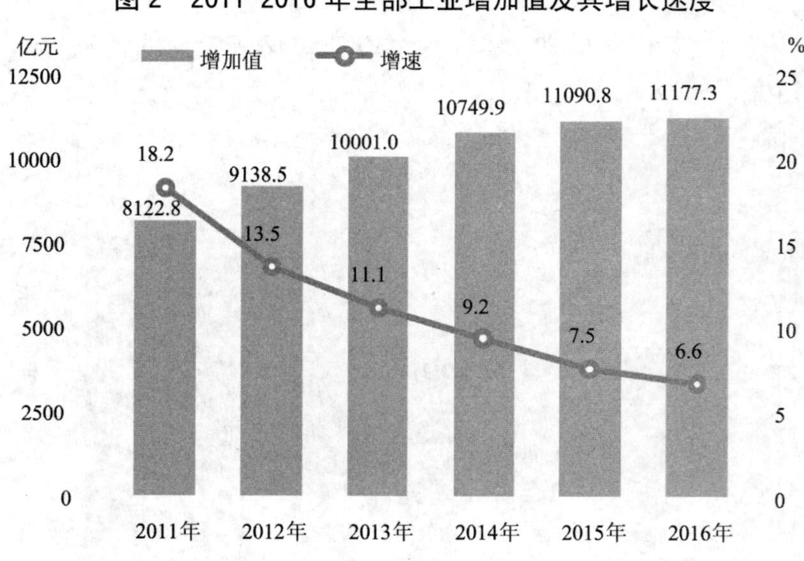

全省规模以上工业统计的产品中，58.8%的产品产量比上年增长。主要产品中，大米 1451.5 万吨，增长 5.8%；饲料 1819.7 万吨，增长 6.0%；原油加工量 840.6 万吨，下降 4.2%；水泥 12177.7 万吨，增长 3.9%；钢材 1998.7 万吨，增长 3.6%；十种有色金属 226.7 万吨，下降 14.5%；混凝土机械 4.0 万台，下降 9.3%；

汽车74.1万辆，增长30.8%；发电量1284.7亿千瓦时，增长4.5%。

表1　2016年规模以上工业主要产品产量及其增长速度

产品名称	计量单位	产　　量	比上年增长（%）
原　盐	万吨	282.6	7.4
大　米	万吨	1451.5	5.8
饲　料	万吨	1819.7	6.0
精制食用植物油	万吨	388.2	6.0
卷　烟	亿支	1694.6	-3.6
机制纸及纸板	万吨	422.1	-4.9
原油加工量	万吨	840.6	-4.2
硫　酸（折100%）	万吨	240.7	1.1
烧　碱（折100%）	万吨	43.0	-10.7
合成氨	万吨	74.4	-29.4
化　肥（折纯）	万吨	102.8	1.0
水　泥	万吨	12177.7	3.9
平板玻璃	万重量箱	2739.1	25.3
生　铁	万吨	1791.4	1.7
粗　钢	万吨	1827.8	0.9
钢　材	万吨	1998.7	3.6
十种有色金属	万吨	226.7	-14.5
白　银	吨	9328.3	9.4
起重机	万吨	56.9	-18.9
混凝土机械	万台	4.0	-9.3
汽　车	万辆	74.1	30.8
其中：轿车	万辆	28.9	-3.7
运动型多用途乘用车（SUV）	万辆	33.1	193.8
发电设备	万千瓦	156.6	-17.8
交流电动机	万千瓦	1412.2	-1.6
变压器	万千伏安	10958.2	1.7
发电量	亿千瓦时	1284.7	4.5
其中：火电	亿千瓦时	722.6	1.5
水电	亿千瓦时	530.4	6.7

规模以上工业企业实现利润总额1620.5亿元，比上年增长4.5%。分经济类型看，国有企业113.7亿元，下降12.6%；集体企业8.9亿元，下降12.8%；股份合作制企业1.7亿元，下降50.7%；股份制企业1249.4亿元，增长6.0%；外商及港澳台商投资企业141.1亿元，增长12.8%；其他内资企业105.7亿元，增长2.2%。利润总额居前五位的大类行业中，非金属矿物制品业148.1亿元，增长10.7%；化学原料和化学制品制造业132.4亿元，下降5.1%；农副食品加工业127.2亿元，增长2.1%；烟草制品业90.4亿元，下降19.5%；计算机、通信和其他电子设备制造业90.0亿元，增长20.3%。

全省建筑业增加值2016.6亿元，比上年增长6.7%。具有资质等级的总承包和专业承包建筑企业实现利润总额239.6亿元，增长6.8%。房屋建筑施工面积50327.5万平方米，增长5.9%。房屋建筑竣工面积

18629.2 万平方米，增长 7.1%。

图 3　2011-2016 年建筑业增加值及其增长速度

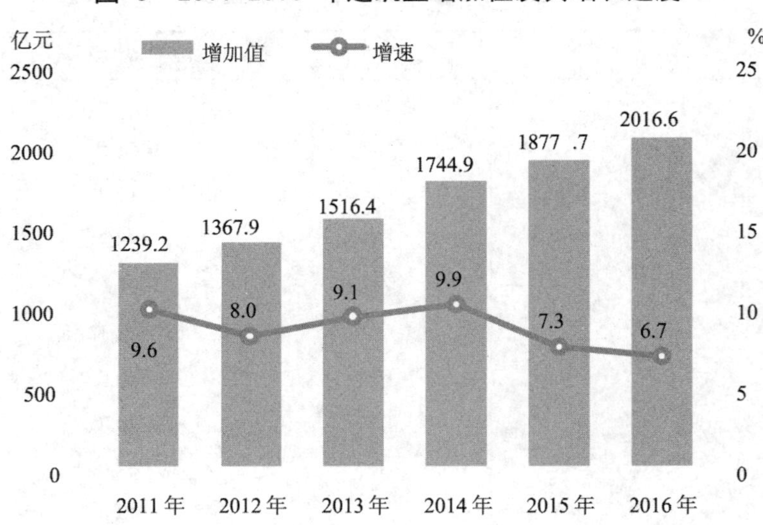

四、固定资产投资

全省固定资产投资（不含农户）27688.5 亿元，比上年增长 13.8%。其中，民间投资 16381.3 亿元，增长 3.8%，占全部投资的比重为 59.2%。分经济类型看，国有投资 9253.5 亿元，增长 23.9%；非国有投资 18434.9 亿元，增长 9.4%。分投资方向看，民生投资 2674.6 亿元，增长 46.4%；生态投资 1246.7 亿元，增长 29.3%；基础设施投资 7349.9 亿元，增长 26.2%；高新技术产业投资 1774.4 亿元，增长 19.7%；技改投资 7196.0 亿元，下降 0.1%；战略性新兴产业投资 6396.0 亿元，增长 17.5%。分区域看，长株潭地区 10977.4 亿元，增长 13.9%；湘南地区 6262.6 亿元，增长 14.0%；大湘西地区 4598.6 亿元，增长 14.1%；洞庭湖地区 5640.0 亿元，增长 14.5%。

表 2　2016 年固定资产投资及其增长速度

指　　标	投资额（亿元）	比上年增长（%）
固定资产投资（不含农户）	27688.5	13.8
第一产业	1000.8	11.6
第二产业	10567.8	6.3
其中：采矿业	499.5	-12.4
制造业	8824.5	7.9
电力、热力、燃气及水生产和供应业	950.8	18.1
建筑业	318.7	-24.9
第三产业	16119.9	19.5
其中：交通运输、仓储和邮政业	1944.4	16.7
信息传输、软件和信息技术服务业	298.3	8.0
批发和零售业	1104.8	-5.9
住宿和餐饮业	293.9	-7.0
金融业	78.6	-30.2
房地产业	4369.5	21.9
租赁和商务服务业	723.4	34.9
科学研究和技术服务业	358.2	16.9
水利、环境和公共设施管理	4526.2	32.6
居民服务、修理和其他服务业	131.0	0.9

续表

指　　标	投资额（亿元）	比上年增长（%）
教育	568.1	18.1
卫生和社会工作	414.3	42.2
文化、体育和娱乐业	512.8	79.1
公共管理、社会保障和社会组织	539.9	-20.5

全省施工项目共有49962个，比上年增长4.8%。其中，本年新开工项目40912个，增长4.3%。本年投产项目33375个，下降5.8%。

全省房地产开发投资2957.0亿元，比上年增长13.1%。其中，住宅投资1871.3亿元，增长3.8%。商品房销售面积8085.4万平方米，增长27.1%。其中，住宅销售面积7190.7万平方米，增长26.8%。商品房销售额3751.9亿元，增长37.0%。其中，住宅销售额3113.6亿元，增长38.1%。年末商品房待售面积2901.5万平方米，下降12.3%，比上年末减少408.1万平方米。

五、国内贸易和物价

全省社会消费品零售总额13436.5亿元，比上年增长11.7%。分经营地看，城镇12146.6亿元，增长11.6%；乡村1289.9亿元，增长13.1%。分区域看，长株潭地区5638.3亿元，增长11.6%；湘南地区2623.0亿元，增长11.8%；大湘西地区2333.1亿元，增长11.8%；洞庭湖地区2842.2亿元，增长11.9%。

表3　2016年社会消费品零售额及其增长速度

指　　标	零售额（亿元）	比上年增长（%）
社会消费品零售总额	13436.5	11.7
按经营地分		
其中：城镇	12146.6	11.6
乡村	1289.9	13.1
限额以上法人批发和零售业商品零售额	4999.1	12.9
其中：粮油、食品类	491.8	17.8
饮料类	94.1	15.7
烟酒类	144.1	18.7
服装、鞋帽、针纺织品类	350.3	10.0
化妆品类	50.6	0
金银珠宝类	76.3	3.3
日用品类	159.8	17.8
五金、电料类	59.3	18.7
体育、娱乐用品类	11.4	0.4
书报杂志类	38.6	64.8
电子出版物及音像制品类	3.7	11.2
家用电器和音像器材类	340.8	10.8
中西药品类	320.1	19.1
文化办公用品类	72.6	19.2
家具类	39.4	54.2
通讯器材类	50.8	20.0
煤炭及制品类	65.7	12.8
石油及制品类	782.5	2.9
建筑及装潢材料类	91.5	37.3
机电产品及设备类	47.8	13.1
汽车类	1586.5	15.1

限额以上法人批发和零售业商品零售额4999.1亿元，比上年增长12.9%。其中，文化娱乐体育健康类零售额增长21.4%。分商品类别看，粮油、食品类零售额增长17.8%，书报杂志类增长64.8%，家用电器和音像器材类增长10.8%，文化办公用品类增长19.2%，通讯器材类增长20.0%，建筑及装潢材料类增长37.3%，汽车类增长15.1%。

全省居民消费价格比上年上涨1.9%。其中，城市上涨1.9%，农村上涨1.9%。商品零售价格上涨1.0%。工业生产者出厂价格下跌1.1%，工业生产者购进价格下跌2.0%。固定资产投资价格上涨0.4%。农产品生产者价格上涨4.7%，农业生产资料价格上涨1.7%。

表4　2016年居民消费价格比上年涨跌幅度

指　　标	涨跌幅度（%）
居民消费价格	1.9
其中：食品烟酒	4.3
衣着	1.5
居住	1.2
生活用品及服务	0
交通和通信	-1.6
教育文化及娱乐	0.8
医疗保健	3.1
其他用品和服务	1.6

六、对外经济

全省进出口总额1782.2亿元，比上年下降2.1%。其中，出口1205.3亿元，增长1.5%；进口577.0亿元，下降8.9%。分贸易方式看，一般贸易出口883.0亿元，增长21.3%；加工贸易出口302.6亿元，下降22.7%。分商品类别看，服装及衣着附件出口76.6亿元，增长51.6%；钢材49.5亿元，下降18.0%；金属银39.7亿元，下降5.9%；家用陶瓷23.8亿元，增长5.6%。分产销国别（地区）看，对香港出口307.3亿元，下降7.5%；美国174.3亿元，增长26.5%；欧盟155.1亿元，增长40.0%；日本28.0亿元，增长11.5%。

表5　2016年进出口总额及其增长速度

指　　标	绝对数（亿元）	比上年增长（%）
进出口总额	1782.2	-2.1
出口额	1205.3	1.5
按贸易方式分		
其中：一般贸易	883.0	21.3
加工贸易	302.6	-22.7
按重点商品分		
其中：机电产品	565.3	-8.9
高新技术产品	175.6	-22.0
农产品	69.0	5.7
进口额	577.0	-8.9
按贸易方式分		
其中：一般贸易	381.3	15.2
加工贸易	175.9	-22.7
按重点商品分		
其中：机电产品	268.6	-15.2
高新技术产品	101.2	-37.2
农产品	32.5	52.2

全省实际利用外商直接投资128.5亿美元，比上年增长11.1%。其中，第一产业6.2亿美元，下降0.4%；第二产业68.6亿美元，下降4.0%；第三产业53.7亿美元，增长41.5%。实际到位资金3000万美元以上外资项目10个。年末在湘投资的世界500强企业140家，年内新引进2家。实际引进境内省外资金4361.8亿元，增长15.0%。其中，第一产业290.4亿元，增长50.4%；第二产业2204.0亿元，增长5.9%；第三产业1867.3亿元，增长23.1%。引进2亿元以上境内省外项目424个，增长22.9%；实际到位资金1563.3亿元，增长21.3%。

全省新签对外承包工程、劳务合作和设计咨询合同金额66.0亿美元，比上年增长11.6%；实现营业额63.1亿美元，增长22.0%；外派劳务9.6万人，增长17.8%。对外合同投资额47.0亿美元，增长51.7%。其中，中方合同投资额33.5亿美元，增长20.6%。对外实际投资额 16.5亿美元，增长11.5%。

七、交通、邮电和旅游

全省客货运输换算周转量5052.5亿吨公里，比上年增长4.1%。货物周转量4056.8亿吨公里，增长4.0%。其中，铁路周转量735.0亿吨公里，下降2.1%；公路周转量2686.6亿吨公里，增长5.2%。旅客周转量1669.3亿人公里，增长1.1%。其中，铁路周转量924.4亿人公里，增长5.0%；公路周转量577.0亿人公里，下降9.2%；民航周转量164.7亿人公里，增长24.5%。

年末全省公路通车里程23.8万公里，比上年末增长0.6%。其中，高速公路通车里程6080公里，比上年末增加428公里。年末铁路营业里程4716公里，其中高速铁路1374公里。年末全省民用汽车保有量603.0万辆，增长16.7%；私人汽车保有量551.1万辆，增长18.2%；轿车保有量328.1万辆，增长18.4%。

表6　2016年各种运输方式完成客货运输量及其增长速度

指　　标	计量单位	绝对数	比上年增长（%）
货运量	万吨	207365.1	3.4
其中：铁路	万吨	3925.9	-5.9
公路	万吨	178967.7	3.9
水运	万吨	23444.6	1.7
民航	万吨	6.4	5.4
管道	万吨	1020.4	4.0
客运量	万人	122643.3	-7.2
其中：铁路	万人	11310.5	9.1
公路	万人	108627.4	-8.9
水运	万人	1614.8	5.3
民航	万人	1090.5	16.6

全省邮电业务总量1347.9亿元，比上年增长50.8%。其中，邮政业务总量143.4亿元，增长37.7%；电信业务总量1204.5亿元，增长52.6%。年末固定电话用户682.7万户，下降13.3%；移动电话用户4909.1万户，增长1.0%。年末互联网宽带用户1044.2万户，增长17.4%。

全省国内游客5.6亿人次，比上年增长19.5%；入境游客240.8万人次，增长6.5%。旅游总收入4707.4亿元，增长26.8%。其中，国内旅游收入4640.7亿元，增长26.8%；国际旅游收入10.1亿美元，增长17.1%。

八、财政、金融和保险

全省一般公共预算收入4252.1亿元，比上年增长6.0%，其中，地方收入2697.9亿元，增长7.3%。地方收入中，税收收入1551.3亿元，增长1.6%；非税收入1146.6亿元，增长16.1%。上划中央“两税”1142.2亿元，与上年基本持平；上划中央所得税371.1亿元，增长6.7%。全省一般公共预算支出6337.0亿元，增长10.6%。其中，社会保障和就业支出882.4亿元，增长13.2%；城乡社区事务支出683.8亿元，增长24.0%；文化体育与传媒支出155.0亿元，增长38.7%；扶贫支出90.6亿元，增长1.4倍。

表7　2016年一般公共预算收支及其增长速度

指　　标	绝对数（亿元）	比上年增长（%）
一般公共预算收入	4252.1	6.0
其中：地方收入	2697.9	7.3
其中：税收收入	1551.3	1.6
非税收入	1146.6	16.1
上划中央“两税”	1142.2	0
上划中央所得税	371.1	6.7
一般公共预算支出	6337.0	10.6
其中：一般公共服务	698.8	10.2
教育	1011.5	8.9
科学技术	71.4	7.7
文化体育与传媒	155.0	38.7
社会保障和就业	882.4	13.2
医疗卫生与计划生育	539.0	9.2
节能环保	155.5	7.7
城乡社区事务	683.8	24.0
农林水事务	698.7	2.3
住房保障	296.6	7.0

年末全省金融机构本外币各项存款余额41996.7亿元，比上年末增长15.9%。其中，住户存款余额21242.1亿元，增长13.0%；非金融企业存款余额12280.9亿元，增长24.6%。本外币各项贷款余额27532.3亿元，增长13.7%。其中，住户贷款余额9124.3亿元，增长17.2%；非金融企业及机关团体贷款余额18342.3亿元，增长12.3%。

表8　2016年末金融机构本外币存贷款余额及其新增额

指　　标	年末余额（亿元）	比年初新增额（亿元）
各项存款	41996.7	5776.1
其中：境内存款	41976.6	5789.3
#住户存款	21242.1	2441.4
活期存款	8382.6	1186.4
定期及其他存款	12859.6	1255.1
非金融企业存款	12280.9	2429.9
活期存款	7313.1	2165.8
定期及其他存款	4967.8	264.1
非银行业金融机构存款	1194.0	-181.0

表8：续

指　　标	年末余额（亿元）	比年初新增额（亿元）
境外存款	20.2	-13.2
各项贷款	27532.3	3310.4
其中：境内贷款	27467.0	3340.5
#住户贷款	9124.3	1338.4
短期贷款	2197.7	55.9
中长期贷款	6926.6	1282.5
非金融企业及机关团体贷款	18342.3	2002.1
短期贷款	4330.9	-102.8
中长期贷款	12720.9	1695.8
境外贷款	65.3	-30.1

年末全省上市公司104家，年内新增5家。其中，境内上市公司88家，境外上市公司16家。全年直接融资总额3147.1亿元，比上年增长27.6%。其中，通过发行、配售股票共筹集资金221.6亿元。年末证券公司营业部349家，证券交易额69226.0亿元。年末辖区共有期货公司3家，成交金额20777.0亿元。

全年保险公司原保险保费收入886.5亿元，比上年增长24.5%。其中，寿险保费收入495.8亿元，增长27.4%；健康险保费收入95.4亿元，增长59.0%；人身意外伤害险保费收入22.3亿元，增长12.6%；财产险保费收入273.1亿元，增长12.3%。原保险赔付支出340.0亿元，增长32.2%。

九、教育和科学技术

年末全省有普通高校108所。普通高等教育研究生毕业生1.9万人，本专科毕业生31.7万人，中等职业教育毕业生20.0万人，普通高中毕业生34.2万人，初中学校毕业生74.0万人，普通小学毕业生77.0万人。在园幼儿224.9万人，比上年增长3.8%。小学适龄儿童入学率99.99%，高中阶段教育毛入学率90.6%。各类民办学校12702所，在校学生266.5万人。发放高校国家奖学金、助学金9.0亿元，资助高校学生51.3万人次。发放中职国家助学金3.7亿元，资助中职学生33.5万人次；落实中职免学费资金13.7亿元，资助中职学生97.0万人次。落实义务教育保障资金86.1亿元，发放普通高中国家助学金4.3亿元。

表9　2016年各级学校招生、在校及毕业生人数及其增长速度

指　　标	招生人数		在校（学）人数		毕业人数	
	绝对数（万人）	比上年增长（%）	绝对数（万人）	比上年增长（%）	绝对数（万人）	比上年增长（%）
研究生教育	2.2	2.7	7.1	2.7	1.9	1.5
普通高等教育	37.6	4.5	122.5	3.8	31.7	5.3
成人高等教育	11.1	3.5	23.1	-4.7	11.8	12.4
中等职业教育	25.1	5.7	66.1	2.0	20.0	-2.2
普通高中	39.4	3.6	110.9	3.2	34.2	2.1
初中学校	78.0	5.6	225.1	1.2	74.0	5.7
普通小学	90.0	1.5	501.8	2.6	77.0	5.4
特殊教育	0.5	17.8	2.6	14.2	0.3	88.2

年末全省有国家工程研究中心 4 个，省级工程研究中心 67 个。国家（国家地方联合）工程研究中心 15 个，国家（国家地方联合）工程实验室 32 个。国家认定企业技术中心 45 个。国家工程技术研究中心 14 个，省级工程技术研究中心 243 个。国家级重点实验室 16 个，省级重点实验室 164 个。签订技术合同 3976 项，技术合同成交金额 105.6 亿元。登记科技成果 694 项。获得国家科技进步奖励成果 11 项、国家技术发明奖励 2 项、国家自然科学奖 1 项。超级杂交稻百亩片平均亩产 1088 公斤，再创世界最高纪录。研制出国内首个整列装载永磁牵引系统的列车等一批高科技产品，异种胰岛移植技术实现新突破。专利申请量 67779 件，比上年增长 24.4%。其中，发明专利申请量 25524 件，增长 30.9%。专利授权量 34050 件，下降 0.1%。其中，发明专利授权量 6967 件，增长 2.8%。工矿企业、大专院校和科研单位专利申请量分别为 32343 件、11973 件和 783 件，专利授权量分别为 16723 件、5881 件和 369 件。高新技术产业增加值 6859.2 亿元，增长 16.0%。

图 4　2011-2016 年专利申请量和授权量

年末全省有检验检测机构 1665 个,其中国家产品质量监督检验中心 23 个。法定计量检定机构 103 个。特种设备生产单位 1685 家，特种设备 27.4 万台。重点工业产品质量监督抽查 5485 批次，抽查合格率 95.1%，比上年提高 1.7 个百分点。参与制定国际标准 21 项，参与制定国家标准 27 项，组织制定地方标准 245 项。国土资源部门公开出版地图 47 种，天地图用户访问量 48.9 万次，提供基础地理信息数据成果 23.9 万幅。

十、文化、卫生和体育

年末全省有艺术表演团体 273 个，群众艺术馆、文化馆 143 个，公共图书馆 137 个，博物馆、纪念馆 113 个。广播电台 13 座，电视台 15 座。有线电视用户 1267.3 万户。广播综合人口覆盖率 94.57%，比上年提高 0.51 个百分点；电视综合人口覆盖率 98.26%，比上年提高 0.28 个百分点。国家级非物质文化遗产保护目录 118 个，省级非物质文化遗产保护目录 324 个。出版图书 13188 种、期刊 248 种、报纸 48 种，图书、期刊、报纸出版总印数分别为 4.9 亿册、1.4 亿册和 10.8 亿份。

年末全省共有卫生机构 61055 个。其中，医院 1260 个，妇幼保健院（所、站）139 个，专科疾病防治院（所、站）87 个，乡镇卫生院 2269 个，社区卫生服务中心（站）715 个，诊所、卫生所、医务室 10519 个，村卫生室 44339 个。卫生技术人员 39.3 万人，比上年增长 5.9%。其中，执业医师和执业助理医师 16.1 万人，增长 6.5%；注册护士 16.2 万人，增长 8.2%。医院拥有床位 30.0 万张，增长 8.7%；乡镇卫生院拥有床位 9.6 万张，增长 3.8%。

全省经常参加体育锻炼人数2399.6万人，开展全民健身项目2601项次。新建农民体育健身工程的行政村6500个。全年获得4个世界冠军、7个亚洲冠军和57个全国冠军，破世界纪录1项/人/次。体育场地98684个。其中，体育馆220座，运动场7296个，游泳池543个，各种训练房4527个。

十一、人口、人民生活和社会保障

年末全省常住人口6822.0万人。其中，城镇人口3598.6万人，城镇化率52.75%，比上年末提高1.86个百分点。全年出生人口92.3万人，出生率13.57‰；死亡人口47.7万人，死亡率7.01‰；人口自然增长率6.56‰。0—15岁（含不满16周岁）人口占常住人口的比重为19.71%，比上年末提高0.14个百分点；16—59岁（含不满60周岁）人口比重为62.68%，下降0.58个百分点；60岁及以上人口比重为17.61%，提高0.44个百分点。

表10　2016年末常住人口数及构成

指　　标	年末数（万人）	比重（%）
常住人口	6822.0	100
其中：城镇	3598.6	52.75
乡村	3223.4	47.25
其中：男性	3517.6	51.56
女性	3304.4	48.44
其中：0-15岁（含不满16周岁）	1344.8	19.71
16-59岁（含不满60周岁）	4276.2	62.68
60岁及以上	1201.1	17.61
其中：65岁及以上	801.5	11.75

全省全体居民人均可支配收入21115元，比上年增长9.3%，扣除价格因素实际增长7.3%；人均可支配收入中位数18096元，增长8.7%。城镇居民人均可支配收入31284元，增长8.5%，扣除价格因素实际增长6.5%；城镇居民人均可支配收入中位数29064元，增长6.8%。农村居民人均可支配收入11930元，增长8.5%，扣除价格因素实际增长6.5%；农村居民人均可支配收入中位数11041元，增长10.1%。城乡居民收入比为2.62:1，与上年持平。分区域看，长株潭地区居民人均可支配收入33236元，增长8.4%；湘南地区19698元，增长9.0%；大湘西地区14198元，增长10.3%；洞庭湖地区19225元，增长9.2%。

图5　2011-2016年城镇居民人均可支配收入及其实际增长速度

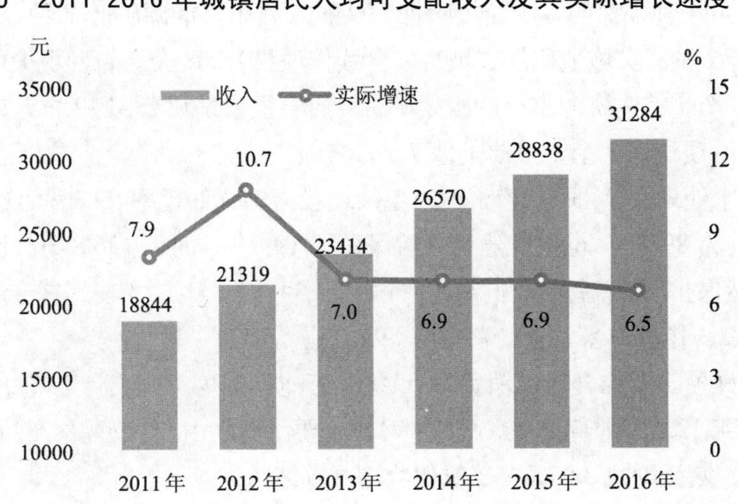

全省居民人均消费支出15750元，比上年增长10.4%。城镇居民人均消费支出21420元，增长9.8%；农村居民人均生活消费支出10630元，增长9.7%。城镇居民食品消费支出占消费总支出的比重（恩格尔系数）为29.9%，比上年下降1.3个百分点；农村居民恩格尔系数为31.7%，下降1.2个百分点。

图6　2011-2016年农村居民人均可支配收入及其实际增长速度

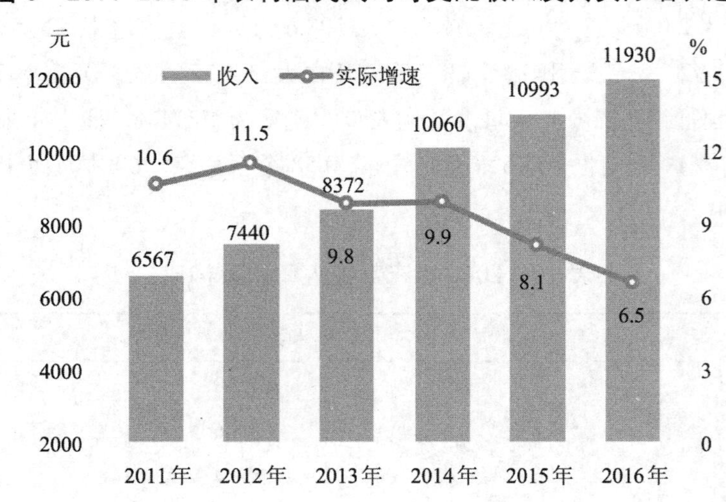

全省新增城镇就业人员77.4万人。年末参加城镇基本养老保险职工人数1203.9万人，比上年末增加43.2万人。其中，参保职工811.1万人，参保离退休人员385.8万人。参加城镇基本医疗保险人数2646.1万人。其中，参加城镇职工基本医疗保险人数829.6万人，参加城镇居民基本医疗保险人数1816.5万人。参加失业保险职工人数537.5万人，增加16.3万人。参加工伤保险职工人数773.3万人。参加生育保险职工人数542.9万人。登记参加城乡居民养老保险人数3320.5万人。参加城乡居民医疗保险人数6083.2万人，参保率98.61%。年末领取失业保险金职工人数15.4万人。获得政府最低生活保障的城镇居民111.8万人，发放最低生活保障经费39.2亿元；获得政府最低生活保障的农村居民290.2万人，发放最低生活保障经费47.3亿元。年末各类收养性社会福利单位床位24.2万张，收养各类人员14.7万人。城镇建立各种社区服务设施12006个，其中，综合性社区服务中心6035个。全年销售社会福利彩票85.4亿元，筹集福彩公益金24.0亿元。支持17.6万户农村危房改造，新增城市棚户区改造41.5万套，国有工矿棚户区改造8575套。

十二、资源、环境和安全生产

全省已发现矿种144种，探明资源储量矿种109种。其中，能源矿产7种，金属矿产39种，非金属矿产61种，水气矿产2种。实施地质勘查项目（含续作项目）208个，新发现大中型矿产地5处。完成资源整合的重点矿区18个，完成资源整合的重要矿种6种。国家地质公园12个，地质遗迹保护区4个。实施省以上土地综合整治项目233个，整治土地7.6万公顷。

全省设市城市污水处理率94.3%，设市城市生活垃圾无害化处理率99.8%。实际监测的地表水断面中，达到III类标准的比重为89.7%。已批准建设自然保护区191个，面积136.8万公顷。其中，国家级自然保护区22个，省级自然保护区27个。全年完成造林面积34.0万公顷，年末实有封山（沙）育林面积132.6万公顷，活立木蓄积5.3亿立方米，森林覆盖率59.64%。

初步核算，全省规模工业综合能源消费量5946.2万吨标准煤，比上年下降1.5%。其中，六大高耗能行业综合能源消费量4712.6万吨标准煤，下降1.7%。主要污染物中，化学需氧量排放量比上年削减2.82%，二氧化硫削减8.42%，氨氮削减3.07%，氮氧化物削减6.99%。

全省全年发生各类生产经营性安全事故2202起，生产经营性安全事故死亡人数1589人。亿元地区生产总值事故死亡人数0.05人，工矿商贸从业人员十万人事故死亡人数1.58人，煤矿百万吨死亡人数0.57人。全年发生道路交通事故7505起，下降16.9%；道路交通死亡率1.54人/万辆，减少0.17人/万辆。

注释：

1.本公报数据均为初步统计数，部分数据因四舍五入的原因，存在与分项合计不等情况。

2.地区生产总值、各产业增加值、人均地区生产总值绝对数按现价计算，增长速度按不变价计算。

3.根据《国民经济行业分类》(GB/T4754-2011)，2013年国家统计局对三次产业划分进行了修订，将“农、林、牧、渔业”中的“农、林、牧、渔服务业”“采矿业”中的“开采辅助活动”“制造业”中的“金属制品、机械和设备修理业”等三个大类调入第三产业，2016年三次产业数据按照此标准进行统计。

4.长株潭地区是指长沙、株洲和湘潭3市，湘南地区是指衡阳、郴州和永州3市，大湘西地区是指邵阳、张家界、怀化、娄底和湘西自治州5市（州），洞庭湖地区是指岳阳、常德和益阳3市。

5.高技术制造业包括医药制造业，航空、航天器及设备制造业，电子及通信设备制造业，计算机及办公设备制造业，医疗仪器设备及仪器仪表制造业，信息化学品制造业。

6.根据有关规定，对外贸易用人民币计价。

7.小学适龄儿童入学率指调查范围内已入小学学习的学龄儿童占校内外学龄儿童总数的百分比。

8.高中阶段教育毛入学率主要反映高中阶段教育覆盖面，是指高中阶段在校生总数占15-17岁学龄人口数的百分比。

9. 图6中2011-2013年数据为农村居民人均纯收入，2014年起指标名称改为农村居民人均可支配收入。

10.常住人口是指实际经常居住在某地区一定时间的人口。按人口普查和抽样调查规定，主要包括：居住在本乡镇街道、户口在本乡镇街道或户口待定的人，居住在本乡镇街道、离开户口所在的乡镇街道半年以上的人，户口在本乡镇街道、外出不满半年或在境外工作学习的人。

11.2016年末，全省0-14岁（含不满15周岁）人口为1264.2万人，15-59岁（含不满60周岁）人口为4356.7万人。

12.2016年总体水质监测断面较2015年有所增加，统计口径与2015年不可比。

13.国务院安委办实行事故统计直报改革，统计口径和范围发生大的调整，2016年安全生产数据与往年不可比。

14.能耗数据为国家统计局初步审核数据。

资料来源：

本公报中财政数据来自省财政厅；物价、城乡居民收入和支出、恩格尔系数、部分农业数据来自国家统计局湖南调查总队；铁路客货运输量、周转量，铁路里程数据来自石长铁路有限责任公司、广州铁路(集团)公司和南昌铁路局；公路客货运输量、周转量，水路客货运输量、公路里程数据来自省交通运输厅；民航客货运输量、周转量数据来自省机场管理集团有限公司；管道货运量数据来自中国石化集团资产经营管理有限公司长岭分公司、中国石化集团资产经营管理有限公司巴陵石化分公司、中国石化股份有限公司长岭分公司、中国石化销售有限公司华中分公司湖南输油管理处、长沙新奥燃气有限公司；汽车保有量、道路交通事故数据来自省公安厅；电信业务量、移动电话用户数、固定电话用户数、互联网宽带用户数来自省电信公司、省移动公司、省联通公司和省铁通公司；邮政业务量来自省邮政管理局；旅游数据来自省旅游发展委员会；存贷款数据来自中国人民银行长沙中心支行；上市公司数据来自省人民政府金融工作办公室；证券数据来自中国证券监督管理委员会湖南监管局；保险业数据来自中国保险监督管理委员会湖南监管局；教育数据来自省教育厅；科技数据来自省科技厅；专利数据来自省知识产权局；质量检测、行业标准数据来自省质量技术监督局；测绘、矿产资源、地质公园遗迹、土地数据来自省国土资源厅；艺术表演团体、博物馆、公共图书馆、文化馆、非物质文化遗产保护数据来自省文化厅；广播、电视、报纸、期刊、图书数据来自省新闻出版广电局；卫生数据来自省卫生和计划生育委员会；体育数据来自省体育局；城镇新增就业、社会保险数据来自省人力资源和社会保障厅；城乡低保、社会福利、社区服务、敬老院数据来自省民政厅；农村危房改造、保障房建设、污水和垃圾处理数据来自省住房和城乡建设厅；自然保护区、造林、育林、活立木、森林覆盖率数据来自省林业厅；地表水质量、污染物排放数据来自省环境保护厅；安全生产数据来自省安全生产监督管理局；其他数据来自省统计局。

Hunan Province Statistical Communiqué for the 2016 National Economic and Social Development

Hunan Bureau of Statistics

March 7, 2017

In 2016, in face of downward pressure on the economy, Hunan Provincial Committee and Hunan Provincial Government firmly carried out decisions from the CPR Central Committee, fully implemented new development strategy, adhered to general work guideline of making progress while maintaining stability, gave particular emphasis to structural reform on the supply side, and worked to stable growth, further reform, structural adjustments and people's wellbeing and against risks. With these efforts, the economic development was stable and growing, being off to a good start in "Thirteen-Five".

I. General Outlook

In 2016, after preliminary accounting, Hunan's gross domestic product (GDP) for the year was 3,124.47 billion Yuan, up by 7.9% over the previous year. Out of this total, the added value of the primary industry was 357.84 billion Yuan, up by 3.3%, that of the secondary industry was 1,318.10 billion Yuan, up by 6.6% and the tertiary industry was 1,448.53 billion Yuan, up by 10.5% rise. Calculated over permanent population, the Per Capita GDP turned out to be 45,931 Yuan, up by 7.3%.

The proportion of the three industries in Hunan Province was calculated as 11.5:42.2:46.3. The operation revenue of service industry above designated size was 257.72 billion Yuan, up by 18.3% over the previous year, and its profits was 24.35 billion Yuan, up by 12.1%. The tertiary industrial proportion increased by 2.1 percentage points over the previous year. The added value of the secondary industry accounted for 35.8% of Hunan's GDP, down by 2.1 percentage points over the preceding year. The added value of the high and new technology industry accounted for 22.0%, up by 0.8 percentage points over the preceding year. The added value of non-public sectors of the economy was 1,873.99 billion Yuan, up by 8.7%. And it accounted for 60.0% of Hunan's GDP, up by 0.4 percentage points over the previous year. The added value of strategic emerging industry was 349.92 billion Yuan, up by 9.4%, accounting for 11.2% of Hunan's GDP. The contribution rate of the primary, secondary and tertiary industry to economic growth was 4.8%, 37.0% and 58.2% respectively. Of the total, the contribution rate of tertiary industry increased by 4.3 percentage points. The contribution rate of industrial added value to economic growth was 31.6%, and that of the added value of product services to economic growth was 20.0%. The contribution rate of the gross capital formation, final consumption expenditure and net outflow of goods and services to economic growth was 49.5%, 52.7% and -2.2% respectively

Looking from regions, the GDP of Changsha-Zhuzhou-Xiangtan (CZT) region was 1,368.19 billion Yuan, up by 9.0% over the previous year; The GDP of south Hunan was 660.96 billion Yuan, up by 8.0%; The GDP of large western Hunan was 534.56 billion Yuan, up by 7.8%; The GDP of Dongting Lake areas was 754.06 billion Yuan, up by 7.8%.

Figure 1:Gross Domestic Product and the Growth Rates,2011-2016

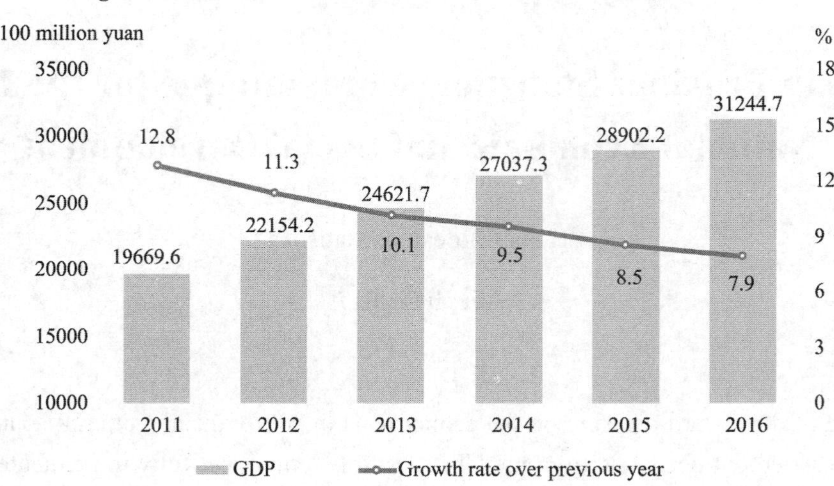

II. Agriculture

In primary industry, the added value of farming was 227.66 billion Yuan, up by 3.6%; that of forestry was 23.78 billion Yuan, up by 8.2%; animal husbandry was 80.54 billion Yuan, down by 0.1%; and fishery was 25.86 billion Yuan, up by 6.5%.

The sown grain area was 4,891,000 hectares, a decrease of 1.1% compared with that in the previous year; for cotton the area was 104,000 hectares, down by 8.9%; sugar crops was 13,000 hectares, an increase of 1.1%; oil-bearing crops was 1,438,000 hectares, down by 0.5%; and the sown area of vegetables was 1,420,000 hectares, up by 3.5%.

The total output of grain in 2015 was 29,531,000 tons, decreased by 1.7% over the previous year; that of oil-bearing crops kept the same, that of cotton decreased by 15.2%, that of flue-cured tobacco, tea, vegetables increased by 2.5%, 5.9%, 5.0% respectively; meat decreased by 2.6%; milk increased by 4.1%; aquatic products increased by 4.0%; and eggs increased by 3.2%.

Over 28,000 hectares of farmland owing to effective irrigation systems was increased, up by 37.0% over the previous year; additional 19,000 hectares of farmland was guaranteed by water-saving irrigation systems; there were 75,000 water conservancy projects under construction with an investment of 29.20 billion Yuan, while a total area of 1,060 million cubic meters of earth and stone was covered; and 10,588 kilometers of rural highway was built.

III. Industry and Construction

The total added value of the industry sector was 1,117.73 billion Yuan, a year-on-year increase of 6.6%. The value added of industrial enterprise above designated size grew by 6.9%. The output value for new products of industrial enterprise above designated size increased by 8.7%, taking up 77.0% of industrial total value, 1.4 percentage points higher than the previous year. The added value of high-processing industries and high-tech manufacturing industries rose by 10.6% and 11.4%, taking up 38.0% and 11.2% of the above-scale industrial added value respectively, 0.8 percentage points and 0.7 percentage points higher than that of the previous year. The growth of value added of non-public industrial enterprise above designated size reached 9.4%, taking up 65.7% of the industrial enterprise above designated size, 4.2 percentage points higher than the previous year. The growth of the added value for six major high energy consuming industries was 5.1%, accounting for 30.6% of industrial enterprise above designated size, 0.3 percentage points higher than that of the previous year. In terms of regions, the value added of industrial enterprise above designated size in Changsha-Zhuzhou-Xiangtan(CZT) areas, southern Hunan, western Hunan and Dongting Lake areas grew by 7.3%, 6.6%, 6.4% and 6.6%

respectively.

Figure 2:The Total Value Added of the Industry and the Growth Rates,2011-2016

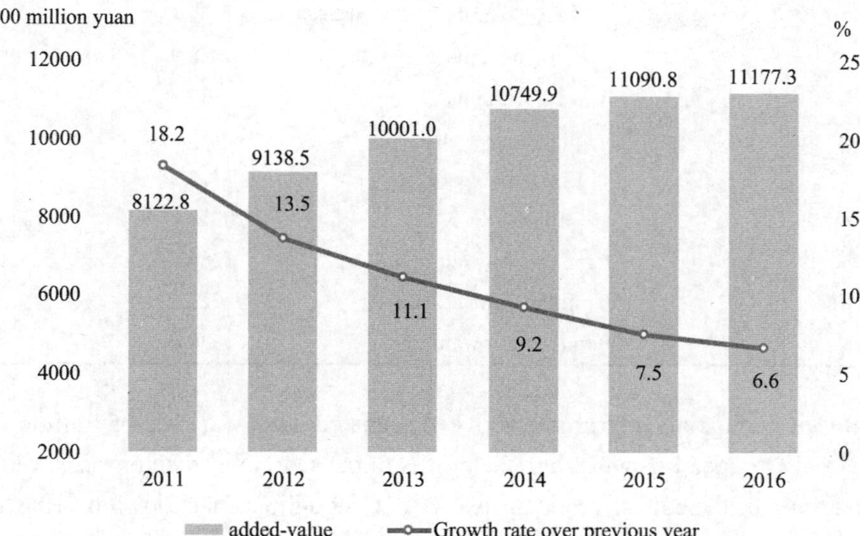

In the statistics about products of the industrial enterprises above designated size, 58.8% of industrial products increased. In terms of the main products, the output of rice was 14.515 million tons, up by 5.8%; the output of fodder was 18.197 million tons, up by 6.0%; the output of crude processing volume was 8,406 thousand tons, an decrease of 4.2%; the output of cement reached 121.777 million tons, an increase of 3.9%; the output of rolled steel was 19.987 million tons, up by 3.6%; the output of ten kinds of non-ferrous metal was 2.267 million tons, a decrease of 14.5%; the output of concrete machineries totaled 40 thousand, down by 9.3%; the output of cars was 741 thousand, up by 30.8%; and the electric energy production was 128.47 billion kilowatt-hours, an increase of 4.5%.

Table 1: Outputs and Growth Rates of Major Products in Industries above Designated Size, 2016

Product	Unit	Output	Increase over 2015 （%）
Crude Salt	10,000 tons	282.6	7.4
Rice	10,000 tons	1451.5	5.8
Feedstuff	10,000 tons	1819.7	6.0
Edible Vegetable Oil	10,000 tons	388.2	6.0
Cigarette	100 million	1694.6	-3.6
Machine-made Paper and Paperboard	10,000 tons	422.1	-4.9
Crude Processing Volume	10,000 tons	840.6	-4.2
Sulfuric Acid（converted into 100%）	10,000 tons	240.7	1.1
Caustic Soda（converted into 100%）	10,000 tons	43.0	-10.7
Synthetic Ammonia	10,000 tons	74.4	-29.4
Fertilizers（converted into pure）	10,000 tons	102.8	1.0
Cement	10,000 tons	12177.7	3.9
Plate Glass	10,000 weight cases	2739.1	25.3
Pig Iron	10,000 tons	1791.4	1.7
Crude Steel	10,000 tons	1827.8	0.9
Rolled Steel	10,000 tons	1998.7	3.6
Ten kinds of Nonferrous Metals	10,000 tons	226.7	-14.5
Silver	tons	9328.3	9.4
Jack-up Equipment	10,000 tons	56.9	-18.9
Concrete Machinery	10,000 units	4.0	-9.3

Table 1

Product	Unit	Output	Increase over 2015 (%)
Motor Vehicles	10,000 units	74.1	30.8
Of which: Car	10,000 units	28.9	-3.7
SUV	10,000 units	33.1	193.8
Power Generating Equipment	10,000 kilowatts	156.6	-17.8
AC Electric Motor	10,000 kilowatts	1412.2	-1.6
Transformer	10,000 KVA	10958.2	1.7
Electricity	100 million kilowatt-hours	1284.7	4.5
Of which: Thermal power	100 million kilowatt-hours	722.6	1.5
Hydropower	100 million kilowatt-hours	530.4	6.7

The total profit of industrial enterprises above designated size was 162.05 billion Yuan, up by 4.5% compared with last year. Grouped by ownership, the profits of the state-owned enterprises were 11.37 billion Yuan, a decrease of 12.6%; those of the collective enterprises were 0.89 billion Yuan, down by 12.8%; those of the share collaboration enterprises were 170 million Yuan, down by 50.7%; those of the share-holding enterprises were 124.94 billion Yuan, an increase of 6.0%; those of the enterprises by foreign investors and investors from Hong Kong, Macao and Taiwan was 14.11 billion Yuan, up by 12.8%; those of other domestic-funded enterprises were 10.57 billion Yuan, up by 2.2%. Among the industrial sectors whose profits was in the top five, the profits of manufacture of non-metallic mineral products were 14.81 billion Yuan, up by 10.7%; the profits of manufacture of raw chemical materials and chemical products were 13.24 billion Yuan, down by 5.1%; the profits of agricultural food processing industry were 12.72 billion Yuan, up by 2.1%; the profits of manufacture of cigarette were 9.04 billion Yuan, down by 19.5%; and the profits in Computer, communication and other electronic equipment manufacturing industry were 9.00 billion Yuan, up by 20.3%.

The added value of construction enterprises was 201.66 billion Yuan, up by 6.7% over last year. The profits made by general contracting and specialized contracting construction enterprises with qualification reached 23.96 billion Yuan, up by 6.8%. The floor space of building under construction was 503.275 million square meters, up by 5.9%. The floor space of building completed was 186.292 million square meters, up by 7.1%.

Figure 3:The Value Added of the Construction and the Growth Rates,2011-2016

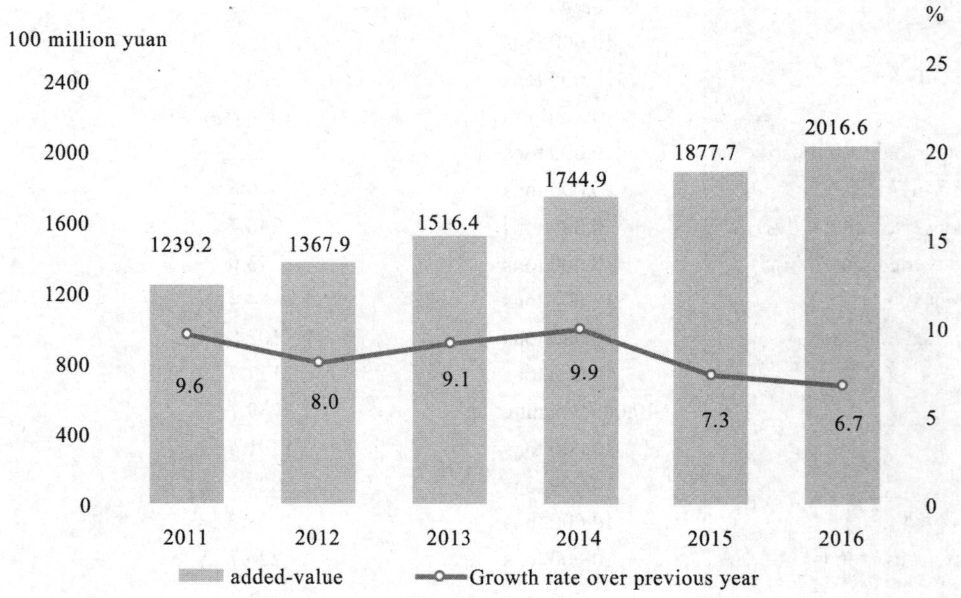

IV. Investment in Fixed Assets

The provincial investment in fixed assets (excluding rural households) increased by 13.8% to 2,768.85 billion Yuan. Of the total, private investment in Hunan totaled 1,638.13 billion Yuan with a year-on-year growth of 3.8%, accounting for 59.2% of the provincial investment in fixed assets. Grouped by ownership, the investment of state-owned units was 925.35 billion Yuan, up by 23.9%, and the investment of non-state-owned units was 1,843.49 billion Yuan, up by 9.4%. Grouped by investment orientation, the investment for people's livelihood was 267.46 billion Yuan, up by 46.4%; that of ecology was 124.67 billion Yuan, up by 29.3%; that of infrastructure was 734.99 billion Yuan, up by 26.2%; that of high and new technology industries was 177.44 billion Yuan, up by 19.7%; that of technical innovation was 719.60 billion Yuan, down by 0.1%; and that of strategic emerging industries was 639.60 billion Yuan, up by 17.5%. Grouped by region, the investment of Changsha-Zhuzhou-Xiangtan areas, southern Hunan, western Hunan and Dongting Lake areas was 1,097.74 billion Yuan, 626.26 billion Yuan, 459.86 billion Yuan and 564.00 billion Yuan respectively, and grew by 13.9%, 14.0%, 14.1% and 14.5% respectively.

The province's total number of construction projects was 49,962, up by 4.8%; the number of the projects that were undertaken this year was 40,912, up by 4.3%; and the number of the projects that were put into operation this year was 33,375, down by 5.8%. The investment in province's real estate development was 295.70 billion Yuan, up by 13.1% compared with the previous year. Of this total, the investment in residential buildings was 187.13 billion Yuan, up by 3.8%. The floor space of commercialized buildings sold was 80.854 million square meters, an increase of 27.1%. Of which, the floor space of residential buildings sold was 71.907 million square meters, an increase of 26.8%. The total sale of commercialized buildings was 375.19 billion Yuan, up by 37.0%. Of which, the sale of residential buildings was 311.36 billion Yuan, up by 38.1%. Commercial house area for sale was 29.015 million square meters, down by 12.3%, a decrease of 4.081 million square meters over the previous year.

Table 2: Fixed Assets Investments and Growth Rates,2016

Index	Investment (100 million Yuan)	Increase over 2015 (%)
Fixed Assets Investment (Excluding Rural Households)	27688.5	13.8
Primary Industry	1000.8	11.6
Secondary Industry	10567.8	6.3
Of which: Mining Industry	499.5	-12.4
Manufacturing Industry	8824.5	7.9
Production and Supply of Electricity, Heat, Gas and Water	950.8	18.1
Construction Industry	318.7	-24.9
Tertiary Industry	16119.9	19.5
Of which: Transportation, Warehousing and Postal Service	1944.4	16.7
Information Transmission, Software and IT Service	298.3	8.0
Wholesale and Retail Sale	1104.8	-5.9
Hotels and Catering Service	293.9	-7.0
Financial Industry	78.6	-30.2
Real Estate	4369.5	21.9
Leasing and Commercial Service	723.4	34.9
Scientific Research and Technological Service	358.2	16.9
Management of Water Conservancy, Environment and Public Facilities	4526.2	32.6
Residents Service, Repair and Other Services	131.0	0.9
Education	568.1	18.1
Sanitation and Social Work	414.3	42.2
Culture, Sport and Entertainment	512.8	79.1
Public Management, Social Security and Social Organization	539.9	-20.5

V. Domestic Trade and Price

In 2016, Hunan's total retail sales of consumer goods reached 1,343.65 billion Yuan, a growth of 11.7% over the previous year. An analysis of several areas showed that the retail sales of consumer goods in urban areas stood at 1,214.66 billion Yuan, up by 11.6%, and that in rural areas reached 128.99 billion Yuan, up by 13.1%. In terms of regions, the total retail sales of consumer goods in Changsha-Zhuzhou-Xiangtan (CZT) zone, southern Hunan, western Hunan and Dongting Lake areas was 563.83 billion Yuan, 262.30 billion Yuan, 233.31 billion Yuan and 284.22 billion Yuan respectively, a year-on-year growth of 11.6%, 11.8%, 11.8% and 11.9%.

Table 3: Retail Sales and Growth Rates of Social Consumer Goods, 2016

Index	Retail Sale (100 million Yuan)	Increase over 2015 (%)
Total Retail Sale of Consumer Goods	13436.5	11.7
Grouped by Location		
Of which: Town	12146.6	11.6
Village	1289.9	13.1
Retail Sale of Above-norm Corporate Wholesale and Retailing Merchandise	4999.1	12.9
Of which: Grain and Oils, and Food	491.8	17.8
Beverages and Alcohols	94.1	15.7
Tobaccos	144.1	18.7
Clothing, Shoes, Hats, Textiles	350.3	10.0
Cosmetics	50.6	0
Silver and Jewelry	76.3	3.3
Daily Commodity	159.8	17.8
Hardware and Electrical Materials	59.3	18.7
Sports and Recreation Articles	11.4	0.4
Newspapers and Magazines	38.6	64.8
Electronic Publications and Audio and Video Products	3.7	11.2
Household Appliances and Audio and Video Accessories	340.8	10.8
Traditional Chinese and Western Medicines	320.1	19.1
Culture and Office Articles	72.6	19.2
Furniture	39.4	54.2
Communication Appliances	50.8	20.0
Coal and Related Products	65.7	12.8
Petroleum and Related Products	782.5	2.9
Building and Decoration Materials	91.5	37.3
Mechanical and Electrical Products	47.8	13.1
Automobiles	1586.5	15.1

The retail sales of the legal entities' wholesale and retail industry above designated size was 499.91 billion Yuan, up by 12.9% over the previous year. Of that total, the retail sales of cultural, recreational, sporting and healthy merchandise increased by 21.4%. By types of commodity, the retail sales of grain, oil, and food increased by 17.8%; that of newspapers and magazines increased by 64.8%; that of household appliances and audiovisual equipment increased by 10.8%; that of cultural and official goods increased by 19.2%; that of Communication Appliances increased by 20.0%; that of Building and Decoration Materials increased by 37.3%; and that of cars increased by 15.1%.

The consumer prices index (CPI) of household in Hunan was 1.9% higher than the previous year, of the which in urban area grew by 1.9%, while in rural area grew by 1.9%. The retail prices of commodities decreased by 1.0%. The producer price index (PPI) drop by 1.1% and IPI drop by 2.0%. The prices for investment in fixed assets grew by 0.4%. The producer prices of farm products grew by 4.7%. The prices for means of agricultural production grew by 1.7%.

Table 4: The Change Rate of Consumer Prices compared with 2016

Index	Increase over 2015(%)
CPI (Consumer Price Index)	1.9
Of which: Food	4.3
Tobacco and Articles	1.5
Clothing	1.2
Household Appliances and Maintenance Services	0
Health Care and Personal Items	-1.6
Traffic and Telecommunications	0.8
Recreation, Education and Cultural Articles and Services	3.1
Residence	1.6

VI. International Economics / Trade

Hunan's total imports and exports were worth 178.22 billion Yuan, a decrease of 2.1% compared with the previous year. Of the total, the exports were 120.53 billion Yuan, up by 1.5% and the imports were 57.70 billion Yuan, down by 8.9%. In terms of types of trade, the exports of general trade were 88.30 billion Yuan, up by 21.3%, and the exports of processing trade totaled 30.26 billion Yuan, down by 22.7%. by the types of commodities, the exports of garments and accessories were 7.66 billion Yuan, up by 51.6%; that of steel were 4.95 billion Yuan, down by 18.0%; that of silver were 3.97 billion Yuan, down by 5.9%; that of ceramics for household purpose steel were 2.38 billion Yuan, up by 5.6%. In terms of region, the exports to Hong Kong reached 30.73 billion Yuan, down by 7.5%; the exports to America reached 17.43 billion Yuan, up by 26.5%; the exports to European Union were 15.51 billion Yuan, up by 40.0%; and the exports to Japan were 2.80 billion Yuan, up by 11.5%.

The foreign capital actually utilized was 12.85 billion dollars, up by 11.1%. Of which, the foreign capital in the primary industry was 620 million dollars, down by 0.4%; the foreign capital in the secondary industry was 6.86 billion dollars, down by 4.0%; and the foreign capital in the tertiary industry was 5.37 billion dollars, up by 41.5%. There were 10 foreign-funded projects whose actually installed capital was over 30 million dollars approved. 2 enterprises of the world top 500 were newly introduced in Hunan, and the number reached 140 by the end of 2016. The actually utilized capital out of the province and inside China was 436.18 billion Yuan, up by 15.0%. Of which, the actually utilized capital of the primary industry, the secondary industry and tertiary industry was 29.04 billion Yuan (up by 50.4%), 220.40 billion Yuan (up by 5.9%) and 186.73 billion Yuan (up by 23.1%) respectively. There were 424 projects above 200 million Yuan, up by 22.9%, and the actually installed capital was 156.33 billion Yuan, up by 21.3%.

Table 5: Total Exports and Imports and Growth Rate, 2016

Index	Absolute Number (100 million Yuan)	Increase over 2015 (%)
Total Imports and Exports	1782.2	-2.1
Exports	1205.3	1.5
Grouped by Mode of Trade		
Of which: Original Trade	883.0	21.3
Processing Trade	302.6	-22.7
Grouped by Main Commodity		
Of which: Electromechanical Products	565.3	-8.9
High-tech Products	175.6	-22.0
Agricultural Products	69.0	5.7
Imports	577.0	-8.9
Grouped by Mode of Trade		
Of which: Original Trade	381.3	15.2
Processing Trade	175.9	-22.7
Grouped by Main Commodity		
Of which: Electromechanical Products	268.6	-15.2
High-tech Products	101.2	-37.2
Agricultural Products	32.5	52.2

The value in new contracts signed through contracted projects, labor contracts and design consultation contracts reached 6.60 billion dollars, up by 11.6%. The accomplished turnover was 6.31 billion dollars, up by 22.0%. The expatriate labors reached 96 thousand, up by 17.8%. The investment in contracts were 4.70 billion US dollars, up by 51.7%. Of which domestic side were 3.35 billion US dollars, up by 20.6%. Foreign actual investment were 1.65 billion US dollars, up by 11.5%.

VII. Transportation, Post and Telecommunications and Tourism

Hunan's converted turnover volume of passenger and freight transportation reached 505.25 billion ton-km, an increase of 4.1%. The total turnover volume of freight transport was 405.68 billon ton-km, a year-on-year increase of 4.0%. Of the total, goods transported via rail were 73.50 billion ton-km, a decrease of 2.1%, and that by road was 268.66 billion ton-km, increasing by 5.2%. The total turnover volume of passenger traffic was 166.93 billion person-km, a 1.1% increase. Of the total, passengers travelling by rail increased to 92.44 billion person-km, 5.0% higher than the previous year; passengers travelling by road were 57.70 billion person-km, down by 9.2%; and that utilizing civil aviation reached 16.47 billion person-km, increasing by 24.5%.

At the end of the year, the province's mileage in highway open to traffic reached 238 thousand kilometers, up by 0.6%. Of the total, the mileage in expressway open to traffic was 6,080 kilometers, an increase of 428 kilometers. The length of railway in operation reached 4,716 kilometers. Of which, express railway measured 1,374 kilometers long. The total number of the civil automobile in province reached 6.030 million by the end of 2016, up by 16.7%. The number of private vehicles was 5.511 million, up by 18.2%. The number of cars was 3.281 million, up by 18.4%.

Table 6: Volume of Passenger and Freight Transportation by Various Means and Growth Rate, 2016

Index	Unit	Absolute Number	Increase over 2015(%)
Volume of Freight Traffic	10,000 tons	207365.1	3.4
Of which: Railway	10,000 tons	3925.9	-5.9
Highway	10,000 tons	178967.7	3.9
Waterway	10,000 tons	23444.6	1.7
Civil Aviation	10,000 tons	6.4	5.4
Pipeline	10,000 tons	1020.4	4.0
Volume of Passenger Traffic	10,000 people	122643.3	-7.2
Of which: Railway	10,000 people	11310.5	9.1
Highway	10,000 people	108627.4	-8.9
Waterway	10,000 people	1614.8	5.3
Civil Aviation	10,000 people	1090.5	16.6

The total value of post and telecommunications amounted to 134.79 billion Yuan, up by 50.8% compared with the previous year. Among them, the value of mail service totaled 14.34 billion Yuan, up by 37.7%, and that of teleservice reached 120.45 billion Yuan, a growth of 52.6%. The number of mobile phone and fixed telephones users was 49.091 million (an increase of 1.0%) and 6.827 million (a decrease of 13.3%) respectively by the end of the year. The Internet broadband users totaled 10.442 million, an increase of 17.4%.

As for tourism, Hunan received 560 million domestic tourists (a 19.5% increase) and 2.408 million inbound tourists (a 6.5% increase) respectively. The total revenue of tourism was 470.74 billion Yuan, increasing by 26.8%. Of the total, domestic revenue, marking a 26.8% growth, reached 464.07 billion Yuan, while foreign exchange earnings, marking a 17.1% increase, grew to 1.01 billion dollars.

VIII. Finance and Insurance

Hunan's total revenue of general public budget reached 425.21 billion Yuan, up by 6.0% compared with the previous year. Local revenue was 269.79 billion Yuan, up by 7.3%. Of the total, tax revenue and nontax revenue reached 155.13 and 114.66 billion Yuan, up by 1.6% and 16.1% respectively. Value-added tax and consumption tax revenue turned over to central government was 114.22 billion Yuan, approximate to the previous year. Income tax revenue turned over to central government was 37.11 billion Yuan, up by 6.7%. The total expenditure of general public budget totaled 633.70 billion Yuan, up by 10.6%, including that on social security and employment (88.24 billion Yuan, up by 13.2%), that on Urban and rural community affairs(68.38 billion Yuan, up by 24.0%), that on Culture, Sports and Media(15.50 billion Yuan, up by 38.7%), and that on Poverty alleviation(9.06 billion Yuan, up by 140.0%).

By the end of the year, deposit balances in RMB and other currencies reached 4199.67 billion Yuan, up by 15.9%. Of the total, deposit balances of household and non-financial enterprise were 2124.21 billion Yuan and 1228.09 billion Yuan, up by 13.0% and 24.6% respectively. Loan balances in RMB and other currencies reached 2753.23 billion Yuan, up to 13.7%. Of the total, loan balances of household and non-financial enterprise were 912.43 billion Yuan and 1834.23 billion Yuan, up by 17.2% and 12.3% respectively.

Table 7: Revenue and Expenditure of Public Finance and Growth Rate, 2016

Index	Absolute Number (100 million Yuan)	Increase over 2015 (%)
Revenue of General Public Budget	4252.1	6.0
Of which: Local Revenue	2697.9	7.3
Of which: Tax Revenue	1551.3	1.6
Nontax Revenue	1146.6	16.1
Value-added Tax and Consumption Tax Revenue Turned over to Central Government	1142.2	0
Income Tax revenue turned over to Central Government	371.1	6.7
Expenditure of General Public Budget	6337.0	10.6
Of which: General Public Service	698.8	10.2
Education	1011.5	8.9
Science and Technology	71.4	7.7
Culture, Sports and Media	155.0	38.7
Social Security and Employment	882.4	13.2
Medical Service and Birth Control	539.0	9.2
Energy Conservation and Environment Protection	155.5	7.7
Urban and Rural Community Affair	683.8	24.0
Agriculture, Forestry and Water	698.7	2.3
Housing Security	296.6	7.0

Table 8: Deposit and loan Balances of RMB and Overseas Currencies in Financial Institutions and Added Balances, At the End of 2016

Index	Balances (100 million Yuan)	Added Balances over the beginning of 2016 (100 million Yuan)
Total Deposit Balances	41996.7	5776.1
Of which: Domestic Deposits	41976.6	5789.3
Household	21242.1	2441.4
Current Deposits	8382.6	1186.4
Time Deposits and Other Deposits	12859.6	1255.1
Non-financial Enterprise	12280.9	2429.9
Current Deposits	7313.1	2165.8
Time Deposits and Other Deposits	4967.8	264.1
Non-banking Financial Institution	1194.0	-181.0
Overseas Deposits	20.2	-13.2
Total Loan Balances	27532.3	3310.4
Of which: Domestic Loans	27467.0	3340.5
Household	9124.3	1338.4
Short-term Loans	2197.7	55.9
Medium and Long-term Loans	6926.6	1282.5
Non-financial Enterprise and Government Organization	18342.3	2002.1
Short-term Loans	4330.9	-102.8
Medium and Long-term Loans	12720.9	1695.8
Overseas Loans	65.3	-30.1

At the end of the year, the number of listed companies reached 104, with 5 new added during the whole year. Of the total, the domestic and the oversea listed companies was 88 and 16 respectively. The total amount of direct financing reached 314.71 billion Yuan, up by 27.6%. Of the total, the capital raised from share issuances and share placements totaled 22.16 billion Yuan. At the end of this year, there were 349 business departments of security companies in the province and 3 futures companies in the area under jurisdiction, whose turnover was 6,922.60 billion Yuan and 2,077.70 billion Yuan respectively.

The annual original premium incomes, marking a 24.5% increase, reached 88.65 billion Yuan. Of the total, incomes from life insurances, health insurances, life accident insurances and property insurances were 49.58 billion Yuan(a 27.4% increase), 9.54 billion Yuan(an increase of 59.0%), 2.23 billion Yuan(an increase of 12.6%) and 27.31 billion Yuan(an increase of 12.3%) respectively. Meanwhile, the total payment of original insurances was 34.00 billion, a growth of 32.2%.

IX. Education, Science and Technology

There were 108 regular institutions of higher learning at the end of the year. The number of graduates with a master degree associated with regular higher education was 19 thousand; that of graduates from university and specialized colleges was 317 thousand; and that of graduates from secondary technical schools was 200 thousand. The number of regular high school graduates, middle school graduates and regular primary school graduates was 342 thousand, 740 thousand and 770 thousand respectively. Enrollment of children in kindergarten totaled 224.9 million, a year-on-year increase of 3.8%. Enrolment rate of children in primary school hit 99.99%. Gross enrollment rate of teenagers in senior high school was 90.6%. As for the 12,702 non-government colleges and schools, the enrolled students were 2.665 million. There were 513 thousand college students funded by 0.90 billion Yuan state scholarships and grants for colleges and universities, 335 thousand vocational students supported by 370 million Yuan state grants for secondary vocational school, 970 thousand vocational students subsidized by 1.37 billion Yuan tuition-free grants for secondary vocational school. 8.61 billion Yuan were collected for the compulsory education guarantee fund and 430 million Yuan were granted to regular high school students.

Table 9: Number of New Students Enrollment, Students Enrollment and Graduates in Schools at Different Levels and Growth rates, 2016

Index	New Students Enrollment		Students Enrollment		Graduates	
	Absolute Number (10,000 eople)	Increase over 2015(%)	Absolute Number (10,000 people)	Increase over 2015 (%)	Absolute Number (10,000 people)	Increase over 2015 (%)
Post-graduate Education	2.2	2.7	7.1	2.7	1.9	1.5
Regular Higher Education	37.6	4.5	122.5	3.8	31.7	5.3
Adult Higher Education	11.1	3.5	23.1	-4.7	11.8	12.4
Secondary Vocational Education	25.1	5.7	66.1	2.0	20.0	-2.2
Regular Senior Secondary School	39.4	3.6	110.9	3.2	34.2	2.1
Junior Middle Schools	78.0	5.6	225.1	1.2	74.0	5.7
Regular Primary School	90.0	1.5	501.8	2.6	77.0	5.4
Special Education	0.5	17.8	2.6	14.2	0.3	88.2

In 2016, there were 4 national engineering research centers and 67 provincial engineering research centers.

There were 16 national(combined with the local) engineering research centers and 164 national(combined with the local) engineering laboratories. The number of state validated enterprise technical centers reached 45. There were 14 national engineering technology research centers, 243 provincial engineering technology research centers, 16 national key laboratories, 164 provincial key laboratories. A total of 3,976 technology transfer contracts were signed, representing 10.56 billion Yuan in value. The number of registered scientific and technological achievements was 694, with 11 National Scientific and Technological Advancement Awards, 2 National Award for Technological Invention and 1 Natural Science Award.

Meanwhile, the average yield per mu of Super hybrid rice reached 1088 kilogram, recording the world's highest. A group of high-tech products including trains fully equipped with Permanent Magnet Traction System were developed. And a breakthrough was made in Xenogeneic Islet Transplantation Technology.

The number of patent applications was 67,779, a year-on-year rise of 24.4%. Of this total, 25,524 patent applications for original inventions were accepted, up by 30.9%. The number of authorized patents was 34,050, a year-on-year drop of 0.1%. Of which, there were 6,967 authorized patents for original inventions, up by 2.8%. The number of patent applications in industrial and mining enterprises, universities and colleges, and scientific research institutes reached 32343, 11973 and 783, while the number of patents authorized were 16723, 5881 and 369. The added value of new and high technology industries was 685.92 billion Yuan, up by 16.0%.

Figure 4:The number of patent application and patent authorization,2011-2016

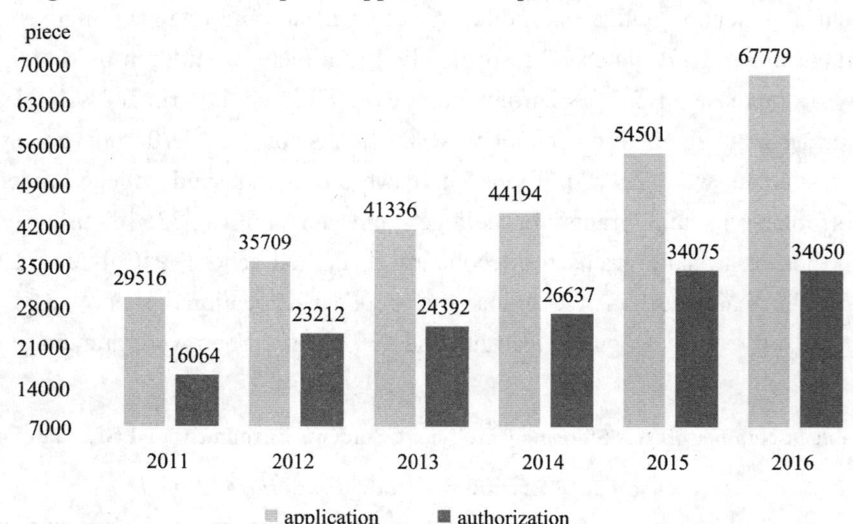

There were 1,665 testing and inspection agencies, and 23 of them were national product quality supervision and inspection centers. The number of authorized measurement institutions totaled 103. Production units for special equipment reached 1,685 with 274 thousand special equipment available. There were 5,485 batches of key industrial products checked, and 95.1% met the standard, an increase of 1.7 percentage point. A total of 21 international standard, 27 national standards and 245 local standards were developed respectively in the year. Land and resources departments published 47 types of maps and provided 239,000 achievements of geospatial data. And total visits to Map World reached 489,000.

X. Culture, Public Health and Sport

By the end of 2016, there were 273 art-performing groups, 143 mass art centers and culture centers, 137 public libraries, 113 museums and memorials, 13 radio broadcasting stations, and 15 television stations. The users of CATV reached 12.673 million. Broadcasting and television coverage rates were 94.57% and 98.26%, up by 0.51% and 0.28%. There were 118 state-level intangible cultural heritage protection projects and 324 provincial level protection projects in the province. All sorts of books were issued under 13,188 categories, with 248 types of magazines and 48 styles of newspapers. A total of 490 million copies of books were published, 140 million copies of magazines and 1.08 billion copies of newspapers were issued.

By the end of 2016, there were 61,055 health institutions in the province, including 1,260 hospitals, 139 maternal and child health-care institutions, 87 specialized health institutions, 2269 township hospitals, 715 community health service centers, 10,519 clinics and infirmaries, and 44,339 village clinics. There were 393 thousand health workers were installed, up by 5.9%. Among these health workers, there were 161 thousand practicing doctors and assistant practicing doctors, up by 6.5%; and 162 thousand registered nurses, up by 8.2%. The total of beds in hospitals was 300 thousand, up by 8.7%. And the total of beds in township hospitals was 96 thousand, up by 3.8%.

The province carried out 2,601 fitness programs for all people throughout the province with a participation of 23.996 million. The number of newly built administrative village of farmer sports fitness projects was 6,500. The athletes of Hunan province won 4 World Championships, 7 Asian Championship gold medals and 57 National Championships, breaking one world records. There were 98,684 sports fields, including 220 gyms, 7,296 sports grounds, 543 swimming pools, and 4,527 training rooms.

XI. Population, Living Conditions and Social Security

By the end of 2016, the permanent residents of Hunan province reached 68.220 million. Of the total, the population in cities and towns was 35.986 million, and urbanization rates was 52.75%, an increase of 1.86 percentage points. The annual newly-born population was 923 thousand with a birth rate of 13.57 ‰, and dead population was 477 thousand with a death rate of 7.01‰. The natural growth rate was 6.56‰. The population aged 0-15 (under 16) accounted for 19.71% of the permanent resident population, up by 0.14 percentage points; the population aged 16-59(under 60) accounted for 62.68%, down by 0.58 percentage points; and the population aged 60 and above accounted for 17.61%, up by 0.44 percentage points.

Table 10: Resident Population and its Composition, At the End of 2016

Index	Number (10,000 people)	Proportion (%)
Resident Population	6822.0	100
Of which: Town	3598.6	52.75
Village	3223.4	47.25
Of which: Male	3517.6	51.56
Female	3304.4	48.44
Of which: Aged 0-15 (under 16)	1344.8	19.71
Aged 16-59 (under 60)	4276.2	62.68
Aged 60 and Above	1201.1	17.61
Of which: Aged 65 and Above	801.5	11.75

The province's per capita disposable income reached 21,115 Yuan, up by 9.3%, or a real increase of 7.3% over the previous year after deducting price factors, of which the median was 18,096 Yuan. Of the total, the per capita disposable income for urban dwellers was 31,284 Yuan, up by 8.5%, or a real increase of 6.5% after deducting price factors, of which the median was 29,064 Yuan, up by 6.8%; and that for rural residents was 11,930, up by 8.5%, or a real increase of 6.5% after deducting price factors, of which the median was 11,041, up by 10.1%. Moreover, the urban-rural income ratio remained 2.62:1, the same with the previous year. In terms of region, the per capita disposable income in Changsha-Zhuzhou-Xiangtan areas, southern Hunan, western Hunan and

Dongting Lake areas was 33,236 Yuan, 19,698 Yuan, 14,198 Yuan and 19,225 Yuan respectively, up by 8.4%, 9.0%, 10.3% and 9.2%.

The province's per capita consumption expenditure reached 15,750 Yuan, up by 10.4%. That for urban dwellers and rural residents reached 21,420 Yuan and 10,630 Yuan respectively, up by 9.8% and 9.7% over the previous year. The proportion of expenditure on food to the total expenditure was 29.9% for urban dwellers and 31.7% for rural residents, down by 1.3 and 1.2 percentage respectively.

Figure 5: The average per capita disposable incomes of city dwellers and the real growth rates,2011-2016

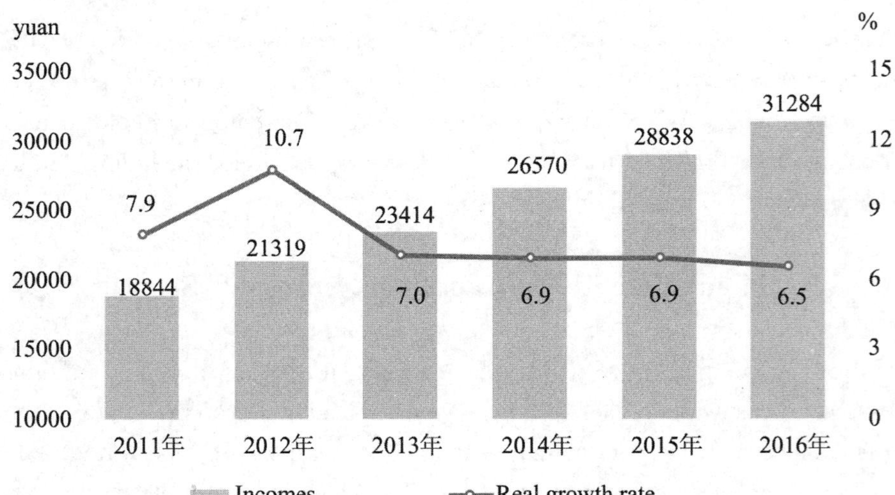

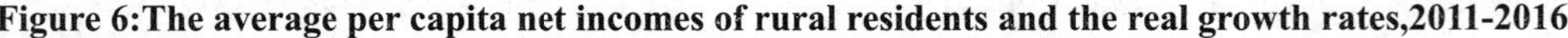

Figure 6:The average per capita net incomes of rural residents and the real growth rates,2011-2016

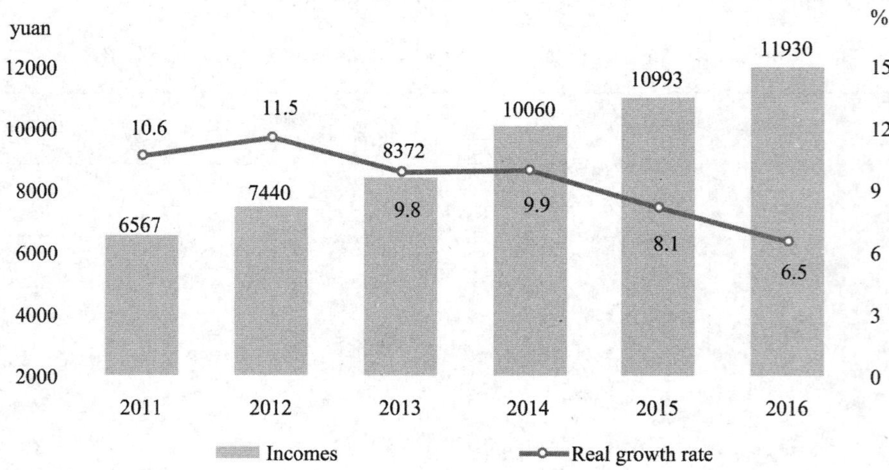

The newly-added employed people in urban areas were 774 thousand. At the end of 2016, a total of 12.039 million people participated in urban basic endowment insurance, a year-on-year increase of 432 thousand. Of the total, the insured employees and retirees was 8.111 million and 3.858 million respectively. A total of 26.461 million people participated in urban basic health insurance. Of the total, the number of insured staff and workers was 8.296 million, and that of the insured residents was 18.165 million. A total of 5.375 million staff and workers participated in unemployment insurance, an increase of 163 thousand. A total of 7.733 million staff and workers participated in work-related injury insurance and 5.429 million in maternity insurance. A total of 33.205 million people registered the new rural endowment insurance. A total of 60.832 million people participated in the new rural cooperative medical system, with a participation rate of 98.61%. At the end of the year, a total of 154 thousand staff and workers received the unemployment insurance payments. A total of 3.92 billion Yuan was dispensed for urban minimum subsistence allowance and 4.73 billion Yuan was dispensed for rural minimum subsistence allowance, supporting 1.118 million urban residents and 2.902 million rural residents respectively. Various types of Adopting Social Welfare Institutions provided 242 thousand beds, accepting 147 thousand inmates. There were 12,006 community service facilities set up in urban areas. Of them, the number of comprehensive community service centers was 6,035. A total of 8.54 billion Yuan worth of social welfare lottery was sold, raising 2.40 billion Yuan of social welfare funds. 176 thousand dilapidated houses in rural areas were renovated, 415 thousand urban shantytowns and 8.575 thousand state-owned mining shantytowns were transformed.

XII. Resources, Environment and Work Safety

A total of 144 minerals have been discovered in the province and the reserves of 109 minerals have been explored, including 7 energy minerals, 39 metal minerals, 61 non-metal minerals and 2 water and gas minerals. Implementation of geological explorations projects (including continue projects) were 208. A total of 5 new mineral deposits in large or medium size were discovered. A total of 18 key mining areas and 6 key minerals realized resources were integrated. There were 12 National Geology Park and 4 geological sites. Implementation of comprehensive land consolidation projects above province level were 233, and 76 thousand hectares of land was regulated.

In urban areas, the city sewage treatment rate and the treatment rate of solid waste were 94.3% and 99.8% respectively. The rate of actual surface water monitoring across sections which met the Grade III standard was 89.7%. A total of 191 natural reserves with an area of 1,368 thousand hectares was approved, including 22 state-level and 27 provincial-level reserves. In 2016, a total of 340 thousand hectares were reforested. At the end of the year, the area of closing hillsides to facilitate afforestation was 1,326 thousand hectares. And there were 530 million cubic meters of standing forest stock. The forest coverage rate reached 59.64%.

Preliminary estimation indicated that the comprehensive energy consumption of designed size enterprises amounted to 59.462 million tons of standard coal equivalent, a decrease of 1.5% compared with the previous year. Of which, the comprehensive energy consumption for the major six high energy consuming industries was 47.126 million tons of standard coal equivalent, a decrease of 1.7%. Among main pollutants, Chemical oxygen demand was 2.82 percent down on last year. And the emission of sulfur dioxide, ammonia nitrogen and nitrogen oxide also decreased by 8.42%, 3.07% and 6.99% respectively.

In 2016, a total of 2,202 accidents of the production and business were reported in the province. The death toll due to commercial production safety accidents amounted to 1589. The death toll from work accidents every 100 million Yuan worth of GDP was 0.05 people. Work accidents in industrial, mining and commercial enterprises caused 1.58 deaths out of every 100 thousand employees. The death toll in coalmines while producing one million tons of coal was 0.57. The year 2016 witnessed 7,505 traffic accidents, down by 16.9%. The road traffic death toll per 10 thousand vehicles was 1.54, a decrease of 0.17 compared with last year.

Notes:

1. All figures in this Communiqué are preliminary statistics. There may be slight discrepancy between the sum of individual items and the total owing to rounding.

2. Gross domestic product (GDP) and industrial added value as quoted in this Communiqué are calculated at current prices, whereas their growth rates are calculated at constant prices.

3. According to "National Industries Classification" (GB/T4754-2011), State Statistics Bureau revised the triple divisions of industry in 2013. The services of "farming, forestry, animal husbandry and fishery", "mining auxiliary activities" of "mining industry" and "repair services of metal product, machinery and equipment" in "manufacturing industry" were divided into the tertiary industry, so the data in 2016 of the tertiary industry was counted depends on this standard.

4. Changsha-Zhuzhou-Xiangtan (CZT) region refers to Changsha, Zhuzhou and Xiangtan; southern Hunan refers to Hengyang, Chenzhou and Yongzhou; western Hunan refers to Shaoyang, Zhangjiajie, Huaihua, Loudi and Xiangxi autonomous prefecture; Dongting Lake areas refers to Yueyang, Changde and Yiyang.

5. The high-tech manufacturing industries include the manufacturing of medicine, aerospace, electronic and telecommunication equipment, computer and office equipment, medical equipment and instrumentation, and chemicals used in information store.

6. According to relevant regulations, the foreign trades are accounted in RMB.

7. The enrollment rate for elementary-age kids refers to the percentage of school-age children in primary school to the total number inside and outside of the school within the scope of investigation.

8. The secondary gross enrollment ratio mainly reflects the coverage of senior secondary education, referring to the percentage of the total number of high school students to population aged 15-17.

9. In figure 6, the indicator of disposable income for rural dwellers was named net income for rural dwellers for the year of 2011-2013.

10. Resident population refers to the population of often living actually in a certain area in a certain time. According to the census and sampling requirements, it mainly includes people who live in the current townships and whose household registration are located or whose household registration is to be settled; people who live in the current townships and leave the townships of their household registration over 6 months; people who leave the townships of their household registration for less than 6 months or work or study overseas, with their household registration located in the current townships.

11. At the end of 2016, the population aged 0-14 (under 15) was 12.642 million; the population aged 15-59 (under 60) was 43.567 million.

12. In 2016, the number of the sections across which water was monitored increased over the previous year, therefore the statistical caliber are not comparable with 2015.

13. A direct reporting reform on the accident statistics was carried out by the State Work Safety Commission, which caused the statistical caliber incomparable with 2015.

14. The figures of energy consumption are verified initially by National Bureau of Statistics of China.

Source:

In this communique, fiscal data are from the Hunan Financial Department. Goods' Prices, the income and expenditure of urban and rural residents, the Engel's coefficient and data in the agricultural section are from the NBS Survey Office in Hunan; data about rail mileage are from Shichang Railway Co., Ltd, Guangzhou Railway (group) Company and Nanchang Railway Administration; data about the traffic volume and the turnover volume of passengers and cargo in highway, turnover volume of passengers and cargo in waterway and highway mileage are from Hunan Road Transport Bureau; data about the traffic volume and the turnover volume of passengers and cargo in civil aviation are from Hunan Airport Management Co., Ltd; data about volume of freight traffic by pipeline are from Changling Branch and Baling Branch of China Petrochemical Group Assets Management co., LTD, Changling branch of China Petrochemical co., LTD, Hunan Oil Transportation Management Department of China Petrochemical Marketing co., LTD central-China Branch, and Changsha Xinao Gas co., LTD; data about car ownership and road traffic accident are from Provincial Public Security Bureau; data about telecommunications business, mobile phone users, fixed telephone users, broadband Internet users are from Hunan telecommunications company, Hunan Mobile Company, Hunan Unicom Company, Hunan Tietong Company; Data about postal business are from Hunan Postal Service Administration; Travel data are from Hunan Tourism Bureau; The financial data are from Changsha Central Sub-branch of the People's Bank of China; data about listed company are from Hunan Financial Affairs Office; stock data are from Hunan authority of China Securities Regulatory Commission; Insurance data are from the Hunan Authority of China Insurance Regulatory Commission; Education data are from Hunan Education Department; Data about science and technology are from

Hunan Science and Technology Department; Patent data from Hunan Intellectual Property Office; data about quality inspection, industry standard are from Hunan Quality and Technical Supervision Bureau; data about mapping, mineral resources, geological parks and land are from Hunan Land and Resources Ministry; data about art performing groups, museums, public libraries, cultural centers, non-material cultural heritage protection are from the Cultural Department of Hunan; data are from the Bureau Radio and Television of Hunan Province; data about radio, television, newspapers, periodicals and book are from the Press and Publication of Hunan; data about hygiene and new rural cooperative medical service are from the Hygiene Bureau and Family Planning Committee of Hunan; data about sports are from the Sports Bureau of Hunan; data about newly-added urban jobs and social security are from Human Resources and Social Security Department; data about insurances providing for urban and rural low-income people, social welfare, community services, nursing homes and social donation are from the Department of Civil Affairs of Hunan; data about healthy drinking water provision to rural area are from the Water Resources Bureau of Hunan; data about rehabilitation of rural dilapidated housing, construction of security housing and disposal of sewage and garbage are from the Housing and Construction Department of Hunan; data about nature reserve, forestation, standing tree and coverage of forest are from Hunan Forestry Department; data about the quality of surface water and pollutant emission are from the Environmental Protection Bureau of Hunan Province; data about safe production are from the Work safety Administration of Hunan; all the other data are from Hunan Bureau of Statistics.

综　合

1 General Survey

资料整理人员：周　玲　郑一璞　欧阳普
赵　宏　邓鸿鹄　李培楚
田杰平　谢　凡　贺淑贞
郑石明　吕　燕　孟　强
陈　慧　宋　超　廖闻菲
雷芙蓉　屈雄英　刘　杰
刘　洋　周　迅　易　贝
陈　思　汤炼坤　田　原
殷梓晴　韩建芳　蔡冬娥
肖首雄　阳小林　贺　震
刘　峰　郭开金　彭　颖
周哲煊　付硕果

1-1 行政区划
Administrative Divisions

单位:个 (unit)

年 份 Year	市州 Cities and A.P	地州数 Number of Prefecture and A.P	地级市 Number of Cities at Prefectural Level	县级市 Number of Cities at County Level	县 数 Number of Counties	市辖区数 Districts Under the Jurisdiction of Cities at Prefectural Level	镇 数 Number of Towns	乡 数 Number of Township
	1978	12	3	7	90	13	154	3295
	1980	12	5	9	90	22	155	3321
	1985	9	6	14	84	27	544	3011
	1986	7	6	16	82	27	581	2895
	1987	7	6	18	80	26	585	2903
	1988	6	8	17	78	30	596	2889
	1989	6	8	17	78	30	621	2807
	1990	6	8	18	78	29	628	2801
	1991	6	8	18	78	29	639	2784
	1992	6	8	19	77	26	663	2773
	1993	6	8	20	76	26	748	2689
	1994	5	9	20	74	28	769	2658
	1995	4	10	19	73	30	899	1406
	1996	3	11	17	73	32	950	1360
	1997	3	11	18	72	32	979	1327
	1998	2	12	17	72	33	1001	1350
	1999	1	13	16	72	34	1023	1330
	2000	1	13	16	72	34	1055	1310
	2001	1	13	16	72	34	1087	1275
	2002	1	13	16	72	34	1097	1257
	2003	1	13	16	72	34	1098	1264
	2004	1	13	16	72	34	1098	1244
	2005	1	13	16	72	34	1089	1087
	2006	1	13	16	72	34	1091	1085
	2007	1	13	16	72	34	1095	1071
	2008	1	13	16	72	34	1101	1063
	2009	1	13	16	72	34	1106	959
	2010	1	13	16	72	34	1109	1052
	2011	1	13	16	71	35	1121	1038
	2012	1	13	16	71	35	1131	952
	2013	1	13	16	71	35	1138	828
	2014	1	13	16	71	35	1153	805
	2015	1	13	16	71	35	1119	417
	2016	1	13	16	71	35	1135	401
长沙市	Changsha City		1	1	2	6	68	6
株洲市	Zhuzhou City		1	1	4	4	61	7
湘潭市	Xiangtan City		1	2	1	2	35	10
衡阳市	Hengyang City		1	2	5	5	115	32
邵阳市	Shaoyang City		1	1	8	3	110	57
岳阳市	Yueyang City		1	2	4	3	89	15
常德市	Changde City		1	1	6	2	108	21
张家界市	Zhangjiajie City		1		2	2	34	30
益阳市	Yiyang City		1	1	3	2	69	12
郴州市	Chenzhou City		1	1	8	2	100	37
永州市	Yongzhou City		1		9	2	111	40
怀化市	Huaihua City		1	1	10	1	103	90
娄底市	Loudi City		1	2	2	1	57	14
湘西土家族苗族自治州	West Hunan Tujia and Miao A.P	1		1	7		75	30

1-1 续表 continued

长沙市 Changsha City

芙蓉区(Furong District)、天心区(Tianxin District)、岳麓区(Yuelu District)、开福区(Kaifu District)、雨花区(Yuhua District)
望城区(Wangcheng District)、浏阳市(Liuyang City)、长沙县(Changsha County)、宁乡县(Ningxiang County)

株洲市 Zhuzhou City

荷塘区(Hetang District)、石峰区(Shifeng District)、芦淞区(LuSong District)、天元区(Tianyuan District)、醴陵市(Liling City)
株洲县(Zhuzhou County)、攸县(You County)、茶陵县(Chaling County)、炎陵县(Yanling County)

湘潭市 Xiangtan City

雨湖区(Yuhu District)、岳塘区(Yuetang District)、湘乡市(Xiangxiang City)、韶山市(Shaoshan City)、湘潭县(Xiangtan County)

衡阳市 Hengyang City

珠晖区(zhuhui District)、雁峰区（yanfeng District)、石鼓区(shigu District)、蒸湘区（zhengxiang District)
南岳区(Nanyue District)、耒阳市(Leiyang City)、常宁市(Changning City)、衡阳县(Hengyang County)、衡南县(Hengnan County)
衡山县(Hengshan County)、衡东县(Hengdong County)、祁东县(Qidong County)

邵阳市 Shaoyang City

双清区(Shuangqing District)、大祥区(Daxiang District)、北塔区(Beita District)、武冈市(Wugang City)、邵东县(Shaodong County)
新邵县(Xinshao County)、邵阳县(Shaoyang County)、隆回县(Longhui County)、洞口县(Dongkou County)、
新宁县(Xinning County)、绥宁县(Suining County)、城步苗族自治县 (Chengbu Miao Autonomous County)

岳阳市 Yueyang City

岳阳楼区(Yueyanglou District)、云溪区(Yunxi District)、君山区(Junshan District)、汨罗市(Miluo City)、临湘市(Linxiang City)
岳阳县(Yueyang County)、平江县(Pingjiang County)、湘阴县(Xiangyin County)、华容县(Huarong County)

常德市 Changde City

武陵区(Wuling District)、鼎城区(Dingcheng District)、津市市(Jinshi City)、安乡县(Anxiang County)、汉寿县(Hanshou County)
澧县(Li County)、临澧县(Linli County)、桃源县(Taoyuan County)、石门县(Shimen County)

张家界市 Zhangjiajie City

永定区(Yongding District)、武陵源区(Wulingyuan District)、慈利县(Cili County)、桑植县(Sangzhi County)

益阳市 Yiyang City

资阳区(Ziyang District)、赫山区(Heshan District)、沅江市(Yuanjiang City)、南县(Nan County)、桃江县(Taojiang County)、
安化县(Anhuan County)

郴州市 Chenzhou City

北湖区(Beihu District)、苏仙区(Suxian District)、资兴市(Zixing City)、桂阳县(Guiyang County)、永兴县(Yongxing County)、
宜章县(Yizhang County)、嘉禾县(Jiahe County)、临武县(Linwu County)、汝城县(Rucheng County)、桂东县(Guidong County)、
安仁县(Anren County)

永州市 Yongzhou City

零陵区(Lingling District)、冷水滩区(Lengshuitan District)、东安县(Dongan County)、道县(Dao County)、
宁远县(Ningyuan County)、江永县(Jiangyong County)、江华瑶族自治县(Jianghua Yao Autonomous County)、
蓝山县(Lanshan County)、新田县(Xintian County)、双牌县(Shuangpai County)、祁阳县(Qiyang County)

怀化市 Huaihua City

鹤城区(Hecheng District)、洪江市(Hongjiang City)、中方县(Zhongfang County)、沅陵县(Yuanling County)、
辰溪县(Chenxi County)、溆浦县(Xupu County)、麻阳苗族自治县(Mayang Miao Autonomous County)、会同县(Huitong County)
新晃侗族自治县(Xinhuang Tong Autonomous County)、芷江侗族自治县(Zhijiang Tong Autonomous County),
靖州苗族侗族自治县(Jingzhou Miao and Tong Autonomous County)、通道侗族自治县(Tongdao Tong Autonomous County)

娄底市 Loudi City

娄星区(Louxing District)、冷水江市(Lengshuijiang City)、涟源市(Lianyuan City)、双峰县(Shuangfeng County)、
新化县(Xinhua County)

湘西土家族苗族自治州 West Hunan Tujia and Miao Autonomous Prefecture

吉首市(Jishou City)、泸溪县(Luxi County)、凤凰县(Fenghuang County)、花垣县(Huayuan County)、保靖县(Baojing County)、
古丈县(Guzhang County)、永顺县(Yongshun County)、龙山县(Longshan County)

1-2 人口和自然资源
Population and Natural Resources

项 目		Item		2016
人口		**Population**		
年底户籍人口数	(万人)	Household Population at the Year-end	(10 000 persons)	7318.81
人口密度	(人/平方公里)	Density of Population	(person/sq.km)	322.10
土地		**Land**		
土地面积	(万平方公里)	Area of Land	(10 000 sq.km)	21.18
耕地面积	(万公顷)	Area of Cultivated Land	(10 000 hectares)	414.88
气候		**Climate**		
年平均降水量	(毫米)	Annual Average Precipitation	(mm)	1611.9
年降水总量	(亿立方米)	Annual Total Precipitation	(100 million cu.m)	3414.45
森林		**Forest**		
有林地面积	(万公顷)	Area with woodland	(10 000 hectares)	1298.59
	(万亩)	Area of Forest	(10 000 mu)	19478.85
森林覆盖率	(%)	Forest Coverage Rate	(%)	59.64
活立木总蓄积量	(万立方米)	Stock Volume of the Forest	(10 000 cu.m)	52620.72
水文、水利		**Water**		
5公里以上河流	(条)	Rivers Over 5 km	(unit)	5341
5公里以上河流长度	(万公里)	Total Length of Rivers Over 5 km	(10 000 km)	9.00
河川年径流总量	(亿立方米)	Annual Total Flow of Rivers	(100 million cu.m)	2136.00
淡水总面	(万公顷)	Total Area of Fresh Water	(10 000 hectares)	135.38
	(万亩)	Total Area of Fresh Water	(10 000 mu)	2030.70
#已放养面积	(万公顷)	# Cultivated Area	(10 000 hectares)	42.25
	(万亩)		(10 000 mu)	633.72
天然水资源总量	(亿立方米)	Natural Water Volume	(100 million cu.m)	2682.80
地表水资源总量	(亿立方米)	Surface Water Volume	(100 million cu.m)	1419.30
地下(浅层)水量	(亿立方米)	Shallow Ground Water Volume	(100 million cu.m)	350.40
水力资源蕴藏量	(万千瓦)	Hydropower Resources	(10 000 kw)	1532.45
#可开发量		#Developable Resources		1083.84
矿产资源保有储量 (截至2015年底)		**Mineral Resources Ensured Resources**	**(at the 2015 year-end)**	
煤	(亿吨)	Coal	(100 million tons)	33.16
铁矿石	(亿吨)	Iron Ore	(100 million tons)	14.05
磷矿石	(亿吨)	Phosphate Ore	(100 million tons)	19.91
盐	(亿吨)	Salt	(100 million tons)	27.31

注：1.本表淡水面积、可养殖面积、水力资源蕴藏量均为过去清查数，有待进一步普查和勘测。
2.河川年径流总量=省内各水系年径流量+客水+地下水。
3.耕地面积是指年末耕地总资源面积，包括常用耕地和临时性耕地。由国土部门提供(后同)。

a. Figures in this table, except population, cultivated area and mineral resources were obtained from surveys in previous years, and is subject to further verification.

b. The annual total flow of rivers=annual flow of major rivers in our province + branch water + groundwater.

c. The data of cultivated land is actual cultivated land total resources(year end),including common cultivated land and temporary cultivated land. The date came from Hunan Province Territory Resource Burear。The same as in the following table。

1-3 主要山脉基本情况 Major Mountain Ranges

名 称	Name	平均高度(米) Average Height(m)	最高峰(米) Heightest Peak (m)	
雪峰山	Xuefeng Mountain Range	1500	2021 (城步县二宝顶)	Erbao Peak in Chengbu County
武陵山	Wuling Mountain Range	500—1200	2098.7 (石门县壶瓶山)	Huping Mountain in Shimen County
南岭山脉 (指大庾岭、骑田岭、萌渚岭、都庞岭、越城岭)	Nanling Mountain Range (Dayu Peak,Qitian Peak, Mengzhu Peak, DuPang Peak, Yuecheng Peak)		2009 (道县韭菜岭)	Jiucai Peak in Dao County
幕阜山—罗霄山	Mofu Mountain—Luoxiao Mountain Range	1000	2052 (炎陵县斗笠顶)	Douli Peak in Yanling County
			2041.1 (桂东县八面山)	Bamian Mountain in Guidong County

1-4 主要河流基本情况 Major Rivers

名 称	Item	河 长(公里) Length of River (km)	#省内 #In Province	河流条数(条) Number of River (unit)	流域面积(平方公里) Drainage Area (sq.km)	#省内 #In Province	省内年径流量(亿立方米) Annual Flow in Province (100 million cu.m)	水力资源蕴藏量(万千瓦) Hydro-power Resources (10 000 kw)	#可开发量 Develop-able Resources
总 计	**Total**			**5341**		**211829**	**2560.00**	**1532.45**	**1083.84**
湘 江	Xiangjiang River	856	670	2157	94660	85383	1059.62	470.70	318.29
资 水	Zishui River	713	630	771	28142	26738	319.96	201.03	147.71
沅 江	Yuanjiang River	1033	568	1491	89163	51066	609.49	537.51	460.21
澧 水	Lishui River	388	388	326	18496	15505	190.55	152.46	137.11
洞庭湖水系	Water System of Dongting Lake			432		27269	299.71	140.20	13.65
鄱阳湖水系	Water System of Poyang Lake			16		683	10.79	3.12	0.58
珠江水系	Water System of Zhujiang River			148		5185	69.88	27.43	6.29

注：1.河流条数指河长5公里以上的河流数,河长共9万公里。
2.资水河长以夫夷水作水源计算。
3.据1986年勘定,洞庭湖面积为2691平方公里。

a. Rivers refer to those which are more than 5 km long, and the total length of the rivers are 90 000 km.
b. The length of Zishui River refers to that of Fuyi River.
c. The figure on the area of Dongting Lake was taken from the survey in 1986.

1-5 主要城市平均气温(2016年)
Monthly Average Temperature of Major Cities(2016)

单位:摄氏度 (℃)

城 市	City	1月 January	2月 February	3月 March	4月 April	5月 May	6月 June	7月 July
长沙市	Changsha	5.4	8.7	13.1	18.8	20.8	26.2	29.3
株洲市	Zhuzhou	5.8	9.0	13.3	19.1	21.1	26.7	29.9
湘潭市	Xiangtan	5.6	8.7	13.1	19.1	20.9	26.3	29.5
衡阳市	Hengyang	6.7	9.8	14.2	19.8	22.1	28.2	31.4
邵阳市	Shaoyang	5.2	8.7	12.6	18.4	20.6	25.9	28.3
岳阳市	Yueyang	5.2	9.7	13.4	19.1	21.1	25.8	29.2
常德市	Changde	4.3	9.1	12.8	18.3	20.2	24.4	28.1
张家界市	Zhangjiajie	5.8	9.1	13.2	18.8	21.5	25.0	28.7
益阳市	Yiyang	5.3	9.2	13.5	19.2	21.2	26.5	29.7
郴州市	Chenzhou	5.6	8.6	13.2	18.9	21.2	26.3	28.6
永州市	Yongzhou	6.7	9.7	13.7	19.6	21.9	27.6	30.3
怀化市	Huaihua	5.4	8.7	12.7	18.1	20.6	25.9	29.1
娄底市	Loudi	5.2	8.9	12.7	18.4	20.6	26.2	28.8
吉首市	Jishou	5.2	8.2	12.0	18.0	20.3	24.8	27.8

1-5 续表 continued

城 市	City	8月 August	9月 September	10月 October	11月 November	12月 December	全年平均 Annual Average	上年平均 Annual Average Preceding Year
长沙市	Changsha	28.5	24.8	18.8	12.1	9.1	18.0	17.4
株洲市	Zhuzhou	29.4	25.0	19.2	12.4	9.4	18.4	18.2
湘潭市	Xiangtan	29.0	24.7	18.8	12.2	9.1	18.1	18.0
衡阳市	Hengyang	30.0	26.2	20.1	13.2	10.3	19.4	19.0
邵阳市	Shaoyang	27.5	24.0	18.5	12.2	8.8	17.6	17.3
岳阳市	Yueyang	29.4	25.5	18.6	12.1	9.3	18.2	18.0
常德市	Changde	27.9	24.4	17.8	11.5	8.7	17.3	17.1
张家界市	Zhangjiajie	28.5	25.3	19.1	12.7	9.1	18.1	18.0
益阳市	Yiyang	29.3	25.3	18.6	12.2	9.4	18.3	18.4
郴州市	Chenzhou	26.7	23.7	18.6	12.9	9.5	17.8	19.2
永州市	Yongzhou	28.4	25.2	19.7	13.4	10.1	18.9	18.6
怀化市	Huaihua	27.7	24.9	18.9	12.2	8.3	17.7	17.5
娄底市	Loudi	28.1	24.5	18.8	12.2	9.2	17.8	17.3
吉首市	Jishou	27.3	23.9	18.5	12.0	8.3	17.2	16.9

1-6 主要城市降水量(2016年)
Monthly Precipitation in Major Cities (2016)

单位:毫米 (millimeter)

城 市	City	1月 January	2月 February	3月 March	4月 April	5月 May	6月 June	7月 July
长沙市	Changsha	93.5	59.6	138.5	220.1	211.6	162.0	267.7
株洲市	Zhuzhou	92.7	55.3	135.3	308.4	190.3	378.0	320.1
湘潭市	Xiangtan	94.4	51.6	138.5	257.0	170.2	211.0	352.6
衡阳市	Hengyang	97.9	53.2	143.7	219.8	223.4	19.9	47.8
邵阳市	Shaoyang	100.3	42.0	127.4	306.3	175.5	158.5	177.8
岳阳市	Yueyang	47.9	30.3	73.9	181.6	177.4	108.5	296.8
常德市	Changde	56.8	18.9	75.9	233.2	227.9	164.7	419.9
张家界市	Zhangjiajie	62.8	18.0	59.3	154.6	183.3	287.2	360.3
益阳市	Yiyang	73.0	42.5	112.0	184.9	286.9	141.0	498.6
郴州市	Chenzhou	139.1	68.3	276.1	273.8	198.9	207.8	95.3
永州市	Yongzhou	112.9	35.6	149.8	340.4	216.4	80.2	47.5
怀化市	Huaihua	88.3	40.5	173.5	259.3	238.1	133.9	237.4
娄底市	Loudi	86.8	42.9	154.3	265.9	187.0	142.5	252.1
吉首市	Jishou	54.2	21.4	154.9	203.2	241.0	121.1	221.7

1-6 续表 continued

城 市	City	8月 August	9月 September	10月 October	11月 November	12月 December	全年 Annual Total	上年全年 Annual Total Preceding year
长沙市	Changsha	88.9	147.7	70.4	90.1	67.1	1617.2	1538.2
株洲市	Zhuzhou	103.5	218.2	80.1	101.5	44.8	2028.2	1587.7
湘潭市	Xiangtan	66.8	166.7	102.6	90.8	47.5	1749.7	1443.9
衡阳市	Hengyang	120.6	91.2	80.9	131.1	51.9	1281.4	1333.8
邵阳市	Shaoyang	189.5	49.6	42.1	97.0	35.9	1501.9	1482.5
岳阳市	Yueyang	47.5	53.8	96.5	98.6	65.5	1278.3	1725.3
常德市	Changde	187.6	69.3	119.6	70.6	51.7	1696.1	1223.7
张家界市	Zhangjiajie	107.1	68.7	117.9	65.6	42.0	1526.8	1416.4
益阳市	Yiyang	120.8	117.0	94.6	88.0	76.9	1836.2	1517.6
郴州市	Chenzhou	249.1	158.6	111.1	231.0	26.7	2035.8	1705.8
永州市	Yongzhou	113.9	56.9	67.1	126.1	69.7	1416.5	1736.9
怀化市	Huaihua	95.0	16.4	60.8	85.1	96.1	1524.4	1770.7
娄底市	Loudi	133.2	94.5	48.5	82.8	66.0	1556.5	1763.5
吉首市	Jishou	163.5	34.4	171.7	81.2	48.9	1517.2	1547.6

1-7 主要城市日照时数(2016年)
Monthly Sunshine Hours in Major Cities (2016)

单位:小时 (hour)

城市	City	1月 January	2月 February	3月 March	4月 April	5月 May	6月 June	7月 July
长沙市	Changsha	41	130	95	73	102	143	172
株洲市	Zhuzhou	41	137	112	86	120	182	225
湘潭市	Xiangtan	45	128	92	76	108	195	207
衡阳市	Hengyang	39	124	89	48	93	186	205
邵阳市	Shaoyang	31	143	90	64	96	141	177
岳阳市	Yueyang	62	154	118	109	129	121	185
常德市	Changde	48	138	116	92	117	114	188
张家界市	Zhangjiajie	33	125	98	91	123	115	197
益阳市	Yiyang	52	148	117	91	109	137	184
郴州市	Chenzhou	37	111	72	43	107	177	237
永州市	Yongzhou	25	102	66	49	98	179	228
怀化市	Huaihua	31	141	76	64	105	132	207
娄底市	Loudi	42	123	92	65	118	148	180
吉首市	Jishou	19	115	54	60	92	113	178

1-7 续表 continued

城市	City	8月 August	9月 September	10月 October	11月 November	12月 December	全年 Annual Total	上年全年 Annual Total Preceding year
长沙市	Changsha	158	113	25	48	134	1234	1263
株洲市	Zhuzhou	230	176	55	69	119	1553	1356
湘潭市	Xiangtan	213	167	56	73	121	1481	1294
衡阳市	Hengyang	167	156	59	61	101	1329	1150
邵阳市	Shaoyang	146	142	43	61	104	1238	1056
岳阳市	Yueyang	195	135	67	75	127	1475	1490
常德市	Changde	174	169	75	71	124	1427	1366
张家界市	Zhangjiajie	183	191	76	70	82	1386	1272
益阳市	Yiyang	173	176	73	68	126	1454	1348
郴州市	Chenzhou	191	134	42	81	102	1333	1092
永州市	Yongzhou	179	130	50	61	100	1266	1028
怀化市	Huaihua	195	185	81	56	83	1358	1248
娄底市	Loudi	181	144	47	76	104	1320	1203
吉首市	Jishou	153	160	66	37	71	1117	928

1-8 国民经济和社会发展总量指标
Principal Indicators of National Economy and Social Development

指 标	Item	总量指标 Aggregate Data			
		2000	2005	2015	2016
人口与就业	**Population and Employment**				
人口 （万人）	**Population (10 000 persons)**				
年底户籍人口	Household population at the Year-end	6562.05	6732.10	7242.02	7318.81
城镇人口	Urban	1952.21	2490.88	2037.29	2187.82
乡村人口	Rural	4609.84	4241.22	5204.73	5130.99
男性人口	Male	3422.77	3490.59	3761.09	3797.57
女性人口	Female	3139.28	3241.51	3480.93	3521.24
就业 （万人）	**Employment (10 000 persons)**				
从业人员数	Employees	3577.58	3801.48	3980.3	3920.41
在岗职工数	Staff and Workers on the Job	580.82	451.80	534.77	523.97
宏观经济	**Macro-economy**				
国民经济核算 （亿元）	**National Accounting (100 million yuan)**				
地区生产总值	Gross Domestic Products	3551.49	6623.45	29172.17	31551.37
第一产业	Primary Industry	784.92	1100.65	3331.62	3578.37
第二产业	Secondary Industry	1293.18	2630.09	13043.68	13341.17
第三产业	Tertiary Industry	1473.39	2892.71	12796.87	14631.83
人均地区生产总值 （元）	Per Capita Gross Regional Product (yuan)	5425	10606	43153	46382
支出法地区生产总值	Gross Regional Product by Expenditure Approach	3551.49	6623.45	29172.17	31551.37
最终消费	Final Consumption	2471.77	4022.83	14456.64	16122.55
居民消费	Households Consumption	1928.94	3092.25	10717.77	11897.7
政府消费	Government Consumption	542.83	930.58	3738.87	4224.85
资本形成总额	Gross Capital Formation	1046.05	2606.71	15833.03	16737.27
固定资本形成	Gross Fixed Capital Formation	1082.00	2550.92	15362.97	16477.36
固定资产投资 （亿元）	**Investment in Fixed Assets (100 million yuan)**				
固定资产投资总额	Total Investment in Fixed Assets	1066.70	2563.96	25954.27	27688.45
国有投资	State Investment	574.12	1000.96	7829.93	9253.52
非国有投资	Non-state Investment	492.58	1563.00	18124.34	18434.93
财政 （亿元）	**Public Finance (100 million yuan)**				
地方财政收入	Public Budgetary Revenue	177.04	395.27	2515.43	2697.88
一般公共预算支出	Public Budgetary Expenditure	347.83	873.42	5728.72	6339.16
物价总指数 （上年＝100）	**Price Index (preceding year=100)**				
居民消费价格总指数	General Consumer Price Index	101.4	102.3	101.4	101.9
商品零售价格总指数	General Retail Price Index	99.3	102.3	99.9	101.0
农产品生产者价格指数	Producer Price Indices of Farm Products	96.8	99.5	104.1	104.7
利用外资 （万美元）	**Utilization of Foreign Capital (USD 10 000)**				
实际利用外商直接投资	Foreign Direct Investment	110843	207235	1156441	1285209
产业	**Industry**				
农业	**Agriculture**				
耕地面积 （千公顷）	Cultivated Areas (1 000 hectares)	3921.60	3815.98	4153.45	4148.76
农林牧渔业从业人员 （万人）	Number of Persons Engaged in Farming, Forestry, Animal Husbandry and Fishery (10 000 persons)	2065.92	1951.90	1762.31	1696.81

1-8 续表 1 continued

指 标	Item	总量指标 Aggregate Data			
		2000	2005	2015	2016
农林牧渔业总产值 (亿元)	Gross Output Value of Farming, Forestry, Animal Husbandry and Fishery (100 million yuan)	1251.89	2056.24	5630.75	6081.92
农业	Planting	633.84	947.72	3043.52	3255.11
林业	Forestry	51.01	100.96	317.38	321.60
牧业	Animal Husbandry	486.13	834.52	1601.75	1762.65
渔业	Fishery	80.91	138.37	366.93	396.66
主要农产品产量 (万吨)	Output of Major Farm Products (10 000 tons)				
粮食	Grain	2874.97	2856.55	3002.93	2953.20
棉花	Cotton	17.13	18.56	14.46	12.27
油料	Oil-bearing Crops	139.35	140.98	242.89	242.87
黄红麻(熟麻)	Jute and Ambary Hemp	0.23	0.06	0.07	0.03
苎麻	Ramie	6.62	13.07	1.47	1.32
烤烟	Fluecured Tobacco	15.55	20.39	21.93	22.47
茶叶	Tea	5.73	7.20	17.57	18.60
柑桔	Citrus	125.92	205.51	457.13	496.95
猪牛羊肉	Pork, Beef and Mutton	436.51	545.94	479.50	467.17
水产品	Aquatic Products	133.21	179.22	261.32	271.81
工业	**Industry**				
主要工业产品产量	Output of Major Industrial Products				
布 (亿米)	Cloth (100 million m)	3.41	3.61	3.93	4.01
机制纸及纸板 (万吨)	Machine-made Paper and Paperboards (10 000 tons)	70.07	170.59	398.47	422.13
成品糖 (万吨)	Sugar (10 000 tons)	4.44	2.10		5.79
合成洗涤剂 (万吨)	Synthetic Detergents (10 000 tons)	8.12	32.06	44.65	42.31
家用电冰箱 (万台)	Household Refrigerators (10 000 sets)	44.54	55.54	8.91	
原煤 (万吨)	Coal (10 000 tons)	1490.81	3646.51	3464.59	2595.54
发电量 (亿千瓦小时)	Electricity (100 million kw.h)	354.42	630.29	1215.18	1284.71
粗钢 (万吨)	Crude Steel (10 000 tons)	304.13	975.17	1852.78	1827.82
钢材 (万吨)	Steel (10 000 tons)	299.05	961.26	1951.29	1998.69
水泥 (万吨)	Cement (10 000 tons)	2395.72	3571.07	11613.56	12177.65
规模工业企业财务指标	Principal Financial Item of Industrial Enterprises above Designated Size				
年底固定资产原价 (亿元)	Original Value of Fixed Assets (100 million yuan)	1947.23	2932.81	14266.10	15453.45
利润总额 (亿元)	Total Profits (100 million yuan)	34.48	189.25	1808.70	1953.67
建筑业	**Construction**				
建筑业企业人数 (万人)	Number of Employed Persons (10 000 persons)	76.30	118.61	221.27	229.17
建筑业总产值 (亿元)	Gross Output Value of Construction (100 million yuan)	354.29	1219.35	6630.82	7304.22
施工房屋面积 (万平方米)	Floor Space of Buildings Under Construction (10 000 m^2)	5087.93	13774.87	47504.41	50329.04
#竣工房屋面积	Floor Space of Buildings Completed	2603.03	6846.04	17390.00	18629.18
交通运输	**Transportation**				
货运量 (万吨)	Freight Traffic (10 000 tons)	51228	76876	215125	207364
铁路	Railways	4676	5218	4184	3925
公路	Highways	42868	67040	184831	178968
水运	Waterways	3406	4615	25109	23445
客运量 (万人)	Passenger Traffic (10 000 persons)	87462	116457	151059	122702
铁路	Railways	5233	5423	10368	11369
公路	Highways	81005	109728	138221	108627
水运	Waterways	1094	702	1534	1615

注：2013年开始，公路水路客货运输数据，源自交通运输业经济统计专项调查，统计口径有所调整(下表同)。

Beginning in 2013,highway and waterway freignt volume data,from traffic transportation economic statistics,special inrestigation,statistical adjustments(the same below).

1-8 续表 2 continued

指 标	Item	总量指标 Aggregate Data			
		2000	2005	2015	2016
邮电通信业	**Postal and Telecommunications Services**				
邮电业务总量 (亿元)	Total Business Revenue (100 million yuan)	140.92	372.24	904.12	1359.33
函件 (万件)	Number of Letters Delivered (10 000 pieces)	21255.00	11338.80	4553.71	3040.08
报刊期发数 (万份)	Newspapers and Magazines Distributed (10 000 copies)	1042.72	582.89	536.03	559.85
交换机容量 (万门)	Capacity of Office Telephone Exchanges (10 000 lines)	873.20	1216.62	469.95	144.48
国内商业 (亿元)	**Domestic Trade (100 million yuan)**				
社会消费品零售总额	Total Retail Sales of Consumer Goods	1383.72	2459.12	12023.97	13436.53
对外经济贸易和旅游	**Foreign Trade and Tourism**				
进出口总额 (亿美元)	Total Exports and Imports (USD 100 million)	25.13	60.05	293.67	268.80
进口额	Imports	8.60	22.58	101.94	87.10
出口额	Exports	16.53	37.47	191.73	181.70
国际旅游	International Tourism				
来湘旅游人数 (万人次)	Tourism to Hunan (10 000 person-times)	45.40	71.98	226.05	240.81
旅游外汇收入 (亿美元)	Foreign Exchange Earnings from Tourism (USD 100 million)	2.21	3.90	8.58	10.05
金融保险 (亿元)	**Finance and Insurance (100 million yuan)**				
金融机构人民币存款余额	Total Saving Depositit of F inancial Institutions	2874.75	6498.23	36009.09	41694.54
金融机构人民币贷款余额	Total Loan Balances of F inancial Institutions	2403.39	4509.09	23738.58	27215.51
财产险保费收入	Premium Income from Property Insurance	13.12	31.50	259.15	296.49
人身险保费收入	Premium Income from Life Insurance	46.78	95.68	453.03	589.97
教育、科技、文化	**Education, Science and Technology, Culture**				
教育	**Education**				
专任教师数 (万人)	Full-time Teachers (10 000 persons)				
普通高等学校	Institutions of Higher Education	2.03	4.53	6.66	6.87
中等职业学校	Specialized Secondary Schools	1.08	2.60	2.60	2.56
普通中学	Secondary Schools	22.37	26.14	23.83	24.15
小学	Primary Schools	30.64	24.61	24.91	25.37
在校学生 (万人)	Students Enrollment (10 000 persons)				
普通高等学校	Institutions of Higher Education	25.31	74.24	117.98	122.47
中等职业学校	Specialized Secondary Schools	25.83	70.56	64.80	66.09
普通中学	Secondary Schools	391.73	429.11	329.85	335.96
小学	Primary Schools	663.93	419.83	488.86	501.81
国家财政性教育经费(亿元)	State Fiscal Funding on Education (100 million yuan)	85.77	166.91	954.08	1083.64
科技	**Science and Technology**				
各类专业技术人员数(万人)	Scientific and Technical Personnel (10 000 person)	109.34	122.91	99.45	96.61
科技拨款 (亿元)	Funding for Scientific and Technical Activities (100 million yuan)	5.55	10.77	66.26	71.44
技术市场技术交易成交额 (亿元)	Transaction Value in Technical Market (100 million yuan)	10.95	20.70	49.32	50.15
文化	**Culture**				
出版数量	Publications				
图书 (万册)	Number of Books (10 000 copies)	24844	33238	48545	51704
杂志 (万册)	Number of Magazines (10 000 copies)	10504	11708	14099	13966
报纸 (万份)	Number of Newspapers Issue (10 000 copies)	83467	106428	133554	98425
电视节目每周播出时间 (小时)	Time for TV Programs Telecasting (hour)	2338	13210	14570	14629

注:对外贸易中的进出口总额,统一按海关统计数据。
Figures on total imports and exports from foreign trade are obtained from the customs statistics.

1-8 续表 3 continued

指 标	Item	总量指标 Aggregate Data			
		2000	2005	2015	2016
家庭、生活、环境	**Family, People's Livelihood and Environment**				
家庭	**Family**				
城镇居民户均家庭人口（人）	Average Household Size in Urban Areas (person)	3.09	2.93	3.00	3.10
农村居民户均常住人口（人）	Average Household Size in Rural Areas (person)	3.97	3.94	3.18	3.22
婚姻 （万对）	**Marriages and Divorces (10 000 couples)**				
结婚数	Number of Marriages	38.31	45.97	54.27	49.94
离婚数	Number of Divorces	6.45	8.30	17.75	21.29
居住 （平方米／人）	**Housing (sq.m/person)**				
城市居民人均居住面积	Per Capita Floor Space of Urban Residents	11.75	22.03	41.02	44.00
农村居民人均住房面积	Per Capita Floor Space of Rural Residents	30.92	38.38	57.26	60.60
生活	**People's Livelihood**				
城镇居民人均可支配收入 （元）	Per Capita Annual Disposable Income of Urban Households (yuan)	6219	9524	28838	31284
农村居民人均可支配收入 （元）	Per Capita Annual Net Income of Rural Households (yuan)	2197	3118	10993	11930
城镇居民人均消费支出 （元）	Per Capita Consumption Expenditure of Urban Households (yuan)			19501	21420
农村居民人均消费支出 （元）	Per Capita Consumption Expenditure of Rural Households (yuan)			9691	10630
工资福利	**Wages and Welfare**				
在岗职工工资总额 （亿元）	Total Wages on the Job (100 million yuan)	377.19	616.86	2866.49	3111.00
在岗职工平均工资 （元）	Average Wage of Staff and Workers on the Job (yuan)	6515	13718	53889	60160
卫生	**Health Care**				
医院与卫生院 （个）	Number of Hospitals (unit)	3339	4097	3470	3534
执业(助理)医师 （万人）	Number of Doctors (10 000 persons)	8.87	7.99	15.08	16.07
医院床位数 （万张）	Number of Hospital Beds (10 000 units)	9.32	15.22	27.58	29.93
市政建设	**City Construction**				
供水总量 （亿立方米）	Volume of Tap Water Supply (100 million tons)	28.24	26.78	19.79	21.54
排水管道长度 （公里）	Length of Sewer Pipelines (km)	3754.00	5593.83	13199.99	13845.74
城市煤气供气量 （万立方）	Volume of Coal Gas Supply in Urban Areas (10 000 cu.m)	60375	44064	2767	3032
液化石油气用量 （万吨）	Volume of Liquefied Petroleum Gas (10 000 tons)	20.20	29.47	24.15	24.39
天然气供气量 （万立方米）	Volume of Natural Gas (10 000 cu.m)			21.55	22.56
公共汽车总数 （辆）	Total Number of Public Buses (unit)	9083	9611	22030	24483
公交客运总量 （万人次）	Total Passenger Traffic of Public Transportation (10 000 person-times)	106227	212507	337535	319743
环境、灾害	**Environment and Disaster**				
火灾发生数 （次）	Number of Fire Disasters (times)	3440	5223	15471	15091
火灾经济损失 （万元）	Loss of Fire Accidents (10 000 yuan)	4799	4862	22892	18212
交通事故发生数 （次）	Number of Traffic Accidents (times)	23938	15013	9036	7505
交通事故经济损失 （万元）	Loss of Traffic Accidents (10 000 yuan)	9662	7131	7231	6440

注：2002年起，医生数是指执业医生数。2000年起，城镇居民人均居住面积由建设厅提供。2006年劳动厅取消有关离退休人员人数、劳保福利费等统计指标。2007年起，卫生部网络直报数据包含了诊所、医务室、卫生所、社区服务站；而2007年前是没有包括的。

Data of doctors are doctors and assistant doctors since 2002. Data on living floor space of urban residents came from Constructional Bureau of Hunan Province since 2000. The statistical indicators on retired staff and workers have been canceled in 2006.The data submitted directly by network of Ministry of Health has included clinics,health service stations,health service centers for community from 2007, but before 2007, has not included.

1-9 国民经济和社会发展速度指标
Develop Speed of National Economy and Social Development

单位:% (%)

指 标	Item	发展速度(以上年为100) Growth Rate (precending year=100)			
		2000	2005	2015	2016
人口与就业	**Population and Employment**				
人口	**Population**				
年底户籍人口	Household Population at the Year-end	100.5	100.5	100.7	100.6
城镇人口	Urban	113.2	104.8	104.0	104.3
乡村人口	Rural	95.9	98.2	97.5	96.8
男性人口	Male	101.0	100.6	100.7	100.6
女性人口	Female	99.9	100.5	100.6	100.5
就业	**Employment**				
从业人员数	Employees	99.3	101.5	98.4	98.5
在岗职工人数	Staff and Workers on the Job	98.3	95.9	96.7	98.0
宏观经济	**Macro-economy**				
国民经济核算	**National Accounting**				
地区生产总值	Gross Domestic Products	109.0	112.2	108.5	108.0
第一产业	Primary Industry	103.9	105.7	103.6	103.3
第二产业	Secondary Industry	110.6	112.9	107.4	106.5
第三产业	Tertiary Industry	110.9	113.8	111.2	110.6
人均地区生产总值	Per Capita Gross Regional Product	108.5	110.6	107.8	107.3
支出法地区生产总值	Gross Regional Product by Expenditure Approach	109.0	112.2	108.5	108.0
最终消费	Final Consumption	106.7	110.3	109.0	108.3
居民消费	Households Consumption	105.6	111.3	108.6	108.7
政府消费	Government Consumption	110.8	107.3	110.4	107.3
资本形成总额	Gross Capital Formation	104.3	116.7	108.4	107.4
固定资本形成	Gross Fixed Capital Formation	110.9	122.0	108.6	108.9
固定资产投资	**Investment in Fixed Assets**				
固定资产投资总额	Total Investment in Fixed Assets	113.0	129.4	118.2	113.8
国有投资	State Investment	109.8	113.8	122.5	123.9
非国有投资	Non-state Investment	117.0	141.9	116.5	109.4
财政	**Pubic Finance**				
地方财政收入	Public Budgetary Revenue	106.3	123.3	111.2	107.3
一般公共预算支出	Public Budgetary Expenditure	111.1	121.4	114.2	110.7
物价总指数 (上年=100)	**Price Index (preceding year=100)**				
居民消费价格总指数	General Consumer Price Index	101.4	102.3	101.4	101.9
商品零售价格总指数	General Retail Price Index	99.3	102.3	99.9	101.0
农产品生产者价格指数	Producer Price Indices of Farm Products	96.8	99.5	104.1	104.7
利用外资	**Utilization of Foreign Capital**				
实际利用外商直接投资	Foreign Direct Investment	103.6	146.1	112.7	111.1
产业	**Industry**				
农业	**Agriculture**				
耕地面积	Cultivated Areas	122.1	100.0	100.0	99.9
农林牧渔业从业人员	Number of Persons Engaged in Farming, Forestry, Animal Husbandry and Fishery	99.6	98.8	97.5	96.3

1-9 续表 1 continued

单位:% (%)

指 标	Item	发展速度(以上年为100) Growth Rate (precending year=100)			
		2000	2005	2015	2016
农林牧渔业总产值	Gross Output Value of Farming, Forestry,Animal Husbandry and Fishery	104.3	105.8	103.7	103.6
农业	Farming	103.1	104.5	104.4	103.9
林业	Forestry	104.3	109.8	108.2	108.3
牧业	Animal Husbandry	103.9	106.3	99.6	100.5
渔业	Fishery	111.5	109.6	107.1	106.4
主要农产品产量	Output of Major Farm Products				
粮食	Grain	99.4	101.6	100.1	98.3
棉花	Cotton	96.8	90.8	112.1	84.9
油料	Oil-bearing Crops	107.1	131.8	103.9	100.0
黄红麻(熟麻)	Jute and Ambary Hemp	100.0	85.7	104.4	42.4
苎麻	Ramie	173.3	109.0	90.8	89.5
烤烟	Fluecured Tobacco	125.4	113.6	97.7	102.5
茶叶	Tea	101.8	108.1	108.6	105.9
柑桔	Citrus	84.1	112.8	104.2	108.7
猪牛羊肉	Pork, Beef and Mutton	103.8	105.6	98.2	97.4
水产品	Aquatic Products	107.0	107.2	105.4	104.0
工业	**Industry**				
主要规模工业产品产量	Output of Major Industrial Products above Designated Size				
布	Cloth	118.8	86.4	107.3	104.8
机制纸及纸板	Machine-made Paper and Paperboards	132.1	101.6	97.2	95.1
成品糖	Refined Sugar	43.8	95.5		186.9
合成洗涤剂	Synthetic Detergents	119.6	126.8	90.7	94.7
家用电冰箱	Household Refrigerators	155.7	90.8	73.2	
原煤	Coal	104.0	120.1	69.8	89.0
发电量	Electricity	106.6	104.1	96.0	104.5
粗钢	Crude Steel	98.4	121.3	97.1	100.9
钢材	Steel	103.6	119.8	98.3	103.6
水泥	Cement	105.4	106.3	97.3	103.9
规模工业企业财务指标	Principal Financial Item of Industrial Enterprises above Designated Size				
年底固定资产原价	Original Value of Fixed Assets	108.2	106.4	108.5	108.3
利润总额	Total Profits	212.7	122.0	100.3	108.0
建筑业	**Construction**				
建筑业企业人数	Number of Employed Persons	98.9	102.8	104.6	103.6
建筑业总产值	Gross Output Value of Construction	106.1	118.6	110.1	110.2
施工房屋面积	Floor Space of Buildings Under Construction	97.8	110.0	100.2	105.9
竣工房屋面积	Floor Space of Buildings Completed	97.1	109.5	104.9	107.1
交通运输	**Transportation**				
货运量	Freight Traffic	100.1	110.3	105.7	103.4
铁路	Railways	104.9	96.6	93.1	93.8
公路	Highways	99.0	111.2	107.1	103.9
水运	Waterways	107.2	115.8	97.8	101.7
客运量	Passenger Traffic	99.6	109.5	92.9	92.9
铁路	Railways	104.5	101.8	107.6	109.6

注：2013年规模以上工业产品产量为初步统计数。下表同。

In 2013, The Figures of Output of Industrial Products above Designated Size are preliminary statistics.The Same as in the following table.

1-9 续表 2 continued

单位:% (%)

指　标	Item	发展速度(以上年为100) Growth Rate (precending year=100)			
		2000	2005	2015	2016
公路	Highways	99.2	109.8	91.8	91.1
水运	Waterways	109.2	90.9	105.9	105.3
邮电通信业	**Postal and Telecommunications Services**				
邮电业务总量	Total Business Revenue	152.4	142.7	121.4	150.3
函件	Number of Letters Delivered	83.8	71.9	100.4	66.8
报刊期发数	Number of Newspapers and Magazines Distributed	65.1	88.2	104.5	104.4
交换机容量	Capacity of Office Telephone Exchanges	149.0	108.5	70.2	24.1
国内商业	**Domestic Trade**				
社会消费品零售总额	Total Retail Sales of Consumer Goods	111.0	114.4	112.1	111.7
对外经济贸易和旅游	**Foreign Trade and Tourism**				
进出口总额	Total Exports and Imports	128.5	110.4	95.2	91.7
进口额	Imports	127.6	96.5	93.6	85.7
出口额	Exports	128.9	120.9	96.1	94.9
国际旅游	International Tourism				
来湘旅游人数	Number of Tourism to Hunan	117.7	130.1	103.0	106.5
旅游外汇收入	Foreign Exchange Earnings from Tourism	119.2	124.6	107.2	117.1
金融保险	**Finance and Insurance**				
金融机构人民币存款余额	Total Saving Depositit of F inancial Institutions	113.2	118.1	119.7	115.8
金融机构人民币贷款余额	Total Loan Balances of F inancial Institutions	99.8	105.9	116.6	114.6
财产险保费收入	Premium Income from Property Insurance	102.0	119.3	122.7	114.4
人身险保费收入	Premium Income from Life Insurance	159.0	117.0	124.1	130.2
教育、科技、文化	**Education, Science and Technology, Culture**				
教育	**Education**				
专任教师数	Full-time Teachers				
普通高等学校	Institutions of Higher Education	112.9	118.3	102.6	103.1
中等职业学校	Specialized Secondary Schools			103.6	98.3
普通中学	Secondary Schools	105.3	100.2	99.9	101.4
小学	Primary Schools	99.7	99.1	100.4	101.8
在校学生	Students Enrollment				
普通高等学校	Institutions of Higher Education	140.7	118.7	103.9	103.8
中等职业学校	Specialized Secondary Schools			100.5	102.0
普通中学	Secondary Schools	124.7	90.9	101.1	101.9
小学	Primary Schools	92.0	97.1	103.2	102.6
国家财政性教育经费	State Fiscal on Education	107.1	118.4	108.3	113.6
科技	**Science and Technology**				
各类专业技术人员数	Number of Scientific and Technical Personnel	101.8	102.1	100.8	97.1
科技拨款	Funding for Scientific and Technical Activities	126.1	121.1	111.6	107.8
技术市场技术交易成交额	Transaction Value in Technical Market	153.2	123.9	93.6	101.7
文化	**Culture**				
出版数量	Publications				
图书	Number of Books	80.8	108.9	115.1	106.5

注：对外贸易中的进出口总额,统一按海关统计数据。
Figures on total imports and exports from foreign trade are obtained from the customs statistics.

1-9 续表 3 continued

单位:% (%)

指 标	Item	发展速度(以上年为100) Growth Rate (precending year=100)			
		2000	2005	2015	2016
杂志	Number of Magazines	84.5	61.2	104.9	99.1
报纸	Number of Newspapers Issue	98.2	102.2	97.7	73.7
电视节目每周播出时间	Time for TV Programs Telecasting	107.7	114.2	100.3	100.4
家庭、生活、环境	**Family, People's Livelihood and Environment**				
家庭	**Family**				
城镇居民平均每户家庭人口	Average Household Size in Urban Areas	100.3	98.0	102.0	103.3
农村居民平均每户常住人口	Average Household Size in Rural Areas	101.0	101.3	100.5	101.3
婚姻	**Marriages and Divorces**				
结婚数	Number of Marriages	94.6	108.0	87.3	92.0
离婚数	Number of Divorces	113.8	102.6	105.2	119.9
居住	**Housing**				
城市居民人均自有现住房面积	Per Capita Floor Space of Urban Residents	104.5	86.8	103.8	107.3
农村居民人均自有现住房面积	Per Capita Floor Space of Rural Residents	103.5	105.0	105.6	105.8
生活	**People's Livelihood**				
城镇居民人均可支配收入	Per Capita Annual Disposable Income of Urban Households	106.9	110.5	108.5	108.5
农村居民人均可支配收入	Per Capita Annual Net Income of Rural Households	102.3	109.9	109.3	108.5
城镇居民人均消费支出	Per Capita Consumption Expenditure of Urban Households			106.4	109.8
农村居民人均消费支出	Per Capita Consumption Expenditure of Rural Households			107.4	109.7
工资福利	**Wages and Welfare**				
在岗职工工资总额	Total Wages on the Job	108.1	113.4	107.5	108.5
在岗职工平均工资	Average Wage of Staff and Workers on the Job	108.3	119.7	111.1	111.6
卫生	**Health Care**				
医院与卫生院	Number of Hospitals	99.4	101.4	104.6	101.8
执业(助理)医师	Number of Doctors	104.5	100.0	113.0	106.6
医院床位数	Number of Hospital Beds	106.5	103.0	111.7	108.5
市政建设	**City Construction**				
供水总量	Volume of Tap Water Supply	99.7	112.6	102.7	108.9
排水管道长度	Length of Sewer Pipelines	76.3	113.1	104.7	104.9
城市煤气供气量	Volume of Coal Gas Supply in Urban Areas	81.0	99.9	100.1	109.6
液化石油气用量	Volume of Liquefied Petroleum Gas	106.5	98.1	127.6	101.0
天然气供气量	Volume of Natural Gas			99.2	104.7
公共汽车总数	Total Number of Public Buses	102.2	102.9	111.5	111.1
公交客运总量	Total Passenger Traffic of Public Transportation	115.7	121.3	102.0	94.7
环境、灾害	**Environment and Disaster**				
火灾发生数	Number of Fire Disasters	119.8	138.8	84.8	97.5
火灾经济损失	Loss of Fire Accidents	57.7	158.0	91.2	79.6
交通事故发生数	Number of Traffic Accidents	156.1	64.6	102.8	83.1
交通事故经济损失	Loss of Traffic Accidents	116.2	69.4	101.9	89.1

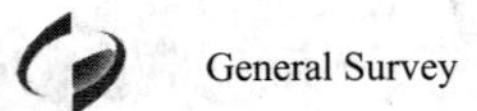

1-10 国民经济和社会发展效益指标
Beneficial Indicators of National Economy and Social Development

指　标	Item	2000	2005	2015	2016
人口与就业	**Population and Employment**				
人口出生率 (‰)	Birth Rate (‰)	11.45	11.90	13.58	13.57
人口死亡率 (‰)	Death Rate (‰)	6.79	6.75	6.86	7.01
人口自然增长率 (‰)	Natural Growth Rate (‰)	4.66	5.15	6.72	6.56
就业者负担人口 (人)	Dependency Rate (person)	1.83	1.77	1.70	1.74
宏观经济	**Macro Economy**				
全社会劳动生产率 (元／年人)	Overall Labor Productivity (yuan/person year)	9894	17549	72708	79870
第一产业	Primary Industry	3785	5899	20376	22323
第二产业	Secondary Industry	15399	32410	137765	144385
第三产业	Tertiary Industry	21791	26374	89465	102799
人均地区生产总值 (元)	Per Capita Gross Regional Product (yuan)	5425	10606	43153	46382
固定资产投资相当于生产总值 (%)	Proportion of Investment in Fixed Assets to GDP (%)	30.0	38.7	89.0	87.8
国有经济项目投产率 (%)	Rate of Projects Completed and Put into Use in State-owned Economic (%)	62.3	56.1	71.3	61.2
国有经济固定资产交付使用率 (%)	Rate of Fixed Assets Completed and Put into Use in State-owned Economic (%)	69.8	56.2	70.3	53.3
地方财政收入相当于生产总值 (%)	Proportion of Public Budgetary Revenue to GDP (%)	5.0	6.0	8.6	8.6
一般公共预算支出相当于生产总值(%)	Proportion of Public Budgetary Expenditure to GDP (%)	9.8	13.2	19.6	20.1
产业	**Industry**				
人均耕地面积 (公顷)	Per Capita Cultivated Land (hectare)	0.06	0.06	0.06	0.06
农业从业者人均耕地面积 (公顷)	Cultivated Land per Agricultural Laborer (hectare)	0.19	0.20	0.23	0.24
农业从业者人均农业总产值 (元)	Agricultural Output Value per Agricultural Laborer (yuan)	6060	10535	31539	35843
每公顷耕地农业机械总动力 (千瓦)	Total Power of Agricultural Machinery per Hectare Cultivated Land (kw)	5.63	8.36	14.19	14.70
每公顷耕地用电量 (千瓦小时)	Electric Power Consumption per Hectare Cultivated Land (kw.h)	1135.00	1709.55	2983.4	3054.01
每公顷播种面积化肥施用量 (公斤)	Chemical Fertilizer Consumption per Hectare Sown Area (kg)	228.00	251.75	282.82	280.26
每公顷耕地生产的农业产值 (元)	Agricultural Output Value per Hectare Cultivated Land (yuan)	31923	53885	135568	146596
每一农业从业者农产品产量	Output of Farm Products per Agricultural Laborer				
粮食 (公斤)	Grain (kg)	1388.86	1463.47	1682.01	1707.49
棉花 (公斤)	Cotton (kg)	8.28	9.51	8.10	7.10
油料 (公斤)	Oil-bearing Crops (kg)	67.32	72.23	136.05	140.42
肉类 (公斤)	Meat (kg)	239.69	322.74	268.58	265.38
水产品 (公斤)	Aquatic Products (kg)	64.35	91.82	144.51	160.20
每公顷播种面积农产品产量	Output of Farm Products per Hectare Sown Area				
粮食 (公斤)	Grain (kg)	5716	5477	6073	6039
棉花 (公斤)	Cotton (kg)	1173	1395	1272	1185
油料 (公斤)	Oil-bearing Crops (kg)	1490	1569	1681	1689
规模以上工业企业效益	Economic Efficiency of Industrial Enterprises above Designated Size				
资产负债率 (%)	Ratio of Asset-liability (%)	67.60	61.89	51.92	52.29

1-10　续表　continued

指　　标		Item		2000	2005	2015	2016
成本费用利润率	(%)	Ratio of Cost Profit	(%)	2.4	4.6	5.6	5.6
百元销售收入实现利润	(元)	Profits per 100 Yuan Sales Revenue	(yuan)	2.2	4.1	5.1	5.1
工业产品销售率	(%)	Proportion of Industrial Products Sold	(%)	99.3	99.5	97.8	99.0
建筑业技术装备率	(元／人)	Value of Machinery in Construction per Laborer	(yuan/person)	5428	8051	12487	17076
建筑业动力装备率	(千瓦／人)	Power of Machinery per Laborer	(kw/person)	4.7	4.9	5.0	4.6
建筑业产值利税率	(%)	Ratio of Per-tax Profits to Gross Output Value	(%)	4.3	6.0	6.9	5.9
建筑业全员劳动生产率	(元／人)	Overall Labor Productivity	(yuan/person-year)	46436	105740	299671	318730
运输业铁路网密度	(公里／万平方公里)	Railway Density in Transportation	(km/10 000 sq.km)	138.07	132.29	213.46	222.66
运输业公路网密度	(公里／万平方公里)	Highway Density in Transportation	(km/10 000 sq.km)	2872.90	4164.31	11184.42	11249.91
全省人均消费品零售额	(元)	Per Capita Retail Sales of Consumer Goods	(yuan)	2113.51	3652.83	17726.55	19752.27
进出口总额相当于生产总值	(%)	Proportion of Total Imports and Exports to GDP	(%)	5.63	7.47	6.28	5.65
每一来湘旅游客人次支出	(美元)	Expenditure per International Tourist in Hunan	(USD)	486.92	541.82	379.43	417.17
教育、科技、文化		**Education, Science and Technology , Culture**					
学龄儿童入学率	(%)	Rate of School-age Children Enrollment	(%)	98.42	99.03	99.97	99.99
小学升学率	(%)	Rate of Graduates of Primary Schools Entering Junior Secondary Schools	(%)	97.04	99.66	101.15	101.35
初中升学率	(%)	Rate of Graduates of Junior Secondary Schools Entering Senior Secondary Schools	(%)	51.15	60.82	86.90	92.09
学校每一专任教师负担学生人数		Number of Students Supported by Each Fulltime Teacher					
#高等学校	(人)	Institutions of Higher Education	(person)	12.50	16.40	20.07	20.20
普通中学	(人)	Secondary Schools	(person)	17.50	16.41	13.84	13.91
小学学校	(人)	Primary Schools	(person)	21.70	17.06	19.62	19.78
国家财政性教育经费占GDP比例	(%)	Proportion of State Fiscal Funding on Education to GDP	(%)	2.42	2.53	3.30	3.44
科技拨款相当于生产总值	(%)	Proportion of Funding for Scientific and Technical Activities to GDP	(%)	0.15	0.17	0.23	0.23
每百万人有艺术表演团体	(个)	Number of Troupes per Million Persons	(unit)	1.39	1.35	4.02	6.44
每百万人有公共图书馆	(个)	Number of Public Libraries per Million Persons	(unit)	1.75	1.78	2.02	2.01
家庭、生活、环境		**Family , People's Livelihood and Environment**					
离婚率	(‰)	Divorce Rate	(‰)	1.97	2.50	2.63	3.13
每万人口中医院卫生院数	(个)	Number of Hospitals per 10 000 persons	(unit)	0.51	0.61	0.51	0.52
每万人口中执业(助理)医师数	(人)	Number of Doctors per 10 000 persons	(person)	13.52	11.87	22.24	23.55
每万人口中医院床位数	(张)	Number of Hospital Beds per 10 000 persons	(unit)	14.20	22.61	40.67	43.87
医院病床使用率	(%)	Utilization Rate of Hospital Beds	(%)	45.59	68.20	86.43	85.97
城市用水普及率	(%)	Percentage of Households with Access to Tap Water	(%)	97.50	91.11	97.30	96.81
城市燃气普及率	(%)	Percentage of Households with Access to Natural Gas	(%)	78.35	75.43	92.28	93.28
人均公园绿地面积	(平方米)	Park Green Land Per Capita	(sq.m)	5.10	6.87	9.99	10.57
每起火灾经济损失	(万元)	Average Loss of per Fire Disaster	(10 000 yuan)	1.40	0.93	1.48	1.21
每起交通事故经济损失	(万元)	Average Loss of per Traffic Accident	(10 000 yuan)	0.40	0.48	0.80	0.86

注:自2010年起艺术表演团体含民间职业剧团，此前为文化部门专业剧团数据。

Since 2010, arts performance troupes included folk troupes. And before that, arts performance troupes included professional troupes of cultural department only.

1-11　国民经济主要比例关系
Main Proportional Relations of National Economy

单位:%　　(%)

指　标	Item	2000	2005	2015	2016
地区生产总值(生产法)	**Ratio of Gross Domestic Products**				
第一产业	Primary Industry	22.1	16.6	11.4	11.3
第二产业	Secondary Industry	36.4	39.7	44.7	42.3
第三产业	Tertiary Industry	41.5	43.7	43.9	46.4
地区生产总值(支出法)	**Ratio of Gross National Expenditure**				
资本形成总额	Gross Capital Formation	29.5	39.4	54.3	53
#固定资本形成总额	#Fixed Capital Formation	103.4	97.9	97.0	98.4
存货增加	Changes in Inventories	-3.4	2.1	3.0	1.6
最终消费	Final Consumption Expenditure	69.6	60.7	49.6	51.1
#居民消费	#Resident Consumption	78.0	76.9	74.1	73.8
#农村居民	#Rural Household	46.7	36.9	30.3	28.8
城镇居民	Urban Household	53.3	63.1	69.7	71.2
政府消费	Government Consumption	22.0	23.1	25.9	26.2
固定资产投资的资金来源	**Ratio of Investment in Fixed Assets by Source of Finance**				
国家预算内投资	State Budgetary Appropriation	7.2	3.3	5.3	5.1
国内贷款	Domestic Loans	20.0	13.5	6.9	9.2
债　券	Bunds	0.2	0.3		0.2
利用外资	Foreign Investment	2.1	2.5	0.1	0.2
自筹投资	Fundraising	58.5	66.0	77.6	72.7
其他投资	Others	12.1	14.4	10.0	12.5
国有经济投资中各行业比例	**Ratio of Investment in Fixed Assets by Sector**				
(国有经济)	(State-owned Economic)				
农、林、牧、渔业	Agriculture, Forestry, Animal Husbandry and Fishery	0.8	2.2	2.8	2.9
工业	Industry	23.7	25.5	12.5	11.2
地方财政收入比例	**Ratio of Public Budgetary Revenue**				
企业所得税	Income Tax of Enterprises	6.77	5.50	6.74	6.39
国有企业亏损补贴	Subsidies to Loss-suffering State-owned Enterprises	-2.78	-0.95	-0.06	-0.06

注：从2013年执行新的三次产业划分规定,即第一产业不含农林牧渔服务业;第二产业不含采矿业的开采辅助活动和制造业的金属制品、机械和设备修理业，因此第二产业不等于工业加建筑业，下表同。

Since 2013,the rules of the new division of three industries has been excuted.That is the first industry exclude agriculture,forestry,animal musbandry and fishery services,the secondary industry exclude mining auxiliary activities in mining industry and metal products, machinery and equipment repair in manufacturing industry. So the secondary industry is not equal to the industry and the construction industry.The same applies to the relvant tables following.

1-11 续表 continued

单位:% (%)

指 标	Item	2000	2005	2015	2016
农业总产值中农林牧渔比例	**Ratio of Agricultural Output Value**				
农业	Agriculture	50.6	46.1	54.1	53.5
林业	Forestry	4.1	4.9	5.6	5.3
牧业	Animal Husbandry	38.8	40.6	28.4	29.0
渔业	Fishery	6.5	6.7	6.5	6.5
客运量比例	**Ratio of Total Passenger Traffic**				
铁路	Railways	6.0	4.7	6.9	9.3
公路	Highways	92.6	94.2	91.5	88.5
水运	Waterways	1.3	0.6	1.0	1.3
民用航空	Civil Aviation	0.2	0.5	0.6	0.9
货运量比例	**Ratio of Total Freight Traffic**				
铁路	Railways	9.2	6.8	1.9	1.9
公路	Highways	83.7	87.2	85.9	86.3
水运	Waterways	6.6	6.0	11.7	11.3
货物周转量比例	**Ratio of Total Freight Ton-kilometers**				
铁路	Railways	58.8	56.0	18.0	17.8
公路	Highways	27.7	32.4	65.6	66.4
水运	Waterways	13.4	11.5	16.0	15.3
全社会消费品零售总额比例	**Ratio of Total Retail Sales of Consumer Goods**				
城镇	Urban			90.5	90.4
其中：城区	City Proper			58.6	58.1
乡村	Rural			9.5	9.6

注：从2010年起，社会消费品零售总额统计采用新的分组，即将经营单位所在地分组由“市”、“县”、“县以下”改为“城镇”、“乡村”。

From 2010, new grouping method is adopted for the statistics on the total retail sales of consumer goods: grouping according to operation location changes from city, county and below county level to urban and rural areas.

1-12 平均每天主要社会经济活动
Selected Indicators of Average Daily Social and Economic Activities

指　标		Item		2000	2005	2015	2016
全省每天创造的财富		**Daily Production**					
地区生产总值	(亿元)	Gross Domestic Product	(100 million yuan)	9.73	18.15	79.92	86.44
农业总产值	(亿元)	Gross Output Value of Agriculture	(100 million yuan)	3.43	5.63	15.43	16.66
地方财政收入	(万元)	Public Budgetary Revenue	(10 000 yuan)	4850.40	10829.18	68915.90	73914.62
布	(万米)	Cloth	(10 000 m)	93.42	98.98	107.70	109.74
机制纸及纸板	(吨)	Machine-made Paper and Paperboard	(ton)	1919.73	4673.70	10916.97	11565.17
原　煤	(万吨)	Coal	(10 000 tons)	4.08	9.99	9.49	7.11
发电量	(万度)	Electricity	(10 000 kw.h)	9710.14	17268.08	33292.60	35197.53
原油加工量	(吨)	Machining Crude Oil	(ton)	14422.47	16189.52	24038.90	23029.32
粗钢	(吨)	Crude Steel	(ton)	8331.51	26717.09	50761.10	50077.33
钢材	(吨)	Steel	(ton)	8193.15	26335.95	53460.00	54758.66
水　泥	(万吨)	Cement	(10 000 tons)	6.56	9.78	31.82	33.36
粮　食	(万吨)	Grain	(10 000 tons)	7.88	7.83	8.22	8.09
棉　花	(吨)	Cotton	(ton)	469.32	508.49	396.24	336.25
油　料	(吨)	Oil-bearing Crops	(ton)	3817.81	3862.47	6654.61	6653.99
苎　麻	(吨)	Ramie	(ton)	181.37	358.08	42.37	36.06
烤　烟	(吨)	Flue-cured Tobacco	(ton)	426.03	558.63	600.75	615.74
茶　叶	(吨)	Tea	(ton)	156.99	197.26	481.38	509.72
柑　桔	(吨)	Oranges	(ton)	3449.86	5630.41	12524.04	13614.96
猪牛羊肉	(吨)	Pork, Beef and Mutton	(ton)	11959.18	14957.26	13136.99	12764.21
水产品	(吨)	Aquatic Products	(ton)	3649.59	4910.14	7258.92	7426.57
进出口总额	(万美元)	Total Imports and Exports	(USD 10 000)	688.49	1645.16	8045.70	7364.30
进口额	(万美元)	#Total Imports	(USD 10 000)	235.62	618.68	2792.85	2386.21
出口额	(万美元)	Total Exports	(USD 10 000)	452.88	1026.48	5252.84	4978.09
其他经济活动		**Other Daily Economic Activities**					
邮电业务总量	(万元)	Business Volume of Postal and Telecommunications Services	(10 000 yuan)	3860.89	10198.36	24770.41	37241.86
出版图书	(万册)	Books Published	(10 000 copies)	68.07	91.06	133.00	141.65
出版杂志	(万册)	Magazines Published	(10 000 copies)	28.78	32.08	38.63	38.26
出版报纸	(万份)	Newspaper Published	(10 000 pieces)	228.68	291.58	365.90	269.66
邮寄函件	(万份)	Post Letters	(10 000 pieces)	58.23	31.07	12.48	8.33
全省每天人口变动和婚姻		**Daily Population Changes and Marriages**					
出　生	(人)	Births	(person)	2054	2195	2515	2529
死　亡	(人)	Deaths	(person)	1218	1245	1271	1307
结　婚	(对)	Marriages	(couples)	1050	1259	1487	1368
离　婚	(对)	Divorces	(couples)	177	227	486	583

注：邮电业务总量从2010年起，由2000年不变价调整为2010年不变价。出生、死亡人口数从2014年起为常住人口口径。

From 2010，the index of Revenue From Postal and Telecommunication is adjusted from 2000's constant price to 2010's constant price. From 2014,birth and death of the population for the resident population caliber.

1-13 人均主要工农业产品产量
Per Capita Output of Major Agricultural and Industrial Products

指 标		Item		2000	2005	2015	2016
粮食	(公斤)	Grain	(kg)	439.00	425.41	444.21	434.13
棉花	(公斤)	Cotton	(kg)	2.60	2.76	2.14	1.80
甘蔗	(公斤)	Sugarcane	(kg)	17.70	14.95	9.76	9.73
烤烟	(公斤)	Flue-cured Tobacco	(kg)	2.40	3.03	3.27	3.30
茶叶	(公斤)	Tea	(kg)	0.90	1.07	2.62	2.74
水果	(公斤)	Fruit	(kg)	23.00	80.26	145.12	154.09
#柑桔	(公斤)	#Oranges	(kg)	19.20	30.60	68.09	73.05
猪牛羊肉	(公斤)	Pork, Beef and Mutton	(kg)	66.70	81.30	70.93	69.11
#猪肉	(公斤)	#Pork	(kg)	63.30	76.20	66.27	64.31
禽蛋	(公斤)	Poultry Eggs	(kg)	11.20	13.70	15.01	15.48
水产品	(公斤)	Aquatic Products	(kg)	20.30	26.70	38.89	40.45
纱(混合数)	(公斤)	Yarn	(kg)	2.53	3.88	16.57	15.41
布(混合数)	(米)	Cloth	(meter)	5.19	5.38	5.82	5.87
针棉织品(折用纱量)	(公斤)	Cotton Knitwear	(kg)	0.10	0.24	0.06	
机制纸及纸板	(公斤)	Machine-made Paper and Paperboard	(kg)	10.68	25.40	58.94	61.88
家用电冰箱	(台/百人)	Household Refrigerators	(unit / 100 persons)	0.68	0.83	0.13	
合成洗涤剂	(公斤)	Synthetic Detergents	(kg)	1.24	4.77	6.60	6.20
原盐	(公斤)	Salt	(kg)	11.11	17.67	38.91	41.42
成品糖	(公斤)	Sugar	(kg)	0.68	0.31		0.85
卷烟	(箱/百人)	Cigarettes	(cases/100 persons)	3.51	4.31	5.20	4.97
原煤	(吨)	Coal	(ton)	0.23	0.54	0.51	0.38
原油加工量	(公斤)	Machining Crude Oil	(kg)	80.22	88.00	129.79	123.57
发电量	(千瓦小时)	Electricity	(kw.h)	540.11	938.64	1797.57	1888.58
生铁	(公斤)	Pig Iron	(kg)	50.70	143.17	260.77	262.58
粗钢	(公斤)	Crude Steel	(kg)	46.35	145.23	274.07	267.93
钢材	(公斤)	Steel	(kg)	45.57	143.15	288.65	292.98
水泥	(吨)	Cement	(ton)	0.37	0.53	1.72	1.79
合成氨	(公斤)	Synthetic Ammonia	(kg)	25.49	28.84	15.68	10.90
农用化肥(折纯量)	(公斤)	Chemical Fertilizers	(kg)	21.60	38.35	16.04	15.06
#氮肥	(公斤)	#Nitrogen Fertilizers	(kg)	17.21	34.09	14.16	9.02
化学农药原药	(公斤)	Chemical Pesticide	(kg)	0.70	1.34	0.76	0.73
汽车	(辆/万人)	Motor Vehicles	(unit/10 000 persons)	2.68	13.79	94.07	108.65
摩托车	(辆/万人)	Motorcycles	(unit/10 000 persons)	21.72	43.99	24.23	18.14

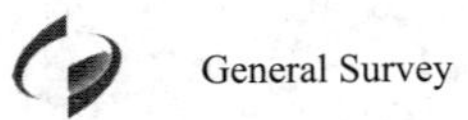

1-14 贫困市县基本情况（2016年）
Basic Statistics on Poverty Counties and Cities (2016)

市　县	Counties and Cities	常住人口 (万人) Total Population (10 000 persons)	地区生产总值 (万元) Gross Regional Products (10 000 yuan)	第一产业增加值 (万元) Added Value of Primary Industry (10 000 yuan)	工业增加值 (万元) Added Value of Industry (10 000 yuan)	一般公共预算总收入 (万元) Government Revenue (10 000 yuan)	粮食产量 (吨) Total Output of Grain (ton)	农民人均可支配收入 (元) Per Capita Annual Net Income of Rural Households (yuan)
武陵山片区	**Wuling Mountainous Area**							
新邵县	Xinshao County	78.17	1271951	319011	393984	109188	316430	9065
邵阳县	Shaoyang County	94.90	1328308	346047	365143	87812	450948	8780
隆回县	Longhui County	112.36	1544672	372931	320415	110091	460823	8094
洞口县	Dongkou County	79.55	1511422	503552	366553	92745	451561	8681
绥宁县	Suining County	35.92	813874	196790	332865	49344	140464	8221
新宁县	Xinning County	57.65	930387	262347	167742	73637	304051	8101
城步县	Chengbu County	26.70	363676	103196	111745	42779	78194	6176
武冈市	Wugang City	76.70	1322395	474698	206558	95045	465059	9595
石门县	Shimen County	60.20	2398633	414777	891926	123557	268317	9592
慈利县	Cili County	61.39	1658202	272197	436662	110273	295704	8730
桑植县	Sangzhi County	38.95	817228	100996	136418	53895	145168	6264
安化县	Anhua County	91.38	1962662	439703	692113	122438	238264	7423
中方县	Zhongfang County	24.40	1013370	131323	548085	58135	113762	9275
沅陵县	Yuanling County	60.38	1770675	212413	1027102	118532	221826	7796
辰溪县	Chenxi County	46.30	1084577	171465	350026	73797	187280	8187
溆浦县	Xupu County	75.50	1392114	329371	378528	68656	335449	9300
会同县	Huitong County	33.20	677667	134812	133233	49015	118401	8181
麻阳县	Mayang County	35.03	709128	169288	189962	44836	109652	6763
新晃县	Xinhuang County	25.03	542296	75600	244079	40641	80007	6732
芷江县	Zhijiang County	34.80	996652	230095	384738	72543	209704	7285
靖州县	Jingzhou County	25.46	748086	147368	238265	41989	123780	7914
通道县	Tongdao County	21.33	374257	78101	108226	36032	80507	5906
新化县	Xinhua County	113.86	2238361	593068	510272	117115	480033	7174
涟源市	Lianyuan City	101.78	2637235	537713	1036982	120394	476680	8180
泸溪县	Luxi County	29.13	537629	81762	247014	46523	73425	6724
凤凰县	Fenghuang County	32.75	743011	89947	72440	100414	120408	8213
花垣县	Huayuan County	30.76	604383	69000	296185	79170	90276	7055
保靖县	Baojing County	29.54	480024	87953	140653	42598	87133	7772
古丈县	Guzhang County	13.22	236625	47706	52399	30794	32744	5981
永顺县	Yongshun County	44.92	613336	167444	91022	52847	209163	6288
龙山县	Longshan County	49.60	728542	193342	83212	70441	177455	7632
罗霄山片区	**Luoxiao Mountainous Area**							
茶陵县	Chaling County	59.07	1740028	342741	566937	133251	316147	7916
炎陵县	Yanling County	20.42	674747	87864	297107	98955	84723	7362
宜章县	Yizhang County	59.30	2000613	216307	764726	168713	242005	7965
汝城县	Rucheng County	34.70	568290	128549	162445	92388	196123	8323
桂东县	Guidong County	23.40	307867	52275	65401	33175	63610	7817
安仁县	Anren County	39.37	830947	187865	243815	53733	287861	9078
片区外国扶县	**Other State Aided Counties**							
平江县	Pingjiang County	98.28	2390857	458404	953104	115448	427236	7994
新田县	Xintian County	34.44	699449	177932	156651	60602	159078	7661
江华县	Jianghua County	43.38	1028510	233707	272702	113581	218981	8561
片区外省扶县	**Other Province Aided Counties**							
祁东县	Qidong County	99.85	2661676	669122	862817	111133	461732	11987
永定区	Yongding Distract	46.40	2021060	172449	312675	100464	145976	8175
武陵源区	Wulingyuan Distract	6.17	508121	17819	2182	56219	15100	10985
双牌县	Shuangpai County	20.26	534442	143526	187618	47389	72616	7324
江永县	Jiangyong County	23.75	583963	206381	117456	40736	121398	8353
宁远县	Ningyuan County	73.09	1359778	285677	350563	137489	303103	11755
双峰县	Shuangfeng County	87.89	2192017	698245	738024	98067	539100	9702
吉首市	Jishou City	33.68	1365130	71113	337858	110216	47881	8749

1-15 城乡私营企业基本情况(2016年)
Basic Statistics on Private Enterprises in Urban and Rural Areas (2016)

项 目	Item	户 数 (户) Number of Enterprises (unit)	投资者 (人) Employers (person)	雇工人数 (人) Number of Employed Persons (person)	注册资金 (万元) Registered Capital (10 000 yuan)
总计	**Total**	**526139**	**1073467**	**1973310**	**295620462**
#城镇	#Urban	438807	898466	156891	259780892
独资企业	Private-funded Enterprises	60108	59329	624336	4063964
合伙企业	Private Partnership Enterprises	13914	64885	204001	30327114
有限责任公司	Private Limited Liability Corporations	447255	928799	1072306	247769264
股份有限公司	Private Share-holding Corporations Ltd.	4862	20454	72667	13460120

注：本表资料由湖南省工商行政管理局提供。
Data in the table were obtained from the Administrative Bureau for Industry and Commerce of Hunan Province.

1-16 城乡个体工商业基本情况(2016年)
Basic Statistics on Individuals and Commerce in Urban and Rural Areas (2016)

项 目	Item	期末户数(户) Number of Enterprise (household)	#城镇 Urban	期末从业人员(人) Number of Employees (person)	#城镇 Urban	期末注册资金(万元) Registered Capital (10 000yuan)	#城镇 Urban
总计	**Total**	**2251216**	**1871716**	**4303033**	**3629146**	**19277737**	**15712756**
农林牧渔业	Farming, Forestry, Animal Husbandry and Fishery	39402	18219	114269	50450	1479110	589881
采矿业	Mining and Quarrying	1446	808	6575	3738	91773	50276
制造业	Manufacturing	106407	81149	321263	236652	1550567	934262
建筑业	Construction	4586	3535	12933	10023	78232	52837
交通运输、仓储和邮政业	Transport, Storage and Post	56175	38080	75716	52522	500883	500883
信息传输、软件和信息技术服务业	Information Transfer, Computer Services and Software	20846	14740	33299	24207	121232	89385
批发零售贸易	Wholesale and Retail Trades	1522913	1269747	2497635	2117472	10406628	9042471
住宿和餐饮业	Hotels and Catering Trades	239908	214941	670493	612103	2644736	2342602
房地产业	Real Estate Trade	1496	1453	3686	3569	14151	13475
租赁和商务服务业	Tenancy and Business Services	30090	27801	65121	60859	365306	328779
居民服务、修理和其他服务业	Resident Services Repair and Other Services	198274	175395	415694	378931	1400909	1264033
文化、体育和娱乐业	Culture,Sports and Entertainment	12088	10980	45052	43310	340077	314396

注：本表资料由湖南省工商行政管理局提供。
Data in the table were obtained from the Administrative Bureau for Industry and Commerce of Hunan Province.

1-17 “三资”企业投资基本情况(2016年)
Basic Statistics on Investment of “Three Types of Capital” Enterprises (2016)

类 别	Item	本期实际投资(万美元) Used Value (USD 10 000)	年末实有企业数(个) Number of Registered Enterprises (unit)	#本年新增企业 Newly Increase this Year
总计	**Total**	**692535**	**6677**	**812**
中外合资	Sino-foreign Joint Ventures	293703	961	-64
中外合作(法人)	Sino-foreign Cooperative Enterprises	57423	112	-15
中外合作(非法人)	Unincorporated Sino-foreign Cooperative Enterprises			
外资企业	Foreign Enterprises	335687	1168	-68
外商投资股份有限公司	Companies Limited by Shares with Foreign Investment	5723	29	2
其他外商投资企业	Other Kinds of Foreign-invested Enterprises		13	4
合伙企业	Partnerships		13	4
普通合伙企业	General Partnerships		5	
特殊的普通合伙企业	#Special General Partnerships			
有限合伙企业	Limited Partnerships		8	4
其他企业	Others			
外商投资企业分支机构	Branches of Foreign-invested Enterprises		4394	953
按国民经济行业分组	**By Economic Sector**			
农、林、牧、渔业	Agriculture, Forestry, Animal Husbandry and Fishery	45672	161	-15
采矿业	Mining		19	
制造业	Manufacturing	168202	1115	-123
电力、热力、燃气及水生产和供应业	Production and Distribution of Electricity, Heat, Gas and Water	56036	346	7
建筑业	Construction	14231	59	-3
批发和零售业	Wholesale and Retail Trade	26562	2506	804
交通运输、仓储和邮政业	Transportation, Storage and Post	28924	124	10
住宿和餐饮业	Hotel and Restaurants	2191	530	44
信息传输、软件和信息技术服务业	Information Transmission, Software and Information Technology	100961	544	61
金融业	Financial Intermediation		229	27
房地产业	Real Estate Trade	85698	281	-23
租赁和商务服务业	Tenancy and Business Services	95002	462	6
科学研究和技术服务业	Scientific Research, Technical Services,	54947	129	9
水利、环境和公共设施管理业	Management of Water Conservancy, Environment and Public Facilities	6451	35	1
居民服务、修理和其他服务业	Services to Households, Repair and Other Services	2116	67	2
教育	Education		4	-1
卫生和社会工作	Health and Social Service	1423	7	2
文化、体育和娱乐业	Culture, Sports and Entertainment	4120	59	4

注：本表年末实有企业数由湖南省工商行政管理局提供。
Figures on Number of Registered Enterprises were obtained from the Administrative Bureau for Indestry and Commerce of Hunan Province.

1-17 续表 continued

类 别	Item	本期实际投资(万美元) Used Value (USD 10 000)	年末实有企业数(个) Number of Registered Enterprises (unit)	#本年新增企业 Newly Increase this Year
按国别(地区)分组	**By Country (Territory)**			
亚洲	Asian	579516	1707	-126
香港	Hong Kong	538474	1195	-95
澳门	Macao		29	-4
台湾	Taiwan	10974	261	-27
日本	Japan	16	58	-2
韩国	Republic of Korea	1813	43	
亚洲其他国家(地区)	Other Asian Countries(region)	28240	121	2
非洲	Africa	49	33	1
欧洲	Europe	98386	135	
德国	Federal Republic of Germany	34389	32	4
法国	France		11	-1
英国	United Kingdom	2	25	-1
欧洲其他国家(地区)	Other European Countries(region)	63996	67	-2
拉丁美洲	Latin America	998	138	-7
维尔京群岛	Virgin Islands	32	112	-5
北美洲	North America	6321	198	-13
加拿大	Canada	3088	48	1
美国	United States	3233	137	-13
大洋洲	Oceanic	75	52	-2
澳大利亚	Australia	65	21	-1
新西兰	New Zealand		1	

1-18 非公有制经济指标(2016年)
Principal Indicators of Non-public Economy(2016)

指　标	Item	总量指标 Aggregate Date	发展速度(%)(以上年为100) Growth Rate (precending year=100)	人均增加值(元) Per Capita Value Added (yuan)
总计　(亿元)	**Total Value Added　(100 million yuan)**	**18739.85**	**108.7**	**27548**
农林牧渔业	Agriculture, Forestry, Animal Husbandry and Fishery	955.04	101.5	
工业	Industry	8770.79	108.0	
建筑业	Construction	1059.09	107.1	
批发和零售业	Wholesale and Retail Trades	2279.55	105.4	
交通运输、仓储和邮政业	Transport, Storage and Post	661.00	104.0	
住宿和餐饮业	Hotels and Catering Trades	622.50	107.9	
金融业	Financial Intermediation	136.97	112.5	
房地产业	Real Estate	772.83	112.7	
其他服务业	Others	3482.07	115.3	
第一产业	Primary Industry	807.52	100.3	
第二产业	Secondary Industry	9817.01	108.0	
第三产业	Tertiary Industry	8115.33	110.6	
实缴税金　(亿元)	Tax　(100 million yuan)	1657.49	102.7	
第二、三产业从业人员数（万人）	Employed Persons in Secondary and Tertiary Industry　(10 000 person)	2090.00	99.1	
增加值按市州分列　(亿元)	Cities and Prefecture　(100 million yuan)			
长沙市	Changsha City	6034.94	111.9	80055
株洲市	Zhuzhou City	1415.58	107.8	35315
湘潭市	Xiangtan City	1256.50	108.5	44387
衡阳市	Hengyang City	1786.38	111.7	24432
邵阳市	Shaoyang City	1025.70	108.1	14067
岳阳市	Yueyang City	1964.90	109.0	34745
常德市	Changde City	1661.23	109.8	28425
张家界市	Zhangjiajie City	310.18	108.5	20318
益阳市	Yiyang City	996.34	108.1	22535
郴州市	Chenzhou City	1550.32	109.7	32841
永州市	Yongzhou City	918.58	111.2	16862
怀化市	Huaihua City	802.80	108.4	16348
娄底市	Loudi City	644.39	108.2	16595
湘西土家族苗族自治州	West Hunan Tujia and Miao A.P	371.52	107.2	14098

1-19 按登记注册类型分产业法人单位数(2016年)
Corporate Units by Registration Type and Industry(2016)

单位:个 (unit)

指 标	Item	合计 Total	第一产业 Primary Industry	第二产业 Secondary Industry	第三产业 Tertiary Industry
总计	**Total**	**552659**	**33665**	**98947**	**420047**
内资	Internal-invested	550824	33638	97990	419196
国有	State-owned	59040	301	1163	57576
集体	Collective-owned	8394	682	1772	5940
股份合作	Cooperated by Joint-stock	1267	47	400	820
联营	Cooperative	805	42	190	573
国有联营	State-owned Cooperative	120	5	28	87
集体联营	Collective-owned Cooperative	343	20	95	228
国有与集体联营	State-owned and Collective-owned Cooperative	73	2	18	53
其他联营	Other Cooperative	269	15	49	205
有限责任公司	Limited Liability Company	64212	1311	12545	50356
国有独资公司	Wholly State-owned Cooperative Company	1769	13	492	1264
其他有限责任公司	Other Limited Liability Company	62443	1298	12053	49092
股份有限公司	Company Limited by Shares	7792	217	2034	5541
私营	Individual-owned	276306	9911	74117	192278
私营独资	Wholly Individual-owned	83380	3142	22692	57546
私营合伙	Individual-owned Partnership	19477	817	8358	10302
私营有限责任公司	Individual-owned Limited Liability Company	163227	5549	39905	117773
私营股份有限公司	Individual-owned Company Limited by Shares	10222	403	3162	6657
其他内资	Other Internal-invested	133008	21127	5769	106112
港澳台商投资	Enterprises Funded by Entrepreneurs From Hong Kong, Macao and Taiwan	1061	20	556	485
与港澳台商合资经营	Uoint Venture with Entrepreneurs From Hong Kong, Macao and Taiwan	486	5	257	224
与港澳台商合作经营	Cooperative Venture with Entrepreneurs From Hong Kong,Macao and Taiwan	50	1	21	28
港澳台商独资	Wholly Entrepreneurs-owned From Hong Kong, Macao and Taiwan	457	12	256	189
港澳台商投资股份有限公司	Enterprises Limited by Shares Funded by Entrepreneurs From Hong Kong,Macao and Taiwan	45	2	16	27
其他港、澳、台商投资	Other Enterprises Funded by Entrepreneurs From Hong Kong, Macao and Taiwan	23		6	17
外商投资	Enterprises Funded by Foreigners	774	7	401	366
中外合资经营	Sino-foreign Joint Equity	338	2	213	123
中外合作经营	Sino-foreign Cooperative Ventures	34		16	18
外资企业	Foreign-funded Enterprise	308	2	146	160
外商投资股份有限公司	Enterprises Limited by Shares Funded by Foreigners	44	1	11	32
其他外商投资	Other Enterprises Funded by Foreigners	50	2	15	33

1-20 按登记注册类型分机构类型法人单位数(2016年)
Corporate Units by Registration Type and Organization Type(2016)

单位:个 (unit)

指标	Item	合计 Total	企业 Enterprises	事业单位 Public Institution	机关 Government Department	社会团体 Social Organization
总计	**Total**	**552659**	**392705**	**43318**	**12712**	**11321**
内资	Internal-invested	550824	390888	43318	12712	11315
国有	State-owned	59040	3903	38497	12712	2805
集体	Collective-owned	8394	3787	1501		293
股份合作	Cooperated by Joint-stock	1267	1075	19		14
联营	Cooperative	805	534	77		61
国有联营	State-owned Cooperative	120	71	41		4
集体联营	Collective-owned Cooperative	343	250	23		23
国有与集体联营	State-owned and Collective-owned Cooperative	73	51	9		2
其他联营	Other Cooperative	269	162	4		32
有限责任公司	Limited Liability Company	64212	64036			32
国有独资公司	Wholly State-owned Cooperative Company	1769	1756			7
其他有限责任公司	Other Limited Liability Company	62443	62280			25
股份有限公司	Company Limited by Shares	7792	7741			15
私营	Individual-owned	276306	270653			173
私营独资	Wholly Individual-owned	83380	79227			85
私营合伙	Individual-owned Partnership	19477	18328			53
私营有限责任公司	Individual-owned Limited Liability Company	163227	162929			32
私营股份有限公司	Individual-owned Company Limited by Shares	10222	10169			3
其他内资	Other Internal-invested	133008	39159	3224		7922
港澳台商投资	Enterprises Funded by Entrepreneurs From Hong Kong,Macao and Taiwan	1061	1052			2
与港澳台商合资经营	Uoint Venture with Entrepreneurs From Hong Kong,Macao and Taiwan	486	483			1
与港澳台商合作经营	Cooperative Venture with Entrepreneurs From Hong Kong,Macao and Taiwan	50	49			
港澳台商独资	Wholly Entrepreneurs-owned From Hong Kong, Macao and Taiwan	457	452			1
港澳台商投资股份有限公司	Enterprises Limited by Shares Funded by Entrepreneurs From Hong Kong, Macao and Taiwan	45	45			
其他港、澳、台商投资	Other Enterprises Funded by Entrepreneurs From Hong Kong,Macao and Taiwan	23	23			
外商投资	Enterprises Funded by Foreigners	774	765			4
中外合资经营	Sino-foreign Joint Equity	338	337			1
中外合作经营	Sino-foreign Cooperative Ventures	34	34			
外资企业	Foreign-funded Enterprise	308	307			1
外商投资股份有限公司	Enterprises Limited by Shares Funded by Foreigners	44	44			
其他外商投资	Other Enterprises Funded by Foreigners	50	43			2

1-20 续表 continued

单位:个 (unit)

指 标	Item	民办非企业单位 Private Non-enterprise Units	基金会 Foundation	居委会 Neighborhood Committee	村委会 Village Committee	农民专业合作社 Farmer Specialized Cooperative	其他组织机构 Other Organization
总计	**Total**	**13923**	**114**	**4473**	**39818**	**17623**	**16652**
内资	Internal-invested	13921	114	4473	39818	17623	16642
国有	State-owned	367	28				728
集体	Collective-owned	515	3				2295
股份合作	Cooperated by Joint-stock	129					30
联营	Cooperative	59					74
国有联营	State-owned Cooperative	1					3
集体联营	Collective-owned Cooperative	23					24
国有与集体联营	State-owned and Collective-owned Cooperative	6					5
其他联营	Other Cooperative	29					42
有限责任公司	Limited Liability Company	95					49
国有独资公司	Wholly State-owned Cooperative Company	1					5
其他有限责任公司	Other Limited Liability Company	94					44
股份有限公司	Company Limited by Shares	19					17
私营	Individual-owned	4068					1412
私营独资	Wholly Individual-owned	3116					952
私营合伙	Individual-owned Partnership	729					367
私营有限责任公司	Individual-owned Limited Liability Company	195					71
私营股份有限公司	Individual-owned Company Limited by Shares	28					22
其他内资	Other Internal-invested	8669	83	4473	39818	17623	12037
港澳台商投资	Enterprises Funded by Entrepreneurs From Hong Kong,Macao and Taiwan	2					5
与港澳台商合资经营	Uoint Venture with Entrepreneurs From Hong Kong,Macao and Taiwan						2
与港澳台商合作经营	Cooperative Venture with Entrepreneurs From Hong Kong,Macao and Taiwan						1
港澳台商独资	Wholly Entrepreneurs-owned From Hong Kong, Macao and Taiwan	2					2
港澳台商投资股份有限公司	Enterprises Limited by Shares Funded by Entrepreneurs From Hong Kong, Macao and Taiwan						
其他港、澳、台商投资	Other Enterprises Funded by Entrepreneurs From Hong Kong,Macao and Taiwan						
外商投资	Enterprises Funded by Foreigners						5
中外合资经营	Sino-foreign Joint Equity						
中外合作经营	Sino-foreign Cooperative Ventures						
外资企业	Foreign-funded Enterprise						
外商投资股份有限公司	Enterprises Limited by Shares Funded by Foreigners						
其他外商投资	Other Enterprises Funded by Foreigners						5

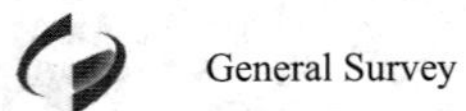

1-21 按登记注册类型分行业法人单位数(2016年)
Corporate Units by Registration Type and Sector(2016)

单位:个 (unit)

指　标	Item	合计 Total	农、林、牧、渔业 Agriculture, Forestry, Animal Husbandry and Fishing	采矿业 Mining	制造业 Manufacturing	电力、燃气及水的生产和供应业 Production and Supply of Electricity, Gas and Water	建筑业 Construction
总计	**Total**	**552659**	**45660**	**7077**	**68334**	**5901**	**18051**
内资	Internal-invested	550824	45628	7063	67467	5842	18032
国有	State-owned	59040	881	60	350	537	220
集体	Collective-owned	8394	757	197	905	437	239
股份合作	Cooperated by Joint-stock	1267	63	60	213	83	44
联营	Cooperative	805	51	16	103	57	14
有限责任公司	Limited Liability Company	64212	1630	461	7489	626	4032
股份有限公司	Company Limited by Shares	7792	282	117	1292	141	491
私营	Individual-owned	276306	12134	5703	53413	3583	11721
其他内资	Other Internal-invested	133008	29830	449	3702	378	1271
港澳台商投资	Enterprises Funded by Entrepreneurs From Hong Kong,Macao and Taiwan	1061	22	5	495	43	13
与港澳台商合资经营	Uoint Venture with Entrepreneurs From Hong Kong,Macao and Taiwan	486	5	3	219	26	9
与港澳台商合作经营	Cooperative Venture with Entrepreneurs From Hong Kong,Macao and Taiwan	50	3		19	2	
港澳台商独资	Wholly Entrepreneurs-owned From Hong Kong, Macao and Taiwan	457	12	1	239	14	2
港澳台商投资股份有限公司	Enterprises Limited by Shares Funded by Entrepreneurs From Hong Kong,Macao and Taiwan	45	2	1	15		
其他港、澳、台商投资	Other Enterprises Funded by Entrepreneurs From Hong Kong, Macao and Taiwan	23			3	1	2
外商投资		774	10	9	372	16	6
中外合资经营	Sino-foreign Joint Equity	338	2	5	195	11	2
中外合作经营	Sino-foreign Cooperative Ventures	34		1	15		
外资企业	Foreign-funded Enterprise	308	3	1	142	3	1
外商投资股份有限公司	Enterprises Limited by Shares Funded by Foreigners	44	1	1	9	1	
其他外商投资	Other Enterprises Funded by Foreigners	50	4	1	11	1	3

1-21 续表 1 continued

单位:个 (unit)

指 标	Item	批发和零售业 Wholesa-le and Retail Trade	交通运输、仓储和邮政业 Transport, Storage and Post	住宿和餐饮业 Lodging and Catering Services	信息传输、计算机服务和软件业 Information Transmission, Computer Services and Software	金融业 Bank-ing	房地产业 Real Estate	租赁和商务服务业 Leasing and Business Services
总计	**Total**	**126237**	**10394**	**11439**	**14495**	**3431**	**15675**	**44047**
内资	Internal-invested	126013	10346	11347	14446	3402	15465	43963
国有	State-owned	746	617	222	312	178	314	1617
集体	Collective-owned	676	193	73	46	37	120	363
股份合作	Cooperated by Joint-stock	194	23	55	26	75	36	109
联营	Cooperative	128	31	25	11	14	9	46
有限责任公司	Limited Liability Company	19015	1879	1451	3440	752	5000	10874
股份有限公司	Company Limited by Shares	1845	265	156	277	670	569	895
私营	Individual-owned	90516	6638	8324	9163	1473	8831	26421
其他内资	Other Internal-invested	12893	700	1041	1171	203	586	3638
港澳台商投资	Enterprises Funded by Entrepreneurs From Hong Kong,Macao and Taiwan	115	28	56	23	8	154	39
与港澳台商合资经营	Uoint Venture with Entrepreneurs From Hong Kong,Macao and Taiwan	50	14	29	11	2	66	21
与港澳台商合作经营	Cooperative Venture with Entrepreneurs From Hong Kong,Macao and Taiwan	6	6	1		1	7	1
港澳台商独资	Wholly Entrepreneurs-owned From Hong Kong, Macao and Taiwan	41	7	15	9	5	76	14
港澳台商投资股份有限公司	Enterprises Limited by Shares Funded by Entrepreneurs From Hong Kong,Macao and Taiwan	15		2	3		2	3
其他港、澳、台商投资	Other Enterprises Funded by Entrepreneurs From Hong Kong, Macao and Taiwan	3	1	9			3	
外商投资	Enterprises Funded by Foreigners	109	20	36	26	21	56	45
中外合资经营	Sino-foreign Joint Equity	35	4	6	6	11	27	15
中外合作经营	Sino-foreign Cooperative Ventures	4	8	1		1	1	1
外资企业	Foreign-funded Enterprise	51	6	25	13	3	22	22
外商投资股份有限公司	Enterprises Limited by Shares Funded by Foreigners	8	2	3	6	4	2	3
其他外商投资	Other Enterprises Funded by Foreigners	11		1	1	2	4	4

1-21 续表 2 continued

单位:个 (unit)

指 标	Item	科学研究和技术服务业 Scientific Research, Technical Service and Geologic Perambulation	水利、环境和公共设施管理业 Water Conservancy, Environment and Public Facilities Management	居民服务、修理和其他服务业 Services to Households and Other Services	教育 Education	卫生和社会工作 Sanitation, Social Security and Social Welfare	文化、体育和娱乐业 Culture, Sports and Entertainment	公共管理、社会保障和社会组织 Public Management and Social Organization	国际组织 International Organization
总计	**Total**	**21058**	**4901**	**12840**	**22782**	**16435**	**16344**	**87558**	
内资	Internal-invested	21033	4894	12816	22775	16427	16313	87552	
国有	State-owned	3568	2215	258	8616	5607	1850	30872	
集体	Collective-owned	214	137	69	290	3010	106	525	
股份合作	Cooperated by Joint-stock	30	5	22	131	50	33	15	
联营	Cooperative	34	8	13	52	71	27	95	
有限责任公司	Limited Liability Company	3551	624	1498	481	199	1174	36	
股份有限公司	Company Limited by Shares	289	67	153	82	37	148	16	
私营	Individual-owned	9535	1419	9496	5871	1433	10373	259	
其他内资	Other Internal-invested	3812	419	1307	7252	6020	2602	55734	
港澳台商投资	Enterprises Funded by Entrepreneurs From Hong Kong,Macao and Taiwan	13	3	15	3	5	19	2	
与港澳台商合资经营	Uoint Venture with Entrepreneurs From Hong Kong,Macao and Taiwan	7	1	8		2	12	1	
与港澳台商合作经营	Cooperative Venture with Entrepreneurs From Hong Kong,Macao and Taiwan			1	1	1	1		
港澳台商独资	Wholly Entrepreneurs-owned From Hong Kong, Macao and Taiwan	5	2	6	2	2	4	1	
港澳台商投资股份有限公司	Enterprises Limited by Shares Funded by Entrepreneurs From Hong Kong,Macao and Tai wan and Taiwan	1					1		
其他港、澳、台商投资	Other Enterprises Funded by Entrepreneurs From Hong Kong, Macao and Taiwan						1		
外商投资	Enterprises Funded by Foreigners	12	4	9	4	3	12	4	
中外合资经营	Sino-foreign Joint Equity	4	2	3	3		6	1	
中外合作经营	Sino-foreign Cooperative Ventures	1					1		
外资企业	Foreign-funded Enterprise	5		6		1	3	1	
外商投资股份有限公司	Enterprises Limited by Shares Funded by Foreigners	2	2						
其他外商投资	Other Enterprises Funded by Foreigners				1	2	2	2	

主要统计指标解释

行政区划 指国家对行政区域的划分。根据宪法规定，我国的行政区域划分如下：(1)全国分为省、自治区、直辖市；(2)省、自治区分为自治州、县、自治县、市；(3)自治州分为县、自治县、市；(4)县、自治县分为乡、民族乡、镇；(5)直辖市和较大的市分为区、县；(6)国家在必要时设立的特别行政区。

国民经济行业分类 自2012年定期报表开始使用新的《国民经济行业分类》(GB/T4754-2011)。该分类是由国家统计局组织修订，国家质量监督检验检疫总局和中国国家标准化管理委员会于2011年4月29日发布。这次修订是在2002年分类标准的基础上，参照联合国《全部经济活动的国际标准产业分类》(ISIC/Rev.4)进行的。修订后的《国民经济行业分类》(GB/T4754-2012)共有门类20个，大类96个，中类432个，小类1094个。

企业(单位)登记注册类型 是以在工商行政管理机关登记注册的各类企业为划分对象，以工商行政管理部门对企业登记注册的类型为依据，将企业登记注册类型分为内资企业、港澳台商投资企业和外商投资企业三大类。内资企业包括国有企业、集体企业、股份合作企业、联营企业、有限责任公司、股份有限公司、私营企业和其他企业；港澳台商投资企业和外商投资企业分别包括合资经营企业、合作经营企业、独资经营企业和股份有限公司等。对不在工商行政管理部门进行登记注册的行政机关、事业单位和社会团体，主要按其经费来源和管理方式进行划分。

国有企业 指企业全部资产归国家所有，并按《中华人民共和国企业法人登记管理条例》规定登记注册的非公司制的经济组织。不包括有限责任公司中的国有独资公司。

集体企业 指企业资产归集体所有，并按《中华人民共和国企业法人登记管理条例》规定登记注册的经济组织。

股份合作企业 指以合作制为基础，由企业职工共同出资入股，吸收一定比例的社会资产投资组建，实行自主经营，自负盈亏，共同劳动，民主管理，按劳分配与按股分红相结合的一种集体经济组织。

联营企业 指两个及两个以上相同或不同所有制性质的企业法人或事业单位法人，按自愿、平等、互利的原则，共同投资组成的经济组织。联营企业包括国有联营企业、集体联营企业、国有与集体联营企业和其他联营企业。

有限责任公司 指根据《中华人民共和国公司登记管理条例》规定登记注册，由两个以上、五十个以下的股东共同出资，每个股东以其所认缴的出资额对公司承担有限责任，公司以其全部资产对其债务承担责任的经济组织。有限责任公司包括国有独资公司以及其他有限责任公司。

股份有限公司 指根据《中华人民共和国公司登记管理条例》规定登记注册，其全部注册资本由等额股份构成并通过发行股票筹集资本，股东以其认购的股份对公司承担有限责任，公司以其全部资产对其债务承担责任的经济组织。

私营企业 指由自然人投资设立或由自然人控股，以雇佣劳动为基础的营利性经济组织。包括按照《公司法》、《合伙企业法》、《私营企业暂行条例》规定登记注册的私营有限责任公司、私营股份有限公司、私营合伙企业和私营独资企业。

其他企业 指上述企业之外的其他内资经济组织。

合资经营企业(港或澳、台资) 指港澳台地区投资者与内地企业依照《中华人民共和国中外合资经营企业法》及有关法律的规定，按合同规定的比例投资设立、分享利润和分担风险的企业。

合作经营企业(港或澳、台资) 指港澳台地区投资者与内地企业依照《中华人民共和国中外合作经营企业法》及有关法律的规定，依照合作合同的约定进行投资或提供条件设立、分配利润和分担风险的企业。

港澳台商独资经营企业 指依照《中华人民共和国外资企业法》及有关法律的规定，在内地由港澳台地区投资者全额投资设立的企业。

港澳台商投资股份有限公司 指根据国家有关规定，经原外经贸部依法批准设立，其中港、澳、台商的股本占公司注册资本的比例达25%以上的股份有限公司。凡其中港、澳、台商的股本占公司注册资本的比例小于25%的，属于内资企业中的股份有限公司。

中外合资经营企业 指外国企业或外国人与中国内地企业依照《中华人民共和国中外合资经营企业法》及有关法律的规定，按合同规定的比例投资设立、分享利润和分担风险的企业。

中外合作经营企业 指外国企业或外国人与中国内地企业依照《中华人民共和国中外合作经营企业法》及有关法律的规定，依照合作合同的约定进行投资或提供条件设立、分配利润和分担风险的企业。

外资企业 指依照《中华人民共和国外资企业法》及有关法律的规定，在中国内地由外国投资者全额投资设立的企业。

外商投资股份有限公司 指根据国家有关规定，经原外经贸部依法批准设立，其中外资的股本占公司注册资本的比例达25%以上的股份有限公司。凡其中外资股本占公司注册资本的比例小于25%的，属于内资企业中的股份有限公司。

行政机关、事业单位和社会团体 参照企业登记注册类型，主要按其经费来源和管理方式划分。具体规定如下：

(1)行政机关：包括国家机关和政党机关，原则上均列为“国有”。但有特殊规定的，如供销社等，则列为“集体”。

（2）事业单位：包括经国家机构编制部门和有关业务主管部门批准成立的各类事业单位，不包括实行企业化管理的事业单位。事业单位的划分办法如下：

①由国家财政预算拨款或列入财政预算外资金管理以及经费主要来源于国有主管部门或国有上级单位的事业单位，列为“国有”。

②经费主要来源于集体单位的事业单位，列为“集体”。

③公民个人（或个人合伙)开办的事业单位，列为“私营”。

④上述以外的其他事业单位，如果其经费来源不明确，按管理方式进行归类。

（3）社会团体：包括经民政部门批准成立以及未纳入社会团体管理条例范围的工会、妇联等各类社会团体。社会团体的划分办法如下：

①未纳入民政部社会团体管理条例范围的工会、妇联、共青团、青联、工商联、科协、侨联等社会团体，国家拨款设立的基金会或基金管理组织以及经费主要来源于国有业务主管部门或国有上级单位的社会团体，列为“国有”。

②经费主要来源于集体单位的社会团体，列为“集体”。

③公民个人（或个人合伙)开办的社会团体，划为“私营”。

④上述以外的其他社会团体，如果其经费来源不明确，改按管理方式进行归类。

Explanatory Notes on Main Statistical Indicators

Divisions of Administrative Areas refers to the division of administrative areas by the state. The Constitution of the People Republic of China stipulates that the administrative areas in China are divided as: 1) The whole country is divided into provinces, autonomous regions and municipalities directly under the central government; 2) Provinces and autonomous regions are divided into autonomous prefectures, counties, autonomous counties and cities; 3) Autonomous prefectures are divided into counties, autonomous counties and cities; 4) Counties and autonomous counties are divided into townships, nationality townships and towns; 5) Municipalities and large cities are divided into districts and counties, 6) The state shall, when necessary, establish special administrative regions.

Industrial Classification of the National Economy The new Industrial Classification of the National Economy (GB/T 4754-2011) is introduced starting from the compilation of 2012 annual statistics. The revision, based on the 2002 classification, was organized by the National Bureau of Statistics taking into consideration of the International Standards of the Industrial Classification of All Economic Activities (ISIC/Rev.4) of the United Nations. The new Classification was promulgated by the National Administration of Quality Supervision, Inspection and Quarantine and the Standardization Administration of the People's Republic of China on April 29, 2011. The revised version of the Industrial Classification of the National Economy (GB/T 4754-2012) is composed of 20 sections, 96 divisions, 432 groups and 1094 classes.

Registration Status of Enterprises (Units) Enterprises are classified into 3 categories, namely domestic-funded enterprises, enterprises with investment from Hong Kong, Macao and Taiwan, and enterprises with foreign investment, according to the registration status of an enterprise in industrial and commercial administration agencies. Domestic-funded enterprises include State-owned enterprises, collective-owned enterprises, cooperative enterprises, joint ownership enterprises, limited liability corporations, share-holding corporations Ltd., private enterprises and other enterprises. Included in the enterprises with investment from Hong Kong, Macao and Taiwan and enterprises with foreign investment are joint-venture enterprises, cooperative enterprises, sole investment enterprises and share-holding corporations Ltd. For government agencies, institutions and social organizations which are not registered in industrial and commercial administration agencies, they are classified mainly by their sources of funding and manner of management.

State-owned Enterprises refer to non-corporation economic units where the entire assets are owned by the state and which have registered in accordance with the Regulation of the People's Republic of China on the Management of Registration of Corporate Enterprises. Excluded from this category are sole state-funded corporations in the limited liability corporations.

Collective-owned Enterprises refer to economic units where the assets are owned collectively and which have registered in accordance with the Regulation of the People's Republic of China on the Management of Registration of Corporate Enterprises.

Cooperative Enterprises refer to a form of collective economic units (enterprises) where capitals come mainly from employees as their shares, with certain proportion of capital from the outside, where production is organized on the basis of independent operation, independent accounting for profits and losses, joint work, democratic management, and a distribution system that integrates remuneration according to work with dividend according to capital share.

Joint Ownership Enterprises refer to economic units established by two or more corporate enterprises or corporate institutions of the same or different ownership, through joint investment on the basis of equality, voluntary participation and mutual benefits. They include state joint ownership enterprises, collective joint ownership enterprises, joint state-collective enterprises, other joint ownership enterprises.

Limited Liability Corporation refer to economic units established with investment from 2-50 investors and registered in accordance with the Regulation of the People's Republic of China on the Management of Registration of Corporations, each investor bearing limited liability to the corporation depending on its share of investment, and the corporation bearing liability to its debt to the maximum of its total assets. Limited liability corporations include exclusive state-funded limited liability corporations and other limited liability corporations.

Share-holding Corporations Ltd. refer to economic units registered in accordance with the Regulation of the People's Republic of China on the Management of Registration of Corporations, with total registered capitals divided into equal shares and raised through issuing stocks. Each investor bears limited liability to the corporation depending on the holding of shares, and the corporation bears liability to its debt to the maximum of its total assets.

Private Enterprises refer to profit-making economic units invested and established by natural persons, or controlled by natural persons using employed labour. Included in this category are private limited liability corporations, private share-holding corporations Ltd., private partnership enterprises and private-funded enterprises registered in accordance with the Corporation Law, Partnership Enterprises Law and Interim Regulations on Private Enterprises.

Other Domestic-funded Enterprises refer to domestic-funded economic units other than those mentioned above.

Joint Venture Enterprises(Funds are from Hong Kong, Macao or Taiwan.) are enterprises established by investors from Hong Kong, Macao and Taiwan with enterprises in the mainland of China in accordance with the Law of the People's Republic of China on Sino-foreign Equity Joint Ventures and other relevant laws, where the establishment of the investment and the sharing of profits and risks are stipulated under joint venture contracts.

Cooperative Enterprises(Funds are from Hong Kong, Macao or Taiwan.) established by investors from Hong Kong, Macao and Taiwan with enterprises in the mainland of China in accordance with the Law of the People's Republic of China on Sino-foreign Contractual Joint Venture and other relevant laws, where the investment or provision of facilities and the sharing of profits and risks are stipulated under cooperative contracts.

Enterprises with Sole (exclusive) Investment from Hong Kong, Macao and Taiwan refer to enterprises established in the mainland of China with exclusive investment from investors from Hong Kong, Macao and Taiwan in accordance with the Law of the People's Republic of China on Wholly Foreign-owned Enterprises and other relevant laws.

Share-holding Corporations Ltd. with Investment from Hong Kong, Macau and Taiwan refer to share-holding corporations Ltd. established with the approval from the former Ministry of Foreign Trade and Economic Relations in line with relevant state regulations, where the share of investment from Hong Kong, Macau or Taiwan businessmen exceeds 25% of the total registered capital of the corporation. In case the share of investment from Hong Kong, Macau or Taiwan is less than 25% of the total registered capital, the enterprise is to be classified as domestic-funded share-holding corporation Ltd.

Joint-venture Enterprises with Foreign Investment refer to enterprises jointly established by foreign enterprises or foreigners with enterprises in the mainland of China in accordance with the Law of the People's Republic of China on Sino-foreign Joint Venture Enterprises and other relevant laws, where the share of investment, profits and risks is stipulated in the contract.

Cooperation Enterprises with Foreign Investment refer to enterprises jointly established by foreign enterprises or foreigners with enterprises in the mainland of China in accordance with the Law of the People's Republic of China on Sino-foreign Cooperative Enterprises and other relevant laws, where the investment or provision of facilities, and the share of profits and risks is stipulated in the cooperative contract.

Enterprises with Sole (exclusive) Foreign Investment refer to enterprises established in the mainland of China with exclusive investment from foreign investors in accordance with the Law of the People's Republic of China on Foreign-Funded Enterprises and other relevant laws.

Share-holding Corporations Ltd. with Foreign Investment refer to share-holding corporations Ltd. estab-lished with the approval from the Ministry of Foreign Trade and Economic Relations in line with relevant state regulations, where the share of investment from foreign investors exceeds 25% of the total registered capital of the corporation. In case the share of foreign investment is less than 25% of the total registered capital, the enterprise is to be classified as domestic-funded share-holding corporation Ltd.

Government Agencies, Institutions and Social Organizations are classified into following categories by source of funds and way of management taking reference of the registration status of enterprises:

(1) Government agencies: include state and party agencies, classified in principle as state-owned. There are exceptions, such as supply and marketing cooperatives which are classified as collective-owned.

(2) Institutions: include institutions of various types established with the approval by organization and staffing departments of the government, but exclude institutions where enterprise management system is introduced. Institutions are further classified as follows:

(a) Institutions whose main budget is listed in the government budget appropriations or extra-budget funds, or allocated from the budget of their competent government agencies. Such institutions are classified as state-owned.

(b) Institutions whose budget mainly comes from collective units. Such institutions are classified as collective-owned.

(c) Institutions other than those mentioned above whose source of budget is not clear. Such institutions are classified by way of management.

(3) Social organizations: include social organizations established with the approval from the Ministry of Civil Affairs, and organizations that are not covered by social organization management regulations such as trade unions, women's federations etc.. Social organizations are further classified as follows:

(a) Social organizations that are not covered by social organization management regulations of the Ministry of Civil Affairs such as trade unions, women's federations, communist youth leagues, youth associations, industrial and commerce associations, scientists associations, overseas Chinese associa-tions, etc., foundations and fund management organizations established with funds from the state, and social organizations whose funds mainly come from the budget of their competent government agencies. Such institutions are classified as state owned.

(b) Social organizations whose budget mainly comes from collective units. Such institutions are classified as collective-owned.

(c) Social organizations established by individual or a group of citizens, which are classified as private.

(d) Social organizations other than those mentioned above whose source of budget is not clear. Such organizations are classified by way of management.

2 国民经济核算

National Accounts

资料整理人员：唐双全　周　玲

2-1 总产出
Gross Output

单位:亿元 (100 million yuan)

年份 Year	总产出 Gross Output	第一产业 Primary Industry	第二产业 Secondary Industry	第三产业 Tertiary Industry
1952	39.34	23.79	9.09	6.46
1955	49.24	25.83	14.47	8.94
1960	113.37	27.78	62.58	23.01
1965	107.35	42.70	45.55	19.10
1970	162.14	58.22	78.40	25.52
1975	234.10	76.06	120.60	37.44
1978	289.79	81.91	160.32	47.56
1979	347.74	109.18	186.04	52.52
1980	376.14	111.14	206.57	58.43
1981	408.13	126.36	214.61	67.16
1982	449.11	142.71	235.37	71.03
1983	498.03	158.16	261.66	78.21
1984	562.67	171.26	299.00	92.41
1985	698.36	198.44	372.89	127.03
1986	810.42	222.68	437.15	150.59
1987	980.08	253.39	540.92	185.77
1988	1239.59	303.01	690.19	246.39
1989	1390.89	337.48	768.85	284.56
1990	1571.34	397.42	809.86	364.06
1991	1777.40	425.58	928.67	423.15
1992	2210.80	471.22	1147.44	592.14
1993	2784.91	563.47	1472.01	749.43
1994	3532.16	792.90	1720.94	1018.32
1995	4247.69	1046.97	1982.36	1218.36
1996	5211.98	1226.32	2635.35	1350.31
1997	5927.87	1322.26	2939.06	1666.55
1998	6412.42	1262.46	3267.33	1882.63
1999	6883.16	1200.94	3484.59	2197.63
2000	7486.38	1251.89	3837.54	2396.95
2001	8263.96	1313.23	4209.32	2741.41
2002	9068.02	1349.92	4576.36	3141.74
2003	10272.43	1425.44	5319.03	3527.96
2004	12056.13	1723.31	6484.28	3848.54
2005	14476.75	1819.75	8064.51	4592.49
2006	17037.50	2104.95	9817.69	5114.86
2007	21246.01	2632.19	12558.50	6055.32
2008	27398.64	3131.12	16696.49	7571.03
2009	31014.60	3207.88	18815.07	8991.65
2010	38727.15	3787.48	24418.59	10521.08
2011	48843.55	4508.20	31922.50	12412.85
2012	54396.27	4904.10	35260.42	14231.75
2013	60375.17	4791.68	38833.14	16750.35
2014	66427.83	5031.60	42411.51	18984.72
2015	69525.60	5329.57	43382.10	20813.93
2016	76829.05	5736.02	47129.95	23963.08

注：从2013年执行新的三次产业划分规定,即第一产业不含农林牧渔服务业;第二产业不含采矿业的开采辅助活动和制造业的金属制品、机械和设备修理业，因此第二产业不等于工业加建筑业，下表同。

Since 2013,the rules of the new division of three industries has been excuted.That is the first industry exclude agriculture,forestry,animal musbandry and fishery services ,the secondary industry exclude mining auxiliary activities in mining industry and metal products, machinery and equipment repair in manufacturing industry. So the secondary industry is not equal to the industry and the construction industry.The same applies to the relvant tables following.

2-2 总产出构成
Composition of Gross Output

单位:% (以总产出为100) (Gross Output=100) (%)

年份 Year	总产出 Gross Output	第一产业 Primary Industry	第二产业 Secondary Industry	第三产业 Tertiary Industry
1952	100.0	60.5	23.1	16.4
1955	100.0	52.5	29.4	18.1
1960	100.0	24.5	55.2	20.3
1965	100.0	39.8	42.4	17.8
1970	100.0	35.9	48.4	15.7
1975	100.0	32.5	51.5	16.0
1978	100.0	28.3	55.3	16.4
1979	100.0	31.4	53.5	15.1
1980	100.0	29.5	54.9	15.6
1981	100.0	31.0	52.6	16.4
1982	100.0	31.8	52.4	15.8
1983	100.0	31.8	52.5	15.7
1984	100.0	30.4	53.1	16.5
1985	100.0	28.4	53.4	18.2
1986	100.0	27.5	53.9	18.6
1987	100.0	25.9	55.2	18.9
1988	100.0	24.4	55.7	19.9
1989	100.0	24.3	55.3	20.4
1990	100.0	25.3	51.5	23.2
1991	100.0	23.9	52.2	23.9
1992	100.0	21.3	51.9	26.8
1993	100.0	20.2	52.9	26.9
1994	100.0	22.4	48.7	28.9
1995	100.0	24.6	46.7	28.7
1996	100.0	23.5	50.6	25.9
1997	100.0	22.3	49.6	28.1
1998	100.0	19.7	51.0	29.3
1999	100.0	17.4	50.6	32.0
2000	100.0	16.7	51.3	32.0
2001	100.0	15.9	50.9	33.2
2002	100.0	14.9	50.5	34.6
2003	100.0	13.9	51.8	34.3
2004	100.0	14.3	53.8	31.9
2005	100.0	12.6	55.7	31.7
2006	100.0	12.4	57.6	30.0
2007	100.0	12.4	59.1	28.5
2008	100.0	11.4	61.0	27.6
2009	100.0	10.3	60.7	29.0
2010	100.0	9.8	63.0	27.2
2011	100.0	9.2	65.4	25.4
2012	100.0	9.0	64.8	26.2
2013	100.0	7.9	64.3	27.8
2014	100.0	7.6	63.8	28.6
2015	100.0	7.7	62.4	29.9
2016	100.0	7.5	61.3	31.2

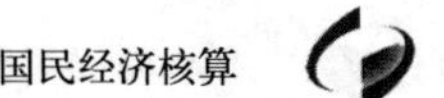

2-3 总产出发展速度
Growth Rate of Gross Output

单位:% (以上年为100)(precending year=100) (%)

年份 Year	总产出 Gross Output	第一产业 Primary Industry	第二产业 Secondary Industry	第三产业 Tertiary Industry
1952	100.0	121.3	151.9	100.0
1955	115.1	118.5	111.8	110.2
1960	105.2	84.7	117.1	105.3
1965	115.5	104.4	126.1	112.2
1970	124.3	105.0	142.3	100.9
1975	117.4	104.6	128.4	112.9
1978	114.8	110.2	117.0	115.8
1979	110.4	106.3	112.9	108.7
1980	105.8	98.1	109.8	104.8
1981	105.6	106.1	103.2	112.9
1982	108.7	110.1	109.2	104.4
1983	108.9	105.0	111.4	108.2
1984	110.7	105.7	112.2	115.1
1985	114.5	104.9	116.1	125.9
1986	110.6	105.4	112.1	113.6
1987	113.3	103.3	116.2	117.8
1988	111.0	100.5	114.6	112.6
1989	104.3	105.1	103.1	107.2
1990	103.9	101.9	104.7	103.8
1991	109.5	103.9	111.9	110.5
1992	112.6	103.8	116.3	113.6
1993	115.4	105.3	119.0	116.5
1994	113.5	106.4	116.0	113.7
1995	113.9	120.5	113.6	109.4
1996	119.4	108.4	126.3	111.8
1997	113.0	108.3	114.8	111.9
1998	111.1	101.5	113.3	112.8
1999	109.6	103.4	109.5	114.3
2000	110.7	104.3	111.2	113.3
2001	109.5	104.0	110.0	111.7
2002	110.0	100.2	110.7	113.5
2003	111.2	103.7	114.3	109.5
2004	111.4	107.5	114.2	108.6
2005	115.5	105.8	117.8	115.3
2006	114.0	104.9	116.8	112.6
2007	117.2	104.0	121.3	114.8
2008	116.2	105.3	118.1	116.2
2009	115.2	105.2	118.6	111.6
2010	116.6	104.3	120.8	111.4
2011	114.4	104.3	117.4	110.9
2012	112.1	102.9	113.4	112.1
2013	110.5	102.6	111.1	111.4
2014	109.6	104.5	109.6	111.0
2015	108.5	103.4	107.8	111.5
2016	108.3	103.3	107.6	111.1

2-4 总产出指数
Indices of Gross Output

单位:% (1952 =100) (%)

年份 Year	总产出 Gross Output	第一产业 Primary Industry	第二产业 Secondary Industry	第三产业 Tertiary Industry
1952	100.0	100.0	100.0	100.0
1955	126.2	108.7	175.7	132.4
1960	260.8	103.1	773.1	320.5
1965	213.6	116.7	541.0	248.7
1970	341.1	151.4	1015.3	350.7
1975	494.8	186.5	1573.9	532.0
1978	622.9	209.5	2104.0	675.6
1979	687.6	222.7	2375.4	734.3
1980	727.5	218.4	2608.1	769.6
1981	768.2	231.6	2691.6	868.8
1982	835.1	255.1	2939.3	907.1
1983	909.4	267.9	3274.3	981.5
1984	1006.7	283.1	3673.8	1129.7
1985	1152.7	297.0	4265.3	1422.2
1986	1274.9	313.2	4781.4	1615.7
1987	1444.4	323.5	5556.6	1903.3
1988	1603.3	325.2	6367.2	2143.1
1989	1672.3	341.8	6564.5	2297.4
1990	1737.5	348.3	6873.1	2384.7
1991	1902.6	361.9	7691.0	2635.1
1992	2142.3	375.6	8944.6	2993.5
1993	2472.2	395.5	10644.1	3487.4
1994	2805.9	420.8	12347.2	3965.2
1995	3195.9	507.1	14026.4	4337.9
1996	3815.9	549.7	17715.3	4849.8
1997	4312.0	595.3	20337.2	5426.9
1998	4790.6	604.2	23042.0	6121.5
1999	5250.5	624.7	25231.0	6996.9
2000	5812.3	651.6	28056.9	7927.5
2001	6364.5	677.7	30862.6	8855.0
2002	7001.0	679.1	34164.9	10050.4
2003	7785.1	704.2	39050.5	11005.2
2004	8672.6	757.0	44595.7	11951.6
2005	10016.9	800.9	52533.7	13780.2
2006	11419.3	840.1	61359.4	15516.5
2007	13383.4	873.7	74429.0	17812.9
2008	15551.5	920.0	87900.6	20698.6
2009	17915.3	967.8	104250.1	23099.6
2010	20889.2	1009.4	125934.1	25733.0
2011	23897.2	1052.8	147846.6	28537.9
2012	26788.8	1083.3	167658.0	31991.0
2013	29601.6	1111.5	186268.0	35638.0
2014	32443.4	1161.5	204149.7	39558.2
2015	35201.1	1201.0	220073.4	44107.4
2016	38122.8	1240.6	236799.0	49003.3

 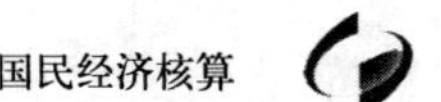

2-5 按产业分的地区生产总值
Gross Domestic Product by Industry

单位:亿元 (100 million yuan)

年份 Year	地区生产总值 Gross Domestic Product	第一产业 Primary Industry	第二产业 Secondary Industry	第三产业 Tertiary Industry	人均地区生产总值(元) Per Capita Gross Domestic Product(yuan)
1952	27.81	18.72	3.43	5.66	86
1953	30.29	18.48	4.28	7.53	91
1954	30.51	17.03	5.13	8.35	90
1955	35.83	21.13	5.76	8.94	104
1956	37.93	20.56	6.57	10.80	109
1957	45.20	26.41	7.45	11.34	127
1958	55.85	26.65	16.63	12.57	154
1959	61.95	23.60	21.57	16.78	168
1960	64.07	20.58	25.47	18.02	176
1961	46.64	20.78	11.69	14.17	132
1962	51.19	27.17	10.59	13.43	144
1963	48.08	25.11	11.37	11.60	131
1964	57.36	30.41	15.60	11.35	153
1965	65.32	34.00	19.17	12.15	170
1966	72.73	37.30	22.16	13.27	184
1967	73.51	40.07	19.89	13.55	181
1968	75.67	44.85	17.31	13.51	181
1969	81.26	44.08	21.98	15.20	189
1970	93.05	44.62	31.98	16.45	211
1971	99.10	46.31	35.33	17.46	218
1972	107.01	47.73	39.91	19.37	230
1973	115.80	51.91	43.35	20.54	244
1974	108.17	53.17	34.87	20.13	223
1975	118.40	54.97	41.96	21.47	239
1976	118.53	55.07	41.47	21.99	236
1977	129.17	55.95	49.59	23.63	254

2-5 续表 continued

单位:亿元 (100 million yuan)

年份 Year	地区生产总值 Gross Domestic Product	第一产业 Primary Industry	第二产业 Secondary Industry	第三产业 Tertiary Industry	人均地区生产总值(元) Per Capita Gross Domestic Product(yuan)
1978	146.99	59.83	59.82	27.34	286
1979	178.01	79.40	68.42	30.19	343
1980	191.72	81.14	76.99	33.59	365
1981	209.68	93.29	77.78	38.61	394
1982	232.52	107.99	82.51	42.02	430
1983	257.43	117.79	93.37	46.27	470
1984	287.29	128.28	104.34	54.67	519
1985	349.95	147.72	127.08	75.15	626
1986	397.68	165.28	143.31	89.09	703
1987	469.44	187.09	172.45	109.90	818
1988	584.07	217.03	221.28	145.76	999
1989	640.80	234.31	238.15	168.34	1074
1990	744.44	279.09	249.98	215.37	1228
1991	833.30	301.02	281.95	250.33	1357
1992	986.98	323.91	337.17	325.90	1595
1993	1244.71	383.68	470.05	390.98	1997
1994	1650.02	532.89	589.72	527.41	2630
1995	2132.13	685.30	770.67	676.16	3359
1996	2540.13	793.98	920.06	826.09	3963
1997	2849.27	855.75	1041.79	951.73	4420
1998	3025.53	828.31	1123.08	1074.14	4667
1999	3214.54	778.25	1192.99	1243.30	4933
2000	3551.49	784.92	1293.18	1473.39	5425
2001	3831.90	825.73	1412.82	1593.35	6120
2002	4151.54	847.25	1523.50	1780.79	6734
2003	4659.99	886.47	1777.74	1995.78	7589
2004	5664.37	1041.10	2204.45	2418.82	9202
2005	6623.45	1100.65	2630.09	2892.71	10606
2006	7722.32	1272.20	3208.74	3241.38	12192
2007	9485.99	1626.48	4010.68	3848.83	14942
2008	11627.61	1892.40	5084.61	4650.60	18261
2009	13156.27	1969.69	5759.09	5427.49	20579
2010	16153.25	2325.50	7433.22	6394.53	24897
2011	19816.55	2768.03	9479.15	7569.37	30103
2012	22338.33	3004.21	10655.60	8678.52	33758
2013	24834.65	2990.31	11732.70	10111.64	37263
2014	27281.77	3148.75	12690.72	11442.30	40635
2015	29172.17	3331.62	13043.68	12796.87	43153
2016	31551.37	3578.37	13341.17	14631.83	46382

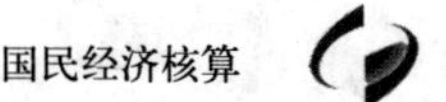

2-6 分行业增加值
Value Added by Sector

单位:亿元 (100 million yuan)

年份 Year	农、林、牧、渔业 Agriculture, Forestry, Animal Husbandry and Fishery	工业 Industry	建筑业 Construction	批发和零售业 Wholesale and Retail Trade	交通运输、仓储和邮政业 Traffic,Transport, Storage and Post	金融业 Finance	房地产业 Real Estate
1952	18.72	2.94	0.49	2.50	1.10		
1953	18.48	3.53	0.75	3.54	1.64		
1954	17.03	4.22	0.91	3.98	1.77		
1955	21.13	4.25	1.51	3.83	2.07		
1956	20.56	5.19	1.38	4.83	2.38		
1957	26.41	5.94	1.51	4.51	2.71		
1958	26.65	12.40	4.23	4.58	3.51		
1959	23.60	16.57	5.00	6.04	5.45		
1960	20.58	19.22	6.25	6.60	5.42		
1961	20.78	10.25	1.44	4.95	3.20		
1962	27.17	9.46	1.13	4.93	2.73		
1963	25.11	10.31	1.06	2.82	3.25		
1964	30.41	13.50	2.10	3.45	2.57		
1965	34.00	16.86	2.31	3.68	2.98		
1966	37.30	19.67	2.49	4.41	3.14		
1967	40.07	17.46	2.43	4.54	3.03		
1968	44.85	15.03	2.28	4.22	2.92		
1969	44.08	19.39	2.59	5.20	3.37		
1970	44.62	28.83	3.15	5.67	3.96		
1971	46.31	30.35	4.98	5.63	4.34		
1972	47.73	34.31	5.60	6.68	4.89		
1973	51.91	37.92	5.43	7.23	5.01		
1974	53.17	29.21	5.66	6.98	4.34		
1975	54.97	35.58	6.38	7.29	4.92		
1976	55.07	34.95	6.52	7.17	4.83		
1977	55.95	43.41	6.45	8.06	5.33		

2-6 续表 continued

单位:亿元 (100 million yuan)

年份 Year	农、林、牧、渔业 Agriculture, Forestry, Animal Husbandry and Fishery	工业 Industry	建筑业 Construction	批发和零售业 Wholesale and Retail Trade	交通运输、仓储和邮政业 Traffic,Transport, Storage and Post	金融业 Finance	房地产业 Real Estate
1978	59.83	51.94	7.88	9.71	5.91	2.55	2.03
1979	79.40	59.23	9.19	10.85	6.47	2.50	2.10
1980	81.14	65.31	11.68	11.73	6.77	2.70	2.32
1981	93.29	67.19	10.59	13.42	6.93	3.60	3.56
1982	107.99	71.31	11.20	12.81	7.61	5.02	3.96
1983	117.79	78.84	14.53	12.56	8.16	5.66	5.18
1984	128.28	90.79	13.55	15.40	9.30	6.53	5.76
1985	147.72	110.05	17.03	22.94	13.23	8.85	7.84
1986	165.28	124.30	19.01	27.60	15.00	12.55	7.93
1987	187.09	149.67	22.78	34.56	20.13	15.94	8.53
1988	217.03	190.40	30.88	46.61	24.12	20.91	9.96
1989	234.31	212.21	25.94	45.48	26.81	26.94	11.00
1990	279.09	220.69	29.29	62.94	32.27	31.01	16.25
1991	301.02	242.96	38.99	73.91	41.68	38.26	17.73
1992	323.91	284.66	52.51	104.96	51.29	49.01	20.57
1993	383.68	399.58	70.47	123.52	72.71	47.53	26.45
1994	532.89	499.97	89.75	167.24	100.30	54.07	34.13
1995	685.30	658.67	112.00	210.40	133.71	64.96	44.43
1996	793.98	790.19	129.87	244.45	171.14	74.32	64.06
1997	855.75	903.90	137.89	268.06	198.66	82.66	75.47
1998	828.31	960.70	162.38	289.06	220.86	85.44	89.28
1999	778.25	1010.53	182.46	311.68	246.08	86.57	105.50
2000	784.92	1094.76	198.42	342.30	288.16	88.88	131.58
2001	825.73	1180.43	232.39	377.18	303.88	91.71	138.41
2002	847.25	1265.72	257.78	416.15	333.51	92.43	165.29
2003	886.47	1484.98	292.76	458.07	373.27	99.35	186.49
2004	1041.10	1837.65	366.80	495.72	333.92	118.64	191.50
2005	1100.65	2212.45	417.64	587.21	387.33	162.37	215.63
2006	1272.20	2728.90	479.84	634.69	441.32	204.72	254.81
2007	1626.48	3430.22	580.46	771.73	518.04	260.14	301.80
2008	1892.40	4365.34	719.27	975.46	625.08	334.32	340.07
2009	1969.69	4888.37	870.72	1221.20	707.20	402.57	400.11
2010	2325.50	6392.17	1041.05	1434.68	834.66	463.16	464.21
2011	2768.03	8237.32	1241.83	1662.34	950.80	501.09	518.04
2012	3004.21	9285.11	1370.49	1849.04	1079.67	579.76	568.52
2013	3099.23	10177.10	1567.56	2031.81	1174.29	758.90	642.19
2014	3266.89	10955.87	1747.53	2211.82	1259.55	950.04	673.38
2015	3461.99	11178.67	1877.70	2323.67	1292.83	1153.26	751.81
2016	3725.90	11337.28	2016.59	2487.80	1356.56	1272.71	879.62

2-7 地区生产总值构成
Composition of GDP

单位:% (GDP=100) (%)

年份 Year	地区生产总值 Gross Domestic Product	第一产业 Primary Industry	第二产业 Secondary Industry	第三产业 Tertiary Industry
1952	100.0	67.3	12.3	20.4
1953	100.0	61.0	14.1	24.9
1954	100.0	55.8	16.8	27.4
1955	100.0	59.0	16.1	25.0
1956	100.0	54.2	17.3	28.5
1957	100.0	58.4	16.5	25.1
1958	100.0	47.7	29.8	22.5
1959	100.0	38.1	34.8	27.1
1960	100.0	32.1	39.8	28.1
1961	100.0	44.6	25.1	30.4
1962	100.0	53.1	20.7	26.2
1963	100.0	52.2	23.6	24.1
1964	100.0	53.0	27.2	19.8
1965	100.0	52.1	29.3	18.6
1966	100.0	51.3	30.5	18.2
1967	100.0	54.5	27.1	18.4
1968	100.0	59.3	22.9	17.9
1969	100.0	54.2	27.0	18.7
1970	100.0	48.0	34.4	17.7
1971	100.0	46.7	35.7	17.6
1972	100.0	44.6	37.3	18.1
1973	100.0	44.8	37.4	17.7
1974	100.0	49.2	32.2	18.6
1975	100.0	46.4	35.4	18.1
1976	100.0	46.5	35.0	18.6
1977	100.0	43.3	38.4	18.3

2-7 续表 continued

单位:% (%)

年份 Year	地区生产总值 Gross Domestic Product	第一产业 Primary Industry	第二产业 Secondary Industry	第三产业 Tertiary Industry
1978	100.0	40.7	40.7	18.6
1979	100.0	44.6	38.4	17.0
1980	100.0	42.3	40.2	17.5
1981	100.0	44.5	37.1	18.4
1982	100.0	46.4	35.5	18.1
1983	100.0	45.8	36.3	17.9
1984	100.0	44.7	36.3	19.0
1985	100.0	42.2	36.3	21.5
1986	100.0	41.6	36.0	22.4
1987	100.0	39.9	36.7	23.4
1988	100.0	37.2	37.9	24.9
1989	100.0	36.6	37.2	26.2
1990	100.0	37.5	33.6	28.9
1991	100.0	36.1	33.8	30.1
1992	100.0	32.8	34.2	33.0
1993	100.0	30.8	37.8	31.4
1994	100.0	32.3	35.7	32.0
1995	100.0	32.1	36.1	31.8
1996	100.0	31.3	36.2	32.5
1997	100.0	30.0	36.6	33.4
1998	100.0	27.4	37.1	35.5
1999	100.0	24.2	37.1	38.7
2000	100.0	22.1	36.4	41.5
2001	100.0	21.5	36.9	41.6
2002	100.0	20.4	36.7	42.9
2003	100.0	19.0	38.1	42.9
2004	100.0	18.4	38.9	42.7
2005	100.0	16.6	39.7	43.7
2006	100.0	16.5	41.5	42.0
2007	100.0	17.1	42.3	40.6
2008	100.0	16.3	43.7	40.0
2009	100.0	15.0	43.8	41.2
2010	100.0	14.4	46.0	39.6
2011	100.0	14.0	47.8	38.2
2012	100.0	13.4	47.7	38.9
2013	100.0	12.0	47.3	40.7
2014	100.0	11.5	46.5	42.0
2015	100.0	11.4	44.7	43.9
2016	100.0	11.3	42.3	46.4

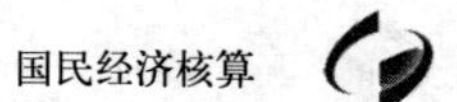

2-8 地区生产总值发展速度
Growth Rate of GDP

单位:% (以上年为100) (precending year=100) (%)

年份 Year	地区生产总值 Gross Domestic Product	第一产业 Primary Industry	第二产业 Secondary Industry	第三产业 Tertiary Industry	人均地区生产总值 Per Capita Gross Domestic Product
1978	116.4	111.7	121.8	115.5	115.1
1979	109.1	106.8	111.4	109.0	107.9
1980	105.2	98.9	111.0	105.5	104.1
1981	105.5	107.0	100.2	113.3	104.1
1982	109.4	113.0	106.0	107.5	107.7
1983	109.2	103.7	116.7	108.2	107.7
1984	109.4	106.6	109.7	115.6	108.3
1985	112.0	103.7	113.6	127.2	110.9
1986	108.1	105.2	107.7	114.1	106.8
1987	109.3	102.9	112.8	114.0	107.8
1988	108.2	97.7	115.0	112.6	106.0
1989	103.6	105.7	101.2	105.0	101.6
1990	104.0	103.2	104.6	103.8	102.3
1991	107.9	105.6	108.5	110.5	106.6
1992	111.1	103.5	117.3	114.1	110.3
1993	112.4	104.3	118.2	116.0	111.7
1994	110.6	105.4	115.4	111.0	109.8
1995	110.3	106.5	113.5	110.6	109.1
1996	112.1	106.2	116.3	112.9	111.0
1997	110.6	106.1	113.3	111.6	110.0
1998	108.5	100.9	111.5	111.5	107.8
1999	108.4	103.3	109.3	111.4	107.8
2000	109.0	103.9	110.6	110.9	108.5
2001	109.0	104.0	110.3	110.6	110.6
2002	109.0	102.6	110.9	110.5	110.7
2003	109.6	103.6	112.5	109.7	110.0
2004	112.1	107.4	116.1	110.5	111.8
2005	112.2	105.7	112.9	113.8	110.6
2006	112.8	104.7	117.1	112.0	111.2
2007	115.1	103.9	118.7	115.6	114.8
2008	114.1	105.3	115.5	115.5	113.7
2009	113.9	105.0	119.0	111.4	113.4
2010	114.6	104.3	120.2	111.7	113.0
2011	112.8	104.2	117.0	111.0	111.1
2012	111.4	103.0	113.0	112.2	110.8
2013	110.1	102.7	110.9	111.2	109.3
2014	109.5	104.5	109.4	111.0	108.7
2015	108.5	103.6	107.4	111.2	107.8
2016	108.0	103.3	106.5	110.6	107.3

2-9 主要行业增加值发展速度
Growth Rate of Value Added by Sector

单位:% (以上年为100) (precending year=100) (%)

年份 Year	农、林、牧、渔业 Agriculture, Forestry, Animal Husbandry and Fishery	工业 Industry	建筑业 Construction	批发和零售业 Wholesale and Retail Trade	交通运输、仓储和邮政业 Traffic,Transport, Storage and Post	金融业 Finance	房地产业 Real Estate
1978	111.7	121.6	123.3	120.4	110.7	115.3	104.0
1979	106.8	111.3	112.1	110.1	109.3	96.5	101.7
1980	98.9	109.7	119.9	102.5	104.5	97.8	110.4
1981	107.0	101.4	92.7	112.6	102.6	131.0	146.4
1982	113.0	106.1	105.0	94.0	109.6	137.3	110.3
1983	103.7	114.8	130.2	95.8	107.2	110.1	128.5
1984	106.6	113.0	89.8	119.3	113.9	111.9	110.0
1985	103.7	114.3	108.7	134.8	140.6	122.1	128.4
1986	105.2	108.5	101.6	114.6	112.6	135.3	100.9
1987	102.9	113.3	108.6	113.8	127.1	114.9	105. 0
1988	97.7	115.3	112.6	108.9	120.4	104.6	109.5
1989	105.7	103.0	79.3	90.6	97.3	150.6	86.7
1990	103.2	104.5	106.1	83.7	113.7	109.0	109.0
1991	105.6	107.4	116.7	112.0	118.6	115.5	106.1
1992	103.5	116.8	120.4	110.0	112.8	130.3	110.6
1993	104.3	120.0	105.5	110.8	125.2	121.3	124.0
1994	105.4	115.9	111.7	109.0	110.6	105.7	112.0
1995	106.5	113.4	114.6	109.1	116.3	106.0	114.7
1996	106.2	116.8	112.3	109.0	117.8	110.6	117.1
1997	106.1	114.3	104.4	109.5	115.0	110.3	110.2
1998	100.9	111.2	114.1	110.3	113.4	105.2	113.3
1999	103.3	109.0	111.7	110.5	108.0	105.1	117.3
2000	103.9	110.5	111.5	111.4	114.5	106.0	109.2
2001	104.0	109.9	112.3	111.3	110.2	103.5	109.3
2002	102.6	111.0	110.3	111.5	109.9	103.2	111.2
2003	103.6	112.7	111.2	109.6	110.3	105.4	109.0
2004	107.4	115.9	117.3	108.9	113.9	102.1	105.8
2005	105.7	113.6	109.2	117.1	113.1	112.6	107.4
2006	104.7	118.2	111.1	111.7	111.3	115.2	111.6
2007	103.9	119.8	112.4	116.7	116.2	120.9	110.0
2008	105.3	116.3	110.3	118.7	116.3	118.1	106.9
2009	105.0	118.6	121.5	114.9	107.0	118.0	110.0
2010	104.3	121.2	114.1	111.7	113.2	109.1	109.3
2011	104.2	118.2	109.5	108.3	112.5	105.6	104.1
2012	103.0	113.7	108.0	108.0	111.4	113.6	106.9
2013	102.8	111.2	109.1	108.0	105.9	118.7	108.4
2014	104.6	109.3	109.8	107.6	104.8	123.8	102.9
2015	103.8	107.4	107.3	105.1	105.0	114.8	112.2
2016	103.5	106.5	106.7	106.0	102.9	107.6	109.0

 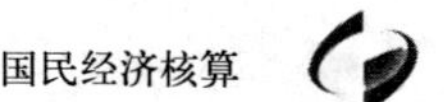

2-10 地区生产总值指数
Indices of Gross Domestic Product

单位:% (1952=100) (%)

年份 Year	地区生产总值 Gross Domestic Product	第一产业 Primary Industry	第二产业 Secondary Industry	第三产业 Tertiary Industry	人均地区生产总值 Per Capita Gross Domestic Product
1952	100.0	100.0	100.0	100.0	100.0
1953	108.4	99.9	131.5	128.1	105.8
1954	106.4	89.8	157.9	141.1	101.5
1955	126.1	110.3	190.0	150.4	118.1
1956	132.9	106.4	226.8	181.6	123.2
1957	153.0	129.2	253.3	187.8	139.2
1958	183.4	130.8	522.4	207.0	163.0
1959	199.5	113.4	660.9	277.9	175.2
1960	197.5	90.4	765.8	292.1	175.9
1961	127.4	82.8	332.0	189.1	116.4
1962	131.3	101.7	284.3	167.7	119.4
1963	126.5	92.7	306.7	163.0	111.9
1964	150.3	107.1	432.6	167.9	129.7
1965	170.1	111.7	558.4	186.1	143.1
1966	191.9	121.9	669.8	203.2	156.8
1967	192.5	130.9	610.1	206.9	153.0
1968	189.8	142.2	512.0	205.6	146.7
1969	210.0	138.2	684.2	231.5	157.8
1970	247.0	139.5	1005.8	245.9	180.5
1971	261.0	140.3	1122.5	252.7	185.6
1972	281.8	142.8	1283.9	280.0	195.8
1973	300.9	154.2	1361.2	295.4	204.4
1974	278.8	157.9	1071.5	290.6	185.4
1975	307.6	162.4	1325.9	309.9	200.8
1976	306.0	162.5	1290.1	316.9	196.6
1977	335.3	165.0	1562.0	340.0	212.9

2-10 续表 1 continued

单位:% (1952=100) (%)

年份 Year	地区生产总值 Gross Domestic Product	第一产业 Primary Industry	第二产业 Secondary Industry	第三产业 Tertiary Industry	人均地区生产总值 Per Capita Gross Domestic Product
1978	390.3	184.3	1903.0	392.8	245.2
1979	425.7	196.8	2119.1	428.2	264.6
1980	448.0	194.6	2352.0	451.9	275.4
1981	472.4	208.3	2357.8	512.1	286.7
1982	516.7	235.4	2498.9	550.6	308.8
1983	564.4	244.2	2917.3	595.9	332.6
1984	617.4	260.2	3198.9	688.9	360.2
1985	691.8	269.9	3634.5	875.9	399.4
1986	748.1	284.0	3916.1	999.7	426.6
1987	817.8	292.2	4418.7	1139.2	459.9
1988	884.9	285.5	5081.5	1282.7	487.4
1989	916.8	301.8	5142.5	1346.8	495.2
1990	953.1	311.6	5380.0	1397.9	506.6
1991	1028.4	329.0	5837.3	1544.7	540.1
1992	1142.6	340.5	6847.2	1762.5	595.7
1993	1284.3	355.1	8093.4	2044.5	665.4
1994	1420.4	374.3	9339.8	2269.4	730.6
1995	1566.7	398.6	10600.7	2510.0	797.1
1996	1756.3	423.3	12328.6	2833.8	884.8
1997	1942.5	449.1	13968.3	3162.5	973.3
1998	2107.6	453.1	15574.7	3526.2	1049.2
1999	2284.6	468.1	17023.1	3928.2	1131.0
2000	2490.2	486.4	18827.5	4356.4	1227.1
2001	2714.3	505.9	20766.7	4818.2	1357.2
2002	2958.6	519.1	23030.3	5324.1	1502.4
2003	3242.6	537.8	25909.1	5840.5	1652.6
2004	3635.0	577.6	30080.5	6453.8	1847.6
2005	4078.5	610.5	33960.9	7344.4	2043.4
2006	4600.5	639.2	39768.2	8225.7	2272.3
2007	5295.2	664.1	47204.9	9508.9	2608.6
2008	6041.8	699.3	54521.7	10982.8	2966.0
2009	6881.6	734.3	64880.8	12234.8	3363.4
2010	7886.3	765.9	77986.7	13666.3	3800.6
2011	8895.7	798.1	91244.4	15169.6	4222.5
2012	9909.8	822.0	103106.2	17020.3	4678.5
2013	10910.7	844.2	114344.8	18926.6	5113.6
2014	11947.2	882.2	125093.2	21008.5	5558.5
2015	12962.7	914.0	134350.1	23361.5	5992.1
2016	13999.7	944.2	143082.9	25837.8	6429.5

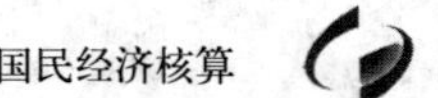

2-10 续表 2 continued

单位:% (1978=100) (%)

年份 Year	地区生产总值 Gross Domestic Product	第一产业 Primary Industry	第二产业 Secondary Industry	第三产业 Tertiary Industry	人均地区生产总值 Per Capita Gross Domestic Product
1978	100.0	100.0	100.0	100.0	100.0
1979	109.1	106.8	111.4	109.0	107.9
1980	114.8	105.6	123.6	115.0	112.3
1981	121.0	113.0	123.9	130.4	116.9
1982	132.4	127.7	131.3	140.2	125.9
1983	144.6	132.5	153.3	151.7	135.6
1984	158.2	141.2	168.1	175.4	146.9
1985	177.2	146.4	191.0	223.0	162.9
1986	191.7	154.1	205.8	254.5	174.0
1987	209.5	158.5	232.2	290.0	187.6
1988	226.7	154.9	267.0	326.6	198.9
1989	234.9	163.8	270.2	342.9	202.1
1990	244.3	169.1	282.7	355.9	206.7
1991	263.6	178.5	306.7	393.3	220.3
1992	292.9	184.8	359.8	448.7	243.0
1993	329.2	192.7	425.3	520.5	271.4
1994	364.1	203.1	490.8	577.8	298.0
1995	401.6	216.3	557.1	639.0	325.1
1996	450.2	229.7	647.9	721.4	360.9
1997	497.9	243.7	734.1	805.1	397.0
1998	540.2	245.9	818.5	897.7	428.0
1999	585.6	254.0	894.6	1000.0	461.4
2000	638.3	263.9	989.4	1109.0	500.6
2001	695.7	274.5	1091.3	1226.6	553.7
2002	758.3	281.6	1210.3	1355.4	612.9
2003	831.1	291.7	1361.6	1486.9	674.2
2004	931.7	313.3	1580.8	1643.0	753.8
2005	1045.4	331.2	1784.7	1869.7	833.7
2006	1179.2	346.8	2089.9	2094.1	927.1
2007	1357.3	360.3	2480.7	2420.8	1064.3
2008	1548.7	379.4	2865.2	2796.0	1210.1
2009	1764.0	398.4	3409.6	3114.7	1372.3
2010	2021.5	415.5	4098.3	3479.1	1550.7
2011	2280.3	433.0	4795.0	3861.8	1722.8
2012	2540.3	446.0	5418.4	4332.9	1908.9
2013	2796.9	458.0	6009.0	4818.2	2086.4
2014	3062.6	478.6	6573.8	5348.2	2267.9
2015	3322.9	495.8	7060.3	5947.2	2444.8
2016	3588.7	512.2	7519.2	6577.6	2623.3

2-11 主要行业增加值指数
Indices of Value Added by Sector

单位:% (以1978=100) (%)

年份 Year	农、林、牧、渔业 Agriculture, Forestry, Animal Husbandry and Fishery	工业 Industry	建筑业 Construction	批发和零售业 Wholesale and Retail Trade	交通运输、仓储和邮政业 Traffic,Transport, Storage and Post	金融业 Finance	房地产业 Real Estate
1978	100.0	100.0	100.0	100.0	100.0	100.0	100.0
1979	106.8	111.3	112.1	110.1	109.3	96.5	101.7
1980	105.6	122.1	134.4	112.9	114.2	94.4	112.3
1981	113.0	123.8	124.6	127.1	117.2	123.6	164.4
1982	127.7	131.4	130.8	119.4	128.4	169.7	181.3
1983	132.5	150.8	170.3	114.4	137.7	186.9	233.0
1984	141.2	170.4	153.0	136.5	156.8	209.1	256.3
1985	146.4	194.7	166.3	184.0	220.5	255.4	329.1
1986	154.1	211.3	168.9	210.9	248.3	345.5	332.0
1987	158.5	239.4	183.5	240.0	315.6	397.0	348.6
1988	154.9	276.1	206.6	261.4	379.9	415.2	381.7
1989	163.8	284.3	163.8	236.8	369.1	625.3	331.0
1990	169.1	297.1	173.8	198.2	420.3	681.6	360.8
1991	178.5	319.1	202.8	222.0	498.5	787.2	382.8
1992	184.8	372.7	244.2	244.2	562.3	1025.7	423.4
1993	192.7	447.2	257.6	270.6	704.0	1244.2	525.0
1994	203.1	518.3	287.7	295.0	778.6	1315.1	588.0
1995	216.3	587.8	329.7	321.8	905.5	1394.0	674.4
1996	229.7	686.6	370.3	350.8	1066.7	1541.8	789.7
1997	243.7	784.8	386.6	384.1	1226.7	1700.6	870.2
1998	245.9	872.7	441.1	423.7	1391.1	1789.0	985.9
1999	254.0	951.2	492.7	468.2	1502.4	1880.2	1156.5
2000	263.9	1051.1	549.4	521.6	1720.2	1993.0	1262.9
2001	274.5	1155.2	617.0	580.5	1895.7	2062.8	1380.3
2002	281.6	1282.3	680.6	647.3	2083.4	2128.8	1534.9
2003	291.7	1445.2	756.8	709.4	2298.0	2243.8	1673.0
2004	313.3	1675.0	887.7	772.5	2617.4	2290.9	1770.0
2005	331.2	1902.8	969.4	904.6	2960.3	2579.6	1901.0
2006	346.8	2249.1	1077.0	1010.4	3294.8	2971.7	2121.5
2007	360.3	2694.4	1210.5	1179.1	3828.6	3592.8	2333.7
2008	379.4	3133.6	1335.2	1399.6	4452.7	4243.1	2494.7
2009	398.4	3716.4	1622.3	1608.1	4764.4	5006.9	2744.2
2010	415.5	4504.3	1851.0	1796.2	5393.3	5462.5	2999.4
2011	433.0	5324.1	2026.8	1945.3	6067.5	5768.4	3122.4
2012	446.0	6053.5	2188.9	2100.9	6759.2	6552.9	3337.8
2013	458.5	6731.5	2388.1	2269.0	7158.0	7778.3	3618.2
2014	479.6	7357.5	2622.1	2441.4	7501.6	9629.5	3723.1
2015	497.8	7902.0	2813.5	2565.9	7876.7	11054.7	4177.3
2016	515.2	8415.6	3002.0	2719.9	8105.1	11894.9	4553.3

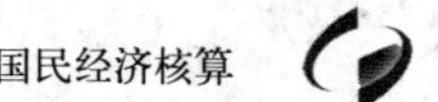

2-12 地区生产总值构成项目表
Structure of Gross Domestic Product

单位:亿元 (100 million yuan)

指 标	Item	2015	2016
地区生产总值	**Gross Domestic Product**	**29172.17**	**31551.37**
劳动者报酬	Compensation of Laborers	14709.62	15978.70
生产税净额	Net Taxes on Production	4456.93	4882.67
固定资产折旧	Depreciation of Fixed Assets	3183.11	3253.13
营业盈余	Operating Surplus	6822.51	7436.87
农林牧渔业增加值	**Added Value of Farming, Forestry, Animal Husbandry and Fishery**	**3461.99**	**3725.90**
劳动者报酬	Compensation of Laborers	3357.13	3653.80
生产税净额	Net Taxes on Production	9.66	9.88
固定资产折旧	Depreciation of Fixed Assets	95.20	62.22
营业盈余	Operating Surplus		
工业增加值	**Added Value of Industry**	**11178.67**	**11337.28**
劳动者报酬	Compensation of Laborers	3655.49	3460.83
生产税净额	Net Taxes on Production	2983.78	3253.26
固定资产折旧	Depreciation of Fixed Assets	1298.87	1184.02
营业盈余	Operating Surplus	3240.53	3439.17
建筑业增加值	**Added Value of Construction**	**1877.70**	**2016.59**
劳动者报酬	Compensation of Laborers	1221.86	1316.35
生产税净额	Net Taxes on Production	305.88	327.65
固定资产折旧	Depreciation of Fixed Assets	52.48	54.64
营业盈余	Operating Surplus	297.48	317.95
批发和零售业增加值	**Added Value of Wholesale and Retail Trade**	**2323.67**	**2487.80**
劳动者报酬	Compensation of Laborers	790.16	841.72
生产税净额	Net Taxes on Production	570.96	623.99
固定资产折旧	Depreciation of Fixed Assets	125.84	127.59
营业盈余	Operating Surplus	836.71	894.50
交通运输仓储邮政业增加值	**Added Value of Transport, Storage and Post**	**1292.83**	**1356.56**
劳动者报酬	Compensation of Laborers	791.69	831.06
生产税净额	Net Taxes on Production	67.93	70.98
固定资产折旧	Depreciation of Fixed Assets	202.16	212.69
营业盈余	Operating Surplus	231.05	241.83
住宿和餐饮业增加值	**Added Value of Hotel and Restaurants**	**603.77**	**666.12**
劳动者报酬	Compensation of Laborers	359.78	398.74
生产税净额	Net Taxes on Production	60.14	71.87
固定资产折旧	Depreciation of Fixed Assets	98.63	103.03
营业盈余	Operating Surplus	85.22	92.48

2-12 续表 1 continued

单位:亿元 (100 million yuan)

指 标	Item	2015	2016
信息传输、软件和信息技术服务业增加值	**Added Value of Information Transfer,Software Technology Service**	**628.71**	**768.84**
劳动者报酬	Compensation of Laborers	113.23	138.18
生产税净额	Net Taxes on Production	33.96	49.10
固定资产折旧	Depreciation of Fixed Assets	226.62	272.21
营业盈余	Operating Surplus	254.90	309.35
金融业增加值	**Added Value of Financial Intermediation**	**1153.26**	**1272.71**
劳动者报酬	Compensation of Laborers	321.32	360.83
生产税净额	Net Taxes on Production	146.80	133.38
固定资产折旧	Depreciation of Fixed Assets	28.50	27.70
营业盈余	Operating Surplus	656.64	750.80
房地产业增加值	**Added Value of Real Estate**	**751.81**	**879.62**
劳动者报酬	Compensation of Laborers	104.77	141.41
生产税净额	Net Taxes on Production	108.80	138.17
固定资产折旧	Depreciation of Fixed Assets	430.20	470.13
营业盈余	Operating Surplus	108.04	129.91
租赁和商务服务业增加值	**Added Value of Leasing and Business Services**	**634.31**	**764.30**
劳动者报酬	Compensation of Laborers	235.44	283.75
生产税净额	Net Taxes on Production	46.96	56.58
固定资产折旧	Depreciation of Fixed Assets	74.49	90.20
营业盈余	Operating Surplus	277.42	333.77
科学研究和技术服务业增加值	**Added Value of Scientific Research, and Technical Services**	**330.20**	**387.77**
劳动者报酬	Compensation of Laborers	138.35	165.48
生产税净额	Net Taxes on Production	16.48	19.13
固定资产折旧	Depreciation of Fixed Assets	58.16	68.10
营业盈余	Operating Surplus	117.21	135.06
水利、环境和公共设施管理业增加值	**Added Value of Management of Water Conse-rvancy, Environment and Public Facilities**	**138.13**	**165.76**
劳动者报酬	Compensation of Laborers	74.36	88.98
生产税净额	Net Taxes on Production	4.90	6.31
固定资产折旧	Depreciation of Fixed Assets	24.95	29.83
营业盈余	Operating Surplus	33.92	40.64
居民服务、修理和其他服务业增加值	**Added Value of Resident Services and Other Services**	**1272.86**	**1530.49**
劳动者报酬	Compensation of Laborers	1035.86	1249.35
生产税净额	Net Taxes on Production	33.59	40.39
固定资产折旧	Depreciation of Fixed Assets	77.83	93.58
营业盈余	Operating Surplus	125.58	147.17

2-12 续表 2 continued

单位:亿元 (100 million yuan)

指　标	Item	2015	2016
教育增加值	**Added Value of Education**	**922.76**	**1080.58**
劳动者报酬	Compensation of Laborers	724.61	845.29
生产税净额	Net Taxes on Production	6.17	7.25
固定资产折旧	Depreciation of Fixed Assets	114.91	133.21
营业盈余	Operating Surplus	77.07	94.83
卫生和社会工作增加值	**Added Value of Health and Social Work**	**544.33**	**637.30**
劳动者报酬	Compensation of Laborers	339.41	448.88
生产税净额	Net Taxes on Production	5.01	5.86
固定资产折旧	Depreciation of Fixed Assets	47.55	57.51
营业盈余	Operating Surplus	152.36	125.05
文化、体育和娱乐业增加值	**Added Value of Culture, Sports and Entertainment**	**631.60**	**769.22**
劳动者报酬	Compensation of Laborers	286.75	348.30
生产税净额	Net Taxes on Production	48.48	59.09
固定资产折旧	Depreciation of Fixed Assets	70.29	85.54
营业盈余	Operating Surplus	226.08	276.29
公共管理、社会保障和社会组织增加值	**Added Value of Public Management and Social Organization**	**1425.57**	**1704.53**
劳动者报酬	Compensation of Laborers	1159.41	1405.75
生产税净额	Net Taxes on Production	7.43	9.78
固定资产折旧	Depreciation of Fixed Assets	156.43	180.93
营业盈余	Operating Surplus	102.30	108.07
第一产业	**Primary Industry**	**3331.62**	**3578.37**
劳动者报酬	Compensation of Laborers	3230.35	3506.79
生产税净额	Net Taxes on Production	9.66	9.88
固定资产折旧	Depreciation of Fixed Assets	91.61	61.70
营业盈余	Operating Surplus		
第二产业	**Secondary Industry**	**13043.68**	**13341.17**
劳动者报酬	Compensation of Laborers	4871.64	4771.02
生产税净额	Net Taxes on Production	3287.12	3579.88
固定资产折旧	Depreciation of Fixed Assets	1349.70	1236.15
营业盈余	Operating Surplus	3535.22	3754.12
第三产业	**Tertiary Industry**	**12796.87**	**14631.83**
劳动者报酬	Compensation of Laborers	6607.63	7700.89
生产税净额	Net Taxes on Production	1160.15	1292.91
固定资产折旧	Depreciation of Fixed Assets	1741.80	1955.28
营业盈余	Operating Surplus	3287.29	3682.75

2-13 支出法地区生产总值
Gross Domestic Product by Expenditure Approach

单位:亿元 (100 million yuan)

年份 Year	地区生产总值 GDP by Expenditure Approach	最终消费 Final Consumption Expenditures	居民消费 Household Consumption Expenditures	农村居民 Rural Household	城镇居民 Urban Household	政府消费 Government Consumption Expenditures
1952	27.81	24.87	24.12	20.98	3.14	0.75
1953	30.29	26.30	25.44	21.61	3.83	0.86
1954	30.51	26.61	25.46	21.43	4.03	1.15
1955	35.83	29.84	28.52	24.26	4.26	1.32
1956	37.93	32.23	30.56	25.28	5.28	1.67
1957	45.20	34.18	32.42	26.31	6.11	1.76
1958	55.85	36.98	35.16	27.57	7.59	1.82
1959	61.95	37.16	34.76	24.93	9.83	2.40
1960	64.07	37.96	35.47	24.92	10.55	2.49
1961	46.64	41.38	39.12	28.36	10.76	2.26
1962	51.19	45.28	43.51	33.32	10.19	1.77
1963	48.08	40.92	39.32	28.50	10.82	1.60
1964	57.36	43.61	41.32	30.59	10.73	2.29
1965	65.32	47.29	45.18	33.84	11.34	2.11
1966	72.73	51.61	49.26	37.93	11.33	2.35
1967	73.51	54.81	52.56	40.95	11.61	2.25
1968	75.67	55.30	53.27	41.60	11.67	2.03
1969	81.26	55.90	53.52	42.09	11.43	2.38
1970	93.05	58.04	55.60	43.54	12.06	2.44
1971	99.10	62.19	59.04	45.36	13.68	3.15
1972	107.01	67.40	63.76	47.81	15.95	3.64
1973	115.80	71.30	67.28	50.71	16.57	4.02
1974	108.17	74.50	69.54	51.98	17.56	4.96
1975	118.40	76.87	72.16	53.89	18.27	4.71
1976	118.53	78.41	73.13	53.94	19.19	5.28
1977	129.17	86.16	79.74	60.13	19.61	6.42

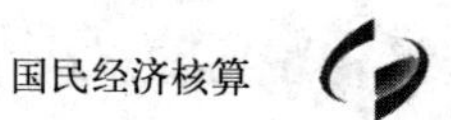

2-13 续表 1 continued

单位:亿元 (100 million yuan)

年份 Year	地区生产总值 GDP by Expenditure Approach	最终消费 Final Consumption Expenditures	居民消费 Household Consumption Expenditures	农村居民 Rural Household	城镇居民 Urban Household	政府消费 Government Consumption Expenditures
1978	146.99	100.83	93.93	70.87	23.06	6.90
1979	178.01	118.77	109.67	83.37	26.30	9.10
1980	191.72	136.94	125.42	93.15	32.27	11.52
1981	209.68	155.72	142.77	107.33	35.44	12.95
1982	232.52	174.68	159.45	121.93	37.52	15.23
1983	257.43	195.09	178.56	137.91	40.65	16.53
1984	287.29	218.09	199.24	152.95	46.29	18.85
1985	349.95	263.11	240.71	182.85	57.86	22.40
1986	397.68	290.14	265.54	196.12	69.42	24.60
1987	469.44	328.34	298.85	218.93	79.92	29.49
1988	584.07	399.15	364.37	256.19	108.18	34.78
1989	640.80	439.54	393.49	270.81	122.68	46.05
1990	744.44	564.70	454.90	314.05	140.85	109.80
1991	833.30	621.93	500.84	340.27	160.57	121.09
1992	986.98	725.60	582.91	379.23	203.68	142.69
1993	1244.71	885.88	709.62	434.49	275.13	176.26
1994	1650.02	1188.55	964.13	565.53	398.60	224.42
1995	2132.13	1492.01	1214.61	688.72	525.89	277.40
1996	2540.13	1789.60	1462.70	859.46	603.24	326.90
1997	2849.27	1975.57	1585.43	887.73	697.70	390.14
1998	3025.53	2089.53	1662.14	906.18	755.96	427.39
1999	3214.54	2267.40	1789.71	901.12	888.59	477.69
2000	3551.49	2471.77	1928.94	900.05	1028.89	542.83
2001	3831.90	2638.39	2030.06	883.45	1146.61	608.33
2002	4151.54	2754.62	2075.13	889.53	1185.60	679.49
2003	4659.99	3046.50	2290.01	912.18	1377.83	756.49
2004	5664.37	3549.18	2680.61	1038.65	1641.96	868.57
2005	6623.45	4022.83	3092.25	1139.63	1952.62	930.58
2006	7722.32	4605.06	3488.56	1212.84	2275.72	1116.50
2007	9485.99	5270.90	3970.53	1317.86	2652.67	1300.37
2008	11627.61	5982.82	4554.12	1462.38	3091.74	1428.70
2009	13156.27	6637.68	5069.09	1522.26	3546.83	1568.59
2010	16153.25	7596.32	5818.53	1744.48	4074.05	1777.79
2011	19816.55	8978.66	6840.45	2178.78	4661.67	2138.21
2012	22338.33	10072.87	7683.66	2449.90	5233.76	2389.21
2013	24834.65	11208.79	8544.29	2672.83	5871.46	2664.50
2014	27281.77	12942.73	9617.99	3003.17	6614.82	3324.74
2015	29172.17	14456.64	10717.77	3246.04	7471.73	3738.87
2016	31551.37	16122.55	11897.70	3428.32	8469.38	4224.85

2-13 续表 2 continued

单位:亿元 (100 million yuan)

年 份 Year	资本形成总额 Gross Capital Formation	固定资本 Fixed Capital	存货增加 Changes in Inventories	货物和服务净流出 Net Export of Goods&Services	资本形成率(投资率)(%) Rate of Capital Formation (%)	最终消费率(消费率)(%) Rate of Final Consumption(%)
1952	1.63	1.24	0.39	1.31	5.9	89.4
1953	2.69	1.93	0.76	1.30	8.9	86.8
1954	3.10	2.41	0.69	0.80	10.2	87.2
1955	5.36	1.93	3.43	0.63	15.0	83.3
1956	5.09	3.28	1.81	0.61	13.4	85.0
1957	7.99	3.81	4.18	3.03	17.7	75.6
1958	18.84	14.06	4.78	0.03	33.7	66.2
1959	24.54	16.43	8.11	0.25	39.6	60.0
1960	21.39	17.98	3.41	4.72	33.4	59.2
1961	3.69	4.62	-0.93	1.57	7.9	88.7
1962	0.89	2.73	-1.84	5.02	1.7	88.5
1963	6.83	3.91	2.92	0.33	14.2	85.1
1964	11.39	8.46	2.93	2.36	19.9	76.0
1965	12.69	9.39	3.30	5.34	19.4	72.4
1966	16.31	11.20	5.11	4.81	22.4	71.0
1967	13.93	9.41	4.52	4.77	18.9	74.6
1968	12.69	7.52	5.17	7.68	16.8	73.1
1969	16.78	10.81	5.97	8.58	20.6	68.8
1970	27.05	18.54	8.51	7.96	29.1	62.4
1971	33.51	22.12	11.39	3.40	33.8	62.8
1972	28.60	18.23	10.37	11.01	26.7	63.0
1973	28.24	19.00	9.24	16.26	24.4	61.6
1974	24.50	19.32	5.18	9.17	22.6	68.9
1975	26.36	21.31	5.05	15.17	22.3	64.9
1976	24.80	19.33	5.47	15.32	20.9	66.2
1977	28.00	17.83	10.17	15.01	21.7	66.7

2-13 续表 3 continued

单位:亿元 (100 million yuan)

年 份 Year	资本形成总额 Gross Capital Formation	固定资本 Fixed Capital	存货增加 Changes in Inventories	货物和服务净流出 Net Export of Goods&Services	资本形成率(投资率)(%) Rate of Capital Formation (%)	最终消费率(消费率)(%) Rate of Final Consumption(%)
1978	42.41	27.68	14.73	3.75	28.9	68.6
1979	41.82	29.81	12.01	17.42	23.5	66.7
1980	40.02	32.76	7.26	14.76	20.9	71.4
1981	41.19	27.95	13.24	12.77	19.6	74.3
1982	50.53	34.07	16.46	7.31	21.7	75.1
1983	56.63	43.89	12.74	5.71	22.0	75.8
1984	59.06	42.15	16.91	10.14	20.6	75.9
1985	92.19	58.14	34.05	-5.35	26.3	75.2
1986	115.02	75.57	39.45	-7.48	28.9	73.0
1987	139.84	91.79	48.05	1.26	29.8	69.9
1988	184.75	114.73	70.02	0.17	31.6	68.3
1989	169.41	83.19	86.22	31.85	26.4	68.6
1990	184.12	122.82	61.30	-4.38	24.7	75.9
1991	224.80	160.49	64.31	-13.43	27.0	74.6
1992	291.04	228.29	62.75	-29.66	29.5	73.5
1993	380.33	330.54	49.79	-21.50	30.6	71.2
1994	462.19	422.61	39.58	-0.72	28.0	72.0
1995	641.80	534.12	107.68	-1.68	30.1	70.0
1996	751.93	678.32	73.61	-1.40	29.6	70.5
1997	858.31	725.73	132.58	15.39	30.1	69.3
1998	919.50	846.37	73.13	16.50	30.4	69.1
1999	963.53	956.10	7.43	-16.39	30.0	70.5
2000	1046.05	1082.00	-35.95	33.67	29.5	69.6
2001	1190.12	1233.17	-43.05	3.39	31.1	68.9
2002	1391.46	1380.89	10.57	5.46	33.5	66.4
2003	1599.06	1613.12	-14.06	14.43	34.3	65.4
2004	2198.85	2003.61	195.24	-83.66	38.8	62.7
2005	2606.71	2550.92	55.79	-6.09	39.4	60.7
2006	3287.68	3196.37	91.31	-170.42	42.6	59.6
2007	4335.00	4245.70	89.30	-119.91	45.7	55.6
2008	5734.06	5650.31	83.75	-89.27	49.3	51.5
2009	6876.99	6770.44	106.55	-358.40	52.3	50.5
2010	8903.26	8691.27	211.99	-346.33	55.1	47.0
2011	11068.06	10641.89	426.17	-230.17	55.9	45.3
2012	12681.47	12183.28	498.19	-416.01	56.8	45.1
2013	14340.39	13912.61	427.78	-714.53	57.7	45.1
2014	15111.29	14630.12	481.17	-772.25	55.4	47.4
2015	15833.03	15362.97	470.06	-1117.50	54.3	49.6
2016	16737.27	16477.36	259.91	-1308.45	53.0	51.1

2-14 最终消费发展速度及指数
Growth Rate and Indices of Final Consumption Expenditure

单位:% (%)

年份 Year	以上年为100 (preceding year=100)					以1952年为100 (1952 =100)				
	最终消费 Final Consumption Expenditures	居民消费 Household Consumption	农村居民 Rural Household	城镇居民 Urban Household	政府消费 Government Consumption	最终消费 Final Consumption Expenditures	居民消费 Household Consumption	农村居民 Rural Household	城镇居民 Urban Household	政府消费 Government Consumption
1978	112.5	112.9	111.0	118.7	107.7	258.5	246.2	211.6	490.9	677.9
1979	112.3	110.8	110.3	112.2	131.4	290.3	272.8	233.4	550.8	890.8
1980	108.9	108.5	109.2	106.5	112.8	316.2	296.0	254.8	586.6	1004.8
1981	111.2	111.3	113.0	106.5	109.9	351.6	329.4	288.0	624.8	1104.3
1982	111.8	111.3	113.4	105.0	116.5	393.0	366.6	326.5	656.0	1286.5
1983	107.5	107.7	108.8	104.2	104.7	422.5	394.8	355.3	683.5	1347.0
1984	108.9	108.8	108.3	110.2	110.6	460.1	429.6	384.8	753.3	1489.8
1985	108.3	108.4	107.6	111.3	106.6	498.3	465.7	414.0	838.4	1588.1
1986	104.5	104.5	101.8	113.3	104.3	520.7	486.6	421.5	949.9	1656.4
1987	102.3	102.1	101.2	104.5	104.5	532.7	496.9	426.5	992.6	1730.9
1988	98.3	98.2	95.6	105.4	99.4	523.7	487.9	407.7	1046.2	1720.5
1989	97.7	96.8	97.0	96.2	107.9	511.6	472.3	395.5	1006.5	1856.5
1990	105.9	105.0	101.7	113.8	114.0	541.8	495.9	402.2	1145.4	2116.4
1991	105.4	105.3	104.1	108.0	106.0	571.1	522.2	418.7	1237.0	2243.4
1992	103.9	103.5	101.4	108.3	105.4	593.3	540.5	424.6	1339.7	2364.5
1993	105.5	104.7	100.7	112.2	108.9	625.9	565.9	427.6	1503.1	2574.9
1994	106.1	106.2	100.6	115.5	105.6	664.1	601.0	430.2	1736.1	2719.1
1995	108.6	109.0	105.4	114.2	107.0	721.2	655.1	453.4	1982.6	2909.4
1996	108.6	108.2	113.2	101.5	109.9	783.2	708.8	513.2	2012.3	3197.4
1997	106.7	105.2	100.8	111.7	113.7	835.7	745.7	517.3	2247.7	3635.4
1998	105.7	105.5	103.8	107.7	106.8	883.3	786.7	537.0	2420.8	3882.6
1999	106.7	106.2	99.5	115.1	108.7	942.5	835.5	534.3	2786.3	4220.4
2000	106.7	105.6	98.9	113.2	110.8	1005.6	882.3	528.4	3154.1	4676.2
2001	107.7	106.1	98.3	112.9	113.6	1083.0	936.1	519.4	3561.0	5312.2
2002	104.7	102.3	100.7	103.6	112.8	1133.9	957.6	523.0	3689.2	5992.2
2003	108.8	108.6	100.5	114.5	109.5	1233.7	1040.0	525.6	4224.1	6561.5
2004	110.2	109.9	103.5	114.1	110.9	1359.5	1143.0	544.0	4819.7	7276.7
2005	110.3	111.3	107.3	113.6	107.3	1499.6	1272.1	583.7	5475.2	7807.9
2006	109.6	109.3	103.5	112.7	110.6	1643.5	1390.4	604.1	6170.5	8635.5
2007	112.3	111.6	104.8	115.3	114.6	1845.7	1551.7	633.1	7114.6	9896.3
2008	110.8	109.3	103.7	112.0	115.6	2045.0	1696.0	656.6	7968.4	11440.2
2009	109.8	109.4	104.0	111.8	111.1	2245.4	1855.4	682.8	8908.6	12710.0
2010	110.9	110.8	105.8	112.8	111.3	2490.2	2055.8	722.4	10048.9	14146.2
2011	110.8	111.2	110.2	111.6	109.5	2759.1	2286.1	796.1	11214.6	15490.1
2012	109.6	109.8	108.6	110.3	109.0	3024.0	2510.1	864.6	12369.7	16884.3
2013	108.7	108.8	106.8	109.7	108.3	3287.1	2731.0	923.4	13569.6	18285.6
2014	109.2	110.2	109.0	110.6	105.8	3589.5	3009.6	1006.5	15008.0	19346.2
2015	109.0	108.6	105.2	109.9	110.4	3912.5	3268.4	1058.8	16493.8	21358.2
2016	108.3	108.7	103.6	110.9	107.3	4237.3	3552.8	1096.9	18291.6	22917.4

2-15 居民消费水平
Household Consumption

年份 Year	按当年价计算 At Current Prices			以上年为100 Preceding Year=100			以1952年为100 1952=100		
	居民消费水平(元) Household Consump-tion Level (yuan)	农村居民 Rural Household	城镇居民 Urban Household	居民消费水平(%) Household Consump-tion Level (%)	农村居民 Rural Household	城镇居民 Urban Household	居民消费水平(%) Household Consump-tion Level (%)	农村居民 Rural Household	城镇居民 Urban Household
1978	183	154	427	111.7	110.0	115.4	153.4	134.7	252.9
1979	211	181	454	109.6	110.0	104.5	168.2	148.2	264.3
1980	239	201	523	107.3	108.8	100.1	180.4	161.2	264.6
1981	268	229	552	109.9	112.0	102.4	198.3	180.6	270.9
1982	295	257	567	109.5	111.8	101.7	217.2	201.9	275.5
1983	326	287	603	106.2	107.4	102.4	230.6	216.8	282.1
1984	360	317	650	107.7	108.0	104.3	248.4	234.2	294.3
1985	430	379	751	107.3	107.6	102.9	266.5	252.0	302.8
1986	469	404	866	103.3	101.1	108.9	275.3	254.7	329.8
1987	521	446	969	100.7	100.0	101.6	277.2	254.7	335.0
1988	623	514	1256	96.4	94.2	101.0	267.2	239.9	338.4
1989	660	534	1372	100.0	103.6	91.8	267.2	248.6	310.6
1990	750	611	1533	103.6	100.0	111.9	276.9	248.6	347.6
1991	816	654	1714	104.0	102.9	105.9	288.0	255.8	368.1
1992	942	726	2106	102.7	101.1	104.9	295.8	258.6	386.1
1993	1134	849	2598	103.9	100.8	106.6	307.3	260.7	411.6
1994	1408	1027	3260	105.0	100.8	109.6	322.7	262.8	451.1
1995	1752	1294	3884	107.8	109.0	103.2	347.9	286.5	465.5
1996	2199	1710	4395	113.0	119.9	100.1	393.1	343.5	466.0
1997	2390	1851	4746	105.6	105.7	104.3	415.1	363.1	486.0
1998	2471	1921	4813	104.3	105.6	100.8	432.9	383.4	489.9
1999	2594	1945	5290	104.0	101.3	107.6	450.2	388.4	527.1
2000	3034	1969	5770	103.2	100.8	105.5	464.6	391.5	556.1
2001	3242	2024	6050	107.7	103.0	106.2	500.4	403.2	590.6
2002	3366	2103	6126	103.9	103.9	101.4	519.9	418.9	598.9
2003	3729	2209	6851	109.0	103.0	110.2	566.7	431.5	660.0
2004	4355	2576	7731	109.7	106.0	108.1	621.7	457.4	713.5
2005	4952	2863	8623	109.7	108.7	106.5	682.0	497.2	759.8
2006	5508	3081	9491	107.8	104.7	106.4	735.2	520.6	808.5
2007	6254	3436	10557	111.4	107.6	110.0	819.0	560.1	889.3
2008	7152	3913	11756	109.0	106.4	107.0	892.7	596.0	951.6
2009	7929	4154	13000	108.9	106.1	107.7	972.1	632.3	1024.8
2010	8968	4738	14518	109.1	105.3	109.7	1060.6	665.8	1124.2
2011	10391	5932	16021	109.6	110.5	107.6	1162.4	735.7	1209.7
2012	11612	6841	17240	109.2	111.4	105.7	1269.4	819.6	1278.6
2013	12820	7611	18622	108.1	109.0	105.6	1372.2	893.4	1350.2
2014	14325	8706	20263	109.4	111.0	106.8	1501.2	991.6	1442.1
2015	15854	9620	22067	107.8	107.6	105.9	1618.2	1067.0	1527.1
2016	17490	10461	24025	108.0	106.7	106.5	1747.7	1138.5	1626.4

2-16 支出法地区生产总值构成
Composition of Gross Domestic Product by Expenditure Approach

单位:% (%)

年份 Year	以地区生产总值为100 GDP=100			以最终消费为100 Final Consumption Expenditure=100		以居民消费为100 Household Consumption=100	
	最终消费 Final Consumption Expenditures	资本形成总额 Gross Capital Formation	货物和服务净流出 Net Export of Good and Services	居民消费 Household Consumption Expenditures	政府消费 Government Consumption Expenditures	农村居民 Rural Household	城镇居民 Urban Household
1978	68.6	28.9	2.5	93.2	6.8	75.4	24.6
1979	66.7	23.5	9.8	92.3	7.7	76.0	24.0
1980	71.4	20.9	7.7	91.6	8.4	74.3	25.7
1981	74.3	19.6	6.1	91.7	8.3	75.2	24.8
1982	75.1	21.7	3.2	91.3	8.7	76.5	23.5
1983	75.8	22.0	2.2	91.5	8.5	77.2	22.8
1984	75.9	20.6	3.5	91.4	8.6	76.8	23.2
1985	75.2	26.3	-1.5	91.5	8.5	76.0	24.0
1986	73.0	28.9	-1.9	91.5	8.5	73.9	26.1
1987	69.9	29.8	0.3	91.0	9.0	73.3	26.7
1988	68.3	31.6	0.1	91.3	8.7	70.3	29.7
1989	68.6	26.4	5.0	89.5	10.5	68.8	31.2
1990	75.9	24.7	-0.6	80.6	19.4	69.0	31.0
1991	74.6	27.0	-1.6	80.5	19.5	67.9	32.1
1992	73.5	29.5	-3.0	80.3	19.7	65.1	34.9
1993	71.2	30.6	-1.8	80.1	19.9	61.2	38.8
1994	72.0	28.0		81.1	18.9	58.7	41.3
1995	70.0	30.1	-0.1	81.4	18.6	56.7	43.3
1996	70.5	29.6	-0.1	81.7	18.3	58.8	41.2
1997	69.3	30.1	0.6	80.3	19.7	56.0	44.0
1998	69.1	30.4	0.5	79.5	20.5	54.5	45.5
1999	70.5	30.0	-0.5	78.9	21.1	50.4	49.6
2000	69.6	29.5	0.9	78.0	22.0	46.7	53.3
2001	68.9	31.1		76.9	23.1	43.5	56.5
2002	66.4	33.5	0.1	75.3	24.7	42.9	57.1
2003	65.4	34.3	0.3	75.2	24.8	39.8	60.2
2004	62.7	38.8	-1.5	75.5	24.5	38.7	61.3
2005	60.7	39.4	-0.1	76.9	23.1	36.9	63.1
2006	59.6	42.6	-2.2	75.8	24.2	34.8	65.2
2007	55.6	45.7	-1.3	75.3	24.7	33.2	66.8
2008	51.5	49.3	-0.8	76.1	23.9	32.1	67.9
2009	50.5	52.3	-2.8	76.4	23.6	30.0	70.0
2010	47.0	55.1	-2.1	76.6	23.4	30.0	70.0
2011	45.3	55.9	-1.2	76.2	23.8	31.9	68.1
2012	45.1	56.8	-1.9	76.3	23.7	31.9	68.1
2013	45.1	57.7	-2.8	76.2	23.8	31.3	68.7
2014	47.4	55.4	-2.8	74.3	25.7	31.2	68.8
2015	49.6	54.3	-3.9	74.1	25.9	30.3	69.7
2016	51.1	53.0	-4.1	73.8	26.2	28.8	71.2

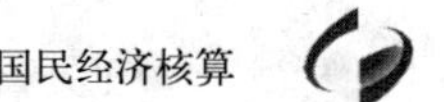

2-17 资本形成总额发展速度及指数
Growth Rate and Indices of Gross Capital Formation

单位:% (%)

年份 Year	以上年为100 (Preceding year=100) 资本形成总额 Gross Capital Formation	固定资本 Fixed Capital	存货增加 Changes in Inventories	以1952年为100 (1952=100) 资本形成总额 Gross Capital Formation	固定资本 Fixed Capital	存货增加 Changes in Inventories
1952				100.0	100.0	100.0
1955	172.8	84.5	514.0	322.3	170.1	860.5
1960	86.5	106.0	40.0	1351.5	1610.6	762.6
1965	119.4	120.8	114.1	752.8	825.8	631.5
1970	169.6	177.2	149.1	1705.4	1783.3	1751.5
1975	113.5	115.8	99.6	1761.3	2102.2	1014.7
1978	154.2	156.3	148.0	2708.0	2749.5	2992.9
1979	98.0	106.2	75.9	2653.9	2920.0	2270.6
1980	96.1	105.9	58.4	2550.4	3092.3	1327.0
1981	95.8	84.2	176.5	2443.2	2603.7	2342.7
1982	122.7	122.4	123.7	2997.9	3186.9	2898.9
1983	113.5	125.0	75.4	3402.6	3983.6	2186.4
1984	99.6	93.9	130.4	3389.0	3740.6	2850.1
1985	138.0	125.6	185.8	4676.8	4698.2	5295.1
1986	119.7	123.6	110.1	5598.1	5807.0	5828.1
1987	113.7	113.7	113.3	6365.0	6602.6	6602.0
1988	114.1	109.7	127.4	7262.5	7243.0	8409.8
1989	81.2	68.6	113.3	5897.1	4968.7	9525.7
1990	88.1	90.9	86.0	5195.4	4516.6	8192.1
1991	115.4	121.4	103.4	5995.5	5483.2	8470.6
1992	112.3	122.1	89.1	6732.9	6694.9	7547.3
1993	119.8	123.2	91.7	8066.0	8248.1	6920.9
1994	115.3	112.6	144.9	9300.1	9287.4	10028.4
1995	121.6	114.5	182.9	11308.9	10634.1	18341.9
1996	118.1	124.5	83.8	13355.8	13239.5	15370.5
1997	114.2	105.1	187.4	15252.3	13914.7	28804.3
1998	104.1	113.9	60.1	15877.6	15848.8	17311.4
1999	102.0	112.7	11.2	16195.2	17861.6	1938.9
2000	104.3	110.9		16891.6	19808.5	
2001	112.9	113.1		19070.6	22403.4	
2002	116.6	111.6		22236.3	25002.2	
2003	111.7	113.6		24837.9	28402.5	
2004	125.0	116.2		31047.4	33003.7	
2005	116.7	122.0	37.2	36232.3	40264.5	
2006	118.0	117.2	155.0	42754.1	47190.0	
2007	120.9	121.5	100.4	51689.7	57335.9	
2008	118.9	120.0	75.0	61459.1	68803.0	
2009	119.9	119.9	116.6	73689.4	82494.9	
2010	119.2	118.5	166.6	87837.8	97756.4	
2011	114.6	114.0	141.0	100662.1	111442.3	
2012	112.8	112.8	112.8	113546.8	125706.9	
2013	111.2	111.8	92.4	126264.1	140540.3	
2014	110.0	109.9	111.2	138890.5	154453.8	
2015	108.4	108.6	99.7	150557.3	167736.8	
2016	107.4	108.9	56.4	161698.5	182665.4	

2-18 三次产业对地区生产总值增长的贡献率和拉动
Contribution Share and Contribution of the Three Strata of Industry to the Growth of GDP

本表按不变价格计算 Data in this table are calculated at constant prices

年份 Year	贡献率(%) Contribution Share (%)				拉动(百分点) Contribution (percentage points)				
	第一产业 Primary Industry	第二产业 Secondary Industry	第三产业 Tertiary Industry	#工业 Industry	地区生产总值 Gross Regional Product	第一产业 Primary Industry	第二产业 Secondary Industry	第三产业 Tertiary Industry	#工业 Industry
1990	26.3	48.8	24.9	43.5	4.0	1.1	1.9	1.0	1.7
1991	27.5	35.6	36.9	25.2	7.9	2.2	2.8	2.9	2.0
1992	20.6	34.9	44.5	69.2	11.1	2.3	3.9	4.9	7.7
1993	12.8	49.2	37.9	47.4	12.4	1.6	6.1	4.7	5.9
1994	17.4	51.1	31.5	46.8	10.6	1.9	5.4	3.3	5.0
1995	20.6	48.1	31.3	42.6	10.3	2.1	5.0	3.2	4.4
1996	16.2	51.1	32.7	47.0	12.1	2.0	6.2	3.9	5.7
1997	17.2	49.1	33.6	47.4	10.6	1.8	5.2	3.6	5.0
1998	3.2	54.6	42.2	48.2	8.5	0.3	4.6	3.6	4.1
1999	10.6	45.9	43.6	40.2	8.4	0.9	3.8	3.7	3.4
2000	11.1	49.2	39.8	43.8	9.0	1.0	4.4	3.6	3.9
2001	9.8	41.4	48.8	33.8	9.0	0.9	3.7	4.4	3.0
2002	6.1	44.7	49.2	38.2	9.0	0.6	4.0	4.4	3.4
2003	1.7	52.1	46.2	44.8	9.6	0.2	5.0	4.4	4.3
2004	9.9	50.9	39.2	42.5	12.1	1.2	6.2	4.7	5.1
2005	7.3	41.9	50.8	37.4	12.2	0.9	5.1	6.2	4.6
2006	6.2	53.0	40.8	47.6	12.8	0.8	6.8	5.2	6.1
2007	4.0	51.1	44.9	46.0	15.1	0.6	7.7	6.8	6.9
2008	5.2	46.8	48.0	42.3	14.1	0.7	6.6	6.8	6.0
2009	4.7	59.0	36.3	49.9	13.9	0.7	8.2	5.0	6.9
2010	3.5	62.1	34.4	56.1	14.6	0.5	9.1	5.0	8.2
2011	4.8	61.2	34.0	56.4	12.8	0.6	7.8	4.4	7.2
2012	3.5	54.6	41.9	50.2	11.4	0.4	6.2	4.8	5.7
2013	3.2	52.5	44.3	47.0	10.1	0.3	5.3	4.5	4.7
2014	5.3	48.2	46.5	42.0	9.5	0.5	4.6	4.4	4.0
2015	4.5	42.2	53.3	37.1	8.5	0.4	3.6	4.5	3.2
2016	4.8	36.7	58.5	31.3	8.0	0.4	2.9	4.7	2.5

2-19 三大需求对地区生产总值增长的贡献率和拉动
Contribution Share and Contribution of the Three Components of GDP to the Growth of GDP

本表按不变价格计算 Data in this table are calculated at constant prices

年份 Year	最终消费支出 Final Consumption Expenditure		资本形成总额 Gross Capital Formation		货物和服务净流出 Net Exports of Goods and Services	
	贡献率 (%) Contribution Share (%)	拉动 (百分点) Contribution (percentage points)	贡献率 (%) Contribution Share (%)	拉动 (百分点) Contribution (percentage points)	贡献率 (%) Contribution Share (%)	拉动 (百分点) Contribution (percentage points)
2000	68.7	6.2	23.1	2.1	8.2	0.7
2001	56.3	5.0	43.1	3.9	0.6	0.1
2002	53.2	4.8	46.3	4.2	0.5	0.0
2003	47.0	4.5	52.8	5.1	0.2	0.0
2004	41.7	5.1	59.8	7.2	-1.5	-0.2
2005	53.7	6.6	50.9	6.2	-4.6	-0.6
2006	45.6	5.8	55.4	7.1	-1.0	-0.1
2007	48.3	7.3	57.0	8.6	-5.3	-0.8
2008	44.2	6.2	58.2	8.2	-2.4	-0.3
2009	39.5	5.5	64.6	9.0	-4.1	-0.6
2010	40.1	5.9	62.2	9.1	-2.3	-0.4
2011	39.7	5.1	63.1	8.1	-2.8	-0.4
2012	39.1	4.5	63.3	7.2	-2.4	-0.3
2013	39.3	4.0	63.3	6.4	-2.6	-0.3
2014	43.3	4.1	60.2	5.7	-3.6	-0.3
2015	47.0	4.0	56.7	4.8	-3.7	-0.3
2016	51.9	4.2	50.2	4.0	-2.1	-0.2

主要统计指标解释

国内生产总值（GDP） 指一个国家（或地区）所有常住单位在一定时期内生产活动的最终成果。国内生产总值有三种表现形态，即价值形态、收入形态和产品形态。从价值形态看，它是所有常住单位在一定时期内生产的全部货物和服务价值超过同期中间投入的全部非固定资产货物和服务价值的差额，即所有常住单位的增加值之和；从收入形态看，它是所有常住单位在一定时期内创造并分配给常住单位和非常住单位的初次收入分配之和；从产品形态看，它是所有常住单位在一定时期内最终使用的货物和服务价值与货物和服务净出口价值之和。在实际核算中，国内生产总值有三种计算方法，即生产法、收入法和支出法。三种方法分别从不同的方面反映国内生产总值及其构成。

三次产业 三产业的划分是世界上较为常用的产业结构分类，但各国的划分不尽一致。根据《国民经济行业分类》（GB/T 4754—2011），我国的三次产业划分是：

第一产业是指农、林、牧、渔业（不含农、林、牧、渔服务业）。

第二产业是指采矿业（不含开采辅助活动），制造业（不含金属制品、机械和设备修理业），电力、热力、燃气及水生产和供应业，建筑业。

第三产业即服务业，是指除第一产业、第二产业以外的其他行业。

劳动者报酬 指劳动者从事生产活动应获得的全部报酬，既包括货币形式的报酬，也包括实物形式的报酬。主要包括工资、奖金、津贴和补贴，单位为其员工交纳的社会保险费、补充社会保险费和住房公积金、行政事业单位职工的离退休金、单位为其员工提供的其他各种形式的福利和报酬等。

生产税净额 指生产税减生产补贴后的差额。其中，生产税指政府对生产单位从事生产、销售和经营活动，以及因从事生产活动使用某些生产要素（如固定资产和土地等）所征收的各种税收、附加费和其他规费。生产税分为产品税和其他生产税，产品税主要有：增值税、消费税、进口关税、出口税等；其他生产税主要有：房产税、车船使用税、城镇土地使用税等。生产补贴则相反，它是政府为影响生产单位的生产、销售及定价等生产活动而对其提供的无偿支付，包括农业生产补贴、政策亏损补贴、进口补贴等。生产补贴作为负生产税处理。

固定资产折旧 指由于自然退化、正常淘汰或损耗而导致的固定资产价值下降，用以代表固定资产通过生产过程被转移到其产出中的价值。原则上，固定资产折旧应按照固定资产的重置价值计算。

营业盈余 是指常住单位创造的增加值扣除劳动者报酬、生产税净额和固定资产折旧后的余额。它相当于企业的营业利润加上生产补贴，但要扣除从利润中开支的工资和福利等。

支出法国内生产总值 是从最终使用的角度反映一个国家(或地区)一定时期内生产活动最终成果的一种方法，包括最终消费支出、资本形成总额及货物和服务净出口三部分。计算公式为：

支出法国内生产总值=最终消费支出+资本形成总额+货物和服务净出口

最终消费支出 指常住单位为满足物质、文化和精神生活的需要，从本国经济领土和国外购买的货物和服务的支出。它不包括非常住单位在本国经济领土内的消费支出。最终消费支出分为居民消费支出和政府消费支出。

居民消费支出 指常住住户在一定时期内对于货物和服务的全部最终消费支出。居民消费支出除了直接以货币形式购买的货物和服务的消费支出外，还包括以其他方式获得的货物和服务的消费支出，即所谓的虚拟消费支出。居民虚拟消费支出包括如下几种类型：单位以实物报酬及实物转移的形式提供给劳动者的货物和服务；住户生产并由本住户消费了的货物和服务，其中的服务仅指住户的自有住房服务和付酬的家庭雇员提供的家庭和个人服务；金融机构提供的金融媒介服务。

政府消费支出 指政府部门为全社会提供的公共服务的消费支出和免费或以较低的价格向居民住户提供的货物和服务的净支出，前者等于政府服务的产出价值减去政府单位所获得的经营收入的价值，后者等于政府部门免费或以较低价格向居民住户提供的货物和服务的市场价值减去向住户收取的价值。

资本形成总额 指常住单位在一定时期内获得减去处置的固定资产和存货的净额，包括固定资本形成总额和存货增加两部分。

固定资本形成总额 指常住单位在一定时期内获得的固定资产减处置的固定资产的价值总额。固定资产是通过生产活动生产出来的，且其使用年限在一年以上、单位价值在规定标准以上的资产，不包括自然资产、耐用消费品、小型工器具。固定资本形成总额包括住宅、其他建筑和构筑物、机器和设备、培育性生物资源、知识产权产品（研发支出、矿藏的勘探、计算机软件）的价值获得减处置。

存货变动 指常住单位在一定时期内存货实物量变动的市场价值，即期末价值减期初价值的差额，再扣除当期由于价格变动而产生的持有收益。存货变动可以是正值，也可以是负值，正值表示存货上升，负值表示存货下降。存货包括生产单位购进的原材料、燃料和储备物资等存货，以及生产单位生产的产成品、在制品和半成品等存货。

货物和服务净流出 指货物和服务流出减货物和服务

流入的差额。流出包括常驻单位向非常住单位出售或无偿转让的各种货物和服务的价值。流入包括常住单位从非常住单位购买或无偿得到的各种货物和服务价值。地区核算净流出，除包括本地区对外贸易及国外非贸易往来的净出口额，还包括地区间货物和服务流出减流入的净额。

当年价格　指报告期的实际价格，如工业品的出厂价格，农产品的收购价格，商业的零售价格等。按当年价格计算，是指一些以货币表现的物量指标，如工农业总产值、国内生产总值等，按照当年的实际价格来计算总量。使用当年价格计算的数字，是为了使国民经济各项指标互相衔接，便于考察当年社会经济效益，便于对生产流通、生产和分配、生产和消费进行经济核算和综合平衡。

按当年价格计算的价值指标，在不同年份之间进行对比时，因为包含有各年间价格变动的因素，不能确切地反映实物量的增减变动。必须消除价格变动因素后，才能真实反映经济发展动态。因此，在计算增长速度时都使用按可比价格计算的数字。

可比价格　指计算各种总量指标所采用的扣除了价格变动因素的价格，可进行不同时期总量指标的对比。按可比价格计算总量指标有两种方法：一种是直接用产品产量乘某一年的不变价格计算；另一种是用价格指数进行换算。

Explanatory Notes on Main Statistical Indicators

Gross Domestic Product (GDP) refers to the final products produced by all resident units in a country during a certain period of time. Gross domestic product is expressed in three different perspectives, namely value, income, and products respectively. GDP in its value perspective refers to the balance of total value of all goods and services produced by all resident units during a certain period of time, minus the total value of input of goods and services of the nature of non-fixed assets; in other words, it is the sum of the value-added of all resident units. GDP from the perspective of income refers to the sum of all kinds of revenue, including Compensation of Employees, Net Taxes on Production, Depreciation of Fixed Assets, and Operating Surplus. GDP from the perspective of products refers to the value of all goods and services for final demand by all resident units plus the net exports of goods and services during a given period of time. In the practice of national accounting, gross domestic product is calculated from three approaches, namely production approach, income approach and expenditure approach, which reflect gross domestic product and its composition from different angles.

Three Strata of Industry Classification of economic activities into three strata of industry is a common practice in the world, although the grouping varies to some extent from country to country. In China, according to Industrial classify-cation for National Economic Activities (GB/T 4754- 2011), economic activities are categorized into the following three strata of industry:

Primary industry refers to agriculture, forestry, animal husbandry and fishery industries (not including services in support of agriculture, forestry, animal husbandry and fishery industries).

Secondary industry refers to mining and quarrying (not including support activities for mining), manufacturing (not including repair service of metal products, machinery and equipment), production and supply of electricity, heat, gas and water, and construction.

Tertiary industry refers to all other economic activities not included in the primary or secondary industries.

Compensation of Employees refers to the total payment of various forms to employees for the productive activities they are engaged in. It includes the employees earn in cash or in kind. It mainly include: wages, bonuses and allo-wances, subsidies, social insurance paid by company or unit for its staff, supplementary social insurance, housing fund, the pension for the employees of the administrative institution, other forms of welfare and remuneration provide by the units for its employees.

Net Taxes on Production refers to taxes on production less subsidies on production. The taxes on production refers to the various taxes, extra charges and fees levied on the produc-tion units on their production, sale and business activities as well as on the use of some factors of production, such as fixed assets, land etc. in the production activities they are engaged in. Taxes on production are divided into product tax and other kinds of taxes on production, product tax mainly includes: value-added tax, consumption tax, import duty, export duty; other taxes on production mainly include: House Property Tax, Tax on Vehicles and Boat Operation, Urban Land Use Tax, etc. In contrast to taxes on production, subsidies on production refer to the payment by the government for free to the production units to influence production activities of production units such as production, sales and pricing, which include agricultural production subsidies, subsidies for policy losses, import subsidies, etc. Subsidies on production are therefore regarded as negative taxes on production.

Depreciation of Fixed Assets refers to the decline of the value of fixed assets due to natural deterioration, normal elimination or loss, it reflects the value of transfer of the fixed assets in the production of the current period. In principle, the depreciation of fixed assets should be calculated on the basis of the re-purchased value of the fixed assets.

Operating Surplus refers to the balance of the value added created by the resident units deducting the laborers' remuneration, net taxes on production and the depreciation of fixed assets. It is equivalent to the business profit of the enterprises plus subsidies on production, but the wages and welfare expenses paid from the profits should be deducted.

GDP by Expenditure Approach refers to the method of measuring the final results of production activities of a country (region) during a given period from the perspective of final uses. It includes final consumption expenditure, gross capital formation and net export of goods and services. The formula for computation is.:

GDP by expenditure approach = final consumption expenditure + gross capital formation + net export of goods and services

Final Consumption Expenditure refers to the total expenditure of resident units for purchases of goods and services from both the domestic economic territory and abroad to meet the needs of material, cultural and spiritual life. It does not include the expenditure of non-resident units on consumption in the economic territory of the country. The final consumption expenditure is broken down into household consumption expenditure and government consumption expenditure.

Household Consumption Expenditure refers to the total expenditure of resident households on the final consumption of goods and services. In addition to the consumption of goods and services bought by the households directly with money, the household consumption expenditure also includes expenditure on goods and services obtained by the households in other ways, i.e. the so-called imputed consumption expenditure, which includes the following: (a) the goods and services provided to households by employers in the form of payment in kind and transfer in kind; (b) goods and services produced and consumed by the households themselves, in which the services refer to the owner-occupied housing and services offered by paid family employees; (c) financial intermediate services provided by financial institution.

Government Consumption Expenditure refers to the consumption expenditure spent for the provision of public services provided by the government to the whole country and the net expenditure on the goods and services provided by the government to households free of charge or at reduced prices. The former equals to the output value of the government services minus the value of operating income obtained by the government departments. The latter equals to the market value of the goods and services provided by the government free of charge or at reduced prices to the households minus the value received by the government from the households.

Gross Capital Formation refers to the fixed assets acquired less disposals and the net value of inventory, thus including gross fixed capital formation and changes in inventories.

Gross Fixed Capital Formation refers to the value of acquisitions less those disposals of fixed assets during a given period. Fixed assets are the assets produced through production activities with unit value above a specified amount and which could be used for over one year. Natural assets, consumer durables, small instruments are not included. Gross Fixed Capital Formation includes the value of housing, other buildings and structure, equipment and machinery, breeding biological resources, intellectual property right product (expenditure for R&D, the prospecting of minerals and the acquisition of computer software) minus the disposal of them.

Changes in Inventories refers to the market value of the change in the physical volume of inventory of resident units during a given period, i.e. the difference between the values at the beginning and at the end of the period minus the gains due to the change in prices. The changes in inventories can have a positive or a negative value. A positive value indicates an increase in inventory while a negative value indicates a decrease in inventory. The inventory includes raw materials, fuels and reserve materials purchased by the production units as well as the inventory of finished products, semi-finished products and work-in-progress.

Net exports of goods and services is the value of exports minus the value of imports. Exports consists of the nonresident units' various goods and services sold or transferred without compensation from the resident units. Imports consists of resident units' various goods and services bought or got without compensation from he nonresident units. Area accounting net exports, comes from including local foreign trade and foreign nontrade, also comes from net exports between regions .

Current Price refers to the actual price during the reporting period, such as Ex-factory Price of Industrial Products, purchasing price of agricultural produces and retail price. Some indicators calculated at current price are volume indicators in the value form, such as total value of output of industrial and agricultural industries and GDP, etc. Data calculated at current price are useful when it comes to evaluating the economic development and analyzing different aspects of economy, such as production, circulation, distribution and consumption.

When the different indicators calculated at current price are compared, it is in evitable that price changes will affect the comparison. Therefore, the change in volume cannot be showed. In order to eliminate the effect of price and reflect economic development, growth rate is calculated at current price.

Constant Price refers to the price without the effect of price change. By using constant price, total amount indices of different periods can be compared. There are two methods in which total amount indices are obtained, one using current price of some year to multiply the physical volume of certain products and the other using price index.

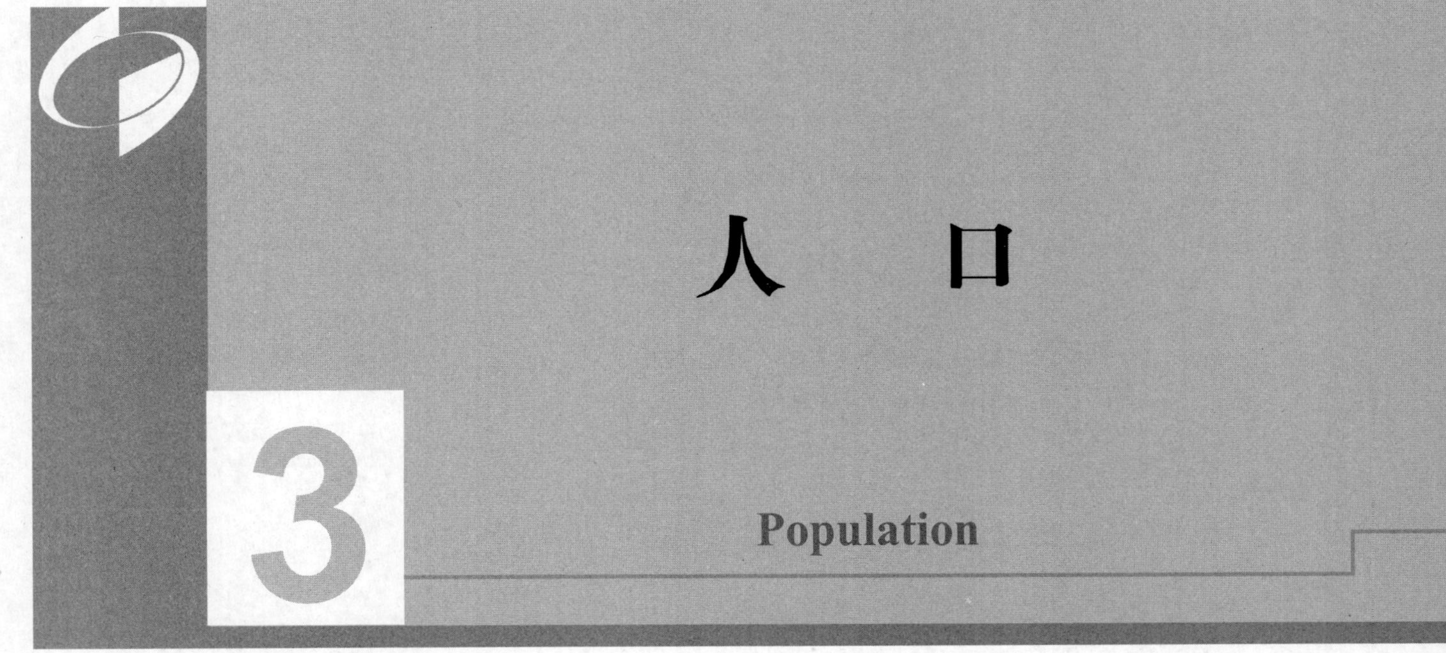

3 人　口

Population

资料整理人员：赵　宏

3-1 户籍人口数
Household population

年份 Year	总户数(万户) Households (10 000 households)	总人口(万人) Total Population (10 000 persons)	男 Male	女 Female	市镇 Urban	乡村 Rural
1949	689.40	2986.83	1558.45	1428.38	235.95	2750.88
1950	683.75	3074.34	1601.97	1472.37	245.79	2828.55
1951	743.32	3190.67	1664.24	1526.43	255.57	2935.10
1952	830.46	3271.20	1707.79	1563.41	259.08	3012.12
1953	836.11	3349.70	1751.22	1598.48	260.55	3089.15
1954	844.34	3429.02	1807.89	1621.13	277.21	3151.81
1955	855.56	3472.83	1831.58	1641.25	327.94	3144.89
1956	870.53	3507.43	1836.26	1671.17	329.02	3178.41
1957	883.15	3603.24	1887.55	1715.69	314.67	3288.57
1958	881.54	3672.72	1919.61	1753.11	352.78	3319.94
1959	874.96	3691.95	1933.47	1758.48	494.52	3197.43
1960	891.98	3569.37	1857.07	1712.30	404.63	3164.74
1961	932.08	3507.98	1819.55	1688.43	477.73	3030.25
1962	928.07	3600.26	1870.89	1729.37	384.66	3215.60
1963	920.52	3715.20	1926.81	1788.39	375.34	3339.86
1964	920.20	3785.13	1965.75	1819.38	429.54	3355.59
1965	934.09	3901.47	2022.78	1878.69	405.64	3495.83
1966	939.30	4009.65	2079.48	1930.17	411.87	3597.78
1967	953.11	4122.56	2138.25	1984.31	429.40	3693.16
1968	967.12	4238.65	2198.68	2039.97	446.93	3791.72
1969	981.34	4358.01	2260.82	2097.19	464.46	3893.55
1970	995.77	4480.76	2324.73	2156.03	481.97	3998.79
1971	1044.49	4598.27	2384.91	2213.36	470.86	4127.41
1972	1055.62	4700.56	2438.55	2262.01	489.75	4210.81
1973	1069.65	4809.79	2497.79	2312.00	506.49	4303.30
1974	1082.86	4900.86	2545.64	2355.22	522.34	4378.52
1975	1102.82	4991.36	2594.18	2397.18	531.82	4459.54

注:1995年以前的人口数均为年报数；2000年和2010年的人口数根据人口普查有关数据推算，其余各年人口数均根据人口变动抽样调查资料推算。2015年起，为公安户籍统计数据。

The data on the total population are collected from the year-reports before 1995. The data on the total population in 2000 and 2010 are collected from population surveys. The data of other years are estimated on the basis of the data collected from the sample surveys on population changes. Since 2015, data of population at the year-end were provied by Public Security Bureau.

3-1 续表 continued

年份 Year	总户数(万户) Households (10 000 households)	总人口(万人) Total Population (10 000 persons)	男 Male	女 Female	市镇 Urban	乡村 Rural
1976	1125.37	5056.81	2629.85	2426.96	544.71	4512.10
1977	1149.83	5111.83	2657.88	2453.95	561.21	4550.62
1978	1167.53	5165.91	2684.80	2481.11	593.86	4572.05
1979	1184.84	5223.05	2712.32	2510.73	639.60	4583.45
1980	1197.88	5280.95	2740.40	2540.55	671.05	4609.90
1981	1228.84	5360.05	2783.12	2576.93	694.72	4665.33
1982	1251.33	5452.12	2831.03	2621.09	774.75	4677.37
1983	1273.06	5509.43	2864.09	2645.34	794.46	4714.97
1984	1299.34	5561.32	2893.92	2667.40	857.56	4703.76
1985	1334.54	5622.49	2928.44	2694.05	915.90	4706.59
1986	1407.45	5695.73	2966.85	2728.88	963.15	4732.58
1987	1485.85	5782.61	3012.59	2770.02	1003.28	4779.33
1988	1562.45	5915.68	3079.65	2836.03	1044.12	4871.56
1989	1623.00	6013.62	3130.76	2882.86	1049.25	4964.37
1990	1661.65	6110.89	3178.31	2932.58	1072.46	5038.43
1991	1697.69	6166.33	3208.42	2957.91	1147.86	5018.47
1992	1725.72	6207.78	3231.73	2976.05	1217.74	4990.04
1993	1745.47	6245.58	3249.20	2996.38	1205.95	5039.63
1994	1765.67	6302.58	3279.07	3023.51	1356.56	4946.02
1995	1796.19	6392.00	3322.27	3069.73	1550.99	4841.01
1996	1799.97	6428.00	3339.25	3088.75	1606.95	4821.05
1997	1798.83	6465.00	3356.43	3108.57	1629.00	4836.00
1998	1809.00	6502.00	3374.33	3127.67	1684.00	4818.00
1999	1814.64	6532.00	3389.32	3142.68	1724.00	4808.00
2000	1874.87	6562.05	3422.77	3139.28	1952.21	4609.84
2001	1884.47	6595.85	3409.72	3186.13	2031.52	4564.33
2002	1899.30	6628.50	3433.56	3194.94	2121.12	4507.38
2003	1929.59	6662.80	3453.33	3209.47	2232.04	4430.76
2004	1991.34	6697.70	3470.75	3226.95	2377.68	4320.02
2005	2031.01	6732.10	3490.59	3241.51	2490.88	4241.22
2006	2048.17	6768.10	3513.35	3254.75	2619.93	4148.17
2007	2085.91	6805.70	3533.87	3271.83	2752.91	4052.79
2008	2113.88	6845.20	3549.30	3295.90	2885.25	3959.95
2009	2126.05	6900.20	3583.24	3316.96	2980.89	3919.31
2010	2152.90	7089.53	3674.49	3415.04	3069.77	4019.76
2011	2186.60	7135.60	3699.10	3436.50	3218.16	3917.44
2012	2224.69	7179.87	3725.63	3454.24	3349.41	3830.46
2013	2286.57	7147.28	3712.32	3434.96	3427.84	3719.44
2014	2313.58	7202.29	3740.97	3461.32	3549.29	3653.00
2015	2330.12	7242.02	3761.09	3480.93	2037.29	5204.73
2016	2353.70	7318.81	3797.57	3521.24	2187.82	5130.99

3-2 人口出生率、死亡率、自然增长率

Birth Rate, Death Rate and Natural Growth Rate of Population

年份 Year	出生率 (‰) Birth Rate (‰)	死亡率 (‰) Death Rate (‰)	自然增长率 (‰) Natural Growth Rate (‰)	出生人口数 (万人) Population of Birth (10000 persons)	死亡人口数 (万人) Population of Death (10000 persons)	自然增长人数 (万人) Population of Natural Growth (10000 persons)
1950	37.00	20.00	17.00	112.13	60.61	51.52
1951	37.00	19.00	18.00	115.90	59.52	56.39
1952	37.00	19.00	18.00	119.54	61.39	58.16
1953	36.00	17.00	19.00	119.18	56.28	62.90
1954	37.85	17.54	20.31	128.29	59.45	68.84
1955	31.10	16.36	14.74	107.32	56.46	50.87
1956	29.59	11.51	18.08	103.27	40.17	63.10
1957	33.47	10.41	23.06	119.00	37.01	81.99
1958	29.96	11.65	18.32	108.99	42.38	66.61
1959	24.00	12.99	11.00	88.38	47.83	40.54
1960	19.49	29.42	-9.93	70.76	106.81	-36.05
1961	12.51	17.48	-4.97	44.27	61.86	-17.59
1962	41.40	10.23	31.16	147.14	36.36	110.78
1963	47.29	10.26	37.03	172.97	37.53	135.45
1964	42.20	12.88	29.31	158.26	48.30	109.95
1965	42.25	11.19	31.06	162.38	43.01	119.37
1966	37.23	10.15	27.08	147.27	40.15	107.12
1967	35.61	9.89	25.72	144.79	40.21	104.58
1968	33.99	9.63	24.36	142.10	40.26	101.84
1969	32.37	9.37	23.00	139.14	40.28	98.86
1970	30.75	9.11	21.64	135.90	40.26	95.64
1971	29.13	8.86	20.26	132.24	40.22	92.02
1972	29.93	9.01	20.91	139.16	41.89	97.27
1973	29.21	8.05	21.15	138.90	38.28	100.62
1974	27.11	8.67	18.44	131.63	42.10	89.53
1975	25.04	8.34	16.70	123.85	41.25	82.60
1976	20.07	7.70	12.36	100.83	38.69	62.15
1977	18.61	7.79	10.82	94.62	39.61	55.01
1978	17.40	7.01	10.39	89.42	36.02	53.39
1979	17.84	7.12	10.72	92.67	36.98	55.68
1980	17.68	6.88	10.80	92.86	36.13	56.72

3-2 续表 continued

年 份 Year	出生率 (‰) Birth Rate (‰)	死亡率 (‰) Death Rate (‰)	自然增长率 (‰) Natural Growth Rate (‰)	出生人口数 (万人) Population of Birth (10000 persons)	死亡人口数 (万人) Population of Death (10000 persons)	自然增长人数 (万人) Population of Natural Growth (10000 persons)
1981	21.11	7.03	14.08	112.32	37.40	74.91
1982	21.98	6.77	15.21	118.83	36.60	82.23
1983	16.48	6.79	9.69	90.32	37.21	53.11
1984	16.66	7.20	9.46	92.22	39.85	52.36
1985	18.16	6.47	11.69	101.55	36.18	65.37
1986	19.90	6.30	13.60	112.62	35.65	76.96
1987	23.62	7.07	16.55	135.56	40.58	94.98
1988	23.32	6.82	16.50	136.40	39.89	96.51
1989	22.91	7.07	15.84	136.65	42.17	94.48
1990	23.93	7.23	16.70	145.07	43.83	101.24
1991	20.50	7.30	13.20	125.84	44.81	81.03
1992	16.70	7.30	9.40	103.32	45.17	58.16
1993	14.08	7.13	6.95	87.67	44.40	43.28
1994	13.88	7.03	6.85	87.08	44.11	42.98
1995	13.02	7.15	5.87	82.64	45.38	37.26
1996	12.81	7.20	5.61	82.11	46.15	35.96
1997	12.59	6.99	5.60	81.16	45.06	36.10
1998	12.31	7.10	5.21	79.81	46.03	33.78
1999	11.72	7.12	4.60	76.38	46.40	29.98
2000	11.45	6.79	4.66	74.96	44.45	30.51
2001	11.80	6.72	5.08	77.63	44.21	33.42
2002	11.56	6.70	4.86	76.44	44.30	32.14
2003	11.82	6.87	4.95	78.55	45.66	32.90
2004	11.89	6.80	5.09	79.43	45.43	34.00
2005	11.90	6.75	5.15	79.91	45.33	34.58
2006	11.92	6.73	5.19	80.46	45.43	35.03
2007	11.96	6.71	5.25	81.17	45.54	35.63
2008	12.68	7.28	5.40	86.55	49.69	36.86
2009	13.05	6.94	6.11	89.69	47.70	41.99
2010	13.10	6.70	6.40	91.63	46.87	44.77
2011	13.35	6.80	6.55	94.95	48.37	46.59
2012	13.58	7.01	6.57	97.20	50.17	47.03
2013	13.50	6.96	6.54	96.71	49.86	46.85
2014	13.52	6.89	6.63	90.77	46.26	44.51
2015	13.58	6.86	6.72	91.80	46.37	45.43
2016	13.57	7.01	6.56	92.31	47.69	44.62

3-3 第1-4次全国人口普查基本情况
Basic Statistics on National Population of 1st-4th Censuses

单位:万人 (10 000 persons)

指 标	Item	第一次 1953 First	第二次 1964 Second	第三次 1982 Third	第四次 1990 Fourth
总户数 (万户)	**Total Households (10 000 households)**	**836.11**	**916.20**	**1233.88**	**1573.79**
家庭户	Family Households			1227.89	1564.88
集体户	Non-Family Households			5.99	8.91
总人口	**Total Population**	**3322.69**	**3718.23**	**5401.05**	**6065.80**
男性人口	Male	1752.64	1931.70	2805.23	3149.76
女性人口	Female	1570.05	1786.53	2595.82	2916.04
#育龄妇女(15—49岁)	#Women at Childbearing Age(Age 15-49)	750.73	819.43	1301.08	1607.99
各年龄组人口	**Population by Age**				
0—6岁	Age 0-6	669.02	706.05	701.81	869.47
7—14岁	Age 7-14	519.19	768.91	1131.16	826.93
劳动年龄人口	Population within Working Age	1720.75	1878.68	2936.91	3618.26
男60、女55岁以上人口	Males Age 60 and Females Age 55 and Over	319.57	285.00	503.39	628.16
民族人口	**Population by Nationality**				
汉族	Han Nationality	3254.67	3589.80	5180.92	5583.42
少数民族	Minority Nationalities	68.02	128.43	220.13	482.38
15岁以上婚姻人口	**Marital Status of Population Aged 15 and Over**				
未婚	Unmarried			1009.86	1099.89
有配偶	Married			2271.76	2963.86
丧偶	Widowed			262.16	278.87
离婚	Divorced			24.31	26.77
6岁以上文化程度人口	**Population Aged 6 and Over by Educational Level**				
大学本科	University		9.77	24.56	20.72
大学专科	Three Years College				48.27
中专	Specialized Secondary School		40.99	353.64	81.82
高中	Senior Secondary School				404.79
初中	Junior Secondary School		160.27	932.53	1370.42
小学	Primary School		1256.03	2325.78	2552.16
不识字或识字很少	Illiterate and Semi-Illiterate		1255.57	1173.52	822.76
#文盲、半文盲人口	#Illiterate and Semi-Illiterate Aged 15 and Over		1255.57	943.97	742.56
在业人口	**Employed Population**			**2827.75**	**3489.74**
不在业人口	**Unemployed Population**			**740.34**	**879.65**
市镇县人口	**Population of Cities,Towns and Counties**				
市	Cities	134.97	161.31	507.43	765.62
镇	Towns	157.57	160.79	260.00	328.20
县	Counties	3030.15	3396.13	4633.62	4971.98

注：1.劳动年龄人口指男16-59岁,女16-54岁人口。

2.各年龄组人口缺15岁人口和年龄不详人口,加总不等于总人口。

3.由于四次普查所设指标不同,故此表空栏处均表示该年度普查无此调查项目。

4.1964年人口普查时,6-12岁不在校儿童没有调查其相当的文化程度,故各项文化程度人口加总不等于6周岁及以上人口数。

a. Working age range refers to 16-59 years for men and 16-54 years for women.

b. The sum of the population of the age group is not equal to the total population, because the population aged 15 is not shown and there is population whose true age is unknown.

c. Since the quota in the four population censuses were set differently, the blank space indicates the absence of this item of the year.

d. Data in 1964 excludes the children in school aged from 6-12, thus the sum of the population at all education levels does not equal to the population aged above six.

3-4 第五次全国人口普查基本情况
Basic Statistics on National Population of Fifth Censuses

指 标		Item		数量 Volume
总户数	**(万户)**	**Number of Households**	**(10 000 households)**	**1800.38**
家庭户		Family Households		1766.21
集体户		Non-Family Households		34.17
总人口(万人)		**Total Population**	**(10 000 persons)**	**6327.42**
家庭户人口		Population of Family Households		6106.15
集体户人口		Population of Non-Family Households		221.27
平均家庭户规模	**(人/户)**	**Average Family Size**	**(person/household)**	**3.46**
总人口中：男性人口	(万人)	**In Total:** Male	(10 000 persons)	3299.37
女性人口	(万人)	Female	(10 000 persons)	3028.05
性别比		Sex Ratio		108.96
总人口中：汉族人口	(万人)	**In Total:** Han Nationality	(10 000 persons)	5686.35
少数民族人口	(万人)	Minority Nationalities	(10 000 persons)	641.07
少数民族人口比重	(%)	Percentage of Minonrity Nationalities Population	(%)	10.13
总人口中：市镇人口	(万人)	**In Total:** Urban Population	(10 000 persons)	1915.92
乡村人口	(万人)	Rural Population	(10 000 persons)	4524.15
总人口中：0—5岁人口	(万人)	**In Total:** Age 0-5	(10 000 persons)	387.71
6—14岁人口	(万人)	Age 6-14	(10 000 persons)	1012.25
15—64岁人口	(万人)	Age 15-64	(10 000 persons)	4454.80
65岁以上人口	(万人)	Aged 65 and Over	(10 000 persons)	472.66
6周岁及以上人口	**(万人)**	**Population Aged 6 and Over by Educational Level**	**(10 000 persons)**	**5939.70**
未上过学	(万人)	Unschool	(10 000 persons)	298.22
扫盲班	(万人)	Literacy Courses	(10 000 persons)	67.69
小学	(万人)	Primary School	(10 000 persons)	2421.99
初中	(万人)	Junior Secondary School	(10 000 persons)	2259.38
高中和中专	(万人)	Senior and Specialized Secondary School	(10 000 persons)	707.25
大专及以上	(万人)	College and Over	(10 000 persons)	185.17
每十万人口中：小学文化	(人)	**Per 100000 Population:** Primary School	(person)	38278
初中文化	(人)	Junior Secondary School	(person)	35708
高中和中专	(人)	Senior and Specialized Secondary School	(person)	11177
大专及以上	(人)	College and Over	(persons)	2926
文盲、半文盲人口	**(万人)**	**Population of Illiterate and Semi Literate**	**(10 000 persons)**	**294.96**
文盲率	**(%)**	**Illiterate Rate**	**(%)**	**5.99**
普查年度出生率	**(‰)**	**Birth Rate in Census Year**	**(‰)**	**11.45**
普查年度死亡率	**(‰)**	**Death Rate in Census Year**	**(‰)**	**6.79**
普查年度自然增长率	**(‰)**	**Natural Growth Rate in Census Year**	**(‰)**	**4.66**

注：1.表中的各项数据均按普查登记的口径计算，不包括本省外出的人口，包括外省来本省的人口。
2.普查年度是指1999年11月1日0时至2000年10月31日24时。
3.城乡人口是按国家统计局1999年发布的《关于统计上划分城乡的规定(试行)》计算。

a. The data in table are calculated according to the approach of censuses. The data excluded the population of going to other provinces and included the population from other provinces.

b. The censuses year is 1999-11-1 zero o'clock to 2000-10-31 24 o'clock.

c. The urban population and rural population are calculated according to the 《regulations concerning plot out urban and rural in the statistical (test run)》 promulgated in 1999.

3-5 第六次全国人口普查基本情况
Basic Statistics on National Population of Sixth Censuses

指 标		Item		数量 Volume
家庭户	**(万户)**	**Number of Households**	**(10 000 households)**	**1862.57**
总人口	**(万人)**	**Total Population**	**(10 000 persons)**	**6570.08**
家庭户人口		Population of Family Households		6191.14
集体户人口		Population of Non-Family Households		378.93
平均家庭户规模	**(人/户)**	**Average Family Size**	**(person/household)**	**3.32**
总人口中:		**In Total**		
男性人口	(万人)	Male	(10 000 persons)	3377.65
女性人口	(万人)	Female	(10 000 persons)	3192.43
性别比		Sex Ratio		105.80
总人口中:		**In Total**		
0-14岁人口	(万人)	Age 0-14	(10 000 persons)	1157.65
15-64岁人口	(万人)	Age 15-64	(10 000 persons)	4770.49
65岁以上人口	(万人)	Aged 65 and Over	(10 000 persons)	641.94
0-14岁人口比重	(%)	Proportion of age 0-14	(%)	17.62
15-64岁人口比重	(%)	Proportion of age 15-64	(%)	72.61
65岁以上人口比重	(%)	Proportion of aged 65 and over	(%)	9.77
受教育程度		**Population Aged 6 and Over by Educational Level**		
小 学	(万人)	Primary School	(10 000 persons)	1760.09
初 中	(万人)	Junior Secondary School	(10 000 persons)	2597.71
高中和中专	(万人)	Senior and Specialized Secondary School	(10 000 persons)	1013.39
大专及以上	(万人)	College and Over	(10 000 persons)	499.19
每十万人口中:		**Per 100000 Population**		
小学文化	(人)	Primary School	(person)	26790
初中文化	(人)	Junior Secondary School	(person)	39539
高中和中专	(人)	Senior and Specialized Secondary School	(person)	15425
大专及以上	(人)	College and Over	(persons)	7598
文盲、半文盲人口	**(万人)**	**Population of Illiterate and Semi Literate**	**(10 000 persons)**	**175.43**
文盲率	**(%)**	**Illiterate Rate**	**(%)**	**3.24**

注：1.以上数据均为2010年人口普查机器汇总数。

2.普查登记的对象是指普查标准时点在中华人民共和国境内的自然人以及在中华人民共和国境外但未定居的中国公民，不包括在中华人民共和国境内短期停留的境外人员。

3.各市州的人口，是普查登记的2010年11月1日零时的常住人口。常住人口包括，居住在本乡镇街道、户口在本乡镇街道或户口待定的人；居住在本乡镇街道、离开户口所在的乡镇街道半年以上的人；户口在本乡镇街道、外出不满半年或在境外工作学习的人。

4.家庭户是指以家庭成员关系为主、居住一处共同生活的人组成的户。

5.文盲率是指全省常住人口中15岁及以上不识字人口所占比重。

a. All figures above are machine results of the 2010 Population Census.

b. The population census covers all natural persons residing in the territory of the People's Republic of China and the Chinese citizens residing outside but not permanently settled down in locations beyond the territory of the People's Republic of China at the census reference time, excluding foreigners temporarily staying in the territory of the People's Republic of China.

c. The population of each city and the XiangXi autonomous prefecture is the resident population, which was registered on zero hour of November 1, 2010.Resident population of a given town/street include: people living in the current town/street where their household registration is located or with their household registration to be settled; people living in the current town/street and leaving the town/street of their household registration for over 6 months; people leaving the town/street of their household registration for less than 6 months or working or studying overseas, with their household registration located in the current town/street.

d. Population of family households refer to households consists of persons, bonded by family relations, staying under the same roof and sharing living arrangement.

e. Illiterate rate refers to the population over 15 years of age who cannot read divided by the Resident population of the Whole province.

主要统计指标解释

人口数 指一定时点、一定地区范围内有生命的个人总和。

年度统计的年末人口数指每年12月31日24时的人口数。年度统计的全国人口总数内未包括香港、澳门特别行政区和台湾省以及海外华侨人数。

城镇人口和乡村人口 城镇人口是指居住在城镇范围内的全部常住人口；乡村人口是除上述人口以外的全部人口。

出生率(又称粗出生率) 指在一定时期内(通常为一年)一定地区的出生人数与同期内平均人数(或期中人数)之比，用千分率表示。本资料中的出生率指年出生率，其计算公式为:

$$出生率=\frac{年出生人数}{年平均人数}\times 1000‰$$

式中：出生人数指活产婴儿，即胎儿脱离母体时(不管怀孕月数)，有过呼吸或其他生命现象。年平均人数指年初、年底人口数的平均数，也可用年中人口数代替。

死亡率(又称粗死亡率) 指在一定时期内(通常为一年)一定地区的死亡人数与同期内平均人数(或期中人数)之比，用千分率表示。本资料中的死亡率指年死亡率，其计算公式为:

$$死亡率=\frac{年死亡人数}{年平均人数}\times 1000‰$$

人口自然增长率 指在一定时期内(通常为一年)人口自然增加数(出生人数减死亡人数)与该时期内平均人数(或期中人数)之比，用千分率表示。计算公式为:

$$人口自然增长率=\frac{本年出生人数-本年死亡人数}{年平均人数}\times 1000‰$$
$$=人口出生率-人口死亡率$$

Explanatory Notes on Main Statistical Indicators

Total Population refers to the total number of people alive at a certain point of time within a given area.

The annual statistics on total population is taken at midnight, the 31st of December, not including residents in Taiwan province, Hong Kong SAR and Macao SAR and Chinese national residing abroad.

Urban Population and Rural Population Urban population refers to all people residing in cities and towns, while rural population refers to population other than urban population.

Birth Rate (or Crude Birth Rate) refers to the ratio of the number of births to the average population (or mid-period population) during a certain period of time (usually a year), expressed in ‰. Birth rate in the chapter refers to annual birth rate. The following formula is used:

$$\text{Birth Rate}=\frac{\text{Number of Births}}{\text{Annual Average Population}}\times 1000‰$$

Number of births in the formula refers to live births, i.e. when a baby has breathed or showed any vital phenomena regardless of the length of pregnancy.

Annual average population is the average of the number of population at the beginning of the year and that at the end of the year. Sometimes it is substituted by the mid-year population.

Death Rate (or Crude Death Rate) refers to the ratio of the number of deaths to the average population (or mid-period population) during a certain period of time (usually a year), expressed in ‰. Death rate in the chapter refers to annual death rate. The following formula is used:

$$\text{Death Rate}=\frac{\text{Number of Deaths}}{\text{Annual Average Population}}\times 1000‰$$

Natural Growth Rate of Population refers to the ratio of natural increase in population (number of births minus number of deaths) in a certain period of time (usually a year) to the average population (or mid-period population) of the same period, expressed in ‰. The following formula is applied:

$$\text{Natural Growth Rate of Population}=\frac{\text{Number of Births - Number of Deaths}}{\text{Annual Average Population}}\times 1000‰$$

Natural Growth Rate of Population = Birth Rate-Death Rate

就业人员和工资

4

Employment and Wages

资料整理人员：欧阳普　邓鸿鹄

4-1 年末从业人员人数
Number of Employed Persons at the Year-end

单位:万人 (10 000 persons)

年 份 Year	从业人员人数 Number of Employed Persons	在岗职工人数 Number of Staff and Workers on the Job	国有经济 State-owned Economic Units	城镇集体经济 Urban Collective-owned Economic Units	其他经济类型 Economic Units of Other Types	城镇个体私营企业从业人员 Employees in Urban Private Enterprises and Self-Employed Individuals	农村从业人员 Employees in Rural
1950	1107.76	40.67	22.81	0.18	17.68	38.93	1028.16
1951	1147.20	52.01	33.55	0.37	18.09	42.71	1052.48
1952	1188.76	69.25	48.87	0.77	19.61	46.70	1072.81
1953	1213.15	76.15	53.12	2.32	20.71	50.68	1086.32
1954	1223.84	80.68	54.61	8.56	17.51	42.92	1100.24
1955	1250.49	90.26	60.67	14.10	15.49	31.45	1128.78
1956	1271.31	121.24	73.66	35.78	11.80	7.62	1142.45
1957	1353.51	130.24	81.84	36.62	11.78	2.00	1221.27
1958	1461.08	226.98	190.02	30.49	6.47		1234.10
1959	1466.09	218.08	174.09	36.76	7.23		1248.01
1960	1508.04	242.89	182.44	54.05	6.40		1265.15
1961	1302.48	234.40	163.50	70.90		3.92	1064.16
1962	1401.22	201.97	135.76	66.21		5.62	1193.63
1963	1443.01	191.19	129.40	61.79		3.11	1248.71
1964	1508.43	192.88	130.34	62.54		4.99	1310.56
1965	1551.93	206.96	139.24	67.72		3.91	1341.06
1966	1607.49	211.73	144.17	67.56		3.41	1392.35
1967	1668.06	215.65	148.25	67.40		2.97	1449.44
1968	1728.41	216.95	149.71	67.24		2.59	1508.87
1969	1795.01	222.02	154.93	67.09		2.26	1570.73
1970	1880.85	243.75	176.81	66.94		1.97	1635.13
1971	1975.89	272.00	205.21	66.79		1.72	1702.17
1972	2056.50	285.73	219.04	66.69		1.50	1769.27
1973	2089.11	285.65	218.99	66.66		1.32	1802.14
1974	2117.00	291.53	223.43	68.10		1.10	1824.37
1975	2152.00	304.17	232.56	71.61		0.32	1847.51
1976	2183.24	313.31	238.79	74.52		0.26	1869.67
1977	2216.19	321.24	242.64	78.60		0.37	1894.58

注：1. 全省从业人员人数及分三次产业从业人数根据劳动力抽样调查资料推算。
2. 从2011年起，"职工人数"指标更改为"在岗职工人数"指标。
a. The data of total employees and employees by type of industry are estimated on the data collected from the sample surveys on labor.
b. From 2011,the index of "Staff and Workers "changed into"Staff and Workers of the Job".

4-1 续表 continued

单位:万人 (10 000 persons)

年份 Year	从业人员人数 Number of Employed Persons	在岗职工人数 Number of Staff and Workers on the Job	国有经济 State-owned Economic Units	城镇集体经济 Urban Collective-owned Economic Units	其他经济类型 Economic Units of Other Types	城镇个体私营企业从业人员 Employees in Urban Private Enterprises and Self-Employed Individuals	农村从业人员 Employees in Rural
1978	2280.05	363.78	282.06	81.72		0.35	1915.92
1979	2328.12	388.16	299.36	88.80		0.32	1939.64
1980	2399.95	409.16	316.80	92.36		1.81	1988.98
1981	2449.46	426.88	332.46	94.42		3.43	2019.15
1982	2541.05	441.48	344.41	97.07		5.21	2094.36
1983	2594.37	447.81	348.97	98.84		9.72	2136.84
1984	2672.86	460.71	340.94	119.75	0.02	13.18	2198.97
1985	2728.71	475.15	352.73	122.34	0.08	16.19	2237.37
1986	2808.87	492.79	367.31	125.25	0.23	18.44	2297.64
1987	2904.10	515.22	386.34	128.60	0.28	24.72	2364.16
1988	2998.64	530.20	401.75	128.14	0.31	30.75	2437.69
1989	3091.37	536.64	411.34	124.81	0.49	30.43	2524.30
1990	3158.42	551.03	422.28	128.07	0.68	31.94	2575.45
1991	3222.43	567.07	435.66	130.35	1.06	32.52	2622.84
1992	3278.83	579.74	447.88	130.43	1.43	39.93	2659.16
1993	3345.61	588.87	454.26	126.70	7.91	60.42	2675.75
1994	3400.29	589.48	459.14	121.57	8.77	106.51	2685.54
1995	3467.31	597.50	466.00	119.13	12.37	133.86	2717.38
1996	3514.16	596.84	471.55	114.47	10.82	166.21	2732.35
1997	3560.29	597.48	471.52	110.48	15.48	200.36	2744.33
1998	3603.17	594.16	461.65	101.21	31.30	222.46	2772.59
1999	3601.39	590.75	461.83	96.01	32.91	210.29	2784.00
2000	3577.58	580.82	456.28	90.33	34.21	148.54	2832.04
2001	3607.96	534.22	407.55	70.95	55.72	199.76	2856.70
2002	3644.52	525.28	398.42	66.19	60.67	231.87	2870.32
2003	3694.78	500.27	379.72	56.55	64.00	335.94	2836.36
2004	3747.10	471.07	353.36	49.38	68.33	457.18	2792.67
2005	3801.48	451.80	293.79	40.12	117.89	547.83	2776.76
2006	3842.17	450.89	290.67	37.72	122.50	603.29	2762.41
2007	3883.41	460.03	283.72	37.50	138.81	635.94	2762.07
2008	3910.06	460.31	276.11	34.83	149.37	654.57	2761.85
2009	3935.21	474.43	268.57	29.21	176.65	665.17	2769.94
2010	3982.73	531.00	287.13	33.24	210.63	698.48	2753.25
2011	4005.03	514.73	258.99	23.92	231.82	894.18	2596.12
2012	4019.31	523.27	261.12	24.60	237.56	951.90	2544.14
2013	4036.45	554.44	249.67	20.92	283.85	1018.02	2463.99
2014	4044.13	552.81	245.28	19.53	288.00	1114.06	2377.26
2015	3980.30	534.77	229.95	16.14	288.68	1156.56	2288.97
2016	3920.41	523.97	228.35	16.78	278.84	1209.58	2186.86

4-2 按三次产业分的年末从业人员
Employees by Type of Industry at the Year-end

年 份 Year	年末从业人员(万人) Employees at the Year-end (10 000 persons)	第一产业 Primary Industry	第二产业 Secondary Industry	第三产业 Tertiary Industry	构成(以合计为100) Composition in Percentage (total=100)	第一产业 Primary Industry	第二产业 Secondary Industry	第三产业 Tertiary Industry
1950	1107.76	980.83	54.86	72.07	100.0	88.5	5.0	6.5
1951	1147.20	1001.38	64.12	81.70	100.0	87.3	5.6	7.1
1952	1188.76	989.38	76.72	122.66	100.0	83.2	6.5	10.3
1953	1213.15	1014.03	90.34	108.78	100.0	83.6	7.5	9.0
1954	1223.84	982.69	89.39	151.76	100.0	80.3	7.3	12.4
1955	1250.49	1061.22	74.72	114.55	100.0	84.9	6.0	9.2
1956	1271.31	1055.72	101.21	114.38	100.0	83.0	8.0	9.0
1957	1353.51	1134.13	93.05	126.33	100.0	83.8	6.9	9.3
1958	1461.08	898.17	251.10	311.81	100.0	61.5	17.2	21.3
1959	1466.09	861.58	258.27	346.24	100.0	58.8	17.6	23.6
1960	1508.04	1023.93	199.05	285.06	100.0	67.9	13.2	18.9
1961	1302.48	1053.45	128.89	120.14	100.0	80.9	9.9	9.2
1962	1401.22	1180.33	98.04	122.85	100.0	84.2	7.0	8.8
1963	1443.01	1222.67	111.47	108.87	100.0	84.7	7.7	7.5
1964	1508.43	1274.86	116.73	116.84	100.0	84.5	7.7	7.8
1965	1551.93	1305.83	124.66	121.44	100.0	84.1	8.0	7.8
1966	1607.49	1355.48	129.72	122.29	100.0	84.3	8.1	7.6
1967	1668.06	1405.14	135.05	127.87	100.0	84.2	8.1	7.7
1968	1728.41	1456.39	140.79	131.23	100.0	84.3	8.2	7.6
1969	1795.01	1511.41	151.70	131.90	100.0	84.2	8.5	7.4
1970	1880.85	1564.21	179.69	136.95	100.0	83.2	9.6	7.3
1971	1975.89	1624.30	206.63	144.96	100.0	82.2	10.5	7.3
1972	2056.50	1683.60	227.31	145.59	100.0	81.9	11.1	7.1
1973	2089.11	1718.66	226.17	144.28	100.0	82.3	10.8	6.9
1974	2117.00	1732.28	236.13	148.59	100.0	81.8	11.2	7.0
1975	2152.00	1742.28	257.39	152.33	100.0	81.0	12.0	7.1
1976	2183.24	1759.48	266.42	157.34	100.0	80.6	12.2	7.2
1977	2216.19	1775.31	273.17	167.71	100.0	80.1	12.3	7.6

注：全省从业人员人数及分三次产业从业人数根据劳动力抽样调查资料推算。
The data of total employees and employees by type of industry are estimated on the data collected from the sample surveys on labor.

4-2 续表 continued

年 份 Year	年末从业人员(万人) Employees at the Year-end (10 000 persons)	第一产业 Primary Industry	第二产业 Secondary Industry	第三产业 Tertiary Industry	构成(以合计为100) Composition in Percentage (total=100)	第一产业 Primary Industry	第二产业 Secondary Industry	第三产业 Tertiary Industry
1978	2280.05	1788.17	305.37	186.51	100.0	78.4	13.4	8.2
1979	2328.12	1798.27	325.70	204.15	100.0	77.2	14.0	8.8
1980	2399.95	1846.46	339.06	214.43	100.0	77.0	14.1	8.9
1981	2449.46	1887.54	339.52	222.40	100.0	77.0	13.9	9.1
1982	2541.05	1955.49	350.79	234.77	100.0	77.0	13.8	9.2
1983	2594.37	1966.48	361.77	266.12	100.0	75.8	13.9	10.3
1984	2672.86	1971.93	414.00	286.93	100.0	73.8	15.5	10.7
1985	2728.71	1946.85	458.68	323.18	100.0	71.4	16.8	11.8
1986	2808.87	1969.64	494.51	344.72	100.0	70.1	17.6	12.3
1987	2904.10	2011.35	531.70	361.05	100.0	69.3	18.3	12.4
1988	2998.64	2050.72	550.38	397.54	100.0	68.4	18.4	13.2
1989	3091.37	2104.60	550.26	436.51	100.0	68.1	17.8	14.1
1990	3158.42	2176.70	553.83	427.89	100.0	68.9	17.5	13.6
1991	3222.43	2219.82	570.35	432.26	100.0	68.9	17.7	13.4
1992	3278.83	2213.42	613.57	451.84	100.0	67.5	18.7	13.8
1993	3345.61	2140.76	679.22	525.63	100.0	64.0	20.3	15.7
1994	3400.29	2076.14	731.01	593.14	100.0	61.1	21.5	17.4
1995	3467.31	2071.61	756.54	639.16	100.0	59.8	21.8	18.4
1996	3514.16	1994.90	810.38	708.88	100.0	56.8	23.0	20.2
1997	3560.29	1998.59	802.25	759.45	100.0	56.1	22.5	21.4
1998	3603.17	2002.51	822.49	778.17	100.0	55.6	22.8	21.6
1999	3601.39	2026.09	839.09	736.21	100.0	56.3	23.3	20.4
2000	3577.58	2120.98	840.52	616.08	100.0	59.3	23.5	17.2
2001	3607.96	2078.36	748.90	780.70	100.0	57.6	20.8	21.6
2002	3644.52	2034.04	757.26	853.22	100.0	55.8	20.8	23.4
2003	3694.78	1961.93	790.68	942.17	100.0	53.1	21.4	25.5
2004	3747.10	1885.06	804.91	1057.13	100.0	50.3	21.5	28.2
2005	3801.48	1846.90	818.10	1136.48	100.0	48.6	21.5	29.9
2006	3842.17	1790.46	829.92	1221.79	100.0	46.6	21.6	31.8
2007	3883.41	1743.65	854.35	1285.41	100.0	44.9	22.0	33.1
2008	3910.06	1720.44	875.84	1313.78	100.0	44.0	22.4	33.6
2009	3935.21	1693.05	896.57	1345.59	100.0	43.0	22.8	34.2
2010	3982.73	1690.03	915.43	1377.27	100.0	42.4	23.0	34.6
2011	4005.03	1679.94	932.62	1392.47	100.0	41.9	23.3	34.8
2012	4019.31	1668.99	948.78	1401.54	100.0	41.5	23.6	34.9
2013	4036.45	1656.01	964.54	1415.90	100.0	41.0	23.9	35.1
2014	4044.13	1651.37	957.77	1434.99	100.0	40.8	23.7	35.5
2015	3980.30	1618.71	935.84	1425.75	100.0	40.7	23.5	35.8
2016	3920.41	1587.32	912.16	1420.93	100.0	40.5	23.3	36.2

4-3 年末城镇从业人员

Number of Employed Persons in Urban Areas at the Year-end

年份 Year	城镇从业人员合计(万人) Number of Employed Persons in Urban Areas (10 000 persons)	国有经济 State-owned Economic	城镇集体经济 Urban Collective-owned Economic	其他经济 Economic Units of Other Types	内资经济 Domestic Funded Economic	港澳台投资经济 Economioc With Funded From H.K, Macao and Taiwan	外商投资经济 Economic With Funded Foreign	城镇私营经济 Urban Private Economic	城镇个体经济 Urban Individuals Economic
1978	364.13								
1979	388.48								
1980	410.97								
1981	430.31								
1982	446.69								
1983	457.53								
1984	473.89								
1985	491.34								
1986	511.23								
1987	539.94								
1988	560.95								
1989	567.07								
1990	582.97								
1991	599.59								
1992	619.67								
1993	669.86								
1994	714.75								
1995	749.93	482.68	120.83	12.56	6.62	2.73	3.21	17.60	116.26
1996	781.81	487.94	116.61	11.05	5.12	2.59	3.34	22.80	143.41
1997	815.96	486.58	113.19	15.83	9.23	2.96	3.64	26.94	173.42
1998	830.58	472.37	103.56	32.19	25.21	3.20	3.78	36.89	185.57
1999	817.39	474.23	98.95	33.92	27.54	3.19	3.19	34.52	175.77
2000	745.54	467.98	92.99	36.04	29.81	3.07	3.16	33.54	114.99
2001	751.26	419.71	73.62	58.17	52.35	3.15	2.67	44.43	155.33
2002	774.20	410.13	68.73	63.47	56.88	3.51	3.08	65.63	166.24
2003	858.42	395.39	59.65	67.45	60.04	3.50	3.90	87.56	248.38
2004	954.43	370.64	52.86	73.75	65.62	4.31	3.82	143.11	314.07
2005	1024.72	306.70	43.43	126.76	111.93	8.29	6.54	165.80	382.03
2006	1079.76	302.73	40.96	132.78	116.28	8.50	8.00	214.19	389.10
2007	1121.34	294.47	40.63	150.30	131.93	9.13	9.24	223.33	412.61
2008	1148.21	291.65	37.73	164.26	144.57	9.90	9.79	218.99	435.58
2009	1175.27	283.50	32.48	194.13	170.51	11.02	12.60	227.67	437.49
2010	1229.48	287.13	33.24	210.63	186.38	11.91	12.34	234.04	464.44
2011	1408.91	275.01	27.84	248.58	218.97	16.16	13.45	260.62	596.86
2012	1475.17	282.57	27.46	257.45	225.47	18.64	13.34	291.65	616.03
2013	1572.46	265.99	23.69	311.47	274.36	21.64	15.47	311.84	659.47
2014	1666.87	261.52	22.07	314.31	277.58	22.04	14.69	334.81	734.16
2015	1691.33	244.57	18.53	316.04	281.97	20.29	13.78	364.53	747.66
2016	1733.55	242.25	19.24	306.92	269.67	23.57	13.68	385.30	779.84

4-4 按类型分的年末从业人员
Employees by Type at the Year-end

单位:万人 (10 000 persons)

类别	Item	2015 合计 Total	2015 #城镇 Urban	2016 合计 Total	2016 #城镇 Urban
从业人员总计	**Total Number of Employed Persons**	**3980.30**	**1691.33**	**3920.41**	**1733.55**
按就业身份分	**By Status**				
在岗职工	Staff and Workers on the Job	534.77	534.77	523.97	523.97
私营业主	Private Enterprises Owner	94.00	79.19	89.85	17.50
私营企业和个体从业人员	Number of Employees in Private Enterprises and Self-Employed Individuals	969.35	838.44	813.95	149.03
农村劳动力	Laborer in Rural	2143.25		2020.33	
其他从业人员	Others	238.93	238.93	305.78	305.78
按经济类型分	**By Economic Types**				
国有经济	State-owned Economy	244.57	244.57	242.25	242.25
集体经济	Collective-owned Economy	2161.78	18.53	2039.57	19.24
私营经济	Private Enterprises	458.54	364.53	484.44	385.30
个体经济	Self-Employed Individuals	799.37	747.66	847.23	779.84
联营经济	Joint Ownership Enterprises	1.09	1.09	1.08	1.08
股份制经济	Share-holding Corporations Enterprises	264.87	264.87	252.93	252.93
外商投资经济	Enterprises With Foreign Investment	13.78	13.78	13.68	13.68
港、澳、台投资经济	Enterprises With Investment from Hong Kong, Macao and Taiwan	20.30	20.30	23.57	23.57
其他经济类型	Enterprises of Other Types of Ownership	16.00	16.00	15.66	15.66
按国民经济行业分	**By Sector**				
农、林、牧、渔业	Agriculture,Forestry,Farming of Animals and Fishing	1618.71	40.75	1587.32	41.54
采矿业	Mining	73.50	33.43	63.01	27.42
制造业	Manufacturing	527.49	304.26	525.09	324.19
电力、热力、燃气及水生产和供应业	Production and Distribution of Electricity,Heat,Gas and Water	33.82	27.37	33.69	27.02
建筑业	Construction	301.03	183.96	290.37	186.76
批发和零售业	Wholesale and Retail Trade	381.05	285.33	376.23	294.27
交通运输、仓储和邮政业	Traffic,Transport, Storage and Post	168.91	118.69	167.71	116.54
住宿和餐饮业	Accommodation and and catering	177.98	103.65	173.05	104.24
信息传输、软件和信息技术服务业	Information Transfer,Software and Information technology Services	65.14	52.49	65.60	53.68
金融业	Finance	42.84	38.44	45.54	41.28
房地产业	Real Estate Trade	45.13	37.78	43.63	36.88
租赁和商务服务业	Tenancy and Business Services	86.63	73.79	83.62	73.68
科学研究和技术服务业	Scientific Research and Technical Services	36.83	32.35	32.25	29.12
水利、环境和公共设施管理业	Management of Water Conservancy ,Environment and Public Establishment	13.00	10.48	13.38	11.14
居民服务、修理和其他服务业	Resident Services , Repair and Other Services	80.58	70.21	96.34	87.53
教育	Education	113.56	99.42	106.77	91.14
卫生和社会工作	Sanitation and Social Work	63.18	48.27	70.22	58.70
文化、体育和娱乐业	Culture,Sports and Entertainment	53.45	48.81	51.55	46.94
公共管理、社会保障和社会组织	Public Management, Social Security and Social Organization	97.47	81.85	95.04	81.48

4-5 各行业年末从业人员及构成(2016年)
Number of Employees and Its Composition by Sector at the Year-end (2016)

行业	Item	从业人员 Employees	在岗职工 Staff and Workers on the Job	城镇个体私营企业 Urban Private and Individuals	农村从业人员 Employees in Rural	其他从业人员 Other Employees
总计 (绝对数,万人)	**Total (ABS,10 000 persons)**	**3920.41**	**523.97**	**1165.14**	**2186.86**	**44.44**
农、林、牧、渔业	Agriculture,Forestry,Farming of Animals and Fishing	1587.32	1.96	39.43	1545.78	0.15
采矿业	Mining	63.01	7.95	19.28	35.59	0.19
制造业	Manufacturing	525.09	107.07	214.90	200.90	2.22
电力、热力、燃气及水生产和供应业	Production and Distribution of Electricity, Heat.Gas and Water	33.69	16.24	10.39	6.67	0.39
建筑业	Construction	290.37	88.30	78.01	103.61	20.45
批发和零售业	Wholesale and Retail Trade	376.23	19.08	274.03	81.96	1.16
交通运输、仓储和邮政业	Traffic,Transport, Storage and Post	167.71	22.85	92.56	51.17	1.13
住宿和餐饮业	Accommodation and and catering	173.05	7.22	96.80	68.81	0.22
信息传输、软件和信息技术服务业	Information Transfer,Software and Information technology Services	65.60	7.13	46.27	11.92	0.28
金融业	Finance	45.54	18.99	15.95	4.26	6.34
房地产业	Real Estate Trade	43.63	11.49	24.73	6.75	0.66
租赁和商务服务业	Tenancy and Business Services	83.62	9.47	63.80	9.94	0.41
科学研究和技术服务业	Scientific Research and Technical Services	32.25	10.96	17.37	3.13	0.79
水利、环境和公共设施管理业	Management of Water Conservancy, Environment and Public Establishment	13.38	6.76	2.96	2.24	1.42
居民服务、修理和其他服务业	Resident Services, Repair and Other Services	96.34	1.55	85.84	8.81	0.14
教育	Education	106.77	64.94	23.41	15.63	2.79
卫生和社会工作	Sanitation and Social Work	69.05	37.90	18.13	11.52	1.50
文化、体育和娱乐业	Culture, Sports and Entertainment	51.55	5.31	41.28	4.61	0.35
公共管理、社会保障和社会组织	Public Management, Social Security and Social	96.21	78.80		13.56	3.85
构成 (以合计为100)	**Composition in Percentage (total=100)**					
农、林、牧、渔业	Agriculture,Forestry,Farming of Animals and Fishing	40.49	0.4	3.4	70.7	0.3
采矿业	Mining	1.61	1.5	1.7	1.6	0.4
制造业	Manufacturing	13.39	20.4	18.4	9.2	5.0
电力、热力、燃气及水生产和供应业	Production and Distribution of Electricity, Heat. Gas and Water	0.86	3.1	0.9	0.3	0.9
建筑业	Construction	7.41	16.9	6.7	4.7	46.0
批发和零售业	Wholesale and Retail Trade	9.60	3.6	23.5	3.7	2.6
交通运输、仓储和邮政业	Traffic,Transport, Storage and Post	4.28	4.4	7.9	2.3	2.5
住宿和餐饮业	Accommodation and and catering	4.41	1.4	8.3	3.1	0.5
信息传输、软件和信息技术服务业	Information Transfer, Software and Information technology Services	1.67	1.4	4.0	0.5	0.6
金融业	Finance	1.16	3.6	1.4	0.2	14.3
房地产业	Real Estate Trade	1.11	2.2	2.1	0.3	1.5
租赁和商务服务业	Tenancy and Business Services	2.13	1.8	5.5	0.5	0.9
科学研究和技术服务业	Scientific Research and Technical Services	0.82	2.1	1.5	0.1	1.8
水利、环境和公共设施管理业	Management of Water Conservancy,Environment and Public Establishment	0.34	1.3	0.3	0.1	3.2
居民服务、修理和其他服务业	Resident Services, Repair and Other Services	2.46	0.3	7.4	0.4	0.3
教育	Education	2.72	12.4	2.0	0.7	6.3
卫生和社会工作	Sanitation and Social Work	1.76	7.2	1.6	0.5	3.4
文化、体育和娱乐业	Culture, Sports and Entertainment	1.31	1.0	3.5	0.2	0.8
公共管理、社会保障和社会组织	Public Management, Social Security and Social Organization	2.45	15.0		0.6	8.7

4-6 年末城乡劳动力资源与分配
Resources and Distribution of Labor Force in Urban and Rural Areas at theYear-end

单位:万人 (10 000 persons)

类 别	Item	合计 Total		城 镇 Urban		乡 村 Rural	
		2015	2016	2015	2016	2015	2016
总计	**Total**	**5455.38**	**5477.25**	**2776.24**	**2889.25**	**2679.14**	**2588.00**
经济活动人口	Economy Active Population	4065.76	4007.09	1776.79	1820.23	2288.97	2186.86
从业人员	Employees	3980.30	3920.41	1691.33	1733.55	2288.97	2186.86
失业人员	Unemployment	85.46	86.68	85.46	86.68		
非经济活动人口	Non-Economy Active Population	1389.62	1470.16	999.45	1069.02	390.17	401.14

4-7 年末城镇各单位按行业分组的女性从业人员(2016年)
Number of Female Employees by Sector at the Year-end (2016)

单位:万人 (10 000 persons)

行 业	Item	各单位女性从业人员 Number of Female Employees in Units	国有经济 State-owned Economic Units	城镇集体 Urban Collective-owned Economic Units	其他经济 Economic Units of Other Types
总 计	**Total**	**196.57**	**95.70**	**4.37**	**96.50**
农、林、牧、渔业	Agriculture, Forestry, Farming of Animals and Fishing	0.66	0.31	0.03	0.32
采矿业	Mining	1.05	0.19	0.15	0.72
制造业	Manufacturing	39.07	1.17	0.73	37.17
电力、热力、燃气及水生产和供应业	Production and Distribution of Electricity, Heat, Gas and Water	4.83	3.06	0.08	1.69
建筑业	Construction	10.67	0.95	1.03	8.69
批发和零售业	Wholesale and Retail Trade	10.29	0.90	0.22	9.16
交通运输、仓储和邮政业	Information Transfer,Computer Services and Software	6.58	3.79	0.11	2.68
住宿和餐饮业	Accommodation and and catering	4.55	0.56	0.06	3.94
信息传输、软件和信息技术服务业	Information Transfer, Software and Information technology Services	2.93	0.27		2.66
金融业	Finance	14.05	0.71	0.25	13.10
房地产业	Real Estate Trade	4.51	0.23	0.02	4.26
租赁和商务服务业	Tenancy and Business Services	3.26	0.57	0.15	2.54
科学研究和技术服务业	Scientific Research and Technical Services	3.43	1.49	0.02	1.92
水利、环境和公共设施管理业	Management of Water Conservancy, Environment and Public Establishment	3.11	2.77	0.04	0.30
居民服务、修理和其他服务业	Resident Services , Repair and Other Services	0.75	0.12	0.01	0.62
教育	Education	35.12	31.35	0.40	3.36
卫生和社会工作	Sanitation and Social Work	25.10	21.98	1.05	2.07
文化、体育和娱乐业	Culture,Sports and Entertainment	2.49	1.43	0.02	1.04
公共管理、社会保障和社会组织	Public Management, Social Security and Social Organization	24.14	23.86	0.01	0.27

4-8 各行业年末在岗职工(2016年)

Total Number of Staff and Workers on the Job by Sector at the Year-end (2016)

单位:万人 (10 000 persons)

行业	Item	全部在岗职工 Number of Staff and Workers on the Job	国有经济 State-owned Economic	城镇集体 Urban Collective-owned Economic
总计	**Total**	**523.97**	**228.35**	**16.78**
农、林、牧、渔业	**Agriculture, Forestry, Farming of Animals and Fishing**	**1.96**	**0.98**	**0.07**
农业	Agriculture	0.36	0.15	
林业	Forestry	0.70	0.50	0.02
畜牧业	Farming of animals	0.15	0.02	
渔业	Fishing	0.17	0.12	0.01
农、林、牧、渔服务业	Service Activities for Agriculture, Forestry, Farming of Animals and Fishing	0.57	0.20	0.04
采矿业	**Mining**	**7.95**	**1.00**	**1.08**
煤炭开采和洗选业	Mining and Washing of Coal	4.40	0.69	0.86
石油和天然气开采业	Petroleum and Natural Gas Extraction			
黑色金属矿采选业	Mining of Ferrous Metal Ores	0.32		0.11
有色金属矿采选业	Mining of Non-ferrous Metal Ores	2.05	0.08	0.04
非金属矿采选业	Mining and Processing of Nonmetal Ores	1.19	0.23	0.07
开采辅助活动	Mining auxiliary activities			
其他采矿业	Mining of Other Mineral			
制造业	**Manufacturing**	**107.07**	**3.71**	**2.05**
农副食品加工业	Processing of Food from Agricultural Products	5.75	0.28	0.09
食品制造业	Manufacture of Foods	3.47	0.02	0.02
酒、饮料和精制茶制造业	Manufacture of Beverage, drink and tea	2.54		0.01
烟草制品业	Manufacture of Tobacco	1.34	0.95	
纺织业	Manufacture of Textile	2.21	0.03	
纺织服装、服饰业	Manufacture of Textile Wearing Apparel	1.28	0.02	0.03
皮革、毛皮、羽毛及其制品和制鞋业	Leather,Fur,Feather and Its Products and Footwear Products	5.80		0.02
木材加工和木、竹、藤、棕、草制品业	Processing of Timbers, Manufacture of Wood, Bamboo, Rattan,Palm and Straw Products	1.30	0.06	0.03
家具制造业	Manufacture of Furniture	0.31		
造纸和纸制品业	Manufacture of Paper and Paper Products	1.88		0.04
印刷和记录媒介复制业	Printing,Reproduction of Recording Media	1.19	0.09	0.10
文教、工美、体育和娱乐用品制造业	Manufacture of Articles for Culture,Education and Sport Activity	1.19	0.02	0.08
石油加工、炼焦和核燃料加工业	Processing of Petroleum,Coking,Processing of Nucleus Fuel	1.10		
化学原料和化学制品制造业	Manufacture of Chemical Raw Material and Chemical Products	8.54	0.39	0.12
医药制造业	Manufacture of Medicines	3.20	0.09	0.06
化学纤维制造业	Manufacture of Chemical Fiber	0.20		
橡胶和塑料制品业	Manufacture of Rubber and plastic	1.67	0.03	0.18
非金属矿物制品业	Manufacture of Non-metallic Mineral Products	11.03	0.39	0.66
黑色金属冶炼和压延加工业	Manufacture and Processing of Ferrous Metals	4.67	0.02	0.12
有色金属冶炼和压延加工业	Manufacture and Processing of Non-ferrous Metals	5.82	0.11	0.07
金属制品业	Manufacture of Metal Products	2.74		0.03
通用设备制造业	Manufacture of General Purpose Machinery	3.67	0.11	0.06
专用设备制造业	Manufacture of Special Purpose Machinery	4.97	0.09	0.04
汽车制造业	Automobile Industry	6.60	0.21	0.08

4-8 续表 1 continued

单位:万人 (10 000 persons)

行 业	Item	全部在岗职工 Number of Staff and Workers on the Job	国有经济 State-owned Economic	城镇集体 Urban Collective-owned Economic
铁路、船舶、航空航天和其他运输设备制造业	Manufacture of Railway,Marine,Aerospace and Other Transport Equipment	5.14	0.73	0.03
电气机械和器材制造业	Manufacture of Electrical Machinery and Equipment	5.50	0.03	0.06
计算机、通信和其他电子设备制造业	Manufacture of Communication Equipment, Computer and Other Electronic Equipment	12.39		
仪器仪表制造业	Manufacture of Measuring Instrument	0.95	0.03	0.02
其他制造业	Other Manufacture N.E.C	0.13		
废弃资源综合利用业	Recycling and Disposal of Waste	0.40	0.02	0.09
金属制品、机械和设备修理业	Mental Products,Machine and Equipment Repair	0.08		
电力、热力、燃气及水生产和供应业	**Production and Distribution of Electricity,Gas and Water**	**16.24**	**10.91**	**0.20**
电力、热力生产和供应业	Production and Supply of Electric Power and Heat Power	13.05	9.20	0.14
燃气生产和供应业	Production and Distribution of Gas	0.54	0.02	
水的生产和供应业	Production and Distribution of Water	2.64	1.69	0.06
建筑业	**Construction**	**88.30**	**5.65**	**8.61**
房屋建筑业	Construction of Building	61.16	1.84	6.12
土木工程建筑业	Construction of Civil Engineering	20.01	3.46	2.39
建筑安装业	Architectural Installation	3.51	0.14	0.04
建筑装饰和其他建筑业	Architectural Decoration and Other Construction	3.62	0.20	0.06
批发和零售业	**Wholesale and Retail Trade**	**19.08**	**2.57**	**0.53**
批发业	Wholesale	6.20	1.95	0.09
零售业	Retail Trade	12.87	0.62	0.44
交通运输、仓储和邮政业	**Traffic,Transport,Storage and Post**	**22.85**	**13.63**	**0.46**
铁路运输业	Transport Via Railway	7.71	7.50	
道路运输业	Transport Via Road	9.63	3.10	0.28
水上运输业	Water Transport	0.27	0.03	0.02
航空运输业	Air Transport	0.85	0.25	
管道运输业	Pipeline Transportation Industry	0.02		
装卸搬运和运输代理业	Loading,Unloading,Portage and Other Transport Services	0.50	0.03	0.13
仓储业	Storage	0.43	0.31	0.02
邮政业	Post	3.45	2.43	
住宿和餐饮业	**Accommodation and Restaurants**	**7.22**	**0.90**	**0.09**
住宿业	Accommodation	4.94	0.81	0.09
餐饮业	Restaurants	2.29	0.09	0.01
信息传输、软件和信息技术服务业	**Information Transfer,Software and Information Technology Service**	**7.13**	**0.75**	**0.01**
电信、广播电视和卫星传输服务	Telecom, Broadcasting and Satellite Transmission Service	5.35	0.71	
互联网和相关服务	The Internet and Related Services	0.48		
软件和信息技术服务业	Software and Information Technology Service	1.29	0.03	
金融业	**Finance**	**18.99**	**1.61**	**0.53**
货币金融服务	Monetary and Financial Services	12.70	1.54	0.53
资本市场服务	Capital Markets Services	1.01	0.03	
保险业	Insurance	5.22	0.04	
其他金融业	Other Financial Activities	0.07		
房地产业	**Real Estate**	**11.49**	**0.59**	**0.05**
房地产开发经营	Real Estate Exploitation Management	6.67	0.26	0.02
物业管理	Management Concerning Dwelling	4.24	0.18	0.01
房地产中介服务	Real Estate Agency Service	0.30		0.01
租赁和商务服务业	**Tenancy and Business Services**	**9.47**	**1.81**	**0.44**
租赁业	Tenancy	0.17		

4-8 续表 2 continued

单位:万人 (10 000 persons)

行 业	Item	全部在岗职工 Number of Staff and Workers on the Job	国有经济 State-owned Economic	城镇集体 Urban Collective-owned Economic
商务服务业	Business Service	9.30	1.80	0.44
科学研究和技术服务业	**Scientific Research,Technical Service**	**10.96**	**4.81**	**0.07**
研究和试验发展	Research and Experimental Development	1.34	0.94	0.01
专业技术服务业	Professional Technique Services	6.28	3.18	0.05
科技推广和应用服务业	Services of S&T Intercommunion and Generalization	3.34	0.68	0.02
水利、环境和公共设施管理业	**Management of Water Conservancy, Environment and Public Establishment**	**6.76**	**5.89**	**0.11**
水利管理业	Management of Water Conservancy	1.74	1.57	0.07
生态保护和环境治理业	Environmental Management	0.36	0.20	
公共设施管理业	Management of Public Establishment	4.66	4.11	0.04
居民服务、修理和其他服务业	**Resident Services and Other Services**	**1.55**	**0.27**	**0.06**
居民服务业	Resident Services	1.07	0.25	
机动车、电子产品和日用产品修理业	Motor,Electronic Products and Daily Products Repair Service	0.14		0.01
其他服务业	Other Services	0.35	0.01	0.05
教育	**Education**	**64.94**	**58.76**	**0.73**
初等教育	Primary Education	17.98	16.81	0.23
中等教育	Secondary Education	34.70	32.13	0.30
高等教育	Higher Education	7.82	7.25	0.09
卫生和社会工作	**Health and Social Work**	**37.90**	**33.15**	**1.64**
卫生	Health	37.24	32.68	1.60
社会工作	Social Work	0.66	0.47	0.04
文化、体育和娱乐业	**Culture, Sports and Entertainment**	**5.31**	**3.14**	**0.04**
新闻和出版业	Journalism and Publishing Activities	0.88	0.47	
广播、电视、电影和影视录音制作业	Broadcasting,Movies,Television and Audiovisual Activities	1.96	1.46	
文化艺术业	Culture and Art	1.53	1.01	0.03
体育	Sports Activities	0.26	0.14	
娱乐业	Entertainment	0.67	0.06	
公共管理、社会保障和社会组织	**Public Management and Social Organization**	**78.80**	**78.23**	**0.02**
中国共产党机关	Organ of Communist Party of China	2.61	2.61	
国家机构	Organ of State	73.34	73.34	
人民政协、民主党派	People's Political Consultative Conference and Democratic Party	0.39	0.39	
社会保障	Social Insurance	1.18	1.18	
群众团体、社会团体和其他成员组织	Mass Community,Social Community and Religion Organizations	1.28	0.71	0.02

4-9 在岗职工工资总额及年平均工资
Total Wages and Average Annual Wage of Staff and Workers on the Job

年份 Year	在岗职工工资总额(亿元) Totel Wages of Staff and Workers on the Job (100 million yuan)	国有经济 State-owned Economic	城镇集体经济 Urban Collective-owned Economic	其他经济 Economic Units of Other Types	在岗职工年平均工资(元) Average Annual Wages of Staff and Workers on the Job (yuan)	国有经济 State-owned Economic	城镇集体经济 Urban Collective-owned Economic	其他经济 Economic Units of Other Types
1978	20.33	16.29	4.04		563	589	474	
1979	23.39	18.50	4.89		628	644	580	
1980	28.73	23.09	5.64		718	746	625	
1981	30.09	24.17	5.92		725	748	643	
1982	32.46	26.13	6.33		750	772	670	
1983	34.48	27.71	6.77		780	803	700	
1984	41.69	32.28	9.41		922	965	800	
1985	49.30	38.36	10.93	0.01	1059	1111	912	1270
1986	58.80	45.97	12.81	0.02	1220	1281	1043	1078
1987	70.14	55.16	14.94	0.04	1400	1470	1190	1483
1988	87.38	69.78	17.54	0.06	1688	1777	1407	1966
1989	96.78	78.66	18.02	0.10	1836	1945	1475	2125
1990	108.97	88.92	19.91	0.14	2014	2141	1593	2089
1991	119.67	97.57	21.91	0.19	2152	2278	1727	2361
1992	143.69	118.37	24.96	0.36	2526	2686	1966	2852
1993	181.84	148.64	29.51	3.69	3142	3324	2379	4970
1994	238.22	198.56	34.76	4.90	4104	4388	2910	5762
1995	282.05	233.48	41.12	7.45	4797	5082	3525	6259
1996	299.57	251.74	41.59	6.24	5100	5412	3724	5897
1997	314.91	265.53	40.70	8.68	5326	5683	3736	5733
1998	323.76	269.17	35.94	18.65	5473	5849	3585	5994
1999	349.06	293.70	34.55	20.81	5939	6385	3627	6403
2000	377.19	318.62	34.21	24.36	6515	6999	3800	7217
2001	407.58	335.75	29.00	42.83	7698	8295	4146	7825
2002	458.53	374.41	30.05	54.07	8734	9403	4522	8958
2003	494.42	400.01	29.04	65.37	9855	10484	5108	10327
2004	543.76	432.98	31.20	79.58	11463	12173	6228	11602
2005	616.86	426.50	33.17	157.19	13718	14521	8355	13522
2006	715.23	488.02	36.31	190.90	16031	16898	9792	15874
2007	898.65	600.05	47.05	251.55	19711	21173	12921	18482
2008	1057.07	688.10	53.73	315.24	23082	24939	15529	21379
2009	1225.42	755.58	51.98	417.86	26008	28202	17867	23994
2010	1434.62	845.54	60.02	529.06	29275	31343	20221	27757
2011	1797.05	942.06	65.43	789.52	35520	36654	27034	35139
2012	2076.46	1080.35	72.93	923.18	40028	41628	30204	39270
2013	2407.62	1127.78	69.09	1210.75	43893	45342	33919	43330
2014	2665.89	1219.28	72.94	1373.67	48525	49784	37487	48196
2015	2866.49	1311.08	65.53	1489.88	53889	57308	41324	51860
2016	3111.00	1506.02	69.86	1535.12	60160	66349	42684	56073

注：从2011年起，“职工工资总额”及“职工年平均工资”指标更改为“在岗职工工资总额”及“在岗职工年平均工资”指标。

Form 2011,Index of "Wages of Saff and Workers"and "Average Annual Wages of Staff and Workers" Changed into"Wages of Saff and Workers on the Job"and "Average Annual Wages of Staff and Workers on the Jobs".

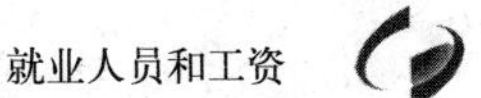

4-10 各行业在岗职工工资总额(2016年)
Total Wages of Staff and Workers on the Job by Sector (2016)

单位:万元 (10 000 yuan)

行业	Item	全部在岗职工 Number of Staff and Workers on the Job	国有经济 State-owned Economic	城镇集体 Urban Collective-owned Economic
总计	**Total**	**31110039**	**15060188**	**698621**
农、林、牧、渔业	**Agriculture, Forestry, Farming of Animals and Fishing Farming o**	**66994**	**36647**	**1950**
农业	Agriculture	10020	3774	93
林业	Forestry	26852	21055	780
畜牧业	Farming of animals	5986	826	11
渔业	Fishing	5506	3266	143
农、林、牧、渔服务业	Service Activities for Agriculture,Forestry, Farming of Animals and Fishing	18631	7727	923
采矿业	**Mining**	**366493**	**42523**	**47759**
煤炭开采和洗选业	Mining and Washing of Coal	190193	28117	38104
石油和天然气开采业	Petroleum and Natural Gas Extraction			
黑色金属矿采选业	Mining of Ferrous Metal Ores	14673	69	5525
有色金属矿采选业	Mining of Non-ferrous Metal Ores	109409	3074	1618
非金属矿采选业	Mining and Processing of Nonmetal Ores	51989	11036	2513
开采辅助活动	Mining auxiliary activities			
其他采矿业	Mining of Other Mineral	228	228	
制造业	**Manufacturing**	**5841959**	**357566**	**83232**
农副食品加工业	Processing of Food from Agricultural Products	243374	11096	3944
食品制造业	Manufacture of Foods	135264	657	906
酒、饮料和精制茶制造业	Manufacture of Beverage, drink and tea	113738	26	230
烟草制品业	Manufacture of Tobacco	231457	213558	
纺织业	Manufacture of Textile	86888	1214	19
纺织服装、服饰业	Manufacture of Textile Wearing Apparel	67290	992	1134
皮革、毛皮、羽毛及其制品和制鞋业	Leather,Fur,Feather and Its Products and Footwear	224586	51	720
木材加工和木、竹、藤、棕、草制品业	Processing of Timbers, Manufacture of Wood, Bamboo, Rattan, Palm and Straw Products	52174	1690	911
家具制造业	Manufacture of Furniture	13684		30
造纸和纸制品业	Manufacture of Paper and Paper Products	83528		1454
印刷和记录媒介复制业	Printing,Reproduction of Recording Media	55338	3746	4537
文教、工美、体育和娱乐用品制造业	Manufacture of Articles for Culture,Education and Sport Activity	55489	1465	2597
石油加工、炼焦和核燃料加工业	Processing of Petroleum, Coking, Processing of Nucleus Fuel	104039		
化学原料和化学制品制造业	Manufacture of Chemical Raw Material and Chemical Products	385876	16581	4992
医药制造业	Manufacture of Medicines	164720	4644	1962
化学纤维制造业	Manufacture of Chemical Fiber	9703		
橡胶和塑料制品业	Manufacture of Rubber and plastic	74319	1181	8309
非金属矿物制品业	Manufacture of Non-metallic Mineral Products	561920	23097	24237
黑色金属冶炼和压延加工业	Manufacture and Processing of Ferrous Metals	269125	261	5155
有色金属冶炼和压延加工业	Manufacture and Processing of Non-ferrous Metals	309670	5516	2813
金属制品业	Manufacture of Metal Products	133852		1253
通用设备制造业	Manufacture of General Purpose Machinery	172894	7691	2965
专用设备制造业	Manufacture of Special Purpose Machinery	303280	5543	1482
汽车制造业	Automobile Industry	439438	14240	4589
铁路、船舶、航空航天和其他运输设备制造业	Manufacture of Railway,Marine,Aerospace and Other Transport Equipment	427328	38844	1099
电气机械和器材制造业	Manufacture of Electrical Machinery and Equipment	328655	2493	2313

4-10 续表 1 continued

单位:万元 (10 000 yuan)

行业	Item	全部在岗职工 Number of Staff and Workers on the Job	国有经济 State-owned Economic	城镇集体 Urban Collective-owned Economic
计算机、通信和其他电子设备制造业	Manufacture of Communication Equipment, Computer and Other Electronic Equipment	706914	212	24
仪器仪表制造业	Manufacture of Measuring Instrument	50368	1818	1290
其他制造业	Other Manufacture N.E.C	7516		
废弃资源综合利用业	Recycling and Disposal of Waste	22208	950	4173
金属制品、机械和设备修理业	Mental Products,Machine and Equipment Repair	7325		97
电力、热力、燃气及水生产和供应业	**Production and Distribution of Electricity,Gas and Water**	**1070083**	**711880**	**8925**
电力、热力生产和供应业	Production and Supply of Electric Power and Heat Power	891441	624726	6851
燃气生产和供应业	Production and Distribution of Gas	32581	995	
水的生产和供应业	Production and Distribution of Water	146061	86159	2074
建筑业	**Construction**	**3928030**	**277850**	**309177**
房屋建筑业	Construction of Building	2645783	84268	231463
土木工程建筑业	Construction of Civil Engineering	989663	177736	73767
建筑安装业	Architectural Installation	155383	5013	1451
建筑装饰和其他建筑业	Architectural Decoration and Other Construction	137200	10834	2497
批发和零售业	**Wholesale and Retail Trade**	**975276**	**218709**	**17725**
批发业	Wholesale	420128	192392	5408
零售业	Retail Trade	555148	26317	12316
交通运输、仓储和邮政业	**Traffic,Transport,Storage and Post**	**1519891**	**1044058**	**12225**
铁路运输业	Transport Via Railway	707086	688048	
道路运输业	Transport Via Road	424475	129103	6655
水上运输业	Water Transport	12192	1097	966
航空运输业	Air Transport	85419	17795	
管道运输业	Pipeline Transportation Industry	1107		
装卸搬运和运输代理业	Loading,Unloading,Portage and Other Transport Services	22548	1830	4061
仓储业	Storage	21109	17131	543
邮政业	Post	245954	189055	
住宿和餐饮业	**Accommodation and Restaurants**	**267931**	**40926**	**3199**
住宿业	Accommodation	186211	37203	2924
餐饮业	Restaurants	81720	3723	275
信息传输、软件和信息技术服务业	**Information Transfer,Software and Information Technology Service**	**547291**	**47411**	**553**
电信、广播电视和卫星传输服务	Telecom, Broadcasting and Satellite Transmission Service	404237	45437	179
互联网和相关服务	The Internet and Related Services	44920	168	
软件和信息技术服务业	Software and Information Technology Service	98133	1806	374
金融业	**Finance**	**2265553**	**159627**	**43384**
货币金融服务	Monetary and Financial Services	1590213	155374	43384
资本市场服务	Capital Markets Services	272511	1240	
保险业	Insurance	394486	2984	
其他金融业	Other Financial Activities	8342	29	
房地产业	**Real Estate**	**619242**	**36013**	**1876**
房地产开发经营	Real Estate Exploitation Management	436164	15430	700
物业管理	Management Concerning Dwelling	149653	11085	153
房地产中介服务	Real Estate Agency Service	18740	52	183
租赁和商务服务业	**Tenancy and Business Services**	**444060**	**86254**	**16229**
租赁业	Tenancy	6049	127	
商务服务业	Business Service	438011	86127	16229
科学研究和技术服务业	**Scientific Research,Technical Service&Geologic Perambulation**	**689303**	**333334**	**2874**

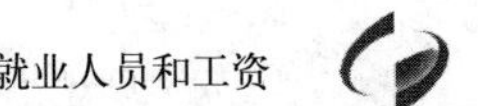

4-10 续表 2 continued

单位:万元 (10 000 yuan)

行 业	Item	全部在岗职工 Number of Staff and Workers on the Job	国有经济 State-owned Economic	城镇集体 Urban Collective-owned Economic
研究和试验发展	Research and Experimental Development	106007	68345	136
专业技术服务业	Professional Technique Services	464671	231128	2386
科技推广和应用服务业	Services of S&T Intercommunion and Generalization	118625	33862	352
水利、环境和公共设施管理业	**Management of Water Conservancy, Environment and Public Establishment**	**302228**	**258098**	**5027**
水利管理业	Management of Water Conservancy	80507	71649	3142
生态保护和环境治理业	Environmental Management	19220	9154	150
公共设施管理业	Management of Public Establishment	202501	177296	1735
居民服务、修理和其他服务业	**Resident Services and Other Services**	**71471**	**14986**	**3020**
居民服务业	Resident Services	53157	14250	98
机动车、电子产品和日用产品修理业	Motor, Electronic Products and Daily Products Repair Service	5890	112	312
其他服务业	Other Services	12423	624	2610
教育	**Education**	**4308685**	**3988247**	**47168**
初等教育	Primary Education	1077276	1011532	14030
中等教育	Secondary Education	2220387	2075685	23776
高等教育	Higher Education	779997	744788	4084
卫生和社会工作	**Health and Social Work**	**2950319**	**2673821**	**91985**
卫生	Health	2917914	2649739	90485
社会工作	Social Work	32405	24082	1500
文化、体育和娱乐业	**Culture, Sports and Entertainment**	**375825**	**253565**	**1832**
新闻和出版业	Journalism and Publishing Activities	62679	29537	405
广播、电视、电影和影视录音制作业	Broadcasting, Movies, Television and Audiovisual Activities	191768	153299	39
文化艺术业	Culture and Art	81716	58536	1274
体育	Sports Activities	11455	7227	114
娱乐业	Entertainment	28207	4967	
公共管理、社会保障和社会组织	**Public Management and Social Organization**	**4499408**	**4478675**	**483**
中国共产党机关	Organ of Communist Party of China	158902	158902	
国家机构	Organ of State	4181939	4181939	
人民政协、民主党派	People's Political Consultative Conference and Democratic Party	26746	26746	
社会保障	Social Insurance	71180	71180	
群众团体、社会团体和其他成员组织	Mass Community,Social Community and Religion Organizations	60640	39908	483

4-11 各行业在岗职工年平均工资(2016年)
Average Annual Wage of Staff and Workers on the Job by Sector (2016)

单位:元 (yuan)

行业	Item	全部在岗职工 Number of Staff and Workers on the Job	国有经济 State-owned Economic	城镇集体 Urban Collective-owned Economic
总计	**Total**	**60160**	**66349**	**42684**
农、林、牧、渔业	**Agriculture, Forestry, Farming of Animals and Fishing Farming of Animals and Fishing**	**34031**	**37220**	**28464**
农业	Agriculture	27741	25828	40522
林业	Forestry	37878	41893	50297
畜牧业	Farming of animals	40091	50957	37333
渔业	Fishing	31847	28252	23113
农、林、牧、渔服务业	Service Activities for Agriculture, Forestry, Farming of Animals and Fishing	32329	37859	20871
采矿业	**Mining**	**45583**	**40252**	**44937**
煤炭开采和洗选业	Mining and Washing of Coal	43212	39780	44389
石油和天然气开采业	Petroleum and Natural Gas Extraction			
黑色金属矿采选业	Mining of Ferrous Metal Ores	47687	38056	53642
有色金属矿采选业	Mining of Non-ferrous Metal Ores	51119	26382	45952
非金属矿采选业	Mining and Processing of Nonmetal Ores	43755	48233	37958
开采辅助活动	Mining auxiliary activities			
其他采矿业	Mining of Other Mineral	91280	91280	
制造业	**Manufacturing**	**54795**	**95059**	**41175**
农副食品加工业	Processing of Food from Agricultural Products	43011	39154	43009
食品制造业	Manufacture of Foods	40874	37764	42336
酒、饮料和精制茶制造业	Manufacture of Beverage, drink and tea	45321	32500	30263
烟草制品业	Manufacture of Tobacco	174553	217097	
纺织业	Manufacture of Textile	39304	38173	46500
纺织服装、服饰业	Manufacture of Textile Wearing Apparel	52760	62377	40788
皮革、毛皮、羽毛及其制品和制鞋业	Leather,Fur,Feather and Its Products and Footwear	38741	36429	38277
木材加工和木、竹、藤、棕、草制品业	Processing of Timbers, Manufacture of Wood, Bamboo, Rattan, Palm and Straw Products	41195	29963	30670
家具制造业	Manufacture of Furniture	44043		37625
造纸和纸制品业	Manufacture of Paper and Paper Products	41593		41551
印刷和记录媒介复制业	Printing,Reproduction of Recording Media	46491	39269	44564
文教、工美、体育和娱乐用品制造业	Manufacture of Articles for Culture, Education and Sport Activity	47807	56362	30655
石油加工、炼焦和核燃料加工业	Processing of Petroleum, Coking, Processing of Nucleus Fuel	90532		
化学原料和化学制品制造业	Manufacture of Chemical Raw Material and Chemical Products	45187	40560	43941
医药制造业	Manufacture of Medicines	51879	53251	31961
化学纤维制造业	Manufacture of Chemical Fiber	48978		
橡胶和塑料制品业	Manufacture of Rubber and plastic	44870	46668	45453
非金属矿物制品业	Manufacture of Non-metallic Mineral Products	51335	60305	36115
黑色金属冶炼和压延加工业	Manufacture and Processing of Ferrous Metals	56029	15092	60509
有色金属冶炼和压延加工业	Manufacture and Processing of Non-ferrous Metals	52703	51172	39337
金属制品业	Manufacture of Metal Products	49769		44447
通用设备制造业	Manufacture of General Purpose Machinery	47402	72829	48136
专用设备制造业	Manufacture of Special Purpose Machinery	59178	60180	40149
汽车制造业	Automobile Industry	68820	72951	54174
铁路、船舶、航空航天和其他运输设备制造业	Manufacture of Railway, Marine, Aerospace and Other Transport Equipment	83126	52592	42910
电气机械和器材制造业	Manufacture of Electrical Machinery and Equipment	61448	72468	38355

4-11 续表 1 continued

单位:元 (yuan)

行业	Item	全部在岗职工 Number of Staff and Workers on the Job	国有经济 State-owned Economic	城镇集体 Urban Collective-owned Economic
计算机、通信和其他电子设备制造业	Manufacture of Communication Equipment,Computer and Other Electronic Equipment	57350	50476	34571
仪器仪表制造业	Manufacture of Measuring Instrument	51857	56800	53750
其他制造业	Other Manufacture N.E.C	57029		
废弃资源综合利用业	Recycling and Disposal of Waste	55589	53388	45805
金属制品、机械和设备修理业	Mental Products,Machine and Equipment Repair	87721		32167
电力、热力、燃气及水生产和供应业	**Production and Distribution of Electricity, Gas and Water**	**66043**	**65430**	**44030**
电力、热力生产和供应业	Production and Supply of Electric Power and Heat Power	68314	67929	47841
燃气生产和供应业	Production and Distribution of Gas	60638	59581	
水的生产和供应业	Production and Distribution of Water	55823	51694	34855
建筑业	**Construction**	**46712**	**50676**	**37330**
房屋建筑业	Construction of Building	45448	45301	39004
土木工程建筑业	Construction of Civil Engineering	51190	54136	32787
建筑安装业	Architectural Installation	50766	35499	35995
建筑装饰和其他建筑业	Architectural Decoration and Other Construction	39428	54606	43208
批发和零售业	**Wholesale and Retail Trade**	**51530**	**83480**	**34145**
批发业	Wholesale	67198	96563	56630
零售业	Retail Trade	43801	41939	29076
交通运输、仓储和邮政业	**Traffic, Transport, Storage and Post**	**66770**	**77043**	**26508**
铁路运输业	Transport Via Railway	91687	91811	
道路运输业	Transport Via Road	44245	41922	22939
水上运输业	Water Transport	45578	43540	44114
航空运输业	Air Transport	104284	77876	
管道运输业	Pipeline Transportation Industry	55628		
装卸搬运和运输代理业	Loading,Unloading,Portage and Other Transport Services	44738	68528	30400
仓储业	Storage	48392	54333	34821
邮政业	Post	72115	79365	
住宿和餐饮业	**Accommodation and Restaurants**	**37045**	**45687**	**34103**
住宿业	Accommodation	37718	45687	33421
餐饮业	Restaurants	35597	45682	43587
信息传输、软件和信息技术服务业	**Information Transfer,Software and Information Technology Service**	**77276**	**63384**	**72737**
电信、广播电视和卫星传输服务	Telecom, Broadcasting and Satellite Transmission Service	75599	63933	35098
互联网和相关服务	The Internet and Related Services	98293	48114	
软件和信息技术服务业	Software and Information Technology Service	76775	53420	149520
金融业	**Finance**	**120293**	**98785**	**83064**
货币金融服务	Monetary and Financial Services	126108	100028	83064
资本市场服务	Capital Markets Services	253805	47857	
保险业	Insurance	77379	82668	
其他金融业	Other Financial Activities	160734	47667	
房地产业	**Real Estate**	**54282**	**61101**	**40249**
房地产开发经营	Real Estate Exploitation Management	65611	61084	48639
物业管理	Management Concerning Dwelling	35576	63018	21786
房地产中介服务	Real Estate Agency Service	65295	40154	33345
租赁和商务服务业	**Tenancy and Business Services**	**47639**	**47636**	**37611**
租赁业	Tenancy	39742	24423	
商务服务业	Business Service	47770	47703	37611
科学研究和技术服务业	**Scientific Research,Technical Service&Geologic Perambulation**	**63899**	**69629**	**39965**

4-11 续表 2 continued

单位:元 (yuan)

行业	Item	全部在岗职工 Number of Staff and Workers on the Job	国有经济 State-owned Economic	城镇集体 Urban Collective-owned Economic
研究和试验发展	Research and Experimental Development	79359	72170	27755
专业技术服务业	Professional Technique Services	75119	73052	48787
科技推广和应用服务业	Services of S&T Intercommunion and Generalization	36325	50062	19436
水利、环境和公共设施管理业	**Management of Water Conservancy, Environment and Public Establishment**	**44959**	**44231**	**45494**
水利管理业	Management of Water Conservancy	46120	45431	48269
生态保护和环境治理业	Environmental Management	54619	45631	49967
公共设施管理业	Management of Public Establishment	43786	43696	40917
居民服务、修理和其他服务业	**Resident Services and Other Services**	**46458**	**57351**	**51278**
居民服务业	Resident Services	50319	57925	36296
机动车、电子产品和日用产品修理业	Motor,Electronic Products and Daily Products Repair Service	43216	24413	41066
其他服务业	Other Services	35936	58308	53708
教育	**Education**	**66583**	**68037**	**65438**
初等教育	Primary Education	60079	60337	60999
中等教育	Secondary Education	64188	64746	79439
高等教育	Higher Education	100268	103215	49439
卫生和社会工作	**Health and Social Work**	**79175**	**82057**	**56360**
卫生	Health	79714	82493	56731
社会工作	Social Work	49217	51866	40426
文化、体育和娱乐业	**Culture, Sports and Entertainment**	**71311**	**81281**	**49115**
新闻和出版业	Journalism and Publishing Activities	71421	64197	89933
广播、电视、电影和影视录音制作业	Broadcasting, Movies, Television and Audiovisual Activities	98307	105957	21778
文化艺术业	Culture and Art	53725	58002	45177
体育	Sports Activities	44713	51582	40750
娱乐业	Entertainment	42436	78341	
公共管理、社会保障和社会组织	**Public Management and Social Organization**	**57428**	**57581**	**30346**
中国共产党机关	Organ of Communist Party of China	60973	60973	
国家机构	Organ of State	57371	57371	
人民政协、民主党派	People's Political Consultative Conference and Democratic Party	68562	68562	
社会保障	Social Insurance	60159	60159	
群众团体、社会团体和其他成员组织	Mass Community, Social Community and Religion Organizations	47509	56360	30346

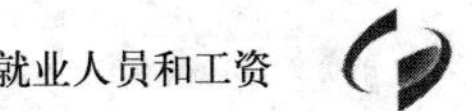

4-12 社会保险参保人员情况

Basic Indicators of Staff and Workers Participated in Social Security System

单位:万人 (10 000 persons)

年份 Year	养老保险参保人数 Persons in Pension Insurance	机关事业单位 Agencies and Institutions	企业单位 Enterprises	离退休人员 Lay-off Workers	医疗保险参保人数 Persons in Health Programs	城镇职工 Urban Workers	城镇居民 Rural Residents	失业保险参保人数 Persons in Unemployment Programs	工伤保险参保人数 Persons in Injury Insurance	生育保险参保人数 Persons in Maternity Insurance
1999	419.46		314.36	105.10	35.00	35.00		345.60		
2000	568.07	133.24	323.33	111.50	127.30	127.30		346.48		
2001	603.41	140.79	314.62	148.00	351.60	351.60		351.99		
2002	616.36	145.48	313.18	157.70	398.13	398.13		326.61		3.37
2003	636.19	151.25	317.44	167.51	423.50	423.50		347.50	8.59	3.28
2004	691.70	152.50	353.80	185.40	476.97	476.97		380.46	203.33	212.92
2005	718.65	154.26	369.15	195.24	503.35	503.35		382.67	228.22	250.24
2006	751.65	155.63	386.14	209.88	560.47	560.47		386.30	280.1	308.53
2007	783.98	155.89	400.77	227.32	724.47	620.57	103.90	388.97	342.44	369.34
2008	829.06	157.13	436.59	235.34	1348.51	682.02	666.49	390.12	403.53	431.55
2009	879.07	157.47	475.46	246.14	1831.93	746.40	1085.53	392.01	472.08	502.43
2010	937.66	155.97	516.88	264.81	1894.47	777.32	1117.15	399.50	515.97	527.13
2011	988.19	156.14	554.15	277.90	1941.21	789.52	1151.70	429.70	635.48	538.77
2012	1048.08	156.40	591.22	300.46	2341.90	797.60	1544.30	449.90	693.83	546.00
2013	1091.73	156.55	605.67	329.51	2316.19	799.25	1516.94	461.66	731.15	535.96
2014	1118.89	156.82	613.03	349.04	2300.70	807.89	1492.81	509.50	747.97	537.59
2015	1160.06	156.57	634.50	368.99	2662.40	818.80	1843.60	521.00	777.98	544.00
2016	1204.00	154.00	662.00	388.00	2647.00	830.00	1817.00	538.00	773.00	543.00

主要统计指标解释

经济活动人口 指在16周岁及以上，有劳动能力，参加或要求参加社会经济活动的人口。包括就业人员和失业人员。

就业人员 指在16周岁及以上，从事一定社会劳动并取得劳动报酬或经营收入的人员。这一指标反映了一定时期内全部劳动力资源的实际利用情况，是研究我国基本国情国力的重要指标。

单位就业人员 指在各级国家机关、政党机关、社会团体及企业、事业单位中工作，取得工资或其他形式的劳动报酬的全部人员。包括在岗职工、再就业的离退休人员、民办教师以及在各单位中工作的外方人员和港澳台方人员、兼职人员、借用的外单位人员和第二职业者。各单位的就业人员反映了各单位实际参加生产或工作的全部劳动力。

城镇私营和个体就业人员 城镇私营就业人员指在工商管理部门注册登记，其经营地址设在县城关镇(含县城关镇)以上的私营企业就业人员，包括私营企业投资者和雇工。城镇个体就业人员指在工商管理部门注册登记，并持有城镇户口或在城镇长期居住，经批准从事个体工商经营的就业人员，包括个体经营者和在个体工商户劳动的家庭帮工和雇工。

国有单位 指资产归国家所有的经济组织。包括按《中华人民共和国企业法人登记管理条例》规定登记注册的非公司制的经济组织，以及中央、地方各级国家机关、事业单位和社会团体。

集体单位 指生产资料归集体所有，并按《中华人民共和国企业法人登记管理条例》规定登记注册的经济组织。

其他单位 包括股份合作单位、联营单位、有限责任公司、股份有限公司、港澳台商投资单位以及外商投资单位等其他登记注册类型单位。

在岗职工 指在本单位工作并由单位支付工资的人员，以及有工作岗位，但由于学习、病伤产假等原因暂未工作，仍由单位支付工资的人员。

工资总额 指各单位在一定时期内直接支付给本单位全部就业人员的劳动报酬总额。工资总额的计算原则应以直接支付给就业人员的全部劳动报酬为根据。各单位支付给就业人员的劳动报酬以及其他根据有关规定支付的工资，不论是计入成本的还是不计入成本的，不论是按国家规定列入计征奖金税项目的，还是未列入计征奖金税项目的，不论是以货币形式支付的还是以实物形式支付的，均包括在工资总额内。

平均工资 指企业、事业、机关单位的就业人员在一定时期内平均每人所得的货币工资额。它表明一定时期职工工资收入的高低程度，是反映就业人员工资水平的主要指标。计算公式为:

$$平均工资=\frac{报告期实际支付的全部就业人员工资总额}{报告期全部就业人员平均人数}$$

平均工资指数 指报告期就业人员平均工资与基期就业人员平均工资的比率，是反映不同时期就业人员货币工资水平变动情况的相对数。计算公式为:

$$平均工资指数=\frac{报告期就业人员平均工资}{基期就业人员平均工资}\times 100\%$$

平均实际工资指数 就业人员平均实际工资指扣除物价变动因素后的就业人员平均工资。就业人员平均实际工资指数是反映实际工资变动情况的相对数，表明就业人员实际工资水平提高或降低的程度。计算公式为:

$$平均实际工资指数=\frac{报告期就业人员平均工资指数}{报告期城镇居民消费价格指数}\times 100\%$$

城镇登记失业人员 指有非农业户口，在一定的劳动年龄内(16周岁至退休年龄)，有劳动能力，无业而要求就业，并在当地就业服务机构进行求职登记的人员。

城镇登记失业率 城镇登记失业人员与城镇就业人员和城镇登记失业人员之和的比。计算公式为:

$$城镇登记失业率=\frac{城镇登记失业人数}{城镇就业人员+城镇登记失业人数}\times 100\%$$

Explanatory Notes on Main Statistical Indicators

Economically Active Population refers to the population aged 16 and over who are capable of working, are participating in or willing to participate in economic activities, including employed persons and unemployed persons.

Employed Persons refer to persons aged 16 and over who are engaged in gainful employment and thus receive remuneration payment or earn business income. This indicator reflects the actual utilization of total labour force during a certain period of time and is often used for the research on China's economic situation and national power.

Persons Employed in Various Units refer to all the persons working in government agencies of various levels, political and party organizations, social organizations, enterprises and institutions, and receiving wages or other forms of payment. They include fully-employed staff and workers, re-employed retirees, teachers in the schools run by the local people, foreigners and Chinese compatriots from Hong Kong, Macao, and Taiwan working in various units, part-time employees, employees of other units working temporarily at current posts, and employees holding the second job. This indicator reflects the total number of laborers actually engaged in production or other operations in various units.

Persons Employed in Private Enterprises and Self-Employed Individuals in Urban Areas Persons employed in private enterprises refer to the persons employed in the private enterprises which have been registered at the departments of industrial and commercial administration for which the business operation are situated at a county town (i.e. a town where the county government is located), or at urban areas with administrative hierarchy higher than a county town. The self-employed individuals in urban areas refer to persons who hold the certificates of residence in urban areas or have resided in the urban areas for a long time and have been registered at the departments of industrial and commercial administration and approved to be engaged in individual industrial or commercial business, including self-employed persons as well as helpers and hired labourers who work in individual households.

State-owned Units refer to economic units whose assets are owned by the state, including non-corporation units registered according to Regulation of the People's Republic of China on the Registration of Enterprises and Corporations, state organs, institutions and social organizations at the central-level and local levels.

Collective-owned Units refer to economic units registered according to Regulation of the People's Republic of China on the Registration of Enterprises and Corporations where the means of production are collectively owned.

Units of Other Types of Ownership refer to units registered with other types of ownership, including cooperative units, joint ownership units, limited liability corporations, share holding corporations, units funded by entrepreneurs from Hong Kong, Macao, and Taiwan, and foreign- funded units.

Employed Staff and Workers refer to persons who work in, and receive wages from their working units, including persons who have their work posts but are temporarily absent from work for reasons of study or on sick, injury or maternal leave and still receive wages from their working units.

Total Wage Bill refers to the total remuneration payment to employed persons in various units during a certain period of time. The calculation of total wage bill is based on the total remuneration payment to employed persons . Therefore, all the wages and salaries and other payments to employed persons are included in the total wage bill regardless of sources, reckoning the cost of production or not, category, listing as items of premium taxation or not, and forms, paying in cash or in kind.

Average Wage refers to the average wage in money terms per person during a certain period of time for employed persons in enterprises, institutions, and government agencies, which reflects the general level of wage income during a certain period of time and is calculated as follows:

$$\text{Average Wage} = \frac{\text{Total Wage Bill of Employed Persons at Reference Time}}{\text{Average Number of Persons Employed at Reference Time}}$$

Average Wage Indices refers to the ratio of average wage of employed persons the reference period to that at the base period, which reflects the change of wage of employed persons at the different period. It is calculated as follows:

$$\text{Average Wage Indices} = \frac{\text{Average Wage of Employed Persons at Reference Time}}{\text{Average Wage of Persons Employeds at Base Period}} \times 100\%$$

Average Real Wage Indices average real wage of employed persons refers to the average wage of employed persons after removing the effects of the price changes and average real wage indices of employed persons refers to the change of real wage, which reflects the relative increasing or decreasing level of real wage of employed persons ,which is calculated as follows:

$$\text{Average Real Wage Indices} = \frac{\text{Average Wage Indices of Employed Persons at the Reference Time}}{\text{Urban Consumer Price Indices at Reference Time}} \times 100\%$$

Registered Unemployed Persons in Urban Areas refer to the persons with non-agricultural household registration at certain working ages (16 years old to retirement age), who are capable of working, unemployed and willing to work, and have been registered at the local employment service agencies to apply for a job.

Registered Unemployment Rate in Urban Areas refers to the ratio of the number of the registered unemployed persons to the sum of the number of persons employed in various units and the registered unemployed persons in urban areas. The formula is as follows:

$$\text{Registered unemployment rate in urban areas} = \frac{\text{number of registered urban unemployed persons}}{\text{number of persons employed} + \text{registered unemployed persons in urban areas}} \times 100\%$$

固定资产投资

5 Investment in Fixed Assets

资料整理人员：田杰平

5-1 历年固定资产投资及构成
Composition of Investments in Fixed Assets over the Years

单位:亿元 (100 million yuan)

年 份 Year	固定资产投资 Investment in Fixed Assets	中央 Central Investment	固定资产投资增速(%) Fixed asset investment growth (%)	国有投资 State-owned Investment	非国有投资 non—State-owned Investment
1978	20.15			14.71	5.44
1979	25.29			17.56	7.73
1980	32.20			20.32	11.88
1981	33.45			18.67	14.78
1982	40.18			25.34	14.84
1983	55.66			25.06	30.60
1984	60.54			29.39	31.15
1985	83.52			43.86	39.66
1986	99.26			50.40	48.86
1987	116.39			60.98	55.41
1988	140.04			72.97	67.07
1989	114.41			62.94	51.47
1990	124.17			72.01	52.16
1991	157.07			94.85	62.22
1992	233.39			149.72	83.67
1993	320.24			203.17	117.07
1994	420.89			251.21	169.68
1995	524.01			316.90	207.11
1996	678.33			375.27	303.06
1997	700.73			366.24	334.49
1998	848.59			457.00	391.59
1999	943.34			522.95	420.39
2000	1066.27	248.26		574.12	492.15
2001	1210.63	225.54		618.54	592.09
2002	1355.87	166.88		665.70	690.17
2003	1557.00	114.09		701.33	855.67
2004	1981.29	150.68		879.95	1101.34
2005	2563.96	175.48		1000.96	1563.00
2006	3242.39	255.23		1205.49	2036.90
2007	4294.36	354.63		1546.59	2747.76
2008	5649.69	457.13		1985.68	3664.01
2009	7695.27	288.58		2923.52	4771.75
2010	9821.06	281.61		3322.32	6498.75
2011	11431.48	353.67	27.9	3563.13	7868.35
2012	14576.61	435.37	27.5	4580.72	9995.89
2013	18381.44	334.14	26.1	5574.42	12807.02
2014	21950.77	460.48	19.4	6393.07	15557.70
2015	25954.27	492.75	18.2	7829.93	18124.34
2016	27688.45	443.50	13.8	9253.52	18434.93

注：从2011年起，固定资产投资起报点由50万元提高到500万元，全社会固定资产投资指标调整为固定资产投资。

From 2011, the starting point of reporting Investment in Fixed Assets increased from five hundred thousand yuan to five million yuan. The Index of "Total Investment in Fixed Assets" adjusted to the "Investment in Fixed Assets".

5-2 固定资产投资
Investment in Fixed Assets

指 标	Item	2000	2005	2015	2016	2016年比上年±% Increase Rate in 2016 over 2015(%)
投资总额 （亿元）	**Total Investment (100 million yuan)**	**1066.27**	**2563.96**	**25954.27**	**27688.45**	**13.8**
按经济类型分	**Grouped by Ownership**					
国有经济	State-Owned Units	574.12	1000.96	7829.93	9253.52	23.9
集体经济	Collective-Owned Units	118.80	94.89	755.40	377.70	-47.4
个体经济	Individuals	281.89	499.08	9377.88	10375.25	18.4
联营经济	Joint Owned Economic Units	1.36	13.26	17.13	22.59	31.9
股份制经济	Share Holding Economic Units	49.80	752.22	5716.21	6191.94	16.7
外商投资经济	Foreign Funded Economic Units	24.72	47.48	224.51	204.96	1.8
港澳台投资经济	Economic Units Funded by Entrepreneurs from Hong Kong,Macao and Taiwan	13.69	66.25	194.94	277.67	50.6
其他经济	Others	1.91	89.82	1838.27	984.81	-40.8
按资金来源分	**Grouped by Source of Funds**					
国家预算内投资	State Budgetary Appropriation	76.49	85.30	1383.71	1419.46	4.8
国内贷款	Domestic Loans	213.41	346.44	1800.32	2553.29	44.4
债券	Bonds	2.34	7.74	10.30	63.57	503.3
利用外资	Foreign Investment	22.01	63.25	32.82	45.94	41.6
自筹投资	Fundraising	623.37	1692.73	20130.65	20133.01	4.1
其他资金	Others	128.65	368.50	2596.48	3473.18	31.5
按构成分	**Grouped by Use of Funds**					
建筑安装工程	Construction and Installation	759.94	1678.77	18821.34	20718.64	17.2
设备、工器具购置	Purchase of Equipment and Instruments	198.68	490.60	4277.26	3676.18	-7.4
其他费用	Others	107.65	394.59	2855.67	3293.63	24.2
按隶属关系分	**Grouped by Administrative Relationship**					
中央	Central	248.26	177.52	492.75	443.50	-6.4
地方	Local	818.02	2386.44	25461.52	27244.95	14.2
按用途分：住宅	**Grouped by Industry: Residential Buildings**	**297.00**	**500.56**	**1945.85**	**2125.06**	**10.0**
房屋建筑面积（万平方米）	**Floor Space of Buildings (10 000 sq.m)**					
施工面积	Floor Space Under Construction	13170.34	14009.92	37086.82	94888.69	158.1
竣工面积	Floor Space Completed	10892.52	8124.12	6174.72	7342.74	20.5
#住宅	# Residential Buildings	9117.54	6179.85	3620.17	3866.04	7.1

5-3 按经济类型分固定资产投资及构成(2016年)
Investments in Fixed Assets and its Composition by Economic Types (2016)

类别	Item	全省总计 Total	国有 State-owned	非国有 Non State-owned
投资总额 (亿元)	**Total Investment (100 million yuan)**	**27688.45**	**9253.52**	**18434.93**
按资金来源分	**Grouped by Source of Funds**			
#国家预算内投资	#State Budgetary Appropriation	1419.46	1292.78	126.68
国内贷款	Domestic Loans	2553.29	1187.46	1365.83
债　券	Bonds	63.57	37.55	26.02
利用外资	Foreign Investment	45.94	16.58	29.36
自筹投资	Fundraising	20133.01	6049.59	14083.42
其他资金	Others	3473.18	669.55	2803.63
按构成分	**Grouped by Use of Funds**			
#建安工程	#Construction and Installation	20718.64	7462.67	13255.97
设备、工具、器具购置	Purchase of Equipment and Instruments	3676.18	555.30	3120.88
其他费用	Others	3293.63	1235.55	2058.08
按用途分：住宅	**Grouped by Industry:Residential Buildings**	**2125.06**	**277.06**	**1848.00**
房屋建筑面积 (万平方米)	**Floor Space of Buildings (10 000 sq.m)**			
#施工面积	#Floor Space Under Construction	94888.69	62396.58	32492.11
竣工面积	Floor Space Completed	7342.74	1470.83	5871.91
#住宅	#Residential Buildings	3866.04	589.94	3276.10
构成 (%)	**Percentage (%)**			
按资金来源分	**Grouped by Source of Funds**			
#国家预算内投资	#State Budgetary Appropriation	5.1	14.0	0.7
国内贷款	Domestic Loans	9.2	12.8	7.4
债　券	Bonds	0.2	0.4	0.1
利用外资	Foreign Investment	0.2	0.2	0.2
自筹投资	Fundraising	72.7	65.4	76.4
其他资金	Others	12.5	7.2	15.2
按构成分	**Grouped by Use of Funds**			
#建安工程	#Construction and Installation	74.8	80.6	71.9
设备、工具、器具购置	Purchase of Equipment and Instruments	13.3	6.0	16.9
其他费用	Others	11.9	13.4	11.2
按用途分：住宅	**Grouped by Industry:Residential Buildings**	**7.7**	**3.0**	**10.0**

注：其他含联营经济、股份制经济、中外合资经营、中外合作经营、外资、与大陆合资经营、与大陆合作经营、港澳台独资等经济。

Other types of ownership refer to the types of ownership of joint-owned economic units, share holding economic units, economic units funded by Chinese and foreign ventures, Chinese-foreign joint ventures, foreign-funded economic units, and the economic units funded by enterpriser from Hong Kong, Macao and Taiwan.

5-4 按行业分固定资产投资
Investment of Fixed Assets by Sector

行业	Sector	2014	2015	2016	2016年比上年±% Increase Rate in 2016 over 2015(%)
总计 (亿元)	**Total (100 million yuan)**	**21950.77**	**25954.27**	**27688.45**	**13.8**
农、林、牧、渔业	Agriculture,Forestry,Farming of Animals and Fishing	858.90	1116.75	1231.74	12.4
采矿业	Mining	679.87	626.75	499.45	-12.4
制造业	Manufacturing	7641.08	9079.12	8824.47	7.9
电力、燃气及水的生产和供应业	Production and Distribution of Electricity,Gas and Water	783.23	926.00	950.79	18.1
建筑业	Construction	238.08	435.09	318.66	-24.9
交通运输、仓储和邮政业	Traffic,Transport, Storage and Post	1559.94	1800.94	1944.41	16.7
信息传输、计算机服务和软件业	Information Transfer,Computer Services and Software	121.09	275.43	298.27	8.0
批发和零售业	Wholesale and Retail Trade	965.52	1270.61	1104.82	-5.9
住宿和餐饮业	Accommodation and Restaurants	299.17	328.48	293.91	-7.0
金融业	Finance	75.15	93.92	78.60	-30.2
房地产业	Real Estate Trade	3732.52	3651.92	4369.52	21.9
租赁和商务服务业	Tenancy and Business Services	419.37	552.93	723.43	34.9
科学研究、技术服务和地质勘查	Scientific Research,Technical Service and Geologic Perambulation	217.38	318.66	358.19	16.9
水利、环境和公共设施管理业	Management of Water Conservancy,Environment and Public Establishment	2729.89	3539.62	4526.16	32.6
居民服务和其他服务业	Resident Services and Other Services	99.76	135.88	131.02	0.9
教育	Education	417.54	500.34	568.10	18.1
卫生、社会保障和社会福利业	Sanitation,Social Security and Social Welfare	256.05	308.06	414.26	42.2
文化、体育和娱乐业	Culture,Sports and Entertainment	265.75	303.73	512.75	79.1
公共管理和社会组织	Public Management and Social Organization	590.48	690.03	539.90	-20.5
构成 (%)	**Composition in Percentage (%)**				
农、林、牧、渔业	Agriculture,Forestry,Farming of Animals and Fishing	3.9	4.30	4.45	3.4
采矿业	Mining	3.1	2.41	1.80	-25.3
制造业	Manufacturing	34.8	34.98	31.87	-8.9
电力、燃气及水的生产和供应业	Production and Distribution of Electricity,Gas and Water	3.6	3.57	3.43	-3.8
建筑业	Construction	1.1	1.68	1.15	-31.3
交通运输、仓储和邮政业	Traffic,Transport, Storage and Post	7.1	6.94	7.02	1.2
信息传输、计算机服务和软件业	Information Transfer,Computer Services and Software	0.6	1.06	1.08	1.5
批发和零售业	Wholesale and Retail Trade	4.4	4.90	3.99	-18.5
住宿和餐饮业	Accommodation and Restaurants	1.4	1.27	1.06	-16.1
金融业	Finance	0.3	0.36	0.28	-21.6
房地产业	Real Estate Trade	17.0	14.07	15.78	12.2
租赁和商务服务业	Tenancy and Business Services	1.9	2.13	2.61	22.6
科学研究、技术服务和地质勘查	Scientific Research,Technical Service and Geologic Perambulation	1.0	1.23	1.29	5.4
水利、环境和公共设施管理业	Management of Water Conservancy,Environment and Public Establishment	12.4	13.64	16.35	19.9
居民服务和其他服务业	Resident Services and Other Services	0.5	0.52	0.47	-9.6
教育	Education	1.9	1.93	2.05	6.4
卫生、社会保障和社会福利业	Sanitation,Social Security and Social Welfare	1.2	1.19	1.50	26.0
文化、体育和娱乐业	Culture,Sports and Entertainment	1.2	1.17	1.85	58.2
公共管理和社会组织	Public Management and Social Organization	2.7	2.66	1.95	-26.7

5-5 按行业、构成、隶属关系和注册类型分固定资产投资(2016年)

单位:亿元

指 标	Item	投资额 Investment	中央 Central Investment
总计	**Total**	**27688.45**	**443.50**
农、林、牧、渔业	**Agriculture, Forestry, Animal Husbandry and Fishing**	**1231.74**	**4.86**
农业	Agriculture	582.63	3.04
林业	Forestry	142.89	0.46
畜牧业	Animal Husbandry	219.08	
渔业	Fishing	56.23	0.25
农、林、牧、渔服务业	Service Activities for Agriculture, Forestry, Animal Husbandry	230.91	1.11
采矿业	**Mining**	**499.45**	**7.16**
煤炭开采和洗选业	Mining and Washing of Coal	166.92	1.76
石油和天然气开采业	Extraction of Petroleum and Natural Gas		
黑色金属矿采选业	Mining and Processing of Ferrous Metal Ores	31.45	
有色金属矿采选业	Mining and Processing of Non-Ferrous Metal Ores	110.77	5.41
非金属矿采选业	Mining and Processing of Nonmetal Ores	172.13	
开采辅助活动	Support Activities for Mining	9.46	
其他采矿业	Mining of Other Ores	8.73	
制造业	**Manufacturing**	**8824.47**	**154.46**
农副食品加工业	Processing of Food from Agricultural Products	792.14	2.51
食品制造业	Manufacture of Foods	366.69	
酒、饮料和精制茶制造业	Wine, Soft Drinks and Refined Tea Industry	265.50	0.69
烟草制品业	Manufacture of Tobacco	24.17	3.39
纺织业	Manufacture of Textile	152.92	0.80
纺织服装、鞋、帽制造业	Manufacture of Textile Wearing Apparel, Footware, and Caps	149.26	
皮革毛皮羽毛(绒)及其制品业	Manufacture of Leather, Fur, Feather and Related Products	135.88	0.44
木材加工及木竹藤棕草制品业	Processing of Timber, Manufacture of Wood, Bamboo, Rattan, Palm, and Straw Products	269.44	
家具制造业	Manufacture of Furniture	144.61	
造纸及纸制品业	Manufacture of Paper and Paper Products	135.40	2.65
印刷业和记录媒介的复制	Printing,Reproduction of Recording Media	121.03	
文教体育用品制造业	Manufacture of Articles For Culture, Education and Sport Activity	98.64	
石油加工、炼焦及核燃料加工业	Processing of Petroleum, Coking, Processing of Nuclear Fuel	25.70	
化学原料及化学制品制造业	Manufacture of Raw Chemical Materials and Chemical Products	681.96	6.84
医药制造业	Manufacture of Medicines	233.67	
化学纤维制造业	Manufacture of Chemical Fibers	11.91	
橡胶和塑料制品业	Rubber and Plastic Products Industry	226.62	1.66
非金属矿物制品业	Manufacture of Non-metallic Mineral Products	979.92	7.29
黑色金属冶炼及压延加工业	Smelting and Pressing of Ferrous Metals	126.20	
有色金属冶炼及压延加工业	Smelting and Pressing of Non-ferrous Metals	363.11	7.65
金属制品业	Manufacture of Metal Products	464.58	21.50
通用设备制造业	Manufacture of General Purpose Machinery	661.77	2.62
专用设备制造业	Manufacture of Special Purpose Machinery	576.50	8.24
汽车制造业	Automotive Manufacturing	379.62	10.78
铁路、船舶、航空航天和其他运输设备制造业	Railroad, Marine, Aerospace and Other Transportation Equipment Manufacturing	179.98	55.22
电气机械及器材制造业	Manufacture of Electrical Machinery and Equipment	539.05	12.06
通信设备、计算机及其他电子设备制造业	Manufacture of Communication Equipment, Computers and Other Electronic Equipment	459.25	10.12
仪器仪表制造业	Instrument Manufacturing	77.58	
其他制造业	Other Manufacturing	111.82	
废弃资源综合利用业	Comprehensive Utilization of Waste Resources Industry	53.39	
金属制品、机械和设备修理业	Metal Products, Machinery and Equipment Repair Industry	16.15	
电力燃气水的生产和供应业	**Production and Distribution of Electricity, Gas and Water**	**950.79**	**58.24**
电力、热力的生产和供应业	Production and Distribution of Electric Power and Heat Power	481.02	54.88
燃气生产和供应业	Production and Distribution of Gas	70.40	0.79
水的生产和供应业	Production and Distribution of Water	399.37	2.57
建筑业	**Construction**	**318.66**	**4.45**
房屋建筑业	Housing Construction	56.56	
土木工程建筑业	Civil Engineering Construction	208.98	4.45
建筑安装业	Building Installation	12.53	
建筑装饰和其他建筑业	Architectural Decoration and Other Construction	40.59	

Investment of Fixed Assets by Sector, Source of Funds, Jurisdiction of Management and Registration Status (2016)

(100 million yuan)

地方 Local Investment	内资 Domestic Fund	港澳台商投资 Fund from Hong Kong, Macao and Taiwan	外商投资 Foreign Funded	个体私营 Individuals and Private
27244.95	**17981.28**	**271.68**	**201.11**	**10265.39**
1226.88	**641.77**	**4.27**	**5.41**	**545.76**
579.58	291.90	3.87	0.48	268.50
142.43	88.54			52.60
219.08	88.65		4.45	114.82
55.99	28.83			26.12
229.80	143.85	0.40	0.48	83.73
492.29	**143.42**			**353.16**
165.16	30.79			136.12
31.45	6.47			24.97
105.36	52.45			58.32
172.13	46.13			123.74
9.46	4.99			4.28
8.73	2.59			5.73
8670.01	**2639.31**	**128.98**	**154.69**	**5866.58**
789.64	236.80	2.61	1.27	545.78
366.69	117.45	4.09	16.94	227.29
264.81	81.72	9.97	2.94	170.38
20.78	23.67			0.50
152.12	35.86		1.13	115.44
149.26	27.05	4.92		116.52
135.43	25.59	3.22	1.09	104.52
269.44	50.06	4.90	0.49	206.95
144.61	37.57		0.49	104.19
132.75	31.24	0.95		103.10
121.03	23.62	0.43	0.58	96.17
98.64	25.14	8.02		65.30
25.70	7.24			18.46
675.13	181.93	2.21	2.10	494.05
233.67	114.61	6.12	2.33	110.18
11.91	2.41	0.81		8.70
224.96	65.07	0.97	2.56	155.78
972.63	238.99	12.56	13.93	706.43
126.20	36.85	1.88		87.28
355.46	113.99	4.61	2.99	241.51
443.08	105.93	1.19	2.94	352.95
659.15	190.03	4.34	2.67	464.74
568.26	195.93	12.90	4.39	363.28
368.85	84.70	4.39	74.11	216.43
124.76	120.98	0.30	1.88	56.60
526.99	184.82	8.48	1.77	343.81
449.13	156.77	26.01	17.73	258.45
77.58	35.04	2.60		39.94
111.82	63.11		0.37	48.34
53.39	20.53	0.48		32.37
16.15	4.60			11.17
892.55	**739.16**	**14.11**	**8.14**	**186.50**
426.14	366.18	5.49	1.66	106.11
69.62	38.15	1.36	5.46	25.43
396.80	334.83	7.26	1.02	54.96
314.21	**260.82**	**0.73**	**0.91**	**55.88**
56.56	39.30	0.54		16.73
204.53	190.02	0.19	0.61	18.01
12.53	8.11			4.41
40.59	23.39		0.30	16.73

5-5 续表

单位:亿元

指 标	Item	投资额 Investment	中央 Central Investment
交通运输、仓储和邮政业	**Transport, Storage and Post**	**1944.41**	**60.82**
铁路运输业	Railway Transport	131.95	30.34
道路运输业	Road Transport	1404.83	28.77
水上运输业	Water Transport	42.85	
航空运输业	Air Transport	37.59	
管道运输业	Transport Via Pipelines	15.63	
装卸搬运和其他运输服务业	Loading, Unloading and Other Transport Services	84.21	
仓储业	Storage	215.91	1.71
邮政业	Post	11.44	
信息传输、软件和信息技术软件业	**Information Transmission, Software and IT Software Industry**	**298.27**	**32.91**
电信、广播电视和卫星传输服务	Telecommunications, Radio and Television and Satellite Transmission Services	67.45	12.24
互联网和相关服务	Internet and Related Services	76.99	18.94
软件和信息技术服务业	Software and IT Services	153.83	1.73
批发和零售业	**Wholesale and Retail Trade**	**1104.82**	**1.37**
批发业	Wholesale Trade	515.28	1.37
零售业	Retail Trade	589.54	
住宿和餐饮业	**Hotel and Restaurants**	**293.91**	
住宿业	Hotels	181.86	
餐饮业	Restaurants	112.05	
金融业	**Financial Intermediation**	**78.60**	**2.76**
货币金融服务	Monetary and Financial Services	27.15	2.16
资本市场服务	Capital Market Services	24.92	
保险业	Insurance	8.93	0.61
其他金融业	Other Financial Activities	17.60	
房地产业	**Real Estate**	**4369.52**	**43.29**
租赁和商务服务业	**Leasing and Business Services**	**723.43**	
租赁业	Leasing	47.85	
商务服务业	Business Services	675.58	
科学研究、技术服务业	**Scientific Research, Technical Service and Geologic Prospecting**	**358.19**	**12.72**
研究与试验发展	Research and Experimental Development	86.79	11.95
专业技术服务业	Professional Technical Services	123.33	0.77
科技交流和推广服务业	Services of Science and Technology Exchanges and Promotion	148.07	
水利、环境和公共设施管理业	**Management of Water Conservancy, Environment and Public Facilities**	**4526.16**	**41.20**
水利管理业	Management of Water Conservancy	467.21	2.06
环境管理业	Environmental Management	259.85	5.47
公共设施管理业	Management of Public Facilities	3799.10	33.67
居民服务和其他服务业	**Services to Households and Other Services**	**131.02**	
居民服务业	Services to Households	54.68	
机动车、电子产品和日用产品修理业	Motor Vehicles, Electronics and Household Goods Repair Industry	31.85	
其他服务业	Other Services	44.49	
教育	**Education**	**568.10**	**4.87**
卫生、社会工作	**Health, Social Work**	**414.26**	**3.33**
卫生	Health	290.39	3.33
社会工作	Social Work	123.87	
文化、体育和娱乐业	**Culture, Sports and Entertainment**	**512.75**	**3.39**
新闻出版业	Journalism and Publishing Activities	15.70	
广播、电视、电影和影视录音制作业	Radio, Television, Film and Video Production Industry Recordings	42.13	
文化艺术业	Cultural and Art Activities	255.91	1.72
体育	Sports Activities	73.82	0.17
娱乐业	Entertainment	125.18	1.50
公共管理、社会保障和社会组织	**Public Administration, Social Security and Social Organizations**	**539.90**	**7.67**
中国共产党机关	Organs of Communist Party of China	1.27	
国家机构	Government Agencies	433.73	7.61
人民政协和民主党派	People's Political Consultative Conference and Democratic Parties		
社会保障	Social Security	51.90	0.06
群众团体、社会团体和宗教组织	Mass Organizations, Social Organizations and Religious Organizations	19.92	
基层群众自治组织	Grass-roots Mass Self-government Organizations	33.09	

continued

(100 million yuan)

地方 Local Investment	内资 Domestic Fund	港澳台商投资 Fund from Hong Kong, Macao and Taiwan	外商投资 Foreign Funded	个体私营 Individuals and Private
1883.59	**1679.25**	**7.99**	**1.25**	**255.76**
101.61	120.38			11.56
1376.06	1317.98	0.49		86.20
42.85	33.31			9.54
37.59	34.12			3.48
15.63	14.26			1.37
84.21	45.95			38.26
214.20	110.39	7.50	1.25	96.77
11.44	2.85			8.58
265.36	**186.80**		**2.00**	**109.17**
55.22	57.93		2.00	7.53
58.05	47.28			29.41
152.09	81.59			72.23
1103.46	**535.08**	**10.09**	**0.65**	**549.05**
513.91	261.69	4.90	0.65	243.31
589.54	273.39	5.19		305.74
293.91	**128.33**	**2.15**		**152.21**
181.86	90.82	2.15		83.44
112.05	37.52			68.77
75.84	**56.61**			**21.99**
25.00	25.07			2.08
24.92	15.15			9.76
8.33	8.60			0.33
17.60	7.78			9.81
4326.23	**4124.22**	**94.61**	**16.58**	**1273.91**
723.43	**558.27**	**4.37**		**160.46**
47.85	27.48	3.05		17.32
675.58	530.79	1.32		143.14
345.48	**214.69**			**142.79**
74.85	53.75			33.04
122.56	87.64			35.18
148.07	73.29			74.57
4484.96	**4211.47**	**4.06**	**7.84**	**300.89**
465.15	460.05	0.25	0.39	6.31
254.38	236.05			23.80
3765.43	3515.37	3.81	7.46	270.78
131.02	**83.03**		**0.34**	**45.31**
54.68	43.56			10.44
31.85	12.87			17.45
44.49	26.61		0.34	17.41
563.23	**490.94**		**0.24**	**74.95**
410.93	**347.38**		**2.06**	**64.34**
287.06	241.91		2.06	46.13
123.87	105.47			18.20
509.36	**413.14**	**0.32**	**1.01**	**94.37**
15.70	15.30			0.40
42.13	26.06			16.07
254.19	235.30	0.12		20.41
73.65	57.14			15.04
123.68	79.34	0.20	1.01	42.45
532.24	**527.59**			**12.31**
1.27	1.27			
426.12	426.41			7.32
51.84	48.60			3.30
19.92	19.73			0.18
33.09	31.58			1.51

5-6 各市州按行业分固定资产投资(2016年)
Investment of Fixed Assets by Sector of Cities and Prefecture(2016)

单位:亿元 (100 million yuan)

行 业	Sector	合计 Total	长沙市 Changsha City	株洲市 Zhuzhou City	湘潭市 Xiangtan City
总计	**Total**	**27688.45**	**6693.32**	**2315.81**	**1938.22**
农、林、牧、渔业	Agriculture,Forestry,Farming of Animals and Fishing	1231.74	75.38	79.14	21.28
采矿业	Mining	499.45	17.25	72.44	22.97
制造业	Manufacturing	8824.47	1965.59	752.97	873.27
电力、燃气及水的生产和供应业	Production And Distribution of Electricity,Gas and Water	950.79	90.79	84.73	35.47
建筑业	Construction	318.66	28.99	13.11	9.80
批发和零售业	Wholesale and Retail Trade	1104.82	284.13	87.17	68.29
交通运输、仓储和邮政业	Transportation, Storage and Postal Services	1944.41	443.04	43.11	100.08
住宿和餐饮业	Accommodation and Catering	293.91	48.74	17.68	8.56
信息传输、软件和信息技术服务业	Information Transmission, Software and IT Services	298.27	167.83	8.25	15.64
金融业	Finance	78.60	34.00	2.28	1.09
房地产业	Real Estate Trade	4369.52	1703.06	359.52	214.23
租赁和商务服务业	Tenancy and Business Services	723.43	264.17	16.73	28.58
科学研究、技术服务业	Scientific Research, Technical Services	358.19	200.44	17.10	27.33
水利、环境和公共设施管理业	Management of Water Conservancy, Environment and Public Establishment	4526.16	888.37	617.17	442.26
居民服务、修理和其他服务业	Resident Services, Repairs and Other Services	131.02	21.15	7.99	5.85
教育	Education	568.10	150.24	48.48	17.51
卫生和社会工作业	Health and Social Work Sector	414.26	71.96	25.78	15.06
文化、体育和娱乐业	Culture,Sports and Entertainment	512.75	211.95	45.49	25.43
公共管理、社会保障和社会组织	Public Administration, Social Security and Social Organizations	539.90	26.22	16.65	5.51

5-6 续表 1 continued

行 业	Sector	衡阳市 Hengyang City	邵阳市 Shaoyang City	岳阳市 Yueyang City	常德市 Changde City
总计	**Total**	**2282.18**	**1627.64**	**2317.37**	**2006.93**
农、林、牧、渔业	Agriculture,Forestry,Farming of Animals and Fishing	166.46	211.65	130.44	77.77
采矿业	Mining	56.55	32.24	18.27	38.62
制造业	Manufacturing	681.07	487.52	834.10	718.39
电力、燃气及水的生产和供应业	Production And Distribution of Electricity,Gas and Water	75.63	77.16	63.34	97.09
建筑业	Construction	78.44	8.97	11.28	34.86
批发和零售业	Wholesale and Retail Trade	81.39	156.43	63.31	108.24
交通运输、仓储和邮政业	Transportation, Storage and Postal Services	169.00	131.08	73.17	95.67
住宿和餐饮业	Accommodation and Catering	30.96	22.43	36.15	28.32
信息传输、软件和信息技术服务业	Information Transmission, Software and IT Services	15.44	3.71	12.45	15.00
金融业	Finance	6.77	1.97	11.25	6.81
房地产业	Real Estate Trade	304.68	236.10	210.02	195.21
租赁和商务服务业	Tenancy and Business Services	67.05	19.97	68.02	66.02
科学研究、技术服务业	Scientific Research, Technical Services	25.17	6.19	9.65	16.09
水利、环境和公共设施管理业	Management of Water Conservancy, Environment and Public Establishment	355.12	112.13	479.87	331.24
居民服务、修理和其他服务业	Resident Services, Repairs and Other Services	14.94	11.42	17.78	14.04
教育	Education	63.00	43.60	53.35	39.33
卫生和社会工作业	Health and Social Work Sector	49.48	25.96	60.93	49.25
文化、体育和娱乐业	Culture,Sports and Entertainment	26.33	23.15	55.21	27.46
公共管理、社会保障和社会组织	Public Administration, Social Security and Social Organizations	14.69	15.96	108.79	47.51

5-6 续表 2 continued

单位:亿元 (100 million yuan)

行 业	Sector	张家界市 Zhangjiajie City	益阳市 Yiyang City	郴州市 Chenzhou City	永州市 Yongzhou City
总计	**Total**	**305.70**	**1315.68**	**2327.36**	**1653.09**
农、林、牧、渔业	Agriculture,Forestry,Farming of Animals and Fishing	8.93	27.47	181.53	88.21
采矿业	Mining	5.90	8.18	133.10	22.81
制造业	Manufacturing	40.84	655.06	615.54	545.21
电力、燃气及水的生产和供应业	Production And Distribution of Electricity,Gas and Water	10.12	31.27	138.11	121.61
建筑业	Construction	1.44	24.68	28.26	23.09
批发和零售业	Wholesale and Retail Trade	9.67	14.02	136.49	41.72
交通运输、仓储和邮政业	Transportation, Storage and Postal Services	43.67	104.18	134.66	125.20
住宿和餐饮业	Accommodation and Catering	11.15	2.77	42.17	26.78
信息传输、软件和信息技术服务业	Information Transmission, Software and IT Services	0.20	7.72	15.60	13.44
金融业	Finance	0.18	1.47	6.81	1.55
房地产业	Real Estate Trade	47.15	142.05	300.44	197.89
租赁和商务服务业	Tenancy and Business Services	5.71	25.98	15.99	51.68
科学研究、技术服务业	Scientific Research, Technical Services	0.70	5.79	28.31	15.79
水利、环境和公共设施管理业	Management of Water Conservancy, Environment and Public Establishment	68.80	217.41	381.68	169.46
居民服务、修理和其他服务业	Resident Services, Repairs and Other Services	17.66	0.70	2.47	7.75
教育	Education	10.26	6.40	33.65	53.83
卫生和社会工作业	Health and Social Work Sector	6.40	11.99	24.26	28.38
文化、体育和娱乐业	Culture,Sports and Entertainment	5.85	3.49	28.89	18.16
公共管理、社会保障和社会组织	Public Administration, Social Security and Social Organizations	11.10	25.03	79.41	100.54

5-6 续表 3 continued

行 业	Sector	怀化市 Huaihua City	娄底市 Loudi City	湘西自治州 West Hunan A.P	不分地区 Not Classified by Region
总计	**Total**	**1081.88**	**1199.92**	**383.49**	**239.84**
农、林、牧、渔业	Agriculture,Forestry,Farming of Animals and Fishing	77.40	77.75	8.34	
采矿业	Mining	12.08	57.39	1.65	
制造业	Manufacturing	221.92	390.54	42.44	
电力、燃气及水的生产和供应业	Production And Distribution of Electricity,Gas and Water	60.28	43.79	21.40	
建筑业	Construction	43.61	4.42	7.71	
批发和零售业	Wholesale and Retail Trade	11.64	31.93	10.38	
交通运输、仓储和邮政业	Transportation, Storage and Postal Services	76.56	73.22	92.73	239.03
住宿和餐饮业	Accommodation and Catering	6.03	8.91	3.25	
信息传输、软件和信息技术服务业	Information Transmission, Software and IT Services	6.66	15.47	0.85	
金融业	Finance	3.08	1.29	0.05	
房地产业	Real Estate Trade	217.77	155.45	85.94	
租赁和商务服务业	Tenancy and Business Services	40.57	39.66	13.31	
科学研究、技术服务业	Scientific Research, Technical Services	1.47	3.06	1.09	
水利、环境和公共设施管理业	Management of Water Conservancy, Environment and Public Establishment	217.82	196.67	47.35	0.81
居民服务、修理和其他服务业	Resident Services, Repairs and Other Services	2.52	4.51	2.24	
教育	Education	21.24	16.43	10.79	
卫生和社会工作业	Health and Social Work Sector	17.13	18.46	9.22	
文化、体育和娱乐业	Culture,Sports and Entertainment	11.26	12.71	17.37	
公共管理、社会保障和社会组织	Public Administration, Social Security and Social Organizations	32.83	48.26	7.40	

5-7 各市州按行业分新增固定资产(2016年)
Newly Increased Fixed Assets by Sector of Cities and Prefecture (2016)

单位:亿元 (100 million yuan)

行 业	Sector	合计 Total	长沙市 Changsha City	株洲市 Zhuzhou City	湘潭市 Xiangtan City
总计	**Total**	**16329.04**	**3370.70**	**1353.40**	**1250.75**
农、林、牧、渔业	Agriculture,Forestry,Farming of Animals and Fishing	882.54	45.30	67.60	19.60
采矿业	Mining	379.71	10.63	59.06	22.03
制造业	Manufacturing	6033.42	1086.72	557.68	672.52
电力、燃气及水的生产和供应业	Production and Distribution of Electricity,Gas and Water	557.06	45.94	59.91	25.42
建筑业	Construction	199.37	21.07	6.63	8.59
批发和零售业	Wholesale and Retail Trade	710.65	141.79	51.57	43.99
交通运输、仓储和邮政业	Transportation, Storage and Postal Services	876.64	139.45	15.53	33.30
住宿和餐饮业	Accommodation and Catering	192.33	21.84	6.90	6.76
信息传输、软件和信息技术服务业	Information Transmission, Software and IT Services	180.74	99.93	6.68	11.70
金融业	Finance	58.59	23.40	2.28	0.65
房地产业	Real Estate Trade	2026.86	756.39	179.69	77.46
租赁和商务服务业	Tenancy and Business Services	379.42	159.58	11.50	21.70
科学研究、技术服务业	Scientific Research, Technical Services	233.27	133.04	9.70	19.41
水利、环境和公共设施管理业	Management Of Water Conservancy,Environment and Public Establishment	2316.85	416.41	262.53	239.17
居民服务、修理和其他服务业	Resident Services, Repairs and Other Services	101.56	14.62	7.63	5.68
教育	Education	335.01	85.52	13.48	11.02
卫生和社会工作业	Health and Social Work Sector	236.96	36.50	17.97	10.37
文化、体育和娱乐业	Culture,Sports and Entertainment	268.40	118.62	13.67	16.28
公共管理、社会保障和社会组织	Public Administration, Social Security and Social Organizations	359.67	13.95	3.39	5.11

5-7 续表 1 continued

行 业	Sector	衡阳市 Hengyang City	邵阳市 Shaoyang City	岳阳市 Yueyang City	常德市 Changde City
总计	**Total**	**1443.38**	**1021.58**	**1552.57**	**1399.67**
农、林、牧、渔业	Agriculture,Forestry,Farming of Animals and Fishing	119.62	154.56	95.25	65.64
采矿业	Mining	48.08	24.78	9.73	35.43
制造业	Manufacturing	514.49	367.14	580.59	606.08
电力、燃气及水的生产和供应业	Production and Distribution of Electricity,Gas and Water	41.44	47.56	33.84	70.00
建筑业	Construction	21.47	4.76	5.37	30.23
批发和零售业	Wholesale and Retail Trade	67.01	109.64	45.87	78.47
交通运输、仓储和邮政业	Transportation, Storage and Postal Services	85.87	78.74	37.71	69.24
住宿和餐饮业	Accommodation and Catering	25.32	15.92	28.26	23.41
信息传输、软件和信息技术服务业	Information Transmission, Software and IT Services	9.27	2.39	10.54	9.28
金融业	Finance	5.79	1.30	10.70	4.17
房地产业	Real Estate Trade	159.19	85.96	132.93	77.60
租赁和商务服务业	Tenancy and Business Services	24.84	15.14	36.04	15.82
科学研究、技术服务业	Scientific Research, Technical Services	13.11	3.75	7.45	12.37
水利、环境和公共设施管理业	Management Of Water Conservancy,Environment and Public Establishment	184.56	57.08	320.57	163.15
居民服务、修理和其他服务业	Resident Services, Repairs and Other Services	7.44	9.45	14.43	11.42
教育	Education	47.22	20.71	33.61	28.49
卫生和社会工作业	Health and Social Work Sector	33.60	6.94	33.75	32.45
文化、体育和娱乐业	Culture,Sports and Entertainment	16.72	9.10	32.31	26.42
公共管理、社会保障和社会组织	Public Administration, Social Security and Social Organizations	18.35	6.65	83.61	40.00

5-7 续表 2 continued

单位:亿元 (100 million yuan)

行 业	Sector	张家界市 Zhangjiajie City	益阳市 Yiyang City	郴州市 Chenzhou City	永州市 Yongzhou City
总计	**Total**	**176.99**	**730.04**	**1252.04**	**934.70**
农、林、牧、渔业	Agriculture,Forestry,Farming of Animals and Fishing	5.18	21.16	114.10	61.11
采矿业	Mining	3.86	3.46	73.82	17.57
制造业	Manufacturing	25.66	431.05	354.04	345.71
电力、燃气及水的生产和供应业	Production and Distribution of Electricity,Gas and Water	5.59	16.01	76.85	45.54
建筑业	Construction		16.31	24.13	18.81
批发和零售业	Wholesale and Retail Trade	8.97	7.33	72.17	32.91
交通运输、仓储和邮政业	Transportation, Storage and Postal Services	17.92	13.30	79.31	58.05
住宿和餐饮业	Accommodation and Catering	8.65	1.59	23.06	18.61
信息传输、软件和信息技术服务业	Information Transmission, Software and IT Services	0.05	6.27	7.50	5.45
金融业	Finance	0.18	0.70	4.89	1.14
房地产业	Real Estate Trade	15.90	66.51	108.69	94.10
租赁和商务服务业	Tenancy and Business Services	11.20	7.71	6.81	25.83
科学研究、技术服务业	Scientific Research, Technical Services	0.50	3.75	16.55	9.82
水利、环境和公共设施管理业	Management Of Water Conservancy,Environment and Public Establishment	34.89	107.16	212.06	77.68
居民服务、修理和其他服务业	Resident Services, Repairs and Other Services	16.48	0.49	1.91	4.65
教育	Education	7.43	4.07	17.77	32.58
卫生和社会工作业	Health and Social Work Sector	4.16	0.99	9.77	20.09
文化、体育和娱乐业	Culture,Sports and Entertainment	3.22	1.30	10.98	8.10
公共管理、社会保障和社会组织	Public Administration, Social Security and Social Organizations	7.17	20.90	37.60	56.95

5-7 续表 3 continued

行 业	Sector	怀化市 Huaihua City	娄底市 Loudi City	湘西自自治州 West Hunan A.P	不分地区 Not Classified by Region
总计	**Total**	**656.48**	**856.87**	**327.82**	**2.06**
农、林、牧、渔业	Agriculture,Forestry,Farming of Animals and Fishing	47.17	63.19	3.07	
采矿业	Mining	6.47	59.67	5.11	
制造业	Manufacturing	161.36	295.04	35.35	
电力、燃气及水的生产和供应业	Production and Distribution of Electricity,Gas and Water	39.21	41.75	8.00	
建筑业	Construction	35.02	2.37	4.60	
批发和零售业	Wholesale and Retail Trade	13.15	28.74	9.05	
交通运输、仓储和邮政业	Transportation, Storage and Postal Services	39.14	38.42	168.60	2.06
住宿和餐饮业	Accommodation and Catering	2.97	8.77	0.28	
信息传输、软件和信息技术服务业	Information Transmission, Software and IT Services	4.43	6.50	0.74	
金融业	Finance	1.89	1.45	0.05	
房地产业	Real Estate Trade	140.47	91.25	40.72	
租赁和商务服务业	Tenancy and Business Services	16.68	22.74	3.84	
科学研究、技术服务业	Scientific Research, Technical Services	0.82	1.75	1.26	
水利、环境和公共设施管理业	Management Of Water Conservancy,Environment and Public Establishment	94.85	119.18	27.56	
居民服务、修理和其他服务业	Resident Services, Repairs and Other Services	1.32	4.29	1.74	
教育	Education	12.34	13.98	6.79	
卫生和社会工作业	Health and Social Work Sector	12.04	13.86	4.46	
文化、体育和娱乐业	Culture,Sports and Entertainment	5.45	4.07	2.16	
公共管理、社会保障和社会组织	Public Administration, Social Security and Social Organizations	21.70	39.85	4.44	

5-8 固定资产投资项目个数、项目投产率(2016年)
Number of Investment of Fixed Assets Projects, Rate of Projects Put into Use (2016)

行 业	Sector	投资额(亿元) Invest-ment (100 millions yuan)	施工项目(个) Projects under Construc-tion (unit)	全部建成投产项目(个) Projects Completed and Put into Uses (unit)	项目建成投产率(%) Rate of Project Completed and Put into Uses (%)	固定资产交付使用率(%) Rate of Fixed Assets Turn Over to Uses (%)
总计	**Total**	**27688.45**	**49962**	**33375**	**66.8**	**59.0**
按行业分	**By Sector**					
农、林、牧、渔业	Agriculture,Forestry,Farming of Animals and Fishing	1231.74	3855	2686	69.7	71.7
采矿业	Mining	499.45	1317	947	71.9	76.0
制造业	Manufacturing	8824.47	18960	13356	70.4	68.4
电力、燃气及水的生产和供应业	Production and Distribution of Electricity, Gas and Water	950.79	1654	1104	66.7	58.6
建筑业	Construction	318.66	730	431	59.0	62.6
批发和零售业	Wholesale and Retail Trade	1104.82	2806	1969	70.2	64.3
交通运输、仓储和邮政业	Transportation, Storage and Postal Services	1944.41	2364	1413	59.8	45.1
住宿和餐饮业	Accommodation and Catering	293.91	840	636	75.7	65.4
信息传输、软件和信息技术服务业	Information Transmission, Software and IT Services	298.27	728	428	58.8	60.6
金融业	Finance	78.60	183	125	68.3	74.5
房地产业	Real Estate Trade	4369.52	1884	1020	54.1	46.4
租赁和商务服务业	Tenancy and Business Services	723.43	1260	814	64.6	52.4
科学研究、技术服务	Scientific Research, Technical Services	358.19	771	511	66.3	65.1
水利、环境和公共设施管理业	Management of Water Conservancy, Environment and Public Establishment	4526.16	7584	4497	59.3	51.2
居民服务、修理和其他服务业	Resident Services, Repairs and Other Services	131.02	470	345	73.4	77.5
教育	Education	568.10	1367	963	70.4	59.0
卫生和社会工作业	Health and Social Work Sector	414.26	898	613	68.3	57.2
文化、体育和娱乐业	Culture,Sports and Entertainment	512.75	996	605	60.7	52.3
公共管理、社会保障和社会组织	Public Administration, Social Security and Social Organizations	539.90	1295	912	70.4	66.6

5-9 国有经济固定资产投资及构成
Investment in Fixed Assets and Its Composition of State-owned Units

年份 Year	固定资产投资总额 Total Investment in Fixed Assets	新建 New Construction	扩建 Expansion	改建和技术改造 Re-construction	新增固定资产 Newly Increased Fixed Assets	新建 New Construction	扩建 Expansion	改建和技术改造 Re-construction
绝对数(亿元)	**Absolute Figure (100 million yuan)**							
1978	14.71	9.53	3.25	1.93	10.56			
1980	20.32	9.26	6.80	4.04	15.24			
1985	43.86	12.78	5.23	19.04	30.66			
1990	72.01	16.76	31.64	18.78	47.27			
1995	316.90	103.85	107.46	58.83	202.81			
1996	375.27	111.67	132.65	81.62	269.99			
1997	366.34	113.10	115.35	80.96	269.20			
1998	457.00	153.36	137.95	98.20	290.91			
1999	522.95	207.96	191.31	97.60	348.43			
2000	574.12	177.16	186.39	132.98	388.40			
2001	618.54	229.62	198.75	128.41	349.76			
2002	665.70	261.48	207.49	129.69	489.89			
2003	701.33	344.15	158.87	138.55	465.20			
2004	879.95	443.39	202.39	163.27	421.20	148.15	128.32	98.27
2005	1000.96	483.07	213.80	227.20	562.40	269.85	124.09	116.92
2006	1205.49	657.92	212.01	263.65	695.17	237.32	206.85	209.43
2007	1546.59	804.90	293.32	331.67	585.50	217.92	189.98	132.96
2008	1985.68	1032.23	320.92	466.39	692.67	259.35	158.31	220.04
2009	2923.52	1647.32	448.59	667.71	1174.41	511.83	246.71	363.07
2010	3322.32	2012.73	514.70	709.45	1335.38	599.05	270.05	429.26
2011	3563.13	2148.15	451.61	805.07	1633.03	838.62	302.89	417.01
2012	4580.72	2722.13	553.30	1134.54	2561.10	1231.53	410.65	800.14
2013	5574.42	3329.97	718.98	1287.07	3377.07	1747.12	550.60	927.00
2014	6393.07	4161.49	798.22	1252.00	4027.68	2471.96	551.44	897.46
2015	7829.93	5052.12	1169.97	1420.23	5508.18	3446.11	852.02	1101.33
2016	9253.52	7021.29	902.47	1058.36	4928.47	3558.18	529.68	697.97
构成(%)	**Composition in Percentage (%)**							
1978	100.0	64.8	22.1	13.1	100.0			
1980	100.0	45.6	33.5	19.9	100.0			
1985	100.0	29.1	11.9	43.4	100.0			
1990	100.0	23.3	43.9	26.1	100.0			
1995	100.0	32.8	33.9	18.6	100.0			
1996	100.0	29.8	35.3	21.7	100.0			
1997	100.0	30.9	31.5	22.1	100.0			
1998	100.0	33.6	30.2	21.5	100.0			
1999	100.0	39.8	36.6	18.7	100.0			
2000	100.0	30.9	32.5	23.2	100.0			
2001	100.0	37.1	32.1	20.8	100.0			
2002	100.0	39.3	31.2	19.5	100.0			
2003	100.0	49.1	22.7	19.8	100.0			
2004	100.0	50.4	23.0	18.6	100.0	35.2	30.5	23.3
2005	100.0	48.3	21.4	22.7	100.0	48.0	22.1	20.8
2006	100.0	54.6	17.6	21.9	100.0	34.1	29.8	30.1
2007	100.0	52.0	19.0	21.4	100.0	37.2	32.4	22.7
2008	100.0	52.0	16.2	23.5	100.0	37.4	22.9	31.8
2009	100.0	56.3	15.3	22.8	100.0	43.6	21.0	30.9
2010	100.0	60.6	15.5	21.4	100.0	44.9	20.2	32.1
2011	100.0	60.3	12.7	22.6	100.0	51.4	18.5	25.5
2012	100.0	59.4	12.1	24.8	100.0	48.1	16.0	31.2
2013	100.0	59.7	12.9	23.1	100.0	51.7	16.3	27.4
2014	100.0	65.1	12.5	19.6	100.0	61.4	13.7	22.3
2015	100.0	64.5	14.9	18.1	100.0	62.6	15.5	20.0
2016	100.0	75.9	9.8	11.4	100.0	72.2	10.7	14.2

5-10 国有经济各种分组的固定资产投资
Investment in Fixed Assets of State-owned Units by Various Characteristics

指 标	Item	2000	2005	2015	2016
投资总额 （亿元）	**Total Investment (100 million yuan)**	**574.12**	**1000.96**	**7829.93**	**9253.52**
按资金来源分	**Grouped by Source of Funds**				
国家预算内投资	State Budgetary Appropriation	57.21	82.42	1268.09	1292.78
国内贷款	Domestic Loans	180.12	177.61	550.52	1187.46
债 券	Bonds	2.34	6.81	8.52	37.55
利用外资	Foreign Investment	13.67	15.93	8.46	16.58
自筹投资	Fundraising	240.50	604.33	5439.15	6049.59
其他投资	Others	80.28	87.22	555.20	669.55
按隶属关系分	**Grouped by Administrative Relationship**				
中央项目	Central Government Projects	246.75	160.44	397.76	289.09
地方项目	Local Projects	327.37	840.51	7432.17	8964.42
按构成分	**Grouped by Use of Funds**				
建筑安装工程	Construction and Installation	394.25	684.21	6327.34	7462.67
设备、工具、器具购置	Purchase of Equipment and Instruments	119.42	171.26	584.01	555.30
其他费用	Others	60.45	145.49	918.58	1235.55
按建设性质分	**Grouped by Type of Construction**				
新建	New Construction	177.16	483.07	5052.12	7021.29
扩建	Expansion	186.39	213.80	1169.97	902.47
改建	Reconstruction	132.98	227.20	1420.23	1058.36
按国民经济主要行业分	**Grouped by Main Sector**				
农、林、牧、渔业	Agriculture, Forestry, Animal Husbandry and Fishery	4.42	22.51	220.63	270.10
工业	Industry	136.29	254.83	974.89	1036.44
新增固定资产 （亿元）	**Newly Increased Fixed Assets (100 million yuan)**	**388.40**	**562.40**	**5508.18**	**4928.47**
房屋建筑面积（万平方米）	**Floor Space of Buildings (10 000 sq.m)**				
施工面积	Floor Space Under Construction	2429.83	2354.03	4968.38	4922.33
竣工面积	Floor Space Completed	1262.35	1020.47	1063.19	1470.83
#住宅	# Residential Buildings	718.01	321.29	440.54	589.94

5-11 国有经济各行业固定资产投资(2016年)

Investment in Fixed Assets of State-owned Units by Sector (2016)

行 业	Sector	固定资产投资额 Investment in Fixed Assets	新建 New Construction	扩建 Expansion	改建和技术改造 Re-construction
总计 (亿元)	**Total (100 million yuan)**	**9253.52**	**7021.29**	**902.47**	**1058.36**
农、林、牧、渔业	Agriculture, Forestry, Farming of Animals and Fishing	270.10	197.42	46.43	24.62
采矿业	Mining	40.54	19.48	2.38	18.68
制造业	Manufacturing	490.83	330.13	31.12	123.63
电力、燃气及水的生产和供应业	Production and Distribution of Electricity, Gas and Water	505.07	327.39	56.26	114.12
建筑业	Construction	195.24	147.71	17.59	26.21
批发和零售业	Traffic, Transport, Storage and Post	147.40	121.26	12.90	12.62
交通运输、仓储和邮政业	Information Transfer, Computer Services and Software	1302.86	1062.89	97.72	136.99
住宿和餐饮业	Wholesale and Retail Trade	36.61	29.13	6.21	1.26
信息传输、软件和信息技术服务业	Accommodation and Restaurants	66.53	49.55	7.29	9.69
金融业	Finance	15.71	10.15	3.38	2.10
房地产业	Real Estate Trade	1070.59	772.36	54.59	63.70
租赁和商务服务业	Tenancy and Business Services	299.85	239.16	27.23	30.91
科学研究、技术服务业	Scientific Research, Technical Service and Geologic Perambulation	77.12	63.71	7.54	5.71
水利、环境和公共设施管理业	Management of Water Conservancy, Environment and Public Establishment	3286.09	2585.01	319.73	360.18
居民服务、修理和其他服务业	Resident Services and Other Services	51.36	38.83	5.77	6.17
教育	Education	409.03	267.23	98.75	32.73
卫生和社会工作业	Sanitation,Social Security and Social Welfare	271.56	195.76	40.57	23.45
文化、体育和娱乐业	Culture, Sports and Entertainment	278.41	231.14	23.81	23.20
公共管理、社会保障和社会组织	Public Management and Social Organization	438.64	332.97	43.17	42.40
构成 (%)	**Composition in Percentage (%)**				
农、林、牧、渔业	Agriculture,Forestry, Farming of Animals and Fishing	2.9	2.8	5.1	2.3
采矿业	Mining	0.4	0.3	0.3	1.8
制造业	Manufacturing	5.3	4.7	3.4	11.7
电力、燃气及水的生产和供应业	Production and Distribution of Electricity, Gas and Water	5.5	4.7	6.2	10.8
建筑业	Construction	2.1	2.1	1.9	2.5
批发和零售业	Traffic,Transport, Storage and Post	1.6	1.7	1.4	1.2
交通运输、仓储和邮政业	Information Transfer, Computer Services and Software	14.1	15.1	10.8	12.9
住宿和餐饮业	Wholesale and Retail Trade	0.4	0.4	0.7	0.1
信息传输、软件和信息技术服务业	Accommodation and Restaurants	0.7	0.7	0.8	0.9
金融业	Finance	0.2	0.1	0.4	0.2
房地产业	Real Estate Trade	11.6	11.0	6.0	6.0
租赁和商务服务业	Tenancy and Business Services	3.2	3.4	3.0	2.9
科学研究、技术服务业	Scientific Research, Technical Service and Geologic Perambulation	0.8	0.9	0.8	0.5
水利、环境和公共设施管理业	Management of Water Conservancy, Environment and Public Establishment	35.5	36.8	35.4	34.0
居民服务、修理和其他服务业	Resident Services and Other Services	0.6	0.6	0.6	0.6
教育	Education	4.4	3.8	10.9	3.1
卫生和社会工作业	Sanitation, Social Security and Social Welfare	2.9	2.8	4.5	2.2
文化、体育和娱乐业	Culture,Sports and Entertainment	3.0	3.3	2.6	2.2
公共管理、社会保障和社会组织	Public Management and Social Organization	4.7	4.7	4.8	4.0

5-12 国有经济各行业新增固定资产(2016年)
Newly Increased Fixed Assets of State-owned Units by Sector (2016)

行业	Sector	新增固定资产 Newly Increased Fixed Assets	新建 New Construction	扩建 Expansion	改建和技术改造 Reconstruction
总计 (亿元)	**Total (100 million yuan)**	**4928.47**	**3558.18**	**529.68**	**697.97**
农、林、牧、渔业	Agriculture,Forestry,Farming of Animals and Fishing	178.69	134.46	27.27	15.65
采矿业	Mining	16.35	4.36	1.14	10.85
制造业	Manufacturing	328.23	223.95	17.78	83.96
电力、燃气及水的生产和供应业	Production and Distribution of Electricity, Gas and Water	301.76	190.09	27.41	82.67
建筑业	Construction	97.34	65.42	8.21	20.36
批发和零售业	Wholesale and Retail Trade	73.69	53.61	10.07	10.00
交通运输、仓储和邮政业	Transportation, Storage and Postal Services	641.79	485.18	53.97	100.69
住宿和餐饮业	Accommodation and Catering	14.05	11.29	2.54	0.22
信息传输、软件和信息技术服务业	Information Transmission, Software and IT Services	39.90	25.16	6.60	8.14
金融业	Finance	9.90	4.30	3.56	1.96
房地产业	Real Estate Trade	535.91	354.63	37.59	46.44
租赁和商务服务业	Tenancy and Business Services	114.22	86.08	19.64	8.19
科学研究、技术服务业	Scientific Research, Technical Services	38.30	28.32	3.40	6.58
水利、环境和公共设施管理业	Management of Water Conservancy, Environment and Public Establishment	1707.21	1299.44	177.30	216.99
居民服务、修理和其他服务业	Resident Services, Repairs and Other Services	37.02	26.99	4.75	5.02
教育	Education	217.74	141.95	49.13	21.70
卫生和社会工作业	Health and Social Work Sector	168.41	110.32	31.07	19.56
文化、体育和娱乐业	Culture,Sports and Entertainment	125.91	101.96	15.16	8.54
公共管理、社会保障和社会组织	Public Administration, Social Security and Social Organizations	282.08	210.67	33.09	30.45
构成 (%)	**Composition In Percentage (%)**				
农、林、牧、渔业	Agriculture,Forestry,Farming of Animals and Fishing	3.6	3.8	5.1	2.2
采矿业	Mining	0.3	0.1	0.2	1.6
制造业	Manufacturing	6.7	6.3	3.4	12.0
电力、燃气及水的生产和供应业	Production and Distribution of Electricity,Gas and Water	6.1	5.3	5.2	11.8
建筑业	Construction	2.0	1.8	1.5	2.9
批发和零售业	Wholesale and Retail Trade	1.5	1.5	1.9	1.4
交通运输、仓储和邮政业	Transportation, Storage and Postal Services	13.0	13.6	10.2	14.4
住宿和餐饮业	Accommodation and Catering	0.3	0.3	0.5	0.0
信息传输、软件和信息技术服务业	Information Transmission, Software and IT Services	0.8	0.7	1.2	1.2
金融业	Finance	0.2	0.1	0.7	0.3
房地产业	Real Estate Trade	10.9	10.0	7.1	6.7
租赁和商务服务业	Tenancy and Business Services	2.3	2.4	3.7	1.2
科学研究、技术服务业	Scientific Research, Technical Services	0.8	0.8	0.6	0.9
水利、环境和公共设施管理业	Management of Water Conservancy, Environment and Public Establishment	34.6	36.5	33.5	31.1
居民服务、修理和其他服务业	Resident Services, Repairs and Other Services	0.8	0.8	0.9	0.7
教育	Education	4.4	4.0	9.3	3.1
卫生和社会工作业	Health and Social Work Sector	3.4	3.1	5.9	2.8
文化、体育和娱乐业	Culture, Sports and Entertainment	2.6	2.9	2.9	1.2
公共管理、社会保障和社会组织	Public Administration, Social Security and Social Organizations	5.7	5.9	6.2	4.4

5-13 国有农林牧渔业投资及新增固定资产
Investment and Newly Increased Fixed Assets of State-owned Units of Farming，Forestry，Animal Husbandry and Fishery

单位:亿元 (100 million yuan)

行业	sector	固定资产投资总额 Investment of Fixed Assets		新增固定资产 Newly Increased Fixed Assets	
		2015	2016	2015	2016
总计	**Total**	**220.63**	**270.10**	**178.36**	**178.69**
#农业	#Farming	92.42	103.85	71.78	64.14
林业	Forestry	52.92	52.80	47.89	40.00
畜牧业	Animal Husbandry	11.07	16.83	7.27	11.15
渔业	Fishery	5.83	10.11	3.56	7.42
农林牧渔服务业	Services	58.38	86.51	47.86	55.98

5-14 非国有经济投资
Investment of Non-State-owned Units

类别	Item	2000	2005	2015	2016
投资总额 (亿元)	**Total Investment (100 million yuan)**	**492.15**	**1563.00**	**18124.34**	**18434.93**
按资金来源分	**Grouped by Source of Funds**				
国家预算内投资	State Budgetary Appropriation	19.28	0.62	115.62	126.68
国内贷款	Domestic Loans	33.28	163.97	1249.80	1365.83
债券	Bonds		0.74	1.78	26.02
利用外资	Foreign Investment	8.35	46.88	24.36	29.36
自筹投资	Fundraising	382.87	1071.88	14691.49	14083.42
其他投资	Others	48.37	278.90	2041.28	2803.63
按隶属关系分	**Grouped by Administrative Relationship**				
中央项目	Central Government Projects	1.50	17.08	94.98	154.40
地方项目	Local Projects	490.65	1545.92	18029.35	18280.53
按构成分	**Grouped by Use of Funds**				
建筑安装工程	Construction and Installation	365.69	994.57	12494.00	13255.97
设备、工器具购置	Purchase of Equipment and Instruments	79.26	319.34	3693.25	3120.88
其他费用	Others	47.20	249.10	1937.09	2058.08
按建设性质分	**Grouped by Type of Construction**				
新建	New Construction	26.53	459.41	6469.49	8180.12
扩建	Expansion	32.85	111.64	1403.51	1645.46
改建	Reconstruction	9.27	364.47	7599.80	5667.86
按行业主要门类分	**Grouped by Main Sector**				
农、林、牧、渔业	Agriculture, Forestry, Animal Husbandry and Fishery	0.29	42.96	896.12	961.64
工业	Industry	49.84	639.97	9656.98	9238.27
新增固定资产 (亿元)	**Newly Increased Fixed Assets (100 million yuan)**	**99.99**	**894.88**	**13235.35**	**11400.57**
建设项目个数 (个)	**Number of Projects (unit)**				
施工项目	Number of Projects under Construction	859	8946	34189	34539
全部建成投产项目	Number of Projects Completed and Put into Use	551	5336	26452	23937
房屋建筑面积 (万m²)	**Floor Space of Buildings (10 000 sq.m)**				
施工面积	Floor Space Under Construction	10740.51	11655.89	32118.44	32492.11
#住宅	#Residential Buildings	9082.99	8490.42	20407.61	20882.25
竣工面积	Floor Space Completed	9630.17	7035.90	5111.54	5871.91
#住宅	#Residential Buildings	8399.53	5761.77	3179.63	3276.10

5-15 新增生产能力(2016年)
Newly Increased Production Capacity (2016)

生产能力(或效益)名称		Production capacity Item(or Efficiency)		合计 Total	国有经济 State-owned Economic	其他经济 Other Types of Ownership
原煤开采	(万吨/年)	Loal Mining	(10000 tons/year)	405.40	2.10	403.30
焦炭	(万吨/年)	Coke	(10000 tons/year)			
铁矿石原矿开采	(万吨/年)	Iron Ore Mining	(10000 tons/year)	503.11	25.60	477.51
铁矿选矿处理量	(万吨/年)	Selection of Iron Ore	(10000 tons/year)	166.00		166.00
炼铁	(万吨/年)	Iron-making	(10000 tons/year)			
炼钢	(万吨/年)	Steel-making	(10000 tons/year)	1695.40		1695.40
连铸	(万吨/年)	Casting	(10000 tons/year)			
铁合金	(折标吨/年)	Iron Alloy	(tons/year)			
铜冶炼	(吨/年)	Copper-making	(ton/year)	107500		107500
铅锌采矿(原矿)	(万吨/年)	Lead&Zinc Mining	(10000 tons/year)			
铅锌选矿:(1)处理原矿	(万吨/年)	Selection of Lead&Zinc	(10000 tons/year)			
(2)铅含量	(吨/年)	Lead Content	(ton/year)			
(3)锌含量	(吨/年)	Zinc Content	(ton/year)			
铅冶炼	(吨/年)	Lead-making	(ton/year)	25068		25068
其中:电解铅	(吨/年)	Electronlyted lead	(ton/year)			
锌冶炼	(吨/年)	Zinc-making	(ton/year)	98378	500.00	97878
锡采矿(原矿)	(万吨/年)	Tin Mining	(10000 tons/year)			
锡选矿:(1)处理原矿	(万吨/年)	Selection of Tin	(10000 tons/year)			
(2)锡含量	(吨/年)	Tin Content	(ton/year)			
锡冶炼	(吨/年)	Zinc-making	(ton/year)	38522		38522.00
电解铝	(吨/年)	Electronlyted Al	(ton/year)			
粗铅	(吨/年)	Lead	(ton/year)			
铝加工	(吨/年)	Al-making	(ton/year)	84403		84403
金采矿(原矿)	(万吨/年)	Gold Mining	(10000 tons/year)			
黄金	(公斤/年)	Gold	(kg/year)	2091		2091
银选矿:(1)处理原矿	(吨/年)	Selection of Silver	(ton/year)			
(2)银含量	(公斤/年)	Silver Content	(kg/year)	116000		116000
水力发电	(万千瓦)	Hydropower	(10000kw)	510.18	23.21	486.97
火力发电	(万千瓦)	Thermal	(10000kw)	3.20		3.20
输电线路长度(11万伏及以上)	(公里)	Transmission Line	(>110000 v) (km)	1491.70	775.20	716.50
变电设备能力(11万伏及以上)	(万千伏安)	Electric Substation Equipment	(>110000 v) (10000 kva)			
水　泥	(万吨/年)	Cement	(10000ton/year)	965.63		965.63
胶合板	(万立方米/年)	Deadlocked Boards	(10000 cu.m/year)			
纤维板	(万立方米/年)	Fibre Boards	(10000 cu.m/year)			
硫　酸	(吨/年)	Sulfuric Acid	(ton/year)			
合成氨	(吨/年)	Synthetic Ammonia	(ton/year)			

5-15 续表 1 continued

生产能力(或效益)名称		Production capacity Item(or Efficiency)		合计 Total	国有经济 State-owned Economic	其他经济 Other Types of Ownership
氮肥	(吨/年)	Nitrogen Fertilizer	(ton/year)	176370	20000	156370
磷肥	(吨/年)	Phosphate Fertilizer	(ton/year)	52420		52420
钾肥	(吨/年)	Potash Fertilizer	(ton/year)	3600		3600
油漆	(吨/年)	Paint	(ton/year)			
塑料树脂及共聚物	(吨/年)	Plastics	(ton/year)	117800		117800
化学原料药	(吨/年)	Chemical Medicine	(ton/year)			
中成药	(吨/年)	Chinese Herbal Medicine	(ton/year)			
汽车制造	(辆/年)	Motor Vehicle	(unit/year)	108973		108973
轿车制造	(辆/年)	Sedan	(unit/year)	38000		38000
显像管	(万只/年)	Kinescope	(10000unit/year)			
化学纤维	(吨/年)	Chemical Fiber	(ton/year)			
其中:合成纤维	(吨/年)	Synthetic Fiber	(ton/year)			
棉纺锭	(锭)	Cotton Spindles	(unit)	167800		167800
毛纺锭	(锭)	Woolen Spindles	(unit)			
食用植物油	(日处理原料:吨)	Edible Vegetable Oil	(handle in a day:ton)			
	(日精炼油:吨)		(purify in a day:ton)			
乳制品	(吨/年)	Dairy Products	(ton/year)			
奶粉	(吨/年)	Milk Powder	(ton/year)			
其他乳制品	(吨/年)	Other Dairy Products	(ton/year)			
啤 酒	(万吨/年)	Beer	(10000 tons/year)	14.50		14.50
白 酒	(万吨/年)	Wine	(10000 tons/year)	2.10		2.10
卷 烟	(箱/年)	Cigarette	(unit/year)			
机制纸浆	(万吨/年)	Machine -made Paper Pulp	(10000 tons/year)	18.20		18.20
机制纸	(万吨/年)	Machine -made Paper	(10000 tons/year)			
机制纸板	(万吨/年)	Machine-made Paper Boards	(10000 tons/year)			
手 表	(万只/年)	Watch	(10000unit/year)			
移动通信基站设备	(信道/年)	Basic Station of Mobile Telephone	(unit/year)			
程控交换机	(万线/年)	Autoexchage of Telephone Capacity	(10000 lines/year)	107834.00		107834.00
新建公路	(公里)	Length of New Highways	(km)	2927.96	1622.36	1305.60
#高速公路	(公里)	Expressway	(km)	48.00		48.00
#一级公路	(公里)	First-class Highway	(km)	62.42	6.82	55.60
#二级公路	(公里)	Second-class Highway	(km)	809.49	452.19	357.30
改建公路	(公里)	Length of Reconstructed Highways	(km)	4024.00	1949.55	2074.45
#高速公路	(公里)	Expressway	(km)			
#一级公路	(公里)	First-class Highway	(km)	105.26	81.00	24.26
#二级公路	(公里)	Second-class Highway	(km)	2468.42	1021.41	1447.01

5-15 续表 2 continued

生产能力(或效益)名称		Production capacity Item(or Efficiency)		合计 Total	国有经济 State-owned Economic	其他经济 Other Types of Ownership
新建独立公路桥梁	(延长米)	Newly Build Highway Bridge	(extend metre)	13594	3584	10010
	(座)		(set)	25	13	12
新(扩)建客、货运站	(个)	Newly Build or Expanded	(unit)	54	30	24
	(平方米)	Passenger and Freight Station	(sq.m)	107544	56194	51350
长途电缆	(延长公里)	Long Distance Cables	(km)			
耕地面积	(万亩)	Cultivated Land Area	(10000 mu)			
造林面积	(万亩)	Afforested Area	(10000 mu)			
水库容量(总库容)	(亿立方米)	Reservoir Capacity	(100 million m^3)			
有效灌溉面积	(万亩)	Effective Irrigated Area	(10000 mu)			
除涝面积	(万亩)	Waterlogged Area Under Control	(10000 mu)			
商业石油库	(万立方米)	Commercial Oil Depot	(10000 m^3)			
粮食仓库	(万公斤)	Grain Storehouse	(10000 kg)			
	(平方米)		(sq.m)			
高等院校:学生席位	(个)	Number of Student seat of Universit and College	(unit)			
建筑面积	(平方米)		(sq.m)			
中等学校:学生席位	(个)	Number of Student seat of Secondary School	(unit)			
建筑面积	(平方米)		(sq.m)			
小学校:学生席位	(个)	Number of Student seat of Primary School	(unit)			
建筑面积	(平方米)		(sq.m)			
其他院校:学生席位	(个)	Number of Student seat of Other School	(unit)			
建筑面积	(平方米)		(sq.m)			
医院病床	(张)	Number of Hospital Bed	(unit)			
宾馆、旅馆、招待所客房数	(间)	Number of Hotel Guest-Room	(unit)			
	(平方米)		(sq.m)			
城市自来水供水能力	(万吨/日)	Capacity of City Tap Water Supply	(10000 tons/day)	179.5	46.7	132.8
城市自来水管道长度	(公里)	Length of City Tap Water Pipe	(km)			
城市煤气生产能力	(万立方米/日)	City Coal Gas Production	(10000 cu.m/day)			
城市天然气储气能力	(万立方米/日)	Capacity of City Gas Storage	(10000 cu.m/day)			
城市液化石油气储气能力	(万立方米/日)	City Liquefied Petro-gas Storage	(10000 cu.m/day)			
城市公共交通车辆购置	(辆)	Purchase of City Bus	(unit)			
城市道路扩建长度	(公里)	Length of City Road Extended	(km)			
城市道路扩建面积	(万平方米)	Area of City Road Extended	(10000 sq.m)			
城市排水管道铺设长度	(公里)	Length of Sewer Pipelines	(km)			
城市污水处理能力	(万吨/日)	Capacity of City Sewage Treatment	(10000 ton/day)	431.5	188.3	243.2
城市永久性桥梁	(座)	Number of City Bridge	(unit)			
城市防洪堤长度	(公里)	Length of City Embarkment	(km)			

5-16 房地产开发统计主要指标(2016年)
Major Statistics Indicators of Real Estate Development (2016)

单位:亿元 (100 million yuan)

指 标	Item	总计 Total	国有 State-owned	集体 Colective-owned	其他 Other Types of Ownership
计划总投资	**Panning Gross Investment**	**18797.51**	**825.01**	**8.06**	**17964.44**
累计完成投资	Accumulative Investment Completed	13257.62	593.80	7.97	12655.85
本年完成投资	Investment Made in This Year	2957.04	151.52	3.26	2802.27
按构成分:	Group by Form:				
建筑工程	Construction	2069.35	113.75	2.00	1953.61
安装工程	Installation	373.49	13.14	0.87	359.48
设备、工具器具购置	Purchase of Equipment,Tools,Apparatus	48.73	5.32	0.32	43.08
按工程用途分:	Group by use of Projects				
住宅	Residential Buildings	1871.30	110.26	2.07	1758.97
办公楼	Business Buildings	159.65	7.97		151.68
商业营业用房	Commercial Buildings	598.60	16.83	1.19	580.57
其他	Others	327.50	16.46		311.05
房地产开发企业本年资金来源	Group by Source of Funds	4164.90	222.89	3.29	3938.72
国内贷款	Domestic Loans	523.34	50.95		472.39
自筹资金	Fund Raising	1229.32	99.05	2.91	1127.36
本年新增固定资产	Newly Increased Fixed Assets	1362.60	95.00	0.97	1266.64
本年施工房屋面积 (万平方米)	Floor Space of Buildings Under Construction (10000 sq.m)	30139.38	1401.99	27.84	28709.55
#住宅	#Residential Buildings	21617.17	1070.19	23.53	20523.46
本年竣工房屋面积 (万平方米)	Floor Space of Buildings Completed (10000 sq.m)	4533.74	254.21	14.16	4265.37
#住宅	#Residential Buildings	3358.54	195.88	12.82	3149.83
本年竣工房屋价值	Value of Buildings Completed	1189.42	87.52	0.97	1100.93
#住宅	#Residential Buildings	848.14	63.31	0.89	783.94
商品房销售额	Total Sales of Commercial House	3751.86	132.88	2.91	3616.07
商品房销售建筑面积(万平方米)	Floor Space of Selling Commercial House (10000 sq.m)	8085.36	306.99	11.58	7766.79

5-17 国有工业施工、投资项目及项目投产率(2016年)
Projects Under Construction, Put into Use and Rate of Projects Put into Use of State-Owned Industrial Enterprises (2016)

指 标	Item	施工项目个数(个) Number of Projects Under Construction(unit)	全投项目个数(个) Projects Completed and Put into Production(unit)	项目投产率(%) Rate of Project Put into Production(%)
总计	**Total**	**1609**	**1032**	**64.1**
采矿业	**Mining**	**60**	**33**	**55.0**
煤炭开采和洗选业	Mining and Washing of Coal	20	12	60.0
石油和天然气开采业	Extraction of Petroleum and Natural Gas			
黑色金属矿采选业	Mining and Processing of Ferrous Metal Ores	1		
有色金属矿采选业	Mining and Processing of Non-Ferrous Metal Ores	15	8	53.3
非金属矿采选业	Mining and Processing of Nonmetal Ores	14	9	64.3
制造业	**Manufacturing**	**700**	**444**	**63.4**
农副食品加工业	Processing of Food from Agricultural Products	72	48	66.7
食品制造业	Manufacture of Foods	29	20	69.0
酒、饮料和精制茶制造业	Manufacture of Beverages	12	8	66.7
烟草制品业	Manufacture of Tobacco	22	17	77.3
纺织业	Manufacture of Textile	12	7	58.3
纺织服装、鞋、帽制造业	Manufacture of Textile Wearing Apparel, Footware, and Caps	13	8	61.5
皮革毛皮羽毛(绒)及其制品业	Manufacture of Leather, Fur, Feather and Related Products	12	8	66.7
木材加工及木竹藤棕草制品业	Processing of Timber, Manufacture of Wood, Bamboo, Rattan, Palm, and Straw Products	16	11	68.8
家具制造业	Manufacture of Furniture	5	4	80.0
造纸及纸制品业	Manufacture of Paper and Paper Products	9	4	44.4
印刷业和记录媒介的复制	Printing,Reproduction of Recording Media	4	4	100.0
文教体育用品制造业	Manufacture of Articles For Culture, Education and Sport Activity	6	2	33.3
石油加工、炼焦及核燃料加工业	Processing of Petroleum, Coking, Processing of Nuclear Fuel			
化学原料及化学制品制造业	Manufacture of Raw Chemical Materials and Chemical Products	42	25	59.5
医药制造业	Manufacture of Medicines	19	7	36.8
化学纤维制造业	Manufacture of Chemical Fibers	2	2	100.0
橡胶和塑料制品业	Manufacture of Rubber	15	7	46.7
非金属矿物制品业	Manufacture of Non-metallic Mineral Products	50	33	66.0
黑色金属冶炼及压延加工业	Smelting and Pressing of Ferrous Metals	16	12	75.0
有色金属冶炼及压延加工业	Smelting and Pressing of Non-ferrous Metals	47	28	59.6
金属制品业	Manufacture of Metal Products	13	9	69.2
通用设备制造业	Manufacture of General Purpose Machinery	21	10	47.6
专用设备制造业	Manufacture of Special Purpose Machinery	50	34	68.0
汽车制造业		11	7	63.6
铁路、船舶、航空航天和 其他运输设制造业	Manufacture of Transport Equipment	74	39	52.7
电气机械及器材制造业	Manufacture of Electrical Machinery and Equipment	23	11	47.8
通信设备、计算机及其他电子设备制造业	Manufacture of Communication Equipment, Computers and Other Electronic Equipment	47	34	72.3
仪器仪表制造业		5	4	80.0
其他制造业	Manufacture of Artwork and Other Manufacturing	37	30	81.1
废弃资源综合利用业	Recycling and Disposal of Waste	14	9	64.3
金属制品、机械和设备修理业		2	2	100.0
电力燃气水的生产供应业	**Production and Distribution of Electricity, Gas and Water**	**849**	**555**	**65.4**
电力、热力的生产和供应业	Production and Distribution of Electric Power and Heat Power	344	222	64.5
燃气生产和供应业	Production and Distribution of Gas	47	34	72.3
水的生产和供应业	Production and Distribution of Water	458	299	65.3

主要统计指标解释

固定资产投资（不含农户） 是以货币形式表现的在一定时期内完成的建造和购置固定资产的工作量以及与此有关的费用的总称。

城镇固定资产投资 指城镇各种登记注册类型的企业、事业、行政单位及个体户进行的计划总投资500万元及500万元以上的建设项目投资和房地产开发投资。县城及以上区域内发生的投资，县及县以上各级政府及主管部门直接领导、管理的建设项目和企业事业单位的投资均为城镇固定资产投资。

房地产开发投资 指各种登记注册类型的房地产开发公司、商品房建设公司及其他房地产开发法人单位和附属于其他法人单位实际从事房地产开发或经营活动的单位统一开发的包括统代建、拆迁还建的住宅、厂房、仓库、饭店、宾馆、度假村、写字楼、办公楼等房屋建筑物和配套的服务设施，土地开发工程（如道路、给水、排水、供电、供热、通讯、平整场地等基础设施工程）的投资；不包括单纯的土地交易活动。

农村投资 包括在农村区域范围内进行固定资产投资活动的企业、事业、行政单位。

建设总规模 是指在报告期内所有施工项目的计划总投资。这个指标和施工项目相对应。

在建总规模 是指在报告期末所有在建项目的计划总投资。

在建净规模 是指报告期末所有在建项目建成投产尚需的投资总量。

在建净规模＝在建总规模－未投产项目（期末在建）累计完成投资。

固定资产投资的资金来源 根据固定资产投资的资金来源不同，分为国家预算内资金、国内贷款、利用外资、自筹资金和其他资金。

(1)国家预算内资金：分为财政拨款和财政安排的贷款两部分。包括中央财政的基本建设基金(分经营性基金和非经营性基金两部分)、专项支出(如煤代油专项等)、收回再贷、贴息资金，财政安排的挖潜改造和新产品试制支出、城建支出、商业部门简易建筑支出、不发达地区发展基金等资金中用于固定资产投资的资金；地方财政中由国家统筹安排的资金等。

(2)国内贷款：指报告期固定资产投资单位向银行及非银行金融机构借入的用于固定资产投资的各种国内借款，包括银行利用自有资金及吸收的存款发放的贷款、上级主管部门拨入的国内贷款、国家专项贷款、地方财政专项资金安排的贷款、国内储备贷款、周转贷款等。

(3)利用外资：指报告期收到的用于固定资产建造和购置的国外资金(包括设备、材料、技术在内)。包括对外借款(外国政府、国际金融组织贷款、出口信贷、外国银行商业贷款、对外发行债券和股票)、外商直接投资及外商其他投资。不包括我国自有外汇资金(国家外汇、地方外汇、留成外汇、调剂外汇和中国银行自有资金发行的外汇贷款等)。计算利用外资时，需要折算成人民币，折算中所使用的外汇汇率按现汇计算，即按使用外汇时的汇率计算。

(4)自筹资金：指固定资产投资单位报告期收到的，由各地区、各部门及企、事业单位筹集用于固定资产投资的预算外资金，包括中央各部门、各级地方和企、事业单位的自筹资金。

(5)其他资金：指在报告期收到的除以上各种资金之外其他用于固定资产投资的资金，包括企业或金融机构通过发行各种债券筹集到的资金、群众集资、个人资金、无偿捐赠的资金及其他单位拨入的资金等。

固定资产投资按国民经济行业分 根据建设项目建成投产后的主要产品或主要用途及社会经济活动性质来确定国民经济行业。一般情况下，一个建设项目或一个企业、事业单位只能属于一种国民经济行业。

固定资产投资按隶属关系分 是按建设单位或企业、事业、行政单位的主管上级机关确定的。

(1)中央：是指中共中央、人大常委会和国务院各部、委、局、总公司以及直属机构直接领导的建设项目和企业、事业、行政单位。这些单位的固定资产投资计划由国务院各部门直接编制和下达，建设中所需物资、主要设备以及建设中的问题都由中央有关部门安排和解决。

(2)地方：是由省（自治区、直辖市）、地区（州、盟、省辖市）、县（旗、县级市）三级政府及业务主管部门直接领导和管理的建设项目、企业、事业、行政单位。地方项目还包括不隶属以上各级政府及主管部门的建设项目和企业、事业单位，如外商投资企业和无主管部门的企业等。

固定资产投资按建设性质分 根据整个建设项目情况来确定。建设项目的性质一般分为新建、扩建、改建和技术改造、迁建、恢复。房地产开发单位、农村投资、城镇工矿区私人建房投资不划分建设性质。

(1)新建：一般指从无到有开始建设的企业、事业和行政单位或建设项目。有的单位原有基础很小，经过建设后新增的固定资产价值超过该企、事业、行政单位原有固定资产价值(原值)三倍以上的也应作为新建。

(2)扩建：指在厂内或其他地点，为扩大原有产品的生产能力(或效益)或增加新的产品生产能力，而增建主要的生产车间(或主要工程)、分厂、独立的生产线。行政、事业单位在原单位增建业务用房(如学校增建教学用房、医院增建门诊部、病房等)也作为扩建。

现有企、事业单位为扩大原有主要产品生产能力或增加新的产品生产能力，增建一个或几个主要生产车间(或主要工程)、分厂，同时进行一些更新改造工程的，也应作为扩建。

(3)改建和技术改造：指现有企业、事业单位，对原有设施进行技术改造或更新(包括相应配套的辅助性生产、生活福利设施）的建设项目。现有企业、事业单位为适应市场变化的需要，而改变企业的主要产品种类(如军工企业转产民用品等）的建设项目，应作为改建。原有产品生产作业线由于各工序(车间)之间能力不平衡，为填平补齐充分发挥原有生产能力而增建不增加本企业主要产品设计能力的车间，也应作为改建。技术改造是指企业、事业单位在现有基础上，用先进的技术代替落后的技术，用先进的工艺和装备代替落后的工艺和装备，以改变企业落后的技术经济面貌，实现以内涵为主的扩大再生产，达到提高产品质量、促进产品更新换代、节约能源、降低消耗、扩大生产规模、全面提高社会经济效益的目的。技术改造具体包括以下内容：机器设备和工具的更新改造；生产工艺改革、节约能源和原材料的改造；厂房建筑和公共设施的改造；劳动条件和生产环境的改造等。

固定资产投资按构成分　固定资产投资活动按其工作内容和实现方式分为建筑安装工程，设备、工具、器具购置，其他费用三个部分。

(1)建筑安装工程(建筑安装工作量)：指各种房屋、建筑物的建造工程和各种设备、装置的安装工程。包括各种房屋建造工程；各种用途设备基础和各种工业窑炉的砌筑工程及金属结构工程；为施工而进行的各种准备工作和临时工程以及完工后的清理工作等；铁路、道路的铺设，矿井的开凿及石油管道的架设等；水利工程；防空地下建筑等特殊工程；列入房屋工程预算内的暖气、卫生、通风、照明、煤气等设备的价值及装设油饰工程；列入建筑工程预算内的各种管道(蒸汽、压缩空气、石油、给排水等管道)、电力、电讯电缆导线等的敷设工程；以及各种机械设备的安装工程；为测定安装工程质量，对设备进行的试运工作；房地产开发单位进行的商品房屋开发建设工程、土地开发工程。

在安装工程中，不包括被安装设备本身的价值。

(2)设备、工具、器具购置：指建设单位或企、事业单位购置或自制的，达到固定资产标准的设备、工具、器具的价值。新建单位及扩建单位的新建车间，按照设计或计划要求购置或自制的全部设备、工具、器具，不论是否达到固定资产标准均计入“设备、工具、器具购置”中。

(3)其他费用：指在固定资产建造和购置过程中发生的，除上述几项内容以外的各种应分摊计入固定资产的费用。

施工项目　指报告期内进行过建筑或安装施工活动的项目。凡是报告期内施过工的建设项目，不论施工时间长短，均作为施工项目统计。施工项目个数可以反映一定时期固定资产投资的实际规模，与同期全部建成投产项目个数相比，可以从建设速度的角度反映固定资产投资的效果。根据建设项目施工活动的不同性质，施工项目又分为：本年正式施工项目、本年收尾项目和以前年度全部停缓建项目。

全部建成投产项目　指设计文件规定形成生产能力的主体工程及其相应配套的辅助设施全部建成，经负荷试运转，证明具备生产设计规定合格产品的条件，并经过验收鉴定合格或达到竣工验收标准，与生产性工程配套的生活福利设施可以满足近期正常生产的需要，正式移交生产的建设项目。非工业项目指设计文件规定的主体工程和相应的配套工程全部建成，能够发挥设计规定的全部效益，经验收鉴定合格或达到竣工验收标准，正式移交使用的建设项目。

新增生产能力(或工程效益)　指通过固定资产投资活动而增加的设计能力(或工程效益)，该指标是以实物形态表现的反映固定资产投资成果的指标，也是考核投资经济效果的重要依据之一。

新增生产能力(或工程效益)一般有以下几种表现形式：

(1)用产品数量表示，以工程在单位时间内(一般是一年)所能生产的产品数量(即年产量)表示。如原煤开采用万吨／年表示，化学农药用吨／年表示，拖拉机制造用台／年表示等。某些化工产品由于含量差别较大，按其设计含量计算折合量表示，如硫酸、纯碱、烧碱等。

(2)用单位时间内所能处理的原料数量表示，以工程每天(或小时)所能处理原料的数量表示。如机制糖工程日处理原料吨，食用植物油日处理原料吨，城市污水处理能力用万吨／日表示等。

(3)用新增加的主要设备的数量或容量表示，如新增棉布织机、丝织机等台数，毛纺锭等锭数，发电厂新增发电机组容量用千瓦表示等。

(4)用建筑物容积、容量、面积、长度表示，是非工业项目或工程新增效益的一种表现形式。如铁路投产里程、新建公路、水库容量、粮食仓库、学校学生席位、医院病床、有效灌溉面积等。

根据工程的特点，有时需要用两种或两种以上的复合计量单位表示新增生产能力(或工程效益)，如新增内燃机生产能力同时用年产台数、千瓦数表示等。

为了规范新增生产能力(或工程效益)的名称和计算单位，国家统计局制订了《新增生产能力(或工程效益)目录及代码》。各固定资产投资单位在统计新增生产能力(或工程效益)时，必须按目录中规定的名称、计量单位和代码填报。

房屋建筑面积　指房屋建筑物勒脚以上外墙外围的水平截面面积，包括房屋建筑物的有效面积和结构面积。该指标是从实物形态上反映建设规模和建设成果的重要指标之一，也是检查工程形象进度、计算工程造价、分析投资效果、研究施工任务和建筑材料之间平衡情况的重要依据。

住宅建筑面积　指施工和竣工房屋建筑面积中供居住用的房屋建筑面积。

施工面积　指报告期内施工的全部房屋建筑面积。包括本期新开工的面积和上期开工跨入本期继续施工的房屋面积，以及上期已停建在本期恢复施工的房屋面积。本期竣工

和本期施工后又停缓建的房屋，其建筑面积仍计入本期房屋施工面积中。

竣工面积 指在报告期内房屋建筑按照设计要求已经全部完工，达到住人和使用条件，经验收鉴定合格(或达到竣工验收标准)，正式移交使用单位的各栋房屋建筑面积的总和。

房屋建筑面积竣工率 指一定时期内房屋竣工面积占同期房屋施工面积的比率。

新增固定资产 指报告期内已经完成建造和购置过程，并已交付生产或使用单位的固定资产价值。该指标是表示固定资产投资成果的价值指标，也是反映建设进度，计算固定资产投资效果的重要指标。

项目建成投产率 指一定时期内全部建成投产项目个数与同期施工项目个数的比率。该指标是从建设单位建设速度的角度反映投资效果的指标。

固定资产交付使用率 指一定时期新增固定资产与同期完成投资额的比率。该指标是反映固定资产动用速度，衡量建设过程中宏观投资效果的综合指标。由于新增固定资产是较长时期内形成的结果，而投资额则是当年完成的，因此，该指标一般适宜于反映较长时期内固定资产的动用情况。

商品房销售面积 指报告期内出售商品房屋的合同总面积(即双方签署的正式买卖合同中所确定的建筑面积)。由现房销售建筑面积和期房销售建筑面积两部分组成。

商品房销售额 指报告期内出售商品房屋的合同总价款(即双方签署的正式买卖合同中所确定的合同总价)。该指标与商品房销售面积同口径，由现房销售额和期房销售额两部分组成。

经济适用房 指根据经济适用房计划安排建设的政策性住宅。经济是指房屋建筑造价和销售价格低于一般商品住宅；适用是指适合中低收入家庭购买使用。经济适用房主要是由国家统一下达投资计划，房地产公司开发，对外销售；用地一般采用行政划拨或招标投标方式，免收土地出让金；对各种经批准的收费减半征收，开发利润不超过3%；销售价格实行政府指导价。该指标可以分析房地产投资结构，反映中低收入家庭商品住宅的供求平衡情况。

Explanatory Notes on Main Statistical Indicators

Investment in Fixed Assets(Excluding Rural Households) refers to the volume of activities in construction and purchases of fixed assets of the whole country and related fees, expressed in monetary terms during the reference period.

Urban Investment in Fixed Assets refers to construction projects involving a total planned investment of 5 million Yuan and over by enterprises of various types of ownership, institutions, administrative units and individuals in urban areas, investment in real estate development. In other words, all investments that take place in county towns and urban areas, investment in construction projects under the direct leadership and management of government agencies at and above county levels and investments by enterprises and institutions at and above county levels are covered in urban investment in fixed assets.

Investment in Real Estate Development refers to investment by real estate development companies, commercialized buildings construction companies and other real estate development units of various types of ownership in the construction of buildings, such as residential buildings, factory buildings, warehouses, hotels, guesthouses, holiday villages, office buildings, and the complementary service facilities and land development projects, such as roads, water supply, water drainage, power supply, heating supply, telecommunications, land leveling and other infrastructural projects. It does not include activities in pure land transactions.

Investment in Rural Areas refers to investment in fixed assets by enterprises, institutions, administrative units and households in rural areas.

Total Size of Construction refers to the planned total investment for all construction projects during the reference period. This item should correspond with projects under work.

Total Size of Investment in Projects under Construction refers to the planned total investment of all projects under construction at the end of the reference period.

Net Size of Investment in Projects under Construction refers to the outstanding requirement of investment of all projects under construction at the end of the reference period.

Net size of investment in projects under construction= Total size of investment – Accumulated completed investment of projects under construction

Sources of Funds for Investment in Fixed Assets are categorized as funds from the State budget, domestic loans, foreign investment, self-raised funds, and others, depending on the sources of investment.

(1) Fund from the State budget consists of budgetary appropriation and loans from the State budget. More specifically, it includes, from the budget of the central government, capital construction fund (operation fund and non-operational fund), special expenses (e.g. expenses on substituting petroleum with coal), loans from repayment, discount fund, expenses on innovation and trial production of new products, expenses on urban construction, expenses on temporary construction from business departments, development fund for less developed areas, as well as local budgetary fund transferred from the central budget.

(2) Domestic loans refer to loans of various forms borrowed by investing units from banks and non-bank financial institutions during the reference period for the purpose of investment in fixed assets, including loans issued by banks from their self-owned funds and deposit, loans appropriated by higher authorities, special loans by government, loans arranged by local government from special funds, domestic reserve loan, and working loan.

(3) Foreign investment refers to foreign funds received during the reference period for the construction and purchase of investment in fixed assets (covering equipment, materials and technology), including foreign borrowings (loans from foreign governments and international financial institutions, export credit, commercial loans from foreign banks, issue of bonds and stocks overseas), foreign direct investment and other foreign investments. Excluded from this category is capital in foreign exchanges owned by China (foreign exchanges owned by the central and local governments, foreign exchanges retained by enterprises, foreign exchanges by enterprises through the regulating mechanism, loans in foreign exchanges issued by the Bank of China with its own fund, etc.). In calculating the utilization of foreign capital, foreign currencies are converted into Chinese Renminbi applying the current exchange rate when the foreign capitals are actually used.

(4) Self-raised funds refer to extra-budgetary funds for investment in fixed assets received during the reference period by investing units from central government ministries, local governments, enterprises and institutions, including their self-raised funds.

(5) Others refer to funds for investment in fixed assets received from sources other than those listed above, including capital raised through issuing bonds by enterprises or financial institutions, funds raised from individuals and through donations, and funds transferred from other units.

Investment in Fixed Assets by Sector The classification of construction projects by sector is determined by the major products or the purpose of the projects when they are put into production or use, and by the nature of their social economic activities. In general, one project or one enterprise or institution can only be classified into one sector.

Investment in Fixed Assets by Jurisdiction of Management refers to the classification of investment by the competent authorities under which investment is made by construction units, enterprises, institutions or administrative units.

(1) Central investment refers to the investment in projects or by enterprises, institutions or administrative units which are

under the direct leadership and management of the State Council and of the national commissions, ministries, agencies and State-owned large corporations. Various ministries and departments of the State Council prepare and implement plans for investment in fixed assets by those departments, and arrange and ensure the supply of materials and key equipment required for the projects.

(2) Local investment refers to the investment in projects or by enterprises, institutions or administrative units which are under the direct leadership and management of departments under the provincial, prefecture and county governments. Also included are projects by foreign-invested enterprises and enterprises without competent managing authorities.

Investment in Fixed Assets by Type of Construction Construction projects in general can be classified, by the type of construction, into new construction, expansion, reconstruction and technical transformation, moving and restoration. However, investment by type of construction is not applied to investment by real-estate development units, investment in rural areas and private investment in housing construction in urban areas and in industrial and mining areas.

(1) New construction in general refers to construction projects, which start from scratch, of enterprises, institutions, administrative agencies. In case the size of the existing unit is quite small, and the value of newly added fixed assets is more than three times of the the original value, the expansion will be considered as new construction.

(2) Expansion refers to construction of new major production workshop, branch factory or independent production line within a factory or in other locations, for the purpose of increasing the production capacity (or improving efficiency) or adding new production capacity. Newly constructed accommodation for the operation of institutions and administrative organizations (such as newly constructed buildings for teaching in schools, buildings for clinics or wards in hospitals, etc.) are also classified as expansion.

Also included in expansion are investments by existing enterprises or institutions in building major production line(s) or branch factory(ies) along with some work on innovation, for the purpose of expanding the production capacity of original products or producing new products.

(3) Reconstruction and technical transformation refers to construction projects by existing enterprises or institutions in innovation or technical transformation of the old facilities (including auxiliary production equipment and welfare facilities). Also considered as reconstruction is the construction of new workshops by the existing enterprises or institutions to change the variety of products to meet the market demand (such as the production of civil products by defence industries), or to bring the designed production capacity into full play through a more balanced production process on production lines. Technical transformation refers to replacement of old technology or equipment by new technology or equipment, in order to expand the reproduction through improvement of technology contents in production, to improve product quality, to promote new products, to save energy, to reduce consumption, to expand the production scale and to improve overall social-economic efficiency. Contents of technical transformation include: updating of machinery, equipment and tools; reforming production process by using energy or materials saving technology; construction of factory workshops and transformation of public facilities; improvement of working conditions and environment, etc.

Investment in Fixed Assets by Structure By their contents and the mode of implementation, investment activities are classified into 3 categories, i.e. construction and installation, purchase of equipment and instrument, and other expenses.

(1) Construction and installation (work volume of construction and installation) refers to the construction of houses and buildings and the installation of various kinds of equipment and instruments. They include construction of houses; equipment foundations, industrial kilns and stoves, and metal structure work; preparation works and temporary works for project construction, and clearing up works post project construction; pavement of railways and roads, drilling of mines and putting up of oil pipes; construction of water conservancy; construction of underground air-raid shelters and construction of other special projects; value of equipment for heating, sanitation, ventilation, lighting, gas, painting, etc. that are covered by the budget of housing projects; laying out of various pipelines (for steam, compressed air, petroleum, tap water and sewage) and wiring and cabling for electric power and for communications; installation of various machinery and equipment; testing operation for pre-testing the quality of installation projects, and land and other development work conducted by real estate developers for commercialized housing. The value of equipment installed is itself not included in the value of installation projects.

(2) Purchase of equipment and instruments refers to the total value of equipment, tools, and instruments purchased or self-produced which come up to the cut-off point for fixed assets by the construction units or investing enterprises or institutions. Equipment, tools and instruments purchased or self-produced for new workshops by newly established or expanded units are categorized as "purchase of equipment and instruments" no matter whether they come up to the cut-off point for fixed assets.

(3) Other expenses refer to expenses arising during the construction or purchase of fixed assets other than those mentioned above.

Projects under Construction refer to projects with construction and installation activities undertaken in the reference period. All projects that have construction activities undertaken during the reference period are reported as projects under construction irrespective of the length of construction work. The number of projects under construction can reflect the actual size of investment in fixed assets during a given period, and when compared with the number of projects completed and put into use during the same period, it demonstrates the results of investment in fixed assets from the angle of the speed of the construction. Depending on the nature of construction activities, projects under construction can also be classified into projects beginning construction in current year, winding-up projects in current year and stopped or suspended projects in previous years (with resumption of work in current year).

Projects Completed and Put into Use refer to the major projects and auxiliary facilities having been completed in accordance with the design documents, resulting in forming production capacity and having checked and accepted after relevant tests, while the living and welfare facilities having been completed and being capable of ensuring normal production. Non-industrial projects refer to the major projects and auxiliary facilities which have been completed in accordance with the design documents ; have been checked, accepted after relevant examination; and have been formally delivered for use.

Newly Increased Production Capacity (or Project Efficiency) refers to the increase in design capacity (or project efficiency) through investment in fixed assets, which reflects the accomplishment of investment in fixed assets in physical form and serves as an important basis for evaluating the economic efficiency of investment.

The newly increased production capacity (project efficiency) are usually expressed in one of the following forms:

(1) volume of output of products, i.e. the volume of output that the project can produce during a given period (usually a year). For instance, the capacity in coal mining is expressed in 10,000 tons/year, the capacity in producing chemical pesticides expressed in ton/year, the capacity in producing tractors in tractor/year, etc. For some chemical products where the effective contents differ significantly, the production capacity is expressed as the designed effective content equivalent, such as in the case of sulphuric acid, soda ash, caustic soda, etc;

(2) volume of raw materials processed per unit of time, i.e. the volume of raw materials that could be processed by the project per day (or per hour), such as tons of materials processed per day by a sugar refining project or edible vegetable oil project, or tons of urban sewage processed per day;

(3) number or capacity of major equipment increased, such as number of cotton or silk looms increased, wool spindles increased, or capacity (in kilowatts) of power generators increased; and

(4) physical measures (volume, capacity, area, and length) of construction, which is typical for non-industrial projects, for instance, the length of railways put into operation, the length of highways, the capacity of reservoirs, the capacity of warehouses, the floor space of housing projects, capacity for new students in schools or beds in hospitals, areas under new irrigation project, etc.

The special features of projects may sometimes call for the combined use of two or more measurements to reflect the increase in production capacity (or project efficiency); for instance, the new capacity for the production of internal combustion engines is expressed in sets per year and kilowatts per year simultaneously.

To standardize the nomenclature and unit of measurement for newly increased production capacity (or project efficiency), the National Bureau of Statistics has developed the Nomenclature and Codes for New Production Capacity (Project Efficiency). All reporting units with investment activities are required to follow these two nomenclatures in reporting statistics on new production capacity (project efficiency).

Floor Space of Buildings under Construction refers to the total floor space of the horizontal section of outer walls above the plinth of the building, including the effective area and the area occupied by the structure. This indicator is one of the important indicators in physical terms to reflect the scale and accomplishment of the construction industry and also an important basis for monitoring the progress, calculating the cost, analyzing the efficiency and studying the supply of building materials in relation to the construction projects.

Floor Space of Residential Buildings refers to the floor space of the residential buildings among the total space of buildings under construction or completed.

Floor Space under Construction refers to total floor space of all buildings under construction during the reference period, including floor space of newly started buildings during the reference period, floor space of construction extended from the previous period to the current period, and floor space of construction suspended during the previous period and resumed in the current period. Floor space of construction completed in the current period, and floor space of construction started and then suspended in the current period are also included in the floor space under construction of the current year.

Floor Space Completed refers to the floor space of all buildings completed in the reference period, which have been appraised and accepted (or come up to the designed standards) and have been transferred to owner units.

Completion Rate of Floor Space of Buildings refers to the ratio of the floor space of buildings completed in a certain period of time to the floor space of buildings under construction in the same period.

Newly Increased Fixed Assets refer to the newly increased value of fixed assets, constructed or purchased, that have been transferred to the investors. This is an indicator that demonstrates the results of investment in fixed assets in monetary terms, and an important indicator to reflect the speed of construction and to calculate the efficiency of investment.

Rate of Construction Projects Completed and Put into Use refers to the ratio of the number of construction projects completed and put into use in a certain period of time to the number of projects under construction in the same period. This reflects the investment efficiency from the perspective of the speed of projects construction.

Rate of Projects of Fixed Assets Completed and Put

into Operation refers to the ratio of the newly increased fixed assets to the total investment made in the same period. This is a comprehensive indicator reflecting the speed of the employment of fixed assets and the investment efficiency at the macro-level. As the newly increase fixed assets is the result of a long period while the investment is completed in the current year, this indicator is expected to be used to reflect the employment of fixed assets over a long period of time.

Area of Commercialized Housing Sold refers to total contracted area of commercialized housing (i.e. area of floor space as designated in the formal contracts signed by both sides) during the reference time. It constitutes floor space of completed housing and floor space of future housing.

Value of Commercialized Housing Sold refers to the total contracted value (i.e. value of sales/purchase for selling/purchase of commercialized housing as designated in the contract signed by both sides) during the reference time. This indicator has the same coverage as the area of commercialized housing sold, which constitutes floor space of completed housing and floor space of housing yet to be completed.

Economically Affordable Housing refers to housing constructed according to the State Plan for economically affordable housing. The features of houses of this category are low cost of construction and low prices, and therefore are affordable to mid-income and low income households. Economically affordable housing projects are developed by real estate companies under the State Investment Plan, with the land provided through government allocation or tendering procedures. Developers are exempted from land utilization fees and enjoy another 50% exemption of all other legitimate fees, while their profits are limited to less than 3%, and the completed houses are sold under government-guided prices. This indicator helps to analyze the investment structure of the real estate industry and the demand and supply of housing for mid-income and low income households.

对外经济、旅游和开发区

6

Foreign Economy,Tourism and Development Zones

资料整理人员：贺淑贞　吕　燕　陈　慧

6-1　对外经济和旅游
Foreign Economy and Tourism

年 份 Year	进出口总额 (万美元) Total Imports And Exports (USD 10 000)	出口 Exports	进口 Imports	实际利用外商直接投资金额 (万美元) Total Amount of Foreign Capital Actually Used (USD 10 000)	接待旅游总人数 (万人次) Number of Tourists (10 000 persons)	旅游业总收入 (亿元) Income of Tourism (100 million yuan)	星级饭店数 (个) Total Number of Tourist Hotels (unit)
1979	23363	22296	1067		0.81	0.01	
1980	32635	31389	1246		0.95	0.01	
1981	43531	35504	8027		1.33	0.02	
1982	42662	38369	4293		1.53	0.05	
1983	45667	40003	5664		1.99	0.03	
1984	46171	41703	4468		2.63	0.04	
1985	52549	39606	12943		3.20	0.04	
1986	62377	50305	12072		4.12	0.09	
1987	74642	61945	12697	235	5.72	0.10	
1988	83403	63860	19543	447	6.76	0.30	
1989	85201	66563	18638	1495	5.57	0.30	
1990	94161	80552	13609	1116	8.52	0.50	
1991	137525	101665	35860	2276	1210	3.68	
1992	207800	141145	66655	12853	1513	6.03	
1993	234800	161200	73600	43267	1615	11.62	
1994	201740	143321	58419	32512	2014	30.80	
1995	201664	145101	56563	48802	2518	43.41	
1996	176299	129074	47225	70344	3223	60.45	
1997	189445	144796	44649	91702	4040	79.59	
1998	178209	128290	49919	81816	4235	99.93	
1999	195604	128210	67394	65384	4339	120.35	
2000	251259	165308	85951	68182	4695	148.76	212
2001	275841	175400	100441	81011	5036	210.50	270
2002	287621	179542	108079	103089	5757	245.98	321
2003	373617	214626	158990	148907	5970	294.11	359
2004	543774	309778	233996	141806	6487	371.56	417
2005	600485	374667	225818	207235	7181	453.62	388
2006	735259	509401	225858	259335	9195	588.41	501
2007	968987	652342	316645	327051	10897	732.71	585
2008	1256584	840950	415634	400515	12830	851.75	569
2009	1015101	549189	465912	459787	16065	1099.47	567
2010	1468886	795487	673399	518441	20398	1425.80	549
2011	1900006	989747	910259	615031	25328	1785.78	568
2012	2194082	1259965	934117	728034	30506	2234.10	581
2013	2516439	1482083	1034356	870482	36058	2681.86	587
2014	3102729	2002348	1100380	1026585	41203	3050.70	555
2015	2936680	1917288	1019392	1156441	47331	3712.91	498
2016	2687970	1817002	870968	1285209	56548	4707.43	461

注：进出口数据1994年前为外贸统计数，1994年及以后为海关统计数。

Figures on total imports and exports form foreign trade were obtained from foreign trade statistics before 1994 and the figures were obtained from the Changsha Customs statistics after 1994.

6-2 对外经济贸易和旅游概况
A Survey on Foreign Trade and Tourism

指　标	Item	2000	2005	2014	2015	2016
进出口总额　（亿美元）	**Total Imports And Exports (USD 100 million)**	**25.13**	**60.05**	**310.27**	**293.67**	**268.80**
出口总额	Total Exports	16.53	37.47	200.23	191.73	181.70
进口总额	Total Imports	8.60	22.58	110.04	101.94	87.10
进出口差额	Balance	7.93	14.89	90.19	89.79	94.60
实际利用外资　（亿美元）	**Total Amount of Foreign Capital Actually Used (USD 100 million)**	**11.08**	**16.37**	**102.66**	**115.64**	**128.52**
对外借款	Foreign Loans	3.37	2.19	13.46	15.49	4.97
外商直接投资	Foreign Direct Investments	6.82	14.18	30.71	22.76	9.55
外商其他投资	Other Foreign Investments	0.89		58.49	77.4	114.00
外商投资企业基本情况	**Registered Foreign-funded Enterprises**					
年底登记户数　（户）	Number of Registered Enterprises (unit)	2316	2598	2329	2415	2270
投资总额　（亿美元）	Total Investment (USD 100 million)	73.06	119.08	463.07	521.47	580.00
注册资本　（亿美元）	Registered Capital (USD 100 million)	43.38	70.29	241.82	281.05	308.88
#外方	#Capital from Foreign Partners	26.51	52.66	183.89	201.16	220.79
对外经济合作合同金额　（亿美元）	**Contracted Value of Economic Cooperation With Foreign Countries & Territories (USD 100 million)**	**1.87**	**6.14**	**51.92**	**59.14**	**65.97**
对外承包工程	Contracted Projects	1.49	5.82	36.88	38.53	39.83
对外劳务合作	Labor Services	0.34	0.26	15.05	20.61	26.14
设计咨询	Design Consultation	0.04	0.06			
国际旅游人数　（万人次）	**Total Number of International Tourists (10 000 person-times)**	**45.40**	**55.34**	**219.55**	**226.05**	**240.81**
外国人	Foreigners	15.79	41.24	100.07	118.19	127.41
港澳台同胞	Compatriots from HongKong, Macao and Taiwan	29.61	14.10	119.47	107.86	113.40
旅游外汇收入总额　（亿美元）	**Foreign Exchange Earnings from International Tourism (USD 100 million)**	**2.21**	**3.13**	**8.00**	**8.58**	**10.05**
星级宾馆　（个）	Total Number of Tourist Hotels (unit)	212	388	555	498	461

注：外贸进出口资料统一按长沙海关统计数据，以下同。

Figures on total imports and exports form foreign trade are obtained from the Changsha Customs statitics.The same as in the following table.

6-3 进出口商品总值
Total Value of Imports and Exports

单位:万美元　　(USD 10 000)

项　目	Item	2012	2013	2014	2015	2016
进出口总值	**Imports & Exports**	**2194082**	**2516439**	**3102729**	**2936680**	**2687970**
#出口	#Exports	1259965	1482083	2002348	1917288	1817002
进口	Imports	934117	1034356	1100380	1019392	870968
进出口差额	**Balance**	**325848**	**447727**	**901968**	**897896**	**946034**

6-4 进出口商品主要产销国别(地区)总值
Value of Imports and Exports by Main Producer and Sales Countries(Regions)

单位:万美元　　(USD 10 000)

国家(地区)	Country(Region)	2014		2015		2016	
		进　口 Imports	出　口 Exports	进　口 Imports	出　口 Exports	进　口 Imports	出　口 Exports
总　计	**Total**	**1100380**	**2002348**	**1019392**	**1917288**	**870968**	**1817002**
中国香港	Hong Kong, China	12614	493836	26193	535826	25736	462266
日　本	Japan	103747	48238	69411	40445	89014	42399
菲律宾	Philippines	2110	16465				
新加坡	Singapore	3840	73271	4597	83277	5461	52533
韩　国	Republic of Korea	20967	77076	81390	67759	65573	68962
中国台湾	Taiwan, China	61156	31520	82111	35282	35050	18802
英　国	United Kingdom	3358	27218	8491	29808	6927	46947
德　国	Germany	68672	40595	41300	35904	43065	44774
法　国	France	4866	15705				
意大利	Italy	16937	19631				
荷　兰	Netherlands	14468	29181			12072	32938
俄罗斯	Russia	13320	34568				
加拿大	Canada	10440	27774			13651	31292
美　国	United States	107773	161810	140288	222868	97249	262892
澳大利亚	Australia	97582	19783	104775	17569	77196	21220
沙特阿拉伯	Saudi Arabia	11301	32398				
阿联酋	United Arab Emirates	2281	36633	3166	34432		
比利时	Belgium	3628	10265				
西班牙	Spain	7669	11291				
马来西亚	Malaysia	6904	79079	10822	68541	5336	49508

6-5 进出口商品机电电子产品情况
Import and Export Value of Machinery and Electrical Products

单位:万美元 (USD 10 000)

指 标	Item	2014		2015		2016	
		进口 Imports	出口 Exports	进口 Imports	出口 Exports	进口 Imports	出口 Exports
机电产品	**Mechanical & Electrical Products**	**411664**	**840098**	**506050**	**1000616**	**404969**	**851285**
金属制品	Metal and Related Products	5296	98878	6695	80390	8055	92513
机械设备	Machinery Equipment	106311	145960	83912	147282	106828	134026
电器及电子产品	Electrical Products	214948	374608	356206	533376	192001	449459
运输工具	Facilities of Transportation	44608	121315	27845	163063	63200	86130
仪器仪表	Instruments and Meters	38463	24570	29403	17996	32160	21232
其他	Others	2038	74767	1990	58509	2726	67925

6-6 进出口商品贸易方式
Value of Imports and Exports by Trade Ways

单位:万美元 (USD 10 000)

贸易方式	Trade Ways	2015		2016	
		进 口 Imports	出 口 Exports	进 口 Imports	出 口 Exports
一般贸易	Original Trade	535212	1179878	576526	1330113
国家间、国际组织无偿援助和赠送的物资	Assistant Goods from International Organization		216		342
华侨、港、澳同胞、外籍华人捐赠物资	Assistant Goods from Overseas Chinese, Compatriots from Hongkong, Macao and Taiwan				
补偿贸易	Compensation Trade				
来料加工装配贸易	Processing and Assembly Trade Provided with Raw Material	79163	91442	61830	67465
进料加工贸易	Processing Trade of Imported Material	287011	537396	202619	389494
寄售、代销贸易	Consign and Commission Trade				
边境小额贸易	Frontier Small Value Trade				
加工贸易进口设备	Processing and Assembling Import Equipment Provided with Material	761		589	
对外承包工程出口货物	Constructed Projects in Foreign Countries		6703		3749
租赁贸易	International Lease		1468		
外商投资企业作为投资进口的设备、物品	Imported Equipment and Materials as Investment of Foreign Investment Enterprises	5383		5997	
出料加工贸易	Processing Trade of Exported Material				1
易货贸易	Barter				
免税外汇商品	Tax Free Foreign Exchange Commodities				
保税监管场所进出境货物	Import & Export Commodities in Protective Tariff Zone	80767	71737	18107	23803
海关特殊监管区域物流货物	Logistics Goods in Special Customs Surveillance Areas	28112	27513	3200	1254
海关特殊监管区域进口设备	Imported Equipments in Special Customs Surveillance Areas	111		157	
其它贸易	Others Trade	2871	936	1943	781

6-7 主要出口商品总值(2016年)
Major Exports Commodities in Value(2016)

商品名称		Item		数量 (Volume)	美元值 (万美元) Dollar value (USD10 000)
服装及衣着附件		Articles of Apparel & Clothing Accessories			115205
织物制服装		Garments with Textile			90953
鞋类	(万吨)	Footware	(10 000 tons)	3.95	80677
鞋	(万吨)	Shoes	(10 000 tons)	3.82	79495
钢材	(万吨)	Rolled Steels	(10 000 tons)	139.52	75115
钢铁板材	(万吨)	Steel-Board	(10 000 tons)	53.41	22702
箱包及类似容器	(万吨)	Travel Goods	(10 000 tons)	5.48	61221
金属银	(吨)	Metallic silver	(tons)	1044.36	59915
扬声器	(万个)	Loudspeakers	(10 000 units)	4143.27	45052
陶瓷产品	(万吨)	Ceramic Products	(10 000 tons)	20.80	43281
家用陶瓷	(万吨)	Domestic Ceramics	(10 000 tons)	16.03	35936
烟花、爆竹	(万吨)	Fireworks and Firecrackers	(10 000 tons)	18.08	39590
汽车	(万辆)	Cars	(10 000 units)	2.01	38047
灯具、照明装置及零件		Lamps, Lighting fixtures and Parts			33859
电话机	(万台)	Telephones	(10 000 units)	918.28	33205
手持或车载无线电话机	(万台)	Handheld or Vehicle Wireless Phones	(10 000 units)	908.34	32996
纺织纱线、织物及制品		Textile Yarn,Textile and Related Products			33275
二极管及类似半导体器件	(亿个)	Diodes and Similar Semiconductor Devices	(100 million units)	4.69	30075
塑料制品	(万吨)	Plastic Products	(10 000 tons)	3.29	27626
蓄电池	(万个)	Battery	(10 000 units)	3975.99	26340
集成电路	(万个)	Integrated Circuit	(10 000 units)	4915.97	22793
肉及杂碎	(万吨)	Meat and Sweetbread	(10 000 tons)	2.89	21816
玩具		Toys			18409
手用或机用工具	(万吨)	Hand Tools and Tools For Machines	(10 000 tons)	1.45	18527
自动数据处理设备的零件	(吨)	Automatic Data Processing Equipments	(tons)	1899.95	17818

6-8 主要进口商品总值(2016年)
Major Imports Commodities in Value(2016)

商品名称		Item		数量 (Volume)	美元值 (万美元) Dollar value (USD10 000)
铁矿砂及其精矿	(万吨)	Iron Ores and Concentrate	(10 000 tons)	2160.26	116997
汽车零配件		Parts of Motor Vehicles			70369
集成电路	(亿个)	Integrated Circuit	(100 million units)	2.61	35738
纸浆	(万吨)	Paper Pulp	(10 000 tons)	48.86	26771
铜矿砂及其精矿	(万吨)	Cooper Ores and Concentrates	(10 000 tons)	23.11	26585
计量检测分析自控仪器及器具		Measuring and Checking			23540
银矿砂及其精矿	(万吨)	Silver Ores and Concentrates	(10 000 tons)	8.30	23126
原油#	(万吨)	Crude	(10 000 tons)	55	17541
变压、整流、电感器及零件		Transformer, Rectifier, Inductor and Parts			17580
铅矿砂及其精矿	(万吨)	Lead Ores and Concentrates	(10 000 tons)	10.67	14843
乳品	(万吨)	Dairy	(10 000 tons)	2.89	13255
奶粉	(万吨)	Powdered Milk	(10 000 tons)	1.61	11865
纺织纱线、织物及制品		Textile Yarn,Textile and Related Products			12777
棉纱线	(万吨)	Cotton Yarns	(10 000 tons)	3.83	8900
金属加工机床	(台)	Machine Tools for Processing Metals	(unit)	658	10703
二极管及类似半导体器件	(亿个)	Diodes and Similar Semiconductor Devices	(100 million units)	3.69	10260
自动数据处理设备的零件	(吨)	Parts of Automatic Data Processing Devices	(ton)	487.83	9691
通断保护电路装置及零件		Eletrical Apparatus for Switching or Protecting			9727
印刷电路	(万块)	Printing Circuits	(10 000 units)	6211.56	8575
煤及褐煤	(万吨)	Coal and Lignite	(10 000 tons)	211.62	8533
初级形状的塑料	(万吨)	Plastic in Primary Form	(10 000 tons)	6.22	8426
冶炼钢铁所产生的熔渣、浮渣、氧化皮等废料	(万吨)	Slag, Dross, Oxide Skin and other Waste from the Manufacture of Iron or Steel	(10 000 tons)	136.95	7708

6-9 利用外商直接投资
Foreign Direct Investments

单位:万美元 (USD 10 000)

项　目	Item	2000	2005	2014	2015	2016
总 计	**Total**	**68182**	**207235**	**1026585**	**1156441**	**1285208**
按产业类别分类	**Grouped By Industry**					
第一产业	Primary Industry	3335	6915	57919	62722	62469
第二产业	Secondary Industry	43425	141882	658342	714465	686197
第三产业	Tertiary Industry	21422	58438	310323	379254	536542
按企业主体分类	**Grouped by Form**					
中外合资	Equity Foint Venture	32671	38146	274186	226524	231175
中外合作	Contractural Foint Venture	7328	15351	35386	69742	85921
外商独资	Wholly Foreign-owned Entenprise	27940	119798	646476	730988	868017
外商投资股份制	FDI Share Holding Inc.	243	33940	70537	129187	100096

6-10 外商直接投资签订合同情况(分国别、地区)(2016年)
Basic Statistics on Signed Contracts of Direct Foreign Investment(by Country or Region) (2016)

国别(地区)	Countries (Region)	项目(合同)个数(个) Number of Projects (case)	合同外资额(万美元) Agreement Amount (USD 10 000)	实际利用外资(万美元) Actually Used Amount (USD 10 000)
总 计	**Total**	**661**	**2063576**	**1285208**
中国香港	Hongkong, China	387	1414909	814111
中国澳门	Macro, China	1	-264	1807
中国台湾	Taiwan, China	77	86756	63480
韩国	Korea	15	10485	11829
泰　国	Thailand	1	74	
马来西亚	Malaysia	3	-437	4099
新加坡	Singapore	15	20724	14531
日　本	Japan	26	52031	46685
德　国	Germany	15	47351	44228
意大利	Italy	5	19043	15348
英　国	United Kingdom	6	22337	16535
卢森堡	Luxembourg	2	27578	10504
加拿大	Canada	3	2140	5348
美　国	United States	34	55599	42469
澳大利亚	Australia	3	3386	1142
维尔京群岛	Virgin Islands	15	63657	49091

6-11 旅游业基本情况
Basic Statistics of Tourism

项 目	Item	2000	2005	2014	2015	2016
接待旅游总人数 （万人）	**Number of Tourists (10 000 persons)**	**4695.40**	**7180.98**	**41202.53**	**47330.73**	**56547.79**
#接待海外游客	# International Tourists	45.40	71.98	100.07	118.19	127.41
#接待国内游客	# Domestic Tourists	4650.00	7109.00	40982.98	47104.68	56306.98
旅游业总收入 （人民币亿元）	**Income of Tourism (100 million yuan)**	**148.80**	**453.57**	**3050.70**	**3712.91**	**4707.43**
#旅游创汇 （亿美元）	# Earnings from International Tourism (USD 100 million)	2.21	3.90	8.00	8.58	10.05
#国内旅游收入 （人民币亿元）	#Earnings from Domestic Tourism (RMB 100 million yuan)	130.46	421.20	3001.54	3659.96	4640.73

6-12 国际旅游人数和人天数
Number of International Tourists and Days of Tourism

项 目	Item	2000	2005	2014	2015	2016
接待入境旅游人数合计（人次）	**Total of International Tourists Arrivals (person-time)**	**454008**	**719829**	**2195461**	**2260521**	**2408055**
#外国人	#Foreigners	157899	608847	1000746	1181881	1274100
港澳台同胞	Compatriots From Hongkong,Macao and Taiwan	296109	110982	1194715	1078640	1133955
#台胞	Compatriots from Taiwan	172731	61007	417035	379043	365874
入境旅游人天数合计 （人天）	**Total of International Tourist Arrivals (person-day)**	**1443640**	**2291253**	**4181638**	**4101029**	**4711066**
#外国人	#Foreigners	596216	1943303	2063019	2243927	2655163
港澳台同胞	Compatriots From Hongkong,Macao and Taiwan	847424	347951	2118619	1857102	2055903
#台胞	Compatriots from Taiwan	465221	19122	740267	641313	682913

注：从2000年起，华侨并入外国人统计。
Overseas chinese are bring into foreigners since 2000.

6-13 接待外国人按国别分组
Number of Foreign Tourists by Country

单位:人次 (person-time)

国 别	Country	2011	2012	2013	2014	2015	2016
外国人总计	**Total**	**1208013**	**906356**	**877108**	**1000746**	**1181881**	**1274100**
#日 本	#Japan	95251	102581	33072	74916	43335	66575
菲律宾	Philippines	21193	6037	4235	7475	10715	9844
新加坡	Singapore	42831	30039	26578	37298	24936	32804
泰 国	Thailand	35232	20480	16530	27648	25698	54058
印度尼西亚	Indonesia	33396	27307	27090	32131	24790	56840
美 国	United States	125760	88743	91864	97254	71296	74906
加拿大	Canada	23838	13106	12772	24458	24389	30801
德 国	Germany	48053	47754	46334	28554	25454	30095
英 国	United Kingdom	49316	49510	48507	57868	39514	43140
法 国	France	34082	28917	29347	33555	30292	33252
意大利	Italy	13568	11793	9304	18788	19932	24346
俄罗斯	Russia	4987	5931	7091	17100	26602	35025
澳大利亚	Australia	19324	6575	6667	18541	22615	25614
新西兰	New Zealand	3850	2978	2868	6705	11376	11137
其 他	Others	657332	464605	514849	518455	780937	745663

6-14 湖南省产业园区基本情况(2016年)
Basic Indicators of above the Provincial Level Development Zones(2016)

指 标		Item		2016
园区规划面积	(平方公里)	Floor Areas in Development Zone	(Sq.km.)	2338.99
已开发面积	(平方公里)	Actual Land Areas of Development Zone	(Sq.km.)	1010.26
#工业用地面积	(平方公里)	#Floor Areas of Industrial	(Sq.km.)	697.75
园区企业个数	(个)	Number of Enterprises	(unit)	39087
#高新技术产业企业个数	(个)	#New-and-High-tech Enterprises	(unit)	3382
进出口企业个数	(个)	Import and Export Enterprises	(unit)	2239
工业企业个数	(个)	Industrial Enterprises	(unit)	17493
期末从业人数	(万人)	Population of Employment	(10000 persons)	320.37
#高新技术产业企业期末从业人数	(万人)	#Employees in New-and-High-tech Enterprises	(10000 persons)	116.38
工业企业期末从业人数	(万人)	Population of Industrial Enterperises	(10000 persons)	245.05
专利申请授权数	(件)	Number of Patent Applications	(item)	9941
本年完成固定资产投资	(亿元)	Investment in Fixed Assets	(100 million yuan)	8194.27
新批外商直接投资项目个数	(个)	Newly Authorized Projects of Foreign Direct Investment	(unit)	245
实际到位外商直接投资金额	(亿美元)	Actual Value of Foreign Direct Investment	(USD 100 million)	62.72
实施省外境内合作项目个数	(个)	Number of Domestic Direct Investment	(unit)	1758
实际到位省外境内资金	(亿元)	Actual value of Domestic Direct Investment	(100 million yuan)	1503.12
技工贸总收入	(亿元)	Industry and Trade Income	(100 million yuan)	40824.49
#工业企业主营业务收入	(亿元)	#Industrial Product Sales Income	(100 million yuan)	31212.39
利润总额	(亿元)	Total Profit	(100 million yuan)	1583.84
上交税金总额	(亿元)	Total of theTax Amount	(100 million yuan)	1204.97
R&D经费内部支出总额	(亿元)	Total of Expenditureonr R&D	(100 million yuan)	305.15
高新技术产业主营业务收入	(亿元)	Main Business Income of High and New Technology Industry	(100 million yuan)	18681.60
出口额	(亿美元)	Value of Exports	(USD 100 million)	119.99

6-15 湖南省国家级开发区基本情况(2016年)
Basic Indicators of National Development Zones(2016)

指 标		Item		2016
园区规划面积	(平方公里)	Floor Areas in Development Zone	(Sq.km.)	1009.55
已开发面积	(平方公里)	Actual Land Areas of Development Zone	(Sq.km.)	321.95
#工业用地面积	(平方公里)	#Floor Areas of Industrial	(Sq.km.)	183.49
园区企业个数	(个)	Number of Enterprises	(unit)	21986
#高新技术产业企业个数	(个)	#New-and-High-tech Enterprises	(unit)	1518
进出口企业个数	(个)	Import and Export Enterprises	(unit)	1292
工业企业个数	(个)	Industrial Enterprises	(unit)	7025
期末从业人数	(万人)	Population of Employment	(10 000 persons)	115.45
#高新技术产业企业期末从业人数	(万人)	#Employees in New-and-High-tech Enterprises	(10 000 persons)	57.48
工业企业期末从业人数	(万人)	Population of Industrial Enterperises	(10 000 persons)	80.29
专利申请授权数	(件)	Number of Patent Applications	(item)	5508
本年完成固定资产投资	(亿元)	Investment in Fixed Assets	(100 million yuan)	3464.00
新批外商直接投资项目个数	(个)	Newly Authorized Projects of Foreign Direct Investment	(unit)	103
实际到位外商直接投资金额	(亿美元)	Actual Value of Foreign Direct Investment	(USD 100 million)	28.06
实施省外境内合作项目个数	(个)	Number of Domestic Direct Investment	(unit)	381
实际到位省外境内资金	(亿元)	Actual value of Domestic Direct Investment	(100 million yuan)	550.74
技工贸总收入	(亿元)	Industry and Trade Income	(100 million yuan)	20372.61
#工业企业主营业务收入	(亿元)	#Industrial Product Sales Income	(100 million yuan)	14151.46
利润总额	(亿元)	Total Profit	(100 million yuan)	608.36
上交税金总额	(亿元)	Total of theTax Amount	(100 million yuan)	568.36
R&D经费内部支出总额	(亿元)	Total of Expenditureonr R&D	(100 million yuan)	197.67
高新技术产业主营业务收入	(亿元)	Main Business Income of High and New Technology Industry	(100 million yuan)	10326.94
出口额	(亿美元)	Value of Exports	(USD 100 million)	78.15

6-16 湖南省省级开发区基本情况(2016年)
Basic Indicators of Provincial Development Zone (2016)

指 标		Item		2016
园区规划面积	(平方公里)	Floor Areas in Development Zone	(Sq.km.)	1050.51
已开发面积	(平方公里)	Actual Land Areas of Development Zone	(Sq.km.)	526.54
#工业用地面积	(平方公里)	#Floor Areas of Industrial	(Sq.km.)	390.43
园区企业个数	(个)	Number of Enterprises	(unit)	14230
#高新技术产业企业个数	(个)	#New-and-High-tech Enterprises	(unit)	1434
进出口企业个数	(个)	Import and Export Enterprises	(unit)	798
工业企业个数	(个)	Industrial Enterprises	(unit)	8056
期末从业人数	(万人)	Population of Employment	(10 000 persons)	160.22
#高新技术产业企业期末从业人数	(万人)	#Employees in New-and-High-tech Enterprises	(10 000 persons)	48.05
工业企业期末从业人数	(万人)	Population of Industrial Enterperises	(10 000 persons)	124.88
专利申请授权数	(件)	Number of Patent Applications	(item)	3127
本年完成固定资产投资	(亿元)	Investment in Fixed Assets	(100 million yuan)	3843.10
新批外商直接投资项目个数	(个)	Newly Authorized Projects of Foreign Direct Investment	(unit)	100
实际到位外商直接投资金额	(亿美元)	Actual Value of Foreign Direct Investment	(USD 100 million)	27.67
实施省外境内合作项目个数	(个)	Number of Domestic Direct Investment	(unit)	1188
实际到位省外境内资金	(亿元)	Actual value of Domestic Direct Investment	(100 million yuan)	835.94
技工贸总收入	(亿元)	Industry and Trade Income	(100 million yuan)	17101.39
#工业企业主营业务收入	(亿元)	#Industrial Product Sales Income	(100 million yuan)	14093.94
利润总额	(亿元)	Total Profit	(100 million yuan)	826.71
上交税金总额	(亿元)	Total of theTax Amount	(100 million yuan)	540.88
R&D经费内部支出总额	(亿元)	Total of Expenditureonr R&D	(100 million yuan)	85.38
高新技术产业主营业务收入	(亿元)	Main Business Income of High and New Technology Industry	(100 million yuan)	7180.24
出口额	(亿美元)	Value of Exports	(USD 100 million)	37.18

6-17 湖南省省级工业集中区基本情况(2016年)
Basic Indicators of above the Provincial Level Development Zones(2016)

指 标		Item		2016
园区规划面积	(平方公里)	Floor Areas in Development Zone	(Sq.km.)	278.93
已开发面积	(平方公里)	Actual Land Areas of Development Zone	(Sq.km.)	161.77
#工业用地面积	(平方公里)	#Floor Areas of Industrial	(Sq.km.)	123.83
园区企业个数	(个)	Number of Enterprises	(unit)	2871
#高新技术产业企业个数	(个)	#New-and-High-tech Enterprises	(unit)	430
进出口企业个数	(个)	Import and Export Enterprises	(unit)	149
工业企业个数	(个)	Industrial Enterprises	(unit)	2412
期末从业人数	(万人)	Population of Employment	(10 000 persons)	44.69
#高新技术产业企业期末从业人数(万人)		#Employees in New-and-High-tech Enterprises	(10 000 persons)	10.86
工业企业期末从业人数	(万人)	Population of Industrial Enterperises	(10 000 persons)	39.89
专利申请授权数	(件)	Number of Patent Applications	(item)	1306
本年完成固定资产投资	(亿元)	Investment in Fixed Assets	(100 million yuan)	887.16
新批外商直接投资项目个数	(个)	Newly Authorized Projects of Foreign Direct Investment	(unit)	42
实际到位外商直接投资金额	(亿美元)	Actual Value of Foreign Direct Investment	(USD 100 million)	6.98
实施省外境内合作项目个数	(个)	Number of Domestic Direct Investment	(unit)	189
实际到位省外境内资金	(亿元)	Actual value of Domestic Direct Investment	(100 million yuan)	116.44
技工贸总收入	(亿元)	Industry and Trade Income	(100 million yuan)	3350.49
#工业企业主营业务收入	(亿元)	#Industrial Product Sales Income	(100 million yuan)	2966.99
利润总额	(亿元)	Total Profit	(100 million yuan)	148.77
上交税金总额	(亿元)	Total of theTax Amount	(100 million yuan)	95.74
R&D经费内部支出总额	(亿元)	Total of Expenditureonr R&D	(100 million yuan)	22.10
高新技术产业主营业务收入	(亿元)	Main Business Income of High and New Technology Industry	(100 million yuan)	1174.41
出口额	(亿美元)	Value of Exports	(USD 100 million)	4.67

主要统计指标解释

货物进出口总额 指指实际进出我国国境的货物总金额。包括对外贸易实际进出口货物，来料加工装配进出口货物，国家间、联合国及国际组织无偿援助物资和赠送品，华侨、港澳台同胞和外籍华人捐赠品，租赁期满归承租人所有的租赁货物，进料加工进出口货物，边境地方贸易及边境地区小额贸易进出口货物，中外合资企业、中外合作经营企业、外商独资经营企业进出口货物和公用物品，到、离岸价格在规定限额以上的进出口货样和广告品(无商业价值、无使用价值和免费提供出口的除外)，从保税仓库提取在中国境内销售的进口货物，以及其他进出口货物。该指标可以观察一个国家在对外贸易方面的总规模。我国规定出口货物按离岸价格统计，进口货物按到岸价格统计。

商品经营单位所在地进、出口额 指所在地海关注册登记的有进出口经营权的企业实际进、出口额。

商品目的地进口额和商品货源地出口额 目的地进口额指进口货物的消费、使用或最终抵运地的实际进口额；货源地出口额指出口货物的产地或原始发货地的实际出口额。

利用外资 指我国各级政府、部门、企业和其他经济组织通过对外借款、吸收外商直接投资以及用其他方式筹措的境外现汇、设备、技术等。

对外借款 指通过对外正式签订借款协议，从境外筹措的资金，包括外国政府贷款、国际金融组织贷款、外国银行商业贷款、出口信贷以及对外发行债券等。1996 年及以前还包括对外发行股票。该指标是我国利用外资的重要部分。

外商直接投资 是指外国投资者在我国境内通过设立外商投资企业、合伙企业、与中方投资者共同进行石油资源的合作勘探开发以及设立外国公司分支机构等方式进行投资。外国投资者可以用现金、实物、无形资产、股权等投资，还可以用从外商投资企业获得的利润进行再投资。

外商其他投资 指除对外借款和外商直接投资以外的各种利用外资的形式。包括企业在境内外股票市场公开发行的以外币计价的股票发行价总额，国际租赁进口设备的应付款，补偿贸易中外商提供的进口设备、技术、物料的价款，加工装配贸易中外商提供的进口设备、物料的价款。

对外直接投资 指我国企业、团体等(简称境内投资主体) 在国外及港澳台地区以现金、实物、无形资产等方式投资，并以控制国(境)外企业的经营管理权为核心的经济活动。对外直接投资的内涵主要体现在一经济体通过投资于另一经济体而实现其持久利益的目标。

对外承包工程 根据《对外承包工程管理条例》，对外承包工程是指中国的企业或者其他单位承包境外建设工程项目的活动。

对外劳务合作 指组织劳务人员赴其他国家或地区为国外的企业或机构工作的经营性活动。

入境游客 指报告期内来中国（大陆）观光、度假、探亲访友、就医疗养、购物、参加会议或从事经济、文化、体育、宗教活动的外国人、港澳台同胞等游客（即入境旅游人数）。统计时，入境游客按每入境一次统计 1 人次。入境旅游人数包括入境过夜游客和入境一日游游客。

出境人数（出境游客） 指中国（大陆）居民因公或因私出境前往其他国家、中国香港特别行政区、澳门特别行政区和台湾省观光、度假、探亲访友、就医疗养、购物、参加会议或从事经济、文化、体育、宗教活动的人数（即出境游客）。统计时，出境游客按每出境一次统计 1 人次。

国内游客 指报告期内在中国（大陆）观光游览、度假、探亲访友、就医疗养、购物、参加会议或从事经济、文化、体育、宗教活动的中国（大陆）居民人数，其出游的目的不是通过所从事的活动谋取报酬。统计时，国内游客按每出游一次统计 1 人次。

国际旅游(外汇)收入 指入境游客在中国（大陆）境内旅行、游览过程中用于交通、参观游览、住宿、餐饮、购物、娱乐等全部花费。

国内旅游收入(旅游总花费) 指国内游客在国内旅行、游览过程中用于交通、参观游览、住宿、餐饮、购物、娱乐等全部花费。

国际旅行社 指经营对外招徕并接待外国人、华侨、港澳同胞和台湾同胞来中国、归国或回内地旅游业务的旅行社。

国内旅行社 指负责经营招徕、组团、接待国内旅客的旅游业务，以及不对外招徕，负责经营接待国际旅行社或其它涉外部门组织的外国人、华侨、港澳同胞和台湾同胞来中国、归 国或回内地的旅游业务的旅行社。

星级饭店 指设备、设施、服务符合《旅游饭店星级的划分与评定》(GB/T14308-2003)，通过相关旅游管理部门评定，并取得星级饭店称号的饭店（含预备星级饭店）。

Explanatory Notes on Main Statistical Indicators

Total Import and Export of Goods refer to the real value of commodities imported and exported across the border of China. They include the actual imports and exports through foreign trade, imported and exported goods under the processing and assembling trades and materials, supplies and gifts as aid given gratis between governments and by the United Nations and other international organizations, and contributions donated by overseas Chinese, compatriots in Hong Kong and Macao and Chinese with foreign citizenship, leasing commodities owned by tenant at the expiration of leasing period, the imported and exported commodities processed with imported materials, commodities trading in border areas, the imported and exported commodities and articles for public use of the Sino-foreign joint ventures, cooperative enterprises and ventures with sole foreign investment. Also included is import or export of samples and advertising goods for which CIF or FOB value are beyond the permitted ceiling (excluding goods of no trading or use value and free commodities for export), imported goods sold in China from bonded warehouses and other imported or exported goods. The indicator of the total imports and exports at customs can be used to observe the total size of external trade in a country. In accordance with the stipulation of the Chinese government, imports are calculated at CIF, while exports are calculated at FOB.

Import or Export Value by Location of China's Foreign Trade Managing Units refers to actual value of imports and exports carried out by corporations which have been registered by the local Customs house and are vested with right to run import export business.

Import Value of Commodities by Place of Destination and Export Value of Commodities by Place of Origin in China The former indicator refers to the value of import commodities of the places of their consumption, utilization or the places of their final destination. The latter indicator refers to the value of export commodities of the places of their origin or the places of the commodities dispatched.

Utilization of Foreign Capitals refers to remittance, equipment and technology financed from abroad, by loans, foreign direct investment and other forms undertaken by the Chinese governments at all levels, by various departments, enterprises and other economic units.

Foreign Borrowings refer to funds borrowed from abroad through formal signing of borrowing agreements with foreign institutions, including loans of foreign governments, loans of international financial institutions, commercial loans of foreign banks, export credit, and funds raised by Chinese bonds (and shares before 1996) issued abroad. It is an important part of China's utilization of foreign capitals.

Foreign Direct Investment refers to foreign investment in China through the establishment of foreign invested enter-prises, cooperative exploration and development of pet-roleum resources with domestic investors and the establishment of branch organizations of foreign enterprises. Foreign invest-ment can be made in forms of cash, physical investment, intangible assets and equity, in addition with reinvestment of the foreign enterprises with the profits gained from the invest-ment.

Other Foreign Investment refers to all forms of utili-zation of foreign capitals other than foreign borrowings and foreign direct investment. It includes the total value of stock shares in foreign currencies issued by enterprises at domestic or foreign stock exchanges, rent payable for the imported equip-ment through international leasing arrangement, cost of imported equipment, technology and materials provided by foreign counterparts in compensation trade and processing and assembly trade.

Overseas Direct Investment refers to investment made by domestic enterprises and organizations (referred to as domestic investors) in foreign countries and Hong Kong SAR, Macao SAR and Taiwan province in forms of cash, physical investment and intangible assets, and the economic activities centring on operation and management of those enterprises are under the control of domestic investors. The content of overseas direct investment mainly reflects one economic entity by investing in another economic entity to achieve its goal of lasting interest.

Overseas Contracted Projects refer to activities of contracting overseas construction projects by Chinese enterprises or any other units, which are stipulated in the Regulations on Administration of Foreign Contracted Project.

Overseas Labour Services refer to operational activities of organizing labour force to go abroad providing services to foreign enterprises or agencies.

Overseas Visitor Arrivals refer to the number of tourists of foreigners, Chinese compatriots from Hong Kong, Macao and Taiwan who come to China (mainland) within the reference period for sight-seeing, vacation, visiting relatives, medical treatment, shopping, attending conference, or to engage in economic, cultural, sports and religious activities (namely the number of overseas visitor arrivals). In compiling statistics, each arrival is counted as one person-time. The number of overseas visitor arrivals includes inbound overnight tourists and one-day tourists.

Number of Chinese Residents Going Abroad (Chinese Outbound Visitors) refers to the number of Chinese (mainland) residents going to other countries, Hong Kong Special Administrative region, Macao Special Administrative region and Taiwan for on official or private purposes, for sight-seeing, vacation, visiting relatives, medical treatment, shopping, attending conference, or to engage in economic, cultural, sports and religious activities (namely the Chinese outbound visitors).

In compiling statistics, each time of leaving is counted as one person-time.

Number of Domestic Tourists refers to the number of Chinese (mainland) residents who travel within China (mainland) for sight-seeing, vacation, visiting relatives, medical treatment, shopping, attending conference, or to engage in economic, cultural, sports and religious activities. In compiling statistics, each time of travelling is counted as one person-time.

Foreign Exchange Earnings from International Tourism refer to the total expenditure of foreigners, overseas Chinese, Chinese compatriots from Hong Kong, Macao and Taiwan during their stay in the mainland of China on transportation, sighting, accommodation, food, shopping and entertainment.

Income from Domestic Tourism refer to expenditure of domestic tourists on transportation, sighting, accommodation, food, shopping and entertainment while they travel.

International Travel Agencies refer to travel agencies engaged in the promotion, solicitation, organization and recaption of tours to the mainland of China by foreigners, overseas Chinese, Chinese compatriots from Hong Kong, Macao and Taiwan.

Domestic Travel Agencies refer to travel agencies engaged in the promotion, solicitation, organization and reception of domestic tourists, and in the reception of foreigners, overseas Chinese, Chinese compatriots from Hong Kong, Macao and Taiwan organized by international travel agencies or other departments concerned, without their own promotion and solicitation programmes.

Star Hotels refer to hotels rated with stars as assessed by the relevant tourism authorities according to GB/T14308-2003 standard with reference to their infrastructure, facilities and service levels.

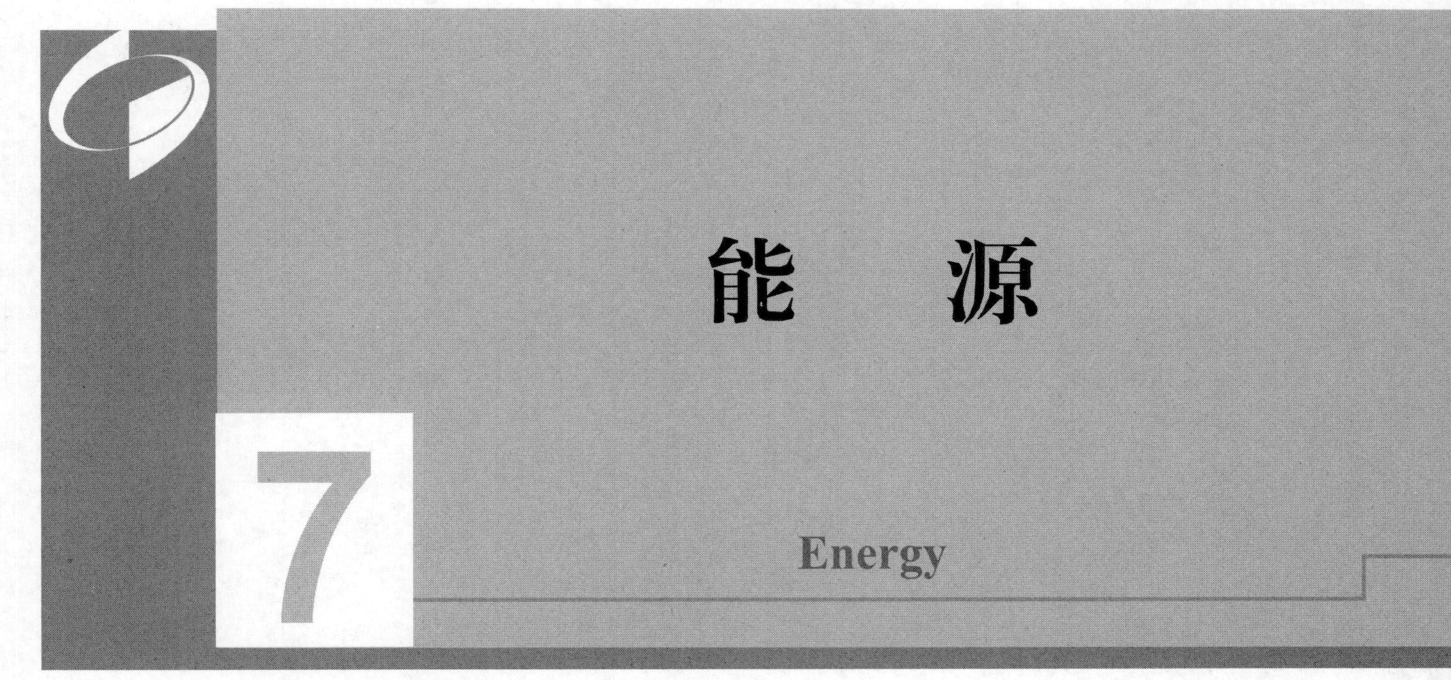

资料整理人员：杨　耒　宋　超　杨东燊　何　达

7-1 能源生产消费及构成
The Structure of Energy Production and Consumption

指 标	Item	2015	2016
一次能源生产总量 （万吨标准煤）	**Gross Production of primary Energy (10 000 tons of SCE)**	**4938.36**	**4458.56**
各种能源所占比重 (%)	Proportions of Energies (%)		
其中:原煤	Raw Coal	60.76	53.25
原油	Crude Oil		
天然气	Natural Gas		
水电、核电、风电等	Hydropower, Nuclear Power, Wind Power Etc	39.24	46.75
能源消费总量 （万吨标准煤）	**Gross Consumption of Energy (10 000 tons of SCE)**	**15468.61**	**15804.44**
各种能源所占比重 (%)	Proportions of Energies (%)		
其中:煤品燃料	Raw Coal	59.92	58.76
油品燃料	Petroleum	16.07	16.69
天然气	Natural Gas	2.28	2.38
水电、核电、风电等	Hydropower, Nuclear Power, Wind Power Etc	12.53	13.19
其他能源	Other sources	5.00	5.04
一次能源生产弹性系数	**Elastic Coefficient of Energy Production**		
一次能源生产比上年增长 (%)	Increasing Rate of Primary Energy Production over the Previous Year (%)	-22.22	-9.72
核电、水电、风电生产比上年增长 (%)	Increasing Rate of Electric Power Production over the Previous Year (%)	11.68	7.55
国内生产总值比上年增长 (%)	Increasing Rate of GDP over the Previous Year (%)	8.57	8.00
一次能源生产弹性系数	Elastic Coefficient of Primary Energy Production	-2.59	-1.21
核电、水电、风电生产弹性系数	Elastic Coefficient of Electric Power Production	1.36	0.94
能源消费弹性系数	**Elastic Coefficient of Energy Consumption**		
能源消费比上年增长 (%)	Increasing Rate of Energy Consumption over the Previous Year (%)	0.99	2.17
电力消费比上年增长 (%)	Increasing Rate of Electric Power Consumption over the Previous Year (%)	1.26	3.28
国内生产总值比上年增长 (%)	Increasing Rate of GDP over the Previous Year (%)	8.57	8.00
能源消费弹性系数	Elastic Coefficient of Energy Consumption	0.12	0.27
电力消费弹性系数	Elastic Coefficient of Electric Power Consumption	0.15	0.41

7-2 综合能源平衡表
Consolidated Balance Sheet of Energy

单位:万吨标准煤 (10 000 tons of SCE)

指 标	Item	2015	2016
可供量	**Supplies**	**15468.61**	**15804.45**
一次能源生产量	Energy Production	4938.36	4458.56
外省(区、市)调入量	the Amount Transferred from Other Provinces(Regions, Cities)	10479.34	11484.08
进口量	Import Volume	158.03	242.46
本省(区、市)调出量(-)	the Amount Transferred to Other Provinces(Regions, Cities)	274.34	427.40
出口量(-)	Export Volume	2.57	2.78
年初年末库存差额	Inventory Balance between the Beginning and End of the Year	169.79	49.52
年初库存量	Beginning of the inventory	620.59	450.80
年末库存量(-)	Year-end inventory(-)	450.80	401.27
消费量	**Consumptions**	**15468.61**	**15804.44**
消费量分组一	**Group 1 of Consumptions**	**15468.59**	**15804.45**
农林牧渔业	Agriculture, Forestry, Animal Husbandry and Fishery	699.55	715.94
工业	Industry	9057.74	8994.92
建筑业	Construction Industry	360.64	377.91
交通运输.仓储和邮政业	Transportation, Storage and Post Industry	1550.67	1629.85
批发、零售业和住宿、餐饮业	Wholesaling, Retailing, Lodging and Catering Trade	673.10	750.69
其他	Others	931.01	1022.54
生活消费	Living Consumptions	2195.87	2312.61
消费量分组二	**Group 2 of Consumptions**	**15468.61**	**15804.44**
终端消费	**Terminal Consumptions**	**14950.50**	**15625.69**
#工业	#Industry	8539.65	8816.17
加工转换损失	**Processing and Conversion Loss**	**123.58**	**-182.92**
火力发电损失	Loss of Thermal Power Generation		0.00
供热损失	Heating Supply Loss	222.03	137.38
洗选煤损失	Coal Preparation Loss	181.86	178.19
炼焦损失	Coking Loss	59.08	22.11
炼油损失	Oil Refining Loss	36.26	31.87
制气损失	Gas Making Loss		
煤制品加工损失	Coal Products Processing Loss		
回收能	Recovered Energy	-375.65	-552.47
损失量	**Loss Amount**	**394.53**	**361.67**
平衡差额	**Equilibrium Balance**		

7-3 煤炭平衡表
Balance Sheet of Coal

单位:万吨 (10 000 tons)

指 标	Item	2015	2016
可供量	**Supplies**	**11142.26**	**11443.53**
消费量	**Consumptions**	**11142.26**	**11443.53**
消费量分组一	**Group 1 of Consumptions**	**11142.26**	**11443.51**
农林牧渔业	Agriculture, Forestry, Animal Husbandry and Fishery	474.10	488.98
工业	Industry	8749.94	9062.16
建筑业	Construction Industry	212.19	217.12
交通运输.仓储和邮政业	Transportation, Storage and Post Industry	169.15	190.31
批发、零售业和住宿、餐饮业	Wholesaling, Retailing, Lodging and Catering Trade	437.09	466.37
其他	Others	500.31	538.08
生活消费	Living Consumptions	599.49	480.48
消费量分组二	**Group 2 of Consumptions**	**11142.26**	**11443.53**
终端消费	**Terminal Consumptions**	**6683.93**	**7032.16**
#工业	#Industry	4291.61	4650.82
用于加工转换	**Used for Processing and Conversion**	**4426.50**	**4396.82**
火力发电	Thermal Power Generation	2693.95	2704.92
供热	Heating Supply	278.21	293.02
洗煤损耗	Coal Preparation Loss	540.56	485.32
炼焦	Coking	913.78	913.56
炼油及煤制油	Petroleum Refineries		
制气	Gas Making		
型煤加工损耗	Briquette Processing Loss		
损失量	**Loss Amount**	**31.83**	**14.54**
平衡差额	**Equilibrium Balance**		

7-4 石油平衡表
Balance Sheet of Petroleum

单位:万吨 (10 000 tons)

指 标	Item	2015	2016
可供量	**Supplies**	**1734.45**	**1844.20**
消费量	**Consumptions**	**1734.45**	**1844.20**
消费量分组一	**Group 1 of Consumptions**	**1734.43**	**1844.18**
农林牧渔业	Agriculture, Forestry, Animal Husbandry and Fishery	20.56	21.29
工业	Industry	370.89	386.71
建筑业	Construction Industry	74.63	78.60
交通运输.仓储和邮政业	Transportation, Storage and Post Industry	812.10	840.83
批发、零售业和住宿、餐饮业	Wholesaling, Retailing, Lodging and Catering Trade	71.52	92.83
其他	Others	95.74	110.76
生活消费	Living Consumptions	289.00	313.16
消费量分组二	**Group 2 of Consumptions**	**1734.45**	**1844.20**
终端消费	**Terminal Consumptions**	**1691.35**	**1795.48**
#工业	#Industry	327.81	338.01
加工转换损失	**Processing and Conversion Loss**	**43.10**	**48.71**
火力发电	Thermal Power Generation	5.31	8.60
供热	Heating Supply	7.76	6.33
炼油损耗	Oil Refining Loss	30.03	33.78
制气	Gas Making		
损失量	**Loss Amount**		
平衡差额	**Equilibrium Balance**		

7-5 电力平衡表
Balance Sheet of Electricity

单位:亿千瓦时 (100 million kwh)

指 标	Item	2015	2016
可供量	**Supplies**	**1532.77**	**1582.99**
消费量	**Consumptions**	**1532.77**	**1582.99**
消费量分组一	**Group 1 of Consumptions**	**1532.77**	**1583.00**
农林牧渔业	Agriculture, Forestry, Animal Husbandry and Fishery	17.07	18.16
工业	Industry	952.11	912.26
建筑业	Construction Industry	19.59	22.82
交通运输.仓储和邮政业	Transportation, Storage and Post Industry	42.53	48.43
批发、零售业和住宿、餐饮业	Wholesaling, Retailing, Lodging and Catering Trade	62.43	70.56
其他	Others	110.49	123.60
生活消费	Living Consumptions	328.56	387.18
消费量分组二	**Group 2 of Consumptions**	**1532.77**	**1582.99**
终端消费	**Terminal Consumptions**	**1425.35**	**1472.30**
#工业	#Industry	844.69	801.57
输配电损失量	**Processing and Conversion Loss**	**107.42**	**110.69**
平衡差额	**Equilibrium Balance**		

7-6 分行业分品种能源消费总量(2016年)

指 标	Item	煤炭消费量(万吨) Consumption of Coal (10 000 tons)	原煤消费量(万吨) Consumption of Raw Coal (10 000 tons)
消费总计	**Total Consumptions**	**11443.51**	**10840.47**
农、林、牧、渔业	**Agriculture, Forestry, Animal Husbandry and Fishery**	**488.98**	**456.94**
工业合计	**Industries in Total**	**9062.16**	**8992.76**
采矿业	**Excavating Industry**	**691.55**	**1508.74**
煤炭开采和洗选业	Mining and Washing of Coal	564.18	1381.43
石油和天然气开采业	Mining of Petroleum and Natural Gas		
黑色金属矿采选业	Mining of Ferrous Metal Ores	1.93	1.93
有色金属矿采选业	Mining of Non-ferrous Metal Ores	39.95	39.95
非金属矿采选业	Mining and Processing of Nonmetal Ores	85.39	85.34
开采辅助活动	Mining of Other Ores N.E.C		
其他采矿业	Mining of Other Ores N.E.C	0.10	0.10
制造业	**Manufacturing Industry**	**5758.02**	**4878.31**
农副食品加工业	Processing of Food From Agricultural Products	83.74	83.31
食品制造业	Manufacture of Foods	52.77	52.76
饮料制造业	Manufacture of Beverage	32.94	32.93
烟草制品业	Manufacture of Tobacco	26.56	26.25
纺织业	Manufacture of Textile	60.46	58.49
纺织服装、鞋、帽制造业	Manufacture of Textile Wearing Apparel, Footware and Caps	1.69	1.69
皮革、毛皮、羽毛(绒)及其制品业	Manufacture of Leather, Fur, Feather and Its Products	6.87	6.87
木材加工及木、竹、藤、棕、草制品业	Processing of Timbers,Manufacture of Wood,	38.78	38.74
家具制造业	Manufacture of Furniture	2.34	2.34
造纸及纸制品业	Manufacture of Paper and Paper Products	245.39	245.38
印刷业和记录媒介的复制	Printing,Reproduction of Recording Media	12.04	12.04
文教体育用品制造业	Manufacture of Articles for Culture, Education and Sport	1.36	1.36
石油加工、炼焦及核燃料加工业	Processing of Petroleum, Coking,Nuclear Oil	658.25	485.11
化学原料及化学制品制造业	Manufacture of Chemical Raw Material	703.11	702.10
医药制造业	Manufacture of Medicines	60.42	60.42
化学纤维制造业	Manufacture of Chemical Fiber	2.51	2.51
橡胶和塑料制品业	Manufacture of Rubber	11.90	11.90
非金属矿物制品业	Manufacture of Non-metallic Mineral Products	1958.10	1956.53
黑色金属冶炼及压延加工业	Manufacture and Processing of Ferrous Metals	1014.52	282.44
有色金属冶炼及压延加工业	Manufacture and Processing of Non-ferrous Metals	368.55	366.02
金属制品业	Manufacture of Metal Products	287.08	320.64
通用设备制造业	Manufacture of General Purpose Machinery	25.63	25.57
专用设备制造业	Manufacture of Special Purpose Machinery	26.14	26.06
汽车制造业	Automotive Industry	12.45	12.45
铁路、船舶、航空航天和其他运输设备制造业	Manufacture of Railway,Marine,Aerospace and Other Transport Equipment	4.96	4.96
电气机械及器材制造业	Manufacture of Electrical Machinery and Equipment	18.91	18.91
通信设备、计算机及其他电子设备制造	Manufacture of Communication Equipment, Computer and Other Electronic Equipment	23.33	23.33
仪器仪表制造业	Manufacture of Measuring Instrument and Machinery for Cultural Activity and Office Work	1.11	1.11
其他制造业	Other Manufacture N.E.C	13.45	13.45
工艺品及其他制造业	Manufacture of Artwork,Other Manufacture N.E.C	2.65	2.65
废弃资源和废旧材料回收加工业	Recycling and Disposal of Waste		
电力、燃气及水的生产和供应业	**Production and Supply of Electric Power, Gas and Water**	**2612.59**	**2605.70**
电力、热力的生产和供应业	Production and Supply of Electric & Heat Power	2612.32	2605.43
燃气生产和供应业	Production and Distribution of Gas	0.26	0.26
水的生产和供应业	Production and Distribution of Water	0.01	0.01
建筑业	**Construction**	**217.12**	**198.29**
交通运输储运业和邮政业	**Transportation, Storage and Post Industry**	**190.32**	**161.16**
批发、零售业和住宿、餐饮业	**Wholesaling, Retailing, Lodging and Catering Trade**	**466.37**	**249.60**
其他行业	**Other Trades**	**538.08**	**340.78**
城乡居民生活	**Urban and Rural Citizens' Lives**	**480.48**	**440.95**

Total Consumption of Various Energy in Different Trades(2016)

焦炭消费量 (万吨) Consumption of Coke (10 000 tons)	原油 (万吨) Crude Oil (10 000 tons)	汽油 (万吨) Gasoline (10 000 tons)	煤油 (万吨) Kerosene (10 000 tons)	柴油 (万吨) Diesel Oil (10 000 tons)	燃料油 (万吨) Fuel Oil (10 000 tons)	液化石油气 (万吨) LPG (10 000 tons)	天然气 (亿立方米) Natural Gas (100 million cu.m)	电力 (亿千瓦时) Electric Power (100million kwh)
960.50	**841.60**	**575.76**	**55.44**	**712.96**	**94.05**	**99.10**	**27.45**	**1583.00**
27.69		**11.31**		**9.74**	**0.01**	**0.21**	**0.09**	**18.16**
932.81	**841.60**	**24.12**	**5.47**	**43.39**	**29.25**	**15.04**	**14.18**	**912.26**
0.76		**0.58**	**0.06**	**4.34**			**0.01**	**36.69**
0.00		0.08	0.00	0.55				11.18
0.57		0.06		0.24				3.01
0.05		0.23	0.04	0.61				12.36
0.14		0.21	0.02	2.86			0.01	10.13
				0.09				0.01
932.05	**841.60**	**22.86**	**5.41**	**37.49**	**29.03**	**15.04**	**14.04**	**558.40**
0.09		1.11	0.17	1.70	0.05		0.32	24.69
		1.06	0.08	0.44	0.01	0.01	0.26	8.88
0.33		0.19	0.03	0.35	0.02	0.01	0.26	8.39
		0.04		0.53			0.60	3.89
0.20		0.36		0.29			0.05	11.30
		0.20		0.04			0.03	2.53
0.02		0.09	0.10	0.26			0.08	5.19
		1.04	0.07	1.29			0.00	11.74
		0.15		0.18			0.09	2.62
		0.17		0.39	1.60		0.29	29.82
		0.35		0.29			0.11	4.79
		0.06		0.04		0.00	0.02	4.24
	841.59	0.60	2.00	5.82	2.45	0.04	0.01	17.55
8.94		2.04	0.19	2.29	1.27	0.18	1.03	57.02
0.01		1.44	0.00	0.42			0.34	10.33
		0.01		0.01			0.01	1.29
0.14		0.39	0.09	0.64		0.07	0.27	9.96
0.21		3.01	0.91	8.87	22.07	11.41	3.40	85.15
868.35		0.50	0.06	1.95			0.68	88.05
43.74	0.01	0.85	0.01	2.01	1.31		3.76	47.09
6.16		1.28	0.03	1.23	0.00	0.04	0.24	15.86
1.99		1.52	0.42	1.45	0.15	0.01	0.33	18.02
0.41		2.00	0.64	2.23	0.00	0.42	0.27	16.41
0.72		1.17	0.01	1.06		0.00	0.88	14.57
0.38		0.35	0.03	0.25	0.03	0.02	0.13	6.75
0.07		1.35	0.41	1.51	0.08	0.07	0.13	16.51
0.01		0.95	0.07	0.91		0.00	0.20	30.47
0.09		0.47	0.08	0.51			0.01	1.56
		0.09		0.02		2.77	0.03	1.69
0.19		0.02		0.50			0.18	2.03
		0.01		0.00				0.02
		0.67		**1.56**	**0.21**		**0.14**	**317.17**
		0.23		0.78	0.21		0.01	306.18
		0.06		0.26			0.12	0.86
		0.38		0.52			0.00	10.14
		18.09	**0.22**	**58.94**	**0.06**	**0.60**	**0.08**	**22.82**
		188.47	**47.57**	**503.24**	**60.54**	**8.75**	**2.10**	**48.43**
		53.38	**1.59**	**19.75**	**1.81**	**15.01**	**2.02**	**70.56**
		73.33	**0.58**	**26.59**	**0.92**	**7.26**	**3.38**	**123.60**
		207.06		**51.31**	**1.46**	**52.23**	**5.61**	**387.18**

7-7　能源加工转换情况(2016年)
Energy Processing and Conversion(2016)

指　标	Item	投入量(万吨标准煤) Input Amount (10 000 tons of SCE)	产出量(万吨标准煤) Output Amount (10 000 tons of SCE)	转换损失量(万吨标准煤) Conversion Loss (10 000 tons of SCE)	转换效率(%) Conversion Efficiency (%)
合计	**Total**	**5879.17**	**4120.42**	**1758.75**	**70.09**
火电	Thermal Power	2278.14	888.95	1389.20	39.02
供热	Heating Supply	297.91	160.53	137.38	53.89
洗煤	Coal Washing	1111.39	933.20	178.19	83.97
炼焦	Coking	822.20	800.09	22.11	97.31
炼油	Oil Refining	1369.52	1337.65	31.87	97.67
天然气液化	Natural Gas Liquefaction				
制气	Gas Making				
型煤加工	Briquette Processing				
热电合计	Heat Power Total	2576.06	1049.48	1526.58	40.74

7-8　主要能源库存量和周转天数(2016年)
The Stock and Inventory Turnover of the Main Energy(2016)

指　标	Item	年末库存量(万吨) Stock at the End of the Year (10 000 tons)	消费量(万吨) Consumption Amount (10 000 tons)	库存周转天数(天) Inventory Turnover (day)
煤炭	Coal	441.49	11443.53	14.08
原煤	Raw Coal	413.66	10840.48	13.93
洗精煤	Cleaned Coal	21.30	913.97	8.51
其它洗煤	Other Washed Coal	6.48	198.92	11.88
焦炭	Coke	28.82	960.50	10.95
石油	Petroleum	30.64	1844.20	6.07
原油	Crude Oil	21.19	841.60	9.19
汽油	Gasoline	0.08	575.76	0.05
煤油	Kerosene	0.00	55.44	0.03
柴油	Diesel Oil	1.92	712.97	0.98
燃料油	Fuel Oil	2.50	94.05	9.70

7-9 工业企业能源购进、消费及库存(2016年)
Energy Purchase, Consumption and Stock of Industry (2016)

指 标	Item	年初库存 Stock at the Beginning of the Year	购进量实物量 Total Purchase	消费量合计 Total Consumption	生产消费 For Production	原材料 Material Use	库存 Stock at the End of the Year
能源合计 (吨标准煤)	**Total Energy (ton of SCE)**			**108942063**	**108075776**		
原煤 (吨)	Raw Coal (Ton)	4893469	71837541	65119021	64901067	2219171	4136639
其中：无烟煤 (吨)	Blind Coal (Ton)	632018	6418954	6245558	6199647	423868	533371
炼焦烟煤 (吨)	Coking Coal (Ton)	9318	187476	190868	190383		1375
一般烟煤 (吨)	Generally Coal (Ton)	4146333	64694170	58390685	58219158	1793503	3534736
褐煤 (吨)	Lignitous Coal (Ton)	105800	536941	291910	291880	1800	67157
洗精煤 (吨)	Cleaned Coal (Ton)	223539	9142169	9152316	9135631		213037
其它洗煤 (吨)	Other Washed Coal (Ton)	64197	1883009	1882317	1882317	2237	64765
煤制品 (吨)	Coal Products (Ton)	116	54352	54015	53693	8306	465
焦炭 (吨)	Coke (Ton)	296801	9559853	9328101	9327775	201252	288159
其它焦化产品 (吨)	Other Coking Products (Ton)	492	9981	9974	9974		492
焦炉煤气 (万立方米)	Coke Oven Gas (10 000 Cu.M)		5066	153539	144873		
高炉煤气 (万立方米)	High Oven Gas (10 000 Cu.M)		66489	3167083	3147303		
转炉煤气 (万立方米)	Converter Gas (10 000 Cu.M)		270	118044	70766		
发生炉煤气 (万立方米)	Producer Gas (10 000 Cu.M)		1274	64	64		
天然气(气态) (万立方米)	Natural Gas (10 000 Cu.M)	391	143090	141818	139209	6775	85
液化天然气(液态) (吨)	Liquefied Natural Gas (Ton)	493	24556	24331	24207	637	72
煤层气(煤田) (万立方米)	Coal Seam Gas (10 000 Cu.M)	193	283	398	398		
原油 (吨)	Crude Oil (Ton)	172093	8456463	8416043	8416041		211945
汽油 (吨)	Gasoline (Ton)	1359	238953	241157	208203	2524	806
煤油 (吨)	Kerosene (Ton)	4838	34588	34743	34687	376	50
柴油 (吨)	Diesel Oil (Ton)	13556	377018	377010	343537	14335	19155
燃料油 (吨)	Fuel Oil (Ton)	13120	282843	292529	292469	154	24994
液化石油气 (吨)	Liquefied Petroleum Gas (Ton)	308	149977	150415	150283	13807	230
炼厂干气 (吨)	Refinery Gas (Ton)		6738	298605	297593		
石脑油 (吨)	Naphtha (Ton)	13		1			
润滑油 (吨)	Lubricating Oil (Ton)	171	5767	5798	5778	174	67
石蜡 (吨)	Paraffin Wax (Ton)	196	2303	2428	2428	1406	45
溶剂油 (吨)	Solvnet Naphtha (Ton)	1280	12953	12993	12993	11983	1240
石油焦 (吨)	Petroleum Coke (Ton)	6602	94264	122481	122481	5484	9723
石油沥青 (吨)	Petroleum Asphalt (Ton)	579	11238	11008	11008	6741	246
其它石油制品 (吨)	Other Petroleum Products (Ton)	34422	2373558	2925340	2925307	915625	37949
热力 (百万千焦)	Heat (Million Kilo-Joule)		22039232	57956423	53063612		
电力 (万千瓦时)	Electricity (10 Thousand Kwh)		7579014	9905673	9766241		
煤矸石用于燃料 (吨)	Coal Gangue Solid Fuel (Ton)	60272	1746156	1817718	1817718		6030
城市垃圾用于燃料 (吨)	Municipal Refuse Fuel (Ton)	9934	661625	655016	655016		5807
生物质废料用于燃料 (吨)	Biomass Waste Fuel (Ton)	8123	1280954	1346904	1346198		3943
余热余压 (百万千焦)	Waste Heat And Excess Pressure (Million Kilo-Joule)		4524781	31806670	31315073		
其它工业废料用于燃料 (吨)	Other Industrial Waste Fuel (Ton)	150	166089	162241	161921		147
其他燃料 (吨标准煤)	Other Fuel (Ton Of Sce)	1309	798118	828237	828031	10676	1203

注：本表统计范围为年主营业务收入2000万元及以上的工业企业。

All Industry corporation enterises with an annual sales income of over 20 million yuan.

7-9 续表 1 continued

指标		Item		工业生产消费量 For Production	加工转换投入合计 Input& Outputof Transfor-mation	火力发电 Thermal Power	供热 Heating Supply	原煤入洗 Coal Washing	炼焦 Coking
能源合计	**(吨标准煤)**	**Total Energy**	**(ton of SCE)**	**83098290**	**59416099**	**23072388**	**3005815**	**10986857**	**8287233**
原煤	(吨)	Raw Coal	(Ton)	52630052	44495780	27049144	1955098	15491538	
其中:无烟煤	(吨)	Blind Coal	(Ton)	5163902	3986021	3726724	48240	211057	
炼焦烟煤	(吨)	Coking Coal	(Ton)						
一般烟煤	(吨)	Generally Coal	(Ton)	47236079	40435209	23247870	1906858	15280481	
褐煤	(吨)	Lignitous Coal	(Ton)	230071	74550	74550			
洗精煤	(吨)	Cleaned Coal	(Ton)	9135631	9135631				9135631
其它洗煤	(吨)	Other Washed Coal	(Ton)	1866058	975057		975057		
煤制品	(吨)	Coal Products	(Ton)						
焦炭	(吨)	Coke	(Ton)	8627837					
其它焦化产品	(吨)	Other Coking Products	(Ton)						
焦炉煤气	(万立方米)	Coke Oven Gas	(10 000 Cu.M)	139807	30813	30813			
高炉煤气	(万立方米)	High Oven Gas	(10 000 Cu.M)	3080814	2058903	1434327	624576		
转炉煤气	(万立方米)	Converter Gas	(10 000 Cu.M)	70766	1	1			
发生炉煤气	(万立方米)	Producer Gas	(10 000 Cu.M)						
天然气(气态)	(万立方米)	Natural Gas	(10 000 Cu.M)	8127	72	69	3		
液化天然气(液态)	(吨)	Liquefied Natural Gas	(Ton)						
煤层气(煤田)	(万立方米)	Coal Seam Gas	(10 000 Cu.M)	171	171	171			
原油	(吨)	Crude Oil	(Ton)	8415892	8405695				
汽油	(吨)	Gasoline	(Ton)	5899	5401				
煤油	(吨)	Kerosene	(Ton)	37					
柴油	(吨)	Diesel Oil	(Ton)	26878	5914	5457	457		
燃料油	(吨)	Fuel Oil	(Ton)	218291	55220	39261	13438		
液化石油气	(吨)	Liquefied Petroleum Gas	(Ton)	362					
炼厂干气	(吨)	Refinery Gas	(Ton)	291867	30499	8264	10856		
石脑油	(吨)	Naphtha	(Ton)						
润滑油	(吨)	Lubricating Oil	(Ton)	89					
石蜡	(吨)	Paraffin Wax	(Ton)						
溶剂油	(吨)	Solvnet Naphtha	(Ton)	866					
石油焦	(吨)	Petroleum Coke	(Ton)	83387	71548	32900	38648		
石油沥青	(吨)	Petroleum Asphalt	(Ton)						
其它石油制品	(吨)	Other Petroleum Products	(Ton)	2499975	1447143				
热力	(百万千焦)	Heat	(Million Kilo-Joule)	31115018	3754503	3754503			
电力	(万千瓦时)	Electricity	(10 Thousand Kwh)	2398058					
煤矸石用于燃料	(吨)	Coal Gangue Solid Fuel	(Ton)	1255786	1250530	1250530			
城市垃圾用于燃料	(吨)	Municipal Refuse Fuel	(Ton)	654298	654298	654298			
生物质废料用于燃料	(吨)	Biomass Waste Fuel	(Ton)	762549	759381	747335	12046		
余热余压	(百万千焦)	Waste Heat And Excess Pressure	(Million Kilo-Joule)	31121221	19385603	19385603			
其它工业废料用于燃料	(吨)	Other Industrial Waste Fuel		21432	17257	17257			
其他燃料	(吨标准煤)	Other Fuel	(Ton Of Sce)	6611					

7-9 续表 2 continued

指 标	Item	炼油及煤制油 Petroleum Refineries	制气 Gas Works	天然气液化 Natural Gas Liquefaction	加工煤制品 Coal Processing	能源加工转换产出 Energy Processing Conversion	回收利用 Recycling
能源合计 (吨标准煤)	**Total Energy (ton of SCE)**	**14063805**				**41941201**	**5538482**
原煤 (吨)	Raw Coal (Ton)						
其中: 无烟煤 (吨)	Blind Coal (Ton)						
炼焦烟煤 (吨)	Coking Coal (Ton)						
一般烟煤 (吨)	Generally Coal (Ton)						
褐煤 (吨)	Lignitous Coal (Ton)						
洗精煤 (吨)	Cleaned Coal (Ton)					9430505	
其它洗煤 (吨)	Other Washed Coal (Ton)					1207918	
煤制品 (吨)	Coal Products (Ton)						
焦炭 (吨)	Coke (Ton)					6665035	
其它焦化产品 (吨)	Other Coking Products (Ton)					263240	
焦炉煤气 (万立方米)	Coke Oven Gas (10 000 Cu.M)					195602	
高炉煤气 (万立方米)	High Oven Gas (10 000 Cu.M)						3157224
转炉煤气 (万立方米)	Converter Gas (10 000 Cu.M)						118044
发生炉煤气 (万立方米)	Producer Gas (10 000 Cu.M)						
天然气(气态) (万立方米)	Natural Gas (10 000 Cu.M)						
液化天然气(液态) (吨)	Liquefied Natural Gas (Ton)						
煤层气(煤田) (万立方米)	Coal Seam Gas (10 000 Cu.M)						
原油 (吨)	Crude Oil (Ton)	8405695					
汽油 (吨)	Gasoline (Ton)	5401				2401813	
煤油 (吨)	Kerosene (Ton)					633520	
柴油 (吨)	Diesel Oil (Ton)					2589850	
燃料油 (吨)	Fuel Oil (Ton)	2521				52677	
液化石油气 (吨)	Liquefied Petroleum Gas (Ton)					787068	
炼厂干气 (吨)	Refinery Gas (Ton)	11379				333205	
石脑油 (吨)	Naphtha (Ton)					177667	
润滑油 (吨)	Lubricating Oil (Ton)						
石蜡 (吨)	Paraffin Wax (Ton)						
溶剂油 (吨)	Solvnet Naphtha (Ton)					29018	
石油焦 (吨)	Petroleum Coke (Ton)					330483	
石油沥青 (吨)	Petroleum Asphalt (Ton)						
其它石油制品 (吨)	Other Petroleum Products (Ton)	1447143				2198946	
热力 (百万千焦)	Heat (Million Kilo-Joule)					46727191	
电力 (万千瓦时)	Electricity (10 Thousand Kwh)					7226333	
煤矸石用于燃料 (吨)	Coal Gangue Solid Fuel (Ton)						
城市垃圾用于燃料 (吨)	Municipal Refuse Fuel (Ton)						
生物质废料用于燃料 (吨)	Biomass Waste Fuel (Ton)						
余热余压 (百万千焦)	Waste Heat And Excess Pressure (Million Kilo-Joule)						34612209
其它工业废料用于燃料(吨)	Other Industrial Waste Fuel						
其他燃料 (吨标准煤)	Other Fuel (Ton Of Sce)						

7-10 主要能源按工业行业分组消费量(2016年)

指标	Item	原煤(吨) Raw Coal (ton)	洗精煤(吨) Cleaned Coal (ton)	其他洗煤(吨) Other Washed Coal (ton)	煤制品(吨) Coal Products (ton)
煤炭开采和洗选业	Mining and Washing of Coal	12451102			2
黑色金属矿采选业	Mining of Ferrous Metal Ores	46104			
有色金属矿采选业	Mining of Non-ferrous Metal Ores	92220			
非金属矿采选业	Mining and Processing of Nonmetal Ores	594695			
开采辅助活动	Mining Auxiliary Activities				
农副食品加工业	Processing of Food from Agricultural Products	637320		250	3827
食品制造业	Manufacture of Foods	404523			22
酒、饮料和精制茶制造业	Manufacture of Liquor, Beverage and Refined Tea	162860			121
烟草制品业	Manufacture of Tobacco	4807		3155	
纺织业	Manufacture of Textile	357414			19581
纺织服装、服饰业	Manufacture of Textile Wearing and Clothing Apparel	13194			
皮革、毛皮、羽毛及其制品和制鞋业	Leather, Fur, Feather and Its Products and Footwear	67280			
木材加工和木、竹、藤、棕、草制品业	Processing of Timbers,Manufacture of Wood, Bamboo, Rattan, Palm and Straw Products	343029		382	
家具制造业	Manufacture of Furniture	23235			
造纸和纸制品业	Manufacture of Paper and Paper Products	1828275			
印刷和记录媒介复制业	Printing,Reproduction of Recording Media	58553			
文教、工美、体育和娱乐用品制造业	Manufacture of Articles for Culture,Education and Sport Activity	13434			6
石油加工、炼焦和核燃料加工业	Processing of Petroleum,Coking,Processing of Nucleus Fuel	4190443	3829315		10819
化学原料和化学制品制造业	Manufacture of Chemical Raw Material and Chemical Products	3194187		600	1039
医药制造业	Manufacture of Medicines	601795			3
化学纤维制造业	Manufacture of Chemical Fiber	24937			
橡胶和塑料制品业	Manufacture of Rubber and plastic	88870			7
非金属矿物制品业	Manufacture of Non-metallic Mineral Products	11798037		3701	6589
黑色金属冶炼和压延加工业	Manufacture and Processing of Ferrous Metals	704042	5323001	1872891	5389
有色金属冶炼和压延加工业	Manufacture and Processing of Non-ferrous Metals	941899		1338	5799
金属制品业	Manufacture of Metal Products	678539			
通用设备制造业	Manufacture of General Purpose Machinery	123406			
专用设备制造业	Manufacture of Special Purpose Machinery	173291			727
汽车制造业	Automobile Industry	53790			65
铁路、船舶、航空航天和其他运输设备制造业	Manufacture of Railway,Marine,Aerospace and Other Transport Equipment	49613			
电气机械和器材制造业	Manufacture of Electrical Machinery and Equipment	85737			
计算机、通信和其他电子设备制造业	Manufacture of Communication Equipment, Computer and Other Electronic Equipment	131704			
仪器仪表制造业	Manufacture of Measuring Instrument	11013			
其他制造业	Other Manufacture N.E.C	21886			
废弃资源综合利用业	Recycling and Disposal of Waste	25067			
金属制品、机械和设备修理业	Mental Products,Machine and Equipment Repair				
电力、热力生产和供应业	Production and Supply of Electric Power and Heat Power	25120008			
燃气生产和供应业	Production and Distribution of Gas	2581			18
水的生产和供应业	Production and Distribution of Water	130			

注：本表统计范围为年主营业务收入2000万元及以上的工业企业。
All Industry corporation enterises with an annual sales income of over 20 million yuan.

Consumption of Energy and Its Main Varieties by Sector (2016)

焦炭 (吨) Coke (ton)	其他焦化产品 (吨) Other Coking Products (ton)	焦炉煤气 (万立方) Coke Oven Gas (10 000 cu.m)	高炉煤气 (万立方) High Oven Gas (10 000 cu.m)	天然气 (万立方) Natural Gas (10 000 cu.m)	原油 (吨) Crude Oil (ton)	汽油 (吨) Gasoline (ton)	煤油 (吨) Kerosene (ton)	柴油 (吨) Diesel Oil (ton)	燃料油 (吨) Fuel Oil (ton)
8						808	5	5454	
5691						603		2395	
481						2342	429	6085	
1433				67		2087	172	28578	
884			118	3236		11109	1718	17047	505
				2650		10610	833	4362	127
3338				2622		1937	324	3531	185
				2647		192		2728	
1996				469		3650	32	2947	
				264		1995		387	33
173				833		948	1010	2595	
	380			6		10363	701	12852	
				917		1524	16	1756	
				2862		1701		3918	15982
				1138		3502		2897	
22				211	6	635		372	
				119	8415892	5995		1327	24495
89407				10337	24	20398	1887	22936	12708
62				3377		14381	9	4241	
				148		76		88	
1448				2737		3887	925	6441	
2076			54887	33967		30058	9069	88727	220651
8683523	9594	153331	3103295	6809		4981	608	19455	
437369				37586	78	8508	76	20123	13145
61606				2384		12826	286	12348	32
19856				3266		15238	4240	14453	1463
4056				2713		19973	6385	22301	22
7196				8807		11665	121	10623	
3816				1347		3456	314	2476	256
723		66	21	1289	26	13464	4073	15133	777
81				1996		9516	722	9052	
931				133	16	4736	784	5091	
				311		852		172	
1924		142	8762	1823		222		4970	
						59		42	
				146		2326	6	7823	2149
				1216		565		2574	
				35		3809		5213	

7-10 续表 continued

指 标	Item	液化石油气（吨） Liquefied Petroleum Gas (ton)	其他石油制品（吨） Other Petroleum Products (ton)	热力（百万千焦） Heat (million kilo-joule)	电力（万度） Electricity (10 000 kwh)	其他燃料（吨标准煤） Other Fuel (ton of SCE)
煤炭开采和洗选业	Mining and Washing of Coal				111830	16572
黑色金属矿采选业	Mining of Ferrous Metal Ores				30065	468
有色金属矿采选业	Mining of Non-ferrous Metal Ores				123570	4076
非金属矿采选业	Mining and Processing of Nonmetal Ores			7756619	101276	226
开采辅助活动	Mining of Other Ores N.E.C					
农副食品加工业	Processing of Food from Agricultural Products	6	11	280079	276945	63446
食品制造业	Manufacture of Foods	95	1795	1398734	88806	8009
酒、饮料和精制茶制造业	Manufacture of Liquor, Beverage and Refined Tea	63		82004	83899	18491
烟草制品业	Manufacture of Tobacco	9		65064	21667	8261
纺织业	Manufacture of Textile		3096	3074	133045	26265
纺织服装、服饰业	Manufacture of Textile Wearing and Clothing Apparel	25			25252	3838
皮革、毛皮、羽毛及其制品和制鞋业	Leather, Fur, Feather and Its Products and Footwear			185783	51893	4290
木材加工和木、竹、藤、棕、草制品业	Processing of Timbers, Manufacture of Wood, Bamboo, Rattan, Palm and Straw Products				117378	197686
家具制造业	Manufacture of Furniture		4		26157	9232
造纸和纸制品业	Manufacture of Paper and Paper Products		103	7860056	298218	100305
印刷和记录媒介复制业	Printing,Reproduction of Recording Media			172565	47877	80
文教、工美、体育和娱乐用品制造业	Manufacture of Articles for Culture, Education and Sport Activity	10			42367	11520
石油加工、炼焦和核燃料加工业	Processing of Petroleum, Coking, Processing of Nucleus Fuel	362	2513269	7335685	175530	
化学原料和化学制品制造业	Manufacture of Chemical Raw Material and Chemical Products	1759	349349	18957660	740240	31891
医药制造业	Manufacture of Medicines		7300	199927	103350	13392
化学纤维制造业	Manufacture of Chemical Fiber			62864	12871	6611
橡胶和塑料制品业	Manufacture of Rubber and plastic	652	25408	76607	99571	812
非金属矿物制品业	Manufacture of Non-metallic Mineral Products	114058	2869	710020	1221525	169045
黑色金属冶炼和压延加工业	Manufacture and Processing of Ferrous Metals		8	8225696	1370505	39215
有色金属冶炼和压延加工业	Manufacture and Processing of Non-ferrous Metals			3686508	720950	47396
金属制品业	Manufacture of Metal Products	407	12369	8560	158573	724
通用设备制造业	Manufacture of General Purpose Machinery	83	772	135304	180168	3993
专用设备制造业	Manufacture of Special Purpose Machinery	4156	7736		164131	5631
汽车制造业	Automobile Industry	42	144		145692	130
铁路、船舶、航空航天和其他运输设备制造业	Manufacture of Railway,Marine,Aerospace and Other Transport Equipment	235	1	38329	67467	286
电气机械和器材制造业	Manufacture of Electrical Machinery and Equipment	696	225	12715	165102	26642
计算机、通信和其他电子设备制造业	Manufacture of Communication Equipment, Computer and Other Electronic Equipment	1		29017	314657	3212
仪器仪表制造业	Manufacture of Measuring Instrument		777		15585	
其他制造业	Other Manufacture N.E.C	27747			16903	3210
废弃资源综合利用业	Recycling and Disposal of Waste				20274	3240
金属制品、机械和设备修理业	Mental Products,Machine and Equipment Repair				175	
电力、热力生产和供应业	Production and Supply of Electric Power and Heat Power		105	608125	1653269	41
燃气生产和供应业	Production and Distribution of Gas			29556	8583	
水的生产和供应业	Production and Distribution of Water			35869	101370	

7-11 主要用能工业企业单位产品能源消耗情况
Unit Product Energy Consumption of Industry

指 标	单位	Item	2014	2015	2016
吨原煤生产综合能耗	千克标准煤/吨	Total Energy Consumption of Raw Coal/ton	25.77	14.55	34.99
万米印染布综合能耗	千克标准煤/万米	Total Energy Consumption of Dyed Cloth/10,000m	1586.26	1536.49	2035.11
机制纸及纸板综合能耗	千克标准煤/吨	Total Energy Consumption of Machine-Made Paper and Paperboard	420.96	407.86	336.40
炼焦工序单位能耗	千克标准煤/吨	Energy Consumption of Coking Process/unit	89.98	90.22	87.11
原油加工单位综合能耗	千克标准油/吨	Total Energy Consumption of Crude Oil Processing/unit	70.18	66.46	67.61
单位烧碱生产综合能耗（离子膜法30%）	千克标准煤/吨	Total Energy Consumption of Caustic Soda Production/unit (Diaphragm Process 30%)	411.86	406.54	403.82
单位烧碱生产综合能耗（隔膜法30%）	千克标准煤/吨	Total Energy Consumption of Caustic Soda Production/unit (Diaphragm Process 30%)	758.74	904.89	700.29
联碱法纯碱双吨产品生产综合能耗	千克标准煤/吨	Total Energy Consumption of Soda Production/double tons (Hou's process)	164.96	184.12	150.43
单位合成氨生产综合能耗	千克标准煤/吨	Total Energy Consumption of Synthetic Ammonia/unit	1420.15	1468.18	1663.30
吨水泥熟料综合能耗	千克标准煤/吨	Total Energy Consumption of Cement/ton	112.41	104.81	106.36
吨水泥综合能耗	千克标准煤/吨	Total Energy Consumption of Cement Per Ton	87.93	83.28	84.33
每重量箱平板玻璃综合能耗	千克标准煤/重量箱	Total Energy Consumption of Plate Glass/weight box	14.15	11.36	11.40
吨钢综合能耗	千克标准煤/吨	Total Energy Consumption of Steel/ton	585.82	579.50	578.25
炼铁工序单位能耗	千克标准煤/吨	Unit Energy Consumption of Iron Refining Process	365.38	372.05	375.81
铁矿烧结工序单位能耗	千克标准煤/吨	Unit Energy Consumption of Iron Ore Sintering Process	49.48	49.83	49.92
转炉炼钢综合工序单位能耗	千克标准煤/吨	Unit Energy Consumption of Converter Steelmaking Process	5.67	3.74	2.55
电炉炼钢综合工序单位能耗	千克标准煤/吨	Unit Energy Consumption of Electric Furnace Steelmaking Process	73.82	66.05	69.27
锰硅合金工序单位能耗	千克标准煤/标准吨	Unit Energy Consumption of Silicomanganese Alloy Process	544.98	330.70	350.85
轧钢工序单位能耗	千克标准煤/吨	Unit Energy Consumption of Steel Rolling Process	61.60	59.57	55.06
吨钢耗新水	吨/吨	New Water Consumption of Steel/ton	3.76	3.58	2.83
吨铜加工材消耗能源量	千克标准煤/吨	Total Energy Consumption of Copper Refining/unit	389.52	359.71	483.03
单位粗铅综合能耗	千克标准煤/吨	Total Energy Consumption of Crude Lead/unit	315.86	293.59	304.16
单位铅冶炼综合能耗	千克标准煤/吨	Total Energy Consumption of Lead Refining/unit	492.12	445.93	437.34
单位精锌(电锌)综合能耗	千克标准煤/吨	Total Consumption of Refined Zinc (Electrolytic Zinc)/unit	997.04	1000.27	1092.87
吨铝加工材消耗能源量	千克标准煤/吨	Energy Consumption of Aluminium Processing Material/ton	533.45	475.15	460.64
电厂火力发电标准煤耗	克标准煤/千瓦时	Standard Coal Consumption of Thermal Power Generation in the Power Plant	302.39	309.53	304.18
电厂火力供电标准煤耗	克标准煤/千瓦时	Standard Coal Consumption of Thermal Power Supply in the Power Plant	323.67	329.79	324.61

7-12 规模工业企业水消费
Water Consumption of Scale Industry

单位:万立方米 (10 000 cu.m)

指 标	Item	2011	2012	2013	2014	2015	2016
取水总量	**the Total Amount of Water Intake**	**673445.94**	**373906.66**	**388919.79**	**371515.84**	**375964.33**	**367437.23**
地表水	Surface Water	608397.39	305670.30	314644.38	310620.87	320462.09	314016.22
地下水	Groundwater	29456.67	27572.62	24357.34	23106.22	20987.25	18828.74
自来水	Tap Water	32115.88	31024.35	32469.07	31527.52	33573.43	33539.16
其他水	Other Water	3476.00	9639.39	17449.00	2629.25	467.40	532.35
重复用水	Repeated Water	569853.12	590344.31	602112.98	578978.95	541074.55	517752.92
工业企业污水排放量	Discharge of Industrial Sewage	34072.63	55636.12	64037.15	64978.25	70848.28	74705.48

注：根据国家新修订的报表制度，2012年水、火电企业用于冷却机组的河湖海冷却用水(包括循环冷却用水和直抽直排冷却用水)不计入取水量。而2007年至2011年取水量中均包括水、火电企业用于冷却机组的河湖海冷却用水。

According to the new revision of the reporting system, in 2012, thermal power enterprises for the rivers and lakes water cooling water cooling unit (including circulating cooling water and cooling water straight pulling straight row) are not included in the water. But from 2007 to 2011 water consumption in thermal power enterprises including water, for rivers and lakes sea cooling water cooling unit.

7-13 能源消耗指标
Indicators of Energy Consumption

指 标	Item	2011	2012	2013	2014	2015	2016
单位GDP能耗上升或下降 (±%)	Energy Consumption of Unit GDP Increase or Decrease (±%)	-3.68	-6.87	-4.71	-6.24	-6.98	-5.34
能源消费总量增速 (%)	Total Energy Consumption Growth (%)	8.60	3.61	4.88	2.67	0.99	2.17
单位GDP电耗上升或下降 (±%)	Electric Power Consumption of Unit GDP Increase or Decrease (±%)	-2.10	-6.51	-3.97	-8.20	-6.80	-4.28

注：相关指标计算所用的2011-2015年单位GDP能耗、单位规模工业增加值能耗、单位GDP电耗根据当年能耗、电耗与按2010年可比价计算的规模工业增加值计算的GDP相比较取得。2006-2010年规模工业增加值数据按2005年可比价计算的GDP相比较取得。

Related indicators used in the calculation 2011 - 2015 unit GDP energy consumption per unit industrial added value energy consumption per unit GDP power consumption according to the current energy consumption, power consumption and by 2010 comparable price scale industrial added value compared with the calculation of GDP achieved. Statistics of Energy Consumption Per Unit in 2006-2010 are Calculated at 2005 Prices.

7-14 非工业主要耗能单位综合能源消费量
Comprehensive Energy Consumption of Non-Industrial Major Enery Consuming Units

单位:吨标准煤 (ton of SCE)

指 标	Item	2015	2016
消费合计	**Total Energy**	**1824950.04**	**1706701.45**
按国民经济行业分组	**By Sector**		
建筑业	Construction	809392.53	800613.69
批发和零售业	Wholesale and Retail Trade	13401.80	12276.92
交通运输、仓储和邮政业	Traffic,Transport, Storage and Post	797178.56	704483.13
住宿和餐饮业	Accommodation and Restaurants	23230.15	19251.16
信息传输、软件和信息技术服务业	Information Transfer ,Computer Services and Software	164288.52	153868.94
金融业	Finance		
房地产业	Real Estate Trade		
租赁和商务服务业	Tenancy and Business Services	9696.32	10636.58
科学研究和技术服务业	Scientific Research, Technical Service	7724.70	5553.64
水利、环境和公共设施管理业	Management of Water Conservancy Environment and Public Establishment	**20.44**	
居民服务、修理和其他服务业	Resident Services and Other Services	17.02	17.21
教育	Education		
卫生和社会工作	Sanitation,Social Security		
按登记注册类型	**Grouped by Registration**		
内资企业	Internal-invested Enterprises	1791625.60	1675874.25
港澳台商投资	Enterprises With Investment From Hong Kong, Macao and Taiwan	27908.93	25309.02
外商投资	Enterprises With Foreign Investment	5415.51	5518.18
国有控股	**State Controlling Share Hold Enterprises**	**1241371.65**	**1136148.88**

注：本表统计范围为年耗能3000吨标准煤以上的非工业企业。
The range of statistics is more than 3000 tons of standard coal consumption per year of non-industrial enterprises

主要统计指标解释

能源生产总量 指一定时期内，全国一次能源生产量的总和。该指标是观察全国能源生产水平、规模、构成和发展速度的总量指标。一次能源生产量包括原煤、原油、天然气、水电、核能及其他动力能(如风能、地热能等)发电量，不包括低热值燃料生产量、生物质能、太阳能等的利用和由一次能源加工转换而成的二次能源产量。

能源消费总量 指一定时期内，全国各行业和居民生活消费的各种能源的总和。该指标是观察能源消费水平、构成和增长速度的总量指标。能源消费总量包括原煤和原油及其制品、天然气、电力，不包括低热值燃料、生物质能和太阳能等的利用。能源消费总量分为终端能源消费量、能源加工转换损失量和能源损失量三部分。

(1)终端能源消费量：指一定时期内，全国生产和生活消费的各种能源在扣除了用于加工转换二次能源消费量和损失量以后的数量。

(2)能源加工转换损失量：指一定时期内，全国投入加工转换的各种能源数量之和与产出各种能源产品之和的差额。该指标是观察能源在加工转换过程中损失量变化的指标。

(3)能源损失量：指一定时期内，能源在输送、分配、储存过程中发生的损失和由客观原因造成的各种损失量，不包括各种气体能源放空、放散量。

能源生产弹性系数 是研究能源生产增长速度与国民经济增长速度之间关系的指标。计算公式：

$$\text{能源生产弹性系数}=\frac{\text{能源生产总量年平均增长速度}}{\text{国民经济年平均增长速度}}$$

国民经济年平均增长速度，可根据不同的目的或需要，用国民生产总值、国内生产总值等指标来计算，本年鉴是采用国内生产总值指标计算的。

电力生产弹性系数 是研究电力生产增长速度与国民经济增长速度之间关系的指标。一般来说，电力的发展应当快于国民经济的发展，也就是说电力应超前发展。计算公式为：

$$\text{电力生产弹性系数}=\frac{\text{电力生产量年平均增长速度}}{\text{国民经济年平均增长速度}}$$

能源消费弹性系数 反映能源消费增长速度与国民经济增长速度之间比例关系的指标。计算公式为：

$$\text{能源消费弹性系数}=\frac{\text{能源消费量年平均增长速度}}{\text{国民经济年平均增长速度}}$$

电力消费弹性系数 反映电力消费增长速度与国民经济增长速度之间比例关系的指标。计算公式为：

$$\text{电力消费弹性系数}=\frac{\text{电力消费量年平均增长速度}}{\text{国民经济年平均增长速度}}$$

能源加工转换效率 指一定时期内，能源经过加工、转换后，产出的各种能源产品的数量与同期内投入加工转换的各种能源数量的比率。该指标是观察能源加工转换装置和生产工艺先进与落后、管理水平高低等的重要指标。计算公式为：

$$\text{能源加工转换效率}=\frac{\text{能源加工转换产出量}}{\text{能源加工转换投入量}}\times 100\%$$

单位国内生产总值能耗 指一定时期内，一个国家或地区每生产一个单位的国内生产总值所消耗的能源。计算公式为：

$$\text{单位国内生产总值能源}=\frac{\text{能源消费总量}}{\text{国内生产总值}}$$

单位国内生产总值电耗 指一定时期内，一个国家或地区每生产一个单位的国内生产总值所消耗的电力。计算公式为：

$$\text{单位国内生产总值电耗}=\frac{\text{全社会用电量}}{\text{国内生产总值}}$$

单位工业增加值能耗 指一定时期内，一个国家或地区每生产一个单位的工业增加值所消耗的能源。计算公式为：

$$\text{单位工业增加值能耗}=\frac{\text{工业能源消费量}}{\text{工业增加值}}$$

Explanatory Notes on Main Statistical Indicators

Total Energy Production refers to the total production of primary energy by all energy producing enterprises in the country in a given period of time. It is a comprehensive indicator to show the level, scale, composition and pace of development of energy production of the country. The production of primary energy includes that of coal, crude oil, natural gas, hydro-power and electricity generated by nuclear energy and other means such as wind power and geothermal power. However, it does not include the production of fuels of low calorific value, bio-energy, solar energy and secondary energy converted from primary energy.

Total Energy Consumption refers to the total consumption of energy of various kinds by the production sectors and the households in the country in a given period of time. It is a comprehensive indicator to show the scale, composition and pace of increase of energy consumption. Total energy consumption includes that of coal, crude oil and their products, natural gas and electricity. However, it does not include the consumption of fuel of low calorific value, bio-energy and solar energy. Total energy consumption can be divided into three parts: end-use energy consumption; loss during the process of energy conversion; and energy loss.

(1)End-use Energy Consumption: It refers to the total energy consumption by the production sectors and the households in the country (region) in a given period of time. It does not include the consumption during the conversion of primary energy into secondary energy and the loss in the process of energy conversion.

(2)Loss During the Process of Energy Conversion: It refers to the total input of various kinds of energy for conversion, minus the total output of various kinds of energy in the country in a given period of time. It is an indicator to show the loss that occurs during the process of energy conversion.

(3)Energy Loss: It refers to the total of the loss of energy during the course of energy transport, distribution and storage and the loss caused by any objective reason in a given period of time. The loss of various kinds of gas due to gas discharges and stocktaking is not included.

Elasticity Ratio of Energy Production is an indicator to show the relationship between the growth rate of energy production and the growth rate of the national economy. The formula is:

$$\text{Elasticity Ratio of Energy Production} = \frac{\text{Average Annual Growth Rate of Energy Production}}{\text{Average Annual Growth Rate of National Economy}}$$

The average annual growth rate of the national economy can be measured by indicators such as the Gross National Product and the Gross Domestic Product, depending on the purposes or needs. The Gross Domestic Product has been used in the calculation of the ratio in this Yearbook.

Elasticity Ratio of Electricity Production is an indicator to show the relationship between the growth rate of electricity production and the growth rate of the national economy. Generally speaking, the growth rate of electricity production should be higher than that of the national economy.

Its formula is:

$$\text{Elasticity Ratio of Electricity Production} = \frac{\text{Average Annual Growth Rate of Electricity Production}}{\text{Average Annual Growth Rate of National Economy}}$$

Elasticity Ratio of Energy Consumption is an indicator to show the relationship between the growth rate of energy consumption and the growth rate of the national economy. The formula is:

$$\text{Elasticity Ratio of Energy Consumption} = \frac{\text{Average Annual Growth Rate of Energy Consumption}}{\text{Average Annual Growth Rate of National Economy}}$$

Elasticity Ratio of Electricity Consumption is an indicator to show the relationship between the growth rate of electricity consumption and the growth rate of the national economy. The formula is:

$$\text{Elasticity Ratio of Electricity Consumption} = \frac{\text{Average Annual Growth Rate of Electricity Consumption}}{\text{Average Annual Growth Rate of National Economy}}$$

Efficiency of Energy Processing and Conversion refers to the ratio of the total output of energy products of various kinds after processing and conversion to the total input of energy of various kinds for processing and conversion in the same reference period. It is an important indicator to show the current conditions of energy processing and conversion equipment, production technique and management. The formula is:

$$\text{Efficiency of Energy Processing \& Conversion} = \frac{\text{Output of Energy After Processing \& Conversion}}{\text{Input of Energy for Processing \& Conversion}} \times 100\%$$

Energy Consumption per Unit of GDP refers to the energy consumption per unit of Gross Domestic Product in a country or the Gross Regional Product in a region in the same reference period. The formula is:

$$\text{Energy Consumption per Unit of GDP} = \frac{\text{Total Energy Consumption}}{\text{Gross Domestic Product}}$$

Electricity Consumption per Unit of GDP refers to the electricity consumption per unit of Gross Domestic Product in a country or the Gross Regional Product in a region in the same reference period. The formula is:

$$\text{Electricity Consumption per Unit of GDP} = \frac{\text{Total Electricity Consumption}}{\text{Gross Domestic Product}}$$

Energy Consumption per Unit of Industrial Value-

added refers to the energy consumption per unit of industrial value-added in a country or region in the same reference period. The formula is:

$$\frac{\text{Energy Consumption per}}{\text{Unit of Industrial Value-added}} = \frac{\text{Total Energy Consumption}}{\text{Industrial Value-added.}}$$

财政、金融和保险

8 Government Finance, Banking and Insurance

资料整理人员：廖闻菲

8-1 财政、金融和保险
Government Finance, Banking And Insurance

单位:亿元 (100 million yuan)

年份 Year	地方财政收入 Public Budgetary Revenue	一般公共预算支出 Public Budgetary Expenditure	金融机构人民币存款余额 Deposits of Financial Institutions	金融机构人民币贷款余额 Loans of Financial Institutions	全年各项保费收入 Premiums Institutions
1950	2.15	0.79	0.44	0.05	
1951	3.15	1.12	1.18	0.21	
1952	4.07	2.06	1.76	0.31	
1953	4.13	2.08	2.12	1.60	
1954	4.91	2.93	3.01	4.02	
1955	4.73	2.24	3.44	7.40	
1956	5.23	3.14	2.52	8.45	
1957	5.53	3.22	3.13	8.90	
1958	10.47	8.40	7.60	16.62	
1959	13.40	11.09	12.82	26.53	
1960	15.17	14.07	13.37	30.98	
1961	8.50	9.21	13.10	27.64	
1962	8.77	4.22	11.00	25.19	
1963	8.09	5.01	10.41	21.92	
1964	9.12	6.88	10.33	19.87	
1965	10.05	7.00	11.53	21.40	
1966	10.96	9.06	12.53	24.07	
1967	8.86	8.31	13.82	26.84	
1968	6.92	6.24	14.32	30.24	
1969	9.81	9.34	14.38	32.19	
1970	14.95	10.84	26.24	35.92	
1971	17.71	12.33	28.24	38.16	
1972	18.43	14.61	28.10	39.51	
1973	21.72	15.07	34.00	44.75	
1974	13.89	15.40	27.53	45.23	
1975	18.27	15.92	34.00	48.33	
1976	16.02	15.85	31.21	50.55	
1977	20.88	16.41	35.84	55.25	

8-1 续表 continued

单位:亿元 (100 million yuan)

年份 Year	地方财政收入 Public Budgetary Revenue	一般公共预算支出 Public Budgetary Expenditure	金融机构人民币存款余额 Deposits balance of Financial Institutions at Year-end	金融机构人民币贷款余额 Loans blance Of Financial Institutions at Year-end	全年各项保费收入 Premiums Institutions
1978	27.98	24.46	38.64	64.46	
1979	28.63	25.17	47.38	72.85	
1980	29.86	23.71	58.08	87.34	
1981	31.40	21.39	67.79	99.70	
1982	30.33	23.26	76.08	112.58	
1983	29.27	25.31	88.47	124.10	
1984	32.85	30.04	115.03	151.59	
1985	39.19	40.09	118.84	159.73	
1986	47.65	54.29	157.51	201.04	
1987	54.38	55.93	192.89	239.39	
1988	56.54	64.89	325.74	366.49	
1989	68.86	74.23	395.60	428.29	
1990	70.07	80.08	369.96	517.90	3.15
1991	80.52	88.58	472.10	631.07	3.69
1992	92.78	99.10	595.10	776.79	5.46
1993	127.56	132.03	738.86	944.40	7.15
1994	85.89	151.49	1107.80	1263.11	12.23
1995	108.16	173.94	1389.05	1494.03	16.17
1996	130.36	217.74	1748.61	1880.94	21.03
1997	137.16	230.82	1769.91	2123.00	30.74
1998	156.77	273.64	2110.71	2274.41	34.47
1999	166.50	313.12	2539.75	2408.36	42.30
2000	177.04	347.83	2874.75	2403.39	59.91
2001	205.41	431.70	3342.91	2787.92	56.09
2002	231.15	533.02	3923.17	3227.46	87.22
2003	268.65	573.75	4669.00	3796.31	103.70
2004	320.63	719.54	5500.47	4258.03	115.81
2005	395.27	873.42	6498.23	4509.09	127.17
2006	477.93	1064.52	7719.43	5173.87	147.82
2007	606.55	1357.03	9083.27	6037.40	201.31
2008	722.71	1765.22	10895..49	6989.42	312.49
2009	847.62	2210.44	13948.00	9369.81	348.45
2010	1081.69	2702.47	16553.78	11303.76	438.53
2011	1517.07	3520.76	19334.70	13186.68	443.53
2012	1782.16	4119.00	23037.07	15336.52	465.11
2013	2030.88	4690.89	26756.64	17774.99	508.57
2014	2262.79	5017.38	30073.36	20356.39	587.73
2015	2515.43	5728.72	36009.09	23738.58	712.18
2016	2697.88	6339.16	41694.54	27215.51	886.46

8-2 财政收支基本情况
Government Financial Revenue and Expenditure

单位:亿元 (100 million yuan)

年份 Year	一般公共预算收入 Total Financial Revenue	地方财政收入 Public Budgetary Revenue	非税收入 Revenue form Enterprises	各项税收 Taxes Revenue	一般公共预算支出 Public Budgetary Expenditure	一般公共服务 General Public Services	社会保障和就业 Social Security Progams and Employment
1978	27.98	27.98	9.68	17.17	24.46	7.62	3.57
1979	28.63	28.63			25.17		
1980	29.86	29.86	9.58	19.53	23.71	4.86	3.44
1981	31.40	31.40			21.39		
1982	30.33	30.33	5.11	24.48	23.26	3.12	2.95
1983	29.27	29.27	2.25	26.16	25.31	3.48	3.26
1984	32.85	32.85	2.74	29.12	30.04	4.43	3.21
1985	39.19	39.19	1.61	36.83	40.09	4.60	4.01
1986	47.65	47.65	4.08	42.26	54.29	5.80	4.52
1987	54.38	54.38	4.37	48.36	55.93	4.65	3.09
1988	56.54	56.54	-0.47	54.25	64.89	5.21	5.88
1989	68.86	68.86	-1.48	64.88	74.23	5.44	6.91
1990	70.07	70.07	-3.70	67.33	80.08	5.60	8.17
1991	80.52	80.52	-0.91	74.14	88.58	6.16	8.81
1992	92.78	92.78	-0.78	84.90	99.10	6.23	9.86
1993	127.56	127.56	-0.66	116.31	132.03	7.73	12.89
1994	171.84	85.89	2.70	65.04	151.49	7.89	13.74
1995	204.02	108.16	2.74	78.05	173.94	9.65	14.55
1996	237.13	130.36	2.30	88.00	217.74	13.33	17.09
1997	254.98	137.16	2.72	105.75	230.82	13.78	17.66
1998	285.74	156.77	3.63	102.95	273.64	28.75	22.16
1999	302.28	166.50	6.04	105.50	313.12	37.66	21.49
2000	321.85	177.04	8.60	111.57	347.83	38.08	22.15
2001	361.71	205.41	19.35	124.45	431.70	39.40	25.55
2002	424.64	231.15	14.16	148.61	533.02	58.26	40.59
2003	489.75	268.65	14.69	173.15	573.75	51.40	36.21
2004	612.42	320.63	21.99	218.70	719.54	46.48	74.13
2005	747.30	395.27	32.67	267.87	873.42	74.98	71.91
2006	893.79	477.93	155.19	322.74	1064.52	72.67	84.32
2007	1123.27	606.55	195.89	410.66	1357.03	256.59	220.98
2008	1314.27	722.71	236.40	486.31	1765.22	295.56	310.31
2009	1507.24	847.62	279.34	568.27	2210.44	336.07	360.75
2010	1878.71	1081.69	350.85	730.84	2702.48	367.20	396.40
2011	2523.49	1517.07	601.67	915.40	3520.76	466.74	484.44
2012	2937.95	1782.16	671.42	1110.74	4119.00	550.26	525.71
2013	3315.02	2030.88	731.73	1299.15	4690.89	628.45	625.94
2014	3636.07	2262.79	824.27	1438.52	5017.38	627.24	661.97
2015	4011.04	2515.43	987.91	1527.52	5728.72	634.17	779.84
2016	4252.10	2697.88	1146.56	1551.33	6339.16	675.95	874.41

注：2007年起，"基本建设支出"指标更改为"一般公共服务"，"支援农村生产支出及农业事业费"指标更改为"社会保障和就业"。

From 2007,the index of" expenditure for capital construction" has been changed into general public services and "expenditrue for supporting agricultural prodution and agricultural expense" changed into "social security programs and emplogment".

8-3 财政收入及构成
Government Financial Revenue and Composition

项　目	Item	财政收入(万元) Financial Revenue (10 000 yuan)		2016年比上年增长(%) Increase Rate in 2016 over 2015(%)
		2015	2016	
地方财政收入	**Public Budgetary Revenue**	**25154302**	**26978835**	**7.3**
(一)税收收入	**Tax Revenue**	**15275224**	**15513269**	**1.6**
#增值税	#Value Added Tax	2186343	4326151	97.9
营业税	Operating Tax	4751771	2527121	-46.8
企业所得税	Income Tax of Enterprises	1695267	1723148	1.6
企业所得税退税	Return for Enterprises' Income Tax			
个人所得税	Individual Income Tax	628997	746228	18.6
资源税	Resources Tax	102307	88572	-13.4
城市维护建设税	Tax on Town Maintenance and Construction	1191481	1191804	
房产税	Tax on Real Estates	440231	460678	4.6
印花税	Stamp Tax	190091	193212	1.6
城镇土地使用税	Tax on the Use of Urban Land	535899	588877	9.9
土地增值税	Land Value Added Tax	842021	964764	14.6
车船使用税	Tax on the Use of Vehicles and Ships	166840	189778	13.7
耕地占用税	Tax on Occupancy of Cultivated Land	598302	633591	5.9
契税	Contract Tax	1847642	1785763	-3.3
烟叶税	Tobacco Tax	98032	93582	-4.5
(二)非税收入	**Non-tax Revenue**	**9879078**	**11465566**	**16.1**
专项收入	Expert Project Income	1879302	1718418	-8.6
行政事业性收费	Income from Administrative Fees	1543212	1502628	-2.6
罚没收入	Penalty and Confiscation Income	768588	806981	5.0
国有资产经营收入	Income from State-owned Assets	143943	189783	31.8
其中：国有企业计划亏损补贴	Planning Subsidies to Loss-suffering State-owned Enterprises	-16190	-15065	-6.9
国有资源(资产)有偿使用收入	Income on the Use of State-owed resources (proverty)	3637981	4690026	28.9
其他收入	Other Income	1884472	2232357	18.5
上划中央收入	**On the Central Income**	**14956059**	**15542166**	**3.9**
#上划中央"两税"	#Value Added Tax and Consumption Tax of Turn in Central Government	11420158	11422255	
上划中央所得税	Income Tax of Turn in Central Government	3477522	3710664	6.7
一般公共预算收入	**Total Financial Revenue**	**40110361**	**42521001**	**6.0**

8-4 财政支出及构成
Government Financial Expenditure and Composition

项　目	Item	财政支出（万元）Financial Expenditure (10 000 yuan) 2015	2016	2016年比上年增长(%) Increase Rate in 2016 over 2015(%)
一般公共预算支出	**Total Public Budgetary Expenditure**	**57287161**	**63391637**	**10.7**
一般公共服务	General Public Services	6341652	6759452	6.6
外交、国防、公共安全	Foreign Affairs、National Defense、Pulic Safety	2832432	3444631	21.6
教育	Education	9285366	10323734	11.2
其中：普通教育	Common	7042898	7976854	13.3
职业教育	Vocational	845466	933350	10.4
科学技术	Science and Technology	662625	714430	7.8
文化体育与传媒	Culture ,Sports and Media	1117377	1406801	25.9
其中：文化	Culture	449466	592816	31.9
体育	Sport	114318	122168	6.9
社会保障和就业	Social Security Progams and Employmenr	7798372	8744100	12.1
其中：财政对社会保障基金的补助	Subsidy on Social Insurance Fund	3245342	3673699	13.2
行政事业单位离退休	Subsidy on Retired Persons in Administrative Department	1260205	1289187	2.3
企业改革补助	Subsidy on Reform of State-owned Enterprises	168438	118547	-29.6
就业补助	Subsidy on Employment	485491	469976	-3.2
抚恤	Pension	512778	587291	14.5
最低生活保障	Subsistence Allowances	841488	874277	3.9
自然灾害生活救助	Life Assistance of Natural Disasters	64744	89185	37.8
医疗卫生	Pulic Health	4937384	5462666	10.6
节能环保	Environmence Protection	1443264	1708501	18.4
城乡社区事务	Urban and Rural Communities	5512551	6406636	16.2
农林水事务	Agriculture,Forest and Irrigation	6828618	7297502	6.9
其中：农业	Agriculture	2478419	2456156	-0.9
林业	Forest	752816	674334	-10.4
水利	Irrigation	1881533	1654812	-12.0
扶贫	Poverty Reduction	384650	924875	140.4
农业综合开发	Agricultural Exploitation	274595	301024	9.6
农业综合改革	Agricultural Reform	750157	771241	2.8
交通运输	Transportation	3189256	3250082	1.9
资源勘探电力信息等事务	Expenditure for Resource Exploration,Elecricity and Information Technology	1907832	1884472	-1.2
商业服务业等管理事务	Expenditure for Business Services	634688	577522	-9.0
金融监管等事务支出	Expenditure for Financial Affairs	88327	44676	-49.4
援助其他地区支出	Expenditure for Other Regional Assistance	46163	41341	-10.4
国土资源气象等事务	Expenditure for Land ,Sesources and Weather	744388	645619	-13.3
住房保障支出	Expenditure for Housing Security	2772563	3052101	10.1
粮油物资储备事务	Expenditure for Reserve for Cereals and Oils	340572	418674	22.9
债务付息支出	Expenditure for Debt Service	375635	756556	101.4
其他支出	Other Expenditure	428096	452141	5.6

8-5 金融机构本外币信贷收支
Loans and Deposits of Financial Institutions

单位:万元 (10 000 yuan)

项 目	Item	2015		2016	
		年末余额 Balance at the Year-end	比年初增减 Increase Over the Year-beginning	年末余额 Balance at the Year-end	比年初增减 Increase Over the Year-beginning
各项存款	**Deposits**	**362206143**	**54388464**	**419967384**	**57761241**
境内存款	Domestic Deposits	361872135	54347012	419765624	57893488
住户存款	Household Deposits	188006726	20453329	212421207	24414479
活期存款	Demand Deposits	71961691	7620833	83825525	11863834
定期及其他存款	Regular and Other Deposits	116045035	12832497	128595682	12550644
非金融企业存款	Corporate Deposits	98604977	19699810	122809415	24299250
活期存款	Demand Deposits	51557895	13747272	73131427	21658344
定期及其他存款	Regular and Other Deposits	47047081	5952538	49677988	2640906
广义政府存款	General Government Deposits	61510559	9131083	72594925	10989553
非银行业金融机构存款	Non-banking Financial Institutions Deposit	13749873	5062790	11940079	-1809794
境外存款	Foreign Deposits	334008	41452	201759	-132247
金融债券	**Financial Bonds**	**2295174**	**2015454**	**5732384**	**3437210**
卖出回购资产	**Sell Back Assets**	**27000**	**22000**	**240546**	**213546**
借款及非银行业金融机构拆入	**Borrowing and Non-banking Financial Institutions are Dismantled**	**131115**	**-100826**	**67944**	**-66210**
联行往来(净)	**Inter-bank Credits**				
应付及暂收款	**Payable & Actually Received Funds**	**8006743**	**561226**	**8378004**	**262580**
各项准备	**All Plans**	**5815926**	**1096112**	**6825634**	**1003411**
所有者权益	**Creditors' Equity**	**11206549**	**2033173**	**13911793**	**2991835**
实收资本	Total Capital Hold	4173368	698814	5377627	1204259
其他	**Others**	**-41152034**	**-562251**	**-44810883**	**-7689231**
资金来源总计	**All Sources**	**348536616**	**59453352**	**410312806**	**57914381**

8-5 续表 continued

单位:万元 (10 000 yuan)

项 目	Item	2015 年末余额 Balance at the Year-end	2015 比年初增减 Increase Over the Year-beginning	2016 年末余额 Balance at the Year-end	2016 比年初增减 Increase Over the Year-beginning
各项贷款	**Loans**	**242218766**	**34382102**	**275322999**	**33104232**
境内贷款	Domestic Loans	241265058	33914801	274669989	33404931
住户贷款	Households Loans	77859673	8871110	91243226	13383553
短期贷款	Shortterm Loans	21332828	1671510	21977287	559039
#消费贷款	#Consumption Loans	6342037	1291938	7497495	1079787
中长期贷款	Mediumterm and Longterm Loans	56526845	7199600	69265939	12824514
#消费贷款	#Consumption Loans	37198423	6091223	48816309	11696133
非金融企业及机关团体贷款	Non-financial Enterprises and Institutions Group Loans	163402024	25046026	183423402	20021378
非银行业金融机构贷款	Non-banking Financial Institution Loans	3361	-2336	3361	
境外贷款	Foreign Loans	953708	467301	653009	-300699
债券投资	**Securities**	**20152841**	**5791375**	**33239658**	**13087654**
股权及其他投资	**Equity and Other Investments**	**15267921**	**5897765**	**21125626**	**5863888**
买入返售资产	**Assets Purchased Under Resale Agreements**	**507068**	**-436895**	**751094**	**244026**
存放非银行业金融机构款项	**Deposit of Non-banking Financial Institutions**	**219328**	**202377**	**138526**	**-80502**
联行往来(净)	**Inter-bank Credits**	**64767571**	**13863258**	**74085827**	**5449858**
应收及预付款	**Account Receivable and Advance Payment**	**2203440**	**-473426**	**2243415**	**39244**
投资性房地产	**Investment Real Estate**	**996**	**-110**	**1696**	**700**
固定资产	**Fixed Assets**	**3198685**	**226907**	**3403966**	**205281**
资金运用总计	**All Uses**	**348536616**	**59453352**	**410312806**	**57914381**

8-6 金融机构本外币存款分机构表
Deposits of Financial Institutions by Agency

单位:亿元 (100 million yuan)

项 目	Item	2015		2016	
		年末余额 Balance at the Year-end	比年初增减 Increase Over the Year-beginning	年末余额 Balance at the Year-end	比年初增减 Increase Over the Year-beginning
金融机构	**Financial Institutions**	**36220.61**	**5438.85**	**41996.74**	**5776.12**
工商银行	Industrial and Commercial Bank of China Limited	3369.68	328.19	3696.11	326.43
建设银行	China Construction Bank	5350.79	558.56	5861.93	511.14
农业银行	Agricultural Bank of China	3555.71	347.10	4019.34	463.62
中国银行	Bank of China	2461.40	209.47	2644.79	183.38
开发银行	China Development Bank	625.59	346.29	901.39	275.80
交通银行	Bnak of Communications	1071.31	187.51	1231.13	159.82
邮政储蓄银行	Postal Savings Bank of China	3198.23	359.16	3774.38	576.15
农发行	Agricultural Development Bank of China	485.00	334.15	781.71	296.72
进出口银行	Export-Import Bank of China	7.94	-2.78	28.14	20.20
招商银行	China Merchants Bank	564.61	-77.56	593.88	29.26
浦发银行	Shanghai Pudong Development Bank	611.44	84.12	631.92	20.48
中信银行	China CITIC Bank	714.65	132.66	702.67	-11.97
兴业银行	Industrial Bank Co.,Ltd.	1039.15	129.34	1003.21	-35.93
民生银行	China Minsheng Banking Corp., Ltd	465.73	82.97	515.99	50.25
光大银行	China Everbright Bank	608.48	115.02	815.37	206.89
华夏银行	Hua Xia bank	207.96	54.72	183.91	-24.05
广发银行	China Guangfa Bank	310.10	39.61	322.90	12.80
平安银行	Ping An Bank	25.19	25.19	202.59	177.40
渤海银行	Bohai Bank	94.32	23.43	113.14	18.82
北京银行	Bank of Beijing	282.82	116.92	313.95	31.13
东莞银行	Bank of Dongguan	27.50	12.84	22.42	-5.07
南粤银行	Nanyue Bank	52.72	10.24	53.74	1.02
上海农商行	Shanghai Rural Commercial Bank	15.98	-1.45	15.62	-0.36
电力财务	Power Finance Limited	5.76	-18.02	36.12	30.36
长沙银行	Bank of Changsha	1997.18	529.08	2554.81	557.64
华融湘江银行	Huarong Xiangjiang Bank	1448.80	277.35	1806.53	357.73
农信机构	Rural Credit Institutions	6298.54	917.75	7499.48	1200.94
信托公司	Trust and Investment Companies				
财务公司	Finance Companies	200.62	116.84	214.54	13.92
村镇银行	Village and Township Bank	273.26	70.38	383.73	110.48
三一金融	Sany Auto Finance Co., Ltd.	3.50	3.50		-3.50
外资银行	Foreign Bank	36.92	8.16	28.86	-8.06

注：外资银行包括汇丰、花旗、东亚、新韩和渣打银行。
Foreign Banks include HSBC, Citigroup, East Asia, New Korea and Standard Chartered Bank.

8-7 金融机构本外币贷款分机构表
Loans of Financial Institutions by Agency

单位:亿元 (100 million yuan)

项 目	Item	2015		2016	
		年末余额 Balance at the Year-end	比年初增减 Increase Over the Year-beginning	年末余额 Balance at the Year-end	比年初增减 Increase Over the Year-beginning
金融机构	**Financial Institutions**	**24221.88**	**3438.21**	**27532.30**	**3310.42**
工商银行	Industrial and Commercial Bank of China Limited	2378.29	278.79	2599.04	220.75
建设银行	China Construction Bank	3478.97	371.00	3773.10	294.13
农业银行	Agricultural Bank of China	1741.52	84.17	2008.55	267.03
中国银行	Bank of China	1818.87	158.09	1890.18	71.31
开发银行	China Development Bank	2534.90	311.13	2703.24	168.34
交通银行	Bnak of Communications	745.73	109.24	895.80	150.08
邮政储蓄银行	Postal Savings Bank of China	888.49	306.43	1138.06	249.57
农发行	Agricultural Development Bank of China	1325.78	329.69	1549.05	223.27
进出口银行	Export-Import Bank of China	497.32	95.16	607.20	109.89
招商银行	China Merchants Bank	403.53	16.19	382.63	-20.89
浦发银行	Shanghai Pudong Development Bank	408.80	19.90	462.21	53.41
中信银行	China CITIC Bank	427.57	59.15	474.46	46.89
兴业银行	Industrial Bank Co.,Ltd.	406.22	40.40	408.01	1.78
民生银行	China Minsheng Banking Corp., Ltd	345.19	33.73	385.37	40.18
光大银行	China Everbright Bank	419.30	77.24	541.82	122.52
华夏银行	Hua Xia Bank	133.00	22.92	153.38	20.38
广发银行	China Guangfa Bank	172.79	22.03	197.39	24.60
平安银行	Ping An Bank	4.57	4.57	111.62	107.05
渤海银行	Bohai Bank	90.74	22.21	127.39	36.65
北京银行	Bank of Beijing	312.62	56.29	384.87	72.25
东莞银行	Bank of Dongguan	29.49	10.01	64.47	34.98
南粤银行	Nanyue Bank	27.14	3.90	33.58	6.45
上海农商行	Shanghai Rural Commercial Bank	30.22	2.74	26.45	-3.78
电力财务	Power Finance Limited	44.00	33.00	40.00	-4.00
长沙银行	Bank of Changsha	872.66	197.05	1077.61	204.95
华融湘江银行	Huarong Xiangjiang Bank	782.51	180.79	1126.51	344.00
农信机构	Rural Credit Institutions	3531.90	440.11	3971.76	439.85
信托公司	Trust and Investment Companies	8.72	1.29	3.59	-5.13
财务公司	Finance Companies	53.24	12.09	75.79	22.55
村镇银行	Village and Township Bank	165.10	35.13	198.80	33.70
三一金融	Sany Auto Finance Co., Ltd.	99.63	17.19	74.44	-25.19
外资银行	Foreign Bank	55.76	9.39	53.12	-2.64

8-8 主要金融机构大中小微型企业贷款分行业情况统计表(2016年)

单位:亿元

项 目	Item	企业合计	
		年末余额 Balance at the Year-end	比年初增减 Increase Over the Year-beginning
合计	**Total**	**16036.12**	**1544.13**
农、林、牧、渔业	Agriculture,Forestry,Farming of Animals and Fishing	258.45	-25.14
采矿业	Mining	145.33	1.48
制造业	Manufacturing	2374.47	51.16
电力、热力、燃气及水生产和供应业	Production and Distribution of Electricity,Gas and Water	1227.90	79.36
建筑业	Construction	751.71	40.60
批发和零售业	Wholesale and Retail Trade	988.19	-50.40
交通运输、仓储和邮政业	Traffic,Transport, Storage and Post	3665.43	179.74
住宿和餐饮业	Accommodation and Restaurants	177.69	14.53
信息传输、软件和信息技术服务业	Information Transfer, Software and Information	68.31	1.58
金融业	Finance	418.39	185.64
房地产业	Real Estate	1335.86	26.41
租赁和商务服务业	Tenancy and Business Services	1813.19	524.28
科学研究和技术服务业	Scientific Research,Technical Service	65.07	-0.16
水利、环境和公共设施管理业	Management of Water Conservancy, Environment and Public Establishment	2444.89	528.38
居民服务、修理和其他服务业	Resident Services and Other Services	86.55	-8.55
教育业	Education	32.80	-1.94
卫生和社会工作	Health and Social Work	46.48	11.59
文化、体育和娱乐业	Culture,Sports and Entertainment	82.74	21.98
公共管理、社会保障和社会组织	Public Management and Social Organization	52.68	-36.41

注：1.本表仅统计人民币贷款，不含外汇贷款和票据融资；
2.本表不含村镇银行、财务公司、信托公司。

Loans for Enterprises of All Size by Sector(2016)

(100 million yuan)

大型企业		中型企业		小型企业		微型企业	
年末余额 Balance at the Year-end	比年初增减 Increase Over the Year-beginning	年末余额 Balance at the Year-end	比年初增减 Increase Over the Year-beginning	年末余额 Balance at the Year-end	比年初增减 Increase Over the Year-beginning	年末余额 Balance at the Year-end	比年初增减 Increase Over the Year-beginning
5712.06	**173.43**	**4810.71**	**239.18**	**5083.59**	**1044.21**	**429.76**	**87.31**
44.31	2.49	54.32	-9.39	142.18	-14.44	17.64	-3.79
61.74	0.93	29.03	-3.95	45.14	1.12	9.40	3.38
1204.33	100.57	458.71	-63.83	646.95	7.63	64.48	6.78
607.03	27.29	255.13	22.25	316.39	12.32	49.34	17.50
220.68	-27.19	300.09	24.94	193.92	24.36	37.01	18.49
227.16	-38.06	292.13	-50.00	426.22	33.14	42.67	4.52
2551.70	144.61	597.70	-68.06	464.41	100.20	51.62	2.98
51.66	9.67	41.77	-2.26	82.26	7.94	2.00	-0.82
15.54	-11.76	30.83	6.65	20.26	5.82	1.68	0.87
70.72	10.11	295.22	154.09	52.45	21.45		-0.02
74.92	-12.61	696.01	-130.72	475.29	150.72	89.64	19.02
176.73	-29.18	839.49	245.16	777.00	301.14	19.97	7.16
17.64	-3.57	34.12	2.83	12.94	0.50	0.38	0.09
330.13	3.60	824.61	121.59	1254.21	376.83	35.94	26.37
16.96	-3.25	19.13	-10.58	49.34	5.88	1.12	-0.61
5.39	2.65	8.00	-2.17	18.69	-2.81	0.72	0.39
14.59	-0.50	9.27	1.22	22.34	10.85	0.28	0.03
20.83	-2.38	24.63	4.27	36.90	20.10	0.38	-0.02
		0.52	-2.88	46.70	-18.54	5.46	-14.99

a. The statistical scope in the table include RMB loans,not-include Foreign Currency Loans and Financing Instruments;
b. The statistical scope in the table non-include Village and Township Bank、Finance Companies、Trust and Investment Companies.

8-9 保险机构与人员
Institutions and Personnel of Insurance System

项目	Item	2005	2014	2015	2016
全年各项保费收入 (亿元)	Premiums (100 million yuan)	127.17	587.73	712.18	886.46
保险机构数 (个)	Number of Institutions of Insurance System (unit)	445	2816	2965	3106
法人机构	Legal Institutions		1	1	1
省级公司	Provincial Branches	16	49	51	52
地市级公司	Prefecture/City Branches	122	378	402	407
县支公司及营业部	County Branches	307	885	1226	1149
营销服务部	Marketing Services Division		1504	1285	1497
年底实有职工人数 (人)	Employees at the Year-end (person)	12344	30132	32351	36463
专业保险代理公司法人机构数(个)	Professional Insurance Agents of Corporate Institutions (Unit)	29	19	19	19
专业保险经纪公司法人机构数(个)	Professional Insurance Brokers Corporate Institutions (Unit)	6	11	10	11
专业保险评估公司法人机构数(个)	Professional Insurance Agencies Assess Corporate Institutions (Unit)	3	5	5	6
兼业保险代理机构数 (个)	Insurance Agencies and Industry (Unit)	1699	9145	9264	9886

8-10 财产保险公司业务主要指标(2016年)
Major Indicators of Property Insurance Business (2016)

单位：万元 (10 000 yuan)

指标	Item	保费收入 Premiums	赔款支出 Indemnity Expenditure
合计	**Total**	**2964899.67**	**1564965.66**
企业财产保险	Enterprises Property Insurance	93519.88	45672.36
家庭财产保险	Household Property Insurance	15991.88	6261.86
其中：投资型家财险	Investment Link Household Property Insurance	55.14	9.71
机动车辆保险	Motor Vehicle Insurance	2111533.03	1128487.34
工程保险	Project Insurance	32310.99	11831.54
责任保险	Liability Insurance	136168.19	53740.54
信用保险	Credit Insurance	16506.47	10338.48
保证保险	Guarantee Insurance	37955.66	12155.63
其中：机动车辆消费贷款保证保险	Motor Vehicle Consumption Loans	83.08	32.34
其中：个人贷款抵押房屋保证保险	Personal Loans Home Mortagage	407.17	2.38
船舶保险	Ships Insurance	3137.50	1772.49
货物运输保险	Freight Transport Insurance	11774.60	2681.43
特殊风险保险	Special Venture Insurance	2690.61	361.19
农业保险	Agriculture Insurance	264054.36	155670.22
健康险	Health Insurance	154236.56	105322.20
意外伤害保险	Unforeseen Injury Insurance	80185.37	27231.87
其中：投资型意外险	Investment Link Unforeseen Insurance	2.31	1106.41
其他险	Other Property Insurance	4834.59	3438.52

8-11 人寿保险公司主要业务指标(2016年)
Major Indicators of Life Insurance Business (2016)

单位:万元 (10 000 yuan)

项　目	Item	合计 Total
一、原保险保费收入	**The Original Insurance Premium Income**	**5899714.56**
(一)按险种分	According to The Insurance Division	
1.寿险小计	Life Insurance	4957606.24
(1)个人业务	Personal Business	4952393.94
新单保费	New Insurance Premium	2894258.04
续期保费	Renewal Premium	2058135.89
(2)团体业务	Group Insurance	5212.30
新单保费	New Insurance Premium	3198.10
续期保费	Renewal Premium	2014.20
2.意外伤害险小计	Accidence Injury Insurance	142409.24
(1)一年期以内业务	Within One Year Period	8580.82
(2)一年期业务	One Year Period	103889.19
(3)一年期以上业务	Over One Year Period	29939.22
3.健康险小计	Health Insurance	799699.08
(1)一年期以内及一年期业务	Within One Year Periodand One Year Period	206901.60
个人业务	Personal Business	67688.17
团体业务	Group Insurance	139213.43
(2)一年期以上业务	Over One Year Period	592797.49
个人业务	Personal Business	545066.32
团体业务	Group Insurance	47731.16
(二)按销售渠道分	According to The Sales Channels	
1.公司直销小计	Direct Sales Company	411261.93
(1)寿险	Life Insurance	230210.03
(2)意外伤害险	Accidence Injury Insurance	31234.24
(3)健康险	Health Insurance	149817.65
2.个人代理小计	Personal Agent	3286504.01
(1)寿险	Life Insurance	2660143.97
(2)意外伤害险	Accidence Injury Insurance	61585.92
(3)健康险	Health Insurance	564774.12
3.保险专业代理小计	Professional Insurance Agents	50563.77
(1)寿险	Life Insurance	17477.54
直属保险代理公司	The Insurance Company	1553.48
(2)意外伤害险	Accidence Injury Insurance	8154.60
直属保险代理公司	The Insurance Company	85.23
(3)健康险	Health Insurance	24931.63
直属保险代理公司	The Insurance Company	102.77

8-11 续表 continued

单位:万元 (10 000 yuan)

项 目	Item	合计 Total
4.银行邮政代理小计	Bank of Postal Agent	2050953.90
(1)寿险	Life Insurance	2025697.27
(2)意外伤害险	Accidence Injury Insurance	7810.66
(3)健康险	Health Insurance	17445.98
5.其他兼业代理小计	Agents and Other Industry	79000.70
6.保险经纪业务小计	The Insurance Brokerage Business	21430.24
二、赔付支出	**Indemnity Expenditure**	**1833564.83**
1.赔款支出	Indemnity Expenditure	141726.47
(1)意外伤害险	Accidence Injury Insurance	27427.22
一年期以内业务	Within One Year Period	765.14
一年期业务	One Year Period	26662.08
(2)一年期以内及一年期健康险	Health Insurance Within One Year Periodand One Year Period	114299.25
个人业务	Personal Business	34967.54
团体业务	Group Insurance	79331.71
2.死伤医疗给付	Casualty Medical Payment	167013.20
(1)寿险	Life Insurance	83391.14
个人业务	Personal Business	81345.06
团体业务	Group Insurance	2046.07
(2)一年期以上健康险	Health Insurance Over One Year Period	83622.06
个人业务	Personal Business	59227.26
团体业务	Group Insurance	24394.80
3.满期给付	Mature payment	1308814.42
(1)寿险	Life Insurance	1308396.47
个人业务	Personal Business	1289995.32
团体业务	Group Insurance	18401.16
(2)一年期以上健康险	Health Insurance Over One Year Period	417.94
个人业务	Personal Business	413.19
团体业务	Group Insurance	4.75
4.年金给付	Annuity	216010.75
(1)个人业务	Personal Business	202747.63
年金保险	Annuity Assurance	166236.77
(2)团体业务	Personal Business	13263.12
年金保险	Annuity Assurance	13170.12
三、退保金	**Surrender Value**	**1204419.76**
1.寿险	Life Insurance	1185071.82
(1)个人业务	Personal Business	1158321.42
年金保险	Annuity Assurance	482861.94
(2)团体业务	Personal Business	26750.40
年金保险	Annuity Assurance	1175.03
2.一年期以上健康险	Health Insurance Over One Year Period	19347.94

主要统计指标解释

财政收入 指国家财政参与社会产品分配所取得的收入，是实现国家职能的财力保证。主要包括:

（1）各项税收：包括国内增值税、国内消费税、进口货物增值税和消费税、出口货物退增值税和消费税、营业税、企业所得税、个人所得税、资源税、城市维护建设税、房产税、印花税、城镇土地使用税、土地增值税、车船税、船舶吨税、车辆购置税、关税、耕地占用税、契税、烟叶税等。

（2）非税收入：包括专项收入、行政事业性收费、罚没收入和其他收入。

财政支出 指国家财政将筹集起来的资金进行分配使用，以满足经济建设和各项事业的需要。主要包括:

（1）一般公共服务：指政府提供基本公共管理与服务的支出，包括人大事务、政协事务、政府办公厅（室）及相关机构事务、发展与改革事务、统计信息事务、财政事务、税收事务、审计事务、海关事务、人力资源事务、纪检监察事务、人口与计划生育事务、商贸事务、知识产权事务、工商行政管理事务、国土资源事务、海洋管理事务、测绘事务、地震事务、气象事务、民族事务、宗教事务、港澳台侨事务、档案事务、共产党事务、民主党派事务及工商联事务、群众团体事务、彩票事务等。

（2）公共安全：指政府维护社会公共安全方面的支出，包括武装警察、公安、国家安全、检察、法院、司法行政、监狱、劳教、国家保密、缉私警察等。

（3）教育：指政府教育事务支出，包括教育行政管理、学前教育、小学教育、初中教育、普通高中教育、普通高等教育、初等职业教育、中专教育、技校教育、职业高中教育、高等职业教育、广播电视教育、留学生教育、特殊教育、干部继续教育、教育机关服务等。

（4）科学技术：指用于科学技术方面的支出，包括科学技术管理事务、基础研究、应用研究、技术研究与开发、科技条件与服务、社会科学、科学技术普及、科技交流与合作等。

（5）文化教育与传媒：指政府在文化、文物、体育、广播影视、新闻出版等方面的支出。

（6）社会保障和就业：指政府在社会保障与就业方面的支出，包括社会保障和就业管理事务、民政管理事务、财政对社会保险基金的补助、补充全国社会保障基金、行政事业单位离退休、企业改革补助、就业补助、抚恤、退役安置、社会福利、残疾人事业、城市居民最低生活保障、其他城镇社会救济、农村社会救济、自然灾害生活救助、红十字事务等。

（7）医疗卫生：指政府医疗卫生方面的支出，包括医疗卫生管理事务支出、医疗服务支出、医疗保障支出、疾病预防控制支出、卫生监督支出、妇幼保健支出、农村卫生支出等。

（8）环境保护：指政府环境保护支出，包括环境保护管理事务支出、环境监测与监察支出、污染治理支出、自然生态保护支出、天然林保护工程支出、退耕还林支出、风沙荒漠治理支出、退牧还草支出、已垦草原退耕还草、能源节约利用、污染减排、可再生能源和资源综合利用等支出。

（9）城乡社区事务：指政府城乡社区事务支出，包括城乡社区管理事务支出、城乡社区规划与管理支出、城乡社区公共设施支出、城乡社区住宅支出、城乡社区环境卫生支出、建设市场管理与监督支出等。

（10）农林水事务：指政府农林水事务支出，包括农业支出、林业支出、水利支出、扶贫支出、农业综合开发支出等。

存款 指企业、机关、团体或居民根据资金必须收回的原则，把货币资金存入银行或其他信贷机构保管并取得一定利息的一种信用活动形式。根据存款对象或性质的不同可划分为企业存款、财政存款、机关团体存款、城乡储蓄存款、农业存款、信托及委托类存款、其他存款等科目。它是银行信贷资金的主要来源。

贷款 指银行或其他信贷机构根据资金必须归还的原则，按一定利率，为企业、个人等提供资金的一种信用活动形式。我国银行贷款分为短期贷款、委托及信托类贷款、其他类贷款等。

保险公司 在中国境内的、经过保险监督管理部门批准设立，并依法登记注册的各类商业保险公司。

保险金额 指保险人承担赔偿或者给付保险金责任的最高限额。

保费 指投保人为取得保险人在约定范围内所承担赔偿责任而支付给保险人的费用。

赔款 指保险人根据保险合同的规定，向被保险人支付的赔偿保险责任损失的金额。

给付 包括死伤医疗给付和满期给付。死伤医疗给付是指保险人根据人寿保险及长期健康保险合同的规定，因被保险人在保险期内发生保险责任范围内的保险事故支付给被保险人(或受益人)的金额。满期给付是指被保险人生存期满，保险人按人寿保险合同规定支付给被保险人的满期保险金额。

Explanatory Notes on Main Statistical Indicators

Government Revenue refers to the revenue of the government finance by means of participating in the distribution of the social products, which is the financial resources for ensuring the government to function. The contents of government revenue have been changed several times. Now it includes the following main items:

(1) Various tax revenues including value added tax, business tax, enterprise income tax, personal income tax, resources tax, fixed assets investment direction regulating tax, tax on city maintenance and construction, real estate tax, stamp tax, tax on use of urban land, land value added tax, vehicle and vessel tax, tax on occupancy of cultivated land, property tax, tobacco leaf tax, and other tax revenues.

(2) Non-tax Revenues including special revenues, revenues from Administrative and institutional fees, penalty and confiscatory revenues , revenues from state-owned capital operationg,revenues from paid use of state-owned resources, and other revenues .

Government Expenditure refers to the distribution and use of the funds the government finance has raised, so as to meet the needs of economic construction and various causes. It includes the following main items:

(1) Expenditure for general public services: It reflects the expenditure from the government for general public services.

(2) Expenditure on public security: It reflects the expenditure from the government towards safeguarding the public security, including the related affairs of armed police, public security, state security, procuratorial administration,law court, judicial administration, jail , reeducation through labor, state confidentiality, anti-smuggling Patrol,etc.

(3) Expenditure on education: It reflects the expenditure from the government on education, including the related affairs of educational administration management, preschool education, primary education, junior secondary educate, regular senior secondary educate, regular higher education, primary vocational education, specialized secondary educate, technical educate, vocational senior secondary educate, vocational higher education, radio and television education, foreign student educate, special education, cadre continuing education, education institution services,etc.

(4) Expenditure on science and technology: It reflects the expenditure from the government on science and technology.

(5) Expenditure on culture, sport and media: It reflects the expenditure from the government on culture, cultural relics, sport, radio and television, publication, etc.

(6)Expenditure on social security and employment:It reflects the expenditure from the government on social security and employment, including the related affairs of management of social security and employment, civil administration, subsidies to social insurance funds, supplement to national social security funds, retirees of government agencies and institutions, subsidies to enterprises reform, subsidies to employment, pension, settling down demobilized servicemen, social security, disabled person administration, minimum living allowance in urban area, other social relief in urban area, social relief in rural area, subsidies to natural disaster, Red Cross business,etc.

(7)Expenditure on health care: It reflects the expenditure from the government on health care, including expenditure on management of health care, medical services, medical security, disease control and prevention, public health supervision, rural health care,etc.

(8) Expenditure on environment protection: It reflects the expenditure from the government on environment protection, including expenditure on management of environment protection, environment monitoring and supervisory, pollution government, natural ecological protection, project of natural forest protection, returning farmland to forest, sandstorm and wilderness government, returning grazing land to grassland, returning cultivated grassland to grassland, etc.

(9) Expenditure on urban and rural community affairs: It reflects the expenditure from the government on urban and rural community affairs, including expenditure on management of urban and rural community affairs, plan and management of urban and rural community, public utility of urban and rural community, residential buildings of urban and rural community, environmental sanitation of urban and rural community, management and supervision of markets construction, etc.

(10) Expenditure on agriculture, forest and irrigation: It reflects the expenditure from the government on agriculture, forest and irrigation, including expenditure on agriculture, forest, irrigation, poverty alleviation, comprehensive development of agriculture, etc.

Deposit is a form of credit by which enterprises, institutions, organizations or households can put money into banks and other credit institutions for safekeeping and interest earning under the principle of free withdrawal. According to different depositors, deposits are divided into enterprise deposits, treasury deposits, deposits of government agencies and organizations, capital construction deposits, savings deposits, rural saving deposits, entrusted deposits and other deposits. Deposits are major sources of the credit funds of banks.

Loan is a form of credit by which banks and other credit institutions provide funds at certain interest rate to enterprises and individuals in the light of the principle of unconditional repayment. Loans from Chinese banks include circulating capital loans, fixed assets loans, loans to urban and rural individuals engaged in industrial and commercial business and agricultural loans.

Insurance Companies refer to commercial insurance companies of various forms registered by law and established in China with the approval of insurance regulatory agencies.

Amount Insured refers to the maximum that the insurant will get for the claim of the case insured.

Premium is the fee paid by the insurant to the insurer to obtain the obligation of compensation from the insurance within the agreed terms.

Settled Claim is the compensation paid by the insurer to the insurant in accordance with the insurance contract.

Payment includes payment for death, injury or medical treatment and mature payment. Payment for death, injury or medical treatment refers to the money paid to the insurant (or the beneficiary) in accordance with the life or health insurance contract when the insurant encounters accidents within the insured period covered in the contract. Mature payment refers to the mature payment to the insurant in accordance with the life insurance contract at the end of the insured period.

城市建设和环境保护

9

Construction of Cities and Environmental Protection

资料整理人员：宋　超　殷梓晴

9-1 城市公用事业基本情况
Basic Statistics for urban Public Utilities

指　标	Item	2000	2005	2015	2016
城市个数　（个）	**Number of Cities　(unit)**				
省辖市	Cities Under the Jurisdiction of Province	13	13	13	13
县级市	Cities at County Level	16	16	16	16
城市规模	**City Size**				
城区人口　（万人）	Population of Cities　(10 000 persons)	1196.68	1039.16	1362.09	1408.30
城区面积　（平方公里）	Total Areas of Cities　(sq.km)	12733	9159	4582	4373
#建成区面积	#Developed Areas	799	1033	1573	1626
供水	**Water Supply**				
综合生产能力(万立方米/日)	Production Capacity of Tap Water (10 000 cu.m/day)	1162	1255	1038	1014
#地下水	#Shallow Ground Water	104	97	80	80
供水管长度　（公里）	Length of Water Supply Pipelines　(km)	7650	9862	21393	24377
供水总量　（万立方米）	Total Annual Volume of Water Supply (10 000 cu.m)	282357	267800	197872	215427
#生产用量	# For Production		137001	38887	39800
公共服务用量	For Republic Services		19271	17818	16118
家庭用量	For Family Use		77029	89782	99702
人均日生活用水量　（升）	Per Capita Daily Consumption of Tap Water for Residential Use　(liter)	311	279	207	217
用水普及率　（%）	Percentage of Population with Access to Tap Water　(%)	97.5	91.1	97.3	96.8
供煤气、液化石油气	**Coal Gas and Liquefied Petroleum Gas Supply**				
供气总量	Total Gas Supply				
煤气　（万立方米）	Coal Gas　(10 000 cu.m)	60375	44064	2767	3032
#居民家庭	#Consumption for Residential Use	28521	8008	2212	2459
液化石油气　（吨）	Liquefied Petroleum Gas　(ton)	202033	294718	241529	243865
#居民家庭	#Consumption for Residential Use	189827	250354	189519	195017
天然气　（万立方米）	Natural Gas　(10 000 cu.m)			215488	225562
#居民家庭	#Consumption for Residential Use			61734	64986
煤气管道长度　（公里）	Length of Coal Gas Pipelines　(km)	1116	695	441	486
天然气管道长度　（公里）	Length of Natural Gas Pipelines　(km)			12535	12892
燃气普及率　（%）	Percentage of Population with Access to Natural Gas　(%)	78	75	92	93
公共交通	**Public Traffic**				
运营车辆合计　（辆）	Number of Public Transportation Vehicles　(unit)	9083	9611	17203	24483
#汽车	#Buses	9083	9611	17203	24483
标准运营车数　（标台）	Convert into Standard Unit　(unit)	7212	9207	19986	27912
运营线路长度　（公里）	Length of Public Transportation Lines　(km)	3713	11453	15954	27030
出租汽车总计　（辆）	Total of Taxi　(unit)	19534	23087	25945	36221
每万人拥有公共交通车辆　（标台）	Number of Public Transportation Vehicles per 10 000 persons　(unit)	10	9	11	12
公交客运总量　（万人次）	Number of Passengers Carried (10 000 person-times)	106227	212507	277934	319743

注：城市人口指标2006年起为城区人口，城市面积指标2006年起为城区面积。
Figure on population of cities means population of urban districts since 2006. Figure on city areas means urban district areas since 2006.

9-1 续表 continued

指 标	Item	2000	2005	2015	2016
市政设施	**Municipal Engineering**				
道路长度 (公里)	Length of Paved Roads (km)	4739	5978	11437	12292
道路面积 (万平方米)	Area of Paved Roads (10 000 sq.m)	4816	9936	21333	22477
人行道面积 (万平方米)	Area of Sidewalk (10 000 sq.m)	1427	2411	5324	6162
桥梁数 (座)	Number of bridges (unit)	637	482	827	894
#立交桥	#Cloverleaf Junction	82	48	75	76
路灯 (盏)	Number of Street Lights (unit)	115147	295972	682019	697245
排水管道长度 (公里)	Length of Sewer Pipelines (km)	3754	5594	13199	13846
污水排放量 (万立方米)	Number Volume of Let Sewage (10 000 cu.m)	165902	169530	165003	175059
污水处理厂 (座数)	Number of Sewage Disposal Farm (unit)	21	19	61	65
污水处理厂处理能力 (万立方米/日)	Daily Disposal Capacity of Sewage (10 000 cu.m/day)	61.2	135.4	467.4	521.6
其他污水处理装置处理能力 (万立方米/日)	Capacity of Engineering (10 000 cu.m/day)	83.9	152.3	119.3	91.5
污水年处理量 (万立方米)	Annual Volume of Sewage Treated (10 000 cu.m)	45316	68740	153025	165155
人均拥有道路 (平方米)	Per Capita of Road Areas (sq.m)	7.0	9.6	14.3	14.6
排水管密度 (公里/平方公里)	Density of Drainage Pipelines (km/sq.km)	4.7	5.4	8.4	8.5
污水处理率 (%)	Rate of Sewage Disposal (%)	27.3	40.6	92.7	94.3
园林绿化	**Parks, Gardens and Green Areas**				
绿化覆盖面积 (公顷)	Coverage Space of Green Areas (hectare)	49290	44643	68156	73186
#建成区	#Developed Area	22646	34176	62415	65999
园林绿地面积 (公顷)	Area of Parks,Gardens and Green Areas in Cities (hectare)	44672	40723	59359	61453
#建成区	#Developed Area	19450	30506	56089	58727
公园绿地面积 (公顷)	Park Green Land (hectare)	3525	7143	14930	16292
公园个数 (个)	Number of Parks (unit)	116	150	287	313
公园面积 (公顷)	Area of Parks (hectare)	2646	6589	10145	11975
人均公园绿地面积 (平方米)	Park Green Land Per Capita (sq.m)	5.1	6.9	10.0	10.6
建成区绿地率 (%)	Rate of Green Areas Developed (%)	24.3	29.5	35.7	36.1
建成区绿化覆盖率 (%)	Coverage Rate of Green Areas Developed (%)	28.3	33.1	39.7	40.6
环境卫生	**Environmental Sanitation**				
实际清扫面积 (万平方米)	Area Under Cleaning Program (10 000 sq.m)	3236	7560	19979	25742
#机械清扫	Machine Cleaning	412	1149	12363	10729
生活垃圾清运量 (万吨)	Volume of Garbage Disposal (10 000 tons)	358.46	486.00	638.15	680.83
垃圾无害化处理场 (座数)	Number of Factories to Treat Garbage Harmlessly (unit)	15	7	32	33
#处理能力 (吨/日)	Daily Disposal Capacity (ton/day)	4427	6122	21233	23013
垃圾无害处理量 (万吨)	Volume of Garbage Harmlessly Treatment (10 000 tons)	180.91	192.90	636.89	680.83
公共厕所数 (座)	Number of Public Lavatories (unit)	3001	2652	3371	3573
#三类以上	# Water Closet	1771	2240	2682	2288
市容环卫专用车辆设备总数(辆)	Environmental Sanitation Equipment (unit)	1213	1396	3891	4812
生活垃圾无害化处理率 (%)	Ratio of Garbage Harmlessly Treatment (%)	50.5	39.7	99.8	99.9

9-2 城市规模和建设用地(2016年)
Urban Scale and Construction Land (2016)

单位:平方公里 (sq.km)

城 市	Cities	城区面积 Area of City	建成区面积 Developed Areas	建设用地面积 Area of Construction Use Land 居住用地 Living Space	工业用地 Industry	仓储用地 Storage	道路与交通设施用地 Land for Roads and traffic Facilities	本年征用土地面积 Requisition land area this year
长沙市	Changsha	1199.84	322.73	112.28	27.28	7.18	53.50	
浏阳市	Liuyang	27.90	27.90	8.10	2.10	0.70	1.10	
株洲市	Zhuzhou	862.69	142.19	47.03	27.42	2.95	13.67	17.18
醴陵市	Liling	113.80	29.50	11.92	5.91	1.06	1.90	
湘潭市	Xiangtan	169.02	80.04	27.11	12.88	4.27	12.35	4.28
湘乡市	Xiangxiang	26.00	21.40	7.92	4.49	0.41	3.21	3.10
韶山市	Shaoshan	32.00	4.95	1.14	0.70		0.60	0.18
衡阳市	Hengyang	124.93	115.95	35.68	27.38	2.66	18.74	7.77
耒阳市	Leiyang	49.65	44.80	12.90	5.20	1.52	2.43	1.94
常宁市	Changning	38.40	19.59	4.50	2.00		2.00	3.00
邵阳市	Shaoyang	82.00	72.00	24.56	3.73	2.31	5.80	2.00
武冈市	Wugang	40.00	19.85	6.50	0.90	0.75	1.80	0.90
岳阳市	Yueyang	159.00	100.00	25.00	18.10	4.00	4.10	0.50
汨罗市	Miluo	20.20	17.00	5.27	4.03	0.62	3.42	0.25
临湘市	Linxiang	25.00	15.50	3.55	1.31	0.92	1.41	
常德市	Changde	96.47	93.01	24.11	18.34	4.08	15.61	3.43
津市市	Jinshi	71.19	17.02	5.21	4.60	0.74	1.88	0.38
张家界市	Zhangjiajie	54.08	32.99	10.53	1.51		5.00	0.70
益阳市	Yiyang	109.00	76.10	28.30	5.00		2.00	2.25
沅江市	Yuanjiang	18.20	17.30	8.80	0.50		0.38	
郴州市	Chenzhou	580.00	77.50	25.60	6.56	2.03	12.00	4.30
资兴市	Zixing	24.63	21.16	7.90	0.90	1.00	2.68	0.70
永州市	Yongzhou	100.00	64.30	16.29	7.80	2.76	9.32	2.26
怀化市	Huaihua	64.00	64.00	24.62	2.20	2.02	6.20	
洪江市	Hongjiang	14.71	6.90	1.57	0.91	0.12	0.60	0.31
娄底市	Loudi	62.20	49.80	16.50	2.53	1.36	1.80	
冷水江市	Lengshuijiang	48.66	24.15	7.50	4.50	0.30	3.90	0.24
涟源市	Lianyuan	25.00	15.00	4.90	2.20	0.40	1.25	6.00
吉首市	Jishou	54.10	35.00	20.00	1.00	0.70	1.50	

9-3 城市设施水平(2016年)
Indicators of Municipal Public Utilities Level (2016)

城 市	Cities	人口密度(人/平方公里) Population Density (person/sq.km)	人均日生活用水量(升) Per Capita Water Consumption for Residential Use (liter)	用水普及率(%) Percentage of Population with Access to Tap Water (%)	每万人拥有公共交通车辆(标台) Number of Public Transportation Vehicles Per 10 000 persons (unit)	用气普及率(%) Percentage of Population with Access to Gas (%)
长沙市	Changsha	2930	292.89	99.85	25.12	99.57
浏阳市	Liuyang	11183	124.34	96.15	1.64	98.94
株洲市	Zhuzhou	1268	292.57	100.00	13.22	98.82
醴陵市	Liling	2206	124.15	98.69	2.26	94.02
湘潭市	Xiangtan	4836	165.64	96.12	14.09	96.26
湘乡市	Xiangxiang	9038	110.26	100.00	3.65	92.60
韶山市	Shaoshan	1522	104.68	98.56	4.14	86.24
衡阳市	Hengyang	8680	164.29	99.82	15.07	95.44
耒阳市	Leiyang	11078	151.35	82.24	10.11	75.47
常宁市	Changning	6250	201.00	91.67	4.00	79.17
邵阳市	Shaoyang	8452	232.71	95.22	7.66	96.38
武冈市	Wugang	6625	108.15	79.25	2.37	56.23
岳阳市	Yueyang	4591	216.55	100.00	10.02	97.26
汨罗市	Miluo	7366	131.51	94.09	2.13	71.24
临湘市	Linxiang	6660	110.30	93.09	1.88	89.49
常德市	Changde	5129	206.84	96.34	8.51	94.73
津市市	Jinshi	1611	196.63	98.52	3.85	93.11
张家界市	Zhangjiajie	3933	199.27	98.03	12.44	88.95
益阳市	Yiyang	6053	110.06	95.59	12.56	98.61
沅江市	Yuanjiang	9989	130.78	99.28	3.08	97.36
郴州市	Chenzhou	1100	297.88	99.22	21.54	96.02
资兴市	Zixing	6305	194.16	96.59	3.76	77.14
永州市	Yongzhou	5422	192.53	98.78	10.07	90.50
怀化市	Huaihua	9695	216.57	91.60	7.04	77.94
洪江市	Hongjiang	4432	135.71	92.02	7.76	73.93
娄底市	Loudi	8042	173.14	99.16	5.45	96.28
冷水江市	Lengshuijiang	4061	174.59	92.81	5.47	82.69
涟源市	Lianyuan	7000	107.89	92.00	1.97	98.86
吉首市	Jishou	5266	302.97	87.75	9.25	77.57

9-3 续表 continued

城市	Cities	人均拥有道路面积(平方米) Per Capita Area of Paved Roads (sq.m)	排水管道密度(公里/平方公里) Density of Sewer Pipelines (km/sq.km)	污水处理率(%) Ratio of Sewage Treatment (%)	园林绿化 Parks, Gardens and Green Areas 人均公园绿地面积(平方米) Park Green Land per Capita (sq.m)	建成区绿地率(%) Ratio of Green Area in Developed Areas (%)	建成区绿化覆盖率(%) Green Area Coverage Rate in Developed Areas (%)	生活垃圾无害化处理率(%) Ratio of Garbage Harmlessly Treatment (%)
长沙市	Changsha	15.36	7.03	96.93	10.75	34.63	40.06	100.00
浏阳市	Liuyang	8.33	3.25	91.31	5.22	30.38	33.51	100.00
株洲市	Zhuzhou	19.53	9.17	98.02	12.67	39.79	41.90	100.00
醴陵市	Liling	11.42	9.75	94.42	9.67	32.87	37.02	100.00
湘潭市	Xiangtan	18.33	13.32	95.00	9.34	38.00	41.82	100.00
湘乡市	Xiangxiang	14.30	14.61	94.98	8.42	32.75	37.03	100.00
韶山市	Shaoshan	10.39	25.29	95.00	18.79	40.19	44.89	100.00
衡阳市	Hengyang	12.83	8.07	92.80	10.17	37.10	40.51	100.00
耒阳市	Leiyang	14.09	6.06	91.59	6.55	32.79	40.51	100.00
常宁市	Changning	23.00	13.07	95.45	7.08	33.67	41.33	100.00
邵阳市	Shaoyang	18.03	7.55	88.81	12.41	33.19	40.07	97.99
武冈市	Wugang	12.55	11.74	91.07	7.85	30.09	40.60	100.00
岳阳市	Yueyang	13.79	13.66	94.56	9.45	38.93	40.92	100.00
汨罗市	Miluo	23.28	6.11	88.78	8.27	34.45	37.43	100.00
临湘市	Linxiang	11.71	12.77	95.93	14.11	38.19	41.61	100.00
常德市	Changde	10.07	4.06	93.98	13.63	39.17	44.37	100.00
津市市	Jinshi	12.27	9.82	90.02	9.70	33.76	37.40	100.00
张家界市	Zhangjiajie	21.01	7.44	87.12	9.22	35.02	39.98	100.00
益阳市	Yiyang	12.56	11.45	92.99	9.05	38.89	40.03	100.00
沅江市	Yuanjiang	8.41	8.75	92.07	7.60	30.72	40.27	100.00
郴州市	Chenzhou	6.23	5.42	93.50	12.12	41.68	46.02	100.00
资兴市	Zixing	13.31	8.19	90.20	10.44	42.15	44.28	100.00
永州市	Yongzhou	19.58	8.49	90.32	11.10	36.08	40.40	100.00
怀化市	Huaihua	8.02	6.48	88.80	8.11	33.87	39.22	100.00
洪江市	Hongjiang	20.29	12.88	91.40	14.95	27.44	39.42	100.00
娄底市	Loudi	10.20	10.02	91.27	9.55	35.08	40.03	100.00
冷水江市	Lengshuijiang	11.07	6.81	88.01	11.97	33.92	35.38	96.71
涟源市	Lianyuan	9.05	7.33	91.44	8.44	30.89	36.25	99.74
吉首市	Jishou	34.91	8.35	90.02	22.48	29.42	38.00	100.00

9-4 城市供水(2016年)
Tap Water Supply in Cities (2016)

城 市	Cities	综合生产能力(万立方米/日) Production Capacity of Tap Water (10 000 cu.m/day)	地下水 Shallow Ground Water	供水管道长度(公里) Length of Water Supply Pipelines (km)	供水总量(万立方米) Total Annual Volume of Water Supply (10 000 cu.m)	生产用量 For Productive Use	公共服务用量 For Republic Services	家庭用量 For Family Use	用水人口(万人) Number of Residents with Access to Tap Water (10 000 persons)
长沙市	Changsha	210.00		3647	63657	3033	6475	31049	351.00
浏阳市	Liuyang	11.50	1.50	320	2417	560	14	1147	30.00
株洲市	Zhuzhou	103.50		2727	18326	3776	2263	9359	109.38
醴陵市	Liling	6.50	0.50	731	2297	373	107	980	24.77
湘潭市	Xiangtan	50.42	5.06	1258	7670	1062	758	3926	78.57
湘乡市	Xiangxiang	10.00		660	1719	232	66	860	23.50
韶山市	Shaoshan	4.90	0.30	265	449	91	40	142	4.80
衡阳市	Hengyang	65.20	0.20	1204	18869	4159	84	6407	108.24
耒阳市	Leiyang	10.87	0.87	216	3388	448	737	1762	45.23
常宁市	Changning	11.00		198	2180	255	174	1440	22.00
邵阳市	Shaoyang	51.50		820	9438	970	580	4978	66.00
武冈市	Wugang	7.80		408	1645	480	230	580	21.00
岳阳市	Yueyang	107.00	0.70	1528	15601	7117	67	5669	73.00
汨罗市	Miluo	6.00		209	1317	370	98	560	14.00
临湘市	Linxiang	5.20		152	1240	430	125	479	15.50
常德市	Changde	48.78	4.32	1559	11413	3088	351	4614	87.44
津市市	Jinshi	10.60		321	1500	160	110	690	11.30
张家界市	Zhangjiajie	18.50		475	3032	478	241	1270	20.85
益阳市	Yiyang	32.00		529	4569	1122	100	2410	63.07
沅江市	Yuanjiang	3.75	3.00	144	982	93	96	735	18.05
郴州市	Chenzhou	33.50	4.30	1331	9392	608	1127	5716	63.28
资兴市	Zixing	11.00		390	1871	472	132	906	15.00
永州市	Yongzhou	46.00	0.42	1013	8759	2670	407	3347	53.56
怀化市	Huaihua	37.00		1032	6664	1095	501	3970	56.84
洪江市	Hongjiang	3.02	0.02	62	447	35	59	228	6.00
娄底市	Loudi	22.50		500	5020	793	192	2932	49.60
冷水江市	Lengshuijiang	68.20	57.00	537	7177	5660	105	1040	18.34
涟源市	Lianyuan	5.00	2.00	294	1191	170	60	572	16.10
吉首市	Jishou	13.00		684	3198		820	1936	25.00

9-5 城市公共交通(2016年) Public Traffic in Cities (2016)

城 市	Cities	公共汽车 Buses				出租汽车数(辆) Number of Taxis (unit)
		运营车数合计(辆) Number of Public Transportation Vehicles (unit)	标准运营车数(标台) Number of Vehicles Convert into Standard unit (unit)	运营线路网长度(公里) Length of Public Transportation Lines (km)	客运总量(万人次) Number of Passengers Carried (10 000 persontimes)	
长沙市	Changsha	7187	9300	4519	68162	7816
浏阳市	Liuyang	140	132	584	1839	400
株洲市	Zhuzhou	1174	1446	1157	21225	2155
醴陵市	Liling	114	129	106	3700	400
湘潭市	Xiangtan	1170	1353	1061	15790	1400
湘乡市	Xiangxiang	133	123	131	1459	281
韶山市	Shaoshan	22	22	80	101	44
衡阳市	Hengyang	1388	1642	1209	19946	1368
耒阳市	Leiyang	601	592	170	7104	500
常宁市	Changning	163	160	176	3146	200
邵阳市	Shaoyang	447	462	389	11090	1099
武冈市	Wugang	82	77	120	1390	150
岳阳市	Yueyang	898	1056	861	15978	1746
汨罗市	Miluo	83	83	190	941	200
临湘市	Linxiang	69	48	40	915	283
常德市	Changde	872	913	1022	11426	1146
津市市	Jinshi	88	66	101	1150	150
张家界市	Zhangjiajie	296	344	472	7178	817
益阳市	Yiyang	896	999	515	9707	757
沅江市	Yuanjiang	138	107	123	2646	350
郴州市	Chenzhou	1134	1374	2013	15503	1143
资兴市	Zixing	88	83	193	1483	80
永州市	Yongzhou	651	677	627	13570	700
怀化市	Huaihua	404	440	583	7924	800
洪江市	Hongjiang	153	135	250	2103	160
娄底市	Loudi	202	247	219	5500	950
冷水江市	Lengshuijiang	149	145	312	2179	181
涟源市	Lianyuan	75	75	358	1200	200
吉首市	Jishou	201	229	130	4760	697

9-6 城市市政设施(2016年)
Urban Civil Facilities (2016)

城 市	Cities	道路长度(公里) Length of Streets (km)	道路面积(万平方米) Area of Streets (10 000 sq.m)	人行道面积(万平方米) Area of Sidewalk (10 000 sq.m)	桥梁数(座) Number of Bridges (unit)	立交桥 Cloverleaf Junction	路灯盏数(盏) Number of Street Lights (unit)	排水管道长度(公里) Length of Sewer Pipelines (km)	污水年排放量(万立方米) Annual Volume of Sewage Discharged (10 000 cu.m)
长沙市	Changsha	2830	5400	1600	196	26	103500	2270	54210
浏阳市	Liuyang	106	260	65	34		14420	91	1853
株洲市	Zhuzhou	1653	2136	460	98	20	71186	1303	15079
醴陵市	Liling	208	287	61	44	3	13717	288	1327
湘潭市	Xiangtan	590	1499	365	18		23994	1067	14567
湘乡市	Xiangxiang	205	336	96	9		9266	313	1494
韶山市	Shaoshan	45	51	6			520	125	500
衡阳市	Hengyang	594	1392	332	64	14	79195	936	13240
耒阳市	Leiyang	296	775	283	2		8150	272	2496
常宁市	Changning	395	552	132	14	1	7500	196	1120
邵阳市	Shaoyang	560	1250	395	20	2	66690	544	6123
武冈市	Wugang	136	333	74	18		6450	233	1433
岳阳市	Yueyang	760	1007	397	26	3	42800	1366	12676
汨罗市	Miluo	88	346	98	8		6327	104	936
临湘市	Linxiang	138	195	70	3		3010	198	1080
常德市	Changde	580	879	327	41		55803	1255	6993
津市市	Jinshi	133	141	43	4		7803	167	812
张家界市	Zhangjiajie	311	447	83	24		11690	246	2321
益阳市	Yiyang	458	829	313	4		22530	872	5453
沅江市	Yuanjiang	124	153	43	2		1960	151	1350
郴州市	Chenzhou	336	962	120	54	2	20511	420	6820
资兴市	Zixing	89	207	50	5		4875	173	1031
永州市	Yongzhou	476	1115	303	20	5	27298	546	7025
怀化市	Huaihua	258	498	134	41		9064	415	4499
洪江市	Hongjiang	62	132	37	5		5700	85	372
娄底市	Loudi	283	510	119	8		46580	499	5544
冷水江市	Lengshuijiang	137	219	60	7		8629	164	1159
涟源市	Lianyuan	129	158	34	26		5980	110	970
吉首市	Jishou	437	994	202	64		12097	316	2576

9-6 续表 continued

城市	Cities	污水处理厂 Sewage Disposal Factory 座数(座) Number of Units (unit)	二、三级处理 Biological and Chemical Disposal	处理能力(万立方米/日) Disposal Capacity (10 000 cu.m/day)	二、三级处理 Biological and Chemical Disposal	其他污水处理装置处理能力(万方/日) Capacity of Engineering (10 000 cu.m/day)	污水年处理量(万方) Annual Volume of Sewage Disposal (10 000 cu.m)
长沙市	Changsha	9	9	152	152		52547
浏阳市	Liuyang	1	1	6	6		1692
株洲市	Zhuzhou	6	6	50	50		14781
醴陵市	Liling	1	1	3	3		1253
湘潭市	Xiangtan	2	2	40	40		13838
湘乡市	Xiangxiang	1	1	5	5		1419
韶山市	Shaoshan	1	1	2	2		475
衡阳市	Hengyang	3	3	36	36	25	12287
耒阳市	Leiyang	1	1	10	10		2286
常宁市	Changning	1	1	4	4		1069
邵阳市	Shaoyang	3	3	20	20		5438
武冈市	Wugang	1	1	3	3		1305
岳阳市	Yueyang	7	7	41	41	20	11986
汨罗市	Miluo	1	1	3	3		831
临湘市	Linxiang	1	1	3	3		1036
常德市	Changde	4	4	23	23	45	6572
津市市	Jinshi	1	1	2	2		731
张家界市	Zhangjiajie	3	3	6	6		2022
益阳市	Yiyang	3	3	17	17		5071
沅江市	Yuanjiang	1	1	2	2	2	1243
郴州市	Chenzhou	3	3	23	23		6377
资兴市	Zixing	1	1	3	3		930
永州市	Yongzhou	2	2	25	25		6345
怀化市	Huaihua	1	1	15	15		3995
洪江市	Hongjiang	1	1	1	1		340
娄底市	Loudi	2	2	15	15		5060
冷水江市	Lengshuijiang	1	1	3	3		1020
涟源市	Lianyuan	1	1	4	4		887
吉首市	Jishou	2	2	7	7		2319

9-7 城市园林绿化(2016年)
Urban Parks, Gardens and Green Areas (2016)

城市	Cities	绿化覆盖面积(公顷) Coverage Space of Green Areas (hectare)	建成区 Developed Areas	园林绿地面积(公顷) Area of Parks, Gardens and Green Areas (hectare)	建成区 Developed Areas	公园绿地面积(公顷) Park Green Land (hectare)	公园个数(个) Number of Parks (unit)	公园面积(公顷) Area of Parks (hectare)
长沙市	Changsha	12928	12928	11177	11177	3779	30	2002
浏阳市	Liuyang	935	935	848	848	163	5	70
株洲市	Zhuzhou	5958	5958	5658	5658	1385	19	1385
醴陵市	Liling	1140	1092	1080	970	243	6	167
湘潭市	Xiangtan	5082	3347	3072	3042	764	11	170
湘乡市	Xiangxiang	792	792	701	701	198	2	143
韶山市	Shaoshan	318	222	301	199	92	6	88
衡阳市	Hengyang	4697	4697	4302	4302	1102	27	857
耒阳市	Leiyang	1815	1815	1469	1469	360	2	58
常宁市	Changning	650	620	505	505	170	9	140
邵阳市	Shaoyang	3465	2885	2682	2390	860	9	730
武冈市	Wugang	1043	806	713	597	208	6	190
岳阳市	Yueyang	5553	4092	4580	3893	690	11	483
汨罗市	Miluo	636	636	586	586	123	3	311
临湘市	Linxiang	693	645	630	592	112	1	127
常德市	Changde	4126	4126	3643	3734	1237	18	1337
津市市	Jinshi	664	637	604	575	111	8	141
张家界市	Zhangjiajie	1576	1319	1412	1155	196	15	103
益阳市	Yiyang	3046	3046	2959	2959	597	35	549
沅江市	Yuanjiang	712	697	577	532	138	6	146
郴州市	Chenzhou	3567	3567	3231	3230	773	30	732
资兴市	Zixing	937	937	892	892	162	4	204
永州市	Yongzhou	2795	2598	2483	2320	650	8	383
怀化市	Huaihua	2552	2510	2214	2168	503	7	329
洪江市	Hongjiang	235	260	247	272	98	5	81
娄底市	Loudi	2785	1993	2108	1747	478	14	357
冷水江市	Lengshuijiang	1085	855	955	819	237	6	237
涟源市	Lianyuan	925	544	715	463	148	5	119
吉首市	Jishou	1830	1440	1155	1115	640	5	98

注:2006年开始公共绿地面积改为公园绿地面积。
Public green areas means park green areas since 2006.

9-8 城市燃气使用情况(2016年)
Urban Coal Gas and Liquefied Petroleum (2016)

城 市	Cities	液化石油气 Liquefied Petroleum Gas				
		供气总量 (吨) Total Gas Supply (ton)	家庭用量 Consumption for Residential Use	用气户数 (户) Number of Household with Access to Gas (household)	家庭用户 Consumption for Residential Use	用气人口 (万人) Population with Access to Gas (10 000 persons)
长沙市	Changsha	61620	48766	400000	285000	60
浏阳市	Liuyang	6478	6478	51125	51125	15
株洲市	Zhuzhou	7446	6746	23386	23306	5
醴陵市	Liling	2436	710	23012	22941	8
湘潭市	Xiangtan	14300	9765	70000	68432	22
湘乡市	Xiangxiang	2207	2203	34290	34290	12
韶山市	Shaoshan	1589	800	3980	3800	3
衡阳市	Hengyang	12200	7200	50000	46000	19
耒阳市	Leiyang	6800	6800	101050	101050	41
常宁市	Changning	2920	2258	28500	28000	17
邵阳市	Shaoyang	4700	4100	72000	67000	27
武冈市	Wugang	1150	1150	6760	6760	9
岳阳市	Yueyang	4075	3550	41600	41111	12
汨罗市	Miluo	2030	2024	22666	22666	7
临湘市	Linxiang	3000	2800	31450	25000	6
常德市	Changde	9482	9482	79500	79500	16
津市市	Jinshi	2000	2000	21550	21550	5
张家界市	Zhangjiajie	7383	6013	10000	9815	10
益阳市	Yiyang	6430	5980	58000	58000	20
沅江市	Yuanjiang	538	500	5608	5608	5
郴州市	Chenzhou	18000	18000	106400	106400	37
资兴市	Zixing	4100	3900	35980	34780	8
永州市	Yongzhou	10652	9551	139563	138563	44
怀化市	Huaihua	37299	22598	178356	169700	36
洪江市	Hongjiang	850	830	12694	12694	5
娄底市	Loudi	6360	3058	24685	24396	14
冷水江市	Lengshuijiang	2400	2400	30000	30000	16
涟源市	Lianyuan	2970	2905	30150	30000	16
吉首市	Jishou	2450	2450	25800	25800	21

9-8 续表 continued

城市	Cities	天然气 Gas 供气总量 (万立方米) Total Gas Supply (10 000 cu.m)	家庭用量 Consumption for Residential Use	用气户数 (户) Number of Household with Access to Gas (household)	家庭用户 Consumption for Residential Use	用气人口 (万人) Population with Access to Gas (10 000 persons)	管道长度 (公里) Length of Pipelines (km)
长沙市	Changsha	76628	27625	1141668	1135987	290.00	1433.0
浏阳市	Liuyang	1418	653	40131	39995	15.42	88.7
株洲市	Zhuzhou	21496	7312	349535	346391	103.31	1590.6
醴陵市	Liling	22976	918	56317	55414	15.60	709.0
湘潭市	Xiangtan	15006	3665	180247	180236	56.28	1665.0
湘乡市	Xiangxiang	437	373	32029	31889	9.60	214.0
韶山市	Shaoshan	210	77	4469	4398	1.50	91.9
衡阳市	Hengyang	14517	5276	288919	285697	85.00	2385.0
耒阳市	Leiyang	10.12	9.95	1020	1020	0.31	17.1
常宁市	Changning	35	35	5200	5200	2.00	393.0
邵阳市	Shaoyang	2912	2139	100000	99700	40.00	550.0
武冈市	Wugang	443	278	16860	16500	6.00	155.0
岳阳市	Yueyang	19187	4780	194000	191430	59.50	1100
汨罗市	Miluo	1795	1770	12461	12461	3.80	128.9
临湘市	Linxiang	982	550	13250	13000	8.90	36.0
常德市	Changde	33458	3318	231834	228425	70.18	1858.8
津市市	Jinshi	340	250	18000	17600	5.33	137.2
张家界市	Zhangjiajie	1032	570	29398	29157	8.96	224.3
益阳市	Yiyang	5677	2251	121465	120181	44.76	275.0
沅江市	Yuanjiang	1706	1300	33200	32200	13.20	122.5
郴州市	Chenzhou	3200	857	69171	68780	24.00	355.0
资兴市	Zixing	460	221.59	14670	14600	4.20	60.0
永州市	Yongzhou	631	431	15793	15638	5.02	93.0
怀化市	Huaihua	473	268	160000	37000	12.50	230.0
洪江市	Hongjiang						
娄底市	Loudi						
冷水江市	Lengshuijiang	3	3	450	450	0.19	11.2
涟源市	Lianyuan	18.02	17.5	3300	2900	1.3	28
吉首市	Jishou	514	39	2809	2784	1.10	33.4

9-9 环境综合统计基本状况(2016年)
Basic Environment Comprehensive Statistics (2016)

指 标		Item		2016
废水排放总量	(万吨)	Total Volume of Waste Water Discharged	(10 000 tons)	298756.94
其中：工业废水排放量	(万吨)	Total Volume of Industrial Waste Water Discharged	(10 000 tons)	48692.86
城镇生活污水排放量	(万吨)	Household Waste Water Discharged by Urban Use	(10 000 tons)	249422.81
集中式治理设施污水排放量	(万吨)	Volume of Waste Water Discharged by Centralized Facilities	(10 000 tons)	641.27
化学需氧量(COD)排放量	(吨)	Volume of COD Discharged	(ton)	602598.19
其中：工业废水中COD排放量	(吨)	Amount of COD in Industrial Waste Water	(ton)	43045.35
农业COD排放量	(吨)	Amount of COD in Agriculture	(ton)	17967.69
城镇生活污水中COD排放量	(吨)	Household of COD Waste Water Discharged by Urban Use	(ton)	535437.45
集中式治理设施COD排放量	(吨)	Volume of COD Waste Water Discharged by Centralized Facilities	(ton)	6147.69
氨氮排放量	(吨)	Ammonia Nitrogen Discharge	(ton)	81058.07
其中：工业废水中氨氮排放	(吨)	Ammonia Nitrogen Discharge from Industrial Waste Water	(ton)	8092.54
农业氨氮排放	(吨)	Ammonia Nitrogen Discharge from Agriculture	(ton)	707.67
城镇生活污水中氨氮排放量	(吨)	Household of Ammonia Nitrogen Discharged by Urban Use	(ton)	71668.17
集中式治理设施氨氮排放量	(吨)	Volume of Ammonia Nitrogen Discharged by Centralized Facilities	(ton)	589.70
二氧化硫(SO2)排放量	(吨)	Volume of SO2 Emission	(ton)	346766.41
其中：工业SO2排放量	(吨)	Volume of SO2 Emission by Industry	(ton)	285682.05
城镇生活SO2排放量	(吨)	Household of SO2 Emission by Urban Use	(ton)	61072.67
集中式治理设施SO2排放量	(吨)	Volume of SO2 Emission by Centralized Facilities	(ton)	11.69
氮氧化物排放量	(吨)	Nitrogen Oxides Discharged	(ton)	420639.71
其中：工业氮氧化物排放量	(吨)	Volume of Nitrogen Oxides Discharged by Industry	(ton)	241849.88
城镇生活氮氧化物排放量	(吨)	Household of Nitrogen Oxides Discharged by Urban Use	(ton)	10942.69
机动车氮氧化物排放量	(吨)	Volume of Nitrogen Oxides Discharged by Motor vohicles	(ton)	167819.00
集中式治理设施氮氧化物排放量	(吨)	Volume of Nitrogen Oxides Discharged by Centralized Facilities	(ton)	28.14
烟(粉)尘排放量	(吨)	Volume of Soot Emission	(ton)	262068.10
其中：工业烟(粉)尘排放量	(吨)	Volume of Industrial Soot Emission	(ton)	209444.19
城镇生活烟尘排放量	(吨)	Household of Volume of Soot Emission by Urban Use	(ton)	36558.13
机动车烟尘排放量	(吨)	Volume of Volume of Soot Emission by Motor vohicles	(ton)	15946
集中式治理设施烟尘排放量	(吨)	Volume of Volume of Soot Emission by Centralized Facilities	(ton)	119.78
一般工业固体废物产生量	(万吨)	Volume of Solid Wastes Produced	(10 000 tons)	5319.81
一般工业固体废物综合利用量	(万吨)	Volume of Solid Wastes Utilized	(10 000 tons)	3994.26
其中:综合利用往年贮存量	(万吨)	Comprehensive utilization of the previous storage	(10 000 tons)	112.10
一般工业固体废物综合利用率	(%)	Percentage of Solid Wastes Utilized	(%)	73.53
一般工业固体废物处置量	(万吨)	Volume of Solid Wastes Treated	(10 000 tons)	543.05
其中:处置往年贮存量	(万吨)	Volume of the Previous Storage Treated	(10 000 tons)	12.82
一般工业固体废物处置率	(%)	Percentage of Solid Wastes Treated	(%)	10.21
一般工业固体废物贮存量	(万吨)	Volume of Solid Wastes Treated	(10 000 tons)	907.42
一般工业固体废物倾倒丢弃量	(万吨)	Volume of Solid Wastes dumping of discarded	(10 000 tons)	

9-10 全省环保产业统计情况(2016年)
Statistical Report of Hunan Environmental Protection Industry(2016)

指 标	Item	合计 Total	长沙 Changsha	株洲 Zhuzhou	湘潭 Xiangtan	衡阳 Hengyang	邵阳 Shaoyang	岳阳 Yueyang	常德 Changde
环保产业单位数（个）	**The Number of Environmental Protection Industry Units (unit)**	**1138**	**169**	**66**	**33**	**115**	**107**	**126**	**67**
环保产业从业人数（万人）	**The Number of Employees in Environmental Protection Industry (10 000 person)**	**12.5**	**4**	**0.9**	**0.3**	**0.9**	**0.6**	**1**	**0.4**
环保产业年收入（亿元）	**Annual Income of Environmental Protection Industry (100 million yuan)**	**1947.0**	**786.5**	**86.0**	**236.0**	**82.0**	**29.6**	**191.0**	**54.6**
#环境服务业	Environmental Services	225.0	182.5	7.4	2.9	4.3	1.4	8.7	3.4
#环境保护产品生产	Environmental Protection Products Production	128.0	95.2	0.7	10.8	6.6		3.8	0.2
#环境友好产品生产	Environment Friendly Products Production	792.0	403.1	35.5	216.5	3.1	10.1	50.2	43
#资源综合利用	Comprehensive Utilization of Resources	802.0	105.7	42.4	5.8	68	18.1	128.4	7.9

9-10 续表 continued

指 标	Item	张家界 Zhangjiajie	益阳 Yiyang	郴州 Chenzhou	永州 Yongzhou	怀化 Huaihua	娄底 Loudi	湘西州 West Hunan
环保产业单位数（个）	**The Number of Environmental Protection Industry Units (unit)**	**10**	**55**	**170**	**35**	**53**	**69**	**55**
环保产业从业人数（万人）	**The Number of Employees in Environmental Protection Industry (10 000 person)**	**0.2**	**0.3**	**2**	**0.3**	**0.5**	**0.7**	**0.3**
环保产业年收入（亿元）	**Annual Income of Environmental Protection Industry (100 million yuan)**	**8.3**	**60.0**	**267.4**	**66.0**	**30.9**	**22.3**	**26.6**
#环境服务业	Environmental Services	1.7	4.9	1.9	1.3	0.8	0.5	3.1
#环境保护产品生产	Environmental Protection Products Production		1.4			8.5	1.0	
#环境友好产品生产	Environment Friendly Products Production	2.6	8.9	3	3.4	4.7	3.8	4.1
#资源综合利用	Comprehensive Utilization of Resources	4	44.8	262.1	61.3	16.8	17.0	19.3

主要统计指标解释

供水综合生产能力 指按供水设施取水、净化、送水、出厂输水干管等环节设计能力计算的综合生产能力。包括在原设计能力的基础上，经挖、革、改增加的生产能力。计算时，以四个环节中最薄弱的环节为主确定能力。

年末供水管道长度 指从送水泵至用户水表之间所有管道的长度。不包括新安装尚未使用、水厂内以及用户建筑物内的管道。

全年供水总量 指报告期供水企业(单位)供出的全部水量。包括有效供水量和漏损水量。

生活用水量 包括公共服务用水和居民家庭用水。公共服务用水指为城市社会公共生活服务的用水。包括行政事业单位、部队营区和公共设施服务、社会服务业、批发零售贸易业、旅馆饮食业以及其他公共服务业等单位的用水。居民家庭用水指城市范围内所有居民家庭的日常生活用水。包括城市居民、农民家庭、公共供水站用水。

用水普及率 指城市用水人口数与城市人口总数的比率。计算公式:

$$用水普及率=\frac{城市用水人口数}{城市人口总数}\times100\%$$

人工煤气生产能力 指报告期末人工煤气生产厂制气、净化、输送等环节的综合生产能力，不包括备用设备能力。一般按设计能力计算，如果实际生产能力大于设计能力时，应按实际测定的生产能力计算。测定时应以制气、净化、输送三个环节中最薄弱的环节为主。

供气管道长度 指报告期末从气源厂压缩机的出口或门站出口至各类用户引入管之间的全部已经通气投入使用的管道长度。不包括煤气生产厂、输配站、液化气储存站、灌瓶站、储配站、气化站、混气站、供应站等厂(站)内的管道。

全年供气总量 指全年燃气企业(单位)向用户供应的燃气数量。包括销售量和损失量。

燃气普及率 指报告期末使用燃气的城市人口数与城市人口总数的比率。计算公式为:

$$燃气普及率=\frac{城市用气人口数}{城市人口总数}\times100\%$$

城市供热能力 指供热企业(单位)向城市热用户输送热能的设计能力。

城市供热总量 指在报告期供热企业(单位)向城市热用户输送全部蒸汽和热水的总热量。

城市供热管道长度 指从各类热源到热用户建筑物接入口之间的全部蒸汽和热水的管道长度。不包括各类热源厂内部的管道长度。

年末道路长度 指年末道路长度和与道路相通的桥梁、隧道的长度，按车行道中心线计算。在统计时只统计路面宽度在 3.5 米(含 3.5 米)以上的各种铺装道路，包括开放型工业区和住宅区道路在内。

城市桥梁 指为跨越天然或人工障碍物而修建的构筑物。包括跨河桥、立交桥、人行天桥以及人行地下通道等。按使用年限分为永久性桥和半永久性桥。

城市排水管道长度 指所有排水总管、干管、支管、检查井及连接井进出口等长度之和。

城市污水日处理能力 指污水处理厂(或污水处理装置)每昼夜处理污水量的设计能力。

年末运营车数 指年末城市用于公共交通运营业务的全部车辆数。新购、新制和调入的运营车辆，自投入之日起开始计算；调出、报废和调作他用的运营车辆，自上级主管机关批准之日起不再计入。

城市园林绿地面积 指报告期末用作园林和绿化的各种绿地面积。包括公园绿地、生产绿地、防护绿地、附属绿地和其他绿地的面积。

公园绿地 城市中向公众开放的以游憩为主要功能，有一定的游憩设施和服务设施，同时兼有健全生态、美化景观，防灾减灾等综合作用的绿化用地。包括综合公园、社区公园、专类公园、带状公园和街旁绿地。其中综合公园、专类公园和带状公园面积之和为公园面积。

清扫保洁面积 指报告期末对城市道路和公共场所(主要包括城市行车道、人行道、车行隧道、人行过街地下通道、道路附属绿地、地铁站、高架路、人行过街天桥、立交桥、广场、停车场及其他设施等）进行清扫保洁的面积。一天清扫多次的，按清扫保洁面积最大的一次计算。

市容环卫专用车辆 指用于环境卫生作业、监察的专用车辆和设备，包括用于道路清扫、冲洗、洒水、除雪、垃圾粪便清运、市容监察以及与其配套使用的车辆和设备。

每万人拥有公共交通车辆 指报告期末城区内每万人平均拥有的公共交通车辆标台数。计算公式:

$$每万人拥有公共交通车辆=\frac{公共交通运营车标台数}{城市人口总数}$$

工业废水排放量 指经过企业厂区所有排放口排到企业外部的工业废水量。包括生产废水、外排的直接冷却水、超标排放的矿井地下水和与工业废水混排的厂区生活污水，不包括外排的间接冷却水(清污不分流的间接冷却水应计算在内)。

工业废水排放达标量 指报告期内废水中各项污染物指标都达到国家或地方排放标准的外排工业废水量，包括未经处理外排达标的，经废水处理设施处理后达标排放的，以及经污水处理厂处理后达标排放的。

生活污水排放量 指城镇居民每年排放的生活污水。用人均系数法测算。测算公式为:

$$\text{生活污水排放量}=\text{城镇生活污水排放系数}\times\text{市镇非农业人口}\times 365$$

生活污水中化学需氧量(COD)排放量 指城镇居民每年排放的生活污水中的COD的量。用人均系数法测算。测算公式为:

$$\text{城镇生活污水中}COD\text{排放量}=\text{城镇生活污水中}COD\text{产生系数}\times\text{市镇非农业人口}\times 365$$

化学需氧量(COD) 指用化学氧化剂氧化水中有机污染物时所需的氧量。COD值越高，表示水中有机污染物污染越重。

工业废气排放量 指报告期内企业厂区内燃料燃烧和生产工艺过程中产生的各种排入大气的含有污染物的气体的总量，以标准状态(273K，101325Pa)计算。测算公式为:

$$\text{工业废气排放量}=\text{燃料燃烧过程中废气排放量}+\text{生产工艺过程中废气排放量}$$

生活及其他 SO_2 排放量 以生活及其他煤炭消费量和其含硫量为基础，根据以下公式计算:

$$\text{生活及其他}SO_2\text{排放量}=\text{生活及其他煤炭消费量}\times\text{含硫量}\times 0.8\times 2$$

工业 SO_2 排放量 指报告期内企业在燃料燃烧和生产工艺过程中排入大气的SO_2总量，计算公式为:

$$\text{工业}SO_2\text{排放量}=\text{燃料燃烧过程中}SO_2\text{排放量}+\text{生产工艺过程中}SO_2\text{排放量}$$

工业烟尘排放量 指企业厂区内燃料燃烧过程中产生的烟气中夹带的颗粒物排放量。

生活及其他烟尘排放量 指除工业生产活动以外的所有社会、经济活动及公共设施的经营活动中燃烧所排放的烟尘纯重量。以生活及其他煤炭消费量为基础进行测算。

工业粉尘排放量 指企业在生产工艺过程中排放的能在空气中悬浮一定时间的固体颗粒物排放量。如钢铁企业的耐火材料粉尘、焦化企业的筛焦系统粉尘、烧结机的粉尘、石灰窑的粉尘、建材企业的水泥粉尘等。不包括电厂排入大气的烟尘。

工业固体废物产生量 指报告期内企业在生产过程中产生的固体状、半固体状和高浓度液体状废弃物的总量，包括危险废物、冶炼废渣、粉煤灰、炉渣、煤矸石、尾矿、放射性废物和其他废物等;不包括矿山开采的剥离废石和掘进废石(煤矸石和呈酸性或碱性的废石除外)。酸性或碱性废石指采掘的废石其流经水、雨淋水的pH值小于4或pH值大于10.5者。

危险废物 指列入国家危险废物名录或根据国家规定的危险废物鉴别标准和鉴别方法认定的，具有爆炸性、易燃性、易氧化性、毒性、腐蚀性、易传染疾病等危险特性之一的废物。

工业固体废物综合利用量 指报告期内企业通过回收、加工、循环、交换等方式，从固体废物中提取或者使其转化为可以利用的资源、能源和其他原材料的固体废物量(包括当年利用往年的工业固体废物贮存量)，如用作农业肥料、生产建筑材料、筑路等。综合利用量由原产生固体废物的单位统计。

工业固体废物综合利用率 指工业固体废物综合利用量占工业固体废物产生量(包括综合利用往年贮存量)的百分率。计算公式为:

$$\text{工业固体废物综合利用率}=\frac{\text{工业固体废物综合利用量}}{\text{工业固体废物产生量}+\text{综合利用往年贮存量}}\times 100\%$$

工业固体废物贮存量 指报告期内企业以综合利用或处置为目的，将固体废物暂时贮存或堆存在专设的贮存设施或专设的集中堆存场所内的数量。专设的固体废物贮存场所或贮存设施必须有防扩散、防流失、防渗漏、防止污染大气、水体的措施。

工业固体废物处置量 指报告期内企业将固体废物焚烧或者最终置于符合环境保护规定要求的场所，并不再回取的工业固体废物量(包括当年处置往年的工业固体废物贮存量)。处置方式有填埋(其中危险废物应安全填埋)、焚烧、专业贮存场(库)封场处理、深层灌注、回填矿井及海洋处置(经海洋管理部门同意投海处置)等。

工业固体废物排放量 指报告期内企业将所产生的固体废物排到固体废物污染防治设施、场所以外的数量，不包括矿山开采的剥离废石和掘进废石(煤矸石和呈酸性或碱性的废石除外)。

“三废”综合利用产品产值 指报告期内利用“三废”作为主要原料生产的产品价值(现行价);已经销售或准备销售的应计算产品价值，留作生产自用的不应计算产品价值。

生活垃圾清运量 指报告期内收集和运送到各生活垃圾处理厂(场)和生活垃圾最终消纳点的生活垃圾数量。生活垃圾指城市日常生活或为城市日常生活提供服务的活动中产生的固体废物以及法律行政规定的视为城市生活垃圾的固体废物。包括:居民生活垃圾、商业垃圾、集市贸易市场垃圾、街道清扫垃圾、公共场所垃圾和机关、学校、厂矿等单位的生活垃圾。

生活垃圾无害化处理率 指报告期生活垃圾无害化处理量与生活垃圾产生量比率。在统计上，由于生活垃圾产生量不易取得，可用清运量代替。计算公式为:

$$\text{生活垃圾无害化处理率}=\frac{\text{生活垃圾无害化处理量}}{\text{生活垃圾产生量}}\times 100\%$$

Explanatory Notes on Main Statistical Indicators

Production Capacity of Water Supply refers to the designed overall production capacity of water facilities, covering the four segments of water collection, purification, conveyance, and outflow through trunk pipelines. Increased capacity through transformation and innovation projects is included as well. The capacity is determined mainly on the weakest of the above-mentioned four segments.

Length of Water Supply Pipelines at Year-end refers to the total length of all the pipelines between the water pumps and the user water meters, excluding pipelines newly installed but not used yet, pipeline in the water factory,and pipeline in the user's buildings.

Annual Volume of Water Supply refers to the total volume of water supplied by water-works (units) during the reference period, including both the effective water supply and loss during the water supply.

Consumption of Water for Residential Use refers to water consumption of households for daily life and water consumption of public service facilities. The latter refers to water consumption for urban public services, including the consumption of government agencies and public institutions, military barracks, public facilities, wholesale and retail outlets, restaurants, hotels, and other units providing public services. Household water consumption refers to consumption of water for daily life of all households within the boundary of cities, including households of urban residents and farmers, and public water supply stations.

Coverage Rate of Urban Population with Access to Tap Water refers to the ratio of the urban population with access to tap water to the total urban population. The formula is:

$$\text{Coverage of urban population with access to tap water} = \frac{\text{Urban population with access to tap water}}{\text{Urban population}} \times 100\%$$

Production Capacity of Gaswork Gas refers to the overall production capacity of the urban gasworks in gas generation, purification and delivery at the end of the reference period, excluding capacity of the reserved facilities. In general, it is determined by the designed capacity, and when actual production capacity is larger than the designed capacity, the capacity is determined by the actual measurement on the weakest segment in the production, purification and delivery.

Length of Gas Pipelines refers to the total length of pipelines in use between the outlet of the compressor of gas-work or outlet of gas stations and the leading pipe of users, excluding pipelines within gasworks, delivery stations, LPG storage stations, refilling stations, gas-mixing stations and supply stations.

Volume of Gas Supply refers to the total volume of gas provided to users by gas-producing enterprises (units) in a year, including the volume sold and the volume lost.

Coverage Rate of Urban Population with Access to Gas refers to the ratio of the urban population with access to gas to the total urban population at the end of the reference period. The formula is:

$$\text{Coverage rate of urban population with access to gas} = \frac{\text{Urban population with access to gas}}{\text{Urban population}} \times 100\%$$

Heating Capacity in Urban Areas refers to the designed capacity of heating enterprises (units) in supplying heating energy to urban users during the reference period.

Quantity of Heat Supplied in Urban Areas refers to the total quantity of heat from steam and hot water supplied to urban users by heating enterprises (units) during the reference period.

Length of Urban Heating Pipelines refers to the total length of steam or hot water pipelines for sources of heat to the leading pipelines of the buildings of the users, excluding internal pipelines in heat generating enterprises.

Length of Paved Roads at Year-end refers to the length of roads with paved surface including bridges and tunnels connected with roads by the end of the year. Length of the roads is measured by the central lines for vehicles for paved roads with a width of 3.5 meters and over, including roads in open-ended factory compounds and residential quarters.

Urban Bridges refer to bridges built to cross over natural or man-made barriers, including bridges over rivers, overpasses for traffic and for pedestrians, underpasses for pedestrians, etc. Both permanent and semi-permanent bridges are included.

Length of Urban Sewage Pipes refers to the total length of general drainage, trunks, branch and inspection wells, connection wells, inlets and outlets, etc.

Daily Disposal Capacity of Urban Sewage refers to the designed 24-hour capacity of sewage disposal by the sewage treatment works or facilities.

Number of Vehicles under Operation at Year-end refers to the total number of vehicles under operation by public transport enterprises (units) at the end of the year, based on the records of operational vehicles by the enterprises (units).

Area of Parks and Green Land refers to the total area occupied for green projects at the end of the reference period, including park green land, production green land, protection green land, green land attached to institutions, and other green areas.

Park Green Area refers to green areas open to the public for amusement and rest with the facilities of amusement, rest and services. Its function includes perfecting ecology, beautifying landscape, and preventing and reducing disaster. Park green areas include comprehensive park, community park, topic park, belt-shaped park and green area nearby street. Total areas of comprehensive park, topic park and belt-shaped is the area of park.

Area Cleaned refers to the area which are regularly cleaned, as at the end of the reference period, at urban roads and public places (mainly including urban roadways, pedestrian walkways, vehicular tunnels, pedestrian underpasses, underground railway stations, lifted roads, pedestrians walk bridges, overpasses, plazas, carparks and other facilities). If there are several times of cleaning in a day at a location, the area of that time of cleaning with the largest area cleaned will be taken.

Vehicles Dedicated to Urban Cleanliness and Environmental Sanitation refer to vehicles and facilities dedicated for use in the operation, management and monitoring of environmental hygiene work. They include vehicles for road cleaning, washing, showering, ice removal, disposal of garbage and human wastes, cleanliness monitoring and related activities.

Public Transportation Vehicles per 10000 Population refers to the number of public transportation vehicles, at the end of the reference period, per 10000 population in the city district. The formula for calculation is:

$$\text{Public Transportation Vehicles per 10000 Population} = \frac{\text{Number of Public Transportation Vehicles}}{\text{City District Population}}$$

Waste Water Discharged by Industry refers to the volume of waste water discharged by industrial enterprises through all their outlets, including waste water from production process, directly cooled water, groundwater from mining wells which does not meet discharge standards and sewage from households mixed with waste water produced by industrial activities, but excluding indirectly cooled water discharged (It should be included if the discharge is not separated from waste water).

Industrial Waste Water Meeting Discharge Standards refers to volume of industrial waste water discharge which, with or without treatment, reaches national or local standards with regard to all pollutants.

Urban Non-industrial Waste Water Discharge refers to annual discharge of non-industrial waste water by urban households. It is estimated by per capita coefficient using the formula:

$$\text{Urban non-industrial waste water discharge} = \text{urban non-industrial waste water discharge coefficient} \times \text{urban non-agricultural population} \times 365$$

Volume of Chemical Oxygen Demand (COD) Generated by Urban Non-industrial Waster Water refers to chemical oxygen demand generated through the annual discharge of non-industrial waste water by urban households. It is estimated as:

$$\text{Volume of chemical oxygen demand (cod) generated by urban non-industrial waster water} = \text{Coefficient of COD generated through urban non-industrial waste water} \times \text{urban non-agricultural population} \times 365$$

Chemical Oxygen Demand (COD) refers to the amount of oxygen required when chemical oxidants are used to oxidize organic pollutants in water. A higher value of COD corresponds to more serious pollution by organic pollutants.

Industrial Waste Air Emission refers to the discharge into atmosphere of waste air containing pollutants generated from fuel burning and production processes in enterprises within a given period of time. It is calculated at standard status (273K, 101325Pa) as:

$$\text{Industrial waste air emission} = \text{emission through fuel burning} + \text{emission through production process}$$

SO_2 Emission through Non-industrial and Other Activities is calculated on the basis of consumption of coal by households and other activities and the sulphur content of coal with the following formula:

$$SO_2 \text{ emission through non-industrial and other activities} = \text{of coal by households and other activities} \times \text{sulphur content} \times 0.8 \times 2$$

SO_2 Emission through Industrial Activities refers to volume of sulphur dioxide emission from fuel burning and production process by enterprises during a given period of time. It is calculated as:

$$SO_2 \text{ emission through industrial activities} = SO_2 \text{ emission from fuel burning} + SO_2 \text{ emission from production process}$$

Industrial Soot Emission refers to the volume of soot in smoke emitted in the process of fuel burning in the premises of enterprises.

Soot Emission by Consumption and Others refers to the net volume of soot emitted by fuel burning from all social and economic activities and operations of public facilities other than industrial activities. It is calculated on the basis of coal consumption by households and others.

Industrial Dust Emission refers to volume of dust emitted by production process of enterprises and suspended in the air for a given period of time, including dust from refractory material of iron and steel works, dust from coke-screening systems and sintering machines of coke plants, dust from lime kilns and dust from cement production in building material enterprises, but excluding soot and dust emitted from power plants.

Industrial Solid Wastes Produced refers to total volume of solid, semi-solid and high concentration liquid residues produced by industrial enterprises from production process in a given period of time, including hazardous wastes, slag, coal ash, gangue, tailings, radioactive residues and other wastes, but excluding stones stripped or dug out in mining - gangue and acid or alkaline stones not included (a stone is acid or alkaline according to the pH value of the water being below 4 or above 10.5 when the stone is in, or soaked by water).

Hazardous Wastes refers to those included in the national hazardous wastes catalogue or specified as any one of the following properties in the national hazardous wastes identification standards: explosive, ignitable, oxidizable, toxic, corrosive or liable to cause infectious diseases or lead to other dangers.

Industrial Solid Wastes Utilized refers to volume of solid wastes from which useful materials can be extracted or which can be converted into usable resources, energy or other materials by means of reclamation, processing, recycling and exchange (including utilizing in the year the stocks of industrial solid wastes of the previous year). Examples of such utilizations include fertilizers, building materials and road materials. The information shall be collected by the producing units of the wastes.

Rate of Utilization of Industrial Solid Wastes refers to the percentage of industrial solid wastes utilized over industrial solid wastes produced (including stocks of the previous years). It is calculated as:

$$\text{Rate of utilization of industrial solid wastes} = \frac{\text{volume of industrial solid wastes utilized}}{\text{industrial solid wastes produced + stock of previous years}} \times 100\%$$

Stock of Industrial Solid Wastes refers to the volume of solid wastes placed in special facilities or special sites for purposes of utilization or disposal. The sites or facilities should take measures against dispersion, loss, seepage, and air and water contamination.

Industrial Solid Wastes Disposed refers to the quantity of industrial solid wastes which are burnt or placed ultimately in the sites meeting the requirements for environmental protection and not salvaged or recycled (including disposition in the year of those wastes of previous years). The disposition includes landfill (Safe landfills should be conducted for hazardous wastes), incineration, containment spaces, deep underground disposal, backfill in mining pits and disposal at sea.

Industrial Solid Wastes Discharged refers to the volume of industrial solid wastes discharged by producing enterprises to disposal facilities or to other sites. The wastes exclude stones stripped or dug from mining (gangue and acid or alkaline waste stones not included).

Output Value of Products Made from Waste Gas, Waste Water and Solid Wastes refers to the current value of products with waste gas, waste water and solid wastes as main materials of production. Products sold and ready to sell shall be included while those produced for own use shall not be included.

Consumption Wastes Transported refers to volume of consumption wastes collected and transported to disposal factories or sites. Consumption wastes are solid wastes produced from urban households or from service activities for urban households, and solid wastes regarded by laws and regulations as urban consumption wastes, including those from households, commercial activities, markets, cleaning of streets, public sites, offices, schools, factories, mining units and other sources.

Ratio of Consumption Wastes Treated refers to consumption wastes treated over that produced. In practical statistics, as it is difficult to estimate, the volume of consumption wastes produced is replaced with that transported. It is calculated as:

$$\text{Ratio of consumption wastes treated} = \frac{\text{consumption wastes treated}}{\text{consumption wastes produced}} \times 100\%$$

10 农　业

Agriculture

资料整理人员：雷芙蓉　屈雄英　刘　杰
刘　洋　周　迅　易　贝

10-1 农林牧渔业总产值和指数
Gross Output Value and Indices of Farming, Forestry, Animal Husbandry and Fishery

年 份 Year	农林牧渔总产值(亿元) Gross Output Value of Farming, Forestry, Animal Husbandry (100 million yuan)					指数(1952=100) Indices of Gross Output Value of Farming, Animal Husbandry (1952=100)				
	总产值 Total	#农业 Farming	#林业 Forestry	#牧业 Animal Husbandry	#渔业 Fishery	总指数 Total	#农业 Farming	#林业 Forestry	#牧业 Animal Husbandry	#渔业 Fishery
1949	15.84	12.05	0.24	1.42	0.03	59.6	64.4	51.1	45.7	42.9
1950	19.18	14.09	0.30	1.70	0.04	72.2	75.3	63.8	54.7	57.1
1951	21.91	15.66	0.36	2.37	0.04	82.5	83.7	76.6	76.2	57.1
1952	26.57	18.72	0.47	3.11	0.07	100.0	100.0	100.0	100.0	100.0
1953	26.59	18.70	0.37	2.97	0.10	100.1	99.9	78.7	95.5	142.9
1954	24.39	16.59	0.37	2.76	0.10	91.8	88.6	78.7	88.7	142.9
1955	28.89	19.99	0.57	2.36	0.12	108.7	106.8	121.3	75.9	171.4
1956	28.15	18.78	0.84	2.83	0.11	105.9	100.3	178.7	91.0	157.1
1957	35.04	21.14	1.20	5.39	0.28	127.2	112.9	255.3	173.3	400.0
1958	33.25	23.38	2.58	4.30	0.60	132.4	122.8	411.7	108.6	774.2
1959	30.55	21.96	2.62	3.14	0.70	121.7	115.3	418.1	79.3	903.2
1960	25.89	18.98	2.34	1.85	0.48	103.1	99.7	373.4	46.7	619.4
1961	21.95	16.63	1.00	1.56	0.26	87.4	87.3	159.6	39.4	335.5
1962	26.18	20.10	0.96	2.39	0.28	104.3	105.6	153.2	60.4	361.3
1963	24.65	18.09	1.03	3.25	0.31	98.2	95.0	164.4	82.1	400.0
1964	28.07	20.22	1.23	4.24	0.35	111.8	106.2	196.3	107.1	451.6
1965	29.31	21.07	1.31	4.42	0.40	116.7	110.7	209.0	111.7	516.1
1966	32.74	24.29	1.39	4.55	0.45	130.4	127.6	221.8	115.0	580.6
1967	34.40	25.41	1.55	4.89	0.46	137.0	133.5	247.8	123.5	593.5
1968	36.99	27.05	1.80	5.52	0.45	147.3	142.1	287.2	139.5	580.6
1969	36.21	26.48	1.85	5.36	0.34	144.2	139.1	295.2	135.4	438.7
1970	38.03	27.94	1.63	5.85	0.39	151.4	146.8	260.1	147.8	503.2
1971	58.77	43.42	2.72	9.18	0.53	151.3	150.5	295.2	151.1	541.9
1972	62.67	44.88	2.82	11.54	0.45	161.4	155.5	306.1	189.9	460.1
1973	67.86	50.48	2.77	10.93	0.57	174.7	175.0	300.6	179.9	582.8
1974	69.29	51.64	3.21	11.22	0.62	178.4	179.0	348.4	184.7	634.0
1975	72.45	54.41	2.86	11.64	0.64	186.5	188.6	310.4	191.6	654.4
1976	72.72	55.12	2.45	11.77	0.65	187.2	191.0	265.9	193.7	664.6
1977	73.81	55.40	2.98	11.95	0.68	190.0	192.0	323.4	196.7	695.3

注：本表绝对数按当年价格计算，指数按可比价格计算。
Absolute figures in this table are calculated at current prices while indices are calculated at comparable prices.

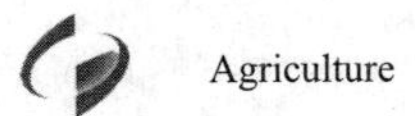

10-1 续表 continued

年份 Year	农林牧渔总产值(亿元) Gross Output Value of Farming, Forestry, Animal Husbandry (100 million yuan)					指数(1952=100) Indices of Gross Output Value of Farming, Animal Husbandry (1952=100)				
	总产值 Total	#农业 Farming	#林业 Forestry	#牧业 Animal Husbandry	#渔业 Fishery	总指数 Total	#农业 Farming	#林业 Forestry	#牧业 Animal Husbandry	#渔业 Fishery
1978	81.37	62.72	3.12	12.55	0.70	209.5	217.4	338.6	206.5	715.8
1979	86.51	65.47	3.13	14.27	0.77	222.7	226.9	339.7	234.8	787.3
1980	116.34	81.13	7.31	21.87	1.94	218.4	218.2	391.8	236.3	961.2
1981	123.38	86.05	6.70	23.32	2.18	231.6	231.4	359.1	252.0	1080.1
1982	135.90	95.95	6.45	26.26	2.46	255.1	258.1	345.7	283.8	1218.8
1983	142.70	100.60	6.43	27.87	2.88	267.9	270.6	344.6	301.2	1426.9
1984	150.80	102.32	7.02	32.16	3.37	283.1	275.2	376.3	347.5	1669.7
1985	158.22	101.84	7.25	34.87	3.89	297.0	273.9	388.6	376.8	1927.3
1986	166.83	106.01	6.35	38.42	4.64	313.2	285.1	340.4	415.2	2298.9
1987	172.32	108.48	6.90	38.62	5.42	323.5	291.8	369.8	417.3	2685.3
1988	173.19	103.09	6.74	42.02	5.69	325.2	277.3	361.3	454.1	2819.1
1989	182.09	109.68	7.75	44.18	6.28	341.8	295.0	415.5	477.3	3112.3
1990	430.21	241.32	22.00	120.40	22.13	348.3	296.0	404.7	493.5	3205.7
1991	451.69	249.79	28.22	126.62	22.20	361.8	306.4	434.2	519.2	3215.3
1992	468.73	250.39	31.55	135.67	24.90	375.5	307.0	485.4	556.1	3614.0
1993	493.63	258.70	31.26	147.51	28.59	395.4	317.1	481.0	604.5	4141.6
1994	532.16	266.43	32.92	169.22	32.70	426.2	326.6	506.5	693.4	4738.0
1995	578.73	277.43	33.66	195.25	39.71	463.7	340.3	518.1	800.2	5751.9
1996	627.16	283.37	34.74	224.61	47.91	502.7	347.4	534.7	920.2	6936.8
1997	679.20	306.80	35.26	245.35	52.89	544.4	376.2	542.7	1004.9	7658.2
1998	686.21	297.81	36.12	255.34	56.67	552.6	365.3	555.7	1046.1	8201.9
1999	1200.94	624.70	48.20	458.62	69.42	571.4	383.6	586.3	1048.2	8841.6
2000	1251.89	633.84	51.01	486.13	80.91	596.0	395.8	611.5	1089.1	9858.4
2001	1313.23	665.70	51.88	510.42	85.23	619.6	409.7	630.7	1136.3	10400.7
2002	1349.92	666.65	54.78	538.64	89.85	636.3	410.6	659.5	1194.3	11014.3
2003	1452.96	671.66	81.73	575.08	96.97	659.9	421.6	685.9	1243.3	11818.3
2004	1913.31	874.00	91.31	796.95	119.92	709.4	461.7	734.0	1310.4	12657.4
2005	2056.24	947.70	100.90	834.50	138.40	750.5	482.5	805.9	1393.0	13872.5
2006	2131.91	1023.51	112.45	808.50	150.50	787.3	509.0	855.1	1440.3	14996.2
2007	2632.10	1243.15	144.12	1013.82	154.70	818.8	530.9	924.4	1477.8	15866.0
2008	3324.51	1446.87	155.44	1463.40	169.56	862.2	542.0	964.1	1610.8	16659.3
2009	3207.88	1596.65	174.18	1100.38	188.53	907.0	574.0	1007.5	1680.0	17542.3
2010	3787.47	2059.55	207.43	1118.20	232.70	946.0	598.7	1077.0	1737.1	18501.3
2011	4508.20	2391.67	239.11	1425.60	255.04	986.3	640.0	1151.3	1730.1	18566.1
2012	4904.10	2651.69	259.97	1488.58	279.94	1015.9	647.9	1208.9	1811.4	19587.2
2013	5043.58	2726.75	287.67	1467.37	309.89	1043.3	666.0	1281.4	1824.1	20821.2
2014	5304.82	2884.73	304.81	1503.21	338.85	1091.9	693.8	1356.0	1909.6	21976.7
2015	5630.75	3043.52	317.38	1601.75	366.93	1131.9	724.4	1466.6	1901.4	23527.8
2016	6081.92	3255.11	321.60	1762.65	396.66	1172.6	752.8	1587.7	1910.9	25037.0

注：本表绝对数按当年价格计算，指数按可比价格计算。
Absolute figures in this table are calculated at current prices while indices are calculated at comparable prices.

10-2 农业基本情况
Basic Indicators of Agriculture

年 份 Year	农林牧渔业劳动力(万人) Number of Laborers (10 000 persons)	年末实有耕地面积(万公顷) Cultivated Areas (yearend) (10 000 hectares)	当年减少耕地面积(万公顷) Decrease in Cultivated Area by Cause (10 000 hectares)	农作物播种面积(万公顷) Total Sown Areas (10 000 hectares)	#粮食作物 Grain Corps	造林面积(万公顷) Afforestation Areas (10 000 hectares)
1978				844.58	582.94	
1979				833.44	570.42	
1980				790.95	545.13	
1981				800.94	542.01	
1982				796.95	540.34	
1983				774.62	542.32	
1984				763.92	539.09	
1985	1908.43	334.17		747.71	516.14	34.40
1986				753.65	521.04	37.73
1987				747.47	515.10	32.91
1988				749.62	519.63	32.17
1989				774.88	533.05	33.99
1990	2133.07	331.23	1.16	795.18	536.56	37.59
1991				804.02	536.52	37.17
1992				796.08	524.36	37.75
1993				765.39	505.05	27.83
1994				773.05	507.74	13.44
1995	2114.71	324.97	1.83	784.04	511.56	10.95
1996				792.74	513.39	5.29
1997	2074.12	323.01	1.66	800.90	515.53	4.29
1998	2074.51	321.87	1.64	793.63	507.48	2.86
1999	2074.13	321.32	1.30	802.77	513.52	2.74
2000	2065.92	392.16	1.18	800.21	502.99	5.15
2001	2058.67	391.26	1.73	793.17	480.28	7.56
2002	2019.60	389.10	2.80	777.92	465.26	10.09
2003	1997.67	383.37	6.46	773.12	452.98	40.96
2004	1975.89	381.65	2.60	818.87	508.22	33.38
2005	1951.90	381.60	0.70	833.64	521.52	13.65
2006		378.76	3.88	853.19	529.58	13.45
2007	1890.17	378.90	0.61	853.64	529.59	7.62
2008	1877.91	378.94	0.61	793.95	494.94	8.04
2009	1867.33	413.50	0.75	801.93	479.91	12.50
2010	1861.85	413.75	0.97	821.61	480.91	21.34
2011	1793.64	413.77	0.91	840.20	487.96	40.24
2012	1857.39	414.62	0.72	851.20	490.80	40.42
2013	1832.65	414.97	0.99	865.00	493.70	34.98
2014	1808.33	415.32		876.45	497.51	39.19
2015	1762.31	415.35	0.37	871.70	494.47	37.60
2016	1696.81	414.88	0.85	879.33	489.06	33.66

注：从2000年起，耕地面积为省国土资源厅统计数据(下表同)。
The data of cultivated Areas from Hunan Province Territory Resource Bureau since 2000.The same as in the following table.

10-3 农村基层组织
Grassroots Units of Rural Areas

指 标	Item	2000	2005	2015	2016
农村基层组织	**Grassroots Units of Rural Areas**				
#乡(镇)个数 (个)	Number of Township (Town Governments) (unit)	2353	2220	1536	1536
#乡个数	Number of Township	1314	1127	334	318
#民族乡	Number of National Township	104	107	83	83
镇个数	Number of Town Governments	1039	1093	1119	1135
村(居)民委员会个数 (万个)	Number of Villagers(Residential) Committees (10 000 units)	5.01	4.74	4.42	2.81
#村民委员会 (万个)	Number of Villagers Committees (10 000 units)	4.75	4.45	4.04	2.4
农村社会基础设施	**Country Society Basic Establishment**				
#自来水受益村数 (万个)	Villages Tap Water Benefited (10 000 units)	1.17	1.51	2.55	1.83
通汽车村数 (万个)	Villages Car Available (10 000 units)	4.41	4.21	4.04	2.44
通电话村数 (万个)	Villages Telephone Available (10 000 units)	4.05	4.28	4.05	2.44

10-4 农林牧渔业增加值(2016年)
Added - Value of Farming, Forestry, Animal Husbandry and Fishery (2016)

单位:万元 (10 000 yuan)

指 标	Item	总产值 Gross Output Value	中间消耗 Material Consump-tion	中间物质消耗 Middle Material Consump-tion	中间非物质部门劳务支出 Middle Nonmaterial Department Service Payout
总计	**Total**	**60819181**	**23560182**	**20289090**	**3271092**
农业	Farming	32551130	9785471	8651870	1133601
林业	Forestry	3215974	837644	696420	141224
牧业	Animal Husbandry	17626527	9572874	9123060	449814
渔业	Fishery	3966576	1380468	1239463	141005
服务业	Services	3458974	1983725	578278	1405447

10-5 耕 地 面 积
Cultivated Areas

单位:千公顷 (1 000 hectares)

指 标	Item	2000	2005	2015	2016
年初实有耕地总资源	Actual Cultivated Land Total Resources at The Year Beginning	3926.52	3816.47	4149.04	4150.20
年内增加耕地总资源	Increased Cultivated Land Total resources This Year	6.85	6.50	8.12	7.10
年内减少耕地总资源	Decrease in Cultivated Land Total resources This Year	11.77	6.99	3.71	8.54
年末实有耕地总资源	Actual Cultivated Land Total Resources at The Year End	3921.60	3815.98	4153.45	4148.76

10-6 农业生产条件
Condition of Agricultural Production

年份 Year	农业机械总动力(万千瓦) Total Power of Agricultural Machinery (10 000 kw)	有效灌溉面积(千公顷) Effective Irrigated Area (1000 hectares)	化肥施用量(万吨) Consumption of Chemical Fertilizers (10 000 tons)	农村用电量(亿千瓦小时) Electricity Consumed in Rural Areas (100 million kwh)	每公顷面积产量 (公斤) Yield per hectare (kg)		
					粮食 Grain Crops	棉花 Cotton	油料 Oil-bearing Crops
1949	0.11	1199.21					
1950	0.10	1289.93					
1951	0.20	1360.65					
1952	0.33	1538.27	0.20				
1953	0.38	1586.24	0.10				
1954	0.43	1630.03	0.97				
1955	0.76	1666.75	2.40				
1956	1.95	1716.85	4.95				
1957	2.45	1777.03	5.18				
1958	7.44	1849.99	11.25				
1959	14.58	1716.96	12.84				
1960	22.43	1935.57	15.85				
1961	24.60	1957.07	9.36				
1962	26.57	1984.41	12.35				
1963	29.06	2019.75	23.91	0.50			
1964	33.91	2084.79	32.75	0.46			
1965	42.89	2163.53	53.15	0.91			
1966	54.47	2202.64	90.17	1.41			
1967	55.66	2262.00	86.20	1.58			
1968	63.93	2286.15	75.19	1.78			
1969	72.95	2307.52	101.41	2.00			
1970	89.50	2343.68	121.71	4.81			
1971	106.68	2377.67	130.29	3.27			
1972	132.77	2430.93	167.99	4.68			
1973	153.42	2483.15	198.07	4.14			
1974	186.16	2503.94	177.56	6.46			
1975	233.18	2583.35	193.84	6.82			
1976	283.42	2617.13	194.25	6.96			
1977	349.56	2657.09	202.95	7.36			

注:化肥施用量1989年及以前均为实物量,1990年及以后为折纯量。

Data of consumption of fertilizers refer to the consumption in quantity prior to 1989, and the consumption in purity in and after 1990.

10-6 续表 continued

年份 Year	农业机械总动力 (万千瓦) Total Power of Agricultural Machinery (10 000 kw)	有效灌溉面积 (千公顷) Effective Irrigated Area (1000 hectares)	化肥施用量 (万吨) Consumption of Chemical Fertilizers (10 000 tons)	农村用电量 (亿千瓦小时) Electricity Consumed in Rural Areas (100 million kwh)	每公顷面积产量 (公斤) Yield per hectare (kg) 粮食 Grain Crops	棉花 Cotton	油料 Oil-bearing Crops
1978	428.64	2691.34	271.90	8.78			
1979	507.67	2730.43	325.23	9.26			
1980	588.99	2743.73	361.04	9.67			
1981	659.74	2753.03	371.20	11.20			
1982	704.94	2759.67	396.38	12.64			
1983	785.57	2773.45	421.54	13.81			
1984	805.43	2775.57	354.21	14.45			
1985	892.02	2771.18	369.64	15.06	4875	990	1005
1986	1059.37	2771.75	432.12	18.05			
1987	1053.56	2665.33	457.77	17.98			
1988	1112.91	2670.29	490.07	20.35			
1989	1168.74	2674.20	517.88	21.86			
1990	1209.17	2676.22	126.09	23.37	5025	1020	990
1991	1270.52	2612.70	138.66	25.77			
1992	1284.37	2664.98	146.18	27.71			
1993	1374.35	2676.11	148.15	30.44			
1994	1459.07	2675.09	159.41	33.04			
1995	1532.54	2680.03	167.91	37.64	5380	1206	1258
1996	1616.29	2667.07	167.08	38.91			
1997	1692.84	2672.38	175.30	41.68	5581	1448	1352
1998	1825.57	2675.14	179.93	42.01	5553	969	1323
1999	2006.97	2665.40	180.87	42.97	5632	1121	1391
2000	2209.74	2677.46	182.15	44.53	5716	1173	1490
2001	2358.02	2676.35	184.25	46.73	5622	1271	1505
2002	2498.09	2675.61	184.32	49.83	5376	1291	1334
2003	2664.45	2675.34	188.33	53.84	5393	1173	1449
2004	2923.93	2683.28	203.19	57.53	5530	1437	1591
2005	3189.86	2690.41	209.90	65.24	5477	1395	1569
2006	3416.61	2696.93	212.14	75.99	5478	1528	1628
2007	3684.43	2702.88	219.58	76.38	5494	1565	1671
2008	4021.14	2709.20	223.38	81.46	5999	1419	1479
2009	4352.64	2720.68	231.60	93.55	6048	1389	1587
2010	4651.55	2726.66	236.57	98.63	5921	1297	1612
2011	4935.59	2762.41	242.49	106.03	6024	1180	1662
2012	5189.24	3070.84	249.11	110.23	6126	1456	1572
2013	5435.93	2768.12	248.19	118.58	5927	1241	1623
2014	5680.34	3101.70	247.80	123.83	6033	992	1641
2015	5894.05	3113.32	246.54	123.91	6073	1272	1681
2016	6097.54	3132.37	246.44	126.70	6039	1185	1689

注:化肥施用量1989年及以前均为实物量,1990年及以后为折纯量。
Data of consumption of fertilizers refer to the consumption in quantity prior to 1989, and the consumption in purity in and after 1990.

10-7 农林牧渔业分项产值

Gross Output Value of Farming, Forestry, Animal Husbandry and Fishery by Branch

单位:万元 (10 000 yuan)

项目	Item	2015	2016
农林牧渔业合计	**Tatol**	**56307477**	**60819181**
农业产值	**Output Value of Farming**	**30435194**	**32551130**
谷物及其他作物	Cereal and Other Crops	10418110	10492655
谷物	Cereal	7738579	7783160
#小麦	#Wheat	18767	18054
稻谷	Rice	7177881	7210603
玉米	Corn	470237	479625
薯类	Tubers	260051	264257
油料	Oil-bearing Crops	1478853	1438951
#花生	#Peanuts	193067	200340
油菜籽	Rapeseeds	1269090	1209946
豆类	Beans	227493	262148
#大豆	#Soja	134912	149400
棉花	Cotton	81925	69618
生麻	Fiber Crops	10061	10283
糖料	Sugar Crops	78351	78412
烟草	Tobacco	475796	519506
其他农作物	Other Crops	67003	66320
蔬菜、食用菌及花卉盆景园艺产品	Vegetables and Gradening Plantations	14870955	16616268
蔬菜(含菜用瓜)	Vegetables	14423816	16138683
食用菌	Mushroom	209787	222076
花卉	Flowers	22211	22980
盆景园艺	Plants	215140	232530
水果、坚果、饮料和香料作物	Fruits,Nuts and Crops of Beverage&Perfumery	3878219	4068956
水果、坚果(含果用瓜)	Fruits and Nuts	2862276	3002304
茶及其他饮料	Tea and Other Beverage	1008902	1059321
#茶	#Tea	1008902	1059321
中药材	Medicinal Materials	1267911	1373251
林业产值	**Output Value of Forestry**	**3173766**	**3215974**
林木的培育和种植	Forest Planting and Cultivating	1082401	1274978
育种育苗	Grow Seedlings and Seed Cultivation	62174	835730
造林	Cultivate Forest	74363	74594
抚育和管理	Cultivation and Management	902415	322215
竹木采运	Bamboo Cutting and Transportation	557491	573053
林产品	Forest Products	1533874	1367943
牧业产值	**Output Value of Animal Husbandry**	**16017477**	**17626527**
牲畜饲养	Livestock Rasing	1167341	1137460
牛的饲养	Cattle Raising	701292	698368
羊的饲养	Sleeps and Goats Raising	420917	392143
其他牲畜饲养	Other Livestock Raising	1800	1950
奶产品	Milk Products	43305	44970
毛绒产品	Wool Products	28	30
猪的饲养	Hogs Rasing	10332445	12060551
家禽饲养	Poultry Rasing	3711996	3617672
肉禽	Poultry for Meat	1596074	1734552
禽蛋	Poultry Egges	2115922	1883120
狩猎和捕捉动物	Hunting and Catching of Wild Animals	70994	80594
其他畜牧业	Other Animal Husbandry	734700	730250
渔业产值	**Output Value of Fishing**	**3669271**	**3966576**
#养殖	#Cultivation	3203021	3411307
鱼类	Fish	3279700	3453400
虾蟹类	Shrimps,Prawns and Crabs	237006	337511
贝类	Shell-fish	41393	41925
其他	Others	111172	133740
农林牧渔服务业产值	**Output Value of Services**	**3011768**	**3458974**

10-8 农业机械年末拥有量
Year-End Possession of Agriculture Machinery

指 标		Item		2000	2005	2015	2016
农业机械总动力合计	**(千瓦)**	**Total Power of Agricultural Machinery**	**(kw)**	**22097435**	**31898640**	**59042895**	**60975419**
柴油发动机	(千瓦)	Diesel Engines	(kw)	15719714	24066482	44927907	46270082
汽油发动机	(千瓦)	Gasoline Engines	(kw)	2310250	2469999	3418898	3637258
电动机	(千瓦)	Electric motor	(kw)	3959172	5231169	10371225	10749252
其他机械	(千瓦)	Other Machinery	(kw)	108299	130990	360297	318826
机械分类		**Machinery by Tybe**					
大中型拖拉机	(混合台)	Large and Medium Tractors	(mixed unit)	15149	54751	129754	135658
	(千瓦)		(kw)	381244	1555796	4057112	4342075
#轮式拖拉机	(混合台)	#Wheeled Tractors	(mixed unit)	5012	16244	89911	98875
	(千瓦)		(kw)	122689	496317	2619437	2947504
小型及手扶拖拉机	(混合台)	Mini and Walking Tractors	(mixed unit)	209271	168738	217196	254894
	(千瓦)		(kw)	1916099	1694959	2315230	2699998
耕整机	(台)	Tillage Machinery	(unit)	536557	738968	1809826	1942652
	(千瓦)		(kw)		2632278	7161429	7670514
机耕船	(艘)	Wet-field Tractors	(unit)	40778	99197	121504	129028
	(千瓦)		(kw)		373023	612440	647865
大中型拖拉机配套农具	(部)	Farm Tools for Large and Medium Tractors	(unit)	6428	6722	56904	63556
小型拖拉机配套农具	(部)	Necessary Farm Tools for Mini Tractors	(unit)	63865	38892	115704	123622
农用排灌动力机械	(台)	Motor Machinery for Drainage&Irrigation	(unit)	1158134	1526405	2490282	2540992
	(千瓦)		(kw)	5664559	6985340	10715617	11002238
#柴油机	(台)	#Diesel Engines	(unit)	742261	968017	1330559	1351864
	(千瓦)		(kw)	3508951	4438499	6534050	6653622
电动机	(台)	Electric Motors	(unit)	404862	540617	1119212	1147419
	(千瓦)		(kw)	2116140	2475671	3938712	4051217
#农用水泵	(台)	#Pumps	(unit)	1208900	1588618	2321096	2335132
联合收获机	(台)	Machinery for Combine Harvesters	(unit)	3049	21412	108795	125518
	(千瓦)		(kw)	43837	599077	3807486	4413206
增氧机	(台)	Machinery for Pond Oxygen Increase	(unit)		21471	91647	99973
农产品初加工动力机械	(千瓦)	Motorized Machinery for Products Processing	(kw)	3525247	4687003	754286	7678692
#柴油机动力	(千瓦)	#Diesel Engines Power	(kw)	2006630	2564560	3654094	3696443
推土机	(台)	Bulldozers	(unit)	3688	5517	5641	20163
	(千瓦)		(kw)	216591	365800	414530	1275270

10-9 农作物生产情况(2016年)
Basic Indicators of Farm Corp Production (2016)

指 标	Item	播种面积 (千公顷) Sown Area (1 000 hectares)	单 产 (公斤/公顷) Per Unit Area Yield (kg/hectare)	总产量 (吨) Total Output (ton)
农作物总播种面积	**Total Sown Area**	**8793**		
粮食作物	**Grain Crops**	**4891**	**6039**	**29532000**
#谷物	#Cereal	4480	6262	28052000
#稻谷	#Rice	4086	6370	26023000
#早稻	#Early Season Rice	1421	5872	8341000
中稻与一季晚稻	Middle Season Rice and Late Rice of One-season	1206	6900	8323000
晚稻	Late Season Rice	1459	6416	9359000
小麦	Wheat	19	3073	59000
玉米	Corn	350	5399	1887000
高粱	Sorghum	6.5	3846	25000
其他谷物	Other Cereal	19	3085	58000
#大麦	#Barley	3	3600	9000
豆类	Soybeans	169	2162	365000
#大豆	#Beans	92	2312	212000
杂豆	Mixed Beans	8	2019	15244
#绿豆	#Mung Beans	20	2000	40000
薯类(按折粮薯类计算)	Tubers(Converted into Grain)	242	4602	1115000
#红薯	#Sweet Potatoes	161	4803	771800
马铃薯	Potatoes	82	4206	343200
油料	**Oil-bearing Crops**	**1438**	**1689**	**2428705**
#花生果	#Peanuts	118	2586	305981
油菜籽	Rapeseeds	1307	1611	2105699
芝麻	Sesame	12	1346	15681
向日葵	Sunflower	1	723	578
其他油料	Other Oil-bearing Crops	0	1823	766
棉花	**Cotton**	**104**	**1185**	**122730**
麻类	**Fiber Crops**	**6**	**2310**	**13539**
#黄、红麻	#Jute and Ambary Hemp	0	2753	275
苎 麻	Ramie	6	2297	13162
甘蔗	**Sugarcane**	**13**	**49365**	**661990**
烟叶	**Tobacco**	**105**	**2205**	**231326**
#烤烟	#Flue-cured Tobacco	102	2207	224746
晒(土)烟	Sun-cured Tobacco	3	2123	6580
药材	**Medicinal Herbs**	**87**	**7028**	**611384**
蔬菜瓜类	**Vegetables and Melons**	**1579**	**29478**	**46536736**
#蔬菜(包括菜用瓜)	#Vegetables(include Snake Melons)	1420	29546	41963996
果用瓜	Fruit Melons	158	28868	4572740
其他作物:	**Other Crops**	**571**		
#青饲料	#Succulence	214		
绿肥	Green Manure	277		

10-10 林产品产量(2016年)
Output of Major Forestry Products (2016)

名称	Item	数量 Number	名称	Item	数量 Number
生漆 (吨)	Lacquer (ton)	1060	八角 (吨)	Anise (ton)	83
油桐籽 (吨)	Tung-oil Seeds (ton)	35287	白果 (吨)	Ginkgo (ton)	2398
油茶籽 (吨)	Tea-oil Seeds (ton)	874642	杏仁 (吨)	Almond (ton)	154
乌桕籽 (吨)	Tallow Tree Seeds (ton)	796	桂皮 (吨)	Cinnamon (ton)	104
五倍子 (吨)	Gall (ton)	920	黄柏 (吨)	Golden Cypress (ton)	5027
棕片 (吨)	Palm Leaf (ton)	6060	杜仲 (吨)	Gutta-percha (ton)	104851
松脂 (吨)	Pine Resin (ton)	46566	小杂竹 (吨)	Small Mixed Bamboo (ton)	143233
竹笋干 (吨)	Bamboo Shoots (ton)	41643	楠竹尾 (吨)	Tails of Phyllostachys Pubescens (ton)	
核桃 (吨)	Walnuts (ton)	16773	竹木采伐量	Bamboo in Village and Lower Level	14104.11
板栗 (吨)	Chestnuts (ton)	98801	#木材采伐量(万方)	Woods Cuts (10 000 cu.m)	358.22
紫胶 (吨)	Shellacs (ton)		竹 (万根)	Bamboo (10 000 roots)	14104.11
山茱萸 (吨)	Fructus Litseae (ton)	44	#毛竹 (万根)	Phyllostachys Pubescens (10 000 roots)	13580.45
食用菌 (吨)	Edible Fungus (ton)	33680			
花椒 (吨)	Prickly Ashes (ton)	1095			

10-11 茶叶、水果生产情况(2016年)
Output of Tea and Fruit (2016)

单位:吨 (ton)

名称	Item	数量 Number	名称	Item	数量 Number
茶叶产量	**Output of Tea**	**186049**	**水果产量**	**Output of Fruits**	**10481753**
绿茶	Green Tea	78384	柑桔	Citrus	4969461
青茶	Green tea	3310	桃子	Peaches	162794
红茶	Red tea	21348	梨	Pears	183276
黑茶	Black tea	75402	葡萄	Grapes	194851
黄茶	Yellow tea	36	红枣	Red Chinese Dates	34211
白茶	White tea	32	柿子	Fresh Persimmons	22851
其他茶	Other Tea	7539	其他水果	Other Fruits	4914310

注：从2013年起，水果产量统计包括瓜果和园林水果。 From 2013, the output of fruit included melon fruits and garden fruits.

10-12 林业情况
Basic Indicators of Forestry

单位:万公顷 (10 000 hectares)

指 标	Item	2000	2005	2015	2016
当年造林面积总计	**Total Afforestation Areas of the Current Year**	**5.15**	**13.65**	**21.57**	**88.13**
#竹林	Bamboo Forest	0.22	0.30	0.09	0.13
按主要林种用途分	**By the Use of Main Forestry**				
用材林	Timber Forest	2.22	3.02		14.76
经济林	Economic Forest	1.21	1.02		4.46
防护林	Shelter-forest	1.71	9.51		14.20
薪炭林	Charcoal Forest				0.34
特种用途林	Special Use Forest	0.01	0.10		0.09
封山育林面积	Close Hillsides to Facilitate Afforestation Areas	12.18	94.99	133.05	123.28
零星(四旁)植树 (万株)	Oddly (all around) Tree Planting (10 000 roots)	27187	13009	20667	10590
林木种子采集量 (吨)	Forestry Seed Collection (ton)	678	755	647	132
育苗面积	Grow Seedlings Areas	0.29	1.61	2.13	0.64
#本年新育面积	New Grow Seedlings Areas of the Current Year	0.18	0.49		
未成林抚育作业面积	Operative Areas of Young Growth Fostering	27.43	86.85		
中幼林抚育面积	Areas of Middle and Young Growth Fostering	30.18	22.03		37.54
低产林改造面积	Low Yield Timber Remaking Areas	21.95	5.20	13.19	11.71

10-13 畜牧业年末存栏情况(2016年)
Year-end Animals in Stock (2016)

项 目	Item	合计 Total	能繁母畜 Breeding Dams	当年生仔畜 Young Animals Be Born in the Current Year
大牲畜总头数 (头)	Number of Large Animals (head)	5598012		
#从事劳役的 (头)	Draught Animals (head)			
牛 (头)	Cattle and Buffaloes (head)	5465538	2445461	1317480
役用牛	Draught Animals	2714677	1271037	676616
肉牛	Beef Cattle	2792330	1156154	635765
乳牛	Dairy Cattle	27637	18270	5099
马 (匹)	Horses (head)	51184	15386	5493
驴 (匹)	Donkeys (head)	7638	1752	630
骡 (匹)	Mules (head)	2153		424
生猪 (万头)	Hogs (10 000 heads)	4511.02	461.78	43
羊 (万只)	Goats and Sheep (10 000 heads)	657.97	324	
山羊	Goats	657.97	324	
绵羊	Sheep			

10-14 主要牲畜存栏和水产品产量
Number of Live Stocks and Output of Aquatic Products

年 份 Year	年底大牲畜头数(万头) Large Animals (year-end) (10 000 heads)	#牛 Cattle and Buffaloes	年底猪头数(万头) Hogs(year-end) (10 000 heads)	年底羊只数(万只) Sheep and Goats (year-end) (10 000 heads)	猪牛羊肉(万吨) Pork,Beef, and Mutton (10 000 tons)	水产品(万吨) Aquatic Products (10 000 tons)
1949	233.30					4.34
1950	249.77					4.34
1951	254.12					4.69
1952	269.71					4.82
1953	282.87					4.85
1954	281.82					6.47
1955	274.69					6.27
1956	292.74					6.31
1957	306.38					11.94
1958	311.80					13.00
1959	308.62					15.00
1960	291.51					10.40
1961	262.33					5.87
1962	258.08					6.01
1963	265.93					6.53
1964	278.37					7.49
1965	289.85					8.61
1966	301.51					9.33
1967	305.10					8.36
1968	310.72					7.84
1969	311.75					7.77
1970	317.39					8.46
1971	325.10					9.48
1972	332.46					7.69
1973	331.61					9.34
1974	333.92					10.15
1975	337.68					11.05
1976	327.85					11.57
1977	317.73					11.80
1978	322.16					11.87

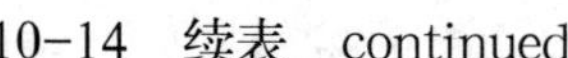

10-14 续表 continued

年 份 Year	年底大牲畜头数(万头) Large Animals (year-end) (10 000 heads)	#牛 Cattle and Buffaloes	年底猪头数(万头) Hogs(year-end) (10 000 heads)	年底羊只数(万只) Sheep and Goats (year-end) (10 000 heads)	猪牛羊肉(万吨) Pork,Beef, and Mutton (10 000 tons)	水产品(万吨) Aquatic Products (10 000 tons)
1979	329.68					13.90
1980	325.28					15.91
1981	327.01					17.85
1982	328.92					20.45
1983	324.67					23.49
1984	335.95					27.49
1985	350.46					31.99
1986	366.22					38.17
1987	380.21					44.38
1988	385.37					46.23
1989	393.78					51.53
1990	400.65	399.25	2798.27	66.46	189.47	53.01
1991	406.28					53.16
1992	413.14					59.57
1993	416.50					68.06
1994	422.43					74.14
1995	432.65	430.46	3391.10	214.76	317.36	86.27
1996	471.78					98.25
1997	496.54	493.73	3632.01	461.31	404.02	110.76
1998	504.02	500.93	3692.24	449.75	429.03	116.78
1999	511.39	508.17	3567.53	466.93	420.56	124.45
2000	522.85	519.29	3694.56	501.27	436.51	133.21
2001	526.10	522.43	3770.44	518.33	452.12	140.96
2002	521.83	517.90	3845.68	603.46	470.23	149.56
2003	540.39	536.33	3924.10	588.37	485.89	156.60
2004	584.05	579.73	4111.02	671.08	517.03	167.21
2005	595.83	591.26	4248.28	711.26	545.94	179.22
2006	588.13	583.42	4160.23	694.08	561.12	160.04
2007	443.17	578.59	4416.98	699.44	578.13	170.09
2008	471.31	465.13	4494.69	549.09	544.49	178.59
2009	444.84	440.00	4032.80	521.10	422.10	188.59
2010	440.31	435.20	4044.86	509.60	439.28	198.89
2011	430.78	425.60	4158.20	512.60	432.53	200.02
2012	435.67	430.50	4245.52	500.81	454.70	220.08
2013	448.17	442.91	4096.91	512.50	459.49	233.91
2014	462.15	456.80	4188.30	529.00	488.10	247.96
2015	478.03	471.70	4079.40	546.10	479.50	261.32
2016	559.80	457.10	3936.60	529.20	467.20	271.81

10-15 渔业生产情况
Basic Indicators of Fishery Production

名 称	Item	2000	2005	2015	2016
水产品总产量 （吨）	**Total Aquatic Products (ton)**	**1332133**	**1792163**	**2613210**	**2718123**
淡水产品捕捞产量 （吨）	**Freshwater Aquatic Products Caught (ton)**	**150442**	**185190**	**186679**	**191229**
#鱼类	#Fish	127725	160760	161954	166625
虾蟹类	Shrimps,Prawns and Crabs	9474	10322	14499	14694
贝类	Shellfish	10659	11874	8575	8276
其他	Others	2584	2234	1651	1633
淡水产品养殖产量 （吨）	**Freshwater Aquatic Products Cultured (ton)**	**1181691**	**1606974**	**2426531**	**2526894**
#鱼类	#Fish	1145678	1564259	2348887	2424143
虾蟹类	Shrimps,Prawns and Crabs	11396	16487	37024	57889
贝类	Shellfish	12902	11951	19972	19674
其他	Others	11715	14277	21647	25188
淡水产品中:珍珠产量（公斤）	**Freshwater Aquatic Pearl Products (kg)**	**92015**	**856547**	**442131**	**307162**
淡水养殖面积合计 （千公顷）	**Freshwater Cultured Area (1 000 hectares)**	**413.18**	**481.73**	**485.50**	**486.91**
#池塘养殖	#Pond Cultivated	214.96	256.79	261.17	**265.42**
#渔业专用塘	#Fishery Ponds for Special Use	112.02	156.56	183.16	182.62
湖泊养殖	Lake Cultivated	55.85	61.74	75.94	73.49
#粗养	Extensive Cultivated	32.80	36.17	56.15	52.81
河沟养殖	Brook Cultivated	20.74	25.82	16.39	17.5
水库养殖	Reservoir Cultivated	102.23	114.69	124.63	124.51
#粗养	Extensive Cultivated	48.01	51.43	55.17	55.72
其他养殖	Other Cultivated	19.40	22.69	7.32	5.99
附：稻田养殖	**Enclose: Paddy Cultivated**	**189.76**	**184.75**	**121.74**	**116.3**
#鱼种池面积	#Areas of (fish) Fry Ponds	14.98	21.42	18.72	17.4
成鱼面积	Growth Fish Areas	116.24	131.04	91.34	88.56

10-16 按全省人口平均的主要农产品产量
Per Capita Output of Major Farm Products

单位:公斤/人 (kg/person)

产品名称	Item	2000	2005	2015	2016
粮食	Grain	439.00	425.41	444.21	434.13
#谷物	#Cereal	403.66	393.23	421.56	412.38
#稻谷	#Rice	386.00	370.07	391.24	382.55
棉花	Cotton	2.60	2.76	2.14	1.80
甘蔗	Sugarcane	17.70	14.95	9.76	9.73
烤烟	Tobacco	2.40	3.04	3.29	3.30
茶叶	Tea	0.90	1.07	2.64	2.74
水果	Fruit	23.00	80.26	145.12	154.09
#柑桔	#Citrus	19.20	30.60	68.66	73.05
猪牛羊肉	Pork,Beef and Mutton	66.70	81.30	70.93	69.11
#猪肉	#Pork	63.30	76.21	66.27	64.31
禽蛋	Poultry Eggs	11.20	13.71	15.01	15.48
水产品	Aquatic Products	20.30	26.69	38.89	40.45

10-17 洞庭湖区主要社会经济指标

Major Economic Indicators and Social Indicators on The DongTing Lake Area

指 标	Item	2000	2005	2015	2016
常住户数 (万户)	Total Number of Households (10 000 households)			424.30	436.32
常住人口 (万人)	Total Number of Population (10 000 persons)			1396.71	1406.07
乡村人口 (万人)	#Number of Rural Population (10 000 persons)	1213.70	1271.30	667.70	648.08
乡村从业人员数 (万人)	Employment of Rural Population (10 000 persons)	634.76	684.79	626.87	618.91
#农林牧渔业	#Farming,Forestry,Animal Husbandry,Fishery	457.18	429.51	330.45	320.85
有效灌溉面积 (千公顷)	Effective Irrigated Area (1 000 hectares)	863.13	890.36	949.52	950.17
地区生产总值 (亿元)	Gross Domestic Products (100 million yuan)	981.39	1529.15	6949.71	7581.68
#第一产业增加值	#Added-Value of First Industry	260.21	387.38	923.95	913.49
第二产业增加值	Added-Value of Second Industry	394.52	628.58	3254.62	3577.20
第三产业增加值	Added-Value of Third Industry	326.66	513.19	2771.14	3091.00
农业机械总动力 (万千瓦)	Total Power of Major Agriculture Machinery (10 000 kw)	785.00	1059.80	1516.88	1761.40
农作物总播种面积 (千公顷)	Total Sown Area of Crops (1 000 hectares)	2380.14	2498.25	2674.47	2679.66
粮食作物播种面积 (千公顷)	Sown Area of Grain Crops (1 000 hectares)	1330.21	1500.38	1579.97	1582.96
#稻谷	#Paddy	1165.77	1352.91	1404.08	1401.48
玉米	Corn	40.77	34.92	68.88	69.78
油料播种面积 (千公顷)	Sown Area of Oils-bearing (1 000 hectares)	375.15	348.73	512.71	506.75
棉花播种面积 (千公顷)	Sown Area of Cotton (1 000 hectares)	115.83	108.87	125.69	111.15
粮食总产量 (万吨)	Total Output of Grain (10 000 tons)	778.63	891.16	905.58	889.26
#稻谷	Paddy	720.06	833.69	844.09	826.78
玉米	Corn	19.15	18.02	30.18	29.60
油料产量 (万吨)	Output of Oils-bearing (10 000 tons)	57.18	55.57	94.39	92.38
肉类总产量 (万吨)	Total Output of Meat (10 000 tons)	127.02	171.94	150.56	131.21
水产品总产量 (万吨)	Total Output of Aquatic Products (10 000 tons)	66.70	92.10	134.63	142.80
水果产量 (万吨)	Output of Fruits (10 000 tons)	33.95	119.20	178.03	189.69
地方财政收入 (亿元)	Local Government Revenue (100 million yuan)	24.42	71.68	184.82	192.03
普通中学在校学生数 (人)	Student Enrollment in General Secondary Schools (person)	897821	987011	536499	531357
小学在校学生人数 (人)	Student Enrollment in Primary Schools (person)	1417139	862828	737455	751660
医院、卫生院床位数 (张)	Hospital Beds (unit)	26203	27217	64558	66116
医院、卫生院技术人员数(人)	Medical Technical Personnel in Hospitals (person)	42438	39001	52063	59130

注：洞庭湖区包括：长沙市的望城区、岳阳市(除平江县)、常德市(除石门县)、益阳市(除安化县)。
Dongting Lake areas include:Changsha city Wangcheng District,Yueyang city(except Pingjiang county),Changde (except shimen county), Yiyang(except Anhua county)

10-18 农村主要能源及物资消耗
Consumption of Major Energy and Materials of Rural Areas

指　标	Item	2000	2005	2015	2016
农用化肥施用量	**Consumption of Agricultural Chemical Fertilizer**				
按实物量计算　(吨)	Calculated at Actual Quantity in Natural Form (ton)	6954529	7543577	8394632	8369673
#氮肥　(吨)	Nitrogenous Fertilizer (ton)	3906876	4007237	3920842	3880664
磷肥　(吨)	Phosphate Fertilizer (ton)	1777537	1859574	1901134	1900095
钾肥　(吨)	Potash Fertilizer (ton)	600221	702849	876461	870254
复合肥　(吨)	Compound Fertilizer (ton)	669895	973917	1696195	1718660
每亩播种面积施用量　(公斤)	Consumption of Per-mu Sown Areas (kg)	57.90	60.34	64.20	63.46
按折纯量计算　(吨)	Calculated at Quantity of 100% Content (ton)	1821508	2098670	2465356	2464427
#氮肥　(吨)	Nitrogenous Fertilizer (ton)	980845	1059569	1016259	1004480
磷肥　(吨)	Phosphate Fertilizer (ton)	242760	256204	265197	266188
钾肥　(吨)	Potash Fertilizer (ton)	298514	348703	432139	430765
复合肥　(吨)	Compound Fertilizer (ton)	299389	434194	751761	762994
农用薄膜使用量　(吨)	**Consumption of Agricultural Films (ton)**	**40446**	**59306**	**83989**	**84679**
#地膜使用量　(吨)	Consumption of Ground Films (ton)	25309	39899	55860	56630
地膜覆盖面积　(公顷)	Ground Film Covered Areas (hectare)	313340	507093	716791	726204
农药使用量　(吨)	**Consumption of Pesticide (ton)**	**85611**	**113250**	**122353**	**118661**
农用柴油使用量　(吨)	**Consumption of Agricultural Diesel Oil (ton)**	**224315**	**326393**	**436429**	**436851**

10-19 自然灾害情况
Statistics on Natural Disaster

名 称		Item		2000	2005	2015	2016
受灾面积合计	**（千公顷）**	**Total Areas Covered**	**(1 000 hectares)**	**3170.11**	**1519.80**	**765.18**	**1184.5**
旱灾	（千公顷）	Drought	(1 000 hectares)	649.71	586.20		0.147
水灾	（千公顷）	Flood	(1 000 hectares)	292.76	594.13	757.4	1142.10
风雹灾	（公顷）	Windstorm	(hectares)		90.77	5070	4533
病虫	（千公顷）	Plant Diseases and Insect Pests	(1 000 hectares)	1871.07	34.25	1.98	
霜冻	（公顷）	Frost	(hectares)		208.50	730	765
其他	（公顷）	Others	(hectares)	356.57	5.96		
成灾面积	**（千公顷）**	**Areas Affected**	**(1 000 hectares)**	**759.23**		**420.45**	**665.2**
旱灾	（千公顷）	Drought	(1 000 hectares)	231.44			0.02
水灾	（千公顷）	Flood	(1 000 hectares)	128.06		417.34	629.5
风雹灾	（公顷）	Windstorm	(hectare)			1620	2866
霜冻	（公顷）	Frost	(hectare)			580	568
病虫	（千公顷）	Plant Diseases and Insect Pests	(1 000 hectares)	222.43		0.91	
其他	（千公顷）	Others	(1 000 hectares)	177.30			
死亡人数	**（人）**	**Number of Dead Population**	**(person)**	**176**	**203**	**31**	**51**
死亡大牲畜	**（头）**	**Dead Large Animals**	**(head)**	**59689**	**1608004**	**3443**	**3375**
倒塌房屋	**（间）**	**Collapsed Houses**	**(unit)**	**149806**	**200153**	**16654**	**41584**
损坏房屋	**（间）**	**Destroyed Houses**	**(unit)**	**436459**	**467980**	**113145**	**291013**
因灾缺粮人口	**（人）**	**Population of Grains Shorted of Disaster**	**(person)**	**9374555**	**8739499**	**3940000**	**4205000**
因灾经济损失合计	**（万元）**	**Total Economic Loss of Disaster**	**(10 000 yuan)**	**1081796**	**1578622**	**1268488**	**2656197**
#水灾损失	（万元）	Flood Loss	(10 000 yuan)	662662	789347	1260229	2564385

主要统计指标解释

农林牧渔业总产值 指以货币表现的农、林、牧、渔业全部产品和对农林牧渔业生产活动进行的各种支持性服务活动的价值总量，它反映一定时期内农林牧渔业生产总规模和总成果。1957年以前的农林牧渔业总产值中包括了厩肥和农民自给性手工业(如农民自制衣服、鞋、袜，自己从事粮食初步加工等)。1958年及以后，林业中增加了村及村以下竹木采伐产值；牧业中取消了厩肥产值；副业中取消了农民自给性手工业产值，增加了村及村以下办的工业产值；渔业中增加了海洋捕捞水产品产值。1980年及以后，在副业中增加了农民家庭兼营工业商品部分的产值。从1984年起村及村以下工业产值划归工业。从1993年起取消副业，将野生动物的捕猎划入牧业，野生植物采集和农民家庭兼营商品性工业划归农业。从2003年起，执行新的国民经济行业分类标准，农林牧渔业总产值中包括了农林牧渔服务业产值。林业中增加了森林采运业产值。农业中取消了家庭兼营商品性工业产值，将野生林产品的采集划归林业。

农林牧渔业总产值的计算方法通常是按农、林、牧、渔业产品及其副产品的产量分别乘以各自单位产品价格求得；少数生产周期较长，当年没有产品或产品产量不易统计的，则采用间接方法匡算其产值；然后将四业产品产值相加即为农林牧渔业总产值。

粮食产量 指全社会的产量。包括国有经济经营的、集体统一经营的和农民家庭经营的粮食产量，还包括工矿企业办的农场和其他生产单位的产量。粮食除包括稻谷、小麦、玉米、高粱、谷子及其他杂粮外，还包括薯类和豆类。其产量计算方法，豆类按去豆荚后的干豆计算；薯类(包括甘薯，不包括芋头和木薯)1963年以前按每4公斤鲜薯折1公斤粮食计算，从1964年开始改为按5公斤鲜薯折1公斤粮食计算。作为蔬菜的薯类(如马铃薯等)按鲜品计算，并且不作粮食统计。其他粮食一律按脱粒后的原粮计算。1989年以前全国粮食产量数据主要靠全面报表取得，1989年开始使用抽样调查数据。

棉花产量 指全社会的产量。包括春播棉和夏播棉。产量按皮棉计算。不包括木棉。

油料产量 指全部油料作物的生产量。包括花生、油菜籽、芝麻、向日葵籽、胡麻籽（亚麻籽）和其他油料。不包括大豆、木本油料和野生油料。花生以带壳干花生计算。

水产品产量 指人工养殖的水产品和天然生长的水产品的捕捞量。包括海水的鱼类、虾蟹类、贝类和藻类以及内陆水域的鱼类、虾蟹类和贝类，不包括淡水生植物。水产品产量是通过各级水产和统计部门逐级上报取得数据。1995年及以前，贝类中牡蛎按鲜肉计算；蚶、蛤、蛙按5斤鲜品折1斤计算。1996年以后则统一按鲜品计算。

猪、牛、羊肉产量 指当年出栏并已屠宰、除去头蹄下水后带骨肉(即胴体重)的重量。包括全社会范围内的产量。由于畜牧业产品年报数据与普查数据之间存在一定的差距，

根据国家统计局有关文件精神，从2000年起，对畜牧业年报数据与普查数据进行衔接。

期初(末)畜禽存栏头(只)数 指报告期初(末)农村各种合作经济组织和国营农场、农民个人、机关、团体、学校、工矿企业、部队等单位以及城镇居民饲养的大牲畜、猪、羊、家禽等畜禽的存栏数。数据上报方式及数据调整情况同猪、牛、羊肉产量。

农作物播种面积 指实际播种或移植有农作物的面积。凡是实际种植有农作物的面积，不论种植在耕地上还是种植在非耕地上，均包括在农作物播种面积中。在播种季节基本结束后，因遭灾而重新改种和补种的农作物面积，也包括在内。它是反映我国耕地面积利用情况的一个重要指标。目前，农作物播种面积主要包括粮食、棉花、油料、糖料、麻类、烟叶、蔬菜和瓜类、药材和其他农作物九大类。

有效灌溉面积 指具有一定的水源，地块比较平整，灌溉工程或设备已经配套，在一般年景下，当年能够进行正常灌溉的耕地面积。在一般情况下，有效灌溉面积应等于灌溉工程或设备已经配备，能够进行正常灌溉的水田和水浇地面积之和。它是反映我国耕地抗旱能力的一个重要指标。

农用化肥施用量 指本年内实际用于农业生产的化肥数量，包括氮肥、磷肥、钾肥和复合肥。化肥施用量要求按折纯量计算数量。折纯量是指把氮肥、磷肥、钾肥分别按含氮、含五氧化二磷、含氧化钾的百分之百成份进行折算后的数量。复合肥按其所含主要成分折算。公式为：

折纯量=实物量×某种化肥有效成份含量的百分比

农业机械总动力 指主要用于农、林、牧、渔业的各种动力机械的动力总和。包括耕作机械、排灌机械、收获机械、农用运输机械、植物保护机械、牧业机械、林业机械、渔业机械和其他农业机械〔内燃机按引擎马力折成瓦(特)计算、电动机按功率折成瓦(特)计算〕。不包括专门用于乡、镇、村、组办工业、基本建设、非农业运输、科学试验和教学等非农业生产方面用的动力机械与作业机械。这个指标的统计数据主要来源于农机部门。

乡村从业人员 指乡村人口中劳动年龄在16周岁以上实际参加生产经营活动并取得实物或货币收入的人员，包括劳动年龄内经常参加劳动的人员，也包括超过劳动年龄但经常参加劳动的人员，但不包括户口在家的在外学生、现役军人和丧失劳动能力的人，也不包括待业人员和家务劳动者。从业人员按从事主业时间最长（时间相同按收入）分为农林牧渔业从业人员、工业从业人员、建筑业从业人员、交通运输业、仓储及邮电通信业从业人员、批零贸易业、餐饮业从业人员、其他非农行业从业人员。

Explanatory Notes on Main Statistical Indicators

Gross Output Value of Farming, Forestry, Animal Husbandry and Fishery refers to the total value of products of farming, forestry, animal husbandry and fishery, and total value of services rendered to support farming, forestry, animal husbandry and fishery activities. It reflects the total scale and results of agricultural production during a given period. Prior to 1957, Chinas gross agricultural output value included barnyard manure and handicraft products for self consumption (clothes, shoes, stockings, and initial grain processing undertaken by peasants). Since 1958, cutting and felling of bamboo and trees by villages and other cooperative organizations under villages have been included in forestry; value of barnyard manure has been excluded from animal husbandry; self consumed handicrafts has been excluded from sideline occupations, while the output value of industries run by villages and cooperative organizations under village had been included in sideline occupations and the output value of fish catches by motor fishing boats has been added to fishery. Since 1980, the value of handicraft products made for sale by individuals in households had been added to sideline occupations. Since 1984, industries run by villages and under villages have been included in the sector of industry. Since 1993, the subdivision of sideline occupations has been canceled, and the hunting of wild animals has been classified into animal husbandry, and the gathering of wild plants and commodity industry run by rural household have been included in farming. A new industrial classification of economic activities was introduced in 2003. Under the new classification, value of services to farming, forestry, animal husbandry and fishery is included in the gross output value of agriculture, value of wood felling and transport is included in forestry, value of industrial output by rural households is not included in agriculture, and the collection of wild forest products is taken from agriculture and included in the forestry. The first agriculture census of China revealed some discrepancy between the production of animal products from the annual reports and that from the census. Efforts were made by the Rural Socioeconomic Survey Organization of NBS to adjust the output value of animal husbandry to make the figures from the annual reports consistent with the census data.

Gross output value of agriculture is obtained by first multiplying the output of each product or by product by its price, resulting in the output value of each single item. For a small number of products, annual output of which is not available or difficult to get due to the long production (growing) process involved, the output value is estimated through an indirect approach. The sum of output value of all products of farming, forestry, animal husbandry and fishery is then equal to the gross output value of agriculture.

Grain Output refers to the total output in the whole country including grains produced by state farms, collective units, rural households, as well as by farms affiliated to industrial and mining enterprises and other production units. Grain includes rice, wheat, corn, sorghum, millet and other miscellaneous grains as well as tubers and bean. Output of beans refers to dry beans without pods. The output of tubers (sweet potatoes, not including taros and cassava) was converted into that of grain at the ratio 4: 1, i.e. 4 kilograms of fresh tubers was equivalent to 1 kilogram of grain up to 1963. Since 1964 the ratio for conversion has been 5:1. Tubers supplied as vegetables (such as potatoes) are calculated as fresh vegetables and their output is not included in the output of grain. Output of all other grains refers to husked grain. Data on grain production before 1989 were obtained through Comprehensive Statistical Reporting System. Since 1989, data from sample surveys are used.

Cotton Output refers to the cotton production in the whole country including cotton sown in spring and in autumn. Output is measured as the weight of ginned cotton. Ceiba is not included.

Output of Oil-bearing Crops refers to the total production of oil bearing crops of various kinds, including peanuts, (dry, in shell) rapeseeds, sesame, sunflower seeds, flax seeds, and other oil bearing crops. Soybeans, oil bearing woody plants, and wild oil bearing crops are not included.

Output of Aquatic Products refers to catches of both artificially cultured and naturally grown aquatic products, including fish, shrimps, crabs and shellfish in sea and inland water as well as seaweed. Freshwater plants are not included. Data on output of aquatic products are reported by aquatic product and statistical agencies level by level. Before 1995, among the shellfish, the oyster was counted as fresh meat; 5 kilograms of ark shell, clams and frogs are equivalent to 1 kilogram of fresh aquatic products; they are all counted as fresh aquatic products since 1996.

Output of Pork, Beef, and Mutton refers to the meat of slaughtered hogs, cattle, sheep and goats with head, feet, and offal taken away. Data refers to the production of the whole country. The first agriculture census of China in 1996 revealed some discrepancy between the production of animal products from the annual reports and that from the census. Efforts were made by the Rural Socio economic Survey Organization of NBS to adjust the output value of animal husbandry to make the figures from the annual reports consistent with the census data. Since 1999, NBS conducted sample survey for the major animal husbandry products, such as hogs, cattle, sheep and goats and fowls, and the data from sample surveys are used as national finalized data. Those products, which are not covered by the sample survey, are still reported by statistical agencies level by level.

Number of Livestock or Poultry in Stock at Beginning (or End) refers to the total number of large animals, pigs, sheep, fowls, etc. raised by rural cooperative organizations, state farms, rural individuals, government agencies, schools, industrial and mining enterprises, army, and urban residents at the beginning (or end) of the reference period. Data reporting system and data adjustment are the same as that in the output of pork, beef and mutton.

Sown Area of Crops refers to area of land sown or transplanted with crops regardless of being in cultivated area or non cultivated area. Area of land re sown due to natural disasters is also included. This is an important indicator that can reflect the utilization condition of the cultivated land in China. At present, the sown area of crops mainly include the following 9 categories of crops: grain, cotton, oil bearing crops, sugar crops, fiber crops, Tobacco, Vegetables and melons, medicinal materials and other farm crops.

Irrigated Area refers to areas that are effectively irrigated, i.e. level land, which has water source and complete sets of irrigation facilities to lift and move adequate water for irrigation purpose under normal conditions. Under normal conditions, irrigated area is the sum of watered fields and irrigated fields where irrigation systems or equipment have been installed for regular irrigation purpose. This important indicator reflects drought resistance capacity of the cultivated land in China.

Consumption of Chemical Fertilizers in Agricultu rerefers to the quantity of chemical fertilizers applied in agriculture in the year, including nitrogenous fertilizer, phosphate fertilizer, potash fertilizer, and compound fertilizer. The consumption of chemical fertilizers is required in calculation to convert the gross weight into weight containing 100% effective component (e.g. 100% nitrogen content in nitrogenous fertilizer, 100% phosphorous pent oxide contents in phosphate fertilizer, 100% potassium oxide contents in potash fertilizer). Compound fertilizer is converted with its major component. The formula is :

Volume of effective component=physical quantity× effective component of certain chemical fertilizer (%)

Total Power of Farm Machinery refers to total mechanical power of machinery used in farming, forestry, animal husbandry, and fishery, including ploughing, irrigation and drainage, harvesting, transport, plant protection, stock breeding, forestry and fishery. The power of internal combustion engines is required to convert horsepower into watts and the power of electric motors is required to be converted into watts. Machinery employed for non agricultural purposes, such as the machines used in township run and village run industry, construction, non agricultural transport, scientific experiments and teaching, is excluded. Data are mainly from agricultural machinery agencies.

Rural Employed Persons refer to rural labor forces aged over 16 years old who are engaged in real production and management activities and receive payment in kind or wages, including those covered within the age frame and regularly participating in production activities, and those who are out of the range of age frame and also participating in production activities regularly. Excluding students studying in other places with their permanent residence registered in local areas, servicemen and persons incapable of working; also excluding those who are waiting for jobs and those engaged in household work. Persons employed are classified as persons engaged in agriculture, forestry, animal husbandry or fishery activities; persons engaged in industrial activities; persons engaged in construction activities; persons engaged in transport, storage and telecommunications activities; persons engaged in whole sales and retail sales trade and catering activities; and persons engaged in other non agriculture activities, depending upon the longest period of employment in major activities (or using income indicator when period of employment is the same).

工　业

Industry

资料整理人员：宋　超　汤炼坤　田　原

11-1 规模以上工业企业基本情况
Basic Conditions of Industrial Enterprises above Designated Size

单位:亿元 (100 million yuan)

年 份 Year	工业总产值 (现价) Gross Industrial Output Value (current price)	工业增加值 Value Added of Industry	工业增加值增速 (%) The speed of Value Added of Industry (%)	主营业务收入 Revenue of Main Bussiness	利润总额 Total Profits
1978	129.03	41.94		124.40	14.15
1979	148.61	48.75		137.89	17.29
1980	163.97	53.51		159.74	19.02
1981	171.89	55.13		167.95	17.70
1982	188.29	59.03		183.52	19.92
1983	200.94	64.24		198.22	21.85
1984	227.60	73.37		219.47	23.37
1985	276.64	100.03		271.98	26.23
1986	319.88	109.30		313.30	27.32
1987	387.28	125.93		382.17	30.48
1988	489.05	155.58		481.22	36.01
1989	569.10	174.63		527.17	29.24
1990	586.67	188.56		540.02	9.33
1991	654.82	214.63		632.96	10.27
1992	790.54	231.88		782.16	18.91
1993	1064.40	323.31		1102.25	19.91
1994	1298.22	382.08		1120.34	15.93
1995	1370.84	400.52		1340.79	4.77
1996	1659.04	555.66		1487.09	10.90
1997	1740.59	571.22		1520.14	-1.22
1998	1287.43	436.31		1212.79	3.18
1999	1414.12	461.71		1366.59	16.21
2000	1627.94	528.06		1563.26	34.48
2001	1811.22	606.54	13.8	1699.15	51.42
2002	2099.40	706.54	16.1	1980.04	69.02
2003	2611.45	888.56	20.7	2604.98	111.25
2004	3654.07	1238.29	24.1	3544.38	154.77
2005	4754.86	1629.79	20.6	4585.31	189.25
2006	6131.18	2089.06	20.1	5968.67	272.69
2007	8464.08	2853.84	24.3	8348.97	488.24
2008	11553.31	3748.80	18.4	11285.44	663.56
2009	13507.64	4255.03	20.5	13077.27	758.48
2010	19008.83	5921.04	23.4	18669.79	1451.45
2011	26386.58	7911.51	20.1	25726.21	1832.99
2012	28628.62	8562.88	14.6	27823.31	1790.96
2013			11.6	31854.65	2047.87
2014			9.6	33489.44	1688.30
2015			7.8	35410.45	1808.70
2016			6.9	38314.28	1953.67

注：规模工业统计口径：2004年及以前为全部国有及年主营业务收入500万元及以上非国有工业法人企业，2005-2010年为年主营业务收入500万元及以上工业法人企业，2011年以后为年主营业务收入2000万元及以上工业法人企业。

Data of Industrial Enterprises above Designated Size refer to those from all state-owned and the non-state-owned industrial enterprises with annual sales income of 5 million yuan since 2004 and before,all industry corporation enterises with an annual sales income ro over 5 million yuan since 2005-2010, all industry corporation enterises with an annual sales income ro over 20 million yuan since 2011.

11-2 规模以上工业企业各种分组的主要生产指标(2016年)
Major Production Indicators of Industrial Enterprises above Designated Size by Various Characteristics (2016)

单位:亿元 (100 million yuan)

指 标	Item	企业单位数(个) Number of Enterprises (unit)	#亏损企业 Loss-making Enterprises	工业销售产值 Output Value of Industrial Products Sales	出口交货值 Delivery Value for Export
总计	**Total**	**14386**	**788**	**39319.29**	**1439.57**
按登记注册类型:	**Grouped by Registration**				
内资企业	Internal-invested Enterprises	13866	728	36003.48	941.83
国有企业	State-owned Enterprises	159	39	1864.24	16.32
中央企业	Central Enterprises	18	3	1658	16.02
地方企业	Local Enterprises	141	36	206.24	0.30
集体企业	Collective-owned Enterprises	133	6	222.98	1.79
股份合作企业	Enterprises Cooperated by Joint-stock	17	1	23.57	2.32
联营企业	Cooperative Enterprises	9		16.85	1.39
有限责任公司	Limited Liability Company	2332	266	7979.72	265.30
股份有限公司	Company Limited by Shares	470	44	3411.45	66.33
私营企业	Individual-owned Enterprises	10650	370	22311.75	574.83
其他企业	Enterprises of Other Types of Ownership	96	2	172.91	13.56
港、澳、台商投资企业	Enterprises Funded by Entrepreneurs From Hong Kong,Macao and Taiwan	312	33	1918.88	362.13
外商投资企业	Enterprises Funded by Foreigners	208	27	1396.93	135.61
按经济组织类型:	**Grouped by Ownership**				
独资企业	Enterprises Owned by a Sole Investor	1128	74	4041.49	217.27
合作、合伙企业	Enterprises of Partnership	563	10	851.95	63.01
股份有限公司	Company Limited by Shares	1152	70	6017.5	243.00
有限责任公司	Limited Liability Company	11543	634	28408.35	916.30
国有控股企业	**State Controlling Share Hold Enterprises**	**742**	**174**	**6915.71**	**166.36**
按企业规模分:	**Grouped by Size of Enterprises**				
大型企业	Large Enterprises	221	23	9867.57	654.95
中型企业	Medium-sized Enterprises	2229	135	9788.41	363.25
小型企业	Small Enterprises	11594	593	19486.42	420.47
微型企业	Miniature Enterprise	342	37	176.89	0.90

11-2 续表 continued

单位:亿元 (100 million yuan)

指 标	Item	企业单位数(个) Number of Enterprises (unit)	#亏损企业 Loss-making Enterprises	工业销售产值 Output Value of Industrial Products Sales	出口交货值 Delivery Value for Export
按行业划分:	**Grouped by Sector**	**14386**	**788**	**39319.29**	**1439.57**
煤炭开采和洗选业	Mining and Washing of Coal	316	27	385.62	1.57
石油和天然气开采业	Petroleum and Natural Gas Extraction				
黑色金属矿采选业	Mining of Ferrous Metal Ores	73	6	110.73	2.53
有色金属矿采选业	Mining of Non-ferrous Metal Ores	168	14	363.74	
非金属矿采选业	Mining and Processing of Nonmetal Ores	294	14	384.43	4.75
开采辅助活动	Mining of Other Ores N.E.C				
其他采矿业	Other Mining and Dressing	2		2.52	
农副食品加工业	Processing of Food from Agricultural Products	1399	48	3258.50	18.68
食品制造业	Manufacture of Foods	426	19	1145.08	12.60
酒、饮料和精制茶制造业	Manufacture of Liquor, Beverage and Refined Tea	448	11	726.26	9.10
烟草制品业	Manufacture of Tobacco	9		831.73	5.49
纺织业	Manufacture of Textile	240	25	679.62	15.10
纺织服装、服饰业	Manufacture of Textile Wearing and Clothing Apparel	240	5	334.57	11.87
皮革、毛皮、羽毛及其制品和制鞋业	Leather, Fur, Feather and Its Products and Footwear	304	7	498.40	35.00
木材加工和木、竹、藤、棕、草制品业	Processing of Timbers, Manufacture of Wood, Bamboo, Rattan, Palm and Straw Products	432	11	780.76	16.99
家具制造业	Manufacture of Furniture	150	1	327.30	1.22
造纸和纸制品业	Manufacture of Paper and Paper Products	305	14	692.43	4.30
印刷和记录媒介复制业	Printing,Reproduction of Recording Media	244	7	440.65	3.21
文教、工美、体育和娱乐用品制造业	Manufacture of Articles for Culture, Education and Sport Activity	201	4	332.69	22.99
石油加工、炼焦和核燃料加工业	Processing of Petroleum,Coking,Processing of Nucleus Fuel	43	7	635.72	
化学原料和化学制品制造业	Manufacture of Chemical Raw Material and Chemical Products	1554	64	3029.60	217.56
医药制造业	Manufacture of Medicines	322	18	1103.73	15.28
化学纤维制造业	Manufacture of Chemical Fiber	12	1	32.79	
橡胶和塑料制品业	Manufacture of Rubber and Plastic	365	15	641.57	8.25
非金属矿物制品业	Manufacture of Non-metallic Mineral Products	1732	84	3038.82	115.65
黑色金属冶炼和压延加工业	Manufacture and Processing of Ferrous Metals	384	21	1541.32	43.63
有色金属冶炼和压延加工业	Manufacture and Processing of Non-ferrous Metals	457	39	2869.21	35.53
金属制品业	Manufacture of Metal Products	547	27	1246.88	32.45
通用设备制造业	Manufacture of General Purpose Machinery	771	52	1723.11	39.01
专用设备制造业	Manufacture of Special Purpose Machinery	676	58	2862.86	120.69
汽车制造业	Automobile Industry	327	32	1803.58	32.96
铁路、船舶、航空航天和其他运输设备制造业	Manufacture of Railway,Marine,Aerospace and Other Transport Equipment	138	14	984.07	54.09
电气机械和器材制造业	Manufacture of Electrical Machinery and Equipment	615	35	1874.90	43.04
计算机、通信和其他电子设备制造业	Manufacture of Communication Equipment, Computer and Other Electronic Equipment	463	29	2563.18	468.56
仪器仪表制造业	Manufacture of Measuring Instrument	110	3	228.26	5.02
其他制造业	Other Manufacture N.E.C	80	3	189.78	41.78
废弃资源综合利用业	Recycling and Disposal of Waste	74	6	144.09	
金属制品、机械和设备修理业	Mental Products,Machine and Equipment Repair	5	2	6.48	0.13
电力、热力生产和供应业	Production and Supply of Electric Power and Heat Power	309	43	1290.44	0.55
燃气生产和供应业	Production and Distribution of Gas	46	1	118.74	
水的生产和供应业	Production and Distribution of Water	105	21	95.13	

11-3 规模以上工业企业主要经济指标(2016年)
Major Economic Indicators of Industrial Enterprises above Designated Size(2016)

单位:亿元 (100 million yuan)

指 标	Item	资产总计 Total Assets	流动资产合计 Circulating Funds	应收账款 Net Value of Account Received	存货 Stock	产成品 Finished Products
总计	**Total**	**25518.07**	**11064.34**	**3219.31**	**2843.06**	**958.42**
按登记注册类型:	**Grouped by Registration**					
内资企业	Internal-invested Enterprises	23263.08	10068.38	2893.49	2669.58	887.23
国有企业	State-owned Enterprises	2126.04	767.06	112.24	483.85	21.47
中央企业	Central Enterprises	1912.61	709.62	102.91	476.92	18.61
地方企业	Local Enterprises	213.43	57.44	9.33	6.93	2.86
集体企业	Collective-owned Enterprises	84.29	28.42	7.71	6.08	3.61
股份合作企业	Enterprises Cooperated by Joint-stock	4.90	1.94	0.50	0.45	0.23
联营企业	Cooperative Enterprises	4.79	1.32	0.18	0.52	0.44
有限责任公司	Limited Liability Company	6958.14	3057.58	823.96	732.32	233.84
股份有限公司	Company Limited by Shares	4436.57	2295.81	789.32	517.09	191.32
私营企业	Individual-owned Enterprises	9610.06	3904.97	1155.37	927.02	434.75
其他企业	Enterprises of Other Types of Ownership	38.31	11.29	4.21	2.26	1.57
港、澳、台商投资企业	Enterprises Funded by Entrepreneurs From Hong Kong, Macao and Taiwan	1222.21	489.29	186.53	78.85	32.20
外商投资企业	Enterprises Funded by Foreigners	1032.78	506.67	139.30	94.63	39.00
按经济组织类型:	**Grouped by Ownership**					
独资企业	Enterprises Owned by a Sole Investor	3170.80	1229.85	285.41	562.72	60.37
合作、合伙企业	Enterprises of Partnership	293.28	76.43	20.02	17.82	9.29
股份有限公司	Company Limited by Shares	5787.64	2898.03	968.74	671.52	256.72
有限责任公司	Limited Liability Company	16266.35	6860.04	1945.14	1590.99	632.04
国有控股企业	**State Controlling Share Hold Enterprises**	**9937.63**	**4426.14**	**1283.95**	**1291.84**	**267.66**
按企业规模分:	**Grouped by Size of Enterprises**					
大型企业	Large Enterprises	10956.39	5589.66	1659.27	1593.38	378.19
中型企业	Medium-sized Enterprises	6018.33	2238.27	653.00	498.76	221.30
小型企业	Small Enterprises	8257.75	3124.74	878.15	728.87	354.09
微型企业	Miniature Enterprise	285.60	111.67	28.89	22.05	4.84

11-3 续表 1 continued

单位:亿元 (100 million yuan)

指 标	Item	固定资产合计 Total Fixed Assets	固定资产原价 Original Price of Fixed Assets	累计折旧 Accumulated Depreciation
总计	**Total**	**10202.62**	**15453.45**	**5631.71**
按登记注册类型:	**Grouped by Registration**			
内资企业	Internal-invested Enterprises	9322.13	14030.25	5045.54
国有企业	State-owned Enterprises	1001.85	1955.19	979.05
中央企业	Central Enterprises	876.30	1770.49	901.69
地方企业	Local Enterprises	125.55	184.69	77.36
集体企业	Collective-owned Enterprises	39.65	62.18	26.31
股份合作企业	Enterprises Cooperated by Joint-stock	2.04	3.36	1.46
联营企业	Cooperative Enterprises	3.26	4.85	1.49
有限责任公司	Limited Liability Company	2860.14	4381.15	1629.69
股份有限公司	Company Limited by Shares	1396.10	2183.67	741.51
私营企业	Individual-owned Enterprises	3997.17	5409.69	1656.05
其他企业	Enterprises of Other Types of Ownership	21.91	30.17	9.98
港、澳、台商投资企业	Enterprises Funded by Entrepreneurs From Hong Kong, Macao and Taiwan	461.63	764.19	319.56
外商投资企业	Enterprises Funded by Foreigners	418.87	659.01	266.61
按经济组织类型:	**Grouped by Ownership**			
独资企业	Enterprises Owned by a Sole Investor	1453.61	2618.49	1222.89
合作、合伙企业	Enterprises of Partnership	175.43	232.96	65.56
股份有限公司	Company Limited by Shares	1861.08	2856.41	965.72
有限责任公司	Limited Liability Company	6712.50	9745.58	3377.54
国有控股企业	**State Controlling Share Hold Enterprises**	**4012.01**	**6831.98**	**2870.07**
按企业规模分:	**Grouped by Size of Enterprises**			
大型企业	Large Enterprises	3575.94	6270.81	2709.39
中型企业	Medium-sized Enterprises	2820.13	4061.99	1363.31
小型企业	Small Enterprises	3742.90	5051.96	1548.44
微型企业	Miniature Enterprise	63.65	68.69	10.57

11-3 续表 2 continued

单位:亿元 (100 million yuan)

指 标	Item	负债合计 Total Liability	流动负债合计 Total Circulating Liability	应付账款 Account Payable
总计	**Total**	**13343.81**	**8991.62**	**2503.12**
按登记注册类型:	**Grouped by Registration**			
内资企业	Internal-invested Enterprises	12251.60	8107.07	2155.29
国有企业	State-owned Enterprises	1123.06	698.97	218.58
中央企业	Central Enterprises	991.51	623.68	210.48
地方企业	Local Enterprises	131.56	75.29	8.10
集体企业	Collective-owned Enterprises	40.46	28.56	5.82
股份合作企业	Enterprises Cooperated by Joint-stock	2.02	0.99	0.16
联营企业	Cooperative Enterprises	2.06	1.02	0.68
有限责任公司	Limited Liability Company	4347.82	3153.76	803.32
股份有限公司	Company Limited by Shares	2541.34	1569.08	456.36
私营企业	Individual-owned Enterprises	4182.08	2649.83	668.74
其他企业	Enterprises of Other Types of Ownership	12.76	4.87	1.63
港、澳、台商投资企业	Enterprises Funded by Entrepreneurs From Hong Kong, Macao and Taiwan	542.03	417.37	161.17
外商投资企业	Enterprises Funded by Foreigners	550.17	467.18	186.67
按经济组织类型:	**Grouped by Ownership**			
独资企业	Enterprises Owned by a Sole Investor	1554.25	1059.33	366.42
合作、合伙企业	Enterprises of Partnership	83.24	47.18	16.98
股份有限公司	Company Limited by Shares	3027.42	1951.70	575.64
有限责任公司	Company Limited by Shares	8678.90	5933.41	1544.08
国有控股企业	**State Controlling Share Hold Enterprises**	**6326.88**	**4278.30**	**1188.03**
按企业规模分:	**Grouped by Size of Enterprises**			
大型企业	Large Enterprises	6740.71	4758.80	1365.93
中型企业	Medium-sized Enterprises	2772.01	1888.14	528.68
小型企业	Small Enterprises	3657.83	2281.55	589.42
微型企业	Miniature Enterprise	173.26	63.12	19.09

11-3 续表 3 continued

单位:亿元 (100 million yuan)

指标	Item	非流动负债合计 Total Long term Liability	所有者权益合计 Total Rights of Owners	实收资本 Assets Recevied
总计	**Total**	**3197.86**	**12171.52**	**6197.61**
按登记注册类型:	**Grouped by Registration**			
内资企业	Internal-invested Enterprises	3048.94	11010.76	5560.59
国有企业	State-owned Enterprises	398.00	1003.64	282.69
中央企业	Central Enterprises	357.39	921.76	235.88
地方企业	Local Enterprises	40.61	81.87	46.81
集体企业	Collective-owned Enterprises	3.60	43.82	21.34
股份合作企业	Enterprises Cooperated by Joint-stock	0.24	2.88	1.28
联营企业	Cooperative Enterprises	0.35	2.73	0.97
有限责任公司	Limited Liability Company	870.94	2623.23	1606.18
股份有限公司	Company Limited by Shares	902.47	1894.08	708.58
私营企业	Individual-owned Enterprises	870.45	5414.84	2923.92
其他企业	Enterprises of Other Types of Ownership	2.90	25.55	15.62
港、澳、台商投资企业	Enterprises Funded by Entrepreneurs From Hong Kong,Macao and Taiwan	77.10	678.34	313.15
外商投资企业	Enterprises Funded by Foreigners	71.82	482.41	323.88
按经济组织类型:	**Grouped by Ownership**			
独资企业	Enterprises Owned by a Sole Investor	442.13	1617.02	610.22
合作、合伙企业	Enterprises of Partnership	20.63	210.04	106.48
股份有限公司	Company Limited by Shares	962.37	2758.61	1021.15
有限责任公司	Limited Liability Company	1772.73	7585.84	4459.76
国有控股企业	**State-owned or Controlling Share Hold Enterprises**	**1868.75**	**3638.49**	**1804.78**
按企业规模分:	**Grouped by Size of Enterprises**			
大型企业	Large Enterprises	1908.78	4215.68	1546.23
中型企业	Medium-sized Enterprises	607.79	3272.24	1656.14
小型企业	Small Enterprises	653.69	4598.40	2839.06
微型企业	Miniature Enterprise	27.59	85.19	156.18

11-3 续表 4 continued

单位:亿元 (100 million yuan)

指 标	Item	实收资本 Paid-in capital 国家资本 National Assets	集体资本 Collective Assets	法人资本 Corperative Assets	个人资本 Individual Assets	港澳台资本 Assets from Hongkong, Maco and Taiwan Funded Enterprises	外商资本 Total Rights of Owners Foreign Assets
总计	**Total**	**1357.19**	**77.24**	**2679.99**	**1764.04**	**105.14**	**215.50**
按登记注册类型:	**Grouped by Registration**						
内资企业	Internal-invested Enterprises	1321.18	71.82	2405.24	1711.06	13.54	39.23
国有企业	State-owned Enterprises	265.54	0.61	11.30	5.23		
中央企业	Central Enterprises	235.42	0.26	0.19			
地方企业	Local Enterprises	30.12	0.35	11.11	5.23		
集体企业	Collective-owned Enterprises	0.05	4.04	11.66	5.59		
股份合作企业	Enterprises Cooperated by Joint-stock	0.01	0.13	0.30	0.84		
联营企业	Cooperative Enterprises			0.81	0.16		
有限责任公司	Limited Liability Company	771.40	20.66	612.71	185.09	6.04	11.78
股份有限公司	Company Limited by Shares	274.20	13.22	226.21	165.55	5.50	23.91
私营企业	Individual-owned Enterprises	9.99	32.97	1529.74	1345.68	2.00	3.54
其他企业	Enterprises of Other Types of Ownership		0.19	12.51	2.92		
港、澳、台商投资企业	Enterprises Funded by Entrepreneurs From Hong Kong,Macao and Taiwan	10.22	3.12	144.15	44.54	89.73	21.40
外商投资企业	Enterprises Funded by Foreigners	25.79	2.30	130.60	8.44	1.87	154.87
按经济组织类型:	**Grouped by Ownership**						
独资企业	Enterprises Owned by a Sole Investor	266.62	5.59	149.29	59.74	44.78	84.20
合作、合伙企业	Enterprises of Partnership	2.71	1.25	67.83	32.94	0.93	0.82
股份有限公司	Company Limited by Shares	275.81	25.38	381.45	290.06	22.90	25.54
有限责任公司	Limited Liability Company	812.05	45.02	2081.42	1381.30	36.53	104.94
国有控股企业	**State Controlling Share Hold Enterprises**	**1289.35**	**8.57**	**371.46**	**87.35**	**11.03**	**38.55**
按企业规模分:	**Grouped by Size of Enterprises**						
大型企业	Large Enterprises	801.24	2.17	400.72	196.83	55.21	90.06
中型企业	Medium-sized Enterprises	268.80	24.90	869.18	378.41	32.65	83.74
小型企业	Small Enterprises	283.73	49.89	1276.61	1171.19	16.92	40.71
微型企业	Miniature Enterprise	3.42	0.28	133.49	17.60	0.36	0.99

11-3 续表 5 continued

单位:亿元 (100 million yuan)

指 标	Item	主营业务收入 Revenue of Major Business	主营业务成本 Cost of Major Business	主营业务税金及附加 Tax of Major Business
总计	**Total**	**38314.28**	**31304.81**	**1026.34**
按登记注册类型:	**Grouped by Registration**			
内资企业	Internal-invested Enterprises	35099.53	28590.37	982.60
国有企业	State-owned Enterprises	1812.74	1068.66	514.02
中央企业	Central Enterprises	1602.49	896.51	511.82
地方企业	Local Enterprises	210.25	172.15	2.20
集体企业	Collective-owned Enterprises	220.99	185.48	2.07
股份合作企业	Enterprises Cooperated by Joint-stock	23.08	18.90	0.43
联营企业	Cooperative Enterprises	16.24	13.53	0.27
有限责任公司	Limited Liability Company	7950.66	6681.14	90.8
股份有限公司	Company Limited by Shares	3430.85	2770.33	123.79
私营企业	Individual-owned Enterprises	21469.19	17704.19	244.14
其他企业	Enterprises of Other Types of Ownership	175.79	148.14	7.08
港、澳、台商投资企业	Enterprises Funded by Entrepreneurs From Hong Kong, Macao and Taiwan	1892.36	1633.46	12.43
外商投资企业	Enterprises Funded by Foreigners	1322.39	1080.98	31.31
按经济组织类型:	**Grouped by Ownership**			
独资企业	Enterprises Owned by a Sole Investor	3971.81	2832.38	542.47
合作、合伙企业	Enterprises of Partnership	834.94	685.68	19.97
股份有限公司	Company Limited by Shares	5989.43	4935.41	144.93
有限责任公司	Limited Liability Company	27518.10	22851.34	318.97
国有控股企业	**State Controlling Share Hold Enterprises**	**6922.91**	**5301.99**	**669.25**
按企业规模分:	**Grouped by Size of Enterprises**			
大型企业	Large Enterprises	9817.60	7840.97	697.38
中型企业	Medium-sized Enterprises	9586.95	7790.48	106.85
小型企业	Small Enterprises	18738.17	15526.01	220.51
微型企业	Miniature Enterprise	171.55	147.34	1.60

11-3 续表 6 continued

单位:亿元 (100 million yuan)

指 标	Item	其他业务收入 Revenue of Other Business	其他业务利润 profit of Other Business	销售费用 Operation Expenses
总计	**Total**	**522.87**	**12.58**	**1205.82**
按登记注册类型:	**Grouped by Registration**			
内资企业	Internal-invested Enterprises	501.75	10.12	1122.97
国有企业	State-owned Enterprises	142.08	-5.01	19.08
中央企业	Central Enterprises	139.54	-5.85	12.54
地方企业	Local Enterprises	2.53	0.84	6.55
集体企业	Collective-owned Enterprises	16.43	0.06	6.54
股份合作企业	Enterprises Cooperated by Joint-stock			0.47
联营企业	Cooperative Enterprises	0.01		0.66
有限责任公司	Limited Liability Company	178.64	7.04	227.02
股份有限公司	Company Limited by Shares	108.52	3.18	131.83
私营企业	Individual-owned Enterprises	55.88	4.86	732.77
其他企业	Enterprises of Other Types of Ownership	0.19		4.61
港、澳、台商投资企业	Enterprises Funded by Entrepreneurs From Hong Kong, Macao and Taiwan	12.90	0.77	40.96
外商投资企业	Enterprises Funded by Foreigners	8.22	1.68	41.89
按经济组织类型:	**Grouped by Ownership**			
独资企业	`	166.81	-3.72	96.56
合作、合伙企业	Enterprises of Partnership	0.33	0.01	32.14
股份有限公司	Company Limited by Shares	112.09	3.38	207.92
有限责任公司	Limited Liability Company	243.64	12.90	869.20
国有控股企业	**State-owned or Controlling Share Hold Enterprises**	**397.24**	**3.13**	**158.94**
按企业规模分:	**Grouped by Size of Enterprises**			
大型企业	Large Enterprises	404.20	3.77	250.40
中型企业	Medium-sized Enterprises	62.83	6.89	366.28
小型企业	Small Enterprises	46.90	1.89	583.74
微型企业	Miniature Enterprise	8.94	0.02	5.40

11-3 续表 7 continued

单位:亿元 (100 million yuan)

指 标	Item	管理费用 Management Expense	税金 Tax	财务费用 Financial Expense	利息收入 Interest Revenue	利息支出 Interest Expense
总计	**Total**	**1771.17**	**97.71**	**428.81**	**19.19**	**369.28**
按登记注册类型:	**Grouped by Registration**					
内资企业	Internal-invested Enterprises	1642.06	92.58	407.24	17.79	349.17
国有企业	State-owned Enterprises	70.01	2.78	19.06	1.19	19.47
中央企业	Central Enterprises	51.30	1.86	17.09	1.18	17.76
地方企业	Local Enterprises	18.72	0.91	1.97	0.01	1.70
集体企业	Collective-owned Enterprises	8.98	1.11	1.97	-0.01	1.53
股份合作企业	Enterprises Cooperated by Joint-stock	0.73		0.16		0.03
联营企业	Cooperative Enterprises	0.70	0.01	0.18		0.07
有限责任公司	Limited Liability Company	407.11	19.88	116.16	8.86	109.03
股份有限公司	Company Limited by Shares	174.79	5.99	65.64	3.84	70.70
私营企业	Individual-owned Enterprises	974.72	62.15	202.77	3.90	147.52
其他企业	Enterprises of Other Types of Ownership	5.03	0.67	1.29	0.01	0.82
港、澳、台商投资企业	Enterprises Funded by Entrepreneurs From Hong Kong, Macao and Taiwan	69.65	2.46	8.43	0.23	7.53
外商投资企业	Enterprises Funded by Foreigners	59.46	2.67	13.14	1.18	12.58
按经济组织类型:	**Grouped by Ownership**					
独资企业	Enterprises Owned by a Sole Investor	163.29	7.59	36.68	1.34	30.34
合作、合伙企业	Enterprises of Partnership	34.55	1.51	7.76	0.10	4.18
股份有限公司	Company Limited by Shares	276.36	13.85	82.08	5.61	84.37
有限责任公司	Limited Liability Company	1296.98	74.76	302.29	12.14	250.38
国有控股企业	**State Controlling Share Hold Enterprises**	**365.14**	**13.69**	**152.52**	**11.41**	**158.84**
按企业规模分:	**Grouped by Size of Enterprises**					
大型企业	Large Enterprises	459.81	24.19	147.95	14.74	159.69
中型企业	Medium-sized Enterprises	526.67	31.35	105.19	1.82	79.56
小型企业	Small Enterprises	777.06	41.81	173.50	2.45	128.21
微型企业	Miniature Enterprise	7.64	0.36	2.17	0.19	1.82

11-3 续表 8 continued

单位:亿元 (100 million yuan)

指 标	Item	营业利润 Operating Profit	投资收益 Income from Investment	政府补助 Income from Subsidy	营业外收入 Non-operating Income	利润总额 Total Profit
总计	**Total**	**2017.46**	**16.73**	**64.94**	**172.78**	**1953.67**
按登记注册类型:	**Grouped by Registration**					
内资企业	Internal-invested Enterprises	1860.64	13.60	56.15	150.57	1793.02
国有企业	State-owned Enterprises	114.41	2.76	1.56	5.03	113.85
中央企业	Central Enterprises	108.85	2.46	0.61	3.21	108.03
地方企业	Local Enterprises	5.57	0.29	0.95	1.81	5.82
集体企业	Collective-owned Enterprises	14.15	0.09	0.02	0.06	12.63
股份合作企业	Enterprises Cooperated by Joint-stock	2.40		0.01	0.04	1.58
联营企业	Cooperative Enterprises	0.71	0.03			0.71
有限责任公司	Limited Liability Company	360.40	17.40	22.59	51.01	339.74
股份有限公司	Company Limited by Shares	131.16	6.31	16.64	33.50	146.39
私营企业	Individual-owned Enterprises	1227.90	-13.00	15.34	60.93	1169.00
其他企业	Enterprises of Other Types of Ownership	9.51	0.01			9.11
港、澳、台商投资企业	Enterprises Funded by Entrepreneurs From Hong Kong, Macao and Taiwan	88.67	1.87	4.38	14.16	87.21
外商投资企业	Enterprises Funded by Foreigners	68.15	1.26	4.40	8.05	73.43
按经济组织类型:	**Grouped by Ownership**					
独资企业	Enterprises Owned by a Sole Investor	249.28	2.09	3.79	16.80	246.88
合作、合伙企业	Enterprises of Partnership	48.33	-0.20	0.08	0.27	46.91
股份有限公司	Company Limited by Shares	267.06	4.27	21.09	45.44	282.34
有限责任公司	Limited Liability Company	1452.79	10.57	39.98	110.27	1377.53
国有控股企业	**State Controlling Share Hold Enterprises**	**232.87**	**23.08**	**32.22**	**61.86**	**270.55**
按企业规模分:	**Grouped by Size of Enterprises**					
大型企业	Large Enterprises	302.23	27.87	33.86	74.06	346.25
中型企业	Medium-sized Enterprises	585.51	-2.30	13.10	34.38	556.02
小型企业	Small Enterprises	1121.69	-8.90	17.65	63.67	1043.95
微型企业	Miniature Enterprise	8.03	0.06	0.33	0.68	7.44

11-3 续表 9 continued

单位:亿元 (100 million yuan)

指　标	Item	亏损企业亏损总额 Total Loss of Enterprises Running under Deficit	本年应付职工薪酬 Total Sum of Wages Payable this Year	本年应交增值税 Value Added Payable of the Current Year
总计	**Total**	**167.98**	**2067.56**	**823.94**
按登记注册类型:	**Grouped by Registration**			
内资企业	Internal-invested Enterprises	144.41	1862.04	748.98
国有企业	State-owned Enterprises	3.77	152.43	155.10
中央企业	Central Enterprises	0.56	124.55	148.95
地方企业	Local Enterprises	3.20	27.88	6.15
集体企业	Collective-owned Enterprises	0.13	16.05	3.93
股份合作企业	Enterprises Cooperated by Joint-stock	0.05	0.93	0.40
联营企业	Cooperative Enterprises		0.98	0.22
有限责任公司	Limited Liability Company	59.16	454.70	194.23
股份有限公司	Company Limited by Shares	37.30	179.00	102.80
私营企业	Individual-owned Enterprises	44.00	1049.53	288.09
其他企业	Enterprises of Other Types of Ownership		8.44	4.20
港、澳、台商投资企业	Enterprises Funded by Entrepreneurs From Hong Kong,Macao and Taiwan	11.68	137.12	44.46
外商投资企业	Enterprises Funded by Foreigners	11.90	68.40	30.51
按经济组织类型:	**Grouped by Ownership**			
独资企业	Enterprises Owned by a Sole Investor	8.06	307.91	188.68
合作、合伙企业	Enterprises of Partnership	0.46	68.09	13.33
股份有限公司	Company Limited by Shares	43.66	302.00	154.59
有限责任公司	Limited Liability Company	115.80	1389.56	467.34
国有控股企业	**State-owned or Controlling Share Hold Enterprises**	**87.80**	**530.21**	**347.82**
按企业规模分:	**Grouped by Size of Enterprises**			
大型企业	Large Enterprises	87.14	652.33	376.27
中型企业	Medium-sized Enterprises	35.13	666.55	179.06
小型企业	Small Enterprises	44.26	744.00	266.52
微型企业	Miniature Enterprise	1.45	4.69	2.08

11-3 续表 10 continued

指 标	Item	全部从业人员年平均人数（万人）Average Number of Empolyment of the Current Year (10 000persons)	百元固定资产原价实现利润（元）Profits per 100 Yuan of Original Value of Fix Assets (yuan)	每百元主营业务收入实现的利润（元）Profits per 100 Yuan of Sales Recenue (yuan)
总计	**Total**	**336.31**	**12.64**	**5.10**
按登记注册类型:	**Grouped by Registration**			
内资企业	Internal-invested Enterprises	305.60	12.78	5.11
国有企业	State-owned Enterprises	14.49	5.82	6.28
中央企业	Central Enterprises	9.68	6.10	6.74
地方企业	Local Enterprises	4.80	3.15	2.77
集体企业	Collective-owned Enterprises	3.04	20.31	5.72
股份合作企业	Enterprises Cooperated by Joint-stock	0.22	47.02	6.85
联营企业	Cooperative Enterprises	0.22	14.64	4.37
有限责任公司	Limited Liability Company	66.19	7.75	4.27
股份有限公司	Company Limited by Shares	21.89	6.70	4.27
私营企业	Individual-owned Enterprises	197.73	21.61	5.45
其他企业	Enterprises of Other Types of Ownership	1.82	30.20	5.18
港、澳、台商投资企业	Enterprises Funded by Entrepreneurs From Hong Kong, Macao and Taiwan	21.30	11.41	4.61
外商投资企业	Enterprises Funded by Foreigners	9.41	11.14	5.55
按经济组织类型:	**Grouped by Ownership**			
独资企业	Enterprises Owned by a Sole Investor	43.76	9.43	6.22
合作、合伙企业	Enterprises of Partnership	12.77	20.14	5.62
股份有限公司	Company Limited by Shares	43.26	9.88	4.71
有限责任公司	Limited Liability Company	236.52	14.13	5.01
国有控股企业	**State Controlling Share Hold Enterprises**	**53.51**	**3.96**	**3.91**
按企业规模分:	**Grouped by Size of Enterprises**			
大型企业	Large Enterprises	70.66	5.52	3.53
中型企业	Medium-sized Enterprises	120.25	13.69	5.80
小型企业	Small Enterprises	143.66	20.66	5.57
微型企业	Miniature Enterprise	1.74	10.83	4.34

11-3 续表 11 continued

指 标	Item	资产负债率 (%) Assets-Liability Ratio(%)	产品销售率 (%) Ratio of Proportion of Products Sold(%)	总资产贡献率 (%) Ratio of Total Assets to Industrial Output Vale(%)	成本费用利润率 (%) Rate of Cost Profits (%)
总计	**Total**	**52.29**	**98.95**	**16.30**	**5.55**
按登记注册类型:	**Grouped by Registration**				
内资企业	Internal-invested Enterprises	52.67	98.99	16.60	5.57
国有企业	State-owned Enterprises	52.82	100.06	37.70	8.59
中央企业	Central Enterprises	51.84	100.27	41.08	9.62
地方企业	Local Enterprises	61.64	98.44	7.45	2.89
集体企业	Collective-owned Enterprises	48.01	99.30	24.00	5.72
股份合作企业	Enterprises Cooperated by Joint-stock	41.17	99.53	49.94	7.82
联营企业	Cooperative Enterprises	43.02	99.24	26.53	4.63
有限责任公司	Limited Liability Company	62.49	97.22	10.44	4.48
股份有限公司	Company Limited by Shares	57.28	94.64	9.93	4.54
私营企业	Individual-owned Enterprises	43.52	100.26	19.23	5.95
其他企业	Enterprises of Other Types of Ownership	33.31	99.49	55.33	5.72
港、澳、台商投资企业	Enterprises Funded by Entrepreneurs From Hong Kong, Macao and Taiwan	44.35	98.14	12.41	4.95
外商投资企业	Enterprises Funded by Foreigners	53.27	98.84	14.21	6.11
按经济组织类型:	**Grouped by Ownership**				
独资企业	Enterprises Owned by a Sole Investor	49.02	98.82	31.78	7.48
合作、合伙企业	Enterprises of Partnership	28.38	98.53	28.78	6.17
股份有限公司	Company Limited by Shares	52.31	96.20	11.43	5.06
有限责任公司	Limited Liability Company	53.35	99.58	14.79	5.40
国有控股企业	**State Controlling Share Hold Enterprises**	**63.67**	**97.20**	**14.46**	**4.26**
按企业规模分:	**Grouped by Size of Enterprises**				
大型企业	Large Enterprises	61.52	97.00	14.29	3.82
中型企业	Medium-sized Enterprises	46.06	97.45	15.30	6.30
小型企业	Small Enterprises	44.30	100.75	20.10	6.10
微型企业	Miniature Enterprise	60.66	98.65	4.52	4.36

11-4 规模以上工业企业行业大类主要经济指标(2016年)
Main Economic indicators of Industrial Enterprises above Designated Size by Industrial Sector(2016)

单位:亿元 (100 million yuan)

指 标	Item	资产总计 Total Assets	流动资产合计 Cir-culating Funds	应收账款 Value of Account Received
按行业划分:	**Grouped by Sector**	**25518.07**	**11064.34**	**3219.31**
煤炭开采和洗选业	Mining and Washing of Coal	251.16	58.48	11.63
石油和天然气开采业	Petroleum and Natural Gas Extraction			
黑色金属矿采选业	Mining of Ferrous Metal Ores	57.67	18.54	3.20
有色金属矿采选业	Mining of Non-ferrous Metal Ores	262.15	64.93	11.41
非金属矿采选业	Mining and Processing of Nonmetal Ores	191.34	83.66	11.52
开采辅助活动	Mining of Other Ores N.E.C			
其他采矿业	Other Mining and Dressing	0.56	0.28	0.15
农副食品加工业	Processing of Food from Agricultural Products	1255.93	490.12	87.15
食品制造业	Manufacture of Foods	457.62	179.44	33.19
酒、饮料和精制茶制造业	Manufacture of Liquor, Beverage and Refined Tea	349.72	132.52	23.21
烟草制品业	Manufacture of Tobacco	817.35	618.21	75.46
纺织业	Manufacture of Textile	324.11	137.63	34.39
纺织服装、服饰业	Manufacture of Textile Wearing and Clothing Apparel	136.47	53.41	13.92
皮革、毛皮、羽毛及其制品和制鞋业	Leather, Fur, Feather and Its Products and Footwear	145.02	51.44	13.96
木材加工和木、竹、藤、棕、草制品业	Processing of Timbers, Manufacture of Wood, Bamboo, Rattan, Palm and Straw Products	198.58	60.37	13.01
家具制造业	Manufacture of Furniture	118.78	35.43	11.79
造纸和纸制品业	Manufacture of Paper and Paper Products	518.93	206.97	49.28
印刷和记录媒介复制业	Printing,Reproduction of Recording Media	170.97	79.59	22.95
文教、工美、体育和娱乐用品制造业	Manufacture of Articles for Culture,Education and Sport Activity	96.43	44.21	12.20
石油加工、炼焦和核燃料加工业	Processing of Petroleum, Coking, Processing of Nucleus Fuel	289.99	99.70	21.31
化学原料和化学制品制造业	Manufacture of Chemical Raw Material and Chemical Products	1336.79	482.73	120.07
医药制造业	Manufacture of Medicines	564.78	248.59	54.79
化学纤维制造业	Manufacture of Chemical Fiber	21.85	6.85	0.38
橡胶和塑料制品业	Manufacture of Rubber and Plastic	290.74	92.65	28.99
非金属矿物制品业	Manufacture of Non-metallic Mineral Products	1963.82	579.88	187.12
黑色金属冶炼和压延加工业	Manufacture and Processing of Ferrous Metals	1081.98	390.21	52.22
有色金属冶炼和压延加工业	Manufacture and Processing of Non-ferrous Metals	1330.01	640.92	75.20
金属制品业	Manufacture of Metal Products	583.06	259.20	81.01
通用设备制造业	Manufacture of General Purpose Machinery	906.47	477.07	205.08
专用设备制造业	Manufacture of Special Purpose Machinery	2925.52	1848.15	735.81
汽车制造业	Automobile Industry	1580.67	964.15	337.74
铁路、船舶、航空航天和其他运输设备制造业	Manufacture of Railway, Marine, Aerospace and Other Transport Equipment	1102.73	782.83	243.68
电气机械和器材制造业	Manufacture of Electrical Machinery and Equipment	1320.97	766.70	279.50
计算机、通信和其他电子设备制造业	Manufacture of Communication Equipment,Computer and Other Electronic Equipment	1058.31	512.64	216.84
仪器仪表制造业	Manufacture of Measuring Instrument	200.68	116.46	53.05
其他制造业	Other Manufacture N.E.C	48.03	22.06	6.07
废弃资源综合利用业	Recycling and Disposal of Waste	66.18	20.49	3.78
金属制品、机械和设备修理业	Mental Products,Machine and Equipment Repair	9.01	6.09	1.80
电力、热力生产和供应业	Production and Supply of Electric Power and Heat Power	3029.50	299.31	64.88
燃气生产和供应业	Production and Distribution of Gas	134.73	36.71	6.79
水的生产和供应业	Production and Distribution of Water	319.47	95.72	14.80

11-4 续表 1 continued

单位:亿元 (100 million yuan)

指 标	Item	存货 Stock	产成品 Finished Products	固定资产合计 Total Fixed Assets
按行业划分:	**Grouped by Sector**	**2843.06**	**958.42**	**10202.62**
煤炭开采和洗选业	Mining and Washing of Coal	10.66	6.76	153.78
石油和天然气开采业	Petroleum and Natural Gas Extraction			
黑色金属矿采选业	Mining of Ferrous Metal Ores	3.48	0.97	29.46
有色金属矿采选业	Mining of Non-ferrous Metal Ores	16.64	7.15	130.99
非金属矿采选业	Mining and Processing of Nonmetal Ores	9.90	6.94	73.82
开采辅助活动	Mining of Other Ores N.E.C			
其他采矿业	Other Mining and Dressing	0.02	0.02	0.27
农副食品加工业	Processing of Food from Agricultural Products	153.35	72.27	557.15
食品制造业	Manufacture of Foods	48.37	16.46	196.61
酒、饮料和精制茶制造业	Manufacture of Liquor, Beverage and Refined Tea	49.60	22.91	160.99
烟草制品业	Manufacture of Tobacco	460.18	15.45	86.77
纺织业	Manufacture of Textile	47.19	28.59	143.43
纺织服装、服饰业	Manufacture of Textile Wearing and Clothing Apparel	11.34	6.27	57.19
皮革、毛皮、羽毛及其制品和制鞋业	Leather, Fur, Feather and Its Products and Footwear	14.40	6.96	73.21
木材加工和木、竹、藤、棕、草制品业	Processing of Timbers,Manufacture of Wood,Bamboo, Rattan,Palm and Straw Products	17.40	8.80	105.23
家具制造业	Manufacture of Furniture	10.67	5.39	45.11
造纸和纸制品业	Manufacture of Paper and Paper Products	79.86	12.66	248.52
印刷和记录媒介复制业	Printing,Reproduction of Recording Media	22.71	8.44	68.14
文教、工美、体育和娱乐用品制造业	Manufacture of Articles for Culture,Education and Sport Activity	15.26	6.69	40.18
石油加工、炼焦和核燃料加工业	Processing of Petroleum,Coking,Processing of Nucleus Fuel	36.11	11.63	93.90
化学原料和化学制品制造业	Manufacture of Chemical Raw Material and Chemical Products	110.88	59.00	621.49
医药制造业	Manufacture of Medicines	55.62	25.87	221.50
化学纤维制造业	Manufacture of Chemical Fiber	2.41	0.98	12.53
橡胶和塑料制品业	Manufacture of Rubber and Plastic	23.89	13.80	146.90
非金属矿物制品业	Manufacture of Non-metallic Mineral Products	134.67	74.21	947.82
黑色金属冶炼和压延加工业	Manufacture and Processing of Ferrous Metals	109.54	27.10	556.47
有色金属冶炼和压延加工业	Manufacture and Processing of Non-ferrous Metals	241.41	52.19	486.01
金属制品业	Manufacture of Metal Products	60.09	25.43	205.39
通用设备制造业	Manufacture of General Purpose Machinery	120.84	58.81	273.37
专用设备制造业	Manufacture of Special Purpose Machinery	362.55	151.76	574.36
汽车制造业	Automobile Industry	151.82	62.44	458.69
铁路、船舶、航空航天和其他运输设备制造业	Manufacture of Railway,Marine,Aerospace and Other Transport Equipment	166.28	52.63	185.55
电气机械和器材制造业	Manufacture of Electrical Machinery and Equipment	150.54	60.63	358.11
计算机、通信和其他电子设备制造业	Manufacture of Communication Equipment,Computer and Other Electronic Equipment	84.38	36.40	362.95
仪器仪表制造业	Manufacture of Measuring Instrument	15.81	5.99	50.61
其他制造业	Other Manufacture N.E.C	6.66	2.20	16.45
废弃资源综合利用业	Recycling and Disposal of Waste	4.63	2.20	29.79
金属制品、机械和设备修理业	Mental Products,Machine and Equipment Repair	1.26	0.19	2.39
电力、热力生产和供应业	Production and Supply of Electric Power and Heat Power	24.54	0.85	2224.97
燃气生产和供应业	Production and Distribution of Gas	4.64	0.84	60.21
水的生产和供应业	Production and Distribution of Water	3.43	0.56	142.31

11-4 续表 2 continued

单位:亿元 (100 million yuan)

指 标	Item	固定资产原价 Original Price of Fixed Assets	累计折旧 Accumulated Depreciation
按行业划分:	**Grouped by Sector**	**15453.45**	**5631.71**
煤炭开采和洗选业	Mining and Washing of Coal	213.76	73.75
石油和天然气开采业	Petroleum and Natural Gas Extraction		
黑色金属矿采选业	Mining of Ferrous Metal Ores	35.31	9.30
有色金属矿采选业	Mining of Non-ferrous Metal Ores	141.00	47.61
非金属矿采选业	Mining and Processing of Nonmetal Ores	100.67	31.35
开采辅助活动	Mining of Other Ores N.E.C		
其他采矿业	Other Mining and Dressing	0.34	0.20
农副食品加工业	Processing of Food from Agricultural Products	792.63	276.88
食品制造业	Manufacture of Foods	274.33	85.09
酒、饮料和精制茶制造业	Manufacture of Liquor, Beverage and Refined Tea	219.97	71.55
烟草制品业	Manufacture of Tobacco	207.13	121.69
纺织业	Manufacture of Textile	208.51	67.79
纺织服装、服饰业	Manufacture of Textile Wearing and Clothing Apparel	81.46	26.24
皮革、毛皮、羽毛及其制品和制鞋业	Leather, Fur, Feather and Its Products and Footwear	99.55	29.04
木材加工和木、竹、藤、棕、草制品业	Processing of Timbers, Manufacture of Wood, Bamboo, Rattan, Palm and Straw Products	151.06	49.51
家具制造业	Manufacture of Furniture	65.28	21.27
造纸和纸制品业	Manufacture of Paper and Paper Products	343.28	116.78
印刷和记录媒介复制业	Printing,Reproduction of Recording Media	114.48	49.16
文教、工美、体育和娱乐用品制造业	Manufacture of Articles for Culture,Education and Sport Activity	56.79	22.52
石油加工、炼焦和核燃料加工业	Processing of Petroleum,Coking,Processing of Nucleus Fuel	305.32	144.00
化学原料和化学制品制造业	Manufacture of Chemical Raw Material and Chemical Products	868.80	284.14
医药制造业	Manufacture of Medicines	297.90	90.96
化学纤维制造业	Manufacture of Chemical Fiber	14.64	2.23
橡胶和塑料制品业	Manufacture of Rubber and Plastic	196.55	55.71
非金属矿物制品业	Manufacture of Non-metallic Mineral Products	1369.85	463.88
黑色金属冶炼和压延加工业	Manufacture and Processing of Ferrous Metals	977.19	431.84
有色金属冶炼和压延加工业	Manufacture and Processing of Non-ferrous Metals	663.67	218.95
金属制品业	Manufacture of Metal Products	315.55	110.65
通用设备制造业	Manufacture of General Purpose Machinery	401.71	143.34
专用设备制造业	Manufacture of Special Purpose Machinery	837.01	289.07
汽车制造业	Automobile Industry	600.46	175.73
铁路、船舶、航空航天和其他运输设备制造业	Manufacture of Railway,Marine,Aerospace and Other Transport Equipment	281.92	102.18
电气机械和器材制造业	Manufacture of Electrical Machinery and Equipment	442.39	134.62
计算机、通信和其他电子设备制造业	Manufacture of Communication Equipment,Computer and Other Electronic Equipment	522.17	173.76
仪器仪表制造业	Manufacture of Measuring Instrument	67.46	18.11
其他制造业	Other Manufacture N.E.C	21.79	6.82
废弃资源综合利用业	Recycling and Disposal of Waste	47.93	10.74
金属制品、机械和设备修理业	Mental Products,Machine and Equipment Repair	3.64	1.25
电力、热力生产和供应业	Production and Supply of Electric Power and Heat Power	3815.95	1578.79
燃气生产和供应业	Production and Distribution of Gas	90.91	20.49
水的生产和供应业	Production and Distribution of Water	205.07	74.75

11-4 续表 3 continued

单位:亿元 (100 million yuan)

指 标	Item	负债合计 Total Liability	流动负债合计 Total Circulating Liability	应付账款 Account Payable
按行业划分:	**Grouped by Sector**	**13343.81**	**8991.62**	**2503.12**
煤炭开采和洗选业	Mining and Washing of Coal	106.52	75.02	8.22
石油和天然气开采业	Petroleum and Natural Gas Extraction			
黑色金属矿采选业	Mining of Ferrous Metal Ores	22.68	12.93	2.65
有色金属矿采选业	Mining of Non-ferrous Metal Ores	130.81	81.95	9.07
非金属矿采选业	Mining and Processing of Nonmetal Ores	92.62	39.06	7.00
开采辅助活动	Mining of Other Ores N.E.C			
其他采矿业	Other Mining and Dressing	0.25	0.08	0.06
农副食品加工业	Processing of Food from Agricultural Products	447.70	308.18	52.82
食品制造业	Manufacture of Foods	188.78	150.53	27.79
酒、饮料和精制茶制造业	Manufacture of Liquor, Beverage and Refined Tea	133.65	97.50	20.17
烟草制品业	Manufacture of Tobacco	142.64	141.80	76.21
纺织业	Manufacture of Textile	155.93	120.61	28.62
纺织服装、服饰业	Manufacture of Textile Wearing and Clothing Apparel	46.67	31.82	7.61
皮革、毛皮、羽毛及其制品和制鞋业	Leather, Fur, Feather and Its Products and Footwear	48.42	31.72	9.61
木材加工和木、竹、藤、棕、草制品业	Processing of Timbers, Manufacture of Wood, Bamboo, Rattan, Palm and Straw Products	64.04	42.80	8.02
家具制造业	Manufacture of Furniture	46.44	18.72	4.62
造纸和纸制品业	Manufacture of Paper and Paper Products	303.13	232.56	52.57
印刷和记录媒介复制业	Printing,Reproduction of Recording Media	71.76	56.11	20.28
文教、工美、体育和娱乐用品制造业	Manufacture of Articles for Culture,Education and Sport Activity	34.18	25.79	7.02
石油加工、炼焦和核燃料加工业	Processing of Petroleum,Coking,Processing of Nucleus Fuel	157.38	123.39	22.94
化学原料和化学制品制造业	Manufacture of Chemical Raw Material and Chemical Products	530.91	377.03	107.77
医药制造业	Manufacture of Medicines	207.65	159.28	41.38
化学纤维制造业	Manufacture of Chemical Fiber	14.06	6.78	2.04
橡胶和塑料制品业	Manufacture of Rubber and Plastic	91.52	63.57	17.43
非金属矿物制品业	Manufacture of Non-metallic Mineral Products	760.46	545.38	146.76
黑色金属冶炼和压延加工业	Manufacture and Processing of Ferrous Metals	791.37	707.52	70.45
有色金属冶炼和压延加工业	Manufacture and Processing of Non-ferrous Metals	752.79	503.65	91.55
金属制品业	Manufacture of Metal Products	244.86	165.90	42.96
通用设备制造业	Manufacture of General Purpose Machinery	424.15	322.84	122.64
专用设备制造业	Manufacture of Special Purpose Machinery	1680.46	962.00	224.95
汽车制造业	Automobile Industry	1120.06	952.26	397.97
铁路、船舶、航空航天和其他运输设备制造业	Manufacture of Railway,Marine,Aerospace and Other Transport Equipment	585.27	513.11	243.32
电气机械和器材制造业	Manufacture of Electrical Machinery and Equipment	695.26	560.69	193.72
计算机、通信和其他电子设备制造业	Manufacture of Communication Equipment,Computer and Other Electronic Equipment	698.56	401.61	188.19
仪器仪表制造业	Manufacture of Measuring Instrument	80.51	66.96	28.35
其他制造业	Other Manufacture N.E.C	17.37	12.34	3.47
废弃资源综合利用业	Recycling and Disposal of Waste	27.23	19.92	3.13
金属制品、机械和设备修理业	Mental Products,Machine and Equipment Repair	5.63	4.02	2.03
电力、热力生产和供应业	Production and Supply of Electric Power and Heat Power	2123.33	849.50	184.73
燃气生产和供应业	Production and Distribution of Gas	89.28	66.50	8.17
水的生产和供应业	Production and Distribution of Water	209.43	140.21	16.82

11-4 续表 4 continued

单位:亿元 (100 million yuan)

指 标	Item	非流动负债合计 Total Long term Liability	所有者权益合计 Total Rights of Owners	实收资本 Assets Recevied
按行业划分:	**Grouped by Sector**	**3197.86**	**12171.52**	**6197.61**
煤炭开采和洗选业	Mining and Washing of Coal	20.67	144.20	88.64
石油和天然气开采业	Petroleum and Natural Gas Extraction			
黑色金属矿采选业	Mining of Ferrous Metal Ores	6.10	34.99	18.47
有色金属矿采选业	Mining of Non-ferrous Metal Ores	31.76	131.33	84.87
非金属矿采选业	Mining and Processing of Nonmetal Ores	13.78	98.71	64.89
开采辅助活动	Mining of Other Ores N.E.C			
其他采矿业	Other Mining and Dressing		0.30	0.30
农副食品加工业	Processing of Food from Agricultural Products	69.37	807.97	640.08
食品制造业	Manufacture of Foods	23.98	267.88	127.74
酒、饮料和精制茶制造业	Manufacture of Liquor, Beverage and Refined Tea	18.76	216.07	103.53
烟草制品业	Manufacture of Tobacco	0.81	674.71	52.10
纺织业	Manufacture of Textile	16.85	168.04	75.42
纺织服装、服饰业	Manufacture of Textile Wearing and Clothing Apparel	6.48	88.20	36.30
皮革、毛皮、羽毛及其制品和制鞋业	Leather, Fur, Feather and Its Products and Footwear	9.56	96.60	47.29
木材加工和木、竹、藤、棕、草制品业	Processing of Timbers, Manufacture of Wood, Bamboo, Rattan, Palm and Straw Products	6.48	133.28	75.56
家具制造业	Manufacture of Furniture	3.87	72.14	44.67
造纸和纸制品业	Manufacture of Paper and Paper Products	56.46	215.80	130.52
印刷和记录媒介复制业	Printing,Reproduction of Recording Media	8.83	98.89	38.86
文教、工美、体育和娱乐用品制造业	Manufacture of Articles for Culture, Education and Sport Activity	5.44	62.25	30.79
石油加工、炼焦和核燃料加工业	Processing of Petroleum,Coking,Processing of Nucleus Fuel	26.70	128.43	81.14
化学原料和化学制品制造业	Manufacture of Chemical Raw Material and Chemical Products	88.17	804.07	462.53
医药制造业	Manufacture of Medicines	28.46	356.23	147.57
化学纤维制造业	Manufacture of Chemical Fiber	6.04	7.79	5.71
橡胶和塑料制品业	Manufacture of Rubber and Plastic	10.60	199.78	112.41
非金属矿物制品业	Manufacture of Non-metallic Mineral Products	121.31	1197.48	580.20
黑色金属冶炼和压延加工业	Manufacture and Processing of Ferrous Metals	71.16	290.60	293.55
有色金属冶炼和压延加工业	Manufacture and Processing of Non-ferrous Metals	184.36	574.89	277.89
金属制品业	Manufacture of Metal Products	36.04	338.86	139.74
通用设备制造业	Manufacture of General Purpose Machinery	50.71	482.20	190.79
专用设备制造业	Manufacture of Special Purpose Machinery	670.82	1247.56	302.53
汽车制造业	Automobile Industry	103.87	487.60	312.56
铁路、船舶、航空航天和其他运输设备制造业	Manufacture of Railway, Marine, Aerospace and Other Transport Equipment	62.52	517.46	189.92
电气机械和器材制造业	Manufacture of Electrical Machinery and Equipment	104.40	625.35	308.58
计算机、通信和其他电子设备制造业	Manufacture of Communication Equipment, Computer and Other Electronic Equipment	53.62	357.18	235.13
仪器仪表制造业	Manufacture of Measuring Instrument	12.75	119.67	29.24
其他制造业	Other Manufacture N.E.C	1.54	29.95	13.99
废弃资源综合利用业	Recycling and Disposal of Waste	4.92	38.96	124.33
金属制品、机械和设备修理业	Mental Products,Machine and Equipment Repair	1.58	3.38	1.43
电力、热力生产和供应业	Production and Supply of Electric Power and Heat Power	1177.41	897.42	657.57
燃气生产和供应业	Production and Distribution of Gas	20.61	45.24	18.93
水的生产和供应业	Production and Distribution of Water	61.09	110.04	51.85

11-4 续表 5 continued

单位:亿元 (100 million yuan)

指 标	Item	实收资本 Paid-in capital					
		国家资本 National Assets	集体资本 Collective Assets	法人资本 Corperative Assets	个人资本 Individual Assets	港澳台资 本 Assets from Hongkong, Maco and Taiwan Funded	外商资本 Total Rights of Owners Foreign Assets
按行业划分:	**Grouped by Sector**	**1357.19**	**77.24**	**2679.99**	**1764.04**	**105.14**	**215.50**
煤炭开采和洗选业	Mining and Washing of Coal	6.37	1.64	49.70	30.93		
石油和天然气开采业	Petroleum and Natural Gas Extraction						
黑色金属矿采选业	Mining of Ferrous Metal Ores	0.09	0.27	11.47	6.64		
有色金属矿采选业	Mining of Non-ferrous Metal Ores	29.78	0.03	23.74	30.74	0.54	0.03
非金属矿采选业	Mining and Processing of Nonmetal Ores	9.75	0.29	31.42	23.42		
开采辅助活动	Mining of Other Ores N.E.C						
其他采矿业	Other Mining and Dressing	0.01		0.01	0.28		
农副食品加工业	Processing of Food from Agricultural Products	6.50	2.54	208.76	416.73	2.46	3.05
食品制造业	Manufacture of Foods	1.59	1.30	65.93	55.33	0.67	2.93
酒、饮料和精制茶制造业	Manufacture of Liquor, Beverage and Refined Tea	9.45	3.81	45.72	34.01	3.23	7.32
烟草制品业	Manufacture of Tobacco	46.42	0.16	5.37	0.15		
纺织业	Manufacture of Textile	0.35	0.45	46.13	27.29	1.21	
纺织服装、服饰业	Manufacture of Textile Wearing and Clothing Apparel	0.40	0.30	18.99	14.06	2.27	0.28
皮革、毛皮、羽毛及其制品和制鞋业	Leather, Fur, Feather and Its Products and Footwear	1.78		25.14	12.01	6.06	2.29
木材加工和木、竹、藤、棕、草制品业	Processing of Timbers,Manufacture of Wood, Bamboo, Rattan, Palm and Straw Products	0.08	0.30	43.48	31.51	0.20	
家具制造业	Manufacture of Furniture			35.95	8.72		
造纸和纸制品业	Manufacture of Paper and Paper Products	63.96	1.04	29.75	21.92	0.41	13.44
印刷和记录媒介复制业	Printing,Reproduction of Recording Media	0.72	0.75	21.22	14.95	0.18	1.03
文教、工美、体育和娱乐用品制造业	Manufacture of Articles for Culture, Education and Sport Activity	0.76	0.18	14.57	13.30	1.38	0.59
石油加工、炼焦和核燃料加工业	Processing of Petroleum,Coking,Processing of Nucleus Fuel	30.88	0.03	40.66	6.43		3.15
化学原料和化学制品制造业	Manufacture of Chemical Raw Material and Chemical Products	80.45	10.64	265.00	101.03	2.52	2.89
医药制造业	Manufacture of Medicines	4.61	2.70	78.39	60.96	0.48	0.43
化学纤维制造业	Manufacture of Chemical Fiber			3.29	2.40	0.02	
橡胶和塑料制品业	Manufacture of Rubber and Plastic	0.84	1.82	49.40	40.82	1.37	18.17
非金属矿物制品业	Manufacture of Non-metallic Mineral Products	33.81	14.20	323.42	205.57	0.21	2.99
黑色金属冶炼和压延加工业	Manufacture and Processing of Ferrous Metals	88.00	0.88	174.51	29.41	0.02	0.72
有色金属冶炼和压延加工业	Manufacture and Processing of Non-ferrous Metals	47.86	2.43	146.79	80.05	0.48	0.29
金属制品业	Manufacture of Metal Products	13.57	2.89	72.60	48.29	0.12	1.26
通用设备制造业	Manufacture of General Purpose Machinery	19.84	2.79	107.25	58.10	0.76	2.05
专用设备制造业	Manufacture of Special Purpose Machinery	31.56	2.48	128.20	131.75	1.78	6.77
汽车制造业	Automobile Industry	70.00	4.21	137.72	17.98	8.71	75.48
铁路、船舶、航空航天和其他运输设备制造业	Manufacture of Railway,Marine,Aerospace and Other Transport Equipment	146.56	1.01	20.98	8.73	5.47	7.17
电气机械和器材制造业	Manufacture of Electrical Machinery and Equipment	68.75	8.71	126.46	76.95	5.61	22.10
计算机、通信和其他电子设备制造业	Manufacture of Communication Equipment, Computer and Other Electronic Equipment	22.86	1.54	115.60	52.39	35.59	7.14
仪器仪表制造业	Manufacture of Measuring Instrument	2.04	1.55	11.10	11.72	1.48	1.35
其他制造业	Other Manufacture N.E.C	1.53	0.16	7.12	5.17		
废弃资源综合利用业	Recycling and Disposal of Waste	1.44	0.25	68.96	52.26	1.42	
金属制品、机械和设备修理业	Mental Products,Machine and Equipment Repair	0.50		0.48	0.45		
电力、热力生产和供应业	Production and Supply of Electric Power and Heat Power	485.56	5.51	98.77	21.20	19.14	27.40
燃气生产和供应业	Production and Distribution of Gas	3.49		10.60	1.99	0.15	2.70
水的生产和供应业	Production and Distribution of Water	25.04	0.40	15.33	7.39	1.21	2.48

11-4 续表 6 continued

单位:亿元 (100 million yuan)

指 标	Item	主营业务收 入 Revenue of Major Business	主营业务成 本 Cost of Major Business	主营业务税金及附加 Tax of Major Business
按行业划分:	**Grouped by Sector**	**38314.28**	**31304.81**	**1026.34**
煤炭开采和洗选业	Mining and Washing of Coal	393.60	329.73	4.79
石油和天然气开采业	Petroleum and Natural Gas Extraction			
黑色金属矿采选业	Mining of Ferrous Metal Ores	109.01	92.00	1.14
有色金属矿采选业	Mining of Non-ferrous Metal Ores	360.33	285.43	5.85
非金属矿采选业	Mining and Processing of Nonmetal Ores	387.92	313.46	6.86
开采辅助活动	Mining of Other Ores N.E.C			
其他采矿业	Other Mining and Dressing	1.52	1.06	0.03
农副食品加工业	Processing of Food from Agricultural Products	3267.30	2763.82	27.78
食品制造业	Manufacture of Foods	1073.27	894.61	10.22
酒、饮料和精制茶制造业	Manufacture of Liquor, Beverage and Refined Tea	713.78	563.47	11.25
烟草制品业	Manufacture of Tobacco	831.45	173.65	507.82
纺织业	Manufacture of Textile	660.25	575.70	6.30
纺织服装、服饰业	Manufacture of Textile Wearing and Clothing Apparel	339.91	283.84	3.03
皮革、毛皮、羽毛及其制品和制鞋业	Leather, Fur, Feather and Its Products and Footwear	508.27	414.28	4.33
木材加工和木、竹、藤、棕、草制品业	Processing of Timbers, Manufacture of Wood, Bamboo, Rattan, Palm and Straw Products	742.18	635.31	8.12
家具制造业	Manufacture of Furniture	346.58	290.40	4.18
造纸和纸制品业	Manufacture of Paper and Paper Products	661.93	546.72	8.19
印刷和记录媒介复制业	Printing,Reproduction of Recording Media	438.39	360.21	4.41
文教、工美、体育和娱乐用品制造业	Manufacture of Articles for Culture,Education and Sport Activity	331.10	272.85	4.31
石油加工、炼焦和核燃料加工业	Processing of Petroleum,Coking,Processing of Nucleus Fuel	617.79	444.25	121.20
化学原料和化学制品制造业	Manufacture of Chemical Raw Material and Chemical Products	2949.43	2400.53	62.54
医药制造业	Manufacture of Medicines	1077.47	834.85	9.93
化学纤维制造业	Manufacture of Chemical Fiber	31.71	28.99	0.51
橡胶和塑料制品业	Manufacture of Rubber and Plastic	645.13	539.64	7.75
非金属矿物制品业	Manufacture of Non-metallic Mineral Products	3026.57	2454.81	36.77
黑色金属冶炼和压延加工业	Manufacture and Processing of Ferrous Metals	1513.99	1345.84	12.59
有色金属冶炼和压延加工业	Manufacture and Processing of Non-ferrous Metals	2911.27	2482.17	20.94
金属制品业	Manufacture of Metal Products	1215.70	1018.02	13.44
通用设备制造业	Manufacture of General Purpose Machinery	1682.80	1407.03	16.17
专用设备制造业	Manufacture of Special Purpose Machinery	2780.85	2343.32	19.13
汽车制造业	Automobile Industry	1770.54	1463.32	37.21
铁路、船舶、航空航天和其他运输设备制造业	Manufacture of Railway,Marine,Aerospace and Other Transport Equipment	893.66	695.87	5.95
电气机械和器材制造业	Manufacture of Electrical Machinery and Equipment	1881.69	1557.30	13.07
计算机、通信和其他电子设备制造业	Manufacture of Communication Equipment, Computer and Other Electronic Equipment	2001.30	1701.98	12.29
仪器仪表制造业	Manufacture of Measuring Instrument	237.17	184.31	2.17
其他制造业	Other Manufacture N.E.C	178.86	153.21	1.56
废弃资源综合利用业	Recycling and Disposal of Waste	150.52	131.49	1.97
金属制品、机械和设备修理业	Mental Products,Machine and Equipment Repair	6.22	5.07	0.02
电力、热力生产和供应业	Production and Supply of Electric Power and Heat Power	1356.57	1149.85	10.41
燃气生产和供应业	Production and Distribution of Gas	123.34	95.08	0.99
水的生产和供应业	Production and Distribution of Water	94.92	71.37	1.14

11-4 续表 7 continued

单位:亿元 (100 million yuan)

指 标	Item	其他业务收入 Revenue of Other Business	其他业务利润 profit of Other Business	销售费用 Operation Expenses
按行业划分:	**Grouped by Sector**	**522.87**	**12.58**	**1205.82**
煤炭开采和洗选业	Mining and Washing of Coal	2.83	0.01	9.04
石油和天然气开采业	Petroleum and Natural Gas Extraction			
黑色金属矿采选业	Mining of Ferrous Metal Ores	0.34	0.01	3.26
有色金属矿采选业	Mining of Non-ferrous Metal Ores	0.82	0.19	8.22
非金属矿采选业	Mining and Processing of Nonmetal Ores	0.36	0.08	20.25
开采辅助活动	Mining of Other Ores N.E.C			
其他采矿业	Other Mining and Dressing			0.17
农副食品加工业	Processing of Food from Agricultural Products	14.22	-0.35	106.68
食品制造业	Manufacture of Foods	3.75	0.14	46.19
酒、饮料和精制茶制造业	Manufacture of Liquor, Beverage and Refined Tea	2.24	0.21	40.96
烟草制品业	Manufacture of Tobacco	131.57	-6.49	11.57
纺织业	Manufacture of Textile	3.50	0.05	21.10
纺织服装、服饰业	Manufacture of Textile Wearing and Clothing Apparel	0.22		13.67
皮革、毛皮、羽毛及其制品和制鞋业	Leather, Fur, Feather and Its Products and Footwear	0.28	0.01	17.14
木材加工和木、竹、藤、棕、草制品业	Processing of Timbers,Manufacture of Wood, Bamboo, Rattan, Palm and Straw Products	0.39	-0.02	20.09
家具制造业	Manufacture of Furniture	0.16	0.01	11.95
造纸和纸制品业	Manufacture of Paper and Paper Products	3.35	0.08	23.42
印刷和记录媒介复制业	Printing,Reproduction of Recording Media	0.78	0.51	12.70
文教、工美、体育和娱乐用品制造业	Manufacture of Articles for Culture,Education and Sport Activity	1.29	0.03	9.59
石油加工、炼焦和核燃料加工业	Processing of Petroleum,Coking,Processing of Nucleus Fuel	4.05	0.62	4.70
化学原料和化学制品制造业	Manufacture of Chemical Raw Material and Chemical Products	52.54	1.58	116.31
医药制造业	Manufacture of Medicines	2.97	0.20	82.52
化学纤维制造业	Manufacture of Chemical Fiber			0.62
橡胶和塑料制品业	Manufacture of Rubber and Plastic	2.22	0.17	18.93
非金属矿物制品业	Manufacture of Non-metallic Mineral Products	9.94	0.63	125.17
黑色金属冶炼和压延加工业	Manufacture and Processing of Ferrous Metals	106.68	4.26	25.36
有色金属冶炼和压延加工业	Manufacture and Processing of Non-ferrous Metals	41.65	0.38	31.87
金属制品业	Manufacture of Metal Products	2.23	0.14	36.57
通用设备制造业	Manufacture of General Purpose Machinery	10.60	0.91	56.93
专用设备制造业	Manufacture of Special Purpose Machinery	12.40	1.39	118.72
汽车制造业	Automobile Industry	37.29	2.04	50.08
铁路、船舶、航空航天和其他运输设备制造业	Manufacture of Railway,Marine,Aerospace and Other Transport Equipment	18.30	1.37	21.86
电气机械和器材制造业	Manufacture of Electrical Machinery and Equipment	8.87	0.53	66.72
计算机、通信和其他电子设备制造业	Manufacture of Communication Equipment, Computer and Other Electronic Equipment	7.39	0.44	36.05
仪器仪表制造业	Manufacture of Measuring Instrument	1.19	0.03	14.09
其他制造业	Other Manufacture N.E.C	2.68	0.01	5.73
废弃资源综合利用业	Recycling and Disposal of Waste	15.05	0.01	2.94
金属制品、机械和设备修理业	Mental Products,Machine and Equipment Repair	0.22	0.03	0.09
电力、热力生产和供应业	Production and Supply of Electric Power and Heat Power	12.58	2.05	4.65
燃气生产和供应业	Production and Distribution of Gas	2.18	-0.03	4.78
水的生产和供应业	Production and Distribution of Water	5.73	1.35	5.15

11-4 续表 8 continued

单位:亿元 (100 million yuan)

指 标	Item	管理费用 Management Expense	税金 Tax	财务费用 Financial Expense	利息收入 Interest Revenue	利息支出 Interest Expense
按行业划分:	**Grouped by Sector**	**1771.17**	**97.71**	**428.81**	**19.19**	**369.28**
煤炭开采和洗选业	Mining and Washing of Coal	15.97	0.50	2.50	0.03	1.76
石油和天然气开采业	Petroleum and Natural Gas Extraction					
黑色金属矿采选业	Mining of Ferrous Metal Ores	4.68	0.13	0.92	0.01	0.83
有色金属矿采选业	Mining of Non-ferrous Metal Ores	27.56	1.09	4.44	0.03	3.41
非金属矿采选业	Mining and Processing of Nonmetal Ores	23.96	2.10	3.48	0.11	3.03
开采辅助活动	Mining of Other Ores N.E.C					
其他采矿业	Other Mining and Dressing	0.17		0.02		0.02
农副食品加工业	Processing of Food from Agricultural Products	139.25	9.61	28.07	0.37	21.39
食品制造业	Manufacture of Foods	50.66	3.19	9.08	0.32	7.50
酒、饮料和精制茶制造业	Manufacture of Liquor, Beverage and Refined Tea	39.69	2.04	6.02	0.08	4.35
烟草制品业	Manufacture of Tobacco	41.99	1.73	-0.84	0.79	0.02
纺织业	Manufacture of Textile	24.92	2.33	7.19	0.05	5.61
纺织服装、服饰业	Manufacture of Textile Wearing and Clothing Apparel	14.02	0.40	2.41	0.03	1.50
皮革、毛皮、羽毛及其制品和制鞋业	Leather, Fur, Feather and Its Products and Footwear	19.58	0.82	4.82	0.05	3.86
木材加工和木、竹、藤、棕、草制品业	Processing of Timbers,Manufacture of Wood,Bamboo, Rattan,Palm and Straw Products	32.90	1.66	5.79	0.09	4.51
家具制造业	Manufacture of Furniture	14.47	0.78	2.53	0.06	1.61
造纸和纸制品业	Manufacture of Paper and Paper Products	37.68	2.02	12.83	-0.24	11.56
印刷和记录媒介复制业	Printing,Reproduction of Recording Media	19.30	0.97	2.89	0.05	2.21
文教、工美、体育和娱乐用品制造业	Manufacture of Articles for Culture,Education and Sport Activity	14.16	0.80	2.76	0.02	1.69
石油加工、炼焦和核燃料加工业	Processing of Petroleum,Coking,Processing of Nucleus Fuel	24.14	0.96	4.13	0.22	4.15
化学原料和化学制品制造业	Manufacture of Chemical Raw Material and Chemical Products	149.70	10.00	32.41	0.26	21.16
医药制造业	Manufacture of Medicines	65.64	2.27	9.31	-0.12	5.36
化学纤维制造业	Manufacture of Chemical Fiber	0.81	0.07	0.34	0.02	0.39
橡胶和塑料制品业	Manufacture of Rubber and Plastic	25.50	1.48	4.90	0.05	3.03
非金属矿物制品业	Manufacture of Non-metallic Mineral Products	139.78	9.42	35.95	0.51	24.11
黑色金属冶炼和压延加工业	Manufacture and Processing of Ferrous Metals	51.18	2.50	26.13	3.42	23.22
有色金属冶炼和压延加工业	Manufacture and Processing of Non-ferrous Metals	87.25	4.03	23.36	1.49	19.99
金属制品业	Manufacture of Metal Products	56.50	2.80	8.60	0.23	6.31
通用设备制造业	Manufacture of General Purpose Machinery	81.45	3.74	13.12	0.51	9.68
专用设备制造业	Manufacture of Special Purpose Machinery	142.86	10.48	42.92	4.26	48.78
汽车制造业	Automobile Industry	95.83	7.98	16.46	1.45	14.76
铁路、船舶、航空航天和其他运输设备制造业	Manufacture of Railway,Marine,Aerospace and Other Transport Equipment	79.70	1.43	1.44	2.44	4.18
电气机械和器材制造业	Manufacture of Electrical Machinery and Equipment	88.07	3.57	19.16	0.76	17.47
计算机、通信和其他电子设备制造业	Manufacture of Communication Equipment,Computer and Other Electronic Equipment	82.12	2.99	4.95	0.68	5.72
仪器仪表制造业	Manufacture of Measuring Instrument	18.02	0.96	2.93	-0.16	1.80
其他制造业	Other Manufacture N.E.C	7.50	0.65	1.63	0.03	1.38
废弃资源综合利用业	Recycling and Disposal of Waste	5.64	0.18	0.66	0.03	0.51
金属制品、机械和设备修理业	Mental Products,Machine and Equipment Repair	0.58		0.05		0.06
电力、热力生产和供应业	Production and Supply of Electric Power and Heat Power	27.82	1.34	78.73	0.38	75.54
燃气生产和供应业	Production and Distribution of Gas	7.78	0.19	0.99	0.50	1.19
水的生产和供应业	Production and Distribution of Water	12.36	0.50	5.76	0.39	5.64

11-4 续表 9 continued

单位:亿元 (100 million yuan)

指 标	Item	营业利润 Operating Profit	投资收益 Income from Investment	政府补助 Income from Subsidy	营业外收入 Non-operating Income	利润总额 Total Profit
按行业划分:	**Grouped by Sector**	**2017.46**	**16.73**	**64.94**	**172.78**	**1953.67**
煤炭开采和洗选业	Mining and Washing of Coal	25.73	-1.20	1.19	1.51	26.86
石油和天然气开采业	Petroleum and Natural Gas Extraction					
黑色金属矿采选业	Mining of Ferrous Metal Ores	5.78			0.47	5.24
有色金属矿采选业	Mining of Non-ferrous Metal Ores	17.18	-0.03	0.34	2.69	12.25
非金属矿采选业	Mining and Processing of Nonmetal Ores	17.33	-0.98	0.12	0.35	16.57
开采辅助活动	Mining of Other Ores N.E.C					
其他采矿业	Other Mining and Dressing	0.08				0.08
农副食品加工业	Processing of Food from Agricultural Products	178.98	-1.24	3.57	13.67	160.86
食品制造业	Manufacture of Foods	54.64	0.74	0.76	3.25	53.67
酒、饮料和精制茶制造业	Manufacture of Liquor, Beverage and Refined Tea	42.46	0.07	1.64	3.75	40.32
烟草制品业	Manufacture of Tobacco	92.19	1.58		0.19	90.44
纺织业	Manufacture of Textile	25.66	0.36	1.29	2.11	25.59
纺织服装、服饰业	Manufacture of Textile Wearing and Clothing Apparel	20.00	-0.24	1.53	3.32	17.79
皮革、毛皮、羽毛及其制品和制鞋业	Leather, Fur, Feather and Its Products and Footwear	38.47	-0.97	0.30	3.11	36.91
木材加工和木、竹、藤、棕、草制品业	Processing of Timbers, Manufacture of Wood, Bamboo, Rattan, Palm and Straw Products	35.33	0.21	0.10	0.41	33.14
家具制造业	Manufacture of Furniture	19.56	0.06	0.02	0.52	19.35
造纸和纸制品业	Manufacture of Paper and Paper Products	30.86	1.03	1.36	2.33	32.13
印刷和记录媒介复制业	Printing,Reproduction of Recording Media	36.60	-0.05	0.34	0.56	33.22
文教、工美、体育和娱乐用品制造业	Manufacture of Articles for Culture, Education and Sport Activity	19.77	-1.08	0.19	2.60	17.88
石油加工、炼焦和核燃料加工业	Processing of Petroleum,Coking,Processing of Nucleus Fuel	20.02	0.04	0.15	0.55	20.18
化学原料和化学制品制造业	Manufacture of Chemical Raw Material and Chemical Products	157.46	-0.25	1.04	3.60	143.22
医药制造业	Manufacture of Medicines	73.75	-0.05	1.04	2.95	74.95
化学纤维制造业	Manufacture of Chemical Fiber	0.46	0.05	0.05	0.05	0.50
橡胶和塑料制品业	Manufacture of Rubber and Plastic	40.81	-1.25	0.37	0.69	34.62
非金属矿物制品业	Manufacture of Non-metallic Mineral Products	188.15	-0.36	3.34	14.74	184.61
黑色金属冶炼和压延加工业	Manufacture and Processing of Ferrous Metals	50.52	1.86	1.84	5.06	49.17
有色金属冶炼和压延加工业	Manufacture and Processing of Non-ferrous Metals	97.38	-1.65	2.52	11.59	90.64
金属制品业	Manufacture of Metal Products	80.47	0.29	1.11	1.99	79.32
通用设备制造业	Manufacture of General Purpose Machinery	105.16	0.78	0.72	6.43	99.06
专用设备制造业	Manufacture of Special Purpose Machinery	57.51	4.87	3.87	17.90	62.28
汽车制造业	Automobile Industry	66.26	-0.91	12.39	18.06	79.76
铁路、船舶、航空航天和其他运输设备制造业	Manufacture of Railway,Marine,Aerospace and Other Transport Equipment	83.88	1.24	6.33	8.99	90.28
电气机械和器材制造业	Manufacture of Electrical Machinery and Equipment	101.75	11.10	4.96	7.60	90.61
计算机、通信和其他电子设备制造业	Manufacture of Communication Equipment, Computer	104.32	0.63	5.79	14.18	95.32
仪器仪表制造业	Manufacture of Measuring Instrument	15.61	-0.14	0.69	2.04	16.72
其他制造业	Other Manufacture N.E.C	10.61	0.02	0.11	0.23	10.46
废弃资源综合利用业	Recycling and Disposal of Waste	6.19	-0.09	0.66	1.03	6.44
金属制品、机械和设备修理业	Mental Products,Machine and Equipment Repair	0.49		0.04	0.04	0.53
电力、热力生产和供应业	Production and Supply of Electric Power and Heat Power	80.02	2.27	3.87	10.00	83.50
燃气生产和供应业	Production and Distribution of Gas	13.63	0.55	0.44	1.05	14.08
水的生产和供应业	Production and Distribution of Water	2.39	-0.53	0.88	3.18	5.12

11-4 续表 10 continued

单位:亿元 (100 million yuan)

指 标	Item	亏损企业亏损总额 Total Loss of Enterprises Running under Deficit	本年应付职工薪酬 Total Sum of Wages Payable this Year
按行业划分:	**Grouped by Sector**	**167.98**	**2067.56**
煤炭开采和洗选业	Mining and Washing of Coal	2.70	39.55
石油和天然气开采业	Petroleum and Natural Gas Extraction		
黑色金属矿采选业	Mining of Ferrous Metal Ores	0.17	6.53
有色金属矿采选业	Mining of Non-ferrous Metal Ores	4.51	24.85
非金属矿采选业	Mining and Processing of Nonmetal Ores	1.58	21.80
开采辅助活动	Mining of Other Ores N.E.C		
其他采矿业	Other Mining and Dressing		0.12
农副食品加工业	Processing of Food from Agricultural Products	1.91	120.64
食品制造业	Manufacture of Foods	0.64	59.91
酒、饮料和精制茶制造业	Manufacture of Liquor, Beverage and Refined Tea	2.23	35.00
烟草制品业	Manufacture of Tobacco		37.25
纺织业	Manufacture of Textile	2.00	41.51
纺织服装、服饰业	Manufacture of Textile Wearing and Clothing Apparel	0.07	30.50
皮革、毛皮、羽毛及其制品和制鞋业	Leather, Fur, Feather and Its Products and Footwear	0.21	46.85
木材加工和木、竹、藤、棕、草制品业	Processing of Timbers,Manufacture of Wood,Bamboo, Rattan,Palm and Straw Products	0.42	37.04
家具制造业	Manufacture of Furniture	0.05	15.87
造纸和纸制品业	Manufacture of Paper and Paper Products	2.73	33.63
印刷和记录媒介复制业	Printing,Reproduction of Recording Media	0.68	20.06
文教、工美、体育和娱乐用品制造业	Manufacture of Articles for Culture,Education and Sport Activity	0.15	21.86
石油加工、炼焦和核燃料加工业	Processing of Petroleum,Coking,Processing of Nucleus Fuel	2.06	22.12
化学原料和化学制品制造业	Manufacture of Chemical Raw Material and Chemical Products	32.82	184.42
医药制造业	Manufacture of Medicines	1.32	44.26
化学纤维制造业	Manufacture of Chemical Fiber		1.73
橡胶和塑料制品业	Manufacture of Rubber and Plastic	0.76	32.51
非金属矿物制品业	Manufacture of Non-metallic Mineral Products	7.09	211.06
黑色金属冶炼和压延加工业	Manufacture and Processing of Ferrous Metals	14.83	58.88
有色金属冶炼和压延加工业	Manufacture and Processing of Non-ferrous Metals	10.32	70.00
金属制品业	Manufacture of Metal Products	3.50	54.08
通用设备制造业	Manufacture of General Purpose Machinery	2.50	71.24
专用设备制造业	Manufacture of Special Purpose Machinery	31.47	127.77
汽车制造业	Automobile Industry	11.04	85.99
铁路、船舶、航空航天和其他运输设备制造业	Manufacture of Railway,Marine,Aerospace and Other Transport Equipment	0.88	110.57
电气机械和器材制造业	Manufacture of Electrical Machinery and Equipment	1.56	83.15
计算机、通信和其他电子设备制造业	Manufacture of Communication Equipment,Computer and Other Electronic Equipment	11.19	133.24
仪器仪表制造业	Manufacture of Measuring Instrument	0.19	12.36
其他制造业	Other Manufacture N.E.C	5.13	10.81
废弃资源综合利用业	Recycling and Disposal of Waste	0.79	4.90
金属制品、机械和设备修理业	Mental Products,Machine and Equipment Repair	0.05	0.85
电力、热力生产和供应业	Production and Supply of Electric Power and Heat Power	7.59	132.45
燃气生产和供应业	Production and Distribution of Gas	0.11	5.48
水的生产和供应业	Production and Distribution of Water	2.76	16.75

11-4 续表 11 continued

单位:亿元 (100 million yuan)

指 标	Item	全部从业人员年平均人数(万人) Average Number of Empolyment of the Current Year (10000persons)
按行业划分:	**Grouped by Sector**	**336.31**
煤炭开采和洗选业	Mining and Washing of Coal	8.91
石油和天然气开采业	Petroleum and Natural Gas Extraction	
黑色金属矿采选业	Mining of Ferrous Metal Ores	1.36
有色金属矿采选业	Mining of Non-ferrous Metal Ores	4.77
非金属矿采选业	Mining and Processing of Nonmetal Ores	4.19
开采辅助活动	Mining of Other Ores N.E.C	
其他采矿业	Other Mining and Dressing	0.04
农副食品加工业	Processing of Food from Agricultural Products	23.65
食品制造业	Manufacture of Foods	11.62
酒、饮料和精制茶制造业	Manufacture of Liquor, Beverage and Refined Tea	7.09
烟草制品业	Manufacture of Tobacco	1.34
纺织业	Manufacture of Textile	8.48
纺织服装、服饰业	Manufacture of Textile Wearing and Clothing Apparel	5.95
皮革、毛皮、羽毛及其制品和制鞋业	Leather, Fur, Feather and Its Products and Footwear	10.25
木材加工和木、竹、藤、棕、草制品业	Processing of Timbers,Manufacture of Wood, Bamboo, Rattan, Palm and Straw Products	8.72
家具制造业	Manufacture of Furniture	2.94
造纸和纸制品业	Manufacture of Paper and Paper Products	6.24
印刷和记录媒介复制业	Printing,Reproduction of Recording Media	3.74
文教、工美、体育和娱乐用品制造业	Manufacture of Articles for Culture,Education and Sport Activity	4.27
石油加工、炼焦和核燃料加工业	Processing of Petroleum,Coking, Processing of Nucleus Fuel	2.01
化学原料和化学制品制造业	Manufacture of Chemical Raw Material and Chemical Products	35.56
医药制造业	Manufacture of Medicines	7.18
化学纤维制造业	Manufacture of Chemical Fiber	0.32
橡胶和塑料制品业	Manufacture of Rubber and Plastic	5.51
非金属矿物制品业	Manufacture of Non-metallic Mineral Products	38.30
黑色金属冶炼和压延加工业	Manufacture and Processing of Ferrous Metals	8.98
有色金属冶炼和压延加工业	Manufacture and Processing of Non-ferrous Metals	12.07
金属制品业	Manufacture of Metal Products	10.16
通用设备制造业	Manufacture of General Purpose Machinery	12.44
专用设备制造业	Manufacture of Special Purpose Machinery	16.37
汽车制造业	Automobile Industry	11.22
铁路、船舶、航空航天和其他运输设备制造业	Manufacture of Railway,Marine,Aerospace and Other Transport Equipment	6.72
电气机械和器材制造业	Manufacture of Electrical Machinery and Equipment	13.77
计算机、通信和其他电子设备制造业	Manufacture of Communication Equipment, Computer and Other Electronic Equipment	19.38
仪器仪表制造业	Manufacture of Measuring Instrument	2.42
其他制造业	Other Manufacture N.E.C	1.94
废弃资源综合利用业	Recycling and Disposal of Waste	1.05
金属制品、机械和设备修理业	Mental Products,Machine and Equipment Repair	0.23
电力、热力生产和供应业	Production and Supply of Electric Power and Heat Power	13.95
燃气生产和供应业	Production and Distribution of Gas	0.83
水的生产和供应业	Production and Distribution of Water	2.36

11-4 续表12 continued

指标	Item	百元固定资产原价实现利润（元） Profits per 100 Yuan of Original Value of Fix Assets (yuan)	每百元销售收入实现的利润（元） Profits per 100 Yuan of Sales Recenue (yuan)
按行业划分:	**Grouped by Sector**	**12.64**	**5.60**
煤炭开采和洗选业	Mining and Washing of Coal	12.57	6.82
石油和天然气开采业	Petroleum and Natural Gas Extraction		
黑色金属矿采选业	Mining of Ferrous Metal Ores	14.84	4.81
有色金属矿采选业	Mining of Non-ferrous Metal Ores	8.69	3.40
非金属矿采选业	Mining and Processing of Nonmetal Ores	16.46	4.27
开采辅助活动	Mining of Other Ores N.E.C		
其他采矿业	Other Mining and Dressing	23.53	5.26
农副食品加工业	Processing of Food from Agricultural Products	20.29	4.92
食品制造业	Manufacture of Foods	19.56	5.00
酒、饮料和精制茶制造业	Manufacture of Liquor, Beverage and Refined Tea	18.33	5.65
烟草制品业	Manufacture of Tobacco	43.66	10.88
纺织业	Manufacture of Textile	12.27	3.88
纺织服装、服饰业	Manufacture of Textile Wearing and Clothing Apparel	21.84	5.23
皮革、毛皮、羽毛及其制品和制鞋业	Leather, Fur, Feather and Its Products and Footwear	37.08	7.26
木材加工和木、竹、藤、棕、草制品业	Processing of Timbers,Manufacture of Wood,Bamboo, Rattan, Palm and Straw Products	21.94	4.47
家具制造业	Manufacture of Furniture	29.64	5.58
造纸和纸制品业	Manufacture of Paper and Paper Products	9.36	4.85
印刷和记录媒介复制业	Printing,Reproduction of Recording Media	29.02	7.58
文教、工美、体育和娱乐用品制造业	Manufacture of Articles for Culture, Education and Sport Activity	31.48	5.40
石油加工、炼焦和核燃料加工业	Processing of Petroleum,Coking,Processing of Nucleus Fuel	6.61	3.27
化学原料和化学制品制造业	Manufacture of Chemical Raw Material and Chemical Products	16.48	4.86
医药制造业	Manufacture of Medicines	25.16	6.96
化学纤维制造业	Manufacture of Chemical Fiber	3.42	1.58
橡胶和塑料制品业	Manufacture of Rubber and Plastic	17.61	5.37
非金属矿物制品业	Manufacture of Non-metallic Mineral Products	13.48	6.10
黑色金属冶炼和压延加工业	Manufacture and Processing of Ferrous Metals	5.03	3.25
有色金属冶炼和压延加工业	Manufacture and Processing of Non-ferrous Metals	13.66	3.11
金属制品业	Manufacture of Metal Products	25.14	6.52
通用设备制造业	Manufacture of General Purpose Machinery	24.66	5.89
专用设备制造业	Manufacture of Special Purpose Machinery	7.44	2.24
汽车制造业	Automobile Industry	13.28	4.50
铁路、船舶、航空航天和其他运输设备制造业	Manufacture of Railway,Marine,Aerospace and Other Transport Equipment	32.02	10.10
电气机械和器材制造业	Manufacture of Electrical Machinery and Equipment	20.48	4.82
计算机、通信和其他电子设备制造业	Manufacture of Communication Equipment,Computer and Other Electronic Equipment	18.25	4.76
仪器仪表制造业	Manufacture of Measuring Instrument	24.79	7.05
其他制造业	Other Manufacture N.E.C	48.00	5.85
废弃资源综合利用业	Recycling and Disposal of Waste	13.44	4.28
金属制品、机械和设备修理业	Mental Products,Machine and Equipment Repair	14.56	8.52
电力、热力生产和供应业	Production and Supply of Electric Power and Heat Power	2.19	6.16
燃气生产和供应业	Production and Distribution of Gas	15.49	11.42
水的生产和供应业	Production and Distribution of Water	2.50	5.39

11-4 续表 13 continued

指 标	Item	资产负债率(%) Assets-Liability Ratio(%)	产品销售率(%) Proportion of Products Sold(%)
按行业划分:	**Grouped by Sector**	**52.29**	**98.95**
煤炭开采和洗选业	Mining and Washing of Coal	42.41	99.48
石油和天然气开采业	Petroleum and Natural Gas Extraction		
黑色金属矿采选业	Mining of Ferrous Metal Ores	39.33	97.42
有色金属矿采选业	Mining of Non-ferrous Metal Ores	49.90	99.57
非金属矿采选业	Mining and Processing of Nonmetal Ores	48.41	98.03
开采辅助活动	Mining of Other Ores N.E.C		
其他采矿业	Other Mining and Dressing	45.52	100.00
农副食品加工业	Processing of Food from Agricultural Products	35.65	97.70
食品制造业	Manufacture of Foods	41.25	98.15
酒、饮料和精制茶制造业	Manufacture of Liquor, Beverage and Refined Tea	38.22	96.59
烟草制品业	Manufacture of Tobacco	17.45	100.21
纺织业	Manufacture of Textile	48.11	97.56
纺织服装、服饰业	Manufacture of Textile Wearing and Clothing Apparel	34.20	96.04
皮革、毛皮、羽毛及其制品和制鞋业	Leather, Fur, Feather and Its Products and Footwear	33.39	98.06
木材加工和木、竹、藤、棕、草制品业	Processing of Timbers,Manufacture of Wood, Bamboo, Rattan, Palm and Straw Products	32.25	98.35
家具制造业	Manufacture of Furniture	39.10	97.98
造纸和纸制品业	Manufacture of Paper and Paper Products	58.41	97.77
印刷和记录媒介复制业	Printing,Reproduction of Recording Media	41.97	97.01
文教、工美、体育和娱乐用品制造业	Manufacture of Articles for Culture, Education and Sport Activity	35.44	98.91
石油加工、炼焦和核燃料加工业	Processing of Petroleum,Coking, Processing of Nucleus Fuel	54.27	97.96
化学原料和化学制品制造业	Manufacture of Chemical Raw Material and Chemical Products	39.72	97.94
医药制造业	Manufacture of Medicines	36.77	95.87
化学纤维制造业	Manufacture of Chemical Fiber	64.35	96.53
橡胶和塑料制品业	Manufacture of Rubber and Plastic	31.48	97.22
非金属矿物制品业	Manufacture of Non-metallic Mineral Products	38.72	97.65
黑色金属冶炼和压延加工业	Manufacture and Processing of Ferrous Metals	73.14	98.85
有色金属冶炼和压延加工业	Manufacture and Processing of Non-ferrous Metals	56.60	98.84
金属制品业	Manufacture of Metal Products	42.00	98.03
通用设备制造业	Manufacture of General Purpose Machinery	46.79	97.93
专用设备制造业	Manufacture of Special Purpose Machinery	57.44	97.31
汽车制造业	Automobile Industry	70.86	97.76
铁路、船舶、航空航天和其他运输设备制造业	Manufacture of Railway,Marine,Aerospace and Other Transport Equipment	53.07	93.39
电气机械和器材制造业	Manufacture of Electrical Machinery and Equipment	52.63	97.62
计算机、通信和其他电子设备制造业	Manufacture of Communication Equipment,Computer and Other Electronic Equipment	66.01	123.61
仪器仪表制造业	Manufacture of Measuring Instrument	40.12	93.83
其他制造业	Other Manufacture N.E.C	36.17	98.78
废弃资源综合利用业	Recycling and Disposal of Waste	41.14	99.00
金属制品、机械和设备修理业	Mental Products,Machine and Equipment Repair	62.54	98.40
电力、热力生产和供应业	Production and Supply of Electric Power and Heat Power	70.09	93.71
燃气生产和供应业	Production and Distribution of Gas	66.27	99.23
水的生产和供应业	Production and Distribution of Water	65.56	94.31

11-4 续表 14 continued

指 标	Item	总资产贡献率 (%) Ratio of Per-tax Profits to Total Capital (%)	成本费用利润率 (%) Rate of Cost Profit (%)
按行业划分:	**Grouped by Sector**	**16.30**	**5.55**
煤炭开采和洗选业	Mining and Washing of Coal	17.91	7.47
石油和天然气开采业	Petroleum and Natural Gas Extraction		
黑色金属矿采选业	Mining of Ferrous Metal Ores	15.51	5.18
有色金属矿采选业	Mining of Non-ferrous Metal Ores	11.27	3.75
非金属矿采选业	Mining and Processing of Nonmetal Ores	16.83	4.58
开采辅助活动	Mining of Other Ores N.E.C		
其他采矿业	Other Mining and Dressing	29.87	5.67
农副食品加工业	Processing of Food from Agricultural Products	18.98	5.29
食品制造业	Manufacture of Foods	18.33	5.35
酒、饮料和精制茶制造业	Manufacture of Liquor, Beverage and Refined Tea	19.55	6.18
烟草制品业	Manufacture of Tobacco	87.51	24.81
纺织业	Manufacture of Textile	14.31	4.05
纺织服装、服饰业	Manufacture of Textile Wearing and Clothing Apparel	19.08	5.66
皮革、毛皮、羽毛及其制品和制鞋业	Leather, Fur, Feather and Its Products and Footwear	34.76	8.07
木材加工和木、竹、藤、棕、草制品业	Processing of Timbers,Manufacture of Wood ,Bamboo, Rattan, Palm and Straw Products	27.21	4.77
家具制造业	Manufacture of Furniture	25.25	6.06
造纸和纸制品业	Manufacture of Paper and Paper Products	12.93	5.15
印刷和记录媒介复制业	Printing,Reproduction of Recording Media	28.90	8.40
文教、工美、体育和娱乐用品制造业	Manufacture of Articles for Culture,Education and Sport Activity	29.83	5.97
石油加工、炼焦和核燃料加工业	Processing of Petroleum,Coking,Processing of Nucleus Fuel	60.25	4.20
化学原料和化学制品制造业	Manufacture of Chemical Raw Material and Chemical Products	21.14	5.21
医药制造业	Manufacture of Medicines	20.81	7.54
化学纤维制造业	Manufacture of Chemical Fiber	8.03	1.64
橡胶和塑料制品业	Manufacture of Rubber and Plastic	18.63	5.87
非金属矿物制品业	Manufacture of Non-metallic Mineral Products	14.99	6.68
黑色金属冶炼和压延加工业	Manufacture and Processing of Ferrous Metals	10.26	3.17
有色金属冶炼和压延加工业	Manufacture and Processing of Non-ferrous Metals	13.05	3.40
金属制品业	Manufacture of Metal Products	20.17	7.08
通用设备制造业	Manufacture of General Purpose Machinery	16.82	6.33
专用设备制造业	Manufacture of Special Purpose Machinery	5.81	2.34
汽车制造业	Automobile Industry	10.33	4.85
铁路、船舶、航空航天和其他运输设备制造业	Manufacture of Railway,Marine,Aerospace and Other Transport Equipment	12.98	11.19
电气机械和器材制造业	Manufacture of Electrical Machinery and Equipment	11.49	5.21
计算机、通信和其他电子设备制造业	Manufacture of Communication Equipment,Computer and Other Electronic Equipment	13.97	5.20
仪器仪表制造业	Manufacture of Measuring Instrument	13.38	7.59
其他制造业	Other Manufacture N.E.C	31.73	6.21
废弃资源综合利用业	Recycling and Disposal of Waste	18.33	4.14
金属制品、机械和设备修理业	Mental Products,Machine and Equipment Repair	9.05	8.87
电力、热力生产和供应业	Production and Supply of Electric Power and Heat Power	7.97	6.55
燃气生产和供应业	Production and Distribution of Gas	13.61	12.82
水的生产和供应业	Production and Distribution of Water	4.81	5.34

11-5 规模以上国有控股工业企业主要经济指标(2016年)

Major Economic Indications of State-owned Share Holding Industrial Enterprises above Designated Size(2016)

单位:亿元 (100 million yuan)

指　标	Item	企业单位数(个) Number of Enterprises (unit)	#亏损企业 Loss-making Enterprises
总计	**Total**	**742**	**174**
在总计中:	Of the Total		
亏损企业	Enterprises Running under Deficit	174	174
在总计中:	Of the Total		
中央企业	Central Enterprises	160	35
地方企业	Local Enterprises	582	139
在总计中:	Of the Total		
大型企业	Large Scale Enterprises	70	14
中型企业	Medium Scale Enterprises	248	64
小型企业	Small Enterprises	399	90
微型企业	Microenterprise	25	6
按行业分	Grouped by Sector		
煤炭开采和洗选业	Mining and Washing of Coal	23	10
石油和天然气开采业	Petroleum and Natural Gas Extraction		
黑色金属矿采选业	Mining of Ferrous Metal Ores		
有色金属矿采选业	Mining of Non-ferrous Metal Ores	20	6
非金属矿采选业	Mining and Processing of Nonmetal Ores	6	1
开采辅助活动	Mining of Other Ores N.E.C		
其他采矿业	Other Mining and Dressing		
农副食品加工业	Processing of Food from Agricultural Products	42	1
食品制造业	Manufacture of Foods	9	1
酒、饮料和精制茶制造业	Manufacture of Liquor, Beverage and Refined Tea	8	3
烟草制品业	Manufacture of Tobacco	8	
纺织业	Manufacture of Textile	6	3
纺织服装、服饰业	Manufacture of Textile Wearing and Clothing Apparel	3	
皮革、毛皮、羽毛及其制品和制鞋业	Leather, Fur, Feather and Its Products and Footwear	2	
木材加工和木、竹、藤、棕、草制品业	Processing of Timbers, Manufacture of Wood, Bamboo, Rattan, Palm and Straw Products	5	1
家具制造业	Manufacture of Furniture		
造纸和纸制品业	Manufacture of Paper and Paper Products	6	2
印刷和记录媒介复制业	Printing, Reproduction of Recording Media	8	3
文教、工美、体育和娱乐用品制造业	Manufacture of Articles for Culture,Education and Sport Activity	3	
石油加工、炼焦和核燃料加工业	Processing of Petroleum,Coking,Processing of Nucleus Fuel	7	1
化学原料和化学制品制造业	Manufacture of Chemical Raw Material and Chemical Products	34	10
医药制造业	Manufacture of Medicines	13	1
化学纤维制造业	Manufacture of Chemical Fiber	1	
橡胶和塑料制品业	Manufacture of Rubber and Plastic	2	1
非金属矿物制品业	Manufacture of Non-metallic Mineral Products	80	16
黑色金属冶炼和压延加工业	Manufacture and Processing of Ferrous Metals	13	4
有色金属冶炼和压延加工业	Manufacture and Processing of Non-ferrous Metals	32	14
金属制品业	Manufacture of Metal Products	13	3
通用设备制造业	Manufacture of General Purpose Machinery	28	8
专用设备制造业	Manufacture of Special Purpose Machinery	35	16
汽车制造业	Automobile Industry	35	6
铁路、船舶、航空航天和其他运输设备制造业	Manufacture of Railway,Marine,Aerospace and Other Transport Equipment	19	3
电气机械和器材制造业	Manufacture of Electrical Machinery and Equipment	20	3
计算机、通信和其他电子设备制造业	Manufacture of Communication Equipment, Computer and Other Electronic Equipment	16	2
仪器仪表制造业	Manufacture of Measuring Instrument	4	1
其他制造业	Other Manufacture N.E.C	5	
废弃资源综合利用业	Recycling and Disposal of Waste	5	2
金属制品、机械和设备修理业	Mental Products,Machine and Equipment Repair	3	2
电力、热力生产和供应业	Production and Supply of Electric Power and Heat Power	153	30
燃气生产和供应业	Production and Distribution of Gas	4	1
水的生产和供应业	Production and Distribution of Water	71	19

11-5 续表 1 continued

单位:亿元 (100 million yuan)

指 标	Item	工业销售产值 Output Value of Industrial Products Sales	出口交货值 Delivery Value for Export	资产总计 Total Assets
总计	**Total**	**6915.71**	**166.36**	**9937.63**
在总计中:	Of the Total			
亏损企业	Enterprises Running under Deficit	1191.92	45.88	2426.95
在总计中:	Of the Total			
中央企业	Central Enterprises	3491.63	73.83	4829.13
地方企业	Local Enterprises	3424.07	92.54	5108.50
在总计中:	Of the Total			
大型企业	Large Scale Enterprises	4960.61	128.19	7075.45
中型企业	Medium Scale Enterprises	1147.05	25.53	1599.66
小型企业	Small Enterprises	784.89	12.64	1174.70
微型企业	Microenterprise	23.15		87.83
按行业分	Grouped by Sector			
煤炭开采和洗选业	Mining and Washing of Coal	27.84		48.28
石油和天然气开采业	Petroleum and Natural Gas Extraction			
黑色金属矿采选业	Mining of Ferrous Metal Ores			
有色金属矿采选业	Mining of Non-ferrous Metal Ores	50.01		115.74
非金属矿采选业	Mining and Processing of Nonmetal Ores	15.45	0.01	22.44
开采辅助活动	Mining Auxiliary Activities			
其他采矿业	Other Mining and Dressing			
农副食品加工业	Processing of Food from Agricultural Products	193.51	0.03	87.19
食品制造业	Manufacture of Foods	29.21	0.61	21.31
酒、饮料和精制茶制造业	Manufacture of Liquor, Beverage and Refined Tea	25.13	0.15	41.20
烟草制品业	Manufacture of Tobacco	831.45	5.49	817.23
纺织业	Manufacture of Textile	9.99	0.70	10.91
纺织服装、服饰业	Manufacture of Textile Wearing and Clothing Apparel	1.16		1.64
皮革、毛皮、羽毛及其制品和制鞋业	Leather, Fur, Feather and Its Products and Footwear	5.09		10.15
木材加工和木、竹、藤、棕、草制品业	Processing of Timbers,Manufacture of Wood,Bamboo, Rattan, Palm and Straw Products	9.55		2.77
家具制造业	Manufacture of Furniture			
造纸和纸制品业	Manufacture of Paper and Paper Products	113.23		260.11
印刷和记录媒介复制业	Printing,Reproduction of Recording Media	32.48	0.39	28.10
文教、工美、体育和娱乐用品制造业	Manufacture of Articles for Culture,Education and Sport Activity	4.04		4.29
石油加工、炼焦和核燃料加工业	Processing of Petroleum,Coking,Processing of Nucleus Fuel	528.79		179.89
化学原料和化学制品制造业	Manufacture of Chemical Raw Material and Chemical Products	142.43	10.88	218.02
医药制造业	Manufacture of Medicines	83.35		66.86
化学纤维制造业	Manufacture of Chemical Fiber	5.16		6.52
橡胶和塑料制品业	Manufacture of Rubber and Plastic	0.85	0.13	1.76
非金属矿物制品业	Manufacture of Non-metallic Mineral Products	220.94	3.59	342.68
黑色金属冶炼和压延加工业	Manufacture and Processing of Ferrous Metals	599.96	33.32	807.38
有色金属冶炼和压延加工业	Manufacture and Processing of Non-ferrous Metals	455.45	6.92	366.89
金属制品业	Manufacture of Metal Products	119.31	13.33	102.34
通用设备制造业	Manufacture of General Purpose Machinery	131.99	4.64	205.08
专用设备制造业	Manufacture of Special Purpose Machinery	632.69	19.42	1079.58
汽车制造业	Automobile Industry	375.22	3.42	575.22
铁路、船舶、航空航天和其他运输设备制造业	Manufacture of Railway,Marine,Aerospace and Other Transport Equipment	709.40	47.31	945.54
电气机械和器材制造业	Manufacture of Electrical Machinery and Equipment	243.43	2.05	511.10
计算机、通信和其他电子设备制造业	Manufacture of Communication Equipment,Computer and Other Electronic Equipment	104.62	12.90	165.76
仪器仪表制造业	Manufacture of Measuring Instrument	7.73		11.92
其他制造业	Other Manufacture N.E.C	5.92	0.53	11.03
废弃资源综合利用业	Recycling and Disposal of Waste	4.81		3.12
金属制品、机械和设备修理业	Mental Products,Machine and Equipment Repair	5.11		7.01
电力、热力生产和供应业	Production and Supply of Electric Power and Heat Power	1118.91	0.55	2603.43
燃气生产和供应业	Production and Distribution of Gas	11.08		9.14
水的生产和供应业	Production and Distribution of Water	60.42		246.00

11-5 续表 2 continued

单位:亿元 (100 million yuan)

指 标	Item	固定资产合 计 Total Fixed Assets	流动资产合 计 Circulating Funds	负债合计 Total Liabilities
总计	**Total**	**4012.0**	**4426.14**	**6326.88**
在总计中:	Of the Total			
亏损企业	Enterprises Running under Deficit	800.7	1249.71	1791.96
在总计中:	Of the Total			
中央企业	Central Enterprises	2246.6	1849.08	2875.15
地方企业	Local Enterprises	1765.4	2577.06	3451.73
在总计中:	Of the Total			
大型企业	Large Scale Enterprises	2547.7	3428.14	4549.42
中型企业	Medium Scale Enterprises	773.8	616.34	1050.07
小型企业	Small Enterprises	661.5	343.54	659.90
微型企业	Microenterprise	29.0	38.12	67.49
按行业分	Grouped by Sector			
煤炭开采和洗选业	Mining and Washing of Coal	22.28	13.44	30.98
石油和天然气开采业	Petroleum and Natural Gas Extraction			
黑色金属矿采选业	Mining of Ferrous Metal Ores			
有色金属矿采选业	Mining of Non-ferrous Metal Ores	55.85	20.00	73.83
非金属矿采选业	Mining and Processing of Nonmetal Ores	10.39	6.19	10.32
开采辅助活动	Mining Auxiliary Activities			
其他采矿业	Other Mining and Dressing			
农副食品加工业	Processing of Food from Agricultural Products	51.01	28.51	38.40
食品制造业	Manufacture of Foods	4.97	10.12	13.44
酒、饮料和精制茶制造业	Manufacture of Liquor, Beverage and Refined Tea	14.98	20.25	16.17
烟草制品业	Manufacture of Tobacco	86.73	618.12	142.63
纺织业	Manufacture of Textile	4.05	4.40	4.12
纺织服装、服饰业	Manufacture of Textile Wearing and Clothing Apparel	0.16	1.44	0.68
皮革、毛皮、羽毛及其制品和制鞋业	Leather, Fur, Feather and Its Products and Footwear	0.52	5.01	3.80
木材加工和木、竹、藤、棕、草制品业	Processing of Timbers,Manufacture of Wood, Bamboo, Rattan, Palm and Straw Products	1.37	1.14	1.78
家具制造业	Manufacture of Furniture			
造纸和纸制品业	Manufacture of Paper and Paper Products	119.94	112.66	196.14
印刷和记录媒介复制业	Printing,Reproduction of Recording Media	8.17	17.34	11.82
文教、工美、体育和娱乐用品制造业	Manufacture of Articles for Culture,Education and Sport Activity	0.77	3.35	2.36
石油加工、炼焦和核燃料加工业	Processing of Petroleum,Coking,Processing of Nucleus Fuel	60.84	47.16	104.87
化学原料和化学制品制造业	Manufacture of Chemical Raw Material and Chemical Products	104.38	82.29	150.62
医药制造业	Manufacture of Medicines	24.14	36.02	30.88
化学纤维制造业	Manufacture of Chemical Fiber	3.53	2.89	4.60
橡胶和塑料制品业	Manufacture of Rubber and Plastic	0.26	0.83	1.18
非金属矿物制品业	Manufacture of Non-metallic Mineral Products	196.19	98.27	210.51
黑色金属冶炼和压延加工业	Manufacture and Processing of Ferrous Metals	402.18	298.47	673.99
有色金属冶炼和压延加工业	Manufacture and Processing of Non-ferrous Metals	136.75	163.90	279.63
金属制品业	Manufacture of Metal Products	27.78	57.65	54.45
通用设备制造业	Manufacture of General Purpose Machinery	29.90	151.68	118.52
专用设备制造业	Manufacture of Special Purpose Machinery	119.41	809.40	647.15
汽车制造业	Automobile Industry	131.81	396.86	467.87
铁路、船舶、航空航天和其他运输设备制造业	Manufacture of Railway,Marine,Aerospace and Other Transport Equipment	136.55	687.48	512.32
电气机械和器材制造业	Manufacture of Electrical Machinery and Equipment	90.52	345.21	370.54
计算机、通信和其他电子设备制造业	Manufacture of Communication Equipment,Computer and Other Electronic Equipment	35.73	81.26	77.72
仪器仪表制造业	Manufacture of Measuring Instrument	2.08	9.24	7.29
其他制造业	Other Manufacture N.E.C	4.81	7.12	5.75
废弃资源综合利用业	Recycling and Disposal of Waste	1.09	0.79	1.34
金属制品、机械和设备修理业	Mental Products,Machine and Equipment Repair	2.21	4.31	5.24
电力、热力生产和供应业	Production and Supply of Electric Power and Heat Power	1989.88	211.63	1880.66
燃气生产和供应业	Production and Distribution of Gas	5.99	2.44	3.34
水的生产和供应业	Production and Distribution of Water	124.80	69.29	171.96

11-5 续表 3 continued

单位:亿元 (100 million yuan)

指 标	Item	实收资本 Assets Recevied	所有者权益 Paid-in capital	主营业务收入 Revenue of Major Business
总计	**Total**	**1804.78**	**3638.49**	**6922.91**
在总计中:	Of the Total			
亏损企业	Enterprises Running under Deficit	426.03	636.62	1181.72
在总计中:	Of the Total			
中央企业	Central Enterprises	938.92	1954.19	3423.72
地方企业	Local Enterprises	865.86	1684.30	3499.18
在总计中:	Of the Total			
大型企业	Large Scale Enterprises	1024.47	2526.03	5055.96
中型企业	Medium Scale Enterprises	409.27	577.55	1062.55
小型企业	Small Enterprises	353.88	515.46	780.66
微型企业	Microenterprise	17.16	19.45	23.74
按行业分	Grouped by Sector			
煤炭开采和洗选业	Mining and Washing of Coal	8.67	17.30	30.23
石油和天然气开采业	Petroleum and Natural Gas Extraction			
黑色金属矿采选业	Mining of Ferrous Metal Ores			
有色金属矿采选业	Mining of Non-ferrous Metal Ores	36.77	41.90	52.82
非金属矿采选业	Mining and Processing of Nonmetal Ores	5.99	12.12	14.60
开采辅助活动	Mining Auxiliary Activities			
其他采矿业	Other Mining and Dressing			
农副食品加工业	Processing of Food from Agricultural Products	17.43	48.79	190.06
食品制造业	Manufacture of Foods	4.40	7.87	28.09
酒、饮料和精制茶制造业	Manufacture of Liquor, Beverage and Refined Tea	10.43	25.04	24.25
烟草制品业	Manufacture of Tobacco	52.00	674.60	831.18
纺织业	Manufacture of Textile	4.23	6.79	9.76
纺织服装、服饰业	Manufacture of Textile Wearing and Clothing Apparel	0.30	0.95	1.15
皮革、毛皮、羽毛及其制品和制鞋业	Leather, Fur, Feather and Its Products and Footwear	1.78	6.35	10.27
木材加工和木、竹、藤、棕、草制品业	Processing of Timbers,Manufacture of Wood, Bamboo, Rattan, Palm and Straw Products	1.24	0.99	9.78
家具制造业	Manufacture of Furniture			
造纸和纸制品业	Manufacture of Paper and Paper Products	64.15	63.98	104.96
印刷和记录媒介复制业	Printing,Reproduction of Recording Media	3.84	16.28	31.66
文教、工美、体育和娱乐用品制造业	Manufacture of Articles for Culture,Education and Sport Activity	1.46	1.93	4.01
石油加工、炼焦和核燃料加工业	Processing of Petroleum,Coking,Processing of Nucleus Fuel	73.55	75.02	478.43
化学原料和化学制品制造业	Manufacture of Chemical Raw Material and Chemical Products	92.28	65.78	156.88
医药制造业	Manufacture of Medicines	16.52	35.98	76.10
化学纤维制造业	Manufacture of Chemical Fiber	1.65	1.91	5.57
橡胶和塑料制品业	Manufacture of Rubber and Plastic	0.32	1.27	0.98
非金属矿物制品业	Manufacture of Non-metallic Mineral Products	79.81	129.67	215.05
黑色金属冶炼和压延加工业	Manufacture and Processing of Ferrous Metals	124.63	133.39	580.14
有色金属冶炼和压延加工业	Manufacture and Processing of Non-ferrous Metals	89.01	87.26	446.61
金属制品业	Manufacture of Metal Products	15.21	48.54	111.62
通用设备制造业	Manufacture of General Purpose Machinery	28.74	86.56	136.74
专用设备制造业	Manufacture of Special Purpose Machinery	109.65	434.99	628.59
汽车制造业	Automobile Industry	77.99	136.52	440.44
铁路、船舶、航空航天和其他运输设备制造业	Manufacture of Railway,Marine,Aerospace and Other Transport Equipment	152.56	433.22	622.83
电气机械和器材制造业	Manufacture of Electrical Machinery and Equipment	86.90	140.56	295.75
计算机、通信和其他电子设备制造业	Manufacture of Communication Equipment, Computer and Other Electronic Equipment	41.61	88.04	104.83
仪器仪表制造业	Manufacture of Measuring Instrument	1.94	4.13	7.78
其他制造业	Other Manufacture N.E.C	1.81	4.58	5.89
废弃资源综合利用业	Recycling and Disposal of Waste	1.48	1.79	4.55
金属制品、机械和设备修理业	Mental Products,Machine and Equipment Repair	0.78	1.76	5.08
电力、热力生产和供应业	Production and Supply of Electric Power and Heat Power	561.73	722.77	1183.97
燃气生产和供应业	Production and Distribution of Gas	2.38	5.80	10.30
水的生产和供应业	Production and Distribution of Water	31.57	74.05	61.96

11-5 续表 4 continued

单位:亿元 (100 million yuan)

指 标	Item	主营业务成本 Cost of Major Business	利润总额 Total Profit
总计	**Total**	**5301.99**	**270.55**
在总计中:	Of the Total		
亏损企业	Enterprises Running under Deficit	1080.79	-87.80
在总计中:	Of the Total		
中央企业	Central Enterprises	2280.42	203.73
地方企业	Local Enterprises	3021.57	66.83
在总计中:	Of the Total		
大型企业	Large Scale Enterprises	3806.78	175.07
中型企业	Medium Scale Enterprises	854.99	54.69
小型企业	Small Enterprises	622.14	40.36
微型企业	Microenterprise	18.08	0.42
按行业分	Grouped by Sector		
煤炭开采和洗选业	Mining and Washing of Coal	25.59	0.03
石油和天然气开采业	Petroleum and Natural Gas Extraction		
黑色金属矿采选业	Mining of Ferrous Metal Ores		
有色金属矿采选业	Mining of Non-ferrous Metal Ores	40.97	-1.68
非金属矿采选业	Mining and Processing of Nonmetal Ores	10.12	0.16
开采辅助活动	Mining Auxiliary Activities		
其他采矿业	Other Mining and Dressing		
农副食品加工业	Processing of Food from Agricultural Products	168.70	4.30
食品制造业	Manufacture of Foods	25.47	0.59
酒、饮料和精制茶制造业	Manufacture of Liquor, Beverage and Refined Tea	16.71	1.28
烟草制品业	Manufacture of Tobacco	173.39	90.43
纺织业	Manufacture of Textile	9.27	-0.08
纺织服装、服饰业	Manufacture of Textile Wearing and Clothing Apparel	0.75	0.04
皮革、毛皮、羽毛及其制品和制鞋业	Leather, Fur, Feather and Its Products and Footwear	9.17	1.38
木材加工和木、竹、藤、棕、草制品业	Processing of Timbers, Manufacture of Wood, Bamboo, Rattan, Palm and Straw Products	7.45	0.18
家具制造业	Manufacture of Furniture		
造纸和纸制品业	Manufacture of Paper and Paper Products	82.22	1.98
印刷和记录媒介复制业	Printing,Reproduction of Recording Media	24.87	3.89
文教、工美、体育和娱乐用品制造业	Manufacture of Articles for Culture,Education and Sport Activity	3.29	0.15
石油加工、炼焦和核燃料加工业	Processing of Petroleum,Coking,Processing of Nucleus Fuel	318.81	15.94
化学原料和化学制品制造业	Manufacture of Chemical Raw Material and Chemical Products	138.51	-20.92
医药制造业	Manufacture of Medicines	51.04	5.30
化学纤维制造业	Manufacture of Chemical Fiber	5.12	0.01
橡胶和塑料制品业	Manufacture of Rubber and Plastic	0.82	-0.02
非金属矿物制品业	Manufacture of Non-metallic Mineral Products	164.65	16.99
黑色金属冶炼和压延加工业	Manufacture and Processing of Ferrous Metals	543.78	-9.90
有色金属冶炼和压延加工业	Manufacture and Processing of Non-ferrous Metals	405.25	-3.13
金属制品业	Manufacture of Metal Products	98.22	5.66
通用设备制造业	Manufacture of General Purpose Machinery	117.78	5.05
专用设备制造业	Manufacture of Special Purpose Machinery	557.10	-6.58
汽车制造业	Automobile Industry	391.02	13.10
铁路、船舶、航空航天和其他运输设备制造业	Manufacture of Railway,Marine,Aerospace and Other Transport Equipment	470.88	75.14
电气机械和器材制造业	Manufacture of Electrical Machinery and Equipment	260.17	3.19
计算机、通信和其他电子设备制造业	Manufacture of Communication Equipment, Computer and Other Electronic Equipment	84.28	4.63
仪器仪表制造业	Manufacture of Measuring Instrument	6.30	0.14
其他制造业	Other Manufacture N.E.C	4.23	0.34
废弃资源综合利用业	Recycling and Disposal of Waste	3.95	0.01
金属制品、机械和设备修理业	Mental Products,Machine and Equipment Repair	4.36	0.21
电力、热力生产和供应业	Production and Supply of Electric Power and Heat Power	1022.47	62.00
燃气生产和供应业	Production and Distribution of Gas	8.89	0.83
水的生产和供应业	Production and Distribution of Water	46.36	-0.09

11-5 续表 5 continued

单位:亿元 (100 million yuan)

指 标	Item	本年应缴增值税 Value Added Payable of the Current Year	本年应付职工薪酬 Total Sum of Wages Payable this Year	全部从业人员年平均人数(万人) Average Number of Empolyment of the Current Year (10 000persons)
总计	**Total**	**347.82**	**530.21**	**53.51**
在总计中:	Of the Total			
亏损企业	Enterprises Running under Deficit	29.83	91.01	11.97
在总计中:	Of the Total			
中央企业	Central Enterprises	249.25	295.82	22.81
地方企业	Local Enterprises	98.56	234.39	30.70
在总计中:	Of the Total			
大型企业	Large Scale Enterprises	285.85	382.35	30.94
中型企业	Medium Scale Enterprises	39.45	102.21	16.32
小型企业	Small Enterprises	22.24	44.68	5.94
微型企业	Microenterprise	0.28	0.97	0.31
按行业分	Grouped by Sector			
煤炭开采和洗选业	Mining and Washing of Coal	2.68	10.09	2.32
石油和天然气开采业	Petroleum and Natural Gas Extraction			
黑色金属矿采选业	Mining of Ferrous Metal Ores			
有色金属矿采选业	Mining of Non-ferrous Metal Ores	2.22	9.29	1.33
非金属矿采选业	Mining and Processing of Nonmetal Ores	0.76	2.08	0.29
开采辅助活动	Mining Auxiliary Activities			
其他采矿业	Other Mining and Dressing			
农副食品加工业	Processing of Food from Agricultural Products	0.94	6.95	1.27
食品制造业	Manufacture of Foods	0.30	1.86	0.39
酒、饮料和精制茶制造业	Manufacture of Liquor, Beverage and Refined Tea	1.22	2.23	0.43
烟草制品业	Manufacture of Tobacco	117.75	37.24	1.34
纺织业	Manufacture of Textile	0.11	1.73	0.32
纺织服装、服饰业	Manufacture of Textile Wearing and Clothing Apparel	0.07	0.18	0.02
皮革、毛皮、羽毛及其制品和制鞋业	Leather, Fur, Feather and Its Products and Footwear	0.31	1.21	0.25
木材加工和木、竹、藤、棕、草制品业	Processing of Timbers, Manufacture of Wood, Bamboo, Rattan, Palm and Straw Products	0.05	1.27	0.27
家具制造业	Manufacture of Furniture			
造纸和纸制品业	Manufacture of Paper and Paper Products	6.45	6.94	0.87
印刷和记录媒介复制业	Printing,Reproduction of Recording Media	2.54	2.90	0.30
文教、工美、体育和娱乐用品制造业	Manufacture of Articles for Culture,Education and Sport Activity	0.11	0.59	0.07
石油加工、炼焦和核燃料加工业	Processing of Petroleum,Coking,Processing of Nucleus Fuel	27.13	19.29	1.52
化学原料和化学制品制造业	Manufacture of Chemical Raw Material and Chemical Products	4.31	14.76	1.97
医药制造业	Manufacture of Medicines	4.19	4.85	0.62
化学纤维制造业	Manufacture of Chemical Fiber	0.05	0.27	0.06
橡胶和塑料制品业	Manufacture of Rubber and Plastic	0.06	0.24	0.03
非金属矿物制品业	Manufacture of Non-metallic Mineral Products	8.92	15.18	2.17
黑色金属冶炼和压延加工业	Manufacture and Processing of Ferrous Metals	16.35	30.84	3.17
有色金属冶炼和压延加工业	Manufacture and Processing of Non-ferrous Metals	9.48	23.56	3.08
金属制品业	Manufacture of Metal Products	1.19	4.62	1.08
通用设备制造业	Manufacture of General Purpose Machinery	2.67	11.97	1.66
专用设备制造业	Manufacture of Special Purpose Machinery	11.94	38.62	3.48
汽车制造业	Automobile Industry	6.10	22.12	3.23
铁路、船舶、航空航天和其他运输设备制造业	Manufacture of Railway,Marine,Aerospace and Other Transport Equipment	40.32	96.61	4.25
电气机械和器材制造业	Manufacture of Electrical Machinery and Equipment	8.09	16.59	2.16
计算机、通信和其他电子设备制造业	Manufacture of Communication Equipment, Computer and Other Electronic Equipment	2.23	6.73	0.80
仪器仪表制造业	Manufacture of Measuring Instrument	0.17	0.96	0.14
其他制造业	Other Manufacture N.E.C	0.02	1.88	0.29
废弃资源综合利用业	Recycling and Disposal of Waste	-0.04	0.21	0.05
金属制品、机械和设备修理业	Mental Products,Machine and Equipment Repair	0.12	0.75	0.22
电力、热力生产和供应业	Production and Supply of Electric Power and Heat Power	66.03	121.08	12.05
燃气生产和供应业	Production and Distribution of Gas	0.24	0.44	0.05
水的生产和供应业	Production and Distribution of Water	2.75	14.09	1.95

11-5 续表 6 continued

指标	Item	总资产贡献率(%) Ratio of Total Assets to Industrial Output Value(%)	成本费用利润率(%) Ratio of Profits to Industrial Cost (%)
总计	**Total**	**14.46**	**4.26**
在总计中:	Of the Total		
亏损企业	Enterprises Running under Deficit	-0.31	-6.81
在总计中:	Of the Total		
中央企业	Central Enterprises	24.15	7.32
地方企业	Local Enterprises	5.30	1.88
在总计中:	Of the Total		
大型企业	Large Scale Enterprises	17.23	3.81
中型企业	Medium Scale Enterprises	7.65	5.46
小型企业	Small Enterprises	7.94	5.61
微型企业	Microenterprise	2.00	1.76
按行业分	Grouped by Sector		
煤炭开采和洗选业	Mining and Washing of Coal	7.83	0.11
石油和天然气开采业	Petroleum and Natural Gas Extraction		
黑色金属矿采选业	Mining of Ferrous Metal Ores		
有色金属矿采选业	Mining of Non-ferrous Metal Ores	2.94	-3.17
非金属矿采选业	Mining and Processing of Nonmetal Ores	7.44	1.17
开采辅助活动	Mining Auxiliary Activities		
其他采矿业	Other Mining and Dressing		
农副食品加工业	Processing of Food from Agricultural Products	9.09	2.32
食品制造业	Manufacture of Foods	5.22	2.17
酒、饮料和精制茶制造业	Manufacture of Liquor, Beverage and Refined Tea	10.39	5.97
烟草制品业	Manufacture of Tobacco	87.52	24.82
纺织业	Manufacture of Textile	0.80	-0.81
纺织服装、服饰业	Manufacture of Textile Wearing and Clothing Apparel	6.90	3.39
皮革、毛皮、羽毛及其制品和制鞋业	Leather, Fur, Feather and Its Products and Footwear	17.42	13.46
木材加工和木、竹、藤、棕、草制品业	Processing of Timbers,Manufacture of Wood, Bamboo, Rattan, Palm and Straw Products	23.39	1.91
家具制造业	Manufacture of Furniture		
造纸和纸制品业	Manufacture of Paper and Paper Products	6.57	1.87
印刷和记录媒介复制业	Printing,Reproduction of Recording Media	24.27	13.93
文教、工美、体育和娱乐用品制造业	Manufacture of Articles for Culture,Education and Sport Activity	7.26	3.82
石油加工、炼焦和核燃料加工业	Processing of Petroleum,Coking,Processing of Nucleus Fuel	92.13	4.61
化学原料和化学制品制造业	Manufacture of Chemical Raw Material and Chemical Products	-5.82	-10.00
医药制造业	Manufacture of Medicines	15.34	7.51
化学纤维制造业	Manufacture of Chemical Fiber	3.72	0.17
橡胶和塑料制品业	Manufacture of Rubber and Plastic	3.07	-1.65
非金属矿物制品业	Manufacture of Non-metallic Mineral Products	9.50	8.68
黑色金属冶炼和压延加工业	Manufacture and Processing of Ferrous Metals	3.02	-1.44
有色金属冶炼和压延加工业	Manufacture and Processing of Non-ferrous Metals	4.32	-0.66
金属制品业	Manufacture of Metal Products	7.54	5.28
通用设备制造业	Manufacture of General Purpose Machinery	4.23	3.81
专用设备制造业	Manufacture of Special Purpose Machinery	2.21	-1.04
汽车制造业	Automobile Industry	5.18	2.99
铁路、船舶、航空航天和其他运输设备制造业	Manufacture of Railway,Marine,Aerospace and Other Transport Equipment	12.72	13.52
电气机械和器材制造业	Manufacture of Electrical Machinery and Equipment	4.06	1.07
计算机、通信和其他电子设备制造业	Manufacture of Communication Equipment, Computer and Other Electronic Equipment	4.64	4.57
仪器仪表制造业	Manufacture of Measuring Instrument	3.47	1.79
其他制造业	Other Manufacture N.E.C	3.55	5.85
废弃资源综合利用业	Recycling and Disposal of Waste	0.61	0.35
金属制品、机械和设备修理业	Mental Products,Machine and Equipment Repair	5.83	4.32
电力、热力生产和供应业	Production and Supply of Electric Power and Heat Power	7.93	5.51
燃气生产和供应业	Production and Distribution of Gas	12.43	8.22
水的生产和供应业	Production and Distribution of Water	3.48	-0.14

11-5 续表 7 continued

指 标	Item	产品销售率 (%) Proporting of Products Sold (%)	资产负债率 (%) Assets-Liability Ratio (%)
总计	**Total**	**97.20**	**63.67**
在总计中:	Of the Total		
亏损企业	Enterprises Running under Deficit	98.18	73.84
在总计中:	Of the Total		
中央企业	Central Enterprises	95.86	59.54
地方企业	Local Enterprises	98.61	67.57
在总计中:	Of the Total		
大型企业	Large Scale Enterprises	96.94	64.30
中型企业	Medium Scale Enterprises	97.99	65.64
小型企业	Small Enterprises	97.65	56.18
微型企业	Microenterprise	98.37	76.85
按行业分	Grouped by Sector		
煤炭开采和洗选业	Mining and Washing of Coal	104.57	64.16
石油和天然气开采业	Petroleum and Natural Gas Extraction		
黑色金属矿采选业	Mining of Ferrous Metal Ores		
有色金属矿采选业	Mining of Non-ferrous Metal Ores	101.31	63.79
非金属矿采选业	Mining and Processing of Nonmetal Ores	100.59	46.00
开采辅助活动	Mining Auxiliary Activities		
其他采矿业	Other Mining and Dressing		
农副食品加工业	Processing of Food from Agricultural Products	98.24	44.04
食品制造业	Manufacture of Foods	101.21	63.06
酒、饮料和精制茶制造业	Manufacture of Liquor, Beverage and Refined Tea	99.12	39.23
烟草制品业	Manufacture of Tobacco	100.21	17.45
纺织业	Manufacture of Textile	100.39	37.73
纺织服装、服饰业	Manufacture of Textile Wearing and Clothing Apparel	103.63	41.81
皮革、毛皮、羽毛及其制品和制鞋业	Leather, Fur, Feather and Its Products and Footwear	105.53	37.39
木材加工和木、竹、藤、棕、草制品业	Processing of Timbers, Manufacture of Wood, Bamboo, Rattan, Palm and Straw Products	99.97	64.20
家具制造业	Manufacture of Furniture		
造纸和纸制品业	Manufacture of Paper and Paper Products	94.12	75.40
印刷和记录媒介复制业	Printing,Reproduction of Recording Media	102.57	42.08
文教、工美、体育和娱乐用品制造业	Manufacture of Articles for Culture,Education and Sport Activity	103.06	55.10
石油加工、炼焦和核燃料加工业	Processing of Petroleum,Coking,Processing of Nucleus Fuel	100.16	58.29
化学原料和化学制品制造业	Manufacture of Chemical Raw Material and Chemical Products	99.64	69.08
医药制造业	Manufacture of Medicines	95.57	46.18
化学纤维制造业	Manufacture of Chemical Fiber	92.71	70.63
橡胶和塑料制品业	Manufacture of Rubber and Plastic	134.21	66.99
非金属矿物制品业	Manufacture of Non-metallic Mineral Products	98.13	61.43
黑色金属冶炼和压延加工业	Manufacture and Processing of Ferrous Metals	99.38	83.48
有色金属冶炼和压延加工业	Manufacture and Processing of Non-ferrous Metals	98.07	76.22
金属制品业	Manufacture of Metal Products	98.81	53.21
通用设备制造业	Manufacture of General Purpose Machinery	98.74	57.79
专用设备制造业	Manufacture of Special Purpose Machinery	99.03	59.94
汽车制造业	Automobile Industry	97.48	81.34
铁路、船舶、航空航天和其他运输设备制造业	Manufacture of Railway,Marine,Aerospace and Other Transport Equipment	91.71	54.18
电气机械和器材制造业	Manufacture of Electrical Machinery and Equipment	105.46	72.50
计算机、通信和其他电子设备制造业	Manufacture of Communication Equipment, Computer and Other Electronic Equipment	86.33	46.88
仪器仪表制造业	Manufacture of Measuring Instrument	91.97	61.16
其他制造业	Other Manufacture N.E.C	101.29	52.12
废弃资源综合利用业	Recycling and Disposal of Waste	99.96	42.86
金属制品、机械和设备修理业	Mental Products,Machine and Equipment Repair	99.69	74.86
电力、热力生产和供应业	Production and Supply of Electric Power and Heat Power	93.26	72.24
燃气生产和供应业	Production and Distribution of Gas	100.00	36.53
水的生产和供应业	Production and Distribution of Water	92.98	69.90

11-6 集体工业企业主要经济指标(2016年)
Major Economic Indications of Collective-owned Industrial Enterprises(2016)

单位:亿元 (100 million yuan)

指　标	Item	企业单位数(个) Number of Enterprises (unit)	#亏损企业 Loss-making Enterprises
总计	**Total**	**133**	**6**
在总计中:	Of the Total		
亏损企业	Enterprises Running under Deficit	6	6
在总计中:	Of the Total		
大型企业	Large Scale Enterprises	1	
中型企业	Medium Scale Enterprises	24	3
小型企业	Small Enterprises	107	3
微型企业	Microenterprise	1	
按行业分	Grouped by Sector		
煤炭开采和洗选业	Mining and Washing of Coal	40	2
石油和天然气开采业	Petroleum and Natural Gas Extraction		
黑色金属矿采选业	Mining of Ferrous Metal Ores	3	
有色金属矿采选业	Mining of Non-ferrous Metal Ores	1	
非金属矿采选业	Mining and Processing of Nonmetal Ores	4	
开采辅助活动	Mining Auxiliary Activities		
其他采矿业	Other Mining and Dressing		
农副食品加工业	Processing of Food from Agricultural Products	3	
食品制造业	Manufacture of Foods		
酒、饮料和精制茶制造业	Manufacture of Liquor, Beverage and Refined Tea	3	
烟草制品业	Manufacture of Tobacco		
纺织业	Manufacture of Textile		
纺织服装、服饰业	Manufacture of Textile Wearing and Clothing Apparel		
皮革、毛皮、羽毛及其制品和制鞋业	Leather, Fur, Feather and Its Products and Footwear	1	
木材加工和木、竹、藤、棕、草制品业	Processing of Timbers,Manufacture of Wood, Bamboo, Rattan, Palm and Straw Products	2	
家具制造业	Manufacture of Furniture		
造纸和纸制品业	Manufacture of Paper and Paper Products	3	
印刷和记录媒介复制业	Printing,Reproduction of Recording Media	3	
文教、工美、体育和娱乐用品制造业	Manufacture of Articles for Culture,Education and Sport Activity	3	
石油加工、炼焦和核燃料加工业	Processing of Petroleum,Coking,Processing of Nucleus Fuel		
化学原料和化学制品制造业	Manufacture of Chemical Raw Material and Chemical Products	10	
医药制造业	Manufacture of Medicines	1	
化学纤维制造业	Manufacture of Chemical Fiber		
橡胶和塑料制品业	Manufacture of Rubber and Plastic	6	1
非金属矿物制品业	Manufacture of Non-metallic Mineral Products	19	1
黑色金属冶炼和压延加工业	Manufacture and Processing of Ferrous Metals	2	1
有色金属冶炼和压延加工业	Manufacture and Processing of Non-ferrous Metals	4	
金属制品业	Manufacture of Metal Products	2	
通用设备制造业	Manufacture of General Purpose Machinery	4	
专用设备制造业	Manufacture of Special Purpose Machinery	2	1
汽车制造业	Automobile Industry	3	
铁路、船舶、航空航天和其他运输设备制造业	Manufacture of Railway,Marine,Aerospace and Other Transport Equipment	2	
电气机械和器材制造业	Manufacture of Electrical Machinery and Equipment	3	
计算机、通信和其他电子设备制造业	Manufacture of Communication Equipment, Computer and Other Electronic Equipment		
仪器仪表制造业	Manufacture of Measuring Instrument	1	
其他制造业	Other Manufacture N.E.C		
废弃资源综合利用业	Recycling and Disposal of Waste	1	
金属制品、机械和设备修理业	Mental Products,Machine and Equipment Repair		
电力、热力生产和供应业	Production and Supply of Electric Power and Heat Power	5	
燃气生产和供应业	Production and Distribution of Gas		
水的生产和供应业	Production and Distribution of Water	2	

11-6 续表 1 continued

单位:亿元 (100 million yuan)

指 标	Item	工业销售产值 Output Value of Industrial Products Sales	出口交货值 Delivery Value for Export	资产总计 Total Assets
总计	**Total**	**222.98**	**1.79**	**84.29**
在总计中:	Of the Total			
亏损企业	Enterprises Running under Deficit	6.94		4.66
在总计中:	Of the Total			
大型企业	Large Scale Enterprises	12.53		3.41
中型企业	Medium Scale Enterprises	63.46	0.42	29.13
小型企业	Small Enterprises	145.86	1.37	50.92
微型企业	Microenterprise	1.13		0.83
按行业分	Grouped by Sector			
煤炭开采和洗选业	Mining and Washing of Coal	52.46	0.64	16.47
石油和天然气开采业	Petroleum and Natural Gas Extraction			
黑色金属矿采选业	Mining of Ferrous Metal Ores	5.18		2.83
有色金属矿采选业	Mining of Non-ferrous Metal Ores	1.14		0.25
非金属矿采选业	Mining and Processing of Nonmetal Ores	6.04		1.88
开采辅助活动	Mining Auxiliary Activities			
其他采矿业	Other Mining and Dressing			
农副食品加工业	Processing of Food from Agricultural Products	11.20		2.06
食品制造业	Manufacture of Foods			
酒、饮料和精制茶制造业	Manufacture of Liquor, Beverage and Refined Tea	2.64		1.09
烟草制品业	Manufacture of Tobacco			
纺织业	Manufacture of Textile			
纺织服装、服饰业	Manufacture of Textile Wearing and Clothing Apparel			
皮革、毛皮、羽毛及其制品和制鞋业	Leather, Fur, Feather and Its Products and Footwear	1.45		0.07
木材加工和木、竹、藤、棕、草制品业	Processing of Timbers,Manufacture of Wood, Bamboo, Rattan, Palm and Straw Products	1.47	0.70	0.22
家具制造业	Manufacture of Furniture			
造纸和纸制品业	Manufacture of Paper and Paper Products	2.54		0.74
印刷和记录媒介复制业	Printing,Reproduction of Recording Media	3.83		2.06
文教、工美、体育和娱乐用品制造业	Manufacture of Articles for Culture,Education and Sport Activity	4.94		1.39
石油加工、炼焦和核燃料加工业	Processing of Petroleum, Coking, Processing of Nucleus Fuel			
化学原料和化学制品制造业	Manufacture of Chemical Raw Material and Chemical Products	13.82		2.06
医药制造业	Manufacture of Medicines	3.10		2.04
化学纤维制造业	Manufacture of Chemical Fiber			
橡胶和塑料制品业	Manufacture of Rubber and Plastic	9.94		1.88
非金属矿物制品业	Manufacture of Non-metallic Mineral Products	48.09	0.42	20.43
黑色金属冶炼和压延加工业	Manufacture and Processing of Ferrous Metals	5.95		2.86
有色金属冶炼和压延加工业	Manufacture and Processing of Non-ferrous Metals	5.82		1.28
金属制品业	Manufacture of Metal Products	2.13		0.38
通用设备制造业	Manufacture of General Purpose Machinery	17.73		5.80
专用设备制造业	Manufacture of Special Purpose Machinery	1.23		1.34
汽车制造业	Automobile Industry	6.97		3.58
铁路、船舶、航空航天和其他运输设备制造业	Manufacture of Railway,Marine,Aerospace and Other Transport Equipment	3.00		2.78
电气机械和器材制造业	Manufacture of Electrical Machinery and Equipment	3.36	0.02	2.05
计算机、通信和其他电子设备制造业	Manufacture of Communication Equipment, Computer and Other Electronic Equipment			
仪器仪表制造业	Manufacture of Measuring Instrument	1.00		0.65
其他制造业	Other Manufacture N.E.C			
废弃资源综合利用业	Recycling and Disposal of Waste	2.70		5.22
金属制品、机械和设备修理业	Mental Products, Machine and Equipment Repair			
电力、热力生产和供应业	Production and Supply of Electric Power and Heat Power	4.01		2.63
燃气生产和供应业	Production and Distribution of Gas			
水的生产和供应业	Production and Distribution of Water	1.24		0.25

11-6 续表 2 continued

单位:亿元 (100 million yuan)

指 标	Item	固定资产合计 Total Fixed Assets	流动资产合计 Circulating Funds	负债合计 Total Liabilities
总计	**Total**	**39.65**	**28.42**	**40.46**
在总计中:	Of the Total			
亏损企业	Enterprises Running under Deficit	1.08	2.50	3.65
在总计中:	Of the Total			
大型企业	Large Scale Enterprises	0.94	2.47	3.26
中型企业	Medium Scale Enterprises	12.76	10.44	15.87
小型企业	Small Enterprises	25.21	15.42	20.97
微型企业	Microenterprise	0.74	0.09	0.37
按行业分	Grouped by Sector			
煤炭开采和洗选业	Mining and Washing of Coal	7.75	6.19	7.93
石油和天然气开采业	Petroleum and Natural Gas Extraction			
黑色金属矿采选业	Mining of Ferrous Metal Ores	1.65	1.05	1.37
有色金属矿采选业	Mining of Non-ferrous Metal Ores	0.18	0.02	0.03
非金属矿采选业	Mining and Processing of Nonmetal Ores	1.62	0.19	0.37
开采辅助活动	Mining Auxiliary Activities			
其他采矿业	Other Mining and Dressing			
农副食品加工业	Processing of Food from Agricultural Products	1.47	0.17	0.50
食品制造业	Manufacture of Foods			
酒、饮料和精制茶制造业	Manufacture of Liquor, Beverage and Refined Tea	0.53	0.44	0.48
烟草制品业	Manufacture of Tobacco			
纺织业	Manufacture of Textile			
纺织服装、服饰业	Manufacture of Textile Wearing and Clothing Apparel			
皮革、毛皮、羽毛及其制品和制鞋业	Leather, Fur, Feather and Its Products and Footwear	0.06	0.01	0.02
木材加工和木、竹、藤、棕、草制品业	Processing of Timbers, Manufacture of Wood, Bamboo, Rattan, Palm and Straw Products	0.09	0.10	0.18
家具制造业	Manufacture of Furniture			
造纸和纸制品业	Manufacture of Paper and Paper Products	0.42	0.27	0.17
印刷和记录媒介复制业	Printing,Reproduction of Recording Media	1.58	0.22	0.51
文教、工美、体育和娱乐用品制造业	Manufacture of Articles for Culture,Education and Sport Activity	0.98	0.40	0.75
石油加工、炼焦和核燃料加工业	Processing of Petroleum,Coking,Processing of Nucleus Fuel			
化学原料和化学制品制造业	Manufacture of Chemical Raw Material and Chemical Products	1.24	0.61	0.78
医药制造业	Manufacture of Medicines	0.12	0.33	0.97
化学纤维制造业	Manufacture of Chemical Fiber			
橡胶和塑料制品业	Manufacture of Rubber and Plastic	0.61	1.16	0.90
非金属矿物制品业	Manufacture of Non-metallic Mineral Products	9.74	6.92	7.04
黑色金属冶炼和压延加工业	Manufacture and Processing of Ferrous Metals	0.47	1.64	2.26
有色金属冶炼和压延加工业	Manufacture and Processing of Non-ferrous Metals	0.68	0.30	0.49
金属制品业	Manufacture of Metal Products	0.05	0.34	0.20
通用设备制造业	Manufacture of General Purpose Machinery	3.84	1.45	4.48
专用设备制造业	Manufacture of Special Purpose Machinery	0.29	1.04	0.52
汽车制造业	Automobile Industry	0.67	0.96	1.56
铁路、船舶、航空航天和其他运输设备制造业	Manufacture of Railway,Marine,Aerospace and Other Transport Equipment	2.29	0.49	1.35
电气机械和器材制造业	Manufacture of Electrical Machinery and Equipment	1.06	0.47	0.48
计算机、通信和其他电子设备制造业	Manufacture of Communication Equipment, Computer and Other Electronic Equipment			
仪器仪表制造业	Manufacture of Measuring Instrument	0.34	0.31	0.24
其他制造业	Other Manufacture N.E.C			
废弃资源综合利用业	Recycling and Disposal of Waste	1.07	2.64	5.83
金属制品、机械和设备修理业	Mental Products,Machine and Equipment Repair			
电力、热力生产和供应业	Production and Supply of Electric Power and Heat Power	0.73	0.60	0.93
燃气生产和供应业	Production and Distribution of Gas			
水的生产和供应业	Production and Distribution of Water	0.14	0.11	0.11

11-6 续表 3 continued

单位:亿元 (100 million yuan)

指 标	Item	实收资本 Assets Recevied	所有者权益 Paid-in capital	主营业务收 入 Revenue of Major Business
总计	**Total**	**21.34**	**43.82**	**220.99**
在总计中:	Of the Total			
亏损企业	Enterprises Running under Deficit	1.15	1.01	7.41
在总计中:	Of the Total			
大型企业	Large Scale Enterprises	0.15	0.15	12.59
中型企业	Medium Scale Enterprises	7.49	13.26	64.31
小型企业	Small Enterprises	13.35	29.95	142.96
微型企业	Microenterprise	0.35	0.46	1.13
按行业分	Grouped by Sector			
煤炭开采和洗选业	Mining and Washing of Coal	5.88	8.53	52.65
石油和天然气开采业	Petroleum and Natural Gas Extraction			
黑色金属矿采选业	Mining of Ferrous Metal Ores	0.74	1.46	5.18
有色金属矿采选业	Mining of Non-ferrous Metal Ores	0.09	0.22	1.14
非金属矿采选业	Mining and Processing of Nonmetal Ores	1.10	1.51	6.17
开采辅助活动	Mining Auxiliary Activities			
其他采矿业	Other Mining and Dressing			
农副食品加工业	Processing of Food from Agricultural Products	0.31	1.56	12.66
食品制造业	Manufacture of Foods			
酒、饮料和精制茶制造业	Manufacture of Liquor, Beverage and Refined Tea	0.13	0.62	2.49
烟草制品业	Manufacture of Tobacco			
纺织业	Manufacture of Textile			
纺织服装、服饰业	Manufacture of Textile Wearing and Clothing Apparel			
皮革、毛皮、羽毛及其制品和制鞋业	Leather, Fur, Feather and Its Products and Footwear	0.02	0.05	1.36
木材加工和木、竹、藤、棕、草制品业	Processing of Timbers,Manufacture of Wood, Bamboo, Rattan, Palm and Straw Products	0.03	0.03	1.56
家具制造业	Manufacture of Furniture			
造纸和纸制品业	Manufacture of Paper and Paper Products	0.09	0.57	2.56
印刷和记录媒介复制业	Printing,Reproduction of Recording Media	0.68	1.55	3.65
文教、工美、体育和娱乐用品制造业	Manufacture of Articles for Culture,Education and Sport Activity	0.06	0.64	4.90
石油加工、炼焦和核燃料加工业	Processing of Petroleum,Coking,Processing of Nucleus Fuel			
化学原料和化学制品制造业	Manufacture of Chemical Raw Material and Chemical Products	0.57	1.27	13.86
医药制造业	Manufacture of Medicines	0.05	1.08	3.10
化学纤维制造业	Manufacture of Chemical Fiber			
橡胶和塑料制品业	Manufacture of Rubber and Plastic	0.64	0.98	10.08
非金属矿物制品业	Manufacture of Non-metallic Mineral Products	5.09	13.38	47.15
黑色金属冶炼和压延加工业	Manufacture and Processing of Ferrous Metals	0.53	0.60	6.28
有色金属冶炼和压延加工业	Manufacture and Processing of Non-ferrous Metals	0.45	0.79	5.82
金属制品业	Manufacture of Metal Products	0.17	0.18	2.18
通用设备制造业	Manufacture of General Purpose Machinery	0.99	1.31	16.84
专用设备制造业	Manufacture of Special Purpose Machinery	0.02	0.82	1.19
汽车制造业	Automobile Industry	0.39	2.01	6.43
铁路、船舶、航空航天和其他运输设备制造业	Manufacture of Railway,Marine,Aerospace and Other Transport Equipment	1.39	1.43	2.97
电气机械和器材制造业	Manufacture of Electrical Machinery and Equipment	0.45	1.57	2.89
计算机、通信和其他电子设备制造业	Manufacture of Communication Equipment, Computer and Other Electronic Equipment			
仪器仪表制造业	Manufacture of Measuring Instrument	0.16	0.41	1.00
其他制造业	Other Manufacture N.E.C			
废弃资源综合利用业	Recycling and Disposal of Waste	0.23	-0.61	1.82
金属制品、机械和设备修理业	Mental Products,Machine and Equipment Repair			
电力、热力生产和供应业	Production and Supply of Electric Power and Heat Power	1.05	1.71	3.91
燃气生产和供应业	Production and Distribution of Gas			
水的生产和供应业	Production and Distribution of Water	0.04	0.15	1.17

11-6 续表 4 continued

单位:亿元 (100 million yuan)

指标	Item	主营业务成本 Cost of Major Businese	利润总额 Total Profit
总计	**Total**	**185.48**	**12.63**
在总计中:	Of the Total		
亏损企业	Enterprises Running under Deficit	6.61	-0.13
在总计中:	Of the Total		
大型企业	Large Scale Enterprises	11.77	0.28
中型企业	Medium Scale Enterprises	55.75	2.40
小型企业	Small Enterprises	117.03	9.84
微型企业	Microenterprise	0.93	0.11
按行业分	Grouped by Sector		
煤炭开采和洗选业	Mining and Washing of Coal	43.67	4.92
石油和天然气开采业	Petroleum and Natural Gas Extraction		
黑色金属矿采选业	Mining of Ferrous Metal Ores	4.43	0.34
有色金属矿采选业	Mining of Non-ferrous Metal Ores	0.91	0.17
非金属矿采选业	Mining and Processing of Nonmetal Ores	5.50	0.25
开采辅助活动	Mining Auxiliary Activities		
其他采矿业	Other Mining and Dressing		
农副食品加工业	Processing of Food from Agricultural Products	11.26	0.20
食品制造业	Manufacture of Foods		
酒、饮料和精制茶制造业	Manufacture of Liquor, Beverage and Refined Tea	2.01	0.20
烟草制品业	Manufacture of Tobacco		
纺织业	Manufacture of Textile		
纺织服装、服饰业	Manufacture of Textile Wearing and Clothing Apparel		
皮革、毛皮、羽毛及其制品和制鞋业	Leather, Fur, Feather and Its Products and Footwear	0.05	0.12
木材加工和木、竹、藤、棕、草制品业	Processing of Timbers, Manufacture of Wood, Bamboo, Rattan ,Palm and Straw Products	1.42	0.05
家具制造业	Manufacture of Furniture		
造纸和纸制品业	Manufacture of Paper and Paper Products	2.14	0.11
印刷和记录媒介复制业	Printing,Reproduction of Recording Media	2.97	0.30
文教、工美、体育和娱乐用品制造业	Manufacture of Articles for Culture,Education and Sport Activity	4.06	0.37
石油加工、炼焦和核燃料加工业	Processing of Petroleum,Coking,Processing of Nucleus Fuel		
化学原料和化学制品制造业	Manufacture of Chemical Raw Material and Chemical Products	11.43	0.48
医药制造业	Manufacture of Medicines	2.43	0.04
化学纤维制造业	Manufacture of Chemical Fiber		
橡胶和塑料制品业	Manufacture of Rubber and Plastic	9.32	0.09
非金属矿物制品业	Manufacture of Non-metallic Mineral Products	40.05	2.18
黑色金属冶炼和压延加工业	Manufacture and Processing of Ferrous Metals	5.08	0.18
有色金属冶炼和压延加工业	Manufacture and Processing of Non-ferrous Metals	4.73	0.48
金属制品业	Manufacture of Metal Products	1.90	0.10
通用设备制造业	Manufacture of General Purpose Machinery	13.52	1.09
专用设备制造业	Manufacture of Special Purpose Machinery	0.88	0.06
汽车制造业	Automobile Industry	5.49	0.20
铁路、船舶、航空航天和其他运输设备制造业	Manufacture of Railway,Marine,Aerospace and Other Transport Equipment	2.66	0.15
电气机械和器材制造业	Manufacture of Electrical Machinery and Equipment	2.56	0.14
计算机、通信和其他电子设备制造业	Manufacture of Communication Equipment, Computer and Other Electronic Equipment		
仪器仪表制造业	Manufacture of Measuring Instrument	0.82	0.08
其他制造业	Other Manufacture N.E.C		
废弃资源综合利用业	Recycling and Disposal of Waste	1.72	0.06
金属制品、机械和设备修理业	Mental Products, Machine and Equipment Repair		
电力、热力生产和供应业	Production and Supply of Electric Power and Heat Power	3.46	0.19
燃气生产和供应业	Production and Distribution of Gas		
水的生产和供应业	Production and Distribution of Water	1.03	0.08

11-6 续表 5 continued

单位:亿元 (100 million yuan)

指 标	Item	本年应缴增值税 Value Added Payable of the Current Year	本年应付职工薪酬 Total Sum of Wages Payable this Year	全部从业人员年平均人数(万人) Average Number of Empolyment of the Current Year (10 000persons)
总计	**Total**	**3.93**	**16.05**	**3.04**
在总计中:	Of the Total			
亏损企业	Enterprises Running under Deficit	0.24	1.31	0.27
在总计中:	Of the Total			
大型企业	Large Scale Enterprises	0.13	0.32	0.11
中型企业	Medium Scale Enterprises	1.13	6.62	1.34
小型企业	Small Enterprises	2.60	8.88	1.53
微型企业	Microenterprise	0.07	0.23	0.06
按行业分	Grouped by Sector			
煤炭开采和洗选业	Mining and Washing of Coal	1.01	4.15	0.88
石油和天然气开采业	Petroleum and Natural Gas Extraction			
黑色金属矿采选业	Mining of Ferrous Metal Ores	0.11	0.57	0.11
有色金属矿采选业	Mining of Non-ferrous Metal Ores	0.05	0.12	0.02
非金属矿采选业	Mining and Processing of Nonmetal Ores	0.11	0.25	0.06
开采辅助活动	Mining Auxiliary Activities			
其他采矿业	Other Mining and Dressing			
农副食品加工业	Processing of Food from Agricultural Products	0.06	0.68	0.09
食品制造业	Manufacture of Foods			
酒、饮料和精制茶制造业	Manufacture of Liquor, Beverage and Refined Tea	0.03	0.06	0.02
烟草制品业	Manufacture of Tobacco			
纺织业	Manufacture of Textile			
纺织服装、服饰业	Manufacture of Textile Wearing and Clothing Apparel			
皮革、毛皮、羽毛及其制品和制鞋业	Leather, Fur, Feather and Its Products and Footwear	0.02	0.35	0.02
木材加工和木、竹、藤、棕、草制品业	Processing of Timbers,Manufacture of Wood, Bamboo, Rattan, Palm and Straw Products	0.03	0.07	0.02
家具制造业	Manufacture of Furniture			
造纸和纸制品业	Manufacture of Paper and Paper Products	0.09	0.16	0.03
印刷和记录媒介复制业	Printing,Reproduction of Recording Media	0.07	0.37	0.06
文教、工美、体育和娱乐用品制造业	Manufacture of Articles for Culture, Education and Sport Activity	0.07	0.42	0.08
石油加工、炼焦和核燃料加工业	Processing of Petroleum, Coking, Processing of Nucleus Fuel			
化学原料和化学制品制造业	Manufacture of Chemical Raw Material and Chemical Products	0.21	0.76	0.17
医药制造业	Manufacture of Medicines	0.06	0.16	0.06
化学纤维制造业	Manufacture of Chemical Fiber			
橡胶和塑料制品业	Manufacture of Rubber and Plastic	0.14	0.58	0.16
非金属矿物制品业	Manufacture of Non-metallic Mineral Products	0.41	3.48	0.67
黑色金属冶炼和压延加工业	Manufacture and Processing of Ferrous Metals	0.11	0.92	0.11
有色金属冶炼和压延加工业	Manufacture and Processing of Non-ferrous Metals	0.15	1.07	0.07
金属制品业	Manufacture of Metal Products	0.06	0.09	0.02
通用设备制造业	Manufacture of General Purpose Machinery	0.56	0.26	0.05
专用设备制造业	Manufacture of Special Purpose Machinery	0.03	0.09	0.02
汽车制造业	Automobile Industry	0.17	0.45	0.08
铁路、船舶、航空航天和其他运输设备制造业	Manufacture of Railway,Marine,Aerospace and Other Transport Equipment	0.03	0.20	0.03
电气机械和器材制造业	Manufacture of Electrical Machinery and Equipment	0.03	0.12	0.04
计算机、通信和其他电子设备制造业	Manufacture of Communication Equipment, Computer and Other Electronic Equipment			
仪器仪表制造业	Manufacture of Measuring Instrument	0.06	0.14	0.02
其他制造业	Other Manufacture N.E.C			
废弃资源综合利用业	Recycling and Disposal of Waste	0.20	0.03	0.07
金属制品、机械和设备修理业	Mental Products,Machine and Equipment Repair			
电力、热力生产和供应业	Production and Supply of Electric Power and Heat Power	0.02	0.39	0.07
燃气生产和供应业	Production and Distribution of Gas			
水的生产和供应业	Production and Distribution of Water	0.04	0.11	0.02

11-6 续表 6 continued

单位:亿元 (100 million yuan)

指 标	Item	总资产贡献率 (%) Ratio of Total Assets to Industrial Output Value(%)	成本费用利润率 (%) Ratio of Profits to Industrial Cost (%)
总计	**Total**	**24.00**	**5.72**
在总计中:	Of the Total		
亏损企业	Enterprises Running under Deficit	3.53	-1.54
在总计中:	Of the Total		
大型企业	Large Scale Enterprises	14.41	2.26
中型企业	Medium Scale Enterprises	15.76	3.11
小型企业	Small Enterprises	29.36	7.56
微型企业	Microenterprise	23.59	10.80
按行业分	Grouped by Sector		
煤炭开采和洗选业	Mining and Washing of Coal	39.42	10.41
石油和天然气开采业	Petroleum and Natural Gas Extraction		
黑色金属矿采选业	Mining of Ferrous Metal Ores	18.03	7.12
有色金属矿采选业	Mining of Non-ferrous Metal Ores	93.77	17.52
非金属矿采选业	Mining and Processing of Nonmetal Ores	28.67	4.38
开采辅助活动	Mining Auxiliary Activities		
其他采矿业	Other Mining and Dressing		
农副食品加工业	Processing of Food from Agricultural Products	16.41	1.71
食品制造业	Manufacture of Foods		
酒、饮料和精制茶制造业	Manufacture of Liquor, Beverage and Refined Tea	25.47	8.87
烟草制品业	Manufacture of Tobacco		
纺织业	Manufacture of Textile		
纺织服装、服饰业	Manufacture of Textile Wearing and Clothing Apparel		
皮革、毛皮、羽毛及其制品和制鞋业	Leather, Fur, Feather and Its Products and Footwear	425.38	9.87
木材加工和木、竹、藤、棕、草制品业	Processing of Timbers, Manufacture of Wood, Bamboo, Rattan, Palm and Straw Products	44.19	3.48
家具制造业	Manufacture of Furniture		
造纸和纸制品业	Manufacture of Paper and Paper Products	32.48	4.47
印刷和记录媒介复制业	Printing,Reproduction of Recording Media	19.77	8.89
文教、工美、体育和娱乐用品制造业	Manufacture of Articles for Culture,Education and Sport Activity	36.86	8.36
石油加工、炼焦和核燃料加工业	Processing of Petroleum,Coking,Processing of Nucleus Fuel		
化学原料和化学制品制造业	Manufacture of Chemical Raw Material and Chemical Products	43.83	3.70
医药制造业	Manufacture of Medicines	6.35	1.48
化学纤维制造业	Manufacture of Chemical Fiber		
橡胶和塑料制品业	Manufacture of Rubber and Plastic	15.08	0.83
非金属矿物制品业	Manufacture of Non-metallic Mineral Products	18.34	4.92
黑色金属冶炼和压延加工业	Manufacture and Processing of Ferrous Metals	15.66	2.93
有色金属冶炼和压延加工业	Manufacture and Processing of Non-ferrous Metals	59.08	9.06
金属制品业	Manufacture of Metal Products	53.04	5.06
通用设备制造业	Manufacture of General Purpose Machinery	35.75	7.00
专用设备制造业	Manufacture of Special Purpose Machinery	8.21	5.31
汽车制造业	Automobile Industry	11.07	3.27
铁路、船舶、航空航天和其他运输设备制造业	Manufacture of Railway,Marine,Aerospace and Other Transport Equipment	7.09	5.11
电气机械和器材制造业	Manufacture of Electrical Machinery and Equipment	9.09	4.94
计算机、通信和其他电子设备制造业	Manufacture of Communication Equipment, Computer and Other Electronic Equipment		
仪器仪表制造业	Manufacture of Measuring Instrument	23.64	8.79
其他制造业	Other Manufacture N.E.C		
废弃资源综合利用业	Recycling and Disposal of Waste	5.51	0.35
金属制品、机械和设备修理业	Mental Products, Machine and Equipment Repair		
电力、热力生产和供应业	Production and Supply of Electric Power and Heat Power	10.07	5.07
燃气生产和供应业	Production and Distribution of Gas		
水的生产和供应业	Production and Distribution of Water	57.47	7.81

11-6 续表 7 continued

单位:亿元 (100 million yuan)

指 标	Item	产品销售率(%) Proportion of Products Sold (%)	资产负债率(%) Assets-Liability Ratio(%)
总计	**Total**	**99.30**	**48.01**
在总计中:	Of the Total		
亏损企业	Enterprises Running under Deficit	97.31	78.24
在总计中:	Of the Total		
大型企业	Large Scale Enterprises	99.52	95.51
中型企业	Medium Scale Enterprises	99.05	54.48
小型企业	Small Enterprises	99.40	41.18
微型企业	Microenterprise	97.91	44.43
按行业分	Grouped by Sector		
煤炭开采和洗选业	Mining and Washing of Coal	99.89	48.18
石油和天然气开采业	Petroleum and Natural Gas Extraction		
黑色金属矿采选业	Mining of Ferrous Metal Ores	98.64	48.36
有色金属矿采选业	Mining of Non-ferrous Metal Ores	100.00	13.73
非金属矿采选业	Mining and Processing of Nonmetal Ores	99.18	19.85
开采辅助活动	Mining Auxiliary Activities		
其他采矿业	Other Mining and Dressing		
农副食品加工业	Processing of Food from Agricultural Products	99.70	24.28
食品制造业	Manufacture of Foods		
酒、饮料和精制茶制造业	Manufacture of Liquor, Beverage and Refined Tea	98.29	43.48
烟草制品业	Manufacture of Tobacco		
纺织业	Manufacture of Textile		
纺织服装、服饰业	Manufacture of Textile Wearing and Clothing Apparel		
皮革、毛皮、羽毛及其制品和制鞋业	Leather, Fur, Feather and Its Products and Footwear	106.64	28.43
木材加工和木、竹、藤、棕、草制品业	Processing of Timbers, Manufacture of Wood, Bamboo, Rattan, Palm and Straw Products	93.84	85.07
家具制造业	Manufacture of Furniture		
造纸和纸制品业	Manufacture of Paper and Paper Products	98.89	22.59
印刷和记录媒介复制业	Printing,Reproduction of Recording Media	99.01	24.70
文教、工美、体育和娱乐用品制造业	Manufacture of Articles for Culture,Education and Sport Activity	97.59	54.04
石油加工、炼焦和核燃料加工业	Processing of Petroleum,Coking,Processing of Nucleus Fuel		
化学原料和化学制品制造业	Manufacture of Chemical Raw Material and Chemical Products	97.52	38.10
医药制造业	Manufacture of Medicines	100.00	47.25
化学纤维制造业	Manufacture of Chemical Fiber		
橡胶和塑料制品业	Manufacture of Rubber and Plastic	99.79	47.78
非金属矿物制品业	Manufacture of Non-metallic Mineral Products	99.39	34.49
黑色金属冶炼和压延加工业	Manufacture and Processing of Ferrous Metals	97.29	78.97
有色金属冶炼和压延加工业	Manufacture and Processing of Non-ferrous Metals	98.22	38.57
金属制品业	Manufacture of Metal Products	99.56	52.24
通用设备制造业	Manufacture of General Purpose Machinery	99.99	77.35
专用设备制造业	Manufacture of Special Purpose Machinery	100.00	38.78
汽车制造业	Automobile Industry	100.00	43.70
铁路、船舶、航空航天和其他运输设备制造业	Manufacture of Railway,Marine,Aerospace and Other Transport Equipment	98.35	48.53
电气机械和器材制造业	Manufacture of Electrical Machinery and Equipment	100.23	23.57
计算机、通信和其他电子设备制造业	Manufacture of Communication Equipment,Computer and Other Electronic Equipment		
仪器仪表制造业	Manufacture of Measuring Instrument	98.18	36.51
其他制造业	Other Manufacture N.E.C		
废弃资源综合利用业	Recycling and Disposal of Waste	97.31	111.77
金属制品、机械和设备修理业	Mental Products,Machine and Equipment Repair		
电力、热力生产和供应业	Production and Supply of Electric Power and Heat Power	98.98	35.20
燃气生产和供应业	Production and Distribution of Gas		
水的生产和供应业	Production and Distribution of Water	100.00	43.04

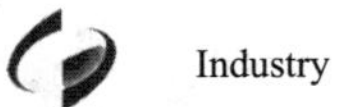

11-7 私营工业企业主要经济指标(2016年)
Major Economic Indications of Private Industrial Enterprises(2016)

单位:亿元 (100 million yuan)

指 标	Item	企业单位数(个) Number of Enterprises (unit)	#亏损企业 Loss-making Enterprises
总计	**Total**	**10650**	**370**
在总计中:	Of the Total		
亏损企业	Enterprises Running under Deficit	370	370
在总计中:	Of the Total		
大型企业	Large Scale Enterprises	68	4
中型企业	Medium Scale Enterprises	1429	34
小型企业	Small Enterprises	8902	309
微型企业	Microenterprise	251	23
按行业分	Grouped by Sector		
煤炭开采和洗选业	Mining and Washing of Coal	198	7
石油和天然气开采业	Petroleum and Natural Gas Extraction		
黑色金属矿采选业	Mining of Ferrous Metal Ores	57	6
有色金属矿采选业	Mining of Non-ferrous Metal Ores	114	7
非金属矿采选业	Mining and Processing of Nonmetal Ores	236	7
开采辅助活动	Mining Auxiliary Activities		
其他采矿业	Other Mining and Dressing	2	
农副食品加工业	Processing of Food from Agricultural Products	1076	26
食品制造业	Manufacture of Foods	321	10
酒、饮料和精制茶制造业	Manufacture of Liquor, Beverage and Refined Tea	331	4
烟草制品业	Manufacture of Tobacco	1	
纺织业	Manufacture of Textile	182	13
纺织服装、服饰业	Manufacture of Textile Wearing and Clothing Apparel	201	4
皮革、毛皮、羽毛及其制品和制鞋业	Leather, Fur, Feather and Its Products and Footwear	237	4
木材加工和木、竹、藤、棕、草制品业	Processing of Timbers, Manufacture of Wood ,Bamboo, Rattan, Palm and Straw Products	368	6
家具制造业	Manufacture of Furniture	131	1
造纸和纸制品业	Manufacture of Paper and Paper Products	246	8
印刷和记录媒介复制业	Printing,Reproduction of Recording Media	196	2
文教、工美、体育和娱乐用品制造业	Manufacture of Articles for Culture,Education and Sport Activity	157	3
石油加工、炼焦和核燃料加工业	Processing of Petroleum,Coking,Processing of Nucleus Fuel	26	3
化学原料和化学制品制造业	Manufacture of Chemical Raw Material and Chemical Products	1200	31
医药制造业	Manufacture of Medicines	218	10
化学纤维制造业	Manufacture of Chemical Fiber	7	
橡胶和塑料制品业	Manufacture of Rubber and Plastic	279	11
非金属矿物制品业	Manufacture of Non-metallic Mineral Products	1318	44
黑色金属冶炼和压延加工业	Manufacture and Processing of Ferrous Metals	321	15
有色金属冶炼和压延加工业	Manufacture and Processing of Non-ferrous Metals	330	15
金属制品业	Manufacture of Metal Products	418	11
通用设备制造业	Manufacture of General Purpose Machinery	586	29
专用设备制造业	Manufacture of Special Purpose Machinery	529	25
汽车制造业	Automobile Industry	182	8
铁路、船舶、航空航天和其他运输设备制造业	Manufacture of Railway,Marine,Aerospace and Other Transport Equipment	73	3
电气机械和器材制造业	Manufacture of Electrical Machinery and Equipment	458	22
计算机、通信和其他电子设备制造业	Manufacture of Communication Equipment,Computer and Other Electronic Equipment	326	20
仪器仪表制造业	Manufacture of Measuring Instrument	78	2
其他制造业	Other Manufacture N.E.C	67	2
废弃资源综合利用业	Recycling and Disposal of Waste	51	4
金属制品、机械和设备修理业	Mental Products,Machine and Equipment Repair	1	
电力、热力生产和供应业	Production and Supply of Electric Power and Heat Power	90	5
燃气生产和供应业	Production and Distribution of Gas	23	
水的生产和供应业	Production and Distribution of Water	15	2

11-7 续表 1 continued

单位:亿元 (100 million yuan)

指 标	Item	工业销售产值 Output Value of Industrial Products Sales	出口交货值 Delivery Value for Export	资产总计 Total Assets
总计	**Total**	**22311.75**	**574.83**	**9610.06**
在总计中:	Of the Total			
亏损企业	Enterprises Running under Deficit	1031.64	61.06	1454.56
在总计中:	Of the Total			
大型企业	Large Scale Enterprises	2020.27	104.03	1962.15
中型企业	Medium Scale Enterprises	5855.32	200.48	2679.06
小型企业	Small Enterprises	14313.20	269.42	4852.67
微型企业	Microenterprise	122.97	0.90	116.18
按行业分	Grouped by Sector			
煤炭开采和洗选业	Mining and Washing of Coal	241.90	0.93	144.83
石油和天然气开采业	Petroleum and Natural Gas Extraction			
黑色金属矿采选业	Mining of Ferrous Metal Ores	85.85	0.38	44.75
有色金属矿采选业	Mining of Non-ferrous Metal Ores	220.79		114.17
非金属矿采选业	Mining and Processing of Nonmetal Ores	281.03	1.93	95.52
开采辅助活动	Mining Auxiliary Activities			
其他采矿业	Other Mining and Dressing	2.52		0.56
农副食品加工业	Processing of Food from Agricultural Products	2275.16	11.40	768.46
食品制造业	Manufacture of Foods	766.74	5.42	293.24
酒、饮料和精制茶制造业	Manufacture of Liquor, Beverage and Refined Tea	464.45	4.19	159.64
烟草制品业	Manufacture of Tobacco	0.27		0.12
纺织业	Manufacture of Textile	495.73	13.84	209.59
纺织服装、服饰业	Manufacture of Textile Wearing and Clothing Apparel	239.91	5.32	109.03
皮革、毛皮、羽毛及其制品和制鞋业	Leather, Fur, Feather and Its Products and Footwear	325.21	10.30	71.59
木材加工和木、竹、藤、棕、草制品业	Processing of Timbers,Manufacture of Wood, Bamboo, Rattan, Palm and Straw Products	664.93	5.26	155.32
家具制造业	Manufacture of Furniture	285.29	1.22	101.16
造纸和纸制品业	Manufacture of Paper and Paper Products	442.71	4.30	165.95
印刷和记录媒介复制业	Printing,Reproduction of Recording Media	317.43	2.77	98.67
文教、工美、体育和娱乐用品制造业	Manufacture of Articles for Culture,Education and Sport Activity	250.33	8.76	67.81
石油加工、炼焦和核燃料加工业	Processing of Petroleum, Coking, Processing of Nucleus Fuel	87.63		89.07
化学原料和化学制品制造业	Manufacture of Chemical Raw Material and Chemical Products	2099.72	136.62	714.68
医药制造业	Manufacture of Medicines	671.00	8.65	250.27
化学纤维制造业	Manufacture of Chemical Fiber	13.28		5.96
橡胶和塑料制品业	Manufacture of Rubber and Plastic	463.86	1.32	189.77
非金属矿物制品业	Manufacture of Non-metallic Mineral Products	2156.66	79.12	1159.91
黑色金属冶炼和压延加工业	Manufacture and Processing of Ferrous Metals	670.19	6.61	181.64
有色金属冶炼和压延加工业	Manufacture and Processing of Non-ferrous Metals	1274.21	16.24	514.71
金属制品业	Manufacture of Metal Products	797.17	12.29	328.06
通用设备制造业	Manufacture of General Purpose Machinery	1217.76	30.46	486.37
专用设备制造业	Manufacture of Special Purpose Machinery	1963.40	95.51	1575.82
汽车制造业	Automobile Industry	560.79	8.58	408.69
铁路、船舶、航空航天和其他运输设备制造业	Manufacture of Railway, Marine, Aerospace and Other Transport Equipment	140.85	1.31	65.70
电气机械和器材制造业	Manufacture of Electrical Machinery and Equipment	1025.31	12.50	467.28
计算机、通信和其他电子设备制造业	Manufacture of Communication Equipment, Computer and Other Electronic Equipment	1306.39	47.56	257.72
仪器仪表制造业	Manufacture of Measuring Instrument	121.61	0.82	61.04
其他制造业	Other Manufacture N.E.C	172.43	41.25	32.45
废弃资源综合利用业	Recycling and Disposal of Waste	87.53		35.14
金属制品、机械和设备修理业	Mental Products,Machine and Equipment Repair	0.23		0.35
电力、热力生产和供应业	Production and Supply of Electric Power and Heat Power	70.22		145.49
燃气生产和供应业	Production and Distribution of Gas	33.14		13.83
水的生产和供应业	Production and Distribution of Water	18.13		25.73

11-7 续表 2 continued

单位:亿元 (100 million yuan)

指 标	Item	固定资产合 计 Total Fixed Assets	流动资产合 计 Circulating Funds	负债合计 Total Liabilities
总计	**Total**	**3997.17**	**3904.97**	**4182.08**
在总计中:	Of the Total			
亏损企业	Enterprises Running under Deficit	325.80	848.57	964.38
在总计中:	Of the Total			
大型企业	Large Scale Enterprises	427.73	1140.38	1207.49
中型企业	Medium Scale Enterprises	1296.46	908.62	933.40
小型企业	Small Enterprises	2243.21	1811.90	1989.15
微型企业	Microenterprise	29.77	44.07	52.03
按行业分	Grouped by Sector			
煤炭开采和洗选业	Mining and Washing of Coal	97.06	32.55	49.18
石油和天然气开采业	Petroleum and Natural Gas Extraction			
黑色金属矿采选业	Mining of Ferrous Metal Ores	20.95	16.33	18.38
有色金属矿采选业	Mining of Non-ferrous Metal Ores	53.45	39.21	41.64
非金属矿采选业	Mining and Processing of Nonmetal Ores	47.45	26.55	34.08
开采辅助活动	Mining Auxiliary Activities			
其他采矿业	Other Mining and Dressing	0.27	0.28	0.25
农副食品加工业	Processing of Food from Agricultural Products	369.44	277.84	265.13
食品制造业	Manufacture of Foods	135.50	103.24	104.60
酒、饮料和精制茶制造业	Manufacture of Liquor, Beverage and Refined Tea	76.32	55.42	48.84
烟草制品业	Manufacture of Tobacco	0.04	0.08	0.01
纺织业	Manufacture of Textile	101.33	76.86	100.22
纺织服装、服饰业	Manufacture of Textile Wearing and Clothing Apparel	40.37	45.21	37.72
皮革、毛皮、羽毛及其制品和制鞋业	Leather, Fur, Feather and Its Products and Footwear	41.83	21.57	19.19
木材加工和木、竹、藤、棕、草制品业	Processing of Timbers, Manufacture of Wood, Bamboo, Rattan, Palm and Straw Products	84.76	46.71	44.44
家具制造业	Manufacture of Furniture	35.80	30.43	40.30
造纸和纸制品业	Manufacture of Paper and Paper Products	94.90	44.10	58.01
印刷和记录媒介复制业	Printing,Reproduction of Recording Media	43.00	39.64	38.94
文教、工美、体育和娱乐用品制造业	Manufacture of Articles for Culture,Education and Sport Activity	29.41	29.11	23.81
石油加工、炼焦和核燃料加工业	Processing of Petroleum, Coking, Processing of Nucleus Fuel	28.81	41.56	42.62
化学原料和化学制品制造业	Manufacture of Chemical Raw Material and Chemical Products	367.38	228.79	225.81
医药制造业	Manufacture of Medicines	116.77	96.29	90.00
化学纤维制造业	Manufacture of Chemical Fiber	2.93	1.07	1.78
橡胶和塑料制品业	Manufacture of Rubber and Plastic	94.42	63.48	64.58
非金属矿物制品业	Manufacture of Non-metallic Mineral Products	556.24	342.11	360.82
黑色金属冶炼和压延加工业	Manufacture and Processing of Ferrous Metals	110.67	52.94	69.93
有色金属冶炼和压延加工业	Manufacture and Processing of Non-ferrous Metals	206.91	243.26	236.54
金属制品业	Manufacture of Metal Products	128.47	125.39	122.91
通用设备制造业	Manufacture of General Purpose Machinery	178.82	223.87	200.44
专用设备制造业	Manufacture of Special Purpose Machinery	390.29	892.49	885.05
汽车制造业	Automobile Industry	91.59	260.17	302.79
铁路、船舶、航空航天和其他运输设备制造业	Manufacture of Railway,Marine,Aerospace and Other Transport Equipment	23.56	35.83	27.35
电气机械和器材制造业	Manufacture of Electrical Machinery and Equipment	188.42	206.42	181.77
计算机、通信和其他电子设备制造业	Manufacture of Communication Equipment,Computer and Other Electronic Equipment	95.40	110.62	299.78
仪器仪表制造业	Manufacture of Measuring Instrument	22.35	29.13	21.86
其他制造业	Other Manufacture N.E.C	11.02	12.42	9.10
废弃资源综合利用业	Recycling and Disposal of Waste	11.89	12.91	11.78
金属制品、机械和设备修理业	Mental Products,Machine and Equipment Repair		0.33	0.19
电力、热力生产和供应业	Production and Supply of Electric Power and Heat Power	83.82	25.36	81.58
燃气生产和供应业	Production and Distribution of Gas	7.28	3.90	6.09
水的生产和供应业	Production and Distribution of Water	8.26	11.48	14.60

11-7 续表 3 continued

单位:亿元 (100 million yuan)

指 标	Item	实收资本 Assets Recevied	所有者权益 Paid-in capital	主营业务收 入 Revenue of Major Business
总计	**Total**	**2923.92**	**5414.84**	**21469.19**
在总计中:	Of the Total			
亏损企业	Enterprises Running under Deficit	105.44	490.06	945.99
在总计中:	Of the Total			
大型企业	Large Scale Enterprises	124.20	754.66	1906.08
中型企业	Medium Scale Enterprises	784.76	1743.48	5831.37
小型企业	Small Enterprises	1883.95	2863.18	13613.86
微型企业	Microenterprise	131.02	53.52	117.87
按行业分	Grouped by Sector			
煤炭开采和洗选业	Mining and Washing of Coal	61.57	95.22	247.92
石油和天然气开采业	Petroleum and Natural Gas Extraction			
黑色金属矿采选业	Mining of Ferrous Metal Ores	14.48	26.37	86.63
有色金属矿采选业	Mining of Non-ferrous Metal Ores	39.61	72.53	213.26
非金属矿采选业	Mining and Processing of Nonmetal Ores	36.98	61.43	279.28
开采辅助活动	Mining Auxiliary Activities			
其他采矿业	Other Mining and Dressing	0.30	0.30	1.52
农副食品加工业	Processing of Food from Agricultural Products	537.45	503.10	2301.54
食品制造业	Manufacture of Foods	92.40	187.68	749.47
酒、饮料和精制茶制造业	Manufacture of Liquor, Beverage and Refined Tea	52.18	110.80	468.33
烟草制品业	Manufacture of Tobacco	0.10	0.11	0.27
纺织业	Manufacture of Textile	45.14	109.24	491.53
纺织服装、服饰业	Manufacture of Textile Wearing and Clothing Apparel	26.59	69.72	244.56
皮革、毛皮、羽毛及其制品和制鞋业	Leather, Fur, Feather and Its Products and Footwear	23.76	52.41	328.93
木材加工和木、竹、藤、棕、草制品业	Processing of Timbers,Manufacture of Wood, Bamboo, Rattan, Palm and Straw Products	59.63	110.88	626.83
家具制造业	Manufacture of Furniture	36.54	60.66	300.89
造纸和纸制品业	Manufacture of Paper and Paper Products	43.75	107.93	442.31
印刷和记录媒介复制业	Printing,Reproduction of Recording Media	27.32	59.42	318.55
文教、工美、体育和娱乐用品制造业	Manufacture of Articles for Culture,Education and Sport Activity	19.98	43.99	245.44
石油加工、炼焦和核燃料加工业	Processing of Petroleum,Coking,Processing of Nucleus Fuel	4.65	42.28	122.88
化学原料和化学制品制造业	Manufacture of Chemical Raw Material and Chemical Products	269.13	488.69	2030.55
医药制造业	Manufacture of Medicines	75.21	159.89	651.71
化学纤维制造业	Manufacture of Chemical Fiber	3.90	4.18	11.79
橡胶和塑料制品业	Manufacture of Rubber and Plastic	70.02	125.06	468.21
非金属矿物制品业	Manufacture of Non-metallic Mineral Products	365.30	798.90	2136.72
黑色金属冶炼和压延加工业	Manufacture and Processing of Ferrous Metals	148.89	111.71	668.21
有色金属冶炼和压延加工业	Manufacture and Processing of Non-ferrous Metals	105.64	278.17	1298.25
金属制品业	Manufacture of Metal Products	81.18	205.15	791.25
通用设备制造业	Manufacture of General Purpose Machinery	101.18	285.81	1187.06
专用设备制造业	Manufacture of Special Purpose Machinery	144.10	690.71	1896.14
汽车制造业	Automobile Industry	51.88	103.72	476.26
铁路、船舶、航空航天和其他运输设备制造业	Manufacture of Railway, Marine, Aerospace and Other Transport Equipment	10.60	38.35	140.11
电气机械和器材制造业	Manufacture of Electrical Machinery and Equipment	127.39	285.21	996.55
计算机、通信和其他电子设备制造业	Manufacture of Communication Equipment, Computer and Other Electronic Equipment	66.05	-43.43	742.35
仪器仪表制造业	Manufacture of Measuring Instrument	16.28	39.18	124.72
其他制造业	Other Manufacture N.E.C	10.67	23.35	161.59
废弃资源综合利用业	Recycling and Disposal of Waste	112.94	23.37	94.31
金属制品、机械和设备修理业	Mental Products,Machine and Equipment Repair	0.05	0.15	0.22
电力、热力生产和供应业	Production and Supply of Electric Power and Heat Power	29.96	63.91	69.62
燃气生产和供应业	Production and Distribution of Gas	5.23	7.55	36.27
水的生产和供应业	Production and Distribution of Water	5.88	11.13	17.15

11-7 续表 4 continued

单位:亿元 (100 million yuan)

指 标	Item	主营业务成本 Cost of Major Businese	利润总额 Total Profit
总计	**Total**	**17704.19**	**1169.00**
在总计中:	Of the Total		
亏损企业	Enterprises Running under Deficit	853.41	-44.00
在总计中:	Of the Total		
大型企业	Large Scale Enterprises	1579.74	51.72
中型企业	Medium Scale Enterprises	4744.74	339.57
小型企业	Small Enterprises	11276.62	771.91
微型企业	Microenterprise	103.09	5.81
按行业分	Grouped by Sector		
煤炭开采和洗选业	Mining and Washing of Coal	208.02	17.80
石油和天然气开采业	Petroleum and Natural Gas Extraction		
黑色金属矿采选业	Mining of Ferrous Metal Ores	73.76	3.93
有色金属矿采选业	Mining of Non-ferrous Metal Ores	170.81	11.38
非金属矿采选业	Mining and Processing of Nonmetal Ores	226.92	12.37
开采辅助活动	Mining Auxiliary Activities		
其他采矿业	Other Mining and Dressing	1.06	0.08
农副食品加工业	Processing of Food from Agricultural Products	1932.88	120.03
食品制造业	Manufacture of Foods	622.86	38.99
酒、饮料和精制茶制造业	Manufacture of Liquor, Beverage and Refined Tea	375.41	26.47
烟草制品业	Manufacture of Tobacco	0.26	0.01
纺织业	Manufacture of Textile	432.90	18.62
纺织服装、服饰业	Manufacture of Textile Wearing and Clothing Apparel	205.51	13.91
皮革、毛皮、羽毛及其制品和制鞋业	Leather, Fur, Feather and Its Products and Footwear	265.48	24.99
木材加工和木、竹、藤、棕、草制品业	Processing of Timbers, Manufacture of Wood, Bamboo, Rattan, Palm and Straw Products	537.39	29.17
家具制造业	Manufacture of Furniture	250.66	17.28
造纸和纸制品业	Manufacture of Paper and Paper Products	369.39	22.26
印刷和记录媒介复制业	Printing,Reproduction of Recording Media	258.96	24.74
文教、工美、体育和娱乐用品制造业	Manufacture of Articles for Culture,Education and Sport Activity	202.86	14.20
石油加工、炼焦和核燃料加工业	Processing of Petroleum, Coking, Processing of Nucleus Fuel	111.29	4.28
化学原料和化学制品制造业	Manufacture of Chemical Raw Material and Chemical Products	1649.83	119.61
医药制造业	Manufacture of Medicines	514.36	39.82
化学纤维制造业	Manufacture of Chemical Fiber	10.22	0.25
橡胶和塑料制品业	Manufacture of Rubber and Plastic	391.98	27.64
非金属矿物制品业	Manufacture of Non-metallic Mineral Products	1736.54	130.89
黑色金属冶炼和压延加工业	Manufacture and Processing of Ferrous Metals	559.92	46.86
有色金属冶炼和压延加工业	Manufacture and Processing of Non-ferrous Metals	1042.56	48.54
金属制品业	Manufacture of Metal Products	661.53	53.06
通用设备制造业	Manufacture of General Purpose Machinery	982.53	72.29
专用设备制造业	Manufacture of Special Purpose Machinery	1583.38	54.23
汽车制造业	Automobile Industry	376.18	29.97
铁路、船舶、航空航天和其他运输设备制造业	Manufacture of Railway,Marine,Aerospace and Other Transport Equipment	115.78	8.06
电气机械和器材制造业	Manufacture of Electrical Machinery and Equipment	819.50	53.34
计算机、通信和其他电子设备制造业	Manufacture of Communication Equipment, Computer and Other Electronic Equipment	593.90	52.86
仪器仪表制造业	Manufacture of Measuring Instrument	100.91	7.27
其他制造业	Other Manufacture N.E.C	140.64	9.04
废弃资源综合利用业	Recycling and Disposal of Waste	83.07	3.21
金属制品、机械和设备修理业	Mental Products,Machine and Equipment Repair	0.20	0.02
电力、热力生产和供应业	Production and Supply of Electric Power and Heat Power	52.67	7.28
燃气生产和供应业	Production and Distribution of Gas	28.04	2.72
水的生产和供应业	Production and Distribution of Water	14.02	1.55

11-7 续表 5 continued

单位:亿元 (100 million yuan)

指 标	Item	本年应缴增值税 Value Added Payable of the Current Year	本年应付职工薪酬 Total Sum of Wages Payable this Year	全部从业人员年平均人数(万人) Average Number of Empolyment of the Current Year (10000persons)
总计	**Total**	**288.09**	**1049.53**	**197.73**
在总计中:	Of the Total			
亏损企业	Enterprises Running under Deficit	10.44	53.78	7.93
在总计中:	Of the Total			
大型企业	Large Scale Enterprises	27.24	104.41	15.72
中型企业	Medium Scale Enterprises	85.19	404.03	73.85
小型企业	Small Enterprises	174.45	538.11	107.08
微型企业	Microenterprise	1.21	2.98	1.08
按行业分	Grouped by Sector			
煤炭开采和洗选业	Mining and Washing of Coal	6.04	19.33	4.29
石油和天然气开采业	Petroleum and Natural Gas Extraction			
黑色金属矿采选业	Mining of Ferrous Metal Ores	1.38	5.11	1.05
有色金属矿采选业	Mining of Non-ferrous Metal Ores	4.42	10.41	2.67
非金属矿采选业	Mining and Processing of Nonmetal Ores	3.92	15.02	3.09
开采辅助活动	Mining Auxiliary Activities			
其他采矿业	Other Mining and Dressing	0.04	0.12	0.04
农副食品加工业	Processing of Food from Agricultural Products	21.18	87.89	17.35
食品制造业	Manufacture of Foods	8.32	39.34	7.76
酒、饮料和精制茶制造业	Manufacture of Liquor, Beverage and Refined Tea	5.66	21.77	4.51
烟草制品业	Manufacture of Tobacco		0.01	
纺织业	Manufacture of Textile	5.90	29.79	6.00
纺织服装、服饰业	Manufacture of Textile Wearing and Clothing Apparel	2.75	21.96	4.69
皮革、毛皮、羽毛及其制品和制鞋业	Leather, Fur, Feather and Its Products and Footwear	2.87	24.41	4.51
木材加工和木、竹、藤、棕、草制品业	Processing of Timbers, Manufacture of Wood, Bamboo, Rattan, Palm and Straw Products	6.60	30.58	7.19
家具制造业	Manufacture of Furniture	4.33	14.42	2.62
造纸和纸制品业	Manufacture of Paper and Paper Products	6.00	22.53	4.22
印刷和记录媒介复制业	Printing,Reproduction of Recording Media	5.61	13.39	2.68
文教、工美、体育和娱乐用品制造业	Manufacture of Articles for Culture,Education and Sport Activity	3.99	14.77	2.98
石油加工、炼焦和核燃料加工业	Processing of Petroleum,Coking,Processing of Nucleus Fuel	2.14	2.27	0.42
化学原料和化学制品制造业	Manufacture of Chemical Raw Material and Chemical Products	33.54	135.55	26.73
医药制造业	Manufacture of Medicines	8.56	24.16	3.87
化学纤维制造业	Manufacture of Chemical Fiber	0.17	0.72	0.12
橡胶和塑料制品业	Manufacture of Rubber and Plastic	6.31	22.65	3.91
非金属矿物制品业	Manufacture of Non-metallic Mineral Products	29.73	149.19	27.25
黑色金属冶炼和压延加工业	Manufacture and Processing of Ferrous Metals	9.21	21.28	4.40
有色金属冶炼和压延加工业	Manufacture and Processing of Non-ferrous Metals	16.58	27.17	5.92
金属制品业	Manufacture of Metal Products	11.82	37.52	6.79
通用设备制造业	Manufacture of General Purpose Machinery	18.06	45.51	8.17
专用设备制造业	Manufacture of Special Purpose Machinery	26.64	76.78	10.63
汽车制造业	Automobile Industry	8.73	32.21	3.89
铁路、船舶、航空航天和其他运输设备制造业	Manufacture of Railway,Marine,Aerospace and Other Transport Equipment	1.63	5.84	1.18
电气机械和器材制造业	Manufacture of Electrical Machinery and Equipment	11.62	40.29	7.54
计算机、通信和其他电子设备制造业	Manufacture of Communication Equipment, Computer and Other Electronic Equipment	6.87	34.43	6.50
仪器仪表制造业	Manufacture of Measuring Instrument	2.38	4.36	1.18
其他制造业	Other Manufacture N.E.C	1.25	7.89	1.55
废弃资源综合利用业	Recycling and Disposal of Waste	1.79	2.88	0.59
金属制品、机械和设备修理业	Mental Products,Machine and Equipment Repair		0.01	
电力、热力生产和供应业	Production and Supply of Electric Power and Heat Power	1.14	5.76	0.98
燃气生产和供应业	Production and Distribution of Gas	0.37	1.30	0.27
水的生产和供应业	Production and Distribution of Water	0.56	0.89	0.17

11-7 续表 6 continued

指标	Item	总资产贡献率(%) Ratio of Total Assets to Industrial Output Value(%)	成本费用利润率(%) Ratio of Profits to Industrial Cost (%)
总计	**Total**	**19.23**	**5.95**
在总计中:	Of the Total		
亏损企业	Enterprises Running under Deficit	-0.43	-4.51
在总计中:	Of the Total		
大型企业	Large Scale Enterprises	6.02	2.87
中型企业	Medium Scale Enterprises	19.94	6.35
小型企业	Small Enterprises	24.44	6.23
微型企业	Microenterprise	7.63	5.01
按行业分	Grouped by Sector		
煤炭开采和洗选业	Mining and Washing of Coal	19.20	7.93
石油和天然气开采业	Petroleum and Natural Gas Extraction		
黑色金属矿采选业	Mining of Ferrous Metal Ores	15.32	4.86
有色金属矿采选业	Mining of Non-ferrous Metal Ores	18.17	5.98
非金属矿采选业	Mining and Processing of Nonmetal Ores	23.89	4.76
开采辅助活动	Mining Auxiliary Activities		
其他采矿业	Other Mining and Dressing	29.87	5.67
农副食品加工业	Processing of Food from Agricultural Products	23.23	5.64
食品制造业	Manufacture of Foods	20.51	5.59
酒、饮料和精制茶制造业	Manufacture of Liquor, Beverage and Refined Tea	25.09	6.19
烟草制品业	Manufacture of Tobacco	8.60	3.31
纺织业	Manufacture of Textile	16.11	3.96
纺织服装、服饰业	Manufacture of Textile Wearing and Clothing Apparel	18.26	6.11
皮革、毛皮、羽毛及其制品和制鞋业	Leather, Fur, Feather and Its Products and Footwear	47.13	8.47
木材加工和木、竹、藤、棕、草制品业	Processing of Timbers,Manufacture of Wood, Bamboo, Rattan, Palm and Straw Products	30.05	4.99
家具制造业	Manufacture of Furniture	25.99	6.24
造纸和纸制品业	Manufacture of Paper and Paper Products	22.69	5.39
印刷和记录媒介复制业	Printing,Reproduction of Recording Media	36.14	8.63
文教、工美、体育和娱乐用品制造业	Manufacture of Articles for Culture,Education and Sport Activity	33.18	6.40
石油加工、炼焦和核燃料加工业	Processing of Petroleum, Coking, Processing of Nucleus Fuel	9.67	3.64
化学原料和化学制品制造业	Manufacture of Chemical Raw Material and Chemical Products	29.32	6.46
医药制造业	Manufacture of Medicines	23.23	6.59
化学纤维制造业	Manufacture of Chemical Fiber	16.00	2.24
橡胶和塑料制品业	Manufacture of Rubber and Plastic	22.24	6.47
非金属矿物制品业	Manufacture of Non-metallic Mineral Products	17.30	6.72
黑色金属冶炼和压延加工业	Manufacture and Processing of Ferrous Metals	37.46	7.74
有色金属冶炼和压延加工业	Manufacture and Processing of Non-ferrous Metals	16.05	4.41
金属制品业	Manufacture of Metal Products	24.00	7.31
通用设备制造业	Manufacture of General Purpose Machinery	22.45	6.61
专用设备制造业	Manufacture of Special Purpose Machinery	7.64	3.03
汽车制造业	Automobile Industry	11.59	6.86
铁路、船舶、航空航天和其他运输设备制造业	Manufacture of Railway,Marine,Aerospace and Other Transport Equipment	16.96	6.32
电气机械和器材制造业	Manufacture of Electrical Machinery and Equipment	17.11	5.82
计算机、通信和其他电子设备制造业	Manufacture of Communication Equipment, Computer and Other Electronic Equipment	26.86	8.12
仪器仪表制造业	Manufacture of Measuring Instrument	18.97	6.30
其他制造业	Other Manufacture N.E.C	38.91	5.92
废弃资源综合利用业	Recycling and Disposal of Waste	17.96	3.63
金属制品、机械和设备修理业	Mental Products,Machine and Equipment Repair	6.17	9.01
电力、热力生产和供应业	Production and Supply of Electric Power and Heat Power	7.43	11.82
燃气生产和供应业	Production and Distribution of Gas	25.93	8.37
水的生产和供应业	Production and Distribution of Water	10.31	9.77

11-7 续表 7 continued

指 标	Item	产品销售率(%) Proportion of Products Sold(%)	资产负债率(%) Assets-Liability Ratio(%)
总计	**Total**	**100.26**	**43.52**
在总计中:	Of the Total		
亏损企业	Enterprises Running under Deficit	96.68	66.30
在总计中:	Of the Total		
大型企业	Large Scale Enterprises	97.01	61.54
中型企业	Medium Scale Enterprises	97.41	34.84
小型企业	Small Enterprises	101.97	40.99
微型企业	Microenterprise	98.88	44.79
按行业分	Grouped by Sector		
煤炭开采和洗选业	Mining and Washing of Coal	98.85	33.96
石油和天然气开采业	Petroleum and Natural Gas Extraction		
黑色金属矿采选业	Mining of Ferrous Metal Ores	96.88	41.07
有色金属矿采选业	Mining of Non-ferrous Metal Ores	99.23	36.47
非金属矿采选业	Mining and Processing of Nonmetal Ores	98.76	35.68
开采辅助活动	Mining Auxiliary Activities		
其他采矿业	Other Mining and Dressing	100.00	45.52
农副食品加工业	Processing of Food from Agricultural Products	97.53	34.50
食品制造业	Manufacture of Foods	97.70	35.67
酒、饮料和精制茶制造业	Manufacture of Liquor, Beverage and Refined Tea	98.27	30.59
烟草制品业	Manufacture of Tobacco	100.00	5.72
纺织业	Manufacture of Textile	97.77	47.82
纺织服装、服饰业	Manufacture of Textile Wearing and Clothing Apparel	94.66	34.60
皮革、毛皮、羽毛及其制品和制鞋业	Leather, Fur, Feather and Its Products and Footwear	98.46	26.80
木材加工和木、竹、藤、棕、草制品业	Processing of Timbers,Manufacture of Wood, Bamboo, Rattan, Palm and Straw Products	98.35	28.61
家具制造业	Manufacture of Furniture	97.70	39.84
造纸和纸制品业	Manufacture of Paper and Paper Products	98.67	34.96
印刷和记录媒介复制业	Printing,Reproduction of Recording Media	96.32	39.46
文教、工美、体育和娱乐用品制造业	Manufacture of Articles for Culture, Education and Sport Activity	100.15	35.12
石油加工、炼焦和核燃料加工业	Processing of Petroleum,Coking,Processing of Nucleus Fuel	86.34	47.85
化学原料和化学制品制造业	Manufacture of Chemical Raw Material and Chemical Products	97.68	31.60
医药制造业	Manufacture of Medicines	97.18	35.96
化学纤维制造业	Manufacture of Chemical Fiber	97.80	29.83
橡胶和塑料制品业	Manufacture of Rubber and Plastic	96.55	34.03
非金属矿物制品业	Manufacture of Non-metallic Mineral Products	98.02	31.11
黑色金属冶炼和压延加工业	Manufacture and Processing of Ferrous Metals	98.23	38.50
有色金属冶炼和压延加工业	Manufacture and Processing of Non-ferrous Metals	98.90	45.96
金属制品业	Manufacture of Metal Products	98.13	37.46
通用设备制造业	Manufacture of General Purpose Machinery	97.86	41.21
专用设备制造业	Manufacture of Special Purpose Machinery	97.38	56.16
汽车制造业	Automobile Industry	95.83	74.09
铁路、船舶、航空航天和其他运输设备制造业	Manufacture of Railway, Marine, Aerospace and Other Transport Equipment	98.68	41.63
电气机械和器材制造业	Manufacture of Electrical Machinery and Equipment	98.30	38.90
计算机、通信和其他电子设备制造业	Manufacture of Communication Equipment, Computer and Other Electronic Equipment	169.59	116.32
仪器仪表制造业	Manufacture of Measuring Instrument	95.90	35.81
其他制造业	Other Manufacture N.E.C	98.65	28.04
废弃资源综合利用业	Recycling and Disposal of Waste	99.25	33.51
金属制品、机械和设备修理业	Mental Products,Machine and Equipment Repair	100.00	55.84
电力、热力生产和供应业	Production and Supply of Electric Power and Heat Power	98.07	56.07
燃气生产和供应业	Production and Distribution of Gas	100.32	44.01
水的生产和供应业	Production and Distribution of Water	94.95	56.76

11-8 外商投资和港澳台投资工业企业主要经济指标(2016年)
Main Indicators of Industrial Enterprises with Hong Kong, Taiwan and Foreign Funds(2016)

单位:亿元 (100 million yuan)

指 标	Item	企业单位数(个) Number of Enterprises (unit)	#亏损企业 Loss-making Enterprises
总计	**Total**	**520**	**60**
在总计中:	Of the Total		
亏损企业	Enterprises Running under Deficit	60	60
在总计中:	Of the Total		
大型企业	Large Scale Enterprises	43	3
中型企业	Medium Scale Enterprises	167	12
小型企业	Small Enterprises	296	41
微型企业	Microenterprise	14	4
按行业分	Grouped by Sector		
煤炭开采和洗选业	Mining and Washing of Coal		
石油和天然气开采业	Petroleum and Natural Gas Extraction		
黑色金属矿采选业	Mining of Ferrous Metal Ores	34	7
有色金属矿采选业	Mining of Non-ferrous Metal Ores	21	2
非金属矿采选业	Mining and Processing of Nonmetal Ores	20	2
开采辅助活动	Mining Auxiliary Activities		
其他采矿业	Other Mining and Dressing	10	1
农副食品加工业	Processing of Food from Agricultural Products	14	
食品制造业	Manufacture of Foods	43	2
酒、饮料和精制茶制造业	Manufacture of Liquor, Beverage and Refined Tea	5	1
烟草制品业	Manufacture of Tobacco	2	
纺织业	Manufacture of Textile	10	1
纺织服装、服饰业	Manufacture of Textile Wearing and Clothing Apparel	9	
皮革、毛皮、羽毛及其制品和制鞋业	Leather, Fur, Feather and Its Products and Footwear	21	1
木材加工和木、竹、藤、棕、草制品业	Processing of Timbers,Manufacture of Wood, Bamboo, Rattan, Palm and Straw Products	1	
家具制造业	Manufacture of Furniture	47	2
造纸和纸制品业	Manufacture of Paper and Paper Products	13	1
印刷和记录媒介复制业	Printing,Reproduction of Recording Media	3	
文教、工美、体育和娱乐用品制造业	Manufacture of Articles for Culture,Education and Sport Activity	14	2
石油加工、炼焦和核燃料加工业	Processing of Petroleum,Coking,Processing of Nucleus Fuel	33	2
化学原料和化学制品制造业	Manufacture of Chemical Raw Material and Chemical Products	3	
医药制造业	Manufacture of Medicines	13	5
化学纤维制造业	Manufacture of Chemical Fiber	10	1
橡胶和塑料制品业	Manufacture of Rubber and Plastic	19	3
非金属矿物制品业	Manufacture of Non-metallic Mineral Products	13	6
黑色金属冶炼和压延加工业	Manufacture and Processing of Ferrous Metals	44	9
有色金属冶炼和压延加工业	Manufacture and Processing of Non-ferrous Metals	9	2
金属制品业	Manufacture of Metal Products	19	3
通用设备制造业	Manufacture of General Purpose Machinery	43	4
专用设备制造业	Manufacture of Special Purpose Machinery	2	
汽车制造业	Automobile Industry		
铁路、船舶、航空航天和其他运输设备制造业	Manufacture of Railway,Marine,Aerospace and Other Transport Equipment	3	
电气机械和器材制造业	Manufacture of Electrical Machinery and Equipment		
计算机、通信和其他电子设备制造业	Manufacture of Communication Equipment, Computer and Other Electronic Equipment	17	2
仪器仪表制造业	Manufacture of Measuring Instrument	10	
其他制造业	Other Manufacture N.E.C	9	
废弃资源综合利用业	Recycling and Disposal of Waste	1	1
金属制品、机械和设备修理业	Mental Products,Machine and Equipment Repair		
电力、热力生产和供应业	Production and Supply of Electric Power and Heat Power	2	
燃气生产和供应业	Production and Distribution of Gas	2	
水的生产和供应业	Production and Distribution of Water	1	

11-8 续表 1 continued

单位:亿元 (100 million yuan)

指 标	Item	工业销售产值 Output Value of Industrial Products Sales	出口交货值 Delivery Value for Export	资产总计 Total Assets
总计	**Total**	**3315.81**	**497.74**	**2254.99**
在总计中:	Of the Total			
亏损企业	Enterprises Running under Deficit	438.91	208.04	426.55
在总计中:	Of the Total			
大型企业	Large Scale Enterprises	1633.76	400.56	1062.98
中型企业	Medium Scale Enterprises	948.97	79.58	677.35
小型企业	Small Enterprises	724.73	17.61	478.33
微型企业	Microenterprise	8.34		36.33
按行业分	Grouped by Sector			
煤炭开采和洗选业	Mining and Washing of Coal			
石油和天然气开采业	Petroleum and Natural Gas Extraction			
黑色金属矿采选业	Mining of Ferrous Metal Ores	151.42	0.53	94.41
有色金属矿采选业	Mining of Non-ferrous Metal Ores	112.14	3.18	53.53
非金属矿采选业	Mining and Processing of Nonmetal Ores	70.29		50.79
开采辅助活动	Mining Auxiliary Activities			
其他采矿业	Other Mining and Dressing	37.12	0.55	16.67
农副食品加工业	Processing of Food from Agricultural Products	63.18	2.07	14.95
食品制造业	Manufacture of Foods	122.92	22.72	49.57
酒、饮料和精制茶制造业	Manufacture of Liquor, Beverage and Refined Tea	8.38		3.10
烟草制品业	Manufacture of Tobacco	5.84		1.41
纺织业	Manufacture of Textile	49.37		60.64
纺织服装、服饰业	Manufacture of Textile Wearing and Clothing Apparel	26.21		16.81
皮革、毛皮、羽毛及其制品和制鞋业	Leather, Fur, Feather and Its Products and Footwear	51.25	14.18	15.84
木材加工和木、竹、藤、棕、草制品业	Processing of Timbers, Manufacture of Wood, Bamboo, Rattan, Palm and Straw Products	2.22		6.20
家具制造业	Manufacture of Furniture	127.72	9.71	80.21
造纸和纸制品业	Manufacture of Paper and Paper Products	41.62	1.93	36.22
印刷和记录媒介复制业	Printing,Reproduction of Recording Media	13.89		9.26
文教、工美、体育和娱乐用品制造业	Manufacture of Articles for Culture,Education and Sport Activity	31.71	4.33	32.56
石油加工、炼焦和核燃料加工业	Processing of Petroleum,Coking,Processing of Nucleus Fuel	96.09	19.44	129.96
化学原料和化学制品制造业	Manufacture of Chemical Raw Material and Chemical Products	4.02	2.06	3.74
医药制造业	Manufacture of Medicines	128.96	0.33	48.41
化学纤维制造业	Manufacture of Chemical Fiber	55.75	1.19	18.16
橡胶和塑料制品业	Manufacture of Rubber and Plastic	90.54	0.12	46.25
非金属矿物制品业	Manufacture of Non-metallic Mineral Products	56.70	1.59	55.69
黑色金属冶炼和压延加工业	Manufacture and Processing of Ferrous Metals	692.30	12.29	492.79
有色金属冶炼和压延加工业	Manufacture and Processing of Non-ferrous Metals	36.12	11.07	23.95
金属制品业	Manufacture of Metal Products	103.32	9.72	76.69
通用设备制造业	Manufacture of General Purpose Machinery	951.62	376.72	482.47
专用设备制造业	Manufacture of Special Purpose Machinery	42.54	4.01	81.73
汽车制造业	Automobile Industry			
铁路、船舶、航空航天和其他运输设备制造业	Manufacture of Railway, Marine, Aerospace and Other Transport Equipment	4.30		9.87
电气机械和器材制造业	Manufacture of Electrical Machinery and Equipment			
计算机、通信和其他电子设备制造业	Manufacture of Communication Equipment, Computer and Other Electronic Equipment	65.71		149.08
仪器仪表制造业	Manufacture of Measuring Instrument	51.00		68.17
其他制造业	Other Manufacture N.E.C	7.46		20.46
废弃资源综合利用业	Recycling and Disposal of Waste	0.40		0.40
金属制品、机械和设备修理业	Mental Products,Machine and Equipment Repair			
电力、热力生产和供应业	Production and Supply of Electric Power and Heat Power	3.01		0.43
燃气生产和供应业	Production and Distribution of Gas	9.85		4.29
水的生产和供应业	Production and Distribution of Water	0.79		0.31

11-8 续表 2 continued

单位:亿元 (100 million yuan)

指 标	Item	固定资产合计 Total Fixed Assets	流动资产合计 Circulating Funds	负债合计 Total Liabilities
总计	**Total**	**880.50**	**995.97**	**1092.21**
在总计中:	Of the Total			
亏损企业	Enterprises Running under Deficit	196.08	169.78	306.84
在总计中:	Of the Total			
大型企业	Large Scale Enterprises	359.48	513.34	560.72
中型企业	Medium Scale Enterprises	311.81	285.13	297.34
小型企业	Small Enterprises	207.28	188.13	203.32
微型企业	Microenterprise	1.92	9.37	30.83
按行业分	Grouped by Sector			
煤炭开采和洗选业	Mining and Washing of Coal			
石油和天然气开采业	Petroleum and Natural Gas Extraction			
黑色金属矿采选业	Mining of Ferrous Metal Ores	23.52	45.76	35.68
有色金属矿采选业	Mining of Non-ferrous Metal Ores	19.18	27.64	24.47
非金属矿采选业	Mining and Processing of Nonmetal Ores	29.46	17.41	21.84
开采辅助活动	Mining Auxiliary Activities			
其他采矿业	Other Mining and Dressing	9.83	5.78	4.15
农副食品加工业	Processing of Food from Agricultural Products	10.63	3.45	3.27
食品制造业	Manufacture of Foods	26.61	17.76	19.54
酒、饮料和精制茶制造业	Manufacture of Liquor, Beverage and Refined Tea	1.65	0.45	1.10
烟草制品业	Manufacture of Tobacco	0.96	0.45	0.59
纺织业	Manufacture of Textile	15.76	40.79	37.52
纺织服装、服饰业	Manufacture of Textile Wearing and Clothing Apparel	5.02	11.04	3.99
皮革、毛皮、羽毛及其制品和制鞋业	Leather, Fur, Feather and Its Products and Footwear	5.86	8.36	4.57
木材加工和木、竹、藤、棕、草制品业	Processing of Timbers, Manufacture of Wood, Bamboo, Rattan, Palm and Straw Products	4.94	0.96	2.76
家具制造业	Manufacture of Furniture	37.45	22.65	19.70
造纸和纸制品业	Manufacture of Paper and Paper Products	10.11	18.47	11.28
印刷和记录媒介复制业	Printing,Reproduction of Recording Media	6.08	2.78	7.58
文教、工美、体育和娱乐用品制造业	Manufacture of Articles for Culture,Education and Sport Activity	16.86	9.55	8.31
石油加工、炼焦和核燃料加工业	Processing of Petroleum,Coking,Processing of Nucleus Fuel	53.00	22.99	31.53
化学原料和化学制品制造业	Manufacture of Chemical Raw Material and Chemical Products	2.17	1.47	2.41
医药制造业	Manufacture of Medicines	6.24	15.36	37.70
化学纤维制造业	Manufacture of Chemical Fiber	10.11	6.54	7.63
橡胶和塑料制品业	Manufacture of Rubber and Plastic	10.38	17.80	25.64
非金属矿物制品业	Manufacture of Non-metallic Mineral Products	14.38	35.33	30.29
黑色金属冶炼和压延加工业	Manufacture and Processing of Ferrous Metals	206.87	244.75	303.07
有色金属冶炼和压延加工业	Manufacture and Processing of Non-ferrous Metals	4.55	18.64	9.01
金属制品业	Manufacture of Metal Products	15.37	56.12	34.01
通用设备制造业	Manufacture of General Purpose Machinery	173.07	240.87	250.99
专用设备制造业	Manufacture of Special Purpose Machinery	9.06	53.76	35.05
汽车制造业	Automobile Industry			
铁路、船舶、航空航天和其他运输设备制造业	Manufacture of Railway, Marine, Aerospace and Other Transport Equipment	7.58	0.77	5.74
电气机械和器材制造业	Manufacture of Electrical Machinery and Equipment			
计算机、通信和其他电子设备制造业	Manufacture of Communication Equipment, Computer and Other Electronic Equipment	102.92	24.08	50.65
仪器仪表制造业	Manufacture of Measuring Instrument	33.25	17.97	49.25
其他制造业	Other Manufacture N.E.C	5.11	5.73	10.17
废弃资源综合利用业	Recycling and Disposal of Waste	0.02	0.13	0.37
金属制品、机械和设备修理业	Mental Products,Machine and Equipment Repair			
电力、热力生产和供应业	Production and Supply of Electric Power and Heat Power	0.39	0.04	0.20
燃气生产和供应业	Production and Distribution of Gas	1.95	0.18	2.05
水的生产和供应业	Production and Distribution of Water	0.16	0.14	0.11

11-8 续表 3 continued

单位:亿元 (100 million yuan)

指 标	Item	实收资本 Assets Recevied	所有者权益 Paid-in capital	主营业务收入 Revenue of Major Business
总计	**Total**	**637.03**	**1160.75**	**3214.75**
在总计中:	Of the Total			
亏损企业	Enterprises Running under Deficit	144.09	118.63	395.52
在总计中:	Of the Total			
大型企业	Large Scale Enterprises	256.14	502.26	1626.66
中型企业	Medium Scale Enterprises	230.01	380.01	861.98
小型企业	Small Enterprises	148.09	274.26	716.79
微型企业	Microenterprise	2.78	4.23	9.33
按行业分	Grouped by Sector			
煤炭开采和洗选业	Mining and Washing of Coal			
石油和天然气开采业	Petroleum and Natural Gas Extraction			
黑色金属矿采选业	Mining of Ferrous Metal Ores	16.12	58.73	150.20
有色金属矿采选业	Mining of Non-ferrous Metal Ores	12.43	29.06	67.09
非金属矿采选业	Mining and Processing of Nonmetal Ores	18.42	28.95	68.11
开采辅助活动	Mining Auxiliary Activities			
其他采矿业	Other Mining and Dressing	8.73	12.52	35.28
农副食品加工业	Processing of Food from Agricultural Products	7.49	11.67	63.82
食品制造业	Manufacture of Foods	18.04	30.03	122.97
酒、饮料和精制茶制造业	Manufacture of Liquor, Beverage and Refined Tea	1.97	2.01	8.94
烟草制品业	Manufacture of Tobacco	0.35	0.82	5.84
纺织业	Manufacture of Textile	15.73	23.12	39.81
纺织服装、服饰业	Manufacture of Textile Wearing and Clothing Apparel	3.24	12.82	26.10
皮革、毛皮、羽毛及其制品和制鞋业	Leather, Fur, Feather and Its Products and Footwear	7.44	11.26	50.94
木材加工和木、竹、藤、棕、草制品业	Processing of Timbers, Manufacture of Wood, Bamboo, Rattan, Palm and Straw Products	6.29	3.43	2.19
家具制造业	Manufacture of Furniture	24.23	60.51	121.00
造纸和纸制品业	Manufacture of Paper and Paper Products	11.63	24.94	38.41
印刷和记录媒介复制业	Printing,Reproduction of Recording Media	0.14	1.68	13.89
文教、工美、体育和娱乐用品制造业	Manufacture of Articles for Culture,Education and Sport Activity	21.68	24.94	31.05
石油加工、炼焦和核燃料加工业	Processing of Petroleum,Coking,Processing of Nucleus Fuel	48.53	98.43	95.12
化学原料和化学制品制造业	Manufacture of Chemical Raw Material and Chemical Products	1.01	1.33	4.03
医药制造业	Manufacture of Medicines	4.78	8.94	138.91
化学纤维制造业	Manufacture of Chemical Fiber	6.15	10.53	33.73
橡胶和塑料制品业	Manufacture of Rubber and Plastic	15.20	20.60	84.45
非金属矿物制品业	Manufacture of Non-metallic Mineral Products	15.22	25.40	56.13
黑色金属冶炼和压延加工业	Manufacture and Processing of Ferrous Metals	159.61	189.72	684.81
有色金属冶炼和压延加工业	Manufacture and Processing of Non-ferrous Metals	11.81	14.94	33.90
金属制品业	Manufacture of Metal Products	35.21	42.49	112.25
通用设备制造业	Manufacture of General Purpose Machinery	103.68	231.48	934.52
专用设备制造业	Manufacture of Special Purpose Machinery	1.58	46.68	48.08
汽车制造业	Automobile Industry			
铁路、船舶、航空航天和其他运输设备制造业	Manufacture of Railway, Marine, Aerospace and Other Transport Equipment	2.46	4.13	4.33
电气机械和器材制造业	Manufacture of Electrical Machinery and Equipment			
计算机、通信和其他电子设备制造业	Manufacture of Communication Equipment, Computer and Other Electronic Equipment	41.55	97.67	65.37
仪器仪表制造业	Manufacture of Measuring Instrument	6.75	18.92	51.66
其他制造业	Other Manufacture N.E.C	7.79	10.29	8.16
废弃资源综合利用业	Recycling and Disposal of Waste	0.20	0.03	0.40
金属制品、机械和设备修理业	Mental Products,Machine and Equipment Repair			
电力、热力生产和供应业	Production and Supply of Electric Power and Heat Power	0.16	0.23	2.94
燃气生产和供应业	Production and Distribution of Gas	1.32	2.25	9.55
水的生产和供应业	Production and Distribution of Water	0.08	0.20	0.79

11-8 续表 4 continued

单位:亿元 (100 million yuan)

指 标	Item	主营业务成本 Cost of Major Business	利润总额 Total Profit
总计	**Total**	**2714.44**	**160.65**
在总计中:	Of the Total		
亏损企业	Enterprises Running under Deficit	356.90	-23.58
在总计中:	Of the Total		
大型企业	Large Scale Enterprises	1403.97	63.23
中型企业	Medium Scale Enterprises	698.43	55.96
小型企业	Small Enterprises	606.01	41.00
微型企业	Microenterprise	6.02	0.46
按行业分	Grouped by Sector		
煤炭开采和洗选业	Mining and Washing of Coal		
石油和天然气开采业	Petroleum and Natural Gas Extraction		
黑色金属矿采选业	Mining of Ferrous Metal Ores	131.16	6.75
有色金属矿采选业	Mining of Non-ferrous Metal Ores	55.87	3.79
非金属矿采选业	Mining and Processing of Nonmetal Ores	50.98	5.87
开采辅助活动	Mining Auxiliary Activities		
其他采矿业	Other Mining and Dressing	31.49	1.03
农副食品加工业	Processing of Food from Agricultural Products	52.65	2.40
食品制造业	Manufacture of Foods	103.11	8.33
酒、饮料和精制茶制造业	Manufacture of Liquor, Beverage and Refined Tea	8.53	0.12
烟草制品业	Manufacture of Tobacco	4.95	0.17
纺织业	Manufacture of Textile	32.78	3.56
纺织服装、服饰业	Manufacture of Textile Wearing and Clothing Apparel	20.10	4.73
皮革、毛皮、羽毛及其制品和制鞋业	Leather, Fur, Feather and Its Products and Footwear	40.21	1.97
木材加工和木、竹、藤、棕、草制品业	Processing of Timbers, Manufacture of Wood, Bamboo, Rattan, Palm and Straw Products	1.23	0.10
家具制造业	Manufacture of Furniture	95.95	9.12
造纸和纸制品业	Manufacture of Paper and Paper Products	30.22	4.11
印刷和记录媒介复制业	Printing,Reproduction of Recording Media	13.20	0.25
文教、工美、体育和娱乐用品制造业	Manufacture of Articles for Culture,Education and Sport Activity	26.59	1.27
石油加工、炼焦和核燃料加工业	Processing of Petroleum,Coking,Processing of Nucleus Fuel	77.11	4.21
化学原料和化学制品制造业	Manufacture of Chemical Raw Material and Chemical Products	3.38	0.22
医药制造业	Manufacture of Medicines	137.29	0.10
化学纤维制造业	Manufacture of Chemical Fiber	27.15	2.84
橡胶和塑料制品业	Manufacture of Rubber and Plastic	74.84	8.01
非金属矿物制品业	Manufacture of Non-metallic Mineral Products	47.37	1.05
黑色金属冶炼和压延加工业	Manufacture and Processing of Ferrous Metals	550.66	29.64
有色金属冶炼和压延加工业	Manufacture and Processing of Non-ferrous Metals	30.22	1.08
金属制品业	Manufacture of Metal Products	86.03	4.25
通用设备制造业	Manufacture of General Purpose Machinery	851.58	21.63
专用设备制造业	Manufacture of Special Purpose Machinery	36.32	4.70
汽车制造业	Automobile Industry		
铁路、船舶、航空航天和其他运输设备制造业	Manufacture of Railway, Marine, Aerospace and Other Transport Equipment	2.74	1.20
电气机械和器材制造业	Manufacture of Electrical Machinery and Equipment		
计算机、通信和其他电子设备制造业	Manufacture of Communication Equipment, Computer and Other Electronic Equipment	35.47	19.18
仪器仪表制造业	Manufacture of Measuring Instrument	38.85	7.46
其他制造业	Other Manufacture N.E.C	5.23	1.36
废弃资源综合利用业	Recycling and Disposal of Waste	0.36	-0.14
金属制品、机械和设备修理业	Mental Products,Machine and Equipment Repair		
电力、热力生产和供应业	Production and Supply of Electric Power and Heat Power	2.66	0.07
燃气生产和供应业	Production and Distribution of Gas	7.65	0.11
水的生产和供应业	Production and Distribution of Water	0.52	0.10

11-8 续表 5 continued

单位:亿元 (100 million yuan)

指 标	Item	本年应缴增值税 Value Added Payable of the Current Year	本年应付职工薪酬 Total Sum of Wages Payable this Year	全部从业人员年平均人数(万人) Average Number of Empolyment of the Current Year (10 000persons)
总计	**Total**	**74.96**	**205.52**	**30.71**
在总计中:	Of the Total			
亏损企业	Enterprises Running under Deficit	6.57	53.16	5.44
在总计中:	Of the Total			
大型企业	Large Scale Enterprises	41.34	120.74	15.93
中型企业	Medium Scale Enterprises	18.38	59.45	10.42
小型企业	Small Enterprises	15.07	25.20	4.25
微型企业	Microenterprise	0.17	0.13	0.11
按行业分	Grouped by Sector			
煤炭开采和洗选业	Mining and Washing of Coal			
石油和天然气开采业	Petroleum and Natural Gas Extraction			
黑色金属矿采选业	Mining of Ferrous Metal Ores	1.19	4.42	0.72
有色金属矿采选业	Mining of Non-ferrous Metal Ores	1.32	4.68	0.72
非金属矿采选业	Mining and Processing of Nonmetal Ores	3.37	3.71	0.77
开采辅助活动	Mining Auxiliary Activities			
其他采矿业	Other Mining and Dressing	0.22	2.43	0.42
农副食品加工业	Processing of Food from Agricultural Products	0.49	6.68	0.84
食品制造业	Manufacture of Foods	1.65	18.30	4.96
酒、饮料和精制茶制造业	Manufacture of Liquor, Beverage and Refined Tea	0.09	0.79	0.09
烟草制品业	Manufacture of Tobacco	0.03	0.15	0.05
纺织业	Manufacture of Textile	1.02	1.59	0.33
纺织服装、服饰业	Manufacture of Textile Wearing and Clothing Apparel	1.23	1.41	0.24
皮革、毛皮、羽毛及其制品和制鞋业	Leather, Fur, Feather and Its Products and Footwear	0.31	3.51	0.64
木材加工和木、竹、藤、棕、草制品业	Processing of Timbers, Manufacture of Wood, Bamboo, Rattan, Palm and Straw Products	0.31	0.37	0.02
家具制造业	Manufacture of Furniture	3.51	5.17	1.11
造纸和纸制品业	Manufacture of Paper and Paper Products	1.47	1.64	0.27
印刷和记录媒介复制业	Printing,Reproduction of Recording Media	0.14	0.72	0.13
文教、工美、体育和娱乐用品制造业	Manufacture of Articles for Culture,Education and Sport Activity	0.46	2.88	0.35
石油加工、炼焦和核燃料加工业	Processing of Petroleum,Coking,Processing of Nucleus Fuel	0.93	15.71	2.94
化学原料和化学制品制造业	Manufacture of Chemical Raw Material and Chemical Products	0.03	0.32	0.05
医药制造业	Manufacture of Medicines	1.50	0.68	0.21
化学纤维制造业	Manufacture of Chemical Fiber	0.68	1.19	0.22
橡胶和塑料制品业	Manufacture of Rubber and Plastic	0.93	1.35	0.30
非金属矿物制品业	Manufacture of Non-metallic Mineral Products	1.78	2.21	0.40
黑色金属冶炼和压延加工业	Manufacture and Processing of Ferrous Metals	16.71	23.03	2.60
有色金属冶炼和压延加工业	Manufacture and Processing of Non-ferrous Metals	0.76	2.49	0.32
金属制品业	Manufacture of Metal Products	1.70	9.05	0.99
通用设备制造业	Manufacture of General Purpose Machinery	22.04	79.03	9.60
专用设备制造业	Manufacture of Special Purpose Machinery	2.37	2.91	0.44
汽车制造业	Automobile Industry			
铁路、船舶、航空航天和其他运输设备制造业	Manufacture of Railway, Marine, Aerospace and Other Transport Equipment	0.44	0.60	0.05
电气机械和器材制造业	Manufacture of Electrical Machinery and Equipment			
计算机、通信和其他电子设备制造业	Manufacture of Communication Equipment, Computer and Other Electronic Equipment	6.45	2.46	0.24
仪器仪表制造业	Manufacture of Measuring Instrument	1.41	2.69	0.36
其他制造业	Other Manufacture N.E.C	0.12	1.24	0.13
废弃资源综合利用业	Recycling and Disposal of Waste	0.03	0.14	0.05
金属制品、机械和设备修理业	Mental Products,Machine and Equipment Repair			
电力、热力生产和供应业	Production and Supply of Electric Power and Heat Power	0.02	0.17	0.03
燃气生产和供应业	Production and Distribution of Gas	0.23	1.75	0.09
水的生产和供应业	Production and Distribution of Water	0.01	0.05	0.02

11-8 续表 6 continued

指　标	Item	总资产贡献率 (%) Ratio of Total Assets to Industrial Output Value (%)	成本费用利润率 (%) Ratio of Profits to Industrial Cost (%)
总计	**Total**	**13.23**	**5.42**
在总计中:	Of the Total		
亏损企业	Enterprises Running under Deficit	-1.23	-5.78
在总计中:	Of the Total		
大型企业	Large Scale Enterprises	12.85	4.19
中型企业	Medium Scale Enterprises	13.15	7.17
小型企业	Small Enterprises	15.08	6.16
微型企业	Microenterprise	1.77	5.12
按行业分	Grouped by Sector		
煤炭开采和洗选业	Mining and Washing of Coal		
石油和天然气开采业	Petroleum and Natural Gas Extraction		
黑色金属矿采选业	Mining of Ferrous Metal Ores	9.31	4.74
有色金属矿采选业	Mining of Non-ferrous Metal Ores	11.96	5.89
非金属矿采选业	Mining and Processing of Nonmetal Ores	21.02	9.22
开采辅助活动	Mining Auxiliary Activities		
其他采矿业	Other Mining and Dressing	10.19	3.01
农副食品加工业	Processing of Food from Agricultural Products	24.12	4.12
食品制造业	Manufacture of Foods	23.02	7.44
酒、饮料和精制茶制造业	Manufacture of Liquor, Beverage and Refined Tea	9.51	1.42
烟草制品业	Manufacture of Tobacco	20.68	3.07
纺织业	Manufacture of Textile	7.87	9.33
纺织服装、服饰业	Manufacture of Textile Wearing and Clothing Apparel	36.81	21.54
皮革、毛皮、羽毛及其制品和制鞋业	Leather, Fur, Feather and Its Products and Footwear	22.31	4.38
木材加工和木、竹、藤、棕、草制品业	Processing of Timbers, Manufacture of Wood, Bamboo, Rattan, Palm and Straw Products	9.45	4.79
家具制造业	Manufacture of Furniture	20.92	8.55
造纸和纸制品业	Manufacture of Paper and Paper Products	16.35	11.98
印刷和记录媒介复制业	Printing,Reproduction of Recording Media	6.04	1.83
文教、工美、体育和娱乐用品制造业	Manufacture of Articles for Culture,Education and Sport Activity	6.42	4.35
石油加工、炼焦和核燃料加工业	Processing of Petroleum,Coking,Processing of Nucleus Fuel	6.02	4.71
化学原料和化学制品制造业	Manufacture of Chemical Raw Material and Chemical Products	7.59	5.86
医药制造业	Manufacture of Medicines	5.27	0.07
化学纤维制造业	Manufacture of Chemical Fiber	24.28	9.31
橡胶和塑料制品业	Manufacture of Rubber and Plastic	21.75	10.03
非金属矿物制品业	Manufacture of Non-metallic Mineral Products	6.25	1.94
黑色金属冶炼和压延加工业	Manufacture and Processing of Ferrous Metals	15.24	4.85
有色金属冶炼和压延加工业	Manufacture and Processing of Non-ferrous Metals	8.20	3.36
金属制品业	Manufacture of Metal Products	9.39	4.39
通用设备制造业	Manufacture of General Purpose Machinery	10.00	2.43
专用设备制造业	Manufacture of Special Purpose Machinery	8.97	10.66
汽车制造业	Automobile Industry		
铁路、船舶、航空航天和其他运输设备制造业	Manufacture of Railway, Marine, Aerospace and Other Transport Equipment	19.02	35.78
电气机械和器材制造业	Manufacture of Electrical Machinery and Equipment		
计算机、通信和其他电子设备制造业	Manufacture of Communication Equipment, Computer and Other Electronic Equipment	21.78	41.88
仪器仪表制造业	Manufacture of Measuring Instrument	14.07	16.62
其他制造业	Other Manufacture N.E.C	8.92	20.23
废弃资源综合利用业	Recycling and Disposal of Waste	-24.77	-26.01
金属制品、机械和设备修理业	Mental Products,Machine and Equipment Repair		
电力、热力生产和供应业	Production and Supply of Electric Power and Heat Power	29.94	2.61
燃气生产和供应业	Production and Distribution of Gas	10.51	1.15
水的生产和供应业	Production and Distribution of Water	38.29	13.97

11-8 续表 7 continued

指 标	Item	产品销售率 (%) Proportion of Products Sold (%)	资产负债率 (%) Assets-Liability Ratio (%)
总计	**Total**	**98.44**	**48.44**
在总计中:	Of the Total		
亏损企业	Enterprises Running under Deficit	96.92	71.94
在总计中:	Of the Total		
大型企业	Large Scale Enterprises	99.13	52.75
中型企业	Medium Scale Enterprises	98.08	43.90
小型企业	Small Enterprises	97.39	42.51
微型企业	Microenterprise	96.91	84.86
按行业分	Grouped by Sector		
煤炭开采和洗选业	Mining and Washing of Coal		
石油和天然气开采业	Petroleum and Natural Gas Extraction		
黑色金属矿采选业	Mining of Ferrous Metal Ores	97.39	37.80
有色金属矿采选业	Mining of Non-ferrous Metal Ores	99.79	45.72
非金属矿采选业	Mining and Processing of Nonmetal Ores	105.72	42.99
开采辅助活动	Mining Auxiliary Activities		
其他采矿业	Other Mining and Dressing	96.98	24.90
农副食品加工业	Processing of Food from Agricultural Products	99.83	21.89
食品制造业	Manufacture of Foods	96.44	39.42
酒、饮料和精制茶制造业	Manufacture of Liquor, Beverage and Refined Tea	99.84	35.30
烟草制品业	Manufacture of Tobacco	100.00	41.65
纺织业	Manufacture of Textile	99.14	61.87
纺织服装、服饰业	Manufacture of Textile Wearing and Clothing Apparel	102.26	23.75
皮革、毛皮、羽毛及其制品和制鞋业	Leather, Fur, Feather and Its Products and Footwear	99.96	28.88
木材加工和木、竹、藤、棕、草制品业	Processing of Timbers, Manufacture of Wood, Bamboo, Rattan, Palm and Straw Products	100.00	44.59
家具制造业	Manufacture of Furniture	97.05	24.56
造纸和纸制品业	Manufacture of Paper and Paper Products	97.00	31.14
印刷和记录媒介复制业	Printing,Reproduction of Recording Media	96.71	81.89
文教、工美、体育和娱乐用品制造业	Manufacture of Articles for Culture,Education and Sport Activity	95.45	25.52
石油加工、炼焦和核燃料加工业	Processing of Petroleum,Coking,Processing of Nucleus Fuel	98.88	24.26
化学原料和化学制品制造业	Manufacture of Chemical Raw Material and Chemical Products	98.58	64.47
医药制造业	Manufacture of Medicines	99.24	77.88
化学纤维制造业	Manufacture of Chemical Fiber	97.01	42.02
橡胶和塑料制品业	Manufacture of Rubber and Plastic	97.92	55.45
非金属矿物制品业	Manufacture of Non-metallic Mineral Products	97.72	54.38
黑色金属冶炼和压延加工业	Manufacture and Processing of Ferrous Metals	99.53	61.50
有色金属冶炼和压延加工业	Manufacture and Processing of Non-ferrous Metals	95.37	37.62
金属制品业	Manufacture of Metal Products	88.19	44.35
通用设备制造业	Manufacture of General Purpose Machinery	99.77	52.02
专用设备制造业	Manufacture of Special Purpose Machinery	83.51	42.88
汽车制造业	Automobile Industry		
铁路、船舶、航空航天和其他运输设备制造业	Manufacture of Railway, Marine, Aerospace and Other Transport Equipment	100.00	58.11
电气机械和器材制造业	Manufacture of Electrical Machinery and Equipment		
计算机、通信和其他电子设备制造业	Manufacture of Communication Equipment, Computer and Other Electronic Equipment	97.26	33.98
仪器仪表制造业	Manufacture of Measuring Instrument	98.44	72.25
其他制造业	Other Manufacture N.E.C	97.72	49.69
废弃资源综合利用业	Recycling and Disposal of Waste	100.00	92.34
金属制品、机械和设备修理业	Mental Products,Machine and Equipment Repair		
电力、热力生产和供应业	Production and Supply of Electric Power and Heat Power	100.00	46.30
燃气生产和供应业	Production and Distribution of Gas	100.01	47.66
水的生产和供应业	Production and Distribution of Water	98.97	35.52

11-9 规模以上大中型工业企业主要经济指标及在工业中的地位(2016年)

指　标	Item	企业单位数(个) Number of Enterprises (unit)	在工业中的地位(%) Status in Industry (%)
总计	**Total**	**2450**	**17.03**
按登记注册类型:	**Grouped by Registration**		
内资企业	Internal-invested Enterprises	2240	16.15
国有企业	State-owned Enterprises	67	42.14
集体企业	Collective-owned Enterprises	25	18.80
股份合作企业	Enterprises Cooperated by Joint-stock	1	5.88
联营企业	Cooperative Enterprises	3	33.33
有限责任公司	Limited Liability Company	495	21.23
股份有限公司	Company Limited by Shares	138	29.36
私营企业	Individual-owned Enterprises	1497	14.06
其他企业	Enterprises of Other Types of Ownership	14	14.58
港、澳、台投资企业	Enterprises Funded by Entrepreneurs From Hong Kong, Macao and Taiwan	127	40.71
外商投资企业	Enterprises funded by Foreigners	83	39.90
按经济组织类型:	**Grouped by Ownership**		
独资企业	Enterprises Owned by a Sole Investor	342	30.32
合作、合伙企业	Enterprises of Partnership	128	22.74
股份有限公司	Company Limited by Shares	308	26.74
有限责任公司	Limited Liability Company	1672	14.48
按行业划分:	**Grouped by Sector**		
煤炭开采和洗选业	Mining and Washing of Coal	67	21.20
石油和天然气开采业	Petroleum and Natural Gas Extraction		
黑色金属矿采选业	Mining of Ferrous Metal Ores	12	16.44
有色金属矿采选业	Mining of Non-ferrous Metal Ores	42	25.00
非金属矿采选业	Mining and Processing of Nonmetal Ores	21	7.14
开采辅助活动	Mining Auxiliary Activities		
其他采矿业	Other Mining and Dressing		

Main Indicators of Large and Medium-sized Industrial Enterprises above Designated Size & Percentage of Industry Total(2016)

全部从业人员年平均人数(万人) Average Number of Employees (10 000 persons)	在工业中的地位(%) Status in Industry (%)	固定资产原价(亿元) Original Value of Fixed Assets (100 million yuan)	在工业中的地位(%) Status in Industry (%)	利润总额(亿元) Total Profits (100 million yuan)	在工业中的地位(%) Status in Industry (%)
190.91	**56.77**	**10332.80**	**66.86**	**902.27**	**46.18**
164.55	**53.84**	**9300.25**	**66.29**	**783.08**	**43.67**
12.82	88.47	1886.40	96.48	109.56	96.23
1.45	47.70	22.29	35.85	2.68	21.22
0.04	18.18	0.62	18.45	0.03	1.90
0.14	63.64	2.16	44.54	0.37	52.11
42.92	64.84	3013.79	68.79	175.47	51.65
16.96	77.48	1907.57	87.36	101.66	69.44
89.57	45.30	2459.35	45.46	391.29	33.47
0.65	35.71	8.08	26.78	2.02	22.17
18.78	88.17	631.74	82.67	68.66	78.73
7.58	80.55	400.81	60.82	50.53	68.81
32.37	73.97	2315.69	88.44	184.74	74.83
6.49	50.82	108.74	46.68	15.88	33.85
31.33	72.42	2322.39	81.30	184.47	65.34
120.72	51.04	5585.98	57.32	517.18	37.54
4.49	50.39	72.97	34.14	1.99	7.41
0.50	36.76	12.53	35.49	1.00	19.08
3.18	66.67	90.58	64.24	5.25	42.86
1.06	25.30	32.60	32.38	2.46	14.85

11-9　续表

指标	Item	企业单位数(个) Number of Enterprises (unit)	在工业中的地位(%) Status in Industry (%)
农副食品加工业	Processing of Food from Agricultural Products	181	12.94
食品制造业	Manufacture of Foods	89	20.89
酒、饮料和精制茶制造业	Manufacture of Liquor, Beverage and Refined Tea	41	9.15
烟草制品业	Manufacture of Tobacco	5	55.56
纺织业	Manufacture of Textile	99	41.25
纺织服装、服饰业	Manufacture of Textile Wearing and Clothing Apparel	49	20.42
皮革、毛皮、羽毛及其制品和制鞋业	Leather, Fur, Feather and Its Products and Footwear	85	27.96
木材加工和木、竹、藤、棕、草制品业	Processing of Timbers, Manufacture of Wood, Bamboo, Rattan, Palm and Straw Products	71	16.44
家具制造业	Manufacture of Furniture	30	20.00
造纸和纸制品业	Manufacture of Paper and Paper Products	38	12.46
印刷和记录媒介复制业	Printing,Reproduction of Recording Media	29	11.89
文教、工美、体育和娱乐用品制造业	Manufacture of Articles for Culture, Education and Sport Activity	37	18.41
石油加工、炼焦和核燃料加工业	Processing of Petroleum,Coking, Processing of Nucleus Fuel	7	16.28
化学原料和化学制品制造业	Manufacture of Chemical Raw Material and Chemical Products	340	21.88
医药制造业	Manufacture of Medicines	65	20.19
化学纤维制造业	Manufacture of Chemical Fiber	3	25.00
橡胶和塑料制品业	Manufacture of Rubber and Plastic	28	7.67
非金属矿物制品业	Manufacture of Non-metallic Mineral Products	313	18.07
黑色金属冶炼和压延加工业	Manufacture and Processing of Ferrous Metals	32	8.33
有色金属冶炼和压延加工业	Manufacture and Processing of Non-ferrous Metals	75	16.41
金属制品业	Manufacture of Metal Products	75	13.71
通用设备制造业	Manufacture of General Purpose Machinery	77	9.99
专用设备制造业	Manufacture of Special Purpose Machinery	93	13.76
汽车制造业	Automobile Industry	75	22.94
铁路、船舶、航空航天和其他运输设备制造业	Manufacture of Railway, Marine, Aerospace and Other Transport Equipment	31	22.46
电气机械和器材制造业	Manufacture of Electrical Machinery and Equipment	95	15.45
计算机、通信和其他电子设备制造业	Manufacture of Communication Equipment, Computer and Other Electronic Equipment	108	23.33
仪器仪表制造业	Manufacture of Measuring Instrument	15	13.64
其他制造业	Other Manufacture N.E.C	16	20.00
废弃资源综合利用业	Recycling and Disposal of Waste	7	9.46
金属制品、机械和设备修理业	Mental Products,Machine and Equipment Repair	2	40.00
电力、热力生产和供应业	Production and Supply of Electric Power and Heat Power	71	22.98
燃气生产和供应业	Production and Distribution of Gas	5	10.87
水的生产和供应业	Production and Distribution of Water	21	20.00

continued

全部从业人员年平均人数(万人) Average Number of Employees (10 000 persons)	在工业中的地位(%) Status in Industry (%)	固定资产原价(亿元) Original Value of Fixed Assets (100 million yuan)	在工业中的地位(%) Status in Industry (%)	利润总额(亿元) Total Profits (100 million yuan)	在工业中的地位(%) Status in Industry (%)
9.94	42.03	335.93	42.38	49.41	30.72
7.29	62.74	150.78	54.96	26.65	49.66
2.61	36.81	82.60	37.55	12.82	31.80
1.30	97.01	194.43	93.87	90.34	99.89
6.45	76.06	162.60	77.98	17.66	69.01
3.24	54.45	45.59	55.97	10.30	57.90
7.45	72.68	57.12	57.38	17.90	48.50
3.33	38.19	69.11	45.75	11.52	34.76
1.54	52.38	30.74	47.09	9.85	50.90
2.85	45.67	226.76	66.06	8.96	27.89
1.47	39.30	57.57	50.29	15.69	47.23
2.09	48.95	19.16	33.74	5.55	31.04
1.63	81.09	277.46	90.88	18.67	92.52
18.56	52.19	472.75	54.41	39.77	27.77
4.00	55.71	165.28	55.48	42.76	57.05
0.19	59.38	10.19	69.60	0.14	28.00
1.62	29.40	86.77	44.15	8.63	24.93
22.89	59.77	828.98	60.52	76.93	41.67
4.76	53.01	850.49	87.03	3.08	6.26
7.43	61.56	428.59	64.58	37.48	41.35
4.72	46.46	168.73	53.47	34.48	43.47
4.63	37.22	141.21	35.15	32.66	32.97
10.35	63.23	657.90	78.60	16.61	26.67
8.24	73.44	503.82	83.91	64.88	81.34
5.35	79.61	245.56	87.10	81.30	90.05
7.14	51.85	245.90	55.58	39.07	43.12
14.54	75.03	421.05	80.63	45.22	47.44
1.22	50.41	38.29	56.76	8.76	52.39
1.10	56.70	8.19	37.59	7.19	68.74
0.31	29.52	20.73	43.25	1.78	27.64
0.21	91.30	3.33	91.48	0.22	41.51
11.65	83.51	2945.49	77.19	46.98	56.26
0.34	40.96	53.60	58.96	7.80	55.40
1.25	52.97	117.39	57.24	0.53	10.35

11-10 规模以上中小型工业企业主要经济指标及在工业中的地位(2016年)

指　标	Item	企业单位数(个) Number of Enterprises (unit)	在工业中的地位(%) Status in Industry (%)
总计	**Total**	**14165**	**98.46**
按登记注册类型:	**Grouped by Registration**		
内资企业	Internal-invested Enterprises	13688	98.72
国有企业	State-owned Enterprises	154	96.86
集体企业	Collective-owned Enterprises	132	99.25
股份合作企业	Enterprises Cooperated by Joint-stock	17	100.00
联营企业	Cooperative Enterprises	9	100.00
有限责任公司	Limited Liability Company	2269	97.30
股份有限公司	Company Limited by Shares	429	91.28
私营企业	Individual-owned Enterprises	10582	99.36
其他企业	Enterprises of Other Types of Ownership	96	100.00
港、澳、台商投资企业	Enterprises Funded by Entrepreneurs from Hong Kong, Macao and Taiwan	288	92.31
外商投资企业	Enterprises funded by Foreigners	189	90.87
按经济组织类型:	**Grouped by Ownership**		
独资企业	Enterprises Owned by a Sole Investor	1100	97.52
合作、合伙企业	Enterprises of Partnership	563	100.00
股份有限公司	Company Limited by Shares	1096	95.14
有限责任公司	Limited Liability Company	11406	98.81
按行业划分:	**Grouped by Sector**		
煤炭开采和洗选业	Mining and Washing of Coal	315	99.68
石油和天然气开采业	Petroleum and Natural Gas Extraction		
黑色金属矿采选业	Mining of Ferrous Metal Ores	73	100.00
有色金属矿采选业	Mining of Non-ferrous Metal Ores	163	97.02
非金属矿采选业	Mining and Processing of Nonmetal Ores	292	99.32
开采辅助活动	Mining Auxiliary Activities		
其他采矿业	Other Mining and Dressing	2	100.00

Main Indicators of Small and Medium-sized Industrial Enterprises above Designated Size & Percentage of Industry Total(2016)

全部从业人员年平均人数(万人) Average Number of Employees (10 000 persons)	在工业中的地位(%) Status in Industry (%)	固定资产原价(亿元) Original Value of Fixed Assets (100 million yuan)	在工业中的地位(%) Status in Industry (%)	利润总额(亿元) Total Profits (100 million yuan)	在工业中的地位(%) Status in Industry (%)
266	**78.99**	**9182.64**	**59.42**	**1607.42**	**82.28**
251	**82.09**	**8302.25**	**59.17**	**1510.00**	**84.22**
5	37.82	276.21	14.13	16.02	14.07
3	96.38	61.31	98.60	12.35	97.78
0	100.00	3.36	100.00	1.58	100.00
0	100.00	4.85	100.00	0.71	100.00
48	71.76	2533.33	57.82	276.31	81.33
11	48.88	619.21	28.36	76.64	52.35
182	92.05	4773.81	88.25	1117.28	95.58
2	100.00	30.17	100.00	9.11	100.00
9	44.04	435.45	56.98	59.37	68.08
5	57.39	444.94	67.52	38.04	51.80
29	66.52	855.34	32.67	122.86	49.77
13	100.00	232.96	100.00	46.91	100.00
26	60.15	1122.36	39.29	174.97	61.97
198	83.61	6971.98	71.54	1262.68	91.66
8.79	98.65	212.89	99.59	26.58	98.96
1.36	100.00	35.31	100.00	5.24	100.00
3.91	81.97	100.19	71.06	9.71	79.27
3.96	94.51	84.21	83.65	16.53	99.76
0.04	100.00	0.34	100.00	0.08	100.00

11-10 续表

指 标	Item	企业单位数（个） Number of Enterprises (unit)	在工业中的地位(%) Status in Industry (%)
农副食品加工业	Processing of Food from Agricultural Products	1385	99.00
食品制造业	Manufacture of Foods	413	96.95
酒、饮料和精制茶制造业	Manufacture of Liquor, Beverage and Refined Tea	444	99.11
烟草制品业	Manufacture of Tobacco	8	88.89
纺织业	Manufacture of Textile	233	97.08
纺织服装、服饰业	Manufacture of Textile Wearing and Clothing Apparel	235	97.92
皮革、毛皮、羽毛及其制品和制鞋业	Leather, Fur, Feather and Its Products and Footwear	291	95.72
木材加工和木、竹、藤、棕、草制品业	Processing of Timbers, Manufacture of Wood, Bamboo, Rattan, Palm and Straw Products	430	99.54
家具制造业	Manufacture of Furniture	149	99.33
造纸和纸制品业	Manufacture of Paper and Paper Products	302	99.02
印刷和记录媒介复制业	Printing,Reproduction of Recording Media	242	99.18
文教、工美、体育和娱乐用品制造业	Manufacture of Articles for Culture, Education and Sport Activity	200	99.50
石油加工、炼焦和核燃料加工业	Processing of Petroleum,Coking, Processing of Nucleus Fuel	40	93.02
化学原料和化学制品制造业	Manufacture of Chemical Raw Material and Chemical Products	1545	99.42
医药制造业	Manufacture of Medicines	315	97.83
化学纤维制造业	Manufacture of Chemical Fiber	12	100.00
橡胶和塑料制品业	Manufacture of Rubber and Plastic	365	100.00
非金属矿物制品业	Manufacture of Non-metallic Mineral Products	1711	98.79
黑色金属冶炼和压延加工业	Manufacture and Processing of Ferrous Metals	378	98.44
有色金属冶炼和压延加工业	Manufacture and Processing of Non-ferrous Metals	445	97.37
金属制品业	Manufacture of Metal Products	540	98.72
通用设备制造业	Manufacture of General Purpose Machinery	766	99.35
专用设备制造业	Manufacture of Special Purpose Machinery	666	98.52
汽车制造业	Automobile Industry	307	93.88
铁路、船舶、航空航天和其他运输设备制造业	Manufacture of Railway,Marine,Aerospace and Other Transport Equipment	130	94.20
电气机械和器材制造业	Manufacture of Electrical Machinery and Equipment	603	98.05
计算机、通信和其他电子设备制造业	Manufacture of Communication Equipment, Computer and Other Electronic Equipment	450	97.19
仪器仪表制造业	Manufacture of Measuring Instrument	109	99.09
其他制造业	Other Manufacture N.E.C	78	97.50
废弃资源综合利用业	Recycling and Disposal of Waste	74	100.00
金属制品、机械和设备修理业	Mental Products,Machine and Equipment Repair	4	80.00
电力、热力生产和供应业	Production and Supply of Electric Power and Heat Power	301	97.41
燃气生产和供应业	Production and Distribution of Gas	45	97.83
水的生产和供应业	Production and Distribution of Water	104	99.05

continued

全部从业人员年平均人数(万人) Average Number of Employees (10 000 persons)	在工业中的地位(%) Status in Industry (%)	固定资产原价(亿元) Original Value of Fixed Assets (100 million yuan)	在工业中的地位(%) Status in Industry (%)	利润总额(亿元) Total Profits (100 million yuan)	在工业中的地位(%) Status in Industry (%)
21.24	89.81	719.75	90.81	150.87	93.79
8.49	73.06	217.07	79.13	43.38	80.83
6.52	91.96	203.95	92.72	37.42	92.81
0.37	27.61	19.98	9.65	1.00	1.11
7.20	84.91	184.18	88.33	20.00	78.16
5.11	85.88	71.06	87.23	13.34	74.99
6.84	66.73	77.20	77.55	30.29	82.06
8.42	96.56	139.90	92.61	32.50	98.07
2.81	95.58	63.02	96.54	19.24	99.43
5.31	85.10	210.35	61.28	32.18	100.16
3.53	94.39	103.54	90.44	32.58	98.07
4.17	97.66	56.46	99.42	17.83	99.72
1.03	51.24	60.43	19.79	2.25	11.15
33.98	95.56	717.39	82.57	157.66	110.08
6.02	83.84	251.33	84.37	62.99	84.04
0.32	100.00	14.64	100.00	0.50	100.00
5.51	100.00	196.55	100.00	34.62	100.00
34.39	89.79	1227.56	89.61	169.72	91.93
5.47	60.91	171.22	17.52	53.28	108.36
8.16	67.61	402.25	60.61	83.01	91.58
8.75	86.12	238.31	75.52	76.63	96.61
11.15	89.63	350.03	87.13	94.39	95.29
10.29	62.86	367.45	43.90	82.01	131.68
5.67	50.53	238.00	39.64	33.16	41.57
2.61	38.84	87.82	31.15	17.86	19.78
11.07	80.39	354.51	80.14	79.75	88.01
10.05	51.86	228.25	43.71	69.74	73.16
1.98	81.82	55.28	81.94	12.16	72.73
1.63	84.02	21.25	97.52	8.23	78.68
1.05	100.00	47.93	100.00	6.44	100.00
0.09	39.13	0.49	13.46	0.26	49.06
5.50	39.43	1436.50	37.64	57.28	68.60
0.70	84.34	68.49	75.34	10.46	74.29
2.16	91.53	147.58	71.97	6.22	121.48

11-11 规模以上非公有制工业主要经济指标及在工业中的地位(2016年)

指 标	Item	企业单位数(个) Number of Enterprises (unit)	在工业中的地位(%) Status in Industry (%)
总计	**Total**	**13354**	**92.83**
按登记注册类型:	**Grouped by Registration**		
内资企业	Internal-invested Enterprises	12871	92.82
股份合作企业	Enterprises Cooperated by Joint-stock	7	41.18
联营企业	Cooperative Enterprises	2	22.22
有限责任公司	Limited Liability Company	1770	75.90
股份有限公司	Company Limited by Shares	345	73.40
私营企业	Individual-owned Enterprises	10650	100.00
其他企业	Enterprises of Other Types of Ownership	96	100.00
港、澳、台投资企业	Enterprises Funded by Entrepreneurs from Hong Kong, Macao and Taiwan	291	93.27
外商投资企业	Enterprises funded by Foreigners	192	92.31
按经济组织类型:	**Grouped by Ownership**		
独资企业	Enterprises Owned by a Sole Investor	837	74.20
合作、合伙企业	Enterprises of Partnership	542	96.27
股份有限公司	Company Limited by Shares	1027	89.15
有限责任公司	Limited Liability Company	10948	94.85
按行业划分:	**Grouped by Sector**		
煤炭开采和洗选业	Mining and Washing of Coal	247	78.16
石油和天然气开采业	Petroleum and Natural Gas Extraction		
黑色金属矿采选业	Mining of Ferrous Metal Ores	70	95.89
有色金属矿采选业	Mining of Non-ferrous Metal Ores	143	85.12
非金属矿采选业	Mining and Processing of Nonmetal Ores	281	95.58
开采辅助活动	Mining Auxiliary Activities		
其他采矿业	Other Mining and Dressing	2	100.00

Main Indicators of Non-public Industrial Enterprises above Designated Size & Percentage of Industry Total(2016)

全部从业人员年平均人数(万人) Average Number of Employees (10 000 persons)	在工业中的地位(%) Status in Industry (%)	固定资产原价(亿元) Original Value of Fixed Assets (100 million yuan)	在工业中的地位(%) Status in Industry (%)	利润总额(亿元) Total Profits (100 million yuan)	在工业中的地位(%) Status in Industry (%)
275.55	**81.93**	**8325.39**	**53.87**	**1634.97**	**83.69**
245.81	80.44	**7133.72**	**50.85**	**1498.68**	**83.58**
0.07	31.82	0.67	19.94	0.19	12.03
0.08	36.36	0.78	16.08	0.15	21.13
35.65	53.86	1258.31	28.72	237.18	69.81
10.45	47.74	433.79	19.87	82.99	56.69
197.73	100.00	5409.69	100.00	1169.00	100.00
1.82	100.00	30.17	100.00	9.11	100.00
20.77	97.51	704.10	92.14	74.85	85.83
8.97	95.32	487.57	73.99	61.44	83.67
26.23	59.94	601.44	22.97	120.47	48.80
12.45	97.49	225.47	96.78	44.76	95.42
31.82	73.56	1106.53	38.74	218.94	77.54
205.05	86.69	6391.94	65.59	1250.80	90.80
5.60	62.85	167.73	78.47	20.73	77.18
1.25	91.91	33.18	93.97	4.90	93.51
3.30	69.18	71.27	50.55	13.51	110.29
3.76	89.74	77.62	77.10	15.06	90.89
0.04	100.00	0.34	100.00	0.08	100.00

11-11 续表

指 标	Item	企业单位数（个）Number of Enterprises (unit)	在工业中的地位(%) Status in Industry (%)
农副食品加工业	Processing of Food from Agricultural Products	1342	95.93
食品制造业	Manufacture of Foods	414	97.18
酒、饮料和精制茶制造业	Manufacture of Liquor, Beverage and Refined Tea	434	96.88
烟草制品业	Manufacture of Tobacco	1	11.11
纺织业	Manufacture of Textile	233	97.08
纺织服装、服饰业	Manufacture of Textile Wearing and Clothing Apparel	236	98.33
皮革、毛皮、羽毛及其制品和制鞋业	Leather, Fur, Feather and Its Products and Footwear	300	98.68
木材加工和木、竹、藤、棕、草制品业	Processing of Timbers,Manufacture of Wood, Bamboo, Rattan, Palm and Straw Products	422	97.69
家具制造业	Manufacture of Furniture	150	100.00
造纸和纸制品业	Manufacture of Paper and Paper Products	291	95.41
印刷和记录媒介复制业	Printing,Reproduction of Recording Media	232	95.08
文教、工美、体育和娱乐用品制造业	Manufacture of Articles for Culture, Education and Sport Activity	195	97.01
石油加工、炼焦和核燃料加工业	Processing of Petroleum,Coking,Processing of Nucleus Fuel	34	79.07
化学原料和化学制品制造业	Manufacture of Chemical Raw Material and Chemical Products	1498	96.40
医药制造业	Manufacture of Medicines	304	94.41
化学纤维制造业	Manufacture of Chemical Fiber	11	91.67
橡胶和塑料制品业	Manufacture of Rubber and Plastic	351	96.16
非金属矿物制品业	Manufacture of Non-metallic Mineral Products	1620	93.53
黑色金属冶炼和压延加工业	Manufacture and Processing of Ferrous Metals	365	95.05
有色金属冶炼和压延加工业	Manufacture and Processing of Non-ferrous Metals	415	90.81
金属制品业	Manufacture of Metal Products	526	96.16
通用设备制造业	Manufacture of General Purpose Machinery	729	94.55
专用设备制造业	Manufacture of Special Purpose Machinery	633	93.64
汽车制造业	Automobile Industry	287	87.77
铁路、船舶、航空航天和其他运输设备制造业	Manufacture of Railway,Marine,Aerospace and Other Transport Equipment	109	78.99
电气机械和器材制造业	Manufacture of Electrical Machinery and Equipment	583	94.80
计算机、通信和其他电子设备制造业	Manufacture of Communication Equipment, Computer and Other Electronic Equipment	445	96.11
仪器仪表制造业	Manufacture of Measuring Instrument	102	92.73
其他制造业	Other Manufacture N.E.C	75	93.75
废弃资源综合利用业	Recycling and Disposal of Waste	67	90.54
金属制品、机械和设备修理业	Mental Products,Machine and Equipment Repair	2	40.00
电力、热力生产和供应业	Production and Supply of Electric Power and Heat Power	133	43.04
燃气生产和供应业	Production and Distribution of Gas	41	89.13
水的生产和供应业	Production and Distribution of Water	31	29.52

continued

全部从业人员年平均人数(万人) Average Number of Employees (10 000 persons)	在工业中的地位(%) Status in Industry (%)	固定资产原价(亿元) Original Value of Fixed Assets (100 million yuan)	在工业中的地位(%) Status in Industry (%)	利润总额(亿元) Total Profits (100 million yuan)	在工业中的地位(%) Status in Industry (%)
21.80	92.18	688.12	86.81	149.81	93.13
11.13	95.78	265.51	96.78	52.19	97.24
6.58	92.81	191.84	87.21	38.50	95.49
		0.04	0.02	0.01	0.01
8.15	96.11	202.60	97.17	25.44	99.41
5.91	99.33	81.06	99.51	17.72	99.61
9.98	97.37	97.98	98.42	35.34	95.75
8.37	95.99	148.21	98.11	32.86	99.16
2.94	100.00	65.28	100.00	19.35	100.00
5.12	82.05	160.33	46.71	28.23	87.86
3.36	89.84	89.26	77.97	29.03	87.39
4.12	96.49	54.39	95.77	17.36	97.09
0.47	23.38	45.71	14.97	3.69	18.29
33.04	92.91	667.24	76.80	162.00	113.11
6.45	89.83	261.52	87.79	69.07	92.15
0.25	78.13	10.64	72.68	0.49	98.00
5.12	92.92	168.90	85.93	34.01	98.24
34.98	91.33	1081.48	78.95	164.82	89.28
5.65	62.92	215.28	22.03	58.81	119.61
8.75	72.49	449.18	67.68	88.38	97.51
8.93	87.89	260.71	82.62	73.84	93.09
10.51	84.49	327.09	81.42	86.79	87.61
12.75	77.89	622.06	74.32	67.53	108.43
7.83	69.79	412.06	68.62	66.36	83.20
1.84	27.38	61.48	21.81	12.04	13.34
11.48	83.37	357.36	80.78	86.05	94.97
18.55	95.72	471.66	90.33	90.63	95.08
2.22	91.74	60.73	90.02	16.13	96.47
1.65	85.05	16.05	73.66	10.12	96.75
0.92	87.62	42.50	88.67	5.92	91.93
0.01	4.35	0.30	8.24	0.31	58.49
1.59	11.40	292.79	7.67	19.86	23.78
0.77	92.77	82.57	90.83	13.15	93.39
0.38	16.10	23.34	11.38	4.87	95.12

11-12 规模以上工业主要产品产量
Output of Industrial Products above Designated Size

产 品		Item		2000	2005	2015	2016
化学纤维	(万吨)	Chemical Fiber	(10 000 tons)	7.79	8.29	6.46	7.17
纱(混合数)	(万吨)	Yarn	(10 000 tons)	16.63	26.06	112.03	105.14
布(混合数)	(亿米)	Cloth	(100 million m)	3.41	3.61	3.93	4.01
棉布	(亿米)	Cotton Cloth	(100 million m)	0.70	2.21	2.68	3.13
针棉织品(折用纱量)	(万吨)	Cotton Knitwear	(10 000 tons)	0.65	1.62	0.40	
毛巾	(万条)	Towel	(10 000 cartons)	5394.00	15164.83	94922.00	70852.40
服装	(万件)	Clothes	(10 000 pieces)	1151.00	12736.80	32127.73	30823.22
麻袋	(万条)	Gunny-bag	(10 000 cartons)	339.75	280.86	3462.22	4176.38
纸浆	(万吨)	Paper Pulp	(10 000 tons)	31.90	68.37	97.98	81.12
机制纸及纸板	(万吨)	Machine_made Paper and Paper boards	(10 000 tons)	70.07	170.59	398.47	422.13
日用玻璃制品	(万吨)	Household Glass Product	(10 000 tons)	5.40	9.07	33.03	38.95
玻璃保温容器	(万个)	Baowenrongqi Glass	(10 000 units)	1300.69	715.00	9900.00	10862.00
电光源	(万只)	Electric Light	(10 000 units)	12961.00	19201.00	1362.00	113.00
合成洗涤剂	(万吨)	Synthetic Detergents	(10 000 tons)	8.12	32.06	44.65	42.31
铅酸蓄电池	(万千伏安时)	Lead-acid Dry Cell	(100 million units)	0.57	8.11	183.34	188.86
大米	(万吨)	Rice	(10 000 tons)	102.40	134.22	1331.99	1451.47
原盐	(万吨)	Salt	(10 000 tons)	72.93	118.65	263.04	282.58
成品糖	(万吨)	Refined Sugar	(10 000 tons)	4.44	2.10		5.79
卷烟	(万箱)	Cigarettes	(10 000 cases)	230.43	289.28	351.47	338.92
罐头	(万吨)	Canned Food	(10 000 tons)	4.21	26.76	105.85	129.61
软饮料	(万吨)	Soft Drinks	(10 000 tons)	12.4	61.91	541.37	428.70

11-12 续表 1 continued

产 品		Item		2000	2005	2015	2016
饮料酒	(万千升)	Liquor	(10 000 tons)	30.21	52.57	104.28	108.18
白酒(商品量)	(万千升)	Spirit	(10 000 tons)	3.76	2.69	23.68	30.58
啤酒	(万千升)	Beer	(10 000 tons)	26.42	49.77	74.60	71.56
乳制品	(吨)	Dairy Products	(tons)	5577.00	153547.00	295215.57	281263.20
食用植物油	(万吨)	Edible Vegetable Oil	(10 000 tons)	20.14	53.69	319.66	388.19
化学药品原药	(吨)	Chemical Medicine	(ton)	1964.76	2448.12	64316.31	78776.19
中成药	(吨)	Traditional Chinese Medicine	(10 000 tons)	11745.00	26657.00	132453.87	154881.20
饲料	(万吨)	Fixed-Forage	(10 000 tons)	163.62	356.49	1684.49	1819.69
塑料制品	(万吨)	Plastics Products	(10 000 tons)	7.29	18.63	156.01	148.53
皮革鞋靴	(万双)	Leather Shoe	(10 000 units)	429.49	1335.80	17796.59	15474.73
家用电冰箱	(万台)	Household Refrigerators	(10 000 units)	44.54	55.54	8.91	
电风扇	(万台)	Electric Fans	(10 000 units)	4.64	2.39		
原煤	(万吨)	Coal	(10 000 tons)	1490.81	3646.51	3464.59	2595.54
原油加工量	(万吨)	Crude Process	(10 000 tons)	526.42	590.92	877.42	840.57
汽油	(万吨)	Gasoline	(10 000 tons)	120.19	122.82	228.33	240.18
柴油	(万吨)	Diesel oil	(10 000 tons)	215.53	229.19	287.41	258.99
发电量	(亿千瓦小时)	Electricity	(100 million kwh)	354.42	630.29	1215.18	1284.71
水电	(亿千瓦小时)	Hydro-power	(100 million kwh)	191.15	228.01	485.32	530.38
火电	(亿千瓦小时)	Thermal Power	(100 million kwh)	163.27	402.27	697.76	722.63
生铁	(万吨)	Pig Iron	(10 000 tons)	332.72	961.38	1762.82	1791.36
粗钢	(万吨)	Steel	(10 000 tons)	304.13	975.17	1852.78	1827.82
钢材	(万吨)	Steel Products	(10 000 tons)	299.05	961.26	1951.29	1998.69
铁道用钢材	(万吨)	Railway Steel	(10 000 tons)	1.41	1.96	5.90	4.82
线材	(万吨)	Wire Rod	(10 000 tons)	97.24	314.59	289.10	284.81
无缝钢管x	(万吨)	Seamless Steel Pipe	(10 000 tons)	31.63	63.44	105.69	103.20
焊接钢管	(万吨)	Welding Steel Pipe	(10 000 tons)	2.17	1.48	13.35	18.52
焦炭	(万吨)	Coke	(10 000 tons)	207.00	397.91	657.30	666.50
煤气	(亿立方米)	Coal Gas	(100 millions cm)	3.20	10.73	200.82	349.19
铁矿石(原矿)	(万吨)	Iron Mineral	(10 000 tons)	4.27	417.34	918.30	811.32
水泥	(万吨)	Cement	(10 000 tons)	2395.72	3571.07	11613.56	12177.65

11-12 续表 2 continued

产 品		Item		2000	2005	2015	2016
平板玻璃	(万重量箱)	Plate Glass	(10 000 weight cases)	735.34	1009.28	2144.52	2739.14
硫酸(折100%)	(万吨)	Sulfuric Acid	(10 000 tons)	128.17	183.86	244.08	240.70
纯碱	(万吨)	Sode Ash	(10 000 tons)	13.03	27.53	47.25	43.46
烧碱(折100%)	(万吨)	Caustic Soda	(10 000 tons)	20.96	33.79	47.99	42.97
合成氨	(万吨)	Synthetic Ammonia	(10 000 tons)	167.30	193.69	106.00	74.35
农用化肥(折纯量)	(万吨)	Chemical Fertilizer	(10 000 tons)	141.74	257.55	108.44	102.76
氮肥		Nitrogen Fertilizers	(10 000 tons)	112.90	228.88	95.75	61.55
磷肥		Phosphate Fertilizers	(10 000 tons)	27.57	25.66	12.69	12.90
化学农药原药	(万吨)	Chemical Pesticide	(10 000 tons)	4.58	9.03	5.14	4.97
电石	(万吨)	Calcium Carbide	(10 000 ton)	10.44	18.06	13.38	7.74
初级形态的塑料	(万吨)	Primary Plastics	(10 000 tons)	23.10	37.04	66.84	51.33
合成橡胶	(万吨)	Synthetic Rubber	(10 000 tons)	9.83		28.33	29.81
矿山专用设备	(吨)	Mining Special Equipment	(ton)	9912	31140	442375	516349
起重机	(吨)	Crane	(ton)	14810	23976	702150	569478
金属冶炼设备	(吨)	Metal Smelting Equipment	(ton)	4540	2453	51696	50422
发电设备	(万千瓦)	Power Generating Equipment	(10 000 kw)	9.92	38.09	190.45	156.60
交流电动机	(万千瓦)	AC Electric Motor	(10 000 kw)	137.59	783.66	1434.68	1412.24
变压器	(万千伏安)	Transformer	(10 000 kva)	494.96	3271.01	10594.06	10958.22
泵	(万台)	Pump	(10 000 units)	14.24	18.43	105.04	93.53
金属切削机床	(台)	Metal-cutting Machine Tools	(unit)	907	1570	4455	3966
金属成形机床	(台)	Metal Forming Machine Tools	(unit)	1577	1799	6845	10783
汽车	(辆)	Motor Vehicles	(unit)	17614	92589	635941	741232
摩托车	(辆)	Motorcycles	(unit)	142452	295415	163812	123784
滚动轴承	(万套)	Rolling Bearings	(10 000 sets)	1940.13	1108.82	6827.18	6862.51
小型拖拉机	(万台)	Small Tractor	(10 000 units)	0.45	0.66	6.30	6.84
发动机	(万千瓦)	Engines	(10 000 kw)	175.94	97.11	76.43	91.63
铁路机车	(辆)	Railway Locomotive	(unit)	69	167	776	262
铁路货车	(辆)	Railway Freight wagons	(unit)	3486	3727	5210	4727
民用钢质船舶	(载重吨)	Civil Plate ship	(ton)	13541	17716	544421	522660
工业锅炉	(蒸发量吨)	Industrial Boiler	(ton)	2976	10708	15379	15514

11-13 规模以上工业企业主要产品、生产能力及能力利用率综合表(2016年)
Main Products, Production Capacity and Utilization Rate of Industrial Enterprises above Designated Size(2016)

产品名称		Item		企业单位数(个) Number of Enterprises (unit)
原煤	(万吨)	Raw coal	(10 000 tons)	267
卷烟	(亿支)	Cigarette	(10 000 units)	1
棉纺锭/纺纱量	(万锭/万吨)	Cotton spindle/spinning capacity	(10 000/10 000 tons)	92
气流纺锭/纺纱量	(万头/万吨)	Air spindle/spinning capacity	(10 000/10 000 tons)	7
棉布织机/布	(万台/亿米)	Cotton weaving/cloth	(million/10 000 tons)	27
原油加工能力/原油加工量	(万吨/万吨)	Crude oil ptocessing capacity/crude oil processing capacity	(10 000 tons)	2
焦炭	(万吨)	Coke		6
烧碱(折100%)	(万吨)	Caustic soda	(10 000 tons)	4
碳化钙(电石，折 300升/千克)	(万吨)	Calcium carbide	(calcium carbide,off 300liters/kg)	1
农用氮、磷、钾化学肥料总计(折纯)	(万吨)	Agricultural nitrogen,phosphorus and potassium fertilizer Total(off net)	(10 000 tons)	21
初级形态塑料	(万吨)	Primary form of plastic	(10 000 tons)	15
焰火制品	(亿元)	Pyrotechnic products	(100 million yuan)	581
其中：烟花	(亿元)	Of which:Fireworks	(100 million yuan)	400
化学纤维	(万吨)	Chemical fiber	(10 000 tons)	6
硅酸盐水泥熟料	(万吨)	Cement clinker	(10 000 tons)	62
水泥	(万吨)	Cemnet	(10 000 tons)	143
平板玻璃	(万重量箱)	Plate glass	(Million boxes)	4
生铁	(万吨)	Pig iron	(10 000 tons)	8
粗钢	(万吨)	Crude steel	(10 000 tons)	4
钢材	(万吨)	Steel	(10 000 tons)	30
铁合金	(万吨)	Ferroalloy	(10 000 tons)	110
原铝(电解铝)	(万吨)	Primary aluminum	(10 000 tons)	
金属切削机床	(万台)	Metal cutting machine tools	(10 000 tons)	9
挖掘机	(万台)	Excavator	(10 000 sets)	5
汽车	(万辆)	Car	(10 000 sets)	15
其中：基本型乘用车(轿车)	(万辆)	Of which:basic passenger vehicles(cars)	(10 000 sets)	8
载货汽车	(万辆)	trucks	(10 000 sets)	
民用钢质船舶	(万载重吨)	Civil steel ship	(10 000 tons)	15
太阳能电池	(万千瓦)	solar battery	(10 000 KW)	1
家用电冰箱	(万台)	Household Refrigerators	(10 000 sets)	
房间空气调节器	(万台)	Room air conditiones	(10 000 sets)	
家用洗衣机	(万台)	Household Washing Machines	(10 000 sets)	
微型计算机设备	(万台)	Micro Computers	(10 000 sets)	
移动通信手持机(手机)	(万台)	Mobile handset(cell phone)	(10 000 sets)	2
彩色电视机	(万台)	Color TV	(10 000 sets)	2
发电设备容量总计/发电量	(万千瓦/万千瓦小时)	Total capacity of power equipment/power genneration	(10 000 KW/10 000 KW·h)	315
其中：火电设备容量/发电量	(万千瓦/万千瓦小时)	Of which:thermal power equipment capacity/power generation	(10 000 KW/10 000 KW·h)	98
水电设备容量/发电量	(万千瓦/万千瓦小时)	Hydropower Equipment capacity/power generation	(10 000 KW/10 000 KW·h)	193
风电设备容量/发电量	(万千瓦/万千瓦小时)	Capacity of wind power equipment/power generation	(10 000 KW/10 000 KW·h)	24

11-13 续表 continued

产品名称	Item	年初生产能力 Early production	年末生产能力 At the end of production capacity	能力利用率(%) Capacity Utilization (%)
原煤 (万吨)	Raw coal (10 000 tons)	4020.83	4169.98	78.38
卷烟 (亿支)	Cigarette (10 000 units)	2633.40	2658.60	64.04
棉纺锭／纺纱量 (万锭/万吨)	Cotton spindle/spinning capacity (10 000/10 000 tons)	217.50	254.85	72.77
气流纺锭／纺纱量 (万头/万吨)	Air spindle/spinning capacity (10 000/10 000 tons)			
棉布织机／布 (万台/亿米)	Cotton weaving/cloth (million/10 000 tons)			
原油加工能力／原油加工量 (万吨/万吨)	Crude oil ptocessing capacity/crude oil processing capacity (10 000 tons)	1342.00	1350.00	62.45
焦炭 (万吨)	Coke	727.00	727.00	91.70
烧碱(折100%) (万吨)	Caustic soda (10 000 tons)	51.52	51.52	83.40
碳化钙(电石，折 300升／千克) (万吨)	Calcium carbide (calcium carbide,off 300liters/kg)	16.50	8.20	38.50
农用氮、磷、钾化学肥料总计(折纯)(万吨)	Agricultural nitrogen,phosphorus and potassium fertilizer Total(off net) (10 000 tons)	109.92	172.84	57.90
初级形态塑料 (万吨)	Primary form of plastic (10 000 tons)	70.18	73.73	71.30
焰火制品 (亿元)	Pyrotechnic products (100 million yuan)	1005.92	1041.50	83.19
其中：烟花 (亿元)	Of which:Fireworks (100 million yuan)	420.63	439.76	79.65
化学纤维 (万吨)	Chemical fiber (10 000 tons)	8.49	8.80	80.99
硅酸盐水泥熟料 (万吨)	Cement clinker (10 000 tons)	8601.42	8621.51	78.10
水泥 (万吨)	Cemnet (10 000 tons)	15482.76	16110.99	76.70
平板玻璃 (万重量箱)	Plate glass (Million boxes)	2850.53	2850.53	95.46
生铁 (万吨)	Pig iron (10 000 tons)	1927.80	1927.02	92.94
粗钢 (万吨)	Crude steel (10 000 tons)	2055.00	2055.00	88.95
钢材 (万吨)	Steel (10 000 tons)	2643.92	2664.81	80.43
铁合金 (万吨)	Ferroalloy (10 000 tons)	338.09	325.21	55.05
原铝(电解铝) (万吨)	Primary aluminum (10 000 tons)			
金属切削机床 (万台)	Metal cutting machine tools (10 000 tons)	0.38	0.61	79.83
挖掘机 (万台)	Excavator (10 000 sets)	3.09	3.10	71.38
汽车 (万辆)	Car (10 000 sets)	94.90	111.10	72.10
其中：基本型乘用车(轿车) (万辆)	Of which:basic passenger vehicles(cars) (10 000 sets)	86.66	102.80	75.20
载货汽车 (万辆)	trucks (10 000 sets)			
民用钢质船舶 (万载重吨)	Civil steel ship (10 000 tons)	73.63	75.48	70.10
太阳能电池 (万千瓦)	solar battery (10 000 KW)	2.00	2.00	55.74
家用电冰箱 (万台)	Household Refrigerators (10 000 sets)			
房间空气调节器 (万台)	Room air conditiones (10 000 sets)			
家用洗衣机 (万台)	Household Washing Machines (10 000 sets)			
微型计算机设备 (万台)	Micro Computers (10 000 sets)	85.00	85.00	42.45
移动通信手持机(手机) (万台)	Mobile handset(cell phone) (10 000 sets)	70.88	45.59	53.18
彩色电视机 (万台)	Color TV (10 000 sets)	61.36	19.48	43.70
发电设备容量总计／发电量 (万千瓦/万千瓦小时)	Total capacity of power equipment/power genneration (10 000 KW/10 000 KW·h)	3969.16	4281.44	41.87
其中：火电设备容量／发电量 (万千瓦/万千瓦小时)	Of which:thermal power equipment capacity/power generation (10 000 KW/10 000 KW·h)	2119.83	2252.38	39.03
水电设备容量／发电量 (万千瓦/万千瓦小时)	Hydropower Equipment capacity/power generation (10 000 KW/10 000 KW·h)	1723.56	1766.94	47.20
风电设备容量／发电量 (万千瓦/万千瓦小时)	Capacity of wind power equipment/power generation (10 000 KW/10 000 KW·h)	111.50	243.00	24.28

11-14 按全省人口平均的主要产品产量
Per Capita Output of Major Industrial Products

产 品		Item		2000	2005	2015	2016
化学纤维	(公斤/人)	Chemical Fiber	(kg / person)	1.19	1.23	0.96	1.55
纱(混合数)	(公斤/人)	Yarn	(kg / person)	2.53	3.88	16.57	15.41
布(混合数)	(米/人)	Cloth	(m / person)	5.19	5.38	5.82	5.87
针棉织品(折用纱量)	(公斤/人)	Cotton Knitwear	(kg / person)	0.10	0.24	0.06	
机制纸及纸板	(公斤/人)	Machine-made Paper and Paperboards	(kg/person)	10.68	25.40	58.94	61.88
合成洗涤剂	(公斤/人)	Synthetic Detergents	(kg / person)	1.24	4.77	6.60	6.20
原盐	(公斤/人)	Salt	(kg / person)	11.11	17.67	38.91	41.42
成品糖	(公斤/人)	Refined Sugar	(kg / person)	0.68	0.31		0.85
卷烟	(箱/百人)	Cigarette	(case /100 persons)	3.51	4.31	5.20	4.97
家用电冰箱	(台/百人)	Household Refrigerators	(unit / 100 persons)	0.68	0.83	0.13	
原煤	(吨/人)	Coal	(ton / person)	0.23	0.54	0.51	0.38
原油加工量	(公斤/人)	Processing Output of Crude Oil	(kg / person)	80.22	88.00	129.36	123.57
发电量	(千瓦小时/人)	Electricity	(kwh / person)	540.11	938.64	1791.51	1888.58
生铁	(公斤/人)	Pig Iron	(kg / person)	50.70	143.17	260.77	262.58
粗钢	(公斤/人)	Crude Steel	(kg / person)	46.35	145.23	274.07	267.93
钢材	(公斤/人)	Steel	(kg / person)	45.57	143.15	288.65	292.98
水泥	(吨/人)	Cement	(ton / person)	0.37	0.53	1.72	1.79
平板玻璃	(重量箱/人)	Plate Glass	(weight case / person)	0.11	0.15	0.32	0.40
硫酸(折100)	(公斤/人)	Sulfuric Acid	(kg / person)	19.53	27.38	36.11	35.28
纯碱	(公斤/人)	Soda Ash	(kg / person)	1.99	4.10	6.99	6.37
烧碱(折100)	(公斤/人)	Caustic Soda	(kg / person)	3.19	5.03	7.10	6.30
合成氨	(公斤/人)	Synthetic Ammonia	(kg / person)	25.49	28.84	15.68	10.90
农用化肥(折纯量)	(公斤/人)	Chemical Fertilizer	(kg / person)	21.60	38.35	16.04	15.06
氮肥	(公斤/人)	Nitrogen Fertilizer	(kg / person)	17.21	34.09	14.16	9.02
磷肥	(公斤/人)	Phosphate Fertilizer	(kg / person)	4.20	3.82	1.88	1.89
化学农药原药	(公斤/人)	Chemical Pesticide	(kg / person)	0.70	1.34	0.76	0.73
初级形态塑料	(公斤/人)	Primary Plastics	(kg / person)	3.52	5.52	9.89	7.52
合成橡胶	(公斤/人)	Synthetic Rubber	(kg/person)	1.50	2.39	4.19	4.37
汽车	(辆/万人)	Motor Vehicles	(unit/10 000 persons)	2.68	13.79	94.07	108.65
摩托车	(辆/万人)	Motorcycles	(unit/10 000 persons)	21.72	43.99	24.23	18.14

注:人均的主要产品产量按常住人口计算。
The data are based on the permanent population.

11-15 各市、州规模以上工业主要经济指标(2016年)

Main Indicators of Industrial Enterprises above Designated Size by Region(2016)

单位:亿元 (100 million yuan)

指 标	Item	全省总计 Total	长沙市 Changsha City	株洲市 Zhuzhou City	湘潭市 Xiangtan City	衡阳市 Hengyang City	邵阳市 Shaoyang City	岳阳市 Yueyang City	常德市 Changde City
企业单位数（个）	Number of Enterprises (unit)	14386	2794	1562	907	1001	1130	1287	1010
#大型企业	#Largest Enterprise	221	55	38	17	13	11	23	10
#中型企业	#Medium-sized Enterprises	2229	354	463	64	266	137	278	132
#小型企业	#Small Enterprises	11594	2306	1029	804	702	963	966	837
#微型企业	#Micro Enterprises	342	79	32	22	20	19	20	31
#亏损企业	#Loss-making Enterprises	788	162	86	60	69	21	39	100
工业销售产值	Industrial Sales Value	39319.29	11022.00	3404.51	3301.06	2133.29	2009.26	4988.53	2556.98
实收资本	Total Capital Hold	6197.61	1220.09	832.45	313.30	408.86	237.08	894.37	312.54
#外商资本	#Foreign Capital	215.50	126.33	7.89	5.21	5.41	0.45	13.14	14.86

11-15 续表 1 continued

单位:亿元 (100 million yuan)

指 标	Item	张家界市 Zhangjiajie City	益阳市 Yiyang City	郴州市 Chenzhou City	永州市 Yongzhou City	怀化市 Huaihua City	娄底市 Loudi City	湘西州 West Hunan A.P
企业单位数（个）	Number of Enterprises (unit)	196	1021	1047	838	600	736	272
#大型企业	#Largest Enterprise		13	13	6	4	12	3
#中型企业	#Medium-sized Enterprises	6	116	105	118	64	98	28
#小型企业	#Small Enterprises	175	864	908	686	524	602	228
#微型企业	#Micro Enterprises	15	28	21	28	8	24	13
#亏损企业	#Loss-making Enterprises	16	30	53	29	47	41	35
工业销售产值	Industrial Sales Value	137.74	2170.99	3180.14	1216.44	1013.68	1904.69	242.94
实收资本	Total Capital Hold	34.23	215.69	448.98	487.51	251.14	432.13	48.08
#外商资本	#Foreign Capital	0.06	0.50	2.79	3.58	0.31	15.26	1.22

11-15 续表 2 continued

单位:亿元 (100 million yuan)

指 标	Item	全省总计 Total	长沙市 Changsha City	株洲市 Zhuzhou City	湘潭市 Xiangtan City	衡阳市 Hengyang City
全部从业人员年平均人数 (万人)	Annual Average Number of Obtain Employees (10 000 persons)	336.31	69.99	51.47	18.56	28.19
流动资产	Liquid Assets	11064.34	4360.76	1437.24	860.38	601.05
#存货	#Inventory	2843.06	995.07	298.34	176.91	141.03
产成品	Products	958.42	397.61	113.15	55.59	45.93
固定资产合计	Total Fixed Assets	10202.62	2169.35	1185.50	615.76	716.59
固定资产原价	Original Value of Fixed Assets	15453.45	3144.47	1812.84	963.26	1031.10
累计折旧	Add up Depreciation of Fixed Assets	5631.71	1035.00	637.12	415.30	343.80
资产总计	Total Assets	25518.07	7923.07	3208.00	1794.30	1619.82
流动负债合计	Total Liquid Liabilities	8991.62	2981.67	1095.05	889.92	659.85
长期负债合计	Total Long-term Liabilities	3197.86	1098.67	314.85	170.43	181.78
负债合计	Total Liabilities	13343.81	4422.40	1448.76	1115.81	996.38
所有者权益	Creditors Equity	12171.52	3468.16	1759.13	675.50	653.02
主营业务收入	Revenue of Main Bussiness	38314.28	10173.19	3280.67	3287.46	2077.07
主营业务成本	Cost of Main Bussiness	31304.81	8420.33	2720.30	2731.32	1652.65
主营业务税金及附加	Tax and Extra Charges of Main Bussiness	1026.34	233.36	39.37	26.37	18.75
管理费用	Administrative Expense	1771.17	503.19	182.25	115.29	162.89
利息收入	Interest Revenue	19.19	10.82	3.37	3.04	0.76
利息支出	Interest Expense	369.28	96.69	18.36	45.64	24.20
营业利润	Operating Profit	2017.46	510.77	166.22	181.45	108.43
利润总额	Total Profit	1953.67	555.28	179.82	176.00	104.64
本年应付职工薪酬	Total Wages Payable of the Year	2067.56	495.88	356.11	160.41	122.37
总资产贡献率 (%)	Ratio of Total Assets to Output Value (%)	16.30	14.44	9.59	16.26	11.04
每百元销售收入实现利润 (元)	Profit per 100 yuan of Sales Revenue (yuan)	5.10	5.46	5.48	5.35	5.04
资产负债率 (%)	Assets-Liability Ratio (%)	52.29	55.82	45.16	62.19	61.51
成本费用利润率 (%)	Ratio of Profits to Cost (%)	5.55	5.86	5.82	5.66	5.30

11-15 续表 3 continued

单位:亿元 (100 million yuan)

指 标	Item	邵阳市 Shaoyang City	岳阳市 Yueyang City	常德市 Changde City	张家界市 Zhangjiajie City	益阳市 Yiyang City
全部从业人员年平均人数 (万人)	Annual Average Number of Obtain Employees (10 000 persons)	22.00	36.79	18.97	2.41	18.65
流动资产	Liquid Assets	228.81	571.90	999.88	39.76	372.04
#存货	#Inventory	57.50	186.88	449.26	8.18	89.65
产成品	Products	22.50	63.66	75.62	4.81	38.29
固定资产合计	Total Fixed Assets	398.00	1077.87	628.58	67.66	511.29
固定资产原价	Original Value of Fixed Assets	602.52	1989.35	985.88	98.99	709.63
累计折旧	Add up Depreciation of Fixed Assets	214.55	869.72	370.98	32.80	217.76
资产总计	Total Assets	808.43	1974.44	1792.29	135.92	1031.05
流动负债合计	Total Liquid Liabilities	160.55	490.64	582.58	32.80	398.38
长期负债合计	Total Long-term Liabilities	123.98	119.26	195.66	31.81	88.45
负债合计	Total Liabilities	313.33	799.33	851.40	71.89	522.11
所有者权益	Creditors Equity	494.35	1175.11	1041.60	64.03	508.77
主营业务收入	Revenue of Main Bussiness	1921.97	5032.19	2491.16	138.74	2201.08
主营业务成本	Cost of Main Bussiness	1655.42	4216.15	1766.84	113.67	1871.63
主营业务税金及附加	Tax and Extra Charges of Main Bussiness	18.17	193.33	362.89	1.59	18.03
管理费用	Administrative Expense	72.47	248.29	109.16	5.22	63.15
利息收入	Interest Revenue	0.14	-1.37	0.64	0.05	0.10
利息支出	Interest Expense	14.70	41.63	20.76	1.65	13.25
营业利润	Operating Profit	107.69	166.48	162.39	10.28	176.71
利润总额	Total Profit	108.13	159.71	174.21	11.07	76.89
本年应付工资总额	Total Wages Payable of the Year	135.42	239.18	118.95	9.77	74.86
总资产贡献率 (%)	Ratio of Total Assets to Output Value (%)	20.20	24.23	37.76	13.33	12.81
每百元销售收入实现利润 (元)	Profit per 100 yuan of Sales Revenue (yuan)	5.63	3.17	6.99	7.98	3.49
资产负债率 (%)	Assets-Liability Ratio (%)	38.76	40.48	47.50	52.89	50.64
成本费用利润率 (%)	Ratio of Profits to Cost (%)	6.01	3.38	8.42	8.84	3.83

11-15 续表 4 continued

单位:亿元 (100 million yuan)

指 标	Item	郴州市 Chenzhou City	永州市 Yongzhou City	怀化市 Huaihua City	娄底市 Loudi City	湘西州 West Hunan A.P
全部从业人员年平均人数 (万人)	Annual Average Number of Obtain Employees (10 000 persons)	20.55	16.95	10.03	16.39	4.61
流动资产	Liquid Assets	630.30	219.60	186.21	433.91	118.31
#存货	#Inventory	184.22	68.02	34.85	119.10	33.09
产成品	Products	48.32	20.43	11.86	48.48	12.17
固定资产合计	Total Fixed Assets	813.09	352.45	484.61	625.03	151.80
固定资产原价	Original Value of Fixed Assets	1013.79	556.15	716.57	983.60	197.91
累计折旧	Add up Depreciation of Fixed Assets	343.96	209.05	250.30	383.33	68.92
资产总计	Total Assets	1655.29	706.78	762.68	1244.48	302.60
流动负债合计	Total Liquid Liabilities	516.63	190.70	223.35	566.50	87.16
长期负债合计	Total Long-term Liabilities	181.33	75.43	132.22	154.51	65.04
负债合计	Total Liabilities	790.79	312.61	395.33	758.11	165.32
所有者权益	Creditors Equity	864.50	390.62	366.77	479.89	137.28
主营业务收入	Revenue of Main Bussiness	3262.04	1203.61	986.13	1912.75	230.95
主营业务成本	Cost of Main Bussiness	2381.18	1020.80	809.67	1684.20	181.42
主营业务税金及附加	Tax and Extra Charges of Main Bussiness	60.14	29.26	6.86	13.96	2.95
管理费用	Administrative Expense	98.66	61.31	84.77	50.96	11.74
利息收入	Interest Revenue	0.82	-0.03	-0.33	0.95	0.19
利息支出	Interest Expense	15.07	7.65	20.85	21.32	3.22
营业利润	Operating Profit	190.96	50.48	41.39	110.77	24.03
利润总额	Total Profit	177.26	53.09	43.20	112.74	19.74
本年应付工资总额	Total Wages Payable of the Year	103.47	91.97	47.08	81.86	18.79
总资产贡献率 (%)	Ratio of Total Assets to Output Value (%)	17.52	16.16	13.38	15.21	11.21
每百元销售收入实现利润 (元)	Per-tax Profits per 100 yuan of Sales Revenue (yuan)	5.43	4.41	4.38	5.89	8.55
资产负债率 (%)	Assets-Liability Ratio (%)	47.77	44.23	51.83	60.92	54.63
成本费用利润率 (%)	Ratio of Profits to Cost (%)	6.87	4.66	4.60	6.18	9.50

11-16 省级及以上产业园区规模工业主营业务收入(2016年)
Revenue from Principal Business of above the provincial level Industrial Park (2016)

单位:万元 (10 000 yuan)

园区名称	Park	主营业务收入 Revenue of Major Business	#国有经济 State-owned Economic	#集体经济 Collective Economic
长沙天心经济开发区	Changsha Tianxin Industrial Park	1445495		
长沙高新技术产业开发区(国家级)	Changsha High-tech Industrial Development Zone (National)	15900850		
长沙金霞经济开发区	Changsha Jinxia Economic Development Zone	1182770	126468	
长沙雨花经济开发区	Changsha Yuhua Economic Development Zone	4916256	1812160	21293
长沙经济技术开发区(国家级)	Changsha Economic and Technological Development Zone (National)	17826424	7500	
湖南长沙暮云经济开发区	Muyun Industrial Park in Changsha, Hunan	511319		3250
湖南望城经济开发区	Economic Development Zone in Hunan wangcheng	6796963		
湖南宁乡经济开发区(国家级)	Ningxiang Economic and Technological Development Zone (National)	7795294	14581	
浏阳经济技术开发区(国家级)	Hunan Liuyang Biomedical Park (National)	9698001		
株洲高新技术产业开发区(国家级)	Zhuzhou Hi-tech Industrial Development Zone (National)	10944064	290406	1668
湖南株洲建宁经济开发区	Zhuzhou Jianning Development Zone, Hunan	153953		
湖南株洲渌口经济开发区	Port Economic Development Zone, Zhuzhou, Hunan Lukou	983491	38030	
湖南茶陵经济开发区	Economic Development Zone, Hunan Chaling	978029	14533	
湖南醴陵经济开发区	Hunan Liling Ceramics Industrial Park	6496618	41725	17380
湖南湘潭经济技术开发区(国家级)	Xiangtan Economic and Technological Development Zone, Hunan (National)	5034775		
湖南湘潭高新技术产业园区(国家级)	Xiangtan High-tech Industrial Development Zone, Hunan (National)	7596144		36257
湖南湘潭天易经济开发区	Xiangtan Tianyi Economic Development Zone, Hunan	3673166		
湖南湘潭岳塘经济开发区	Xiangtan Yuetang Economic Development Zone, Hunan	85439		
湖南湘乡经济开发区	Hunan Xiangxiang Industrial Park	5007429		
韶山高新技术产业开发区	Shaoshan High-tech Industrial Development Zone	1728008		
湖南衡阳松木经济开发区	Hunan Hengyang Pine Industrial Park	600031		5044
湖南衡阳高新技术产业园区(国家级)	High-tech Industrial Park in Hunan Hengyang (National)	4350145	72016	
湖南衡阳西渡高新技术产业园区	Hunan Hengyang Xidu Economic Development Zone	1483308		
湖南衡山经济开发区	Economic Development Zone, Hunan Hengshan	578186	4063	
湖南衡东经济开发区	Hunan Hengdong Industrial Park	1002563		
湖南祁东经济开发区	Hunan Qidong Economic Development Zone	1342957		
湖南耒阳经济开发区	Hunan Leiyang Economic Development Zone	1189462	114099	
湖南常宁水口山经济开发区	Hunan Changning Shuikoushan Economic Development Zone	1159252		
湖南邵阳经济开发区	Hunan Shaoyang Economic Development Zone	624288		
湖南邵东经济开发区	Hunan Shaodong Economic Development Zone	4382067	4235	
湖南新邵经济开发区	Hunan Xinshao Economic Development Zone	1455207	6890	
湖南洞口经济开发区	Hunan Dongkou Economic Development Zone	1256222		
湖南武冈经济开发区	Hunan Wugang Economic Development Zone	714214	2012	
岳阳经济技术开发区(国家级)	Yueyang Economic and Technological Development Zone (National)	5611158		
湖南岳阳绿色化工产业园	Hunan Yueyang Green Chemical Industrial Park	7639830		26098
湖南湘阴工业园区	Hunan Xiangyin Industrial Park	4841704		
湖南平江工业园区	Hunan Pingjiang Industrial Park	2610143		
湖南汨罗循环经济产业园区	Hunan Miluo Circular Economy Industrial Park	4421269		

11-16 续表 continued

单位:万元 (10 000 yuan)

园区名称	Park	主营业务收入 Revenue of Major Business	#国有经济 State-owned Economic	#集体经济 Collective Economic
湖南临湘工业园区	Hunan Linxiang Industrial Park	2532531		
岳阳临港高新技术产业开发区	The Port of Yueyang Hi-tech Industrial Development Zone	807947		
湖南常德经济开发区(国家级)	Changde Economic and Technological Development Zone (National)	8565392	5787344	4902
湖南常德鼎城高新技术产业园区	Hunan Changde Dingcheng Economic Development Zone	1394127		
湖南汉寿经济开发区	Hunan Hanshou Economic Development Zone	1126211	74115	
湖南澧县经济开发区	Hunan Li county Economic Development Zone	1410075		
湖南临澧经济开发区	Hunan Linli Economic Development Zone	805584		
湖南石门经济开发区	Hunan shimen Economic Development Zone	1702381		
湖南张家界经济开发区	Hunan Zhangjiajie Economic Development Zone	187378		
湖南益阳长春经济开发区	Hunan Yiyang Changchun Industrial Park	1615370		
湖南益阳高新技术产业园区(国家级)	Yiyang High-tech Industrial Development Zone (National)	5370927	7552	
湖南南县经济开发区	Hunan Nan County Economic Development Zone	925432		
湖南桃江经济开发区	Hunan Taojiang Economic Development Zone	1570969		
湖南安化经济开发区	Hunan Anhua Economic Development Zone	774095	10912	
湖南沅江高新技术产业园区	Hunan Yuanjiang Economic Development Zone	1817417		
湖南郴州经济开发区	Hunan Chengzhou Economic Development Zone	1584616	443908	
湖南郴州高新技术产业园区	Hunan Chenzhou Nonferrous Metals Industrial Park	5690129	34887	
湖南桂阳工业园区	Hunan Guiyang Industrial Park	5324750		
湖南宜章经济开发区	Hunan Yizhang Economic Development Zone	1486343		
湖南永兴经济开发区	Hunan Yongxing Economic Development Zone	3506396		
湖南嘉禾经济开发区	Hunan Jiahe Economic Development Zone	1464756		
湖南临武工业园区	Hunan Linwu Industrial Park	408280		
湖南汝城经济开发区	Hunan Rucheng Economic Development Zone	288187		
湖南资兴经济开发区	Hunan Zixing Economic Development Zone	4694111		
湖南零陵工业园区	Hunan Lingling Industrial Park	845208	352567	
湖南永州凤凰园经济开发区	Yongzhou Phoenix Park Economic Development Zone	1975753		
湖南祁阳经济开发区	Hunan Qiyang Industrial Park	1559723	18186	3977
湖南东安经济开发区	Hunan Dongan Economic Development Zone	768602		
湖南宁远工业园区	Hunan Ningyuan Industrial Park	985434	2658	
湖南蓝山经济开发区	Hunan Lanshan Economic Development Zone	899858		
湖南江华经济开发区	Hunan Jianghua Industrial Park	1015402	2763	
湖南怀化经济开发区	Hunan Huaihua Economic Development Zone	55440		
湖南怀化工业园区	Hunan Huaihua Industrial Park	515017		
湖南娄底经济开发区(国家级)	Hunan Loudi Economic Development Zone (National)	3822992		148325
湖南双峰经济开发区	Hunan Shuangfeng Economic Development Zone	1268518		
湖南新化经济开发区	Hunan Xinhua Economic Development Zone	767160	7309	
湖南冷水江经济开发区	Hunan Lenshuijiang Economic Development Zone	2949619		1045
湖南涟源经济开发区	Hunan Lianyuan Economic Development Zone	1345468	2463	
湖南吉首经济开发区	Hunan Jishou Economic Development Zone	455822		
湖南湘西经济开发区	Hunan Xiangxi Economic Development Zone	2828849		
湖南永顺经济开发区	Hunan Yongshun Economic Development Zone	231601		

主要统计指标解释

工业 指从事自然资源的开采，对采掘品和农产品进行加工和再加工的物质生产部门。具体包括：(1)对自然资源的开采，如采矿、晒盐等(但不包括禽兽捕猎和水产捕捞)；(2)对农副产品的加工、再加工，如粮油加工、食品加工、缫丝、纺织、制革等；(3)对采掘品的加工、再加工，如炼铁、炼钢、化工生产、石油加工、机器制造、木材加工等，以及电力、自来水、煤气的生产和供应等；(4)对工业品的修理、翻新，如机器设备的修理、交通运输工具(如汽车)的修理等。

工业统计调查单位为独立核算法人工业企业。

独立核算法人工业企业指从事工业生产经营活动的单位。独立核算法人工业企业应同时具备以下条件：①依法成立，有自己的名称、组织机构和场所，能够承担民事责任；②独立拥有和使用资产，承担负债，有权与其他单位签订合同；③独立核算盈亏，并能够编制资产负债表。

本年鉴中涉及的企业登记注册类型：

国有及国有控股企业 指国有企业加上国有控股企业。国有企业(即原全民所有制工业或国营工业)指企业全部资产归国家所有，并按《中华人民共和国企业法人登记管理条例》规定登记注册的非公司制的经济组织。包括国有企业、国有独资公司和国有联营企业。1957 年以前的公私合营和私营工业，后均改造为国营工业，1992 年改为国有工业，这部分工业的资料不单独分列时，均包括在国有企业内。国有控股企业是对混合所有制经济的企业进行的“国有控股”分类。它是指这些企业的全部资产中国有资产(股份)相对其他所有者中的任何一个所有者占资(股)最多的企业。该分组反映了国有经济控股情况。

集体企业 指企业资产归集体所有，并按《中华人民共和国企业法人登记管理条例》规定登记注册的经济组织。是社会主义公有制经济的组成部分。包括城乡所有使用集体投资举办的企业，以及部分个人通过集资自愿放弃所有权并依法经工商行政管理机关认定为集体所有制的企业。

股份合作企业 指以合作制为基础，由企业职工共同出资入股，吸收一定比例的社会资产投资组建，实行自主经营，自负盈亏，共同劳动，民主管理，按劳分配与按股分红相结合的一种集体经济组织。

联营企业 指两个及两个以上相同或不同所有制性质的企业法人或事业单位法人，按自愿、平等、互利的原则，共同投资组成的经济组织。联营企业包括：

国有联营企业指国有企业与国有企业间的联营；

集体联营企业指集体企业与集体企业间的联营；

国有与集体联营企业指国有企业与集体企业间的联营。

有限责任公司 指根据《中华人民共和国公司登记管理条例》规定登记注册，由两个以上，五十个以下的股东共同出资，每个股东以其所认缴的出资额对公司承担有限责任，公司以其全部资产对其债务承担责任的经济组织。

有限责任公司包括国有独资公司以及其他有限责任公司。

股份有限公司 指根据《中华人民共和国企业法人登记管理条例》规定登记注册，其全部注册资本由等额股份构成并通过发行股票筹集资本，股东以其认购的股份对公司承担有限责任，公司以其全部资产对其债务承担责任的经济组织。

私营企业 指由自然人投资设立或由自然人控股，以雇佣劳动为基础的营利性经济组织。包括按照《公司法》、《合伙企业法》、《私营企业暂行条例》规定登记注册的私营有限责任公司、私营股份有限公司、私营合伙企业和私营独资企业。

港、澳、台商投资企业 指企业注册登记类型中的港、澳、台资合资、合作、独资经营企业和股份有限公司之和。

外商投资企业 指企业注册登记类型中的中外合资、合作经营企业、外资企业和外商投资股份有限公司之和。

工业增加值 指工业企业在报告期内以货币表现的工业生产活动的最终成果。

工业增加值有两种计算方法：一是生产法，即工业总产出减去工业中间投入加上应交增值税；二是收入法，即从收入的角度出发，根据生产要素在生产过程中应得到的收入份额计算，具体构成项目有固定资产折旧、劳动者报酬、生产税净额、营业盈余，这种方法也称要素分配法。本年鉴中的工业增加值是以生产法计算的。

生产法工业增加值的计算方法为：

工业增加值=工业总产出-工业中间投入+应交增值税

(1)工业总产出：指工业企业在一定时期内工业生产活动的总成果。工业总产出包括：成品生产价值，对外加工费收入，自制半成品、在产品期末期初差额价值。1995 年后用新规定计算的工业总产值代替。

(2)工业中间投入：指工业企业在工业生产活动中消耗的外购物质产品和对外支付的服务费用。服务费用包括支付给物质生产部门(工业、农业、批发零售贸易业、建筑业、运输邮电业)的服务费用和支付给非物质生产部门(如保险、金融、文化教育、科学研究、医疗卫生、行政管理等)的服务费用。工业中间投入的确定须遵循以下原则：必须从外部购入的，并已计入工业总产出的产品和服务价值；必须是本期投入生产，并一次性消耗掉(包括本期摊销的低值易耗品等)的产品和服务价值。

工业中间投入包括直接材料费用、制造费用中的工业中间投入、管理费用中的工业中间投入、销售费用中的工业中间投入和利息支出五部分。

资产总计 指企业拥有或控制的能以货币计量的经济资源，包括各种财产、债权和其他权利。资产按流动性分为流动资产、长期投资、固定资产、无形资产、递延资产和其他资产。该指标根据企业会计“资产负债表”中“资产总计”项目的期末数增列。

流动资产 指企业可以在一年内或者超过一年的一个生产周期内变现或者耗用的资产，包括现金及各种存款、短期投资，应收及预付款项、存货等。

流动资产平均余额 指企业在报告期内全部流动资产的平均余额。

固定资产原价 指企业在建造、购置、安装、改建、扩建、技术改造某项固定资产时所支出的全部货币总额。它一般包括买价、包装费、运杂费和安装费等。

固定资产净值年平均余额 指固定资产净值在报告期内余额的平均数。计算公式为:

$$\text{固定资产净值年平均余额}=\frac{\text{1至12月各月月初、月末固定资产净值之和}}{24}$$

该指标根据“资产负债表”中“固定资产原价”、“累计折旧”指标的期初、期末数计算填列。

固定资产净值指固定资产原价减去历年已提折旧额后的净额。计算公式为:

固定资产净值=固定资产原价-累计折旧

负债合计 指企业所承担的能以货币计量，将以资产或劳务偿付的债务，偿还形式包括货币、资产或提供劳务。负债一般按偿还期长短分为流动负债和长期负债。根据会计“资产负债表”中“负债合计”的年末数填列。

所有者权益 指企业投资人对企业净资产的所有权。企业净资产等于企业全部资产减去全部负债后的余额，包括企业投资人对企业的最初投入的实际到位的资产及资本公积金、盈余公积金和未分配利润。所有者权益合计数小于零，表示企业资不抵债。

主营业务收入 指会计“利润表”中对应指标的本年累计数。未执行 2001 年《企业会计制度》的企业，用“产品销售收入”的本期累计数代替。

主营业务成本 指会计“利润表”中对应指标的本年累计数。未执行 2001 年《企业会计制度》的企业，用“产品销售成本”的本期累计数代替。

主营业务税金及附加 指会计“利润表”中对应指标的本年累计数。未执行 2001 年《企业会计制度》的企业，用“产品销售税金及附加” 的本期累计数代替。

利润总额 指企业生产经营活动的最终成果，是企业在一定时期内实现的盈亏相抵后的利润总额(亏损以“-”号表示)，它等于营业利润加上补贴收入加上投资收益加上营业外净收入再加上以前年度损益调整。

本年应交增值税 指企业在报告期内应交纳的增值税额。它等于本年销项税额加上出口退税加上进项税额转出数减去本年进项税额。小规模纳税企业直接按全年计税销售额乘以征收率计算取得。

从业人员平均人数 是指报告期内每天拥有的从业人员人数。其计算公式为:

$$\text{月平均人数}=\frac{\text{报告月内每天实有人数之和}}{\text{报告月日历日数}}$$

$$\text{季平均人数}=\frac{\text{季内各月平均人数之和}}{3}$$

$$\text{年平均人数}=\frac{\text{年内各月平均人数之和}}{12}$$

总资产贡献率 反映企业全部资产的获利能力，是企业经营业绩和管理水平的集中体现，是评价和考核企业盈利能力的核心指标。计算公式为:

$$\text{总资产贡献率(\%)}=\frac{\text{利润总额}+\text{税金总额}+\text{利息支出}}{\text{平均资金总额}}\times 100\%$$

公式中: 税金总额为产品销售税金及附加与应交增值税之和; 平均资产总额为期初期末资产之和的算术平均值。

资产负债率 该指标既反映企业经营风险的大小，也反映企业利用债权人提供的资金从事经营活动的能力。计算公式为:

$$\text{资产负债率(\%)}=\frac{\text{负债总额}}{\text{资产总额}}\times 100\%$$

资产与负债均为报告期期末数。

流动资产周转次数 指一定时期内流动资产完成的周转次数，反映投入工业企业流动资金的周转速度。计算公式为:

$$\text{流动资产周转次数}=\frac{\text{产品销售收入}}{\text{全部流动资产平均余额}}$$

公式中: 全部流动资产平均余额为期初和期末的流动资产之和的算术平均值。

成本费用利润率 反映企业投入的生产成本及费用的经济效益，同时也反映企业降低成本所取得的经济效益。计算公式为:

$$\text{成本费用利润率(\%)}=\frac{\text{利润总额}}{\text{成本费用总额}}\times 100\%$$

公式中: 成本费用总额为产品销售成本、销售费用、管理费用、财务费用之和。

产品销售率 该指标反映工业产品已实现销售的程度，是分析工业产销衔接情况，研究工业产品满足社会需求的指标。计算公式为:

$$\text{产品销售率(\%)}=\frac{\text{工业销售产值}}{\text{工业总产值(现价)}}\times 100\%$$

Explanatory Notes on Main Statistical Indicators

Industry refers to the material production sector which is engaged in the extraction of natural resources and processing and reprocessing of minerals and agricultural products, including (1) extraction of natural resources, such as mining, salt production (but not including hunting and fishing); (2) processing and reprocessing of farm and sideline produces, such as rice husking, flour milling, wine making, oil pressing, silk reeling, spinning and weaving, and leather making; (3) manufacture of industrial products, such as steel making, iron smelting, chemicals manufacturing, petroleum processing, machine building, timber processing; water and gas production and electricity generation and supply; (4)repairing of industrial products such as the repairing of machinery and means of transport (including cars).

In industrial statistics surveys, the units of enquiry are corporate industrial enterprises with independent accounting systems.

Corporate industrial enterprises with independent accounting systems refer to enterprises engaging in industrial production activities, which meet the following requirements: (1) They are established legally, having their own names, organizations, location and able to take civil liability; (2) They possess and use their assets independently, assume liabilities and are entitled to sign contracts with other units; (3) They are financially independent and compile their own balance sheets.

Enterprises covered in the industrial statistics in the Yearbook include the following categories by their registration:

State-owned and State-holding Enterprises refer to state-owned enterprises plus State-holding enterprises. State-owned enterprises (originally known as State-run enterprises with ownership by the whole society) are non-corporate economic entities registered in accordance with the Regulation of the People's Republic of China on the Management of Registration of Legal Enterprises, where all assets are owned by the State. Included in this category are State-owned enterprises, State-funded corporations and State-owned joint-operation enterprises. Joint State-private industries and private industries, which existed before 1957, were transformed into state-run industries since 1957, and into State-owned industries after 1992. Statistics on those enterprises are included in the State-owned industries instead of being grouped them separately. State-holding enterprises are a sub-classification of enterprises with mixed ownership, referring to enterprises where the percentage of State assets (or shares by the State) is larger than any other single share holder of the same enterprise. This sub-classification illustrates the control of the State over a particular industry.

Collective-owned Enterprises refer to economic entities registered in accordance with the Regulation of the People's Republic of China on the Management of Registration of Legal Enterprises, where assets are owned collectively. Collective enterprises constitute an integral part of the socialist economy with public ownership. They include urban and rural enterprises invested collectively, and some enterprises registered in industrial and commercial administration agency as collective units where funds are pooled together by individuals who voluntarily give up their right of ownership.

Cooperative Enterprises refer to economic units set up on a cooperative basis, with funding partly from employees of the enterprise and partly from outside investment, where the operation and management is decided by all the members who also participate in the production, and the distribution of income is based both on work (labour input) and on shares (capital input).

Joint Ownership Enterprises refer to economic units that are established by joint investment by two or more corporate enterprises or institutions of the same or different types of ownership on voluntary, equal and mutual-beneficial basis. They include:

a) State-owned joint-operation enterprises (joint operation between State-owned enterprises);

b) Collective joint-operation enterprises (joint operation between collective enterprises; and

c) State-collective joint-operation enterprises (joint operation between state and collective enterprises).

Limited Liability Corporations refer to economic units registered in accordance with the Regulation of the People's Republic of China on the Management of Registration of Corporations, with capital from 2 to 49 investors, each investor bears limited liability to the corporation depending on his/her holding of shares, and the corporation bears liability to its debt to the maximum of its total assets.

Limited liability corporations include state sole funded corporations and other limited liability corporations.

Share-holding Corporations Ltd. refer to economic units registered in accordance with the Regulation of the People's Republic of China on the Management of Registration of Corporate Enterprises, with total registered capital divided into equal shares and raised through issuing stocks. Each investor bears limited liability to the corporation depending on the holding of shares, and the corporation bears liability to its debt to the maximum of its total assets.

Private Enterprises refer to economic units invested or controlled (by holding the majority of the shares) by natural persons who hire labours for profit-making activities. Included in this category are private limited liability corporations, private share-holding corporations Ltd., private partnership enterprises and private sole investment enterprises registered in accordance with the Corporation Law, Partnership Enterprise Law and Tentative Regulation on Private Enterprises.

Enterprises with Funds from Hong Kong, Macao and Taiwan refers to all industrial enterprises registered as the joint-venture, cooperative, sole (exclusive) investment industrial enterprises and limited liability corporations with funds from Hong Kong, Macao and Taiwan.

Foreign Funded Enterprises refer to all industrial enterprises registered as the joint-venture, cooperative, sole (exclusive) investment industrial enterprises and limited liability corporations with foreign funds.

Value-added of Industry refers to the final results of industrial production of industrial enterprises in money terms during the reference period.

Industrial value-added can be calculated by two approaches: the production approach, i.e. gross industrial output value minus intermediate input plus value-added tax, and the income approach, i.e. income for various factors used in the course of production, including depreciation of fixed assets, remuneration of labourers, net of production tax, and operating surplus. Value-added of industry in the Yearbook is calculated by the production approach as follows:

Value-added of industry = gross industrial output - industrial intermediate input + value-added tax

(1) Gross industrial output: refers to the total achievements of industrial production activities during a given period. Gross industrial output includes value of finished products, income from external processing, and value of change in semi-finished products between the end and the beginning of the reference period. Since 1995, the gross industrial output value obtained by the new method is used in the calculation.

(2) Industrial intermediate input: refers to purchased goods and paid services consumed during the industrial production of enterprises. Fees paid for services include fees paid for the services provided by material production sectors (industry, agriculture, wholesale and retail trade, construction, transport, post and telecommunications) and by non-material production sectors (insurance, banking, culture, education, scientific research, health and medical care, public administration, etc.). The determination of industrial intermediate input follows the principle that the goods and services must be purchased from outside and included in the gross industrial output, and that the goods and services are inputted into production and consumed (include low-value consumables) during the reference period.

Industrial intermediate input includes 5 components, namely direct consumption of materials, industrial intermediate input in manufacturing cost, industrial intermediate input in management cost, industrial intermediate input in marketing cost and expenditure on interest.

Total Assets refer to all economic resources, in monetary term, these are owned or controlled by enterprises, including properties, creditor's equity and other economic rights of all forms. Classified by the degree of liquidity, total assets include working capitals, long-term investment, fixed assets, intangible assets, deferred assets and other assets. Data on this indicator can be obtained by the year-end figures of total assets in the Assets and Liability Table of accounting records of enterprises.

Working Capital refers to capital that an enterprise can cash or use during one year or one production cycle that may exceed one year, including cash and savings deposits of various forms, short-term investment, money receivable and prepaid money, inventories, etc.

Annual Average Value of Working Capital refers to the average value of all working capital of the enterprise during the reference period.

Original Value of Fixed Assets refers to the total value, in monetary terms, that an enterprise spent on fixed assets, through construction, purchase, installation, transformation, expansion or technical upgrading. Generally, it covers cost of purchase, packing, transportation and installation, etc.

Annual Average of Net Value of Fixed Assets refers to the average of the net value of fixed assets during the reference period, calculated with the following formula:

$$\text{Annual Average of Net Value of Fixed Assets} = \frac{\text{sum of net value of fixed assets at the beginning and at the end of each month from January to December}}{24}$$

Information on this indicator can be obtained from the beginning and ending figures of the original value of fixed assets and cumulative depreciation from the Assets and Liability Table of enterprises.

Net value of fixed assets refers to the original value of fixed assets minus depreciation over the years, i.e.:

Net value of fixed assets = original value of fixed assets - cumulative depreciation

Total Liabilities refer to payable liabilities of enterprises that have to be repaid in terms of money, assets or labour services. In terms of payment, it can be divided into liquid liabilities and long-term liabilities. Data on this item is obtained from the ending figures on total liabilities from the Assets and Liability Table from the enterprises.

Owner's Equity refers to the ownership of net assets of enterprise by its investors. Net assets equal total assets minus total liabilities of the enterprise, including the actual assets invested into the enterprise by investors, accumulation of capital and operating surplus and non-distributed profits. The enterprise's assets are less than its liabilities if the sum of owner's equity is smaller than zero.

Revenue from Principal Business refers to the annual accumulation of the corresponding item in the "profit table" of the accountant. For enterprises that do not follow the 2001 Enterprise Accounting Standards, the year-end accumulation of revenue from the sales of products is used as a substitute.

Cost of Principal Business refers to the annual accumulation of the corresponding item in the "profit table" of the accountant. For enterprises that do not follow the 2001 Enterprise Accounting Standards, the year-end accumulation of cost for the sales of products is used as a substitute.

Tax and Extra Charges from Principal Business refer

to the annual accumulation of the corresponding item in the "profit table" of the accountant. For enterprises that do not follow the 2001 Enterprise Accounting Standards, the year-end accumulation of tax and extra charges from the sales of products is used as a substitute.

Total Profits refer to the final achievement of production and operation activities of the enterprises, represented by total profits after deducting losses (loss is expressed by the negative figure). It is the sum of profits from operation, income from subsidies, investment earnings, net income from activities other than operation, and adjustment of profits and losses of previous years.

Value-added Tax Payable in the Current Year refers to the amount of the value-added tax which should be paid by the enterprises during the reference period. It is the sum of tax on sales, export rebate, and transferred tax on purchases of the current year, minus the tax on purchases of the current year. Value-added tax payable of small-size enterprises is determined by the taxable sales of the year multiplied by the tax rate.

Average Annual Number of Employed Persons Employed persons refer to all those who are employed in enterprises and receive remunerations there from, including currently working employees, retirees who are re-employed, teachers of local-run schools, as well as foreigners, staff from Hong Kong, Macao and Taiwan, part-time employees and persons with second job who are employed by the enterprise, and employees of other units temporarily working in the enterprises, but excluding former employees who left the enterprise with their employment records still being kept by the enterprises.

Average number of employed persons refers to the number of employee everyday during the reference period, calculated with the following formula:

$$\text{Monthly average number} = \frac{\text{sum of actual employees everyday in reference month}}{\text{number of calendar dates in reference month}}$$

$$\text{Quarterly average number} = \frac{\text{sum of monthly average number in reference quarter}}{3}$$

$$\text{Annual average number} = \frac{\text{sum of monthly average number in reference year}}{12}$$

Ratio of Profits, Taxes and Interests to Average Assets reflects the profit-making capability of all assets of the enterprise and is a key indicator manifesting the performance and management and evaluating the profit-making potential of the enterprise. It is calculated as follows:

$$\text{Ratio of Profits, Taxes and Interests to Average Assets (\%)} = \frac{\text{total profits + total taxes + interest payment}}{\text{average assets}} \times 100\%$$

In the above formula, total taxes is the sum of tax and extra charges on the sales of products and value-added tax payable; and average assets is the arithmetic mean of the sum of beginning assets and ending assets.

Ratio of Debts to Assets reflects both the operation risk and the capability of the enterprise in making use of the capital from the creditors. It is calculated as follows:

$$\text{Ratio of Debts to Assets (\%)} = \frac{\text{total debts}}{\text{total assets}} \times 100\%$$

Both assets and debts are figures at the end of the reference period.

Turnover of Working Capital refers to the number of times of turnover of working capital in a given period of time, which reflects the speed of the turnover of working capital of industrial enterprises, and is calculated as follows:

$$\text{Turnover of Working Capital} = \frac{\text{sales revenue of products}}{\text{average balance of total working capital}}$$

In the above formula, average balance of total working capital refers to the arithmetic mean of the sum of working capital at the beginning and at the end of the reference period.

Ratio of Profits to Total Industrial Costs refers to the ratio of profits realized in a given period to the total costs in the same period, which reflects the economic efficiency of input cost and is calculated as follows:

$$\text{Ratio of Profits to Total Industrial Cost (\%)} = \frac{\text{total profits}}{\text{total costs}} \times 100\%$$

Total costs in the above formula are the sum of cost of products sold, marketing cost, management cost and financial cost.

Sales Ratio of Products is an indicator reflecting the actual sale of industrial products, analyzing the production-selling and supply-demand relations. It is calculated as:

$$\text{Sales Ratio of Products (\%)} = \frac{\text{value of industrial sales}}{\text{gross industrial output value (current prices)}} \times 100\%$$

12 建筑业

Construction

资料整理人员：李培楚

12-1 建筑企业概况
General Survey of Construction Enterprises

单位:亿元 (100 millions yuan)

年 份 Year	建筑业企业单位数(个) Number of Construction Enterprises (unit)	总产值 Gross Output Value of Construction	企业总收入 Total Income of Enterprises	利税总额合计 Total pre-tax Profits	利润总额合计 Total Profits
1980	3427	7.97			
1981	2771				
1982	2610				
1983	2822				
1984	3677				
1985	4248	16.48			0.95
1986	4013	20.33			0.92
1987	4083	23.23			0.73
1988	4015	29.95			0.86
1989	3887	32.39			0.48
1990	3713	33.47		1.31	0.26
1991	3718	40.55		1.89	0.53
1992	3967	55.04		2.47	0.92
1993	4759	81.77		3.40	1.04
1994	5262	115.35		4.35	0.94
1995	5169	148.80		5.73	1.05
1996	1656	278.38	248.05	11.96	3.54
1997	1748	296.50	261.67	12.23	2.97
1998	1840	327.32	288.72	11.58	1.95
1999	1812	333.90	303.46	12.10	1.72
2000	1812	354.29	316.13	15.29	4.39
2001	1628	489.79	464.73	25.52	8.64
2002	1442	595.77	552.65	31.89	11.10
2003	1593	818.84	769.26	45.25	15.61
2004	1940	1027.89	966.60	60.95	25.47
2005	1842	1219.35	1136.14	73.14	28.75
2006	1861	1462.88	1370.91	91.51	37.66
2007	1893	1828.81	1720.40	122.05	54.56
2008	1992	2115.44	1994.97	202.77	112.11
2009	1948	2507.40	2333.97	180.28	84.59
2010	2005	3161.73	3010.77	228.87	105.02
2011	2021	3915.01	3600.93	267.00	124.67
2012	2021	4407.92	4102.19	307.30	149.59
2013	2094	5283.84	4947.39	392.54	190.34
2014	2108	6020.97	5699.61	429.37	208.31
2015	2083	6630.82	6131.31	454.45	216.19
2016	2124	7304.22	7010.13	433.03	230.57

12-1 续表 1 continued

指 标	Item	2000	2005	2015	2016
总产值 （万元）	**Gross Output Value of Construction (10 000 yuan)**	**3542866**	**7038249**	**66308249**	**73042164**
#国有企业	#State owned Enterprises	1581149	3921291	5640945	4963092
集体企业	Collective owned Enterprises	1509253	1205659	2328241	2501252
股份合作企业	Cooperative Enterprises	49773	181192	41084	44015
联营企业	Joint Ownership Enterprises	20538	41079	67207	77494
有限责任公司	Limited Liability Corporations	152616	4153066	39470585	42772587
股份有限公司	Share-holding Corporations Ltd.	174020	1482199	5048216	5095401
私营企业	Private Enterprises	41503	1126488	13099558	17125703
其他企业	Others Enterprises	566	26731	130587	116393
港澳台商投资企业	Funded by Entrepreneurs from Hong kong,Macao and Taiwan	13448	50268	238314	223884
外商投资企业	Enterprises with Foreign Investment		5521	243512	122342
增加值 （万元）	**Value Aded of Construction (10 000 yuan)**				
#本年内提取的固定资产折旧	#Depreciation of Fixed Assets of the Year	77163	152898	390874	361127
应付工资	Wages Payable	490810	1397471	7573753	7598728
应付福利费	Welfare Expenses Payable	42946	156508		
劳动、失业保险费	Labor and Unemployment Insurance	28358	42335		
主营业务税金及附加	Taxes and Extra Charges on Main Business	101064	418054	2271466	1921411
主营业务利润	Profits of Main Business	250524	768291		
管理费用中的税金	Taxes in Management Enpenses	8007	25851	111115	103263
实收资本 （万元）	**Capital Stock (10 000 yuan)**	**1004829**	**2632824**	**8216133**	**9104734**
#国有企业	#State owned Enterprises	337826	606232	708832	647532
集体企业	Collective owned Enterprises	488259	333322	293675	268070
股份合作企业	Cooperative Enterprises	17883	50362	5045	3822
联营企业	Joint Ownership Enterprises	5754	9328	16207	3863
有限责任公司	Limited Liability Corporations	48338	981955	4191545	5068247
股份有限公司	Share-holding Corporations Ltd.	69068	295457	561959	657778
私营企业	Private Enterprises	30891	314627	2391265	2441783

注：1995年至2001年，建筑施工企业为资质等级四级及以上的建筑施工企业。从2002年起，建筑施工企业的统计范围为具有新资质等级的施工总承包和专业承包企业。下表同。

Construction enterprises refer to the fourth and higher grade construction enterprises between 1995 and 2001. The Statistical Coverage of Construction Enterprises Just Included the New Grade Construction Enterprises of Overall Contract and Special Contract Since 2002. The Same as in the following table.

12-1 续表 2 continued

指 标	Item	2000	2005	2015	2016
其他企业	Others Enterprises	100	9888	25280	
港澳台商投资企业	Funded by Entrepreneurs from Hong kong,Macao and Taiwan	6710	25455	8363	7948
外商投资企业	Enterprises with Foreign Investment		6199	13961	5691
资产合计 （万元）	**Total Assets (10 000 yuan)**	**3552544**	**8248407**	**40171158**	**46440792**
#流动资产	#Circulating Funds	2311307	5436223	29840067	35738067
#固定资产	# Fixed Assets	1032597	2240289	4404848	4378556
#国有企业	#State owned Enterprises	1807419	2820769	3337814	2695755
集体企业	Collective owned Enterprises	1301816	849100	908579	917851
服份合作企业	Cooperative Enterprises	43725	102864	13304	9805
联营企业	Joint Ownership Enterprises	11063	20091	54763	38533
有限责任公司	Limited Liability Corporations	138182	2903212	24240534	30628733
股份有限公司	Share-holding Corporations Ltd.	182134	732830	2173005	2713047
私营企业	Private Enterprises	58761	733761	9171426	9227308
其他企业	Others Enterprises	155	26624	47718	2056
港澳台商投资企业	Funded by Entrepreneurs from HongKong,Macao and Taiwan	9287	49724	77341	99488
外商投资企业	Enterprises with Foreign Investment		9432	146676	108217
负债合计 （万元）	**Total Liabilities (10 000 yuan)**	**2287791**	**4746545**	**23554784**	**28574032**
#流动负债	#Liquid Liabilities	2064425	4306361	20530551	23927324
长期负债	Long-term Liabilities	223366	440184		
#国有企业	#State owned Enterprises	1355446	2056273	2195543	1556204
集体企业	Collective owned Enterprises	697271	420938	445325	434454
股份合作企业	Cooperative Enterprises	21781	42609	4264	2815
联营企业	Joint Ownership Enterprises	4977	8378	19462	8965
有限责任公司	Limited Liability Corporations	82412	1561285	16045072	20982212
股份有限公司	Share-holding Corporations Ltd.	103449	310212	921346	1319058
私营企业	Private Enterprises	19869	307809	3784074	4116346
其他企业	Others Enterprises	50	14898	8818	1070
港澳台商投资企业	Funded by Entrepreneurs from HongKong,Macao and Taiwan	2535	22035	62030	84450
外商投资企业	Enterprises with Foreign Investment		2109	68851	68459
所有者权益 （万元）	**Creditors' Equity (10 000 yuan)**	**1264753**	**3501862**	**16616374**	**17866260**
#国有企业	#State owned Enterprises	451973	764496	1142271	1139551
集体企业	Collective owned Enterprises	604545	428162	463255	483397
股份合作企业	Cooperative Enterprises	21945	60255	9040	6990
联营企业	Joint Ownership Enterprises	6086	11714	35301	29568
有限责任公司	Limited Liability Corporations	55770	1341927	8195462	9646021
股份有限公司	Share-holding Corporations Ltd.	78685	422619	1251659	1393989
私营企业	Private Enterprises	38893	425952	5387351	5110962
其他企业	Others Enterprises	105	11726	38900	986
港澳台商投资企业	Funded by Entrepreneurs from HongKong,Macao and Taiwan	6752	27688	15311	15038
外商投资企业	Enterprises with Foreign Investment		7324	77825	39758
企业总收入 （万元）	**Total Income of Enterprises (10 000 yuan)**	**3161339**	**10030720**	**61313104**	**70101317**
#主营业务收入	#Revenue of Main Business	3049291	11256051	60918176	68093991
主营业务成本	Costs of Main Business	2697703	10007778	53614434	60843493

12-1 续表 3　continued

指　标	Item	2000	2005	2015	2016
#国有企业	#State owned Enterprises	1476206	3625633	4845905	4238299
集体企业	Collective owned Enterprises	1281118	1111298	1921175	1878271
股份合作企业	Cooperative Enterprises	47570	158917	38789	42044
联营企业	Joint Ownership Enterprises	17549	41058	74007	57455
有限责任公司	Limited Liability Corporations	133184	3852669	35685026	42623845
股份有限公司	Share-holding Corporations Ltd.	152984	1408839	4586544	5126430
私营企业	Private Enterprises	38906	1084552	13757674	15838576
其他企业	Others Enterprises	374	26830	44817	12053
港澳台商投资企业	Funded by Entrepreneurs from Hong Kong, Macao and Taiwan	13448	42076	220612	193711
外商投资企业	Enterprises with Foreign Investment		9519	138554	90633
利税总额合计　（万元）	**Total Pre-tax Profits　(10 000 yuan)**	**152949**	**731434**	**4544524**	**4330348**
#利润总额	#Total Profits	43878	287529	2161944	2305674
主营业务税金及附加	Taxes and Extra Charges on Main Business	101064	418054	2271466	1921411
管理费用中的税金	Taxes in Management Enpenses	8007	25851	111115	103263
产值利税率(%)	Ratio of Pretax Profits to Output Value(%)	4.3	6.0	6.9	5.9
资产利税率(%)	Ratio of tax Profits to Assets(%)	4.7	8.9	11.3	9.3
#国有企业	#State owned Enterprises	42940	177012	258450	195533
集体企业	Collective owned Enterprises	82842	78805	165105	167398
股份合作企业	Cooperative Enterprises	3077	11651	3229	3073
联营企业	Joint Ownership Enterprises	1146	4510	7080	6205
有限责任公司	Limited Liability Corporations	7781	255796	2399022	2165253
股份有限公司	Share-holding Corporations Ltd.	11236	105167	390712	389853
私营企业	Private Enterprises	2585	93409	1273798	1368857
其他企业	Others Enterprises	14	1672	3142	464
港澳台商投资企业	Funded by Entrepreneurs from Hong kong,Macao and Taiwan	1344	1677	10285	5444
外商投资企业	Enterprises with Foreign Investment		1735	33701	28270
利润总额合计　（万元）	**Total Profits　(10 000 yuan)**	**43878**	**287529**	**2161944**	**2305674**
#国有企业	#State owned Enterprises	2640	45301	90281	80387
集体企业	Collective owned Enterprises	29367	28092	61332	74680
股份合作企业	Cooperative Enterprises	1437	5233	1125	729
联营企业	Joint Ownership Enterprises	444	2803	3833	4168
有限责任公司	Limited Liability Corporations	2627	104793	1140247	1203744
股份有限公司	Share-holding Corporations Ltd.	5540	52152	187854	193147
私营企业	Private Enterprises	1024	46780	645479	719752
其他企业	Others Enterprises		803	1713	61
港澳台商投资企业	Funded by Entrepreneurs from Hong kong,Macao and Taiwan	799	175	1993	1375
外商投资企业	Enterprises with Foreign Investment		1398	28086	27633

12-2 建筑施工企业个数和平均人数
Number of Construction Enterprises and Its Average Annual Staff and Workers

年 份 Year	总 计 Total	国有经济 State-owned	集体经济 Collective-owned	其他经济 Others owned
施工企业个数(个)	**Number of Enterprises (unit)**			
2000	1812	313	1241	258
2001	1628	305	829	494
2002	1442	262	532	648
2003	1593	257	470	866
2004	1940	274	414	1252
2005	1842	229	364	1249
2006	1861	233	350	1278
2007	1893	239	329	1325
2008	1992	253	272	1467
2009	1948	233	221	1495
2010	2005	254	264	1487
2011	2021	247	248	1526
2012	2021	228	233	1560
2013	2094	322	191	1581
2014	2108	316	184	1608
2015	2083	312	176	1595
2016	2124	294	169	1661
建筑业从业人员(万人)	**Staff and Workers (10 000 persons)**			
1995	61.33	22.29	38.52	0.16
2000	76.30	22.66	41.98	11.66
2001	96.73	25.01	38.86	32.86
2002	92.72	21.56	28.70	42.46
2003	111.95	28.67	27.53	55.75
2004	115.53	25.59	20.90	69.04
2005	118.61	35.15	18.41	65.05
2006	125.97	28.90	17.14	79.93
2007	131.62	29.12	15.90	86.60
2008	137.90	27.85	12.78	97.27
2009	144.97	31.07	9.99	103.91
2010	150.41	32.48	12.41	105.51
2011	155.44	35.53	11.97	107.94
2012	118.82	16.79	10.30	91.73
2013	197.46	65.70	79.55	122.21
2014	211.55	70.26	9.48	131.81
2015	221.27	68.94	9.64	142.69
2016	229.15	71.95	10.55	146.65

12-3 建筑施工企业主要效益指标(2016年)
Major Benefit Indicators of Construction Enterprises (2016)

指 标	Item	总 计 Total	国有经济 State-owned	集体经济 Collective-owned	其他经济 Other owned
年末固定资产原值 (万元)	Original Value Fixed Assets at the Yearend (10 000 yuan)	5930156	2412399	209441	3308316
年末固定资产净值 (万元)	Net Value of Fixed Assets at the Yearend (10 000 yuan)	3387407	280587	138846	2967973
流动资产年末合计 (万元)	Circulating Funds at the Yearend (10 000 yuan)	35738067	18480730	566140	16691198
利润总额 (万元)	Total Profits (10 000 yuan)	2305674	717793	74680	1513202
利税总额 (万元)	Total Pre-tax Profits (10 000 yuan)	4330348	1130520	167398	3032430
资金利润率 (元／百元)	Ratio of Fund to Profits (yuan/100 yuan)	5.9	3.8	10.6	7.7
产值利润率 (%)	Ratio of Profit to Gross Output Value (%)	3.2	2.4	3.0	3.7
产值利税率 (%)	Ratio of Pre-tax Profit to Output Value (%)	3.2	2.4	3.0	3.7
按施工产值计算的劳动生产率 (元/人年)	Overall Labor Productivity in Terms of Total Output Value (yuan /person-year)	318758	414629	237137	277589
人均竣工面积 (平方米/人)	Floor Space of Buildings Completed per Laborer (sq.m/person)	81.3	59.0	133.4	88.5

注:本表不包括建筑业活动单位。2013年开始,国有经济企业指国有及国有控股企业(下同)。

This table does not indude the constuction sector. Beginning in 2013,state-owned economic enterprises reper to state-owned and state holding enterprises (the same below)

12-4 国有建筑企业主要经济指标
Major Economic Indicators on State-owned Construction Enterprises

指 标	Item	2000	2005	2015	2016
国有建筑施工企业	**State-owned**				
施工产值 (亿元)	Output Value of Projects (100 million yuan)	158.11	392.13	2637.42	2983.33
全员劳动生产率 (元/人)	Overall Labor Productivity (yuan/person)	69792	155116	393633	414629
计算劳动生产率的平均人数 (万人)	Average Number of Staff and Workers by Calculating Labor Productivity (10 000 person)	22.66	25.28	68.94	71.95
房屋建筑施工面积(万平方米)	Floor Space of Buildings Under Construction (10 000 sq.m)	1287.31	3155.37	18585.29	20693.91
房屋建筑竣工面积(万平方米)	Floor Space of Buildings Completed (10 000 sq.m)	580.12	1187.33	3873.21	4247.81
#住宅	#Residential Buildings		501.48	2583.89	2954.33
地方国有建筑施工企业	**Local State-owned**				
施工产值 (亿元)	Output Value of Projects (100 million yuan)	92.10	219.64	1342.70	1459.95
全员劳动生产率 (元/人)	Overall Labor Productivity (yuan/person)	59094	127726	419559	366440
计算劳动生产率的平均人数 (万人)	Average Number of Staff and Workers by Calculating Labor Productivity (10 000 person)	15.59	17.19	32.78	39.84
房屋建筑施工面积(万平方米)	Floor Space of Buildings Under Construction (10 000 sq.m)	1036.99	2141.96	9339.14	10006.19
房屋建筑竣工面积(万平方米)	Floor Space of Buildings Completed (10 000 sq.m)	481.60	905.03	2193.03	2566.30
#住宅	#Residential Buildings		419.06	1429.58	1814.96

注:本表国有建筑企业为国有及国有控股企业。
State owned construction enterprises in this table is the state owned and state holding enterprises.

12-5 房屋建筑面积
Floor Space of Building Construction

单位:万平方米 (10 000 sq.m)

年份 Year	房屋建筑面积 Floor Space of Building Construction		国有经济 State-owned		集体经济 Collective-owned	
	施工面积 Floor Space Under Construction	竣工面积 Floor Space Completed	施工面积 Floor Space Under Construction	竣工面积 Floor Space Completed	施工面积 Floor Space Under Construction	竣工面积 Floor Space Completed
1990	1159.10	558.70	572.40	233.50	586.70	325.20
1991	1282.70	653.20	577.20	269.50	705.50	383.70
1992	1554.00	711.30	699.40	279.80	854.60	431.50
1993	1869.50	802.20	867.90	334.60	1001.60	467.60
1994	2081.50	868.30	1011.10	378.40	1068.40	489.30
1995	4507.41	2313.70	1094.50	361.20	3223.05	1835.33
1996	4662.00	2393.05	1285.16	467.04	3333.59	1898.28
1997	4719.57	2279.89	1236.68	465.95	3444.90	1783.44
1998	5067.56	2382.33	1397.64	530.70	3373.22	1701.44
1999	5180.91	2681.81	1333.55	561.10	3417.60	1900.54
2000	5087.93	2603.08	1287.31	580.12	3017.81	1634.32
2001	6259.27	3204.60	1459.86	575.96	2734.12	1548.82
2002	7167.52	3665.71	1492.90	557.76	2342.29	1375.27
2003	10051.97	4969.67	2403.74	872.54	2667.99	1487.17
2004	12522.96	6250.66	2688.46	1105.49	2283.17	1342.06
2005	13774.87	6846.04	3155.37	1187.33	2310.26	1221.36
2006	15893.25	7451.71	4029.50	1203.42	2184.87	1280.53
2007	18796.15	8202.43	5031.99	1298.72	1885.13	1133.24
2008	21463.02	9077.52	4271.08	1240.98	1883.08	1038.20
2009	22442.34	9809.63	4014.66	1417.89	1617.52	889.23
2010	27680.25	10573.45	6158.88	1433.76	1920.30	1041.96
2011	32795.65	11777.74	10211.94	1870.29	2117.59	1100.78
2012	36412.18	13398.75	4175.97	1199.63	2292.37	1195.18
2013	43528.16	15890.95	15943.34	3831.35	2239.85	1142.34
2014	47433.19	16583.00	18252.67	3567.12	2356.22	1162.44
2015	47504.41	17389.97	18585.29	3873.21	2357.57	1366.82
2016	50329.04	18629.18	20693.91	4247.81	3887.89	2216.64

12-6 国有、集体建筑企业生产指标(2016年) Production Indicators of State-owned and Collective-owned Construction Enterprises (2016)

指 标	Item	总 计 Total	国有经济 State-owned Economic	中央 Central	地方 Local	集体经济 Collective Owned Economic
企业个数 (个)	**Number of Enterprises (unit)**	**2124**	**294**	**32**	**262**	**296**
建筑业总产值 (万元)	**Gross Output Value of Construction (10 000 yuan)**	**73042164**	**29833336**	**15233828**	**14599508**	**4638606**
#建筑工程	#Construction projects	63189677	26665658	13954600	12711058	3998083
安装工程	Installation projects	5010909	2082518	885755	1196763	476964
其他	Others	4841578	1085160	393473	691687	163560
竣工产值 (万元)	**Output Value Completed (10 000 yuan)**	**45812100**	**16263140**	**7204094**	**9059046**	**3569980**
房屋建筑施工面积 (万平方米)	**Floor Space of Buildings Under Construction (10 000 sq.m)**	**50329.04**	**20693.91**	**10687.72**	**10006.19**	**3887.894**
#本年新开工面积	#Floor Space of Buildings Started in Current Year	19810.57	6194.25	3400.34	2793.91	2128.07
#投标承包的面积	#Floor Space of Bidding Buildings	42927.72	19538.42	10458.80	9079.62	2916.21
房屋建筑竣工面积 (万平方米)	**Floor Space of Buildings Completed (10 000 sq.m)**	**18629.18**	**4247.81**	**1681.52**	**2566.30**	**2216.64**
计算建筑业劳动生产率的平均人数 (万人)	**Average of Staff and Workers by Calculating Construction Labor Productivity (10 000 persons)**	**229.15**	**71.95**	**32.11**	**39.84**	**19.13**

12-7 建筑业企业分行业生产指标(2016年)

指 标	Item	房屋建筑业 Building Construction	房屋工程建筑业 Building Engineering Construction	土木工程建筑业 Construction of Civil Engineering
企业个数 （个）	**Number of Enterprises (unit)**	**1266**	**1266**	**461**
建筑业总产值 （万元）	**Gross Output Value of Construction (10 000 yuan)**	**51876930**	**51876930**	**17194327**
#建筑工程	#Construction Projects	47193706	47193706	14351195
安装工程	Installation Projects	1463909	1463909	1817818
其他	Others	3219315	3219315	1025314
竣工产值 （万元）	**Output Value Completed (10 000 yuan)**	**32580811**	**32580811**	**10802270**
房屋建筑施工面积（万平方米）	**Floor Space of Buildings Under Construction (10 000 sq.m)**	**48237**	**48237**	**1563**
#本年新开工面积	#Floor Space of Buildings Started in Current Year	18940	18940	594
#投标承包的面积	#Floor Space of Bidding Buildings	41416	41416	1099
#本年新开工	#Started in Current Year	18940	18940	594
房屋建筑竣工面积（万平方米）	**Floor Space of Buildings Completed (10 000 sq.m)**	**17842**	**17842**	**560**

Production Indicators of Construction Enterprises by Sector(2016)

铁路公路隧道桥梁建筑业 Construction of Railways, Roads, Tunnels and Bridgeworks	水利和港口建筑业 Construction of Water Conservancy and Harbor Engineering	海洋工程建筑业 Construction of Ocean Engineering	工矿工程建筑业 Construction of Industry and Mining Projects	架线和管道工程建筑业 Construction of Wire Laying and Pipework	其他土木工程建筑业 Construction of Other Civil Engineering
228	**77**		**36**	**77**	**43**
10862890	**2533115**		**1588487**	**1808464**	**401371**
9936946	2335314		810156	967161	301618
254669	109221		667784	774369	11775
671274	88580		110547	66934	87978
7362482	**1255035**		**736936**	**1169488**	**278329.6**
685	**172**		**205**	**387**	**115**
297	51		87	85	75
334	167		162	346	90
297	51		87	85	75
228	**67**		**106**	**86**	**72**

12-7 续表

指 标	Item	建 筑安装业 Archi-tectural Installation	电气安装 Electrical Installation	管道和设备安装 Piping and Equipment Installation
企业个数 （个）	**Number of Enterprises (unit)**	**201**	**55**	**39**
建筑业总产值 （万元）	**Gross Output Value of Construction (10 000 yuan)**	**2641246**	**638797**	**1060388**
#建筑工程	#Construction Projects	874531	86137	186615
安装工程	Installation Projects	1465123	337999	819781
其他	Others	301592	214661	53992
竣工产值 （万元）	**Output Value Completed (10 000 yuan)**	**1561654**	**378197**	**558668**
房屋建筑施工面积（万平方米）	**Floor Space of Buildings Under Construction (10 000 sq.m)**	**399**	**1**	**186**
#本年新开工面积	#Floor Space of Buildings Started in Current Year	211	0	67
#投标承包的面积	#Floor Space of Bidding Buildings	322	1	148
#本年新开工	#Started in Current Year	211	0	67
房屋建筑竣工面积（万平方米）	**Floor Space of Buildings Completed (10 000 sq.m)**	**195**	**1**	**83**

continued

其他建筑安装业 Other Architectural Installation	建筑装饰和其他建筑业 Archi-tectural Decoration	建筑装饰业 Architectural Decoration Industry	工程准备 Engineering Preparation	提供施工设备服务 Service of Supplying Construction Equipment	其他未列明的建筑活动 Other Construction Activities N.E.C
107	**196**	**122**	**29**	**2**	**43**
942062	**1329661**	**938294**	**184581**	**11332**	**195455**
601780	770245	586967	92579	572	90127
307343	264059	197154	3678	10760	52467
32939	295357	154173	88324		52860
624790	**867365**	**570640**	**165138**	**4443**	**127144**
211	**130**	**14**	**34**	**5**	**77**
144	66	7	19	5	36
173	90	7	25	5.14	53
144	66	7	19	5	36
111	**32**	**8**	**17**	**2**	**5**

主要统计指标解释

建筑业统计单位 指从事房屋、构筑物建造和设备安装活动的法人企业。建筑业法人企业应具有建筑业资质并能够独立核算，同时其应具备以下条件：①依法成立，有自己的名称、组织机构和场所，能够承担民事责任；②独立拥有和使用资产，承担负债，有权与其他单位签订合同；③独立核算盈亏，能够编制资产负债表。

建筑业总产值 是以货币形式表现的建筑业企业在一定时期内生产的建筑业产品和提供的服务的总和。建筑业总产值包括：

⑴建筑工程产值：指列入建筑工程预算内的各种工程价值。

⑵安装工程产值：指设备安装工程价值，不包括被安装设备本身的价值。

⑶其他产值：建筑业总产值中除建筑工程、安装工程以外的产值。包括房屋构筑物修理产值、非标准设备制造产值、总包企业向分包企业收取的管理费以及不能明确划分的施工活动所完成的产值。

a.房屋构筑物修理产值：指房屋和构筑物修理所完成的产值，但不包括被修理房屋、构筑物本身价值和生产设备的修理价值。

b.非标准设备制造产值：指加工制造没有定型的非标准生产设备的加工费和原材料价值(如化工厂、炼油厂用的各种罐、槽，矿井生产统一使用的各种漏斗、三角槽、阀门等)以及附属加工厂为本企业承建工程制作的非标准设备的价值。

建筑业增加值 指建筑业企业在报告期内以货币形式表现的建筑业生产经营活动的最终成果。

从 2004 年第一次全国经济普查开始，建筑业现价增加值按生产法和分配法(收入法)两种方法计算，以收入法的计算结果为准，即从收入的角度出发，根据生产要素在生产过程中应得的收入份额计算。具体计算方法：经济普查年度建筑业增加值按照《经济普查年度 GDP 核算方案》计算，非经济普查年度建筑业增加值按照《非经济普查年度 GDP 核算方案》计算。

房屋建筑施工面积 指在报告期内施过工的全部房屋建筑面积，包括本期新开工的房屋面积、上期施工跨入本期继续施工的房屋面积、上期停缓建在本期恢复施工的房屋面积、本期竣工的房屋面积及本期施工后又停缓建的房屋面积。

房屋建筑竣工面积 指在报告期内房屋建筑按照设计要求全部完工，达到了使用条件，经验收鉴定合格，正式移交使用单位的房屋建筑面积。

Explanatory Notes on Main Statistical Indicators

Statistical Unit in the Construction Industry refers to a corporate enterprise engaged in the construction of buildings and structures and in the installation of equipment. A corporate construction enterprise should have qualification certificates with independent accounting system, and should meet the following 3 requirements: a) being set up in line with relevant legal basis, having its full name, organization and location, and capable of taking civil liabilities; b) independently possessing and using its assets and assuming its liabilities, and entitled to sign contracts with other institutions; and c) making independent accounts of its profits and losses, and capable of compiling its own balance sheet.

Gross Output Value of Construction refers to total of construction products and services, expressed in money terms, produced or rendered by construction and installation enterprises during a given period of time. It includes:

(1) Output value of construction projects: the value of projects covered by the project budgets;

(2) Output value of installation projects: the value of the installation of equipment, (excluding the value of the equipment to be installed);

(3) Other output values: the output value of construction industry apart from that of construction projects and installation projects. It includes: output value of repair of buildings and structures; output value of non-standard equipment manufacturing; overhead expenses received by contracted enterprises from the sub-contracted enterprises and the completed output value of construction activities for which there is no clear definition.

a. Output value of repair of buildings and structures: the value created through the repairs of buildings or structures. It does not include the value of buildings or structures being repaired and the value of the repair of production equipment;

b. Output value of manufactured non-standard equipment: the value of non-standard production equipment, including raw materials and manufacturing cost, made for the construction project (i.e., chemical plant; kettles or tanks used by refineries; various fillers, triangle tanks, valves used by mines). It also includes the output value of equipment manufactured by subsidiary workshops.

Value-added of Construction refers to the final result of the activities of production and operation of enterprises of the construction industry in monetary terms during the reference period.

Starting from the 2004 economic census, value-added of construction is calculated by both production approach and income approach, with the figures from the income approach as the final figures., Under the income approach,, calculation starts from the perspective of income and is based on the share of income derived from the production process by the relevant factors of production.. Specifically, value-added of construction for the Census years is calculated in accordance with the Programme of Compilation of GDP and National Accounts for the Year of Economic Census, and value-added of construction for other years is calculated in accordance with the Programme of Compilation of GDP and National Accounts for the Non Economic Census Years.

Floor Space of Buildings Under Construction refers to floor space of buildings under construction during the reference period, including the floor space of buildings for which construction has newly started; buildings for which construction has started earlier and is continuing during the reference period; and buildings for which construction has been suspended earlier but has restarted during the reference period; buildings completed during the reference period; and buildings under construction but construction has subsequently been during the reference period.

Floor Space of Buildings Completed refers to the floor space of buildings that are completed in the reference period in accordance with the requirements of the design, up to the standard for being put into use, and having been checked and accepted by departments concerned as qualified ones.

13 交通运输、邮电和其他服务业

Transportation, Postal Telecommunication and Other Services

资料整理人员：殷梓晴　韩建芳

13-1 运输线路长度和民用汽车拥有量
Length of Transportation Routes and Number of Civil Vehicles Owned

年份 Year	铁路营业里程(公里) Length of Railways in Operation (km)	#复线里程 Double-Tracking	公路里程(公里) Length of Highways (km)	#高速公路 Expressway	内河航道(公里) Length of Navigable Inland Waterways (km)	民用汽车拥有量(万辆) Number of Civil Vehicles Owned (10 000 units)	#私人汽车 Private-Owned
1949	950		3142		10913		
1950	950		3420		10913	0.11	
1951	950		3631		10913	0.16	
1952	950		3790		10913	0.16	
1953	928		4231		10913	0.17	
1954	933		4352		10913	0.17	
1955	933		4469		10952	0.19	
1956	933		5430		11295	0.22	
1957	919		6437		11299	0.24	
1958	919		11282		14202	0.41	
1959	1007		15326		16607	0.57	
1960	1127		17223		17098	0.64	
1961	1193		17340		17098	0.62	
1962	1193		17340		17098	0.60	
1963	1193		18466		15768	0.66	
1964	1193		19487		16586	0.70	
1965	1416		20979		16586	0.78	
1966	1443		22726		16586	0.84	
1967	1464		23875		16586	0.93	
1968	1464		25148		16586	1.04	
1969	1464		27028		16586	1.16	
1970	1464		29437		16586	1.64	
1971	1538		32066		12099	1.77	
1972	1937		32824		10643	2.10	
1973	2053		35978		10828	2.60	
1974	2065		38331		11179	2.86	
1975	2065		46803		11147	3.34	
1976	2065		49943		11499	3.85	
1977	2065		55420		11558	4.39	
1978	2065		59541		10798	4.89	

13-1 续表 continued

年份 Year	铁路营业里程(公里) Length of Railways in Operation (km)	#复线里程 Double-Tracking	公路里程(公里) Length of Highways (km)	#高速公路 Expressway	内河航道(公里) Length of Navigable Inland Waterways (km)	民用汽车拥有量(万辆) Number of Civil Vehicles Owned (10 000 units)	#私人汽车 Private-Owned
1979	1681		54678		10137	5.69	
1980	1653		54897		10137	6.52	
1981	1653		55155		10149	7.09	
1982	2236		55289		10154	7.85	
1983	2236		55483		10164	8.70	
1984	2299		55756		10164	9.24	
1985	2299		56002		9941	10.84	
1986	2299		56636		10005	12.89	
1987	2302		56930		10051	14.88	2.64
1988	2302		57090		10037	16.91	3.35
1989	2302		57209		10092	18.10	3.68
1990	2302		57460		10110	18.75	3.71
1991	2302		57693		10110	20.35	4.20
1992	2302		58110		10010	22.91	5.55
1993	2273		58421		10010	26.55	7.34
1994	2273		58803	44	10010	32.11	10.01
1995	2273		59125	44	10050	35.24	12.66
1996	2273		59554	100	10050	37.49	13.78
1997	2273	642	59761	101	10050	38.12	16.55
1998	2275	642	60077	172	10050	41.58	21.12
1999	2891	1033	60416	280	10065	42.73	22.94
2000	2924	1836	60848	449	10041	46.10	25.98
2001	2894	1282	66593	585	10041	50.43	27.95
2002	2829	1282	84808	1012	10041	57.67	30.72
2003	2771	1273	85233	1218	11968	65.08	36.01
2004	2774	1282	87875	1218	11968	71.78	41.60
2005	2802	1247	88200	1403	11968	82.76	52.13
2006	2806	1246	171848	1403	11968	94.64	61.35
2007	2799	1250	175415	1764	11398	121.72	85.36
2008	2795	1246	184568	2001	11398	142.67	101.89
2009	3693	1852	191405	2226	11968	200.07	138.28
2010	3695	1847	227998	2386	11968	243.72	179.57
2011	3693	1852	232190	2649	11968	290.58	222.93
2012	3825	1987	234051	3968	11968	340.18	271.33
2013	4028	2033	235396	5084	11968	397.75	327.24
2014	4532	2540	236250	5493	11968	443.42	393.26
2015	4521	2541	236886	5653	11968	516.60	466.14
2016	4716	2982	238273	6080	11968	603.02	551.11

注：2006年起，公路里程含村道。
From 2006, Length of Highways included Village Roads.

13-2 运输线路、铁路机车基本情况
Basic Statistics on Transportation Routes and Railway Locomotives

单位:公里 (km)

指 标	Item	2000	2005	2015	2016
铁路营业里程	**Lengh of Railways in Operation**	**2924**	**2802**	**4521**	**4716**
复线里程	Double-Track	1836	1247	2541	2982
电气化线路里程	Lengh of Electrified Railway	672	1245	3047	3612
高速铁路里程	Lengh of High Speed Railway			1110	1374
公路线路里程	**Lengh of Highways**	**60848**	**88200**	**236886**	**238273**
有铺装路面(高级)	Paved Highways		19228	173227	175983
未铺装路面(中低无)	Non-Paved Highway		56975	60059	59336
等级公路	Expressway and Class Ⅰ to Ⅳ Highway	33380	45801	213511.7	215904.124
高速	Expressway	440	1403	5652.634	6079.635
一级	First Class	239	530	1291.704	1567.551
二级	Second Class	3761	5563	12605.81	13566.994
等外路	Highway Below Class Ⅳ	27468	42399	23374.013	22369.138
内河航道	**Lengh of Navigable Inland Waterway**	**10041**	**11968**	**11968**	**11968**
管道线路里程	**Lengh Of Petroleum And Gas Pipeline**	**164**	**168**	**1081**	**1171**
中央铁路	**Central Railway**				
内燃机车 (台)	Diesel Locomotives (unit)	**529**	**363**	**342**	**521**
电力机车 (辆)	Electric Locomotives (unit)	120	393	**657**	**745**
地方铁路 (窄轨)	**Local Railway Locomotives (narrow gauge)**				
客车 (辆)	Passenger Coaches (unit)	**27**		**35**	**35**

注：公路线路里程2006年起包含村道。管道线路里程2015年起只包含燃气次高压管道。

The figure on the lengh of highways includes country road since 2006.The figure on the length of pipeline only includes sub high pressure gas pipeline since 2015.

13-3 民用车辆拥有量(2016年)
Number of Civil Motor Vehicles (2016)

指标		Item		总计 Total	营业性 Business	非营业性 Non-Business	#个体 Individual	#新注册 New Registration
合计		**Total**		**10985333**	**1026140**	**9942451**	**10300456**	**1510237**
民用汽车	(辆)	Civil Motor Vehicles	(unit)	6030223	586110	5427371	5511139	1043828
载客汽车	(辆)	Passenger Vehicles	(unit)	5247207	148219	5082246	4851198	961142
#大型		#Large		51183	41484	6207	1131	8074
中型		Medium		46945	21397	12433	9358	4371
轿车		Cars		3281183	80964	3200219	3076924	543339
载客量	(客位)	Passenger Vehicles Seats	(seat)	30569602				
载货汽车	(辆)	Trucks Vehicles	(unit)	683667	389829	293838	576264	69234
#重型		#Heavy		135225	129938	5287	87180	11790
中型		Medium		61513	58095	3418	52080	2489
#普通载货		#Ordinary Trucks		272126	55395	216731	241265	32763
载重量	(吨位)	General Trucks	(ton)	2049395				
摩托车	(辆)	Motors	(unit)	4497385	50797	4446588	4489097	372718
拖拉机	(辆)	Tractors	(unit)	323606	256418	67188	233666	54047
挂车	(辆)	Truck Trailer	(unit)	30178	29734	444	11531	6263
其他类型车	(辆)	Other Motors Vehicles	(unit)	103941	103081	860	55023	33381

13-4 水路运输工具拥有量(2016年)
Number of Civil Transport Vessels(2016)

指标		Item		总计 Total	#个体 Individual	内河运输 Reiver Shipping	#个体 Individual
机动船	**(艘)**	**Motor Vessels**	**(unit)**	**5910**	**3311**	**5885**	**3311**
净载重量	(吨位)	Net Haulage Capacity	(ton)	4120699	563167	3876468	563167
载客量	(客位)	Passenger Capacity	(seat)	68198	48317	68198	48317
功率	(千瓦)	Power	(kw)	1444082	300787	1410872	300787
客船	(艘)	Passenger Ship	(unit)	2233	1614	2233	1614
载客量	(客位)	Passenger Capacity	(seat)	68198	48317	68198	48317
功率	(千瓦)	Power	(kw)	104659	55331	104659	55331
货船	(艘)	Cargoboat	(unit)	3661	1689	3636	1689
净载重量	(吨位)	Net Haulage Capacity	(ton)	4120699	563167	3876468	563167
功率	(千瓦)	Power	(kw)	1335351	243984	1302141	243984
货船中：油船	(艘)	Oil Tanker	(unit)	14		14	
净载重量	(吨位)	Net Haulage Capacity	(ton)	14431		14431	
功率	(千瓦)	Power	(kw)	5085		5085	
拖船	(艘)	Drawing	(unit)	16	8	16	8
功率	(千瓦)	Power	(kw)	4072	1472	4072	1472
驳船	**(艘)**	**Barges**	**(unit)**	**257**	**170**	**257**	**170**
净载重量	(吨位)	Net Haulage Capacity	(ton)	33481	1861	33481	1861

13-5 公路客货运输量(2016年)
Passenger and Freight Traffic of Highway Transportation(2016)

指 标	Item	合 计 Total	个体 Individual
客运量 (万人)	Passenger Traffic (10 000 persons)	108627.39	23737.91
旅客周转量 (亿人公里)	Passenger Kilometers (100 million persons-km)	577.03	106.27
货运量 (万吨)	Freight Traffic (10 000 tons)	178967.69	127480.32
货物周转量 (亿吨公里)	Total Freight Ton-kilometers (100 million ton-km)	2686.57	1886.52

注：2013年开始，公路水路客货运输数据，源自交通运输业经济统计专项调查，统计口径有所调整(下同)。

Beginning in 2013,highway and waterway freignt volume data,from traffic transportation economic statistics,special inrestigation,statistical adjustments(the same below).

13-6 水路客货运输量(2016年)
Passenger and Freight Traffic of Waterway Transportation (2016)

指 标	Item	合 计 Total	# 个体 Individual	内河运输 Reiver Shipping	# 个体 Individual	远洋运输 Ocean Shipping
客运量 (万人)	Passenger Traffic (10 000 persons)	1614.83	1049.50	1614.83	1049.50	
旅客周转量 (亿人公里)	Passenger Kilometersc (100 million persons-km)	3.22	1.99	3.22	1.99	
货运量 (万吨)	Freight Traffic (10 000 tons)	23444.59	15525.15	23311.88	15525.15	132.71
货物周转量 (亿吨公里)	Total Freight Ton-kilometers(100 million ton-km)	619.47	219.14	398.18	219.14	221.29

13-7 旅客运量和旅客周转量
Passenger Traffic and Turnover Volume of Passenger Traffic

年份 Year	合计 Total	铁路 Railway	中央 Central	地方 Local	公路 Highway	水运 Waterway	民用航空 Civil Aviation
客运量(万人)	**Total Passenger Traffic (10 000 persons)**						
1990	54161	3474	3389	85	49112	1568	7
1991	54710	3514	3437	77	49566	1621	9
1992	52641	3638	3564	74	47366	1615	22
1993	55896	4022	3949	73	50252	1562	60
1994	64757	4176	4105	71	59028	1481	72
1995	71566	4135	4083	52	65971	1375	85
1996	76377	3892	3846	46	71087	1298	100
1997	79250	4488	4444	44	73233	1357	172
1998	79540	4497	4469	28	73681	1260	102
1999	87806	5022	5000	22	81675	1002	107
2000	87462	5233	5216	17	81005	1094	130
2001	92381	5202	5188	14	85971	1063	145
2002	98244	5173	5161	13	91653	1249	169
2003	96182	4850	4850		90353	793	186
2004	106333	5326	5326		99975	772	260
2005	116457	5423	5423		109728	702	304
2006	118621	5550	5550		112135	573	363
2007	123626	5891	5891		116780	525	430
2008	131442	6239	6239		124274	509	419
2009	141061	6407	6407		133359	747	548
2010	156871	7111	7111		148235	919	606
2011	171886	7915	7915		161980	1327	664
2012	184872	8429	8429		174386	1349	708
2013	197541	9067	9067		149016	1480	757
2014	162540	9639	9639		150583	1449	870
2015	151059	10368	10368		138221	1534	935
2016	122702	11369	11369		108627	1615	1091
周转量(亿人公里)	**Total Passenger-kilometers (100 million passenger-km)**						
1990	339.86	162.32	162.17	0.15	172.73	4.25	0.56
1991	378.20	189.29	189.16	0.13	184.27	3.94	0.70
1992	435.19	228.39	228.24	0.15	200.09	4.87	1.84
1993	490.26	270.82	270.68	0.14	209.34	4.58	5.52
1994	539.02	291.44	291.29	0.15	237.00	3.90	6.68
1995	555.13	301.60	301.49	0.11	242.46	3.66	7.41
1996	538.29	262.99	262.89	0.10	263.48	3.45	8.37
1997	592.16	305.06	304.97	0.09	274.68	3.69	8.73
1998	610.53	319.67	319.61	0.06	279.69	3.49	7.68
1999	676.04	353.87	353.83	0.04	310.69	3.76	7.72
2000	724.06	394.00	393.96	0.04	318.37	3.55	8.14
2001	761.62	410.65	410.62	0.03	337.90	3.23	9.84
2002	827.55	428.84	428.81	0.03	384.91	3.20	10.60
2003	831.24	431.00	431.00		384.67	2.43	13.14
2004	972.57	500.38	500.38		449.73	2.35	25.87
2005	1046.27	531.71	531.71		480.57	1.94	32.05
2006	1114.86	562.48	562.48		512.24	1.42	38.72
2007	1224.57	626.14	626.14		548.12	1.19	49.12
2008	1260.17	645.98	645.98		565.64	0.82	47.73
2009	1289.93	625.44	625.44		601.11	1.01	62.37
2010	1464.96	707.18	707.18		683.58	1.69	72.51
2011	1636.15	775.01	775.01		778.04	2.74	80.36
2012	1713.94	769.62	769.62		853.96	2.63	87.73
2013	1856.51	830.75	830.75		721.93	2.85	97.96
2014	1762.41	873.49	873.49		776.48	2.84	109.60
2015	1782.07	879.46	879.46		767.26	3.07	132.28
2016	1639.18	894.28	894.28		577.03	3.22	164.66

13-8 货物运量和货物周转量
Freight Traffic and Turnover Volume of Freight Traffic

年份 Year	合计 Total	铁路 Railway	中央 Central	地方 Local	公路 Highway	水运 Waterway	民用航空 Civil Aviation
货运量(万吨)	Total Freight Traffic (10 000 tons)						
1990	37708	4771	4597	174	29679	3217	
1991	41219	4777	4614	163	33224	3177	
1992	42548	4906	4787	119	33788	3821	
1993	46074	4982	4886	96	37582	3441	1.00
1994	48448	4929	4841	88	39912	3536	1.00
1995	49885	5017	4904	113	41272	3531	1.00
1996	50454	4893	4830	63	42191	3301	1.00
1997	48980	4535	4495	40	41340	3034	2.00
1998	49147	4408	4360	48	41610	2990	1.00
1999	51183	4456	4424	32	43296	3178	1.00
2000	51228	4676	4628	48	42868	3406	2.00
2001	53035	4965	4913	52	44340	3572	2.00
2002	52156	4942	4905	37	42982	3760	2.00
2003	59952	5214	5214		51136	3600	2.00
2004	69680	5400	5400		60291	3986	3.00
2005	76876	5218	5218		67040	4615	3.00
2006	84998	5643	5643		72457	6894	3.74
2007	99501	5831	5831		85432	8234	3.77
2008	115810	5552	5552		98759	11495	3.80
2009	128582	5392	5392		111351	11834	4.62
2010	149168	5716	5716		127635	15811	6.09
2011	168152	5951	5951		144241	17954	6.11
2012	190712	5331	5331		166670	18705	5.80
2013	210659	4890	4890		156268	23097	6.07
2014	202800	4495	4495		172613	25687	6.25
2015	214130	4184	4184		184831	25109	6.08
2016	207364	3925	3925		178968	23445	6.41
周转量(亿吨公里)	Total Freight Ton-kilometers (100 million ton-km)						
1990	774.81	590.33	589.44	0.89	137.02	47.37	
1991	830.64	621.98	621.18	0.80	164.42	44.15	
1992	901.85	656.29	655.50	0.79	191.53	53.95	
1993	951.86	683.10	682.49	0.61	209.85	58.66	0.07
1994	1003.47	720.46	719.87	0.59	221.78	60.98	0.07
1995	1043.67	751.84	751.24	0.60	235.52	56.06	0.09
1996	1029.32	728.91	728.46	0.45	240.13	60.10	0.11
1997	998.72	690.80	690.47	0.33	244.86	62.78	0.12
1998	978.89	652.98	652.66	0.32	256.56	68.92	0.09
1999	967.68	624.14	623.89	0.25	272.71	70.08	0.11
2000	1074.50	632.12	631.94	0.18	297.79	143.76	0.11
2001	1132.18	674.39	674.25	0.14	316.03	141.22	0.14
2002	1223.09	730.86	730.76	0.10	355.96	135.48	0.16
2003	1361.12	782.60	782.60		455.45	121.74	0.24
2004	1574.21	896.49	896.49		513.45	162.21	0.32
2005	1661.97	930.29	930.29		538.57	190.32	0.38
2006	1781.11	951.66	951.66		592.37	236.66	0.42
2007	1981.63	1038.39	1038.39		682.69	260.10	0.45
2008	2340.11	971.47	971.47		1085.06	283.10	0.48
2009	2505.27	990.00	990.00		1259.65	255.03	0.59
2010	2904.98	1022.71	1022.71		1539.36	342.14	0.77
2011	3345.76	1046.16	1046.16		1878.57	420.26	0.77
2012	3953.62	998.13	998.13		2392.49	562.26	0.74
2013	4227.44	923.76	923.76		2329.54	552.45	0.81
2014	4122.58	832.92	832.92		2578.90	709.94	0.82
2015	4149.45	749.95	749.95		2731.80	666.83	0.87
2016	4043.25	721.37	721.37		2686.57	619.47	0.94

13-9 邮政业务基本情况
Basic Statistics of Postal Business

指 标		Item		2015	2016
邮政局、所	**（处）**	**Number of Post Offices**	**(unit)**	**2753**	**2758**
#设在农村的局、所	（处）	#Rural Post Offices	(unit)	2156	2162
邮政局	（处）	Post Bureaus	(unit)	104	105
邮政支局	（处）	Branch of Post Bureaus	(unit)	1115	1156
自办邮政所	（处）	Post Places	(unit)	555	548
代办邮政所	（处）	Agency of Post Places	(unit)	979	949
邮路总长度	**（公里）**	**Length of Postal Routes**	**(km)**	**83577**	**91265**
农村投递路线总长度	**（公里）**	**Length of Rural Delivery Routes**	**(km)**	**214427**	**212358**
邮政业务总量	**（亿元）**	**Revenue of Postal Business**	**(100 million yuan)**	**104.15**	**143.37**
包裹业务合计	**（万件）**	**Total of Parcels**	**(10 000 pieces)**	**89**	**40.48**
报刊业务		**Business of Newspaper and Magazine**			
报纸累计份数	（万份）	Total of Newspapers	(10 000 copies)	66948	66138
杂志累计份数	（万份）	Total of Magazines	(10 000 copies)	5531	4527
报纸期发份数	（万份）	Number of Newspapers in one period	(10 000 copies)	297	302
杂志期发份数	（万份）	Number of Magazines in one period	(10 000 copies)	239	257
报刊流转额	（万元）	Revenue of Newspaper and Magazine in Circulation	(10 000 yuan)	87452	88367
邮政储蓄业务		**Postal Deposits Business**			
邮政储蓄网点数	（个）	Number of Places	(unit)	1656	1659
邮政储蓄年末余额	（万元）	Balance at the year-end	(10 000 yuan)	21532045	25736037
邮政其他业务量	**（万元）**	**Revenue of Other Postal Business**	**(10 000 yuan)**	**23190**	**43207**

注：邮政业务总量2010年起，由2000年不变价调整为2010年不变价。
From 2010, the index of Revenue From Postal is adjusted from 2000's constant price to 2010's constant price.

13-10 电信业务基本情况
Basic Statistics of Telecommunication

指 标		Item		2015	2016
销售营业网点数	**(处)**	**Number of Selling Places**	**(unit)**	**106916**	**67686**
自办营业网点数	(处)	Main Selling Places	(unit)	1568	286
电信业务代办网点数	(处)	Agency of Telecommunication Places	(unit)	105348	67378
长途电信设备		**Equipment of Long Distance Telecommunication**			
长途自动电话交换机容量	(路端)	Autoexchange of Long Distance Telephone Capacity	(line)	584727	409670
长途光缆线路长度	(公里)	Length of Long Distance Optical Cables	(km)	40963.6	41461
长途业务电路	(路)	Long Distance lines	(line)	2539219	437690
本地电话设备		**Equipment of Local Telephone**			
局用交换机容量	(万门)	Local Switch Boards Capacity	(10 000 lines)	469.95	144.48
移动通信主要设备		**Main Equipment of Mobile Communication**			
移动电话基站	(个)	Basic Station of Mobile Telephone	(unit)	161574	177465
#GSM	(个)	#GSM	(unit)	85212	83806
移动电话信道	(万个)	Mobile Telephone Channel	(10 000unit)	365.41	182.83
移动电话交换机容量	(万门)	Switch Boards Capacity of Mobile Telephone	(10 000line)	7276.48	7257.48
电信业务总量	**(亿元)**	**Revenue of Telecommunication Business**	**(100 million yuan)**	**799.97**	**1215.96**
长途电话	(万分钟)	Long Distance Telephone	(10 000 times)	1500037.00	1738235.02
移动电话年末用户	(万户)	Mobile Telephone User at the year-end	(10 000 households)	4886.94	4993.63
本地电话用户	(万户)	Local Telephone User	(10 000 households)	786.99	720.02
住宅电话用户	(万户)	Fixed Telephone User	(10 000 households)	486.26	458.90
公用电话用户	(万户)	Public Telephone User	(10 000 households)	63.67	48.78
互联网上网用户	(万户)	Internet User	(10 000 households)	898.02	1066.88

注：电信业务总量2010年起，由2000年不变价调整为2010年不变价。

From 2010，the index of Revenue From Telecommunication is adjusted from 2000's constant price to 2010's constant price.

13-11 邮电通信水平(2016年)
Development of Postal and Telecommunications Services(2016)

指 标		Item		2016
平均每一邮电局所服务面积	(平方公里)	Average Area Served by Every Post Office	(sq.km)	76.8
平均每一邮电局所服务人口	(万人)	Average People Served by Every Post Office	(10 000 persons)	2.5
平均每人每年发函件数	(件)	Annual Average Number of Letters Mailes Per Capita	(piece)	0.4
平均每百人每年订购报刊数	(份)	Annual Average Number of Newspaper and Magazine Subscribers Per 100 Persons	(copy)	10.2
设有邮电局、所的乡镇比重	(%)	Percentage of Townships with Post and Telecommunication Office	(%)	100.0
电话普及率(含移动)	(部/百人)	Popularization Rate of Telephone	(sets/100 persons)	83.8
进入长途电话自动网的县(市)比重	(%)	Percentage of Townships with Connected Autoexchange Net of Long Distance Call	(%)	100.0
已通电话的乡(镇)比重	(%)	Percentage of Townships with Telephone Communication	(%)	100.0

13-12 规模以上服务业企业分类别经济指标(2016年)
Classification Economic Indicators of Service Enterprises above Designated Size (2016)

单位:亿元 (100 million yuan)

指标	Item	单位数(个) Number of Enterprises (unit)	年初存货 Inventory Year-early	流动资产 Circulating Funds	应收账款 Net Value of Account Received	存货 Stock
总计	**Total**	**4723**	**2870.83**	**8804.51**	**760.22**	**3383.77**
按登记注册类型分:	**Grouped by Registration**					
内资企业	Internal-invested Enterprises	4657	2868.42	8689.17	747.28	3382.39
国有企业	State-owned Enterprises	224	350.46	770.83	35.76	338.61
集体企业	Collective-owned Enterprises	51	0.57	4.09	0.64	0.16
股份合作企业	Enterprises Cooperated by Joint-stock	10	0.05	0.81	0.36	0.06
联营企业	Cooperative Enterprises	2	0.08	0.43	0.03	0.08
有限责任公司	Limited Liability Company	1566	2411.38	7104.97	575.72	2940.08
股份有限公司	Company Limited by Shares	177	26.39	393.93	37.29	36.86
私营企业	Individual-owned Enterprises	2155	75.85	385.04	87.38	56.80
其他企业	Enterprises of Other Types of Ownership	472	3.65	29.07	10.10	9.73
港、澳、台商投资企业	Enterprises Funded by Entrepreneurs From Hong Kong,Macao and Taiwan	45	1.79	102.95	9.86	0.93
外商投资企业	Enterprises funded by Foreigners	21	0.62	12.39	3.08	0.46

13-12 续表 1 continued

单位:亿元 (100 million yuan)

指 标	Item	固定资产原价 Original Price of Fixed Assets	累计折旧 Accumu-lated deprecia-tion	本年折旧 Deprecia-tion this Year	资产总计 Total Assets	应付账款 Accounts payable	负债合计 Total Liability	所有者权益合计 Total Rights of Owners
总计	**Total**	**3028.14**	**1010.13**	**189.75**	**15505.82**	**713.99**	**8651.65**	**6854.71**
按登记注册类型分:	**Grouped by Registration**							
内资企业	Internal-invested Enterprises	2806.24	925.02	171.93	15219.35	697.63	8475.00	6744.93
国有企业	State-owned Enterprises	222.85	91.35	13.86	1055.84	54.23	633.76	422.15
集体企业	Collective-owned Enterprises	12.83	7.06	1.03	21.44	3.48	8.56	12.88
股份合作企业	Enterprises Cooperated by Joint-stock	2.60	0.59	0.08	3.24	0.30	1.45	1.79
联营企业	Cooperative Enterprises	7.32	2.97	0.46	6.17	0.09	5.60	0.58
有限责任公司	Limited Liability Company	1511.46	402.04	83.76	11961.70	510.78	6814.25	5148.36
股份有限公司	Company Limited by Shares	756.84	350.64	54.97	1263.80	57.53	515.67	748.13
私营企业	Individual-owned Enterprises	255.14	62.52	15.80	830.76	64.92	465.38	365.10
其他企业	Enterprises of Other Types of Ownership	37.19	7.85	1.99	76.41	6.31	30.34	45.95
港、澳、台商投资企业	Enterprises Funded by Entrepreneurs From Hong Kong,Macao and Taiwan	177.20	66.45	15.11	241.54	9.33	146.09	95.42
外商投资企业	Enterprises funded by Foreigners	44.71	18.66	2.71	44.93	7.03	30.56	14.36

13-12 续表 2 continued

单位:亿元 (100 million yuan)

指标	Item	营业收入 Operating Income	主营业务收入 Revenue of Major Business	营业成本 Operating Cost	主营业务成本 Cost of Major Business	营业税金及附加 Tax and Extra Charges from Principal Business
总计	**Total**	**2731.63**	**2600.56**	**2041.10**	**1914.14**	**29.25**
按登记注册类型分:	**Grouped by Registration**					
内资企业	Internal-invested Enterprises	2642.13	2512.92	1988.55	1863.26	28.52
国有企业	State-owned Enterprises	307.25	300.28	249.40	237.75	3.26
集体企业	Collective-owned Enterprises	10.51	10.46	7.14	7.13	0.29
股份合作企业	Enterprises Cooperated by Joint-stock	1.78	1.77	1.39	1.29	0.01
联营企业	Cooperative Enterprises	0.84	0.78	1.19	1.09	
有限责任公司	Limited Liability Company	1339.58	1303.85	1007.11	982.05	13.94
股份有限公司	Company Limited by Shares	381.60	304.40	274.51	193.36	3.23
私营企业	Individual-owned Enterprises	510.03	502.36	378.34	373.17	6.90
其他企业	Enterprises of Other Types of Ownership	90.54	89.01	69.48	67.42	0.90
港、澳、台商投资企业	Enterprises Funded by Entrepreneurs From Hong Kong,Macao and Taiwan	59.12	57.39	34.54	32.95	0.51
外商投资企业	Enterprises funded by Foreigners	30.39	30.25	18.02	17.93	0.23

13-12 续表 3 continued

单位:亿元 (100 million yuan)

指标	Item	主营税金及附加 Tax and Extra Charges from Principal Business	销售费用 Operation Expenses	管理费用 Management Expense	税金 Tax	财务费用 Financial Expense
总计	**Total**	**27.61**	**148.17**	**289.63**	**7.21**	**81.19**
按登记注册类型分:	**Grouped by Registration**					
内资企业	Internal-invested Enterprises	26.88	137.93	281.79	7.01	78.21
国有企业	State-owned Enterprises	3.18	8.63	49.33	0.66	4.63
集体企业	Collective-owned Enterprises	0.25	0.60	1.61	0.07	0.07
股份合作企业	Enterprises Cooperated by Joint-stock	0.01	0.08	0.40	0.00	0.01
联营企业	Cooperative Enterprises			0.14	0.00	0.54
有限责任公司	Limited Liability Company	13.12	68.16	130.74	3.48	54.27
股份有限公司	Company Limited by Shares	3.01	31.48	29.23	0.86	9.83
私营企业	Individual-owned Enterprises	6.44	26.36	62.77	1.81	7.62
其他企业	Enterprises of Other Types of Ownership	0.88	2.62	7.58	0.13	1.24
港、澳、台商投资企业	Enterprises Funded by Entrepreneurs From Hong Kong,Macao and Taiwan	0.50	6.85	5.11	0.13	2.64
外商投资企业	Enterprises funded by Foreigners	0.23	3.39	2.73	0.07	0.35

13-12 续表 4 continued

单位:亿元 (100 million yuan)

指 标	Item	利息收入 Interest Revenue	利息支出 Interest Expense	投资收益 Income from Investment	营业利润 Operating Profit
总计	**Total**	**20.78**	**84.67**	**41.04**	**188.94**
按登记注册类型分:	**Grouped by Registration**				
内资企业	Internal-invested Enterprises	20.79	81.73	40.67	174.28
国有企业	State-owned Enterprises	2.13	6.25	0.50	-1.35
集体企业	Collective-owned Enterprises	0.02	0.04	0.01	0.81
股份合作企业	Enterprises Cooperated by Joint-stock	0.00	0.00	0.00	0.01
联营企业	Cooperative Enterprises	0.00	0.08	0.02	-0.90
有限责任公司	Limited Liability Company	16.14	57.10	34.16	98.36
股份有限公司	Company Limited by Shares	2.13	11.96	3.65	43.14
私营企业	Individual-owned Enterprises	0.33	5.72	1.86	26.50
其他企业	Enterprises of Other Types of Ownership	0.05	0.57	0.47	7.82
港、澳、台商投资企业	Enterprises Funded by Entrepreneurs From Hong Kong,Macao and Taiwan	-0.06	2.68	0.37	9.05
外商投资企业	Enterprises funded by Foreigners	0.04	0.26	0.00	5.61

13-12 续表 5 continued

单位:亿元 (100 million yuan)

指 标	Item	营业外收入 Non-operating Income	补贴收入 Income from Subsidy	营业外支出 Operating Expense	利润总额 Total Profit
总计	**Total**	**106.79**	**81.52**	**24.07**	**271.58**
按登记注册类型分:	**Grouped by Registration**				
内资企业	Internal-invested Enterprises	106.22	81.46	23.88	256.52
国有企业	State-owned Enterprises	31.46	27.95	12.20	18.02
集体企业	Collective-owned Enterprises	0.13	0.11	0.09	0.85
股份合作企业	Enterprises Cooperated by Joint-stock	0.01	0.01	0.00	0.01
联营企业	Cooperative Enterprises	0.06	0.05	0.00	-0.90
有限责任公司	Limited Liability Company	59.13	45.99	6.19	150.90
股份有限公司	Company Limited by Shares	7.19	1.68	2.66	47.66
私营企业	Individual-owned Enterprises	7.64	5.36	2.35	31.93
其他企业	Enterprises of Other Types of Ownership	0.60	0.31	0.38	8.04
港、澳、台商投资企业	Enterprises Funded by Entrepreneurs From Hong Kong,Macao and Taiwan	0.51	0.06	0.13	9.44
外商投资企业	Enterprises funded by Foreigners	0.07	0.00	0.06	5.62

13-12 续表 6 continued

单位:亿元 (100 million yuan)

指 标	Item	应交所得税 Income Tax Payable	应付职工薪酬 Total Sum of Wages Payable (100 million Yuan)	年均从业人员(万人) Average Number of Empolyment of the Current Year (10 000 persons)
总计	**Total**	**57.03**	**399.43**	**62.73**
按登记注册类型分:	**Grouped by Registration**			
内资企业	Internal-invested Enterprises	54.96	388.32	61.55
国有企业	State-owned Enterprises	2.15	67.94	7.71
集体企业	Collective-owned Enterprises	0.09	2.94	0.83
股份合作企业	Enterprises Cooperated by Joint-stock	0.01	0.57	0.13
联营企业	Cooperative Enterprises		0.33	0.07
有限责任公司	Limited Liability Company	39.99	169.61	23.90
股份有限公司	Company Limited by Shares	7.19	48.48	5.82
私营企业	Individual-owned Enterprises	4.75	84.92	19.13
其他企业	Enterprises of Other Types of Ownership	0.79	13.53	3.95
港、澳、台商投资企业	Enterprises Funded by Entrepreneurs From Hong Kong,Macao and Taiwan	1.49	5.37	0.67
外商投资企业	Enterprises funded by Foreigners	0.58	5.74	0.51

13-13 规模以上服务业企业分行业大类经济指标(2016年)
Main Economic Indicators of Service Enterprises above Designated Size by Service Sector(2016)

单位:亿元 (100 million yuan)

指 标	Item	单位数(个) Number of Institutions (unit)	年初存货 Inventory Year-early	流动资产合 计 Circulating Funds
总计	**Total**	**4723**	**2870.83**	**8804.51**
铁路运输业	Railway Transport	6	1.59	9.43
道路运输业	Road Transport	577	4.30	429.52
水上运输业	Water Transport	43	0.11	9.84
航空运输业	Air Transport	7	0.06	19.75
管道运输业	Transport Via Pipelines	3	0.06	12.52
装卸搬运和运输代理业	Loading,Unloading and Other Transport Services	84	0.28	37.41
仓储业	Storage	87	148.05	170.77
邮政业	Post	41	1.13	65.81
电信、广播电视和卫星传输服务	Telecommunications, radio and television and satellite transmission services	176	5.25	190.03
互联网和相关服务	Internet and related services	49	10.24	6.10
软件和信息技术服务业	Software and IT services	217	6.36	215.71
物业管理	Property Management	404	0.90	43.64
房地产中介服务	Real estate intermediary services	18	0.03	4.62
自有房地产经营活动	Own real estate business activities	4	0.01	0.84
租赁业	Leasing	43	0.73	21.86
商务服务业	Business Services	887	2574.91	6456.95
研究和试验发展	Research and Experimental Development	30	32.21	86.92
专业技术服务业	Professional Technical Services	316	27.01	284.65
科技推广和应用服务业	Services of Science and Technology Promotion and Application	383	6.07	21.27
水利管理业	Management of Water Conservancy	12	0.01	61.24
生态保护和环境治理业	Ecological protection and Environmental management	25	3.82	22.45
公共设施管理业	Management of Public Facilities	108	5.63	65.96
居民服务业	Services to Households	113	1.57	10.31
机动车、电子产品和日用产品修理业	Motor vehicles, electronics and household goods repair industry	47	0.47	1.85
其他服务业	Other Services	52	0.06	2.67
教育	Education	244	4.84	28.82
卫生	Health	255	3.88	52.11
社会工作	Social Work	14	0.36	2.44
新闻和出版业	Journalism and Publishing Activities	48	10.09	134.86
广播、电视、电影和影视录音制作业	Radio, television,film and video production industry recordings	146	12.98	296.49
文化艺术业	Cultural and Art Activities	132	4.44	17.40
体育	Sports Activities	32	1.93	9.57
娱乐业	Entertainment	120	1.45	10.70

13-13 续表 1 continued

单位:亿元 (100 million yuan)

指 标	Item	应收账款 Net Value of Account Received	存货 Inventory	固定资产原价 Original Price of Fixed Assets	累计折旧 Accumulated depreciation	本年折旧 Depreciation this Year
总计	**Total**	**760.22**	**3383.77**	**3028.14**	**1010.13**	**189.75**
铁路运输业	Railway Transport	1.61	1.95	182.43	15.65	3.87
道路运输业	Road Transport	51.66	5.68	473.22	140.40	26.42
水上运输业	Water Transport	5.01	0.10	15.10	4.66	0.83
航空运输业	Air Transport	2.49	0.06	88.31	22.56	3.54
管道运输业	Transport Via Pipelines	0.08	0.06	4.88	1.77	0.36
装卸搬运和运输代理业	Loading,Unloading and Other Transport Services	20.32	0.81	12.52	4.71	0.48
仓储业	Storage	5.26	142.63	54.93	14.80	2.18
邮政业	Post	10.52	1.68	39.46	20.54	2.31
电信、广播电视和卫星传输服务	Telecommunications, radio and television and satellite transmission services	27.11	4.79	1094.26	564.30	106.66
互联网和相关服务	Internet and related services	1.23	0.23	11.14	4.49	0.43
软件和信息技术服务业	Software and IT services	62.05	7.51	17.45	6.93	1.64
物业管理	Property Management	11.91	0.65	14.48	5.93	0.72
房地产中介服务	Real estate intermediary services	0.58	0.04	0.41	0.21	0.04
自有房地产经营活动	Own real estate business activities	0.14	0.01	7.78	0.64	0.35
租赁业	Leasing	5.90	0.90	7.85	2.87	0.62
商务服务业	Business Services	412.74	3021.54	580.70	73.20	15.52
研究和试验发展	Research and Experimental Development	9.94	33.37	14.03	5.23	1.18
专业技术服务业	Professional Technical Services	78.22	35.15	59.97	20.76	3.71
科技推广和应用服务业	Services of Science and Technology Promotion and Application	4.98	11.62	20.54	2.59	0.99
水利管理业	Management of Water Conservancy	0.14	60.71	4.78	1.48	0.12
生态保护和环境治理业	Ecological protection and Environmental management	2.78	5.15	7.00	2.21	0.50
公共设施管理业	Management of Public Facilities	6.45	6.92	36.89	7.06	1.43
居民服务业	Services to Households	-4.14	1.70	10.74	3.99	0.53
机动车、电子产品和日用产品修理业	Motor vehicles, electronics and household goods repair industry	0.41	0.49	2.14	0.46	0.13
其他服务业	Other Services	0.61	0.16	1.90	0.47	0.15
教育	Education	11.46	5.17	51.33	11.54	2.45
卫生	Health	10.94	4.07	55.19	21.38	4.11
社会工作	Social Work	0.11	0.73	2.47	0.16	0.05
新闻和出版业	Journalism and Publishing Activities	4.98	9.99	24.73	10.98	1.29
广播、电视、电影和影视录音制作业	Radio, television,film and video production industry recordings	8.87	12.22	58.14	22.63	3.91
文化艺术业	Cultural and Art Activities	4.18	2.40	25.29	4.15	1.05
体育	Sports Activities	0.24	3.77	7.76	2.63	0.30
娱乐业	Entertainment	1.46	1.48	40.32	8.76	1.88

13-13 续表 2 continued

单位:亿元 (100 million yuan)

指 标	Item	资产总计 Total Assets	应付账款 Accounts payable	负债合计 Total liability	所有者权益合计 Tatol Rights of Owners	营业收入 Operating Income
总计	**Total**	**15505.82**	**713.99**	**8651.65**	**6854.71**	**2731.63**
铁路运输业	Railway Transport	220.03	13.02	113.62	106.41	15.72
道路运输业	Road Transport	1296.49	58.00	912.53	384.19	266.61
水上运输业	Water Transport	30.89	3.91	14.85	16.04	27.81
航空运输业	Air Transport	126.55	2.19	38.85	87.70	15.59
管道运输业	Transport Via Pipelines	46.27	0.24	28.87	17.40	1.73
装卸搬运和运输代理业	Loading,Unloading and Other Transport Services	58.67	19.37	37.01	21.66	29.11
仓储业	Storage	227.59	3.80	195.13	32.28	51.77
邮政业	Post	88.11	7.10	81.84	6.26	86.17
电信、广播电视和卫星传输服务	Telecommunications, radio and television and satellite transmission services	876.89	127.38	355.75	521.13	479.11
互联网和相关服务	Internet and related services	15.19	2.33	12.39	2.84	18.62
软件和信息技术服务业	Software and IT services	279.99	131.10	176.30	103.81	106.11
物业管理	Property Management	72.82	2.92	55.53	17.54	48.87
房地产中介服务	Real estate intermediary services	5.11	0.03	1.94	3.17	5.13
自有房地产经营活动	Own real estate business activities	9.71	0.16	6.87	2.84	2.00
租赁业	Leasing	38.48	1.63	30.90	7.55	10.98
商务服务业	Business Services	10048.93	162.16	5634.53	4414.58	728.15
研究和试验发展	Research and Experimental Development	227.75	7.82	107.60	120.15	31.81
专业技术服务业	Professional Technical Services	394.20	61.30	239.47	154.54	273.17
科技推广和应用服务业	Services of Science and Technology Promotion and Application	51.04	2.29	15.71	35.26	79.43
水利管理业	Management of Water Conservancy	64.96	0.62	2.25	62.72	4.81
生态保护和环境治理业	Ecological protection and Environmental management	43.29	6.19	21.69	21.60	14.32
公共设施管理业	Management of Public Facilities	148.64	3.08	99.23	49.39	45.54
居民服务业	Services to Households	23.54	0.89	15.78	7.75	22.65
机动车、电子产品和日用产品修理业	Motor vehicles, electronics and household goods repair industry	4.24	0.61	2.32	1.92	6.73
其他服务业	Other Services	6.13	0.38	3.09	3.05	4.64
教育	Education	82.82	8.33	41.79	41.07	28.92
卫生	Health	105.99	12.48	74.93	31.00	85.19
社会工作	Social Work	7.20	0.12	5.36	1.97	1.31
新闻和出版业	Journalism and Publishing Activities	299.90	11.48	55.75	244.16	47.68
广播、电视、电影和影视录音制作业	Radio, television,film and video production industry recordings	473.79	48.21	191.14	282.65	155.53
文化艺术业	Cultural and Art Activities	54.13	4.20	29.65	24.58	14.39
体育	Sports Activities	20.13	1.44	15.26	4.87	2.60
娱乐业	Entertainment	56.33	9.21	33.74	22.61	19.42

13-13 续表 3 continued

单位:亿元 (100 million yuan)

指 标	Item	主营业务收入 Revenue of Major Business	营业成本 Operating Cost	主营业务成本 Cost of Major Business	营业税金及附加 Tax and Extra Charges from Principal Business
总计	**Total**	**2600.56**	**2041.10**	**1914.14**	**29.25**
铁路运输业	Railway Transport	15.00	14.94	14.20	0.03
道路运输业	Road Transport	256.25	224.92	217.88	2.79
水上运输业	Water Transport	27.73	26.37	26.31	0.08
航空运输业	Air Transport	15.59	12.33	12.30	0.38
管道运输业	Transport Via Pipelines	1.65	0.97	0.91	0.01
装卸搬运和运输代理业	Loading,Unloading and Other Transport Services	28.60	25.71	25.11	0.18
仓储业	Storage	50.49	52.04	48.08	0.24
邮政业	Post	85.31	78.56	74.15	0.27
电信、广播电视和卫星传输服务	Telecommunications, radio and television and satellite transmission services	468.59	313.80	294.80	2.09
互联网和相关服务	Internet and related services	18.56	13.46	13.30	0.13
软件和信息技术服务业	Software and IT services	104.95	57.46	56.70	0.65
物业管理	Property Management	46.86	33.55	32.63	1.42
房地产中介服务	Real estate intermediary services	4.81	2.43	2.39	0.10
自有房地产经营活动	Own real estate business activities	1.92	1.50	1.47	0.06
租赁业	Leasing	10.76	7.57	7.54	0.14
商务服务业	Business Services	640.43	564.30	486.15	11.65
研究和试验发展	Research and Experimental Development	28.73	25.81	23.21	0.38
专业技术服务业	Professional Technical Services	272.04	212.75	212.03	2.65
科技推广和应用服务业	Services of Science and Technology Promotion and Application	77.76	62.29	60.70	0.80
水利管理业	Management of Water Conservancy	4.75	4.20	4.20	0.02
生态保护和环境治理业	Ecological protection and Environmental management	13.96	10.59	10.51	0.16
公共设施管理业	Management of Public Facilities	44.12	28.83	27.93	0.77
居民服务业	Services to Households	22.29	15.68	15.35	0.46
机动车、电子产品和日用产品修理业	Motor vehicles, electronics and household goods repair industry	6.53	5.10	4.79	0.10
其他服务业	Other Services	4.64	3.58	3.58	0.12
教育	Education	28.11	20.52	19.73	0.33
卫生	Health	84.34	58.39	56.93	0.17
社会工作	Social Work	1.28	0.92	0.87	0.01
新闻和出版业	Journalism and Publishing Activities	46.44	34.54	33.27	0.47
广播、电视、电影和影视录音制作业	Radio, television,film and video production industry recordings	152.72	108.98	108.34	1.93
文化艺术业	Cultural and Art Activities	13.73	8.21	8.12	0.21
体育	Sports Activities	2.56	1.36	1.34	0.08
娱乐业	Entertainment	19.07	9.45	9.29	0.39

13-13 续表 4 continued

单位:亿元 (100 million yuan)

指 标	Item	主营业务税金及附加 Tax of Major Business	销售费用 Operation Expense	管理费用 Management Expense	税金 Tax
总计	**Total**	**27.61**	**148.17**	**289.63**	**7.21**
铁路运输业	Railway Transport	0.03	0.05	0.69	0.01
道路运输业	Road Transport	2.34	4.43	35.22	0.90
水上运输业	Water Transport	0.08	0.10	1.08	0.06
航空运输业	Air Transport	0.38	0.03	2.03	0.18
管道运输业	Transport Via Pipelines	0.01	0.07	0.35	0.00
装卸搬运和运输代理业	Loading,Unloading and Other Transport Services	0.16	0.38	2.39	0.07
仓储业	Storage	0.20	2.87	4.59	0.11
邮政业	Post	0.24	0.48	10.68	0.19
电信、广播电视和卫星传输服务	Telecommunications, radio and television and satellite transmission services	2.06	62.92	38.58	0.83
互联网和相关服务	Internet and related services	0.13	1.93	2.86	0.04
软件和信息技术服务业	Software and IT services	0.64	11.01	18.77	0.43
物业管理	Property Management	1.36	1.49	9.10	0.18
房地产中介服务	Real estate intermediary services	0.09	1.00	0.68	0.01
自有房地产经营活动	Own real estate business activities	0.04	0.38	0.21	0.07
租赁业	Leasing	0.14	1.15	0.90	0.02
商务服务业	Business Services	10.86	15.32	49.69	1.62
研究和试验发展	Research and Experimental Development	0.38	1.57	8.39	0.13
专业技术服务业	Professional Technical Services	2.58	6.81	33.30	0.55
科技推广和应用服务业	Services of Science and Technology Promotion and Application	0.78	2.63	4.37	0.10
水利管理业	Management of Water Conservancy	0.02	0.00	0.45	0.00
生态保护和环境治理业	Ecological protection and Environmental management	0.15	0.42	1.71	0.09
公共设施管理业	Management of Public Facilities	0.79	2.63	3.16	0.20
居民服务业	Services to Households	0.45	1.44	3.49	0.04
机动车、电子产品和日用产品修理业	Motor vehicles, electronics and household goods repair industry	0.08	0.34	0.52	0.05
其他服务业	Other Services	0.11	0.15	0.39	0.01
教育	Education	0.29	1.08	4.55	0.11
卫生	Health	0.17	6.93	14.70	0.21
社会工作	Social Work	0.01	0.07	0.29	0.00
新闻和出版业	Journalism and Publishing Activities	0.46	4.80	8.26	0.10
广播、电视、电影和影视录音制作业	Radio, television,film and video production industry recordings	1.93	9.79	21.34	0.41
文化艺术业	Cultural and Art Activities	0.21	1.65	2.95	0.12
体育	Sports Activities	0.08	0.57	1.05	0.11
娱乐业	Entertainment	0.38	3.70	2.91	0.23

13-13 续表 5 continued

单位:亿元 (100 million yuan)

指 标	Item	财务费用 Financial Expense	利息收入 Interest Revenue	利息支出 Interest Expense	投资收益 Income from Investment
总计	**Total**	**81.19**	**20.78**	**84.67**	**41.04**
铁路运输业	Railway Transport	4.12	0.02	4.13	
道路运输业	Road Transport	21.33	0.64	19.31	-0.16
水上运输业	Water Transport	0.65	0.00	0.19	0.45
航空运输业	Air Transport	0.66	0.18	0.77	0.00
管道运输业	Transport Via Pipelines	0.24		0.05	
装卸搬运和运输代理业	Loading,Unloading and Other Transport Services	0.26	0.07	0.30	0.04
仓储业	Storage	6.13	0.29	6.16	-0.03
邮政业	Post	0.12	0.06	0.09	-0.02
电信、广播电视和卫星传输服务	Telecommunications, radio and television and satellite transmission services	-4.68	5.44	0.90	1.58
互联网和相关服务	Internet and related services	0.03	0.01	0.00	-0.02
软件和信息技术服务业	Software and IT services	-1.89	2.49	0.27	0.33
物业管理	Property Management	0.26	0.39	0.50	0.27
房地产中介服务	Real estate intermediary services	0.01	0.00	0.01	
自有房地产经营活动	Own real estate business activities	0.28	0.00	0.29	
租赁业	Leasing	0.63	0.01	0.46	0.77
商务服务业	Business Services	44.43	5.30	39.92	25.58
研究和试验发展	Research and Experimental Development	0.71	0.44	0.39	3.77
专业技术服务业	Professional Technical Services	1.35	0.97	2.25	1.48
科技推广和应用服务业	Services of Science and Technology Promotion and Application	0.98	0.01	0.38	0.45
水利管理业	Management of Water Conservancy	0.26	0.00	0.26	
生态保护和环境治理业	Ecological protection and Environmental management	0.02	-0.14	0.16	0.21
公共设施管理业	Management of Public Facilities	2.35	0.25	2.54	0.10
居民服务业	Services to Households	0.31	0.01	0.21	0.03
机动车、电子产品和日用产品修理业	Motor vehicles, electronics and household goods repair industry	0.06	0.00	0.02	0.00
其他服务业	Other Services	0.07	0.00	0.01	0.00
教育	Education	1.04	0.04	0.80	0.08
卫生	Health	1.25	0.03	0.76	0.07
社会工作	Social Work	0.01	0.00	0.01	0.00
新闻和出版业	Journalism and Publishing Activities	-1.82	2.06	0.29	4.15
广播、电视、电影和影视录音制作业	Radio, television,film and video production industry recordings	0.41	2.15	2.33	1.64
文化艺术业	Cultural and Art Activities	0.57	0.01	0.36	0.05
体育	Sports Activities	0.20	0.00	0.19	0.00
娱乐业	Entertainment	0.83	0.04	0.38	0.21

13-13 续表 6 continued

单位:亿元 (100 million yuan)

指 标	Item	营业利润 Operating Profit	营业外收入 Non-operating Income	补贴收入 Income from Subsidy
总计	**Total**	**188.94**	**106.79**	**81.52**
铁路运输业	Railway Transport	-3.97	0.82	0.80
道路运输业	Road Transport	-21.45	24.93	21.79
水上运输业	Water Transport	-0.07	0.15	0.09
航空运输业	Air Transport	0.09	1.44	0.67
管道运输业	Transport Via Pipelines	0.06	0.04	
装卸搬运和运输代理业	Loading,Unloading and Other Transport Services	0.47	0.33	0.26
仓储业	Storage	-13.31	13.34	12.34
邮政业	Post	0.22	0.57	0.35
电信、广播电视和卫星传输服务	Telecommunications, radio and television and satellite transmission services	78.83	4.20	0.13
互联网和相关服务	Internet and related services	0.04	0.24	0.22
软件和信息技术服务业	Software and IT services	19.15	2.76	1.56
物业管理	Property Management	1.84	0.32	0.05
房地产中介服务	Real estate intermediary services	0.91	0.01	0.00
自有房地产经营活动	Own real estate business activities	-0.40	0.01	0.00
租赁业	Leasing	0.46	0.04	0.03
商务服务业	Business Services	65.25	38.89	30.56
研究和试验发展	Research and Experimental Development	-3.00	3.28	1.88
专业技术服务业	Professional Technical Services	17.37	1.70	0.74
科技推广和应用服务业	Services of Science and Technology Promotion and Application	6.74	0.26	0.11
水利管理业	Management of Water Conservancy	-0.18	2.20	2.18
生态保护和环境治理业	Ecological protection and Environmental management	1.54	0.28	0.23
公共设施管理业	Management of Public Facilities	7.32	0.45	0.37
居民服务业	Services to Households	1.06	0.11	0.04
机动车、电子产品和日用产品修理业	Motor vehicles, electronics and household goods repair industry	0.33	0.05	0.00
其他服务业	Other Services	0.33	0.03	0.02
教育	Education	1.69	0.65	0.49
卫生	Health	5.11	0.46	0.18
社会工作	Social Work	0.02	0.07	0.04
新闻和出版业	Journalism and Publishing Activities	5.60	2.35	1.60
广播、电视、电影和影视录音制作业	Radio, television,film and video production industry recordings	14.59	4.60	2.93
文化艺术业	Cultural and Art Activities	0.85	1.08	0.87
体育	Sports Activities	-0.66	0.72	0.62
娱乐业	Entertainment	2.11	0.43	0.38

13-13 续表 7 continued

单位:亿元 (100 million yuan)

指 标	Item	营业外支出 Non-operating Expense	利润总额 Total Profit	应交所得税 Income Tax Payable
总计	**Total**	**24.07**	**271.58**	**57.03**
铁路运输业	Railway Transport	0.70	-3.85	0.03
道路运输业	Road Transport	1.85	1.73	3.93
水上运输业	Water Transport	0.03	0.06	0.12
航空运输业	Air Transport	0.12	1.41	0.08
管道运输业	Transport Via Pipelines	0.01	0.09	0.02
装卸搬运和运输代理业	Loading,Unloading and Other Transport Services	0.04	0.78	0.21
仓储业	Storage	0.61	-0.58	0.23
邮政业	Post	0.29	0.49	0.34
电信、广播电视和卫星传输服务	Telecommunications, radio and television and satellite transmission services	3.24	79.78	27.82
互联网和相关服务	Internet and related services	0.05	0.18	0.17
软件和信息技术服务业	Software and IT services	0.27	21.69	2.05
物业管理	Property Management	0.07	2.08	0.48
房地产中介服务	Real estate intermediary services	0.00	0.92	0.21
自有房地产经营活动	Own real estate business activities	0.00	-0.39	0.00
租赁业	Leasing	0.02	0.47	0.09
商务服务业	Business Services	3.11	101.04	10.43
研究和试验发展	Research and Experimental Development	0.13	0.14	0.08
专业技术服务业	Professional Technical Services	0.42	18.66	3.26
科技推广和应用服务业	Services of Science and Technology Promotion and Application	0.18	6.83	0.69
水利管理业	Management of Water Conservancy	0.04	1.98	0.01
生态保护和环境治理业	Ecological protection and Environmental management	0.01	1.81	0.28
公共设施管理业	Management of Public Facilities	0.20	7.56	1.60
居民服务业	Services to Households	0.05	1.12	0.17
机动车、电子产品和日用产品修理业	Motor vehicles, electronics and household goods repair industry	0.01	0.37	0.04
其他服务业	Other Services	0.02	0.34	0.05
教育	Education	0.26	1.93	0.38
卫生	Health	0.40	5.18	1.78
社会工作	Social Work	0.01	0.08	0.01
新闻和出版业	Journalism and Publishing Activities	0.13	7.86	0.31
广播、电视、电影和影视录音制作业	Radio, television,film and video production industry recordings	11.17	8.02	1.30
文化艺术业	Cultural and Art Activities	0.08	1.74	0.37
体育	Sports Activities	0.51	-0.45	0.02
娱乐业	Entertainment	0.03	2.51	0.50

13-13 续表 8 continued

单位:亿元 (100 million yuan)

指 标	Item	应付职工薪酬 Total Sum of Wages Payable	应交增值税 Value Added Payable	年均从业人员(万人) Average Number of Empolyment of the Current Year (10 000persons)
总计	**Total**	**399.43**	**56.81**	**62.73**
铁路运输业	Railway Transport	3.54	0.03	0.25
道路运输业	Road Transport	53.67	5.85	11.51
水上运输业	Water Transport	1.55	0.24	0.31
航空运输业	Air Transport	6.62	0.37	0.57
管道运输业	Transport Via Pipelines	0.13	0.08	0.02
装卸搬运和运输代理业	Loading,Unloading and Other Transport Services	4.22	0.32	0.81
仓储业	Storage	2.91	0.31	0.50
邮政业	Post	31.60	0.89	3.46
电信、广播电视和卫星传输服务	Telecommunications, radio and television and satellite transmission services	53.59	20.51	4.99
互联网和相关服务	Internet and related services	3.68	0.26	0.55
软件和信息技术服务业	Software and IT services	18.50	3.74	2.08
物业管理	Property Management	20.85	1.03	5.61
房地产中介服务	Real estate intermediary services	2.22	0.22	0.28
自有房地产经营活动	Own real estate business activities	0.32	0.06	0.04
租赁业	Leasing	1.66	0.14	0.44
商务服务业	Business Services	49.72	7.29	9.71
研究和试验发展	Research and Experimental Development	5.78	0.23	0.47
专业技术服务业	Professional Technical Services	44.71	5.96	4.64
科技推广和应用服务业	Services of Science and Technology Promotion and Application	8.42	0.29	2.86
水利管理业	Management of Water Conservancy	0.54	0.02	0.11
生态保护和环境治理业	Ecological protection and Environmental management	1.19	0.44	0.16
公共设施管理业	Management of Public Facilities	3.52	0.76	0.91
居民服务业	Services to Households	8.27	0.27	1.67
机动车、电子产品和日用产品修理业	Motor vehicles, electronics and household goods repair industry	0.91	0.12	0.24
其他服务业	Other Services	1.71	0.06	0.54
教育	Education	9.64	0.16	2.36
卫生	Health	21.44	0.08	3.36
社会工作	Social Work	0.55	0.00	0.11
新闻和出版业	Journalism and Publishing Activities	7.80	1.82	0.79
广播、电视、电影和影视录音制作业	Radio, television,film and video production industry recordings	22.55	4.67	1.50
文化艺术业	Cultural and Art Activities	3.08	0.22	0.80
体育	Sports Activities	0.95	0.03	0.25
娱乐业	Entertainment	3.60	0.36	0.88

13-14 重点领域规模以上服务业企业主要经济指标(2016年)
Key Areas of Main Economic Indicators of Service Enterprises above Designated Size(2016)

单位:亿元 (100 million yuan)

指 标	Item	高技术服务业企业 Hightech Services Enterprises	科技服务业企业 Science and Technology Services Enterprises	生产性服务业企业 Producer Services Enterprises
年初存货	Inventory Year-early	94.79	2663.97	2819.59
流动资产合计	Circulating Funds	1026.39	7285.35	8075.70
应收账款	Net Value of Account Received	192.86	588.71	690.05
存货	Inventory	100.94	3118.24	3262.67
固定资产原价	Original Price of Fixed Assets	1268.69	1711.56	2517.29
累计折旧	Accumulateddepreciation	0.62	0.67	0.86
本年折旧	Depreciation this Year	118.12	128.17	162.99
资产总计	Total Assets	2171.86	11918.44	14052.99
应付账款	Accounts payable	0.38	0.49	0.60
负债合计	Total Liability	1038.90	6412.39	7927.23
所有者权益	Tatol Rights of Owners	1132.96	5506.01	6125.69
营业收入	Operating Income	1128.92	1625.33	2069.42
主营业务收入	Revenue of Major Business	1110.44	1520.28	1950.43
营业成本	Operating Cost	785.47	1178.57	1573.14
主营业务成本	Cost of Major Business	760.50	1075.14	1453.38
营业税金及附加	Tax and Extra Charges from Principal Business	8.26	16.00	21.06
主营业务税金及附加	Tax and Surcharge for Major Business	8.13	15.12	19.61
销售费用	Operation Expense	94.19	98.90	107.28
管理费用	Management Expense	123.05	151.58	204.98
税金	Tax	2.37	3.39	5.04
财务费用	Financial Expense	-4.65	36.52	71.36
利息收入	Interest Revenue	10.76	16.50	17.77
利息支出	Interest Expense	4.49	41.96	74.66
投资收益	Income from Investment	7.81	36.64	36.36
营业利润	Operating Profit	135.43	182.35	137.63
营业外收入	Non-operating Income	14.24	52.27	93.88
补贴收入	Income from Subsidy	5.97	35.83	72.31
营业外支出	Non-operating Expense	14.35	7.11	10.70
利润总额	Total Profit	135.34	227.65	220.87
应交所得税	Income Tax Payable	35.58	43.32	48.46
应付职工薪酬	Total Sum of Wages Payable	153.06	167.28	269.30
应交增值税	Value Added Payable	20.98	24.81	31.22
年均从业人员	Average Number of Empolyment of the Current Year(10000 persons)	16.47	20.08	37.06

主要统计指标解释

铁路营业里程 又称营业长度(包括正式营业和临时营业里程)，指办理客货运输业务的铁路正线总长度。凡是全线或部分建成双线及以上的线路，以第一线的实际长度计算；复线、站线、段管线、岔线和特殊用途线以及不计算运费的联络线都不计算营业里程。该指标可以反映铁路运输业基础设施的发展水平，也是计算客货周转量、运输密度和机车车辆运用效率等指标的基础资料。

铁路电气化里程 指在全部铁路营业里程中已安装了供电线路及设备，可以供电力机车牵引列车运行的区段的总里程。

铁路自动、半自动闭塞里程 为保证列车安全运行，在一个区间、同一时间内，一般只允许一列列车运行，这种保证列车在这个区间安全间隔运行的技术方法称为“闭塞”。自动和半自动闭塞里程指装有列车自动或人工完成闭塞状态的铁路设备里程。

公路里程 指在一定时期内实际达到《公路工程[WTBZ]技术标准 JTJ01-88》规定的等级公路，并经公路主管部门正式验收交付使用的公路里程数。包括大中城市的郊区公路以及通过小城镇街道部分的公路里程和桥梁、渡口的长度，不包括大中城市的街道、厂矿、林区生产用道和农业生产用道的里程。两条或多条公路共同经由同一路段，只计算一次，不得重复计算里程长度。该指标可以反映公路建设的发展规模，也是计算运输网密度等指标的基础资料。

内河航道里程 也称内河通航里程，指在一定时期内，能通航运输船舶及排筏的天然河流、湖泊水库、运河及通航渠道的长度。包括全年季节性通航累计三个月以上的航道，不包括仅供零散流放竹、木排的河道。该指标可以反映内河水运网的规模、水平和发展情况。

民用航空航线里程 指统计期间内全部民用航空航线的航线总长度。航线长度指民用航空航线的计费距离。计算航线里程可按重复和不重复两种方法，前者是指各航线长度相加的总和；后者则要扣除各航线之间相同航段重复计算的部分。

输油(气)管道长度 也称输油(气)里程，指油品(或天然气)的实际输送距离，一般按输油(气)管道的单线长度计算。若包括复线和备用线长度则称为输油(气)管道延展长度，是指管道铺设的实际长度。我们通常使用的是不包括复线的“输油(气)管道里程”，该指标可以反映管道运输的发展规模和水平。

货(客)运量 指在一定时期内，各种运输工具实际运送的货物(旅客)数量。该指标是反映运输业为国民经济和人民生活服务的数量指标，也是制定和检查运输生产计划、研究运输发展规模和速度的重要指标。货运按吨计算，客运按人计算。货物不论运输距离长短、货物类别，均按实际重量统计。旅客不论行程远近或票价多少，均按一人一次客运量统计；半价票、小孩票也按一人统计。

货(客)运密度 指在一定时期内某种运输方式在营运线路的某一区段平均每公里线路通过的货物(旅客)运输周转量。计算公式为：

$$货(客)运密度=\frac{货物(旅客)周转量}{营业线路长度}$$

该指标可以反映交通运输线路上的货物(旅客)运输量运输繁忙程度，是平衡运输线路运输能力和通过能力，规划线路建设及改造、配备技术设备，研究运输网布局的重要依据。

货物(旅客)周转量 指在一定时期内，由各种运输工具运送的货物(旅客)数量与其相应运输距离的乘积之总和。该指标可以反映运输业生产的总成果，也是编制和检查运输生产计划，计算运输效率、劳动生产率以及核算运输单位成本的主要基础资料。计算货物周转量通常按发出站与到达站之间的最短距离，也就是计费距离计算。计算公式为：

货物（旅客）周转量=∑（货物（旅客）运输量×运输距离）

铁路货车平均静载重 指铁路货车在始发站静止状态下平均每车装载的货物重量，用以分析货车完成装车时车辆载重力的利用情况。计算公式为：

$$货车平均静载量=\frac{货物发送吨数}{装车数}$$

静载重的多少取决于运送货物的性质、种类、车辆的类型和装载技术的高低。根据货车的平均标记载重与静载重进行对比，可以反映货车载重能力的利用程度。计算公式为：

$$货车载重力利用率(\%)=\frac{货车平均静载重}{货车平均标记载重}\times100\%$$

铁路货运机车日产量 指在一定时期内，平均每台货运机车在一昼夜内所完成的总重吨公里数，包括载运货物的重量和车辆本身的自重。该指标从时间和牵引能力两方面反映了机车运用效率。计算公式为：

$$货运机车平均日产量=\frac{货运总重吨公里数}{货运机车台日数}$$

规模以上港口货物吞吐量 指经由水路进、出港区范围，并经过装卸的货物数量。按货物流向分为进港吞吐量和出港吞吐量，按货物贸易性质分为内贸和外贸吞吐量。按货物的类别分，可根据现行的交通行业标准《运输货物分类和代码》分类。沿海港口是指位于海沿岸，具有一定设施和条件，供船舶停靠、旅客上下、货物装卸、生活物料供应等作业的港口。

民用汽车拥有量 指报告期末，在公安交通管理部门按照《机动车注册登记工作规范》，已注册登记领有民用车辆牌照的全部汽车数量。汽车拥有量统计的主要分类：根据汽车结构分为载客汽车、载货汽车及其他汽车；根据汽车所有者不同分为个人(私人)汽车、单位汽车；根据汽车的使用性质分为营运汽车、非营运汽车；根据汽车大小规格不同载客汽车分为大型、中型、小型和微型，载货汽车分为重型、中型、轻型和微型。

邮电业务总量 指以货币形式表示的邮电企业为社会提供各类邮电服务的总数量，是用于观察邮电业务发展变化总趋势的综合性总量指标。分别按邮政业务总量和电信业务总量统计。邮电业务总量是以各类业务的实物量分别乘以相应的不变单价，得出各类业务的货币量再加总求得。

移动电话用户 指在电信运营企业营业网点办理开户登记手续，通过移动电话交换机进入移动电话网，占用移动电话号码的各类电话用户。包括 GSM 数字移动电话用户、CDMA 数字移动电话用户和电信运营企业发行的报告期末已激活充值的能异地漫游的各种智能卡用户。

互联网上网人数 指平均每周使用互联网至少 1 小时的 6 周岁以上中国公民人数。

固定电话用户 指在电信运营企业营业网点办理开户登记手续并已接入固定电话网上的全部电话用户。包括普通电话用户、公用电话用户、窄带综合业务数字网（N—ISDN）用户、智能网专用接入终端用户等。按行政区划分为城市电话用户和农村电话用户。

城市电话用户 指直辖市、省辖市、地级市、县级市的市区、市郊区及县城范围内接入局用交换机的电话用户。包括分布在农村地区县团级以上建制的独立工矿区、林区、驻军等电话用户。

农村电话用户 指县城关区以下的集镇和农村接入局用交换机的电话用户。

住宅电话用户 指安装在居民住宅或农民家里并按照住宅电话用户登记注册和收费的各类电话用户。包括私人付费、单位付费和按规定免费安装的住宅电话用户。

长途电话交换机容量 指用于接入长途电话网的电话交换机的设备额定容量，包括国际电话交换机容量。

局用交换机容量 指安装在电信运营企业内用于接续本地固定电话的电话交换机容量，有倍增设备按倍增后的数量计数。包括现用和备用的人工或自动交换机的全部容量。不包括用户交换机容量。

移动电话交换机容量 指移动电话交换机根据一定话务模型和交换机处理能力计算出来的最大同时服务用户的数量。

互联网宽带接入端口 指用于接入互联网用户的各类实际安装运行的接入端口的数量，包括 xDSL 用户接入端口、LAN 接入端口以及其他类型接入端口等，不包括窄带拨号接入端口。

规模以上服务业的统计范围及标准 规模以上服务业是指年营业收入或者年末从业人员达到一定规模标准的执行企业会计制度的服务业法人单位。其中，交通运输、仓储和邮政业，信息传输、软件和信息技术服务业，租赁和商务服务业，科学研究和技术服务业，水利、环境和公共设施管理业，教育，卫生和社会工作，物业管理、房地产中介及自有房地产经营活动等行业规模标准为年营业收入 1000 万元及以上或者年末从业人员 50 人及以上的执行企业会计制度的法人单位；居民服务、修理和其他服务业，文化体育和娱乐业等行业规模标准为年营业收入 500 万元及以上或者年末从业人员 50 人及以上的执行企业会计制度的法人单位。

Explanatory Notes on Main Statistical Indicators

Length of Railways in Operation refers to the total length of the trunk line for passenger and freight transportation (including both full operation and temporary operation). The calculation is based on the actual length of the first line if this line has a full or partial double (or more). Not included are double tracks, station sidings, tracks under the charge of stations, branch lines, special-purpose lines and non-payable connecting lines. The length of railways in operation is an important indicator to show the development of the infrastructure of railway transport. It is also essential data to calculate volume of passenger freight transport, traffic density and utilization efficiency of locomotives and carriages.

Length of Electrified Railways refers to the length of the section of railways in operation in which the power supply lines and other equipment are installed for the running of electrified locomotives. The proportion of the length of electrified railways to the total length of railways in operation is an important indicator to show the modernization of railways.

Length of Automatic-blocking and Semi-automaticblocking Railways Blocking is a spacing technique by which a section of the railway only allows one train to pass at a time with the aim of ensuring traffic safety. Length of automatic-blocking and semi-automatic-blocking railways refers to length of railways installed with equipment to perform automatic or manual blocking of trains.

Length of Highways refers to the length of highways which are built in conformity with the grades specified by the highway engineering standard [Highways WTBZ-Technical Standard JTJ01-88] formulated by the Ministry of Transport, and have been formally checked and accepted by the departments of highways and put into use. The length of highways includes that of the suburb highways at large and medium-sized cities, highways passing through streets at small cities and towns, and also the length of bridges and ferry piers. It does not include the length of streets in big and medium-sized cities and highways built for the production purpose at factories, mines, forest areas and agricultural areas. If two or more highways go the same section of the way, the length of the section is only calculated for once and no duplication is allowed. The length of highways is an indicator to show the development of the scale of highway construction and to provide essential information to calculate the transport network density.

Length of Navigable Inland Waterways is an indicator reflecting the size and development of inland water network. It refers to the length of the natural rivers, lakes, reservoirs, canals, and ditches open to navigation during a given period, which enables transportation by ships and rafts. It includes the channels open to navigation for over an accumulated period of 3 months in a year, yet this does not include the river courses which are only used to float odd logs and bamboo rafts. This indicator can reflect the scale, level and development situation of the inland waterway network.

Length of Civil Aviation Routes refers to the length of all routes for civil aviation flights, which is used to account the freight, during the period of statistics.. There are usually two ways to calculate the route length: duplicated calculation and non-duplicated calculateion, the former is the sum of length of all civil aviation routes, and the latter should deduct the duplication length of same route among all routes.

Length of Oil (Gas) Pipelines is used as an indicator to show the development, scale and level of the pipeline transportation. It refers to the actual transport distance of oil (or gas) products, and is in general calculated according to the length of single pipeline. If the length of the double pipelines and alternate pipeline are included, it is called the extension length of the oil (gas) pipelines, which indicates the actual length of the pipelines built. The commonly used indicator, the "length of "oil (gas)" pipelines, does not include the double pipelines. It can reflect the extent and level of development of pipeline transport.

Freight (Passenger) Traffic refers to the volume of freight (passenger) transported with various means within a specific period of time. This indicator reflects the service of the transport industry towards the national economy and people's living conditions, as well as an important indicator used in formulating and monitoring transport production plans and research into the scale and pace of transport development. Freight transport is calculated in tons and passenger traffic is calculated in terms of number of persons. Freight transport is calculated in terms of the actual weight of the goods and takes no account of the type of freight and distance of travel. Passenger traffic is calculated by the principle that one person can be counted only once in one trip and takes no account of the travelling distance and ticket price. The passengers who travel with a half price ticket or a child's ticket is also calculated as one person.

Freight (Passenger) Traffic Density refers to the freight (passenger) traffic volume carried by a particular means of transportation during a given period through one kilometre of a specific section of transportation route. The formula is as follows:

$$\begin{array}{c}\text{Freight (Passenger)}\\ \text{traffic density}\end{array} = \frac{\begin{array}{c}\text{freight ton - kilometres}\\ \text{(passenger - kilometres)}\end{array}}{\begin{array}{c}\text{length of route}\\ \text{in operation}\end{array}}$$

Freight (passenger) traffic density reflects how busy freight (passenger) traffic is on transportation routes. It provides an important basis for balancing transport capability and throughput capability, planning construction and upgrading of transport routes, installing technical facilities and studying the distribution of transport networks.

Freight Ton-kilometres (Passenger-kilometres) refers to the sum of the product of the volume of transported cargo (passengers) multiplied by the transport distance. It is an important indicator to reflect the achievement of the transporttation industry. This is an important indicator to show the total results of the transport industry; to prepare and examine the transport plan; and to serve as the main basic data for calculating the efficiency, labour productivity and unit cost of transport. Normally, the shortest distance between the departure station and the destination station (i.e., the payable distance) is the basis in calculating the freight ton-kilometres. The formula is as follows:

$$\begin{matrix}\text{Freight ton-kilometres}\\\text{(passenger-kilometres)}\end{matrix} = \sum \begin{matrix}\text{freight}\\\text{(passenger)traffic}\end{matrix} \times \begin{matrix}\text{distance of}\\\text{transportation}\end{matrix}$$

Average Static Load of Freight Cars refers to the average cargo weight as loaded by each freight car under the static condition at the departure station. It is used to show the utilization extent of the loading capacity of the freight cars. The formula is:

$$\begin{matrix}\text{Static load (ton)}\\\text{of freight car}\end{matrix} = \frac{\text{tonnage of goods dispatched}}{\text{number of freight cars loaded}}$$

The static load of freight cars is determined by the nature and type of goods loaded the type of vehicles, and the technique of loading. Comparison of the average marked load with the static load of freight cars provides indication on the degree of utilization of loading capacity of freight cars. For its calculation the following formula is applied:

$$\begin{matrix}\text{Utilization rate of}\\\text{capacity of freight cars (\%)}\end{matrix} = \frac{\text{Average static load}}{\text{Average marked load}} \times 100\%$$

Average Daily Haul of Freight Locomotives refers to the average total ton-kilometres accomplished by each freight transport locomotive over one day and night during a given period of time. It includes both the weight of the goods carried and the dead weight of the train itself. It is a comprehensive indicator reflecting the locomotive efficiency in terms of both time and the pulling force.

$$\begin{matrix}\text{Average daily haul of}\\\text{freight transport locomotive}\\\text{(ton-kilometre)}\end{matrix} = \frac{\begin{matrix}\text{Total ton-kilometres}\\\text{of freight}\end{matrix}}{\begin{matrix}\text{Daily number of freight}\\\text{transport locomotive}\end{matrix}}$$

Volume of Freight Handled in Coastal Ports above Designated size refers to the volume of cargo passing in and out of the harbour area of the major coastal ports and having been loaded and unloaded. The volume of freight handled may be classified by direction of flow as freight for import and freight for export, or by nature of cargo as freight for domestic trade and freight for foreign trade. The volume of freight handled maybe classified by the classification of cargo, or the current transport standard of The Classification and Code of Cargo Type. Coastal ports refer to the ports, which are located at the edge of an ocean or sea, and with some equipment and facility for ship anchoring, passenger embarking/debarking, cargo loading/unloading, living material provideng, etc. .

Possession of Civil Motor Vehicles refer to the total numbers of vehicles that are registered and received vehicles license tags according to the Work Standard for Motor Vehicles Registration formulated by the Transport Management Office under the department of public security at the end of the reference period. They are divided into categories. According to the structure of motor vehicles, they are divided into passenger vehicles, trucks and others; according to ownership into private vehicles and vehicles for the unit's use; according to kind of usage into working vehicles and non-working vehicles; and according to size of vehicles into large passenger vehicles, medium-sized passenger vehicles, small passenger vehicles and mini passenger vehicles, heavy trucks, light-heavy trucks, light trucks and mini-trucks.

Business Volume of Post and Telecommunications refers to the total amount of postal and telecommunication services, expressed in value terms, provided by the post and telecommunications departments for society. This indicator reflects the overall results of development of postal and telecommunication services. It can be classificated as postal services and and telecommunication services. Business volume of post and telecommunications is the sum of all services in kind multiplying with the unit price (constant price) to get the total business value.

Mobile Telephone Subscribers refer to persons who have gone through registration procedures in the operation points of enterprises engaged in telecommunications and are hence connected with the mobile telephone communication network through the mobile telephone switchboards and occupy mobile phone numbers. Included are GSM digital mobile phone subscribers, CDMA digital mobile phone subscribers and subscribers to intelligent phone cards with roaming facility issued by telecommunications enterprises and which have been subscribed to and activated at the end of the reference period.

Internet Users refer to the number of Chinese citizens aged 6 and over who use the Internet at least for one hour each week.

Local Telephone Subscribers refer to all subscribers who have gone through registration procedures in the operation points of enterprises engaged in telecommunications and are hence connected to the local telecommunications service provider through fixed line network. Included are general subscribers, public telephones subscribers, N-ISDN subscribers and intelligent network terminal subscribers. They are also classified in terms of administrative districts as urban telephone subscribers and rural telephone subscribers according to location.

Urban Telephone Subscribers refer to the number of telephone subscribers, located at the different administrative districts of municipalities directly under the Central Government, cities under the jurisdiction of province, cities at prefecture level, downtown and suburb of city at county level town and county towns, that are connected to the public line telephone network, including rural mineral area, forest area, military area.

Rural Telephone Subscribers refer to telephone subscribers, located at the towns below the level of county town and villages, that are connected to the public line telephone network.

Household Telephone Subscribers refer to telephone sets installed in the dwelling units of urban or rural residents, and registered as residence subscribers for payment, including three types of payment for the service: private payment, public payment and free service in accordance with relevant regulations.

Capacity of Long Distance Telephone Exchanges refers to the rated capacity of telephone exchanges to connect long distance telephone network, including capacity of international telephone exchanges.

Capacity of Office Telephone Exchanges refers to the capacity (measured in gate) of telephone exchanges installed in the offices of telecommunication service providers for communication between fixed telephones. It includes the capacity of both manual and automatic exchanges in use and for stand-by purpose. The capacity of subscriber exchanges is not included.

Capacity of Mobile Telephone Exchanges refers to the capacity of the maximum services provided to subscribers at any one time as computed based on a certain model of calls distribution and transacting capacity of the mobile telephone exchanges.

Broadband Connection Terminals refer to the connection terminals to internet users actually installed and put into operation, including connection terminals for xDSL, connection terminals for LAN, and other connection terminals for xDSL. N-ISDN connection terminals are not included.

The statistical scope and standard of service industry above Designated Size the service industry above designated size is a legal person unit of service industry which refers to the annual operating income or the implementation of enterprise accounting system with a certain scale standard at the end of the year. Among them, transportation, storage and postal industry, information transmission, software and information technology services, leasing and business services, scientific research and technical services, water conservancy, environment and public facilities management industry, education, health and social work, corporate units, property management, real estate intermediary and private real estate business activities the scale of industry standards for annual revenues of 10 million yuan and above or at the end of the year, more than 50 employees and the implementation of enterprise accounting system; resident services, repairs and other services, culture, sports and entertainment industries corporation scale standard for the annual revenues of 5 million yuan and above or at the end of the year, more than 50 employees and the implementation of enterprise accounting system.

批发和零售业、住宿和餐饮业

14

Wholesale and Retail Trades, Hotels and Catering Services

资料整理人员：郑石明　孟　强

14-1 社会消费品零售总额
Retail Sale of Consumer Goods

单位:亿元 (100 million yuan)

年 份 Year	社会消费品零售总额 Total Retail Sales of Consumer Goods	#商品销售额 Commodity sales	餐饮消费额 Catering consumption	城镇 Urban	乡村 Rural
1950	6.58	6.47	0.11	2.68	3.85
1951	8.72	8.53	0.19	3.91	4.72
1952	10.05	9.78	0.27	4.49	5.47
1953	11.61	11.34	0.27	5.04	7.16
1954	12.95	11.31	0.30	5.37	8.24
1955	13.22	12.77	0.45	5.49	8.49
1956	14.79	14.28	0.51	6.21	9.86
1957	15.73	15.15	0.58	6.73	10.22
1958	18.06	17.39	0.67	7.60	13.30
1959	21.29	20.43	0.86	9.03	16.17
1960	22.86	21.87	0.99	9.99	17.71
1961	21.47	19.91	1.56	10.18	13.59
1962	22.43	20.80	1.63	9.95	14.46
1963	22.46	21.11	1.35	8.99	15.61
1964	23.28	22.14	1.14	9.27	16.35
1965	23.10	22.10	1.00	9.43	16.91
1966	25.38	24.38	1.00	11.31	18.37
1967	28.21	27.11	1.10	11.52	20.50
1968	27.11	26.08	1.03	10.80	19.81
1969	30.01	29.10	0.91	12.26	21.86
1970	32.05	31.07	0.98	13.58	24.10
1971	34.42	33.33	1.09	15.18	26.03
1972	37.37	36.17	1.20	16.48	28.46
1973	41.21	39.93	1.28	18.17	31.65
1974	43.25	41.88	1.37	19.07	32.77
1975	47.01	45.53	1.48	19.97	36.83
1976	48.24	46.66	1.58	20.89	37.66
1977	50.98	49.30	1.68	21.93	40.31
1978	54.84	53.05	1.79	24.53	44.31

14-1 续表 continued

单位:亿元 (100 million yuan)

年 份 Year	社会消费品零售总额 Total Retail Sales of Consumer Goods	#商品销售额 Commodity sales	餐饮消费额 Catering consumption	城镇 Urban	乡村 Rural
1979	65.20	63.03	2.17	30.59	51.21
1980	76.77	74.24	2.53	35.47	60.04
1981	87.24	84.45	2.79	37.31	66.87
1982	95.39	92.19	3.20	41.06	71.34
1983	107.36	91.70	3.69	43.30	81.61
1984	124.36	119.90	4.46	49.29	92.79
1985	157.47	151.84	5.63	68.80	108.50
1986	180.61	174.03	6.58	77.24	127.44
1987	213.81	205.55	8.26	91.10	151.78
1988	277.71	267.14	10.57	123.92	192.32
1989	299.74	288.49	11.25	142.13	199.86
1990	300.95	289.59	11.36	300.95	103.11
1991	341.80	327.56	14.24	341.80	113.55
1992	401.17	383.20	17.97	401.17	127.44
1993	496.55	475.10	21.45	496.55	149.72
1994	673.14	633.97	39.17	673.14	201.69
1995	854.48	799.85	54.63	854.48	242.81
1996	966.74	895.60	71.14	966.74	292.44
1997	1062.93	980.74	82.19	1062.93	312.99
1998	1148.36	1050.41	97.95	1148.36	350.55
1999	1254.31	1137.13	117.18	1254.31	368.35
2000	1392.26	1195.02	197.24	1392.26	383.38
2001	1541.27	1380.19	161.08	1541.27	433.00
2002	1712.33	1524.80	187.53	1712.33	468.79
2003	1897.26	1637.81	259.45	1897.26	490.13
2004	2162.90	1852.41	310.49	2162.90	546.01
2005	2474.33	2105.12	369.21	2474.33	618.60
2006	2869.40	2465.06	404.34	2869.40	723.54
2007	3419.17	2939.41	479.76	3419.17	836.92
2008	4222.17	3628.21	593.96	4222.17	1006.15
2009	4943.86	4343.03	600.83	4943.86	489.40
2010	5952.56	5214.96	737.60	5952.56	570.85
2011	7208.99	6334.19	874.79	7208.99	685.36
2012	8318.66	7317.14	1001.52	8318.66	774.53
2013	9509.52	8344.77	1164.75	9509.52	905.88
2014	10723.45	9436.60	1286.85	9707.51	1015.95
2015	12023.97	10580.97	1443.01	10883.83	1140.14
2016	13436.53	11790.45	1646.08	12146.60	1289.93

注：1.2009-2014社会消费品零售总额统计数据根据经济普查数据进行了调整，分行业的部分数据不可比。

2.从2010年起，社会消费品零售总额统计采用新的分组，即将经营单位所在地分组由“市”“县”，“县以下”改为“城镇”“乡村”。

3.2008年及以前，城镇数据为“市”、“县”数据、“乡村”为“县以下”数据。

a. Figures on total retail sales of goods 2009-2014 were adjusted on the baiss of economic census.Some industry figures can not be compared with before.

b. From 2010, new grouping method is adopted for the statistics on the total retail sales of consumer goods: grouping according to operation location changes from city, county and below county level to urban and rural areas.

c.In 2008 and before, the urban data contained city and county data, the country data was below county data.

14-2 国内贸易基本情况
Basic Statistics on Domestic Trade

项　目	Item	2000	2005	2015	2016
社会消费品零售总额	**Total Retail Sales of Consumer Goods**	**1383.72**	**2459.12**	**12023.97**	**13436.53**
（亿元）	**(100 million yuan)**				
按经营地分	**By Location of Outlets**				
城镇	Urban			10883.83	12146.60
其中：城区	City Proper			7047.02	7804.72
乡村	Rural			1140.14	1289.93
按消费形态分	**By Consuming Pattern**				
餐饮收入	Food and Beverage Revenue			1443.01	1646.08
商品零售	Commodity Retail			10580.97	11790.45
亿元以上商品交易市场个数	**Number of Commodity Transaction Markets**		**134**	**328**	**327**
（个）	**above 100 Million Yuan (unit)**				
亿元以上商品交易市场成交额	**Turnover of Commodity Transaction Markets**		**864.88**	**3256.24**	**3346.50**
（亿元）	**above 100 Million Yuan (100 million yuan)**				
法人单位　（个）	**Number of Corporation Unit (unit)**			**7272**	**8219**
批发零售贸易业	Wholesales and Retail Trades	756	1026	5834	6657
住宿餐饮业	Hotels and Catering Trades		690	1438	1562
从业人员　（万人）	**Employed Persons (10 000 persons)**				
批发零售贸易业	Wholesales and Retail Trades	15.49	14.74	36.74	38.06
住宿餐饮业	Hotels and Catering Trades		10.46	13.66	13.74
批发零售贸易业	**Wholesales and Retail Trades**				
商品购进总额　（亿元）	Total Purchases (100 million yuan)	614.09	1184.91	7567.85	8311.42
商品销售总额　（亿元）	Total Salees (100 million yuan)	665.65	1370.79	8427.13	9271.09
商品库存总额　（亿元）	Total Inventory (100 million yuan)	91.86	129.50	1750.70	1113.24

注:法人单位、从业人员和批发零售贸易业商品购进、销售、库存总额为限额以上法人企业数据。

Figures on number of corporation unit,persons employed , and total purchae,total in inventory of wholesale and retail trade refer to units above designated size.

14-3 限额以上批发零售、住宿餐饮业基本情况(2016年)
Basic Conditions on Gross Value of Purchases, Sales and Inventory of Wholesale and Retail Trade above Designated Size (2016)

指 标	Item	法人单位(个) Number of Corporation (unit)	从业人数(人) Persons Engaged (person)
总 计	**Total**	**8219**	**517935**
批发业	**Wholesale Trades**	**1987**	**116240**
内资企业	Domestic Funded Enterprises	1975	115594
国有企业	State-owned Enterprises	66	22882
集体企业	Collective-owned Enterprises	8	497
股份合作企业	Cooperative Enterprises		
联营企业	Joint Ownership Enterprises		
有限责任公司	Limited Liability Corporations	475	29489
股份有限公司	Share-holding Corporations Ltd.	62	10566
私营企业	Private Enterprises	1349	51606
其他企业	Other Enterprises	15	554
港澳台商投资企业	Enterprises with Funds From HongKong,Macao and Taiwan	6	206
外商投资企业	Enterprises with Foreign Investment	6	440
零售业	**Retail Sale Trades**	**4670**	**264319**
内资企业	Domestic Funded Enterprises	4612	249765
国有企业	State-owned Enterprises	60	5134
集体企业	Collective-owned Enterprises	41	3343
股份合作企业	Cooperative Enterprises	5	208
联营企业	Joint Ownership Enterprises		
有限责任公司	Limited Liability Corporations	811	65537
股份有限公司	Share-holding Corporations Ltd.	113	33441
私营企业	Private Enterprises	3549	140892
其他企业	Other Enterprises	33	1210
港澳台商投资企业	Enterprises with Funds From HongKong,Macao and Taiwan	37	7736
外商投资企业	Enterprises with Foreign Investment	21	6818
住宿业	**Hotels Trades**	**762**	**80424**
内资企业	Domestic Funded Enterprises	743	75669
国有企业	State-owned Enterprises	52	6853
集体企业	Collective-owned Enterprises	6	538
股份合作企业	Cooperative Enterprises	1	145
联营企业	Joint Ownership Enterprises	1	35
有限责任公司	Limited Liability Corporations	231	30519
股份有限公司	Share-holding Corporations Ltd.	26	3413
私营企业	Private Enterprises	419	33763
其他企业	Other Enterprises	7	403
港澳台商投资企业	Enterprises with Funds From HongKong,Macao and Taiwan	16	3964
外商投资企业	Enterprises with Foreign Investment	3	791
餐饮业	**Catering Trades**	**800**	**56952**
内资企业	Domestic Funded Enterprises	790	51315
国有企业	State-owned Enterprises	9	857
集体企业	Collective-owned Enterprises	1	15
股份合作企业	Cooperative Enterprises	2	79
联营企业	Joint Ownership Enterprises		
有限责任公司	Limited Liability Corporations	207	13361
股份有限公司	Share-holding Corporations Ltd.	10	838
私营企业	Private Enterprises	555	35876
其他企业	Other Enterprises	6	289
港澳台商投资企业	Enterprises with Funds From HongKong,Macao and Taiwan	7	653
外商投资企业	Enterprises with Foreign Investment	3	4984

14-4 商品交易市场基本情况(2016年)

项　　目	Item	市场数（个）Number of Markets (unit)	亿元及以上市场 Commodity Markets over 100 Million Yuan
总计	**Total**	**2516**	**327**
按市场类别分组	By Market Category		
综合市场	Integrated Markets	1583	127
生产资料综合市场	Production Comprehensive Markets	31	1
工业消费品综合市场	Industrial Consumable Comprehensive Markets	84	29
农产品综合市场	Farm Produce Comprehensive Markets	661	42
其他综合市场	Other Comprehensive Markets	807	55
专业市场	Special Markets	933	200
生产资料市场	Production Markets	91	44
农用生产资料市场	Agricultural Production Markets	4	2
木材市场	Wood Markets	13	1
建材市场	Building Material Markets	43	24
化工材料及制品市场	Chemical Materials and Products Markets	3	3
金属材料市场	Metal Materials Markets	7	4
机械设备市场	Mechanical Equipments Markets	8	6
其他生产资料市场	Others	8	2
农产品市场	Farm Produce Markets	458	42
粮油市场	Grain and Oil Markets	35	3
肉禽蛋市场	Meat, Poultry and Eggs Markets	73	5
水产品市场	Aquatic Products Markets	9	5
蔬菜市场	Vegetables Markets	131	9
干鲜果品市场	Dried and Fresh Melons and Fruits Markets	24	7
其他农产品市场	Others	184	13
食品、饮料及烟酒市场	Food, Beverages, Tobacco and Liquor Markets	64	8
食品饮料市场	Food and Beverages Markets	38	3
烟酒市场	Tobacco and Liquor Markets	3	2
其他食品饮料及烟酒市场	Others	21	3
纺织、服装、鞋帽市场	Textiles, Clothing, Shoes and Hats Markets	158	44
布料及纺织品市场	Cloth and Textiles Markets	18	2
服装市场	Clothing Markets	105	34
鞋帽市场	Shoes and Hats Markets	6	3
其他纺织服装鞋帽市场	Others	29	5
日用品及文化用品市场	Daily Use Articles and Cultural Goods Markets	15	4
文具市场	Stationary Markets	2	1
图书、报刊杂志市场	Books, Newspapers and Magazines Markets	2	1
音像制品及电子出版物市场	Video Products and E-journal Markets	2	1
其他日用品及文化用品市场	Others	3	1
电器、通讯器材、电子设备市场	Electrical Appliances, Communication Appl- iances and Electronical Appliances Markets	38	14
家电市场	Household Appliances Markets	12	7
通讯器材市场	Communication Appliances Markets	14	2
计算机及辅助设备市场	Computer and Auxillary Equipments Markets	11	4
其他电器、通讯器材、电子设备	Others	1	1
医疗、医疗用品及器材市场	Medicine, Medical Materials and Medical Instruments Markets	4	2
中药材市场	Chinese Medicine Market	2	2
家具、五金及装饰材料市场	Furniture, Hardware and Decoration Materials Markets	68	31
家具市场	Furniture Markets	17	7
装饰材料市场	Decoration Materials Markets	32	16
五金材料市场	Hardware Materials Markets	11	5
其他装修市场	Others	8	3
汽车、摩托车及零配件市场	Cars, Motorcycles and Spare Parts Markets	17	8
汽车市场	Cars Markets	9	3
摩托车市场	Motocycles Markets	4	2
机动车零配件市场	Vehicle Spare Parts Markts	4	3
花、鸟、鱼、虫市场	Flower, Bird, Fish and Insects Markets	5	1
花卉市场	Flower Markets	4	1
按营业状态分组	By Operating Status		
常年营业	Perennial Operation	2328	325
季节性营业	Seasonal Operation	80	1
其他	Others	108	1
按经营方式分组	By Operating Mode		
以批发为主	Whole Sale	342	173
以零售为主	Retail	2174	154
按经营环境分组	By Operating Circumstance		
露天式	Outdoor	760	24
封闭式	Indoor	1103	252
其他	Others	653	51

Basic Statistics on Commodity Exchange Markets(2016)

摊位总数 (个) Number of Stalls (unit)	亿元及以上市场 Commodity Markets over 100 Million Yuan	出租摊位个数 (个) Number of rented stall (unit)	亿元及以上市场 Commodity Markets over 100 Million Yuan	营业面积 (万平方米) Operation Area (10000sq.m)	亿元及以上市场 Commodity Markets over 100 Million Yuan	成交额 (亿元) Turnover (100 million yuan)	亿元及以上市场 Commodity Markets over 100 Million Yuan
550791	**197245**	**482620**	**179896**	**1909.90**	**1135.16**	**3995.05**	**3346.50**
349458	93742	308158	89381	805.69	370.77	2045.70	1635.36
2472	162	2253	162	7.71	0.62	8.46	2.03
47194	32042	41652	31091	158.99	128.52	884.16	864.67
123550	27819	107236	26499	295.32	138.32	713.20	549.22
176242	33719	157017	31629	343.67	103.31	439.88	219.44
201333	103503	174462	90515	1104.21	764.40	1949.35	1711.14
30307	22020	25143	18406	333.26	252.35	403.95	381.95
415	62	387	55	4.52	3.70	10.11	8.62
1282	550	1208	515	18.68	6.50	5.14	1.95
18378	12214	15374	10483	191.61	128.49	112.79	100.27
1369	1369	924	924	7.26	7.26	18.67	18.67
2264	1882	1839	1611	76.48	74.26	188.63	186.26
4794	4696	4062	4003	19.25	17.93	48.87	48.26
1127	677	1100	672	4.42	3.41	6.38	5.06
66666	16564	57071	14326	193.41	94.91	536.11	427.04
4751	676	3833	533	12.25	4.63	55.98	47.90
8021	1015	6202	933	22.56	5.44	26.54	12.87
1372	1025	1309	1007	10.97	9.26	132.73	131.65
20697	5479	19244	5421	69.63	45.07	204.21	176.43
3864	2072	2862	1256	25.32	18.46	31.65	22.95
27371	6297	23041	5176	51.98	12.07	84.47	35.24
13853	3966	12227	2960	27.45	9.35	60.21	41.88
8024	2226	6778	1428	14.09	4.24	23.08	12.44
852	692	784	624	2.26	1.98	5.74	5.16
4638	1048	4411	908	8.20	3.14	30.60	24.28
55449	38473	49259	34750	147.43	103.03	243.21	200.90
2739	632	1932	598	9.86	1.74	11.37	6.76
36129	25791	34670	25436	98.57	71.20	153.81	124.75
1618	1280	1484	1246	7.94	6.20	7.54	6.80
14963	10770	11173	7470	31.06	23.89	70.50	62.59
2360	732	2104	641	7.18	3.45	24.67	19.07
165	65	162	62	1.70	1.30	3.05	2.05
499	419	499	419	1.49	1.31	13.91	12.93
371	163	270	80	0.80	0.65	3.64	2.65
319	85	257	80	0.47	0.19	1.93	1.44
6687	4078	5807	3705	30.91	19.53	89.30	79.58
1912	1310	1680	1297	12.85	9.62	41.94	39.98
1534	282	1288	247	4.61	0.30	9.12	3.88
2561	1806	2202	1524	12.26	8.40	32.79	30.28
680	680	637	637	1.20	1.20	5.44	5.44
1916	1786	1792	1702	48.39	47.77	71.71	71.44
1786	1786	1702	1702	47.77	47.77	71.44	71.44
17661	12279	15432	10850	196.63	137.39	263.89	242.50
2433	1098	2273	1061	28.03	16.20	24.27	18.14
9423	7195	8146	6225	79.56	54.58	136.90	127.63
4220	3346	3817	3022	56.69	52.12	76.31	73.15
1585	640	1196	542	32.34	14.49	26.41	23.57
3860	2854	3236	2428	91.87	85.83	218.44	214.20
1795	1242	1323	876	78.35	74.68	207.04	205.09
499	314	375	282	1.86	1.48	5.38	4.08
1566	1298	1538	1270	11.67	9.67	6.02	5.03
687	356	584	356	19.64	7.91	2.50	2.03
587	356	499	356	19.20	7.91	2.32	2.03
523297	195721	459118	178820	1869.20	1132.57	3960.36	3336.02
11866	450	9697	255	18.40	0.70	14.83	5.50
15628	1074	13805	821	22.30	1.90	19.86	4.97
134047	105464	121329	98223	964.69	802.12	2617.97	2540.07
416744	91781	361291	81673	945.22	333.04	1377.08	806.43
130245	15398	115954	13606	315.04	125.27	496.94	325.51
286988	147447	249112	136387	1115.43	740.61	2663.25	2365.72
133558	34400	117554	29903	479.43	269.29	834.86	655.26

14-5 商品交易市场经营情况
Business Statistics of Commodity Exchange Markets

项　目	Item	出租摊位个数(个) Number of Booths (unit)		成交额(亿元) Turnover(100 million yuan)	
		2015	2016	2015	2016
总计	**Total**	**485241**	**482620**	**3891.20**	**3995.05**
粮油、食品类	Food	214823	214360	1383.22	1453.52
#粮油类	#Grain and Oil	37513	37163	288.80	299.61
#肉禽蛋类	#Meat,Poultry and Eggs	43871	43866	232.82	255.56
#水产品类	#Aquatic Products	22549	22421	226.08	249.44
#蔬菜类	#Vegetables	70422	70883	284.45	267.35
#干鲜果品类	#Dried and Fresh Melons and Fruits	26916	26720	283.58	277.62
饮料类	Beverages	11546	11527	65.26	65.60
烟酒类	Tobacco and Liquor	15854	15623	148.86	161.09
服装、鞋帽、针纺织品类	Garments, Shoes Hats Knit and Textile Goods	108084	106703	427.45	435.66
#服装类	#Garments	73482	72907	283.86	292.20
#鞋帽类	#Shoes and Hats	20142	19760	81.87	81.43
#针纺织品类	#Knit and Textile Goods	14460	14036	61.71	62.03
化妆品类	Cosmetics	3865	3961	19.35	20.93
金银珠宝类	Gold,Silver and Jewelry	927	950	24.93	34.93
日用品类	Articles for Daily Use	21335	21074	135.73	146.39
#儿童玩具类	#Children Toys	4550	4257	27.77	30.43
五金、电料类	Hardware & Electrical Materials	11601	11833	187.32	192.42
体育、娱乐用品类	Sports & Recreational	2458	2452	12.15	13.96
书报杂志类	Newspapers and Magazines	1345	1341	9.89	11.97
电子出版物及音像制品类	Electronic Publication and Audiovisual Products	2938	2668	22.24	20.94
家用电器和音像器材类	Household Appliances and Audiovisual Equipment	5871	5883	98.69	103.20
中西药品类	Traditional Chinese and Western Medicine	4306	4206	97.70	99.15
#西药类	#Western Medicine	898	889	6.03	6.18
#中草药及中成药类	#Chinese Herbal Medicine and Other Traditional Chinese Medicine	2581	2664	89.37	90.89
文化办公用品类	Cultural and Official Goods	5499	5653	89.97	94.88
家具类	Furniture	5881	5828	87.90	82.32
通讯器材类	Communication Appliances	3038	2696	16.80	16.44
木材及制品类	Wood and Wooden Products	2651	2934	16.82	14.71
石油及制品类	Oil and Related Products	364	376	2.80	2.92
化工材料及制品类	Chemical Materials and Related Products	2942	2883	26.89	29.98
#化肥类	#Fertilizer	1170	1164	7.84	8.42
金属材料类	Metal Materials	3432	3276	203.14	197.07
建筑及装潢材料类	Building and Decoration Materials	25692	25799	326.74	338.09
机电产品及设备类	Mechanical & Electrical Products and Appliances	4987	4925	109.43	93.57
#农机类	#Agricultural Machinery	540	530	12.62	14.52
汽车类	Automobile	3613	3686	267.87	259.20
种子饲料类	Seed and Feedstuff	2947	2851	15.35	14.92
其他类	Others	17893	17850	91.11	87.66

14-6 亿元以上商品交易市场基本情况
Basic Statistics on Commodity Transaction Markets of Turnover above 100 Million Yuan

项　目	Item	出租摊位个数 (个) Number of Booth (unit)		成交额 (亿元) Turnover (100 million yuan)	
		2015	2016	2015	2016
总计	**Total**	**179398**	**179896**	**3256.24**	**3346.50**
粮油、食品类	Food	48945	49210	1060.94	1118.74
#粮油类	#Grain and Oil	7515	7580	218.53	229.73
#肉禽蛋类	#Meat,Poultry and Eggs	8848	9353	142.03	159.94
饮料类	Beverage	3888	3978	50.52	50.92
烟酒类	Tobacco and Liquor	5055	4931	123.50	134.98
服装、鞋帽、针纺织品类	Garments,Shoes,Hats,knit and Textile Goods	54250	54071	325.72	334.03
#服装类	#Garments	38396	38708	215.50	224.20
#鞋帽类	#Shoes and Hats	8979	8787	63.55	62.82
#针、纺织品类	#knit and Textile Goods	6875	6576	46.67	47.02
化妆品类	Cosmetics	1373	1452	15.61	16.89
金银珠宝类	Gold,Silver and Jewelry	354	375	23.57	33.47
日用品类	Articles for Daily Use	7954	8145	115.12	126.43
五金、电料类	Handware & Electric Materials	7017	6910	177.38	181.12
体育、娱乐用品类	Sports and Recreaction	1009	1032	9.86	11.52
书报杂志类	Newspapers & Magazines	531	535	8.43	10.51
电子出版物及音像制品类	Electronic Publication and Audiovisual Products	1268	1050	19.36	18.02
家用电器和音像器材类	Household Appliances and Audiovisual Equipment	3434	3439	89.79	94.26
中西药品类	Traditional Chinese and Western Medicines	2177	2186	93.31	94.61
#西药类	#Western Medicines	106	111	4.14	4.19
#中草药及中成药类	#Chinese Herbal Medicine and Other Traditional Chinese Medicine	1941	1981	88.32	89.74
文化办公用品类	Culture and Official Goods	3210	3363	83.78	88.70
家具类	Furniture	3169	3175	75.16	68.88
通讯器材类	Communication Appliances	875	994	8.81	10.07
煤炭及制品类	Coal and Related Products	52	58	0.29	0.30
木材及制品类	Wood and Wooden Products	873	1222	11.23	9.12
石油及制品类	Oil and Related Products	29	29	0.86	0.87
化工材料及制品类	Chemical Materials and Related Products	1213	1203	21.22	24.19
#化肥类	#Chemical Fertilizer	73	84	3.78	4.27
金属材料类	Metal Materials	2266	2080	197.48	191.17
建筑及装潢材料类	Building and Decoration Materials	18046	17924	298.11	310.83
机电产品及设备类	Mechanical & Electrical Products and Appliances	4046	3907	104.85	88.35
#农机类	#Agricutural Mechanical Products	205	218	11.54	13.43
汽车类	Automobile	2592	2639	262.75	254.35
种子饲料类	Seed and Feedstuff	321	337	9.98	9.52
棉麻类	Cotton & Ambery	89	98	0.97	1.00
其他类	Others	5362	5553	67.66	63.63

14-7 限额以上批发、零售业商品购进、销售、库存总额(2016年)
Total Value of Purchases Sales and Inventory of above Designated Size in Wholesale and Retail Sales Trade (2016)

单位:亿元 (100 million yuan)

指标	Item	商品购进总额 Total Purchases	商品销售总额 Total Sales	批发 Wholesale Trade	零售 Retail Trade	年末库存总额 Inventory Year-end
总计	**Total**	**8311.42**	**9271.09**	**4606.95**	**4664.14**	**1113.24**
批发业	**Wholesale Trade**	**4404.79**	**4609.21**	**4147.70**	**461.51**	**587.27**
按登记注册类型分组	**By Status of Registration**					
内资企业	Domestic Funded Enterprises	4372.66	4572.55	4122.30	450.25	586.48
国有企业	State-owned Enterprises	561.20	807.81	793.67	14.14	150.36
集体企业	Collective-owned Enterprises	7.19	8.33	5.12	3.20	0.64
股份合作企业	Cooperative Enterprises					
联营企业	Joint Ownership Enterprises					
有限责任公司	Limited Liability Corporations	1958.09	1645.20	1520.34	124.86	312.80
股份有限公司	Share-holding Corporations Ltd.	149.04	217.44	185.52	31.93	17.54
私营企业	Private Enterprises	1690.37	1886.20	1611.09	275.11	104.67
其他企业	Other Enterprises	6.76	7.57	6.56	1.01	0.46
港澳台商投资企业	Enterprises with Funds From HongKong, Macao and Taiwan	15.59	16.00	11.45	4.55	0.39
外商投资企业	Enterprises with Foreign Investment	16.55	20.66	13.95	6.71	0.40
按国民经济行业分组	**By Sector**					
农畜产品批发	Farming Products and Animal Products	92.56	118.82	103.81	15.01	17.56
食品、饮料及烟草制品批发	Foods、Beverages and Tobaccos	941.78	1275.37	1180.48	94.89	219.49
纺织、服装及日用品批发	Textiles,Garments and Daily Consumer Goods	197.07	217.41	173.03	44.38	168.40
文化、体育用品及器材批发	Goods and Appliancea of Cultural and Sports	142.24	160.70	145.50	15.20	9.91
医药及医疗器材批发	Medicines and Medical Appliances	536.36	599.80	502.52	97.28	43.50
矿产品、建材及化工产品批发	Mineral Products,Building and Chemical Materials	1820.70	1489.97	1369.38	120.59	90.44
机械、五金交电及电子产品批发	Machinery,Hardware,Transport,Electric Products	598.64	653.69	602.75	50.94	35.22
贸易经纪与代理	Trade brokers and agents	2.89	3.71	2.23	1.48	0.03
其他批发	Others	72.57	89.75	68.00	21.75	2.72

14-7 续表 continued

单位:亿元 (100 million yuan)

指 标	Item	商品购进总额 Total Purchases	商品销售总额 Total Sales	批发 Wholesale Trade	零售 Retail Trade	年末库存总额 Inventory Year-end
零售业	**Retail Trade**	**3906.63**	**4661.88**	**459.25**	**4202.63**	**525.97**
按登记注册类型分组	**By Status of Registration**					
内资企业	Domestic Funded Enterprises	3741.43	4475.24	455.64	4019.60	512.09
国有企业	State-owned Enterprises	65.11	77.91	3.77	74.14	4.38
集体企业	Collective-owned Enterprises	38.35	42.26	1.26	41.00	1.32
股份合作企业	Cooperative Enterprises	2.54	2.45		2.45	0.11
联营企业	Joint Ownership Enterprises					
有限责任公司	Limited Liability Corporations	1100.08	1248.51	201.50	1047.00	100.52
股份有限公司	Share-holding Corporations Ltd.	583.93	909.32	82.91	826.41	57.51
私营企业	Private Enterprises	1940.91	2183.79	165.65	2018.14	347.68
其他企业	Other Enterprises	10.51	11.00	0.55	10.46	0.57
港澳台商投资企业	Enterprises with Funds From HongKong, Macao and Taiwan	73.99	90.78	1.34	89.44	7.55
外商投资企业	Enterprises with Foreign Investment	91.22	95.86	2.27	93.60	6.33
按国民经济行业分组	**By Sector**					
综合零售	General Retail Trade	954.23	1039.93	71.31	968.62	186.34
百货零售	Retail of Consumer Goods	325.38	353.34	5.38	347.96	114.88
超级市场零售	Retail of Super Markets	593.25	648.04	63.40	584.64	68.97
食品、饮料及烟草制品零售	Foods、Beverages and Tobaccos	153.61	203.08	34.09	168.99	15.08
纺织、服装及日用品零售	Textiles,Garments and Daily Consumer Goods	104.81	129.47	12.05	117.42	22.34
文化、体育用品及器材专业零售	Goods and Appliancea of Cultural and Sports	112.71	132.57	11.72	120.85	12.12
医药及医疗器材专门零售	Medicines and Medical Appliances	231.42	264.02	63.18	200.83	19.47
#药品零售	#Medicines	226.19	256.93	62.00	194.92	18.68
汽车、摩托车、燃料及零配件专业零售	Motor Vehicles,Motorcycles and Parts,Fuels	1877.95	2353.00	199.61	2153.39	237.63
#汽车零售	#Motor Vehicles	1344.26	1485.64	51.10	1434.54	216.26
机动车燃料零售	Retail of Motor Vehicles Fules	497.33	827.08	145.43	681.65	19.50
家用电器及电子产品专业零售	Electronic Household Appliances and Products	287.11	313.13	43.37	269.76	20.50
五金、家具及室内装修材料专业零售	Hardware,Furniture and Fittering Material	94.45	110.65	11.00	99.65	5.09
无店铺及其他零售	Others	90.34	116.04	12.92	103.12	7.39

14-8 限额以上批发和零售业企业财务状况(2016年)

单位:万元

项目	Item	合计 Total	内资企业 Domestic Funded Enterprises	国有企业 State-owned Enterprises	集体企业 Collective Owned Enterprises	股份合作企业 Cooperative Enterprises
企业数 (个)	number of enterprises (unit)	6656	6586	126	49	5
流动资产合计	Total Circulating Funds	26080479	25550590	2619555	39703	1529
#存货	#Inventories	7072923	6974570	1373581	5316	496
固定资产原价	Original Value of Fixed Assets	7921609	7583120	939418	44005	1307
累计折旧	Total Depreciation	2274493	2152273	414910	10725	325
#本年折旧	#Depreciation This Year	412772	394943	72590	945	28
资产总计	Total Assets	39813294	38660048	3784778	92046	3198
负债合计	Total Liabilities	25409489	24820559	1375907	50917	1588
所有者权益合计	Total Creditors Equity	14403805	13839490	2408871	41129	1610
实收资本	Capitals Hold	8283753	8035560	200700	25049	1271
国家资本	State Capital	1647224	1641974	174074	2	658
集体资本	Collective Capital	164619	138546	20	22748	9
法人资本	Legal Person Capital	2877706	2836103	22983	1868	555
个人资本	Individual Capital	3420218	3410220	3623	430	50
港澳台资本	Hongkong, Macao and Taiwan	91608	7933			
外商资本	Foreign Capital	82378	784			
主营业务收入	Net Sales Revenue	84333524	82298839	8292496	486314	27359
主营业务成本	Cost of Sales	73690193	72020390	5918900	432559	21984
主营业务税金及附加	Taxes and other charges on principal Business	1410278	1379609	879141	5474	1136
其他业务利润	Other Business Profits	178311	152326	1987	714	
营业费用	Operating Expenses	3868456	3701160	278278	14795	774
管理费用	Overhead Expenses	2189318	2106551	379572	13912	1196
税金	Taxes	88182	85905	13493	1244	233
财务费用	Financial Expenses	498260	487604	8654	4188	214
利息支出	Expenses for Interest	265574	260627	19966	130	3
营业利润	Operating Profits	2981583	2861266	837002	15706	2183
利润总额	Total Profits	2776833	2702976	886749	7922	217
应交所得税	Income Tax	445834	434340	244876	548	
本年应付工资总额	Total Wages Payable this Year	2012677	1928949	337867	13829	23431
本年应交增值税额	Value-added Tax Payable	1293140	1254325	365958	2976	61
资产减值损失	Asset impairment loss	63965	63833	2298	198	
公允价值变动收益	Changes in fair value gains	1969	1969	3	35	

Financial Affairs of above Designated Size in Wholesale and Retail Trade Enterprises (2016)

(10 000 yuan)

联营企业 Joint Ownership Enterprises	有限公司 Limitied Liability Corporation	股份公司 Share-holding Corporation Ltd.	私营企业 Private Enterprises	其他企业 Other Enterprises	港、澳、台商投资企业 Enterprises with Funds From HongKong, Macao and Taiwan	外商投资 Foreign Investment	批发业 Wholesale Trade	农畜产品 Farming Products and Animal Products	食品饮料烟草 Foods, Beverages, and Tobaccos	纺织服装日用品 Textiles, Garments, and Daily Consumer Goods	文体用品器材批发 Cultural and Sports Goods
	1285	175	4898	48	43	27	1987	137	294	156	86
	9665655	3818366	9386309	19475	295850	234040	14473588	461510	4291425	781735	1025905
	2215894	1103690	2267863	7730	43911	54442	4027234	166092	2110575	217372	115234
	1679046	2289169	2616215	13960	161213	177276	2577929	200670	1431748	33855	61532
	501731	684215	536952	3415	30864	91356	798015	50271	512583	10351	22851
	89666	99086	131920	709	7494	10335	148814	5902	93640	2502	4360
	13308377	7683614	13743156	44880	706303	446943	19929727	768840	6765661	872762	1590538
	9807560	4343653	9229403	11531	381289	207642	13170505	352779	3404449	742303	1083468
	3500817	3339961	4513753	33349	325014	239301	6759223	416061	3361213	130459	507071
	2168918	1172032	4441855	25735	148757	99435	3918005	262870	552660	72096	246539
	909873	526495	30016	855		5250	735385	126594	157749	12804	170420
	45616	52731	16687	736	25255	818	23294	1509	5561	257	1203
	807290	472726	1518234	12447	33206	8398	1228672	55233	282711	33063	52990
	398488	120079	2875851	11698	9248	750	1904072	77764	106366	25970	21926
	7650		284		81049	2625	18718				
			784			81595	7864	1771	273	1	
	25778867	9822558	37719437	171808	1012129	1022556	42083480	1122359	11984251	1966677	1468936
	23330275	8506107	33668396	142169	794120	875683	36466584	984377	9120194	1747999	1256433
	118389	42666	330728	2076	24284	6386	1093942	10692	893886	15383	10007
	66561	28275	54714	75	12301	13685	33214	1671	3882	3020	2676
	1260819	792238	1345765	8490	97596	69700	1507644	42331	494528	91707	52110
	508807	287926	907951	7187	32047	50720	1039522	42666	471357	38511	48087
	17823	9529	42470	1113	1238	1040	37285	1204	14911	1292	2036
	150159	31998	290596	1794	8018	2639	244575	16131	49326	9071	2415
	88613	34823	116879	213	3643	1305	158144	3802	66630	7187	1657
	502237	306623	1187174	10341	79127	41190	1756336	37436	973657	71702	97946
	475091	302032	1021047	9918	32483	41374	1706462	58685	1017026	49345	95400
	64922	46926	76802	266	6874	4620	325371	3411	258749	5222	6148
	495015	270897	783593	4317	46946	36782	830098	27894	453566	39473	38750
	342318	118565	423559	888	17392	21423	828953	3285	439062	80287	18956
	25152	5919	30252	13		133	58297	5249	6285	-13	2819
	708	446	727	50			1083	897	-180	-28	34

14-8 续表

单位:万元

项 目	Item	医药医疗器材批发 Medicines and medical Appliances	矿产品建材及化工产品 Mineral Products, Building and Chemical Materials	机械五金交电及电子批发 Hardware, Transport and Electric	贸易经纪与代理 Trade brokers and agents	其他批发 Other wholesale Trade	零售业 Retail Trade	综合零售 General Retail Trade
企业数 (个)	number of enterprises (unit)	207	722	298	4	83	4669	630
流动资产合计	Total Circulating Funds	2325247	3828799	1628399	1595	128973	11606891	2785430
#存货	#Inventories	434455	663019	303283	36	17169	3045689	1071810
固定资产原价	Original Value of Fixed Assets	211881	463109	124204	762	50168	5343680	2378990
累计折旧	Total Depreciation	52626	110688	28714	215	9716	1476479	668697
#本年折旧	#Depreciation This Year	13593	21335	5632	82	1768	263957	107420
资产总计	Total Assets	2677442	5126171	1929564	2306	196442	19883567	6137714
负债合计	Total Liabilities	2135109	3676824	1704233	1649	69691	12238985	3696787
所有者权益合计	Total Creditors Equity	542333	1449348	225331	657	126751	7644582	2440927
实收资本	Capitals Hold	369371	2088472	229752	679	95567	4365748	881667
国家资本	State Capital	15813	234887	11676	50	5393	911838	25229
集体资本	Collective Capital	1086	12604	50		1024	141325	68504
法人资本	Legal Person Capital	164713	476219	99181	200	64362	1649034	447729
个人资本	Individual Capital	187749	1359052	100376	429	24441	1516145	226388
港澳台资本	Hongkong, Macao and Taiwan	11	360	18000		347	72890	43602
外商资本	Foreign Capital		5350	468			74515	70215
主营业务收入	Net Sales Revenue	5308554	13686214	5650177	36742	859570	42250044	9781960
主营业务成本	Cost of Sales	4859685	12687459	5071158	26841	712437	37223609	8376051
主营业务税金及附加	Taxes and other charges on principal Business	19124	90462	26318	1802	26268	316336	81446
其他业务利润	Other Business Profits	13116	5806	3036		8	145098	67549
营业费用	Operating Expenses	170563	295617	330314	1497	28979	2360812	908730
管理费用	Overhead Expenses	114937	187902	102405	1808	31849	1149796	349665
税金	Taxes	5347	8111	3168	95	1122	50897	17871
财务费用	Financial Expenses	34873	106160	8791	1189	16619	253685	54280
利息支出	Expenses for Interest	22395	48859	5984	6	1625	107430	33409
营业利润	Operating Profits	107823	315807	104811	3572	43582	1225247	225735
利润总额	Total Profits	95166	269859	80377	3608	36996	1070371	252465
应交所得税	Income Tax	16810	28457	3588	2	2983	120463	42229
本年应付工资总额	Total Wages Payable this Year	87651	112339	54823	159	15443	1182579	327783
本年应交增值税额	Value-added Tax Payable	91170	115381	62792	288	17730	464187	75664
资产减值损失	Asset impairment loss	3957	34104	5862		35	5669	2131
公允价值变动收益	Changes in fair value gains	68	177	52		62	886	28

continued

(10 000 yuan)

百货商店 Consumer Goods Shoping	超级市场 Super Markets	食品饮料烟草 Foods, Beverages, and Tobaccos	纺织服装日用品 Textiles, Garments, and Daily Consumer Goods	文体用品器材 Cultural and Sports Goods	医药医疗器材 Medicines and medical Appliances	汽车摩托及燃料 Motor Vehicles, Motorcycles and Fuels	家用电器及电子产品 Electronic Household Appliance, Electronic Products	五金家具室内装修 Hardware Furniture and Fittering Material	无店铺及其他零售 And other nonstore retail
195	336	426	216	197	194	1872	549	286	299
1422734	1286121	337477	263393	629311	1409048	5246397	511638	153763	270436
577645	474938	119407	105388	118991	186467	1218468	130583	35649	58927
1167930	1148909	187435	78313	116430	115291	2071291	159299	88766	147865
300270	359129	33404	21598	43517	31161	596897	35344	18177	27684
54433	51539	9601	5746	5505	7981	107728	8766	5150	6061
3045508	2913413	678866	381220	814951	1780220	8352983	799847	298065	639702
1862933	1738393	371303	262703	312218	1080417	5641058	435660	132926	305915
1182575	1175020	307563	118517	502733	699803	2711925	364188	165139	333788
454450	369435	219227	87171	312619	240942	1798543	338390	112898	374289
12411	6566	41645	2314	161342	51699	619965	2060	3758	3826
5630	58234	10356	3773		13390	12209	28799	885	3410
247322	171632	90766	33384	120606	96198	607490	103748	55623	93491
112292	96031	76259	45191	28421	72333	541543	202721	52619	270670
30766	12836		2510	225	7323	15337	1006	14	2873
46028	24136	200		2025		2000	56		20
3185568	6231909	1961963	1220573	1071661	2323419	20818050	2934168	1014006	1124244
2667002	5414495	1622616	991020	835079	1929862	19199893	2532751	845044	891293
38251	37871	29479	22409	9159	15818	77537	36305	16446	27737
48818	17289	7384	3657	2125	12195	41227	4748	1142	5071
260984	616934	125235	90507	105723	211686	683583	137838	37080	60432
192168	141289	76493	48900	61140	78819	366606	76480	36928	54765
8498	7318	1967	1337	2942	2412	16819	3788	2471	1289
16985	32392	17846	12338	3208	15499	110839	21464	11783	6426
27456	4529	3843	2162	1889	8849	50241	3228	2259	1549
79311	132755	102914	58311	59116	94756	406341	131139	63763	83172
106899	132278	80099	32739	54038	90856	333064	94561	51002	81547
28078	13648	2081	3808	2353	14205	44412	5735	2225	3414
144967	164224	68365	47127	73808	111189	371614	66329	26027	90337
39301	32747	18542	18700	11962	42918	238549	31611	11648	14594
1844	215	492	147	283	807	790	287	245	487
-33	26	14	1	-101	105	124	581	95	39

14-9 限额以上批发零售企业商品分类零售额(2016年)
Business Statistics of Commodity Exchange Markets (2016)

单位:万元 (10 000 yuan)

指 标	Item	2016	比2015增长 Increase over 2015(%)
合 计	**Total**	**49990837**	**12.9**
按商品耐用性分	According to product durability points		
耐用品类	Durable goods	23171753	15.3
非耐用品类	Non Durable goods	26819084	10.9
按商品用途分	According to the use of goods branch		
吃类商品	Commodities goods	7299938	17.7
穿类商品	Dress goods	3502508	10.0
用类商品	Class goods	30706615	15.1
烧类商品	Burning goods	8481776	3.6
按商品类别分	According to the category of commodities		
基本生活类	Basic life	12400406	15.4
#粮油食品类	Grain and oil food	4917605	17.8
烟酒类	Tobacco and liquor	1441339	18.7
居住类	Type of residence	1901567	33.7
其中：建筑材料类	Building materials	914686	37.3
燃料类	Fuel type	8481776	3.6
#石油类	Petroleum oil	7825076	2.9

14-9 续表 continued

单位:万元 (10 000 yuan)

指 标	Item	2016	比2015增长 Increase over 2015(%)
交通电器设备类	Traffic electrical equipment	20259473	14.4
#汽车类	Class car	15865345	15.1
家用电器类	Household electric appliances	3408433	10.8
文化娱乐体育健康类	Cultural and recreational sports and health class	4464747	21.4
#中西药类	Drug category	3201284	19.1
其他类	Other categories	2482868	-1.5
#金银珠宝类	Gold and silver jewelry	762929	3.3
化妆品类	Cosmetics	506276	
按商品需要性分	According to the need of goods		
必需品类	Staples	10674774	14.7
非必需品类	Non Staples	39316063	12.4
按生活生产资料性分	According to the life of the means of production branch		
生活资料类	Life class	48786564	12.8
生产资料类	Production class	1204273	16.7
按消费速度分	According to the consumption rate		
快速消费品类	Fast moving consumer goods	12605458	17.2
非快速消费品类	Non Fast moving consumer goods	37385379	11.5

14-10 限额以上住宿和餐饮企业财务状况(2016年)

单位:万元

项　目	Item	合　计 Total	内资企业 Domestic Funded Enterprise	国有企业 State-owned Enterprises
企业数　(个)	Number of Enterprises　(unit)	1562	1533	61
流动资产合计	Total Circulating Funds	1710654	1623478	69245
#存货	#Inventories	73731	69391	3038
固定资产原价	Original Value of Fixed Assets	3423618	3171960	196884
累计折旧	Total Depreciation	1230639	1132389	93531
#本年折旧	#Depreciation This Year	165483	154189	8362
资产总计	Total Assets	5715189	5389469	236186
负债合计	Total Liabilities	3442450	3179251	137766
所有者权益合计	Total Creditors Equity	2272739	2210218	98421
实收资本	Capitals Hold	1606470	1522412	88783
国家资本	State Capital	331405	329710	83645
集体资本	Collective Capital	19875	19875	411
法人资本	Legal Person Capital	698357	663235	4442
个人资本	Individual Capital	514886	509380	286
港澳台资本	Hongkong, Macao and Taiwan	20819	66	
外商资本	Foreign Capital	21129	146	
主营业务收入	Net Sales Revenue	2768397	2547210	144476
主营业务成本	Cost of Sales	1480504	1376861	70912
主营业务税金及附加	Taxes and other charges on principal Business	90157	84707	4534
其他业务利润	Other Business Profits	35348	35348	1196
营业费用	Operating Expenses	557181	490902	33751
管理费用	Overhead Expenses	485001	454879	36109
税金	Taxes	19034	18114	1418
财务费用	Financial Expenses	90266	84151	2279
利息支出	Expenses for Interest	53404	48081	737
营业利润	Operating Profits	79290	69796	-2704
利润总额	Total Profits	64135	54180	1361
应交所得税	Income Tax	10323	10001	437
本年应付工资总额	Total Wages Payable this Year	503882	462139	32637
资产减值损失	Asset impairment loss	373	373	22
公允价值变动收益	Changes in fair value gains	1070	1055	5

Financial Conditions of Hotels and Catering Services Enterprises above Designated Size (2016)

(10 000 yuan)

集体企业 Collective-Owned Enterprises	股份合作企业 Coopera-tive Enterprises	联营企业 Joint Ownership Enterprises	有限公司 Limitied Liability Corporation	股份公司 Share holding Corporation Ltd.	私营企业 Private Enterprises	其他企业 Other Enterprises
7	3	1	1	438	36	974
13709	539	85	87	431247	452512	653132
322	275	3	5	25205	1899	38399
20058	1126	290	255	1442326	146634	1348968
17028	271	129	134	537314	79990	393814
858	90	4	4	70479	4097	69955
18626	1996	247	255	2331203	721054	2070877
2445	685	28	32	1352315	422097	1259684
16181	1311	219	223	978888	298958	811193
4797	901	219	223	589327	129975	705433
				137014		230
4597	346			7243	3200	4079
200	227	219	223	305713	12927	338973
	329			139254	6684	362042
				1		65
				101		45
20039	3702	1287	1538	791740	104651	1465388
6739	2472	972	1171	383694	61266	841727
662	261	17	19	25539	4881	48197
				3766	3202	26995
4098	311	20	23	173947	15336	260696
6478	127	29	33	199922	18235	190584
107	1	4	4	7693	1137	7734
193	89	3	3	34337	391	46662
10		3	3	24303	-1784	24730
1874	442	246	289	-20092	4391	85342
1887	86	246	289	-19738	-570	70316
328		33	35	2698	187	6298
2016	762	99	100	170987	16926	236279
				133	70	149
				5	4	1041

14-10 续表

单位:万元

项目	Item	港澳台 Enterprises With Invest-ment from HongKong Macao and Taiwan	外商投资 Foreign Investment	住宿业 Hotels
企业数 (个)	Number of Enterprises (unit)	13	23	762
流动资产合计	Total Circulating Funds	3007	52737	1303873
#存货	#Inventories	247	2867	45684
固定资产原价	Original Value of Fixed Assets	15710	127742	2729101
累计折旧	Total Depreciation	10308	56523	1038793
#本年折旧	#Depreciation This Year	344	5572	124757
资产总计	Total Assets	9272	206715	4521610
负债合计	Total Liabilities	4228	153519	2805938
所有者权益合计	Total Creditors Equity	5044	53196	1715672
实收资本	Capitals Hold	2973	51825	1174716
国家资本	State Capital	1658	451	311213
集体资本	Collective Capital			17468
法人资本	Legal Person Capital	529	25665	494259
个人资本	Individual Capital	786	4956	312483
港澳台资本	Hongkong, Macao and Taiwan		20753	20608
外商资本	Foreign Capital			18685
主营业务收入	Net Sales Revenue	15678	66476	1497023
主营业务成本	Cost of Sales	8881	30538	740139
主营业务税金及附加	Taxes and other charges on principal Business	615	1878	49423
其他业务利润	Other Business Profits	188		14361
营业费用	Operating Expenses	2741	21108	307071
管理费用	Overhead Expenses	3391	12672	360615
税金	Taxes	21	512	13902
财务费用	Financial Expenses	197	3439	64765
利息支出	Expenses for Interest	81	2870	42870
营业利润	Operating Profits	253	-3141	-9175
利润总额	Total Profits	548	-2713	-10073
应交所得税	Income Tax	18	253	5392
本年应付工资总额	Total Wages Payable this Year	2433	13790	305094
资产减值损失	Asset impairment loss			134
公允价值变动收益	Changes in fair value gains		15	38

continued

(10 000 yuan)

旅游饭店 Tourist Hotel	一般旅馆 General Hotel	其他住宿服务 Other residential services	餐饮业 Catering Services	正　餐 Dinner	快　餐 Snack	饮料冷饮 Beverage and Cold Drinks	其他餐饮 Others
501	231	30	800	773	15	7	5
787351	75635	440886	406782	354954	50391	381	1056
39099	5439	1146	28047	25193	2692	97	65
2403762	248264	77075	694517	634436	57455	1506	1120
928417	67523	42853	191846	164651	26624	285	287
110266	12776	1715	40727	36854	3654	16	202
3011211	839960	670439	1193579	1086797	99120	1797	5865
2230263	207268	368407	636512	571511	62792	559	1650
780949	632692	302032	557067	515286	36328	1238	4215
939829	115123	119764	431754	404553	23597	1045	2558
207909	1151	102153	20192	19995	197		
14354	2533	582	2407	2317	90		
436964	47640	9654	204098	186517	15730	324	1528
244517	60591	7375	202403	194811	5840	721	1030
17406	3203		211	211			
18680	5		2444	703	1741		
1144569	306587	45868	1271375	1047378	204652	3131	16214
525896	183545	30697	740366	633304	93705	1898	11459
37086	11004	1334	40734	35238	4399	80	1016
9666	4695		20986	20975		12	
260654	44075	2341	250110	178030	70732	407	941
306497	43421	10697	124385	106652	16857	307	569
11762	1198	943	5131	4859	216	16	40
58873	8215	-2324	25501	22861	2370	33	238
41173	4271	-2573	10534	9040	1450	4	40
-29289	17016	3098	88465	68691	17494	289	1990
-26036	13671	2293	74207	56475	17061	243	429
3966	1329	97	4931	4800	108	9	15
251190	44215	9689	198788	160135	37388	776	489
85	29	21	239	237		2	
14	20	5	1032	81	949	2	

14-11 限额以上住宿和餐饮企业经营情况
Business Statistics of Hotels and Catering Services Enterprises above Designated Size

单位:万元 (10 000 yuan)

指 标	Item	营业额 Total Operating Revenue		商品零售额 Retail Trade	
		2015	2016	2015	2016
总 计	**Total**	**2689816**	**2855737.6**	**1734990**	**1864839.4**
住宿业	**Hotels Trade**	**1512519**	**1551993.9**	**705446**	**724613.3**
按登记注册类型分组	By Status of Registration				
内资企业	Domestic Funded Enterprises	1448300	1483333.0	677981	696273
国有企业	State-owned Enterprises	139293	132869.6	76655	75665
集体企业	Collective-owned Enterprises	25424	19467.5	15872	12077.8
股份合作企业	Cooperative Enterprises	2450	3000.8	565	723.4
联营企业	Joint Ownership Enterprises	1287	1537.6	682	816.1
有限责任公司	Limited Liability Corporations	551021	551747.6	266207	252994.9
股份有限公司	Share-holding Corporations Ltd.	79676	76706.0	36651	34748.8
私营企业	Private Enterprises	642861	693036.6	278174	316571.7
其他企业	Other Enterprises	6289	4967.3	3176	2675.3
港澳台商投资企业	Enterprises with Funds From Hong Kong,Macao and Taiwan	51824	55751.2	23924	24639.2
外商投资企业	Enterprises with Foreign Investment	12394	12909.7	3542	3701.1
按国民经济行业分组	By Sector				
旅游饭店	Restaurant for Tourism	1168643	1192577.9	560516	571653.1
一般宾馆	Ordinary Hotels	298518	311983.8	125141	130993.7
其他住宿服务	Others	45358	47432.2	19788	21966.5
餐饮业	**Catering Trade**	**1177297**	**1303743.7**	**1029544**	**1140226.1**
按登记注册类型分组	By Status of Registration				
内资企业	Domestic Funded Enterprises	1036876	1144505.6	889626	981412.4
国有企业	State-owned Enterprises	11376	13926.4	7002	8378.4
集体企业	Collective-owned Enterprises	1178	1230.8	243	505.4
股份合作企业	Cooperative Enterprises		700.7		700.7
联营企业	Joint Ownership Enterprises				
有限责任公司	Limited Liability Corporations	258669	264905.2	214759	215226.3
股份有限公司	Share-holding Corporations Ltd.	24183	29621.1	23785	28973.3
私营企业	Private Enterprises	732272	823535.4	637057	718560.9
其他企业	Other Enterprises	9199	10586.0	6780	9067.1
港澳台商投资企业	Enterprises with Funds From Hong Kong,Macao and Taiwan	4071	13860.6	3567	13436.2
外商投资企业	Enterprises with Foreign Investment	136351	145377.5	136351	145377.5
按国民经济行业分组	By Sector				
正餐	Dinner	968330	1073850.7	823790	914856.3
快餐	Snack	192297	210007.6	189421	205806.9
饮料及冷饮	Beverage and Cold Drinks	2892	3642.5	2862	3601.5
其他餐饮	Others	13778	16242.9	13471	15961.4

14-12 批发和零售业、住宿和餐饮业连锁经营情况(2016年)
Business of Chain Stores above Designated Size of Whloesale and Retail Trade and Catering Services (2016)

项　目		Item		合计 Total	直营店 Under Direct Management	加盟店 Through License Arrangement
门店总数	(个)	Number of Stores	(unit)	18547	6642	11905
从业人数	(人)	Employed Persons	(person)	105250	81982	23268
商品购进总额	(万元)	Total Purchases	(10 000 yuan)	8092196	7510002	582194
#统一配送商品购进额	(万元)	#by Centyalized Purchased and Delivery	(10 000 yuan)	6807947	6283080	524867
零售营业面积	(万平方米)	Operational Area of Retail	(10 000 sq.m)	8378701	8011478	367223
商品销售额	(万元)	Sales of Goods	(10 000 yuan)	11429283	10817237	612046
餐饮营业面积	(万平方米)	Operational Area of Catering	(10 000 sq.m)	618825	235448	383377
客房数	(间)	Number of rooms	(unit)	6256	5056	1200
床位数	(张)	The number of beds	(unit)	9104	7304	1800
餐位数	(个)	Number of Seats	(unit)	246747	98475	148274
营业收入	(万元)	Total Sales	(10 000 yuan)	592909	333043	259866
餐费收入和商品销售额	(万元)	Revenue of Catering and total Sales	(10 000 yuan)	581496	323440	258056

主要统计指标解释

社会消费品零售总额 指企业（单位、个体户）通过交易直接售给个人、社会集团非生产、非经营用的实物商品金额，以及提供餐饮服务所取得的收入金额。个人包括城乡居民和入境人员，社会集团包括机关、社会团体、部队、学校、企事业单位、居委会或村委会等。

批发和零售业商品购进、销售、库存额 指各种登记注册类型的批发和零售业企业(单位)以本企业(单位)为总体的，从国内、国外市场购进的商品总量，销售和出口的商品总量，库存的商品总量等情况。该指标可以反映商品流转过程中商品的购进、销售、库存之间的比例关系和存在的问题。

商品购进额 指从本企业以外的单位和个人购进（包括从国外直接进口）作为转卖或加工后转卖的商品金额（含增值税)。商品购进包括：（1）从工农业生产者、批发和零售业企业、住宿和餐饮业企业、出版社或报社的出版发行部门和其他服务业企业购进的商品；（2）从机关团体、事业单位购进的商品；（3）从海关、市场管理部门购进的缉私和没收的商品；（4）从居民收购的废旧商品等。不包括：（1）企业为本单位自身经营用，不是作为转卖而购进的商品，如材料物资、包装物、低值易耗品、办公用品等；（2）未通过买卖行为而收入的商品，如接受其他部门移交的商品、借入的商品、收入代其他单位保管的商品、其他单位赠送的样品、加工回收的成品等；(3)经本单位介绍，由买卖双方直接结算，本单位只收取手续费的业务；(4)销售退回和买方拒付货款的商品；（5）商品溢余。

商品销售额 指对本单位以外的单位和个人出售的商品金额（包括售给本单位消费用的商品，含增值税）。商品销售包括：(1)售给城乡居民和社会集团消费用的商品；(2)售给农业、工业、建筑业、服务业等国民经济各行业用于生产、经营用的商品，包括售予批发和零售业作为转卖或加工后转卖的商品；（3）对国（境）外直接出口的商品。不包括：（1）未通过买卖行为付出的商品，如随机构变动移交给其他企业单位的商品、借出的商品、归还受其他单位委托代保管的商品、付出的加工原料和赠送给其他单位的样品等；(2)经本单位介绍，由买卖双方直接结算，本单位只收取手续费的业务；（3）购货退回的商品；（4）商品损耗和损失；（5）出售本单位自用的废旧物资。

商品库存额 对于批发和零售业法人单位和个体经营户，是指报告期末取得所有权的全部商品金额（含增值税）；对于批发和零售业产业活动单位，是指报告期末实际在库且归属法人具有所有权的全部商品金额（含增值税）。库存商品包括：(1)存放在本单位(如门市部、批发站、采购站、经营处)的仓库、货场、货柜和货架中的商品；(2)挑选、整理、包装中的商品；(3)已记入购进而尚未运到本单位的商品，即发货单或银行承兑凭证已到而货未到的商品；(4)寄放他处的商品，如因购货方拒绝付款而暂时存在购货方的商品；(5)委托其他单位代销(未作销售或调出)尚未售出的商品；(6)代其他单位购进尚未交付的商品。不包括：所有权不属于本单位的商品；委托外单位加工的商品；外贸企业代理其他单位从国外进口，尚未付给订货单位的商品；代国家储备部门保管的商品。

住宿餐饮业营业额 指住宿和餐饮业法人企业、产业活动单位在经营活动中因提供服务或销售商品等取得的收入，包括客房收入、餐费收入、商品销售收入和其他收入。客房收入指住宿和餐饮业法人企业、产业活动单位在经营活动中因提供住宿服务取得的客房收入。餐费收入指住宿和餐饮业法人企业、产业活动单位因为顾客提供就餐服务取得的收入，包括经烹饪、调制加工后出售的各种食品，如主食、炒菜、凉拌菜等的收入。商品销售收入指住宿和餐饮业法人企业、产业活动单位伴随服务而出售商品所取得的收入。其他收入指营业收入中除客房收入、餐费收入、商品销售收入以外的其他收入，包括娱乐、健身和商务服务等。

亿元商品交易市场成交额 指年成交额达到亿元以上，经工商部门批准、专门从事商品批发、零售业务活动的市场。其市场所有摊位成交总额称为商品交易市场成交额。

连锁总店（总部） 指负责连锁企业资源（商号、商誉、经营模式、服务标准、管理模式等等）的开发、配置、控制或使用等功能的企业核心管理机构。连锁经营是指经营同类商品或服务，使用统一商号的若干店铺，在同一总店（总部）的管理下，采取统一采购或特许经营等方式，实现规模效益的组织形式，包括直营连锁、特许连锁和自愿连锁三种形式。其中，直营连锁是指连锁店铺由连锁公司全资或控股开设，在总部的直接控制下，开展统一经营的连锁经营形式；特许连锁是指拥有注册商标、企业标志、专利、专有技术等经营资源的企业（特许人），以合同形式将其拥有的经营资源许可其他经营者（被特许人）使用，被特许人按合同约定在统一的经营模式下开展经营，并向特许人支付特许经营费用的连锁经营形式；自愿连锁是指若干个店铺或企业自愿组合起来，在不改变各自资产所有权关系的情况下，以同一个品牌形象面对消费者，以共同进货为纽带开展的连锁经营形式。

Explanatory Notes on Main Statistical Indicators

Total Retail Sales of Consumer Goods refer to the amount obtained by enterprises (units, self-employed individuals) through direct sales of non-production and non-business physical commodity to individuals, social institutions, and revenue from providing catering services. Individuals include rural and urban households, population from abroad, social institutions include government agencies, social organizations, military units, schools, institutions, neighbourhood (village) committees.

Purchase, Sales and Stock of Commodities by Wholesale and Retail Trades refer to the total volume of commodities purchased, total volume of sales and exports, and the stock of commodities by wholesale and retail enterprises (establishments) of different status of registration from domestic and overseas markets. This indicator reflects the relationship among purchase, sales and stock of commodities in the circulation of goods and reveals the existing problems.

Total Purchases of Commodities refer to the total value of purchases of commodities by enterprises (establishments) from other establishments or individuals (including direct import from abroad) for the purpose of re-selling, either with or without further processing of the commodities purchased. The commodities include: (1) commodities purchased from agricultural and industrial producer, wholesaler, retailer, publishing house and other service business; (2) commodities purchased from institutions and government departments; (3) confiscated goods purchased from the customs authorities or market management agencies; (4) second-hand goods and wastes purchased from residents; The commodities exclude (1) commodities purchased by enterprises (establishments) for use in their own business operation, commodities obtained without buying or selling procedures such as materials, consumable goods of low value, office appliance, etc. (2) received goods without trading, such as goods handed over from others, borrowed goods, preserved goods for others, donated goods from others, processed and retrieved goods, etc. (3) goods of direct settlement between buyer and seller with handling fees introduced by others, (4) goods returned or refused to pay by the buyer, (5) excessive goods.

Total Sales of Commodities refer to value of commodities sold by the establishments to other establishments and individuals (including goods sold for self consumption, including the value-added tax). The commodities include: (1) commodities sold to urban and rural residents and social groups for their consumption; (2) commodities sold to establishments in all industries for their production and operation, including agriculture, industry, construction, and catering services including commodities sold to wholesale and retail establishments for re-selling, with or without further processing; and (3) commodities for direct export to abroad. Excluded are (1) extended commodities without trading, such as goods handed over to other enterprises and institutions because of the change of organizations, lent goods, returned goods preserved for others, extended processing materials and samples donated to others, (2) goods of direct settlement between buyer and seller with handling fees introduced by others, (3) goods returned after purchase, (4) damaged and spoiled goods, (5) waste and used goods of self use,

Total Stock of Commodities For the legal entities and self-employed individuals engaged in wholesale and retail trade, it refers to total value (including VAT) of commodities possessed at the end of the reference period; and for wholesale and retail establishments, it refers to the value (including VAT) of all commodities actually in stock and owned by their legal persons at the end of reference period. The commodities in stock includes: (1) commodities located in storage, garages, counters, and shelves of operating places of wholesale and retail trades (such as sale stores, wholesale centres, procurement stations and operating offices); (2) commodities in the process of being selected, sorted, and packed; (3) commodities not arrived but recorded as purchase in the account, i.e. commodities not arrived but payment receipts for the commodities from the sellers or the banks arrived; (4) commodities deposited in other places rather than places mentioned above, for instance: commodities in the hold of purchasers temporarily due to the refusal of payment; (5) commodities entrusted to other units to sell but not sold yet; (6) commodities purchased for other units but not delivered yet. Commodities not included as stock are those not owned by the enterprises (units), commodities on commission for processing, imported commodities of agency of foreign trade enterprise but not yet delivered to ordering units and finally those put in stock on behalf of the state reserves units.

Business Revenue of Hotels and Catering Services refer to revenue received from providing services or selling commodities by corporate enterprises and establishments engaged in hotel and catering services, including income from hotel rooms, from catering services, from selling of commodities and from other services. Income from hotel rooms refers to income of corporate enterprises and establishments by providing lodging services. Income from catering services refers to income of corporate enterprises and establishments by providing catering services, including selling of cooked or prepared foods such as stable food, cooked dishes or cold dishes. Income from selling of commodities refers to income of corporate enterprises and establishments by selling commodities that accompany the services they provide. Income from other activities refers to income received other than income from hotel rooms, catering services or selling of commodities, such as income from providing recreation, fitness or business services.

Volume of Transaction at Large Commodity Markets

(with transaction value over 100 million yuan) refers to markets approved by the industrial and commercial administration departments, which specialize in wholesale and retail of commodities with an annual transaction of over 100 million yuan. The sum of sales of all sellers in the markets makes up the transaction value of the markets.

Chain Head Stores (headquarter) refer to the core leading stores responsible for development, allocation, administration and utilization of resources (name of stores, brand of stores, operation model, service standard, management way, etc.) of chain stores. Chain stores refers to the stores engaged in providing homogeneous commodities or services, with the central leadership of head store (headquarters) and guided by common policies, conduct centralized purchase and distributed selling of commodities, in order to gain better efficiency through standardized operation. The chain stores include regular chain stores, franchise chain stores and voluntary chain stores.

Regular Chain store refers to chain stores that are invested or controlled by the headquarters. They operate under direct and unified management from the headquarters.

Franchise chain store refers to the chain stores (franchisees) which are franchised with operation resources such as trade marks, names, patent and operation know-how by the franchisors in form of contract and pay the operation fees to the franchisors.

Voluntary chain store refers to the stores operate jointly on the voluntary bases while maintaining their status of independent legal entities with full ownership of their assets. They sell goods of same brand from same channel of resource to the consumers.

15 教育和科技

Education, Science and Technology

资料整理人员：蔡冬娥　肖首雄　阳小林
刘　峰　郭开金

15-1 教育基本情况
Basic Statistics for Education

年份 Year	专任教师数(人) Number of Full-time Teachers (person)				在校学生数(万人) Student Enrollment (10 000 persons)				每万人口在校大学生数(人) University & College Student Enrollment per 10 000 Population (person)
	普通高等学校 Institutions of Higher Education	普通中等学校 Secondary Schools	普通中学 Regular Secondary Schools	小学 Primary Schools	普通本专科 Institutions of Higher Education	普通中等学校 Secondary Schools	普通中学 Regular Secondary Schools	小学 Primary Schools	
1949	500	1700	4400	92900	0.26	3.00	11.43	192.26	1.0
1950	600	600	3300	70300	0.26	0.90	5.00	116.88	1.0
1951	700	900	3500	90700	0.37	2.00	5.07	218.75	1.0
1952	800	1000	4700	96500	0.63	2.30	12.34	274.86	2.0
1953	900	1300	5800	102700	0.65	2.40	13.75	295.92	2.0
1954	1000	1400	6800	99200	0.79	2.20	15.48	276.40	2.0
1955	1200	1300	6900	100600	0.84	1.90	15.58	314.74	2.3
1956	1500	1500	7800	105600	1.18	2.20	20.28	383.65	3.4
1957	1800	1700	9100	110100	1.36	2.60	23.16	385.20	4.0
1958	2100	2900	16200	136700	2.24	7.90	47.22	525.71	6.0
1959	2600	3200	15400	142400	2.76	6.20	41.47	528.84	6.0
1960	4100	6200	20000	154000	3.94	12.70	54.73	573.35	11.0
1961	4600	4200	18800	142000	3.41	4.30	36.04	448.27	9.6
1962	4600	2200	18000	135300	2.91	2.20	30.30	376.09	8.0
1963	4400	2400	17900	135900	2.60	2.00	30.84	385.87	7.0
1964	3900	2600	18800	140400	2.09	1.90	36.83	494.80	5.5
1965	4000	2500	19800	142700	2.18	2.30	40.84	497.74	6.0
1966	3700	2800	22900	159300	1.92	3.10	49.99	550.61	5.0
1967	3700	2800	21500	161900	1.57	2.40	49.45	518.02	4.0
1968	3800	2600	28300	161900	1.10	1.40	54.54	476.93	3.0
1969	3700	1400	41700	176600	0.70	0.20	86.19	480.11	2.0
1970	4000	1200	56800	171100	0.43	0.80	123.58	516.91	1.0
1971	3600	1600	78500	186100	0.32	1.30	149.74	563.25	0.7
1972	4700	2000	81400	213600	1.03	1.60	171.72	650.79	2.0
1973	5200	2100	80100	236300	1.67	2.70	162.45	711.35	4.0
1974	5600	3000	79000	263600	2.18	3.50	165.86	809.73	4.5
1975	6000	3100	103600	274700	2.44	3.70	231.60	837.54	5.0
1976	6800	3400	151800	281600	2.55	3.20	320.47	842.69	5.0
1977	7300	3900	173500	280500	2.81	3.10	368.93	825.73	5.0
1978	8200	4200	166600	284800	3.57	3.50	346.44	829.32	7.0
1979	9200	5000	152800	293200	4.32	5.40	305.23	830.33	8.0

15-1　续表　continued

年份 Year	专任教师数(人) Number of Full-time Teachers (person)				在校学生数(万人) Student Enrollment (10 000 persons)				每万人口在校大学生数(人) University & College Student Enrollment per 10 000 Population (person)
	普通高等学校 Institutions of Higher Education	普通中等学校 Secondary Schools	普通中学 Regular Secondary Schools	小学 Primary Schools	普通本专科 Institutions of Higher Education	普通中等学校 Secondary Schools	普通中学 Regular Secondary Schools	小学 Primary Schools	
1980	9800	5700	149100	303200	5.45	5.40	281.77	832.24	10.0
1981	8900	6000	139900	311500	5.47	4.50	251.95	830.48	10.0
1982	10000	6500	134600	308500	4.82	4.40	243.59	810.64	8.8
1983	10600	6900	130000	311800	5.15	5.00	233.14	798.48	9.0
1984	11200	6700	129700	311400	5.82	5.70	242.36	791.56	10.0
1985	12700	6700	136400	313400	7.13	6.70	248.15	773.44	13.0
1986	13500	7400	142600	308300	7.82	7.30	262.53	759.23	14.0
1987	14300	8300	150400	306700	8.34	7.70	267.17	738.43	14.0
1988	14500	8700	153600	308600	8.73	9.20	251.88	721.65	14.7
1989	14500	9100	159000	321700	8.90	10.20	249.62	705.82	15.0
1990	14400	9100	158100	306600	8.82	9.90	253.78	693.96	14.0
1991	14200	9100	163100	305700	8.86	9.90	257.03	687.63	14.0
1992	14300	9200	166200	300400	9.54	10.70	252.87	685.04	15.0
1993	14500	9500	168600	300300	11.10	12.90	250.45	697.32	17.7
1994	15000	9700	172000	298800	12.31	15.40	265.35	715.35	19.5
1995	15300	10600	179100	298000	13.04	18.60	285.41	736.65	20.0
1996	15700	11600	187100	298500	13.57	21.30	305.22	765.91	21.2
1997	15900	12300	194800	299500	14.37	23.70	323.24	787.13	22.0
1998	16500	12400	201800	304100	15.67	25.90	336.23	769.35	24.0
1999	17990	11934	212435	307404	19.40	27.30	356.00	721.40	30.0
2000	20317	10775	223693	306387	25.31	25.83	391.73	663.93	38.7
2001	23878	9036	236161	291574	33.13	24.09	425.59	601.26	50.2
2002	30557	8598	248245	276535	41.94	22.37	466.91	529.49	63.3
2003	33229	6377	259281	260704	53.72	22.65	488.78	468.69	80.6
2004	38345	5362	260897	248345	62.60	24.60	471.90	432.60	93.5
2005	45272	25962	261449	246112	74.24	70.56	429.11	419.83	110.3
2006	49470	28099	256047	247567	81.95	75.78	384.62	429.31	121.0
2007	54751	30628	251451	249994	89.05	83.10	354.31	444.84	130.9
2008	57651	30040	246257	250229	94.86	76.35	333.92	458.44	138.6
2009	58846	29514	243831	250365	101.38	80.87	320.78	469.15	146.9
2010	59557	28004	240494	250039	104.43	76.48	316.82	479.16	147.3
2011	61156	27977	268602	222630	106.79	77.88	317.72	490.32	161.9
2012	62541	27293	238277	246859	108.05	73.42	313.77	473.79	162.7
2013	63869	24827	236461	246273	110.08	65.07	318.39	467.81	210.6
2014	64919	25106	238543	248118	113.50	64.48	326.34	473.84	214.5
2015	66615	26047	238254	226087	117.98	64.80	329.85	488.86	221.4
2016	68726	25620	241508	253718	122.47	66.09	335.96	501.81	225.1

注：2005年之后普通中等专业学校数为中等职业教育学校数据。2013年每万人口在校大学生数包含了研究生65276人，成人本专科232228人，普通本专科1100770人。

Prior to 2005 number of secondary vocation in shcools as number of regular specialized secondary schools. In 2013, number of university & college student enrollment included graduate students, adult colleges and eneral of the specialty.

15-2 各级学校单位数及教职工数
Number of Schools and School Staff

年 份 Year	普通高等学校 Regular Institution of Higher Education	中等职业教育学校 Secondary Vocationl Schools	职业中学 Vocational Secondary Schools	技工学校 Technical Schools	普通中学 Regular Secondary Schools	普通小学 Primary Schools	特殊教育学 校 Special Education Schools	学前教育 Pre-school education
单位数(所)	**Number of Schools (unit)**							
1980	46	117	179	115	7411	53400		15295
2000	52	144	539	167	4505	34521	57	5473
2005	93	665	477	147	4560	17108	53	4359
2006	96	677	496	138	4394	15859	52	4528
2007	99	708	534	140	4257	14677	51	4751
2008	100	687	539	144	4129	13929	50	5516
2009	115	682	533	128	4032	13263	51	6453
2010	117	626	486	129	3933	12692	54	7829
2011	120	567		129	3904	10824	58	9488
2012	106	525		129	3885	10165	61	11030
2013	107	496		129	3878	9270	69	12236
2014	109	501		129	3894	8560	76	12935
2015	109	471		129	3906	8412	78	13944
2016	109	460		130	3901	8272	79	14365
教职工数(人)	**Number of Teachers and Staff (person)**							
1980	24462	13262	1242	6391	192400	321900		39900
2000	46642	21078	22375	10050	259989	324199	1203	39790
2005	80766	39753	26081	8955	305413	261560	1213	37864
2006	86031	43243	30020	8890	300958	263305	1245	42932
2007	90417	46733	33309	8669	294108	264623	1314	49181
2008	93303	45475	32686	9217	288168	265680	1338	58230
2009	94428	44459	32023	9394	285576	266878	1397	69731
2010	94871	41822	29926	10074	281722	266854	1531	88538
2011	95652	40070		11097	312162	235773	1656	107361
2012	96322	38410		11552	309794	231358	1673	126187
2013	96915	33342		11820	301044	226699	1733	143739
2014	97652	33272		11229	301432	226307	1826	157461
2015	98746	34134		10946	302504	226087	1936	175737
2016	100543	33290		11056	304863	227973	2016	195150

注：本表高等学校含3所部属院校，不含军事院校、分院校和大专班。

Regular institutions of higher education includes three institutions managed by the national ministry,excluding military institutions, branches and Specialized Subject class.

15-3 各级学校招生及毕业生数
New Student Enrollment and Graduates

单位:人 (person)

年 份 Year	普通高等学校 Regular Institution of Higher Education	中等职业教育学校 Secondary Vocationl Schools	职业中学 Vocational Secondary Schools	技工学校 Technical Schools	普通中学 Regular Secondary Schools			普通小学 Primary Schools	特殊教育学校 Special Education	学前教育 Pre-school education
						高中 Senior Secondary Schools	初中 Junior Secondary Schools			
招生数	**New Student Enrollment**									
1980	13004	20515	9267	16071	934300			1657300		
2000	101020	63625	93447	26683	1518734	260515	1258219	717496	2090	583324
2005	246520	317819	192156	60779	1325504	512714	812790	710905	1181	687422
2006	263799	314465	203364	59657	1216865	489621	727244	785684	1347	723322
2007	288712	336757	220657	56460	1171706	438131	733575	862812	2317	749784
2008	307575	280488	200876	61200	1111499	392351	719148	847528	2443	825608
2009	323592	348884	195299	60378	1076485	356521	719964	833027	2246	878680
2010	309776	302889	173050	59516	1104881	370508	734373	863796	2174	1001644
2011	310172	279918		51484	1104813	369889	734924	869704	1117	1035175
2012	324526	253092		46643	1112562	370069	742493	880773	1132	1082809
2013	325880	228682		40878	1140231	373754	766477	847605	2240	974589
2014	344724	227065		37444	1110833	365462	745371	813950	2924	1061997
2015	360030	237759		40291	1118969	380349	738620	886705	4625	989791
2016	376279	251324		47606	1174079	393932	780147	899873	5446	937912
毕业生数	**Graduates**									
1980	1306	21260	2469	6114	522900			1297800		
2000	42428	73076	68800	20479	1000980	145587	855393	1302004	1138	
2005	147642	187911	98870	37958	1591964	340207	1251757	815684	760	
2006	187456	215907	119210	39551	1540757	378477	1162280	716297	937	
2007	207604	256378	152676	42407	1357555	408711	948844	712920	1538	
2008	240027	269438	181021	43441	1204202	429998	774204	702820	1551	
2009	253795	273181	184098	47353	1108959	415666	693293	718528	1606	
2010	275285	282883	172902	44142	1059256	361786	697470	723227	1378	
2011	284178	225490		45149	1018307	325598	692709	730155	613	516842
2012	305674	251480		41949	998786	310055	688731	770212	634	735088
2013	325880	237119		40248	983228	316720	666508	770482	1286	799267
2014	295442	205099		28593	972811	320363	652448	741023	1202	827392
2015	300161	204137		29936	1034745	334954	699791	730191	1768	903774
2016	316123	199567		29207	1081856	341973	739883	769729	3328	923857

注：2005年之前中等职业教育学校数据为普通中等专业学校数。
Prior to 2005 number of secondary vocational education in schools as number of regular specialized secondary schools

15-4 研究生在校学生、招生及毕业生数
Student Enrollment, New Student Enrollment and Graduates of Postgraduates

单位:人 (person)

年 份	招生数 New Student Enrollment	毕业生数 Graduates	在校学生数 Student Enrollment
1980	77		347
1985	1104	296	2016
1988	769	1067	2538
1989	600	862	2311
1990	705	812	2165
1991	687	783	2035
1992	734	543	2168
1993	911	668	2357
1994	1209	630	2864
1995	1209	710	3307
1996	1400	876	3775
1997	1383	1087	4027
1998	1723	1131	4552
1999	2380	1394	5585
2000	3475	1311	7729
2001	4575	1639	10589
2002	5832	1942	14147
2003	8597	3099	19421
2004	10656	4148	26083
2005	11702	5243	32676
2006	13260	7329	38711
2007	14088	9492	43343
2008	14876	10982	46815
2009	17326	12434	51809
2010	18270	13145	56221
2011	18942	14338	60097
2012	19801	16216	62745
2013	18473	15745	54454
2014	18795	17414	55121
2015	19476	17007	57155
2016	20012	17243	58953

15-5 普通高等学校本科在校学生、招生及毕业生数
Student Enrollment, New Student Enrollment and Graduates of Colleges and Universities

单位:人 (person)

项 目	Item	在校学生数 Student Enrollment		招收学生数 New Student Enrollment		毕业生数 Graduates	
		2015	2016	2015	2016	2015	2016
总 计	**Total**	**678314**	**688126**	**171289**	**177023**	**154185**	**162337**
哲 学	Philosophy	339	372	105	112	40	70
经济学	Economics	38037	37562	8461	9554	9485	10183
法 学	Law	22104	22308	5648	5506	4783	5213
教育学	Education	24260	25291	6418	6833	5112	5398
文 学	Literature	66603	67466	17529	18285	15624	16642
历史学	History	1914	2010	530	536	389	401
理 学	Science	42224	43357	11540	11789	8981	9636
工 学	Engineering	222947	224283	57057	58193	52612	53216
农 学	Agriculture	9269	9207	2471	2524	2190	2269
医 学	Medicine	63230	66047	13796	15432	13378	13315
管理学	Administration	121793	122871	30457	31051	27500	30303

15-6 普通高等学校、中等职业教育学校教职工情况
Staff and Workers in General Institutions of Higher Education and Specialized Secondary Schools

单位:人 (person)

类 别	Item	高等学校 General Institutions of Higher Education			中等职业教育学校 Specialized Secondary Schools		
		2014	2015	2016	2014	2015	2016
教职工	**Staff and Teachers**	**97652**	**98746**	**100543**	**33272**	**34134**	**33290**
#校部教职工	#Staff and Workers	92966	94411	96847	33110	33991	33203
#专任教师	#Full-time Teachers	64919	66615	68726	25106	26047	25620
教辅人员	Auxiliary Teaching Staff	9142	9381	9351	2137	2185	2219
行政人员	Administrative Personnel	13307	13099	13268	3523	3505	3227
工勤人员	Logistics Personnel	5598	5316	5502	2344	2254	2137

15-7 普通高等学校分科专任教师情况(2016年)
Full-Time Teachers in General Institutions of Higher Education by Field of Study (2016)

单位:人 (person)

类 别	Item	合 计 Total	正高级 Professors	副高级 Asso. Professors	中 级 Lecturers	初 级 Assistants	无职称 Instructors
总 计	**Total**	**68726**	**7499**	**20010**	**28007**	**7364**	**5846**
哲 学	Philosophy	1834	223	575	745	144	147
经济学	Economics	3697	354	1088	1540	378	337
法 学	Law	2586	310	752	1116	210	198
教育学	Education	6103	434	1648	2516	829	676
文 学	Literature	9267	628	2477	4521	953	688
历史学	History	545	112	170	197	37	29
理 学	Science	7240	1073	2384	2675	609	499
工 学	Engineering	18821	2241	5652	7594	1747	1587
农 学	Agriculture	1392	226	427	486	125	128
医 学	Medicine	6909	1072	2267	2256	933	381
管理学	Adminstration	5977	571	1707	2454	652	593

15-8 中等职业教育分科专任教师和学生数(2016年)
Students and Full-Time Teachers in General Specialized Secondary Schools (2016)

单位:人 (person)

类 别	Item	招生数 New Student Enrollment	毕业生数 Graduates	在校学生数 Student Enrollment	专任教师 Full-time Teachers
总 计	**Total**	**251324**	**199567**	**660887**	**25620**
农林牧渔类	Denomination of Agriculture and Forestry	8393	7317	22936	574
资源环境类	Denomination of Natural Resources and Environment	383	307	866	46
能源与新能源类	Denomination of Energy Sources	227	171	370	39
土木水利类	Denomination of Civil and Water Conservancy Engineering	5165	5869	15832	310
加工制造类	Denomination of Processing and Manufacture	42964	40534	120265	2087
石油化工类	Denomination of Petrochemical	409	1034	1956	30
轻纺食品类	Denomination of Textile Food	1434	1183	4319	122
交通运输类	Denomination of Transportation	23018	13627	53830	566
信息技术类	Denomination of Information Technique	56615	38803	139982	2946
医药卫生类	Denomination of Sanitation and Medicines	15023	18255	47625	261
休闲保健类	Denomination of Leisure Care	1044	673	3021	98
财经商贸类	Denomination of Financial Business	31985	21259	78306	1427
旅游服务类	Denomination of Travel Services	17205	11330	40985	916
文化艺术类	Denomination of Culture and Arts	15836	11487	40100	1384
体育与健身	Denomination of Sports and Fitness	2229	1029	5578	470
教育类	Denomination of Education	20929	21827	64716	1509
司法服务类	Denomination of Justice		190	209	18
公共管理与服务类	Denomination of Public Management and Services	6583	3867	15655	403
其他	Other Denomination	1882	805	4336	560

注：专任教师中含文化基础课教师和实习指导课教师。
Full-time teachers included teachers of basic culture and intern guide.

15-9 普通中学、小学按城乡和主办部门分组的情况(2016年)
Basic Statistics on General Secondary Schools, Primary Schools by Urban and Rural Area and by Department (2016)

单位:人 (person)

类别	Item	合计 Total	按城乡分 By Urban and Rural Areas 城市 Urban Areas	县镇 Counties and Towns	农村 Rural Areas	按主办部门分 By Departments 教育部门和集体办 Schools Run by Educational Departments	其他部门和民办 Schools Run by Other Departments
普通中学	**Regular Secondary Schools**						
学校数 (所)	Number of Schools (unit)	3901	568	1836	1497	3564	337
教职工数	Number of Staff and Teachers	304863	79751	160247	64865	271807	33056
#专任教师数	#Full-time Teachers	241508	63655	131194	46659	221301	20207
招生数	New Student Enrollment	1174079	330037	669850	174192	1013560	160519
毕业生数	Number of Graduates	1081856	307165	601179	173512	955505	126351
在校学生数	Student Enrollment	3359596	941176	1909397	509023	2927737	431859
普通中学中：高中	**Senior Secondary Schools**						
学校数 (所)	Number of Schools (unit)	579	209	334	36	463	116
专任教师数	Full-time Teachers	72229	26566	42529	3134	66284	5945
招生数	New Student Enrollment	393932	134909	241175	17848	340790	53142
毕业生数	Number of Graduates	341973	125141	201778	15054	306721	35252
在校学生数	Student Enrollment	1109093	387221	672499	49373	975442	133651
普通中学中：初中	**Junior Secondary Schools**						
学校数 (所)	Number of Schools (unit)	3322	359	1502	1461	3101	221
专任教师数	Full-time Teachers	169279	37089	88665	43525	155017	14262
招生数	New Student Enrollment	780147	195128	428675	156344	672770	107377
毕业生数	Number of Graduates	739883	182024	399401	158458	648784	91099
在校学生数	Student Enrollment	2250503	553955	1236898	459650	1952295	298208
小　学	**Primary Schools**						
学校数 (所)	Number of Schools (unit)	8272	1026	2524	4722	8102	170
教职工数	Number of Staff and Teachers	227973	52929	97505	77539	220971	7002
#专任教师数	#Full-time Teachers	253718	58037	106885	88796	241903	11815
招生数	New Student Enrollment	899873	222463	397037	280373	860369	39504
毕业生数	Number of Graduates	769729	180939	369296	219494	726234	43495
在校学生数	Student Enrollment	5018111	1220932	2318263	1478916	4766859	251252

注：1.普通初中学校数包括初级中学、九年一贯制学校和职业初中；普通高中包括完全中学、高级中学和十二年一贯制学校。

2.所有教职工数据均按学校类型统计，专任教师按教育层次统计。以九年一贯制学校为例，教职工全部统计为普通中学教职工，专任教师则分别统计为小学、初中专任教师。

a. Junior Secondary Schools include regular junior secondary schools、nine-year coherent shools and vocational junior secondary school;Senior secondary schools include regular senior secondart schools、full secondary schools and twlve-year coherent schools.

b.All data of staff statistics are according to the school type,full-time teachers in education level statistics. Take nine-year coherent schools as example, all school staff count as secondary school staff, and full-time teachers are respectively primary and junor secondary teachers.

15-10 各级学校在校女学生和女教职工数
Number of Female Students and Faculties by Level of School

类别	Item	2000	2005	2015	2016
女学生 （万人）	**Number of Female Students (10 000 persons)**	**531.25**	**468.13**	**485.48**	**498.16**
普通高等学校	Regular Institutions of Higher Education	9.58	34.16	61.90	64.57
中等职业学校	Secondary vocational schools	15.06	14.51	31.59	31.99
普通中学	Regular Secondary Schools	179.12	201.92	153.38	156.47
普通小学	Primary Schools	317.81	197.10	225.49	232.20
女学生占全部学生 （%）	**Percentage of Female Students to Total Students (%)**	**47.09**	**47.39**	**47.33**	**47.15**
普通高等学校	Regular Institutions of Higher Education	37.85	46.02	52.43	52.71
中等职业学校	Secondary vocational schools	58.29	56.07	48.75	48.40
普通中学	Regular Secondary Schools	45.73	47.05	46.50	46.57
普通小学	Primary Schools	47.87	46.95	46.12	46.27
女教职工 （万人）	**Number of Female faculties (10 000 persons)**	**24.79**	**29.45**	**34.02**	**35.58**
普通高等学校	Regular Institutions of Higher Education	0.69	3.40	4.71	4.85
中等职业学校	Secondary vocational schools	0.43	0.33	1.51	1.53
普通中学	Regular Secondary Schools	8.13	11.53	14.11	14.78
普通小学	Primary Schools	14.95	13.12	13.64	14.36
女教职工占全部教职工(%)	**Percentage of Female faculties to Total faculties (%)**	**42.97**	**43.19**	**51.35**	**53.37**
普通高等学校	Regular Institutions of Higher Education	33.96	42.09	47.67	48.29
中等职业学校	Secondary vocational schools	39.90	41.65	44.31	46.09
普通中学	Regular Secondary Schools	36.34	37.76	46.66	48.47
普通小学	Primary Schools	48.79	50.15	60.34	62.98

15-11 平均每万人口中在校学生
Student Enrollment Per l0,000 Population

项　目	Item	2000	2005	2015	2016
各类普通学校在校学生占全省人口（%）	**Students as Percentage of Total Population (%)**	**17.24**	**14.67**	**18.56**	**18.90**
平均每万人口中在校学生（人）	**Student Enrollment Per l0 000 Population (person)**				
普通高等学校	Regular Institutions of Higher Education	38.70	110.27	221.44	225.09
中等职业教育学校	Secondary Vocationl Schools	665.50	637.41	96.19	97.4
普通小学	Primary Schools	1011.77	623.63	725.61	739.8

注：1.本表未包括技工学校在校学生。
2.2006年起中等学校改为中等职业教育.
a. Secondary schools excludes schools for skilled workers.
b.From 2006,Secondary Schools change Secondary Vocationl Schools.

15-12 民办(私立)学校情况
Statistics on Private Schools

单位:人 (person)

项　目	Item	2000	2005	2015	2016
普通中学	**Regular Secondary Schools**				
学校数（所）	Number of Schools (unit)	166	375	305	320
教职工数	Staff and Teachers	4845	21440	28297	31512
专任教师数	Full-time Teachers	3367	16101	17095	18951
毕业生数	Graduates	9035	97653	109428	119893
招生数	New Student Enrollment	43333	141602	133179	153834
在校学生数	Student Enrollment	90112	390572	379047	412434
普通小学	**Primary Schools**				
学校数（所）	Number of Schools (unit)	213	180	152	156
教职工数	Staff and Teachers	2451	5093	6296	6459
专任教师数	Full-time Teachers	1713	3677	10416	11324
毕业生数	Graduates	6183	15520	36648	41916
招生数	New Student Enrollment	5572	14077	37305	38257
在校学生数	Student Enrollment	45911	87627	227105	242725

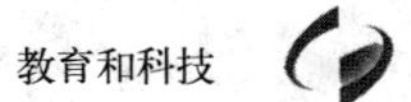

15-13 特殊教育学校基本情况
Basic Statistics on Schools for Special Education

单位:人 (person)

项　目	Item	2000	2005	2015	2016
各类特殊学校数　(所)	Number of Schools for Special Education　(unit)	57	53	78	79
教职工数	Staff and Teachers	1203	1213	1936	2016
专任教师数	Full-time Teachers	918	928	1655	1731
毕业生数	Graduates	1138	760	1768	3328
招生数	New Student Enrollment	2090	1181	4625	5446
在校学生数	Student Enrollment	12179	9270	22532	25737

15-14 各类学校代课教师及临时工人数
Provisional Teachers and Temporary Workers by Type of School

单位:人 (person)

项　目	Item	2000	2005	2015	2016
普通中学	**Regular Secondary Schools**				
代课教师	Provisional Teachers	2593	3263	2264	2760
兼任教师	Part-time Teachers	440	1010	407	614
技工学校	**Various Technical Schools**				
兼职教师	Part-time Teachers	1233		2223	2346
普通小学	**Primary Schools**				
代课教师	Provisional Teachers	15718	3455	8024	9930
兼任教师	Part-time Teachers	71	559	608	686

15-15 平均每一教职工负担学生
Student/ Staff and Worker Ratio

单位:人 (person)

项 目	Item	2000	2005	2015	2016
平均每一教职工负担的学生	**Student - Teacher Ratio**				
普通高等学校	Regular Institutions of Higher Education	5.50	9.19	13.54	13.81
中等职业学校	Secondary vocational schools	12.00	32.54	18.98	19.85
普通中学	Regular Secondary Schools	15.10	14.05	10.90	11.02
普通小学	Primary Schools	20.50	16.05	21.62	22.01
平均每一专任教师负担的学生	**Student - Full-time Teacher Ratio**				
普通高等学校	Regular Institutions of Higher Education	12.50	16.40	20.07	20.20
中等职业学校	Secondary vocational schools	23.97	53.89	24.88	25.8
普通中学	Regular Secondary Schools	17.50	16.41	13.84	13.91
普通小学	Primary Schools	21.70	17.06	19.62	19.78

15-16 初中和小学毕业生升学率及学龄儿童入学率
Percentage of Graduates of Junior Middle Schools and Primary Schools Entering Higher Level Schools, Percentage of School - Age Children Enrolled

项 目	Item	2000	2005	2015	2016
初 中	**Junior Middle Schools**				
毕业生数 (万人)	Number of Graduates (10 000 persons)	85.77	125.18	69.98	73.99
高级中等学校招生数 (万人)	New Student Enrollment of Senior Secondary Schools (10 000 persons)	43.87	76.13	60.81	68.14
升学率 (%)	Percentage of Graduates (%)	51.15	60.82	86.90	92.09
小 学	**Primary Schools**				
毕业生数 (万人)	Number of Graduates (10 000 persons)	130.20	81.57	73.02	76.97
初级中等学校招生数 (万人)	New Student Enrollment of Junior Secondary Schools (10 000 persons)	126.34	81.29	73.86	78.01
升学率 (%)	Percentage of Graduates (%)	97.04	99.66	101.15	101.35
学龄儿童 (万人)	**School-age Children (10 000 persons)**	**645.08**	**396.59**	**473.33**	**487.50**
已入学学龄儿童 (万人)	School-age Children Enrolled in Schools (10 000 persons)	634.90	392.76	473.19	487.47
入学率 (%)	Enrollment Rate (%)	98.40	99.03	99.97	99.99

注：2006年起初中升学率包括:普通高中招生数.职业高中招生数.技工学校招生数.普通中专招收初中应届毕业生数.成人中专招收初中应届毕业生数。

From 2006, the percentage of graduates in junior middle schools includes: the number of new student enrollment in senior schools, vocational high schools, technical training schools, vocational secondary schools and adult vocational schools.

15-17 学前教育基本情况
Basic Statistics on Pre-school Education

项 目	Item	2000	2005	2015	2016
幼儿园个数 (所)	Number of Kindergartens (unit)	5473	4359	13944	14365
班数 (个)	Number of Classes (unit)	29896	30987	73432	75774
在园幼儿数 (万人)	Student Enrollment (10 000 persons)	62.87	82.17	216.63	224.93
教职工数 (万人)	Number of Staff and Teachers (10 000 persons)	3.98	3.79	17.57	19.52
#专任教师	#Full-time Teachers	3.39	1.97	8.60	9.49

15-18 各类专业技术人员
Various Specialized Technical Personnel

单位:人 (person)

项 目	Item	2015			2016		
		合计 Total	企业 Enterprise	事业 Institutions	合计 Total	企业 Enterprise	事业 Institutions
总 计	**Total**	**994507**	**98629**	**895878**	**984125**	**96677**	**887448**
#高级职称	#Senior	110214	5903	104311	117472	4936	112536
中级职称	Secondary	453873	27256	426617	441580	26854	414726
#女性	#Female	438045	34092	403953	477252	33449	443803
#自然科学	#Natural Sciences	885220	42606	842614	869356	40898	828458
#社会及人文科学	#Social Sciences and Humanities	109287	56023	53264	114769	55779	58990

注：此表未包括国家机关与人民团体中的专业技术人员。2008年起，本表数据不含中央在湘单位，国有单位改为公有经济企业，集体单位改为事业单位(下表同)。事业单位自然科学和社会及人文科学只统计正式在册人员。

Technicians from government offices and mass organizations were excluded. Form 2008, Technicians from center units in Hunan province were excluded. State-Owned units changed into State-Owned Enterprises , Collective-Owned units changed into Institutions(The same as the following). Natural Sciences and Social Sciences and Humanities of Institutions only count Officially registered workers.

15-19 自然科学研究获奖成果
Number of Achievements in Natural Scientific Research

单位:项 (item)

项 目	Item	2000	2005	2015	2016
省自然科学奖	Provincial Natural Sciences Prize			39	45
省技术发明奖	Provincial Invention Prize			15	21
省科技进步奖	Provincial Scientific Technological Progress Prize	360	148	164	138
国家科学技术进步奖	National Scientific Technological Progress Prize	13	19	14	10
国家批准授予的发明奖	National Invention Prize		2	4	1
国家自然科学奖	National Natural Sciences Prize	1			1

15-20 科技成果情况(2016年)
Statistics on Achievements of Science and Technology (2016)

单位:项 (item)

项 目	Item	总 计 Total	科研院所 Research Institu-tions	大专院校 Universi-ties and Colleges	工矿企业 Industrial and Mining Enterprises	其 他 Others
项目基本情况	**Basic Statistics on Items**					
登记项目数	Number of Registered Items	694	50	158	412	74
#基础理论成果	#Results of Foundation Theories	28	2	18		8
软科学成果	Results of Soft Science	17		10	1	6
应用技术成果	Results of Applied Technique	649	48	130	411	60
#鉴定项目数	# Number of Appraised Items	204	24	42	105	33
奖励项目数	Number of Prized Items					
项目计划管理情况	**Statistics of Items Planned Management**					
国家计划项目	National Plan Items	96	14	29	47	6
省部计划项目	Provincial Plan Items	242	18	65	117	42
计划外项目	Non-plan Items	356	18	64	248	26
应用成果水平	**Level of Achievements**					
国际首创或领先	Originate and Keep Ahead at International	23	5	5	13	
国际先进	International Advanced Level	63	2	7	51	3
国内首创或领先	Originate and Keep Ahead at National	166	9	27	110	20
国内先进	Domestically Advanced Level	66	2	20	28	16
其他	Others	331	30	71	209	21

15-21 三种专利申请与批准项数
Three Types of Patent Applications Examined and Certified

单位:项 (item)

项 目	Item	申请数 Applications Examined		批准数 Applications Granted	
		2015	2016	2015	2016
总 计	**Total**	**54501**	**67779**	**34075**	**34050**
按种类分	**By Types:**				
发 明	Creation and Inventions	19499	25524	6776	6967
实用新型	Utility Models	23641	29635	18467	18452
外观设计	Designs	11361	12620	8832	8631
按申请人类别分	**By Proposer:**				
个 人	Personal	17846	22064	10730	10832
大专院校	Universities and Colleges	8628	11973	4632	5881
科研单位	Research Institutions	595	783	291	369
工矿企业	Industrial and Mining Enterprises	26867	32343	18207	16723
机关团体	Agencies and Organizations	565	616	215	245

15-22 各类技术合同签订及执行情况(2016年)
Statistics on Contracts Signed and Performed (2016)

项 目	Item	合同数(项) Number of Contracts (item)	合同金额(万元) Contracted Value (10 000 yuan)	#技术交易额 Value of Technical Trade
总 计	**Total**	**3976**	**1056246.93**	**501469.39**
技术开发合同	Contracts of Technical Development	2223	229994.36	200280.40
技术转让合同	Contracts of Technical Alienation	207	92938.09	85100.31
技术服务合同	Contracts of Technical Services	196	62153.80	35828.92
技术咨询合同	Contracts of Technical Consultative	1350	671160.68	180259.76

15-23 各级科技计划项目进入技术市场情况(2016年)
Statistics on Different Levels of Scientific Plan Items Put into Technical Markets (2016)

开发类别	Item	总计 Total	国家部门计划 Country Level	省级计划 Province Level	计划外 other
项目个数合计(项)	**Total (item)**	**3976**	**37**	**289**	**3650**
#机关法人	#Official Organ as a Legal Person	35			35
事业法人	Corporation of public utility	1031	7	58	966
社团法人	Juridical Association	121		4	117
企业法人	Legal body of Enterprise	2669	30	226	2413
自然人	Natural Personal	38			38
其他组织	Other Organizations	82		1	81
金额合计 (万元)	**Total (10 000 yuan)**	**1056246.93**	**5911.41**	**146557.78**	**903777.75**
#机关法人	#Official Organ as a Legal Person	81716.00			81716.00
事业法人	Corporation of public utility	93913.13	321.60	3308.96	90282.57
社团法人	Juridical Association	7425.00		410.00	7015.00
企业法人	Legal body of Enterprise	849794.75	5589.81	142689.73	701515.21
自然人	Natural Personal	21440.10			21440.10
其他组织	Other Organizations	1957.96		149.09	1808.87

15-24 高新技术产业情况(2016年)
Basic Statistics on High-tech Industries (2016)

项　目	Item	企业单位数 (个) Number of Enterprises (unit)	高新技术产业总产值 (万元) Gross Output Value of High-tech Industries (10 000 yuan)	高新技术产业增加值 (万元) Added Value of High-tech Industries (10 000 yuan)
总　计	**Total**	**5023**	**245839723**	**68591843**
#高新技术企业	# High and New Technology Enterprises	2328	159946116	44516408
按登记注册类型分:	**By Registration Status**			
内资企业	Domestic-Funded Enterprises	4756	220730695	61118430
国有	State-owned Enterprises	90	6810964	2580581
集体	Collective-owned Enterprises	12	288338	107320
股份合作	Cooperative Enterprises	4	66355	10857
集体联营	Collective Joint Ownership Enterprises			129
国有与集体联营	State-owned and collective-associate Enterprises	1	514	129
国有独资公司	State-funded Corporations	72	12521890	4436362
其他有限责任公司	Other Limited Liability Corporations	1060	58977347	17624947
股份有限公司	Share-holding Corporations Ltd.	272	30893934	8385809
私营独资	Private-funded Enterprises	71	1992333	517511
私营合伙	Private Partnership Enterprises	23	492532	123940
私营有限责任公司	Private Limited Liability Corporations	2808	95456721	23668966
私营股份有限公司	Private Share-holding Corporations Ltd.	312	12724097	3519227
其他内资	Other Enterprises	31	505670	142653
港澳台商投资企业	Enterprises With Investment from H.K,Macao and Taiwan	150	15316304	4976290
外商投资企业	Enterprises With Foreign Investment	117	9792724	2497122
按企业规模分:	**By Size:**			
大型企业	Large	257	100260787	29457861
中型企业	Medium	1133	65426071	17886551
按高新技术领域分:	**By High-tech Fields:**			
电子信息技术	Electron and Information	637	26151323	9528773
生物与新医药技术	Biological Medicine and Medical Instrument	981	38243703	9621817
航空航天技术	Avigation and Spaceflight	17	740371	265391
新材料技术	New Materials	1164	61252731	15449687
高技术服务业	High-tech Services	211	7363408	3061310
新能源及节能技术	New Energy Resources, Energy Saving	204	10410308	2847719
资源与环境技术	Resources and Environmental Technology	255	7896430	2010898
高新技术改造传统产业	High-technology to Transform Traditional Industries	1277	65769438	15953256
其他领域	Other Fields	277	28012012	9852991

15-24 续表 continued

项 目	Item	高新技术产业销售收入（万元）Sales Revenue of High-tech Industries (10 000 yuan)	#出口收入 Exports Revenue	高新技术产业利税总额（万元）Peofits and Tax of High-tech Industries (10 000 yuan)	#利润总额 Total of Profit and Tax
总 计	**Total**	**228615870**	**11177418**	**16353313**	**9324990**
#高新技术企业	# High and New Technology Enterprises	148618291	7946054	10322061	5879719
按登记注册类型分:	**By Registration Status**				
内资企业	Domestic-Funded Enterprises	205022443	8518499	14387881	8349385
国有	State-owned Enterprises	5528430	82764	625674	144043
集体	Collective-owned Enterprises	150809		10854	6489
股份合作	Cooperative Enterprises	63516	7116	3184	785
集体联营	Collective Joint Ownership Enterprises				
国有与集体联营	State-owned and collective-associate Enterprises	514	514	80	51
国有独资公司	State-funded Corporations	12296421	242850	585232	81705
其他有限责任公司	Other Limited Liability Corporations	53857024	1772457	4268116	2715006
股份有限公司	Share-holding Corporations Ltd.	32079961	530037	2741205	1212348
私营独资	Private-funded Enterprises	1808143	277635	104646	85823
私营合伙	Private Partnership Enterprises	501946	9920	26822	17109
私营有限责任公司	Private Limited Liability Corporations	86708827	4864507	5127085	3483216
私营股份有限公司	Private Share-holding Corporations Ltd.	11613953	724518	857174	577743
其他内资	Other Enterprises	412899	6181	37810	25067
港澳台商投资	Enterprises With Investment from H.K,Macao and Taiwan	14432084	2183614	875731	534967
外商投资	Enterprises With Foreign Investment	9161343	475306	1089700	440639
按企业规模分:	**By Size:**				
大型企业	Large	97042152	6014519	6936581	2943911
中型企业	Medium	59148425	3354227	4555531	3081216
按高新技术领域分:	**By High-tech Fields:**				
电子信息技术	Electron and Information	24275611	2821313	2560866	1778149
生物与新医药技术	Biological Medicine and Medical Instrument	35568702	496742	2654192	1557776
航空航天技术	Avigation and Spaceflight	744913	12690	48345	37446
新材料技术	New Materials	56969502	2343794	3356200	1529383
高技术服务业	High-tech Services	6745868	196524	490272	328764
新能源及节能技术	New Energy Resources, Energy Saving	8706873	508458	623755	394660
资源与环境技术	Resources and Environmental Technology	6975173	367196	444271	300026
高新技术改造传统产业	High-technology to Transform Traditional Industries	59058362	4157087	4536229	2448973
其他领域	Other Fields	29570867	273615	1639182	949814

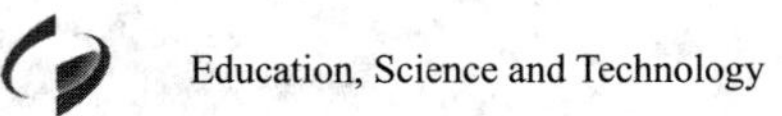

15-25 全省R&D活动基本情况(2016年)
Basic Statistics on Scientific Research and Development (2016)

项　目	Item	总计 Total	科研机构 Scientific Research Institution	高等学校 Higher Education	工业企业 Industrial Enterprises	非工业企业 Non-Industrial Enterprises	事业单位 Institutions
有R&D活动的单位数（个）	**Number of Units Having R&D Activities (unit)**	**3634**	**103**	**165**	**3144**	**116**	**106**
R&D人员	**R&D Personnel (person)**	**191125**	**7744**	**36849**	**130292**	**11906**	**4334**
#女性	#Female	49406	2465	15115	27739	1941	2146
#全时人员	#Full-time Personnel	122964	5852	13135	93842	9045	1090
R&D人员全时当量（人年）	**Full-time Equivalent of R&D Personnel (man-year)**	**119345**	**6667**	**15331**	**86440**	**8031**	**2875**
基础研究人员	Basic Research	8491	723	6937	374	299	158
应用研究人员	Applied Research	16808	2324	7172	4450	1465	1398
试验发展人员	Experimental Development	94046	3620	1223	81617	6267	1319
R&D经费内部支出（万元）	**Intramural Expenditure on R&D (10 000 yuan)**	**4688418**	**215739**	**264171**	**3929647**	**251548**	**27314**
#政府资金	#Government Funds	563211	166453	170760	205874	5591	14534
按支出用途分	by Use						
经常费支出	Operating Expenses	4225594	183423	225160	3555243	243231	18537
#人员劳务费	#Service Fees	1304375	78203	56905	1059890	97651	11726
资产性支出	Capital Expenditures	462825	32316	39010	374405	8317	8777
#仪器和设备	#Instruments & Equipments	436284	22781	34499	362688	8256	8061
按活动类型分	by Activity						
基础研究支出	Basic Research	131039	14252	95676	16855	2718	1539
应用研究支出	Applied Research	493659	72954	127312	239103	45047	9243
试验发展支出	Experimental Development	4063720	128532	41182	3673690	203782	16533
R&D经费外部支出（万元）	**External Expenditure on R&D (10 000 yuan)**	**213016**	**34734**	**17620**	**152347**	**8147**	**168**
研究机构基本情况	**Basic Information of the Research Institutes**						
研究机构数（个）	Number of Research Institutions (unit)	2961	123	775	1874	122	67
研究机构R&D人员（人）	R&D Personnel in Research Institutions (person)	72495	7744	9680	48638	4549	1884
研究机构R&D经费支出(万元)	Expenditure on R&D in Research Institutions (10 000 yuan)	1705008	215739	60752	1351252	71656	5609
R&D项目(课题)情况	**Statistics on R&D Topics**						
R&D项目(课题)数（项）	Number of R&D Projects (item)	45423	1402	34770	7899	958	394
R&D项目(课题)人员全时当量（人年）	Full-time Equivalent of R&D Projects Personnel (man-year)	108887	6590	15318	78116	7293	1570
R&D项目(课题)经费内部支出（万元）	Intramural Expenditure on R&D Projects (10 000 yuan)	4032380	184608	195717	3390105	248316	13634

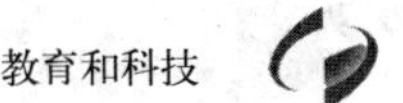

15-26 R&D人员情况(2016年)
R&D Personnel (2016)

项目	Item	有R&D活动的单位数(个) Number of Enterprises Having R&D Activities (unit)	R&D人员(人) R&D Personnel (person)	#女性 Femal	全时人员 Full-time Person-nel	非全时人员 Parttime Personnel
总　计	**Total**	**3634**	**191125**	**49406**	**122964**	**68161**
按执行部门分组	**By Performer**					
科研机构	Scientific Research Institution	103	7744	2465	5852	1892
高等学校	Higher Education	165	36849	15115	13135	23714
企业	Enterprises	3260	142198	29680	102887	39311
工业企业	Industrial Enterprises	3144	130292	27739	93842	36450
非工业企业	Non Industrial Enterprises	116	11906	1941	9045	2861
事业单位	Institution	106	4334	2146	1090	3244
按国民经济行业分组	**By Sector**					
农、林、牧、渔业	Agriculture, Forestry, Farming of Animals and Fishing	19	119	9	67	52
采矿业	Mining	62	1882	291	1433	449
制造业	Manufacturing	3049	127025	27125	91363	35662
电力、燃气及水的生产和供应业	Production and Distribution of Electricity, Gas and Water	33	1385	323	1046	339
建筑业	Construction	25	5222	510	3401	1821
交通运输、仓储和邮政业	Traffic,Transport,Storage and Post	1	51	2	9	42
信息传输、计算机服务和软件业	Information Transfer,Computer Services and Software	18	1395	299	1250	145
金融业	Finance	3	244	37	191	53
租赁和商务服务业	Tenancy and Business Services	1	36	9	32	4
科学研究、技术服务和地质勘查业	Scientific Research,Technical Service and Geologic Perambulation	199	13327	3755	10393	2934
水利、环境和公共设施管理业	Management of Water Conservancy,Environment and Public Establishment	8	281	82	205	76
教育	Education	165	36849	15115	13135	23714
卫生、社会保障和社会福利业	Sanitation,Social Security&Social Welfare	49	3237	1835	386	2851
文化、体育和娱乐业	Culture,Sports and Entertainment	2	72	14	53	19
按地区分组	**By Region**					
长沙市	Changsha	1033	99245	26349	67802	31443
株洲市	Zhuzhou	238	15897	3913	11777	4120
湘潭市	Xiangtan	204	13665	4007	8359	5306
衡阳市	Hengyang	296	10913	2493	6166	4747
邵阳市	Shaoyang	210	5930	1420	3559	2371
岳阳市	Yueyang	382	12308	2629	5408	6900
常德市	Changde	302	8786	2033	5372	3414
张家界市	Zhangjiajie	45	428	111	281	147
益阳市	Yiyang	233	5425	1662	3514	1911
郴州市	Chenzhou	241	6719	1613	4382	2337
永州市	Yongzhou	226	4149	1379	2149	2000
怀化市	Huaihua	109	2810	619	1853	957
娄底市	Loudi	75	3284	683	1688	1596
湘西州	West Hunan	40	1566	495	654	912

15-27 R&D人员全时当量情况(2016年)
Full-time Equivalent of R&D Personnel (2016)

单位:人年 (man-year)

项 目	Item	R&D人员全时当量 Full-time Equivalent of R&D Personnel	基础研究人员 Basic Research Personnel	应用研究人员 Applied Research Personnel	试验发展人员 Experimental Development Personnel
总 计	**Total**	**119345**	**8491**	**16808**	**94046**
按执行部门分组	**By Performer**				
科研机构	Scientific Research Institution	6667	723	2324	3620
高等学校	Higher Education	15331	6937	7172	1223
企业	Enterprises	94472	673	5915	87884
工业企业	Industrial Enterprises	86440	374	4450	81617
非工业企业	Non Industrial Enterprises	8031	299	1465	6267
事业单位	Institution	2875	158	1398	1319
按国民经济行业分组	**By Sector**				
农、林、牧、渔业	Agriculture, Forestry, Farming of Animals and Fishing	79			79
采矿业	Mining	1182	7	26	1149
制造业	Manufacturing	84431	367	4349	79715
电力、燃气及水的生产和供应业	Production and Distribution of Electricity,Gas and Water	827		75	753
建筑业	Construction	4266	11	785	3471
交通运输、仓储和邮政业	Traffic,Transport,Storage and Post	31			31
信息传输、计算机服务和软件业	Information Transfer,Computer Services and Software	975		28	947
金融业	Finance	100			100
租赁和商务服务业	Tenancy and Business Services	29			29
科学研究、技术服务和地质勘查业	Scientific Research,Technical Service and Geologic Perambulation	9929	1157	3181	5591
水利、环境和公共设施管理业	Management of Water Conservancy,Environment andPublic Establishment	108		25	83
教育	Education	15331	6937	7172	1223
卫生、社会保障和社会福利业	Sanitation,Social Security&Social Welfare	2022	13	1169	840
文化、体育和娱乐业	Culture,Sports and Entertainment	36			36
按地区分组	**By Region**				
长沙市	Changsha	62330	5069	10239	47022
株洲市	Zhuzhou	9222	364	581	8277
湘潭市	Xiangtan	8207	1391	1113	5704
衡阳市	Hengyang	6707	547	934	5227
邵阳市	Shaoyang	4115	154	300	3660
岳阳市	Yueyang	8397	252	1754	6390
常德市	Changde	5834	111	371	5352
张家界市	Zhangjiajie	229	1	39	189
益阳市	Yiyang	3755	54	547	3154
郴州市	Chenzhou	4509	53	392	4064
永州市	Yongzhou	1622	63	94	1465
怀化市	Huaihua	1567	108	165	1294
娄底市	Loudi	2090	74	106	1910
湘西州	West Hunan	761	249	173	338

15-28 按经费来源分R&D经费内部支出情况(2016年)
Intramural Expenditure on R&D by Sources (2016)

单位:万元 (10 000 yuan)

项　目	Item	R&D经费内部支出 Intramural Expenditure on R&D	政府资金 Government Funds	企业资金 Self-raised Funds by Enterprises	境外资金 Foreign Funds	其他 Other Funds
总　计	**Total**	**4688418**	**563211**	**4040827**	**10713**	**73668**
按执行部门分组	**By Performer**					
科研机构	Scientific Research Institution	215739	166453	31592	189	17505
高等学校	Higher Education	264171	170760	67662	718	25032
企业	Enterprises	4181195	211465	3931961	9807	27963
工业企业	Industrial Enterprises	3929647	205874	3686014	9807	27953
非工业企业	Non Industrial Enterprises	251548	5591	245947		10
事业单位	Institution	27314	14534	9613		3168
按国民经济行业分组	**By Sector**					
农、林、牧、渔业	Agriculture, Forestry, Farming of Animals and Fishing	1835	298	1527		10
采矿业	Mining	40948	706	40004		239
制造业	Manufacturing	3864662	204942	3622199	9807	27714
电力、燃气及水的生产和供应业	Production and Distribution of Electricity,Gas and Water	24038	226	23811		
建筑业	Construction	159101	122	158979		
交通运输、仓储和邮政业	Traffic,Transport,Storage and Post	845		845		
信息传输、计算机服务和软件业	Information Transfer,Computer Services and Software	14254	1018	13236		
金融业	Finance	2506		2506		
租赁和商务服务业	Tenancy and Business Services	378	82	296		
科学研究、技术服务和地质勘查业	Scientific Research,Technical Service and Geologic Perambulation	292972	177801	94362	189	20620
水利、环境和公共设施管理业	Management of Water Conservancy,Environment and Public Establishment	5019	512	4507		
教育	Education	264171	170760	67662	718	25032
卫生、社会保障和社会福利业	Sanitation,Social Security&Social Welfare	16942	6745	10144		53
文化、体育和娱乐业	Culture,Sports and Entertainment	749		749		
按地区分组	**By Region**					
长沙市	Changsha	1987142	334135	1621657	1469	29881
株洲市	Zhuzhou	473047	91471	378776	210	2591
湘潭市	Xiangtan	314754	27806	279118	37	7794
衡阳市	Hengyang	234877	13610	215708	215	5345
邵阳市	Shaoyang	155103	5683	145922	1397	2101
岳阳市	Yueyang	516579	29050	470817	6718	9994
常德市	Changde	355867	14075	338353		3440
张家界市	Zhangjiajie	11409	1759	9583		67
益阳市	Yiyang	146651	7643	135311	420	3277
郴州市	Chenzhou	204278	14068	185104		5107
永州市	Yongzhou	85209	4538	79637	105	928
怀化市	Huaihua	64790	10461	53161	142	1025
娄底市	Loudi	127659	3868	122376		1415
湘西州	West Hunan	11053	5043	5306		704

15-29 按支出用途分R&D经费内部支出情况(2016年)
Intramural Expenditure on R&D by Use (2016)

单位:万元 (10 000 yuan)

项目	Item	R&D经费内部支出 Intramural Expenditure on R&D	经常费支出 Operating Expenses	#人员劳务费 Service Fees	资产性支出 Capital Expenditures	#仪器和设备 Instruments & Equipments
总　计	**Total**	**4688418**	**4225594**	**1304375**	**462825**	**436284**
按执行部门分组	**By Performer**					
科研机构	Scientific Research Institution	215739	183423	78203	32316	22781
高等学校	Higher Education	264171	225160	56905	39010	34499
企业	Enterprises	4181195	3798473	1157541	382721	370944
工业企业	Industrial Enterprises	3929647	3555243	1059890	374405	362688
非工业企业	Non Industrial Enterprises	251548	243231	97651	8317	8256
事业单位	Institution	27314	18537	11726	8777	8061
按国民经济行业分组	**By Sector**					
农、林、牧、渔业	Agriculture, Forestry, Farming of Animals and Fishing	1835	1443	343	392	371
采矿业	Mining	40948	35346	11933	5603	5495
制造业	Manufacturing	3864662	3496469	1040093	368192	356614
电力、燃气及水的生产和供应业	Production and Distribution of Electricity,Gas and Water	24038	23428	7864	610	580
建筑业	Construction	159101	157238	40882	1863	1846
交通运输、仓储和邮政业	Traffic,Transport,Storage and Post	845	845	367		
信息传输、计算机服务和软件业	Information Transfer,Computer Services and Software	14254	13566	9652	688	687
金融业	Finance	2506	1232	1107	1275	1275
租赁和商务服务业	Tenancy and Business Services	378	342	279	36	32
科学研究、技术服务和地质勘查业	Scientific Research,Technical Service and Geologic Perambulation	292972	253751	125729	39221	29058
水利、环境和公共设施管理业	Management of Water Conservancy,Environment and Public Establishment	5019	4992	1839	28	28
教育	Education	264171	225160	56905	39010	34499
卫生、社会保障和社会福利业	Sanitation,Social Security&Social Welfare	16942	11033	6679	5909	5801
文化、体育和娱乐业	Culture,Sports and Entertainment	749	749	703		
按地区分组	**By Region**					
长沙市	Changsha	1987142	1844390	641431	142752	131380
株洲市	Zhuzhou	473047	435215	156214	37832	34961
湘潭市	Xiangtan	314754	275395	80300	39359	34630
衡阳市	Hengyang	234877	189953	54328	44924	44067
邵阳市	Shaoyang	155103	131449	34212	23654	23105
岳阳市	Yueyang	516579	448598	122546	67981	65211
常德市	Changde	355867	329887	69025	25980	25455
张家界市	Zhangjiajie	11409	7347	2492	4063	4043
益阳市	Yiyang	146651	124593	34938	22058	21482
郴州市	Chenzhou	204278	178358	48619	25920	25307
永州市	Yongzhou	85209	73535	19788	11673	10915
怀化市	Huaihua	64790	57056	15235	7734	7264
娄底市	Loudi	127659	120824	21367	6835	6464
湘西州	West Hunan	11053	8994	3881	2059	2000

15-30 按活动类型分R&D经费内部支出情况(2016年)
Intramural Expenditure on R&D by Activities (2016)

单位:万元 (10 000 yuan)

项 目	Item	R&D经费内部支出 Intramural Expenditure on R&D	基础研究支出 Basic Research	应用研究支出 Applied Research	试验发展支出 Experimental Development
总 计	**Total**	**4688418**	**131039**	**493659**	**4063720**
按执行部门分组	**By Performer**				
科研机构	Scientific Research Institution	215739	14252	72954	128532
高等学校	Higher Education	264171	95676	127312	41182
企业	Enterprises	4181195	19573	284150	3877472
工业企业	Industrial Enterprises	3929647	16855	239103	3673690
非工业企业	Non Industrial Enterprises	251548	2718	45047	203782
事业单位	Institution	27314	1539	9243	16533
按国民经济行业分组	**By Sector**				
农、林、牧、渔业	Agriculture, Forestry, Farming of Animals and Fishing	1835			1835
采矿业	Mining	40948	370	1989	38589
制造业	Manufacturing	3864662	16485	235486	3612691
电力、燃气及水的生产和供应业	Production and Distribution of Electricity,Gas and Water	24038		1627	22411
建筑业	Construction	159101	120	28396	130585
交通运输、仓储和邮政业	Traffic, Transport, Storage and Post	845			845
信息传输、计算机服务和软件业	Information Transfer, Computer Services and Software	14254		254	14000
金融业	Finance	2506			2506
租赁和商务服务业	Tenancy and Business Services	378			378
科学研究、技术服务和地质勘查业	Scientific Research, Technical Service and Geologic Perambulation	292972	18345	91395	183231
水利、环境和公共设施管理业	Management of Water Conservancy, Environment and Public Establishment	5019		449	4571
教育	Education	264171	95676	127312	41182
卫生、社会保障和社会福利业	Sanitation, Social Security&Social Welfare	16942	44	6751	10148
文化、体育和娱乐业	Culture, Sports and Entertainment	749			749
按地区分组	**By Region**				
长沙市	Changsha	1987142	79734	229308	1678100
株洲市	Zhuzhou	473047	2175	33070	437803
湘潭市	Xiangtan	314754	23371	27736	263647
衡阳市	Hengyang	234877	7664	31348	195866
邵阳市	Shaoyang	155103	1187	19946	133971
岳阳市	Yueyang	516579	7240	85780	423559
常德市	Changde	355867	829	14116	340922
张家界市	Zhangjiajie	11409	25	738	10646
益阳市	Yiyang	146651	3191	21349	122111
郴州市	Chenzhou	204278	748	18146	185384
永州市	Yongzhou	85209	633	3231	81345
怀化市	Huaihua	64790	505	5436	58848
娄底市	Loudi	127659	914	1827	124919
湘西州	West Hunan	11053	2823	1629	6601

15-31 R&D经费外部支出情况(2016年)
External Expenditure on R&D (2016)

单位:万元 (10 000 yuan)

项 目	Item	R&D经费外部支出 External Expenditure on R&D	对境内研究机构支出 To Domestic Research Institutions	对境内高等学校支出 To Domestic Higher Education	对境内企业支出 To Domestic Enterprises	对境外机构支出 To Foreign Institutions
总　计	**Total**	**213016**	**84691**	**50185**	**70250**	**7769**
按执行部门分组	**By Performer**					
科研机构	Scientific Research Institution	34734	8332	764	25638	
高等学校	Higher Education	17620	9657	4080	2592	1171
企业	Enterprises	160494	66584	45301	42012	6598
工业企业	Industrial Enterprises	152347	64961	43581	37391	6414
非工业企业	Non Industrial Enterprises	8147	1622	1720	4621	184
事业单位	Institution	168	119	40	7	
按国民经济行业分组	**By Sector**					
农、林、牧、渔业	Agriculture, Forestry, Farming of Animals and Fishing	66	41	25		
采矿业	Mining	718	436	194	88	
制造业	Manufacturing	148924	63306	42534	36670	6414
电力、燃气及水的生产和供应业	Production and Distribution of Electricity,Gas and Water	2705	1219	853	633	
建筑业	Construction	1593	90	708	631	165
交通运输、仓储和邮政业	Traffic,Transport,Storage and Post	573		98	475	
信息传输、计算机服务和软件业	Information Transfer,Computer Services and Software	2107	115	7	1980	5
金融业	Finance	342	342			
租赁和商务服务业	Tenancy and Business Services					
科学研究、技术服务和地质勘查业	Scientific Research,Technical Service and Geologic Perambulation	38368	9485	1688	27180	14
水利、环境和公共设施管理业	Management of Water Conservancy, Environment and Public Establishment					
教育	Education	17620	9657	4080	2592	1171
卫生、社会保障和社会福利业	Sanitation,Social Security&Social Welfare					
文化、体育和娱乐业	Culture,Sports and Entertainment					
按地区分组	**By Region**					
长沙市	Changsha	97103	35705	11351	44632	5298
株洲市	Zhuzhou	23297	5885	4555	11939	917
湘潭市	Xiangtan	19025	4655	12399	1568	401
衡阳市	Hengyang	5422	3192	1074	1153	3
邵阳市	Shaoyang	3708	1062	2246	282	118
岳阳市	Yueyang	33471	20198	10403	1860	1010
常德市	Changde	6506	2491	1185	2830	
张家界市	Zhangjiajie	770		340	430	
益阳市	Yiyang	2430	1683	406	321	16
郴州市	Chenzhou	6623	1903	3594	1125	
永州市	Yongzhou	4151	3494	486	170	
怀化市	Huaihua	6924	1589	1454	3881	
娄底市	Loudi	3514	2826	636	48	4
湘西州	West Hunan	74	8	55	11	

15-32　研究机构情况(2016年)
Statistics on Scientific Research Institutions (2016)

单位:万元　　　　(10 000 yuan)

项　目	Item	机构数(个) Number of Instituti-ons (unit)	R&D人员(人) R&D Personnel (person)	R&D经费支出 Expendi-ture on R&D	科研用仪器和设备原价 Original Price on equipmenet for Scientific Research	#进口 import
总计	**Total**	**2961**	**72495**	**1705008**	**2917142**	**381633**
按执行部门分组	**By Performer**					
科研机构	Scientific Research Institution	123	7744	215739	112511	33521
高等学校	Higher Education	775	9680	60752	422682	172046
企业	Enterprises	1996	53187	1422908	2344444	170920
工业企业	Industrial Enterprises	1874	48638	1351252	2252441	164617
非工业企业	Non Industrial Enterprises	122	4549	71656	92004	6303
事业单位	Institution	67	1884	5609	37505	5147
按国民经济行业分组	**By Sector**					
农、林、牧、渔业	Agriculture, Forestry, Farming of Animals and Fishing	14	36	232	210	
采矿业	Mining	32	692	12395	7969	155
制造业	Manufacturing	1827	47568	1333528	2192950	151132
电力、燃气及水的生产和供应业	Production and Distribution of Electricity,Gas and Water	15	378	5329	51522	13330
建筑业	Construction	45	2810	48943	16232	4793
交通运输、仓储和邮政业	Traffic,Transport,Storage and Post	1			98	11
信息传输、计算机服务和软件业	Information Transfer,Computer Services and Software	15	362	5465	730	
金融业	Finance	17	131	1046	40751	
租赁和商务服务业	Tenancy and Business Services					
科学研究、技术服务和地质勘查业	Scientific Research,Technical Service and Geologic Perambulation	157	8947	230964	164704	35928
水利、环境和公共设施管理业	Management of Water Conservancy,Environment and Public Establishment	7	153	1293	634	
教育	Education	775	9680	60752	422682	172046
卫生、社会保障和社会福利业	Sanitation,Social Security&Social Welfare	55	1738	5061	18621	4240
文化、体育和娱乐业	Culture,Sports and Entertainment	1			40	
按研究机构组成类型分组	**By types of R&D Institutions**					
政府部门办	By government	216	8982	220210	134257	35221
与国内高校合办	Cooperation with Higher Education	16	218	1028	6186	1465
与国内独立研究机构合办	Cooperation with Independent Research Institutes	6	110	139	29	16
与境内注册的其他企业合办	Cooperation with Other Enterprise	40	949	6158	76214	16571
单位自办	By self	2665	61930	1477197	2700349	328362
其他	Others	18	306	275	108	
按学科分组	**By Subject**					
自然科学	Natural sciences	75	1724	25058	104681	38650
农业科学	Agricultural Sciences	136	3074	61245	58382	20292
医药科学	Medical Science	124	3500	21145	98308	50190
工程与技术科学	Engineering and Technological Sciences	2185	59632	1581912	2638840	268112
人文与社会科学	Humanities and Social Sciences	441	4565	15648	16932	4391
按地区分组	**By Region**					
长沙市	Changsha	1279	41979	955802	1693018	230184
株洲市	Zhuzhou	155	6198	95377	283649	30357
湘潭市	Xiangtan	144	4212	79350	127747	44495
衡阳市	Hengyang	223	2866	66318	145789	25629
邵阳市	Shaoyang	112	2191	44501	23538	3212
岳阳市	Yueyang	269	4084	148435	234191	27758
常德市	Changde	131	2427	122524	129636	12969
张家界市	Zhangjiajie	28	166	1981	2702	24
益阳市	Yiyang	137	1606	35517	157217	1036
郴州市	Chenzhou	193	3014	94415	39175	1746
永州市	Yongzhou	135	1841	24800	38160	138
怀化市	Huaihua	44	643	13161	16965	330
娄底市	Loudi	68	789	20134	17427	1881
湘西州	West Hunan	43	479	2693	7929	1874

15-33 全部R&D项目(课题)情况(2016年)
Statistics on Total R&D Projects (2016)

项　目	Item	项目(课题)数(项) Number of Projects (item)	项目(课题)人员全时当量(人年) Full-time Equivalent of Projects (man-year)	项目(课题)经费内部支出(万元) Intramural Expenditure (10 000 yuan)
总　计	**Total**	**45423**	**108887**	**4032380**
按执行部门分组	**By Performer**			
科研机构	Scientific Research Institution	1402	6590	184608
高等学校	Higher Education	34770	15318	195717
企业	Enterprises	8857	85409	3638420
工业企业	Industrial Enterprises	7899	78116	3390105
非工业企业	Non Industrial Enterprises	958	7293	248316
事业单位	Institution	394	1570	13634
按国民经济行业分组	**By Sector**			
农、林、牧、渔业	Agriculture, Forestry, Farming of Animals and Fishing	23	66	826
采矿业	Mining	116	1082	32917
制造业	Manufacturing	7634	76294	3337847
电力、燃气及水的生产和供应业	Production and Distribution of Electricity,Gas and Water	149	740	19341
建筑业	Construction	306	3971	159084
交通运输、仓储和邮政业	Traffic,Transport,Storage and Post	1	25	845
信息传输、计算机服务和软件业	Information Transfer,Computer Services and Software	62	918	14253
金融业	Finance	45	51	895
租赁和商务服务业	Tenancy and Business Services	1	22	375
科学研究、技术服务和地质勘查业	Scientific Research,Technical Service and Geologic Perambulation	2071	9528	259159
水利、环境和公共设施管理业	Management of Water Conservancy,Environment and Public Establishment	39	98	4874
教育	Education	34770	15318	195717
卫生、社会保障和社会福利业	Sanitation, Social Security&Social Welfare	201	743	5521
文化、体育和娱乐业	Culture, Sports and Entertainment	5	32	726
按项目来源分组	**By Sources of Topics**			
国家科技项目	National S&T Projects	9425	13699	365084
地方科技项目	Local S&T Projects	17365	15145	343731
企业委托科技项目	S&T Projects Entrusted by Enterprise	4841	4247	131768
自选科技项目	S&T Projects Chosen by Enterprise	12271	73459	3117113
来自国外的科技项目	Oversease S&T Projects	74	223	8750
其它科技项目	Others	1447	2113	65935
按项目合作形式分组	**By Cooperation Modality**			
与境外机构合作	Cooperation with Oversease Institutes	133	726	142942
与国内高校合作	Cooperation with Higher Education	2380	7450	284756
与国内独立研究机构合作	Cooperation with Independent Research Institutes	1190	5723	236757
与境内注册外商独资企业合作	Cooperation with Sole Foreign Enterprise	22	193	6902
与境内注册其他企业合作	Cooperation with Other Enterprise	2656	4965	158596
独立完成	Independent Implementation	37911	85671	3046914
其他	Others	1131	4158	155514

15-33 续表 continued

项 目	Item	项目(课题)数(项) Number of Projects (item)	项目(课题)人员全时当量(人年) Full-time Equivalent of Projects (man-year)	项目(课题)经费内部支出(万元) Intramural Expenditure (10 000 yuan)
按项目活动类型分组	**By R&D Activities types**			
基础研究	Basic Research	18855	8355	92260
应用研究	Applied Research	15651	15614	398198
试验发展	Experimental Development	10917	84918	3541922
按项目社会经济目标分组	**By Socio-economic Objective**			
环境保护及污染防治	Environmental conservation and Prevention of Pollution	1375	2800	99955
能源的生产、分配和合理利用	Production,Distribution and Rational Utilisation of Energy	1954	6671	321250
卫生事业的发展	Development of Human Health	2799	3031	29821
教育事业的发展	Development of Education	9851	2707	13474
基础设施以及城市和农村规划	Infrastructure, Urban and Rural Planning	2212	1246	19296
社会发展和社会服务	Social Development and Community Services	6145	2067	16522
地球和大气层的探索与利用	Exploration and Utilization of the Earth and Atmosphere	211	148	3517
民用空间的探测及开发	Civil Exploration and Exploitation of Space	42	33	741
农林牧渔业发展	Development of Agriculture,Forestry,Animal Husbandry and Fishery	2092	3648	65554
工商业发展	Development of Industry and Commerce	11893	78841	3244806
非定向研究	Non-oriented Research	6458	4447	98191
其他民用目标	Other Civil Research	391	3248	119253
按学科分组	**By Subject**			
自然科学	Natural sciences	3353	2383	36070
农业科学	Agricultural Sciences	1907	3545	67419
医药科学	Medical Science	2908	3218	31031
工程与技术科学	Engineering and Technological Sciences	17055	94665	3876826
人文与社会科学	Humanities and Social Sciences	20200	5076	21034
按地区分组	**By Region**			
长沙市	Changsha	26812	57154	1887099
株洲市	Zhuzhou	1951	7731	252289
湘潭市	Xiangtan	4873	7601	283827
衡阳市	Hengyang	3114	6080	196889
邵阳市	Shaoyang	806	3904	130101
岳阳市	Yueyang	1144	7437	394943
常德市	Changde	1157	5361	329508
张家界市	Zhangjiajie	50	225	7122
益阳市	Yiyang	989	3508	125549
郴州市	Chenzhou	1332	4217	180108
永州市	Yongzhou	880	1531	66482
怀化市	Huaihua	822	1397	58453
娄底市	Loudi	410	1989	111659
湘西州	West Hunan	1083	752	8351

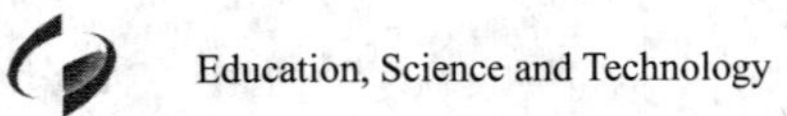

15-34 R&D活动产出情况(2016年)
Statistics on R&D Outputs (2016)

项 目	Item	专利申请数(件) Patent Applications (item)	#发明专利 Inventions	有效发明专利数(件) Inventions In Force (item)	发表科技论文(篇) Scientific Papers Issued (piece)
总 计	**Total**	**30076**	**14257**	**32444**	**58075**
按执行部门分组	**By Performer**				
科研机构	Scientific Research Institution	603	459	915	2110
高等学校	Higher Education	9454	4873	7063	50101
企业	Enterprises	19911	8869	24395	3558
工业企业	Industrial Enterprises	18249	8021	22315	3545
非工业企业	Non Industrial Enterprises	1662	848	2080	13
事业单位	Institution	108	56	71	2306
按国民经济行业分组	**By Sector**				
农、林、牧、渔业	Agriculture, Forestry, Farming of Animals and Fishing	5	2	3	12
采矿业	Mining	99	45	55	51
制造业	Manufacturing	17735	7803	22008	3185
电力、燃气及水的生产和供应业	Production and Distribution of Electricity,Gas and Water	415	173	252	309
建筑业	Construction	445	106	346	
交通运输、仓储和邮政业	Traffic,Transport,Storage and Post				
信息传输、计算机服务和软件业	Information Transfer,Computer Services and Software	211	173	116	
金融业	Finance				1
租赁和商务服务业	Tenancy and Business Services			7	
科学研究、技术服务和地质勘查业	Scientific Research, Technical Service and Geologic Perambulation	1649	1043	2572	2484
水利、环境和公共设施管理业	Management of Water Conservancy, Environment and Public Establishment	9	3	4	2
教育	Education	9454	4873	7063	50101
卫生、社会保障和社会福利业	Sanitation,Social Security&Social Welfare	54	36	8	1930
文化、体育和娱乐业	Culture,Sports and Entertainment			10	
按地区分组	**By Region**				
长沙市	Changsha	15391	7908	19442	34741
株洲市	Zhuzhou	4189	2063	4416	3098
湘潭市	Xiangtan	1994	957	1809	4258
衡阳市	Hengyang	1535	695	1655	4844
邵阳市	Shaoyang	459	135	263	1164
岳阳市	Yueyang	1461	599	1023	1254
常德市	Changde	1180	585	1498	1374
张家界市	Zhangjiajie	140	49	205	16
益阳市	Yiyang	1230	372	492	2064
郴州市	Chenzhou	700	276	657	859
永州市	Yongzhou	524	167	255	950
怀化市	Huaihua	193	87	184	1120
娄底市	Loudi	463	131	251	1335
湘西州	West Hunan	617	233	294	998

15-35 规模以上工业企业科技活动情况(2016年)

Basic Statistics on Scientific and Technological Activities in Industrial Enterprises above Designated Size (2016)

指标	Item	合计 Total	大型 Large	中型 Medium	小型 Small	微型 Miniature
企业基本情况	**Statistics on Industrial Enterprises**					
工业企业个数 (个)	Number of Industrial Enterprises above Designated Size (unit)	14384	221	2227	11594	342
#有R&D活动的企业个数	#Number of Units Having R&D Activities	3144	150	789	2182	23
R&D人员 (人)	R&D Personnel (person)	130292	59205	31518	39305	264
#女性	#Female	27739	12634	7049	7996	60
#全时人员	#Full-time Personnel	93842	44303	21834	27530	175
R&D活动情况	**Statistics on R&D Activities**					
R&D人员全时当量 (人年)	Full-time Equivalent of R&D Personnel (man-year)	86440	38702	21009	26545	185
R&D经费内部支出 (万元)	Intramural Expenditure on R&D (10 000 yuan)	3929647	1732559	915953	1271048	10087
按经费来源分	by Sources					
政府资金	Government Funds	205874	122072	38441	45154	207
企业资金	Self-raised Funds by Enterprises	3686014	1609136	863875	1203124	9880
境外资金	Foreign Funds	9807	83	3939	5786	
其他	Other funds	27953	1269	9699	16985	
按支出用途分	by Use					
经常费支出	Operating Expenses	3555243	1611213	832995	1105153	5881
#人员劳务费	#Service Fees	1059890	498699	258883	301341	967
资产性支出	Capital Expenditures	374405	121346	82958	165895	4206
#仪器和设备	#Instruments & Equipments	362688	116238	80282	161987	4181
R&D经费外部支出 (万元)	External Expenditure on R&D (10 000 yuan)	152347	59860	24653	67476	359
企业办科技机构情况	**Statistics on S&T Institutions**					
机构数 (个)	Number of S&T Institutions (unit)	1874	210	536	1119	9
机构人员 (人)	S&T Personnel (person)	70765	32868	17963	19748	186
#博士毕业	#Doctor	1757	499	478	774	6
#硕士毕业	#Master	11471	6848	2087	2526	10
机构经费支出 (万元)	Expenditure on S&T (10 000 yuan)	1737694	826535	434762	475395	1002
R&D项目(课题)情况	**Statistics on R&D Topics**					
R&D项目(课题)数 (项)	Number of R&D Projects (item)	7899	1914	1957	3984	44
R&D项目(课题)人员 (人)	Personnel of Projects for R&D (person)	119359	53172	28754	37177	256
R&D项目(课题)经费内部支出 (万元)	Intramural Expenditure on R&D Projects (10 000 yuan)	3390105	1475552	786280	1119608	8664
新产品开发及生产情况	**Statistics on New Products Development and Production**					
新产品开发项目数 (项)	Number of New Products (item)	7632	1652	1827	4107	46
新产品开发经费支出 (万元)	Expenditure on New Products Development (10 000 yuan)	3585267	1671626	806905	1099613	7123
新产品产值 (万元)	Gross Output Value of New Products (10 000 yuan)	84609379	42186342	22998333	19369389	55315
新产品销售收入 (万元)	Sales Revenue of New Products (10 000 yuan)	80984709	40639593	21895600	18395578	53938
#出口	#Exported	3622841	2448913	623210	550718	
专利情况	**Statistics on Patents**					
专利申请数 (件)	Patent Applications (item)	18249	6491	4599	7132	27
有效发明专利数 (件)	Inventions In Force (item)	22315	10060	5539	6695	21
发表科技论文 (篇)	Number of Published Scientific Papers (piece)	3545	2407	500	638	
拥有注册商标数 (件)	Number of registered trademark (item)	14550	9173	2626	2745	6

15-36 规模以上工业企业R&D人员情况(2016年)
R&D Personnel in Industrial Enterprises above Designated Size (2016)

类别	Item	有R&D活动的单位数(个) Number of Enterprises Having R&D Activities (unit)	R&D人员(人) R&D Personnel (person)	#全时人员 Full-time Personnel	R&D人员全时当量(人年) Full-time Equivalent of R&D Personnel (man-year)
总计	**Total**	**3144**	**130292**	**93842**	**86440**
按企业规模分组	**By Size**				
大型	Large	150	59205	44303	38702
中型	Medium	789	31518	21834	21009
小型	Small	2182	39305	27530	26545
微型	Miniature	23	264	175	185
按登记注册类型分组	**By Registration Status**				
内资企业	Domestic-Funded Enterprises	2966	110305	76910	75344
国有	State-owned Enterprises	26	2826	1702	1868
集体	Collective-owned Enterprises	6	115	75	82
股份合作	Cooperative Enterprises	5	36	32	29
国有联营	State Joint Ownership Enterprises				
集体联营	Collective Joint Ownership Enterprises				
国有与集体联营	Joint State-collective Enterprises				
其他联营	Other Joint Ownership Enterprises				
国有独资公司	State-funded Corporations	47	8939	5882	6098
其他有限责任公司	Other Limited Liability Corporations	575	26068	18829	18262
股份有限公司	Share-holding Corporations Ltd.	205	19807	15315	12153
私营独资	Private-funded Enterprises	42	621	322	444
私营合伙	Private Partnership Enterprises	9	114	83	72
私营有限责任公司	Private Limited Liability Corporations	1835	42799	28529	30359
私营股份有限公司	Private Share-holding Corporations Ltd.	210	8779	6042	5800
其他内资	Other Enterprises	6	201	99	175
港澳台商投资	Enterprises With Investment from Hong Kong, Macao and Taiwan	108	16500	14381	8607
外商投资	Enterprises With Foreign Investment	70	3487	2551	2489

15-36 续表 continued

类　别	Item	有R&D活动的单位数（个）Number of Enterprises Having R&D Activities (unit)	R&D人员（人）R&D Personnel (person)	#全时人员 Full-time Personnel	R&D人员全时当量（人年）Full-time Equivalent of R&D Personnel (man-year)
按工业行业大类分组	**By Industrial Branch**				
煤炭开采和洗选业	Mining and Washing of Coal	2	28	22	27
黑色金属矿采选业	Mining of Ferrous Metal Ores	6	120	82	73
有色金属矿采选业	Mining of Non-ferrous Metal Ores	25	1124	878	616
非金属矿采选业	Mining and Processing of Nonmetal Ores	29	610	451	466
其他采矿业	Mining of Other Ores N.E.C				
农副食品加工业	Processing of Food from Agricultural Products	266	5541	3237	3823
食品制造业	Manufacture of Foods	105	2108	1367	1392
酒、饮料和精制茶制造业	Manufacture of Liquor, Beverage and Refined Tea	97	1837	1174	1046
烟草制品业	Manufacture of Tobacco	4	868	224	484
纺织业	Manufacture of Textile	56	1782	970	1005
纺织服装、服饰业	Manufacture of Textile Wearing and Clothing Apparel	28	964	582	576
皮革、毛皮、羽毛及其制品和制鞋业	Leather, Fur, Feather and Its Products and Footwear	30	668	376	387
木材加工和木、竹、藤、棕、草制品业	Processing of Timbers, Manufacture of Wood, Bamboo, Rattan, Palm and Straw Products	67	1350	777	863
家具制造业	Manufacture of Furniture	21	347	216	198
造纸和纸制品业	Manufacture of Paper and Paper Products	48	1736	1167	1217
印刷和记录媒介复制业	Printing, Reproduction of Recording Media	34	941	683	661
文教、工美、体育和娱乐用品制造业	Manufacture of Articles for Culture, Education, Artwork, Sport and Entertainment Activity	38	794	437	543
石油加工、炼焦和核燃料加工业	Processing of Petroleum,Coking,Processing of Nucleus Fuel	12	677	371	614
化学原料和化学制品制造业	Manufacture of Chemical Raw Material and Chemical Products	263	6502	4043	4588
医药制造业	Manufacture of Medicines	173	6043	3907	4453
化学纤维制造业	Manufacture of Chemical Fiber	3	58	38	44
橡胶和塑料制品业	Manufacture of Rubber and Plastic Products	62	1236	927	782
非金属矿物制品业	Manufacture of Non-metallic Mineral Products	282	6327	4032	3940
黑色金属冶炼和压延加工业	Manufacture and Processing of Ferrous Metals	59	4682	2651	3105
有色金属冶炼和压延加工业	Manufacture and Processing of Non-ferrous Metals	164	8436	5801	5349
金属制品业	Manufacture of Metal Products	119	3298	2364	2538
通用设备制造业	Manufacture of General Purpose Machinery	220	7116	5310	4738
专用设备制造业	Manufacture of Special Purpose Machinery	240	16678	12688	12341
汽车制造业	Manufacture of Automobile	100	6711	5426	4243
铁路、船舶、航空航天和其他运输设备制造业	Manufacture of Railways, Ships, Aerospace and Other Transport Equipment	50	7862	6113	5368
电气机械和器材制造业	Manufacture of Electrical Machinery and Equipment	223	9166	6673	6613
计算机、通信和其他电子设备制造业	Manufacture of Computer, Communication and Other Electronic Equipment	201	20792	17830	11687
仪器仪表制造业	Manufacture of Measuring Instrument	56	1873	1524	1357
其他制造业	Manufacture of Other Manufacture N.E.C	14	287	238	183
废弃资源综合利用业	Comprehensive Utilization of Waste	12	151	63	117
金属制品、机械和设备修理业	Maintenance of Metal Products, Machinery and Equipment	2	194	154	174
电力、热力生产和供应业	Production and Supply of Electric Power and Heat Power	22	1157	866	691
燃气生产和供应业	Production and Distribution of Gas	5	116	96	99
水的生产和供应业	Production and Distribution of Water	6	112	84	37

15-37 规模以上工业企业按经费来源分R&D经费内部支出情况(2016年)

Intramural R&D Expenditures in Industrial Enterprises above Designated Size by Sources (2016)

单位:万元 (10 000 yuan)

项目	Item	R&D经费内部支出 Intramural Expenditure on R&D	政府资金 Government Funds	企业资金 Self-raised Funds by Enterprises	境外资金 Foreign Funds	其他 Other Funds
总计	**Total**	**3929647**	**205874**	**3686014**	**9807**	**27953**
按企业规模分组	**By Size**					
大型	Large	1732559	122072	1609136	83	1269
中型	Medium	915953	38441	863875	3939	9699
小型	Small	1271048	45154	1203124	5786	16985
微型	Miniature	10087	207	9880		
按登记注册类型分组	**By Registration Status**					
内资企业	Domestic-Funded Enterprises	3478716	201751	3241563	9023	26378
国有	State-owned Enterprises	46265	10441	35824		
集体	Collective-owned Enterprises	3445	150	3295		
股份合作	Cooperative Enterprises	1364		1364		
国有联营	State Joint Ownership Enterprises					
集体联营	Collective Joint Ownership Enterprises					
国有与集体联营	Joint State-collective Enterprises					
其他联营	Other Joint Ownership Enterprises					
国有独资公司	State-funded Corporations	251224	8278	242755		191
其他有限责任公司	Other Limited Liability Corporations	876498	95232	775938	200	5129
股份有限公司	Share-holding Corporations Ltd.	708929	29007	677143	211	2568
私营独资	Private-funded Enterprises	21584	510	19055	894	1126
私营合伙	Private Partnership Enterprises	2705	62	2643		
私营有限责任公司	Private Limited Liability Corporations	1334364	50557	1263666	6175	13966
私营股份有限公司	Private Share-holding Corporations Ltd.	219726	6581	209767	1544	1834
其他内资	Other Enterprises	12611	934	10114		1564
港澳台商投资	Enterprises With Investment from Hong Kong, Macao and Taiwan	227183	3111	222785	470	817
外商投资	Enterprises With Foreign Investment	223749	1012	221665	314	758

15-37 续表　continued

单位:万元　(10 000 yuan)

项　目	Item	R&D经费内部支出 Intramural Expenditure on R&D	政府资金 Government Funds	企业资金 Self-raised Funds by Enterprises	境外资金 Foreign Funds	其他 Other Funds
按工业行业大类分组	**By Industrial Branch**					
煤炭开采和洗选业	Mining and Washing of Coal	1175		1123		51
黑色金属矿采选业	Mining of Ferrous Metal Ores	1819	12	1807		
有色金属矿采选业	Mining of Non-ferrous Metal Ores	17450	510	16941		
非金属矿采选业	Mining and Processing of Nonmetal Ores	20505	184	20133		187
其他采矿业	Mining of Other Ores N.E.C					
农副食品加工业	Processing of Food from Agricultural Products	183754	5906	174674	750	2424
食品制造业	Manufacture of Foods	66743	3190	62833		721
酒、饮料和精制茶制造业	Manufacture of Liquor, Beverage and Refined Tea	53830	1627	50776	215	1213
烟草制品业	Manufacture of Tobacco	18770		18770		
纺织业	Manufacture of Textile	52155	2058	47960	1948	190
纺织服装、服饰业	Manufacture of Textile Wearing and Clothing Apparel	14694	321	14164		209
皮革、毛皮、羽毛及其制品和制鞋业	Leather, Fur, Feather and Its Products and Footwear	16236	530	14827	105	774
木材加工和木、竹、藤、棕、草制品业	Processing of Timbers, Manufacture of Wood, Bamboo, Rattan, Palm and Straw Products	43908	3171	40069		668
家具制造业	Manufacture of Furniture	10650	290	10360		
造纸和纸制品业	Manufacture of Paper and Paper Products	79966	2435	77331		200
印刷和记录媒介复制业	Printing,Reproduction of Recording Media	27659	470	27189		
文教、工美、体育和娱乐用品制造业	Manufacture of Articles for Culture, Education, Artwork, Sport and Entertainment Activity	18787	434	17892		461
石油加工、炼焦和核燃料加工业	Processing of Petroleum,Coking,Processing of Nucleus Fuel	50196	584	48952	660	
化学原料和化学制品制造业	Manufacture of Chemical Raw Material and Chemical Products	207230	3673	198952	2302	2303
医药制造业	Manufacture of Medicines	180006	7016	169156	1386	2448
化学纤维制造业	Manufacture of Chemical Fiber	717		717		
橡胶和塑料制品业	Manufacture of Rubber and Plastic Products	35963	1314	33254	13	1382
非金属矿物制品业	Manufacture of Non-metallic Mineral Products	176034	4991	166217	881	3945
黑色金属冶炼和压延加工业	Manufacture and Processing of Ferrous Metals	189635	681	188827		127
有色金属冶炼和压延加工业	Manufacture and Processing of Non-ferrous Metals	399395	9351	388438		1606
金属制品业	Manufacture of Metal Products	92620	13134	78981		506
通用设备制造业	Manufacture of General Purpose Machinery	192874	10271	181493	210	900
专用设备制造业	Manufacture of Special Purpose Machinery	499772	16049	480454	481	2787
汽车制造业	Manufacture of Automobile	291825	15903	274086	314	1522
铁路、船舶、航空航天和其他运输设备制造业	Manufacture of Railways, Ships, Aerospace and Other Transport Equipment	324446	70764	253679		4
电气机械和器材制造业	Manufacture of Electrical Machinery and Equipment	281491	6735	274064	37	656
计算机、通信和其他电子设备制造业	Manufacture of Computer, Communication and Other Electronic Equipment	293670	14170	276948	506	2046
仪器仪表制造业	Manufacture of Measuring Instrument	42476	7054	35230		191
其他制造业	Manufacture of Other Manufacture N.E.C	10678	460	10219		
废弃资源综合利用业	Comprehensive Utilization of Waste	6380	724	5222		435
金属制品、机械和设备修理业	Maintenance of Metal Products, Machinery and Equipment	2104	1639	464		
电力、热力生产和供应业	Production and Supply of Electric Power and Heat Power	16605	51	16555		
燃气生产和供应业	Production and Distribution of Gas	4576	36	4541		
水的生产和供应业	Production and Distribution of Water	2856	140	2716		

15-38 规模以上工业企业按支出用途分R&D经费内部支出情况(2016年)
Intramural R&D Expenditures in Industrial Enterprises above Designated Size by Use (2016)

单位:万元 (10 000 yuan)

类别	Item	R&D经费内部支出 Intramural Expenditure on R&D	经常费支出 Operating Expenses	#人员劳务费 Service Fees	资产性支出 Capital Expenditures	#仪器和设备 Instruments & Equipments
总计	**Total**	**3929647**	**3555243**	**1059890**	**374405**	**362688**
按企业规模分组	**By Size**					
大型	Large	1732559	1611213	498699	121346	116238
中型	Medium	915953	832995	258883	82958	80282
小型	Small	1271048	1105153	301341	165895	161987
微型	Miniature	10087	5881	967	4206	4181
按登记注册类型分组	**By Registration Status**					
内资企业	Domestic-Funded Enterprises	3478716	3126062	947887	352653	342003
国有	State-owned Enterprises	46265	43320	20959	2945	2934
集体	Collective-owned Enterprises	3445	2326	764	1119	1112
股份合作	Cooperative Enterprises	1364	1363	446	1	
国有联营	State Joint Ownership Enterprises					
集体联营	Collective Joint Ownership Enterprises					
国有与集体联营	Joint State-collective Enterprises					
其他联营	Other Joint Ownership Enterprises					
国有独资公司	State-funded Corporations	251224	233409	61081	17815	17045
其他有限责任公司	Other Limited Liability Corporations	876498	782261	204447	94238	91633
股份有限公司	Share-holding Corporations Ltd.	708929	661594	223761	47335	45627
私营独资	Private-funded Enterprises	21584	18903	6181	2682	2641
私营合伙	Private Partnership Enterprises	2705	2284	824	421	387
私营有限责任公司	Private Limited Liability Corporations	1334364	1169038	362833	165326	160262
私营股份有限公司	Private Share-holding Corporations Ltd.	219726	199947	63992	19779	19410
其他内资	Other Enterprises	12611	11617	2599	994	952
港澳台商投资	Enterprises With Investment from Hong Kong, Macao and Taiwan	227183	210166	71230	17017	16051
外商投资	Enterprises With Foreign Investment	223749	219015	40773	4734	4635

15-38 续表 continued

单位:万元 (10 000 yuan)

类 别	Item	R&D经费内部支出 Intramural Expenditure on R&D	经常费支出 Operating Expenses	#人员劳务费 Service Fees	资产性支出 Capital Expenditures	#仪器和设备 Instruments& Equipments
按工业行业大类分组	**By Industrial Branch**					
煤炭开采和洗选业	Mining and Washing of Coal	1175	1148	223	27	27
黑色金属矿采选业	Mining of Ferrous Metal Ores	1819	1373	544	446	443
有色金属矿采选业	Mining of Non-ferrous Metal Ores	17450	15676	5798	1774	1712
非金属矿采选业	Mining and Processing of Nonmetal Ores	20505	17149	5369	3355	3313
其他采矿业	Mining of Other Ores N.E.C					
农副食品加工业	Processing of Food from Agricultural Products	183754	161765	46630	21989	21438
食品制造业	Manufacture of Foods	66743	57334	15858	9410	9164
酒、饮料和精制茶制造业	Manufacture of Liquor, Beverage and Refined Tea	53830	47335	13428	6495	6291
烟草制品业	Manufacture of Tobacco	18770	16207	10454	2564	2552
纺织业	Manufacture of Textile	52155	46459	11708	5696	5560
纺织服装、服饰业	Manufacture of Textile Wearing and Clothing Apparel	14694	13328	5516	1365	1355
皮革、毛皮、羽毛及其制品和制鞋业	Leather, Fur,Feather and Its Products and Footwear	16236	14770	4239	1466	1440
木材加工和木、竹、藤、棕、草制品业	Processing of Timbers, Manufacture of Wood, Bamboo, Rattan, Palm and Straw Products	43908	37104	10473	6804	6669
家具制造业	Manufacture of Furniture	10650	9170	2812	1480	1458
造纸和纸制品业	Manufacture of Paper and Paper Products	79966	71658	16235	8308	8163
印刷和记录媒介复制业	Printing,Reproduction of Recording Media	27659	24354	6610	3305	3254
文教、工美、体育和娱乐用品制造业	Manufacture of Articles for Culture, Education, Artwork, Sport and Entertainment Activity	18787	16261	4392	2526	2402
石油加工、炼焦和核燃料加工业	Processing of Petroleum,Coking,Processing of Nucleus Fuel	50196	45076	9167	5120	4753
化学原料和化学制品制造业	Manufacture of Chemical Raw Material and Chemical Products	207230	178886	50173	28344	27289
医药制造业	Manufacture of Medicines	180006	155869	44778	24138	23302
化学纤维制造业	Manufacture of Chemical Fiber	717	704	314	13	12
橡胶和塑料制品业	Manufacture of Rubber and Plastic Products	35963	31516	9729	4447	4249
非金属矿物制品业	Manufacture of Non-metallic Mineral Products	176034	156407	49281	19628	19138
黑色金属冶炼和压延加工业	Manufacture and Processing of Ferrous Metals	189635	176820	38661	12815	12403
有色金属冶炼和压延加工业	Manufacture and Processing of Non-ferrous Metals	399395	334341	64204	65054	63941
金属制品业	Manufacture of Metal Products	92620	85554	28187	7066	6711
通用设备制造业	Manufacture of General Purpose Machinery	192874	178139	49607	14736	14160
专用设备制造业	Manufacture of Special Purpose Machinery	499772	466026	178653	33745	32142
汽车制造业	Manufacture of Automobile	291825	280751	67324	11074	10960
铁路、船舶、航空航天和其他运输设备制造业	Manufacture of Railways, Ships, Aerospace and Other Transport Equipment	324446	300933	108778	23513	22573
电气机械和器材制造业	Manufacture of Electrical Machinery and Equipment	281491	263478	66773	18013	17638
计算机、通信和其他电子设备制造业	Manufacture of Computer, Communication and Other Electronic Equipment	293670	277057	106742	16613	15425
仪器仪表制造业	Manufacture of Measuring Instrument	42476	35221	14727	7254	7058
其他制造业	Manufacture of Other Manufacture N.E.C	10678	6979	2633	3700	3612
废弃资源综合利用业	Comprehensive Utilization of Waste	6380	4877	1044	1503	1494
金属制品、机械和设备修理业	Maintenance of Metal Products, Machinery and Equipment	2104	2094	964	10	10
电力、热力生产和供应业	Production and Supply of Electric Power and Heat Power	16605	16365	5574	241	236
燃气生产和供应业	Production and Distribution of Gas	4576	4504	1475	72	69
水的生产和供应业	Production and Distribution of Water	2856	2559	815	297	274

15-39 规模以上工业企业办科技机构情况(2016年)
Basic Statistics on Institutions for Scientific and Technological in Industrial Enterprises above Designated Size(2016)

类别	Item	企业办科技机构数(个) Number of Institutions for S&T in Enterprises (unit)	企业办科技机构人员(人) Number of Personnel in Institutions for S&T in Enterprises (person)	#博士 Doctor	#硕士 Master	科技机构内部经费支出(万元) Intramural Expenditure for S&T Institutions (10 000 yuan)
总计	**Total**	**1874**	**70765**	**1757**	**11471**	**1737694**
按企业规模分组	**By Size**					
大型	Large	210	32868	499	6848	826535
中型	Medium	536	17963	478	2087	434762
小型	Small	1119	19748	774	2526	475395
微型	Miniature	9	186	6	10	1002
按登记注册类型分组	**By Registration Status**					
内资企业	Domestic-Funded Enterprises	1785	62142	1688	10499	1546283
国有	State-owned Enterprises	27	1613	111	320	43512
集体	Collective-owned Enterprises	3	37	5	3	784
股份合作	Cooperative Enterprises	1	5			262
国有联营	State Joint Ownership Enterprises					
集体联营	Collective Joint Ownership Enterprises	1	1			1
国有与集体联营	Joint State-collective Enterprises					
其他联营	Other Joint Ownership Enterprises					
国有独资公司	State-funded Corporations	52	4869	49	580	115263
其他有限责任公司	Other Limited Liability Corporations	358	16041	307	2708	411011
股份有限公司	Share-holding Corporations Ltd.	179	12088	263	2356	237322
私营独资	Private-funded Enterprises	21	285	10	26	11032
私营合伙	Private Partnership Enterprises	13	79	5	7	1083
私营有限责任公司	Private Limited Liability Corporations	1003	21958	820	3989	612146
私营股份有限公司	Private Share-holding Corporations Ltd.	124	5131	118	510	111634
其他内资	Other Enterprises	3	35			2234
港澳台商投资	Enterprises With Investment from Hong Kong, Macao and Taiwan	45	5793	35	311	77278
外商投资	Enterprises With Foreign Investment	44	2830	34	661	114132

15-39 续表　continued

类　别	Item	企业办科技机构数(个) Number of Institutions for S&T in Enterprises (unit)	企业办科技机构人员(人) Number of Personnel in Institutions for S&T in Enterprises (person)	#博士 Doctor	#硕士 Master	科技机构内部经费支出(万元) Intramural Expenditure for S&T Institutions (10 000 yuan)
按工业行业大类分组	**By Industrial Branch**					
煤炭开采和洗选业	Mining and Washing of Coal	4	41			1205
黑色金属矿采选业	Mining of Ferrous Metal Ores	4	113		10	980
有色金属矿采选业	Mining of Non-ferrous Metal Ores	9	465	6	25	6520
非金属矿采选业	Mining and Processing of Nonmetal Ores	15	256	5	17	9646
其他采矿业	Mining of Other Ores N.E.C					
农副食品加工业	Processing of Food from Agricultural Products	162	2901	152	430	96833
食品制造业	Manufacture of Foods	63	1209	65	183	40867
酒、饮料和精制茶制造业	Manufacture of Liquor, Beverage and Refined Tea	49	1013	36	68	24436
烟草制品业	Manufacture of Tobacco	2	220	22	55	24287
纺织业	Manufacture of Textile	26	997	13	107	27495
纺织服装、服饰业	Manufacture of Textile Wearing and Clothing Apparel	27	777	11	48	10440
皮革、毛皮、羽毛及其制品和制鞋业	Leather, Fur, Feather and Its Products and Footwear	14	216	2	27	5693
木材加工和木、竹、藤、棕、草制品业	Processing of Timbers, Manufacture of Wood, Bamboo, Rattan, Palm and Straw Products	60	897	23	92	22274
家具制造业	Manufacture of Furniture	14	189	7	26	4349
造纸和纸制品业	Manufacture of Paper and Paper Products	27	668	9	58	42403
印刷和记录媒介复制业	Printing,Reproduction of Recording Media	17	463	10	39	6829
文教、工美、体育和娱乐用品制造业	Manufacture of Articles for Culture, Education, Artwork, Sport and Entertainment Activity	28	499	21	30	7973
石油加工、炼焦和核燃料加工业	Processing of Petroleum,Coking,Processing of Nucleus Fuel	7	216	14	42	3146
化学原料和化学制品制造业	Manufacture of Chemical Raw Material and Chemical Products	144	3522	108	513	100751
医药制造业	Manufacture of Medicines	106	3409	140	400	75961
化学纤维制造业	Manufacture of Chemical Fiber					
橡胶和塑料制品业	Manufacture of Rubber and Plastic Products	35	468	16	43	9302
非金属矿物制品业	Manufacture of Non-metallic Mineral Products	124	3064	66	255	56572
黑色金属冶炼和压延加工业	Manufacture and Processing of Ferrous Metals	53	1779	23	156	59854
有色金属冶炼和压延加工业	Manufacture and Processing of Non-ferrous Metals	95	5090	136	834	200162
金属制品业	Manufacture of Metal Products	63	2038	59	360	41900
通用设备制造业	Manufacture of General Purpose Machinery	147	4410	103	598	79062
专用设备制造业	Manufacture of Special Purpose Machinery	160	9484	185	2682	256333
汽车制造业	Manufacture of Automobile	62	4393	57	822	149872
铁路、船舶、航空航天和其他运输设备制造业	Manufacture of Railways, Ships, Aerospace and Other Transport Equipment	46	5637	118	1651	75142
电气机械和器材制造业	Manufacture of Electrical Machinery and Equipment	133	5320	126	729	147194
计算机、通信和其他电子设备制造业	Manufacture of Computer, Communication and Other Electronic Equipment	112	8220	93	681	109137
仪器仪表制造业	Manufacture of Measuring Instrument	38	2045	36	311	29190
其他制造业	Manufacture of Other Manufacture N.E.C	6	92	4	23	2803
废弃资源综合利用业	Comprehensive Utilization of Waste	6	34	5	9	1907
金属制品、机械和设备修理业	Maintenance of Metal Products, Machinery and Equipment	1	1			154
电力、热力生产和供应业	Production and Supply of Electric Power and Heat Power	7	544	83	143	6020
燃气生产和供应业	Production and Distribution of Gas	2	12			156
水的生产和供应业	Production and Distribution of Water	6	63	3	4	846

15-40 规模以上工业企业R&D项目和新产品开发项目情况(2016年)
Basic Statistics on Projects for R&D and New Products Development in Industrial Enterprises above Designated Size(2016)

类别	Item	R&D项目数(项) Number of R&D Projects (item)	R&D项目人员(人) Personnel of Projects for R&D (person)	R&D项目经费(万元) Intramural Expenditure on R&D Projects (10 000 yuan)	新产品开发项目数(项) Number of Projects for New Products Development (item)	新产品开发经费(万元) Expenditure on New Products Development (10 000 yuan)
总计	**Total**	**7899**	**119359**	**3390105**	**7632**	**3585267**
按企业规模分组	**By Size**					
大型	Large	1914	53172	1475552	1652	1671626
中型	Medium	1957	28754	786280	1827	806905
小型	Small	3984	37177	1119608	4107	1099613
微型	Miniature	44	256	8664	46	7123
按登记注册类型分组	**By Registration Status**					
内资企业	Domestic-Funded Enterprises	7349	99896	2957772	7109	3141887
国有	State-owned Enterprises	339	2431	28659	226	40556
集体	Collective-owned Enterprises	8	113	3212	8	2455
股份合作	Cooperative Enterprises	5	35	1336	3	525
国有联营	State Joint Ownership Enterprises					
集体联营	Collective Joint Ownership Enterprises					
国有与集体联营	Joint State-collective Enterprises					
其他联营	Other Joint Ownership Enterprises					
国有独资公司	State-funded Corporations	485	8070	218831	432	250039
其他有限责任公司	Other Limited Liability Corporations	1684	23540	782141	1586	806384
股份有限公司	Share-holding Corporations Ltd.	1088	17210	521583	1045	605598
私营独资	Private-funded Enterprises	42	572	17540	48	19070
私营合伙	Private Partnership Enterprises	9	112	1843	10	2978
私营有限责任公司	Private Limited Liability Corporations	2983	39574	1176746	3038	1220625
私营股份有限公司	Private Share-holding Corporations Ltd.	697	8038	193740	704	183758
其他内资	Other Enterprises	9	201	12142	9	9898
港澳台商投资	Enterprises With Investment from Hong Kong, Macao and Taiwan	294	16249	218151	274	215836
外商投资	Enterprises With Foreign Investment	256	3214	214182	249	227544

15-40 续表 continued

类 别	Item	R&D项目数（项）Number of R&D Projects (item)	R&D项目人员（人）Personnel of Projects for R&D (person)	R&D项目经费（万元）Intramural Expenditure on R&D Projects (10 000 yuan)	新产品开发项目数（项）Number of Projects for New Products Development (item)	新产品开发经费（万元）Expenditure on New Products Development (10 000 yuan)
按工业行业大类分组	**By Industrial Branch**					
煤炭开采和洗选业	Mining and Washing of Coal	2	26	1143		
黑色金属矿采选业	Mining of Ferrous Metal Ores	6	119	1027	2	854
有色金属矿采选业	Mining of Non-ferrous Metal Ores	70	970	12654	25	7164
非金属矿采选业	Mining and Processing of Nonmetal Ores	38	572	18094	26	13740
其他采矿业	Mining of Other Ores N.E.C					
农副食品加工业	Processing of Food from Agricultural Products	428	5199	158042	427	168986
食品制造业	Manufacture of Foods	195	2001	54944	176	65052
酒、饮料和精制茶制造业	Manufacture of Liquor, Beverage and Refined Tea	151	1692	44960	155	52357
烟草制品业	Manufacture of Tobacco	144	605	6101	53	8802
纺织业	Manufacture of Textile	106	1570	40911	87	38637
纺织服装、服饰业	Manufacture of Textile Wearing and Clothing Apparel	62	885	13331	58	14169
皮革、毛皮、羽毛及其制品和制鞋业	Leather, Fur, Feather and Its Products and Footwear	41	641	13836	46	13054
木材加工和木、竹、藤、棕、草制品业	Processing of Timbers, Manufacture of Wood, Bamboo, Rattan, Palm and Straw Products	72	1239	29759	61	30185
家具制造业	Manufacture of Furniture	23	338	9228	24	12775
造纸和纸制品业	Manufacture of Paper and Paper Products	78	1361	70344	70	72979
印刷和记录媒介复制业	Printing,Reproduction of Recording Media	57	851	25936	57	12864
文教、工美、体育和娱乐用品制造业	Manufacture of Articles for Culture, Education, Artwork, Sport and Entertainment Activity	56	752	16017	67	18248
石油加工、炼焦和核燃料加工业	Processing of Petroleum,Coking,Processing of Nucleus Fuel	33	460	35514	25	42983
化学原料和化学制品制造业	Manufacture of Chemical Raw Material and Chemical Products	572	6152	186007	566	178997
医药制造业	Manufacture of Medicines	647	5566	162612	620	178188
化学纤维制造业	Manufacture of Chemical Fiber	4	58	716	3	481
橡胶和塑料制品业	Manufacture of Rubber and Plastic Products	104	1185	31327	103	28808
非金属矿物制品业	Manufacture of Non-metallic Mineral Products	447	5886	154163	392	130964
黑色金属冶炼和压延加工业	Manufacture and Processing of Ferrous Metals	201	4409	182380	189	225245
有色金属冶炼和压延加工业	Manufacture and Processing of Non-ferrous Metals	521	7834	375987	356	217284
金属制品业	Manufacture of Metal Products	269	2919	81236	278	86815
通用设备制造业	Manufacture of General Purpose Machinery	514	6501	175865	517	167265
专用设备制造业	Manufacture of Special Purpose Machinery	707	15216	481798	767	493897
汽车制造业	Manufacture of Automobile	319	6215	274357	397	316540
铁路、船舶、航空航天和其他运输设备制造业	Manufacture of Railways, Ships, Aerospace and Other Transport Equipment	304	5735	147949	305	339550
电气机械和器材制造业	Manufacture of Electrical Machinery and Equipment	715	8507	241913	724	274401
计算机、通信和其他电子设备制造业	Manufacture of Computer, Communication and Other Electronic Equipment	637	20224	271088	697	300544
仪器仪表制造业	Manufacture of Measuring Instrument	163	1748	38066	185	46433
其他制造业	Manufacture of Other Manufacture N.E.C	39	242	5658	39	3603
废弃资源综合利用业	Comprehensive Utilization of Waste	23	146	5698	8	1068
金属制品、机械和设备修理业	Maintenance of Metal Products, Machinery and Equipment	2	194	2104	2	2104
电力、热力生产和供应业	Production and Supply of Electric Power and Heat Power	125	1121	12833	106	16347
燃气生产和供应业	Production and Distribution of Gas	15	113	4360	15	2856
水的生产和供应业	Production and Distribution of Water	9	107	2148	4	1031

15-41 规模以上工业企业科技活动产出情况(2016年)
Basic Statistics on Scientific and Technological Outputs in Industrial Enterprises above Designated Size (2016)

类别	Item	新产品产值(万元) Gross Output Value of New Products (10 000 yuan)	新产品销售收入(万元) Sales Revenue of New Products (10 000 yuan)	#出口 Exported	专利申请数(件) Patent Applic-ations (item)	有效发明专利数(件) Inventions In Force (item)
总计	**Total**	**84609379**	**80984709**	**3622841**	**18249**	**22315**
按企业规模分组	**By Size**					
大型	Large	42186342	40639593	2448913	6491	10060
中型	Medium	22998333	21895600	623210	4599	5539
小型	Small	19369389	18395578	550718	7132	6695
微型	Miniature	55315	53938		27	21
按登记注册类型分组	**By Registration Status**					
内资企业	Domestic-Funded Enterprises	71843187	68463887	1986794	16859	21420
国有	State-owned Enterprises	7469025	7475359	4505	664	647
集体	Collective-owned Enterprises	5164	5045		26	8
股份合作	Cooperative Enterprises	879	875	875	1	
国有联营	State Joint Ownership Enterprises					
集体联营	Collective Joint Ownership Enterprises	1930	1900			
国有与集体联营	Joint State-collective Enterprises					
其他联营	Other Joint Ownership Enterprises					
国有独资公司	State-funded Corporations	4394541	4056438	224672	994	1558
其他有限责任公司	Other Limited Liability Corporations	14176904	13628265	732575	3606	3906
股份有限公司	Share-holding Corporations Ltd.	13164630	12606178	406122	2991	6647
私营独资	Private-funded Enterprises	217272	206855	34482	83	9
私营合伙	Private Partnership Enterprises	139693	153884	7610	2	10
私营有限责任公司	Private Limited Liability Corporations	28295403	26536919	495699	7033	7058
私营股份有限公司	Private Share-holding Corporations Ltd.	3927256	3743968	77065	1458	1567
其他内资	Other Enterprises	50491	48203	3190	1	10
港澳台商投资	Enterprises With Investment from Hong Kong, Macao and Taiwan	8496175	8392978	1536521	959	503
外商投资	Enterprises With Foreign Investment	4270017	4127845	99526	431	392

15-41 续表 continued

类 别	Item	新产品产值（万元）Gross Output Value of New Products (10 000 yuan)	新产品销售收入（万元）Sales Revenue of New Products (10 000 yuan)	#出口 Exported	专利申请数（件）Patent Applic-ations (item)	有效发明专利数（件）Inventions In Force (item)
按工业行业大类分组	**By Industrial Branch**					
煤炭开采和洗选业	Mining and Washing of Coal					
黑色金属矿采选业	Mining of Ferrous Metal Ores	56334	53523		2	
有色金属矿采选业	Mining of Non-ferrous Metal Ores	136973	147884		24	15
非金属矿采选业	Mining and Processing of Nonmetal Ores	201035	199900		73	40
其他采矿业	Mining of Other Ores N.E.C					
农副食品加工业	Processing of Food from Agricultural Products	4496045	4296101	5988	535	486
食品制造业	Manufacture of Foods	1653481	1503518	26376	350	292
酒、饮料和精制茶制造业	Manufacture of Liquor, Beverage and Refined Tea	651404	615036	13319	217	212
烟草制品业	Manufacture of Tobacco	7290128	7297305	4505	255	264
纺织业	Manufacture of Textile	1285428	1180345	22236	227	89
纺织服装、服饰业	Manufacture of Textile Wearing and Clothing Apparel	411018	396790	7932	113	14
皮革、毛皮、羽毛及其制品和制鞋业	Leather, Fur, Feather and Its Products and Footwear	464215	454400	20870	106	28
木材加工和木、竹、藤、棕、草制品业	Processing of Timbers, Manufacture of Wood, Bamboo, Rattan, Palm and Straw Products	822633	745692	8092	100	64
家具制造业	Manufacture of Furniture	415457	390541		37	38
造纸和纸制品业	Manufacture of Paper and Paper Products	906919	810201	6593	155	161
印刷和记录媒介复制业	Printing,Reproduction of Recording Media	546310	528186	3580	129	96
文教、工美、体育和娱乐用品制造业	Manufacture of Articles for Culture, Education, Artwork, Sport and Entertainment Activity	233898	227933	1452	297	181
石油加工、炼焦和核燃料加工业	Processing of Petroleum,Coking,Processing of Nucleus Fuel	2362177	2331461	15150	56	159
化学原料和化学制品制造业	Manufacture of Chemical Raw Material and Chemical Products	4762982	4654514	402695	806	1215
医药制造业	Manufacture of Medicines	3323389	3236618	63742	803	1079
化学纤维制造业	Manufacture of Chemical Fiber				2	4
橡胶和塑料制品业	Manufacture of Rubber and Plastic Products	645528	628702	3886	175	138
非金属矿物制品业	Manufacture of Non-metallic Mineral Products	2762755	2686577	189884	1031	1042
黑色金属冶炼和压延加工业	Manufacture and Processing of Ferrous Metals	2794124	2483313	223051	116	400
有色金属冶炼和压延加工业	Manufacture and Processing of Non-ferrous Metals	5864846	5779338	60123	878	1392
金属制品业	Manufacture of Metal Products	2187289	2025100	17896	503	592
通用设备制造业	Manufacture of General Purpose Machinery	3653895	3344209	112854	992	1522
专用设备制造业	Manufacture of Special Purpose Machinery	9992568	9467711	224686	2757	6079
汽车制造业	Manufacture of Automobile	6834094	6532516	103225	1076	1181
铁路、船舶、航空航天和其他运输设备制造业	Manufacture of Railways, Ships, Aerospace and Other Transport Equipment	3955364	3717171	298344	1951	2146
电气机械和器材制造业	Manufacture of Electrical Machinery and Equipment	6230485	6040000	98381	1456	1548
计算机、通信和其他电子设备制造业	Manufacture of Computer, Communication and Other Electronic Equipment	8452934	8030313	1684919	1702	931
仪器仪表制造业	Manufacture of Measuring Instrument	961960	937745	2665	824	571
其他制造业	Manufacture of Other Manufacture N.E.C	38657	38394	400	59	41
废弃资源综合利用业	Comprehensive Utilization of Waste	88680	88433		24	8
金属制品、机械和设备修理业	Maintenance of Metal Products, Machinery and Equipment	9812	8808		3	35
电力、热力生产和供应业	Production and Supply of Electric Power and Heat Power	8938	8938		399	214
燃气生产和供应业	Production and Distribution of Gas	85756	78949		5	18
水的生产和供应业	Production and Distribution of Water	21869	18550		11	20

15-42 大中型工业企业科技活动情况(2016年)
Basic Statistics on Scientific and Technological Activities in Large and Medium-Sized Industrial Enterprises (2016)

指标	Item	合计 Total	#大型 Large	#中型 Medium
大中型工业企业个数 (个)	Number of Large and Medium-Sized Industrial Enterprises (unit)	2448	221	2227
#有R&D活动的企业个数	# Number of Units Having R&D Activities	939	150	789
R&D人员 (人)	R&D Personnel (person)	90723	59205	31518
#女性	#Female	19683	12634	7049
#全时人员	#Full-time Personnel	66137	44303	21834
R&D活动情况	**Statistics on R&D Activities**			
R&D人员全时当量 (人年)	Full-time Equivalent of R&D Personnel (man-year)	59711	38702	21009
R&D经费内部支出 (万元)	Intramural Expenditure on R&D (10 000 yuan)	2648512	1732559	915953
按经费来源分	by Sources			
政府资金	Government Funds	160513	122072	38441
企业资金	Self-raised Funds by Enterprises	2473010	1609136	863875
境外资金	Foreign Funds	4021	83	3939
其他	Other funds	10968	1269	9699
按支出用途分	by Use			
经常费支出	Operating Expenses	2444209	1611213	832995
#人员劳务费	#Service Fees	757582	498699	258883
资产性支出	Capital Expenditures	204304	121346	82958
#仪器和设备	#Instruments & Equipments	196520	116238	80282
R&D经费外部支出 (万元)	External Expenditure on R&D (10 000 yuan)	84513	59860	24653
企业办科技机构情况	**Statistics on S&T Institutions**			
机构数 (个)	Number of S&T Institutions (unit)	746	210	536
机构人员 (人)	S&T Personnel (person)	50831	32868	17963
#博士毕业	#Doctor	977	499	478
#硕士毕业	#Master	8935	6848	2087
机构经费支出 (万元)	Expenditure on S&T (10 000 yuan)	1261296	826535	434762
R&D项目(课题)情况	**Statistics on R&D Topics**			
R&D项目(课题)数 (项)	Number of R&D Projects (item)	3871	1914	1957
R&D项目(课题)人员 (人)	Personnel of Projects for R&D (person)	81926	53172	28754
R&D项目(课题)经费内部支出 (万元)	Intramural Expenditure on R&D Projects (10 000 yuan)	2261832	1475552	786280
新产品开发及生产情况	**Statistics on New Products Development and Production**			
新产品开发项目数 (项)	Number of New Products (item)	3479	1652	1827
新产品开发经费支出 (万元)	Expenditure on New Products Development (10 000 yuan)	2478531	1671626	806905
新产品产值 (万元)	Gross Output Value of New Products (10 000 yuan)	65184675	42186342	22998333
新产品销售收入 (万元)	Sales Revenue of New Products (10 000 yuan)	62535193	40639593	21895600
#出口	#Exported	3072123	2448913	623210
专利情况	**Statistics on Patents**			
专利申请数 (件)	Patent Applications (item)	11090	6491	4599
有效发明专利数 (件)	Inventions In Force (item)	15599	10060	5539
发表科技论文 (篇)	Number of Published Scientific Papers (piece)	2907	2407	500
拥有注册商标数 (件)	Number of registered trademark (item)	11799	9173	2626

15-43 大中型工业企业R&D人员情况(2016年)
R&D Personnel in Large and Medium-Sized Industrial Enterprises (2016)

类 别	Item	有R&D活动的单位数（个）Number of Enterprises Having R&D Activities (unit)	R&D人员（人）R&D Personnel (person)	#全时人员 Full-time Personnel	R&D人员全时当量（人年）Full-time Equivalent of R&D Personnel (man-year)
总计	**Total**	**939**	**90723**	**66137**	**59711**
按企业规模分组	**By Size**				
大型企业	Large	150	59205	44303	38702
中型企业	Medium	789	31518	21834	21009
按登记注册类型分组	**By Registration Status**				
内资企业	Domestic-Funded Enterprises	836	72168	50348	49660
国有	State-owned Enterprises	17	2625	1568	1700
集体	Collective-owned Enterprises	3	53	25	27
股份合作	Cooperative Enterprises	1	6	4	4
国有联营	State Joint Ownership Enterprises				
集体联营	Collective Joint Ownership Enterprises				
国有与集体联营	Joint State-collective Enterprises				
其他联营	Other Joint Ownership Enterprises				
国有独资公司	State-funded Corporations	39	8621	5634	6001
其他有限责任公司	Other Limited Liability Corporations	189	17632	12553	12755
股份有限公司	Share-holding Corporations Ltd.	90	16861	13271	10124
私营独资	Private-funded Enterprises	14	281	131	206
私营合伙	Private Partnership Enterprises	4	32	21	13
私营有限责任公司	Private Limited Liability Corporations	399	20164	13278	14974
私营股份有限公司	Private Share-holding Corporations Ltd.	77	5807	3811	3783
其他内资	Other Enterprises	3	86	52	74
港澳台商投资	Enterprises With Investment from Hong Kong, Macao and Taiwan	63	15754	13781	8070
外商投资	Enterprises With Foreign Investment	40	2801	2008	1981

15-43 续表 continued

类别	Item	有R&D活动的单位数（个）Number of Enterprises Having R&D Activities (unit)	R&D人员（人）R&D Personnel (person)	#全时人员 Full-time Personnel	R&D人员全时当量（人年）Full-time Equivalent of R&D Personnel (man-year)
按工业行业大类分组	**By Industrial Branch**				
煤炭开采和洗选业	Mining and Washing of Coal	2	28	22	27
黑色金属矿采选业	Mining of Ferrous Metal Ores	3	106	73	71
有色金属矿采选业	Mining of Non-ferrous Metal Ores	11	951	733	502
非金属矿采选业	Mining and Processing of Nonmetal Ores	6	278	237	258
其他采矿业	Mining of Other Ores N.E.C				
农副食品加工业	Processing of Food from Agricultural Products	51	2565	1326	1764
食品制造业	Manufacture of Foods	33	1237	789	808
酒、饮料和精制茶制造业	Manufacture of Liquor, Beverage and Refined Tea	19	782	522	344
烟草制品业	Manufacture of Tobacco	3	849	210	465
纺织业	Manufacture of Textile	36	1493	761	806
纺织服装、服饰业	Manufacture of Textile Wearing and Clothing Apparel	13	692	438	475
皮革、毛皮、羽毛及其制品和制鞋业	Leather, Fur, Feather and Its Products and Footwear	22	542	309	346
木材加工和木、竹、藤、棕、草制品业	Processing of Timbers, Manufacture of Wood, Bamboo, Rattan, Palm and Straw Products	21	654	395	519
家具制造业	Manufacture of Furniture	8	134	74	84
造纸和纸制品业	Manufacture of Paper and Paper Products	15	1036	709	675
印刷和记录媒介复制业	Printing,Reproduction of Recording Media	11	538	421	427
文教、工美、体育和娱乐用品制造业	Manufacture of Articles for Culture, Education, Artwork, Sport and Entertainment Activity	6	369	133	262
石油加工、炼焦和核燃料加工业	Processing of Petroleum,Coking,Processing of Nucleus Fuel	4	555	283	531
化学原料和化学制品制造业	Manufacture of Chemical Raw Material and Chemical Products	79	3184	1964	2229
医药制造业	Manufacture of Medicines	52	3400	2162	2583
化学纤维制造业	Manufacture of Chemical Fiber	2	51	37	38
橡胶和塑料制品业	Manufacture of Rubber and Plastic Products	8	305	270	179
非金属矿物制品业	Manufacture of Non-metallic Mineral Products	104	3762	2285	2318
黑色金属冶炼和压延加工业	Manufacture and Processing of Ferrous Metals	13	3934	2105	2563
有色金属冶炼和压延加工业	Manufacture and Processing of Non-ferrous Metals	42	5543	3831	3274
金属制品业	Manufacture of Metal Products	38	2004	1516	1586
通用设备制造业	Manufacture of General Purpose Machinery	52	3999	2978	2570
专用设备制造业	Manufacture of Special Purpose Machinery	60	13281	10066	9898
汽车制造业	Manufacture of Automobile	47	5715	4624	3652
铁路、船舶、航空航天和其他运输设备制造业	Manufacture of Railways, Ships, Aerospace and Other Transport Equipment	23	7016	5372	4822
电气机械和器材制造业	Manufacture of Electrical Machinery and Equipment	63	5968	4497	4526
计算机、通信和其他电子设备制造业	Manufacture of Computer, Communication and Other Electronic Equipment	62	17290	15099	9350
仪器仪表制造业	Manufacture of Measuring Instrument	12	1029	804	772
其他制造业	Manufacture of Other Manufacture N.E.C	3	121	98	80
废弃资源综合利用业	Comprehensive Utilization of Waste	2	34	7	29
金属制品、机械和设备修理业	Maintenance of Metal Products, Machinery and Equipment	1	176	138	171
电力、热力生产和供应业	Production and Supply of Electric Power and Heat Power	11	1048	800	654
燃气生产和供应业	Production and Distribution of Gas	1	54	49	52
水的生产和供应业	Production and Distribution of Water				

15-44 大中型工业企业按经费来源分R&D经费内部支出情况(2016年)

Intramural R&D Expenditures in Large and Medium-Sized Industrial Enterprises by Sources (2016)

单位:万元 (10 000 yuan)

项　目	Item	R&D经费内部支出 Intramural Expenditure on R&D	政府资金 Government Funds	企业资金 Self-raised Funds by Enterprises	境外资金 Foreign Funds	其他 Other Funds
总计	**Total**	**2648512**	**160513**	**2473010**	**4021**	**10968**
按企业规模分组	**By Size**					
大型企业	Large	1732559	122072	1609136	83	1269
中型企业	Medium	915953	38441	863875	3939	9699
按登记注册类型分组	**By Registration Status**					
内资企业	Domestic-Funded Enterprises	2274217	157395	2103058	3602	10162
国有	State-owned Enterprises	41815	9613	32201		
集体	Collective-owned Enterprises	1811	150	1661		
股份合作	Cooperative Enterprises	143		143		
国有联营	State Joint Ownership Enterprises					
集体联营	Collective Joint Ownership Enterprises					
国有与集体联营	Joint State-collective Enterprises					
其他联营	Other Joint Ownership Enterprises					
国有独资公司	State-funded Corporations	245711	8139	237381		191
其他有限责任公司	Other Limited Liability Corporations	585960	86470	497772	200	1518
股份有限公司	Share-holding Corporations Ltd.	631946	26161	604860	83	841
私营独资	Private-funded Enterprises	10731	233	9372		1126
私营合伙	Private Partnership Enterprises	869	2	867		
私营有限责任公司	Private Limited Liability Corporations	614603	22833	585424	2282	4064
私营股份有限公司	Private Share-holding Corporations Ltd.	134426	2874	129656	1038	858
其他内资	Other Enterprises	6203	919	3721		1564
港澳台商投资	Enterprises With Investment from Hong Kong, Macao and Taiwan	171438	2553	167973	105	807
外商投资	Enterprises With Foreign Investment	202858	565	201979	314	

15-44 续表 continued

单位:万元 (10 000 yuan)

项 目	Item	R&D经费内部支出 Intramural Expenditure on R&D (unit)	政府资金 Government Funds	企业资金 Self-raised Funds by Enterprises	境外资金 Foreign Funds	其他 Other Funds
按工业行业大类分组	**By Industrial Branch**					
煤炭开采和洗选业	Mining and Washing of Coal	1175		1123		51
黑色金属矿采选业	Mining of Ferrous Metal Ores	1054	10	1044		
有色金属矿采选业	Mining of Non-ferrous Metal Ores	12653	332	12321		
非金属矿采选业	Mining and Processing of Nonmetal Ores	9065	152	8912		
其他采矿业	Mining of Other Ores N.E.C					
农副食品加工业	Processing of Food from Agricultural Products	82387	2857	78908	622	
食品制造业	Manufacture of Foods	37914	1920	35995		
酒、饮料和精制茶制造业	Manufacture of Liquor, Beverage and Refined Tea	16438	332	16046		60
烟草制品业	Manufacture of Tobacco	18636		18636		
纺织业	Manufacture of Textile	44887	1746	41193	1948	
纺织服装、服饰业	Manufacture of Textile Wearing and Clothing Apparel	9323	305	8811		207
皮革、毛皮、羽毛及其制品和制鞋业	Leather, Fur, Feather and Its Products and Footwear	13398	507	12012	105	774
木材加工和木、竹、藤、棕、草制品业	Processing of Timbers, Manufacture of Wood, Bamboo, Rattan, Palm and Straw Products	18267	2419	15369		479
家具制造业	Manufacture of Furniture	4131	90	4041		
造纸和纸制品业	Manufacture of Paper and Paper Products	39024	1980	37044		
印刷和记录媒介复制业	Printing,Reproduction of Recording Media	16431	162	16269		
文教、工美、体育和娱乐用品制造业	Manufacture of Articles for Culture, Education, Artwork, Sport and Entertainment Activity	7247	35	7212		
石油加工、炼焦和核燃料加工业	Processing of Petroleum,Coking,Processing of Nucleus Fuel	43726	280	43446		
化学原料和化学制品制造业	Manufacture of Chemical Raw Material and Chemical Products	89744	928	87338	740	738
医药制造业	Manufacture of Medicines	92115	3492	86301		2322
化学纤维制造业	Manufacture of Chemical Fiber	601		601		
橡胶和塑料制品业	Manufacture of Rubber and Plastic Products	7148	235	6913		
非金属矿物制品业	Manufacture of Non-metallic Mineral Products	97537	2370	91720		3447
黑色金属冶炼和压延加工业	Manufacture and Processing of Ferrous Metals	160589	568	160021		
有色金属冶炼和压延加工业	Manufacture and Processing of Non-ferrous Metals	242472	4574	236708		1190
金属制品业	Manufacture of Metal Products	52173	11169	40572		433
通用设备制造业	Manufacture of General Purpose Machinery	100568	5748	94420	210	191
专用设备制造业	Manufacture of Special Purpose Machinery	403819	11803	391049	83	885
汽车制造业	Manufacture of Automobile	265126	15048	249764	314	
铁路、船舶、航空航天和其他运输设备制造业	Manufacture of Railways, Ships, Aerospace and Other Transport Equipment	310572	70466	240102		4
电气机械和器材制造业	Manufacture of Electrical Machinery and Equipment	192702	3796	188719		187
计算机、通信和其他电子设备制造业	Manufacture of Computer, Communication and Other Electronic Equipment	207688	8906	198782		
仪器仪表制造业	Manufacture of Measuring Instrument	22712	6355	16358		
其他制造业	Manufacture of Other Manufacture N.E.C	7447	260	7187		
废弃资源综合利用业	Comprehensive Utilization of Waste	1134		1134		
金属制品、机械和设备修理业	Maintenance of Metal Products, Machinery and Equipment	1639	1639			
电力、热力生产和供应业	Production and Supply of Electric Power and Heat Power	14674	31	14643		
燃气生产和供应业	Production and Distribution of Gas	2299		2299		
水的生产和供应业	Production and Distribution of Water					

15-45 大中型工业企业按支出用途分R&D经费内部支出情况(2016年)
Intramural R&D Expenditures in Large and Medium-Sized Industrial Enterprises by Use (2016)

单位:万元 (10 000 yuan)

类别	Item	R&D经费内部支出 Intramural Expenditure on R&D	经常费支出 Operating Expenses	#人员劳务费 Service Fees	资产性支出 Capital Expenditures	#仪器和设备 Instruments & Equipments
总计	**Total**	**2648512**	**2444209**	**757582**	**204304**	**196520**
按企业规模分组	**By Size**					
大型企业	Large	1732559	1611213	498699	121346	116238
中型企业	Medium	915953	832995	258883	82958	80282
按登记注册类型分组	**By Registration Status**					
内资企业	Domestic-Funded Enterprises	2274217	2082303	658172	191914	185009
国有	State-owned Enterprises	41815	39409	19399	2405	2402
集体	Collective-owned Enterprises	1811	1134	472	677	670
股份合作	Cooperative Enterprises	143	143	37		
国有联营	State Joint Ownership Enterprises					
集体联营	Collective Joint Ownership Enterprises					
国有与集体联营	Joint State-collective Enterprises					
其他联营	Other Joint Ownership Enterprises					
国有独资公司	State-funded Corporations	245711	229047	59695	16664	15938
其他有限责任公司	Other Limited Liability Corporations	585960	522059	135907	63902	61958
股份有限公司	Share-holding Corporations Ltd.	631946	593073	204050	38872	37440
私营独资	Private-funded Enterprises	10731	9443	3355	1288	1261
私营合伙	Private Partnership Enterprises	869	665	163	204	174
私营有限责任公司	Private Limited Liability Corporations	614603	555929	192322	58674	56152
私营股份有限公司	Private Share-holding Corporations Ltd.	134426	125829	41356	8597	8397
其他内资	Other Enterprises	6203	5572	1417	631	620
港澳台商投资	Enterprises With Investment from Hong Kong, Macao and Taiwan	171438	162637	65109	8801	7967
外商投资	Enterprises With Foreign Investment	202858	199269	34301	3589	3544

15-45 续表 continued

单位:万元 (10 000 yuan)

类 别	Item	R&D经费内部支出 Intramural Expenditure on R&D	经常费支出 Operating Expenses	#人员劳务费 Service Fees	资产性支出 Capital Expenditures	#仪器和设备 Instruments & Equipments
按工业行业大类分组	**By Industrial Branch**					
煤炭开采和洗选业	Mining and Washing of Coal	1175	1148	223	27	27
黑色金属矿采选业	Mining of Ferrous Metal Ores	1054	961	497	93	92
有色金属矿采选业	Mining of Non-ferrous Metal Ores	12653	12165	4801	488	449
非金属矿采选业	Mining and Processing of Nonmetal Ores	9065	8797	3037	267	263
其他采矿业	Mining of Other Ores N.E.C					
农副食品加工业	Processing of Food from Agricultural Products	82387	74709	22889	7678	7406
食品制造业	Manufacture of Foods	37914	33005	8763	4909	4863
酒、饮料和精制茶制造业	Manufacture of Liquor, Beverage and Refined Tea	16438	15652	5623	786	768
烟草制品业	Manufacture of Tobacco	18636	16072	10331	2564	2552
纺织业	Manufacture of Textile	44887	39784	10051	5103	4976
纺织服装、服饰业	Manufacture of Textile Wearing and Clothing Apparel	9323	9168	3949	155	149
皮革、毛皮、羽毛及其制品和制鞋业	Leather, Fur, Feather and Its Products and Footwear	13398	12264	3506	1134	1117
木材加工和木、竹、藤、棕、草制品业	Processing of Timbers, Manufacture of Wood, Bamboo, Rattan, Palm and Straw Products	18267	15866	5759	2401	2318
家具制造业	Manufacture of Furniture	4131	3528	1195	603	585
造纸和纸制品业	Manufacture of Paper and Paper Products	39024	37407	8554	1617	1578
印刷和记录媒介复制业	Printing,Reproduction of Recording Media	16431	15876	4487	555	530
文教、工美、体育和娱乐用品制造业	Manufacture of Articles for Culture, Education, Artwork, Sport and Entertainment Activity	7247	7037	1678	210	191
石油加工、炼焦和核燃料加工业	Processing of Petroleum,Coking,Processing of Nucleus Fuel	43726	39085	7669	4641	4277
化学原料和化学制品制造业	Manufacture of Chemical Raw Material and Chemical Products	89744	78610	24088	11134	10787
医药制造业	Manufacture of Medicines	92115	82607	25774	9508	8941
化学纤维制造业	Manufacture of Chemical Fiber	601	601	298		
橡胶和塑料制品业	Manufacture of Rubber and Plastic Products	7148	6252	1821	896	809
非金属矿物制品业	Manufacture of Non-metallic Mineral Products	97537	89311	30924	8226	8134
黑色金属冶炼和压延加工业	Manufacture and Processing of Ferrous Metals	160589	149915	33873	10674	10324
有色金属冶炼和压延加工业	Manufacture and Processing of Non-ferrous Metals	242472	201466	41210	41006	40141
金属制品业	Manufacture of Metal Products	52173	48018	18741	4155	3895
通用设备制造业	Manufacture of General Purpose Machinery	100568	93821	25243	6748	6307
专用设备制造业	Manufacture of Special Purpose Machinery	403819	382674	152318	21145	19840
汽车制造业	Manufacture of Automobile	265126	257741	59345	7385	7308
铁路、船舶、航空航天和其他运输设备制造业	Manufacture of Railways, Ships, Aerospace and Other Transport Equipment	310572	287938	103249	22635	21698
电气机械和器材制造业	Manufacture of Electrical Machinery and Equipment	192702	183459	44268	9243	9057
计算机、通信和其他电子设备制造业	Manufacture of Computer, Communication and Other Electronic Equipment	207688	198228	76816	9460	8524
仪器仪表制造业	Manufacture of Measuring Instrument	22712	17566	8164	5147	4987
其他制造业	Manufacture of Other Manufacture N.E.C	7447	4295	1621	3152	3067
废弃资源综合利用业	Comprehensive Utilization of Waste	1134	614	248	520	520
金属制品、机械和设备修理业	Maintenance of Metal Products, Machinery and Equipment	1639	1639	775		
电力、热力生产和供应业	Production and Supply of Electric Power and Heat Power	14674	14631	4923	43	43
燃气生产和供应业	Production and Distribution of Gas	2299	2299	872		
水的生产和供应业	Production and Distribution of Water					

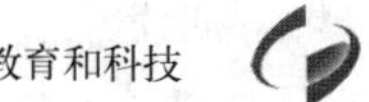

15-46 大中型工业企业办科技机构情况(2016年)

Basic Statistics on Institutions for Scientific and Technological in Large and Medium-Sized Industrial Enterprises (2016)

类别	Item	企业办科技机构数(个) Number of Institutions for S&T in Enterprises (unit)	企业办科技机构人员(人) Number of Personnel in Institutions for S&T in Enterprises (person)	#博士 Doctor	#硕士 Master	科技机构内部经费支出(万元) Intramural Expenditure for S&T Institutions (10 000 yuan)
总计	**Total**	**746**	**50831**	**977**	**8935**	**1261296**
按企业规模分组	**By Size**					
大型企业	Large	210	32868	499	6848	826535
中型企业	Medium	536	17963	478	2087	434762
按登记注册类型分组	**By Registration Status**					
内资企业	Domestic-Funded Enterprises	690	43089	930	8054	1094781
国有	State-owned Enterprises	18	1528	111	311	42420
集体	Collective-owned Enterprises	2	22	5	3	299
股份合作	Cooperative Enterprises					
国有联营	State Joint Ownership Enterprises					
集体联营	Collective Joint Ownership Enterprises					
国有与集体联营	Joint State-collective Enterprises					
其他联营	Other Joint Ownership Enterprises					
国有独资公司	State-funded Corporations	44	4680	46	569	112707
其他有限责任公司	Other Limited Liability Corporations	148	11476	169	2149	294425
股份有限公司	Share-holding Corporations Ltd.	117	10769	203	2120	203913
私营独资	Private-funded Enterprises	8	149	4	9	4378
私营合伙	Private Partnership Enterprises	3	31	1	2	815
私营有限责任公司	Private Limited Liability Corporations	288	10832	322	2558	353988
私营股份有限公司	Private Share-holding Corporations Ltd.	61	3592	69	333	80220
其他内资	Other Enterprises	1	10			1617
港澳台商投资	Enterprises With Investment from Hong Kong, Macao and Taiwan	29	5331	27	290	59108
外商投资	Enterprises With Foreign Investment	27	2411	20	591	107407

15-46 续表　continued

类　别	Item	企业办科技机构数(个) Number of Institutions for S&T in Enterprises (unit)	企业办科技机构人员（人）Number of Personnel in Institutions for S&T in Enterprises (person)	#博士 Doctor	#硕士 Master	科技机构内部经费支出(万元) Intramural Expenditure for S&T Institutions (10 000 yuan)
按工业行业大类分组	**By Industrial Branch**					
煤炭开采和洗选业	Mining and Washing of Coal	3	40			1204
黑色金属矿采选业	Mining of Ferrous Metal Ores	4	113		10	980
有色金属矿采选业	Mining of Non-ferrous Metal Ores	8	447	6	23	6476
非金属矿采选业	Mining and Processing of Nonmetal Ores	2	48		3	2026
其他采矿业	Mining of Other Ores N.E.C					
农副食品加工业	Processing of Food from Agricultural Products	46	1402	56	178	45841
食品制造业	Manufacture of Foods	28	750	38	116	28598
酒、饮料和精制茶制造业	Manufacture of Liquor, Beverage and Refined Tea	11	382	7	22	14225
烟草制品业	Manufacture of Tobacco	2	220	22	55	24287
纺织业	Manufacture of Textile	20	882	10	96	24851
纺织服装、服饰业	Manufacture of Textile Wearing and Clothing Apparel	18	596	8	31	7927
皮革、毛皮、羽毛及其制品和制鞋业	Leather, Fur, Feather and Its Products and Footwear	11	146	1	20	4587
木材加工和木、竹、藤、棕、草制品业	Processing of Timbers, Manufacture of Wood, Bamboo, Rattan, Palm and Straw Products	29	473	18	50	15079
家具制造业	Manufacture of Furniture	8	66	1	9	2496
造纸和纸制品业	Manufacture of Paper and Paper Products	11	408	2	40	27360
印刷和记录媒介复制业	Printing,Reproduction of Recording Media	4	167	1	11	2978
文教、工美、体育和娱乐用品制造业	Manufacture of Articles for Culture, Education, Artwork, Sport and Entertainment Activity	9	333	13	16	4362
石油加工、炼焦和核燃料加工业	Processing of Petroleum,Coking,Processing of Nucleus Fuel	3	181	14	40	2512
化学原料和化学制品制造业	Manufacture of Chemical Raw Material and Chemical Products	43	1889	50	291	56322
医药制造业	Manufacture of Medicines	39	2153	73	217	51442
化学纤维制造业	Manufacture of Chemical Fiber					
橡胶和塑料制品业	Manufacture of Rubber and Plastic Products	2	94	1	3	1930
非金属矿物制品业	Manufacture of Non-metallic Mineral Products	45	1813	21	123	27964
黑色金属冶炼和压延加工业	Manufacture and Processing of Ferrous Metals	15	1156	18	111	41254
有色金属冶炼和压延加工业	Manufacture and Processing of Non-ferrous Metals	28	3567	58	671	135186
金属制品业	Manufacture of Metal Products	31	1614	34	283	28817
通用设备制造业	Manufacture of General Purpose Machinery	47	2631	33	411	44427
专用设备制造业	Manufacture of Special Purpose Machinery	78	7860	117	2457	226446
汽车制造业	Manufacture of Automobile	35	3605	36	761	139366
铁路、船舶、航空航天和其他运输设备制造业	Manufacture of Railways, Ships, Aerospace and Other Transport Equipment	31	5035	112	1573	65315
电气机械和器材制造业	Manufacture of Electrical Machinery and Equipment	61	3944	76	542	116512
计算机、通信和其他电子设备制造业	Manufacture of Computer, Communication and Other Electronic Equipment	53	6640	45	362	81683
仪器仪表制造业	Manufacture of Measuring Instrument	11	1615	20	255	21612
其他制造业	Manufacture of Other Manufacture N.E.C	2	39	3	15	1566
废弃资源综合利用业	Comprehensive Utilization of Waste					
金属制品、机械和设备修理业	Maintenance of Metal Products, Machinery and Equipment					
电力、热力生产和供应业	Production and Supply of Electric Power and Heat Power	5	503	83	140	5610
燃气生产和供应业	Production and Distribution of Gas					
水的生产和供应业	Production and Distribution of Water	3	19			57

15-47 大中型工业企业R&D项目和新产品开发项目情况(2016年)
Basic Statistics on Projects for R&D and New Products Development in Large and Medium-Sized Industrial Enterprises (2016)

类 别	Item	R&D 项目数 (项) Number of R&D Projects (item)	R&D 项目人员 (人) Personnel of Projects for R&D (person)	R&D 项目经费 (万元) Intramural Expenditure on R&D Projects (10 000 yuan)	新产品开发项目数 (项) Number of Projects for New Products Development (item)	新产品开发经费 (万元) Expenditure on New Products Development (10 000 yuan)
总计	**Total**	**3871**	**81926**	**2261832**	**3479**	**2478531**
按企业规模分组	**By Size**					
大型企业	Large	1914	53172	1475552	1652	1671626
中型企业	Medium	1957	28754	786280	1827	806905
按登记注册类型分组	**By Registration Status**					
内资企业	Domestic-Funded Enterprises	3501	63846	1901905	3131	2089723
国有	State-owned Enterprises	311	2246	24263	194	36026
集体	Collective-owned Enterprises	3	53	1763	2	1036
股份合作	Cooperative Enterprises	1	6	143	1	143
国有联营	State Joint Ownership Enterprises					
集体联营	Collective Joint Ownership Enterprises					
国有与集体联营	Joint State-collective Enterprises					
其他联营	Other Joint Ownership Enterprises					
国有独资公司	State-funded Corporations	468	7772	214169	403	245589
其他有限责任公司	Other Limited Liability Corporations	818	15602	523640	720	566175
股份有限公司	Share-holding Corporations Ltd.	735	14377	452705	695	540019
私营独资	Private-funded Enterprises	14	247	8182	12	6049
私营合伙	Private Partnership Enterprises	4	31	694	3	710
私营有限责任公司	Private Limited Liability Corporations	778	18246	550828	746	573099
私营股份有限公司	Private Share-holding Corporations Ltd.	366	5180	119520	351	115311
其他内资	Other Enterprises	3	86	5997	4	5568
港澳台商投资	Enterprises With Investment from Hong Kong, Macao and Taiwan	209	15513	165883	194	176141
外商投资	Enterprises With Foreign Investment	161	2567	194044	154	212668

15-47 续表 continued

类别	Item	R&D项目数(项) Number of R&D Projects (item)	R&D项目人员(人) Personnel of Projects for R&D (person)	R&D项目经费(万元) Intramural Expenditure on R&D Projects (10 000 yuan)	新产品开发项目数(项) Number of Projects for New Products Development (item)	新产品开发经费(万元) Expenditure on New Products Development (10 000 yuan)
按工业行业大类分组	**By Industrial Branch**					
煤炭开采和洗选业	Mining and Washing of Coal	2	26	1143		
黑色金属矿采选业	Mining of Ferrous Metal Ores	3	106	911	1	511
有色金属矿采选业	Mining of Non-ferrous Metal Ores	49	798	8372	7	3420
非金属矿采选业	Mining and Processing of Nonmetal Ores	10	268	8362	7	7990
其他采矿业	Mining of Other Ores N.E.C					
农副食品加工业	Processing of Food from Agricultural Products	118	2363	70533	113	70306
食品制造业	Manufacture of Foods	92	1170	30826	75	38288
酒、饮料和精制茶制造业	Manufacture of Liquor, Beverage and Refined Tea	39	679	12112	40	19969
烟草制品业	Manufacture of Tobacco	142	586	5966	52	8775
纺织业	Manufacture of Textile	66	1285	35047	55	34759
纺织服装、服饰业	Manufacture of Textile Wearing and Clothing Apparel	32	634	8647	28	8121
皮革、毛皮、羽毛及其制品和制鞋业	Leather, Fur, Feather and Its Products and Footwear	33	521	12063	29	9767
木材加工和木、竹、藤、棕、草制品业	Processing of Timbers, Manufacture of Wood, Bamboo, Rattan, Palm and Straw Products	25	561	11933	19	12579
家具制造业	Manufacture of Furniture	9	125	3716	7	5401
造纸和纸制品业	Manufacture of Paper and Paper Products	32	692	33134	31	41383
印刷和记录媒介复制业	Printing,Reproduction of Recording Media	24	534	15748	16	8066
文教、工美、体育和娱乐用品制造业	Manufacture of Articles for Culture, Education, Artwork, Sport and Entertainment Activity	7	353	6184	15	7802
石油加工、炼焦和核燃料加工业	Processing of Petroleum,Coking,Processing of Nucleus Fuel	22	358	32663	16	39554
化学原料和化学制品制造业	Manufacture of Chemical Raw Material and Chemical Products	203	3022	80722	189	77477
医药制造业	Manufacture of Medicines	367	3083	84036	356	96014
化学纤维制造业	Manufacture of Chemical Fiber	2	51	601	1	365
橡胶和塑料制品业	Manufacture of Rubber and Plastic Products	17	300	6157	15	4944
非金属矿物制品业	Manufacture of Non-metallic Mineral Products	183	3402	85605	166	76526
黑色金属冶炼和压延加工业	Manufacture and Processing of Ferrous Metals	132	3682	156876	122	194189
有色金属冶炼和压延加工业	Manufacture and Processing of Non-ferrous Metals	271	5051	231190	172	129292
金属制品业	Manufacture of Metal Products	130	1696	45825	114	46829
通用设备制造业	Manufacture of General Purpose Machinery	192	3603	93210	176	78853
专用设备制造业	Manufacture of Special Purpose Machinery	356	12025	396789	367	402999
汽车制造业	Manufacture of Automobile	230	5262	250560	260	288545
铁路、船舶、航空航天和其他运输设备制造业	Manufacture of Railways, Ships, Aerospace and Other Transport Equipment	226	4915	136017	211	321337
电气机械和器材制造业	Manufacture of Electrical Machinery and Equipment	396	5466	161824	358	180778
计算机、通信和其他电子设备制造业	Manufacture of Computer, Communication and Other Electronic Equipment	297	16974	196219	306	220635
仪器仪表制造业	Manufacture of Measuring Instrument	38	965	20079	43	22743
其他制造业	Manufacture of Other Manufacture N.E.C	5	91	2744	3	1053
废弃资源综合利用业	Comprehensive Utilization of Waste	3	32	1123		
金属制品、机械和设备修理业	Maintenance of Metal Products, Machinery and Equipment	1	176	1639	1	1639
电力、热力生产和供应业	Production and Supply of Electric Power and Heat	109	1017	10959	99	15182
燃气生产和供应业	Production and Distribution of Gas	8	54	2299	8	2392
水的生产和供应业	Production and Distribution of Water				1	53

15-48 大中型工业企业科技活动产出情况(2016年)
Basic Statistics on Scientific and Technological Outputs in Large and Medium-Sized Industrial Enterprises (2016)

类别	Item	新产品产值(万元) Gross Output Value of New Products (10 000 yuan)	新产品销售收入(万元) Sales Revenue of New Products (10 000 yuan)	#出口 Exported	专利申请数(件) Patent Applic-ations (item)	有效发明专利数(件) Inventions In Force (item)
总计	**Total**	**65184675**	**62535193**	**3072123**	**11090**	**15599**
按企业规模分组	**By Size**					
大型企业	Large	42186342	40639593	2448913	6491	10060
中型企业	Medium	22998333	21895600	623210	4599	5539
按登记注册类型分组	**By Registration Status**					
内资企业	Domestic-Funded Enterprises	54479546	51977272	1442539	9869	14995
国有	State-owned Enterprises	7464687	7471012	4505	620	564
集体	Collective-owned Enterprises	218	166		18	5
股份合作	Cooperative Enterprises					
国有联营	State Joint Ownership Enterprises					
集体联营	Collective Joint Ownership Enterprises					
国有与集体联营	Joint State-collective Enterprises					
其他联营	Other Joint Ownership Enterprises					
国有独资公司	State-funded Corporations	4365936	4030675	216172	945	1447
其他有限责任公司	Other Limited Liability Corporations	10722414	10243355	450448	2180	2312
股份有限公司	Share-holding Corporations Ltd.	11761261	11301237	364352	2553	6231
私营独资	Private-funded Enterprises	76349	75748	17180	10	3
私营合伙	Private Partnership Enterprises	8626	8626		1	7
私营有限责任公司	Private Limited Liability Corporations	17228039	16129611	351798	2707	3544
私营股份有限公司	Private Share-holding Corporations Ltd.	2850053	2714880	38084	834	881
其他内资	Other Enterprises	1963	1963		1	1
港澳台商投资	Enterprises With Investment from Hong Kong, Macao and Taiwan	6839719	6805661	1536012	906	401
外商投资	Enterprises With Foreign Investment	3865410	3752260	93572	315	203

15-48 续表 continued

类别	Item	新产品产值（万元）Gross Output Value of New Products (10 000 yuan)	新产品销售收入（万元）Sales Revenue of New Products (10 000 yuan)	#出口 Exported	专利申请数（件）Patent Applications (item)	有效发明专利数（件）Inventions In Force (item)
按工业行业大类分组	**By Industrial Branch**					
煤炭开采和洗选业	Mining and Washing of Coal					
黑色金属矿采选业	Mining of Ferrous Metal Ores	56334	53523		2	
有色金属矿采选业	Mining of Non-ferrous Metal Ores	112603	123513		14	14
非金属矿采选业	Mining and Processing of Nonmetal Ores	114689	114137		9	12
其他采矿业	Mining of Other Ores N.E.C					
农副食品加工业	Processing of Food from Agricultural Products	2544006	2435262	92	144	122
食品制造业	Manufacture of Foods	1190236	1067647	24714	165	138
酒、饮料和精制茶制造业	Manufacture of Liquor, Beverage and Refined Tea	371333	350972	2651	29	68
烟草制品业	Manufacture of Tobacco	7290128	7297305	4505	255	264
纺织业	Manufacture of Textile	1207877	1113028	22236	153	61
纺织服装、服饰业	Manufacture of Textile Wearing and Clothing Apparel	335910	322000	7573	96	6
皮革、毛皮、羽毛及其制品和制鞋业	Leather, Fur, Feather and Its Products and Footwear	457229	447421	16062	74	26
木材加工和木、竹、藤、棕、草制品业	Processing of Timbers, Manufacture of Wood, Bamboo, Rattan, Palm and Straw Products	583334	516939	8012	42	11
家具制造业	Manufacture of Furniture	357584	335306		16	15
造纸和纸制品业	Manufacture of Paper and Paper Products	397068	393498		55	73
印刷和记录媒介复制业	Printing,Reproduction of Recording Media	378841	367442	1440	66	48
文教、工美、体育和娱乐用品制造业	Manufacture of Articles for Culture, Education, Artwork, Sport and Entertainment Activity	105067	99361	566	61	32
石油加工、炼焦和核燃料加工业	Processing of Petroleum,Coking,Processing of Nucleus Fuel	2339635	2309419	15150	50	154
化学原料和化学制品制造业	Manufacture of Chemical Raw Material and Chemical Products	1931561	1886771	127307	387	755
医药制造业	Manufacture of Medicines	2181156	2122167	12777	410	512
化学纤维制造业	Manufacture of Chemical Fiber					
橡胶和塑料制品业	Manufacture of Rubber and Plastic Products	300014	294529	20	14	9
非金属矿物制品业	Manufacture of Non-metallic Mineral Products	1797131	1755371	185237	639	822
黑色金属冶炼和压延加工业	Manufacture and Processing of Ferrous Metals	2683103	2377539	221099	73	364
有色金属冶炼和压延加工业	Manufacture and Processing of Non-ferrous Metals	3489906	3435045	48461	462	1043
金属制品业	Manufacture of Metal Products	1659874	1543218	11042	289	383
通用设备制造业	Manufacture of General Purpose Machinery	1950540	1718426	95914	358	759
专用设备制造业	Manufacture of Special Purpose Machinery	8682140	8219272	203723	1675	5097
汽车制造业	Manufacture of Automobile	6358093	6088678	53173	783	946
铁路、船舶、航空航天和其他运输设备制造业	Manufacture of Railways, Ships, Aerospace and Other Transport Equipment	3758970	3524086	296002	1776	1910
电气机械和器材制造业	Manufacture of Electrical Machinery and Equipment	4367574	4242520	95767	863	912
计算机、通信和其他电子设备制造业	Manufacture of Computer, Communication and Other Electronic Equipment	7555501	7369138	1617216	1128	530
仪器仪表制造业	Manufacture of Measuring Instrument	615950	600669	1388	583	304
其他制造业	Manufacture of Other Manufacture N.E.C	2979	2974		27	14
废弃资源综合利用业	Comprehensive Utilization of Waste	1023	732			
金属制品、机械和设备修理业	Maintenance of Metal Products, Machinery and Equipment	4790	4790		3	
电力、热力生产和供应业	Production and Supply of Electric Power and Heat Power	2497	2497		384	194
燃气生产和供应业	Production and Distribution of Gas				5	1
水的生产和供应业	Production and Distribution of Water					

15-49 企业创新基本情况(2016年)
Basic Situation of Enterprise Innovation(2016)

指 标	Item	合 计 Total	#工业 Industry	#建筑业 Construc-tion	#服务业 Services
企业创新基本情况	**The Basic Situation of Enterprise Innovation**				
企业数 (个)	Companies (unit)	24935	14384	950	9601
开展创新活动企业数 (个)	Carry Out Innovation Activities (unit)	10446	7621	274	2551
#实现创新企业	# Realize Innovative Enterprises	8466	5689	261	2516
#同时实现四种创新企业	#Four Innovative Enterprises are Implemented Simultaneously	1996	1468	28	500
开展创新活动企业占比 (%)	The Proportion of Enterprises Engaged in Innovation Activities (%)	41.9	53.0	28.8	26.6
#实现创新企业占比	#Realize the Proportion of Innovative Enterprises	34.0	39.6	27.5	26.2
#同时实现四种创新企业占比	#At the same time, there are four innovative enterprises	8.0	10.2	3.0	5.2
产品和工艺创新情况	**Product and Process Innovation**				
(一)产品和工艺创新分布情况	**The Distribution of Product and Process Innovation**				
1.开展产品或工艺创新活动企业数 (个)	Number of Enterprises in Product or Process Innovation Activities (unit)	7807	6486	140	1181
#实现产品创新企业	#Implement Product Innovation Enterprise	3778	2902	58	818
#实现工艺创新企业	# Implement Innovation Enterprise	4325	3345	107	873
2.开展产品或工艺创新活动企业占比 (%)	Responsible for Product or Process Innovation Activities (%)	31.3	45.1	14.7	12.3
#实现产品创新企业占比	#The Proportion of Product Innovation Enterprises is Realized	15.2	20.2	6.1	8.5
#实现工艺创新企业占比	#Realize the Proportion of Technological Innovation Enterprises	17.4	23.3	11.3	9.1
#同时实现产品和工艺创新企业占比	#The Proportion of Product and Process Innovation Enterprises is also Realized	11.6	15.4	5.6	6.5
#仅实现产品创新企业占比	#Only Realize the Proportion of Product Innovation Enterprises	1.8	2.6	0.3	0.7
#仅实现工艺创新企业占比	#Only Realize the Proportion of Technological Innovation Enterprises	1.6	2.4	1.2	0.5
#仅有正在进行或中止的创新活动企业占比	#There is only an ongoing or discontinued innovation enterprise share	10.4	17.0	3.0	1.2
(二)产品创新开发情况	**Product Innovation and Development**				
在实现产品创新企业中,以下列形式进行开发的企业占比 (%)	In the Implementation of Product Innovation Enterprises, the Proportion of Enterprises Developed in the Following Form (%)				
#本企业独立开发	#Independent Development of the Enterprises	78.3	82.6	63.8	64.2
#与集团内企业合作开发	#Cooperation and Development of Enterprises Within the Group	7.1	5.2	17.2	13.4
#与境内其他企业合作开发	#Develop Cooperation with Other Enterprises in China	8.6	7.2	15.5	13.1
#与境内研究机构合作开发	#Working with Domestic Research Institutes	2.4	2.1	3.4	3.3
#与境内高等学校合作开发	#In Cooperation with Domestic Institutions of Higher Learning	12.8	13.9	22.4	8.3
#与境外企业或机构合作开发	#Working with Overseas Enterprises or Institutions	1.7	1.6		2.4
#在其他单位基础上调整或改进	#Adjust or Improve on Other Units	5.3	4.3	13.8	8.6
#其他企业或机构开发	#The Development of Other Enterprises or Institutions	4.2	2.8	6.9	9.2
#其他	#Other	9.8	7.1	13.8	19.4
(三)工艺创新开发情况	**Development of Technological Innovation**				
在实现工艺创新企业中,以下列形式进行开发的企业占比 (%)	In the Implementation of Technological Innovation Enterprises, the Proportion Enterprises Developed in the Following Form (%)				
#本企业独立开发	#The Company Develops Independently	71.7	77.0	59.8	52.6

15-49 续表 1 continued

指标	Item	合计 Total	#工业 Industry	#建筑业 Construction	#服务业 Services
#本企业与集团内企业合作开发	#The Enterprise Cooperation and Development with The Enterprise in The Group	7.5	6.2	15.9	11.5
#本企业与境内其他企业合作开发	#The Company is Cooperating with Other Enterprises in China	9.2	8.1	13.1	12.7
#本企业与境内研究机构合作开发	#The Company is Cooperating with Domestic Research Institutes	2.7	2.6	1.9	3.3
#本企业与境内高等学校合作开发	#The Company is Cooperating with The Higher Schools in China	12.2	13.0	23.4	7.4
#本企业与境外企业或机构合作开发	#The Company is Cooperating with Overseas Enterprises or Institutions	1.7	1.7	0.9	1.9
#在其他单位开发的基础上调整或改进	#To Adjust or Improve on The Basis of Other Unit Development	8.5	7.2	19.6	11.8
#其他企业或机构开发	#The Development of Other Enterprises or Institutions	6.9	4.0	14.0	17.3
#其他	# Other	12.3	10.0	15.0	20.6
产品或工艺创新活动类型及创新费用情况	**Product or Process Innovation Activity Type and Innovation Cost Situation**				
(一)产品或工艺创新活动类型	**Type of Product or Process Innovation**				
有下列活动形式的企业占比 (%)	The Proportion of Enterprises with The Following Activities (%)				
#内部研发	#Internal Research and Development	13.6	21.9	2.6	2.2
#外部研发	#The External Research and Development	2.7	4.1	0.7	0.8
#获得机器设备和软件	#Get Machine Equipment and Software	17.7	27.8	6.6	3.7
#从外部获取相关技术	#Get the Technology from The Outside	1.0	0.8	1.1	1.3
#相关培训	# Related Training	8.2	10.3	8.1	5.1
#市场推介	#Market Introduction	4.7	5.7	3.6	3.3
#相关设计	#Related Design	4.1	5.9	0.6	1.9
#其他创新活动	#Other Innovative Activities	5.3	6.7	4.8	3.1
(二)工业企业创新费用支出情况	**Expenditure on Innovation Expenses of Industrial Enterprises**				
创新费用支出合计 (万元)	Total Expenditure on Innovation Expenses(10 000 yuan)	7179729	7179729		
1.内部研发经费支出所占比重 (%)	Proportion of Internal r&d Expenditure (%)	54.7	54.7		
2.外部研发经费支出所占比重 (%)	Proportion of External r&d Expenditure (%)	2.1	2.1		
3.获得机器设备和软件经费支出所占比重 (%)	Account for the Proportion of Equipment and Software Expenditure (%)	42.3	42.3		
4.从外部获取相关技术经费支出所占比重 (%)	The Proportion of Relevant Technical Expenses from External Access (%)	0.9	0.9		
产品或工艺创新信息来源情况	**Product or Process Innovation Information Source Situation**				
在开展产品或工艺创新活动企业中,下列信息对创新影响较大的企业占比 (%)	Among the Enterprises that Carry Out Product or Process Innovation Activities,the Following Information will Make up the Proportion of Enterprises with Greater Impact on Innovation (%)				
#企业内部信息	#Enterprise Internal Information	30.7	28.8	36.4	40.6
#企业集团内部信息	#Internal Information of Enterprise Group	8.4	6.3	24.3	18.1
#来自高等学校的信息	#Information from Institutions of Higher Learning	7.1	7.2	7.9	6.6
#来自研究机构的信息	#Information from the Research Institute	8.6	9.1	5.7	6.4
#来自政府部门的信息	#Information from Government Departments	13.0	10.1	32.9	26.3

注：创新费用支出情况仅包含规模工业企业。
The Cost of Innovation Expense Only Includes Scale Industrial Enterprises.

15-49 续表 2 continued

指标	Item	合计 Total	#工业 Industry	#建筑业 Construction	#服务业 Services
#来自行业协会的信息	#Information from industry associations	16.7	15.7	40.0	19.5
#来自供应商的信息	#Information from The Supplier	14.6	15.1	20.7	10.8
#来自客户的信息	#Information from the Customer	30.0	29.2	18.6	36.0
#来自竞争对手或同行业企业的信息	#Information from Competitors or Companies in the Same Industry	14.9	13.7	20.7	20.7
#来自市场咨询机构的信息	#Information from the Marketing Consultancy	4.4	3.6	4.3	8.9
#来自展会的信息	#Information from the Exhibition	8.4	8.4	2.9	9.6
#来自文献、期刊的信息	#Information from Literature and Periodicals	2.1	1.9	6.4	2.5
#来自互联网的信息	#Information from the Internet	10.4	7.9	18.6	22.9
#其他	# Other	7.6	6.5	9.3	13.6
产品或工艺创新合作情况	**Product or Process Innovation Cooperation**				
(一)产品或工艺创新合作开展情况	**Product or Process Innovation Cooperation**				
开展创新合作的企业数 (个)	Number of Enterprises Engaged in Innovative Cooperation (unit)	4460	3426	96	938
创新合作企业占全部企业的比重 (%)	Innovative Cooperative Enterprises Account for the Proportion of All Enterprises. (%)	17.9	23.8	10.1	9.8
在创新合作企业中,与下列伙伴开展合作的企业占比 (%)	The Proportion of Enterprises Engaged in Cooperation with the Following Partners in Innovative Cooperative Enterprises (%)				
#集团内其他企业	#Other Enterprises Within the Group	27.7	24.2	50.0	38.1
#高等学校	# Institutions of Higher Learning	29.4	31.3	35.4	21.9
#研究机构	#Research Institution	21.4	23.2	15.6	15.4
#政府部门	#Government Departments	13.7	11.8	14.6	20.6
#行业协会	#Industry Association	23.8	22.9	39.6	25.6
#供应商	# Suppliers	31.1	32.6	37.5	24.8
#客户	# Clients	35.8	35.8	15.6	38.0
#竞争对手或同行业企业	#Competitors or Companies in the Same Industry	13.3	12.1	17.7	17.4
#市场咨询机构	# Marketing Consultancy	8.2	7.0	7.3	12.4
#风险投资机构	# Venture Capital Institution	1.3	1.0		2.6
#其他合作对象	#Other Cooperative Objects	18.9	16.5	21.9	27.4
(二)产品或工艺创新合作伙伴	**Product or Process Innovation Cooperation Partner**				
在创新合作企业中,下列合作伙伴对企业创新有较大价值的企业占比 (%)	Among the Innovative Cooperative Enterprises, the Following Partners Make up the Proportion of Enterprises with Greater Value for Enterprise Innovation (%)				
#集团内其他企业	#Other Enterprises Within the Group	22.7	19.9	45.8	30.5
#高等学校	# Institutions of Higher Learning	23.6	25.5	28.1	16.1
#研究机构	#Research Institution	15.7	17.8	5.2	9.3
#政府部门	#Government Departments	10.7	8.8	14.6	17.0
#行业协会	#Industry Association	19.1	18.9	31.3	18.9
#供应商	# Suppliers	26.0	27.7	27.1	19.6
#客户	# Clients	32.4	32.3	14.6	34.5
#竞争对手或同行业企业	#Competitors or Companies in the Same Industry	10.8	9.9	15.6	13.6
#市场咨询机构	# Marketing Consultancy	5.7	4.8	5.2	9.2
#风险投资机构	# Venture Capital Institution	0.9	0.6		1.8
#其他合作对象	#Other Cooperative Objects	14.7	13.0	16.7	20.9
(三)产学研合作形式	**Cooperation in Production and Study**				
开展产学研合作的企业数 (个)	The Number of Enterprises Engaged in the Cooperation of Production and Academic Research (unit)	2266	1868	49	349
产学研合作企业占比 (%)	Proportion of Industry-university-research Partners (%)	9.1	13.0	5.2	3.6

15-49 续表 3 continued

指 标	Item	合 计 Total	#工业 Industry	#建筑业 Construction	#服务业 Services
在产学研合作企业中,以下列为主要合作形式的企业占比 (%)	**In the Cooperative Enterprise of Production and Research, the Following are Listed as the Proportion of Enterprises in the Form of Major Cooperation (%)**				
#共同完成科研项目	#To Jointly Complete the Research Project	47.0	46.6	63.3	47.3
#在企业建立研发机构	#Establish r&d Facilities in Enterprises	20.5	20.7	18.4	20.1
#在高校或研究机构中设立研发机构	#A Research and Development Institution is Established in a University or Research Institution	9.2	8.6	8.2	12.6
#聘用高校或研究机构人员到企业兼职	# Hire University or Research Staff to Work Part-time	27.6	27.7	28.6	26.6
#其他形式	#Other Forms	25.2	24.6	24.5	28.7
产品或工艺创新阻碍因素情况	**Product or Process Innovation Hinders the Situation**				
在全部企业中,下列各项是创新主要阻碍因素的企业占比 (%)	Among All Enterprises, the Following are the Proportion of Enterprises that are the Main Obstacles to Innovation (%)				
#缺乏内部资金	# Lack of Internal Funding	13.4	15.4	16.6	10.1
#缺乏风险投资	# Lack of Venture Capital	9.4	10.7	9.2	7.5
#缺乏银行贷款	# Lack of Bank Loans	13.8	17.2	9.4	9.1
#创新成本过高	#The Cost of Innovation is too High	18.9	22.8	16.2	13.4
#缺乏人才或人才流失	#Lack of Talent or Brain Drain	24.5	27.3	28.4	20.0
#缺乏技术信息	# Lack of Technical Information	14.8	17.7	15.3	10.3
#缺乏市场信息	# Lack of Market Information	8.9	9.0	8.1	8.9
#难以找到创新合作伙伴	#Find an Innovative Partner is Hard	6.9	6.8	9.4	6.8
#市场已被占领	#The Market has been Occupied	3.1	2.6	1.9	4.0
#不能确定市场需求	# Cannot Determine Market Demand	10.6	11.3	13.3	9.4
#创新成果易被低成本模仿	# Innovation is Easily Copied by Low Cost	4.7	5.3	2.7	3.8
#没有创新的必要	# There is no Need for Innovation	14.7	11.6	17.7	19.1
知识产权及相关情况	**Intellectual Roperty and Related Conditions**				
采取了知识产权保护或相关措施的企业数 (个)	The Number of Enterprises (s) Taking Intellectual Property Protection or Related Measures (unit)	13414	8950	395	4069
采取了知识产权保护或相关措施的企业占全部企业的比重 (%)	Enterprises Taking Intellectual Property Protection or Related Measures Account for The Proportion of all Enterprises(%)	54	62	42	42
在全部企业中，采取下列知识产权保护或相关措施的企业占比 (%)	In all Enterprises, the Proportion of Enterprises Taking the Following Intellectual Property Protection or Related Measures (%)				
#申请了专利	#Applied for the Invention Patent	15	23	7	5
#申请了注册商标	#Apply for a Registered Trademark	14.4	18.6	4.4	9.2
#进行了版权登记	#Copyright Registration	2.9	3.1	1.2	2.8
#形成了国家或行业技术标准	#A National or Industry Technical Standard is Formed	6.4	7.4	8.2	4.7
#对技术秘密进行内部保护	#Internal Protection of Technical Secrets	12.7	16.2	10.2	7.6
#应用了难以复制的复杂技术	#Applies Complex Technologies that are Difficult to Replicate	3.3	4.0	3.3	2.2
#发挥了时间上的先发优势	#Play the First Mover Advantage of Time	20.0	18.8	17.2	22.1
组织和营销创新情况	**Organizing and Marketing Innovation**				
实现组织或营销创新企业数 (个)	To Achieve Organizational or Marketing Innovation Enterprises (unit)	7209	4611	239	2359
在全部企业中，实现组织或营销创新企业占比 (%)	In all Enterprises, the Proportion of Organizational or Marketing Innovation Enterprises is Realized. (%)	28.9	32.1	25.2	24.6
#实现组织创新企业占比	#Realize the Proportion of Innovation Enterprises	23.5	25.9	23.8	19.8
#实现营销创新企业占比	#Realize the Proportion of Marketing Innovation Enterprises	23.3	26.4	9.8	19.9
#同时实现组织和营销创新企业占比	#The Company also Realizes the Proportion of Organization and Marketing Innovation Enterprises	17.8	20.2	8.4	15.1

15-50 企业家对创新的认识及相关情况(2016年)
Entrepreneurs' understanding of Innovation and Related Situation

单位:% (%)

指标	Item	合计 Total	#工业 Industry	#建筑业 Construction	#服务业 Services
企业家基本情况	**The Basic Situation of Entrepreneurs**				
(一)企业家教育程度构成	**Entrepreneur Education Degree Composition**				
在企业家中,下列各类人员占比	In the Enterprise Home, the Following Categories of Personnel				
博士	Dr.	0.4	0.5	0.3	0.3
硕士	A Master's Degree	3.1	3.3	2.9	2.8
本科	Undergraduate Course	41.6	40.7	54.4	41.7
大专	College	42.9	42.8	36.9	43.5
其他	Other	12.0	12.6	5.5	11.6
(二)企业家对创新的总体认识	**The Overall Understanding of Innovation by Entrepreneurs**				
在企业家中,认为创新对企业的生存和发展	In the Enterprise Home, Think Innovation to Enterprise's Survival and Development				
#起了重要作用的人员占比	#The Number of People Who Play an Important Role	21.0	24.2	16.2	16.6
#起了一定作用的人员占比	#The Proportion of People Who Play a Certain Role	60.9	60.8	64.4	60.8
#不起作用的人员占比	#Percentage of People Who are not Working	18.1	15.0	19.3	22.6
创新对企业的影响情况	**The Impact of Innovation on Enterprises**				
(一)影响最大的创新类型	**The Most Influential Types of Innovation**				
在实现创新企业中,认为下列各类创新对企业影响最大的企业家占比	Among the Innovative Enterprises, the Proportion of Entrepreneurs Who Believe that The Following Types of Innovations are The Biggest Influences on Enterprises				
#产品创新	# Product Innovation	31.5	37.4	4.4	21.1
#工艺创新	# Process Innovation	19.2	24.8	23.5	6.0
#组织创新	#Organizational Innovation	24.1	18.8	63.3	32.0
#营销创新	# Marketing Innovation	25.3	19.0	8.8	40.9
(二)产品创新对企业的影响	**The Impact of Product Innovation on Enterprises**				
在实现产品创新企业中,认为下列各项对企业影响程度为"高"的企业家占比	In the Realization of Product Innovation Enterprises, the Following are the Proportion of Entrepreneurs Who Have a "High" Impact on the Enterprise				
#增加了产品品种	#Product Variety has been Added	75.9	78.0		73.8
#提高了产品性能	#Product Performance is Improved	80.7	80.5	86.2	80.9
#开拓了新市场	#New Markets have been Opened up	75.1	75.2	60.3	75.8
#扩大了市场份额	# Expand Market Share	70.2	70.2	56.9	71.1
#取代了过时产品	# Replace Obsolete Products	66.8	67.2	56.9	66.4
(三)工艺创新对企业的影响	**Influence of Technological Innovation on Enterprises**				
在实现工艺创新企业中,认为下列各项对企业影响程度为"高"的企业家占比	In the Realization of Technological Innovation Enterprises, the Following Items are Considered as "High" Entrepreneurs				
#提高了生产的灵活性	# Improve the Flexibility of Production	70.7	71.4	69.2	68.4
#提高了生产效率	#Production Efficiency is Improved	78.3	80.0	79.4	71.7
#降低了人力成本	#It Lowers the Human Cost	66.3	67.7	68.2	60.5
#节约了原材料	# Save Raw Materials	63.3	65.8	68.2	53.3
#降低了能源消耗	#It Reduces Energy Consumption	66.7	69.3	69.2	56.4
#减少了环境污染	#Environmental Pollution is Reduced	66.4	68.9	67.3	56.8
#改善了工作条件	#Working Conditions are Improved	63.7	64.1	66.4	61.9
(四)组织创新对企业的影响	**The Impact of Organizational Innovation on Enterprises**				
在实现组织创新企业中,认为下列各项对企业影响程度为"高"的企业家占比	In the Realization of Organizational Innovation Enterprises, the Proportion of Entrepreneurs who Believe that the Following Factors are "High" for Enterprises				
#加快了响应速度	# Speed up the Response	72.8	74.6	61.5	70.5
#提高了开发能力	# Improves Development Ability	64.0	69.3	46.5	55.8

15-50 续表 continued

单位:% (%)

指 标	Item	合计 Total	#工业 Industry	#建筑业 Construction	#服务业 Services
#提高了产品质量	#The Product Quality is Improved	74.8	77.7	60.6	70.8
#降低了单位成本	#It Lowers the Unit Cost	63.3	67.8	54.4	55.4
#提高了信息交换与共享的水平	#Improves the Level of Information Exchange and Sharing	67.4	67.7	61.1	67.5
#改善了员工工作条件	#Improved Working Conditions for Employees	63.7	64.5	59.7	62.6
#提升了管理效率	#Improved Management Efficiency	77.5	78.6	77.0	75.5
(五)营销创新对企业的影响	Impact of Marketing Innovation on Enterprises				
在实现营销创新企业中,认为下列各项对企业影响程度为"高"的企业家占比	In the Realization of Marketing Innovation Enterprises, the Proportion of Entrepreneurs who Believe that the Following Factors are "High" in Enterprises				
#保持或扩大了市场份额	#Maintain or Expand Market Share	71.3	72.7	61.3	69.0
#开拓了新客户群体	# Create New Customer Groups	71.4	72.6	60.2	69.8
#开拓了新区域市场	#New Regional Markets have been Opened up	69.4	71.7	60.2	65.1
创新成功影响因素情况	**Innovative Success Factors**				
在开展创新活动企业中,认为下列各项是创新成功最重要因素的企业家占比	Among the Enterprises that Carry out Innovative Activities, the Proportion of Entrepreneurs who Consider the Following are the Most Important Factors of Innovation Success				
#有创新精神的企业家	#Innovative Entrepreneurs	56.4	54.3	59.1	62.2
#充足的经费支持	#Adequate Funding Support	51.3	49.5	52.2	56.6
#高素质的人才	#High Quality Talent	57.4	54.7	63.9	64.9
#员工对企业的认同感	#Employees' Sense of Identity	57.6	52.8	65.3	71.3
#企业内部的激励措施	#Internal Incentives	57.3	52.9	65.7	69.8
#有效的技术战略或计划	#Effective Technical Strategy or Plan	52.2	48.9	60.6	60.8
#畅通的信息渠道	#Unblocked Information Channels	53.3	49.6	56.9	64.0
#可信赖的创新合作伙伴	#Trustworthy Innovative Partner	47.7	44.8	51.5	55.9
#优惠政策的扶持	#Support for Preferential Policies	48.6	46.2	43.4	56.2
创新激励措施及效果情况	**Innovative Incentive Measures and Effects**				
在开展创新活动企业中,认为下列措施效果"很好"的企业家占比	Among the Innovative Enterprises, the Proportion of Entrepreneurs who Think the Following Measures are "Very Good"				
#股权或期权	#Stock or Option	18.4	16.9	14.6	23.4
#增加工资或奖金	#Increase Salary or Bonus	56.2	53.0	56.9	65.5
#汽车住房等物质奖励	#Car Housing and Other Material Rewards	18.6	17.3	17.2	22.5
#岗位调整或升职机会	#Post Adjustment or Promotion Opportunities	50.2	46.6	56.2	60.4
#培训或深造机会	#Training or Further Study	42.1	38.8	50.4	50.9
政策对创新的影响情况	**The Impact of Policy on Innovation**				
在开展创新活动企业中,认为下列政策效果较明显的企业家占比	Among the Enterprises that Carry out Innovation Activities, the Proportion of Entrepreneurs who Think the Following Policy Effect is Obvious				
#企业研发费用加计扣除税收优惠政策	#The Research and Development Expenses of the Enterprise Shall be Deducted from the Preferential Tax Policy	44.2	45.5	36.5	40.9
#高新技术企业所得税减免政策	#The Policy of Tax Reduction for High-tech Enterprises	43.8	44.8	35.4	41.6
#企业研发活动专用仪器设备加速折旧政策	#The Special Instrument Equipment for Enterprise Development Activities Accelerated Depreciation Policy	40.5	41.4	33.6	38.5
#技术转让、技术开发收入免征增值税和技术转让减免所得税优惠政策	#Technology Transfer and Technology Development Income are Exempted from Value-added Tax and Technology Transfer Tax Breaks	39.1	39.6	33.6	38.3
#科技开发用品免征进口税收政策	#Technology Development Supplies are Exempted from Import Tax Policy	34.2	34.4	26.6	34.1
#鼓励企业吸引和培养人才的相关政策	#Encourage Enterprises to Attract and Cultivate Talents Related Policies	48.0	46.6	45.3	52.3
#金融支持相关政策	#Financial Support Related Policies	46.1	45.1	39.1	49.7
#创造和保护知识产权的相关政策	#The Creation and Protection of Intellectual Property Rights Policies	48.1	48.3	42.7	48.0
#优先发展产业的支持政策	#Prioritize Industry Support Policies	47.5	47.2	38.7	49.4

15-51 规模以上工业企业创新活动总体情况(2016年)
The Overall Situation of Large-Scale Industrial Enterprises Innovation Activities(2016)

类别	Item	开展创新活动企业数(个)	#实现创新企业 Realize Innovative Enterprises	#同时实现四种创新企业 Four Innovative Enterprises are Implemented Simultaneously	在全部企业中占比(%) 开展创新活动企业 Carry Out Innovation Activities	实现创新企业 Realize Innovative Enterprises	同时实现四种创新企业 Four Innovative Enterprises are Implemented Simultaneously
总计	**Total**	**7621**	**5689**	**1468**	**53.0**	**39.6**	**10.2**
按企业规模分组	**By Size**						
大型	Large	195	175	80	88.2	79.2	36.2
中型	Medium	1459	1051	380	65.5	47.2	17.1
小型	Small	5875	4400	997	50.7	38.0	8.6
微型	Miniature	92	63	11	26.9	18.4	3.2
按登记注册类型分组	**By Registration Status**						
内资企业	Domestic-Funded Enterprises	7287	5436	1411	52.6	39.2	10.2
国有	State-owned Enterprises	61	39	5	38.1	24.4	3.1
集体	Collective-owned Enterprises	54	39	2	40.6	29.3	1.5
股份合作	Cooperative Enterprises	7	3	1	41.2	17.6	5.9
国有联营	State Joint Ownership Enterprises	1	1		100.0	100.0	
集体联营	Collective Joint Ownership Enterprises	2	2	1	33.3	33.3	16.7
国有与集体联营	Joint State-collective Enterprises						
其他联营	Other Joint Ownership Enterprises						
国有独资公司	State-funded Corporations	91	72	20	56.9	45.0	12.5
其他有限责任公司	Other Limited Liability Corporations	1268	968	253	58.4	44.6	11.7
股份有限公司	Share-holding Corporations Ltd.	316	262	90	67.4	55.9	19.2
私营独资	Private-funded Enterprises	229	173	45	37.2	28.1	7.3
私营合伙	Private Partnership Enterprises	143	114	32	33.8	27.0	7.6
私营有限责任公司	Private Limited Liability Corporations	4680	3446	870	52.3	38.5	9.7
私营股份有限公司	Private Share-holding Corporations Ltd.	384	279	90	57.8	42.0	13.6
其他内资	Other Enterprises	51	38	2	53.1	39.6	2.1
港澳台商投资	Enterprises With Investment from Hong Kong, Macao and Taiwan	196	131	29	62.8	42.0	9.3
外商投资	Enterprises With Foreign Investment	138	122	28	66.3	58.7	13.5

15-51 续表

类　别	Item	开展创新活动企业数(个) Carry Out Innovation Activities(Unit)
按工业行业大类分组	**By Industrial Branch**	
煤炭开采和洗选业	Mining and Washing of Coal	89
黑色金属矿采选业	Mining of Ferrous Metal Ores	23
有色金属矿采选业	Mining of Non-ferrous Metal Ores	54
非金属矿采选业	Mining and Processing of Nonmetal Ores	96
其他采矿业	Mining of Other Ores N.E.C	
农副食品加工业	Processing of Food from Agricultural Products	788
食品制造业	Manufacture of Foods	250
酒、饮料和精制茶制造业	Manufacture of Liquor, Beverage and Refined Tea	269
烟草制品业	Manufacture of Tobacco	5
纺织业	Manufacture of Textile	127
纺织服装、服饰业	Manufacture of Textile Wearing and Clothing Apparel	95
皮革、毛皮、羽毛及其制品和制鞋业	Leather, Fur, Feather and Its Products and Footwear	104
木材加工和木、竹、藤、棕、草制品业	Processing of Timbers, Manufacture of Wood, Bamboo, Rattan, Palm and Straw Products	206
家具制造业	Manufacture of Furniture	72
造纸和纸制品业	Manufacture of Paper and Paper Products	136
印刷和记录媒介复制业	Printing,Reproduction of Recording Media	101
文教、工美、体育和娱乐用品制造业	Manufacture of Articles for Culture, Education, Artwork, Sport and Entertainment Activity	105
石油加工、炼焦和核燃料加工业	Processing of Petroleum,Coking,Processing of Nucleus Fuel	26
化学原料和化学制品制造业	Manufacture of Chemical Raw Material and Chemical Products	785
医药制造业	Manufacture of Medicines	255
化学纤维制造业	Manufacture of Chemical Fiber	8
橡胶和塑料制品业	Manufacture of Rubber and Plastic Products	191
非金属矿物制品业	Manufacture of Non-metallic Mineral Products	800
黑色金属冶炼和压延加工业	Manufacture and Processing of Ferrous Metals	153
有色金属冶炼和压延加工业	Manufacture and Processing of Non-ferrous Metals	286
金属制品业	Manufacture of Metal Products	289
通用设备制造业	Manufacture of General Purpose Machinery	470
专用设备制造业	Manufacture of Special Purpose Machinery	439
汽车制造业	Manufacture of Automobile	210
铁路、船舶、航空航天和其他运输设备制造业	Manufacture of Railways, Ships, Aerospace and Other Transport Equipment	87
电气机械和器材制造业	Manufacture of Electrical Machinery and Equipment	416
计算机、通信和其他电子设备制造业	Manufacture of Computer, Communication and Other Electronic Equipment	355
仪器仪表制造业	Manufacture of Measuring Instrument	92
其他制造业	Manufacture of Other Manufacture N.E.C	45
废弃资源综合利用业	Comprehensive Utilization of Waste	31
金属制品、机械和设备修理业	Maintenance of Metal Products, Machinery and Equipment	2
电力、热力生产和供应业	Production and Supply of Electric Power and Heat Power	96
燃气生产和供应业	Production and Distribution of Gas	27
水的生产和供应业	Production and Distribution of Water	38

continued

#实现创新企业 Realize Innovative Enterprises	#同时实现四种创新企业 Four Innovative Enterprises are Implemented Simultaneously	在全部企业中占比(%) 开展创新活动企业 carry out innovative activities	实现创新企业 Realize Innovative Enterprises	同时实现四种创新企业 Four Innovative Enterprises are Implemented Simultaneously
70	3	28.2	22.2	0.9
12		31.5	16.4	
37	1	32.1	22.0	0.6
55	8	32.7	18.7	2.7
574	135	56.3	41.0	9.6
190	64	58.7	44.6	15.0
209	48	60.0	46.7	10.7
5	2	55.6	55.6	22.2
98	35	52.9	40.8	14.6
69	8	39.6	28.8	3.3
62	12	34.2	20.4	3.9
112	13	47.7	25.9	3.0
53	14	48.0	35.3	9.3
108	20	44.6	35.4	6.6
81	18	41.4	33.2	7.4
78	28	52.2	38.8	13.9
24	6	60.5	55.8	14.0
643	164	50.5	41.4	10.6
180	51	79.2	55.9	15.8
5	1	66.7	41.7	8.3
149	33	52.3	40.8	9.0
543	97	46.2	31.4	5.6
109	23	39.8	28.4	6.0
210	49	62.6	46.0	10.7
212	64	52.5	38.5	11.6
386	123	61.0	50.1	16.0
328	112	65.0	48.6	16.6
173	51	64.2	52.9	15.6
77	30	62.6	55.4	21.6
331	128	67.8	53.9	20.8
263	83	76.3	56.6	17.8
79	26	84.4	72.5	23.9
39	11	58.4	50.6	14.3
21	2	41.9	28.4	2.7
2	2	40.0	40.0	40.0
57	2	31.3	18.6	0.7
21	1	58.7	45.7	2.2
24		36.2	22.9	

主要统计指标解释

普通高等学校 指按国家规定的设置标准和审批程序批准举办的，通过全国普通高等学校统一招生考试，招收高中毕业生为主要培养对象，实施高等学历教育的全日制大学、独立设置的学院和高等专科学校、高等职业学校及其他机构（独立学院和分校、大专班）。

大学、独立设置的学院主要实施本科层次以上教育。高等专科学校、高等职业学校实施专科层次教育。其他机构是承担国家普通招生计划任务不计校数的机构，包括独立学院、普通高等学校分校、大专班和批准筹建的普通高等学校等。独立学院指由普通本科高校按新机制、新模式举办的本科层次的二级学院，一些普通本科高校按公办机制和模式建立的二级学院，“分校”或其他类似的二级办学机构不属此范畴。

成人高等学校 指按照国家规定的设置标准和审批程序批准举办的，通过全国成人高等教育统一招生考试，招收具有高中毕业或同等学历的人员为主要培养对象，利用函授、业余、脱产等多种形式对其实施高等学历教育的学校。包括职工高等学校、农民高等学校、管理干部学院、教育学院、独立函授学院、广播电视大学、其他机构等。其他机构是承担国家成人招生计划任务不计校数的机构。

小学学龄儿童净入学率 指调查范围内已入小学学习的学龄儿童占校内外学龄儿童总数(包括弱智儿童，不包括盲聋哑儿童)的比重。计算公式为：

$$\begin{array}{c}\text{小学学龄儿童}\\\text{净入学率}\end{array}=\frac{\text{已入学的小学学龄儿童数}}{\text{校内外小学学龄儿童总数}}\times 100\%$$

国家财政性教育经费 包括国家财政预算内教育经费，各级政府征收用于教育的税费，企业办学校教育经费，校办产业、勤工俭学和社会服务收入用于教育的经费。

财政预算内教育经费 指中央、地方各级财政或上级主管部门在年度内安排，并计划拨到教育部门和其他部门主办的各级各类学校、教育事业单位，列入国家预算支出科目的教育经费，包括教育事业拨款、科研经费拨款、基建拨款和其他经费拨款。

科技活动 指在自然科学、农业科学、医药科学、工程与技术科学、人文与社会科学领域(简称科学技术领域)中，与科技知识的产生、发展、传播和应用密切相关的有组织的活动。可分为研究与试验发展(R&D)、研究与试验发展成果应用及相关的科技服务三类活动。该定义是联合国教科文组织考虑成员国特别是发展中国家开展科技统计工作的需要，而对科技活动所作的统计界定。

科技活动人员 指直接从事科技活动、以及专门从事科技活动管理和为科技活动提供直接服务，累计的实际工作时间占全年制度工作时间 10%及以上的人员。(1)直接从事科技活动的人员包括：在独立核算的科学研究与技术开发机构、高等学校、各类企业及其他事业单位内设的研究室、实验室、技术开发中心及中试车间(基地)等机构中从事科技活动的研究人员、工程技术人员、技术工人及其它人员；虽不在上述机构工作，但编入科技活动项目(课题)组的人员；科技信息与文献机构中的专业技术人员；从事论文设计的研究生等。(2)专门从事科技活动管理和为科技活动提供直接服务的人员，包括：独立核算的科学研究与技术开发机构、科技信息与文献机构、高等学校、各类企业及其他事业单位主管科技工作的负责人，专门从事科技活动的计划、行政、人事、财务、物资供应、设备维护、图书资料管理等工作的各类人员，但不包括保卫、医疗保健人员、司机、食堂人员、茶炉工、水暖工、清洁工等为科技活动提供间接服务的人员。该指标用来反映投入科技活动人力的规模。

科技活动经费内部支出 指报告年内用于科技活动的实际支出，包括劳务费、科研业务费、科研管理费，非基建投资购建的固定资产、科研基建支出以及其他用于科技活动的支出。不包括生产性活动支出、归还贷款支出及转拨外单位支出。反映科技投入实际完成情况。

研究与试验发展(R&D) 指在科学技术领域，为增加知识总量，以及运用这些知识去创造新的应用进行的系统的创造性的活动，包括基础研究、应用研究、试验发展三类活动。国际上通常采用 R&D 活动的规模和强度指标反映一国的科技实力和核心竞争力。

基础研究 指为了获得关于现象和可观察事实的基本原理的新知识(揭示客观事物的本质、运动规律，获得新发现、新学说)而进行的实验性或理论性研究，它不以任何专门或特定的应用或使用为目的。其成果以科学论文和科学著作为主要形式。用来反映知识的原始创新能力。

应用研究 指为获得新知识而进行的创造性研究，主要针对某一特定的目的或目标。应用研究是为了确定基础研究成果可能的用途，或是为达到预定的目标探索应采取的新方法(原理性)或新途径。其成果形式以科学论文、专著、原理性模型或发明专利为主。用来反映对基础研究成果应用途径的探索。

试验发展 指利用从基础研究、应用研究和实际经验所获得的现有知识，为产生新的产品、材料和装置，建立新的工艺、系统和服务，以及对已产生和建立的上述各项作实质性的改进而进行的系统性工作。其成果形式主要是专利、专有技术、具有新产品基本特征的产品原型或具有新装置基本特征的原始样机等。在社会科学领域，试验发展是指把通过基础研究、应用研究获得的知识转变成可以实施的计划(包括为进行检验和评估实施示范项目)的过程。人文科学领域没有对应的试验发展活动。主要反映将科研成果转化为技术和产品的能力，是科技推动经济社会发展的物化成果。

R&D 人员 指参与研究与试验发展项目研究、管理和辅助工作的人员，包括项目(课题)组人员，企业科技行政管理人员和直接为项目(课题)活动提供服务的辅助人员。反映投入从事拥有自主知识产权的研究开发活动的人力规模。

R&D 人员全时当量 指全时人员数加非全时人员按工作量折算为全时人员数的总和。例如: 有两个全时人员和三个非全时人员(工作时间分别为 20%、30%和 70%)，则全时当量为 2+0.2+0.3+0.7=3.2 人年。为国际上比较科技人力投入而制定的可比指标。

R&D 经费内部支出合计 指调查单位用于内部开展 R&D 活动（基础研究、应用研究和试验发展）的实际支出。包括用于 R&D 项目（课题）活动的直接支出，以及间接用于 R&D 活动的管理费、服务费、与 R&D 有关的基本建设支出以及外协加工费等。不包括生产性活动支出、归还贷款支出以及与外单位合作或委托外单位进行 R&D 活动而转拨给对方的经费支出。

R&D 经费内部支出中政府资金 指 R&D 经费内部支出中来自各级政府部门的各类资金，包括财政科学技术拨款、科学基金、教育等部门事业费以及政府部门预算外资金的实际支出。

R&D 经费内部支出中企业资金 指 R&D 经费内部支出中来自本企业的自有资金和接受其他企业委托而获得的经费，以及科研院所、高校等事业单位从企业获得的资金的实际支出。

R&D 项目（课题）数 指在当年立项并开展研究工作、以前年份立项仍继续进行研究的研发项目（课题）数，包括当年完成和年内研究工作已告失败的研发项目（课题），但不包括委托外单位进行的研发项目（课题）数。

R&D 项目（课题）人员全时当量 指实际参加研发项目（课题）活动人员折合的全时当量。

R&D 项目（课题）经费内部支出 指调查单位内部在报告年度进行研发项目（课题）研究和试制等的实际支出。包括劳务费、其他日常支出、固定资产购建费、外协加工费等，不包括委托或与外单位合作进行项目（课题）研究而拨付给对方使用的经费。

专利 是专利权的简称，是对发明人的发明创造经审查合格后，由专利局依据专利法授予发明人和设计人对该项发明创造享有的专有权。包括发明、实用新型和外观设计。反映拥有自主知识产权的科技和设计成果情况。

发明（专利） 指对产品、方法或者其改进所提出的新的技术方案。是国际通行的反映拥有自主知识产权技术的核心指标。

实用新型（专利） 指对产品的形状、构造或者其结合所提出的适于实用的新的技术方案。反映具有一定技术含量的技术成果情况。

外观设计（专利） 指对产品的形状、图案、色彩或者其结合所作出的富有美感并适于工业上应用的新设计。反映拥有自主知识产权的外观设计成果情况。

Explanatory Notes on Main Statistical Indicators

Regular Institutions of Higher Education refer to educational establishments set up according to the government evaluation and approval procedures, recruiting graduates from senior secondary schools as the main target by National Matriculation TEST. They include full-time universities, colleges, institutions of higher professional education, institutions of higher vocational education, institutions of higher vocational education and others (non-university tertiary, branch schools and undergraduate classes).

Universities and colleges primarily provide undergraduate courses; institutions of higher professional education and institutions of higher vocational education primarily provide professional trainings; and others refer to educational establishments, which are responsible for enrolling higher education students under the State Plan but not enumerated in the total number of schools, including: branch schools of universities and colleges, and universities and colleges that have been approved and under plan for construction. Non-university tertiary refers to the regular undergraduate branch college which is running in new mechanism and mode, excluding the branch schools and other similar branches of educational institutions.

Institutions of Higher Education for Adults refer to educational establishments, set up in line with relevant rules approved by the government, enrolling staff and workers with senior secondary school or equivalent education, and providing higher education courses in many forms of correspondence, spare time, or full time for adults. Professionals thus trained receive a qualification equivalent to graduates studying regular courses at regular universities, colleges and professional colleges. Institutions of higher learning for adults include schools of higher education for staff and workers, schools of higher education for peasants, colleges for management cadres, pedagogical colleges, independent correspondence colleges, Radio and TV universities and other educational establishments. Other educational establishments have undertakings to enrol adult students but not enumerated in the schools under the State Plan.

Net Enrolment Ratio of Primary Schools refers to the proportion of school age children enrolled at schools to the total number of school age children both in and outside schools (including retarded children, but excluding blind, deaf and mute children). The formula is:

$$\text{Net Enrolment Ratio of Primary Schools} = \frac{\text{Total Primary School-age Children at Schools}}{\text{Total Primary School-age Children Whether or Not Attending School}} \times 100\%$$

Government Appropriation for Education refers to State budgetary fund for education, taxes and fees collected by governments at all levels that are used for education purpose, education fund for enterprise-run schools, income from school-run enterprises, work-study programme and social services that are used for education purpose.

Budgetary Fund for Education refers to education funding that is planned to be allocated to various schools and education institutions by central and local financial departments at various levels within the reference year, which is within the State budgetary expenditure, including: appropriated funds for education, for science and research, for capital construction and others.

Scientific and Technological Activities (S&T Activities) refer to organized activities which are closely related with the creation, development, dissemination and application of the scientific and technical knowledge in the fields of natural sciences, agricultural science, medical science, engineering and technological science, humanities and social sciences (referred to as scientific and technological fields). S&T activities can be classified in to 3 categories: research and development (R&D) activities, application of R&D results, and related S&T services. This statistical definition is made by UNICHIEF for scientific and technological activities to meet the need of carrying out statistical work in this field for its member countries in particular those developing countries.

Personnel Engaged in S&T Activities refer to personnel directly engaged in S&T activities, in the management of S&T activities, and in providing direct service to S&T activities, who spend over 10% of the total working hours in a year in S&T activities. (1) Personnel directly engaged in S&T activities include researchers, engineers, technicians and other related personnel engaged in S&T activities in independent accounting R&D institutions, institutions of higher learning, and in research institutes, laboratories, technology development centers and central experiment workshops under enterprises and institutions. Also included are people working in S&T research project teams, professional and technical personnel working in S&T information archiving institutes, and graduate students working on the design of their thesis. (2) Personnel engaged in the management of S&T activities and in providing direct service to S&T activities include senior management people responsible for S&T activities in independent accounting R&D institutions, S&T information archiving institutes, institutions of higher learning, and in enterprises and institutions where S&T activities are undertaken. Also included are people responsible for the planing, administration, personnel management,financial management,logistics supply, equipment maintenance, information and library management that are related with S&T activities. People providing indirect services are excluded, such as security, medical service, drivers, plumbers, cleaners and those providing catering and related service. This indicator reflects the size of personnel engaged in S&T activities.

Internal Expenditures for Scientific and Technological Activities refers to the actual expenditure for scientific and technological activities during the year of the report, including labor, scientific research, business expenses, the scientific research management fees, the infrastructure investment and construction of fixed assets for science and technology activities, scientific research infrastructure spending and other spending. Excluding productive activity expenditures, repayment of loan expenditures and transfer of out-of-unit expenditures. To reflect the actual completion of technology input.

Research and Development (R&D) refers to systematic and creative activities in the field of science and technology aiming at increasing the knowledge and using the knowledge for new application. R&D includes 3 categories of activities: basic research, applied research and experimentation for development. The scale and intensity of R&D are widely used internationally to reflect the strength of S&T and the core competitiveness of a country in the world.

Basic Research refers to empirical or theoretical research aiming at obtaining new knowledge on the fundamental principles regarding phenomena or observable facts to reveal the intrinsic nature and underlying laws and to acquire new discoveries or new theories. Basic research takes no specific or designated application as the aim of the research. Results of basic research are mainly released or disseminated in the form of scientific papers or monographs. This indicator reflects the innovation capacity for original knowledge.

Applied Research refers to creative research aiming at obtaining new knowledge on a specific objective or target. Purpose of the applied research is to identify the possible uses of results from basic research, or to explore new (fundamental) methods or new approaches. Results of applied research are expressed in the form of scientific papers, monographs, fundamental models or invention patents. This indicator reflects the exploration of ways to apply the results of basic research.

Experiments and Development refer to systematic activities aiming at using the knowledge from basic and applied researches or from practical experience to develop new products, materials and equipment, to establish new production process, systems and services, or to make substantial improvement on the existing products, process or services. Results of experiment and development activities are embodied in patents, exclusive technology, and monotype of new products or equipment. In social sciences, experiment and development activities refer to the process of converting the knowledge from basic or applied researches into feasible programmes (including conduct of demonstration projects for assessment and evaluation). There are no experiment and development activeties in the science of humanities. This indicator reflects the capability of transferring the results of S&T into technique and products, and measures the realization of S&T in spearheading the economic and social development.

R&D Personnel refer to persons engaged in research, management and supporting activities of R&D, including persons in the project teams, persons engaged in the management of S&T activities of enterprises and supporting staff providing direct service to the research projects. This indicator reflects the size of personnel engaged in R&D activities with independent intellectual property.

Full-time Equivalent of R&D Personnel refers to the sum of the full-time persons and the full-time equivalent of part-time persons converted by workload. For instance, if there are 2 full-time persons and 3 part-time workers (20%, 30% and 70% of working hours respectively on R&D activities), the full-time equivalent are 2+0.2+0.3+0.7=3.2 person-years. This is an internationally comparable indicator of S&T manpower input.

Total Internal Expenditure of Funds on R&D refers to the real expenditure of surveyed units on their own R&D activities (basic research, application study, test and development) including direct expenditure on R&D activities, indirect expenditure of management and services on R&D activities, expenditure on capital construction and material processing by others. Excluding the expenditure on production activities, return of loan, and fees transferred to cooperated and entrusted agencies on R&D activities.

Internal Expenditure of Government Funds refers to the expenditure of funds on R&D activities from government agencies at different levels, including appropriate funds on science and technology from financial departments, scientific funds, operating expenses from education departments and the real expenditure of extra budgetary funds from government agencies.

Internal Expenditure of Funds of Enterprises refers to the expenditure of funds on R&D activities from self-raised funds of enterprises and funds from other enterprises through entrustment, and the expenditure of funds of institutions, such as institution of scientific research and universities, from enterprises.

Number of R&D Projects (Subjects) refers to the number of R&D projects (subjects) set up and implemented at the reference year, and the number of R&D projects (subjects) set up in former years and under implementation, including the projects (subjects) finished and failed at the reference year, excluding the projects (subjects) implemented by others through entrustment.

Full-time Equivalent of R&D Personnel refers to the full-time equivalent of persons actually engaged in R&D projects.(subjects)

Internal Expenditure of Funds on R&D Projects (subjects) refers to the real expenditure of internal funds of the surveyed units on research and test of R&D projects (subjects) at the reference year, including service fee, other daily expenditure, cost for capital goods, cost of external process; excluding expenditure of funds transferred to other cooperated and entrusted units of the projects.

Patent is an abbreviation for the patent right and refers to the exclusive right of ownership by the inventors or designers for the creation or inventions, given from the patent offices after due process of assessment and approval in accordance with the Patent Law. Patents are granted for inventions, utility models and designs. This indicator reflects the achievements of S&T and design with independent intellectual property.

Patented Inventions refer to new technical proposals to the products or methods or their modifications. This is universal core indicator reflecting the technologies with independent intellectual property.

Patented Utility Models refer to the practical and new technical proposals on the shape and structure of the product or the combination of both. This indicator reflects the condition of technological results with certain technical content.

Designs refer to the aesthetics and industrially applicable new designs for the shape, pattern and colour of the product, or their combinations. This indicator reflects the appearance design achievements with independent intellectual property.

文化、体育和卫生

16

Culture,Sports and Public Health

资料整理人员：蔡冬娥　肖首雄　贺　震　郭开金

16-1 文化事业基本情况
Basic Statistics on Culture

年份 Year	艺术表演团体(个) Art Performance Troupes (unit)	公共图书馆(个) Public Libraries (unit)	博物馆(个) Museums (unit)	图书出版总印数(万册) Number of Books Published (10 000 copies)	杂志出版总印数(万册) Number of Magazines Published (10 000 copies)	报纸出版总印数(万份) Number of Newspapers Published (10 000 copies)	广播人口覆盖率(%) Listener Rating (%)	电视人口覆盖率(%) Viewer Rating (%)
1949	53	1						
1950	53	1						
1951	75	1	1	484	43			
1952	90	1	1	1647	245	5785		
1953	108	2	1	1489	40	4719		
1954	113	2	1	1976	6	4503		
1955	111	3	1	2671	52	5402		
1956	114	13	2	3237	116	6851		
1957	116	15	3	3610	169	6530		
1958	118	35	4	9591	371	19317		
1959	137	36	7	8326	678	25253		
1960	134	53	9	6347	402	33318		
1961	135	46	9	4190	165	9024		
1962	136	34	9	3298	150	6983		
1963	144	30	10	3950	172	6771		
1964	143	29	12	5889	228	15911		
1965	134	43	11	7563	211	17000		
1966	131	42	12	12797	271	20571		
1967	137	35	15	12074		12054		
1968	124	35	17	8811		15185		
1969	104	26	18	6551		10694		
1970	106	25	19	15149		10028		
1971	119	28	20	7886	293	10799		
1972	137	42	15	10072	515	20134		
1973	134	40	20	11340	1056	31744		
1974	136	49	18	12170	1226	33662		
1975	137	40	17	15181	1656	33861		
1976	137	72	19	9457	10239	38363		
1977	137	74	20	14588	822	36931		
1978	141	72	19	16479	1296	31921		

16-1 续表 continued

年份 Year	艺术表演团体(个) Art Performance Troupes (unit)	公共图书馆(个) Public Libraries (unit)	博物馆(个) Museums (unit)	图书出版总印数(万册) Number of Books Published (10 000 copies)	杂志出版总印数(万册) Number of Magazines Published (10 000 copies)	报纸出版总印数(万份) Number of Newspapers Published (10 000 copies)	广播人口覆盖率(%) Listener Rating (%)	电视人口覆盖率(%) Viewer Rating (%)
1979	137	76	20	16685	1372	33685		
1980	138	77	22	21745	1169	34801		
1981	140	85	19	28012	1437	33070		
1982	139	91	13	30514	1656	36050		
1983	137	98	15	30013	1925	52655		
1984	126	101	19	30240	3019	63653		
1985	115	110	31	35629	5944	67727	50.3	75.1
1986	108	113	31	30202	5437	62209	50.3	78.0
1987	107	113	38	33376	6632	72898	54.0	85.0
1988	96	114	42	37715	6556	71960	54.8	86.5
1989	91	116	43	35055	5235	47146	54.8	86.5
1990	91	116	42	32134	5226	51749	54.8	86.5
1991	89	116	50	35085	6430	60658	54.8	86.9
1992	90	116	51	36436	7002	67890	54.8	86.9
1993	89	116	54	33503	8022	73754	54.8	86.9
1994	89	116	55	29597	7400	57718	54.8	86.9
1995	89	116	57	33677	7768	62425	54.8	86.9
1996	88	115	60	39393	7844	63585	68.5	88.1
1997	86	115	67	37494	7686	68726	78.6	87.7
1998	88	115	68	36582	8920	75879	79.1	88.2
1999	88	115	68	30765	12437	84995	81.1	90.4
2000	91	115	71	24844	10504	83467	81.5	91.4
2001	87	115	72	23808	10051	92273	81.6	91.7
2002	87	115	74	32600	11207	95198	81.7	91.8
2003	86	115	73	29556	12577	113514	81.8	91.9
2004	91	115	71	30525	19133	104165	82.1	92.1
2005	91	120	73	33238	11708	106428	82.5	92.4
2006	93	120	73	27946	9957	103489	88.4	94.0
2007	96	120	73	31310	8849	110207	89.0	94.7
2008	98	120	74	29103	9063	104235	91.1	95.7
2009	110	120	75	26192	11373	126346	91.7	96.1
2010	201	124	81	31153	12762	129101	92.0	96.4
2011	114	130	85	34528	12584	122640	92.6	96.8
2012	141	136	95	36290	12680	131889	93.0	97.2
2013	227	136	103	35803	12991	134113	93.3	97.4
2014	271	136	109	42194	13442	136738	93.5	97.5
2015	273	137	113	48545	14099	133554	94.1	98.0
2016	439	137	115	51704	13966	98425	94.7	98.3

注：2010年起，艺术表演团体含民间职业剧团，此前为文化部门专业剧团数据。

From 2010, arts performance troupes included folk troupes. And before that, arts performance troupes included professional troupes of cultural department only.

16-2 文化机构和人员(2016年)
Cultural Institutions and Personnel (2016)

类 别	Item	合 计 Total		文化部门 Culture Department		其他部门 Other Department	
		机构(个) Institutions (unit)	人员(人) Personnel (person)	机构(个) Institutions (unit)	人员(人) Personnel (person)	机构(个) Institutions (unit)	人员(人) Personnel (person)
总计	**Total**	**20134**	**119350**	**3610**	**28844**	**16524**	**90506**
艺术表演团体	Art Performance Troupes	439	11631	99	4133	340	7498
艺术表演场馆	Art Performance Places	86	2510	65	1211	21	1299
公共图书馆	Public Libraries	137	2094	137	2094		
文化馆	Cultural Centers	143	2182	143	2182		
文化站	Cultural Stations	2536	5964	2536	5964		
其中：乡镇综合文化站	# Cultural Stations in Townships	2235	5149	2235	5149		
艺术展览创作机构	Art Exhibition & Authoring Institutions	28	144	28	144		
艺术教育业	Art Education	4	734	4	734		
文化科研机构	Cultural Scientific Research Institutions	8	96	8	96		
文化市场经营机构	Cultural Marketing Institutions	16137	80635			16137	80635
文化行政主管部门	Cultural Administration Departments	141	3804	141	3804		
其他文化机构	Others	194	4611	191	4341	3	270

16-3 艺术业机构和人员
Art Institutions and Personnel

类 别	Item	2015		2016	
		机构(个) Institutions (unit)	人员(人) Personnel (person)	机构(个) Institutions (unit)	人员(人) Personnel (person)
艺术表演团体	**Art Performance Troupes**	**273**	**8686**	**439**	**11631**
话剧、儿童剧、滑稽剧类	Drama,Children's Play and Comedy Troupes	15	831	48	1142
歌舞团、音乐类	Song and Dance Troupe, Music	74	2631	131	3279
京剧、昆曲类	Beijing Opera,Kunqu Opera	2	164	2	165
地方戏曲类	Local Opera	80	2632	92	2949
杂技、魔术、马戏类	Acrobatics，Magic and Circus	3	130	4	160
曲艺类	Folk Arts	6	188	10	265
综合性艺术表演团体	Comprehensive performing arts groups	93	2110	152	3671
艺术表演场馆	**Art Performance Places(Theaters and Music Halls)**	**71**	**2054**	**86**	**2510**
艺术教育业	**Art Education**	**4**	**636**	**4**	**734**
文化科研	**Literature and Art research**	**7**	**87**	**8**	**96**

16-4 出版发行、文物、图书馆、群众文化业机构人员(2016年) Number of Institutions and Personnel in Publishing and Distribution, Cultural Relics, Libraries and Mass Culture (2016)

类别	Item	总计 Total 机构(个) Institutions (unit)	总计 Total 人员(人) Personnel (person)	文化部门 Culture Department 机构(个) Institutions (unit)	文化部门 Culture Department 人员(人) Personnel (person)	其他部门 Other Department 机构(个) Institutions (unit)	其他部门 Other Department 人员(人) Personnel (person)
出版发行事业	**Publishing and Distribution**						
图　书	Books Published	13	1363			13	1363
报　纸	Newspaper Published	85	6748			85	6748
杂　志	Magazines Published	250	1649			250	1649
音像出版	Image to Publish	8	123			8	123
音像电复制	Image to copy	4	123			4	123
出版物印刷	Publicationto Print	402	18973			402	18973
发　行	Distribution	4520	19365			4520	19365
印刷物质供销	Print Materiat Supply and Marketing	1	157			1	157
文物事业	**Cultural Relics**	**268**	**4813**	**258**	**4141**	**10**	**672**
博物馆	Museums	115	3035	106	2390	9	645
文物保护管理机构	Protection and Management Agencies	85	875	84	848	1	27
文物科研机构	Relics Scientific Research Institutions	3	134	3	134		
文物商店	Relics Stores	2	57	2	57		
其他文物机构	Others	63	712	63	712		
图书馆事业	**Libraries**	**137**	**2094**	**137**	**2094**		
群众文化服务	**Mass Culture**	**2679**	**8146**	**2679**	**8146**		
文化馆	Cultural Centers	143	2182	143	2182		
文化站	Cultural Stations	2536	5964	2536	5964		

注：文物保护管理机构的人员包含文物行政主管机关中文物事业编制的人员。
Protection and management agencies include administrative departments and other agencies.

16-5 图书、杂志、报纸出版情况 Statistics on Books, Magazines and Newspapers Published

年份 Year	图书 Books Published 种数(种) Number of Publications (kind)	图书 总印数(万册) Printed Copies (10 000 copies)	图书 总印张(亿印张) Printed Sheets (100 million sheets)	杂志 Magazines Published 种数(种) Number of Publications (kind)	杂志 总印数(万册) Printed Copies (10 000 copies)	杂志 总印张(亿印张) Printed Sheets (100 million sheets)	报纸 Newspaper Published 种数(种) Number of Publications (kind)	报纸 总印数(万份) Printed Copies (10 000 copies)	报纸 总印张(亿印张) Printed Sheets (100 million sheets)
1995	2357	33677	14.90	208	7768	1.75	63	62425	6.90
2000	3156	24844	12.37	244	10504	2.11	95	83467	12.75
2001	3346	23808	12.70	251	10051	2.27	109	92273	18.65
2002	3504	32600	18.10	263	11207	2.66	109	95198	21.59
2003	3702	29556	16.80	269	12577	3.20	106	113514	31.50
2004	3896	30525	16.11	247	19133	3.96	86	104165	34.60
2005	4068	33238	17.99	233	11708	4.20	88	106428	34.87
2006	4163	27946	15.96	244	9957	3.35	61	103489	38.06
2007	4354	31310	17.39	237	8849	3.72	85	110207	38.77
2008	5095	28094	18.72	235	9063	3.52	84	104235	40.14
2009	5938	26192	17.22	240	11508	5.45	86	126807	45.02
2010	7396	31153	18.71	247	12762	5.82	88	129101	54.52
2011	9949	34528	22.40	248	12584	5.63	87	122640	46.11
2012	10823	36290	24.10	248	12680	5.59	87	131889	52.57
2013	11418	35803	24.67	247	12991	2.66	86	134113	52.70
2014	10931	42194	29.89	247	13442	6.28	48	136738	51.45
2015	11364	48545	37.66	248	14099	6.86	48	133554	47.86
2016	12618	51704	39.32	250	13966	6.41	48	98425	28.30

注：图书种数不包括租型图书。The total collection books excludes the books for rental.

16-6 广播、电视事业情况
Statistics on Broadcasting and Television Stations

项　目	Item	2000	2005	2015	2016
广播电视从业人员　（万人）	**Number of Employees of Broadcasting and Television (10 000 persons)**	**2.32**	**2.60**	**4.38**	**4.52**
广播	**Broadcasting**				
广播电台数　（座）	Number of Broadcasting Stations (set)	11	13	13	13
广播电台节目套数　（套）	Number of Broadcasting Program (set)	53	89	105	106
平均每日公共广播节目播出时间（小时）	Public Serrice Broadcasting Hours per Day (hour)	483	762	1127	1165
中、短波转播发射台数　（座）	Fransmission and Relaying Stations of Medium and short ware Broad cast (set)	25	28	25	25
中、短波发射机　（部）	Medium Wave and Short Wave Broadcast Transmitters (set)	36	56	44	45
中、短波发射机功率（千瓦）	Power of Medium and Short Wave Broadcast Transmitters (kw)	579	604	551	553
覆盖率　（%）	Listener-Coverage Rate (%)	81.46	82.47	94.06	94.68
电视	**Television**				
电视台数　（座）	Number of Television Stations (set)	16	15	15	15
电视节目套数　（套）	Number of Television Program (set)	33	136	138	137
平均公共电视节目每周播出时间（小时）	Public Serrice Television Hours per Week (hour)	2338	13210	14570	14629
电视转播发射台　（座）	Television Transmission Stations and Relang Station (set)	542	358	277	250
电视发射机　（部）	Television Transmitters (set)	720	500	415	373
电视发射机功率　（千瓦）	Power of Television Transmitters (kw)	291.00	289.11	463.55	467.15
覆盖率　（%）	Viewer-Coverage Rate (%)	91.38	92.42	97.98	98.26

16-7 文化和创意产业总产出
Gross Output of Cultural and Creative Industries

单位:万元 (10 000 yuan)

指 标	Item	2015	2016
总 计	**Total**	**51188536**	**58482495**
文化产品的生产	**The Production of Cultural Products**	**18081981**	**21598268**
新闻出版发行服务	**News Publishing and Distribution Services**	**912304**	**1075244**
新闻服务	News Services	40780	51803
出版服务	Publishing Services	600652	655602
发行服务	Distribution Services	270872	367839
广播电视电影服务	**Broadcasting, TV & Film Services**	**2051397**	**2310263**
广播电视服务	Broadcasting and TV Services	1548330	1654861
电影和影视录音服务	Film and Video Recording Services	503067	655402
文化艺术服务	**Cultural and Artistic Services**	**1228297**	**1588819**
文艺创作与表演服务	Creation and Performance Service	283663	336078
图书馆与档案馆服务	Library and Archives Service	56607	71497
文化遗产保护服务	Cultural Heritage Protection Services	146700	195152
群众文化服务	Mass Cultural Services	108176	148075
文化研究和社团服务	Research and Society Services	175247	228168
文化艺术培训服务	Culture and Arts Training Services	240200	320836
其他文化艺术服务	Others	217704	289013
文化信息传输服务	**Cultural Information Transmission Services**	**1095194**	**1251212**
互联网信息服务	Internet Information Services	535515	561464
增值电信服务(文化部分)	Value-Added Telecom Services (Culture)	9937	37613
广播电视传输服务	Radio and Television Transmission Services	549742	652135
文化创意和设计服务	**Cultural Creativity and Design Services**	**5147369**	**6267673**
广告服务	Advertising Service	2323165	3014195
文化软件服务	Cultural Software Services	368064	387667
建筑设计服务	Architectural Design Services	1992689	2290602
专业设计服务	Professional Design Services	463451	575209
文化休闲娱乐服务	**Cultural, Leisure and Pleasure Services**	**3629542**	**4780437**
景区游览服务	The Scenic Spot Tour Service	592140	812256
娱乐休闲服务	Entertainment and Leisure Services	2852147	3711979
摄影扩印服务	Photography Expansion Services	185255	256202
工艺美术品的生产	**The Production of Arts and Crafts**	**4017878**	**4324621**
工艺美术品的制造	Arts and Crafts Products Manufacturing	2679842	2865336
园林、陈设艺术及其他陶瓷制品的制造	Garden Furniture Art and Other Ceramic Products Manufacturing	1141962	1175619
工艺美术品的销售	Arts and Crafts Sales	196074	283667
文化相关产品的生产	**The Production of Cultural and Related Products**	**33106555**	**36884227**
文化产品生产的辅助生产	**Cultural Products Production of Auxiliary Production**	**6118738**	**7272954**
版权服务	Copyright Services	3995	4444
印刷复制服务	Printing and Duplicating Services	5266935	6140316
文化经纪代理服务	Culture Brokerage Agent Service	115826	146221
文化贸易代理与拍卖服务	Cultural Trade Agent and Sale Service	8350	21896
文化出租服务	Cultural Rental Service	13575	17540
会展服务	Exhibition Services	90831	124439
其他文化辅助生产	Other Cultural Auxiliary Production	619226	818098
文化用品的生产	**The Production of Cultural Goods**	**25956606**	**28290479**
办公用品的制造	Office Supplies Manufacturing	96581	98059
乐器的制造	Instrument Manufacturing	23494	24282
玩具的制造	Toys Manufacturing	396218	516989
游艺器材及娱乐用品的制造	Recreational Equipment and Entertainment Products Manufacturing	29716	85860
视听设备的制造	Video Equipment Manufacturing	476408	473922
焰火、鞭炮产品的制造	Fireworks Firecracker Manufacturing	14192908	14848467
文化用纸的制造	Culture Paper Manufacturing	3500633	3675837
文化用油墨颜料的制造	Culture Ink Pigment Manufacturing	771139	829245
文化用化学品的制造	Culture With Chemicals Manufacturing		
其他文化用品的制造	Other Cultural Products Manufacturing	5710745	6764899
文具乐器照相器材的销售	Stationery Instrument Photographic Equipment Sales	162428	245854
文化用家电的销售	Culture in Home Appliance Sales	267799	305675
其他文化用品的销售	Other Stationery Sales	328537	421391
文化专用设备的生产	**The Production of Cultural Special Equipment**	**1031211**	**1320794**
印刷专用设备的制造	Printing Special Equipment Manufacturing	70672	79240
广播电视电影专用设备的制造	Radio and Television Movie Special Equipment Manufacturing	723951	901741
其他文化专用设备的制造	Other Cultural Special Equipment Manufacturing	207866	304735
广播电视电影专用设备的批发	Radio and Television Movie Special Equipment Wholesale	23948	27799
舞台照明设备的批发	Stage Lighting Equipment Wholesale	4774	7280

16-8 文化和创意产业增加值
Value-added of Cultural and Creative Industries

单位:万元 (10 000 yuan)

指 标	Item	2015	2016
总 计	**Total**	**17071807**	**19112635**
文化产品的生产	**The Production of Cultural Products**	**6716447**	**7746404**
新闻出版发行服务	**News Publishing and Distribution Services**	**447108**	**519908**
新闻服务	News Services	15774	19407
出版服务	Publishing Services	214182	226678
发行服务	Distribution Services	217152	273823
广播电视电影服务	**Broadcasting, TV & Film Services**	**938186**	**759538**
广播电视服务	Broadcasting and TV Services	790278	563594
电影和影视录音服务	Film and Video Recording Services	147908	195944
文化艺术服务	**Cultural and Artistic Services**	**591545**	**748211**
文艺创作与表演服务	Creation and Performance Service	153025	175357
图书馆与档案馆服务	Library and Archives Service	36372	44624
文化遗产保护服务	Cultural Heritage Protection Services	84081	108966
群众文化服务	Mass Cultural Services	53233	69645
文化研究和社团服务	Research and Society Services	95933	123077
文化艺术培训服务	Culture and Arts Training Services	121738	159874
其他文化艺术服务	Others	47163	66667
文化信息传输服务	**Cultural Information Transmission Services**	**502590**	**639531**
互联网信息服务	Internet Information Services	137007	228303
增值电信服务(文化部分)	Value-Added Telecom Services (Culture)	4720	8901
广播电视传输服务	Radio and Television Transmission Services	360863	402328
文化创意和设计服务	**Cultural Creativity and Design Services**	**1382454**	**1643470**
广告服务	Advertising Service	581008	763679
文化软件服务	Cultural Software Services	116995	113673
建筑设计服务	Architectural Design Services	524715	574780
专业设计服务	Professional Design Services	159736	191338
文化休闲娱乐服务	**Cultural, Leisure and Pleasure Services**	**1626468**	**2132471**
景区游览服务	The Scenic Spot Tour Service	266475	380633
娱乐休闲服务	Entertainment and Leisure Services	1277334	1637794
摄影扩印服务	Photography Expansion Services	82659	114043
工艺美术品的生产	**The Production of Arts and Crafts**	**1228096**	**1303275**
工艺美术品的制造	Arts and Crafts Products Manufacturing	799686	821093
园林、陈设艺术及其他陶瓷制品的制造	Garden Furniture Art and Other Ceramic Products Manufacturing	299056	288155
工艺美术品的销售	Arts and Crafts Sales	129354	194027
文化相关产品的生产	**The Production of Cultural and Related Products**	**10355360**	**11366231**
文化产品生产的辅助生产	**Cultural Products Production of Auxiliary Production**	**1684685**	**1930883**
版权服务	Copyright Services	2190	2400
印刷复制服务	Printing and Duplicating Services	1421191	1592993
文化经纪代理服务	Culture Brokerage Agent Service	65418	79301
文化贸易代理与拍卖服务	Cultural Trade Agent and Sale Service	6055	15830
文化出租服务	Cultural Rental Service	5511	7210
会展服务	Exhibition Services	26287	35137
其他文化辅助生产	Other Cultural Auxiliary Production	158033	198012
文化用品的生产	**The Production of Cultural Goods**	**8398326**	**9145308**
办公用品的制造	Office Supplies Manufacturing	23602	27676
乐器的制造	Instrument Manufacturing	6000	4944
玩具的制造	Toys Manufacturing	125244	169912
游艺器材及娱乐用品的制造	Recreational Equipment and Entertainment Products Manufacturing	6952	21046
视听设备的制造	Video Equipment Manufacturing	118058	97452
焰火、鞭炮产品的制造	Fireworks Firecracker Manufacturing	4631151	4813193
文化用纸的制造	Culture Paper Manufacturing	630287	716437
文化用油墨颜料的制造	Culture Ink Pigment Manufacturing	211073	186424
文化用化学品的制造	Culture With Chemicals Manufacturing		
其他文化用品的制造	Other Cultural Products Manufacturing	2122535	2404975
文具乐器照相器材的销售	Stationery Instrument Photographic Equipment Sales	123411	188718
文化用家电的销售	Culture in Home Appliance Sales	171009	195751
其他文化用品的销售	Other Stationery Sales	229004	318781
文化专用设备的生产	**The Production of Cultural Special Equipment**	**272349**	**290040**
印刷专用设备的制造	Printing Special Equipment Manufacturing	18017	18897
广播电视电影专用设备的制造	Radio and Television Movie Special Equipment Manufacturing	179367	186485
其他文化专用设备的制造	Other Cultural Special Equipment Manufacturing	57639	60777
广播电视电影专用设备的批发	Radio and Television Movie Special Equipment Wholesale	13799	17610
舞台照明设备的批发	Stage Lighting Equipment Wholesale	3527	6271

16-9 卫生事业基本情况
Basic Statistics on Health Institutions

年份 Year	卫生机构数 (个) Number of Health Institutions (unit)	#医院、卫生院 Hospitals	卫生机构床位数 (万床) Number of Beds in Health Institution (10 000 beds)	#医院、卫生院 Hospitals	卫生技术人员数 (万人) Medical Technical Personnel (10 000 persons)	#医生 Doctors	每万人口拥有 Per 10 000 Persons 床位数 (张) Number of Beds	每万人口拥有 Per 10 000 Persons 医生数 (人) Number of Doctors
1949	239	113	0.39	0.27	1.69	1.48	1.3	5.0
1950	264	123	0.39	0.28	1.67	1.48	1.3	4.8
1951	443	130	0.52	0.39	1.81	1.52	1.6	4.8
1952	2531	149	0.64	0.48	2.39	1.67	2.0	5.1
1953	3209	153	0.64	0.48	2.79	1.82	1.9	5.4
1954	3966	164	0.65	0.48	3.70	2.19	1.9	6.4
1955	4587	176	0.69	0.51	4.37	2.69	2.0	7.8
1956	7741	235	0.87	0.61	5.22	2.73	2.5	7.8
1957	8079	330	1.04	0.67	5.53	2.83	2.9	7.9
1958	12705	5307	5.00	1.75	6.44	3.04	13.6	8.3
1959	22495	5370	4.95	1.66	6.76	3.24	13.4	8.8
1960	21987	4289	5.01	2.35	6.97	3.29	14.0	9.2
1961	18517	3390	4.12	2.44	7.08	3.43	11.7	9.8
1962	12118	416	2.67	2.25	6.29	3.33	7.4	9.3
1963	11613	388	2.63	2.29	6.39	3.34	7.1	9.0
1964	11240	395	2.88	2.28	6.24	3.31	7.6	8.7
1965	11124	484	3.11	2.44	6.28	3.34	8.0	8.6
1966	10424	1014	3.68	2.69	6.29	3.24	9.2	8.1
1967	6285	3983	4.06	2.55	6.11	3.11	9.9	7.5
1968	6161	3945	4.27	2.45	6.25	3.31	10.1	7.8
1969	6144	4026	4.62	2.52	6.29	3.36	10.6	7.7
1970	7056	4447	5.83	3.31	6.54	3.54	13.0	7.9
1971	7042	4280	6.63	3.73	7.10	3.62	14.4	7.9
1972	7372	4264	7.28	4.96	7.95	3.72	15.5	7.9
1973	7898	4309	7.93	3.75	8.53	4.14	16.5	8.6
1974	8239	4340	8.67	4.02	9.26	4.43	17.7	9.0
1975	8707	4365	9.36	4.34	10.04	4.85	18.8	9.7
1976	8987	4383	9.88	4.45	10.73	5.23	19.5	10.3
1977	9259	4397	10.49	5.25	11.20	5.23	20.5	10.2
1978	9477	4374	11.14	5.52	11.54	5.38	21.6	10.4

16-9 续表 continued

年份 Year	卫生机构数（个） Number of Health Institutions (unit)	#医院、卫生院 Hospitals	卫生机构床位数（万床） Number of Beds in Health Institution (10 000 beds)	#医院、卫生院 Hospitals	卫生技术人员数（万人） Medical Technical Personnel (10 000 persons)	#医生 Doctors	每万人口拥有 Per 10 000 Persons 床位数（张） Number of Beds	每万人口拥有 Per 10 000 Persons 医生数（人） Number of Doctors
1979	9753	4387	11.56	5.93	12.54	5.80	22.1	11.1
1980	9871	4402	11.58	6.05	13.16	5.88	21.9	11.1
1981	10222	4375	11.26	6.11	13.96	6.20	21.0	11.6
1982	10262	4334	11.41	6.28	14.29	6.40	20.9	11.7
1983	10324	4335	11.54	6.45	14.84	6.59	21.0	12.0
1984	10507	4357	11.80	6.75	15.26	6.76	21.2	12.2
1985	10552	4226	11.93	6.97	15.54	6.90	21.2	12.3
1986	10352	4112	12.22	7.35	15.81	6.91	21.5	12.1
1987	10392	4132	12.69	7.76	16.28	7.06	22.0	12.2
1988	10376	4114	12.93	8.12	16.89	7.83	21.9	13.2
1989	10492	4197	13.16	8.32	17.27	8.15	21.9	13.6
1990	10552	4191	13.36	8.48	17.63	8.26	21.9	13.5
1991	10557	4219	13.52	8.67	17.81	8.17	21.9	13.3
1992	10579	4229	13.65	8.85	18.29	8.23	22.0	14.3
1993	9604	4187	13.64	9.03	18.38	8.13	21.8	13.0
1994	9931	4314	13.42	8.92	18.98	8.39	21.3	13.3
1995	9137	3879	13.52	9.04	19.25	8.46	21.3	13.3
1996	9031	3423	13.36	9.08	20.22	9.57	20.8	14.1
1997	9177	3349	13.47	9.24	20.56	10.61	20.8	16.4
1998	9711	3318	13.43	9.28	21.25	9.32	20.7	14.3
1999	4259	3359	14.00	13.46	19.50	8.00	22.3	12.9
2000	4286	3339	14.34	13.21	19.88	8.80	21.9	13.5
2001	4205	3335	14.62	13.43	19.89	8.90	22.0	13.5
2002	4272	3332	14.00	13.00	19.00	8.00	21.6	11.9
2003	4016	3348	14.49	13.00	18.95	7.90	21.8	12.0
2004	4039	3340	14.79	13.70	18.89	7.90	22.1	11.9
2005	4097	3324	15.22	14.16	18.94	7.99	22.6	11.9
2006	4082	3242	16.02	14.97	19.00	8.05	23.7	11.9
2007	14521	3165	17.24	16.17	22.06	9.25	25.3	13.5
2008	14455	3111	18.79	17.47	23.21	9.63	27.5	14.1
2009	14374	3103	21.20	19.73	24.81	10.07	30.7	14.6
2010	14175	3066	23.33	21.59	26.26	10.42	32.9	14.7
2011	14266	3096	26.14	24.20	27.55	10.59	39.6	16.1
2012	14225	3092	29.44	26.78	29.71	11.67	44.3	17.6
2013	17364	3226	31.70	29.25	32.34	12.74	47.4	19.1
2014	16872	3318	35.55	33.05	34.14	13.34	52.8	19.8
2015	17824	3470	39.65	36.85	37.08	15.08	58.4	22.2
2016	16717	3534	42.81	39.56	39.26	16.07	62.8	23.6

注：1. 2002年及以后卫生机构数为登记注册数，医生系执业(助理)医师数。机构数不含村卫生室。

2. 2007年起卫生部网络直报数据包含了诊所、医务室、卫生所、社区服务站；而2007年以前是没有包括的。

a. Number of health institutions since 2002 are the number of registeration, doctors refer to the certified (assistant) doctors.

b. The Direct Network Report from the Ministry of Health data includes outpatient departments, medical stations clinics, health service centers since 2007. But before 2007, has not included.

16-10 各类卫生机构、床位和人员(2016年)

类 别	Item	机 构 (个) Number of Institutions (unit)	床位数 (张) Number of Reality Beds (bed)
总 计	**Total**	**61056**	**428058**
医院	Hospitals	1261	299271
综合医院	General Hospitals	746	196069
中医医院	Hospitals of Chinese Medicine	141	50095
中西医结合医院	Hospitals Which Integrate Traditional Chinese Therapeutics with Western Therapeutics	28	2419
民族医院	National Hospitals	3	106
专科医院	Specialized Hospitals	340	50304
口腔医院	Hospitals for Oral Cavity Diseases	24	800
眼科医院	Ophthalmology Hospitals	27	1733
耳鼻喉科医院	Otorhinolaryngology Hospitals	3	184
肿瘤医院	Tumor Hospitals	6	3013
心血管病医院	Cardiovascular Hospitals	3	535
妇产(科)医院	Hospitals for Maternity and Child Care	38	2512
儿童医院	Children's Hospitals	3	2194
精神病医院	Mental Hospitals	59	23161
传染病医院	Hospitals for Infectious Diseases	1	460
皮肤病医院	Hospitals for Occupational Diseases	8	287
结核病医院	Tuberculosis Hospitals	1	666
麻风病医院	Leprology Hospitals	1	30
骨科医院	Orthopaedics Hospitals	25	1917
康复医院	Rehabilitation Hospitals	32	5610
整形外科医院	Plastic Hospitals	2	30
美容医院	Cosmetic Hospitals	14	319
其他专科医院	Other Specialized Hospitals	93	6853
社区卫生服务中心(站)	Health Service Center and Station for Community	715	12254
卫生院	Health Centers	2273	96288
村卫生室	The Village Health Room	44339	
门诊部	Clinics	399	1527
诊所、卫生所、医务室	Outpatient Departments, Clinics and Medical Stations	10518	
疾病预防控制中心	Disease Prevention & Control Centers	147	
专科疾病防治院(所、站)	Specialized Disease Prevention and Treatment Institute	87	4991
健康教育所(站、中心)	Health Education Centers	2	
妇幼保健院(所、站)	Maternity and Child Care Centers	139	13627
急救中心(站)	First-aid Stations	3	
采供血机构	Institutions for Collection and Supply of Blood	15	
卫生监督所(中心)	Medical Supervision Institutes	132	
计划生育技术服务机构	Family Planning Technical Service Institutions	970	
其他卫生机构	Other Health Care Institutions	57	100

Health Care Institutions, Beds and Personnel by Type (2016)

卫生工作人员(人) Health Personnel (person)	#卫生技术人员 Medical Technical Personnel						
		执业(助理)医师 Assistant Doctors	执业医师 Doctors	注册护士 Senior Nurse & Nurse	药师(士) Pharmacist	技师(士) Laboratory Technician	其他 Others
515540	**392582**	**160666**	**122454**	**161527**	**20684**	**20843**	**28862**
284586	237864	80912	73068	119616	12124	12881	12331
195257	165070	55531	50906	85376	7358	8757	8048
52125	44299	15465	13922	20590	3385	2523	2336
2188	1766	719	501	683	105	129	130
59	41	21	16	9	6	3	2
34881	26622	9147	7701	12932	1268	1467	1808
1698	1392	663	540	584	29	44	72
2209	1350	473	375	666	56	62	93
113	98	30	27	54	5	7	2
2903	2342	754	737	1127	117	172	172
524	459	158	155	239	33	20	9
2736	2021	756	566	921	91	161	92
2315	2111	619	616	1249	101	93	49
8885	6710	2156	1835	3538	323	270	423
567	449	111	110	242	32	48	16
337	263	76	64	126	21	10	30
496	380	127	127	197	16	36	4
16	10	8	3	1	1		
1561	1156	421	317	490	59	82	104
3416	2342	749	662	1009	111	108	365
127	111	35	34	64	6	4	2
858	505	186	131	258	23	32	6
6120	4923	1825	1402	2167	244	318	369
16657	14387	6446	4572	5145	1094	647	1055
84959	72261	35619	18028	19155	5733	3714	8040
55445	8367	7825	2771	542			
2947	2476	1339	1145	852	85	97	103
20457	20004	13440	11003	4802	455	43	1264
9532	6745	3303	2657	794	215	1329	1104
4202	3304	1665	1176	951	167	266	255
5	1			1			
23890	20081	8160	7071	8638	754	1484	1045
73	32	17	16	13			2
1455	1067	113	77	680	5	228	41
3411	2907						2907
7070	2616	1626	747	236	34	98	622
851	470	201	123	102	18	56	93

16-11 医疗机构运营情况(2016年)
Basic Statistics of Operation on Health Care Institutions (2016)

类 别	Item	诊疗人次 (人次) Number of Patients Treated (person-time)	#门诊、急诊人次 Out-Patients and Emergency Patients	病床周转次数 (次) Turn Over of Beds (time)	病床工作日 (天) Days Per Bed in Use (day)	病床使用率 (%) Utilization Rate of Beds (%)
总　计	**Total**	**264432547**	**245654853**	**34.8**	**297.3**	**81.5**
医院	**Hospitals**	**95729257**	**92807018**	**32.4**	**313.8**	**86.0**
综合医院	General Hospitals	69768287	67996887	36.2	316.9	86.8
中医医院	Hospitals of Chinese Medicine	16237543	15701267	33.0	319.9	87.6
中西医结合医院	Hospitals Which Integrate Traditional Chinese Therapeutics with Western Therapeutics	576419	495389	32.5	239.6	65.7
民族医院	National Hospitals	11936	11913	22.6	156.5	42.9
专科医院	Specialized Hospitals	9117468	8586220	16.5	299.0	81.9
口腔医院	Hospitals for Oral Cavity Diseases	1006958	1002816	28.0	175.9	48.2
眼科医院	Ophthalmology Hospitals	857905	775857	43.1	204.2	55.9
耳鼻喉科医院	Otorhinolaryngology Hospitals	17119	17119	24.5	190.5	52.2
肿瘤医院	Tumor Hospitals	440239	386424	33.3	359.0	98.4
心血管病医院	Cardiovascular Hospitals	203429	196132	30.1	298.6	81.8
妇产(科)医院	Hospitals for Maternity and Child Care	568369	539509	22.7	188.4	51.6
儿童医院	Children's Hospitals	2100975	2100975	40.5	354.1	97.0
精神病医院	Mental Hospitals	1212271	1155599	6.0	329.4	90.3
传染病医院	Hospitals for Infectious Diseases	91224	91224	20.1	338.0	92.6
皮肤病医院	Hospitals for Occupational Diseases	59692	59568	22.5	179.5	49.2
结核病医院	Tuberculosis Hospitals	66305	66305	27.7	507.7	139.1
麻风病医院	Leprology Hospitals	18520	18500	0.1	226.2	62.0
骨科医院	Orthopaedics Hospitals	225771	204413	22.7	233.2	63.9
康复医院	Rehabilitation Hospitals	387932	260658	11.9	278.7	76.4
整形外科医院	Plastic Hospitals	8350	8350	12.8	365.0	100.0
美容医院	Cosmetic Hospitals	169867	135256	39.5	111.9	30.6
其他专科医院	Other Specialized Hospitals	1682542	1567515	27.3	240.1	65.8
护理院	Nursing Home	17604	15342	36.4	309.2	84.7
疗养院	**Sanatoriums**	**3028**	**2998**	**19.9**	**162.2**	**44.4**
社区卫生服务中心(站)	**Health Service Center for Community**	**10716538**	**9972725**	**30.8**	**239.0**	**65.5**
卫生院	**Health Centers**	**40513203**	**38485549**	**40.4**	**257.2**	**70.5**
村卫生室	**The Village Health Room**	**78355105**	**68811382**			
门诊部	**Clinics**	**1451683**	**1285588**			
妇幼保健院(所、站)	**Maternity and Child Care Centers**	**11671398**	**11425668**	**50.1**	**278.0**	**76.2**
专科疾病防治院(所、站)	**Specialized Disease Prevention and Treatment Institute**	**978607**	**878498**	**27.4**	**263.3**	**72.1**

16-12 诊所、卫生所、医务室基本情况(2016年)
Statistics on Clinics,Health Service Stations and Health Center(2016)

项 目	Item	诊所 Clinics	医务室、卫生所 Health Center and Health-room、Health Service Stations for Community
机构总数	**Number of Institutions**	**8762**	**1734**
总人员数 (人)	Number of Personnel (person)	17156	3251
卫生技术人员	Medical Technical Personnel	16747	3207
执业医师	Doctors	9377	1599
执业助理医师	Assistant Doctors	1887	542
注册护士	Registered Nurse	4170	619
药剂师(士)	Pharmacist	346	109
技师(士)	Skilled Technician	36	7
#检验人员	#Laboratory Technician	19	5
其他	Others	931	331
工勤技能人员	Logistic Personnel	409	44
总收入 (万元)	Annual Income (10 000 yuan)	117757.9	20424.2
总支出 (万元)	Annual Expenditure (10 000 yuan)	104650.6	18872.9
诊疗人次数 (人次)	Number of Visits (person-times)	20926943	3848016

16-13 村卫生室基本情况(2016年)
Statistics on Village Health Center(2016)

项 目	Item	合计 Total	按主办单位分 Grouped by Organizers				
			村办 Village	乡医院设点 Township	联合办 Combine	私人办 Private	其他 Other
机构数 (个)	Number of Institutions (unit)	44339	29456	1645	1046	8540	3652
执业(助理)医师 (人)	Number of Doctors and Assistant Doctors (person)	7825	5681		97	1428	619
注册护士 (人)	Registered Nurses (Person)	542	354		10	122	56
乡村医生和卫生员 (人)	Number of Village Doctors & Assistants (person)	47078	31359	1474	1379	9033	3833
#乡村医生	#Number of Village Doctors	43139	28981	1370	1020	8334	3434
卫生员	Health Professional	3939	2378	104	359	699	399
总收入 (万元)	Annual Income (10 000 yuan)	207550.7	136399.4	8075.8	4134.8	40424.1	18516.6
总支出 (万元)	Annual Expenditure (10 000yuan)	171197.1	114078.2	7038.0	3239.3	32629.1	14212.6
诊疗人次数 (万人次)	Number of Children Vaccinate (10 000person-time)	7835.51	5174.90	241.39	151.57	1519.04	748.61

16-14 体育事业情况
Statistics on Sports

项　目	Item	2000	2005	2015	2016
体育系统从业人数　（人）	**Staff and Workers in Sports Commissions　(person)**	**5303**	**4918**	**5524**	**5360**
体育场地数　（个）	**Stadiums　(unit)**	**37**	**21294**	**83575**	**97032**
体育馆　（个）	**Gymnasiums　(unit)**	**55**	**140**	**220**	**219**
游泳跳水场(馆)　（个）	**Swimming and Diving (Pavilion)　(unit)**	**111**	**40**	**459**	**527**
举办县级以上运动会　（次）	**Number of Sports Meets Above County Level　(time)**	**1705**	**129**	**461**	**654**
等级运动员发展人数　（人）	**Number of Athletes in Grades　(person)**	**5175**	**1939**	**1524**	**1398**
#国际级运动健将	#International Master of Sports	2	2	6	7
国家级运动健将	National Master of Sports	31	28	45	43
一　级	First Grade Sportsmen	13	149	353	335
二　级	Second Grade Sportsmen	890	1760	1120	1013
三　级	Third Grade Sportsmen	2191			
少年级	Juvenile Grade Sportsmen	2048			
等级裁判员发展人数　（人）	**Number of Referees in Grades　(person)**	**4173**	**1620**	**2608**	**2884**
#国家级裁判员	#National Referees	21	8	5	6
打破纪录情况　（人／次／项）	**Basic Situation of Records Chalked Up　(person/time/event)**				
#世界纪录	#World Records	3/1/5		1/2/2	1/1/1
亚洲纪录	Asia Records				
全国纪录	National Records	1/1/1		1/1/1	1/1/1
获奖情况	**Basic Situation of Medallion Won**				
参加全国比赛获奖	National Competitions				
#金　牌　（枚）	# Gold-plate　(piece)	32	40	67	57
银　牌　（枚）	Silver-plate　(piece)	36	17	40	42
铜　牌　（枚）	Copper-plate　(piece)	36	19	28	27
参加国际比赛获奖	International Competitions				
#金　牌　（枚）	# Gold-plate　(piece)	12	13	18	11
银　牌　（枚）	Silver-plate　(piece)	7	10	12	6
铜　牌　（枚）	Copper-plate　(piece)	6	2	6	5

注：1.参加全国比赛指参加全国性的成人竞技比赛。参加国际比赛指参加世界锦标赛、世界杯赛、奥运会、亚洲锦标赛和亚运会。
2.奖牌数包括我省运动员参加国家队集体项目所得的奖牌。
3.从2002年起，等级运动员不含三级和少年级运动员。

a. National games refer to nation-wide adult athletics. International games include the world championship, the world cup, the Olympics,the Asia championship and the Asian Games.

b. The number of medals includes that of medals won by athletes of our province in national collective events.

c. The number of athletes in grades excludes third grade sportsmen and juvenile grade sportsmen since 2002.

主要统计指标解释

文化及相关产业 指为社会公众提供文化产品和文化相关产品的生产活动的集合。

文化及相关产业是在我国《国民经济行业分类》基础上的派生分类，有文化产品的生产和文化相关产品的生产两大类。

文化产品的生产 主要指新闻出版发行服务，广播电视电影服务，文化艺术服务，文化信息传输服务，文化创意和设计服务，文化休闲娱乐服务，工艺美术品的生产。

文化相关产品的生产 主要指文化产品生产的辅助生产，文化用品的生产，文化专用设备的生产。

艺术表演团体 指由文化部门主办或实行行业管理（经文化市场行政部门审批或已申报登记并领取相关许可证），专门从事表演艺术等活动的各类专业艺术表演团体，含民间职业剧团。如话剧团、方言话剧团、滑稽剧团、儿童剧团、歌剧团、木偶团、皮影团等以及由若干剧种组成的综合性专业艺术表演团体。不包括群众业余文艺表演团体。

艺术表演场馆 指由文化部门主办或实行行业管理（经文化市场行政部门审批或已申报登记并领取相关许可证），有观众席、舞台、灯光设备，公开售票、专供文艺团体演出的文化活动场所。附属于文化部门机构内非独立核算的剧场、排演场，公开营业的也应单独统计。

文化市场经营机构 指经文化市场行政部门审批或已申报登记并领取相关许可证的、从事文化经营和文化服务活动的机构。

广播节目综合人口覆盖率 指根据国家广电总局制定的《广播电视人口覆盖率统计技术标准和方法》进行统计调查的，在对象区内采用无线、有线、卫星等技术手段能够收听到包括中央、省、地市、县广播节目其中任意一套的人口数占全国总人口数的百分比。

电视节目综合人口覆盖率 指根据国家广电总局制定的《广播电视人口覆盖率统计技术标准和方法》进行统计调查的，在对象区内采用无线、有线、卫星等技术手段能够收看到包括中央、省、地市、县级电视节目中任意一套的人口数占全国总人口数的百分比。

国家综合档案馆 指由中央或地方各级档案行政管理部门直接管理的，按行政区划或历史时期设置的，收集和管理所辖范围内多种门类档案的档案馆。

卫生机构 指从卫生行政部门取得《医疗机构执业许可证》，或从民政、工商行政、机构编制管理部门取得法人单位登记证书，为社会提供医疗保健、疾病控制、卫生监督服务或从事医学科研和教育等工作的单位。卫生机构包括医院、疗养院、社区卫生服务中心(站)、卫生院、门诊部、诊所(卫生所、医务室)、急救中心(站)、采供血机构、妇幼保健院(所、站)、专科疾病防治院(所、站)、疾病预防控制中心(防疫站)、卫生监督所、卫生监督检验(监测、检测)机构、医学科研机构、医学在职培训机构、健康教育所(站)等其他卫生机构。

医疗机构 指从卫生行政部门取得《医疗机构执业许可证》的机构，包括医院、疗养院、社区卫生服务中心(站)、卫生院、门诊部、诊所(卫生所、医务室)、妇幼保健院(所、站)、专科疾病防治院(所、站) 、急救中心(站)和临床检验中心。

社区卫生服务中心(站) 指为本社区居民提供预防、医疗、保健、康复、健康教育、计划生育技术服务等的基层卫生机构。包括社区卫生服务中心和社区卫生服务站。

卫生人员 指在医疗、预防保健、医学科研和在职教育等卫生机构工作的职工，包括卫生技术人员、其他技术人员、管理人员和工勤人员。

卫生技术人员 包括执业(助理)医师、注册护士、药剂人员、检验和影像人员等卫生专业人员。不包括从事管理工作的卫生技术人员(一律计入管理人员)。

执业医师 指具有《医师执业证》及其“级别”为“执业医师”且实际从事医疗、预防保健工作的人员，不包括实际从事管理工作的执业医师。执业医师类别分为临床、中医、口腔和公共卫生。

执业助理医师 指具有《医师执业证》及其“级别”为“执业助理医师”且实际从事医疗、预防保健工作的人员，不包括实际从事管理工作的执业助理医师。执业助理医师类别同样分为临床、中医、口腔和公共卫生四类。

每万人口执业(助理)医师 每万人口执业(助理)医师=（执业医师数+执业助理医师数)/人口数×10000。人口数系公安部户籍人口。

每万人口医院、卫生院床位数 每万人口医院卫生院床位数=(医院床位数+卫生院床位数)/人口数×10000。人口数系常住人口。

每万人口卫生技术人员 每万人口卫生技术人员=卫生技术人员数/人口数×10000。人口数系常住人口。

Explanatory Notes on Main Statistical Indicators

Culture and Related Industries refers to provide public cultural products and related products of a collection of production activities.

Culture and related industries in our country is derived on the basis of the national economy industrial classification categories, and there are two categories of production of cultural products and production of cultural related products.

The Production of Cultural Products mainly refers to the news publication services, radio and television movie service, culture and art services, cultural information transmission services, cultural creativity and design services, cultural entertainment services, arts and crafts production.

Cultural Production of Related Products mainly refers to the auxiliary production of cultural products, the production of cultural goods, and the production of cultural special equipment.

Arts Performance Troupes refer to the various professional performing arts groups, which sponsored by the cultural sectors or guided by the cultural society (approved by the cultural market administration, or registered and permitted with the relative certificate), including non-governmental troupes, such as drama troupes, dialect troupes, comedy troupes, children troupes, Opera troupes, puppetry troupes, Shadowgraph troupes, etc., comprehensive professional arts performance troupes. The mass sparetime arts performance troups are not included.

Arts Performance Places refer to the various sites for cultural activities, which sponsored by the cultural sectors or guided by the cultural society (approved by the cultural market administration, or registered and permitted with the relative certificate), with the facility of auditorium, stage, and lighting, and selling tickets in public, including the opera halls and rehearse sites, etc. which are affiliated to the culture sectors without independent financial accounts and open to the public.

Cultural Market Operating Units refer to the units dealing in culture and cultural services, which registered and permitted with the relative certificate by cultural market administration.

Radio Coverage of Population refers to the percentage of population, which can listen to one of central, provincial, city, prefecture, and county radio programs by wireless, cable, satellite and other technical means, in the surveying area, to national total population, according to Statistical Standard and Method on Television and Radio Coverage of Population established by the State Administration of Broadcasting, Film and Television.

Television Coverage of Population refers to the percentage of population, which can watch one of central, provincial, city, prefecture, and county television programs by wireless, cable, satellite and other technical means, in the surveying area, to national total population, according to Statistical Standard and Method on Television and Radio Coverage of Population established by the State Administration of Broadcasting, Film and Television.

National Comprehensive Archives refer to all archives institution, which are directly conducted by the central and local levels archives administration, collecting and keeping various documents and materials by administrative regions or historical periods.

Health Care Institutions refer to the units which have been qualified the Certification of Health Care Institution by the administration of public health, or qualified the Certification of Corporate Unit by the civil affairs, administration for industry and commerce, commission office for public sector reform, and engaging in medical care, disease prevention and control, health supervision and inspection, medicine research and health education, etc., including: hospitals, sanatoriums, community health service centers (stations), health centers, clinics (health stations and infirmaries), first-aid centres (stations), blood gathering and supplying institutions, women and children care agencies (centres and stations), special disease prevention and curing agencies (centres and stations), disease prevention and control centres (epidemic prevention stations), health supervision and inspection agencies, sanitary inspection institutions, medicinal scientific research and on-job training institutions, health education centres and so on.

Medical Organizations refer to the institutions which have been qualified the Certification of Health Care Institution by the administration of public health, including: hospitals, sanatoriums, community health service centers (stations), health centers, clinics (health stations and infirmaries), women and children care agencies (centres and stations), special disease prevention and curing agencies (centres and stations), first-aid centres (stations) and clinic inspection centers.

Community Health Service Centres (stations) refer to the primary units that provide the health care for community residents, such as disease prevention and control, medical treatment, health care, rehabilitation, health education, family planning technical services, including community health service centres and community health service stations.

Health Care Employee refer to all employee engaged in the health care institutions, such as medical organizations, disease prevention and control centres, health care agencies, medicinal scientific research and on-job training institutions, including medical technical personnel, other technical personnel, manager and labour.

Medical Technical Personnel refer to the professional staff engaged in health care, including licensed (assistant) doctors, registered nurse, pharmacists, laboratory technician, and imaging staff, excluding the medical technical personnel engaged in management job (included as the management staff).

Licensed Doctors refer to the medical workers who have obtained the licenses of qualified doctors and are employed in medical treatment, disease prevention or healthcare institutions, excluding the licensed doctors engaged in management job. The classification of licensed doctors is clinician, Chinese medicine, dentist and public health.

Licensed Assistant Doctors refer to the medical workers who have obtained the licenses of qualified assistant doctors and are employed in medical treatment, disease prevention or healthcare institutions, excluding the licensed assistant doctors engaged in management job. The classification of licensed assistant doctors is clinician, Chinese medicine, dentist and public health.

Number of Licensed (Assistant) Doctors per 10000 Population the formula is:

Number of Licensed Doctors per 10000 Population = (Number of Licensed Doctors + Number of Licensed Assistant Doctors) / Population *10000

The population is the figure of household registration from the Ministry of Public Security.

Number of Beds of Hospitals and Health Care per 10000 Population the formula is:

Number of Beds of Hospitals and Health Care per 10000 Population = Number of Beds of Hospitals + Number of Beds of Health Care) / Population *10000

The population is the figure of household registration from the Ministry of Public Security.

Number of Medical Technical Personnel per 10000 Population the formula is:

Number of Medical Technical Personnel per 10000 Population = Number of Medical Technical Personnel / Population *10000

The population is the figure of household registration from the Ministry of Public Security.

17 党群、政法和社会服务

Party and Mass, Politics and Law, Social Service

资料整理人员：蔡冬娥　郭开金

17-1 历届省人民代表大会的代表人数
Number of Deputies to All the Previous Provincial People's Congress

单位:人 (person)

指 标	Item	代表总数 Total Number of All Deputies	#女性代表 Female Deputies	占代表总数% As Percentage to Total (%)	#少数民族代表 Deputies From National Minorities	占代表总数% As Percentage to Total (%)	#中青年代表 Midlife and Youth Deputies	占代表总数% As Percentage to Total (%)
第一届（1954）	First Congress (1954)	**552**	36	6.5	9	1.6	399	72.3
第二届（1958）	Second Congress (1958)	**552**	36	6.5	9	1.6	399	72.3
第三届（1964）	Third Congress (1964)	**662**	148	22.4	57	8.6	409	61.8
省革命委员会（1968）	The Provincial Revolutionary Committee (1968)	**160**						
第五届（1977）	Fifth Congress (1977)	**1252**	274	21.9	72	5.8	966	77.2
第六届（1983）	Sixth Congress (1983)	**988**	225	22.8	84	8.5	570	57.7
第七届（1988）	Seventh Congress (1988)	**874**	210	24.0	78	8.9	529	60.5
第八届（1993）	Eighth Congress (1993)	**870**	191	22.0	87	10.0	587	62.0
第九届（1997）	Ninth Congress (1997)	**763**	175	22.9	85	11.1	488	64.0
第十届（2003）	Tenth Congress (2003)	**772**	149	19.3	82	10.8	72	9.5
第十一届（2007）	Eleventh Congress (2007)	**774**	149	19.3	82	10.8	72	9.5
第十二届（2012）	Twelfth Congress (2012)	**768**	130	16.9	83	10.8		

注：1968年省革命委员会召开了全体委员会议，代表人数为委员人数。
The plenary meeting was held by the provincial revolutionary committee in 1968, and the number of delegates was that of committee members.

17-2 历届省政治协商会议的委员人数
Number of Deputies to All the Previous Provincial People's Political consultative Conferences

单位:人 (person)

指 标	Item	委员总数 Total Number of All Deputies	#中国共产党代表 Deputies from the Communist Party of China	占代表总数% As Percentage to Total (%)	#少数民族代表 Deputies From National Minorities	占代表总数% As Percentage to Total (%)
第一届（1955）	First Congress (1955)	**175**	39	22.3	6	3.4
第二届（1959）	Second Congress (1959)	**396**	131	33.1	15	3.8
第三届（1964）	Third Congress (1964)	**398**	134	33.7	20	5.0
第四届（1977）	Fourth Congress (1977)	**500**	222	44.4	26	5.2
第五届（1983）	Fifth Congress (1983)	**732**	270	36.9	38	5.2
第六届（1988）	Sixth Congress (1988)	**703**	280	39.8	58	8.3
第七届（1993）	Seventh Congress (1993)	**724**	288	39.8	61	8.4
第八届（1997）	Eighth Congress (1997)	**716**	280	39.1	70	9.8
第九届（2003）	Ninth Congress (2003)	**728**	281	38.6	72	10.6
第十届（2007）	Tenth Congress (2007)	**750**	289	38.5	65	8.7
第十一届（2012）	Eleventh Congress (2012)	**749**	278	37.1	69	9.2

17-3 工会工作情况
Labor Union Work

项 目	Item	2000	2005	2015	2016
工会基层组织个数 (万个)	Number of Grassroots Unions (10 000 unit)	4.10	5.75	13.61	14.66
工会会员人数 (万人)	Union membership (10 000 persons)			1147.88	1208.15
其中：女性	#Female			395.76	419.80
已建工会组织的基层单位在岗职工人数 (万人)	Number of Staff and Workers in Grassroots Unions (10 000 persons)	487.00	732.27	1257.45	1337.03
#在岗女职工	#Female	186.00	251.11	412.93	436.60
工会专职干部数 (万人)	Full-time Cadres (10 000 persons)	2.14	3.01	7.36	8.14
已建立职代会制度的单位个数 (万个)	Number of Units Established With Workers Delegating Congress System (10 000 units)	1.34	0.85	17.05	17.02
本年度提出合理化建议 (万件)	Advanced Rationalization Proposals This Year (10 000 piece)	66.60	16.91	48.23	38.97
实行厂务公开的企业单位 (万个)	Implementation of Factory Affairs of the Business Units (ten thousand)			11.03	13.02
签订集体合同的企业单位 (万个)	Sign a Collective Contract of the Business Units (ten thousand)				
建立劳动争议调解组织 (万个)	Establish a Labor Dispute Mediation Organizations (ten thousand)			1.38	1.62
建立工会劳动法律监督组织 (个)	Number of Units Established With Labor Law Supervisional Organization (unit)	6295	6566	22946	25987

17-4 其他社会福利事业单位机构和人员
Institution and Personnel in Social Welfare and Special Care

项 目	Item	机构数（个） Number of Institutions (unit)		职工人数（人） Staff and Workers (person)	
		2015	2016	2015	2016
福利企业单位总计	**Social Welfare Institutions and Enterprises**	**407**	**352**	**26356**	**24404**
福利工厂	Welfare Factories	266	242	17763	16834
假肢厂	Artificial Limb Factories	1	1	100	95
安置农场	Placement Farm	3	3	51	50
其他福利企业	**Other Social Welfare Institutions**	**137**	**106**	**8442**	**7425**
救助类社会服务机构	**Relief Type of Social Service Agencies**	**146**	**147**	**1334**	**1339**
救助管理站	Salvation Management Station	113	113	1010	1014
流浪儿童救助保护中心	The Centers of Salvation and Safeguard Children on the Tramp	33	34	324	325
殡仪事业单位	**Funeral and Interment Institutions**	**206**	**158**	**3060**	**2683**

17-5 提供住宿的社会服务机构基本情况(2016年)
Basic Statistics of Social Service Agencies with Accommodate (2016)

项　目	Item	机构(个) Institution (unit)	职　工(人) Staff and Workers (person)	床　位(张) Beds (unit)	年末在院人数(人) Number of Persons Housed (person)
总计	**Total**	**1995**	**17823**	**157761**	**104394**
工商部门登记的提供住宿单位	The Ministry of Commerce and Industry Registration Provide Accommodation Units	2	445	1084	556
编制部门提供住宿单位	Compiling Department Provide Accommodation Units	1721	13646	128343	91048
民政部门登记提供住宿单位	Civil Affairs Department Registration Provide Accommodation Units	181	2849	24242	10696
未登记的提供住宿单位	Unregistered Provide Accommodation Units	91	883	4092	2094
在总计中	**Among Total**				
智障与精神疾病服务机构	Service Organization on Mental Retardation and Mental Illness	17	1643	4671	3673
#复退军人精神病院	#Mental Hospitals for Veteran and Demobilized Soldiers	7	716	2575	2057
#福利类精神病院和医院	#Psychiatric Hspitals, and Hospitals of the Welfare Class	10	927	2096	1616
儿童福利机构	Child Welfare Agencies	19	343	3218	2124
老年人与残疾人服务机构	Elderly and Disabled Service Agencies	1787	13915	140573	95872
#城市养老服务机构	#City Pension Service Agencies	158	2932	24360	11562
#农村养老服务机构	#Pension Services in Rural Areas	1331	5688	85270	62597
#荣誉军人康复医院	#Rehabilitation Hospitals for Glory Soldiers	3	531	1537	1261
#复员军人疗养院	#Convalescent Homes for Demobilized Soldiers	1	110	100	88
#光荣院	#Homes for Disabled Veterans	108	899	7047	3941
#社会福利医院	#Psychopathic Welfare Homes	84	2918	17047	11379
军休所	Army Hugh	102	837	5212	5044
其他收养性机构	Other Adoption Agencies	138	1597	8032	2433

17-6 社会救济和福利主要费用
Value of Major Social Relief and Welfare Funds

单位:万元 (10 000 yuan)

项　目	Item	2015	2016
总计	**Total**	**2406458.2**	**2716414.4**
民政事业费支出	**Civil Administration Department Funds**	**2377472.5**	**2716414.4**
抚恤事业费	Commiserate	461329.1	527889.7
退役安置事业费	Settle Down	127835.6	142988.7
社会救助	Social Assistance	1275702.2	1397503.5
城市居民最低生活保障事业费	Funds for Urban Residents Receiving Mininum Income Relief	431434.5	423869.3
农村居民最低生活保障事业费	Funds for Rural Residents Receiving Mininum Income Relief	441395.4	498255.6
其他社会救助	Other Social Assistance	233318.3	236920.2
医疗救助	Medical Assistance	155971.9	166303.6
社会福利事业费	Social Welfware Funds	273429.9	312310.0
民政管理事务事业费	Civil Administation Affairs Furds	139406.1	148386.3
自然灾害救助费	Relief Funds for Natural Disasters	57405.9	106185.3
行政事业单位离退休人员经费	Administration Institution Retired Personnels Funds	8228.1	7833.6
其他款项用于民政支出	Other Funds use in the Civil Administation	32286.8	73314.3

17-7 婚姻登记情况
Basic Statistics on Marriage Registration

项 目	Item	2000	2005	2015	2016
准予登记结婚 （万对）	**Registered Marriages (10 000 couples)**	**38.31**	**45.97**	**54.26**	**49.94**
初 婚 （万人）	First Marriages (10 000 persons)	71.77	83.80	89.24	78.67
再 婚 （万人）	Remarriages (10 000 persons)	4.85	8.14	19.28	21.2
离婚人数 （万对）	**Number of Divorces (10 000 couples)**	**6.45**	**8.30**	**17.75**	**21.29**
离婚率 （‰）	Divorce Rate (‰)	1.97	2.50	2.63	3.13

17-8 律师、公证、调解工作基本情况
Basic Statistics on Lawyers, Notarization and Mediation

类 别	Item	2000	2005	2015	2016
律师工作	**Lawyers**				
律师事务所 （个）	Number of Law Offices (unit)	352	426	644	713
律师 （人）	Number of Lawyers (person)	4888	5663	11442	12888
担任法律顾问工作 （家）	Number of Units with Permanent Legal Advisors (unit)	7899	8623	14295	15094
刑事案件代理及辩护 （件）	Agent & Defender of Criminal Cases (case)	13664	15270	26054	25733
民事案件诉讼代理 （件）	Agent of Civil Cases (case)	25820	30342	64350	71471
非诉讼法律事务 （件）	Agent of Non-Litigious Legal Affairs (case)	25883	4617	32206	37137
行政案件诉讼代理 （件）	Agent of Administrative Action (case)	2156	2425	4236	4891
解答法律询问 （人次）	Agent of Legal Advisory Services (person-time)	236553	194157	140938	134544
代写法律事务文书 （件）	Agent of Legal Documents Written on Behalf of Clients (case)	35934	39060	20908	17269
公证工作	**Notarization**				
公证处 （个）	Number of Notary Offices (unit)	138	129	117	117
公证人员 （人）	Notarization Personnel (person)	604	652	714	726
受理公证文书 （件）	Number of Accept Notarized Documents (case)	319416	164616	179395	203249
出证公证文书 （件）	Number of Show Notarized Documents (case)	317705	163857	178525	202179
#国内经济合同公证 （件）	#Number of Domestic Notarized Business Contracts (case)	81815	63026		
人民调解工作	**Number of People's Mediation**				
专职司法助理员 （人）	Number of Full-time Judicial Assistants (person)	4114	4238	4434	4102
人民调解委员会 （个）	Number of People's Mediation Committees (person)	57231	55188	50514	39704
调解人员 （人）	Number of Mediators (person)	723389	260000	186719	166233
调解民间纠纷 （件）	Number of Civil Disputes Mediated (case)	340612	300957	402834	375454

17-9 交通事故发生情况
Statistics on Traffic Accidents

指 标	Item	合计 Total	按事故发生程度分 By Serious Degree of Traffic Accidents			
			特大 Extraordinarily Serious	重大 Serious	较大 More	一般 Ordinary
发生次数 (起)	Number of Traffic Accidents (case)					
	2005	15013	84	3216		11713
	2006	12202	76	3013		9113
	2007	9903	63	2539		7301
	2008	7637	50	2132		5455
	2009	7444	43	1791		5610
	2010	8651	54	1850		6747
	2011	8121	34	1699		6388
	2012	8756	34	1668		7054
	2013	8709	25	1674		7010
	2014	8786	1		25	8760
	2015	9036		1	22	9013
	2016	7505	1		24	7480
死亡人数 (人)	Number of Deaths (person)					
	2005	3832	339	3493		
	2006	3563	297	3266		
	2007	3057	279	2778		
	2008	2555	222	2333		
	2009	2154	183	1971		
	2010	2250	240	2010		
	2011	2039	137	1902		
	2012	1955	137	1818		
	2013	1894	93	1801		
	2014	1921	54		85	1782
	2015	1792		21	90	1681
	2016	1628	35		91	1502
受伤人数 (人)	Number of Injuries (person)					
	2005	18271	365	2294		15612
	2006	16486	353	2178		13955
	2007	12993	250	1948		10795
	2008	9918	220	1707		7991
	2009	10083	254	1541		8288
	2010	11621	303	1370		9948
	2011	11058	220	1536		9302
	2012	11770	216	1303		10251
	2013	11306	79	1262		10037
	2014	11382	6		52	11324
	2015	11619		11	94	11514
	2016	9232	15		37	9180
损失折款 (万元)	Losses Coverted into Cash (10 000 yuan)					
	2005	7131.44	368.09	2037.29		4726.06
	2006	5716.44	309.11	1750.68		3656.66
	2007	4995.27	186.20	1618.66		3190.41
	2008	3765.35	129.60	1475.40		2160.35
	2009	3822.29	348.67	1454.33		2019.29
	2010	4104.41	243.18	1590.70		2270.53
	2011	5145.58	265.20	2212.64		2667.74
	2012	6758.36	242.37	2562.01		3953.98
	2013	6486.64	189.45	2230.69		4066.50
	2014	7093.13	200.00		219.30	6673.83
	2015	7230.93		800	257.85	6173.08
	2016	6440.38	10.00		212.00	6218.38
平均每起损失 (元)	Average Loss per Traffic Accident (yuan)					
	2005	4750.18	43820.24	6334.86		4034.88
	2006	4684.84	40672.12	5810.41		4012.57
	2007	5044.20	29555.50	6375.20		4369.83
	2008	4930.40	25920.00	6920.26		3960.37
	2009	5134.73	81086.05	8120.21		3599.45
	2010	4744.43	45033.33	8598.38		3365.24
	2011	6336.14	78000.00	13023.19		4176.17
	2012	7718.54	71285.29	15359.75		5605.30
	2013	7448.20	75780.00	13325.51		5801.00
	2014	8073.22	2000000.00		87720.00	7618.53
	2015	8002.36		8000000	117204.55	6849.08
	2016	8580.31	100000.00		88333.33	8313.34

注:从2014年开始，公安部门交通事故统计增加“较大”类分组。

Sine 2014,The public security department increased “categories grouped” in traffic accident statistics.

17-10 火灾发生情况
Statistics on Fires

指标	Item	合计 Total	按事故发生程度分 By Serious Degree of Fires			
			特大 Extraordinarily Serious	重大 Serious	较大 More	一般 Ordinary
发生次数 (起)	Number of Fires Accidents (case)					
	2005	5223	2	11		5210
	2006	5180		11		5169
	2007	5524	1	5		5518
	2008	3393		6		3387
	2009	2563			4	2559
	2010	2928			3	2925
	2011	3789		1	3	3785
	2012	4898			1	4897
	2013	16030			7	4897
	2014	18237			4	18233
	2015	15471			2	15469
	2016	15091			3	15088
死亡人数 (人)	Number of Deaths (person)					
	2005	118	5	23		90
	2006	60		16		44
	2007	55		12		43
	2008	83		20		63
	2009	52			16	36
	2010	33			11	22
	2011	45		10	13	22
	2012	33			5	28
	2013	80			26	54
	2014	72			9	63
	2015	79			7	72
	2016	62			10	52
受伤人数 (人)	Number of Injuries (person)					
	2005	123	19			104
	2006	54		1		53
	2007	11				11
	2008	16		4		12
	2009	16			3	13
	2010	4				4
	2011	14		4		10
	2012	13				13
	2013	59				59
	2014	54				54
	2015	52			3	49
	2016	44			3	41
损失折款 (万元)	Losses Coverted into Cash (10 000 yuan)					
	2005	4862.03	640.51	436.95		3784.57
	2006	3736.39		514.11		3222.27
	2007	6774.00	299.50	217.30		6257.20
	2008	6876.09		172.76		6703.33
	2009	9963.00			11.60	9951.40
	2010	8753.60			4.50	8749.10
	2011	7537.70		60.40	122.70	7354.60
	2012	15841.10			14.00	15827.10
	2013	28302.00			6399.80	21902.20
	2014	25089.60			2519.90	22569.70
	2015	22892.00			94.00	22798.00
	2016	18212.00			88.00	18124.00
平均每起损失(万元)	Average Loss per Fire (10 000 yuan)					
	2005	0.93	320.26	39.72		0.73
	2006	0.72		46.74		0.62
	2007	1.23	299.50	43.46		1.13
	2008	2.03		28.79		1.98
	2009	3.89			2.90	3.89
	2010	2.99			1.50	2.99
	2011	1.99		60.40	40.90	1.94
	2012	3.23			14.00	3.23
	2013	1.77			914.26	4.47
	2014	1.38			629.98	1.24
	2015	1.48			47.00	1.47
	2016	1.21			29.33	1.20

主要统计指标解释

律　师　指依法取得律师执业证书，担任法律顾问，民事(刑事、行政)案件代理人、刑事案件辩护人、办理非诉讼业务，解答法律询问，代写法律事务文书等，为社会提供法律服务的人员。

公证人员　指在公证处工作的人员总称，包括公证处主任、副主任、公证员、公证员助理(助理公证员)和其他从事辅助性工作的人员。

公证文书　指公证处根据当事人申请，依照事实和法律，按照法定程序制作的，具有法律效力的司法证明文书。

调解员　指在人民调解委员会担负调解民间纠纷工作的人员，包括调解委员会的委员和调解小组的调解员。该指标主要反映从事人民调解工作的人员数量。

调解民间纠纷　指调解委员会按照法律规定，根据自愿原则，用说服教育的方法调解民间发生的有关民事权利和义务争执的件数，包括调解成功数和调解未成功数。该指标主要反映人民调解委员会的工作量。

特大火灾　指造成30人以上死亡，或者100人以上重伤，或者1亿元以上直接财产损失的火灾。

重大火灾　指造成10人以上30人以下死亡，或者50人以上100人以下重伤，或者5000万元以上1亿元以下直接财产损失的火灾。

较大火灾　指造成3人以上10人以下死亡，或者10人以上50人以下重伤，或者1000万元以上5000万元以下直接财产损失的火灾。

一般火灾　指造成3人以下死亡，或者10人以下重伤，或者1000万元以下直接财产损失的火灾。

Explanatory Notes on Main Statistical Indicators

Lawyers are certified legal workers according to law, and who are employed by legal counseling firms to act as legal advisers, agents in criminal or civil lawsuits, or defenders in criminal lawsuits, or to handle non litigious legal affairs, to advise on matters of law or to write legal papers for others, and provide service to the public.

Notary Personnel refers to people working for notary offices including: directors, deputy directors, notaries, assistant notaries and other people providing assistance.

Notary Documents refer to the judicial notary documents drawn up at the request of the interested party and are in accordance with facts and the law and following certain legal proceedings.

Mediators refers to the personnel who are responsible for the mediation of civil disputes in the people's mediation committee, including members of the mediation committee and mediators of mediation teams. The index mainly reflects the number of people engaged in mediation work of the people.

Mediating Civil Disputes refers to the mediation committee shall, in accordance with the law and on a voluntary basis, use persuade education method on civil rights and obligations dispute mediation folk, the number of successful and unsuccessful mediation including mediation. The index mainly reflects the workload of the people's mediation committee.

Extraordinarily Serious Fire Case refers to a case which has caused over 30 deaths; or over 100 serious injuries; or a direct property loss over 100 million yuan.

Serious Fire Case refers to a case which has caused over 10 to 30 deaths; or over 50 to 100 serious injuries; or a direct property loss over 50 million to 100 million yuan.

Comparatively Serious Fire Case refers to a case which has caused over three to ten deaths; or over 10 to 50 serious injuries; or a direct property loss over 10 million to 50 million yuan.

Ordinary Fire Case refers to a case which has caused less than three deaths; or less than 10 serious injuries; or a direct property loss less than 10 million yuan.

区域经济

18

Regional Economy

资料整理人员：周　迅

18-1 “长株潭城市群”主要经济指标情况(2016年)
Main Economic Indicators of "Changsha, Zhuzhou & Xiangtan" City Clusters(2016)

指 标	Item	绝对值 Value	比上年增长 Increase over 2015(%)	全省比重 Percentage (%)
土地面积 (平方公里)	Area of Land (sq.km)	28129.00		13.2
常住人口 (万人)	Resident Population (10 000 persons)	1451.12	1.8	21.3
生产总值 (亿元)	Gross Domestic Products (100 million yuan)	13712.15	9.3	41.3
第一产业增加值 (亿元)	Primary Industry (100 million yuan)	719.01	8.6	20.2
第二产业增加值 (亿元)	Secondary Industry (100 million yuan)	6807.66	3.1	45.3
第三产业增加值 (亿元)	Tertiary Industry (100 million yuan)	6185.48	17.1	42.2
人均地区生产总值 (元)	Per Capita Gross Regional Product (yuan)	84050	-5.1	
固定资产投资 (亿元)	Fixed Assets Investment (100 million yuan)	10977.34	6.1	40.2
地方财政收入 (亿元)	Public Budgetary Revenue (100 million yuan)	1242.99	5.0	42.8
公共财政支出 (亿元)	Public Budgetary Expenditure (100 million yuan)	1719.25	14.2	28.3
城镇居民人均可支配收入 (元)	Per Capita Annual Disposable Income of Urban Households (yuan)	37243	1.3	
农村居民人均可支配收入 (元)	Per Capita Annual Disposable Income of Rural Households (yuan)	19937	2.3	
农林牧渔业总产值 (亿元)	Gross Output Value of Farming, Forestry, Animal, Husbandry and Fishery (100 million yuan)	1091.00	4.5	17.1
规模以上工业企业单位数 (个)	Number of industrial enterprises above Designated Size (unit)	5252	1.8	36.5
规模以上工业总产值 (亿元)	Gross Industrial Output Value above Designated Size (100 million yuan)	18224.00	7.8	45.3
规模以上工业企业利润总额 (亿元)	Total Profits of industrial Enterprises above Designated Size (100 million yuan)	984.03	14.5	49.9
社会消费品零售总额 (亿元)	Total Retail Sales of Consumer Goods (100 million yuan)	5636.25	11.6	42.0
进出口总额 (万美元)	Total Exports and Imports (USD 10 000)	1477057.00	-16.3	55.6
出口额 (万美元)	Exports (USD 10 000)	983825.00	-14.4	54.7
实际利用外资 (万美元)	Foreign Direct Investment Actually Used (USD 100 00)	692017	10.4	53.9
金融机构人民币存款余额(亿元)	Deposits in Financial Organizations (100 million yuan)	20038.15	11.6	48.2
金融机构人民币贷款余额(亿元)	Loans in Financial Organizations (100 million yuan)	16535.43	12.6	62.1

18-2 “环长株潭城市群”主要经济指标情况(2016年)
Main Economic Indicators of the Rim Chang-Zhu-Tan City Clusters (2016)

指 标	Item	绝对值 Value	比上年增长 Increase over 2015(%)	占全省比重 Percentage (%)
土地面积 (平方公里)	Area of Land (sq.km)	97606		45.9
常住人口 (万人)	Resident Population (10 000 persons)	3619.4	-12.5	53.0
生产总值 (亿元)	Gross Domestic Products (100 million yuan)	25513.18	9.1	76.8
第一产业增加值 (亿元)	Primary Industry (100 million yuan)	2357.16	8.6	66.1
第二产业增加值 (亿元)	Secondary Industry (100 million yuan)	11988.72	2.7	79.8
第三产业增加值 (亿元)	Tertiary Industry (100 million yuan)	11167.30	16.9	76.3
人均地区生产总值 (元)	Per Capita Gross Regional Product (yuan)	58297	2.7	
固定资产投资 (亿元)	Fixed Assets Investment (100 million yuan)	19966.48	6.1	73.2
地方财政收入 (亿元)	Public Budgetary Revenue (100 million yuan)	2071.87	5.8	71.3
公共财政支出 (亿元)	Public Budgetary Expenditure (100 million yuan)	3730.71	12.6	61.4
城镇居民人均可支配收入 (元)	Per Capita Annual Disposable Income of Urban Households (yuan)	30384	-0.2	
农村居民人均可支配收入 (元)	Per Capita Annual Disposable Income of Rural Households (yuan)	14593	2.0	
农林牧渔业总产值 (亿元)	Gross Output Value of Farming, Forestry, Animal, Husbandry and Fishery (100 million yuan)	3587.57	2.9	60.8
规模以上工业企业单位数 (个)	Number of industrial enterprises above Designated Size (unit)	10253	2.1	71.3
规模以上工业总产值 (亿元)	Gross Industrial Output Value above Designated Size (100 million yuan)	32208.28	7.0	80.1
规模以上工业企业利润总额 (亿元)	Total Profits of industrial Enterprises above Designated Size (100 million yuan)	1611.77	14.7	81.8
社会消费品零售总额 (亿元)	Total Retail Sales of Consumer Goods (100 million yuan)	10091.86	11.7	75.1
进出口总额 (万美元)	Total Exports and Imports (USD 10 000)	2128084	-12.4	80.0
出口额 (万美元)	Exports (USD 10 000)	1400709	-10.8	77.8
实际利用外资 (万美元)	Foreign Direct Investment Actually Used (USD 10 000)	1000750	11.6	77.9
金融机构人民币存款余额 (亿元)	Deposits in Financial Organizations (100 million yuan)	31331.21	14.6	75.4
金融机构人民币贷款余额 (亿元)	Loans in Financial Organizations (100 million yuan)	21693.21	13.2	81.4

18-3 “湘南地区”主要经济指标情况(2016年)
Main Economic Indicators of "Southern Hunan"(2016)

指　标	Item	绝对值 Value	比上年增长 Increase over 2015(%)	占全省比重 Percentage (%)
土地面积 (平方公里)	Area of Land (sq.km)	57217.00		26.9
常住人口 (万人)	Resident Population (10 000 persons)	1746.22	-0.2	25.6
生产总值 (亿元)	Gross Domestic Products (100 million yuan)	6622.95	9.8	19.9
第一产业增加值 (亿元)	Primary Industry (100 million yuan)	973.51	8.1	27.3
第二产业增加值 (亿元)	Secondary Industry (100 million yuan)	2877.71	3.6	19.1
第三产业增加值 (亿元)	Tertiary Industry (100 million yuan)	2771.74	17.8	18.9
人均地区生产总值 (元)	Per Capita Gross Regional Product (yuan)	38152	10.3	
固定资产投资 (亿元)	Fixed Assets Investment (100 million yuan)	6167.98	5.7	22.6
地方财政收入 (亿元)	Public Budgetary Revenue (100 million yuan)	542.76	7.0	18.7
公共财政支出 (亿元)	Public Budgetary Expenditure (100 million yuan)	1342.71	9.7	22.1
城镇居民人均可支配收入 (元)	Per Capita Annual Disposable Income of Urban Households (yuan)	26868	7.4	
农村居民人均可支配收入 (元)	Per Capita Annual Disposable Income of Rural Households (yuan)	12840	4.2	
农林牧渔业总产值 (亿元)	Gross Output Value of Farming, Forestry, Animal, Husbandry and Fishery (100 million yuan)	1602.66	3.9	28.9
规模以上工业企业单位数 (个)	Number of industrial enterprises above Designated Size (unit)	2874	1.4	20.0
规模以上工业总产值 (亿元)	Gross Industrial Output Value above Designated Size (100 million yuan)	6660.42	3.8	16.6
规模以上工业企业利润总额 (亿元)	Total Profits of industrial Enterprises above Designated Size (100 million yuan)	323.08	-0.4	16.4
社会消费品零售总额 (亿元)	Total Retail Sales of Consumer Goods (100 million yuan)	2622.99	11.8	19.5
进出口总额 (万美元)	Total Exports and Imports (USD 10 000)	650814	-4.9	24.5
出口额 (万美元)	Exports (USD 10 000)	429973	1.1	23.9
实际利用外资 (万美元)	Foreign Direct Investment Actually Used (USD 10 000)	361834	12.5	28.2
金融机构人民币存款余额(亿元)	Deposits in Financial Organizations (100 million yuan)	7551.07	20.4	18.2
金融机构人民币贷款余额(亿元)	Loans in Financial Organizations (100 million yuan)	3332.58	17.3	12.5

18-4 “大湘西地区”主要经济指标情况(2016年)
Main Economic Indicators of "West Hunan"(2016)

指 标	Item	绝对值 Value	比上年增长 Increase over 2015(%)	占全省比重 Percentage (%)
土地面积 (平方公里)	Area of Land (sq.km)	81691.0		38.5
常住人口 (万人)	Resident Population (10 000 persons)	2030.1	0.5	29.8
生产总值 (亿元)	Gross Domestic Products (100 million yuan)	5354.70	9.3	16.1
第一产业增加值 (亿元)	Primary Industry (100 million yuan)	870.54	8.8	24.4
第二产业增加值 (亿元)	Secondary Industry (100 million yuan)	2025.76	3.8	13.5
第三产业增加值 (亿元)	Tertiary Industry (100 million yuan)	2458.40	14.6	16.8
人均地区生产总值 (元)	Per Capita Gross Regional Product (yuan)	42113	13.9	
固定资产投资 (亿元)	Fixed Assets Investment (100 million yuan)	4625.62	7.8	17.0
地方财政收入 (亿元)	Public Budgetary Revenue (100 million yuan)	565.11	32.8	19.4
公共财政支出 (亿元)	Public Budgetary Expenditure (100 million yuan)	1809.78	29.7	29.8
城镇居民人均可支配收入 (元)	Per Capita Annual Disposable Income of Urban Households (yuan)	22212	7.4	
农村居民人均可支配收入 (元)	Per Capita Annual Disposable Income of Rural Households (yuan)	8412	6.5	
农林牧渔业总产值 (亿元)	Gross Output Value of Farming, Forestry, Animal, Husbandry and Fishery (100 million yuan)	1312.56	3.3	22.1
规模以上工业企业单位数 (个)	Number of industrial enterprises above Designated Size (unit)	2943	6.3	20.5
规模以上工业总产值 (亿元)	Gross Industrial Output Value above Designated Size (100 million yuan)	5484.01	12.0	13.6
规模以上工业企业利润总额 (亿元)	Total Profits of industrial Enterprises above Designated Size (100 million yuan)	252.77	9.1	12.8
社会消费品零售总额 (亿元)	Total Retail Sales of Consumer Goods (100 million yuan)	2333.09	11.8	17.4
进出口总额 (万美元)	Total Exports and Imports (USD 10 000)	246276	4.7	9.3
出口额 (万美元)	Exports (USD 10 000)	168774	14.7	9.4
实际利用外资 (万美元)	Foreign Direct Investment Actually Used (USD 10 000)	76842	1.7	6.0
金融机构人民币存款余额(亿元)	Deposits in Financial Organizations (100 million yuan)	7423.99	19.3	17.9
金融机构人民币贷款余额(亿元)	Loans in Financial Organizations (100 million yuan)	3744.54	13.5	14.1

18-5 “洞庭湖生态经济区”主要经济指标情况(2016年)
Main Economic Indicators of "Dongting Lake"(2016)

指　标	Item	绝对值 Value	比上年增长 Increase over 2015(%)	占全省比重 Percentage (%)
土地面积 (平方公里)	Area of Land (sq.km)	46088.0		21.7
常住人口 (万人)	Resident Population (10 000 persons)	1595.8	0.5	23.4
生产总值 (亿元)	Gross Domestic Products (100 million yuan)	7547.87	8.6	22.7
第一产业增加值 (亿元)	Primary Industry (100 million yuan)	1001.47	8.4	28.1
第二产业增加值 (亿元)	Secondary Industry (100 million yuan)	3319.94	2.0	22.1
第三产业增加值 (亿元)	Tertiary Industry (100 million yuan)	3226.47	16.4	22.0
人均地区生产总值 (元)	Per Capita Gross Regional Product (yuan)	46382	5.8	
固定资产投资 (亿元)	Fixed Assets Investment (100 million yuan)	5507.03	5.2	20.2
地方财政收入 (亿元)	Public Budgetary Revenue (100 million yuan)	555.96	6.9	19.1
公共财政支出 (亿元)	Public Budgetary Expenditure (100 million yuan)	1204.46	11.8	19.8
城镇居民人均可支配收入 (元)	Per Capita Annual Disposable Income of Urban Households (yuan)	26274	8.4	
农村居民人均可支配收入 (元)	Per Capita Annual Disposable Income of Rural Households (yuan)	12441	3.7	
农林牧渔业总产值 (亿元)	Gross Output Value of Farming, Forestry, Animal, Husbandry and Fishery (100 million yuan)	1535.31	3.1	25.9
规模以上工业企业单位数 (个)	Number of industrial enterprises above Designated Size (unit)	3317	2.1	23.1
规模以上工业总产值 (亿元)	Gross Industrial Output Value above Designated Size (100 million yuan)	9848.08	3.8	24.5
规模以上工业企业利润总额 (亿元)	Total Profits of industrial Enterprises above Designated Size (100 million yuan)	410.63	8.3	20.8
社会消费品零售总额 (亿元)	Total Retail Sales of Consumer Goods (100 million yuan)	2842.35	11.9	21.2
进出口总额 (万美元)	Total Exports and Imports (USD 10 000)	284298.00	12.9	10.7
出口额 (万美元)	Exports (USD 10 000)	217220	11.0	12.1
实际利用外资 (万美元)	Foreign Direct Investment Actually Used (USD 10 000)	154374	16.5	12.0
金融机构人民币存款余额(亿元)	Deposits in Financial Organizations (100 million yuan)	6541.26	22.5	15.7
金融机构人民币贷款余额(亿元)	Loans in Financial Organizations (100 million yuan)	3022.97	16.6	11.3

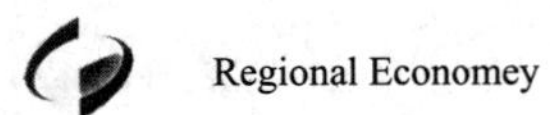

18-6 各市州中心城区人口情况(2016年)
City Center Population (2016)

市 州	Cities and Prefecture	年平均人口(万人) Average Population (10 000 persons)	常住人口(万人) Resident Population (10 000 persons)	年末总户数(万户) Households (10 000 households)
长沙市	Changsha	323.42	411.64	115.04
株洲市	Zhuzhou	96.83	99.22	32.66
湘潭市	Xiangtan	87.32	105.78	30.73
衡阳市	Hengyang	97.91	119.52	37.05
邵阳市	Shaoyang	70.23	76.74	24.06
岳阳市	Yueyang	109.82	129.82	46.09
常德市	Changde	141.06	156.61	47.32
张家界市	Zhangjiajie	52.72	52.57	20.55
益阳市	Yiyang	136.84	128.67	45.13
郴州市	Chenzhou	86.05	86.42	29.07
永州市	Yongzhou	116.99	109.91	40.46
怀化市	Huaihua	38.50	60.96	15.73
娄底市	Loudi	49.21	51.36	20.71
湘西州	Xiangxizhou	30.56	33.65	10.82

注：中心城区是指市辖区，涵盖所有城区，不包括市辖县(市)。湘西州指的是吉首市。下表同。

City Center is a municipal district, covers all areas of the city, not including the city administer county (city). The same as in the following table.

18-7 各市州中心城区从业人员情况(2016年)
City Center Staff (2016)

单位：万人 (10 000 persons)

市 州	Cities and Prefecture	年末单位从业人员数(城镇) Employees at the year-end (town)	第一产业 Primary Industry	第二产业 Secondary Industry	第三产业 Tertiary Industry	城镇私营和个体从业人员 Urban Private and Individual Employees
长沙市	Changsha	86.46	0.08	31.66	54.72	96.10
株洲市	Zhuzhou	27.10	0.02	14.80	12.28	41.40
湘潭市	Xiangtan	30.22	0.13	13.88	16.21	10.46
衡阳市	Hengyang	19.50	0.03	8.52	10.95	49.32
邵阳市	Shaoyang	12.72	0.02	6.25	6.45	20.14
岳阳市	Yueyang	22.02	0.25	10.65	11.12	31.71
常德市	Changde	18.88	0.04	7.80	11.04	44.12
张家界市	Zhangjiajie	4.75	0.04	0.84	3.87	4.68
益阳市	Yiyang	9.49	0.03	4.57	4.89	
郴州市	Chenzhou	15.14	0.01	5.43	9.70	24.57
永州市	Yongzhou	10.16	0.03	2.89	7.24	15.33
怀化市	Huaihua	6.92		1.03	5.89	15.96
娄底市	Loudi	12.05	0.01	7.08	4.96	7.07
湘西州	Xiangxizhou	4.96	0.01	0.93	4.02	

18-8 各市州中心城区土地面积情况(2016年)
City Center Land Area (2016)

单位:平方公里 (sq. km)

市 州	Cities and Prefecture	行政区域土地面积 Administrative Region Land Area	建成区面积 Developed Areas	城市建设用地面积 City Construction Use Land	居住用地面积 Living Space	公共设施用地面积 Public Engineering	工业用地面积 Industry
长沙市	Changsha	1909	375	348	127	5	38
株洲市	Zhuzhou	882	142	142	47	8	27
湘潭市	Xiangtan	658	80	80	27	4	13
衡阳市	Hengyang	697	159	113	30	13	16
邵阳市	Shaoyang	436	72	66	25	4	4
岳阳市	Yueyang	1413	100	93	25	12	18
常德市	Changde	2527	93	112	25	4	20
张家界市	Zhangjiajie	2594	34	34	11	1	2
益阳市	Yiyang	1851	76	70	28	16	5
郴州市	Chenzhou	2246	77	73	26	2	7
永州市	Yongzhou	3181	64	64	16	8	8
怀化市	Huaihua	723	64	54	25	1	2
娄底市	Loudi	428	50	50	17	6	3
湘西州	Xiangxizhou	1078	34	34	9	1	6

18-9 各市州中心城区生产总值情况(2016年)
City Center GDP (2016)

市 州	Cities and Prefecture	地区生产总值(当年价格)(万元) Gross Domestic Product (10 000 yuan)	第一产业增加值 Value added of the first Primary Industry	第二产业增加值 Added value of the Secondary Industry	第三产业增加值 Added value of the tertiary Industry
长沙市	Changsha	58671952	742712	22543150	35386090
株洲市	Zhuzhou	11762526	268944	6155101	5338481
湘潭市	Xiangtan	11232425	228491	6267797	4736137
衡阳市	Hengyang	8242740	224664	4461113	3556963
邵阳市	Shaoyang	3122444	154287	1456201	1511956
岳阳市	Yueyang	12664062	460495	5419398	6784169
常德市	Changde	14719530	648565	7296383	6774582
张家界市	Zhangjiajie	2529181	190268	402012	1936901
益阳市	Yiyang	6256799	676739	3226168	2353892
郴州市	Chenzhou	6580564	268624	2955791	3356149
永州市	Yongzhou	4500498	750919	1798776	1950803
怀化市	Huaihua	3177354	103932	780414	2293008
娄底市	Loudi	4094626	125614	2287198	1681814
湘西州	Xiangxizhou	1365130	71113	414026	879991

18-10 各市州中心城区财政收支情况(2016年)
City Center Financial Revenue and Expenditure (2016)

单位:万元 (10 000 yuan)

市 州	Cities and Prefecture	地方财政收入 Public Budgetary Revenue	各项税收 Taxes Revenue	企业所得税 Income Tax of Enterprises	个人所得税 Individual Income Tax	公共财政支出 Public Budgetary Expenditure
长沙市	Changsha	5689182	3563044	458837	246202	7417905
株洲市	Zhuzhou	2024511	1441798	62427	16829	2151834
湘潭市	Xiangtan	1347319	443723	33262	17713	1497307
衡阳市	Hengyang	1227878	503903	31772	20402	2173729
邵阳市	Shaoyang	403506	107746	7537	5735	810099
岳阳市	Yueyang	2635976	1980585	121074	36651	1926215
常德市	Changde	1104288	610880	34651	22755	1978320
张家界市	Zhangjiajie	156683	62214	9608	2076	300406
益阳市	Yiyang	413984	230367	17365	7158	1266005
郴州市	Chenzhou	701251	320831	25167	12349	1165691
永州市	Yongzhou	220771	141534	7662	2687	633475
怀化市	Huaihua	464455	337920	33829	20450	722392
娄底市	Loudi	352010	172304	6694	6311	712153
湘西州	Xiangxizhou	110216	41016	4064	1110	295205

18-11 各市州中心城区规模以上工业情况(2016年)
City Center above Industrial Enterprises Designated Size (2016)

市 州	Cities and Prefecture	规模以上工业企业数(个) Number of Enterprises (unit)	主营业务收入(万元) Revenue of Main Business (10 000 yuan)	主营业务成本(万元) Cost of Major Business (10 000 yuan)	利润总额(万元) Total Profits (10 000 yuan)	从业人员年平均人数(万人) Average Number of Employent of the Current Year (10 000 persons)
长沙市	Changsha	980	45427810	33138872	2720876	25.33
株洲市	Zhuzhou	386	13790000	11480000	800001	11.59
湘潭市	Xiangtan	408	17862663	15273614	532736	9.06
衡阳市	Hengyang	261	7256877	6164624	252165	6.85
邵阳市	Shaoyang	189	4098485	3605599	164070	3.79
岳阳市	Yueyang	321	16983500	13324600	600700	11.67
常德市	Changde	331	12160973	6752333	1028732	6.50
张家界市	Zhangjiajie	77	559427	460864	37879	0.87
益阳市	Yiyang	476	11633300	9643900	286200	6.94
郴州市	Chenzhou	211	8859500	6153800	297000	5.19
永州市	Yongzhou	247	3014496	2445198	128267	3.48
怀化市	Huaihua	60	1304529	1205371	29909	1.00
娄底市	Loudi	191	7656903	6895897	357367	4.38
湘西州	Xiangxizhou	77	784000	579300	106700	1.08

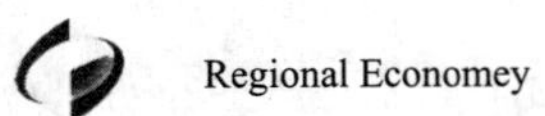

18-12 各市州中心城区贸易主要情况(2016年)
City Center Trade (2016)

市 州	Cities and Prefecture	社会消费品零售总额(万元) Total Retail Sales of Consumer Goods (10 000 yuan)	限额以上批发零售企业	
			法人数(个) Number of Corporate Enterprises (unit)	商品销售总额(万元) Total sales of goods (10 000 yuan)
长沙市	Changsha	31317706	1024	32679852
株洲市	Zhuzhou	3026604	175	4288992
湘潭市	Xiangtan	3771745	185	2443330
衡阳市	Hengyang	4680985	344	4873310
邵阳市	Shaoyang	1907708	112	1911666
岳阳市	Yueyang	11428833	226	3498292
常德市	Changde	4217164	167	3081330
张家界市	Zhangjiajie	1099253	24	679458
益阳市	Yiyang	2713301	100	867015
郴州市	Chenzhou	4362022	212	5625431
永州市	Yongzhou	2046889	70	1034562
怀化市	Huaihua	1944160	74	1315801
娄底市	Loudi	1105856	94	742369
湘西州	Xiangxizhou	875693	31	974509

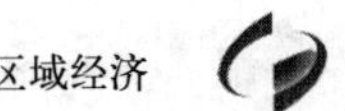

18-13 各市州中心城区固定资产投资情况(2016年)
City Center Investment in Fixed Assets (2016)

单位：万元 (10 000 yuan)

市 州	Cities and Prefecture	固定资产投资总额（不含农户） Total Investment in Fixed Assets	房地产开发投资额 Real Estate Development	全年新增固定资产 The Newly Increased Fixed Assets
长沙市	Changsha	38215904	10714905	17448846
株洲市	Zhuzhou	13029169	1820001	6992467
湘潭市	Xiangtan	14252288	918727	9139971
衡阳市	Hengyang	8645152	672803	2535840
邵阳市	Shaoyang	2574395	657982	823713
岳阳市	Yueyang	6273919	935470	4556210
常德市	Changde	8017374	905789	5045705
张家界市	Zhangjiajie	1674012	280912	1006388
益阳市	Yiyang	6422100	665948	3575452
郴州市	Chenzhou	6639295	1239628	2742353
永州市	Yongzhou	4372556	269401	2231370
怀化市	Huaihua	1737169	634196	382100
娄底市	Loudi	4404370	444570	3023579
湘西州	Xiangxizhou	1221558	342132	437856

18-14 各市州中心城区教育情况(2016年)
City Center Education (2016)

市 州	Cities and Prefecture	普通高等学校专任教师数(人) Institutions of Higher Education Teachers (persons)	普通中学专任教师数(人) Regular Secondary Schools Teachers (persons)	小学专任教师数(人) Primary Schools Teachers (persons)	普通高等学校在校学生数(万人) Institutions of Higher Education Students (10 000 persons)	普通中学在校学生数(万人) Regular Secondary Schools Students (10 000 persons)	小学在校学生数(万人) Primary Schools Students (10 000 persons)
长沙市	Changsha	28421	15085	13787	48.18	20.08	29.11
株洲市	Zhuzhou	4527	4786	3613	9.40	5.38	8.40
湘潭市	Xiangtan	7119	2685	2447	12.98	3.74	5.89
衡阳市	Hengyang	6623	4779	4982	11.87	5.81	8.67
邵阳市	Shaoyang	1565	2543	2677	2.92	4.51	6.06
岳阳市	Yueyang	2350	5080	4232	4.52	6.08	8.38
常德市	Changde	2209	5066	4104	4.36	5.09	6.90
张家界市	Zhangjiajie	750	1955	1914	1.36	2.01	5.13
益阳市	Yiyang	1911	4454	4290	3.44	5.70	7.72
郴州市	Chenzhou	1547	4907	3597	2.62	5.79	9.55
永州市	Yongzhou	1623	4371	5399	2.77	6.38	10.05
怀化市	Huaihua	1667	2724	2422	2.92	3.84	5.57
娄底市	Loudi	1696	3646	2011	2.87	4.40	5.90
湘西州	Xiangxizhou	1594	1681	1630	4.27	2.28	2.96

18-15 各市州中心城区文化、体育、卫生情况(2016年)
City Center Culture, Sports and Public, Health (2016)

市州	Cities and Prefecture	剧场、影剧院数(个) Number of Theater, Theater (unit)	公共图书馆图书总藏量(千册) Books of Total Reserves of Public Libraries (1000 copies)	体育场馆数(个) The number of Stadiums (unit)	医院、卫生院数(个) Number of Hospitals (unit)	医院、卫生院床位数(张) Number of Hospitals Beds in (bed)	医生数(执业医师+执业助理医师)(人) The number of Doctors (Doctors and Assistant Doctors) (persons)
长沙市	Changsha	21	9909	60	173	47300	19647
株洲市	Zhuzhou	11	1117	18	56	15060	5962
湘潭市	Xiangtan	5	1220	15	44	9516	3539
衡阳市	Hengyang	17	1082	32	217	15003	6798
邵阳市	Shaoyang	9	1467	6	276	8712	3400
岳阳市	Yueyang	14	450	36	158	14437	4106
常德市	Changde	19	653	21	84	9976	4273
张家界市	Zhangjiajie	4	50	3	35	3534	1136
益阳市	Yiyang	4	570	27	60	8232	3974
郴州市	Chenzhou	4	536	10	67	29485	3793
永州市	Yongzhou	2	736	3	64	9479	3370
怀化市	Huaihua	1	135	5	33	5739	2988
娄底市	Loudi	9	140	37	51	6147	1666
湘西州	Xiangxizhou	3	76	1	41	4570	3326

18-16 各市州中心城区社会保障情况(2016年)
City Center Social Security (2016)

单位：人 (person)

市 州	Cities and Prefecture	城镇基本养老保险参保人数 Urban Basic Pension Insarance Contributors	基本医疗保险参保人数 Basic Medical Care Insurance	失业保险参保人数 Persons Covered of Unemployment Insurance Contributors	工伤保险参保人数 Work Injury Insurance Contributors	生育保险参保人数 Maternity Insurance Contributors	城市居民最低生活保障人数 City Residents Minimum Living Security Number
长沙市	Changsha	1627647		1028475	1070415	951577	25735
株洲市	Zhuzhou	422499	410911	280932	337281	244931	19052
湘潭市	Xiangtan	421380	401168	268567	245329	181477	25462
衡阳市	Hengyang	398017	389081	302184	211652	188345	37178
邵阳市	Shaoyang	174612	301236	112665	156623	96693	40301
岳阳市	Yueyang	221028	288145	27436	428332	51161	33448
常德市	Changde	490212	467589	145636	217028	149209	32508
张家界市	Zhangjiajie	52789	430348	27200	41472	37211	11999
益阳市	Yiyang	251778	104804	87607	156524	140447	38715
郴州市	Chenzhou	155302	580880	178889	163107	168472	14126
永州市	Yongzhou	202896	314067	127321	94292	98986	41274
怀化市	Huaihua	63746	215779	95846	71149	67791	14313
娄底市	Loudi	321455	178865	126305	34704	85753	15544
湘西州	Xiangxizhou	7398	81325	16600	28012	12731	7566

各市、州主要经济和社会统计指标

19

Main Economic and Social Statistics Indicators of Cities and Prefecture

资料整理人员：郑一璞　欧阳普　赵　宏
邓鸿鹄　李培楚　田杰平
谢　凡　贺淑贞　郑石明
吕　燕　孟　强　陈　慧
宋　超　杨东燊　何　达
廖闻菲　雷芙蓉　屈雄英
刘　杰　刘　洋　周　迅
黄少华　汤炼坤　田　原
殷梓晴　韩建芳　蔡冬娥
肖首雄　阳小林　贺　震
刘　峰　郭开金　彭　颖
周哲煊

19-1 全社会总产出及指数(2016年)
Gross Output of Society and Its Indices (2016)

市 州	Cities and Prefecture	总产出(亿元) Gross Output (100 million yuan)	第一产业 Primary Industry	第二产业 Secondary Industry	第三产业 Tertiary Industry	总产出指数(以上年为100) Gross Output Indices (preceding year=100)
长沙市	Changsha	24350.03	573.20	16662.61	7114.22	110.0
株洲市	Zhuzhou	6423.67	282.92	4569.99	1570.75	107.5
湘潭市	Xiangtan	4825.87	247.47	3479.47	1098.93	107.7
衡阳市	Hengyang	7606.04	686.02	4865.24	2054.78	107.6
邵阳市	Shaoyang	3441.46	484.61	1918.30	1038.55	108.0
岳阳市	Yueyang	6689.95	525.96	4193.91	1970.08	102.9
常德市	Changde	6580.47	615.91	3698.68	2265.88	108.4
张家界市	Zhangjiajie	953.62	89.21	334.87	529.54	108.0
益阳市	Yiyang	3486.09	446.59	1987.79	1051.71	107.0
郴州市	Chenzhou	5010.07	360.38	3344.82	1304.87	108.0
永州市	Yongzhou	3457.40	577.38	1797.94	1082.09	108.3
怀化市	Huaihua	2957.01	335.59	1470.57	1150.85	107.9
娄底市	Loudi	3661.86	326.50	2502.66	832.69	107.3
湘西州	West Hunan	1178.12	135.24	515.08	527.81	106.9

19-2 按产业分的地区生产总值(2016年)
Gross Domestic Product by Three Strata of Industry (2016)

市 州	Cities and Prefecture	地区生产总值(亿元) Gross Domestic Product (100 million yuan)	第一产业 Primary Industry	第二产业 Secondary Industry	第三产业 Tertiary Industry	人均地区生产总值(元) Per Capita Gross Domestic Product (yuan)
长沙市	Changsha	9356.91	370.95	4513.28	4472.68	124122
株洲市	Zhuzhou	2488.45	197.17	1318.27	973.02	62081
湘潭市	Xiangtan	1866.79	150.90	976.11	739.78	65946
衡阳市	Hengyang	2868.57	430.61	1152.16	1285.81	39233
邵阳市	Shaoyang	1530.26	326.81	543.74	659.71	20987
岳阳市	Yueyang	3100.87	345.84	1469.10	1285.94	54832
常德市	Changde	2953.82	383.24	1257.17	1313.41	50543
张家界市	Zhangjiajie	493.10	56.35	104.76	332.00	32300
益阳市	Yiyang	1493.18	272.39	593.67	627.12	33772
郴州市	Chenzhou	2204.13	216.16	1147.49	840.47	46691
永州市	Yongzhou	1571.33	326.73	550.79	693.81	28845
怀化市	Huaihua	1388.23	200.49	527.24	660.51	28269
娄底市	Loudi	1398.17	206.07	668.15	523.95	36008
湘西州	West Hunan	530.87	80.83	165.63	284.42	20144

19-3 按产业分的地区生产总值指数(2016年)
Indices of Gross Domestic Product by Three Strata of Industry (2016)

以上年为100 (preceding year=100)

市 州	Cities and Prefecture	地区生产总值(%) Gross Domestic Products(%)	第一产业 Primary Industry	第二产业 Secondary Industry	第三产业 Tertiary Industry	人均地区生产总值(%) Per Capita Gross Domestic Product (%)
长沙市	Changsha	109.4	103.0	107.2	112.4	107.0
株洲市	Zhuzhou	107.9	103.5	106.7	110.6	107.1
湘潭市	Xiangtan	108.4	103.0	106.6	112.3	107.7
衡阳市	Hengyang	107.9	103.4	106.4	111.1	108.0
邵阳市	Shaoyang	108.0	103.6	106.8	111.3	107.2
岳阳市	Yueyang	107.8	103.1	106.7	110.5	106.9
常德市	Changde	108.0	103.4	106.4	111.1	107.9
张家界市	Zhangjiajie	108.1	103.6	105.7	109.8	107.8
益阳市	Yiyang	107.8	103.6	106.3	111.2	107.3
郴州市	Chenzhou	108.3	103.4	106.7	112.1	108.2
永州市	Yongzhou	108.1	103.4	106.5	111.9	107.3
怀化市	Huaihua	108.1	103.4	106.2	111.4	107.6
娄底市	Loudi	107.6	103.6	106.3	111.3	107.1
湘西州	West Hunan	106.9	103.4	105.2	108.9	106.6

19-4 地区生产总值项目构成(2016年)
Item Composition of Gross Domestic Product (2016)

单位:亿元 (100 million yuan)

市 州	Cities and Prefecture	地区生产总值 Gross Domestic Products	劳动者报酬 Compensation of Laborers	固定资产折旧 Depreciation of Fixed Assets	生产税净额 Net Taxes on Production	营业盈余 Operating surplus
长沙市	Changsha	9356.91	4001.69	845.97	1528.77	2980.48
株洲市	Zhuzhou	2488.45	1420.93	329.91	355.63	381.98
湘潭市	Xiangtan	1866.79	937.11	240.49	229.27	459.91
衡阳市	Hengyang	2868.57	1354.02	357.93	384.10	772.53
邵阳市	Shaoyang	1530.26	1012.00	142.58	144.51	231.16
岳阳市	Yueyang	3100.87	1396.61	404.32	501.59	798.35
常德市	Changde	2953.82	1423.32	316.53	437.29	776.68
张家界市	Zhangjiajie	493.10	251.84	66.00	44.27	130.99
益阳市	Yiyang	1493.18	1077.17	138.70	79.92	197.39
郴州市	Chenzhou	2204.13	1017.41	287.22	415.85	483.65
永州市	Yongzhou	1571.33	853.10	174.54	160.91	382.78
怀化市	Huaihua	1388.23	798.77	138.67	126.77	324.03
娄底市	Loudi	1398.17	776.63	170.39	201.38	249.77
湘西州	West Hunan	530.87	318.97	54.77	50.92	106.21

19-5 按行业分的地区生产总值(2016年)

单位:亿元

市 州	Cities and Prefecture	地区生产总值 Gross Domestic Product (100 million yuan)	农、林、牧、渔业 Agriculture, Forestry, Animal Husbandry and Fishery	工业 Industry	建筑业 Construction	批发和零售业 Wholesale and Retail Trade	交通运输、仓储和邮政业 Traffic, Transport, Storage and Post	住宿和餐饮业 Accommodation and Restaurants	金融业 Finance
长沙市	Changsha	9356.91	378.43	3727.24	790.95	699.31	268.65	242.10	568.43
株洲市	Zhuzhou	2488.45	201.27	1152.19	167.67	123.84	84.69	41.55	73.45
湘潭市	Xiangtan	1866.79	156.15	889.40	92.93	85.96	46.16	34.01	57.64
衡阳市	Hengyang	2868.57	439.28	986.93	165.23	157.72	115.06	68.56	81.56
邵阳市	Shaoyang	1530.26	330.46	457.31	87.35	80.55	39.23	31.79	55.66
岳阳市	Yueyang	3100.87	350.72	1321.68	149.56	202.22	106.14	63.34	58.98
常德市	Changde	2953.82	396.34	1128.22	129.84	154.59	126.06	52.81	77.54
张家界市	Zhangjiajie	493.10	58.39	85.81	19.07	24.94	35.48	22.39	20.46
益阳市	Yiyang	1493.18	275.38	533.63	61.64	68.18	61.77	40.28	47.10
郴州市	Chenzhou	2204.13	219.31	1057.13	91.34	137.63	74.36	49.46	60.42
永州市	Yongzhou	1571.33	331.61	463.82	87.57	63.39	70.13	19.15	56.31
怀化市	Huaihua	1388.23	201.06	461.88	65.69	94.33	65.63	36.11	53.46
娄底市	Loudi	1398.17	207.23	592.75	75.80	69.13	67.27	22.62	33.03
湘西州	West Hunan	530.87	81.27	132.08	33.96	37.65	31.95	25.85	28.67

19-6 按行业分的地区生产总值指数(2016年)

以上年为100

市 州	Cities and Prefecture	地区生产总值 Gross Domestic Product	农、林、牧、渔业 Agriculture, Forestry, Animal Husbandry and Fishery	工业 Industry	建筑业 Construction	批发和零售业 Wholesale and Retail Trade	交通运输、仓储和邮政业 Traffic, Transport, Storage and Post	住宿和餐饮业 Accommodation and Restaurants	金融业 Finance
长沙市	Changsha	109.4	103.2	107.3	106.5	105.8	105.4	105.5	105.6
株洲市	Zhuzhou	107.9	103.6	106.7	106.4	105.9	105.4	108.2	107.0
湘潭市	Xiangtan	108.4	103.2	106.7	105.5	106.0	103.3	106.9	108.5
衡阳市	Hengyang	107.9	103.6	106.4	106.1	105.7	102.5	106.9	106.8
邵阳市	Shaoyang	108.0	103.6	106.8	107.1	106.1	101.0	108.2	108.1
岳阳市	Yueyang	107.8	103.1	106.8	105.1	105.2	102.9	105.8	109.4
常德市	Changde	108.0	103.5	106.4	106.9	105.5	104.4	105.8	109.7
张家界市	Zhangjiajie	108.1	103.7	106.4	102.7	112.3	106.3	112.1	103.1
益阳市	Yiyang	107.8	103.7	106.3	106.4	106.6	102.2	107.0	111.0
郴州市	Chenzhou	108.3	103.5	106.7	107.1	106.3	101.4	106.6	110.0
永州市	Yongzhou	108.1	103.5	106.5	106.9	107.0	103.6	106.8	113.1
怀化市	Huaihua	108.1	103.4	106.1	107.1	105.4	101.6	103.3	106.1
娄底市	Loudi	107.6	103.6	106.2	107.3	106.6	104.6	108.6	105.9
湘西州	West Hunan	106.9	103.4	105.3	104.8	105.8	102.6	107.0	114.6

Gross Domestic Product by Sector (2016)

(100 million yuan)

信息传输、软件和信息技术服务业 Information Transfer, Software and Information Technology Service	水利、环境和公共设施管理业 Management of Water Conservancy, Environment and Public Establishment	租赁和商务服务业 Tenancy and Business Services	科学研究和技术服务业 Scientific Research, Technical Service	房地产业 Real Estate	居民服务、修理和其他服务业 Resident Services and Other Services	教育 Education	卫生和社会工作 Health and Social Work	文化、体育和娱乐业 Culture, Sports and Entertainment	公共管理、社会保障和社会组织 Public Management and Social Organization
245.66	41.82	326.49	242.96	329.44	255.37	277.53	107.93	453.68	400.94
56.99	7.84	63.26	17.07	99.51	90.59	68.70	60.87	63.80	115.15
31.14	15.63	37.27	20.38	38.61	88.87	74.15	36.46	63.92	98.10
152.22	22.01	57.26	25.88	60.42	138.58	116.40	86.94	32.49	162.03
18.95	7.19	11.31	7.21	63.25	97.30	69.67	55.60	17.27	100.18
77.84	18.96	131.04	33.96	88.88	119.02	91.84	92.57	43.59	150.53
76.72	24.55	128.85	20.35	70.46	160.15	82.90	77.95	98.53	147.95
12.32	7.43	16.23	2.23	13.25	58.57	17.14	16.63	16.09	66.68
42.02	6.53	24.69	10.40	37.91	80.97	46.25	22.88	40.91	92.63
76.31	5.90	63.80	15.19	49.59	88.59	34.80	46.80	32.67	100.85
36.21	5.94	21.87	7.16	49.74	53.33	67.94	41.23	13.85	182.10
25.80	4.82	39.23	8.23	97.52	60.51	57.74	29.21	24.83	62.17
29.88	8.00	19.05	6.03	32.84	38.16	61.14	27.63	11.61	96.03
9.74	5.10	9.96	3.82	15.10	18.67	26.38	14.13	8.22	48.31

Indices of Gross Domestic Product by Sector (2016)

(preceding year=100)

信息传输、软件和信息技术服务业 Information Transfer, Software and Information Technology Service	水利、环境和公共设施管理业 Management of Water Conservancy, Environment and Public Establishment	租赁和商务服务业 Tenancy and Business Services	科学研究和技术服务业 Scientific Research, Technical Service	房地产业 Real Estate	居民服务、修理和其他服务业 Resident Services and Other Services	教育 Education	卫生和社会工作 Health and Social Work	文化、体育和娱乐业 Culture, Sports and Entertainment	公共管理、社会保障和社会组织 Public Management and Social Organization
124.6	112.8	119.9	113.7	113.1	121.3	113.5	113.2	122.7	112.0
117.6	114.1	119.4	111.3	106.0	114.6	113.8	113.8	117.3	111.0
119.2	111.3	119.2	111.3	105.9	127.3	111.3	111.3	119.2	111.3
119.3	130.3	117.0	114.1	109.2	118.4	105.6	118.1	127.4	106.7
127.3	111.5	123.1	120.3	108.1	122.6	112.6	110.3	120.3	109.3
116.5	108.9	119.6	107.3	107.7	118.7	110.0	110.4	120.1	110.6
119.7	113.9	115.7	113.8	107.5	117.2	113.8	112.9	116.9	108.4
110.5	110.7	111.1	112.6	119.4	108.0	107.5	108.8	111.5	111.9
128.5	108.0	119.8	125.0	103.9	110.0	110.0	110.0	112.0	118.6
142.7	100.2	129.3	100.4	109.7	132.9	100.1	100.0	129.8	100.0
128.2	113.0	118.5	113.8	106.5	118.5	113.0	113.0	118.5	113.0
121.5	111.0	119.0	111.5	117.4	121.6	112.0	112.1	122.2	113.1
125.8	102.0	139.4	112.0	106.0	114.8	121.8	107.6	157.9	106.4
125.3	105.3	115.7	106.0	93.8	114.9	109.2	110.5	114.2	112.1

19-7 支出法地区生产总值(2016年)
Gross Domestic Product by Expenditure Approach (2016)

市 州	Cities and Prefecture	支出法地区生产总值(亿元) Gross Domestic Product by Expenditure Approach (100 million yuan)	最终消费支出 Final Comsumption Expenditures	资本形成总额 Gross Capital Formation	货物和服务净流出 Net Export of Goods and Services	投资率(%) Capital Formation Rate (%)	消费率(%) Comsumption Rate (%)
长沙市	Changsha	9356.91	3920.30	5178.74	257.87	55.3	41.9
株洲市	Zhuzhou	2488.45	1221.00	2348.52	-1081.07	94.4	49.1
湘潭市	Xiangtan	1866.79	812.14	1016.83	37.82	54.5	43.5
衡阳市	Hengyang	2868.57	1666.34	1322.68	-120.44	46.1	58.1
邵阳市	Shaoyang	1530.26	1119.23	1438.74	-1027.72	94.0	73.1
岳阳市	Yueyang	3100.87	1562.88	1485.94	52.05	47.9	50.4
常德市	Changde	2953.82	1677.29	1256.66	19.86	42.5	56.8
张家界市	Zhangjiajie	493.10	247.44	235.14	10.53	47.7	50.2
益阳市	Yiyang	1493.18	857.06	695.50	-59.39	46.6	57.4
郴州市	Chenzhou	2204.13	1014.63	1190.42	-0.92	54.0	46.0
永州市	Yongzhou	1571.33	828.43	768.51	-25.61	48.9	52.7
怀化市	Huaihua	1388.23	731.47	660.96	-4.20	47.6	52.7
娄底市	Loudi	1398.17	668.18	767.72	-37.73	54.9	47.8
湘西州	West Hunan	530.87	426.22	294.56	-189.91	55.5	80.3

19-8 支出法地区生产总值结构(2016年)
Structure of Gross Domestic Product by Expenditure Approach (2016)

单位:亿元 (100 million yuan)

市 州	Cities and Prefecture	资本形成总额 Gross Capital Formation				最终消费 Final Consumption Expenditures					
		绝对数 Absolute Figure		比重 Proportion (%)		绝对数 Absolute Figure				比重 Proportion (%)	
		固定资本 Fixed Capital	存货增加 Changes in Inven-tories	固定资本 Fixed Capital	存货增加 Changes in Inven-tories	居民消费 House-hold Consum-ption	农村居民 Rural House-hold	城镇居民 Urban House-hold	政府消费 Govern-ment Consum-ption	居民消费 House-hold Consump-tion	政府消费 Govern-ment Consump-tion
长沙市	Changsha	5103.77	74.97	98.6	1.4	3002.77	560.69	2442.08	917.53	76.6	23.4
株洲市	Zhuzhou	2281.40	67.11	97.1	2.9	1019.35	247.25	772.11	201.65	83.5	16.5
湘潭市	Xiangtan	802.59	214.23	78.9	21.1	665.95	210.10	455.86	146.19	82.0	18.0
衡阳市	Hengyang	1290.92	31.76	97.6	2.4	1454.87	583.48	871.39	211.47	87.3	12.7
邵阳市	Shaoyang	1411.54	27.20	98.1	1.9	804.05	312.99	491.06	315.18	71.8	28.2
岳阳市	Yueyang	1281.33	204.61	86.2	13.8	1159.76	354.66	805.10	403.12	74.2	25.8
常德市	Changde	1162.72	93.94	92.5	7.5	1381.27	470.58	910.69	296.03	82.4	17.6
张家界市	Zhangjiajie	202.55	32.59	86.1	13.9	195.90	88.40	107.49	51.54	79.2	20.8
益阳市	Yiyang	676.71	18.80	97.3	2.7	674.61	277.97	396.65	182.45	78.7	21.3
郴州市	Chenzhou	1182.34	8.08	99.3	0.7	760.08	248.60	511.48	254.54	74.9	25.1
永州市	Yongzhou	731.35	37.16	95.2	4.8	717.25	295.53	421.72	111.19	86.6	13.4
怀化市	Huaihua	627.46	33.50	94.9	5.1	452.19	173.27	278.93	279.28	61.8	38.2
娄底市	Loudi	715.36	52.36	93.2	6.8	499.58	204.11	295.47	168.60	74.8	25.2
湘西州	West Hunan	269.57	24.99	91.5	8.5	253.45	103.47	149.98	172.77	59.5	40.5

19-9 年末常住人口(2016年)

Population at the Year-end (2016)

市 州	Cities and Prefecture	总户数(万户) Households (10 000 households)	年末常住人口（万人） Population at the Year-end (10 000 persons)	男 Male	女 Female	城镇人口 Urban	乡村人口 Rural	城市化水平(%) City Level (%)
全 省	**Total**	**2076.60**	**6822.02**	**3517.61**	**3304.41**	**3598.62**	**3223.40**	**52.75**
长沙市	Changsha	245.59	764.52	386.19	378.33	580.97	183.55	75.99
株洲市	Zhuzhou	113.06	401.63	205.62	196.01	257.40	144.23	64.09
湘潭市	Xiangtan	83.43	283.78	144.87	138.91	170.98	112.80	60.25
衡阳市	Hengyang	205.58	728.59	377.45	351.14	372.09	356.50	51.07
邵阳市	Shaoyang	225.71	732.15	382.20	349.95	322.08	410.07	43.99
岳阳市	Yueyang	172.79	568.11	294.28	273.83	315.98	252.13	55.62
常德市	Changde	189.63	584.44	296.35	288.09	289.59	294.85	49.55
张家界市	Zhangjiajie	53.35	152.91	77.30	75.61	70.43	82.48	46.06
益阳市	Yiyang	131.74	443.25	227.87	215.38	212.18	231.07	47.87
郴州市	Chenzhou	149.56	471.11	245.05	226.06	246.15	224.96	52.25
永州市	Yongzhou	160.74	546.52	285.60	260.92	253.04	293.48	46.30
怀化市	Huaihua	145.99	492.00	255.58	236.42	217.86	274.14	44.28
娄底市	Loudi	123.06	389.41	202.86	186.55	176.36	213.05	45.29
湘西州	West Hunan	76.37	263.60	136.39	127.21	113.51	150.09	43.06

19-10 计划生育指标(2016年)

Indicators of Family Plan (2016)

市 州	Cities and Prefecture	出生率(‰) Birth Rate (‰)	死亡率(‰) Death Rate (‰)	自然增长率(‰) Natural Growth Rate (‰)	政策内生育率(%) Birth Within Plan Rate (%)	已婚育龄妇女人数(万人) Married Women at Child-Bearing Age (10 000 persons)	节育率(%) Contra-ceptive Rate (%)
全 省	**Total**	**14.26**	**7.41**	**6.85**	**93.24**	**1414.14**	**86.66**
长沙市	Changsha	15.90	8.24	7.66	97.01	133.02	76.75
株洲市	Zhuzhou	14.49	7.64	6.85	96.36	80.61	88.00
湘潭市	Xiangtan	12.91	7.66	5.25	96.33	56.58	87.71
衡阳市	Hengyang	14.62	7.14	7.48	91.73	158.37	86.22
邵阳市	Shaoyang	14.69	6.94	7.75	90.51	156.12	88.46
岳阳市	Yueyang	15.12	7.15	7.97	95.69	117.53	86.66
常德市	Changde	11.63	7.51	4.12	97.08	121.80	88.81
张家界市	Zhangjiajie	12.28	8.06	4.22	95.06	31.52	84.81
益阳市	Yiyang	13.69	8.04	5.65	95.19	95.94	90.69
郴州市	Chenzhou	13.90	7.15	6.75	88.32	99.07	88.54
永州市	Yongzhou	14.21	7.27	6.94	90.84	121.10	87.86
怀化市	Huaihua	13.96	7.29	6.67	93.45	100.36	86.08
娄底市	Loudi	16.08	7.40	8.68	91.08	87.11	90.86
湘西州	West Hunan	13.84	6.83	7.01	89.56	55.01	81.39

19-11 国有经济各行业在岗职工年末人数(2016年)

单位:人

市 州	Cities and Prefecture	农林牧渔业 Agriculture Forestry, Forestry, Farming of Animals and Fishing	采掘业 Mining	制造业 Manu-facturing	电力、热力、燃气及水生产和供应业及水的生产和供应 Production and Supply of Electricity, Heat,Gas and Water	建筑业 Construc-tion	批发和零售业 Wholesale and Retail Trade	交通运输、仓储和邮政业 Transport, Storage and Post	住宿和餐饮业 Acco-mmodation and Restaurants
全 省	**Total**	**9830**	**10002**	**37108**	**109144**	**56453**	**25688**	**136312**	**8950**
长沙市	Changsha	178	22	3688	523	12577	1998	7956	3438
株洲市	Zhuzhou	131	1392	12034	3115	4082	957	3201	667
湘潭市	Xiangtan	18		1583	667	356	353	4170	366
衡阳市	Hengyang	237	1045	524	5198	6212	1568	3530	55
邵阳市	Shaoyang	2181	707	1807	3138	3544	1859	8788	99
岳阳市	Yueyang	1610	268	2113	2229	8417	3514	5341	892
常德市	Changde	115	1257	1187	2273	4240	1456	3871	451
张家界市	Zhangjiajie	325		5	985	330	314	1113	227
益阳市	Yiyang	133	5	736	1850	4564	1334	1772	38
郴州市	Chenzhou	1003	2299	1056	4109	4323	7085	4827	380
永州市	Yongzhou	2392		950	4282	2742	2350	5752	
怀化市	Huaihua	851	12	1322	4829	1432	1056	5585	654
娄底市	Loudi	314	2704	249	1253	2102	424	2253	365
湘西州	West Hunan	342	270	31	5675	174	856	3210	82
其 他	Others		21	9823	69018	1358	564	74943	1236

19-12 城镇集体经济各行业在岗职工年末人数(2016年)

单位:人

市 州	Cities and Prefecture	农林牧渔业 Agriculture Forestry, Forestry, Farming of Animals and Fishing	采掘业 Mining	制造业 Manu-facturing	电力、热力、燃气及水生产和供应业及水的生产和供应 Production and Supply of Electricity, Heat,Gas and Water	建筑业 Construc-tion	批发和零售业 Wholesale and Retail Trade	交通运输、仓储和邮政业 Transport, Storage and Post	住宿和餐饮业 Acco-mmodation and Restaurants
全 省	**Total**	**686**	**10788**	**20483**	**2040**	**86147**	**5326**	**4558**	**928**
长沙市	Changsha	6	1010	5246	52	4286	453	99	342
株洲市	Zhuzhou	17	1589	1260	253	635	79	230	373
湘潭市	Xiangtan			2079		3125	8	167	
衡阳市	Hengyang	91	20	1764		8293	860	570	98
邵阳市	Shaoyang	24		400	8	8925	1515	84	3
岳阳市	Yueyang	299	166	4790	397	3407	1249	371	19
常德市	Changde	3		234		3	44	67	
张家界市	Zhangjiajie					1060	5		32
益阳市	Yiyang	52	50	1359	167	2850	105	280	
郴州市	Chenzhou	125	1079	187	65	3062	421	130	
永州市	Yongzhou	21		252	502	12858	256	222	
怀化市	Huaihua		85	609	343	3818	26	748	
娄底市	Loudi	48	6640	2282		29819	301	1442	
湘西州	West Hunan		149	21	253	4006	4	148	61

Employed Staff and Workers in State-Owned Units by Sector at the Year-end (2016)

(person)

信息传输、软件和信息技术服务业 Information Transfer, Computer Services and Software	金融业 Finance	房地产业 Real Estate Trade	租赁和商务服务业 Tenancy and Business Services	科学研究和技术服务业 Scientific Research and Technical Services	水利、环境和公共设施管理业 Management of Water Conservancy, Public Facilities	居民服务、修理和其他服务业 Services to Households, Repair and Other Services	教育 Education	卫生和社会工作 Health and Social Service	文化体育和娱乐业 Culture, Sports and Enter-tainment	公共管理、社会保障和社会组织 Management, Social Security and Social Organiza-tion
7469	**16064**	**5917**	**18081**	**48064**	**58883**	**2677**	**587626**	**331454**	**31428**	**782335**
370	4285	1227	1926	18213	6921	714	83376	55063	12313	90889
1404	146	396	2580	2890	3311	41	27528	18161	1377	48185
46	123	404	584	2135	2129	111	26993	15469	1243	29479
1429	385	819	1308	3951	7430	114	59767	32685	2467	77360
153	2585	63	1003	2130	2998	18	51396	29051	1134	66078
2110	1604	97	2606	2194	6407	233	43587	22676	1504	69584
303	573	681	1638	2661	4452	532	47474	25733	1584	60580
156	575	32	138	436	2390		11552	6837	294	22602
106	486	119	331	1296	3080	85	37906	18951	1157	40126
122	2208	383	1254	2012	3342	66	41233	24210	1927	57022
689	1343	79	2137	3540	4224	107	51496	23858	2157	71297
210	1366	650	1216	2332	5465	83	46733	26275	1911	63632
57	201	532	739	1493	4276	534	32018	18183	893	46650
205	163	167	505	2035	2458	39	26323	14170	1337	38851
109	21	268	116	746			244	132	130	

Employed Staff and Workers in Urban Collective-Owned Units by Sector at the Year-end (2016)

(person)

信息传输、软件和信息技术服务业 Information Transfer, Computer Services and Software	金融业 Finance	房地产业 Real Estate Trade	租赁和商务服务业 Tenancy and Business Services	科学研究和技术服务业 Scientific Research and Technical Services	水利、环境和公共设施管理业 Management of Water Conservancy, Public Facilities	居民服务、修理和其他服务业 Services to Households, Repair and Other Services	教育 Education	卫生和社会工作 Health and Social Service	文化体育和娱乐业 Culture, Sports and Enter-tainment	公共管理、社会保障和社会组织 Management, Social Security and Social Organization
72	**5291**	**507**	**4375**	**739**	**1111**	**588**	**7285**	**16357**	**372**	**159**
25		139	1120	83	92	35	2943	4013	45	3
5	303	30	160	53	169		332	2088		1
			71		48		15	802		
	571	115	1542	196		23	253	1362		
	759		78		129	450	455	1315	10	
	678	36	116	245	56	27	1217	1474	48	101
	1206	5	23		172		451	1712	206	
		58	41		5			5		
		3	126		332		728	1778	20	
	541	2	34	3		1	231	746	43	
42	498	13	313	143			65	344		
		9	226	16	63		595	611		
	735		485		45	52		107		54
		97	40							

19-13 在岗职工工资总额和年平均工资(2016年)
Total Wage Bill and Average Annual Wage of Employed Staff and Workers (2016)

市州	Cities and Prefecture	在岗职工工资总额(亿元) Total Wages of Staff and Workers on the Job (100 million yuan)	#国有经济 Stateowned Units	#城镇集体经济 Urban Collective Owned Units	在岗职工年平均工资(元) Average Annual Wages of Staff and Workers on the Job (yuan)	#国有经济 Stateowned Units	#城镇集体经济 Urban Collective Owned Units	#其他 Others	在岗职工年平均工资为上年% Average Annual Wages as Percentage of Preceding Year (%)
全省	**Total**	**3111.00**	**1506.02**	**69.86**	**60160**	**66349**	**42684**	**56073**	**111.6**
长沙市	Changsha	875.40	293.88	9.84	77782	96983	50761	71189	115.6
株洲市	Zhuzhou	248.58	81.00	3.65	59423	62331	49695	58332	103.2
湘潭市	Xiangtan	147.36	59.19	2.83	56619	69203	45835	50628	109.4
衡阳市	Hengyang	249.45	118.55	5.77	50768	58064	35839	46160	112.9
邵阳市	Shaoyang	174.33	104.19	6.18	52334	58739	45106	45033	110.8
岳阳市	Yueyang	204.18	87.55	6.52	49009	49967	44394	48566	107.5
常德市	Changde	210.35	102.11	2.65	54725	64069	64649	47800	112.5
张家界市	Zhangjiajie	44.82	31.23	0.58	58259	64879	50066	47080	120.3
益阳市	Yiyang	129.24	72.84	3.55	55880	63997	45470	48196	114.7
郴州市	Chenzhou	176.83	100.50	2.90	55560	63666	44476	47715	113.2
永州市	Yongzhou	157.31	97.54	5.65	52483	54586	39802	50651	117.8
怀化市	Huaihua	132.70	94.96	3.10	54835	57703	40424	49653	111.9
娄底市	Loudi	137.40	59.64	14.90	48530	51801	37153	49153	110.3
湘西州	West Hunan	75.65	59.53	1.73	58882	60860	36849	55408	122.1
其他	Others	147.39	143.31		91037	90028		150040	103.6

19-14　年末在岗职工人数(2016年)

Number of Staff and Workers on the Job of Cities and Prefecture at the Year-end (2016)

单位:万人　　(10 000 persons)

市　州	Cities and Prefecture	在岗职工 Staff and Workers on the Job	国有经济 State-owned Economic	城镇集体经济 Urban Collective-owned Economic	其他经济 Others
全　省	**Total**	**523.97**	**228.35**	**16.78**	**278.84**
长沙市	Changsha	114.32	30.57	2.00	81.75
株洲市	Zhuzhou	42.39	13.16	0.76	28.47
湘潭市	Xiangtan	26.67	8.62	0.63	17.41
衡阳市	Hengyang	49.75	20.61	1.58	27.57
邵阳市	Shaoyang	33.68	17.87	1.42	14.39
岳阳市	Yueyang	41.86	17.70	1.47	22.69
常德市	Changde	39.47	16.11	0.41	22.95
张家界市	Zhangjiajie	7.86	4.83	0.12	2.91
益阳市	Yiyang	23.33	11.41	0.79	11.14
郴州市	Chenzhou	32.10	15.89	0.67	15.55
永州市	Yongzhou	30.50	17.94	1.55	11.01
怀化市	Huaihua	24.30	16.56	0.71	7.02
娄底市	Loudi	28.79	11.52	4.20	13.07
湘西州	West Hunan	12.80	9.69	0.48	2.64

19-15　年末城镇单位从业人员(2016年)

Number of Employed Persons in Urban Unit at the Year-end(2016)

单位:万人　　(10 000 persons)

市　州	Cities and Prefecture	城镇单位从业人员合计 Number of Employed Persons in Urban Unit	国有经济 Stateowned Economic	城镇集体经济 Urban Collective-owned Economic	其他经济 Economic Units of Other Types	内资经济 Domestic Funded Economic	港澳台投资经济 Economioc With Funded From H.K, Macao and Taiwan	外商投资经济 Economic With Funded
全　省	**Total**	**568.41**	**242.25**	**19.24**	**306.91**	**269.66**	**23.57**	**13.68**
长沙市	Changsha	120.93	32.37	2.07	86.49	69.99	10.27	6.22
株洲市	Zhuzhou	45.64	13.69	0.81	31.14	27.19	1.96	1.99
湘潭市	Xiangtan	31.26	9.44	0.66	21.16	20.16	0.36	0.65
衡阳市	Hengyang	53.51	21.53	1.89	30.10	27.56	1.52	1.01
邵阳市	Shaoyang	37.44	19.24	1.71	16.48	14.84	1.38	0.27
岳阳市	Yueyang	46.90	19.48	1.72	25.71	24.04	0.58	1.09
常德市	Changde	41.74	17.30	0.43	24.01	22.80	0.89	0.31
张家界市	Zhangjiajie	8.64	5.10	0.25	3.30	3.08	0.13	0.08
益阳市	Yiyang	26.93	12.30	0.94	13.69	12.15	0.90	0.64
郴州市	Chenzhou	35.92	17.07	0.76	18.09	16.05	1.90	0.14
永州市	Yongzhou	32.62	19.03	1.84	11.74	8.54	2.41	0.80
怀化市	Huaihua	26.31	17.61	1.04	7.66	7.28	0.25	0.13
娄底市	Loudi	30.25	11.89	4.49	13.87	12.54	1.00	0.33
湘西州	West Hunan	13.93	10.11	0.62	3.20	3.17	0.02	0.01
其　他	Others	16.38	16.10		0.28	0.28		

19-16 固定资产投资、新增固定资产及房屋竣工面积(2016年)
Investment in Fixed Assets, Newly Increased Fixed Assets and Completed Building Floor Space(2016)

市州	Cities and Prefecture	固定资产投资(亿元) Total Investment in Fixed Assets (100 million yuan)	国有经济 Stateowned	非国有经济 Non—State-owned	房地产开发 Real Estate Development	固定资产投资增速(%) Fixed Asset Investment Growth (%)	新增固定资产(亿元) Newly Increased Fixed Assets (100 million yuan)	房屋建筑竣工面积(万平方米) Floor Space of Buildings Completed (10000 sq.m)	#住宅 Residential Buildings
全省	**Total**	**27688.45**	**9253.52**	**18434.93**	**2957.04**	**13.8**	**16329.04**	**7342.74**	**3866.04**
长沙市	Changsha	6693.32	1796.75	4896.57	1260.55	13.9	3370.70	1921.23	1169.64
株洲市	Zhuzhou	2315.81	934.35	1381.46	269.20	13.5	1353.40	731.77	354.59
湘潭市	Xiangtan	1938.22	524.37	1413.85	129.61	14.5	1250.75	111.57	67.39
衡阳市	Hengyang	2282.18	860.79	1421.39	150.84	13.8	1443.38	1287.47	304.07
邵阳市	Shaoyang	1627.64	350.79	1276.85	145.72	14.2	1021.58	354.98	183.40
岳阳市	Yueyang	2317.37	886.60	1430.77	132.95	14.5	1552.57	300.02	214.37
常德市	Changde	2006.93	645.37	1361.56	139.96	14.6	1399.67	357.05	177.03
张家界市	Zhangjiajie	305.70	150.14	155.57	39.94	14.7	176.99	63.76	45.16
益阳市	Yiyang	1315.68	423.16	892.52	108.19	14.1	730.04	195.13	135.48
郴州市	Chenzhou	2327.36	586.48	1740.89	212.08	14.2	1252.04	482.11	351.97
永州市	Yongzhou	1653.09	705.02	948.07	94.66	14.0	934.70	647.53	332.63
怀化市	Huaihua	1081.88	512.82	569.06	126.34	14.3	656.48	377.43	237.23
娄底市	Loudi	1199.92	455.97	743.95	92.89	14.4	856.87	397.49	230.07
湘西州	West Hunan	383.49	240.25	143.24	54.12	11.8	327.82	115.22	62.99

19-17 按经济类型分固定资产投资(2016年)
Total Investment in Fixed Assets by Economic Types(2016)

单位:亿元 (100 million yuan)

市 州	Cities and Prefecture	总计 Total	国有经济 Stata-owned Units	集体经济 Collective-owned Units	个体经济 Individuals Economy	联营经济 Joint Ownership Economic Units
全 省	**Total**	**27688.45**	**9253.52**	**377.70**	**10375.25**	**22.59**
长沙市	Changsha	6693.32	1796.75	36.72	2169.09	0.44
株洲市	Zhuzhou	2315.81	934.35	15.75	787.14	1.24
湘潭市	Xiangtan	1938.22	524.37	7.75	1023.42	
衡阳市	Hengyang	2282.18	860.80	17.96	841.76	0.71
邵阳市	Shaoyang	1627.64	350.79	17.67	905.23	8.98
岳阳市	Yueyang	2317.37	888.98	37.26	691.43	9.13
常德市	Changde	2006.93	645.37	39.22	769.02	
张家界市	Zhangjiajie	305.70	150.13	0.20	59.42	
益阳市	Yiyang	1315.68	423.16	16.15	636.94	
郴州市	Chenzhou	2327.36	594.97	105.36	930.48	0.63
永州市	Yongzhou	1653.09	705.02	18.75	641.65	0.89
怀化市	Huaihua	1081.88	512.82	42.97	296.40	
娄底市	Loudi	1199.92	455.97	21.73	546.50	0.43
湘西州	West Hunan	383.49	240.25	0.21	76.76	0.15

19-17 续表 continued

市 州	Cities and Prefecture	股份制经济 Share Holding Economic Units	外商投资经济 Foreign Funded Economic Units	港澳台商投资经济 Economic Units with Funds From Hong Kong, Macao and Taiwan	其他经济 Others Ownership
全 省	**Total**	**6191.94**	**204.96**	**277.67**	**984.81**
长沙市	Changsha	2266.21	60.59	123.40	240.12
株洲市	Zhuzhou	465.93	45.99	13.39	52.01
湘潭市	Xiangtan	335.20	21.01	10.99	15.49
衡阳市	Hengyang	411.76	19.13	30.49	99.58
邵阳市	Shaoyang	252.76	1.80	5.80	84.61
岳阳市	Yueyang	545.21	7.29	12.29	125.78
常德市	Changde	479.28	12.69	15.25	46.10
张家界市	Zhangjiajie	88.38	1.24	0.45	5.87
益阳市	Yiyang	163.62	7.96	4.32	63.52
郴州市	Chenzhou	519.98	9.87	21.72	144.35
永州市	Yongzhou	188.26	9.53	20.31	68.68
怀化市	Huaihua	209.20	2.69	6.73	11.07
娄底市	Loudi	134.64	3.79	12.06	24.80
湘西州	West Hunan	61.45	1.37	0.48	2.83

注:各市州数据不含跨区投资。
Figures of cities and prefecture did not include the part of investment classified by region.

19-18 按构成和建设性质分固定资产投资(2016年)

Total Investment in Fixed Assets by Structure and Construction (2016)

单位:亿元 (100 million yuan)

市 州	Cities and Prefecture	投资额 Total Investment	按构成分 Grouped by Use of Funds			按建设性质分 Grouped by Type of Construction		
			建安工程 Construction and Installation	设备工器具购置 Purchase of Equipment& Instruments	其他费用 Others	新建 New Construction	扩建 Expansion	改建 Re-construction
全 省	**Total**	**27688.45**	**20718.64**	**3676.18**	**3293.63**	**15201.40**	**2547.93**	**6726.22**
长沙市	Changsha	6693.32	5328.24	495.28	869.80	3723.78	457.52	1170.99
株洲市	Zhuzhou	2315.81	1510.46	435.74	369.61	1202.64	211.97	604.84
湘潭市	Xiangtan	1938.22	1572.68	178.95	186.58	803.18	231.92	766.59
衡阳市	Hengyang	2282.18	1830.51	320.55	131.12	1258.37	246.07	576.73
邵阳市	Shaoyang	1627.64	1210.75	220.91	195.97	1050.00	206.83	212.56
岳阳市	Yueyang	2317.37	1423.00	556.47	337.91	1170.48	303.09	703.62
常德市	Changde	2006.93	1500.58	361.31	145.04	1084.65	271.48	497.82
张家界市	Zhangjiajie	305.70	212.18	32.00	61.53	179.82	18.92	66.28
益阳市	Yiyang	1315.68	936.31	284.71	94.66	652.95	41.33	509.60
郴州市	Chenzhou	2327.36	1575.11	338.91	413.35	1353.04	236.49	519.52
永州市	Yongzhou	1653.09	1278.37	176.22	198.50	1011.80	136.20	384.20
怀化市	Huaihua	1081.88	893.04	88.94	99.90	577.66	77.93	291.03
娄底市	Loudi	1199.92	933.54	157.89	108.49	655.08	70.59	376.39
湘西州	West Hunan	383.49	319.04	25.86	38.59	263.06	28.33	30.39

注：按建设性质分不含房地产开发投资。
Figures grouped by type of construction did not include the investment in real estate development.

19-19 按资金来源和隶属关系分固定资产投资(2016年)

Total Investment in Fixed Assets by Source of Funds and Jurisdiction of Management (2016)

单位:亿元 (100 million yuan)

市 州	Cities and Prefecture	按资金来源分 Grouped by Source of Funds					按隶属关系分 Grouped by Administrative Relationship	
		国家预算内 State Budgetary Appropriation	国内贷款 Domestic Loans	利用外资 Foreign Investment	自筹资金 Fundraising	其他投资 Others	中央项目 Central Projects	地方项目 Local Projects
全 省	**Total**	**1419.46**	**2553.29**	**45.94**	**20133.01**	**3473.18**	**443.50**	**27244.95**
长沙市	Changsha	295.26	779.43	7.53	4699.97	1431.24	183.09	6510.23
株洲市	Zhuzhou	110.76	234.11	0.38	1586.66	233.44	83.07	2232.74
湘潭市	Xiangtan	11.83	438.13	0.66	1328.00	88.91	0.22	1938.00
衡阳市	Hengyang	113.91	82.76	3.00	1867.40	218.80	18.59	2263.59
邵阳市	Shaoyang	64.80	134.72	3.92	1319.55	101.55	6.80	1620.84
岳阳市	Yueyang	64.41	62.46		1927.28	372.95	16.87	2300.50
常德市	Changde	167.81	123.67	4.85	1474.46	170.99	14.52	1992.42
张家界市	Zhangjiajie	42.37	39.61	0.05	183.84	37.04		305.70
益阳市	Yiyang	64.81	112.11	0.80	1010.98	171.53	21.67	1294.01
郴州市	Chenzhou	129.99	150.51	16.47	1634.10	226.32	34.43	2292.93
永州市	Yongzhou	185.47	138.48	1.11	1162.40	103.39	14.67	1638.42
怀化市	Huaihua	37.48	25.21		800.12	212.84	11.80	1070.08
娄底市	Loudi	54.72	16.81	0.70	989.30	62.11	13.57	1186.35
湘西州	West Hunan	57.07	89.75		145.12	41.65	24.13	359.36

19-20 国有经济分地市项目个数、项目投产率及固定资产交付使用率(2016年)

Number of Projects，Rate of Projects Put into Use and Rate of Fixed Assets Put into Use of State—owned Units (2016)

市 州	Cities and Prefecture	施工项目个数(个) Number of Projects under Construction (unit)	全投项目个数(个) Number of Projects Completed and Put into Use (unit)	项目投产率(%) Rate of Projects Completed and Put into Use (%)	固定资产交付使用率(%) Rate of Fixed Assets Put into Use (%)
全 省	**Total**	**15423**	**9438**	**61.2**	**53.3**
长沙市	Changsha	2242	1276	56.9	45.0
株洲市	Zhuzhou	1070	621	58.0	43.0
湘潭市	Xiangtan	554	328	59.2	58.4
衡阳市	Hengyang	1460	918	62.9	53.8
邵阳市	Shaoyang	728	371	51.0	46.3
岳阳市	Yueyang	1812	1317	72.7	57.7
常德市	Changde	1184	715	60.4	62.7
张家界市	Zhangjiajie	478	356	74.5	62.1
益阳市	Yiyang	775	437	56.4	46.3
郴州市	Chenzhou	880	487	55.3	56.5
永州市	Yongzhou	1363	942	69.1	53.6
怀化市	Huaihua	1379	700	50.8	55.1
娄底市	Loudi	1056	724	68.6	71.9
湘西州	West Hunan	423	245	57.9	85.4

注：施工、全投项目及项目投产率未包括房地产开发统计资料。

The data of projects under construction, projects completed put into use and rate of projects completed put into use excluded information of real estate development.

19-21 房地产开发情况(2016年)
Real Estate Development (2016)

市 州	Cities and Prefecture	开发公司个数(个) Number of Development Enterprises (unit)	国有经济 State-owned Enterprises	集体经济 Collective-owned Enterprises	外商投资经济 Foreign Funded Enterprises	港澳台投资经济 Funded by Enterpreneurs from Hong Kong, Macao and Taiwan	房地产开发投资(万元) Investment (10 000yuan)
全 省	**Total**	**3759**	**141**	**9**	**24**	**67**	**29570441**
长沙市	Changsha	789	41		9	27	12605475
株洲市	Zhuzhou	327	13	2	3	6	2691955
湘潭市	Xiangtan	148	12			4	1296088
衡阳市	Hengyang	405	12	1	6	7	1508431
邵阳市	Shaoyang	211	6			2	1457223
岳阳市	Yueyang	363	9		2	7	1329500
常德市	Changde	231	8	1		3	1399557
张家界市	Zhangjiajie	59	1	1	1		399445
益阳市	Yiyang	216	9	1	1		1081917
郴州市	Chenzhou	351	11	2	1	7	2120776
永州市	Yongzhou	182	3		1	2	946556
怀化市	Huaihua	237	10	1		1	1263441
娄底市	Loudi	134	2			1	928895
湘西州	West Hunan	106	4				541182

19-21 续表 continued

市 州	Cities and Prefecture	主营业务收入(万元) Main business revenue (10 000 yuan)	土地转让收入 Land Transferred	商品房屋销售收入 Commercial Houses Sold	房屋出租收入 Houses Leased	其他收入 Others	主营业务税金及附加(万元) Main business taxes and additional (10 000 yuan)	利润总额(万元) Total Profits (10 000 yuan)
全 省	**Total**	**22691110**	**163082**	**21849352**	**194302**	**484375**	**1318033**	**732545**
长沙市	Changsha	10658470	56046	10269426	100618	232381	553185	315899
株洲市	Zhuzhou	1735627	21624	1658676	26453	28875	114201	-422
湘潭市	Xiangtan	781799		766248	12945	2606	38705	-47246
衡阳市	Hengyang	1694135	8831	1580351	7870	97084	103655	129621
邵阳市	Shaoyang	561873	11004	523523	1188	26159	41381	18003
岳阳市	Yueyang	1110043	2013	1098963	5871	3197	74983	77493
常德市	Changde	1294883	40183	1236892	3659	14149	83926	113622
张家界市	Zhangjiajie	157210	475	155441	748	547	12081	-5701
益阳市	Yiyang	780872	21263	714528	2043	43039	48677	45272
郴州市	Chenzhou	1204904	736	1170893	17813	15462	102448	-26557
永州市	Yongzhou	1098928		1097651	455	821	46274	89137
怀化市	Huaihua	829491	1	800717	11147	17626	53285	23787
娄底市	Loudi	474251	18	469034	3145	2055	29190	-1453
湘西州	West Hunan	308624	890	307010	348	375	16042	1091

19-22　商品房屋销售情况(2016年)
Sales of Commercial House (2016)

市　州	Cities and Prefecture	商品房屋销售面积(平方米) Floor Space of Selling Commercial House (sq.m)	#住宅 Residential Buildings	商品房屋销售额(万元) Total Sales of Commercial House (10 000 yuan)	#住宅 Residential Buildings	商品房平均销售价格(元/平方米) Floor Space of Selling Commercial House(yuan/sq.m)	#住宅 Residential Buildings
全　省	**Total**	**80853613**	**71906561**	**37518649**	**31136239**	**4640.32**	**4330.10**
长沙市	Changsha	25937101	22917677	16614055	14110431	6405.52	6157.01
株洲市	Zhuzhou	7459748	6408356	3107810	2498968	4166.11	3899.55
湘潭市	Xiangtan	2539820	2302333	1024182	894224	4032.50	3883.99
衡阳市	Hengyang	5068266	4786159	1840310	1675098	3631.04	3499.88
邵阳市	Shaoyang	4372934	3817293	1436141	1127301	3284.16	2953.14
岳阳市	Yueyang	5341700	4766556	2152438	1851733	4029.50	3884.84
常德市	Changde	3823769	3446815	1756092	1426610	4592.57	4138.92
张家界市	Zhangjiajie	589971	538228	234524	198667	3975.18	3691.13
益阳市	Yiyang	3244814	2883188	1204063	935264	3710.73	3243.85
郴州市	Chenzhou	6944664	6345544	2549680	2138498	3671.42	3370.08
永州市	Yongzhou	5942031	5286798	2049993	1654830	3449.99	3130.12
怀化市	Huaihua	5880825	5087652	2229763	1617960	3791.58	3180.17
娄底市	Loudi	2419517	2137117	887245	656039	3667.03	3069.74
湘西州	West Hunan	1288453	1182845	432353	350616	3355.60	2964.18

19-23　房地产开发建设房屋建筑面积和价值(2016年)
Floor Space of Building and Value of Real Estate Development (2016)

市　州	Cities and Prefecture	施工房屋面积(平方米) Floor Space of Buildings under Construction (sq.m)	竣工房屋面积(平方米) Floor Space of Buildings Completed (sq.m)	房屋建筑面积竣工率(%) Rate of Floor Space of Buildings Completed(%)	竣工房屋价值(万元) Value of Buildings Completed (10 000 yuan)
全　省	**Total**	**301393782**	**45337360**	**15.0**	**11894158**
长沙市	Changsha	95864128	16705822	17.4	5660073
株洲市	Zhuzhou	31665687	4343807	13.7	1120208
湘潭市	Xiangtan	14157544	839355	5.9	250892
衡阳市	Hengyang	25011523	3045616	12.2	611255
邵阳市	Shaoyang	16967357	2023627	11.9	396534
岳阳市	Yueyang	15343048	2664329	17.4	778099
常德市	Changde	13963482	1870597	13.4	400383
张家界市	Zhangjiajie	3751079	330731	8.8	82703
益阳市	Yiyang	12716217	1417996	11.2	283823
郴州市	Chenzhou	25775537	2949911	11.4	644040
永州市	Yongzhou	10979755	3822022	34.8	558454
怀化市	Huaihua	15783625	2957294	18.7	624241
娄底市	Loudi	11793959	1586786	13.5	354786
湘西州	West Hunan	7620841	779467	10.2	128667

19-24 地方财政收入情况(2016年)
Public Budgetary Revenue(2016)

单位:万元 (10 000yuan)

市 州	Cities and Prefecture	地方财政收入 Public Budgetary Revenue	各项税收收入 Taxes Revenue	增值税 Value Added Tax	营业税 Operating Tax	企业所得税 Income Tax of Enterprises	个人所得税 Individual Income Tax	非税收入 No-tax Revenue
全 省	**Total**	**26978835**	**15513269**	**4326151**	**2527121**	**1723148**	**746228**	**11465566**
长沙市	Changsha	7436954	4753166	1092259	739673	527872	273805	2683788
株洲市	Zhuzhou	2181616	1053196	256583	125768	82346	30654	1128420
湘潭市	Xiangtan	1253538	610915	149939	85603	49344	23042	642623
衡阳市	Hengyang	2046698	879112	177834	119652	61480	30541	1167586
邵阳市	Shaoyang	976067	434855	105876	77742	28561	21135	541212
岳阳市	Yueyang	1520433	702901	244506	111608	51875	16386	817532
常德市	Changde	1571801	896435	158950	131338	56651	37784	675366
张家界市	Zhangjiajie	322128	166105	39995	26491	19555	6007	156023
益阳市	Yiyang	680302	392654	101574	53391	29310	13454	287648
郴州市	Chenzhou	1751338	710329	158244	110496	48739	21672	1041009
永州市	Yongzhou	1025496	609780	110916	75618	41170	13404	415716
怀化市	Huaihua	789086	457264	108398	77999	40396	16755	331822
娄底市	Loudi	682471	373209	113230	54829	18054	10351	309262
湘西州	West Hunan	510215	266125	70657	36912	21974	7369	244090

19-25 公共财政支出情况(2016年)
Public Budgetary Expenditure(2016)

单位:万元 (10 000yuan)

市 州	Cities and Prefecture	一般公共预算支出 Public Budgetary Expenditure	教育 Education	社会保障和就业 Social Security Progams and Employmenr	医疗和卫生 Pulic Health	农林水利事务 Agriculture, Forest and Irrigation	一般公共服务 General Public Services
全 省	**Total**	**63391637**	**10323734**	**8744100**	**5462666**	**7297502**	**6759452**
长沙市	Changsha	10414331	1567751	829289	554994	808919	1315468
株洲市	Zhuzhou	4052291	533096	512894	308190	363174	586656
湘潭市	Xiangtan	2582628	325149	427507	212193	260752	279822
衡阳市	Hengyang	5394202	876772	806899	558931	524388	494180
邵阳市	Shaoyang	4738295	793442	843938	518053	651585	491921
岳阳市	Yueyang	4310233	565581	777339	409251	550678	405046
常德市	Changde	4630473	663349	767197	451726	677824	429455
张家界市	Zhangjiajie	1444074	214827	170043	125123	212289	151905
益阳市	Yiyang	3103902	502037	561119	333249	412812	304086
郴州市	Chenzhou	4040665	700834	582509	388274	531275	415507
永州市	Yongzhou	3992256	717648	615715	437632	663901	426679
怀化市	Huaihua	3746196	658206	645751	372802	519986	408709
娄底市	Loudi	2675845	467402	436493	341534	287591	296734
湘西州	West Hunan	2696780	434213	353236	257854	449207	255947

19-26 金融机构人民币存款情况(2016年)
RMB Deposits of Financial Institutions(2016)

单位:亿元 (100 million yuan)

市 州	Cities and Counties	各项存款 Deposits	住户存款 Personal Deposits	非金融企业存款 Corporate Deposits	广义政府存款 General Government Deposits	非银行业金融机构存款 Non-banking Financial Institutions Deposit
全 省	**Total**	**41694.54**	**21125.96**	**12111.50**	**7256.01**	**1182.49**
长沙市	Changsha	15321.13	4803.90	6548.49	2825.05	1133.48
株洲市	Zhuzhou	2798.34	1521.41	872.65	399.77	3.43
湘潭市	Xiangtan	2016.78	1174.38	614.87	225.62	1.32
衡阳市	Hengyang	3246.05	2129.06	644.46	463.69	7.21
邵阳市	Shaoyang	2443.46	1654.24	388.55	395.46	4.38
岳阳市	Yueyang	2171.83	1258.67	483.72	425.78	2.89
常德市	Changde	2698.11	1629.39	616.48	447.77	3.86
张家界市	Zhangjiajie	682.49	395.27	140.47	144.85	1.47
益阳市	Yiyang	1655.62	1105.08	248.70	291.83	9.56
郴州市	Chenzhou	2392.53	1366.50	568.92	454.16	2.29
永州市	Yongzhou	1912.50	1275.61	280.96	351.91	3.44
怀化市	Huaihua	1754.75	1163.99	272.18	313.88	4.35
娄底市	Loudi	1505.76	1040.06	222.08	241.77	1.52
湘西州	West Hunan	1030.62	603.44	178.81	246.60	1.71

19-27 金融机构人民币贷款情况(2016年)
RMB Loans of Financial Institutions(2016)

单位:亿元 (100 million yuan)

市 州	Cities and Prefecture	各项贷款 Loans	短期贷款 Shortterm Loans	消费贷款 Consumption Loans	中长期贷款 Mediumterm and Longterm Loans	消费贷款 Consumption Loans
全 省	**Total**	**27215.51**	**2197.35**	**749.37**	**6926.56**	**4881.60**
长沙市	Changsha	13631.32	641.85	170.13	3067.31	2638.75
株洲市	Zhuzhou	1332.25	128.47	21.84	423.12	313.12
湘潭市	Xiangtan	1375.87	114.69	36.16	232.03	146.55
衡阳市	Hengyang	1395.18	120.76	32.00	402.95	271.59
邵阳市	Shaoyang	1049.37	152.98	36.78	317.42	147.78
岳阳市	Yueyang	1012.68	125.47	18.60	236.74	159.10
常德市	Changde	1282.60	90.89	20.17	377.77	215.97
张家界市	Zhangjiajie	417.45	45.21	21.82	123.80	82.05
益阳市	Yiyang	727.62	113.32	23.85	188.28	95.41
郴州市	Chenzhou	1061.87	95.23	17.85	411.70	209.04
永州市	Yongzhou	965.53	104.25	39.91	424.01	196.57
怀化市	Huaihua	915.60	68.25	20.78	349.33	200.12
娄底市	Loudi	829.63	74.90	15.06	202.90	111.92
湘西州	West Hunan	528.16	71.24	24.65	145.83	72.40

19-28 农作物播种面积(2016年)
Sown Area of Crops (2016)

单位:千公顷 (1000 hectares)

市州	Cities and Prefecture	农作物播种面积 TotalSown Area	粮食作物 Area of Grain Crops	稻谷面积 Area of Rice	油料面积 Area of Oil	蔬菜面积 Area of Vegetables
全省	**Total**	**8793.28**	**4890.60**	**4085.50**	**1438.03**	**1420.29**
长沙市	Changsha	678.42	372.73	336.07	55.51	172.19
株洲市	Zhuzhou	415.56	266.75	248.42	38.95	66.96
湘潭市	Xiangtan	332.29	215.18	206.82	23.14	68.04
衡阳市	Hengyang	1008.99	572.41	514.22	221.01	114.66
邵阳市	Shaoyang	931.74	585.17	439.77	98.65	134.74
岳阳市	Yueyang	905.07	562.54	484.65	128.79	103.47
常德市	Changde	1225.48	723.71	611.55	302.25	103.94
张家界市	Zhangjiajie	239.29	139.22	54.52	45.98	35.71
益阳市	Yiyang	776.71	428.99	380.55	141.34	121.57
郴州市	Chenzhou	640.01	351.99	257.98	74.63	107.79
永州市	Yongzhou	947.03	555.67	432.78	91.22	198.94
怀化市	Huaihua	633.04	327.03	203.42	116.90	84.10
娄底市	Loudi	394.52	277.82	202.45	39.60	45.05
湘西州	West Hunan	369.58	182.43	89.95	60.06	63.13

注：全省的粮食、稻谷、油料以抽样调查推算，分市州采用全面统计。全省总计与分市州之和存在一定调查误差。

The Data of Provincial Grain Crops ,Rice and Oilseeds Used sample survey projections,the Data of Cities and Prefecture Used Comprehensive statistics. The Sum of Cities and Prefecture do not add up to the Provincial total.

19-29 机耕面积及水库、堤防(2016年)
Tractor-Ploughed Area, Reservoirs and Dikes (2016)

市州	Cities and Prefecture	机耕面积(千公顷) Tractor Ploughed Area (1000 hectares)	水库(座) Number of Reservoirs (set)	堤防长度(公里) Total Length of Dikes (km)
全省	**Total**	**6259.61**	**14098**	**19770.39**
长沙市	Changsha	577.81	658	1502.37
株洲市	Zhuzhou	261.53	966	897.59
湘潭市	Xiangtan	289.37	387	984.69
衡阳市	Hengyang	713.12	1796	2601.81
邵阳市	Shaoyang	570.20	1252	316.24
岳阳市	Yueyang	694.30	1502	2577.63
常德市	Changde	1161.03	1424	3379.78
张家界市	Zhangjiajie	62.37	264	304.89
益阳市	Yiyang	553.09	623	3282.57
郴州市	Chenzhou	314.28	1086	1077.05
永州市	Yongzhou	474.02	1394	914.20
怀化市	Huaihua	314.53	1310	894.87
娄底市	Loudi	181.15	754	373.87
湘西州	West Hunan	92.81	682	662.83

注：机耕面积由农机部门提供，水库、堤防长度数据由水利部门提供。

The Date of Tractor-Ploughed Area are provided by Department of agriculture machinery, The Data of Reservoirs and Dikes are provided by Department of the water conservancy.

19-30 主要农业机械年末拥有量(2016年)
Year-End Possession of Major Agriculture Machinery (2016)

市 州	Cities and Prefecture	大中型拖拉机 Large and Medium Tractors		小型及手扶拖拉机 Mini and Walking Tractors		排灌机械 Machinery for Agricultural Drainage and Irrigation	
		台 (unit)	千瓦 (kw)	台 (unit)	千瓦 (kw)	台 (unit)	千瓦 (kw)
全 省	**Total**	**135658**	**4342075**	**254894**	**2699998**	**2540992**	**11002238**
长沙市	Changsha	9435	345472	24056	284206	194572	813392
株洲市	Zhuzhou	6109	184758	27850	277411	85394	410646
湘潭市	Xiangtan	4066	104443	7594	76864	214495	540558
衡阳市	Hengyang	8693	348706	21609	213471	216960	739189
邵阳市	Shaoyang	9273	258406	15867	159272	272726	958143
岳阳市	Yueyang	16824	553703	26980	305715	180068	1308237
常德市	Changde	19382	671795	24750	284231	249912	1337943
张家界市	Zhangjiajie	4331	107950	7051	80995	38458	234835
益阳市	Yiyang	10485	434409	24151	255550	244517	1178694
郴州市	Chenzhou	14137	372533	24775	253090	116203	498714
永州市	Yongzhou	18459	520289	23786	239643	346932	1583933
怀化市	Huaihua	3818	136466	10196	94883	161292	539122
娄底市	Loudi	3197	93716	8653	89769	177773	666939
湘西州	West Hunan	7449	209429	7576	84898	41690	191894

19-31 农林牧渔业总产值(2016年)
Gross Output Value of Farming, Forestry, Animal Husbandry and Fishery (2016)

单位:万元 (10 000 yuan)

市 州	Cities and Prefecture	农林牧渔业总产值 Gross Output Value of Farming, Forestry, Animal Husbandry and Fishery	指数 (上年=100) Indices (preceding year=100)	农业产值 Output Value of Farming	林业产值 Output Value of Forestry	牧业产值 Output Value of Animal Husbandry	渔业产值 Output Value of Fishery	服务业产值 Output Value of Services
长沙市	Changsha	5835816	103.2	3409327	291856	1826860	203922	103850
株洲市	Zhuzhou	2929539	103.6	1437338	232089	1043755	116019	100338
湘潭市	Xiangtan	2578384	103.2	1136413	123496	1091136	123666	103674
衡阳市	Hengyang	7098955	103.6	3303620	354394	2761642	492261	187038
邵阳市	Shaoyang	4915425	103.6	2697849	178829	1825174	144209	69364
岳阳市	Yueyang	5342142	103.2	2404980	159793	1770340	924507	82523
常德市	Changde	6365189	103.5	2859011	147739	2594895	557483	206061
张家界市	Zhangjiajie	921091	103.7	503567	80417	266885	41247	28976
益阳市	Yiyang	4517742	103.7	2234850	143141	1485015	602925	51809
郴州市	Chenzhou	3674354	103.5	1986064	266908	1199948	150850	70583
永州市	Yongzhou	5917764	103.5	2694468	622987	2108904	347404	144000
怀化市	Huaihua	3364796	103.4	1927600	276279	1039998	112010	8908
娄底市	Loudi	3283632	103.6	1358389	60594	1692947	153113	18589
湘西州	West Hunan	1359176	103.4	979432	44063	310470	18387	6825

19-32 主要农产品产量(2016年)
Output of Major Farm Crops (2016)

单位:吨 (ton)

市 州	Cities and Prefecture	粮食合计 Total Grain	稻谷 Rice	小麦 Wheat	玉米 Corn	大豆 Beans	薯类 Tubers
长沙市	Changsha	2474072	2298773	660	79736	21511	57997
株洲市	Zhuzhou	1816482	1742310		28582	11396	26645
湘潭市	Xiangtan	1503925	1473479	26	17630	1274	9830
衡阳市	Hengyang	3307284	3081691	3896	84361	29378	82503
邵阳市	Shaoyang	3216624	2590297	10059	425370	42354	121531
岳阳市	Yueyang	3176885	2890347	22772	152712	18961	64363
常德市	Changde	3820478	3448438	48345	211349	24478	59111
张家界市	Zhangjiajie	601947	321020	557	168213	12580	94130
益阳市	Yiyang	2457729	2295507	7620	87723	8290	46454
郴州市	Chenzhou	1870968	1523053	263	192783	28186	117326
永州市	Yongzhou	3167095	2705199	531	242859	64587	117234
怀化市	Loudi	1800481	1375116	860	291768	14306	104432
娄底市	Huaihua	1610811	1317499	6403	224145	17867	23242
湘西州	West Hunan	838486	520123	1120	155004	19201	139210

19-32 续表 continued

市 州	Cities and Prefecture	油菜籽 Rapeseeds	黄红麻 Jute and Ambary Hemp	苎麻 Ramie	烤烟 Fluecured Tobacco	茶叶 Tea	柑桔 Citrus
长沙市	Changsha	80323		20	15563	32498	111051
株洲市	Zhuzhou	51859		1601	6564	2398	67557
湘潭市	Xiangtan	23877		50		1960	13726
衡阳市	Hengyang	324874	83	82	21153	2807	96804
邵阳市	Shaoyang	128207		947	10624	5253	452722
岳阳市	Yueyang	190232	74	1932		18718	117318
常德市	Changde	549180		1418	9719	16353	809816
张家界市	Zhangjiajie	69396		4790	14925	3077	258768
益阳市	Yiyang	227190		1728	113	77948	230177
郴州市	Chenzhou	86071			70760	6974	344046
永州市	Yongzhou	114350	25	262	43024	2353	568824
怀化市	Loudi	153682	11		3333	4661	1055066
娄底市	Huaihua	33792	83	93	183	7649	47100
湘西州	West Hunan	72667		239	28785	3377	703296

19-33 主要林产品产量(2016年)
Output of Major Forest Products (2016)

市 州	Cities and Prefecture	油茶籽(吨) Tea-oil Seeds (ton)	油桐籽(吨) Tung-oil Seeds (ton)	松脂(吨) Pine Resin (ton)	板栗(吨) Chestnuts (ton)	棕片(吨) Palm Leaf (ton)	竹笋干(吨) Bamboo Shoots (ton)	木 材 采伐量(万方) Woods Cuts (10 000 cu.m)	竹 材 采伐量(万根) Bamboo Cuts (10 000 roots)
全 省	**Total**	**874642**	**35287**	**46566**	**98801**	**6060**	**41643**	**358.22**	**14089.79**
长沙市	Changsha	68275	2	368	15410	2	288	15.00	781.00
株洲市	Zhuzhou	132776	1053	330	1623	519	6768	15.78	605.96
湘潭市	Xiangtan	10378	10		484		28	3.14	15.03
衡阳市	Hengyang	189653	2763	1625	20080	23	3294	7.95	1693.59
邵阳市	Shaoyang	85716	378	261	5047	401	3168	54.14	780.35
岳阳市	Yueyang	30051	9448	1070	6505	248	1530	24.91	6698.14
常德市	Changde	34172	440	200	6897	85	332	46.86	1012.77
张家界市	Zhangjiajie	1765	1510	425	2327	1688	331	4.79	6.10
益阳市	Yiyang	21155	800	350	3168	1010	2328	63.28	1391.38
郴州市	Chenzhou	79409	5379	2242	6016	687	10446	19.56	343.85
永州市	Yongzhou	124943	1582	33769	11264	656	6417	42.57	349.49
怀化市	Loudi	72545	10839	4290	10145	637	6183	53.16	291.18
娄底市	Huaihua	10156	58	23	4010	41	275	0.75	114.00
湘西州	West Hunan	13647	1025	1613	5825	63	255	6.33	6.95

19-34 牲畜头数、畜产品产量(2016年)
Number of Live stocks, Output of Livestock Products (2016)

市 州	Cities and Prefecture	大牲畜年末存栏数(头) Large Animals (head)	#牛 Cattle and Buffaloes	生猪存栏(万头) Hogs (10 000heads)	肉猪出栏(万头) Slaughtered Fattened Hogs (10 000heads)	猪肉产量(吨) Output of Pork (ton)	牛肉产量(吨) Output of Beef (ton)	羊肉产量(吨) Output of Mutton (ton)	禽蛋产量(吨) Poultry eggs (ton)
长沙市	Changsha	162108	161435	370.19	737.68	543666	14112	12480	52991
株洲市	Zhuzhou	172818	174718	266.35	434.39	309356	8126	8682	48148
湘潭市	Xiangtan	53100	53100	266.65	515.90	398995	1815	1620	37920
衡阳市	Hengyang	307752	304267	529.60	933.06	713699	18206	10866	238038
邵阳市	Shaoyang	741432	723340	525.23	940.77	671500	44142	8931	19279
岳阳市	Yueyang	463228	460100	404.81	722.77	492978	21201	7209	84261
常德市	Changde	455892	455778	325.42	616.87	444146	17774	29450	420398
张家界市	Zhangjiajie	163585	160494	72.56	99.66	75422	7468	3556	14428
益阳市	Yiyang	373337	368134	295.55	478.35	344462	23788	7751	155157
郴州市	Chenzhou	383257	382627	323.83	571.94	414424	16796	7729	32744
永州市	Yongzhou	998472	920841	514.47	873.45	633097	33967	10906	63474
怀化市	Loudi	605753	588200	238.51	329.08	248058	18242	7738	17140
娄底市	Huaihua	413332	409512	274.87	503.71	353887	21427	5268	29958
湘西州	West Hunan	303946	302992	102.98	113.20	75808	7657	6034	10508

19-35 农业生产条件(2016年)
Condition of Agricultural Production(2016)

市 州	Cities and Prefecture	农业机械总动力(万千瓦) Total Power of Agricultural Machinery (10 000 kw)	有效灌溉面积(千公顷) Effective Irrigated Area (1000 hectares)	化肥施用量(万吨) Consumption of Chemical Fertilizers (10 000 tons)	农村用电量(万度) Electricity Consumed in Rural Areas (10 000 kwh)	每公顷面积产量(公斤) Yield per hectare (kg) 粮食 Grain Crops	棉花 Cotton	油料 Oil-bearing Crops
全 省	**Total**	**6097.54**	**3132.37**	**246.44**	**1267037**	**6039**	**1185**	**1689**
长沙市	Changsha	595.86	229.15	18.97	204313	6638	1664	1715
株洲市	Zhuzhou	344.66	163.63	11.10	83552	6810	1519	1589
湘潭市	Xiangtan	285.59	140.67	10.58	66645	6989	938	1142
衡阳市	Hengyang	558.37	287.34	25.05	188154	5778	1399	1628
邵阳市	Shaoyang	464.91	286.20	23.04	93821	5497	1038	1778
岳阳市	Yueyang	582.97	316.89	23.12	84904	5647	1535	1715
常德市	Changde	578.27	469.11	32.87	133246	5279	1496	1887
张家界市	Zhangjiajie	112.22	55.48	6.01	19131	4324	1213	1766
益阳市	Yiyang	637.23	237.78	23.59	95534	5729	1635	1721
郴州市	Chenzhou	429.27	190.69	20.53	71378	5315	821	1621
永州市	Yongzhou	603.49	289.63	23.99	78504	5700	1481	1827
怀化市	Huaihua	387.92	199.13	11.13	59270	5506	623	1408
娄底市	Loudi	347.80	96.14	8.53	69976	5798	1502	1290
湘西州	West Hunan	183.23	170.53	7.94	18609	4596	737	1518

注:化肥施用量1989年及以前均为实物量，1990年及以后为折纯量。
Data of consumption of fertilizers refer to the consumption in quantity prior to 1989, and the consumption in purity in and after 1990.

19-36 农畜产品产量(2016年)
Output of Major Farm and Livestocks Products(2016)

市 州	Cities and Prefecture	粮食产量(万吨) Grain (10 000 tons)	棉花产量(吨) Cotton (ton)	油料产量(万吨) Oilbearing (10 000 tons)	水果产量(万吨) Fruit (10 000 tons)	肉类产量(万吨) Total Output of Meat (10 000 tons)	猪牛羊肉产量 Output of Pork, Beef and Mutton	奶类(吨) Milk Output (tons)	牛奶 Cow Milk Output	水产品产量(吨) Aquatic Products (ton)
长沙市	Changsha	247.41	416	9.52	43.25	65.89	57.03	4443	4443	126440
株洲市	Zhuzhou	181.65	2187	6.19	30.68	36.24	32.62			92492
湘潭市	Xiangtan	150.39	225	2.64	8.32	41.80	40.24	2130	2130	99756
衡阳市	Hengyang	330.73	22033	35.97	81.13	90.75	74.28	914	914	295899
邵阳市	Shaoyang	321.66	301	17.54	91.57	80.22	72.46	45726	45726	107453
岳阳市	Yueyang	317.69	55806	22.09	71.60	57.25	52.14	7101	7101	537753
常德市	Changde	382.05	94263	57.04	105.81	65.46	49.14	14207	14207	500727
张家界市	Zhangjiajie	60.19	1128	8.12	31.95	9.47	8.64			17246
益阳市	Yiyang	245.77	23468	24.32	54.23	42.45	37.60			412777
郴州市	Chenzhou	187.10	230	12.10	80.88	49.20	43.89	589	589	121493
永州市	Yongzhou	316.71	3348	16.66	156.75	81.78	67.80	654	654	207145
怀化市	Huaihua	180.05	972	16.46	157.41	34.10	27.40	949	949	84889
娄底市	Loudi	161.08	556	5.11	21.16	40.31	38.06			91362
湘西州	West Hunan	83.85	140	9.12	93.79	10.01	8.95	76	76	22362

19-37 农业基本情况(2016年)
Basic Indicators of Agriculture(2016)

市 州	Cities and Prefecture	乡 村 劳动力 (万人) Number of Laborers (10 000 persons)	年末实有 耕地面积 (万公顷) Cultivated Areas (at the year end) (10 000 hectares)	当年减少 耕地面积 (万公顷) Decrease in Cultivated Area by Cause	造林面积 (万公顷) Afforesta-tion Areas (10 000 hectares)
全 省	**Total**	**3464.9**	**414.88**	**0.85**	**33.66**
长沙市	Changsha	275.4	27.52	0.13	0.78
株洲市	Zhuzhou	195.2	20.87	0.05	1.82
湘潭市	Xiangtan	128.8	15.12	0.04	0.85
衡阳市	Hengyang	346.0	39.19	0.06	3.20
邵阳市	Shaoyang	428.9	44.73	0.08	4.08
岳阳市	Yueyang	251.4	35.32	0.08	2.01
常德市	Changde	305.1	50.55	0.10	2.56
张家界市	Zhangjiajie	88.6	11.95	0.04	1.66
益阳市	Yiyang	227.2	29.95	0.06	1.81
郴州市	Chenzhou	274.7	29.90	0.05	3.92
永州市	Yongzhou	302.3	36.26	0.06	4.00
怀化市	Huaihua	264.4	34.29	0.04	3.42
娄底市	Loudi	230.7	19.25	0.02	1.36
湘西州	West Hunan	146.2	19.98	0.03	2.18

注：从2000年起，耕地面积为省国土资源厅统计数据(下表同)。
The data of cultivated land from Hunan Province Territory Resource Bureau since 2000.The same as in the following table.

19-37 续表 continued

市 州	Cities and Prefecture	乡村户数 (万户) Number of Rural Households (10 000 households)	乡村从业人员 (万人) Number of Rural Laborers (10 000 persons)	农林牧渔业 Farming, Forestry, Animal Husbandry and Fishery Laborers	农林牧渔业总产值 (万元) Gross Output Value of Farming,Forestry, Animal,Husbandry, and Fishery	农林牧渔业总产值指数 (上年=100) Indices (preceding year=100)
全 省	**Total**	**1568.5**	**3141.6**	**1696.8**	**60819180.79**	**103.6**
长沙市	Changsha	125.3	244.7	94.4	5835816.00	103.2
株洲市	Zhuzhou	77.1	164.1	78.2	2929539.00	103.6
湘潭市	Xiangtan	58.3	126.8	67.2	2578384.00	103.2
衡阳市	Hengyang	167.9	320.1	203.5	7053332.30	103.6
邵阳市	Shaoyang	185.3	391.3	227.4	4915425.00	103.6
岳阳市	Yueyang	123.4	230.2	114.3	5342142.00	103.2
常德市	Changde	149.2	276.9	152.3	6365189.00	103.5
张家界市	Zhangjiajie	43.4	81.1	50.3	921091.10	103.7
益阳市	Yiyang	108.3	209.1	117.5	4517742.00	103.7
郴州市	Chenzhou	118.4	247.0	105.2	3674354.00	103.5
永州市	Yongzhou	134.0	280.8	148.7	5917764.00	103.5
怀化市	Huaihua	118.5	241.7	134.2	3364796.00	103.4
娄底市	Loudi	100.3	200.6	120.4	3283632.00	103.6
湘西州	West Hunan	59.2	127.4	83.2	1359176	103.4

19-38 规模以上工业企业个数(2016年)
The Number of Units of Industrial Enterprises above Designated Size(2016)

单位:个 (unit)

市 州	Cities and Prefecture	工业企业单位个数 The number of units of industrial enterprises	按轻重工业分		按登记注册类型分			
			轻工业 Light Industry	重工业 Heary Industry	国有控股 Stste-owned Enterprises	内资企业 Domestic Funde	港澳台商投资企业 Enterprises with Funds from Hongkong, Macao and Taiwan	外商投资企业 Foreign Funded
全 省	**Total**	**14386**	**6101**	**8285**	**742**	**13866**	**312**	**208**
长沙市	Changsha	2794	1312	1482	123	2654	67	73
株洲市	Zhuzhou	1562	668	894	103	1515	21	26
湘潭市	Xiangtan	907	278	629	40	876	16	15
衡阳市	Hengyang	1001	366	635	64	965	20	16
邵阳市	Shaoyang	1130	567	563	41	1104	15	11
岳阳市	Yueyang	1287	597	690	51	1251	16	20
常德市	Changde	1010	485	525	59	973	28	9
张家界市	Zhangjiajie	196	106	90	12	190	5	1
益阳市	Yiyang	1021	479	542	39	987	25	9
郴州市	Chenzhou	1047	340	707	74	999	42	6
永州市	Yongzhou	838	358	480	45	785	43	10
怀化市	Huaihua	600	210	390	53	589	5	6
娄底市	Loudi	736	225	511	30	723	8	5
湘西州	West Hunan	272	113	159	23	270	1	1

19-39 规模以上工业企业基本情况(2016年)
Basic Indicators of Industrial Enterprises above Designated Size (2016)

单位:亿元 (100 million yuan)

市 州	Cities and Prefecture	工业增加值指数(%) Index of Value Added of Industry(%)	主营业务收入 Revenue of Main Bussiness	利润总额 Total Profits	资产总计 Total assets of industrial enterprises	负债合计 Total liabilities of industrial enterprises
全 省	**Total**	**106.9**	**38314.28**	**1953.67**	**25518.07**	**13343.81**
长沙市	Changsha	107.9	10173.19	555.28	7923.07	4422.40
株洲市	Zhuzhou	107.1	3280.67	179.82	3208.00	1448.76
湘潭市	Xiangtan	106.9	3287.46	176.00	1794.30	1115.81
衡阳市	Hengyang	106.9	2077.07	104.64	1619.82	996.38
邵阳市	Shaoyang	106.5	1921.97	108.13	808.43	313.33
岳阳市	Yueyang	107.1	5032.19	159.71	1974.44	799.33
常德市	Changde	106.6	2491.16	174.21	1792.29	851.40
张家界市	Zhangjiajie	106.7	138.74	11.07	135.92	71.89
益阳市	Yiyang	106.7	2201.08	76.89	1031.05	522.11
郴州市	Chenzhou	106.7	3262.04	177.26	1655.29	790.79
永州市	Yongzhou	106.6	1203.61	53.09	706.78	312.61
怀化市	Huaihua	106.5	986.13	43.20	762.68	395.33
娄底市	Loudi	106.7	1912.75	112.74	1244.48	758.11
湘西州	West Hunan	105.5	230.95	19.74	302.60	165.32

19-40 主要工业产品产量(2016年)

市 州	Cities and Prefecture	纱 (万吨) Yarn (10 000 tons)	布 (亿米) Cloth (100 million meters)	针棉织品 (折用纱线) (万吨) Cotton Knitwear (10 000 tons)	机制纸及纸板 (万吨) Machine-made Paper and Paperboard (10 000 tons)	电光源 (万只) Lighting Service (10 000 units)
全 省	**Total**	**105.14**	**4.01**		**422.13**	**113.00**
长沙市	Changsha	12.05	0.03		23.29	
株洲市	Zhuzhou	7.91	0.08		3.93	
湘潭市	Xiangtan	3.70			4.08	
衡阳市	Hengyang	1.47			22.31	
邵阳市	Shaoyang	3.94	0.06		58.66	
岳阳市	Yueyang	18.00	1.16		108.05	
常德市	Changde	29.43	1.82		107.71	113.00
张家界市	Zhangjiajie					
益阳市	Yiyang	22.12	0.55		37.07	
郴州市	Chenzhou	1.39	0.00		45.86	
永州市	Yongzhou	0.06	0.16			
怀化市	Huaihua	2.62	0.13		11.17	
娄底市	Loudi	0.81				
湘西州	West Hunan	1.62				

19-40 续表

市 州	Cities and Prefecture	原 煤 (万吨) Coal (10 000 tons)	发电量 (亿千瓦时) Electricity (100 million kw.h)	水电 Hydro-power	钢材 (万吨) Steel (10 000 tons)	水 泥 (万吨) Cement (10 000 tons)	平板玻璃 (万重量箱) Plate Class (10 000 weight cases)	硫 酸 (万吨) Sulfuric Acid (10 000 tons)
全 省	**Total**	**2595.54**	**1284.71**	**530.38**	**1998.69**	**12177.65**	**2739.14**	**240.70**
长沙市	Changsha		65.33	20.81	5.77	1281.76	64.49	5.10
株洲市	Zhuzhou	562.06	67.90	30.36	3.36	535.85	2411.50	65.31
湘潭市	Xiangtan		86.85	0.24	714.69	864.16		
衡阳市	Hengyang	310.52	65.40	18.99	107.38	972.62		77.20
邵阳市	Shaoyang	33.58	98.35	51.68	2.50	1047.73		
岳阳市	Yueyang		101.53	0.75	1.28	390.48		4.95
常德市	Changde	21.30	127.47	44.41		1286.74	245.18	
张家界市	Zhangjiajie	2.70	18.58	12.21		197.19		
益阳市	Yiyang	13.95	100.23	41.11	53.66	858.68		
郴州市	Chenzhou	844.57	159.55	47.55	24.53	1024.51		21.10
永州市	Yongzhou	5.23	58.75	49.96	52.59	1070.82	17.97	4.92
怀化市	Huaihua	9.32	201.63	193.41	2.96	909.32		22.81
娄底市	Loudi	786.80	116.59	2.84	1029.97	1435.32		1.18
湘西州	West Hunan	5.51	16.55	16.07		302.48		38.14

Output of Major Industrial Products (2016)

成品糖（万吨）Sugar (10 000 tons)	卷 烟（万箱）Cigarettes (10 000 cases)	化学药品原药（吨）Original Chemical Drug (ton)	食用植物油（万吨）Edible Vegetable Oil (10 000 tons)	饲料（万吨）Mixed Fodder (10 000 tons)	粗钢（万吨）Crude Steel (10 000 tons)	生 铁（万吨）Pig Iron (10 000 tons)
5.79	**338.92**	**78776.19**	**388.19**	**1819.69**	**1827.82**	**1791.36**
	109.78	41194.64	12.94	316.98		
		360.49	4.39	127.69		
		7.80	4.75	78.61	752.33	730.51
5.79		21.68	35.39	132.17	99.68	80.96
		246.13	0.85	112.92		
		9110.40	222.65	521.92		
	173.29	697.73	67.31	226.03		
		49.06	1.25	2.17		
		24915.00	12.65	129.13		
	31.86		0.23	31.49		
	24.00	52.79	6.28	65.63		13.75
		2066.95	17.78	54.99		
			1.72	18.95	975.82	966.14
		53.52	0.01	1.01		

continued

烧 碱（万吨）Caustic Sode (10 000 tons)	化学农药（原药）（万吨）Chemical Pesticide (10 000 tons)	化学肥料（折纯量）（万吨）Chemical Fertilizers (10 000 tons)			电 石（万吨）Calcium Carbide (10 000 tons)	初级形态的塑料（万吨）Pimary Plastics (ton)	矿山专用设备（万吨）Mining Special Equipment (10 000ton)	金属切削机床(台) Metal-Cutting Machine Tools(unit)
			氮肥 Nitrogen Fertilizers	磷肥 Phosphate Fertilizers				
42.97	**4.97**	**102.76**	**61.55**	**12.90**	**7.74**	**51.33**	**51.63**	**3966**
	1.58	1.29		1.29		0.42	3.02	1984
	0.74						2.86	
		7.21	7.21				4.32	
31.00		4.08	3.55	0.53		10.86	1.41	
							6.30	
7.73	1.25	48.56	20.26			36.29		218
1.15	1.37	10.83	2.77	8.07		0.48	1.08	
						0.22		
	0.02					3.07	0.02	1764
		1.37	1.37					
							0.11	
3.10		5.01	2.38	2.64	7.74		0.39	
		24.02	24.02				32.12	
		0.38		0.38				

19-41 建筑企业概况(2016年)
General Survey of Construction Enterprises(2016)

单位:亿元 (100 million yuan)

市　州	Cities and Prefecture	企业总收入 Total Income of Enterprises	利税总额合计 Total pre-tax Profits	利润总额合计 Total Profits
全　省	**Total**	**7010.13**	**433.03**	**230.57**
长沙市	Changsha	3842.23	205.00	118.17
株洲市	Zhuzhou	511.33	23.69	12.86
湘潭市	Xiangtan	319.77	19.32	10.52
衡阳市	Hengyang	417.04	27.31	10.47
邵阳市	Shaoyang	320.28	22.83	10.91
岳阳市	Yueyang	295.59	26.97	15.99
常德市	Changde	316.12	22.63	10.14
张家界市	Zhangjiajie	29.53	2.32	0.95
益阳市	Yiyang	203.12	17.99	7.09
郴州市	Chenzhou	230.37	22.47	12.46
永州市	Yongzhou	145.56	12.68	7.29
怀化市	Huaihua	95.22	8.94	3.31
娄底市	Loudi	232.63	16.77	8.54
湘西州	West Hunan	51.36	4.10	1.86

19-42 建筑业指标(2016年)
Statistics Indicators on Construction Enterprises (2016)

市　州	Cities and Prefecture	建筑业总产值(亿元) gross output value of construction (100 million yuan)	企业单位数(个) number of enterprises (unit)	从业人员数(万人) number of employees (10 000 persons)
全　省	**Total**	**7304.22**	**2124**	**229.15**
长沙市	Changsha	3786.49	546	107.18
株洲市	Zhuzhou	622.50	202	17.30
湘潭市	Xiangtan	331.43	131	14.22
衡阳市	Hengyang	482.46	176	14.89
邵阳市	Shaoyang	325.55	111	10.06
岳阳市	Yueyang	302.93	216	11.24
常德市	Changde	293.16	116	11.07
张家界市	Zhangjiajie	31.99	29	1.37
益阳市	Yiyang	222.19	96	7.45
郴州市	Chenzhou	269.74	130	9.46
永州市	Yongzhou	206.12	99	7.79
怀化市	Huaihua	128.72	94	4.35
娄底市	Loudi	253.18	125	10.84
湘西州	West Hunan	47.76	53	1.94

19-43 房屋建筑面积(2016年)
Floor Space of Building Construction(2016)

单位:万平方米 (10 000 sq.m)

市 州	Cities and Prefecture	房屋建筑面积 Floor Space of Building Construction	
		施工面积 Floor Space Under Construction	竣工面积 Floor Space Completed
全 省	**Total**	**50329.04**	**18629.18**
长沙市	Changsha	27980.52	7370.01
株洲市	Zhuzhou	3771.96	1770.00
湘潭市	Xiangtan	1823.01	660.34
衡阳市	Hengyang	2832.49	1346.04
邵阳市	Shaoyang	3101.03	1390.29
岳阳市	Yueyang	1444.16	913.56
常德市	Changde	2092.24	829.11
张家界市	Zhangjiajie	245.23	136.93
益阳市	Yiyang	1253.75	873.52
郴州市	Chenzhou	1390.47	895.83
永州市	Yongzhou	1903.03	1339.38
怀化市	Huaihua	1008.24	398.44
娄底市	Loudi	1171.26	605.03
湘西州	West Hunan	311.65	100.71

注：2014年开始国有经济适用国有及国有控股企业。

Beginning in 2013,state-owned economic enterprises reper to state-owned and state holding enterprises.

19-44 公路长度(2016年) Length of Highways (2016)

单位:公里 (km)

市 州	Cities and Prefecture	里程总计 Total Length of Highways	等级公路 Expressway and Class I to IV Highway	高速公路 Express-way	一级公路 First Class	二级公路 Second Class	三级公路 Third Class	四级公路 Fourth Class	等外路 Highway Below Class IV
全 省	**Total**	**238273**	**215904**	**6080**	**1568**	**13567**	**5582**	**189108**	**22369**
长沙市	Changsha	16229	13517	651	293	1133	737	10703	2713
株洲市	Zhuzhou	13883	13662	461	101	1142	125	11834	221
湘潭市	Xiangtan	7892	5356	260	66	414	241	4375	2536
衡阳市	Hengyang	20887	17122	665	79	1077	185	15116	3765
邵阳市	Shaoyang	22137	18274	504	80	1371	499	15819	3862
岳阳市	Yueyang	20362	19795	386	146	988	408	17867	567
常德市	Changde	22537	22534	431	231	1189	547	20136	3
张家界市	Zhangjiajie	8937	7105	117	10	295	470	6214	1833
益阳市	Yiyang	16102	15449	186	105	962	112	14084	653
郴州市	Chenzhou	17698	16339	553	140	1417	373	13856	1359
永州市	Yongzhou	23166	21132	492	117	1161	504	18859	2034
怀化市	Huaihua	20690	19517	680	102	1174	669	16892	1174
娄底市	Loudi	14971	13668	299	92	649	275	12354	1303
湘西州	West Hunan	12782	12434	396	7	595	437	10999	347

注：资料来源于省交通厅。2006年起等外路包含村道。
Figures in this table form Transpotation Bureau of Hunan Province. Highway below class IV includes country road since 2006.

19-45 民用车辆拥有量(2016年) Number of Civil Motor Vehicles (2016)

市 州	Cities and Prefecture	合计(辆) Total (unit)	私人汽车 Private car	汽车 Civil Motor Vehicles: 载客 Passenger Vehicles	汽车 Civil Motor Vehicles: 载货 Trucks Vehicles	摩托车 Motors	拖拉机 Tractors	其他类型车 Other Motor Vehicles	机动车驾驶员(人) Number of Motor Drivers (person)	#汽车驾驶员 Automobile Drivers
全 省	**Total**	**10985333**	**5511139**	**5247207**	**683667**	**4497385**	**323606**	**103941**	**13772313**	**11043624**
长沙市	Changsha	2264497	1762027	1795437	131152	275607	30694	8853	2609992	2489173
株洲市	Zhuzhou	787373	361449	350046	42707	354504	25832	9356	947405	777925
湘潭市	Xiangtan	515297	260180	257859	22960	209507	12635	9298	659788	563015
衡阳市	Hengyang	746667	372296	353637	50813	297441	26290	8964	1126348	911843
邵阳市	Shaoyang	754900	384358	333235	72936	313017	20419	4637	1151939	956186
岳阳市	Yueyang	858284	391339	373149	41116	388452	31443	15179	1048586	854192
常德市	Changde	925293	378349	360335	47168	449067	39488	17059	1170936	835860
张家界市	Zhangjiajie	300516	99110	92189	16564	180490	7498	767	311922	202083
益阳市	Yiyang	659188	291308	262698	40627	298621	32525	14987	967266	733475
郴州市	Chenzhou	639013	315891	282201	56925	254255	32960	3771	748812	634069
永州市	Yongzhou	658098	278811	238954	51236	314506	33358	5594	897457	623458
怀化市	Huaihua	808657	247341	222496	41226	523525	8665	2357	908940	541068
娄底市	Loudi	770357	260386	228851	45210	477061	9197	2491	826722	656211
湘西州	West Hunan	297193	108294	96120	23027	161332	12602	628	396200	265066

19-46 邮电业务量(2016年)
Volume of Postal and Telecommunications Services (2016)

市 州	Cities and Prefecture	邮电业务总量(亿元) Revenue From Postal and Telecommunication (100 million yuan)	邮政业务总量(亿元) Revenue From Postal (100 million yuan)	电信业务总量(亿元) Revenue From Telecommunication (100 million yuan)	函件(万件) Letters (10 000 pieces)	报刊期发数(万份) Parcels (10 000 copies)	本地电话用户(万户) Local Telephone Subscribers (10 000 subscribers)	移动电话用户(万户) Mobile Telephone Subscribers (10 000 subscribers)	互联网用户数(万户) Number of Internet Users (10 000 persons)
全 省	**Total**	**1359.33**	**143.37**	**1215.96**	**3040.08**	**559.85**	**720.02**	**4993.63**	**1066.88**
长沙市	Changsha	378.57	57.99	320.58	1220.69	82.15	172.51	972.55	222.23
株洲市	Zhuzhou	89.37	12.49	76.88	62.51	30.61	55.95	330.91	76.41
湘潭市	Xiangtan	63.97	4.71	59.25	39.66	25.49	27.13	232.59	54.24
衡阳市	Hengyang	105.59	9.93	95.66	169.85	54.98	77.14	452.85	91.99
邵阳市	Shaoyang	90.71	8.65	82.07	482.05	63.52	54.91	399.32	78.26
岳阳市	Yueyang	91.27	8.23	83.03	29.00	37.61	70.69	378.49	85.31
常德市	Changde	94.46	6.90	87.57	218.26	44.42	54.06	416.06	95.96
张家界市	Zhangjiajie	32.57	1.88	30.69	27.55	15.46	12.15	116.49	28.82
益阳市	Yiyang	67.77	8.15	59.62	133.65	34.48	32.87	298.86	51.50
郴州市	Chenzhou	79.17	8.00	71.17	97.08	38.54	48.61	335.72	71.79
永州市	Yongzhou	66.01	4.88	61.13	28.88	42.86	27.37	300.76	61.11
怀化市	Huaihua	76.39	4.63	71.77	403.83	35.69	37.56	322.91	58.97
娄底市	Loudi	67.37	4.45	62.92	109.58	28.94	32.57	265.60	54.45
湘西州	West Hunan	45.47	2.48	42.99	17.52	25.09	16.48	170.53	35.84

注：邮电业务总量、邮政业务总量和电信业务总量2010年起，由2000年不变价调整为2010年不变价。
From 2010，the index of Revenue From Postal and Telecommunication is adjusted from 2000’s constant price to 2010's constant price.

19-47 规模以上服务业企业主要经济指标(2016年)
Major Economic Indicators of Service Enterprises above Designated Size (2016)

单位:亿元 (100 million yuan)

市 州	Cities and Prefecture	单位数(个) Number of Enterprises (unit)	年初存货 Inventory Year-early	流动资产合计 Circulating Funds	应收账款 Net Value of Account Received	年末存货 Inventory Year-end
总 计	**Total**	**4723**	**2870.83**	**8804.51**	**760.22**	**3383.77**
长沙市	Changsha	1296	1417.55	4392.64	335.61	1581.55
株洲市	Zhuzhou	347	204.87	631.38	68.21	163.40
湘潭市	Xiangtan	158	16.50	92.66	22.97	18.00
衡阳市	Hengyang	520	355.70	1012.46	61.88	630.45
邵阳市	Shaoyang	225	2.85	30.24	5.47	3.08
岳阳市	Yueyang	359	29.70	138.97	24.34	33.98
常德市	Changde	542	235.00	1017.00	51.10	277.16
张家界市	Zhangjiajie	71	4.18	60.48	1.59	2.81
益阳市	Yiyang	142	75.42	155.64	3.69	87.75
郴州市	Chenzhou	466	305.41	685.34	64.69	313.74
永州市	Yongzhou	174	12.11	25.60	5.66	12.64
怀化市	Huaihua	133	14.01	109.28	15.18	35.69
娄底市	Loudi	212	193.52	425.54	93.07	219.12
湘西州	West Hunan	78	4.01	27.26	6.77	4.40

19-47 续表 1 continued

市 州	Cities and Prefecture	固定资产原价 Original Price of Fixed Assets	累计折旧 Accumulated depreciation	本年折旧 Depreciation this Year	资产总计 Total Assets	应付账款 Accounts payable	负债合计 Total Liability	所有者权益合计 Tatol Rights of Owners
总 计	**Total**	**3028.14**	**1010.13**	**189.75**	**15505.82**	**713.99**	**8651.65**	**6854.71**
长沙市	Changsha	1345.82	437.83	71.21	7167.05	451.26	3853.28	3314.31
株洲市	Zhuzhou	230.27	67.03	11.87	1985.44	29.84	1291.98	693.74
湘潭市	Xiangtan	92.96	39.46	7.35	185.60	23.16	135.23	50.39
衡阳市	Hengyang	317.63	70.03	11.09	1630.31	37.55	848.44	781.83
邵阳市	Shaoyang	109.78	28.92	7.66	121.41	8.77	70.57	50.34
岳阳市	Yueyang	134.37	61.96	14.36	274.54	21.60	165.94	108.55
常德市	Changde	182.68	63.59	12.05	1448.97	32.57	892.67	556.22
张家界市	Zhangjiajie	73.43	25.48	4.36	148.94	4.05	103.88	45.06
益阳市	Yiyang	89.77	37.55	5.26	358.51	13.17	230.84	127.59
郴州市	Chenzhou	151.27	48.78	9.94	1116.85	30.08	439.30	677.99
永州市	Yongzhou	72.79	30.17	5.86	245.36	12.88	165.92	79.44
怀化市	Huaihua	93.99	40.42	19.20	206.38	19.11	104.50	101.88
娄底市	Loudi	80.62	34.95	5.51	541.20	21.48	302.58	238.62
湘西州	West Hunan	52.75	23.96	4.03	75.26	8.47	46.50	28.76

19-47 续表 2 continued

单位:亿元 (100 million yuan)

市 州	Cities and Prefecture	营业收入 Operating Income	主营业务收入 Revenue of Major Business	营业成本 Operating Cost	主营业务成本 Cost of Major Business	营业税金及附加 Tax and Extra Charges from Principal Business
总 计	**Total**	**2731.63**	**2600.56**	**2041.10**	**1914.14**	**29.25**
长沙市	Changsha	1324.20	1230.73	978.00	898.59	12.62
株洲市	Zhuzhou	182.10	177.68	142.20	133.34	2.69
湘潭市	Xiangtan	83.92	78.72	63.44	58.37	0.69
衡阳市	Hengyang	169.81	168.00	123.72	121.92	2.34
邵阳市	Shaoyang	76.37	73.00	55.08	50.70	0.52
岳阳市	Yueyang	148.62	145.90	112.42	106.19	1.53
常德市	Changde	159.58	156.81	119.26	117.31	1.35
张家界市	Zhangjiajie	52.99	46.62	32.63	32.16	0.59
益阳市	Yiyang	67.75	67.22	47.67	45.89	1.34
郴州市	Chenzhou	242.39	238.12	199.27	193.01	3.95
永州市	Yongzhou	53.35	52.90	44.46	40.64	0.48
怀化市	Huaihua	56.95	55.70	40.29	37.39	0.36
娄底市	Loudi	83.83	79.93	62.37	59.03	0.58
湘西州	West Hunan	29.77	29.23	20.28	19.61	0.21

19-47 续表 3 continued

市 州	Cities and Prefecture	主营业务税金及附加 Tax of Major Business	销售费用 Operation Expense	管理费用 Management Expense		财务费用 Financial Expense
					税金 tax	
总 计	**Total**	**27.61**	**148.17**	**289.63**	**7.21**	**81.19**
长沙市	Changsha	12.19	69.03	155.79	3.47	33.92
株洲市	Zhuzhou	2.68	10.24	19.51	0.64	4.26
湘潭市	Xiangtan	0.68	5.30	9.38	0.40	1.41
衡阳市	Hengyang	1.83	7.94	16.70	0.43	12.96
邵阳市	Shaoyang	0.47	6.28	8.64	0.17	1.16
岳阳市	Yueyang	1.23	6.86	10.80	0.35	2.64
常德市	Changde	1.31	8.41	17.73	0.40	5.06
张家界市	Zhangjiajie	0.50	4.57	4.27	0.19	2.87
益阳市	Yiyang	1.31	4.36	7.29	0.26	4.41
郴州市	Chenzhou	3.85	7.64	14.92	0.31	4.39
永州市	Yongzhou	0.45	4.06	5.50	0.14	5.34
怀化市	Huaihua	0.34	5.55	6.58	0.24	1.77
娄底市	Loudi	0.57	4.85	7.78	0.13	0.66
湘西州	West Hunan	0.19	3.09	4.74	0.08	0.33

19-47 续表 4 continued

单位:亿元 (100 million yuan)

市 州	Cities and Prefecture	利息收入 Interest Revenue	利息支出 Interest Expense	投资收益 Income from Investment	营业利润 Operating Profit	营业外收入 Non-operating Income	补贴收入 Income from Subsidy
总 计	**Total**	**20.78**	**84.67**	**41.04**	**188.94**	**106.79**	**81.52**
长沙市	Changsha	19.03	46.77	32.48	99.88	41.07	30.45
株洲市	Zhuzhou	0.46	2.68	3.51	9.52	11.77	10.01
湘潭市	Xiangtan	0.14	1.45	0.60	4.41	3.48	1.94
衡阳市	Hengyang	-0.06	9.87	0.51	6.46	16.81	13.70
邵阳市	Shaoyang		0.87	0.35	6.49	2.08	1.17
岳阳市	Yueyang	0.06	1.55	0.90	14.03	2.34	1.52
常德市	Changde	0.45	8.56	0.49	9.51	11.39	10.38
张家界市	Zhangjiajie	0.24	3.15	1.34	9.50	0.47	0.26
益阳市	Yiyang	0.09	2.07	0.19	6.90	3.42	2.31
郴州市	Chenzhou	0.12	1.31	0.38	14.43	6.78	4.28
永州市	Yongzhou	0.06	4.47	0.01	-3.53	2.59	2.51
怀化市	Huaihua	0.10	1.15	0.08	2.96	1.94	1.38
娄底市	Loudi	0.06	0.51	0.19	7.23	1.79	1.00
湘西州	West Hunan	0.01	0.25	0.02	1.15	0.88	0.62

19-47 续表 5 continued

市 州	Cities and Prefecture	营业外支出 Non-operating Income	利润总额 Total Profit	应交所得税 Income Tax Payable	应付职工薪酬 Total Sum of Wages Payable	应交增值税 Value Added Payable	年均从业人员(万人) Average Number of Empolyment of the Current Year (10 000 persons)
总 计	**Total**	**24.07**	**271.58**	**57.03**	**399.43**	**56.81**	**62.73**
长沙市	Changsha	15.70	125.23	38.84	208.87	27.67	23.16
株洲市	Zhuzhou	1.08	20.22	1.39	24.86	3.73	4.30
湘潭市	Xiangtan	0.87	7.10	1.34	11.96	2.20	2.57
衡阳市	Hengyang	1.01	22.29	2.46	22.32	3.82	5.10
邵阳市	Shaoyang	0.76	7.82	1.40	15.34	2.09	3.19
岳阳市	Yueyang	0.48	15.89	2.44	18.58	2.64	3.88
常德市	Changde	0.72	20.05	2.23	27.34	2.71	5.70
张家界市	Zhangjiajie	0.37	9.60	2.15	4.65	1.65	0.79
益阳市	Yiyang	0.71	9.62	0.65	7.98	1.48	1.58
郴州市	Chenzhou	0.63	20.58	2.86	18.79	3.62	4.13
永州市	Yongzhou	0.41	-1.36	0.46	10.33	1.23	2.29
怀化市	Huaihua	0.22	4.67	0.15	9.97	1.06	2.16
娄底市	Loudi	0.87	8.11	0.53	11.70	1.42	2.69
湘西州	West Hunan	0.25	1.78	0.13	6.75	1.49	1.18

19-48 国内外贸易、对外经济和旅游(2016年)
Domestic Trade, Foreign Trade, Foreign Economy And Tourism(2016)

市 州	Cities and Prefecture	社会消费品零售总额(亿元) Total Retail Sales of Consumer Goods (100 million yuan)	社会消费品零售总额增速(%) Total Retail Sales of Consumer Goods growth rate (%)	实际利用外商直接投资金额(万美元) Total Amount of Foreign Capital Actually Used (USD 100million)	旅游业总收入(亿元) Income of Tourism (100 million yuan)
长沙市	Changsha	4117.40	11.56	481385	991.35
株洲市	Zhuzhou	938.49	11.77	105130	393.36
湘潭市	Xiangtan	582.36	11.86	105503	320.27
衡阳市	Hengyang	1127.98	11.78	114560	363.25
邵阳市	Shaoyang	834.82	11.98	22547	162.91
岳阳市	Yueyang	1142.88	11.98	41539	413.96
常德市	Changde	1057.84	11.88	88889	279.87
张家界市	Zhangjiajie	198.11	11.69	10179	420.05
益阳市	Yiyang	641.47	11.76	23947	147.10
郴州市	Chenzhou	905.11	11.80	151976	330.26
永州市	Yongzhou	589.90	11.76	95300	163.49
怀化市	Huaihua	561.90	11.76	4235	297.44
娄底市	Loudi	485.27	11.86	39800	223.60
湘西州	West Hunan	253.00	11.40	219	200.52

19-49 限额以上批发零售贸易业商品购销存总额(2016年)
Total Purchases, Sales and Inventory of Enterprise above Designated Size in Wholesale and Retail Trade (2016)

单位:万元 (10 000 yuan)

市 州	Cities and Prefecture	购进总额 Total Goods Purchase	销售总额 Total Sales	批发额 Wholesale	零售额 Retail Trade	年末库存总额 Inventory at the Yearend
全 省	**Total**	**83114235**	**92710897**	**46069466**	**46641432**	**11132409**
长沙市	Changsha	40998772	40444564	22682177	17762387	4959647
株洲市	Zhuzhou	5816529	6684118	3779771	2904347	425598
湘潭市	Xiangtan	3802105	4979391	1599220	3380171	380310
衡阳市	Hengyang	5088309	5715133	2438819	3276314	819848
邵阳市	Shaoyang	3092566	3827009	1352482	2474527	311981
岳阳市	Yueyang	5211272	6356434	2651190	3705244	1349791
常德市	Changde	2800469	3745391	1398174	2347217	278990
张家界市	Zhangjiajie	455442	702542	304151	398390	96377
益阳市	Yiyang	2847759	3547595	1201500	2346095	468385
郴州市	Chenzhou	6161723	7714024	5022277	2691747	623618
永州市	Yongzhou	2070749	2626769	990933	1635836	157445
怀化市	Huaihua	1095831	2106379	759135	1347244	1035251
娄底市	Loudi	2852561	3111388	1211104	1900285	103405
湘西州	West Hunan	820148	1150161	678534	471627	121764

19-50 限额以上批发零售、住宿餐饮业法人企业数
Number of Corporation Units above Designated Size in Wholesale and Retail Trade, Hotels and Catering Services

单位:个 (unit)

市 州	Cities and Prefecture	合计 Total		批发业 Wholesale Trade		零售业 Retail Trade		住宿业 Hotels		餐饮业 Catering Services	
		2015	2016	2015	2016	2015	2016	2015	2016	2015	2016
全 省	**Total**	**7272**	**8219**	**1806**	**1987**	**4028**	**4670**	**731**	**762**	**707**	**800**
长沙市	Changsha	1619	1978	562	687	764	951	129	136	164	204
株洲市	Zhuzhou	571	657	186	213	248	299	54	60	83	85
湘潭市	Xiangtan	360	370	49	44	251	264	26	24	34	38
衡阳市	Hengyang	677	765	177	202	370	426	68	71	62	66
邵阳市	Shaoyang	729	847	101	101	487	577	56	61	85	108
岳阳市	Yueyang	547	576	175	183	282	297	49	50	41	46
常德市	Changde	629	668	83	76	423	468	55	59	68	65
张家界市	Zhangjiajie	108	115	5	6	56	61	44	43	3	5
益阳市	Yiyang	384	412	76	81	226	253	52	48	30	30
郴州市	Chenzhou	657	728	212	209	297	354	83	89	65	76
永州市	Yongzhou	329	378	34	35	227	269	30	35	38	39
怀化市	Huaihua	171	202	28	35	104	127	24	24	15	16
娄底市	Loudi	383	421	98	99	236	268	37	38	12	16
湘西州	West Hunan	108	102	20	16	57	56	24	24	7	6

19-51 限额以上批发零售、住宿餐饮业从业人员
Number of Persons Employed in Enterprises Units above Designated Size in Wholesale and Retail Trade, Hotels and Catering Services

单位:人 (person)

市 州	Cities and Prefecture	合计 Total		批发业 Wholesale Trade		零售业 Retail Trade		住宿业 Hotels		餐饮业 Catering Services	
		2015	2016	2015	2016	2015	2016	2015	2016	2015	2016
全 省	**Total**	**504002**	**517935**	**110084**	**116240**	**257306**	**264319**	**81160**	**80424**	**55452**	**56952**
长沙市	Changsha	165066	173100	37497	44223	81965	82773	23462	22543	22142	23561
株洲市	Zhuzhou	31150	32854	8436	9312	13187	13924	4728	5390	4799	4228
湘潭市	Xiangtan	23682	23558	3344	3474	13768	13694	3559	3172	3011	3218
衡阳市	Hengyang	37476	38564	8694	9110	18188	18860	7000	6932	3594	3662
邵阳市	Shaoyang	36341	37307	5572	5397	20956	21856	5082	4944	4731	5110
岳阳市	Yueyang	34557	33992	10140	9337	16359	16265	5437	5487	2621	2903
常德市	Changde	35331	36966	5748	5209	19549	21740	6115	6194	3919	3823
张家界市	Zhangjiajie	11728	11656	796	656	5044	5283	5809	5549	79	168
益阳市	Yiyang	18526	19610	3687	3666	10225	11499	3215	3089	1399	1356
郴州市	Chenzhou	35049	37772	11717	12161	12966	15021	6965	7091	3401	3499
永州市	Yongzhou	23833	23033	5836	4832	11987	12289	2679	2832	3331	3080
怀化市	Huaihua	23947	21563	2825	2983	18100	15618	1880	1844	1142	1118
娄底市	Loudi	18781	19494	3436	3460	11133	11658	3194	3370	1018	1006
湘西州	West Hunan	8535	8466	2356	2420	3879	3839	2035	1987	265	220

19-52 商品交易市场基本情况(2016年)
Basic Statistics on Commodity Exchange Markets(2016)

市 州	Cities and Prefecture	市场数(个) Number of Markets (unit)	亿元及以上市场 Commodity Markets over 100 Million Yuan	摊位总数(个) Number of Stalls (unit)	亿元及以上市场 Commodity Markets over 100 Million Yuan	出租摊位个数(个) Number of rented stall (unit)	亿元及以上市场 Commodity Markets over 100 Million Yuan	营业面积(万平方米) Operation Area (10 000 sq.m)	亿元及以上市场 Commodity Markets over 100 Million Yuan	成交额(亿元) Turnover (100 million yuan)	亿元及以上市场 Commodity Markets over 100 Million Yuan
全 省	**Total**	**2516**	**327**	**550791**	**197245**	**482620**	**179896**	**1909.90**	**1135.16**	**3995.05**	**3346.50**
长沙市	Changsha	275	62	73895	45548	62562	42461	715.41	570.25	1821.51	1761.75
株洲市	Zhuzhou	346	56	74006	29884	68366	28521	217.33	125.58	346.31	270.00
湘潭市	Xiangtan	64	11	16931	7306	13317	5181	72.12	42.09	85.44	67.83
衡阳市	Hengyang	278	36	52077	13751	46273	12771	98.71	38.40	245.39	160.78
邵阳市	Shaoyang	124	21	33452	15934	29177	14894	105.61	76.89	250.02	221.88
岳阳市	Yueyang	89	17	21120	10745	19707	10515	34.33	15.76	148.02	105.02
常德市	Changde	183	27	29306	12683	25504	11996	102.16	64.80	185.86	156.99
张家界市	Zhangjiajie	42	1	7111	590	6874	590	16.30	1.22	21.34	9.81
益阳市	Yiyang	109	9	16571	4699	14049	3958	44.84	27.76	134.64	103.65
郴州市	Chenzhou	245	23	59848	15153	53527	14721	119.26	38.17	187.26	105.15
永州市	Yongzhou	335	13	61647	7362	54764	7289	111.88	17.78	160.72	64.70
怀化市	Huaihua	222	26	51247	14336	38750	8528	148.42	69.92	209.04	166.58
娄底市	Loudi	62	14	17681	11071	17153	10882	48.18	25.61	110.72	100.12
湘西州	West Hunan	142	11	35899	8183	32597	7589	75.36	20.94	88.79	52.25

19-53 星级宾馆数(2016年)
The Number of Star-Rated Hotels (2016)

单位:个 (unit)

市州	Cities and Prefecture	星级宾馆合计 Total Number of Tourist Hotels	五星级 Five Star	四星级 Four Star	三星级 Three Star	二星级 Two Star
全 省	**Total**	**461**	**19**	**66**	**247**	**127**
长沙市	Changsha	64	9	22	26	7
株洲市	Zhuzhou	37	1	4	17	15
湘潭市	Xiangtan	15	2	4	7	2
衡阳市	Hengyang	30		6	13	11
邵阳市	Shaoyang	39		3	12	22
岳阳市	Yueyang	43	1	5	32	5
常德市	Changde	35	2	3	21	9
张家界市	Zhangjiajie	37	3	6	28	
益阳市	Yiyang	18		3	7	8
郴州市	Chenzhou	25	1	3	20	1
永州市	Yongzhou	24		4	10	10
怀化市	Huaihua	39		1	27	11
娄底市	Loudi	27			19	8
湘西州	West Hunan	28		2	8	18

19-54 进出口商品总值(2016年)
Major Expors Commodities in Value(2016)

市州	Cities and Prefecture	进出口总值(万美元) Total Exports and Imports (USD 10 000)	出口 Exports	进口 Imports	比上年增减(%) Increase Rate in 2016 Over 2015(%)
全 省	**Total**	**2687970**	**1817002**	**870968**	**-8.3**
长沙市	Changsha	1124060	755610	368449	-13.2
株洲市	Zhuzhou	175886	123460	52426	-29.2
湘潭市	Xiangtan	214986	135303	79683	-2.0
衡阳市	Hengyang	267271	161551	105720	-14.6
邵阳市	Shaoyang	130511	120798	9713	13.9
岳阳市	Yueyang	148655	113589	35066	31.1
常德市	Changde	73340	51068	22272	-5.5
张家界市	Zhangjiajie	7998	7744	254	21.2
益阳市	Yiyang	63903	54163	9740	5.6
郴州市	Chenzhou	271186	164310	106876	-3.3
永州市	Yongzhou	102234	89002	13233	16.6
怀化市	Huaihua	6381	5485	896	43.7
娄底市	Loudi	89336	23003	66333	-8.2
湘西州	West Hunan	12223	11917	306	4.6

19-55 外商直接投资(2016年)
Foreign Direct Investment (2016)

市 州	Cities and Prefecture	项目个数(个) Number of Projects (case)	实际利用外资(万美元) Actually Used Amount (USD 10 000)
全 省	**Total**	**661**	**1285209**
长沙市	Changsha	177	481385
株洲市	Zhuzhou	106	105130
湘潭市	Xiangtan	37	105503
衡阳市	Hengyang	144	114560
邵阳市	Shaoyang	27	22547
岳阳市	Yueyang	17	41539
常德市	Changde	35	88889
张家界市	Zhangjiajie	5	10179
益阳市	Yiyang	9	23947
郴州市	Chenzhou	41	151976
永州市	Yongzhou	41	95300
怀化市	Huaihua	3	4235
娄底市	Loudi	16	39800
湘西州	West Hunan	3	219

19-56 内联引资项目个数情况
Number of Projects of Domestic Direct Investment

市 州	Cities and Prefecture	项目个数(个) Number of Projects (case)				
		2012	2013	2014	2015	2016
全 省	**Total**	**4737**	**5136**	**5106**	**4915**	**5377**
长沙市	Changsha	492	641	638	693	767
株洲市	Zhuzhou	288	290	334	305	330
湘潭市	Xiangtan	266	288	283	207	258
衡阳市	Hengyang	558	541	532	488	517
邵阳市	Shaoyang	349	385	415	466	452
岳阳市	Yueyang	551	580	564	540	493
常德市	Changde	236	219	165	155	149
张家界市	Zhangjiajie	56	58	55	37	35
益阳市	Yiyang	266	299	343	301	441
郴州市	Chenzhou	751	780	754	780	898
永州市	Yongzhou	406	534	476	416	477
怀化市	Huaihua	193	214	228	206	216
娄底市	Loudi	231	211	191	226	268
湘西州	West Hunan	94	96	128	95	76

注：内联引资是指吸收的省外境内资金。
"Domestic Direct Investment" is refers to the capital absorbed from other provinces in China.

19-57 内联引资实际到位资金情况
Capital Actually Used of Domestic Direct Investment

市 州	Cities and Prefecture	实际到位资金(亿元) Amount of Domestic Capital Actually Used (100 million yuan)				
		2012	2013	2014	2015	2016
全 省	**Total**	**2465.60**	**2883.90**	**3300.79**	**3791.94**	**4361.80**
长沙市	Changsha	456.64	534.09	609.76	684.28	784.60
株洲市	Zhuzhou	195.30	230.00	265.64	305.03	350.30
湘潭市	Xiangtan	153.20	180.09	209.51	244.08	284.16
衡阳市	Hengyang	195.37	226.82	255.17	293.51	336.25
邵阳市	Shaoyang	153.65	180.62	209.50	241.98	281.68
岳阳市	Yueyang	270.39	315.47	358.03	403.15	461.95
常德市	Changde	170.69	198.10	225.33	294.86	342.10
张家界市	Zhangjiajie	33.21	37.03	41.08	45.17	50.05
益阳市	Yiyang	160.76	186.67	214.80	246.58	283.78
郴州市	Chenzhou	268.75	313.43	360.48	408.17	468.48
永州市	Yongzhou	136.42	158.41	178.12	199.26	230.49
怀化市	Huaihua	108.08	131.81	153.32	174.62	201.23
娄底市	Loudi	125.10	147.05	170.57	197.07	226.68
湘西州	West Hunan	38.02	44.31	49.50	54.18	60.05

注：内联引资是指吸收的省外境内资金。
"Domestic Direct Investment" is refers to the capital absorbed from other provinces in China.

19-58 对外经济合作情况(2016年)
Foreign Economic Cooperation (2016)

市 州	Cities and Prefecture	新签合同额(万美元) The new contract amount (10 000 U.S. dollars)	完成营业额(万美元) Complete turnover (10 000 U.S. dollars)	外派劳务人数(人) The number of field labor (person)	月末在外人数(人) At the end of the number of outside (people)
全 省	**Total**	**659730**	**631287**	**96462**	**142284**
长沙市	Changsha	72308	90603	18274	24327
株洲市	Zhuzhou	30100	28210	8145	9630
湘潭市	Xiangtan	17159	15333	5746	7082
衡阳市	Hengyang	20699	24689	5439	6232
邵阳市	Shaoyang	22800	22330	7843	8032
岳阳市	Yueyang	12769	23366	6719	7533
常德市	Changde	29271	21246	7071	7580
张家界市	Zhangjiajie	1205	1236	853	1973
益阳市	Yiyang	1798	2011	539	1028
郴州市	Chenzhou	10276	9297	6485	6800
永州市	Yongzhou	8010	18021	8362	9637
怀化市	Huaihua	1922	2478	1511	3220
娄底市	Loudi	9626	9399	3379	3762
湘西州	West Hunan	1216	2075	1088	1410

注：全省总计中包括省直企业数。
The number of provincial enterprises are including in the total of province.

19-59 旅游业基本情况(2016年)
Basic Statistics of Tourism (2016)

市 州	Cities and Prefecture	接待旅游总人数(万人次) Number of Tourists (10 000 persons)	接待国内游客(万人次) Domestic Tourists (10 000 person-times)	国内旅游总收入(亿元) Earning from Domestic Tourists (100 million yuan)	接待境外游客(人次) International Tourists (persontimes)	#外国人 Foreign Tourists	旅游创汇收入(万美元) Earning from International Tourists (USD 10 000)
全 省	**Total**	**56548**	**56307**	**4641**	**2408055**	**1274100**	**100456.79**
长沙市	Changsha	9469	9410	979	580560	353426	19203.51
株洲市	Zhuzhou	4557	4552	392	58501	11487	1656.23
湘潭市	Xiangtan	4769	4759	318	108083	54537	2770.54
衡阳市	Hengyang	4337	4332	362	56588	2816	1910.22
邵阳市	Shaoyang	2036	2034	162	20350	3393	620.95
岳阳市	Yueyang	5035	5007	405	277887	165694	13733.29
常德市	Changde	3371	3357	276	134383	51981	5775.15
张家界市	Zhangjiajie	2675	2615	398	593258	475294	33938.17
益阳市	Yiyang	2498	2496	146	26679	7103	924.06
郴州市	Chenzhou	4905	4874	321	309239	61441	13390.00
永州市	Yongzhou	2898	2897	163	7363	2715	185.10
怀化市	Huaihua	4247	4238	296	92203	19280	2612.97
娄底市	Loudi	3191	3188	223	21333	10852	633.40
湘西州	West Hunan	2561	2549	198	121628	54081	3103.20

19-60　高新技术产业情况(2016年)
Basic Statistics on High-tech Industries (2016)

市　州	Cities and Prefecture	企业单位数(个) Number of Enterprises (unit)	高新技术产业总产值(万元) Gross Output Value of Hightech Industries (10 000 yuan)	高新技术产业增加值(万元) Added Value of Hightech Industries (10 000 yuan)
全　省	**Total**	**5023**	**245839723**	**68591843**
长沙市	Changsha	1350	95692111	28680271
株洲市	Zhuzhou	439	21012456	6236047
湘潭市	Xiangtan	339	23002510	6099332
衡阳市	Hengyang	334	14023279	3807299
邵阳市	Shaoyang	401	10984894	2625160
岳阳市	Yueyang	476	27974727	6106381
常德市	Changde	419	10374351	2599302
张家界市	Zhangjiajie	57	314955	95362
益阳市	Yiyang	348	10713565	2737578
郴州市	Chenzhou	354	15378782	5390898
永州市	Yongzhou	284	6511947	1773694
怀化市	Huaihua	68	2048104	631719
娄底市	Loudi	104	7134137	1636243
湘西州	West Hunan	50	673904	172558
长沙高新技术开发区	Changsha High-tech Development District	402	52133319	12522708
株洲高新技术开发区	Zhuzhou High-tech Development District	127	12370034	3243684
湘潭高新技术开发区	Xiangtan High-tech Development District	81	4857047	1217051
衡阳高新技术开发区	Hengyang High-tech Development District	57	3133345	695883
岳阳高新技术开发区	Yueyang High-tech Development District	52	2176433	456011
益阳高新技术开发区	Yiyang High-tech Development District	68	3406177	1027259
郴州高新技术开发区	Chenzhou High-tech Development District	76	5527652	2102634

19-60 续表 continued

市 州	Cities and Prefecture	高新技术产业销售收入（万元） Sales Revenue of Hightech Industries (10 000 yuan)	#出口收入 Exports Revenue	高新技术产业利税总额（万元） Peofits and Tax of Hightech Industries (10 000 yuan)	#利润总额 Total of Profit and Tax
全 省	**Total**	**228615870**	**11177418**	**16353313**	**9324990**
长沙市	Changsha	92492828	4380449	7636727	4479947
株洲市	Zhuzhou	18182823	2219519	1786699	1095016
湘潭市	Xiangtan	21256721	2231975	740366	422620
衡阳市	Hengyang	11710401	368045	682718	369299
邵阳市	Shaoyang	9460685	483598	455130	259259
岳阳市	Yueyang	25469632	162074	2033166	854402
常德市	Changde	9265110	115521	701671	487766
张家界市	Zhangjiajie	293111	12647	19239	12779
益阳市	Yiyang	10454140	250670	560210	378621
郴州市	Chenzhou	15418015	708289	1160864	654805
永州市	Yongzhou	5648692	110607	219644	151725
怀化市	Huaihua	1839360	7868	45170	4329
娄底市	Loudi	6546375	93659	278720	132951
湘西州	West Hunan	577978	32497	32988	21471
长沙高新技术开发区	Changsha High-tech Development District	48915060	3938779	3687338	1948553
株洲高新技术开发区	Zhuzhou High-tech Development District	10453098	416710	1183856	707338
湘潭高新技术开发区	Xiangtan High-tech Development District	4928981	9836	94928	-3006
衡阳高新技术开发区	Hengyang High-tech Development District	2622327	70818	88257	-24742
岳阳高新技术开发区	Yueyang High-tech Development District	2029772	34949	160537	101929
益阳高新技术开发区	Yiyang High-tech Development District	3410658	239424	136494	83816
郴州高新技术开发区	Chenzhou High-tech Development District	5600697	699280	476995	134481

19-61 规模以上工业企业R&D人员情况(2016年)
R&D Personnel in Industrial Enterprises above Designated Size (2016)

市 州	Cities and Prefecture	有R&D活动的单位数(个) Number of Enterprises Having R&D Activities (unit)	R&D人员(人) R&D Personnel (person)	#全时人员 Fulltime Personnel	R&D人员全时当量(人年) Fulltime Equivalent of R&D Personnel (man-year)
全 省	**Total**	**3144**	**130292**	**93842**	**86440**
长沙市	Changsha	794	57469	45508	37831
株洲市	Zhuzhou	214	13338	10555	8162
湘潭市	Xiangtan	170	7807	6257	5735
衡阳市	Hengyang	271	8365	5279	5512
邵阳市	Shaoyang	191	5122	3212	3631
岳阳市	Yueyang	349	11237	4828	7659
常德市	Changde	280	7541	5084	5332
张家界市	Zhangjiajie	37	373	258	190
益阳市	Yiyang	211	4478	3286	3444
郴州市	Chenzhou	225	5955	4171	4160
永州市	Yongzhou	215	3459	1980	1376
怀化市	Huaihua	94	2105	1663	1274
娄底市	Loudi	63	2649	1552	1869
湘西州	West Hunan	30	394	209	267

19-62 规模以上工业企业按经费来源分R&D经费内部支出情况(2016年)
Intramural R&D Expenditures in Industrial Enterprises above Designated Size by Sources (2016)

单位:万元 (10 000 yuan)

市 州	Cities and Prefecture	R&D经费内部支出 Intramural Expenditure on R&D	政府资金 Government Funds	企业资金 Self-raised Funds by Enterprises	境外资金 Foreign Funds	其他 Other Funds
全 省	**Total**	**3929647**	**205874**	**3686014**	**9807**	**27953**
长沙市	Changsha	1369172	49937	1318672	563	
株洲市	Zhuzhou	438268	74334	363242	210	481
湘潭市	Xiangtan	277749	9644	266510	37	1558
衡阳市	Hengyang	220826	4738	213545	215	2328
邵阳市	Shaoyang	145857	3184	139498	1397	1778
岳阳市	Yueyang	502764	23521	463003	6718	9522
常德市	Changde	349430	9630	336727		3073
张家界市	Zhangjiajie	10744	1199	9523		23
益阳市	Yiyang	139902	4520	132528	420	2434
郴州市	Chenzhou	200639	10928	184700		5011
永州市	Yongzhou	81609	2627	78634	105	243
怀化市	Huaihua	62399	9330	52176	142	751
娄底市	Loudi	124463	1637	122121		705
湘西州	West Hunan	5827	645	5136		47

19-63 规模以上工业企业按支出用途分R&D经费内部支出情况(2016年)

Intramural R&D Expenditures in Industrial Enterprises above Designated Size by Use (2016)

单位:万元 (10 000 yuan)

市 州	Cities and Prefecture	R&D经费内部支出 Intramural Expenditure on R&D	经常费支出 Operating Expenses	#人员劳务费 Service Fees	资产性支出 Capital Expenditures	#仪器和设备 Instruments & Equipments
全 省	**Total**	**3929647**	**3555243**	**1059890**	**374405**	**362688**
长沙市	Changsha	1369172	1286417	442618	82755	80428
株洲市	Zhuzhou	438268	404924	146100	33344	31351
湘潭市	Xiangtan	277749	247241	70414	30507	28452
衡阳市	Hengyang	220826	179500	49824	41325	40543
邵阳市	Shaoyang	145857	124245	32151	21612	21107
岳阳市	Yueyang	502764	437152	116662	65612	63457
常德市	Changde	349430	325554	66597	23875	23457
张家界市	Zhangjiajie	10744	6909	2149	3835	3832
益阳市	Yiyang	139902	119261	32679	20641	20210
郴州市	Chenzhou	200639	175534	46936	25105	24807
永州市	Yongzhou	81609	70680	17953	10929	10682
怀化市	Huaihua	62399	55261	14073	7138	6935
娄底市	Loudi	124463	118314	20208	6149	5877
湘西州	West Hunan	5827	4250	1527	1577	1549

19-64 规模以上工业企业办科技机构情况(2016年)

Basic Statistics on Institutions for Scientific and Technological in Industrial Enterprises above Designated Size(2016)

市 州	Cities and Prefecture	企业办科技机构数(个) Number of Institutions for S&T in Enterprises (unit)	企业办科技机构人员(人) Number of Personnel in Institutions for S&T in Enterprises (person)	#博士 Doctor	#硕士 Master	科技机构内部经费支出(万元) Intramural Expenditure for S&T Institutions (10 000yuan)
全 省	**Total**	**1874**	**70765**	**1757**	**11471**	**1737694**
长沙市	Changsha	590	32433	683	6299	779794
株洲市	Zhuzhou	125	8249	156	1848	95421
湘潭市	Xiangtan	47	4154	82	549	103179
衡阳市	Hengyang	157	3798	81	334	99222
邵阳市	Shaoyang	85	2144	72	185	50466
岳阳市	Yueyang	232	5680	307	895	198098
常德市	Changde	101	2816	70	298	133841
张家界市	Zhangjiajie	23	237	24	20	4369
益阳市	Yiyang	117	2554	33	148	59340
郴州市	Chenzhou	176	3753	97	253	122331
永州市	Yongzhou	121	2491	66	298	40883
怀化市	Huaihua	36	869	16	154	16736
娄底市	Loudi	48	1319	53	157	31214
湘西州	West Hunan	16	268	17	33	2799

19-65 规模以上工业企业R&D项目和新产品开发项目情况(2016年)
Basic Statistics on Projects for R&D and New Products Development in Industrial Enterprises above Designated Size(2016)

市 州	Cities and Prefecture	R&D 项目数 (项) Number of R&D Projects (item)	R&D 项目人员 (人) Personnel of Projects for R&D (person)	R&D 项目经费 (万元) Intramural Expenditure on R&D Projects (10 000 yuan)	新产品开发项目数 (项) Number of Projects for New Products Development (item)	新产品开发经费 (万元) Expenditure on New Products Development (10 000 yuan)
全 省	**Total**	**7899**	**119359**	**3390105**	**7632**	**3585267**
长沙市	Changsha	3167	54134	1351590	3345	1318073
株洲市	Zhuzhou	618	10637	222829	689	446553
湘潭市	Xiangtan	550	7048	255294	486	316499
衡阳市	Hengyang	568	7536	185875	548	200926
邵阳市	Shaoyang	310	4860	121682	270	110448
岳阳市	Yueyang	612	9918	385392	413	327188
常德市	Changde	640	6905	324535	515	282253
张家界市	Zhangjiajie	39	368	6582	40	8896
益阳市	Yiyang	408	4189	122505	420	153179
郴州市	Chenzhou	394	5563	177764	242	108371
永州市	Yongzhou	243	3368	63956	326	107504
怀化市	Huaihua	192	1941	57410	156	46762
娄底市	Loudi	117	2512	110359	143	152107
湘西州	West Hunan	41	380	4332	39	6509

19-66 规模以上工业企业科技活动产出情况(2016年)
Basic Statistics on Scientific and Technological Outputs in Industrial Enterprises above Designated Size (2016)

市 州	Cities and Prefecture	新产品产值 (万元) Gross Output Value of New Products (10 000yuan)	新产品销售收入 (万元) Sales Revenue of New Products (10 000yuan)	#出口 Exported	专利申请数 (件) Patent Applications (item)	有效发明专利数 (件) Inventions In Force (item)
全 省	**Total**	**84609379**	**80984709**	**3622841**	**18249**	**22315**
长沙市	Changsha	36108590	34328182	2225915	8392	11792
株洲市	Zhuzhou	6107174	5816650	493906	3156	3635
湘潭市	Xiangtan	4525016	4254679	193111	812	955
衡阳市	Hengyang	4501683	4372285	77686	1018	1472
邵阳市	Shaoyang	1239483	1203318	61199	347	227
岳阳市	Yueyang	14642962	14021680	57475	1360	871
常德市	Changde	7061895	6864496	37166	869	1439
张家界市	Zhangjiajie	80019	78157	5088	127	166
益阳市	Yiyang	1740421	1716906	72547	667	446
郴州市	Chenzhou	3839039	3887360	300530	668	636
永州市	Yongzhou	1072845	1054647	29507	403	238
怀化市	Huaihua	427791	416499	264	123	168
娄底市	Loudi	3170781	2886048	67220	273	222
湘西州	West Hunan	91682	83803	1228	34	48

19-67 大中型工业企业R&D人员情况(2016年)
R&D Personnel in Large and Medium-Sized Industrial Enterprises (2016)

市 州	Cities and Prefecture	有R&D活动的单位数(个) Number of Enterprises Having R&D Activities (unit)	R&D人员(人) R&D Personnel (person)	#全时人员 Fulltime Personnel	R&D人员全时当量(人年) Fulltime Equivalent of R&D Personnel (man-year)
全 省	**Total**	**939**	**90723**	**66137**	**59711**
长沙市	Changsha	234	45247	35634	29226
株洲市	Zhuzhou	126	11023	8569	6950
湘潭市	Xiangtan	31	5868	4750	4363
衡阳市	Hengyang	103	5675	3422	3707
邵阳市	Shaoyang	65	3071	2026	2220
岳阳市	Yueyang	133	6090	2520	4099
常德市	Changde	80	4362	2830	2984
张家界市	Zhangjiajie				
益阳市	Yiyang	41	1739	1278	1357
郴州市	Chenzhou	45	3143	2310	2066
永州市	Yongzhou	47	1093	649	435
怀化市	Huaihua	16	1320	1129	828
娄底市	Loudi	14	1918	973	1363
湘西州	West Hunan	4	174	47	113

19-68 大中型工业企业按经费来源分R&D经费内部支出情况(2016年)
Intramural R&D Expenditures in Large and Medium-Sized Industrial Enterprises by Sources (2016)

单位:万元 (10 000 yuan)

市 州	Cities and Prefecture	R&D经费内部支出 Intramural Expenditure on R&D	政府资金 Government Funds	企业资金 Self-raised Funds by Enterprises	境外资金 Foreign Funds	其他 Other Funds
全 省	**Total**	**2648512**	**160513**	**2473010**	**4021**	**10968**
长沙市	Changsha	1109169	37360	1071495	314	
株洲市	Zhuzhou	397393	73288	323891	210	4
湘潭市	Xiangtan	196227	7415	188261		551
衡阳市	Hengyang	132108	2094	128275		1740
邵阳市	Shaoyang	69684	1977	66989	282	435
岳阳市	Yueyang	268211	13826	245429	3110	5847
常德市	Changde	171592	6740	164710		141
张家界市	Zhangjiajie					
益阳市	Yiyang	46685	1941	44530		214
郴州市	Chenzhou	84051	5675	77757		620
永州市	Yongzhou	25108	910	24093	105	
怀化市	Huaihua	38914	8637	29526		751
娄底市	Loudi	107835	451	106718		665
湘西州	West Hunan	1537	200	1337		

19-69 大中型工业企业按支出用途分R&D经费内部支出情况(2016年) Intramural R&D Expenditures in Large and Medium-Sized Industrial Enterprises by Use(2016)

单位:万元 (10 000 yuan)

市 州	Cities and Prefecture	R&D经费内部支出 Intramural Expenditure on R&D	经常费支出 Operating Expenses	#人员劳务费 Service Fees	资产性支出 Capital Expenditures	#仪器和设备 Instruments & Equipments
全 省	**Total**	**2648512**	**2444209**	**757582**	**204304**	**196520**
长沙市	Changsha	1109169	1051839	354420	57330	55589
株洲市	Zhuzhou	397393	366752	131229	30641	28790
湘潭市	Xiangtan	196227	173113	48049	23115	21318
衡阳市	Hengyang	132108	110728	32424	21380	20898
邵阳市	Shaoyang	69684	60896	16456	8788	8501
岳阳市	Yueyang	268211	235416	66124	32796	31695
常德市	Changde	171592	158318	40630	13273	13084
张家界市	Zhangjiajie					
益阳市	Yiyang	46685	44075	12974	2610	2499
郴州市	Chenzhou	84051	78261	23875	5791	5734
永州市	Yongzhou	25108	23050	5589	2058	2051
怀化市	Huaihua	38914	35577	9529	3337	3224
娄底市	Loudi	107835	105572	15836	2263	2222
湘西州	West Hunan	1537	613	447	924	916

19-70 大中型工业企业办科技机构情况(2016年) Basic Statistics on Institutions for Scientific and Technological in Large and Medium-Sized Industrial Enterprises (2016)

市 州	Cities and Prefecture	企业办科技机构数(个) Number of Institutions for S&T in Enterprises (unit)	企业办科技机构人员(人) Number of Personnel in Institutions for S&T in Enterprises (person)	#博士 Doctor	#硕士 Master	科技机构内部经费支出(万元) Intramural Expenditure for S&T Institutions (10 000yuan)
全 省	**Total**	**746**	**50831**	**977**	**8935**	**1261296**
长沙市	Changsha	249	25661	433	5259	679138
株洲市	Zhuzhou	70	6808	133	1675	74367
湘潭市	Xiangtan	22	3762	61	504	99774
衡阳市	Hengyang	85	2448	46	195	64025
邵阳市	Shaoyang	33	1371	25	107	26534
岳阳市	Yueyang	92	3113	159	488	102985
常德市	Changde	43	1728	28	196	69533
张家界市	Zhangjiajie					
益阳市	Yiyang	40	1534	16	92	36806
郴州市	Chenzhou	46	2141	31	114	60557
永州市	Yongzhou	32	793	22	105	12767
怀化市	Huaihua	17	631	8	129	12695
娄底市	Loudi	16	824	15	70	21981
湘西州	West Hunan	1	17		1	136

19-71 大中型工业企业R&D项目和新产品开发项目情况(2016年)
Basic Statistics on Projects for R&D and New Products Development in Large and Medium-Sized Industrial Enterprises (2016)

市 州	Cities and Prefecture	R&D 项目数 (项) Number of R&D Projects (item)	R&D 项目人员 (人) Personnel of Projects for R&D (person)	R&D 项目经费 (万元) Intramural Expenditure on R&D Projects (10 000 yuan)	新产品开发项目数 (项) Number of Projects for New Products Development (item)	新产品开发经费 (万元) Expenditure on New Products Development (10 000 yuan)
全 省	**Total**	**3871**	**81926**	**2261832**	**3479**	**2478531**
长沙市	Changsha	1630	42704	1092173	1600	1082074
株洲市	Zhuzhou	406	8479	193951	408	403444
湘潭市	Xiangtan	327	5210	181497	278	216150
衡阳市	Hengyang	272	5034	110465	225	120129
邵阳市	Shaoyang	142	2896	59152	120	53337
岳阳市	Yueyang	272	5069	194768	186	175505
常德市	Changde	312	3863	156225	215	138351
张家界市	Zhangjiajie					
益阳市	Yiyang	134	1570	40263	143	66768
郴州市	Chenzhou	163	2871	77054	87	33597
永州市	Yongzhou	58	1038	20980	79	33570
怀化市	Huaihua	96	1203	35696	72	24972
娄底市	Loudi	53	1821	98437	64	130457
湘西州	West Hunan	6	168	1172	2	178

19-72 大中型工业企业科技活动产出情况(2016年)
Basic Statistics on Scientific and Technological Outputs in Large and Medium-Sized Industrial Enterprises (2016)

市 州	Cities and Prefecture	新产品产 值 (万元) Gross Output Value of New Products (10 000yuan)	新产品销售收入 (万元) Sales Revenue of New Products (10 000yuan)	#出口 Exported	专 利 申请数 (件) Patent Applications (item)	有 效 发 明 专利数 Inventions In Force (item)
全 省	**Total**	**65184675**	**62535193**	**3072123**	**11090**	**15599**
长沙市	Changsha	29473026	28170918	1995173	5185	8560
株洲市	Zhuzhou	5763929	5468743	485945	2709	2971
湘潭市	Xiangtan	3787735	3530026	192399	587	780
衡阳市	Hengyang	2849505	2786625	71095	513	829
邵阳市	Shaoyang	635025	608124	22596	142	134
岳阳市	Yueyang	10057183	9697325	46870	607	518
常德市	Changde	5901558	5848435	29588	413	892
张家界市	Zhangjiajie					
益阳市	Yiyang	954831	944596	51572	385	236
郴州市	Chenzhou	2077465	2088871	90947	195	323
永州市	Yongzhou	684775	680759	18530	147	93
怀化市	Huaihua	167246	163123	264	76	130
娄底市	Loudi	2832398	2547650	67145	130	126
湘西州	West Hunan				1	7

19-73 幼儿园与小学基本情况(2016年)
Statistics on Kingdergartens and Primary Schools(2016)

市 州	Cities and Prefecture	幼儿园数 (个) kingder-gartens (unit)	在园儿童数 (人) Student Enrollment (unit)	普通小学学校数 (个) Primary Schools (person)	普通小学专任教师数 (人) Primary Schools Fulltime Teachers (person)	普通小学招生数 (人) Primary Schools New Student Enrollment (person)	普通小学在校学生数 (人) Primary Schools Student Enrollment (person)	普通小学毕业生数 (人) Primary Schools Graduates (person)
全 省	**Total**	**14365**	**2249266**	**8272**	**253718**	**899873**	**5018111**	**769729**
长沙市	Changsha	1624	267419	883	26295	99495	536458	78610
株洲市	Zhuzhou	1085	147152	353	12920	49278	264580	37751
湘潭市	Xiangtan	645	88064	391	8652	27419	145409	24122
衡阳市	Hengyang	1417	252486	1431	27763	100919	569669	91032
邵阳市	Shaoyang	1496	213048	1178	26151	110503	625824	99431
岳阳市	Yueyang	1208	174083	805	18469	62254	342998	55222
常德市	Changde	925	146598	511	16925	51028	292490	44354
张家界市	Zhangjiajie	315	52853	117	5519	19154	112307	18467
益阳市	Yiyang	752	124972	398	13812	45087	246490	37636
郴州市	Chenzhou	1098	176663	490	22740	81202	475897	73124
永州市	Yongzhou	1748	226616	464	25076	86022	507872	76121
怀化市	Huaihua	681	155110	266	20479	65185	354556	51926
娄底市	Loudi	763	123425	770	15970	62477	332291	48972
湘西州	West Hunan	608	100777	215	12947	39850	211270	32961

19-74 普通中学基本情况(2016年)

Statistics on Regular Secondary Schools(2016)

市 州	Cities and Prefecture	普通中学学校数(个) Number of Sckools (unit)	普通中学专任教师数(人) Number of Fulltime Teachers(person)	普通中学招生数(人) New Student Enrollment (person)	普通中学在校学生数(人) Student Enrollment (person)	普通中学毕业生数(人) Graduates (person)
全 省	**Total**	**3901**	**241508**	**1174079**	**3359596**	**1081856**
长沙市	Changsha	302	26475	129426	374262	121921
株洲市	Zhuzhou	196	13135	58617	163596	52952
湘潭市	Xiangtan	167	8946	39530	116067	40777
衡阳市	Hengyang	434	26798	140736	417372	138143
邵阳市	Shaoyang	459	24134	146399	419419	133339
岳阳市	Yueyang	304	19469	83035	242916	82121
常德市	Changde	287	19963	71597	206919	70543
张家界市	Zhangjiajie	97	5443	27349	77157	24229
益阳市	Yiyang	226	14143	60745	172530	57574
郴州市	Chenzhou	283	17838	103656	286274	84677
永州市	Yongzhou	321	20024	109209	302276	88708
怀化市	Huaihua	355	17669	77005	216046	70269
娄底市	Loudi	285	16213	76242	218448	70458
湘西州	West Hunan	185	11258	50533	146314	46145

19-75 普通高等学校基本情况（2016年）

Statistics on Regular Institutions of Higher Education(2016)

市 州	Cities and Prefecture	普通高等学校数(个) Number of Sckools (unit)	普通高等学校专任教师数(人) Number of Full-time Teachers(person)	普通高等学校招生数(人) New Student Enrollment (person)	普通高等学校在校学生数(人) Student Enrollment (person)	普通高等学校毕业生数(人) Graduates (person)
全 省	**Total**	**109**	**68726**	**376279**	**1224670**	**316123**
长沙市	Changsha	51	33542	179273	590020	151137
株洲市	Zhuzhou	9	4301	28099	86150	23486
湘潭市	Xiangtan	10	7119	37838	129780	33696
衡阳市	Hengyang	8	6494	34351	113255	29299
邵阳市	Shaoyang	3	1565	8690	29101	7654
岳阳市	Yueyang	4	2350	14428	45171	12546
常德市	Changde	5	2428	15309	46921	12080
张家界市	Zhangjiajie	1	774	4349	13216	3643
益阳市	Yiyang	4	2027	10967	34216	8827
郴州市	Chenzhou	3	1547	8172	26236	5978
永州市	Yongzhou	3	1623	9107	27721	6897
怀化市	Huaihua	3	1667	9054	29202	7623
娄底市	Loudi	3	1696	8533	27590	6014
湘西州	West Hunan	2	1593	8109	26091	7243

19-76 各级学校(2016年)
Number of Schools by Level (2016)

单位:个 (unit)

市 州	Cities and Prefecture	普通高等学校 Regular Institutions of Higher Education	中等学校 Secondary Schools	中等职业教育 Vocational Secondary Education	普通中学 Regular Secondary Schools	普通小学 Primary Schools
全 省	**Total**	**109**	**4361**	**460**	**3901**	**8272**
长沙市	Changsha	51	353	51	302	883
株洲市	Zhuzhou	9	218	22	196	353
湘潭市	Xiangtan	10	187	20	167	391
衡阳市	Hengyang	8	471	37	434	1431
邵阳市	Shaoyang	3	518	59	459	1178
岳阳市	Yueyang	4	337	33	304	805
常德市	Changde	5	334	47	287	511
张家界市	Zhangjiajie	1	109	12	97	117
益阳市	Yiyang	4	248	22	226	398
郴州市	Chenzhou	3	308	25	283	490
永州市	Yongzhou	3	360	39	321	464
怀化市	Huaihua	3	398	43	355	266
娄底市	Loudi	3	308	23	285	770
湘西州	West Hunan	2	212	27	185	215

19-77 各级学校教职工(2016年)
Number of School Staff and Workers by Level (2016)

单位:人 (person)

市 州	Cities and Prefecture	普通高等学校 Regular Institutions of Higher Education	中等学校 Secondary Schools	中等职业教育 Vocational Secondary Education	普通中学 Regular Secondary Schools	普通小学 Primary Schools
全 省	**Total**	**100543**	**338153**	**33290**	**304863**	**227973**
长沙市	Changsha	51733	35061	4325	30736	25295
株洲市	Zhuzhou	6123	19217	1907	17310	11575
湘潭市	Xiangtan	9978	12138	1506	10632	8004
衡阳市	Hengyang	8615	36690	3732	32958	27333
邵阳市	Shaoyang	2156	32587	3071	29516	23738
岳阳市	Yueyang	3348	25896	2518	23378	16969
常德市	Changde	3614	28441	2854	25587	14617
张家界市	Zhangjiajie	947	7790	732	7058	5094
益阳市	Yiyang	2560	20685	1889	18796	12917
郴州市	Chenzhou	2078	26119	2268	23851	19546
永州市	Yongzhou	2341	28879	2976	25903	22693
怀化市	Huaihua	2176	26686	2641	24045	16132
娄底市	Loudi	2484	21917	1574	20343	13429
湘西州	West Hunan	2390	16047	1297	14750	10631

19-78 各级学校专任教师(2016年)

Number of Full-time Teachers by Level (2016)

单位:人 (person)

市 州	Cities and Prefecture	普通高等学校 Regular Institutions of Higher Education	中等学校 Secondary Schools	中等职业教育 Vocational Secondary Education	普通中学 Regular Secondary Schools	普通小学 Primary Schools
全 省	**Total**	**68726**	**267128**	**25620**	**241508**	**253718**
长沙市	Changsha	33542	29605	3130	26475	26295
株洲市	Zhuzhou	4301	14624	1489	13135	12920
湘潭市	Xiangtan	7119	10161	1215	8946	8652
衡阳市	Hengyang	6494	29272	2474	26798	27763
邵阳市	Shaoyang	1565	26542	2408	24134	26151
岳阳市	Yueyang	2350	21415	1946	19469	18469
常德市	Changde	2428	22119	2156	19963	16925
张家界市	Zhangjiajie	774	6030	587	5443	5519
益阳市	Yiyang	2027	15631	1488	14143	13812
郴州市	Chenzhou	1547	19670	1832	17838	22740
永州市	Yongzhou	1623	22495	2471	20024	25076
怀化市	Huaihua	1667	19751	2082	17669	20479
娄底市	Loudi	1696	17502	1289	16213	15970
湘西州	West Hunan	1593	12311	1053	11258	12947

19-79 各级学校在校学生(2016年)

Number of Students Enrollment by Level (2016)

单位:人 (person)

市 州	Cities and Prefecture	普通高等学校 Regular Institutions of Higher Education	中等学校 Secondary Schools	中等职业教育 Vocational Secondary Education	普通中学 Regular Secondary Schools	普通小学 Primary Schools
全 省	**Total**	**1224670**	**4020483**	**660887**	**3359596**	**5018111**
长沙市	Changsha	590020	467289	93027	374262	536458
株洲市	Zhuzhou	86150	195237	31641	163596	264580
湘潭市	Xiangtan	129780	140235	24168	116067	145409
衡阳市	Hengyang	113255	494157	76785	417372	569669
邵阳市	Shaoyang	29101	492063	72644	419419	625824
岳阳市	Yueyang	45171	298006	55090	242916	342998
常德市	Changde	46921	260552	53633	206919	292490
张家界市	Zhangjiajie	13216	90056	12899	77157	112307
益阳市	Yiyang	34216	205449	32919	172530	246490
郴州市	Chenzhou	26236	329474	43200	286274	475897
永州市	Yongzhou	27721	360677	58401	302276	507872
怀化市	Huaihua	29202	265805	49759	216046	354556
娄底市	Loudi	27590	252686	34238	218448	332291
湘西州	West Hunan	26091	168797	22483	146314	211270

19-80 公共图书馆、广播和电视综合人口覆盖情况(2016年)
Statistics on Public Libraries、Coverage of Radio and TV Program Broadcasting(2016)

市 州	Cities and Prefecture	公共图书馆(个) Public Libraries (unit)	公共图书馆藏书量(千册) Collections (1000 copies)	艺术馆、文化馆个数(个) Art Galleries, Cultural Centers Number of Projects(Unit)	广播综合人口覆盖率(%) Listener Rating (%)	电视综合人口覆盖率(%) Viewer Rating (%)	有线电视入户率(%) Popularization Rate of Cable TV Programs (%)
全 省	**Total**	**137**	**28332**	**143**	**94.68**	**98.26**	**61.59**
长沙市	Changsha	12	3665	11	99.41	99.04	73.39
株洲市	Zhuzhou	7	2063	10	100.00	99.96	70.19
湘潭市	Xiangtan	6	1419	6	100.00	100.00	68.70
衡阳市	Hengyang	14	2040	13	96.90	99.31	70.17
邵阳市	Shaoyang	14	1878	13	87.73	96.54	62.54
岳阳市	Yueyang	11	1288	11	99.48	99.68	68.84
常德市	Changde	9	1628	10	99.71	96.52	51.34
张家界市	Zhangjiajie	4	306	5	63.57	96.73	61.18
益阳市	Yiyang	7	1176	9	96.48	98.83	62.05
郴州市	Chenzhou	11	1584	12	98.31	97.76	52.72
永州市	Yongzhou	12	1721	12	88.48	96.98	51.38
怀化市	Huaihua	15	1771	15	93.38	98.55	49.20
娄底市	Loudi	6	969	6	99.67	99.78	65.54
湘西州	West Hunan	9	987	10	75.58	94.93	41.45

19-81 卫生机构基本情况(2016年)
Basic Statistics on Health Institutions(2016)

市 州	Cities and Prefecture	卫生机构数(个) Number of Health Institutions (unit)	医院、卫生院 Hospitals、Health Centers	卫生机构床位数(张) Number of Reality Beds(unit)	医院卫生院数 Hospitals、Health Centers	卫生机构人员数(人) Number of Employed Persons in Health Institutions (person)	卫生技术人员 Medical &Technical Personnel	执业(助理)医生 Certified (Assistant) Doctors	注册护士 Senier Nurse
全 省	**Total**	**16717**	**3534**	**428058**	**395559**	**515540**	**392582**	**160666**	**161527**
长沙市	Changsha	3227	286	70917	64443	89246	73591	27263	34635
株洲市	Zhuzhou	1165	190	24941	23305	31358	24997	9969	10920
湘潭市	Xiangtan	1051	108	17775	16757	21815	17180	6903	7463
衡阳市	Hengyang	1030	330	42328	39354	53326	39494	17106	15724
邵阳市	Shaoyang	1115	298	34165	32769	45609	30589	12228	12057
岳阳市	Yueyang	1228	241	33769	27589	37117	29160	14312	10106
常德市	Changde	1514	296	34199	31211	38693	29542	13347	11178
张家界市	Zhangjiajie	394	120	8457	7739	10754	8266	3175	3406
益阳市	Yiyang	1070	168	24726	21685	30273	23027	10570	8501
郴州市	Chenzhou	1185	342	30415	29485	34045	26591	10161	11476
永州市	Yongzhou	1175	320	35877	33859	37462	27381	11274	10717
怀化市	Huaihua	1201	394	30724	29703	37881	28489	10957	11673
娄底市	Loudi	545	161	23221	21787	26886	19122	8231	7298
湘西州	West Hunan	817	280	16544	15873	21075	15153	5170	6373

19-82　居民人均可支配收入(2016年)
Per Capita Annual Disposable Income of Residents (2016)

市　州	Cities and Prefecture	农村居民人均可支配收入(元) Per Capita Annual Disposable Income of rural Residents (yuan)	增长速度(%) Rate of rise (%)	城镇居民人均可支配收入(元) Per Capita Annual Disposable Income of Urban Residents (yuan)	增长速度(%) Rate of rise (%)
长沙市	Changsha	25448	7.8	43294	8.3
株洲市	Zhuzhou	16919	8.2	36828	8.4
湘潭市	Xiangtan	16576	8.0	31607	8.1
衡阳市	Hengyan	15603	8.3	28848	8.8
邵阳市	Shaoyang	9721	11.5	22996	9.1
岳阳市	Yueyang	13119	8.5	27546	9.3
常德市	Changde	12758	8.6	26532	8.2
张家界市	Zhangjiajie	7802	10.0	21030	8.0
益阳市	Yiyang	13416	8.7	24745	9.6
郴州市	Chenzhou	12756	8.3	27730	8.6
永州市	Yongzhou	11683	8.5	24026	9.5
怀化市	Huaihua	7961	10.5	22554	9.0
娄底市	Loudi	9529	10.1	23669	8.4
湘西州	West Hunan	7413	11.5	20813	8.0

注：全省农民人均收入指标名称为“人均纯收入”，是国家统计局湖南调查总队抽样调查数据；市州指标名称为“人均可支配收入”，根据各市县区抽样调查推算。

The per capita income of rural households of the whole province names "per capita net income", which is caculated by NBS survey office in Hunan's samling survey. The per capita income of rural households of the cities and prefectures name "per capita disposable income",which is estimated from the sampling survey of them.

19-83 能源消耗指标(2016年)
Index of Energy Consumption (2016)

市 州	Cities and Prefecture	万元地区生产总值能耗上升或下降(±%) Energy Consumption Per 10 000 yuan GDP Increase/Decrease (±%)	能源消费总量增速(%) Total Energy Consumption Growth (%)	万元地区生产总值电耗上升或下降(±%) Electric Power Consumption per 10 000 yuan GDP Increase/Decrease (±%)
全 省	**Total**	**-5.34**	**2.17**	**-4.28**
长沙市	Changsha	-4.26	5.17	5.21
株洲市	Zhuzhou	-5.47	1.95	-1.78
湘潭市	Xiangtan	-5.12	2.62	-3.67
衡阳市	Hengyang	-5.89	1.52	-2.04
邵阳市	Shaoyang	-5.07	2.38	-2.07
岳阳市	Yueyang	-4.11	3.34	-0.36
常德市	Changde	-10.72	-3.64	-27.43
张家界市	Zhangjiajie	-0.06	8.02	5.75
益阳市	Yiyang	-2.96	4.57	-1.01
郴州市	Chenzhou	-8.43	-0.90	-9.92
永州市	Yongzhou	-6.26	1.21	-9.30
怀化市	Huaihua	-5.23	2.41	-13.83
娄底市	Loudi	-5.44	1.79	-5.55
湘西州	West Hunan	-6.64	-0.17	-2.77

19-84 规模以上工业企业综合能源消费量
Total Energy Consumption of Scale Industry

单位:万吨标准煤 (10 000 ton of SCE)

市 州	Cities and Prefecture	2011	2012	2013	2014	2015	2016
全 省	**Total**	**7162.93**	**6708.61**	**6733.87**	**6525.80**	**6060.07**	**5946.23**
长沙市	Changsha	538.28	518.46	531.55	519.19	499.91	475.83
株洲市	Zhuzhou	459.61	439.96	450.64	420.09	350.22	369.88
湘潭市	Xiangtan	799.53	681.70	654.85	637.29	622.22	623.75
衡阳市	Hengyang	720.21	637.07	600.67	505.61	413.87	391.90
邵阳市	Shaoyang	255.51	306.95	322.46	309.09	295.92	271.50
岳阳市	Yueyang	1035.75	1001.65	1029.35	1000.57	961.42	963.82
常德市	Changde	558.19	499.10	520.38	517.95	477.85	398.70
张家界市	Zhangjiajie	46.79	36.80	39.35	40.99	40.88	38.90
益阳市	Yiyang	397.55	346.63	354.47	362.14	342.21	335.29
郴州市	Chenzhou	611.67	581.85	585.37	581.26	522.54	497.73
永州市	Yongzhou	234.65	225.09	212.23	194.16	180.94	159.43
怀化市	Huaihua	308.21	270.17	240.84	214.04	198.83	183.50
娄底市	Loudi	1064.72	1052.41	1097.02	1124.56	1072.44	1044.19
湘西州	West Hunan	96.57	89.61	74.48	76.68	65.00	60.80

19-85 规模以上工业企业主要能源品种消费量(2016年)

市 州	Cities and Prefecture	能源合计 (吨标准煤) Total Energy (ton of SCE)	原煤 (吨) Raw Coal (ton)	洗精煤 (吨) Cleaned Coal (ton)	焦炭 (吨) Coke (ton)	天然气 (万立方米) Natrual Gas (10 000 cu.m)
全 省	**Total**	**107829532**	**65119021**	**9152316**	**9328101**	**138467**
长沙市	Changsha	6843247	3627895		22862	52814
株洲市	Zhuzhou	4466717	3221554		187753	31025
湘潭市	Xiangtan	13116910	3389967	3461140	3180871	2878
衡阳市	Hengyang	5362922	4266692		493751	8398
邵阳市	Shaoyang	3477716	3432583		14192	458
岳阳市	Yueyang	25743303	8476645		3060	26185
常德市	Changde	5195134	4977337		59733	4641
张家界市	Zhangjiajie	487784	473538			424
益阳市	Yiyang	4211276	4335868		15894	953
郴州市	Chenzhou	7501658	8060737	253644	234906	7311
永州市	Yongzhou	1739485	1378804		143301	
怀化市	Huaihua	1923388	1088336		117896	1136
娄底市	Loudi	27142150	18008061	5437532	4853787	2242
湘西州	West Hunan	617844	381004		95	

Main Energy Consumption of Industrial Enterprises above Designated Size (2016)

原油 (吨) Crude Oil (ton)	汽油 (吨) Gasoline (ton)	煤油 (吨) Kerosene (ton)	柴油 (吨) Diesel Oil (ton)	燃料油 (吨) Fuel Oil (ton)	液化石油气 (吨) LPG (ton)	电力 (万千瓦时) Electric Power (10 000 kwh)
8416043	**240996**	**34743**	**374388**	**292529**	**150406**	**9036860**
52	88556	368	96466	192	496	2272131
	8533	587	18242	223124	113678	621440
16	3428	63	15430	757	47	690889
78	13716	169	39819	5337	0	712425
5	14559	635	14386	600	31464	395442
8415892	85517	32037	108054	36006	2077	705890
	2003	203	11770	1393	175	568815
	2170		2459	185		46183
	7010		17272			440001
	5337	469	16393	127	37	592716
	1148	192	10303		221	303884
	5916	4	2594	24283	1930	524552
	1805	17	13795	525	266	900518
	1298		7403		15	261974

19-86 规模以上工业企业取水总量
Water Intake Amount of Scale Industry

单位:万立方米 (10 000 cu.m)

市 州	Cities and Prefecture	2011	2012	2013	2014	2015	2016
全 省	**Total**	**673445.94**	**373906.66**	**388919.79**	**371515.84**	**375964.33**	**367437.23**
长沙市	Changsha	86186.80	94020.01	102903.89	96216.91	102674.19	107488.17
株洲市	Zhuzhou	60366.65	30868.51	30190.55	28814.69	28383.70	29003.25
湘潭市	Xiangtan	63460.81	27933.34	28374.16	25122.97	24803.10	20390.27
衡阳市	Hengyang	74964.96	24506.75	30075.80	26456.68	28459.35	28710.00
邵阳市	Shaoyang	23650.65	24977.31	24660.13	24729.59	26059.34	26954.17
岳阳市	Yueyang	117094.89	46675.85	47679.18	44266.12	43998.59	35271.82
常德市	Changde	54166.13	20803.11	20577.60	20755.57	23370.52	26360.79
张家界市	Zhangjiajie	5791.56	4463.71	4563.32	4329.23	4234.19	3940.00
益阳市	Yiyang	83895.10	14567.87	15160.41	14085.23	13945.31	13160.23
郴州市	Chenzhou	27134.84	29110.59	28329.23	247456.50	23302.04	22904.47
永州市	Yongzhou	32472.98	14417.62	14251.54	17058.62	18103.10	18016.10
怀化市	Huaihua	13640.23	11252.73	13183.54	13626.39	13470.59	12526.96
娄底市	Loudi	24318.62	24650.87	22793.43	22013.70	21140.34	18624.44
湘西州	West Hunan	6301.74	5658.39	6177.00	6583.52	4019.97	4086.53

注：根据国家新修订的报表制度，2012年水、火电企业用于冷却机组的河湖海冷却用水(包括循环冷却用水和直抽直排冷却用水)不计入取水量。而2007年至2011年取水量中均包括水、火电企业用于冷却机组的河湖海冷却用水。

According to the new revision of the reporting system, in 2012, thermal power enterprises for the rivers and lakes water cooling water cooling unit (including circulating cooling water and cooling water straight pulling straight row) are not included in the water. But from 2007 to 2011 water consumption in thermal power enterprises including water, for rivers and lakes sea cooling water cooling unit.

19-87 分产业法人单位数(2016年)
Corporate Units by Industry(2016)

单位:个 (unit)

市 州	Cities and Prefecture	合计 Total	第一产业 Primary Industry	第二产业 Secondary Industry	第三产业 Tertiary Industry
全 省	**Total**	**552659**	**33665**	**98947**	**420047**
长沙市	Changsha	138726	6863	21682	110181
株洲市	Zhuzhou	31082	1526	7567	21989
湘潭市	Xiangtan	18633	1060	4392	13181
衡阳市	Hengyang	49799	3101	8342	38356
邵阳市	Shaoyang	34658	2414	7098	25146
岳阳市	Yueyang	44259	2053	8847	33359
常德市	Changde	48196	1674	8036	38486
张家界市	Zhangjiajie	10462	954	1617	7891
益阳市	Yiyang	36764	2309	7483	26972
郴州市	Chenzhou	33973	2579	6427	24967
永州市	Yongzhou	29550	2265	5116	22169
怀化市	Huaihua	29020	3168	4223	21629
娄底市	Loudi	27760	2306	5279	20175
湘西州	West Hunan	19777	1393	2838	15546

19-88 分机构类型法人单位数(2016年)
Corporate Units by Organization Type(2016)

单位:个 (unit)

市 州	Cities and Prefecture	合计 Total	企业 Enterprises	事业单位 Public Institution	机关 Government Department	社会团体 Social Organization	民办非企业单位 Private Non-enterprise Units	基金会 Foundation	居委会 Neighborhood Committee	村委会 Village Committee	农民专业合作社 Farmer Specialized Cooperative	其他组织机构 Other Organization
全 省	**Total**	**552659**	**392705**	**43318**	**12712**	**11321**	**13923**	**114**	**4473**	**39818**	**17623**	**16652**
长沙市	Changsha	138726	124076	3773	831	1463	1927	59	639	1253	2840	1865
株洲市	Zhuzhou	31082	23038	1659	733	480	1271	3	327	1591	1067	913
湘潭市	Xiangtan	18633	13109	1226	509	738	441	1	197	1334	577	501
衡阳市	Hengyang	49799	30259	5261	1354	1063	2303	5	520	4435	1703	2896
邵阳市	Shaoyang	34658	18311	3418	1166	943	945	2	376	5397	1479	2621
岳阳市	Yueyang	44259	33272	3045	948	572	643	7	349	3132	1454	837
常德市	Changde	48196	34966	4259	1165	1153	907	4	452	3206	1257	827
张家界市	Zhangjiajie	10462	6012	1349	351	277	264	2	130	1378	304	395
益阳市	Yiyang	36764	28537	2084	591	639	490	2	216	1753	1373	1079
郴州市	Chenzhou	33973	22240	2768	1040	1158	850	12	296	2747	1261	1601
永州市	Yongzhou	29550	14818	4178	1363	890	1607	5	281	4651	906	851
怀化市	Huaihua	29020	15222	4863	1171	797	550	3	259	3741	1447	967
娄底市	Loudi	27760	19714	1320	608	382	715	5	243	3269	944	560
湘西州	West Hunan	19777	9131	4115	882	766	1010	4	188	1931	1011	739

19-89 分行业法人单位数(2016年)
Corporate Units by Sector(2016)

单位:个 (unit)

市州	Cities and Prefecture	合计 Total	农、林、牧、渔业 Agriculture, Forestry, Animal Husbandry and Fishing	采矿业 Mining	制造业 Manufacturing	电力、燃气及水的生产和供应业 Production and Supply of Electricity, Gas and Water	建筑业 Construction	批发和零售业 Whole-sale and Retail Trade	交通运输、仓储和邮政业 Transport, Storage and Post	住宿和餐饮业 Lodging and Catering Services	信息传输、计算机服务和软件业 Information Transmission, Computer Services and Software
全省	**Total**	**552659**	**45660**	**7077**	**68334**	**5901**	**18051**	**126237**	**10394**	**11439**	**14495**
长沙市	Changsha	138726	8373	346	15022	358	6079	40584	2651	2277	8684
株洲市	Zhuzhou	31082	2175	472	5592	351	1180	7652	554	625	548
湘潭市	Xiangtan	18633	1302	184	3522	74	639	3715	332	306	373
衡阳市	Hengyang	49799	4916	836	5567	321	1657	8217	907	1120	679
邵阳市	Shaoyang	34658	3494	762	4840	680	830	4998	467	593	305
岳阳市	Yueyang	44259	3356	387	6633	264	1595	10413	1051	1260	829
常德市	Changde	48196	2879	395	6225	391	1062	14677	995	1398	686
张家界市	Zhangjiajie	10462	1236	256	917	173	275	1287	177	404	200
益阳市	Yiyang	36764	3623	188	6091	257	986	11373	648	938	442
郴州市	Chenzhou	33973	3178	918	3672	1098	762	6770	667	971	462
永州市	Yongzhou	29550	2873	384	3300	759	682	3299	556	311	316
怀化市	Huaihua	29020	3614	508	2455	615	661	4054	524	540	383
娄底市	Loudi	27760	2858	730	3297	278	994	6859	583	478	383
湘西州	West Hunan	19777	1783	711	1201	282	649	2339	282	218	205

19-89 续表 Continued

单位:个 (unit)

市 州	Cities and Prefecture	金融业 Banking	房地产业 Real Estate	租赁和商务服务业 Leasing and Business Services	科学研究、技术服务和地质勘查业 Scientific Research, Technical Service and Geologic Perambulation	水利、环境和公共设施管理业 Water Conservan-cy, Environment and Public Facilities Management	居民服务和其他服务业 Services to Households and Other Services	教育 Education	卫生、社会保障和社会福利业 Sanitation, Social Security and Social Welfare	文化、体育和娱乐业 Culture, Sports and Entertainment	公共管理和社会组织 Public Management and Social Organization	国际组织 International Organization
全 省	**Total**	**3431**	**15675**	**44047**	**21058**	**4901**	**12840**	**22782**	**16435**	**16344**	**87558**	
长沙市	Changsha	1100	4457	21753	9648	986	3020	3474	1266	3114	5534	
株洲市	Zhuzhou	265	1103	1893	742	200	494	1535	1014	697	3990	
湘潭市	Xiangtan	131	552	1502	553	196	260	809	362	542	3279	
衡阳市	Hengyang	328	1531	2407	1357	422	968	2650	4783	2086	9047	
邵阳市	Shaoyang	154	790	1369	640	269	439	2189	1654	878	9307	
岳阳市	Yueyang	260	1292	2611	1241	416	2595	1774	746	1237	6299	
常德市	Changde	204	919	2686	1149	473	2041	1454	964	1314	8284	
张家界市	Zhangjiajie	57	305	857	298	167	175	496	282	214	2686	
益阳市	Yiyang	151	711	1936	1044	312	771	1116	576	1239	4362	
郴州市	Chenzhou	229	1015	1723	1616	350	584	1478	973	961	6546	
永州市	Yongzhou	152	861	1407	834	296	369	2112	1457	652	8930	
怀化市	Huaihua	136	864	1521	707	307	426	1411	848	938	8508	
娄底市	Loudi	159	786	1537	520	156	466	1252	416	909	5099	
湘西州	West Hunan	105	489	845	709	351	232	1032	1094	1563	5687	

19-90 “一套表”联网直报调查单位数(2016年)
“A set of table” Networking Straight Survey respondent Numbers(2016)

单位:个 (unit)

市 州	Cities and Prefecture	合计 Total	工业 Industry	建筑业 Construction	贸易业 Trade	房地产业 Real Estate	服务业 Service
全 省	**Total**	**33649**	**14360**	**2530**	**8219**	**3769**	**4771**
长沙市	Changsha	7477	2791	613	1978	788	1307
株洲市	Zhuzhou	3143	1557	246	657	329	354
湘潭市	Xiangtan	1741	901	164	370	148	158
衡阳市	Hengyang	2931	995	235	765	406	530
邵阳市	Shaoyang	2560	1129	146	847	211	227
岳阳市	Yueyang	2823	1284	238	576	364	361
常德市	Changde	2608	1007	153	668	231	549
张家界市	Zhangjiajie	483	195	42	115	60	71
益阳市	Yiyang	1902	1019	112	412	216	143
郴州市	Chenzhou	2733	1045	140	728	351	469
永州市	Yongzhou	1669	834	99	378	182	176
怀化市	Huaihua	1282	598	111	202	238	133
娄底市	Loudi	1683	734	177	421	136	215
湘西州	West Hunan	614	271	54	102	109	78

注：“一套表”联网直报单位是指规模以上工业企业、限额以上批发零售住宿餐饮企业、资质以内的建筑业企业和房地产开发企业、规模以上服务业企业。

“A set of table”Networking straight survey respondent refers to within the industrial enterprises above Designated Size, enterprises above Designated Size of whole sale and retai trade and hotels and catering services,

19-91 新增“一套表”联网直报调查单位数(2016年)

单位:个

市 州	Cities and Prefecture	合计 Total	其中成长 Growthtype	工业 Industry	其中成长 Growthtype	建筑业 Construction	其中成长 Growthtype	批发业 Wholesale Trade	其中成长 Growthtype
全 省	**Total**	**4963**	**2539**	**1667**	**841**	**112**		**387**	**269**
长沙市	Changsha	1330	763	286	153	21		222	161
株洲市	Zhuzhou	407	229	146	86	13		38	23
湘潭市	Xiangtan	254	97	92	46	12		6	3
衡阳市	Hengyang	461	259	117	77	8		48	31
邵阳市	Shaoyang	391	138	162	65			9	3
岳阳市	Yueyang	226	144	102	78	14		17	15
常德市	Changde	348	217	111	62	5		2	2
张家界市	Zhangjiajie	98	50	41	20	2		1	1
益阳市	Yiyang	227	120	120	61	4		6	6
郴州市	Chenzhou	414	193	121	57	16		16	9
永州市	Yongzhou	295	69	142	22	7		4	4
怀化市	Huaihua	159	92	65	38	5		7	5
娄底市	Loudi	288	155	132	71	4		11	6
湘西州	West Hunan	65	13	30	5	1			

Newly Increased "A set of table" Networking Straight Survey respondent Numbers(2016)

(unit)

零售业 Retail Trade	其中成长 Growthtype	住宿业 Lodging Services	其中成长 Growthtype	餐饮业 Catering Services	其中成长 Growthtype	房地产业 Real Estate	其中成长 Growthtype	服务业 Service	其中成长 Growthtype
975	**498**	**85**	**51**	**178**	**100**	**371**		**1188**	**780**
297	143	26	18	76	46	71		331	242
70	46	10	7	11	10	32		87	57
42	16			8	4	9		85	28
85	60	8	7	5	4	65		125	80
115	29	9	1	26	7	17		53	33
31	25	2	2	8	7	34		18	17
74	47	5	2	7	2	18		126	102
11	11	1	1	3	1	11		28	16
37	24	1	1	4	3	17		38	25
72	26	9	5	17	9	22		141	87
60	24	8	2	5	2	28		41	15
27	19	2	2	2		12		39	28
51	27	4	3	6	5	18		62	43
3	1					17		14	7

19-92 退出“一套表”联网直报调查单位数(2016年)
Exited “A set of table” Networking Straight Survey respondent Numbers(2016)

单位:个 (unit)

市 州	Cities and Prefecture	合计 Total	工业 Industry	建筑业 Construction	批发业 Wholesale Trade	零售业 Retail Trade	住宿业 Lodging Services	餐饮业 Catering Services	房地产业 Real Estate	服务业 Service
全 省	**Total**	**1753**	**683**	**42**	**182**	**284**	**45**	**63**	**196**	**258**
长沙市	Changsha	517	111	16	77	89	17	21	45	141
株洲市	Zhuzhou	139	67	2	10	21		7	20	12
湘潭市	Xiangtan	109	47	6	11	24	2	4	9	6
衡阳市	Hengyang	133	26	4	22	27	3	1	20	30
邵阳市	Shaoyang	131	66		8	23	4	4	14	12
岳阳市	Yueyang	95	34	7	7	12	1	2	25	7
常德市	Changde	106	48	2	7	25	1	6	3	14
张家界市	Zhangjiajie	27	5			6	2	1	12	1
益阳市	Yiyang	94	63	3		8	5	2	8	5
郴州市	Chenzhou	122	58		21	12	3	7	13	8
永州市	Yongzhou	115	68		1	17	2	4	13	10
怀化市	Huaihua	35	22	1	1	2	2	2	4	1
娄底市	Loudi	82	28	1	15	17	3	2	7	9
湘西州	West Hunan	48	40		2	1			3	2

各县（市、区）主要经济和社会统计指标

20

Main Economic and Social Statistics Indicators of Counties and Cities (Districts)

资料整理人员：郑一璞　欧阳普　赵　宏
邓鸿鹄　李培楚　田杰平
谢　凡　贺淑贞　郑石明
吕　燕　孟　强　陈　慧
杨　耒　宋　超　杨东燊
何　达　廖闻菲　雷芙蓉
屈雄英　刘　杰　刘　洋
周　迅　易　贝　汤炼坤
田　原　蔡冬娥　肖首雄
阳小林　贺　震　刘　峰
郭开金　彭　颖　周哲煊

20-1 年末常住人口(2016年)
Population at the Year-end (2016)

市县名称	Cities and Counties	总户数(万户) Households (10 000 households)	总人口(万人) Total Population (10 000 persons)	男 Male	女 Female	城镇人口 Urban	乡村人口 Rural	城市化水平(%) City Level (%)
芙蓉区	Furong District	20.30	57.58	28.82	28.76	57.58		100.00
天心区	Tianxin District	22.51	64.34	31.88	32.46	62.17	2.17	96.63
岳麓区	Yuelu District	25.47	83.79	41.04	42.75	71.71	12.08	85.58
开福区	Kaifu District	21.30	62.16	31.48	30.68	60.82	1.34	97.84
雨花区	Yuhua District	29.35	83.64	42.20	41.44	81.75	1.89	97.74
望城区	Wangcheng District	18.18	60.13	30.31	29.82	36.18	23.95	60.17
长沙县	Changsha County	28.30	94.58	48.92	45.66	59.62	34.96	63.04
宁乡县	Ningxiang County	41.63	126.56	63.95	62.61	70.88	55.68	56.01
浏阳市	Liuyang City	38.55	131.74	67.59	64.15	80.26	51.48	60.92
荷塘区	Hetang District	9.32	29.64	15.36	14.28	28.18	1.46	95.07
芦淞区	Lousong District	8.70	29.41	14.65	14.76	24.73	4.68	84.09
石峰区	Shifeng District	11.71	35.65	18.52	17.13	33.43	2.22	93.77
天元区	Tianyuan District	8.95	29.73	15.91	13.82	23.04	6.69	77.50
株洲县	Zhuzhou County	9.45	29.72	14.94	14.78	13.08	16.64	44.01
攸　县	You County	19.06	70.92	36.11	34.81	40.07	30.85	56.50
茶陵县	Chaling County	15.26	59.07	30.05	29.02	28.42	30.65	48.11
炎陵县	Yanling County	5.27	20.42	10.48	9.94	9.34	11.08	45.74
醴陵市	Liling City	25.34	97.07	49.60	47.47	57.11	39.96	58.83
雨湖区	Yuhu District	17.61	60.00	30.47	29.53	50.82	9.18	84.70
岳塘区	Yuetang District	13.77	47.23	23.69	23.54	45.18	2.05	95.66
湘潭县	Xiangtan County	25.41	86.12	44.24	41.88	35.94	50.18	41.73
湘乡市	Xiangxiang City	23.75	80.59	41.46	39.13	33.72	46.87	41.84
韶山市	Shaoshan City	2.89	9.84	5.01	4.83	5.32	4.52	54.07
珠晖区	Zhuhui District	10.67	34.70	18.33	16.37	31.67	3.03	91.27
雁峰区	Yanfeng District	7.37	22.34	11.94	10.40	21.48	0.86	96.15
石鼓区	Shigu District	7.75	24.31	12.95	11.36	22.70	1.61	93.38
蒸湘区	Zhengxiang District	10.14	31.48	16.42	15.06	28.77	2.71	91.39
南岳区	Nanyue District	1.74	6.29	3.34	2.95	4.34	1.95	69.00
衡阳县	Hengyang County	30.02	109.37	56.45	52.92	46.05	63.32	42.10
衡南县	Hengnan County	25.89	97.14	49.27	47.87	38.04	59.10	39.16
衡山县	Hengshan County	10.51	38.93	20.42	18.51	14.92	24.01	38.33
衡东县	Hengdong County	16.55	63.82	33.92	29.90	24.45	39.37	38.31
祁东县	Qidong County	29.23	99.85	51.59	48.26	41.10	58.75	41.16
耒阳市	Leiyang City	34.22	117.22	60.51	56.71	58.58	58.64	49.97
常宁市	Changning City	21.49	83.14	42.31	40.83	39.99	43.15	48.10
双清区	Shuangqing District	9.91	31.75	16.34	15.41	26.33	5.42	82.93
大祥区	Daxiang District	9.92	34.37	17.48	16.89	26.21	8.16	76.26
北塔区	Beita District	3.70	10.62	5.34	5.28	7.77	2.85	73.16

20-1 续表 1 continued

市县名称	Cities and Counties	总户数(万户) Households (10 000 households)	总人口(万人) Total Population (10 000 persons)	男 Male	女 Female	城镇人口 Urban	乡村人口 Rural	城市化水平(%) City Level (%)
邵东县	Shaodong County	36.82	93.46	48.44	45.02	47.95	45.51	51.31
新邵县	Xinshao County	23.84	78.17	41.76	36.41	28.40	49.77	36.33
邵阳县	Shaoyang County	26.07	94.90	49.42	45.48	36.82	58.08	38.80
隆回县	Longhui County	32.04	112.36	59.55	52.81	37.91	74.45	33.74
洞口县	Dongkou County	25.13	79.55	40.47	39.08	33.76	45.79	42.44
绥宁县	Suining County	10.97	35.92	18.95	16.97	12.20	23.72	33.96
新宁县	Xinning County	17.08	57.65	30.39	27.26	22.93	34.72	39.77
城步县	Chengbu County	7.94	26.70	14.09	12.61	9.34	17.36	34.98
武冈市	Wugang City	22.29	76.70	39.97	36.73	32.46	44.24	42.32
岳阳楼区	Yueyanglou District	28.79	85.56	45.37	40.19	78.66	6.90	91.94
云溪区	Yunxi District	6.39	18.83	10.24	8.59	12.30	6.53	65.32
君山区	Junshan District	8.64	25.43	13.04	12.39	14.45	10.98	56.82
岳阳县	Yueyang County	20.98	73.81	40.42	33.39	35.25	38.56	47.76
华容县	Huarong County	22.22	72.96	37.06	35.90	34.04	38.92	46.66
湘阴县	Xiangyin County	21.58	70.39	30.97	39.42	34.41	35.98	48.88
平江县	Pingjiang County	27.87	98.28	52.30	45.98	42.26	56.02	43.00
汨罗市	Miluo City	21.84	71.34	37.46	33.88	39.02	32.32	54.70
临湘市	Linxiang City	14.48	51.51	27.42	24.09	25.59	25.92	49.68
武陵区	Wuling District	22.52	74.36	36.40	37.96	66.11	8.25	88.91
鼎城区	Dingcheng District	25.90	82.25	41.86	40.39	41.20	41.05	50.09
安乡县	Anxiang County	14.75	52.82	27.20	25.62	21.92	30.90	41.50
汉寿县	Hanshou County	26.11	80.87	40.97	39.90	31.18	49.69	38.56
澧 县	Li County	25.98	78.37	39.58	38.79	34.77	43.60	44.37
临澧县	Linli County	15.64	43.50	22.08	21.42	19.66	23.84	45.20
桃源县	Taoyuan County	27.24	86.09	44.00	42.09	32.21	53.88	37.41
石门县	Shimen County	20.89	60.20	31.09	29.11	25.40	34.80	42.19
津市市	Jinshi City	10.60	25.98	13.17	12.81	17.14	8.84	65.97
永定区	Yongding District	17.28	46.40	23.07	23.33	24.07	22.33	51.88
武陵源区	Wulingyuan District	1.96	6.17	3.09	3.08	3.58	2.59	58.02
慈利县	Cili County	21.28	61.39	31.31	30.08	26.81	34.58	43.67
桑植县	Sangzhi County	12.83	38.95	19.83	19.12	15.97	22.98	41.00
资阳区	Ziyang District	12.43	42.15	21.20	20.95	23.19	18.96	55.02
赫山区	Heshan District	25.52	86.52	44.16	42.36	56.36	30.16	65.14
南 县	Nan County	23.01	74.65	38.27	36.38	33.86	40.79	45.36
大通湖区	Datonghu District	3.23	10.98	5.58	5.40	5.49	5.49	50.00
桃江县	Taojiang County	23.40	79.34	41.13	38.21	35.71	43.63	45.01
安化县	Anhua County	26.96	91.38	47.17	44.21	28.28	63.10	30.95
沅江市	Yuanjiang City	20.42	69.21	35.94	33.27	34.78	34.43	50.25
北湖区	Beihu District	14.44	43.33	22.31	21.02	34.94	8.39	80.64
苏仙区	Suxian District	14.63	43.09	22.45	20.64	28.84	14.25	66.93
桂阳县	Guiyang County	24.76	71.56	37.45	34.11	35.11	36.45	49.06
宜章县	Yizhang County	16.36	59.30	30.86	28.44	26.83	32.47	45.24
永兴县	Yongxing County	17.75	54.42	28.02	26.40	27.10	27.32	49.80

20-1 续表 2 continued

市县名称	Cities and Counties	总户数(万户) Households (10 000 households)	总人口(万人) Total Population (10 000 persons)	男 Male	女 Female	城镇人口 Urban	乡村人口 Rural	城市化水平(%) City Level (%)
嘉禾县	Jiahe County	10.89	32.53	17.39	15.14	15.38	17.15	47.28
临武县	Linwu County	10.82	34.62	18.07	16.55	15.46	19.16	44.66
汝城县	Rucheng County	11.15	34.70	18.24	16.46	13.22	21.48	38.10
桂东县	Guidong County	6.53	23.40	12.11	11.29	9.84	13.56	42.05
安仁县	Anren County	10.50	39.37	20.47	18.90	17.38	21.99	44.15
资兴市	Zixing City	11.73	34.79	17.68	17.11	22.05	12.74	63.38
零陵区	Lingling District	17.43	55.59	28.63	26.96	30.76	24.83	55.33
冷水滩区	Lengshuitan District	19.19	54.32	27.75	26.57	36.48	17.84	67.16
祁阳县	Qiyang County	25.51	87.75	45.13	42.62	39.51	48.24	45.03
东安县	Dongan County	17.73	56.90	29.47	27.43	21.92	34.98	38.52
双牌县	Shuangpai County	6.64	20.26	10.54	9.72	8.71	11.55	42.99
道　县	Dao County	16.72	62.70	34.08	28.62	28.01	34.69	44.67
江永县	Jiangyong County	7.31	23.75	12.45	11.30	8.69	15.06	36.59
宁远县	Ningyuan County	19.44	73.09	38.94	34.15	30.77	42.32	42.10
蓝山县	Lanshan County	9.13	34.34	17.98	16.36	15.97	18.37	46.51
新田县	Xintian County	9.98	34.44	17.97	16.47	13.63	20.81	39.58
江华县	Jianghua County	11.66	43.38	22.66	20.72	18.59	24.79	42.85
鹤城区	Hecheng District	19.24	60.96	31.70	29.26	56.60	4.36	92.85
中方县	Zhongfang County	7.21	24.40	12.69	11.71	8.72	15.68	35.74
沅陵县	Yuanling County	16.86	60.38	31.40	28.98	21.50	38.88	35.61
辰溪县	Chenxi County	14.11	46.30	24.08	22.22	16.50	29.80	35.64
溆浦县	Xupu County	22.89	75.50	39.26	36.24	27.60	47.90	36.56
会同县	Huitong County	9.79	33.20	17.26	15.94	11.60	21.60	34.94
麻阳县	Mayang County	9.16	35.03	18.22	16.81	12.30	22.73	35.11
新晃县	Xinhuang County	7.30	25.03	13.02	12.01	8.75	16.28	34.96
芷江县	Zhijiang County	10.30	34.80	18.10	16.70	11.95	22.85	34.34
靖州县	Jingzhou County	6.99	25.46	13.24	12.22	11.70	13.76	45.95
通道县	Tongdao County	5.87	21.33	11.09	10.24	7.30	14.03	34.22
洪江市	Hongjiang City	13.76	42.95	22.33	20.62	17.40	25.55	40.51
洪江区	Hongjiang District	2.51	6.66	3.20	3.46	5.94	0.72	89.19
娄星区	Louxing District	17.35	51.36	26.59	24.77	45.35	6.01	88.30
双峰县	Shuangfeng County	27.12	87.89	45.84	42.05	28.32	59.57	32.22
新化县	Xinhua County	34.29	113.86	59.35	54.51	38.12	75.74	33.48
冷水江市	Lengshuijiang City	11.76	34.52	18.04	16.48	26.53	7.99	76.85
涟源市	Lianyuan City	32.54	101.78	53.04	48.74	38.04	63.74	37.37
吉首市	Jishou City	10.31	33.68	17.02	16.66	24.76	8.92	73.52
泸溪县	Luxi County	8.47	29.13	14.98	14.15	12.23	16.90	41.98
凤凰县	Fenghuang County	9.35	32.75	17.02	15.73	12.23	20.52	37.34
花垣县	Huayuan County	8.03	30.76	15.88	14.88	11.58	19.18	37.65
保靖县	Baojing County	8.01	29.54	15.40	14.14	11.68	17.86	39.54
古丈县	Guzhang County	3.59	13.22	6.90	6.32	5.05	8.17	38.20
永顺县	Yongshun County	12.83	44.92	23.45	21.47	16.95	27.97	37.73
龙山县	Longshan County	15.78	49.60	25.74	23.86	19.03	30.57	38.37

20-2 计划生育指标(2016年)
Indicators of Family Plan (2016)

市县名称	Cities and Counties	出生率 (‰) Birth Rate (‰)	死亡率 (‰) Death Rate (‰)	自然增长率 (‰) Natural Growth Rate (‰)	符合政策生育率 (%) Birth Within Plan Rate (%)	已婚育龄妇女人数 (万人) Married Women at Child-Bearing Age (10 000 persons)	节育率 (%) Contra-ceptive Rate (%)
芙蓉区	Furong District	15.02	8.30	6.72	99.39	7.00	75.45
天心区	Tianxin District	12.07	7.10	4.97	99.63	7.16	78.26
岳麓区	Yuelu District	15.17	9.74	5.43	98.82	12.07	65.33
开福区	Kaifu District	13.25	8.55	4.70	99.51	8.54	67.90
雨花区	Yuhua District	15.50	8.05	7.45	99.59	11.67	78.87
望城区	Wangcheng District	16.42	9.89	6.53	97.66	11.92	78.16
长沙县	Changsha County	16.84	7.33	9.51	97.95	15.35	76.17
宁乡县	Ningxiang County	15.24	7.60	7.64	96.07	28.98	78.53
浏阳市	Liuyang City	18.53	8.31	10.22	94.08	30.33	80.94
荷塘区	Hetang District	11.04	8.32	2.72	98.86	3.69	85.79
芦淞区	Lusong District	14.07	8.32	5.75	98.15	4.64	86.35
石峰区	Shifeng District	13.11	9.07	4.04	98.89	5.03	86.48
天元区	Tianyuan District	13.73	7.30	6.43	98.02	4.87	88.68
株洲县	Zhuzhou County	14.49	8.28	6.21	96.44	7.18	87.64
攸　县	You County	14.52	7.75	6.77	95.45	16.86	86.24
茶陵县	Chaling County	16.40	7.49	8.91	95.02	12.96	92.36
炎陵县	Yanling County	13.66	7.49	6.17	96.77	4.21	87.42
醴陵市	Liling City	14.78	6.87	7.91	96.17	21.17	87.91
雨湖区	Yuhu District	11.34	8.27	3.07	97.70	9.69	88.41
岳塘区	Yuetang District	9.53	8.08	1.45	99.59	6.72	85.02
湘潭县	Xiangtan County	13.44	6.98	6.46	96.10	19.11	86.36
湘乡市	Xiangxiang City	14.53	7.73	6.80	94.81	18.78	89.44
韶山市	Shaoshan City	13.79	8.44	5.35	98.43	2.29	89.84
珠晖区	Zhuhui District	12.55	7.10	5.45	97.44	5.67	76.17
雁峰区	Yanfeng District	12.60	6.76	5.84	98.08	4.00	81.47
石鼓区	Shigu District	13.04	6.94	6.10	97.15	4.24	85.00
蒸湘区	Zhengxiang District	14.57	7.37	7.20	97.10	5.31	81.91
南岳区	Nanyue District	15.47	6.63	8.84	94.86	1.23	87.22
衡阳县	Hengyang County	14.51	6.72	7.79	91.83	24.61	85.52
衡南县	Hengnan County	15.10	6.96	8.14	90.19	21.65	88.97
衡山县	Hengshan County	14.77	6.90	7.87	91.50	8.84	87.65
衡东县	Hengdong County	14.78	7.49	7.29	88.13	14.72	90.48
祁东县	Qidong County	15.08	7.13	7.95	91.37	20.81	87.05
耒阳市	Leiyang City	14.66	7.13	7.53	92.35	29.01	83.73
常宁市	Changning City	14.84	7.88	6.96	90.44	18.28	88.47
双清区	Shuangqing District	13.35	7.12	6.23	95.53	5.48	87.14
大祥区	Daxiang District	14.09	6.59	7.50	93.48	6.51	84.62
北塔区	Beita District	15.93	5.48	10.45	92.65	1.97	91.37

20-2 续表 1 continued

市县名称	Cities and Counties	出生率(‰) Birth Rate (‰)	死亡率(‰) Death Rate (‰)	自然增长率(‰) Natural Growth Rate (‰)	符合政策生育率(%) Birth Within Plan Rate (%)	已婚育龄妇女人数(万人) Married Women at Child-Bearing Age (10 000 persons)	节育率(%) Contra-ceptive Rate (%)
邵东县	Shaodong County	14.87	6.42	8.45	89.27	24.90	87.43
新邵县	Xinshao County	15.32	7.07	8.25	89.49	15.31	88.95
邵阳县	Shaoyang County	14.36	6.72	7.64	89.94	19.98	91.28
隆回县	Longhui County	15.57	7.45	8.12	90.05	24.05	89.75
洞口县	Dongkou County	14.72	7.15	7.57	89.38	16.51	82.21
绥宁县	Suining County	13.75	6.97	6.78	91.29	7.28	90.10
新宁县	Xinning County	14.87	7.57	7.30	91.56	12.70	89.59
城步县	Chengbu County	14.35	7.14	7.21	92.48	5.58	90.42
武冈市	Wugang City	13.81	6.61	7.20	91.37	15.87	89.94
岳阳楼区	Yueyanglou District	14.65	7.12	7.53	96.86	14.13	82.63
云溪区	Yunxi District	13.44	6.44	7.00	96.52	3.61	84.65
君山区	Junshan District	13.56	7.61	5.95	97.16	5.00	86.63
岳阳县	Yueyang County	16.38	6.26	10.12	94.11	14.78	82.79
华容县	Huarong County	13.77	7.87	5.90	96.90	15.50	90.12
湘阴县	Xiangyin County	14.40	7.69	6.71	96.98	15.13	87.56
平江县	Pingjiang County	15.78	6.38	9.40	93.88	22.65	88.66
汨罗市	Miluo City	15.56	7.75	7.81	96.84	14.20	86.17
临湘市	Linxiang City	16.70	7.37	9.33	94.76	10.85	87.70
武陵区	Wuling District	11.48	7.34	4.14	97.53	11.97	90.28
鼎城区	Dingcheng District	11.11	7.33	3.78	97.23	14.60	89.63
安乡县	Anxiang County	9.76	8.51	1.25	97.56	11.26	91.22
汉寿县	Hanshou County	12.39	7.38	5.01	95.62	17.16	88.08
澧　县	Li County	12.14	7.37	4.77	97.53	18.86	90.10
临澧县	Linli County	12.08	7.13	4.95	97.56	9.18	86.20
桃源县	Taoyuan County	11.86	7.01	4.85	97.10	19.01	86.52
石门县	Shimen County	12.31	7.88	4.43	96.74	13.32	86.91
津市市	Jinshi City	9.92	8.20	1.72	97.95	4.72	93.97
永定区	Yongding District	12.36	7.67	4.69	95.77	8.44	89.48
武陵源区	Wulingyuan District	13.22	7.71	5.51	96.69	1.10	85.01
慈利县	Cili County	11.63	8.34	3.29	96.41	13.19	85.11
桑植县	Sangzhi County	13.09	8.06	5.03	92.28	8.79	79.85
资阳区	Ziyang District	13.85	8.42	5.43	95.89	8.34	92.04
赫山区	Heshan District	13.26	7.43	5.83	94.79	18.09	90.40
南　县	Nan County	12.89	8.40	4.49	96.32	13.75	88.39
大通湖区	Datonghu District	11.54	9.09	2.45	97.53	2.03	91.34
桃江县	Taojiang County	13.94	8.08	5.86	95.72	17.97	92.05
安化县	Anhua County	14.47	8.11	6.36	93.46	20.48	90.55
沅江市	Yuanjiang City	13.79	7.96	5.83	95.84	15.29	90.84
北湖区	Beihu District	13.68	7.17	6.51	92.37	7.14	88.62
苏仙区	Suxian District	13.10	6.96	6.14	93.64	6.97	90.40
桂阳县	Guiyang County	13.64	6.47	7.17	85.03	17.03	85.94
宜章县	Yizhang County	15.39	7.04	8.35	85.74	12.11	86.41
永兴县	Yongxing County	14.80	7.91	6.89	87.91	13.07	92.74

20-2 续表 2 continued

市县名称	Cities and Counties	出生率(‰) Birth Rate (‰)	死亡率(‰) Death Rate (‰)	自然增长率(‰) Natural Growth Rate (‰)	符合政策生育率(%) Birth Within Plan Rate (%)	已婚育龄妇女人数(万人) Married Women at Child-Bearing Age (10 000 persons)	节育率(%) Contra-ceptive Rate (%)
嘉禾县	Jiahe County	13.31	7.83	5.48	85.11	8.07	88.44
临武县	Linwu County	12.67	5.92	6.75	80.07	6.87	92.48
汝城县	Rucheng County	14.97	7.36	7.61	90.00	7.96	86.46
桂东县	Guidong County	12.39	8.00	4.39	93.76	3.78	87.62
安仁县	Anren County	14.79	6.85	7.94	92.07	8.76	90.54
资兴市	Zixing City	11.96	7.84	4.12	95.31	7.30	85.52
零陵区	Lingling District	13.76	7.75	6.01	93.42	11.97	89.06
冷水滩区	Lengshuitan District	13.93	7.19	6.74	95.28	10.96	88.29
祁阳县	Qiyang County	12.85	7.42	5.43	91.07	19.50	90.18
东安县	Dongan County	14.39	7.51	6.88	92.86	12.16	85.06
双牌县	Shuangpai County	13.07	7.09	5.98	93.33	3.58	86.31
道　县	Dao County	14.93	7.13	7.80	88.70	14.59	87.40
江永县	Jiangyong County	12.98	7.26	5.72	92.22	5.37	89.28
宁远县	Ningyuan County	14.02	6.79	7.23	88.41	15.91	88.79
蓝山县	Lanshan County	13.90	6.89	7.01	88.82	7.74	86.31
新田县	Xintian County	17.07	7.77	9.30	86.42	8.12	86.86
江华县	Jianghua County	15.89	7.21	8.68	91.90	10.18	85.94
鹤城区	Hecheng District	14.39	5.93	8.46	96.07	7.80	88.24
中方县	Zhongfang County	16.03	7.06	8.97	91.25	5.89	90.89
沅陵县	Yuanling County	12.18	7.91	4.27	94.39	12.37	84.29
辰溪县	Chenxi County	15.37	7.67	7.70	92.79	10.36	85.00
溆浦县	Xupu County	15.13	7.05	8.08	90.15	17.91	89.12
会同县	Huitong County	14.58	6.84	7.74	93.96	7.21	82.66
麻阳县	Mayang County	13.72	6.96	6.76	93.72	7.44	80.29
新晃县	Xinhuang County	14.11	8.40	5.71	93.87	4.98	81.27
芷江县	Zhijiang County	12.45	8.07	4.38	94.52	7.24	90.72
靖州县	Jingzhou County	14.39	6.45	7.94	96.18	5.30	88.12
通道县	Tongdao County	13.19	6.65	6.54	96.07	4.47	85.95
洪江市	Hongjiang City	12.49	7.79	4.70	94.90	8.23	85.51
洪江区	Hongjiang District	9.23	7.91	1.32	97.37	1.17	74.73
娄星区	Louxing District	15.45	6.56	8.89	94.88	9.64	85.90
双峰县	Shuangfeng County	14.53	7.34	7.19	92.00	18.75	92.06
新化县	Xinhua County	17.87	7.93	9.94	88.77	28.51	91.78
冷水江市	Lengshuijiang City	16.54	7.69	8.85	92.73	7.81	94.61
涟源市	Lianyuan City	15.25	7.06	8.19	91.51	22.39	89.53
吉首市	Jishou City	12.80	6.81	5.99	94.81	5.55	87.09
泸溪县	Luxi County	14.02	6.73	7.29	90.95	5.79	85.30
凤凰县	Fenghuang County	14.80	7.07	7.73	88.34	7.62	79.58
花垣县	Huayuan County	13.79	6.81	6.98	85.93	5.78	90.59
保靖县	Baojing County	12.92	6.28	6.64	90.90	6.00	79.21
古丈县	Guzhang County	12.12	7.06	5.06	89.30	2.53	81.03
永顺县	Yongshun County	13.59	6.75	6.84	87.87	10.15	73.30
龙山县	Longshan County	14.78	7.04	7.74	90.16	11.59	81.59

20-3 城镇单位从业人员年末人数(2016年)
Number of Employed Persons in Urban Areas at the Year-end (2016)

单位:万人 (10 000 persons)

市县名称	Cities and Counties	城镇单位从业人员人数 Number of employees in Urban Units	在岗职工 Staff and Workers on the Job	#国有经济 State-owned Units	#城镇集体经济 Urban Collective Owned Units	#其他经济 Other economic	其他从业人员 Other Empolyed Persons
芙蓉区	Furong District	14.78	14.11	5.07	0.34	8.71	0.67
天心区	Tianxin District	13.36	12.71	3.13	0.10	9.48	0.65
岳麓区	Yuelu District	20.15	19.11	5.74	0.10	13.27	1.04
开福区	Kaifu District	10.54	10.27	3.55	0.09	6.63	0.26
雨花区	Yuhua District	18.78	16.44	4.23	0.29	11.92	2.33
望城区	Wangcheng District	8.84	8.38	1.18	0.10	7.10	0.46
长沙县	Changsha County	16.32	16.01	2.68	0.25	13.09	0.30
宁乡县	Ningxiang County	5.93	5.71	2.45	0.28	2.98	0.22
浏阳市	Liuyang City	12.23	11.57	2.54	0.45	8.58	0.66
荷塘区	Hetang District	4.80	4.15	1.57	0.03	2.55	0.66
芦淞区	Lusong District	5.85	5.03	1.65	0.04	3.33	0.83
石峰区	Shifeng District	7.12	6.59	0.79	0.01	5.79	0.53
天元区	Tianyuan District	9.32	9.16	2.79	0.04	6.32	0.16
株洲县	Zhuzhou County	2.83	2.25	0.74	0.10	1.40	0.58
攸　县	You County	2.87	2.84	1.40	0.15	1.28	0.03
茶陵县	Chaling County	2.68	2.46	1.37	0.22	0.86	0.22
炎陵县	Yanling County	1.25	1.19	0.72	0.03	0.45	0.06
醴陵市	Liling City	8.91	8.72	2.12	0.13	6.47	0.19
雨湖区	Yuhu District	9.55	9.10	2.87	0.09	6.14	0.45
岳塘区	Yuetang District	11.53	7.94	1.89	0.20	5.85	3.60
湘潭县	Xiangtan County	4.17	4.07	1.64	0.25	2.18	0.10
湘乡市	Xiangxiang City	5.10	4.68	1.80	0.09	2.79	0.41
韶山市	Shaoshan City	0.91	0.88	0.42	0.01	0.45	0.03
珠晖区	Zhuhui District	3.20	3.18	1.58	0.08	1.52	0.03
雁峰区	Yanfeng District	5.59	5.02	0.93	0.07	4.01	0.57
石鼓区	Shigu District	5.10	4.58	1.43	0.25	2.90	0.52
蒸湘区	Zhengxiang District	7.08	6.39	2.08	0.11	4.20	0.69
南岳区	Nanyue District	0.82	0.67	0.35	0.01	0.31	0.15
衡阳县	Hengyang County	7.00	6.94	2.79	0.42	3.74	0.06
衡南县	Hengnan County	5.75	5.19	2.18	0.11	2.90	0.57
衡山县	Hengshan County	1.91	1.87	0.98	0.01	0.88	0.04
衡东县	Hengdong County	2.69	2.55	1.51	0.12	0.93	0.13
祁东县	Qidong County	3.95	3.42	1.37	0.14	1.91	0.53
耒阳市	Leiyang City	5.92	5.57	2.90	0.13	2.54	0.35
常宁市	Changning City	4.50	4.39	2.51	0.14	1.74	0.11
双清区	Shuangqing District	6.96	6.31	1.69	0.17	4.45	0.65
大祥区	Daxiang District	4.46	3.24	2.02	0.18	1.05	1.22
北塔区	Beita District	1.30	1.21	0.55	0.02	0.63	0.09

20-3 续表 1 continued

单位:万人 (10 000 persons)

市县名称	Cities and Counties	城镇单位从业人员人数 Number of employees in Urban Units	在岗职工 Staff and Workers on the Job	#国有经济 State-owned Units	#城镇集体经济 Urban Collective Owned Units	#其他经济 Other economic	其他从业人员 Other Em-polyed Persons
邵东县	Shaodong County	3.90	3.82	2.05	0.23	1.54	0.08
新邵县	Xinshao County	2.58	2.44	1.43	0.04	0.96	0.14
邵阳县	Shaoyang County	3.49	3.35	1.80	0.37	1.17	0.15
隆回县	Longhui County	3.19	3.13	2.04	0.02	1.07	0.06
洞口县	Dongkou County	2.98	2.67	1.66	0.01	1.00	0.31
绥宁县	Suining County	1.92	1.61	0.99	0.02	0.60	0.31
新宁县	Xinning County	2.45	2.30	1.25	0.06	0.98	0.15
城步县	Chengbu County	1.27	1.12	0.84	0.01	0.27	0.15
武冈市	Wugang City	2.94	2.48	1.54	0.28	0.66	0.46
岳阳楼区	Yueyanglou District	15.74	13.22	4.89	0.15	8.19	2.52
云溪区	Yunxi District	3.37	3.18	0.45	0.17	2.56	0.19
君山区	Junshan District	1.73	1.66	1.08	0.08	0.50	0.07
岳阳县	Yueyang County	3.88	3.71	1.69	0.10	1.92	0.18
华容县	Huarong County	3.32	3.05	1.46	0.31	1.29	0.26
湘阴县	Xiangyin County	5.21	4.74	2.22	0.09	2.42	0.47
平江县	Pingjiang County	5.23	4.81	2.39	0.20	2.21	0.43
汨罗市	Miluo City	5.76	5.26	2.36	0.20	2.70	0.51
临湘市	Linxiang City	2.66	2.24	1.17	0.17	0.91	0.41
武陵区	Wuling District	14.58	13.68	4.47	0.07	9.15	0.90
鼎城区	Dingchen District	4.30	3.99	1.72	0.01	2.26	0.31
安乡县	Anxiang County	3.77	3.70	1.18	0.03	2.49	0.06
汉寿县	Hanshou County	3.06	2.95	1.54	0.08	1.33	0.11
澧　县	Li County	4.57	4.36	1.98	0.13	2.25	0.21
临澧县	Linli County	1.96	1.86	1.07	0.02	0.77	0.10
桃源县	Taoyuan County	3.97	3.72	1.87	0.01	1.84	0.25
石门县	Shimen County	3.04	2.78	1.48	0.03	1.27	0.27
津市市	Jinshi City	2.50	2.43	0.80	0.03	1.61	0.07
永定区	Yongding District	3.97	3.76	1.96		1.79	0.21
武陵源区	Wulingyuan District	0.79	0.71	0.42	0.01	0.28	0.08
慈利县	Cili County	2.50	2.09	1.41	0.11	0.57	0.40
桑植县	Sangzhi County	1.39	1.30	1.03		0.27	0.08
资阳区	Ziyang District	2.40	2.33	1.35	0.05	0.93	0.06
赫山区	Heshan District	11.63	9.32	2.85	0.34	6.13	2.31
南　县	Nan County	2.78	2.60	1.65	0.04	0.90	0.18
大通湖区	Datonghu District	0.50	0.43	0.20	0.02	0.21	0.07
桃江县	Taojiang County	3.76	3.15	1.52	0.05	1.58	0.62
安化县	Anhua County	3.03	2.90	2.08	0.16	0.67	0.13
沅江市	Yuanjiang City	3.33	3.03	1.95	0.15	0.93	0.30
北湖区	Beihu District	8.98	8.35	3.69	0.06	4.60	0.64
苏仙区	Suxian District	6.16	4.99	2.07	0.08	2.84	1.16
桂阳县	Guiyang County	3.90	3.55	1.80	0.15	1.61	0.34
宜章县	Yizhang County	2.34	2.25	1.49	0.03	0.73	0.09
永兴县	Yongxing County	2.52	2.44	1.56	0.09	0.79	0.08

20-3 续表 2 continued

单位:万人 (10 000 persons)

市县名称	Cities and Counties	城镇单位从业人员人数 Number of employees in Urban Units	在岗职工 Staff and Workers on the Job	#国有经济 State-owned Units	#城镇集体经济 Urban Collective Owned Units	#其他经济 Other economic	其他从业人员 Other Empolyed Persons
嘉禾县	Jiahe County	1.59	1.48	1.00	0.10	0.38	0.11
临武县	Linwu County	1.67	1.52	0.82	0.13	0.57	0.14
汝城县	Rucheng County	1.04	0.97	0.73	0.00	0.23	0.07
桂东县	Guidong County	1.04	0.90	0.55	0.02	0.34	0.14
安仁县	Anren County	1.75	1.64	1.09	0.01	0.55	0.10
资兴市	Zixing City	4.94	4.00	1.09	0.00	2.91	0.93
零陵区	Lingling District	3.72	3.61	2.46	0.19	0.96	0.11
冷水滩区	Lengshuitan District	6.46	5.89	2.86	0.13	2.90	0.57
祁阳县	Qiyang County	4.88	4.50	2.26	0.36	1.88	0.38
东安县	Dongan County	2.96	2.69	1.89	0.05	0.74	0.27
双牌县	Shuangpai County	1.17	1.10	0.74	0.07	0.29	0.07
道　县	Dao County	2.58	2.39	1.65	0.40	0.35	0.19
江永县	Jiangyong County	1.28	1.22	0.87	0.15	0.20	0.06
宁远县	Ningyuan Couny	3.21	3.05	1.72		1.32	0.16
蓝山县	Lanshan County	2.58	2.44	0.95	0.11	1.38	0.14
新田县	Xintian County	1.87	1.78	1.26	0.01	0.51	0.09
江华县	Jianghua County	1.91	1.82	1.27	0.07	0.48	0.09
鹤城区	Hecheng District	6.93	6.32	3.88	0.04	2.40	0.61
中方县	Zhongfang County	1.55	1.50	0.78	0.00	0.71	0.05
沅陵县	Yuanling County	2.59	2.49	1.64	0.02	0.83	0.11
辰溪县	Chenxi County	2.25	2.02	1.22	0.22	0.57	0.23
溆浦县	Xupu County	2.68	2.44	2.03	0.08	0.33	0.24
会同县	Huitong County	1.37	1.26	0.98	0.02	0.26	0.11
麻阳县	Mayang County	1.61	1.58	1.11	0.13	0.34	0.02
新晃县	Xinhuang County	1.06	1.00	0.80	0.06	0.14	0.06
芷江县	Zhijiang County	1.49	1.42	1.05	0.04	0.33	0.07
靖州县	Jingzhou County	1.19	1.00	0.76	0.03	0.21	0.20
通道县	Tongdao County	1.00	0.87	0.77	0.01	0.10	0.13
洪江市	Hongjiang City	1.87	1.76	1.20	0.05	0.51	0.11
洪江区	Hongjiang District	0.71	0.64	0.34	0.01	0.29	0.07
娄星区	Louxing District	12.83	12.05	3.40	2.79	5.87	0.77
双峰县	Shuangfeng County	3.98	3.87	1.88	0.21	1.77	0.12
新化县	Xinhua County	3.77	3.67	2.12	0.26	1.28	0.10
冷水江市	Lengshuijiang City	5.33	5.12	1.75	0.69	2.68	0.21
涟源市	Lianyuan City	4.35	4.08	2.37	0.25	1.47	0.26
吉首市	Jishou City	4.96	4.18	2.51	0.10	1.56	0.78
泸溪县	Luxi County	1.17	1.12	0.97	0.05	0.11	0.04
凤凰县	Fenghuang County	1.46	1.42	1.20	0.05	0.17	0.04
花垣县	Huayuan County	1.43	1.33	1.06	0.01	0.25	0.10
保靖县	Baojing County	1.03	1.02	0.85	0.07	0.09	0.01
古丈县	Guzhang County	0.66	0.59	0.51	0.01	0.07	0.07
永顺县	Yongshun County	1.94	1.94	1.54	0.14	0.26	0.01
龙山县	Longshan County	1.28	1.21	1.04	0.05	0.12	0.07

20-4 国有经济各行业在岗职工年末人数(2016年)

单位:人

市县名称	Cities and Counties	农林牧渔业 Agriculture, Forestry, Farming of Animals and Fishing	采矿业 Minging Industry	制造业 Manufacturing	电力、热力、燃气及水的生产和供应业 Production and Distribution of Electricity, Heat,Gas and Water	建筑业 Construction	批发和零售业 Wholesale and Retail Trade	交通运输仓储和邮政业 Traffic, Transport, Storage and Post	住宿和餐饮业 Accommodation and Restaurants
芙蓉区	Furong District			260		120	269	2565	1272
天心区	Tianxin District		4	142		9607	217		73
岳麓区	Yuelu District	24		279		542	2	707	585
开福区	Kaifu District	17		373		1304	251	164	354
雨花区	Yuhua District			432		760	1202	607	841
望城区	Wangcheng District			1264			25	21	93
长沙县	Changsha County			386			11	2957	
宁乡县	Ningxiang County	137		552	35	244		279	135
浏阳市	Liuyang City		18		488		21	656	85
荷塘区	Hetang District			5315			6	145	
芦淞区	Lusong District			2030	1165	2636	652		236
石峰区	Shifeng District			1639				176	
天元区	Tianyuan District			21	87	277		2586	274
株洲县	Zhuzhou County		525	364	201			32	50
攸　县	You County	131	172	46	762		124		
茶陵县	Chaling County		695	123	228	1015	89	137	
炎陵县	Yanling County				476			102	107
醴陵市	Liling City			2496	196	154	86	23	
雨湖区	Yuhu District			1583			57	3754	
岳塘区	Yuetang District					320	292	298	
湘潭县	Xiangtan County								
湘乡市	Xiangxiang City	18			648	36		118	
韶山市	Shaoshan City				19		4		366
珠晖区	Zhuhui District	11	1020	23		4046	32	128	
雁峰区	Yanfeng District			321		329	70	9	
石鼓区	Shigu District	34		76		103	36		
蒸湘区	Zhengxiang District			96	21		1350	1932	
南岳区	Nanyue District				58			12	55
衡阳县	Hengyang County				84				
衡南县	Hengnan County				65	871	19	187	
衡山县	Hengshan County	35		8	240			167	
衡东县	Hengdong County				1239			117	
祁东县	Qidong County				839	293		319	
耒阳市	Leiyang City				1885	570		327	
常宁市	Changning City	157	25		767		61	332	
双清区	Shuangqing District		94	1283	757	548	204	2370	
大祥区	Daxiang District			306	165	1598			
北塔区	Beita District	186					8	3052	

Employed Staff and Workers in State-Owned Units by Sector at the Year-end (2016)

(person)

信息传输软件和信息技术服务业 Information Transfer, Software and Information technology Services	金融业 Finance	房地产业 Real Estate Trade	租赁和商务服务业 Tenancy and Business Services	科学研究和技术服务业 Scientific Research, Technical Service	水利环境和公共设施管理业 Management of Water Conservancy, Environment and Public Establishment	居民服务修理和其他服务业 Resident Services, Repair and Other Services	教育 Education	卫生和社会工作 Sanitation and Social Work	文化体育和娱乐业 Culture, Sports and Enter-tainment	公共管理社会保障和社会组织 Public Management, Social Security and Social Organization
158	3942	219	773	4631	1096		7769	10071	1435	16108
	181	118	221	3037	1658	64	6514	1476	607	7374
46		63	123	1423	1295	435	25175	8871	21	17813
31	72	636	419	1565	924	10	3775	11055	7612	6969
9	90	106	202	6747	423	20	9672	11529	1594	8106
60		52	50	262	231		3349	1109	72	5167
66				26	13	79	10037	3530	84	9574
		33	138	404	1075	106	9461	2173	487	9280
				118	206		7624	5249	401	10498
			1735	435	169		2252	1221		4408
952		27	7	70	225		2670	2750	242	2843
		35	11	7	166		3252	1125		1521
402	146	98	97	1520	628	19	5745	4604	376	11042
			37	3	57		2242	790	6	3124
			179	93	86		3686	2487	246	5984
45			105	476	509		4235	1690	179	4205
5		28	265	108	495		1644	872	170	2901
		208	144	178	976	22	1802	2622	158	12157
10	123		319	1351	1341	67	9186	5113	106	5665
36		125	179	527	235	44	5443	3133	531	7748
		6	24	186	106		6520	2992	168	6427
		261	44	41	341		4982	3683	159	7690
		12	18	30	106		862	548	279	1949
		16			9		5028	2965	138	2398
		609	20	264	875		1801	3146	60	1840
1285	20		43	19	682	35	2734	4660	413	4153
	67	15	48	813	208	25	3969	1180	406	10706
39			63	116	474		501	608	101	1480
			285	466	1446	27	11077	3805	230	10463
	250		105	258	165		7862	2174	240	9575
	48	50	138	225	124		3305	1710	152	3620
			77	610	393	27	5500	2043	131	4922
		51	91	141	1065		1838	2607	150	6262
		26	294	785	372		7997	3743	255	12743
105		52	144	254	1617		8155	4044	191	9198
23	22			63	18	18	2405	3446	94	5526
	1477		3	689	510		4209	4781	317	6138
	44		5	106	97		103	203	4	1736

20-4 续表 1

单位:人

市县名称	Cities and Counties	农林牧渔业 Agri-culture, Forestry, Farming of Animals and Fishing	采矿业 Minging Industry	制造业 Manu-facturing	电力、热力、燃气及水的生产和供应业 Production and Distribution of Electricity, Heat,Gas and Water	建筑业 Construc-tion	批发和零售业 Whole-sale and Retail Trade	交通运输仓储和邮政业 Traffic, Transport, Storage and Post	住宿和餐饮业 Acco-mmodation and Restaurants
邵东县	Shaodong County	76			252	516	55	314	
新邵县	Xinshao County	200			201	132	65	752	
邵阳县	Shaoyang County				295		754	188	
隆回县	Longhui County	332			245	750		367	
洞口县	Dongkou County	175	613		180		24	304	9
绥宁县	Suining County	5		218	418		364	361	
新宁县	Xinning County	254			344		77	311	
城步县	Chengbu County	752			98		122	130	40
武冈市	Wugang City	201			183		186	639	50
岳阳楼区	Yueyanglou District	15			839	2588	978	4004	186
云溪区	Yunxi District						10	25	
君山区	Junshan District	873		503	250	3065	25	196	
岳阳县	Yueyang County			649	25	552	140	241	
华容县	Huarong County	421		255	273	138	62		
湘阴县	Xiangyin County	184			454	212	126	251	96
平江县	Pingjiang County		268	706	172		449	6	78
汨罗市	Miluo City	40			98	1862	468	568	465
临湘市	Linxiang City	77			118		1256	50	67
武陵区	Wuling District	21		319	1327	3906	1285	2489	317
鼎城区	Dingchen District				222		79	274	
安乡县	Anxiang County							183	
汉寿县	Hanshou County			294	203			288	
澧　县	Li County	17			161	334	16	106	
临澧县	Linli County	44			130			225	
桃源县	Taoyuan County	33		181	11		76	232	
石门县	Shimen County				219			29	91
津市市	Jinshi City		1257	393				45	43
永定区	Yongding District	300		5	294	330	200	930	116
武陵源区	Wulingyuan District	2			96		3	88	102
慈利县	Cili County	23			469		90		9
桑植县	Sangzhi County				126		21	95	
资阳区	Ziyang District					4050	186	82	
赫山区	Heshan District	5		67	476	176	561	1632	38
南　县	Nan County	19		83	119			41	
大通湖区	Datonghu District	19		25					
桃江县	Taojiang County	53			137	223			
安化县	Anhua County	21	5	586	988	61	186		
沅江市	Yuanjiang City	35			130	54	401	17	
北湖区	Beihu District			967	97	1589	5681	3386	132
苏仙区	Suxian District	7		64	454	1457	74	35	28
桂阳县	Guiyang County	10			658		293	369	
宜章县	Yizhang County	133			526	195	13	76	
永兴县	Yongxing County	16	1190		374	432	281	225	57

continued

(person)

信息传输软件和信息技术服务业 Information Transfer, Software and Information technology Services	金融业 Finance	房地产业 Real Estate Trade	租赁和商务服务业 Tenancy and Business Services	科学研究和技术服务业 Scientific Research, Technical Service	水利环境和公共设施管理业 Management of Water Conservancy, Environment and Public Establishment	居民服务修理和其他服务业 Resident Services, Repair and Other Services	教育 Education	卫生和社会工作 Sanitation and Social Work	文化体育和娱乐业 Culture, Sports and Enter-tainment	公共管理社会保障和社会组织 Public Management, Social Security and Social Organization
	356			106	235		7215	3594	99	7708
	89		70	63	404		5086	2221	76	4975
	158		243	155	93		5401	2560	45	8116
	16	14	114	150	609		7663	2905		7252
	45		8	93	365		5392	3069	100	6224
92	147	15	35	242	135		2597	1347	50	3895
38	37		141	160	155		3895	1567	127	5441
	149	5	85	120	94		2565	839	128	3239
	45	29	299	183	283		4865	2519	94	5828
1797	1284	30	1262	635	2005	31	10544	6534	386	15736
			44	4	223		1449	357	53	2348
				22	126		1764	869	11	3119
13			189	589	289		4677	2009	274	7206
84		22	23	264	405	17	4737	2459	47	5416
			142	326	1550	11	7295	3551	114	7884
			825	106	410	30	4027	4062	266	12504
140	298	35	24	139	1082	144	6380	1545	247	10020
76	22	10	97	109	317		2714	1290	106	5351
96	573	546	799	1475	847	166	8166	6546	647	15139
122		60	159	492	552		4460	2692	172	7921
		10	48	45	205	25	3819	2055	47	5412
		11	100	33	790		6296	1878	293	5207
		8	52	398	1139	30	8008	2812	142	6596
			66	16	394	13	3322	1937	84	4489
85			223	54	241		6875	3288	58	7322
			191	148	123	238	4914	3361	43	5405
		46			161	60	1614	1164	98	3089
18	575		83	318	323		2576	2286	74	11213
26			22	25	1387		555	137	41	1757
112			33	76	669		4679	2526	179	5231
		32		17	11		3742	1888		4401
		50			466	15	2961	2174	37	3513
26	469		60	860	348		8298	5188	479	9850
		69	172	79	648	52	5414	2069	193	7586
							662	99	44	1157
			8	66	427		5016	3294	126	5807
80	17		21	80	412		8132	2926	296	6983
			70	211	779	18	8085	3300	26	6387
39	867	218	242	1202	415		3396	7182	873	10638
	1220	56	66	430	776		6505	2383	193	6985
83		28	66	79	157	32	6147	3137	91	6800
	40	20	89	34	340		5205	2447	153	5635
			153	118	172		4533	2313	156	5591

20-4 续表 2

单位:人

市县名称	Cities and Counties	农林牧渔业 Agri-culture, Forestry, Farming of Animals and Fishing	采矿业 Minging Industry	制造业 Manu-facturing	电力、热力、燃气及水的生产和供应业 Production and Distribution of Electricity, Heat,Gas and Water	建筑业 Construc-tion	批发和零售业 Whole-sale and Retail Trade	交通运输仓储和邮政业 Traffic, Transport, Storage and Post	住宿和餐饮业 Acco-mmodation and Restaurants
嘉禾县	Jiahe County	146	1109		315		205	136	
临武县	Linwu County	63			118		32	100	50
汝城县	Rucheng County	362			34	237			
桂东县	Guidong County							153	58
安仁县	Anren County	39			381	413	94	248	20
资兴市	Zixing City	227		25	1152		412	99	35
零陵区	Lingling District	195			741	434		968	
冷水滩区	Lengshuitan District	35			223	1288	1660	2487	
祁阳县	Qiyang County				478	86	16	320	
东安县	Dongan County			260	729		519	338	
双牌县	Shuangpai County	347		670	287		50	66	
道　县	Dao County	70			154	68		201	
江永县	Jiangyong County	866			134	52	39	253	
宁远县	Ningyuan Couny	105			1039	646		523	
蓝山县	Lanshan County	84		20	98		57	38	
新田县	Xintian County	64			133	58		284	
江华县	Jianghua County	626			266	110	9	274	
鹤城区	Hecheng District				231	949	785	4062	162
中方县	Zhongfang County	72		323			17	16	
沅陵县	Yuanling County	22			1418		98	277	
辰溪县	Chenxi County					60		153	
溆浦县	Xupu County	181	12	10	1198	423		15	85
会同县	Huitong County						49	208	2
麻阳县	Mayang County	84		48	143		7	197	99
新晃县	Xinhuang County	30			208		9	65	25
芷江县	Zhijiang County			80	430		55	24	139
靖州县	Jingzhou County	458			91		7	209	
通道县	Tongdao County			26	396			133	142
洪江市	Hongjiang City			574	545		29	12	
洪江区	Hongjiang District	4		261	169			214	
娄星区	Louxing District	38		224	372	1113	287	1690	
双峰县	Shuangfeng County	135			101			101	
新化县	Xinhua County				219		42	85	90
冷水江市	Lengshuijiang City		2704	25	288		32	326	102
涟源市	Lianyuan City	141			273	989	63	51	173
吉首市	Jishou City	139			502	143	756	2797	
泸溪县	Luxi County	135		31	596				
凤凰县	Fenghuang County	50	252		183	6	29	12	
花垣县	Huayuan County				1848		42		
保靖县	Baojing County	18			566				
古丈县	Guzhang County				337		14	61	
永顺县	Yongshun County		18		484	17	15	324	
龙山县	Longshan County				1159	8		16	82

continued

(person)

信息传输软件和信息技术服务业 Information Transfer, Software and Information technology Services	金融业 Finance	房地产业 Real Estate Trade	租赁和商务服务业 Tenancy and Business Services	科学研究和技术服务业 Scientific Research, Technical Service	水利环境和公共设施管理业 Management of Water Conservancy, Environment and Public Establishment	居民服务修理和其他服务业 Resident Services, Repair and Other Services	教育 Education	卫生和社会工作 Sanitation and Social Work	文化体育和娱乐业 Culture, Sports and Enter-tainment	公共管理社会保障和社会组织 Public Management, Social Security and Social Organization
			98	13	324	10	2767	1553	38	3329
		61	61	12	229		2914	998	98	3469
			117	11	216	16	1097	747	6	4442
	81		91	29	49		1716	416	78	2783
			196	14	455		3691	1543	122	3635
			75	70	209	8	3262	1491	119	3715
167	224		150	145	932		7112	5812	120	7581
372	460	29	996	1126	497	82	4778	2689	516	11366
73			318	116	10		7024	3529	599	10077
			32	1305	767	25	3814	2042	325	8751
	228		37	86	76		1836	585	50	3088
		8	191	329	325		6342	2231	107	6431
	14	4	168	46	190		2286	866	58	3772
15	50	21	73	41	785		5580	1394	142	6828
	231	17		96	362		2731	1067	53	4633
62	99		71	144	206		5869	1517	101	4019
	37		101	106	74		4124	2126	86	4751
96	1366	238	315	1167	2633	60	6642	7190	891	12010
				16	35		2380	467	8	4509
		57	180	169	468		5011	2830	91	5758
			52	50	348		3963	1890	161	5543
		15	5	102	346		7753	2669	167	7308
		10	303	55	248		3171	1469	99	4223
84		108	33	20	381		3289	2188	83	4339
30		204	83	228	267		2427	1557	98	2755
			56	35	305		3022	1432	51	4857
			65	113	130		2363	1181	68	2909
			40	49	93	12	2405	1118	97	3165
		18	48	276	145		3674	1890	53	4718
			36	52	66	11	633	394	44	1538
28	175	362	175	837	1905	487	6633	6724	404	12556
	26	103	108	88	88		6873	2479	153	8592
		67	138	83	784		6835	3052	108	9714
29			186	160	802	15	4099	2442	166	6138
			132	325	697	32	7578	3486	62	9650
	163	58	110	932	253		4986	4479	527	9295
			74	254	460		3229	1482	89	3333
		79	72	53	280		3858	1608	171	5367
98			9	20	263	39	2588	1589	73	4076
			21	409	314		2415	1451	142	3194
11			18	33	115		1449	422	44	2576
96		30	134	156	512		6225	1843	154	5404
			67	178	261		1573	1296	137	5606

20-5 城镇集体经济各行业在岗职工年末人数(2016年)

单位:人

市县名称	Cities and Counties	农林牧渔业 Agriculture, Forestry, Farming of Animals and Fishing	采矿业 Minging Industry	制造业 Manufacturing	电力、热力、燃气及水的生产和供应业 Production and Distribution of Electricity, Heat,Gas and Water	建筑业 Construction	批发和零售业 Wholesale and Retail Trade	交通运输仓储和邮政业 Traffic, Transport, Storage and Post	住宿和餐饮业 Accommodation and Restaurants
芙蓉区	Furong District			328		898	194		310
天心区	Tianxin District			316			81		17
岳麓区	Yuelu District		62	368	14	138	41		
开福区	Kaifu District			428		246	34	59	
雨花区	Yuhua District			313		2200	92	15	
望城区	Wangcheng District	6		749	38			25	
长沙县	Changsha County			846			11		
宁乡县	Ningxiang County		826	1222					15
浏阳市	Liuyang City		122	676		804			
荷塘区	Hetang District	5		10			5		
芦淞区	Lusong District			21			48		291
石峰区	Shifeng District			29					
天元区	Tianyuan District			4					82
株洲县	Zhuzhou County			48		6		230	
攸　县	You County	12	516		12				
茶陵县	Chaling County		1073	252		523	21		
炎陵县	Yanling County					106	5		
醴陵市	Liling City			896	241				
雨湖区	Yuhu District			438		186		7	
岳塘区	Yuetang District			1208		452		160	
湘潭县	Xiangtan County			92		1917	8		
湘乡市	Xiangxiang City			341		520			
韶山市	Shaoshan City					50			
珠晖区	Zhuhui District			248		303	31	10	
雁峰区	Yanfeng District		20	40		192		122	
石鼓区	Shigu District			322		496	52		
蒸湘区	Zhengxiang District					711	179		50
南岳区	Nanyue District								48
衡阳县	Hengyang County					3622	500	42	
衡南县	Hengnan County			171		238	98		
衡山县	Hengshan County								
衡东县	Hengdong County	91		633					
祁东县	Qidong County					516		396	
耒阳市	Leiyang City			165		1050			
常宁市	Changning City			185		1165			
双清区	Shuangqing District			72		1282	29	57	
大祥区	Daxiang District			139		1493		4	
北塔区	Beita District					223			

Employed Staff and Workers in Urban Collective-Owned Units by Sector at the Year-end (2016)

(person)

信息传输软件和信息技术服务业 Information Transfer, Software and Information technology Services	金融业 Finance	房地产业 Real Estate Trade	租赁和商务服务业 Tenancy and Business Services	科学研究和技术服务业 Scientific Research, Technical Service	水利环境和公共设施管理业 Management of Water Conservancy, Environment and Public Establishment	居民服务修理和其他服务业 Resident Services, Repair and Other Services	教育 Education	卫生和社会工作 Sanitation and Social Work	文化体育和娱乐业 Culture, Sports and Enter-tainment	公共管理社会保障和社会组织 Public Management, Social Security and Social Organization
		106	1014	71	56		45	343		
			18			11	217	347		
			3	12	7			372		3
		8						111	5	
25			65				22	112	19	
			15		10		9	141		
							1107	531		
		25						755		
			5		19	24	1543	1301	21	
				37	49		17	156		
			22					42		
		8						41		
	10		34	11			88	188		1
	293							471		
		6	24	5	96		227	636		
		16			24			291		
5								151		
			80					112		
							15	258		
			71		48			54		
								445		
								45		
			25			23	60	57		
							109	219		
		46	1469				35	73		
			30				39	91		
	80									
				196				409		
		55	18							
		14						473		
	491									
								40		
							10			
							71	180		
							117	12		

20-5 续表 1

单位:人

市县名称	Cities and Counties	农林牧渔业 Agriculture, Forestry, Farming of Animals and Fishing	采矿业 Minging Industry	制造业 Manufacturing	电力、热力、燃气及水的生产和供应业 Production and Distribution of Electricity, Heat,Gas and Water	建筑业 Construction	批发和零售业 Wholesale and Retail Trade	交通运输仓储和邮政业 Traffic, Transport, Storage and Post	住宿和餐饮业 Accommodation and Restaurants
邵东县	Shaodong County	17				1617			
新邵县	Xinshao County					10			
邵阳县	Shaoyang County					1558	1382		
隆回县	Longhui County			189					
洞口县	Dongkou County				8			23	
绥宁县	Suining County								
新宁县	Xinning County								
城步县	Chengbu County					24	104		
武冈市	Wugang City	7				2718			3
岳阳楼区	Yueyanglou District			99		352	150	79	
云溪区	Yunxi District			1116		266	4	23	
君山区	Junshan District			345	161		117	134	
岳阳县	Yueyang County		76			629	148	86	
华容县	Huarong County			2347		624			
湘阴县	Xiangyin County			402					
平江县	Pingjiang County	276		433	236	70	149		
汨罗市	Miluo City		90			1466	300	49	19
临湘市	Linxiang City	23		48			381		
武陵区	Wuling District			61		3			
鼎城区	Dingchen District	3							
安乡县	Anxiang County								
汉寿县	Hanshou County						8		
澧　县	Li County			4					
临澧县	Linli County							67	
桃源县	Taoyuan County						8		
石门县	Shimen County						28		
津市市	Jinshi City			169					
永定区	Yongding District								
武陵源区	Wulingyuan District								
慈利县	Cili County					1060	5		32
桑植县	Sangzhi County								
资阳区	Ziyang District			168				19	
赫山区	Heshan District	52		656	7	2424	81	92	
南　县	Nan County				52				
大通湖区	Datonghu District								
桃江县	Taojiang County						15	13	
安化县	Anhua County		50		108	30	9	156	
沅江市	Yuanjiang City			535		396			
北湖区	Beihu District					276			
苏仙区	Suxian District	120			44	292	26	119	
桂阳县	Guiyang County		40	170		927	16		
宜章县	Yizhang County		136	15			103		
永兴县	Yongxing County	5	363	2	21	310	153	11	

continued

(person)

信息传输软件和信息技术服务业 Information Transfer, Software and Information technology Services	金融业 Finance	房地产业 Real Estate Trade	租赁和商务服务业 Tenancy and Business Services	科学研究和技术服务业 Scientific Research, Technical Service	水利环境和公共设施管理业 Management of Water Conservancy, Environment and Public Establishment	居民服务修理和其他服务业 Resident Services, Repair and Other Services	教育 Education	卫生和社会工作 Sanitation and Social Work	文化体育和娱乐业 Culture, Sports and Enter-tainment	公共管理社会保障和社会组织 Public Management, Social Security and Social Organization
					129	447		47		
	374									
	385						156	265		
			78							
							111	72	10	
								648		
						3		91		
		36	84	143			497	74		
				16				307		
				45						
								95		
					37		302	180		
	414		16	41	19	27	165	21	48	101
			5				50	23		
	264		11				203	774		
	491	5					19	134		
							67	28		
	301									
								837		
	414						217	571	77	
					50		58		41	
									88	
			23		122		90	37		
								105		
		58						5		
			41		5					
							171	161		
			47						20	
		3					176	171		
								171		
			79		93		225	74		
					37		156	1012		
					202			360		
				3			231	68		
		2						160		
	331		8							
			5			1		36		

20-5 续表 2

单位:人

市县名称	Cities and Counties	农林牧渔业 Agriculture, Forestry, Farming of Animals and Fishing	采矿业 Minging Industry	制造业 Manufacturing	电力、热力、燃气及水的生产和供应业 Production and Distribution of Electricity, Heat,Gas and Water	建筑业 Construction	批发和零售业 Wholesale and Retail Trade	交通运输仓储和邮政业 Traffic, Transport, Storage and Post	住宿和餐饮业 Accommodation and Restaurants
嘉禾县	Jiahe County		315			396			
临武县	Linwu County		225			669			
汝城县	Rucheng County								
桂东县	Guidong County					192			
安仁县	Anren County						123		
资兴市	Zixing City								
零陵区	Lingling District					1558			
冷水滩区	Lengshuitan District					1198	39		
祁阳县	Qiyang County	14			361	2720		62	
东安县	Dongan County			248	138		10		
双牌县	Shuangpai County					664			
道　县	Dao County					3854		160	
江永县	Jiangyong County					1468			
宁远县	Ningyuan Couny								
蓝山县	Lanshan County	7		4		929	183		
新田县	Xintian County					42			
江华县	Jianghua County				3	425	24		
鹤城区	Hecheng District			66		232		40	
中方县	Zhongfang County								
沅陵县	Yuanling County		85	76					
辰溪县	Chenxi County			297	165	1111		15	
溆浦县	Xupu County			158	174	56		373	
会同县	Huitong County					70		39	
麻阳县	Mayang County					1314			
新晃县	Xinhuang County					404			
芷江县	Zhijiang County							45	
靖州县	Jingzhou County					135		176	
通道县	Tongdao County				4	52			
洪江市	Hongjiang City			12		444	26	60	
洪江区	Hongjiang District								
娄星区	Louxing District	48	1716	2282		23275			
双峰县	Shuangfeng County		307			1635		140	
新化县	Xinhua County		1399			1122			
冷水江市	Lengshuijiang City		3035			2270	301	944	
涟源市	Lianyuan City		183			1517		358	
吉首市	Jishou City					915		109	
泸溪县	Luxi County					450			
凤凰县	Fenghuang County					412	4		
花垣县	Huayuan County			21	25	80			
保靖县	Baojing County				228	520			
古丈县	Guzhang County							39	
永顺县	Yongshun County					1297			61
龙山县	Longshan County		149			332			

continued

(person)

信息传输软件和信息技术服务业 Information Transfer, Software and Information technology Services	金融业 Finance	房地产业 Real Estate Trade	租赁和商务服务业 Tenancy and Business Services	科学研究和技术服务业 Scientific Research, Technical Service	水利环境和公共设施管理业 Management of Water Conservancy, Environment and Public Establishment	居民服务修理和其他服务业 Resident Services, Repair and Other Services	教育 Education	卫生和社会工作 Sanitation and Social Work	文化体育和娱乐业 Culture, Sports and Entertainment	公共管理社会保障和社会组织 Public Management, Social Security and Social Organization
	210		21					32	8	
								435		
									35	
								15		
			313							
		13		18				52		
	479									
				125				14		
								74		
7										
35	19									
							65	204		
		9			30		66			
								28		
			18							
							312	325		
					33		11			
			50	16						
			145					9		
							111	249		
			13							
							95			
			485					48		
								59		
					45					54
	317									
	418					52				
		22								
		75								
			40							

20-6 在岗职工工资总额和年平均工资(2016年)
Total Wage Bill and Average Annual Wage of Employed Staff and Workers (2016)

市县名称	Cities and Counties	在岗职工工资总额(万元) Total Wages of Staff and Workers on the Job (10 000 yuan)	#国有经济 State-owned Units	#城镇集体经济 Urban Collective Owned Units	在岗职工年平均工资(元) Average Annual Wages of Staff and Workers on the Job (yuan)	#国有经济 State-owned Units	#城镇集体经济 Urban Collective Owned Units	在岗职工年平均工资为上年% Average Annual Wages as Percentage of Preceding Year (%)
芙蓉区	Furong District	1217470	560277	13826	86782	111520	42241	118.2
天心区	Tianxin District	1195144	250524	4940	94959	80384	49553	121.3
岳麓区	Yuelu District	1541957	618234	4300	81156	108924	42660	117.2
开福区	Kaifu District	1053895	456208	3158	104565	130405	34594	120.7
雨花区	Yuhua District	1209009	394716	10455	74856	93781	40742	114.7
望城区	Wangcheng District	436459	81021	4699	53294	69397	46759	100.4
长沙县	Changsha County	1080534	214529	13736	70444	81104	55995	105.6
宁乡县	Ningxiang County	346956	171515	16677	62157	70009	59138	114.0
浏阳市	Liuyang City	672623	191738	26646	58030	76216	61157	116.9
荷塘区	Hetang District	212409	89538	1393	52119	57216	49584	112.8
芦淞区	Lusong District	279315	98431	1707	55946	58673	40352	106.7
石峰区	Shifeng District	495453	61625	459	74943	77730	58821	106.0
天元区	Tianyuan District	597192	213326	2203	66100	79306	53339	89.1
株洲县	Zhuzhou County	116311	52888	5152	52508	71220	49393	113.6
攸　县	You County	156828	82811	8687	56326	60926	57723	109.8
茶陵县	Chaling County	109177	68777	7614	45595	51177	37766	113.1
炎陵县	Yanling County	59962	40276	1451	50648	56378	53154	122.3
醴陵市	Liling City	459162	102307	7815	53760	48500	59704	100.1
雨湖区	Yuhu District	467991	202742	3270	54089	71215	36332	102.6
岳塘区	Yuetang District	516076	141021	10174	64622	74788	50970	110.7
湘潭县	Xiangtan County	201330	104206	10918	50100	63922	45024	113.6
湘乡市	Xiangxiang City	243783	117787	3236	53913	65781	42690	117.7
韶山市	Shaoshan City	44387	26158	701	52380	65395	73800	116.6
珠晖区	Zhuhui District	168249	102946	2632	52962	65156	35187	104.9
雁峰区	Yanfeng District	313273	70668	2454	62246	75702	34713	113.1
石鼓区	Shigu District	249164	106492	8547	56162	78331	36745	105.9
蒸湘区	Zhengxiang District	386365	149797	4202	60317	72678	38947	108.2
南岳区	Nanyue District	34322	21210	884	50839	60187	67511	112.9
衡阳县	Hengyang County	280112	141562	13342	41441	51610	27475	109.5
衡南县	Hengnan County	226003	111313	5000	44409	51498	46208	113.7
衡山县	Hengshan County	91090	59469	230	50611	60620	31986	130.4
衡东县	Hengdong County	119297	77645	4193	46919	51784	34625	118.0
祁东县	Qidong County	161147	67520	7464	48104	49819	54559	110.4
耒阳市	Leiyang City	255223	144068	4241	45994	49687	35018	120.0
常宁市	Changning City	210285	132833	4554	48686	53317	34475	121.1
双清区	Shuangqing District	299626	100569	8613	47773	60023	49673	109.3
大祥区	Daxiang District	210117	133328	7267	65543	66227	42671	115.0
北塔区	Beita District	50616	24722	382	42123	44746	15664	108.1

20-6 续表 1 continued

市县名称	Cities and Counties	在岗职工工资总额（万元） Total Wages of Staff and Workers on the Job (10 000 yuan)	#国有经济 State-owned Units	#城镇集体经济 Urban Collective Owned Units	在岗职工年平均工资（元） Average Annual Wages of Staff and Workers on the Job (yuan)	#国有经济 State-owned Units	#城镇集体经济 Urban Collective Owned Units	在岗职工年平均工资为上年% Average Annual Wages as Percentage of Preceding Year (%)
邵东县	Shaodong County	187134	119858	7385	50548	59131	37677	113.0
新邵县	Xinshao County	139929	83510	2692	57949	58839	70277	114.4
邵阳县	Shaoyang County	176375	99818	19865	52975	55952	53114	106.1
隆回县	Longhui County	170112	120166	912	54719	59018	48495	109.3
洞口县	Dongkou County	130519	94137	587	49454	56997	43184	109.9
绥宁县	Suining County	73752	52170	933	46003	52644	48088	112.4
新宁县	Xinning County	114792	72937	3668	49719	58825	56347	112.8
城步县	Chengbu County	60016	48761	279	53923	58376	21781	110.5
武冈市	Wugang City	130344	91882	9222	54008	60777	34919	109.5
岳阳楼区	Yueyanglou District	695285	266374	9271	52554	54665	63632	107.9
云溪区	Yunxi District	222720	26657	10807	68191	59132	61194	107.2
君山区	Junshan District	50670	33591	1971	31135	31831	26145	106.6
岳阳县	Yueyang County	157981	71553	3709	42549	42578	38358	106.9
华容县	Huarong County	132697	81089	9915	43117	55460	30534	115.7
湘阴县	Xiangyin County	228921	119636	4628	49005	54358	50584	104.2
平江县	Pingjiang County	193482	106266	6938	40385	44762	34760	103.8
汨罗市	Miluo City	244675	106494	6764	47961	46860	35939	107.8
临湘市	Linxiang City	115400	63859	11181	52810	55395	65808	110.7
武陵区	Wuling District	791552	321356	6610	60477	74023	87198	106.5
鼎城区	Dingchen District	206749	115572	883	52835	67330	86578	119.1
安乡县	Anxiang County	161436	63898	1464	46914	53759	57650	110.0
汉寿县	Hanshou County	159903	95868	5479	54742	62724	64765	119.9
澧　县	Li County	211045	98727	8063	48998	50166	63238	112.0
临澧县	Linli County	100199	64241	1006	54985	61211	47881	114.7
桃源县	Taoyuan County	197890	116278	414	53139	62317	43125	113.3
石门县	Shimen County	164010	102467	1638	59011	69296	54583	122.5
津市市	Jinshi City	110677	42650	918	45354	53313	36130	112.4
永定区	Yongding District	217520	135564		59236	69445		117.5
武陵源区	Wulingyuan District	39793	22701	256	55584	53680	54383	118.8
慈利县	Cili County	111394	85126	5567	55034	60782	49884	117.4
桑植县	Sangzhi County	79542	68863		62045	66380		133.5
资阳区	Ziyang District	123634	82681	2070	53076	58982	39663	115.3
赫山区	Heshan District	521495	207230	11900	56203	73061	35479	112.8
南　县	Nan County	141494	99600	3149	56437	61786	78146	124.4
大通湖区	Datonghu District	22839	12224	1764	53903	61305	101983	128.3
桃江县	Taojiang County	167210	94127	2886	54466	62431	57601	106.3
安化县	Anhua County	180500	135537	8018	62632	65451	52923	118.0
沅江市	Yuanjiang City	158037	109238	7453	51643	55925	49455	117.2
北湖区	Beihu District	525331	265421	3080	62478	72308	60264	108.3
苏仙区	Suxian District	298978	161235	3353	60430	78042	32022	116.6
桂阳县	Guiyang County	199562	106556	6076	57078	59655	54692	110.4
宜章县	Yizhang County	129902	97453	829	57974	65989	33427	127.6
永兴县	Yongxing County	120313	84065	4376	50465	54120	49387	116.6

20-6 续表 2 continued

市县名称	Cities and Counties	在岗职工工资总额（万元）Total Wages of Staff and Workers on the Job (10 000 yuan)	#国有经济 State-owned Units	#城镇集体经济 Urban Collective Owned Units	在岗职工年平均工资（元）Average Annual Wages of Staff and Workers on the Job (yuan)	#国有经济 State-owned Units	#城镇集体经济 Urban Collective Owned Units	在岗职工年平均工资为上年% Average Annual Wages as Percentage of Preceding Year (%)
嘉禾县	Jiahe County	71908	52610	5287	49054	52531	54002	113.3
临武县	Linwu County	73682	48013	5006	48978	58803	37810	112.3
汝城县	Rucheng County	51897	40708	99	54744	56935	28371	118.5
桂东县	Guidong County	48123	35560	611	54107	65524	24420	116.7
安仁县	Anren County	64766	42277	245	40325	39430	19894	109.3
资兴市	Zixing City	183868	71144	78	46705	65558	51733	111.1
零陵区	Lingling District	209761	168955	3316	60488	69995	29161	119.2
冷水滩区	Lengshuitan District	288520	132184	4030	50325	46105	33866	106.6
祁阳县	Qiyang County	220909	129508	18434	50203	57729	54961	117.0
东安县	Dongan County	131789	93782	2423	49014	49720	40786	109.9
双牌县	Shuangpai County	52340	37363	2391	47695	50003	32707	108.6
道　县	Dao County	116267	90565	12221	49343	55320	31095	123.0
江永县	Jiangyong County	55833	41446	6539	45496	46657	45981	115.4
宁远县	Ningyuan Couny	160178	94672		53272	55598		127.4
蓝山县	Lanshan County	151152	50029	3796	62891	52907	35509	141.6
新田县	Xintian County	77787	53532	462	43515	41989	48674	105.3
江华县	Jianghua County	108587	83389	2924	60149	66014	42868	130.8
鹤城区	Hecheng District	372438	230659	1554	59320	59714	34685	103.5
中方县	Zhongfang County	75315	46667	114	50816	59976	40786	119.0
沅陵县	Yuanling County	146296	104333	677	58610	63703	36804	115.0
辰溪县	Chenxi County	103172	65359	11900	49820	53564	42379	124.7
溆浦县	Xupu County	116683	98382	3018	48220	49356	36268	114.9
会同县	Huitong County	64303	51666	696	51616	53330	39743	105.0
麻阳县	Mayang County	90249	70509	4452	57458	63723	35561	115.5
新晃县	Xinhuang County	59261	50286	1874	59487	62724	33282	113.4
芷江县	Zhijiang County	88965	71605	2127	62488	68279	52908	119.8
靖州县	Jingzhou County	54739	43586	1072	55354	57822	35370	114.8
通道县	Tongdao County	44774	40039	221	52245	52717	39536	105.9
洪江市	Hongjiang City	81285	57628	2346	46603	48423	44262	112.3
洪江区	Hongjiang District	29496	18917	983	47141	56283	102406	123.9
娄星区	Louxing District	610804	219746	87540	51627	64791	33435	107.1
双峰县	Shuangfeng County	184783	88291	8098	48662	47227	40286	110.2
新化县	Xinhua County	152750	77277	13423	41991	36607	53522	111.6
冷水江市	Lengshuijiang City	236649	90329	28548	46582	51094	40458	113.2
涟源市	Lianyuan City	188989	120747	11416	47658	50883	48476	110.8
吉首市	Jishou City	291885	188665	4916	70824	75663	46423	127.2
泸溪县	Luxi County	56913	51473	713	51153	53373	17229	118.4
凤凰县	Fenghuang County	76590	66653	2163	54350	56072	46126	114.9
花垣县	Huayuan County	70056	62022	928	53089	58500	52722	122.5
保靖县	Baojing County	56286	50478	1911	52398	56068	25476	119.1
古丈县	Guzhang County	31691	27843	213	54377	55321	25602	112.4
永顺县	Yongshun County	101450	85877	4079	50183	52543	32016	114.6
龙山县	Longshan County	71635	62319	2348	59369	60084	50831	128.1

20-7 地区生产总值(2016年)
Gross Domestic Product (2016)

市县名称	Cities and Counties	地区生产总值(万元) GDP (10 000 yuan)	第一产业 Primary Industry	第二产业 Secondary Industry	第三产业 Tertiary Industry	GDP为上年% Index (preceding year=100)	人均GDP(元) Per Capita GDP (yuan)
芙蓉区	Furong District	11597999	1495	1684163	9912341	110.4	207366
天心区	Tianxin District	7777093	20459	2525708	5230926	110.0	125417
岳麓区	Yuelu District	9121909	200030	3904227	5017652	109.8	109612
开福区	Kaifu District	8169470	18621	1377218	6773631	111.1	133097
雨花区	Yuhua District	16183575	69001	8888867	7225707	104.7	194865
望城区	Wangcheng District	5821907	433106	4162967	1225834	111.3	98877
长沙县	Changsha County	12633446	740048	8147673	3745725	109.4	135712
宁乡县	Ningxiang County	10983525	1201564	7264322	2517639	111.0	87826
浏阳市	Liuyang City	12182051	1025140	8408829	2748082	111.0	92823
荷塘区	Hetang District	2121616	42118	1061034	1018464	108.4	69813
芦淞区	Lusong District	3276658	63020	1122102	2091536	108.4	110474
石峰区	Shifeng District	3353154	55093	2609010	689051	103.4	97845
天元区	Tianyuan District	3011098	108713	1362955	1539430	110.8	102106
株洲县	Zhuzhou County	1272364	213762	655900	402702	108.2	42956
攸　县	You County	3703185	526539	1851528	1325118	108.1	52460
茶陵县	Chaling County	1740028	342741	675619	721668	108.0	29527
炎陵县	Yanling County	674747	87864	333292	253591	108.0	33043
醴陵市	Liling City	5731693	531837	3511236	1688620	108.5	58799
雨湖区	Yuhu District	5925355	160335	3170590	2594430	109.5	98888
岳塘区	Yuetang District	5307070	68155	3097207	2141708	107.7	112892
湘潭县	Xiangtan County	3643254	617370	1843069	1182815	109.6	42403
湘乡市	Xiangxiang City	3656494	600666	1833717	1222111	109.8	45462
韶山市	Shaoshan City	777864	62429	431324	284111	109.7	79293
珠晖区	Zhuhui District	2285885	99047	1201349	985489	108.7	66123
雁峰区	Yanfeng District	2385569	30672	1589093	765804	107.7	106785
石鼓区	Shigu District	1567387	45900	410273	1111214	108.4	64795
蒸湘区	Zhengxiang District	2100196	49045	1159878	891273	107.5	67228
南岳区	Nanyue District	362051	37009	34595	290447	108.9	57651
衡阳县	Hengyang County	3188443	693364	1152829	1342250	107.8	28777
衡南县	Hengnan County	3170611	715266	1360410	1094935	108.0	32506
衡山县	Hengshan County	1506185	313611	423334	769240	108.2	38492
衡东县	Hengdong County	2627621	441794	916591	1269236	108.1	41012
祁东县	Qidong County	2661676	669122	901717	1090837	108.2	26598
耒阳市	Leiyang City	4301442	691558	1548006	2061878	108.2	36524
常宁市	Changning City	2966707	519757	1111784	1335166	107.8	35619
双清区	Shuangqing District	1390420	55670	741624	593126	108.1	43959
大祥区	Daxiang District	1395404	67252	534566	793586	108.7	40599
北塔区	Beita District	336620	31365	180011	125244	107.6	31727

注:总量指标按当年价格计算,指数按可比价格计算。
Aggregate data are calculated at current prices, while indices are calculated at comparable prices.

20-7 续表 1 continued

市县名称	Cities and Counties	地区生产总值(万元) GDP (10 000 yuan)	第一产业 Primary Industry	第二产业 Secondary Industry	第三产业 Tertiary Industry	GDP为上年% Index (preceding year=100)	人均GDP(元) Per Capita GDP (yuan)
邵东县	Shaodong County	3401720	535258	1583889	1282573	108.2	36527
新邵县	Xinshao County	1271951	319011	458021	494919	107.4	16397
邵阳县	Shaoyang County	1328308	346047	450482	531779	107.3	13932
隆回县	Longhui County	1544672	372931	405192	766549	107.8	13887
洞口县	Dongkou County	1511422	503552	493348	514522	108.2	19132
绥宁县	Suining County	813874	196790	352171	264913	107.2	22734
新宁县	Xinning County	930387	262347	226807	441233	108.5	16172
城步县	Chengbu County	363676	103196	123645	136835	107.8	13744
武冈市	Wugang City	1322395	474698	249748	597949	107.5	17286
岳阳楼区	Yueyanglou District	8587952	111656	2716842	5759454	108.6	101189
云溪区	Yunxi District	2850204	91778	2186068	572358	106.0	151365
君山区	Junshan District	1225902	257062	516443	452397	106.7	49075
岳阳县	Yueyang County	2865426	530273	1355205	979948	108.2	38948
华容县	Huarong County	3051689	636621	1393239	1021829	107.3	41942
湘阴县	Xiangyin County	3388925	527602	1854804	1006519	107.9	48145
平江县	Pingjiang County	2390857	458404	1043231	889222	108.5	24369
汨罗市	Miluo City	4317314	532173	2456075	1329066	107.3	60517
临湘市	Linxiang City	2331699	312825	1269620	749254	108.0	45267
武陵区	Wuling District	11835577	112125	6401704	5321748	106.0	159273
鼎城区	Dingchen District	2883953	536440	894679	1452834	108.1	35097
安乡县	Anxiang County	1594906	297639	543309	753958	108.1	30104
汉寿县	Hanshou County	2532882	562183	785474	1185225	107.8	31328
澧　县	Li County	3110940	573407	1084265	1453268	108.7	39741
临澧县	Linli County	1565516	321885	548617	695014	108.1	35898
桃源县	Taoyuan County	3114681	810233	1062660	1241788	107.8	36171
石门县	Shimen County	2398633	414777	978536	1005320	109.0	39871
津市市	Jinshi City	1336743	203721	642820	490202	109.8	51473
永定区	Yongding District	2021060	172449	395301	1453310	108.5	43699
武陵源区	Wulingyuan District	508121	17819	6711	483591	108.0	82353
慈利县	Cili County	1658202	272197	504633	881372	108.1	27029
桑植县	Sangzhi County	817228	100996	167050	549182	108.2	21008
资阳区	Ziyang District	1446696	228313	618769	599614	108.5	34339
赫山区	Heshan District	4810103	448426	2607399	1754278	108.6	55964
南　县	Nan County	2314971	640755	681994	992222	108.5	31103
大通湖区	Datonghu District	408966	124622	202647	81697	106.5	37348
桃江县	Taojiang County	2273731	403445	1020269	850017	107.7	28676
安化县	Anhua County	1962662	439703	722462	800497	107.6	21499
沅江市	Yuanjiang City	2555105	563211	968764	1023130	107.3	36998
北湖区	Beihu District	3599832	115535	1125348	2358949	108.4	83407
苏仙区	Suxian District	2980732	153089	1830443	997200	108.6	69481
桂阳县	Guiyang County	3473365	449670	1665498	1358197	108.5	48667
宜章县	Yizhang County	2000613	216307	794684	989622	108.5	33840
永兴县	Yongxing County	3177506	277013	1645725	1254768	108.5	58464

20-7 续表 2 continued

市县名称	Cities and Counties	地区生产总值（万元） GDP (10 000 yuan)	第一产业 Primary Industry	第二产业 Secondary Industry	第三产业 Tertiary Industry	GDP 为上年% Index (preceding year=100)	人均GDP（元） Per Capita GDP (yuan)
嘉禾县	Jiahe County	1406150	192620	656442	557088	108.3	43764
临武县	Linwu County	1401141	131635	719558	549948	108.1	37554
汝城县	Rucheng County	568290	128549	188749	250992	107.8	16448
桂东县	Guidong County	307867	52275	76327	179265	108.6	13191
安仁县	Anren County	830947	187865	301467	341615	108.0	21192
资兴市	Zixing City	3266359	257074	2044828	964457	108.4	94267
零陵区	Lingling District	2085606	399974	908723	776909	106.2	37578
冷水滩区	Lengshuitan District	2425298	351679	899906	1173713	109.4	45231
祁阳县	Qiyang County	2639346	487771	948515	1203060	109.2	30037
东安县	Dongan County	1651318	372575	610079	668664	105.6	29134
双牌县	Shuangpai County	534442	143526	227598	163318	107.3	26379
道　县	Dao County	1717520	415081	448279	854160	109.3	27445
江永县	Jiangyong County	583963	206381	161390	216192	107.5	24413
宁远县	Ningyuan Couny	1359778	285677	434755	639346	109.5	18658
蓝山县	Lanshan County	982457	162507	363128	456822	109.5	28786
新田县	Xintian County	699449	177932	190764	330753	108.7	20464
江华县	Jianghua County	1028510	233707	296279	498524	109.6	23836
鹤城区	Hecheng District	3177355	103932	780414	2293009	108.7	52190
中方县	Zhongfang County	1013370	131323	582009	300038	108.1	41634
沅陵县	Yuanling County	1770675	212413	1116854	441408	107.3	29374
辰溪县	Chenxi County	1084577	171465	420966	492146	106.9	23466
溆浦县	Xupu County	1392114	329371	431980	630763	108.0	18475
会同县	Huitong County	677667	134812	146252	396603	108.6	20455
麻阳县	Mayang County	709128	169288	218388	321452	108.3	20272
新晃县	Xinhuang County	542296	75600	262897	203799	108.2	21709
芷江县	Zhijiang County	996652	230095	397106	369451	108.1	28689
靖州县	Jingzhou County	748086	147368	260624	340094	107.6	29475
通道县	Tongdao County	374257	78101	116488	179668	107.2	17587
洪江市	Hongjiang City	1073027	203258	362135	507634	108.0	25024
洪江区	Hongjiang District	342681	17731	242073	82877	108.4	51454
娄星区	Louxing District	4094626	125614	2287198	1681814	108.0	79958
双峰县	Shuangfeng City	2192017	698245	832372	661400	107.1	25017
新化县	Xinhua County	2238361	593068	691538	953755	107.8	19720
冷水江市	Lengshuijiang City	2881191	106085	1868084	907022	107.3	83756
涟源市	Lianyuan City	2637235	537713	1149916	949606	107.9	25962
吉首市	Jishou City	1365130	71113	414026	879991	110.8	42043
泸溪县	Luxi County	537629	81762	263016	192851	100.2	18507
凤凰县	Fenghuang County	743011	89947	125547	527517	110.6	21499
花垣县	Huayuan County	604383	69000	316749	218634	101.0	19868
保靖县	Baojing County	480024	87953	166337	225734	106.7	16272
古丈县	Guzhang County	236625	47706	69363	119556	106.6	17913
永顺县	Yongshun County	613336	167444	153903	291989	105.3	13666
龙山县	Longshan County	728542	193342	147314	387886	108.0	14736

20-8 农作物播种面积(2016年)
Sown Area of Crops(2016)

单位:千公顷 (1 000 hectares)

市县名称	Cities and Counties	农作物播种面积 Total Sown Area	#粮食作物 Area of Grain Crops	#稻谷面积 Area of Rice	油料面积 Area of Oil	蔬菜面积 Area of Vegetables
芙蓉区	Furong District	0.18				0.14
天心区	Tianxin District	3.89	1.93	1.86	0.02	1.72
岳麓区	Yuelu District	26.38	11.96	10.76	1.74	10.70
开福区	Kaifu District	3.90	2.35	2.30		1.39
雨花区	Yuhua District	0.73	0.28	0.28		0.45
望城区	Wangcheng District	106.58	55.80	50.50	4.56	32.92
长沙县	Changsha County	139.56	83.01	72.41	9.02	31.67
宁乡县	Ningxiang County	207.23	132.75	122.07	7.97	49.06
浏阳市	Liuyang City	189.97	84.65	75.89	32.20	44.14
荷塘区	Hetang District	9.62	4.96	4.40	0.45	2.77
芦淞区	Lusong District	9.30	4.79	4.51	0.59	2.89
石峰区	Shifeng District	8.26	3.72	3.26	0.48	3.15
天元区	Tianyuan District	18.32	12.68	12.22	0.70	4.78
株洲县	Zhuzhou County	50.88	35.69	34.15	3.37	9.08
攸　县	You County	117.90	69.90	66.52	13.13	20.08
茶陵县	Chaling County	72.56	48.57	45.73	10.26	6.84
炎陵县	Yanling County	22.04	13.97	10.02	2.13	3.07
醴陵市	Liling City	106.68	72.47	67.61	7.84	14.30
雨湖区	Yuhu District	26.22	18.91	18.20	0.31	6.70
岳塘区	Yuetang District	7.89	3.50	3.28	0.35	3.70
湘潭县	Xiangtan County	147.81	106.54	102.75	9.00	25.68
湘乡市	Xiangxiang City	134.56	77.07	73.64	12.15	28.80
韶山市	Shaoshan City	15.81	9.16	8.95	1.33	3.16
珠晖区	Zhuhui District	12.99	5.19	4.50	1.99	5.17
雁峰区	Yanfeng District	3.33	1.57	1.30	0.19	1.35
石鼓区	Shigu District	5.89	3.72	3.68	0.79	1.22
蒸湘区	Zhengxiang District	5.42	3.08	2.92	0.46	1.63
南岳区	Nanyue District	4.77	2.56	1.99	0.11	1.31
衡阳县	Hengyang County	185.05	107.27	95.66	50.70	10.14
衡南县	Hengnan County	181.92	108.89	97.40	42.78	11.21
衡山县	Hengshan County	55.52	31.73	30.07	11.05	8.15
衡东县	Hengdong County	112.44	66.84	60.78	21.83	12.91
祁东县	Qidong County	155.11	81.60	72.93	31.64	26.82
耒阳市	Leiyang City	158.11	89.32	76.20	35.43	21.00
常宁市	Changning City	128.44	70.64	66.79	24.04	13.75
双清区	Shuangqing District	9.75	6.10	5.06	0.50	1.85
大祥区	Daxiang District	17.53	10.44	8.51	1.45	1.89
北塔区	Beita District	5.15	3.01	2.10	0.39	1.32

20-8 续表 1 continued

单位:千公顷 (1 000 hectares)

市县名称	Cities and Counties	农作物播种面积 Total Sown Area	#粮食作物 Area of Grain Crops	#稻谷面积 Area of Rice	油料面积 Area of Oil	蔬菜面积 Area of Vegetables
邵东县	Shaodong County	131.60	85.45	64.13	17.47	14.76
新邵县	Xinshao County	88.35	61.91	45.00	6.65	11.12
邵阳县	Shaoyang County	121.81	82.65	62.83	16.59	16.54
隆回县	Longhui County	148.14	77.61	58.69	6.98	33.96
洞口县	Dongkou County	151.32	89.37	69.96	24.82	20.90
绥宁县	Suining County	42.10	22.26	18.13	4.27	8.85
新宁县	Xinning County	80.64	55.49	38.85	6.18	7.80
城步县	Chengbu County	29.30	15.39	11.34	2.81	5.18
武冈市	Wugang City	106.05	75.49	55.17	10.54	10.57
岳阳楼区	Yueyanglou District	23.17	12.72	10.35	2.76	5.57
云溪区	Yunxi District	15.82	7.42	5.31	2.10	3.10
君山区	Junshan District	63.15	29.19	20.69	11.75	9.70
岳阳县	Yueyang County	141.29	91.99	77.61	19.20	13.87
华容县	Huarong County	187.49	96.71	90.38	43.27	20.42
湘阴县	Xiangyin County	138.26	103.15	87.81	10.72	16.64
平江县	Pingjiang County	126.11	77.02	65.80	15.88	12.50
汨罗市	Miluo City	116.02	85.96	76.00	9.30	11.57
临湘市	Linxiang City	93.76	58.38	50.70	13.81	10.10
武陵区	Wuling District	34.02	21.75	20.95	5.60	3.70
鼎城区	Dingcheng District	214.78	130.86	116.53	42.71	22.41
安乡县	Anxiang County	128.07	61.08	51.04	38.77	9.32
汉寿县	Hanshou County	183.58	113.92	110.01	42.85	15.83
澧　县	Li County	161.32	91.25	71.82	43.44	14.97
临澧县	Linli County	108.24	63.84	56.00	29.87	6.33
桃源县	Taoyuan County	240.52	153.35	131.83	56.45	17.25
石门县	Shimen County	104.77	62.78	30.27	26.80	9.08
津市市	Jinshi City	50.18	24.88	23.10	15.76	5.05
永定区	Yongding District	60.19	30.85	15.32	10.16	35.71
武陵源区	Wulingyuan District	5.65	3.06	1.24	0.69	13.50
慈利县	Cili County	103.00	61.58	24.75	22.76	1.10
桑植县	Sangzhi County	70.45	43.73	13.21	12.37	10.63
资阳区	Ziyang District	76.90	46.38	43.57	5.21	10.48
赫山区	Heshan District	108.38	81.94	75.09	5.95	16.56
南　县	Nan County	204.86	102.72	94.81	47.73	16.67
大通湖区	Datonghu District	45.84	22.18	20.05	9.45	8.38
桃江县	Taojiang County	114.21	65.76	56.09	21.44	17.68
安化县	Anhua County	103.30	48.28	29.70	27.51	16.62
沅江市	Yuanjiang City	169.06	83.91	81.29	33.50	24.00
北湖区	Beihu District	28.45	10.01	8.07	0.98	12.39
苏仙区	Suxian District	37.77	22.53	17.67	3.62	6.84
桂阳县	Guiyang County	108.15	54.75	35.90	9.18	15.29
宜章县	Yizhang County	87.28	49.55	30.30	5.58	14.10
永兴县	Yongxing County	92.88	48.60	39.50	13.63	13.55

20-8 续表 2 continued

单位:千公顷 (1 000 hectares)

市县名称	Cities and Counties	农作物播种面积 Total Sown Area	#粮食作物 Area of Grain Crops	#稻谷面积 Area of Rice	油料面积 Area of Oil	蔬菜面积 Area of Vegetables
嘉禾县	Jiahe County	39.99	23.94	16.17	4.20	6.18
临武县	Linwu County	41.22	23.64	15.39	3.26	7.98
汝城县	Rucheng County	52.77	32.54	26.21	5.25	9.01
桂东县	Guidong County	20.04	12.12	8.33	3.92	2.23
安仁县	Anren County	79.22	46.24	42.41	18.55	7.71
资兴市	Zixing City	52.24	28.07	18.03	6.46	12.51
零陵区	Lingling District	116.47	62.94	57.62	15.09	26.78
冷水滩区	Lengshuitan District	100.16	56.75	47.46	6.16	19.90
祁阳县	Qiyang County	172.65	108.94	84.62	22.88	30.09
东安县	Dongan County	104.34	66.34	55.23	5.03	24.68
双牌县	Shuangpai County	26.43	15.01	10.20	1.38	5.00
道　县	Dao County	130.97	71.88	53.95	9.14	34.06
江永县	Jiangyong County	54.11	24.21	17.27	9.75	16.96
宁远县	Ningyuan County	77.21	55.24	43.36	5.42	9.32
蓝山县	Lanshan County	43.30	22.59	18.39	7.70	7.60
新田县	Xintian County	50.88	29.86	18.60	2.13	12.35
江华县	Jianghua County	70.51	41.91	26.08	6.54	12.20
鹤城区	Hecheng District	25.05	7.71	6.40	2.62	9.28
中方县	Zhongfang County	45.05	21.13	12.88	9.25	5.35
沅陵县	Yuanling County	84.58	47.19	27.79	17.39	11.20
辰溪县	Chenxi County	65.55	33.40	21.16	15.46	7.85
溆浦县	Xupu County	95.43	58.78	30.04	17.13	6.59
会同县	Huitong County	40.23	20.19	14.34	7.90	7.05
麻阳县	Mayang County	44.48	20.99	13.90	10.20	4.41
新晃县	Xinhuang County	29.03	17.38	9.95	3.92	3.21
芷江县	Zhijiang County	68.75	35.01	18.76	12.29	11.18
靖州县	Jingzhou County	48.07	22.00	16.96	5.52	5.44
通道县	Tongdao County	30.74	14.12	12.02	7.15	3.57
洪江市	Hongjiang City	56.08	29.13	19.22	8.07	8.97
洪江区	Hongjiang District	2.28	0.99	0.67	0.31	0.87
娄星区	Louxing District	18.68	11.75	9.24	1.73	3.62
双峰县	Shuangfeng County	123.24	86.11	69.76	15.66	13.96
新化县	Xinhua County	126.21	86.61	60.05	10.72	13.12
冷水江市	Lengshuijiang City	13.57	7.90	5.54	1.63	2.35
涟源市	Lianyuan City	112.82	85.45	57.86	9.86	12.00
吉首市	Jishou City	29.10	9.67	5.55	5.55	7.40
泸溪县	Luxi County	40.85	14.42	10.21	9.05	8.18
凤凰县	Fenghuang County	58.37	28.36	16.61	8.37	11.18
花垣县	Huayuan County	34.89	19.83	9.50	4.63	5.51
保靖县	Baojing County	39.43	18.68	8.23	6.74	6.35
古丈县	Guzhang County	18.78	10.09	5.31	2.82	3.11
永顺县	Yongshun County	77.29	44.47	19.69	12.32	10.20
龙山县	Longshan County	70.87	36.91	14.85	10.58	11.20

20-9 机耕、灌溉面积及水库、堤防(2016年)
Tractor-Ploughed Area and Irrigated Area, Reservoirs and Dikes (2016)

市县名称	Cities and Counties	机耕面积(千公顷) Tractor Ploughed Area (1 000 hectares)	有效灌溉面积(千公顷) Irrigated Area (1 000 hectares)	水库(座) Number of Reservoirs (set)	堤防长度(公里) Total Length of Dikes (km)
芙蓉区	Furong District	0.01	0.01		15
天心区	Tianxin District	1.60	0.74		23
岳麓区	Yuelu District	14.86	10.88	42	87
开福区	Kaifu District	5.30	2.93	20	58
雨花区	Yuhua District	0.29	0.02	4	55
望城区	Wangcheng District	85.90	28.44	167	142
长沙县	Changsha County	54.13	53.23	58	243
宁乡县	Ningxiang County	236.48	70.76	166	753
浏阳市	Liuyang City	179.24	62.14	201	127
荷塘区	Hetang District	3.88	2.92	18	19
芦淞区	Lusong District	3.50	3.80	15	29
石峰区	Shifeng District	0.56	2.98	13	23
天元区	Tianyuan District	12.66	6.67	26	47
株洲县	Zhuzhou County	19.92	19.65	102	88
攸　县	You County	82.81	40.96	301	47
茶陵县	Chaling County	45.38	26.01	244	84
炎陵县	Yanling County	15.68	13.22	40	21
醴陵市	Liling City	75.08	47.42	207	541
雨湖区	Yuhu District	23.39	12.49	10	71
岳塘区	Yuetang District	5.55	2.92	6	59
湘潭县	Xiangtan County	129.26	66.84	133	128
湘乡市	Xiangxiang City	120.09	52.44	189	670
韶山市	Shaoshan City	11.09	5.98	49	57
珠晖区	Zhuhui District	3.94	3.66	25	76
雁峰区	Yanfeng District	0.42	0.95	9	33
石鼓区	Shigu District	1.61	1.11	20	36
蒸湘区	Zhengxiang District	2.39	1.16	25	42
南岳区	Nanyue District	1.07	2.03	10	116
衡阳县	Hengyang County	139.53	52.30	223	366
衡南县	Hengnan County	125.23	55.93	401	160
衡山县	Hengshan County	44.97	18.54	134	608
衡东县	Hengdong County	81.54	28.33	164	91
祁东县	Qidong County	77.55	41.08	189	955
耒阳市	Leiyang City	89.18	41.06	327	39
常宁市	Changning City	145.70	41.19	269	82
双清区	Shuangqing District	2.00	3.28	15	2
大祥区	Daxiang District	0.85	5.05	27	6
北塔区	Beita District	0.55	2.30	13	10

注：有效灌溉面积、水库、堤防长度数据由水利部门提供。
The date of irrigated area, reservoirs and length of dikes are provided by the water conservancy department.

20-9 续表 1 continued

市县名称	Cities and Counties	机耕面积（千公顷）Tractor Ploughed Area (1 000 hectares)	有效灌溉面积（千公顷）Irrigated Area (1 000 hectares)	水 库（座）Number of Reservoirs (set)	堤防长度（公里）Total Length of Dikes (km)
邵东县	Shaodong County	75.31	31.22	129	61
新邵县	Xinshao County	47.85	21.07	94	38
邵阳县	Shaoyang County	116.98	45.01	240	3
隆回县	Longhui County	83.84	42.97	250	25
洞口县	Dongkou County	87.18	39.68	168	9
绥宁县	Suining County	34.68	18.77	41	97
新宁县	Xinning County	47.86	27.93	117	16
城步县	Chengbu County	13.29		32	
武冈市	Wugang City	59.81	35.91	126	21
岳阳楼区	Yueyanglou District	3.00	8.75	69	24
云溪区	Yunxi District	6.00	6.45	38	143
君山区	Junshan District	50.70	25.68	37	267
岳阳县	Yueyang County	99.10	43.52	250	153
华容县	Huarong County	196.87	66.11	74	728
湘阴县	Xiangyin County	104.20	45.97	144	571
平江县	Pingjiang County	73.55	39.20	289	116
汨罗市	Miluo City	86.00	43.52	308	224
临湘市	Linxiang City	47.50	37.69	293	351
武陵区	Wuling District	11.04	6.27	1	165
鼎城区	Dingcheng District	161.10	82.95	200	829
安乡县	Anxiang County	108.30	47.70	11	403
汉寿县	Hanshou County	260.71	85.98	347	867
澧 县	Li County	128.37	72.35	152	401
临澧县	Linli County	80.65	39.95	151	62
桃源县	Taoyuan County	221.60	86.32	323	304
石门县	Shimen County	73.31	36.15	211	242
津市市	Jinshi City	38.79	11.44	28	106
永定区	Yongding District	15.52	15.02	91	74
武陵源区	Wulingyuan District	1.20	1.03	10	54
慈利县	Cili County	31.67	26.17	109	25
桑植县	Sangzhi County	13.99	13.26	54	152
资阳区	Ziyang District	79.94	22.44	36	262
赫山区	Heshan District	74.67	42.36	175	407
南 县	Nan County	123.03	67.06	1	832
大通湖区	Datonghu District	54.33	13.42		190
桃江县	Taojiang County	66.50	38.82	224	38
安化县	Anhua County	36.53	26.70	170	915
沅江市	Yuanjiang City	132.00	40.40	17	829
北湖区	Beihu District	6.80	8.78	14	89
苏仙区	Suxian District	16.14	13.73	61	52
桂阳县	Guiyang County	59.81	33.06	254	116
宜章县	Yizhang County	27.40	23.67	134	99
永兴县	Yongxing County	39.39	21.94	147	18

20-9 续表 2 continued

市县名称	Cities and Counties	机耕面积（千公顷）Tractor Ploughed Area (1 000 hectares)	有效灌溉面积（千公顷）Irrigated Area (1 000 hectares)	水 库（座）Number of Reservoirs (set)	堤防长度（公里）Total Length of Dikes (km)
嘉禾县	Jiahe County	17.33	13.69	95	2
临武县	Linwu County	24.24	11.63	83	64
汝城县	Rucheng County	32.85	17.91	79	407
桂东县	Guidong County	6.26	9.86	23	156
安仁县	Anren County	63.97	20.14	110	62
资兴市	Zixing City	20.11	16.28	86	12
零陵区	Lingling District	51.00	31.99	144	71
冷水滩区	Lengshuitan District	67.01	22.14	142	22
祁阳县	Qiyang County	82.67	50.26	258	28
东安县	Dongan County	51.77	37.26	203	358
双牌县	Shuangpai County	12.30	7.56	59	190
道　县	Dao County	46.50	44.12	100	18
江永县	Jiangyong County	20.79	13.34	84	46
宁远县	Ningyuan County	63.00	35.35	168	31
蓝山县	Lanshan County	19.20	15.12	55	91
新田县	Xintian County	22.00	11.92	69	35
江华县	Jianghua County	37.78	20.57	112	24
鹤城区	Hecheng District	7.30	7.09	45	51
中方县	Zhongfang County	14.83	11.46	111	129
沅陵县	Yuanling County	55.03	20.67	113	73
辰溪县	Chenxi County	21.90	17.29	167	97
溆浦县	Xupu County	59.09	32.42	141	115
会同县	Huitong County	15.47	15.77	106	219
麻阳县	Mayang County	17.10	13.91	170	15
新晃县	Xinhuang County	11.15	10.53	53	71
芷江县	Zhijiang County	25.91	16.52	152	37
靖州县	Jingzhou County	22.93	19.93	67	18
通道县	Tongdao County	15.30	13.23	42	31
洪江市	Hongjiang City	48.00	19.70	136	35
洪江区	Hongjiang District	0.52	0.61	7	5
娄星区	Louxing District	6.22	6.18	50	53
双峰县	Shuangfeng County	80.31	29.72	219	94
新化县	Xinhua County	36.70	26.22	280	158
冷水江市	Lengshuijiang City	4.50	4.72	31	28
涟源市	Lianyuan City	53.41	29.30	174	41
吉首市	Jishou City	4.69	10.93	43	25
泸溪县	Luxi County	12.84	20.40	141	18
凤凰县	Fenghuang County	4.78	29.08	96	318
花垣县	Huayuan County	16.88	19.50	53	11
保靖县	Baojing County	6.92	20.38	90	32
古丈县	Guzhang County	5.24	11.00	47	63
永顺县	Yongshun County	18.04	33.40	117	155
龙山县	Longshan County	23.42	25.84	95	42

20-10　主要农业机械年末拥有量(2016年)
Year-End Possession of Major Agriculture Machinery (2016)

市县名称	Cities and Counties	农业机械总动力(千瓦) Power of Agri-cultural Machinery (kw)	大中型拖拉机 Large and Medium Tractors		小型及手扶拖拉机 Mini and Walking Tractors		排灌机械 Machinery for Agricultural Drainage and Irrigation	
			台 (unit)	千瓦 (kw)	台 (unit)	千瓦 (kw)	台 (unit)	千瓦 (kw)
芙蓉区	Furong District	18350	185	6401	53	451	2195	8689
天心区	Tianxin District	57879	116	1775	204	1919	763	5687
岳麓区	Yuelu District	219967	274	5104	1021	14800	9463	42583
开福区	Kaifu District	150202	268	9406	642	6407	3368	28619
雨花区	Yuhua District	71579	7	152	112	1624	638	12643
望城区	Wangcheng District	1534001	1050	31889	3424	41088	56500	223920
长沙县	Changsha County	609100	467	18038	2013	18150	36060	180400
宁乡县	Ningxiang County	1737616	2426	94124	7439	81147	61210	191440
浏阳市	Liuyang City	1559920	4642	178583	9148	118620	24375	119411
荷塘区	Hetang District	50721	31	951	275	2577	895	4155
芦淞区	Lusong District	60892	57	2802	448	4181	5128	9012
石峰区	Shifeng District	8663	6	187	34	324	558	2185
天元区	Tianyuan District	80762	63	2653	238	2002	3027	13550
株洲县	Zhuzhou County	354223	646	26017	881	4602	11033	29311
攸　县	You County	985600	3734	110079	11277	112207	16772	87077
茶陵县	Chaling County	733703	317	12307	9012	106740	12440	75148
炎陵县	Yanling County	192492	611	11066	830	9154	6521	12316
醴陵市	Liling City	979526	631	18342	4680	33742	27648	172524
雨湖区	Yuhu District	120200	756	19983	550	5640	4850	16800
岳塘区	Yuetang District	94077	180	4666	776	8836	6547	17660
湘潭县	Xiangtan County	1446670	2377	58133	4791	44975	86667	327554
湘乡市	Xiangxiang City	1038372	593	17218	824	9002	82541	140835
韶山市	Shaoshan City	156557	160	4443	653	8411	33890	37709
珠晖区	Zhuhui District	73187	275	9504	120	1157	5197	39360
雁峰区	Yanfeng District	48777	386	9070	102	924	101	992
石鼓区	Shigu District	10561	391	6473	151	1520	4389	13845
蒸湘区	Zhengxiang District	57666	281	5668	287	1284	2800	11082
南岳区	Nanyue District	15300	40	1126	67	756	2972	4520
衡阳县	Hengyang County	751254	1325	61132	3414	40903	51376	122507
衡南县	Hengnan County	935470	1570	61544	1268	14102	39786	102858
衡山县	Hengshan County	389552	224	5751	1059	5729	28109	48540
衡东县	Hengdong County	698174	343	15220	3648	40319	21592	97768
祁东县	Qidong County	962235	1949	84632	771	6725	43980	226835
耒阳市	Leiyang City	905564	1053	45021	3038	33373	16658	70882
常宁市	Changning City	735950	856	43565	7684	66679		
双清区	Shuangqing District	125200	255	3950	250	3100	9200	34000
大祥区	Daxiang District	126000	503	14560	235	2350	11600	56500
北塔区	Beita District	79000	520	14230	190	1900	3000	21350

20-10 续表 1 continued

市县名称	Cities and Counties	农业机械总动力（千瓦）Power of Agricultural Machinery (kw)	大中型拖拉机 Large and Medium Tractors		小型及手扶拖拉机 Mini and Walking Tractors		排灌机械 Machinery for Agricultural Drainage and Irrigation	
			台 (unit)	千瓦 (kw)	台 (unit)	千瓦 (kw)	台 (unit)	千瓦 (kw)
邵东县	Shaodong County	823641	1194	27665	3395	31487	62258	173610
新邵县	Xinshao County	248167	486	12694	1035	9689	7901	36245
邵阳县	Shaoyang County	502631	667	21381	1068	13128	46982	210102
隆回县	Longhui County	332930	976	27830	745	6876	26168	83802
洞口县	Dongkou County	710487	1278	49128	782	9498	25873	92333
绥宁县	Suining County	499328	362	6331	4533	38477	7063	40140
新宁县	Xinning County	464749	693	16438	1597	20157	34281	68527
城步县	Chengbu County	200361	951	19701	899	10788	4964	31814
武冈市	Wugang City	536596	1388	44498	1138	11822	33436	109720
岳阳楼区	Yueyanglou District	218116	595	12286	822	10930	1200	9368
云溪区	Yunxi District	126780	501	12100	130	1204	2136	10237
君山区	Junshan District	250703	833	27726	1006	12297	2866	33179
岳阳县	Yueyang County	815168	901	33804	2678	26191	13906	49050
华容县	Huarong County	1071000	3810	148551	5830	46290	41608	369999
湘阴县	Xiangyin County	977300	2388	70362	8360	118135	39290	341300
平江县	Pingjiang County	902068	2566	89486	2498	34348	26837	101766
汨罗市	Miluo City	689500	1545	41840	2203	19387	21220	154339
临湘市	Linxiang City	779040	1461	53481	1805	15244	24546	157253
武陵区	Wuling District	225906	765	23742	820	9306	5962	27656
鼎城区	Dingcheng District	870023	1614	53199	2573	34331	23846	110679
安乡县	Anxiang County	585810	1177	53119	3963	49538	20293	121758
汉寿县	Hanshou County	999344	1835	70822	5434	53772	47310	344131
澧　县	Li County	870367	2863	89795	2967	32845	49271	251459
临澧县	Linli County	381840	1371	47686	2104	27763	12542	70775
桃源县	Taoyuan County	977763	3006	87816	2062	24505	41480	178245
石门县	Shimen County	678419	3960	139599	2587	27755	26121	73895
津市市	Jinshi City	193201	723	28200	900	8555	10263	65500
永定区	Yongding District	341607	1842	31008	3039	30215	10037	75575
武陵源区	Wulingyuan District	7681	10	210	285	2517	219	646
慈利县	Cili County	570721	1804	57975	1006	13078	18945	130753
桑植县	Sangzhi County	202234	675	18757	2721	35185	9257	27861
资阳区	Ziyang District	699521	1334	71613	3810	38923	30477	212466
赫山区	Heshan District	871800	732	21464	3800	42000	51400	63000
南　县	Nan County	739037	1274	45693	4394	44622	42140	270005
大通湖区	Datonghu District	317116	1053	43315	1265	13243	19000	117154
桃江县	Taojiang County	839900	1749	60727	4022	45800	17162	134863
安化县	Anhua County	798965	1649	75150	1762	21128	31248	86460
沅江市	Yuanjiang City	983720	2694	116447	5098	49834	53090	294746
北湖区	Beihu District	242990	2840	98200	365	5300	3700	22940
苏仙区	Suxian District	255748	260	8723	641	6185	7203	31257
桂阳县	Guiyang County	607378	2756	75612	3845	34172	23102	85964
宜章县	Yizhang County	900200	1796	36749	269	2970	24928	126176
永兴县	Yongxing County	299328	481	24673	1981	11193	6619	35755

20-10 续表 2 continued

市县名称	Cities and Counties	农业机械总动力(千瓦) Power of Agricultural Machinery (kw)	大中型拖拉机 Large and Medium Tractors		小型及手扶拖拉机 Mini and Walking Tractors		排灌机械 Machinery for Agricultural Drainage and Irrigation	
			台 (unit)	千瓦 (kw)	台 (unit)	千瓦 (kw)	台 (unit)	千瓦 (kw)
嘉禾县	Jiahe County	419432	1961	45261	4933	36219	13678	48368
临武县	Linwu County	361038	65	1956	6200	85148	15643	65516
汝城县	Rucheng County	482016	1534	26332	3695	37863	8195	38776
桂东县	Guidong County	129468	278	4760	1459	19260	1636	7550
安仁县	Anren County	245501	1360	36185	763	8841	1507	9446
资兴市	Zixing City	349614	806	14082	624	5939	9992	26966
零陵区	Lingling District	576895	170	3832	886	12326	62600	296310
冷水滩区	Lengshuitan District	697152	1156	52371	2583	33328	29362	104234
祁阳县	Qiyang County	859919	1298	32216	2035	25602	89197	499923
东安县	Dongan County	681166	186	9836	1098	9581	26210	94907
双牌县	Shuangpai County	199398	1380	26610	645	7849	7200	19468
道　县	Dao County	517383	3643	118510	3336	26787	27728	117807
江永县	Jiangyong County	226792	1306	33832	2875	32550	11466	71314
宁远县	Ningyuan County	1092000	3842	111270	2058	18925	49245	209234
蓝山县	Lanshan County	343758	206	7473	2264	13360	4350	41568
新田县	Xintian County	420141	1947	49408	4119	39888	18646	48069
江华县	Jianghua County	420282	3325	74931	1887	19447	20928	81099
鹤城区	Hecheng District	190928	131	4314	472	4988	7069	13342
中方县	Zhongfang County	261200	342	12774	355	4991	7034	30455
沅陵县	Yuanling County	434729	504	11660	332	3603	21252	50603
辰溪县	Chenxi County	305055	143	5012	972	9730	19515	57714
溆浦县	Xupu County	681738	442	21154	618	8208	20800	87463
会同县	Huitong County	298216	529	9956	586	7108	12301	29052
麻阳县	Mayang County	224407	202	3786	214	1342	16201	48200
新晃县	Xinhuang County	175751	35	1233	5	60	6631	17675
芷江县	Zhijiang County	408782	60	2757	394	4728	20652	108480
靖州县	Jingzhou County	414852	1149	53557	1885	22592	11426	42979
通道县	Tongdao County	317700	80	2500	4200	25600	7210	18900
洪江市	Hongjiang City	341855	109	4923	40	378	9842	31189
洪江区	Hongjiang District	14906	92	2840	123	1555	1359	3070
娄星区	Louxing District	442664	701	26290	657	8014	17423	38699
双峰县	Shuangfeng County	1057567	1020	28647	1190	11385	81280	234242
新化县	Xinhua County	890651	965	26440	863	12400	24750	157000
冷水江市	Lengshuijiang City	241273	39	972	223	3016	10835	66524
涟源市	Lianyuan City	845887	472	11367	5720	54954	43485	170474
吉首市	Jishou City	238223	2577	83540	873	10493	1719	9493
泸溪县	Luxi County	188713	150	3275	22	290	5016	43646
凤凰县	Fenghuang County	216337	1163	28312	663	6085	6324	43256
花垣县	Huayuan County	207456	419	8680	357	3544	7682	24844
保靖县	Baojing County	182929	1441	35877	560	6164	3883	11267
古丈县	Guzhang County	104484	231	9255	433	6013	2825	4702
永顺县	Yongshun County	440000	932	28136	2978	34058	9712	31763
龙山县	Longshan County	254147	536	12354	1690	18251	4529	22923

20-11 农林牧渔业总产值(2016年)
Gross Output Value of Farming, Forestry, Animal Husbandry and Fishery (2016)

单位:万元 (10 000 yuan)

市县名称	Cities and Counties	农林牧渔业总产值 Gross Output Value of Farming, Forestry, Animal Husbandry and Fishery	指数(上年=100) Indices (preceding year=100)	农业产值 Output Value of Farming	林业产值 Output Value of Forestry	牧业产值 Output Value of Animal Husbandry	渔业产值 Output Value of Fishery	服务业产值 Output Value of Services
芙蓉区	Furong District	2955	60.3	1726		830	338	61
天心区	Tianxin District	30543	74.6	20098		7209	1934	1303
岳麓区	Yuelu District	267362	95.9	168332	7058	71246	13616	7109
开福区	Kaifu District	36161	62.3	23958		10299	1811	94
雨花区	Yuhua District	105581	87.8	90301		6079	5969	3231
望城区	Wangcheng District	777022	104.9	477650	10844	234505	45115	8909
长沙县	Changsha County	1188014	104.6	698642	37869	410471	28554	12481
宁乡县	Ningxiang County	1845471	104.5	1019569	56265	677372	61724	30542
浏阳市	Liuyang City	1582706	104.8	909052	179822	408850	44863	40120
荷塘区	Hetang District	73751	103.6	47489	2914	18740	3640	968
芦淞区	Lusong District	93501	103.4	45733	658	41777	4279	1053
石峰区	Shifeng District	71269	103.3	36354	2367	27558	3717	1273
天元区	Tianyuan District	145462	103.2	86628	1124	49732	6611	1368
株洲县	Zhuzhou County	305635	103.8	134317	26155	116342	16563	12258
攸　县	You County	840084	103.7	421428	67478	285494	25581	40104
茶陵县	Chaling County	491035	102.8	239169	56643	165513	21806	7905
炎陵县	Yanling County	139102	103.7	60237	35677	32023	1344	9822
醴陵市	Liling City	769701	103.8	365986	39074	306577	32478	25587
雨湖区	Yuhu District	290249	103.6	113883	8184	148095	7536	12551
岳塘区	Yuetang District	121817	101.4	40508	6255	54810	3912	16332
湘潭县	Xiangtan County	1055505	103.2	481963	50375	428346	53307	41514
湘乡市	Xiangxiang City	997049	103.6	451709	54335	405866	54597	30543
韶山市	Shaoshan City	113764	100.4	48349	4347	54019	4314	2734
珠晖区	Zhuhui District	160030	103.8	87781	558	57844	10814	3034
雁峰区	Yanfeng District	48348	103.6	23478	812	19459	3402	1197
石鼓区	Shigu District	81151	103.5	35929	2404	36585	5485	749
蒸湘区	Zhengxiang District	78570	103.8	39785	1198	29998	6165	1424
南岳区	Nanyue District	55788	103.7	29674	3968	20169	1013	964
衡阳县	Hengyang County	1212300	103.5	479981	64020	532179	102808	33312
衡南县	Hengnan County	1159537	103.3	566407	69449	383217	106309	34156
衡山县	Hengshan County	470117	103.7	219454	66277	153066	20192	11128
衡东县	Hengdong County	807865	103.8	310677	86070	347123	43894	20101
祁东县	Qidong County	999611	103.8	535608	25692	328398	82253	27661
耒阳市	Leiyang City	1116041	103.6	571110	50205	403329	54052	37345
常宁市	Changning City	863972	103.5	289392	94579	402702	55270	22030
双清区	Shuangqing District	83560	103.2	33751	41	37741	3319	8708
大祥区	Daxiang District	98190	103.2	49118	843	32888	3267	12073
北塔区	Beita District	48872	103.2	19717	346	22269	2680	3859

20-11 续表 1 continued

单位:万元 (10 000 yuan)

市县名称	Cities and Counties	农林牧渔业总产值 Gross Output Value of Farming, Forestry, Animal Husbandry and Fishery	指数(上年=100) Indices (preceding year=100)	农业产值 Output Value of Farming	林业产值 Output Value of Forestry	牧业产值 Output Value of Animal Husbandry	渔业产值 Output Value of Fishery	服务业产值 Output Value of Services
邵东县	Shaodong County	808815	103.4	536741	3511	217475	44740	6349
新邵县	Xinshao County	455748	103.5	235825	15773	186183	10262	7705
邵阳县	Shaoyang County	517205	103.3	286386	20565	191840	13673	4742
隆回县	Longhui County	619541	103.7	364611	21393	215160	13948	4429
洞口县	Dongkou County	813619	103.6	415016	30592	330276	25366	12369
绥宁县	Suining County	285115	103.8	134321	43222	102418	3237	1918
新宁县	Xinning County	334499	103.8	220559	11198	91327	8206	3209
城步县	Chengbu County	184685	104.1	73621	16309	92040	1066	1649
武冈市	Wugang City	665577	104.1	328185	15036	305558	14444	2354
岳阳楼区	Yueyanglou District	178119	103.4	81587	4759	44960	37620	9191
云溪区	Yunxi District	140890	103.3	50491	4680	47242	36035	2441
君山区	Junshan District	435478	103.2	218508	9895	117622	86281	3171
岳阳县	Yueyang County	792330	103.1	351221	13280	321493	97794	8542
华容县	Huarong County	1039312	103.1	511994	10063	230507	271494	15255
湘阴县	Xiangyin County	804106	103.2	339476	23881	204685	223656	12408
平江县	Pingjiang County	697148	103.2	325378	58624	284878	14928	13341
汨罗市	Miluo City	792209	103.2	324163	13769	356707	83942	13628
临湘市	Linxiang City	462551	103.1	202162	20841	162246	72756	4545
武陵区	Wuling District	190631	103.4	90797	1294	34089	47970	16481
鼎城区	Dingcheng District	877558	94.0	405728	42196	319024	75534	35076
安乡县	Anxiang County	472768	100.8	218000	2951	129911	104586	17320
汉寿县	Hanshou County	943319	103.4	448294	9875	329157	128328	27665
澧　县	Li County	1003170	104.0	433804	19924	411711	68478	69253
临澧县	Linli County	554501	104.1	215152	11912	277872	41124	8441
桃源县	Taoyuan County	1314092	104.1	598601	13063	633935	54082	14411
石门县	Shimen County	666433	103.9	326893	13205	301582	16096	8657
津市市	Jinshi City	342717	103.4	121742	33319	157614	21285	8757
永定区	Yongding District	297664	103.8	157646	21361	82010	18410	18238
武陵源区	Wulingyuan District	29508	103.6	13482	4000	10177	503	1346
慈利县	Cili County	425199	103.7	234712	37042	132719	14342	6385
桑植县	Sangzhi County	168720	103.7	97727	18014	41980	7992	3007
资阳区	Ziyang District	375764	103.6	225175	2380	104876	41308	2024
赫山区	Heshan District	737079	103.6	354210	24719	309790	39432	8929
南　县	Nan County	1059686	104.0	565738	6544	253093	223288	11022
大通湖区	Datonghu District	196498	103.9	125952	2883	24831	40963	1869
桃江县	Taojiang County	678350	103.7	322081	56854	277404	11198	10813
安化县	Anhua County	726363	103.6	333584	40624	308139	34319	9697
沅江市	Yuanjiang City	940500	103.6	434063	12020	231713	253380	9324
北湖区	Beihu District	218827	103.9	136081	14736	59250	5478	3282
苏仙区	Suxian District	275565	103.6	117179	11660	125330	16551	4845
桂阳县	Guiyang County	735494	103.3	423915	45703	225764	20846	19266
宜章县	Yizhang County	348559	103.9	215853	8267	111188	7697	5554
永兴县	Yongxing County	399216	103.4	206846	27182	131190	25604	8394

20-11 续表 2 continued

单位:万元 (10 000 yuan)

市县名称	Cities and Counties	农林牧渔业总产值 Gross Output Value of Farming, Forestry, Animal Husbandry and Fishery	指数（上年=100） Indices (preceding year=100)	农业产值 Output Value of Farming	林业产值 Output Value of Forestry	牧业产值 Output Value of Animal Husbandry	渔业产值 Output Value of Fishery	服务业产值 Output Value of Services
嘉禾县	Jiahe County	341103	104.2	150134	13602	167583	4067	5717
临武县	Linwu County	220082	101.0	132970	9793	68881	4340	4098
汝城县	Rucheng County	297978	103.7	168439	50165	75274	1200	2900
桂东县	Guidong County	91958	103.8	53757	8370	27488	455	1888
安仁县	Anren County	319342	104.2	195101	31173	72904	12309	7855
资兴市	Zixing City	426230	104.5	185790	46256	135095	52305	6784
零陵区	Lingling District	720479	103.7	356230	34886	285672	32612	11079
冷水滩区	Lengshuitan District	632963	103.5	307523	26902	245489	44168	8880
祁阳县	Qiyang County	863144	103.4	448951	72846	214751	105742	20854
东安县	Dongan County	670877	103.7	313694	41176	270989	35109	9910
双牌县	Shuangpai County	268900	103.3	56629	124632	66550	7806	13283
道　县	Dao County	760601	103.3	369448	61007	265574	51621	12951
江永县	Jiangyong County	377395	103.7	182869	29012	142102	8375	15036
宁远县	Ningyuan County	519074	103.5	204490	37714	221395	40155	15319
蓝山县	Lanshan County	301977	103.4	128527	51947	102367	3230	15906
新田县	Xintian County	320302	103.2	156299	20009	125896	13516	4582
江华县	Jianghua County	430501	103.2	169809	122856	116568	5069	16200
鹤城区	Hecheng District	173215	103.1	114084	10330	37179	9314	2307
中方县	Zhongfang County	225344	103.5	116133	34384	65146	9201	480
沅陵县	Yuanling County	349039	103.9	182585	49052	88414	28071	917
辰溪县	Chenxi County	310419	103.8	181636	16980	103798	5977	2028
溆浦县	Xupu County	590129	103.4	290144	45124	239107	15406	349
会同县	Huitong County	215160	103.3	108709	40300	59886	6258	8
麻阳县	Mayang County	265033	103.6	191974	5729	61296	6028	8
新晃县	Xinhuang County	154487	101.6	52180	5655	93240	2282	1130
芷江县	Zhijiang County	352923	103.6	187792	15826	139118	10057	131
靖州县	Jingzhou County	243558	104.5	158918	10413	66995	6747	485
通道县	Tongdao County	134317	101.7	60398	31803	37401	3790	926
洪江市	Hongjiang City	351172	105.9	214119	30480	92433	13848	292
洪江区	Hongjiang District	29129	102.6	11820	1875	14650	722	62
娄星区	Louxing District	196609	103.0	89380	3309	89271	9148	5501
双峰县	Shuangfeng County	1077420	103.6	466364	28716	525621	52931	3788
新化县	Xinhua County	967940	103.6	344819	12543	553914	51983	4681
冷水江市	Lengshuijiang City	168094	103.8	50575	4257	103929	7851	1481
涟源市	Lianyuan City	873569	103.6	407251	11768	420212	31200	3138
吉首市	Jishou City	119255	103.3	88858	2731	24035	2811	821
泸溪县	Luxi County	139167	103.5	94756	4457	37123	2120	712
凤凰县	Fenghuang County	152380	103.4	109463	5009	35746	1299	863
花垣县	Huayuan County	120836	103.2	70882	3267	43866	2114	708
保靖县	Baojing County	148283	103.2	106910	3798	35061	1806	708
古丈县	Guzhang County	79479	103.6	56109	5142	15827	1708	692
永顺县	Yongshun County	280335	103.6	204349	9442	61932	3501	1112
龙山县	Longshan County	319440	103.5	248106	10217	56880	3029	1209

20-12 主要农产品产量(2016年)
Output of Major Farm Crops (2016)

单位:吨 (ton)

市县名称	Cities and Counties	粮食合计 Total Grain	稻谷 Rice	小麦 Wheat	玉米 Corn	大豆 Beans	薯类 Tubers
芙蓉区	Furong District						
天心区	Tianxin District	13629	13276		106	68	179
岳麓区	Yuelu District	86828	81457		1374	658	2310
开福区	Kaifu District	15326	15139			130	57
雨花区	Yuhua District	2010	2010				
望城区	Wangcheng District	371356	349529		3433	1782	14373
长沙县	Changsha County	548619	499163		17640	6185	19546
宁乡县	Ningxiang County	871615	812570	570	42442	5350	8397
浏阳市	Liuyang City	564690	525629	90	14741	7338	13136
荷塘区	Hetang District	34700	31995		300	298	1719
芦淞区	Lusong District	34567	33190		722	132	336
石峰区	Shifeng District	22856	21083		144	340	1089
天元区	Tianyuan District	89284	87345		218	142	1474
株洲县	Zhuzhou County	240342	233258		2776	1332	2042
攸　县	You County	483571	472177		1946	2663	5502
茶陵县	Chaling County	316147	307815		1971	2960	1570
炎陵县	Yanling County	84723	70607		3035	2180	8140
醴陵市	Liling City	510291	484840		17470	1348	4773
雨湖区	Yuhu District	130100	126584		664	26	2735
岳塘区	Yuetang District	24734	23888		171	53	489
湘潭县	Xiangtan County	744657	730904		8600	369	4154
湘乡市	Xiangxiang City	540233	528607	26	8000	713	2102
韶山市	Shaoshan City	64201	63496		195	113	350
珠晖区	Zhuhui District	32551	29635		62	387	2125
雁峰区	Yanfeng District	9100	7888		776	82	215
石鼓区	Shigu District	20219	20009				211
蒸湘区	Zhengxiang District	18090	17646		44	90	182
南岳区	Nanyue District	14655	12426		425	275	1222
衡阳县	Hengyang County	629094	578774	193	26385	5724	14327
衡南县	Hengnan County	595479	553051	972	16054	3951	12541
衡山县	Hengshan County	209328	202301		900	463	5102
衡东县	Hengdong County	400057	378268		5228	5868	7131
祁东县	Qidong County	461732	426025	719	19926	3392	9396
耒阳市	Leiyang City	511007	463437	108	6296	7546	28818
常宁市	Changning City	405973	392231	1904	8265	1600	1234
双清区	Shuangqing District	34488	30195	28	1585	461	1924
大祥区	Daxiang District	56954	49722	68	3284	1098	2591
北塔区	Beita District	17666	12812	118	2706	452	1398

20-12 续表 1 continued

单位:吨 (ton)

市县名称	Cities and Counties	粮食合计 Total Grain	稻谷 Rice	小麦 Wheat	玉米 Corn	大豆 Beans	薯类 Tubers
邵东县	Shaodong County	439988	409261	2343	46161	9850	18327
新邵县	Xinshao County	316430	304626	3420	57879	7121	4028
邵阳县	Shaoyang County	450948	439278	644	60989	3706	7037
隆回县	Longhui County	460823	424379	1021	33817	3050	31437
洞口县	Dongkou County	451561	429122	1874	45337	7139	13081
绥宁县	Suining County	140464	131809		3720	1632	6495
新宁县	Xinning County	304051	290727	198	63394	2044	11005
城步县	Chengbu County	78194	74189	104	9218	818	2973
武冈市	Wugang City	465059	438009	242	97280	4983	21235
岳阳楼区	Yueyanglou District	66790	61985	326	1664	1699	2181
云溪区	Yunxi District	43236	37627	458	2101	417	4388
君山区	Junshan District	158239	154732	11890	17980	932	1972
岳阳县	Yueyang County	518508	491024	948	24805	2268	19109
华容县	Huarong County	552089	547564	2785	15831	1530	2102
湘阴县	Xiangyin County	599173	576367	603	33510	3365	14494
平江县	Pingjiang County	427236	413080	1385	19043	2959	7120
汨罗市	Miluo City	493060	481741	852	30086	3099	6616
临湘市	Linxiang City	318556	306348	3525	7692	2691	6382
武陵区	Wuling District	113452	111868		930	794	458
鼎城区	Dingcheng District	699997	685398	10724	23317	4488	7375
安乡县	Anxiang County	301184	294524	12655	4316	2892	1317
汉寿县	Hanshou County	650800	642258	539	3992	2218	4801
澧　县	Li County	515542	492709	15002	28261	4245	13892
临澧县	Linli County	336654	331558	3731	13085	900	3494
桃源县	Taoyuan County	795670	773877	551	42175	6226	10797
石门县	Shimen County	268317	246230	3258	94987	2180	15325
津市市	Jinshi City	138862	136089	1885	286	535	1652
永定区	Yongding District	145976	117499		30553	3493	23872
武陵源区	Wulingyuan District	15100	12549		3900	175	2232
慈利县	Cili County	295704	255367	232	99210	4622	32895
桑植县	Sangzhi County	145168	105090	325	34550	4290	35130
资阳区	Ziyang District	276126	268068		1103	296	7174
赫山区	Heshan District	500161	493992	1037	6174	398	4364
南　县	Nan County	587318	570789	3380	9362	3244	8431
大通湖区	Datonghu District	118567	110854	1445	5335	184	705
桃江县	Taojiang County	361429	343643	718	23884	1019	15534
安化县	Anhua County	238264	225839	50	45223	2772	9132
沅江市	Yuanjiang City	494432	491093	2435	1977	561	1819
北湖区	Beihu District	55274	50089		2716	687	4293
苏仙区	Suxian District	124008	113892		10798	145	9912
桂阳县	Guiyang County	283748	247471		31601	9495	26413
宜章县	Yizhang County	242005	212228		45274	4065	24664
永兴县	Yongxing County	235653	217856		12051	1112	15601

20-12 续表 2 continued

单位:吨 (ton)

市县名称	Cities and Counties	粮食合计 Total Grain	稻谷 Rice	小麦 Wheat	玉米 Corn	大豆 Beans	薯类 Tubers
嘉禾县	Jiahe County	130686	98555	263	19401	3856	7511
临武县	Linwu County	125434	89813		27212	1729	5429
汝城县	Rucheng County	196123	168912		12885	2899	11210
桂东县	Guidong County	63610	53224		8015	465	1906
安仁县	Anren County	287861	277795		3630	2944	2620
资兴市	Zixing City	126566	97389		19200	790	7766
零陵区	Lingling District	371658	355183		7456	3306	4260
冷水滩区	Lengshuitan District	366930	327811		25876	6431	4454
祁阳县	Qiyang County	645500	540634	54	28733	18225	46895
东安县	Dongan County	389801	348029		19869	6276	10570
双牌县	Shuangpai County	72616	54633	113	10907	1148	5059
道　县	Dao County	391700	331357		34650	8270	11700
江永县	Jiangyong County	121398	96571	48	16639	1151	6040
宁远县	Ningyuan County	303103	270341	81	8054	8208	12041
蓝山县	Lanshan County	126331	110623	170	6327	2009	5465
新田县	Xintian County	159078	122982	65	19176	8858	6079
江华县	Jianghua County	218981	147036		65172	705	4671
鹤城区	Hecheng District	51178	47180		2215	440	1050
中方县	Zhongfang County	113762	91867	195	13895	1562	4607
沅陵县	Yuanling County	221826	169183		32224	5497	13779
辰溪县	Chenxi County	187280	146258	12	25918	1791	10529
溆浦县	Xupu County	335449	217311	653	98427	1707	13190
会同县	Huitong County	118401	102073		12832	212	2275
麻阳县	Mayang County	109652	92201		12342	91	4477
新晃县	Xinhuang County	80007	50862		20692	112	8227
芷江县	Zhijiang County	209704	139012		42698	902	25779
靖州县	Jingzhou County	123780	110053		5357	690	7255
通道县	Tongdao County	80507	73680		3682	341	2671
洪江市	Hongjiang City	168937	135436		21487	961	10592
洪江区	Hongjiang District	5771	4681		454	91	520
娄星区	Louxing District	69653	59815	46	4802	1193	2959
双峰县	Shuangfeng County	539100	470639	1180	53290	4435	4580
新化县	Xinhua County	480033	377962	3077	83442	3764	6251
冷水江市	Lengshuijiang City	45346	36518	791	5752	343	1150
涟源市	Lianyuan City	476680	372565	1310	76859	8132	8301
吉首市	Jishou City	47881	33478		7115	1302	5811
泸溪县	Luxi County	73425	61319	130	6346	1130	3755
凤凰县	Fenghuang County	120408	83427		20830	3220	12818
花垣县	Huayuan County	90276	56116		21860	3150	8851
保靖县	Baojing County	87133	49964		24006	2383	9934
古丈县	Guzhang County	32744	23017		5828	942	2526
永顺县	Yongshun County	209163	119153	966	36508	3894	47827
龙山县	Longshan County	177455	93648	24	32512	3180	47687

20-12 续表 3 continued

单位:吨 (ton)

市县名称	Cities and Counties	棉花 Cotton	油料 Oil-bearing	#油菜籽 Rapeseeds	黄红麻 Jute and Ambary Hemp	苎麻 Ramie	烤烟 Fluecured Tobacco	茶叶 Tea	柑桔 Citrus
芙蓉区	Furong District								
天心区	Tianxin District		38	38					0
岳麓区	Yuelu District		4487	3520				43	6697
开福区	Kaifu District							1	4
雨花区	Yuhua District								120
望城区	Wangcheng Distric		10092	7438				655	8216
长沙县	Changsha County		15494	13750			115	25703	19500
宁乡县	Ningxiang County	236	13995	8422			7148	4480	21850
浏阳市	Liuyang City	180	51095	47155		20	8300	1615	54664
荷塘区	Hetang District		805	769				43	1258
芦淞区	Lusong District	57	688	646				92	1380
石峰区	Shifeng District		716	574				20	1376
天元区	Tianyuan District		1228	759				160	2380
株洲县	Zhuzhou County	443	6572	4794		15		641	6570
攸　县	You County	575	19527	15896		71		406	11464
茶陵县	Chaling County	1006	17748	15466		1515	6564	323	26349
炎陵县	Yanling County	44	3086	2083				264	3280
醴陵市	Liling City	62	11504	10872				450	13500
雨湖区	Yuhu District		451	230				109	4200
岳塘区	Yuetang District		528	428				34	1200
湘潭县	Xiangtan County	165	9314	8414		24		965	3776
湘乡市	Xiangxiang City	53	14340	13230		26		770	4290
韶山市	Shaoshan City	8	1803	1575				82	260
珠晖区	Zhuhui District		3327	2562					3283
雁峰区	Yanfeng District		297	235					4299
石鼓区	Shigu District		1033	1033					1552
蒸湘区	Zhengxinag District		724	590					1617
南岳区	Nanyue District	68	198	108				62	808
衡阳县	Hengyang County	7973	81022	78821	33	22	2165	38	4784
衡南县	Hengnan County	6975	70515	62415			4536	748	22102
衡山县	Hengshan County	866	17750	16931				450	2765
衡东县	Hengdong County	1055	39601	35000		10	21	470	7955
祁东县	Qidong County	1572	45988	40323			3525	118	15785
耒阳市	Leiyang City	1403	54723	48604	50	50	2713	225	18400
常宁市	Changning City	2122	44522	38252			8192	696	13454
双清区	Shuangqing District		1171	582					2708
大祥区	Daxiang District	20	2270	1294				14	18978
北塔区	Beita District	4	611	389				1	1905

20-12 续表 4 continued

单位:吨 (ton)

市县名称	Cities and Counties	棉花 Cotton	油料 Oil-bearing	#油菜籽 Rapeseeds	黄红麻 Jute and Ambary Hemp	苎麻 Ramie	烤烟 Fluecured Tobacco	茶叶 Tea	柑桔 Citrus
邵东县	Shaodong County	125	39807	24604		97		415	20916
新邵县	Xinshao County	41	12394	9403		677	97	70	24499
邵阳县	Shaoyang County		31194	23229		19	3292	30	15338
隆回县	Longhui County	44	12515	7961		89	4610	268	22555
洞口县	Dongkou County	52	35819	31820		51	92	3550	78800
绥宁县	Suining County		5090	4190		8		90	38879
新宁县	Xinning County		11199	7187		6	2511	22	138115
城步县	Chengbu County		3994	3110				158	2830
武冈市	Wugang City	15	19325	14438			22	635	87199
岳阳楼区	Yueyanglou District	64	5472	3472				379	7131
云溪区	Yunxi District	480	3385	2790				213	2186
君山区	Junshan District	9927	18234	17670		45		8	14280
岳阳县	Yueyang County	7380	32977	25437				1401	12167
华容县	Huarong County	32030	73915	73515		429		890	30140
湘阴县	Xiangyin County	473	18889	15650		250		2493	27801
平江县	Pingjiang County	1207	29798	20820	74	60		4321	13500
汨罗市	Miluo City	1075	15284	12578				3502	7792
临湘市	Linxiang City	3170	22919	18300		1148		5510	2321
武陵区	Wuling District	3220	9210	8598					24587
鼎城区	Dingcheng District	16630	74609	71640		51	15	150	44969
安乡县	Anxiang County	19153	68044	67288		147		25	29470
汉寿县	Hanshou County	7904	82090	79325		1201		1387	42585
澧　县	Li County	17973	90169	87472				409	132691
临澧县	Linli County	6246	52346	51626			3105	135	55855
桃源县	Taoyuan County	14267	115595	108263			3518	5120	125885
石门县	Shimen County	3210	48014	46627		19	3081	9004	333420
津市市	Jinshi City	5660	30310	28341				123	20354
永定区	Yongding District	63	19759	14585		1132	2905	334	58782
武陵源区	Wulingyuan District		1721	1312		81		187	1359
慈利县	Cili County	1060	38917	35687		3547	4961	1828	176318
桑植县	Sangzhi County	5	20822	17812		30	7060	729	22309
资阳区	Ziyang District	1870	7953	7865		92		1490	9425
赫山区	Heshan District		9705	7944		32		3088	21378
南　县	Nan County	14805	86508	86223		170			62193
大通湖区	Datonghu District	3465	13890	13862		83			16535
桃江县	Taojiang County	290	34860	29968		17	113	13200	13417
安化县	Anhua County		42945	34215		93		60000	30796
沅江市	Yuanjiang City	6503	61261	60975		1324		170	92968
北湖区	Beihu District		1728	1050			1947	95	7518
苏仙区	Suxian District		7024	5591			6532	166	7260
桂阳县	Guiyang County		15688	6613			32417	394	23582
宜章县	Yizhang County	19	8845	4012			6628	289	37783
永兴县	Yongxing County	78	20338	17142			4988	416	94352

20-12 续表 5 continued

单位:吨 (ton)

市县名称	Cities and Counties	棉花	油料		黄红麻	苎麻	烤烟	茶叶	柑桔
		Cotton	Oil-bearing	#油菜籽 Rapeseeds	Jute and Ambary Hemp	Ramie	Fluecured Tobacco	Tea	Citrus
嘉禾县	Jiahe County		9570	4665			7997	48	26200
临武县	Linwu County		7143	4648			1256	43	10146
汝城县	Rucheng County	107	7607	5217			549	266	13021
桂东县	Guidong County		2156	2041				2777	1100
安仁县	Anren County	9	33281	28567			8446	1000	23157
资兴市	Zixing City	17	7575	6526				1480	99927
零陵区	Lingling District	689	22475	18009	25		521	767	70688
冷水滩区	Lengshuitan District	1014	11444	7302			600		29285
祁阳县	Qiyang County	610	44081	32353			168	252	86543
东安县	Dongan County	115	11522	4478		249	1071	6	28112
双牌县	Shuangpai County	263	2153	1553				58	6068
道　县	Dao County	27	15855	10092			4086	22	121341
江永县	Jiangyong County	147	16282	12840			3038	110	133935
宁远县	Ningyuan County		9882	6996			12521	250	63816
蓝山县	Lanshan County	437	15795	12852			6615	130	17251
新田县	Xintian County		4606	2085		13	6787	153	805
江华县	Jianghua County	47	12553	5790			7617	605	10980
鹤城区	Hecheng District		2907	2877					10250
中方县	Zhongfang County	135	13223	12434			18	37	22320
沅陵县	Yuanling County	22	22179	19224			109	3000	17356
辰溪县	Chenxi County	225	23523	23188				17	135562
溆浦县	Xupu County	284	26284	25489				985	105345
会同县	Huitong County	10	11865	11670	11			525	55049
麻阳县	Mayang County	40	16569	12972					370600
新晃县	Xinhuang County		4351	4307			559		5237
芷江县	Zhijiang County	51	15830	14517			1380	16	139552
靖州县	Jingzhou County		8305	8179			1194	5	29139
通道县	Tongdao County	184	9604	9547				16	8230
洪江市	Hongjiang City	22	9911	9278			74	60	156426
洪江区	Hongjiang District		359	359					2701
娄星区	Louxing District		2508	907				1980	7199
双峰县	Shuangfeng County	335	18429	15010		23	30	2241	8142
新化县	Xinhua County	194	14954	8229	83	47	95	1498	5866
冷水江市	Lengshuijiang City		2021	1778				95	13394
涟源市	Lianyuan City	27	13168	7868		23	58	1835	12499
吉首市	Jishou City		8081	6626		33	328	85	106220
泸溪县	Luxi County	133	13434	12148		170	1058	2	191444
凤凰县	Fenghuang County		12132	9691		36	3772	15	79979
花垣县	Huayuan County		6907	5301			3226	5	13950
保靖县	Baojing County		9343	5993			2303	360	123667
古丈县	Guzhang County	7	4608	4234			1260	2742	19253
永顺县	Yongshun County		21064	16156			8133	149	103755
龙山县	Longshan County		15590	12517			8705	18	65029

20-13 主要林产品产量(2016年)
Output of Major Forest Products (2016)

市县名称	Cities and Counties	油茶籽(吨) Tea-oil Seeds (ton)	油桐籽(吨) Tung-oil Seeds (ton)	松脂(吨) Pine Resin (ton)	板栗(吨) Chestnuts (ton)	棕片(吨) Palm Leaf (ton)	竹笋干(吨) Bamboo Shoots (ton)	木材采伐量(万方) Woods Cuts (10 000 cu.m)	竹材采伐量(万根) Bamboo Cuts (10 000 roots)
芙蓉区	Furong District								
天心区	Tianxin District								
岳麓区	Yuelu District	1800			240		19	1.26	21.00
开福区	Kaifu District							0.25	
雨花区	Yuhua District	50							
望城区	Wangcheng District	525	2		4000	2	250	1.14	60.00
长沙县	Changsha County	2400			6110		3	0.22	
宁乡县	Ningxiang County	3500						6.64	520.00
浏阳市	Liuyang City	60000		368	5060		16	5.50	180.00
荷塘区	Hetang District							1.50	5.00
芦淞区	Lusong District	86						0.09	
石峰区	Shifeng District	1190						0.00	
天元区	Tianyuan District	3600						0.70	
株洲县	Zhuzhou County	32100	68	285	585	39	750	0.65	310.00
攸 县	You County	44000						5.45	
茶陵县	Chaling County	17900	880		380	310	830	0.86	40.00
炎陵县	Yanling County	2220		45	278	70	4990	5.60	250.00
醴陵市	Liling City	31680	105		380	100	198	0.93	0.96
雨湖区	Yuhu District	340	10				5	0.30	1.53
岳塘区	Yuetang District	85							
湘潭县	Xiangtan County	6420			22		5	2.37	7.50
湘乡市	Xiangxiang City	3137			350		18	0.47	6.00
韶山市	Shaoshan City	60			92				
珠晖区	Zhuhui District	800			50		80	0.05	25.00
雁峰区	Yanfeng District							0.05	
石鼓区	Shigu District				50		2	0.17	
蒸湘区	Zhengxiang District							0.37	3.00
南岳区	Nanyue District	10			75		150	0.00	2.00
衡阳县	Hengyang County	18811	50		952	5	200	0.61	20.00
衡南县	Hengnan County	17630	28		553	8	180	1.45	3.00
衡山县	Hengshan County	6000		245	600			0.37	25.00
衡东县	Hengdong County	57600	45	30	1000		10	1.95	350.00
祁东县	Qidong County	11602	1620		10800		72	0.20	2.00
耒阳市	Leiyang City	40000	1000	1250	5000		1200	0.38	1200.00
常宁市	Changning City	37200	20	100	1000	10	1400	2.35	63.59
双清区	Shuangqing District	107					30	0.61	0.18
大祥区	Daxiang District	358			1300				
北塔区	Beita District	3			1			0.02	0.25

20-13 续表 1 continued

市县名称	Cities and Counties	油茶籽（吨） Tea-oil Seeds (ton)	油桐籽（吨） Tung-oil Seeds (ton)	松脂（吨） Pine Resin (ton)	板栗（吨） Chestnuts (ton)	棕片（吨） Palm Leaf (ton)	竹笋干（吨） Bamboo Shoots (ton)	木材采伐量（万方） Woods Cuts (10 000 cu.m)	竹材采伐量（万根） Bamboo Cuts (10 000 roots)
邵东县	Shaodong County	14175						0.11	
新邵县	Xinshao County	1510	7	105	286		561	0.38	9.10
邵阳县	Shaoyang County	60400			1060		41	0.02	
隆回县	Longhui County	1000	22	8	840		515	2.03	
洞口县	Dongkou County	362	9	6	605	5		8.69	30.19
绥宁县	Suining County	3100	130	60	120		710	16.44	241.00
新宁县	Xinning County	2400	59		180		90	2.69	11.94
城步县	Chengbu County	1842	132		575	128	1141	12.08	428.66
武冈市	Wugang City	459	19	82	80	268	80	11.08	59.04
岳阳楼区	Yueyanglou District	9			4			4.48	
云溪区	Yunxi District	98			960		17	1.60	37.21
君山区	Junshan District								
岳阳县	Yueyang County	6800	50		2180		1220	1.38	30.00
华容县	Huarong County	34	11		96			4.70	18.00
湘阴县	Xiangyin County	50		150				5.00	5.00
平江县	Pingjiang County	19000	9375	40	1080	248	263	5.04	39.00
汨罗市	Miluo City	3520	12	720	235		30	0.91	18.92
临湘市	Linxiang City	500		160	1900			1.80	6550.00
武陵区	Wuling District	640					50	2.21	2.30
鼎城区	Dingcheng District	9403	100	200	188	20	220	6.92	290.00
安乡县	Anxiang County							3.90	
汉寿县	Hanshou County	542						22.10	305.00
澧　县	Li County	682			65			4.56	8.59
临澧县	Linli County	9985	100		64			2.28	0.77
桃源县	Taoyuan County	8600			500		12	2.27	400.00
石门县	Shimen County	3350	240		5000	65	50	1.60	3.50
津市市	Jinshi City	970			1080			1.03	2.60
永定区	Yongding District	1200			750			2.13	
武陵源区	Wulingyuan District				117			0.13	2.10
慈利县	Cili County	415	1510	425	1460	1688	271	1.52	3.00
桑植县	Sangzhi County	150					60	1.00	1.00
资阳区	Ziyang District	2205			66		35	6.75	45.20
赫山区	Heshan District	4200			1280		33	8.51	191.46
南　县	Nan County					10		1.65	50.00
大通湖区	Datonghu District							1.16	
桃江县	Taojiang County	3650			22		1460	24.534	802
安化县	Anhua County	11050	800	350	1800	1000	800	14.96	300.00
沅江市	Yuanjiang City							6.41	0.30
北湖区	Beihu District	4698	118		1456		2186	0.50	6.00
苏仙区	Suxian District	7025	4850		530		335	0.40	10.00
桂阳县	Guiyang County	12816			78			1.18	8.00
宜章县	Yizhang County	1100	100	2170	546			2.30	10.50
永兴县	Yongxing County	23703			161	222	1197	2.16	12.10

20-13 续表 2 continued

市县名称	Cities and Counties	油茶籽(吨) Tea-oil Seeds (ton)	油桐籽(吨) Tung-oil Seeds (ton)	松脂(吨) Pine Resin (ton)	板栗(吨) Chestnuts (ton)	棕片(吨) Palm Leaf (ton)	竹笋干(吨) Bamboo Shoots (ton)	木材采伐量(万方) Woods Cuts (10 000 cu.m)	竹材采伐量(万根) Bamboo Cuts (10 000 roots)
嘉禾县	Jiahe County	720			60		2	0.65	
临武县	Linwu County	2400	190		310	108	350	0.94	1.85
汝城县	Rucheng County	6800	121	72	650	77	2600	2.64	148.90
桂东县	Guidong County	2187			63		186	3.00	115.00
安仁县	Anren County	12100			1082		2190	1.46	9.50
资兴市	Zixing City	5860			1080	280	1400	4.34	22.00
零陵区	Lingling District	5500		650	1674		3500	1.10	85.00
冷水滩区	Lengshuitan District	11000						1.95	1.00
祁阳县	Qiyang County	16265			1695		760	2.10	5.00
东安县	Dongan County	12651		271	109	234	143	0.91	22.13
双牌县	Shuangpai County	1020	150	2000	1825	42	420	7.65	21.60
道　县	Dao County	25800	380	17260	460	65	166	1.82	6.00
江永县	Jiangyong County	1760	20	1822	58		13	2.31	
宁远县	Ningyuan County	17010	58	30	348	95	405	1.61	0.50
蓝山县	Lanshan County	13220	24		1330	41	140	2.76	194.00
新田县	Xintian County	2400	45	136	1847	34	53	3.52	8.00
江华县	Jianghua County	15665	805	11600	1872	145	737	10.10	1.26
鹤城区	Hecheng District	3850			1985		135	1.31	
中方县	Zhongfang County	15700	50		680	500	130	1.06	10.00
沅陵县	Yuanling County	3896	1400	4000	2442			2.48	20.00
辰溪县	Chenxi County	9880	195	10	173	32	43	2.00	0.18
溆浦县	Xupu County	15200	62		98	9	620	6.14	5.00
会同县	Huitong County	14000	8000		1000	16	3000	11.00	160.00
麻阳县	Mayang County	402			752		510	0.77	
新晃县	Xinhuang County	90			167			5.50	
芷江县	Zhijiang County	3340	820	102	1820	74	85	7.29	
靖州县	Jingzhou County	1100			217		49	7.66	
通道县	Tongdao County	2091	222	178	201		54	3.82	11.00
洪江市	Hongjiang City	2760			595		1473	4.02	25.00
洪江区	Hongjiang District	235	90		15	6	84	0.10	65.00
娄星区	Louxing District	772			2880		20	0.04	
双峰县	Shuangfeng County	2200			180		40	0.17	12.30
新化县	Xinhua County	4304	58	23	425	6	10	0.19	78.50
冷水江市	Lengshuijiang City	580			525	35	205	0.09	8.20
涟源市	Lianyuan City	2300						0.26	15.00
吉首市	Jishou City	480	4		390		10	0.07	
泸溪县	Luxi County	1600			3670			0.27	
凤凰县	Fenghuang County	250			220			0.48	
花垣县	Huayuan County	900			20		1	1.01	
保靖县	Baojing County	2050	110		680	5	26	1.20	0.80
古丈县	Guzhang County	2850		1298	440		26	0.76	
永顺县	Yongshun County	3467	431	65	190	18	130	1.60	2.80
龙山县	Longshan County	2050	480	250	215	40	62	0.95	3.35

20-14 牲畜头数、畜产品及水产品产量(2016年)
Number of Live Stocks, Output of Livestock Products and Aquatic Products (2016)

市县名称	Cities and Counties	大牲畜年末存栏数(头) Large Animals (head)	#牛 Cattle and Buffaloes	生猪存栏(万头) Hogs (10 000 heads)	肉猪出栏(万头) Slaughtered Fattened Hogs (10 000 heads)	猪肉产量(吨) Output of Pork (ton)	牛肉产量(吨) Output of Beef (ton)	羊肉产量(吨) Output of Mutton (ton)	水产品(吨) Aquatic Products (ton)	#鱼 Fish
芙蓉区	Furong District				0.40	272			307	307
天心区	Tianxin District	0	0	1.88	4.33	2534	6	27	2101	2099
岳麓区	Yuelu District	4055	4055	20.11	30.31	22151	216	139	10099	9496
开福区	Kaifu District	146	146	5.36	5.73	3722		2	1420	1420
雨花区	Yuhua District			1.10	2.65	1961	28	23	4600	4300
望城区	Wangcheng District	8122	8122	63.40	114.76	84039	612	175	26157	23774
长沙县	Changsha County	28500	28500	85.00	191.00	143250	2575	336	18809	18402
宁乡县	Ningxiang County	77000	77000	113.60	200.58	150435	7675	1147	36178	36125
浏阳市	Liuyang City	44285	43612	79.74	187.92	135302	3000	10631	26769	26158
荷塘区	Hetang District	1069	1069	8.31	8.20	5945	31	284	3660	3660
芦淞区	Lusong District	1000	1000	6.11	11.48	8380	150	171	2896	2797
石峰区	Shifeng District	500	500	7.80	10.16	6851	35	288	2901	2866
天元区	Tianyuan District	805	805	10.12	13.31	10646	106	252	5052	4848
株洲县	Zhuzhou County	6244	6244	27.29	54.75	38325	236	772	11673	11006
攸　县	You County	46800	46700	67.15	121.11	82476	2360	905	23659	23307
茶陵县	Chaling County	79700	81700	47.81	85.72	58290	2856	408	16495	16495
炎陵县	Yanling County	19000	19000	7.60	14.92	10742	363	80	1156	1127
醴陵市	Liling City	17700	17700	84.16	114.74	87701	1989	5522	25000	24584
雨湖区	Yuhu District	1865	1865	36.20	71.78	53836	76	78	7362	7283
岳塘区	Yuetang District	603	603	12.38	25.79	19602	65	298	3266	3260
湘潭县	Xiangtan County	12346	12346	114.57	202.59	160000	724	612	44659	43321
湘乡市	Xiangxiang City	36877	36877	84.00	189.31	144307	818	498	40558	37872
韶山市	Shaoshan City	1409	1409	19.50	26.43	21250	132	134	3911	3892
珠晖区	Zhuhui District	582	582	20.22	23.98	19169	21	17	4493	4306
雁峰区	Yanfeng District	98	98	4.71	7.28	5630	12	10	2283	2283
石鼓区	Shigu District			7.22	10.70	8114			3067	3064
蒸湘区	Zhengxiang District			4.46	8.50	6597		20	3445	3291
南岳区	Nanyue District	772	772	4.11	6.81	5156	96	46	614	604
衡阳县	Hengyang County	71778	71778	96.20	170.10	129410	3139	1189	65906	64143
衡南县	Hengnan County	44336	44336	98.43	156.92	118646	1960	501	61624	58870
衡山县	Hengshan County	26931	26931	40.30	67.00	50274	2076	411	12707	12080
衡东县	Hengdong County	19768	16503	58.54	101.41	77689	735	896	19639	16790
祁东县	Qidong County	15302	15082	63.45	123.31	99420	1698	5109	53919	52421
耒阳市	Leiyang City	84287	84287	70.59	140.05	107839	4799	647	33048	31868
常宁市	Changning City	43898	43898	61.37	117.00	85755	3670	2020	35154	34363
双清区	Shuangqing District	3900	3900	8.78	21.04	14359	708	146	2714	2684
大祥区	Daxiang District	5053	4453	10.45	20.50	15375	494	312	2962	2755
北塔区	Beita District	4141	4141	4.70	11.60	8120	378	68	1966	1915

20-14 续表 1 continued

市县名称	Cities and Counties	大牲畜年末存栏数(头) Large Animals (head)	#牛 Cattle and Buffaloes	生猪存栏(万头) Hogs (10 000 heads)	肉猪出栏(万头) Slaughtered Fattened Hogs (10 000 heads)	猪肉产量(吨) Output of Pork (ton)	牛肉产量(吨) Output of Beef (ton)	羊肉产量(吨) Output of Mutton (ton)	水产品(吨) Aquatic Products (ton)	#鱼 Fish
邵东县	Shaodong County	25900	25700	71.40	120.40	86688	1550	336	28700	28066
新邵县	Xinshao County	103522	103500	54.00	101.00	72733	3990	990	14000	13698
邵阳县	Shaoyang County	80813	77003	59.90	102.00	69360	4202	718	11000	10816
隆回县	Longhui County	99100	97600	54.80	100.67	67276	6019	1116	12097	12046
洞口县	Dongkou County	77500	77200	106.00	199.00	151240	5802	1768	16877	16311
绥宁县	Suining County	101051	99906	33.70	55.20	37536	7493	1179	2058	1965
新宁县	Xinning County	97616	91102	27.85	43.16	30152	5512	531	6250	6210
城步县	Chengbu County	88036	86635	16.55	16.20	11032	4164	775	950	950
武冈市	Wugang City	54800	52200	77.10	150.00	107630	3830	992	7880	7525
岳阳楼区	Yueyanglou District	9200	9200	12.06	22.12	15192	551	123	22158	21160
云溪区	Yunxi District	5100	5100	12.24	22.19	15089	264	26	20643	18708
君山区	Junshan District	24650	24600	25.20	39.85	27098	1021	212	39789	38476
岳阳县	Yueyang County	72200	72200	76.45	136.20	92616	3777	946	54978	52995
华容县	Huarong County	53108	51900	40.37	81.00	55810	2354	422	151061	144671
湘阴县	Xiangyin County	68800	67700	51.14	94.94	64559	4107	470	148238	145724
平江县	Pingjiang County	135120	134800	70.44	97.76	66727	5405	4356	9305	8563
汨罗市	Miluo City	64600	64600	82.50	158.97	108464	2558	254	49957	43156
临湘市	Linxiang City	30450	30000	34.41	69.74	47423	1165	403	41624	38337
武陵区	Wuling District	5093	5032	6.26	7.61	5479	281	62	22629	22509
鼎城区	Dingcheng District	54009	53999	41.91	86.00	61920	2933	1862	82504	78025
安乡县	Anxiang County	17955	17955	24.47	34.83	25078	738	925	117636	114654
汉寿县	Hanshou County	38297	38297	47.23	96.17	69242	1518	715	104529	99869
澧　县	Li County	55150	55150	46.58	97.47	70178	2236	3904	61088	60149
临澧县	Linli County	38402	38402	31.26	47.29	34049	1602	2293	25730	23946
桃源县	Taoyuan County	138420	138420	57.18	111.47	80258	4940	13272	43155	41479
石门县	Shimen County	90367	90324	44.33	81.37	58586	2881	5712	27737	16084
津市市	Jinshi City	18199	18199	26.20	54.66	39355	645	704	16085	27331
永定区	Yongding District	42930	42403	22.70	27.07	20303	3328	879	8700	8580
武陵源区	Wulingyuan District	3030	2952	1.80	3.30	2574	390	69	100	72
慈利县	Cili County	86100	84900	32.33	49.27	36930	2940	1920	6711	6566
桑植县	Sangzhi County	31525	30239	15.73	20.02	15616	810	688	1735	1559
资阳区	Ziyang District	8026	8026	32.57	47.81	31077	230	46	30345	28252
赫山区	Heshan District	11934	11624	51.84	101.18	76800	1378	426	31568	30572
南　县	Nan County	22100	19123	46.29	77.64	54247	3119	803	150473	118995
大通湖区	Datonghu District	5255	5255	10.90	11.05	8694	336	118	40819	38195
桃江县	Taojiang County	73419	73019	60.41	92.82	68686	4320	290	9977	9572
安化县	Anhua County	210094	208578	58.16	86.83	58879	12063	5546	24368	23980
沅江市	Yuanjiang City	47764	47764	46.28	72.07	54773	2678	640	166046	158445
北湖区	Beihu District	13341	12791	14.77	26.59	18613	893	792	4150	4150
苏仙区	Suxian District	37074	37074	31.63	60.15	42106	1156	2202	16017	15846
桂阳县	Guiyang County	44509	44509	48.47	98.39	73563	1496	1060	16485	16046
宜章县	Yizhang County	58649	58600	44.76	67.16	49566	2869	425	6765	6765
永兴县	Yongxing County	52449	52449	36.69	67.68	52531	2820	761	26800	24887

20-14 续表 2 continued

市县名称	Cities and Counties	大牲畜年末存栏数（头） Large Animals (head)	#牛 Cattle and Buffaloes	生猪存栏（万头） Hogs (10 000 heads)	肉猪出栏（万头） Slaughtered Fattened Hogs (10 000 heads)	猪肉产量（吨） Output of Pork (ton)	牛肉产量（吨） Output of Beef (ton)	羊肉产量（吨） Output of Mutton (ton)	水产品（吨） Aquatic Products (ton)	#鱼 Fish
嘉禾县	Jiahe County	16000	16000	40.70	68.83	48869	1508	283	2641	2552
临武县	Linwu County	30389	30358	15.76	26.04	18669	880	1107	4067	3764
汝城县	Rucheng County	11600	11600	20.99	39.52	27664	172	52	769	769
桂东县	Guidong County	36112	36112	10.44	11.23	7973	1589	261	288	282
安仁县	Anren County	33401	33401	27.86	42.26	30006	924	74	7600	7084
资兴市	Zixing City	49733	49733	31.76	64.09	44864	2488	713	35911	35683
零陵区	Lingling District	74200	68764	50.95	89.47	66206	1507	455	19425	18050
冷水滩区	Lengshuitan District	84300	78230	57.71	101.25	77025	1122	365	26380	25863
祁阳县	Qiyang County	19000	17446	64.95	109.64	77844	1735	907	65739	63587
东安县	Dongan County	62300	56608	52.00	91.32	65753	2688	798	20896	20128
双牌县	Shuangpai County	75934	70435	17.83	22.54	15553	1830	2906	4580	4443
道　县	Dao County	213300	194406	62.25	98.90	71280	10120	1859	31015	29952
江永县	Jiangyong County	203400	188384	37.25	67.72	48759	7314	568	5237	5030
宁远县	Ningyuan County	73500	68115	56.66	94.63	68133	2328	198	22182	21713
蓝山县	Lanshan County	41789	38697	44.17	92.49	66592	1139	441	1548	1404
新田县	Xintian County	15749	14476	30.26	50.02	36014	1458	678	7285	7074
江华县	Jianghua County	135000	125280	40.44	55.47	39938	2726	1731	2858	2752
鹤城区	Hecheng District	9939	9939	8.87	11.83	8695	881	190	6734	6532
中方县	Zhongfang County	26767	26767	15.51	19.65	15667	675	508	6518	6469
沅陵县	Yuanling County	97210	92146	21.21	27.23	21321	1287	1167	19874	19699
辰溪县	Chenxi County	35232	33800	21.38	28.07	19708	989	407	4232	4166
溆浦县	Xupu County	49600	48800	54.09	83.59	61585	906	663	10857	10728
会同县	Huitong County	22600	22500	13.73	17.26	14078	936	1643	5060	4928
麻阳县	Mayang County	41318	41100	16.16	19.46	14580	1027	713	4880	4782
新晃县	Xinhuang County	105832	104513	15.42	20.58	14921	7116	716	1743	1718
芷江县	Zhijiang County	57759	57759	26.52	38.31	27824	1417	608	8057	7800
靖州县	Jingzhou County	83400	79800	16.68	22.31	17781	1352	294	4755	4069
通道县	Tongdao County	38000	38000	8.64	10.00	8000	1163	260	2637	2506
洪江市	Hongjiang City	38096	33076	20.30	30.79	23898	494	568	9541	9264
洪江区	Hongjiang District	596	576	1.40	2.39	1746	26	41	514	514
娄星区	Louxing District	16598	16598	13.61	26.11	18747	955	561	6132	5728
双峰县	Shuangfeng County	44834	44834	94.45	179.82	128571	2228	360	28550	27619
新化县	Xinhua County	232200	228900	83.30	147.00	100695	10761	1691	32606	32190
冷水江市	Lengshuijiang City	17950	17950	17.03	31.20	21570	1725	599	4890	4795
涟源市	Lianyuan City	101750	101230	66.48	119.58	84304	5758	2057	19184	18158
吉首市	Jishou City	20040	20040	6.66	7.55	5308	647	683	3456	3449
泸溪县	Luxi County	43930	43600	10.52	14.04	9201	1078	407	2547	2407
凤凰县	Fenghuang County	42074	41975	14.20	14.85	9966	770	339	1544	1405
花垣县	Huayuan County	25100	25100	12.90	15.50	10540	1340	979	2562	2562
保靖县	Baojing County	32600	32600	10.03	12.38	8627	844	903	2150	2144
古丈县	Guzhang County	22100	22100	5.47	5.67	3682	396	415	2108	2090
永顺县	Yongshun County	71002	70757	21.00	21.11	13722	1661	1284	4265	4190
龙山县	Longshan County	47100	46820	22.20	22.10	14763	921	1024	3694	3694

20-15 规模以上工业主营业务收入(2016年)

Revenue of Major Business of Industrial Enterprises above Designated Size (2016)

单位:万元 (10 000 yuan)

市县名称	Cities and Counties	主营业务收入 Revenue of Major Business	#国有经济 State-owned Economic	#集体经济 Collective Owned Economic
芙蓉区	Furong District	4658099	2331	66962
天心区	Tianxin District	4079372	1473689	57363
岳麓区	Yuelu District	11501023		
开福区	Kaifu District	1929824		2896
雨花区	Yuhua District	5188649	1814530	23317
望城区	Wangcheng District	11015566	38570	82186
长沙县	Changsha County	20805669	33414	37860
宁乡县	Ningxiang County	20663000	8812	102156
浏阳市	Liuyang City	21890701	3958	74245
荷塘区	Hetang District	2091078	566582	
芦淞区	Lusong District	1485238	149652	
石峰区	Shifeng District	6672023	154320	
天元区	Tianyuan District	4078008	23563	
株洲县	Zhuzhou County	1315919	22015	5342
攸　县	You County	5226189	21841	10237
茶陵县	Chaling County	1581847	31771	75645
炎陵县	Yanling County	1037102		
醴陵市	Liling City	9319296	55578	36722
雨湖区	Yuhu District	8243863	158489	47726
岳塘区	Yuetang District	10241534	377807	36257
湘潭县	Xiangtan County	4960062		7639
湘乡市	Xiangxiang City	7382363	8121	42426
韶山市	Shaoshan City	2046811		
珠晖区	Zhuhui District	967249	25713	
雁峰区	Yanfeng District	3583110		
石鼓区	Shigu District	940549		20583
蒸湘区	Zhengxiang District	1887495	627225	
南岳区	Nanyue District	8821		
衡阳县	Hengyang County	2093258		
衡南县	Hengnan County	1972757		10267
衡山县	Hengshan County	820631	4063	
衡东县	Hengdong County	1662406	34437	31004
祁东县	Qidong County	2495065	2689	
耒阳市	Leiyang City	2499483	13135	83353
常宁市	Changning City	1839865	39935	54686
双清区	Shuangqing District	2157312	11306	
大祥区	Daxiang District	1576307	443898	2343
北塔区	Beita District	674213		

20-15 续表 1 continued

单位：万元 (10 000 yuan)

市县名称	Cities and Counties	主营业务收入 Revenue of Major Business	#国有经济 State-owned Economic	#集体经济 Collective Owned Economic
邵东县	Shaodong County	5218063	4235	
新邵县	Xinshao County	1961588	6890	
邵阳县	Shaoyang County	1198333		
隆回县	Longhui County	1709313	6271	
洞口县	Dongkou County	1682867	4191	
绥宁县	Suining County	1262238	9564	
新宁县	Xinning County	691832	590	
城步县	Chengbu County	250078		
武冈市	Wugang City	837583	2012	
岳阳楼区	Yueyanglou District	7360637	517016	
云溪区	Yunxi District	7874648		26098
君山区	Junshan District	1748261	106158	69920
岳阳县	Yueyang County	5013600	241450	29387
华容县	Huarong County	4931922	103777	175850
湘阴县	Xiangyin County	6487736	16958	38747
平江县	Pingjiang City	4084397	162553	26603
汨罗市	Miluo City	9097041		2139
临湘市	Linxiang County	3723641		
武陵区	Wuling District	9728407	6127768	4902
鼎城区	Dingcheng District	2493532	4994	
安乡县	Anxiang County	849064		
汉寿县	Hanshou County	1625466	3766	
澧　县	Li County	2585127	2380	
临澧县	Linli County	1279252	2951	
桃源县	Taoyuan County	1971197	3348	
石门县	Shimen County	2463168	14890	
津市市	Jinshi City	1916344	43398	7556
永定区	Yongdi District	556341	134173	
武陵源区	Wulingyuan District	3086		
慈利县	Cili County	605391	1865	
桑植县	Sangzhi County	222587	24980	
资阳区	Ziyang District	2388792		11873
赫山区	Heshan District	9259138	310895	121662
南　县	Nan County	2004511	6085	
大通湖区	Datonghu District	765300		
桃江县	Taojiang County	3492359		
安化县	Anhua County	1492386	147400	3705
沅江市	Yuanjiang City	3373649		31009
北湖区	Beihu District	1938436	517907	
苏仙区	Suxian District	6921083	436779	3165
桂阳县	Guiyang County	6622563		25984
宜章县	Yizhang County	2155428	3602	10921
永兴县	Yongxing County	4937462		10559

20-15 续表 2 continued

单位：万元 (10 000 yuan)

市县名称	Cities and Counties	主营业务收入 Revenue of Major Business	#国有经济 State-owned Economic	#集体经济 Collective Owned Economic
嘉禾县	Jiahe County	2158338	39478	22857
临武县	Linwu County	729242		11352
汝城县	Rucheng County	364397		
桂东县	Guidong County	141660		
安仁县	Anren County	607876	19686	
资兴市	Zixing City	6043902	97364	
零陵区	Lingling District	946589	376527	
冷水滩区	Lengshuitan District	2593060	374841	
祁阳县	Qiyang County	1663470	40554	
东安县	DonganCounty	1067159	55591	10408
双牌县	Shuangpai County	568399	39853	
道　县	Dao County	853606	3434	
江永县	Jiangyong County	378861	3893	
宁远县	Ningyuan County	1123150	28420	
蓝山县	Lanshan County	1162236		
新田县	Xintian County	653584		
江华县	Jianghua County	1025978	2763	
鹤城区	Hecheng District	1304529	298913	3689
中方县	Zhongfang County	1342790	6855	
沅陵县	Yuanling County	1745535	111719	
辰溪县	Chenxi County	568608	84358	13392
溆浦县	Xupu County	759332	30713	5115
会同县	Huitong County	191536		
麻阳县	Mayang County	537734	2670	
新晃县	Xinhuang County	493112		
芷江县	Zhijiang County	647671	20093	
靖州县	Jingzhou County	677346		
通道县	Tongdao County	333102	22794	
洪江市	Hongjiang City	1259989	87024	
洪江区	Hongjiang District	421832	50520	
娄星区	Louxing District	7656903	418013	463515
双峰县	Shuangfeng County	2776209		15788
新化县	Xinhua County	1822911	32100	54574
冷水江市	Lengshuijiang City	3930435	39376	84116
涟源市	Lianyuan County	2941047	2463	9462
吉首市	Jishou County	781327	184577	
泸溪县	Luxi County	353185	2373	
凤凰县	Fenghuang County	134429	12212	
花垣县	Huayuan County	398946	49222	
保靖县	Baojing County	227460	20521	
古丈县	Guzhang County	105932	11032	2254
永顺县	Yongshun County	168384	17648	
龙山县	Longshan County	139812	31049	2121

20-16 规模以上工业企业基本情况(2016年)
Basic Indicators of Industrial Enterprises above Designated Size (2016)

单位:万元 (10 000 yuan)

市县名称	Cities and Counties	利润总额 Total Profits	资产总计 Total Aassets	负债合计 Total Liabilities	全部从业人员年平均人数(万人) Average Number of Empolyment of the Current Year (10000persons)
芙蓉区	Furong District	347356	2752337	1105601	1.92
天心区	Tianxin District	195559	4916570	3372212	3.61
岳麓区	Yuelu District	583347	17683281	11067941	9.10
开福区	Kaifu District	171677	1898086	1053661	1.66
雨花区	Yuhua District	296415	5630292	2145567	2.91
望城区	Wangcheng District	323418	5728224	3150879	5.28
长沙县	Changsha County	445227	25391162	16385337	15.48
宁乡县	Ningxiang County	2053968	8342830	3152340	12.38
浏阳市	Liuyang City	1135824	6887905	2790454	17.65
荷塘区	Hetang District	24643	2118621	1208770	2.47
芦淞区	Lusong District	67039	2357816	1307661	2.59
石峰区	Shifeng District	620769	8000322	4627360	4.58
天元区	Tianyuan District	155341	5633528	3944072	2.74
株洲县	Zhuzhou County	23989	506237	287676	0.97
攸　县	You County	207254	3157182	1325340	4.96
茶陵县	Chaling County	27253	423545	195428	1.69
炎陵县	Yanling County	20537	371093	209446	1.14
醴陵市	Liling City	651332	9511694	1381889	30.33
雨湖区	Yuhu District	417395	4726602	2517188	4.36
岳塘区	Yuetang District	140203	11358657	7933395	5.67
湘潭县	Xiangtan County	158977	1199100	430441	3.34
湘乡市	Xiangxiang City	1020106	367591	248071	4.17
韶山市	Shaoshan City	23315	291075	28959	1.01
珠晖区	Zhuhui District	37291	679216	507669	1.13
雁峰区	Yanfeng District	172063	2874059	1654355	2.74
石鼓区	Shigu District	41787	1097159	616427	1.24
蒸湘区	Zhengxiang District	-94496	2940180	2525814	2.11
南岳区	Nanyue District	362	7105	2032	0.02
衡阳县	Hengyang County	189085	758564	334938	3.39
衡南县	Hengnan County	143545	1670931	702270	2.42
衡山县	Hengshan County	38781	373938	209467	1.64
衡东县	Hengdong County	74493	788303	426244	2.36
祁东县	Qidong County	226894	1786302	843600	5.40
耒阳市	Leiyang City	177163	1828171	1027371	3.38
常宁市	Changning City	39441	1394225	1113638	2.34
双清区	Shuangqing District	101137	1206521	473675	2.26
大祥区	Daxiang District	80832	1353444	794329	1.22
北塔区	Beita District	12845	261818	145903	0.51

20-16 续表 1 continued

单位:万元 (10 000 yuan)

市县名称	Cities and Counties	利润总额 Total Profits	资产总计 Total Aassets	负债合计 Total Liabilities	全部从业人员年平均人数（万人） Average Number of Empolyment of the Current Year (10000persons)
邵东县	Shaodong County	426155	1269677	216811	4.51
新邵县	Xinshao County	90875	931178	276603	2.32
邵阳县	Shaoyang County	80763	563250	187982	2.56
隆回县	Longhui County	33475	410959	190651	2.29
洞口县	Dongkou County	60600	503242	174298	1.77
绥宁县	Suining County	109325	494675	125260	2.04
新宁县	Xinning County	42659	372361	166691	1.27
城步县	Chengbu County	14662	255337	203875	0.36
武冈市	Wugang City	27997	461873	177221	0.88
岳阳楼区	Yueyanglou District	503300	6421708	3418781	5.85
云溪区	Yunxi District	37634	3681705	1850067	3.80
君山区	Junshan District	59787	630640	125806	2.02
岳阳县	Yueyang County	271922	1795120	516092	2.89
华容县	Huarong County	134644	666915	167401	3.76
湘阴县	Xiangyin County	137243	2262883	606841	6.26
平江县	Pingjiang City	150692	858420	425543	3.39
汨罗市	Miluo City	168447	2147290	544248	6.17
临湘市	Linxiang County	133401	1279765	338536	2.65
武陵区	Wuling District	899764	8927776	3621768	4.56
鼎城区	Dingcheng District	130173	1859004	955097	2.04
安乡县	Anxiang County	15323	398973	208093	1.17
汉寿县	Hanshou County	108576	930328	480596	2.08
澧　县	Li County	139770	1210744	545586	1.97
临澧县	Linli County	59623	741740	359686	1.65
桃源县	Taoyuan County	238814	1780749	1100000	1.62
石门县	Shimen County	101642	1144802	691171	1.69
津市市	Jinshi City	48369	928754	552043	2.19
永定区	Yongdi District	37490	652684	380336	0.86
武陵源区	Wulingyuan District	389	2636	959	0.01
慈利县	Cili County	47836	437233	214686	1.23
桑植县	Sangzhi County	25015	266637	122922	0.32
资阳区	Ziyang District	115014	950292	449608	2.12
赫山区	Heshan District	171637	3828964	2223785	4.92
南　县	Nan County	66737	1375374	478909	1.95
大通湖区	Datonghu District	7200	324700	116900	0.45
桃江县	Taojiang County	151949	1145000	482878	4.33
安化县	Anhua County	126116	1047109	589432	1.34
沅江市	Yuanjiang City	137401	1963744	996475	3.99
北湖区	Beihu District	78064	3112120	1884673	1.41
苏仙区	Suxian District	218931	4531407	2727760	3.78
桂阳县	Guiyang County	311522	2210240	229412	3.04
宜章县	Yizhang County	170304	1115173	570061	2.31
永兴县	Yongxing County	208358	1797916	810346	2.18

20-16 续表 2 continued

单位:万元 (10 000 yuan)

市县名称	Cities and Counties	利润总额 Total Profits	资产总计 Total Aassets	负债合计 Total Liabilities	全部从业人员年平均人数(万人) Average Number of Empolyment of the Current Year (10000persons)
嘉禾县	Jiahe County	246027	490887	90388	1.54
临武县	Linwu County	67313	526185	241453	1.15
汝城县	Rucheng County	19741	387589	249181	0.36
桂东县	Guidong County	15247	132328	78567	0.20
安仁县	Anren County	43145	346348	140952	0.69
资兴市	Zixing City	393958	1902673	885085	3.89
零陵区	Lingling District	67955	718575	201237	0.91
冷水滩区	Lengshuitan District	91338	2187485	1199268	3.29
祁阳县	Qiyang County	79666	1155469	693434	2.09
东安县	DonganCounty	12298	295549	125318	1.45
双牌县	Shuangpai County	86705	269206	50382	0.71
道　县	Dao County	6402	332733	163743	1.76
江永县	Jiangyong County	28309	238560	71034	0.63
宁远县	Ningyuan County	53571	635282	275086	2.29
蓝山县	Lanshan County	33337	325263	76651	1.97
新田县	Xintian County	35679	289368	85443	0.92
江华县	Jianghua County	35677	620268	184475	0.92
鹤城区	Hecheng District	29909	804662	520707	1.00
中方县	Zhongfang County	172872	1398360	817902	1.20
沅陵县	Yuanling County	129690	1203519	498894	1.27
辰溪县	Chenxi County	23790	906897	606509	0.83
溆浦县	Xupu County	-28501	493767	517616	1.23
会同县	Huitong County	6664	184215	122067	0.30
麻阳县	Mayang County	10723	111916	74328	0.38
新晃县	Xinhuang County	2178	215957	99927	0.70
芷江县	Zhijiang County	16334	252750	140803	0.47
靖州县	Jingzhou County	1892	118059	53073	0.52
通道县	Tongdao County	14982	86912	31504	0.37
洪江市	Hongjiang City	51447	1849807	469979	1.76
洪江区	Hongjiang District	27770	374875	134995	0.41
娄星区	Louxing District	357367	6445230	4499296	4.38
双峰县	Shuangfeng County	303367	926266	186216	2.88
新化县	Xinhua County	97877	667835	335497	3.05
冷水江市	Lengshuijiang City	135205	2383451	1773711	3.42
涟源市	Lianyuan County	233568	2022018	786387	2.66
吉首市	Jishou County	106606	1018609	484252	1.06
泸溪县	Luxi County	22928	286441	183788	0.86
凤凰县	Fenghuang County	12333	79155	35076	0.34
花垣县	Huayuan County	33714	881912	478510	1.07
保靖县	Baojing County	3433	206576	138495	0.41
古丈县	Guzhang County	8849	182099	127620	0.18
永顺县	Yongshun County	6689	195552	109545	0.34
龙山县	Longshan County	2802	175660	95962	0.36

20-17 固定资产投资、新增固定资产及房屋竣工面积(2016年)
Investment in Fixed Assets,Newly Increased Fixed Assets and Completed Building Floor Space (2016)

市县名称	Cities and Counties	固定资产投资(万元) Investment in Fixed Assets (10000 yuan)	国有经济 State-owned	非国有经济 non—State-owned	房地产开发 Real Estate Develop-ment	新增固定资产(万元) Newly Increased Fixed Assets (10 000 yuan)	房屋建筑竣工面积(平方米) Floor Space of Buildings Completed (sq.m)	#住宅 Residential Buildings
芙蓉区	Furong District	5015372	757916	4257456	1339194	2418595	773659	566754
天心区	Tianxin District	6094757	2381503	3713254	1121550	3077468	1912587	1276978
岳麓区	Yuelu District	8292219	2305918	5986301	3463425	2420317	4184182	2756652
开福区	Kaifu District	7103214	1359761	5743453	1514473	4368170	2484508	978774
雨花区	Yuhua District	5639494	1450027	4189467	1897976	2094988	2151052	1430134
望城区	Wangcheng District	6070848	1521294	4549554	1385600	2494444	9919057	7381572
长沙县	Changsha County	8158848	1922303	6236545	1203295	3645610	4371109	2903674
宁乡县	Ningxiang County	9487534	2796879	6690655	418768	6561783	936979	402541
浏阳市	Liuyang City	9138176	2046660	7091516	261194	6138056	1411418	633852
荷塘区	Hetang District	1871300	1151500	719800	308794	905536	621058	239203
芦淞区	Lusong District	3194500	711100	2483400	175139	2456905	1873735	168444
石峰区	Shifeng District	3675300	2005600	1669700	131486	784302	236880	215724
天元区	Tianyuan District	4271800	2123200	2148600	973690	1929207	2419146	1624903
株洲县	Zhuzhou County	1063600	439900	623700	125004	617850	170438	6448
攸　县	You County	3020800	1109300	1911500	270042	2335557	344488	288068
茶陵县	Chaling County	1392200	469200	923000	147868	674771	181929	92109
炎陵县	Yanling County	1050200	347300	702900	78130	793445	294644	232941
醴陵市	Liling County	3902100	1049100	2853000	253013	2264893	958737	482297
雨湖区	Yuhu District	2894200	754900	2139300	215413	1944508	218841	130616
岳塘区	Yuetang District	2640500	1455800	1184700	383622	1039834	162734	156733
湘潭县	Xiangtan County	2144400	601600	1542800	201773	1414723	67883	61083
湘乡市	Xiangxiang City	2048300	684600	1363700	137025	1709411	346267	207857
韶山市	Shaoshan City	937200	387600	549600	38563	243382	54900	53700
珠晖区	Zhuhui District	1873100	921700	951400	69032	809217	148514	73322
雁峰区	Yanfeng District	1767200	677700	1089500	163444	604489	378422	285588
石鼓区	Shigu District	1910000	756900	1153100	232185	574444	181405	122660
蒸湘区	Zhengxiang District	2777700	680200	2097500	208917	1553955	3650653	436214
南岳区	Nanyue District	317700	205300	112400	31650	19632	70064	31337
衡阳县	Hengyang County	2594100	696700	1897400	45156	1478216	162703	93463
衡南县	Hengnan County	2196800	805400	1391400	70245	1717080	1170568	251511
衡山县	Hengshan County	937000	284100	652900	31488	624101	114947	85029
衡东县	Hengdong County	1520100	339700	1180400	64292	1080904	686655	250192
祁东县	Qidong County	1561500	614300	947200	58958	1150364	2910301	340904
耒阳市	Leiyang City	3576600	1646900	1929700	107910	2956773	2216614	198554
常宁市	Changning City	1790000	979000	811000	55834	1256289	65441	48608
双清区	Shuangqing District	1113174	232882	880292	280505	383947	162923	156582
大祥区	Daxiang District	837199	240806	596393	125018	90722	109570	100708
北塔区	Beita District	624022	125158	498864	252459	349045	127419	114959

20-17 续表 1 continued

市县名称	Cities and Counties	固定资产投资（万元） Investment in Fixed Assets (10000 yuan)	国有经济 State-owned	非国有经济 non—State-owned	房地产开发 Real Estate Develop-ment	新增固定资产（万元） Newly Increased Fixed Assets (10 000 yuan)	房屋建筑竣工面积（平方米） Floor Space of Buildings Completed (sq.m)	#住宅 Residential Buildings
邵东县	Shaodong County	2640526	475773	2164753	410473	1764665	1010280	197225
新邵县	Xinshao County	2040327	306157	1734170	76834	1792717	89968	68781
邵阳县	Shaoyang County	1871524	253853	1617671	3000	1457831	151141	151141
隆回县	Longhui County	1425246	337491	1087755	73565	958176	270655	210588
洞口县	Dongkou County	1758702	605448	1153254	31740	1073831	127470	122596
绥宁县	Suining County	810209	222083	588126	58034	673059	248407	178249
新宁县	Xinning County	790112	164153	625959	43556	581063	874184	338902
城步县	Chengbu County	494548	123433	371115	8023	411338	170931	144395
武冈市	Wugang City	1870849	420691	1450158	94016	679372	206839	49847
岳阳楼区	Yueyanglou District	2057166	917515	1139651	868870	1804889	905721	717034
云溪区	Yunxi District	707345	157112	550233	39749	401700	26358	12591
君山区	Junshan District	1248815	461454	787361	26851	1053190	40659	30879
岳阳县	Yueyang County	2636822	261016	2375806	74531	2419096	33010	27059
华容县	Huarong County	2978461	1991815	986646	56016	2277941	116537	116537
湘阴县	Xiangyin County	3044340	1605441	1438899	64685	1528071	245891	200471
平江县	Pingjiang County	2363795	1506312	857483	78052	147184	386348	237406
汨罗市	Miluo City	2607791	861590	1746201	57431	1669255	13020	7900
临湘市	Linxiang City	1826375	388191	1438184	61075	1040919	103019	98960
武陵区	Wuling District	2985500	371200	2614300	664599	1669936	850421	634227
鼎城区	Dingcheng District	2662300	1601900	1060400	239276	1848664	299585	162898
安乡县	Anxiang County	634400	521100	113300	4835	377990	79728	78170
汉寿县	Hanshou County	2017800	919600	1098200	104218	1227812	403496	51022
澧　县	Li County	2507700	466900	2040800	77667	2056162	786318	351752
临澧县	Linli County	1402300	264500	1137800	20283	1115713	202624	21405
桃源县	Taoyuan County	2285700	577100	1708600	109436	1777232	485409	170613
石门县	Shimen County	1984400	376700	1607700	18990	1540149	30544	30168
津市市	Jinshi City	1188200	575600	612600	157739	852884	145745	5882
永定区	Yongding District	1380600	620800	759800	217949	905278	246478	209121
武陵源区	Wulingyuan District	293400	125300	168100	62963	155789	14355	14355
慈利县	Cili County	770500	362200	408300	58923	391451	139425	126396
桑植县	Sangzhi County	478800	259300	219500	59610	317396	237325	101764
资阳区	Ziyang District	1143401	223971	919430	105330	833663	111685	60100
赫山区	Heshan District	3139189	772037	2367152	357534	1680336	399219	333458
南　县	Nan County	729798	318954	410844	52828	511988	215076	199986
大通湖区	Datonghu District	415321		415321	16310	50858	55757	55757
桃江县	Taojiang County	1900670	803386	1097284	116955	990439	368757	226545
安化县	Anhua County	1467627	535788	931839	115344	474098	360015	175624
沅江市	Yuanjiang City	2221318	847982	1373336	114532	1409434	334779	277313
北湖区	Beihu District	3398154	297722	3100432	884237	1293021	1029195	739789
苏仙区	Suxian District	3241141	837619	2403522	355391	1785606	394360	259518
桂阳县	Guiyang County	3317499	1516235	1801264	144436	2299063	388240	340442
宜章县	Yizhang County	2157409	235096	1922313	161103	1427597	379784	232010
永兴县	Yongxing County	2865396	190969	2674427	86495	975120	412337	236011

20-17 续表 2 continued

市县名称	Cities and Counties	固定资产投资(万元) Investment in Fixed Assets (10000 yuan)	国有经济 State-owned	非国有经济 non—State-owned	房地产开发 Real Estate Develop-ment	新增固定资产(万元) Newly Increased Fixed Assets (10 000 yuan)	房屋建筑竣工面积(平方米) Floor Space of Buildings Completed (sq.m)	#住宅 Residential Buildings
嘉禾县	Jiahe County	1087266	490556	596710	83251	573034	193333	172783
临武县	Linwu County	1238240	333447	904793	58640	385922	162977	141383
汝城县	Rucheng County	816667	217852	598815	74418	371369	314181	283681
桂东县	Guidong County	574738	395170	179568	22481	370065	817837	777045
安仁县	Anren County	1379876	464546	915330	216994	754120	245264	211508
资兴市	Zixing City	3197240	885545	2311695	33330	2285466	483574	125537
零陵区	Lingling District	1993453	680686	1312767	112706	1438212	395489	119704
冷水滩区	Lengshuitan District	2648504	360922	2287582	161055	793808	508922	339632
祁阳县	Qiyang County	2994317	1529263	1465054	92639	1232976	779916	442856
东安县	Dongan County	1554937	367120	1187817	145161	982400	1259815	904552
双牌县	Shuangpai County	728566	314550	414016	26196	656056	97316	66124
道　县	Dao County	1681828	912104	769724	122721	1472694	1979405	563833
江永县	Jiangyong County	697439	463061	234378	82170	150281	11977	
宁远县	Ningyuan County	1675346	1036665	638681	71907	1522753	519112	373629
蓝山县	Lanshan County	811772	411831	399941	29552	407394	196234	196234
新田县	Xintian County	703066	557280	145786	35673	386808	62476	59813
江华县	Jianghua County	1041694	416749	624945	62136	328672	664645	259969
鹤城区	Hecheng District	1733169	338043	1395126	634196	782896	1678107	1308823
中方县	Zhongfang County	1513667	437326	1076341	13207	1190596	56503	55503
沅陵县	Yuanling County	1146797	614579	532218	99428	660592	217645	131963
辰溪县	Chenxi County	995673	546597	449076	24922	843012	381911	148221
溆浦县	Xupu County	1066766	640666	426100	112879	669135	487677	345509
会同县	Huitong County	525000	338650	186350	74528	174594	35173	28800
麻阳县	Mayang County	568608	303198	265410	75655	302996	135740	45740
新晃县	Xinhuang County	520552	349060	171492	39306	389080	130658	130658
芷江县	Zhijiang County	594342	439631	154711	41711	28620	17709	2470
靖州县	Jingzhou County	467834	130122	337712	61273	233066	146001	71391
通道县	Tongdao County	383826	212547	171279	38055	163755	172738	98803
洪江市	Hongjiang City	985777	743497	242280	41795	858679	314416	4416
洪江区	Hongjiang District	316765	134535	175744	6486	186000	100331	69318
娄星区	Louxing District	4404200	1372200	3032000	444570	1069938	134110	35400
双峰县	Shuangfeng County	1799000	711200	1087800	99889	1373934	593078	263475
新化县	Xinhua County	1497600	757600	740000	207196	1141338	1476134	1128581
冷水江市	Lengshuijian City	2187400	1040200	1147200	85509	1929754	175946	142187
涟源市	Lianyuan City	2111000	678500	1432500	91731	1723072	218305	201474
吉首市	Jishou City	1212047	606567	605480	115401	190116	231455	198336
泸溪县	Luxi County	270223	169478	100745	9225	184505		
凤凰县	Fenghuang County	583814	400763	183051	70108	236887	350751	307328
花垣县	Huayuan County	247069	152720	94349	12476	22329		
保靖县	Baojing County	230107	105989	124118	40432	128230	137860	18989
古丈县	Guzhang County	282502	168891	113611	7150	198110	31200	
永顺县	Yongshun County	476933	375649	101284	37126	1635352	82745	19645
龙山县	Longshan County	532230	422453	109777	22533	342045	82744	

20-18 社会消费品零售总额(2016年)
Total Value of Retail Sales of Consumer Goods (2016)

市县名称	Cities and Counties	消费品零售总额(万元) Total Retail Sales of Consumer Goods(10000yuan)	增速(%) Growth Rate (%)
芙蓉区	Furong District	7885363	10.7
天心区	Tianxin District	4853917	7.9
岳麓区	Yuelu District	3109287	13.3
开福区	Kaifu District	7261891	10.0
雨花区	Yuhua District	6932847	8.2
望城区	Wangcheng District	1274400	27.2
长沙县	Changsha County	4288138	14.8
宁乡县	Ningxiang County	2754969	16.5
浏阳市	Liuyang City	2813206	15.9
荷塘区	Hetang District	573224	12.3
芦淞区	Lusong District	2193990	11.7
石峰区	Shifeng District	462443	11.8
天元区	Tianyuan District	1222373	10.0
株洲县	Zhuzhou County	368853	12.4
攸　县	You County	1112784	12.2
茶陵县	Chaling County	584311	12.2
炎陵县	Yanling County	180481	12.4
醴陵市	Liling City	1633953	12.5
雨湖区	Yuhu District	2775345	12.0
岳塘区	Yuetang District	996400	11.7
湘潭县	Xiangtan County	835751	11.7
湘乡市	Xiangxiang City	1010660	11.7
韶山市	Shaoshan City	205471	11.9
珠晖区	Zhuhui District	1252186	11.9
雁峰区	Yanfeng District	1104846	11.6
石鼓区	Shigu District	1092784	12.0
蒸湘区	Zhengxiang District	1231169	12.1
南岳区	Nanyue District	242920	11.8
衡阳县	Hengyang County	937284	11.8
衡南县	Hengnan County	1003563	11.8
衡山县	Hengshan County	296255	11.4
衡东县	Hengdong County	895221	11.6
祁东县	Qidong County	1057343	12.0
耒阳市	Leiyang City	1273978	11.9
常宁市	Changning City	892246	11.5
双清区	Shuangqing District	1170742	11.9
大祥区	Daxiang District	620994	11.8
北塔区	Beita District	115971	11.9

20-18 续表 1 continued

市县名称	Cities and Counties	消费品零售总额(万元) Total Retail Sales of Consumer Goods(10000yuan)	增速(%) Growth Rate (%)
邵东县	Shaodong County	1528575	12.1
新邵县	Xinshao County	635514	12.3
邵阳县	Shaoyang County	850451	11.7
隆回县	Longhui County	878527	11.7
洞口县	Dongkou County	734390	12.4
绥宁县	Suining County	349037	11.8
新宁县	Xinning County	458324	11.7
城步县	Chengbu County	246543	12.0
武冈市	Wugang City	759092	12.2
岳阳楼区	Yueyanglou District	5468419	11.9
云溪区	Yunxi District	228826	11.9
君山区	Junshan District	260025	11.8
岳阳县	Yueyang County	951141	12.1
华容县	Huarong County	958666	12.2
湘阴县	Xiangyin County	965185	12.1
平江县	Pingjiang City	964353	12.3
汨罗市	Miluo City	952849	11.6
临湘市	Linxiang County	679370	12.2
武陵区	Wuling District	2505905	11.4
鼎城区	Dingcheng District	1711259	12.1
安乡县	Anxiang County	644928	11.8
汉寿县	Hanshou County	757039	11.6
澧　县	Li County	1178136	11.9
临澧县	Linli County	594000	11.8
桃源县	Taoyuan County	1481639	11.7
石门县	Shimen County	1083692	11.9
津市市	Jinshi City	609937	12.0
永定区	Yongdi District	961727	11.8
武陵源区	Wulingyuan District	137526	11.7
慈利县	Cili County	559435	11.6
桑植县	Sangzhi County	322379	11.5
资阳区	Ziyang District	584486	12.0
赫山区	Heshan District	2128815	11.6
南　县	Nan County	732446	11.6
大通湖区	Datonghu District	127798	11.9
桃江县	Taojiang County	942363	12.1
安化县	Anhua County	1004237	11.8
沅江市	Yuanjiang City	894562	11.6
北湖区	Beihu District	3287738	11.4
苏仙区	Suxian District	1074285	11.5
桂阳县	Guiyang County	1061727	12.1
宜章县	Yizhang County	833655	12.1
永兴县	Yongxing County	796071	12.3

20-18 续表 2 continued

市县名称	Cities and Counties	消费品零售总额（万元）Total Retail Sales of Consumer Goods(10000yuan)	增速(%) Growth Rate (%)
嘉禾县	Jiahe County	231225	12.0
临武县	Linwu County	338102	11.8
汝城县	Rucheng County	133155	11.7
桂东县	Guidong County	87296	11.7
安仁县	Anren County	402063	12.2
资兴市	Zixing City	805783	12.4
零陵区	Lingling District	879291	11.7
冷水滩区	Lengshuitan District	1167599	11.8
祁阳县	Qiyang County	730932	11.8
东安县	DonganCounty	562068	11.2
双牌县	Shuangpai County	115268	11.8
道　县	Dao County	545762	11.9
江永县	Jiangyong County	219389	11.9
宁远县	Ningyuan County	633439	11.9
蓝山县	Lanshan County	376274	11.7
新田县	Xintian County	250442	11.9
江华县	Jianghua County	418583	12.0
鹤城区	Hecheng District	1944159	11.7
中方县	Zhongfang County	188017	11.3
沅陵县	Yuanling County	541018	12.1
辰溪县	Chenxi County	457052	11.7
溆浦县	Xupu County	610822	12.2
会同县	Huitong County	187283	11.4
麻阳县	Mayang County	280268	11.6
新晃县	Xinhuang County	155895	12.0
芷江县	Zhijiang County	379033	11.5
靖州县	Jingzhou County	286935	11.7
通道县	Tongdao County	133198	11.9
洪江市	Hongjiang City	310561	11.8
洪江区	Hongjiang District	144721	11.0
娄星区	Louxing District	1105856	11.9
双峰县	Shuangfeng County	750308	12.0
新化县	Xinhua County	939312	11.9
冷水江市	Lengshuijiang City	933862	11.8
涟源市	Lianyuan County	1123408	11.7
吉首市	Jishou County	875693	11.4
泸溪县	Luxi County	140196	11.4
凤凰县	Fenghuang County	447548	11.2
花垣县	Huayuan County	147451	11.1
保靖县	Baojing County	121376	11.7
古丈县	Guzhang County	57151	10.7
永顺县	Yongshun County	355701	10.5
龙山县	Longshan County	384932	11.9

20-19 地方财政收入与支出(2016年)
Public Budgetary Revenue and Expenditure (2016)

单位:万元 (10 000 yuan)

市县名称	Cities and Counties	地方财政收入 Public Budgetary Revenue	一般公共预算支出 Public Budgetary Expenditure	市县名称	Cities and Counties	地方财政收入 Public Budgetary Revenue	一般公共预算支出 Public Budgetary Expenditure
芙蓉区	Furong District	370642	539801	衡山县	Hengshan County	71184	246971
天心区	Tianxin District	407471	539105	衡东县	Hengdong County	99987	350152
岳麓区	Yuelu District	295373	518487	祁东县	Qidong County	77572	451497
开福区	Kaifu District	460206	654423	耒阳市	Leiyang City	206788	643936
雨花区	Yuhua District	584052	914309	常宁市	Changning City	134073	541269
望城区	Wangcheng District	405458	707601	双清区	Shuangqing District	38439	126286
长沙县	Changsha County	732504	1239620	大祥区	Daxiang District	37911	140343
宁乡县	Ningxiang County	426756	806230	北塔区	Beita District	15839	63586
浏阳市	Liuyang City	588512	950576	邵东县	Shaodong County	137748	545637
荷塘区	Hetang District	81753	135434	新邵县	Xinshao County	82087	415225
芦淞区	Lusong District	86968	142523	邵阳县	Shaoyang County	67781	469618
石峰区	Shifeng District	116900	162271	隆回县	Longhui County	74873	510827
天元区	Tianyuan District	477508	434963	洞口县	Dongkou County	71417	422217
株洲县	Zhuzhou County	97089	226147	绥宁县	Suining County	36288	248397
攸　县	You County	195335	467276	新宁县	Xinning County	57049	352626
茶陵县	Chaling County	97093	344637	城步县	Chengbu County	29668	234966
炎陵县	Yanling County	74513	188067	武冈市	Wugang City	74078	436539
醴陵市	Liling City	401478	674330	岳阳楼区	Yueyanglou District	111831	243623
雨湖区	Yuhu District	87602	158248	云溪区	Yunxi District	54726	128386
岳塘区	Yuetang District	87890	123675	君山区	Junshan District	28408	210214
湘潭县	Xiangtan County	194629	495561	岳阳县	Yueyang County	55908	356754
湘乡市	Xiangxiang City	141076	443000	华容县	Huarong County	53899	367366
韶山市	Shaoshan City	44920	110672	湘阴县	Xiangyin County	94798	387784
珠晖区	Zhuhui District	62471	145820	平江县	Pingjiang County	75998	527387
雁峰区	Yanfeng District	33831	83813	汨罗市	Miluo City	95157	333089
石鼓区	Shigu District	36551	104995	临湘市	Linxiang City	43740	296987
蒸湘区	Zhengxiang District	53459	96317	武陵区	Wuling District	123555	261429
南岳区	Nanyue District	58367	96508	鼎城区	Dingcheng District	118152	426650
衡阳县	Hengyang County	96744	454351	安乡县	Anxiang County	31784	298077
衡南县	Hengnan County	132472	532297	汉寿县	Hanshou County	62138	417700

20-19 续表 continued

单位:万元 (10 000 yuan)

市县名称	Cities and Counties	地方财政收入 Public Budgetary Revenue	一般公共预算支出 Public Budgetary Expenditure	市县名称	Cities and Counties	地方财政收入 Public Budgetary Revenue	一般公共预算支出 Public Budgetary Expenditure
澧　县	Li County	95729	429740	道　县	Dao County	84439	352089
临澧县	Linli County	44406	264908	江永县	Jiangyong County	28590	178296
桃源县	Taoyuan County	111584	527715	宁远县	Ningyuan County	100772	400356
石门县	Shimen County	75831	412347	蓝山县	Lanshan County	51755	222220
津市市	Jinshi City	42907	249048	新田县	Xintian County	43771	232700
永定区	Yongding District	53353	288801	江华县	Jianghua County	79595	345923
武陵源区	Wulingyuan District	40547	116052	鹤城区	Hecheng District	64982	211230
慈利县	Cili County	72851	417617	中方县	Zhongfang County	33095	181634
桑植县	Sangzhi County	33199	309193	沅陵县	Yuanling County	70973	356337
资阳区	Ziyang District	53032	262796	辰溪县	Chenxi County	46588	274514
赫山区	Heshan District	113631	456762	溆浦县	Xupu County	43111	432269
南　县	Nan County	46282	364456	会同县	Huitong County	31188	241213
大通湖区	Datonghu District	19425	137420	麻阳县	Mayang County	29691	244100
桃江县	Taojiang County	67850	390515	新晃县	Xinhuang County	28547	226580
安化县	Anhua County	67474	538275	芷江县	Zhijiang County	51866	253478
沅江市	Yuanjiang City	65287	407231	靖州县	Jingzhou County	26409	209714
北湖区	Beihu District	115924	249612	通道县	Tongdao County	22159	205430
苏仙区	Suxian District	103698	237600	洪江市	Hongjiang City	43393	243079
桂阳县	Guiyang County	209969	453013	洪江区	Hongjiang District	16335	99179
宜章县	Yizhang County	135498	445215	娄星区	Louxing District	58888	174100
永兴县	Yongxing County	183186	391688	双峰县	Shuangfeng County	61520	456320
嘉禾县	Jiahe County	87382	243993	新化县	Xinhua County	77912	657358
临武县	Linwu County	75744	238308	冷水江市	Lengshuijiang City	111431	307331
汝城县	Rucheng County	64036	282000	涟源市	Lianyuan City	79598	542683
桂东县	Guidong County	18992	151341	吉首市	Jishou City	75614	294896
安仁县	Anren County	36584	240438	泸溪县	Luxi County	34209	250219
资兴市	Zixing City	238696	428978	凤凰县	Fenghuang County	77359	318420
零陵区	Lingling District	108257	317273	花垣县	Huayuan County	52366	255474
冷水滩区	Lengshuitan District	96818	291171	保靖县	Baojing County	27328	226404
祁阳县	Qiyang County	94618	454578	古丈县	Guzhang County	21503	174130
东安县	Dongan County	65515	281404	永顺县	Yongshun County	33323	346436
双牌县	Shuangpai County	31610	145906	龙山县	Longshan County	47459	369539

20-20 各级学校(2016年)
Number of Schools by Level (2016)

单位:所 (unit)

市县名称	Cities and Counties	中等学校 Secondary Schools	中等职业教育 Vocational Secondary Education	普通中学 Regular Secondary Schools	普通小学 Primary Schools
芙蓉区	Furong District	12	5	7	35
天心区	Tianxin District	17	3	14	50
岳麓区	Yuelu District	44	11	33	91
开福区	Kaifu District	17	1	16	46
雨花区	Yuhua District	38	15	23	68
望城区	Wangcheng District	27	1	26	80
长沙县	Changsha County	45	6	39	132
宁乡县	Ningxiang County	85	5	80	181
浏阳市	Liuyang City	68	4	64	200
荷塘区	Hetang District	21	10	11	20
芦淞区	Lusong District	13		13	20
石峰区	Shifeng District	12	1	11	17
天元区	Tianyuan District	11		11	30
株洲县	Zhuzhou County	25	2	23	23
攸　县	You County	36	3	33	59
茶陵县	Chaling County	27	1	26	32
炎陵县	Yanling County	20	1	19	10
醴陵市	Liling City	53	4	49	142
雨湖区	Yuhu District	27	6	21	42
岳塘区	Yuetang District	15	3	12	26
湘潭县	Xiangtan County	77	7	70	156
湘乡市	Xiangxiang City	58	3	55	157
韶山市	Shaoshan City	10	1	9	10
珠晖区	Zhuhui District	12	1	11	37
雁峰区	Yanfeng District	23	10	13	27
石鼓区	Shigu District	9	1	8	31
蒸湘区	Zhengxiang District	15	3	12	36
南岳区	Nanyue District	7	1	6	10
衡阳县	Hengyang County	85	4	81	281
衡南县	Hengnan County	59	3	56	179
衡山县	Hengshan County	35	4	31	50
衡东县	Hengdong County	44	1	43	78
祁东县	Qidong County	60	3	57	209
耒阳市	Leiyang City	67	3	64	356
常宁市	Changning City	55	3	52	137
双清区	Shuangqing District	22	7	15	36
大祥区	Daxiang District	31	16	15	44
北塔区	Beita District	7	1	6	14

20-20 续表1 continued

单位:所 (unit)

市县名称	Cities and Counties	中等学校 Secondary Schools	中等职业教育 Vocational Secondary Education	普通中学 Regular Secondary Schools	普通小学 Primary Schools
邵东县	Shaodong County	71	3	68	217
新邵县	Xinshao County	52	3	49	172
邵阳县	Shaoyang County	56	3	53	131
隆回县	Longhui County	76	4	72	181
洞口县	Dongkou County	63	6	57	189
绥宁县	Suining County	22	2	20	27
新宁县	Xinning County	39	4	35	62
城步县	Chengbu County	27	2	25	24
武冈市	Wugang City	52	8	44	81
岳阳楼区	Yueyanglou District	49	13	36	75
云溪区	Yunxi District	11	1	10	25
君山区	Junshan District	9	1	8	29
岳阳县	Yueyang County	34	3	31	64
华容县	Huarong County	34	2	32	87
湘阴县	Xiangyin County	51	4	47	119
平江县	Pingjiang City	60	3	57	255
汨罗市	Miluo City	58	4	54	86
临湘市	Linxiang County	31	2	29	65
武陵区	Wuling District	44	18	26	38
鼎城区	Dingcheng District	45	3	42	62
安乡县	Anxiang County	28	3	25	32
汉寿县	Hanshou County	39	4	35	67
澧　县	Li County	44	4	40	94
临澧县	Linli County	23	3	20	52
桃源县	Taoyuan County	55	5	50	66
石门县	Shimen County	42	4	38	83
津市市	Jinshi City	14	3	11	17
永定区	Yongdi District	30	6	24	40
武陵源区	Wulingyuan District	3		3	7
慈利县	Cili County	41	3	38	37
桑植县	Sangzhi County	35	3	32	33
资阳区	Ziyang District	19	5	14	51
赫山区	Heshan District	49	8	41	74
南　县	Nan County	34	2	32	72
大通湖区	Datonghu District	4		4	15
桃江县	Taojiang County	51	2	49	90
安化县	Anhua County	50	2	48	71
沅江市	Yuanjiang City	45	3	42	40
北湖区	Beihu District	29	3	26	34
苏仙区	Suxian District	27	6	21	25
桂阳县	Guiyang County	38	1	37	47
宜章县	Yizhang County	41	3	38	41
永兴县	Yongxing County	33	2	31	84

20-20 续表 2 continued

单位:所 (unit)

市县名称	Cities and Counties	中等学校 Secondary Schools	中等职业教育 Vocational Secondary Education	普通中学 Regular Secondary Schools	普通小学 Primary Schools
嘉禾县	Jiahe County	28	2	26	23
临武县	Linwu County	19	1	18	45
汝城县	Rucheng County	26	2	24	116
桂东县	Guidong County	14	1	13	28
安仁县	Anren County	28	2	26	22
资兴市	Zixing City	25	2	23	25
零陵区	Lingling District	33	6	27	61
冷水滩区	Lengshuitan District	38	4	34	32
祁阳县	Qiyang County	45	4	41	99
东安县	DonganCounty	40	6	34	35
双牌县	Shuangpai County	15	1	14	14
道　县	Dao County	39	3	36	46
江永县	Jiangyong County	21	2	19	19
宁远县	Ningyuan County	40	5	35	64
蓝山县	Lanshan County	30	2	28	20
新田县	Xintian County	30	3	27	22
江华县	Jianghua County	29	3	26	52
鹤城区	Hecheng District	48	14	34	29
中方县	Zhongfang County	23	1	22	18
沅陵县	Yuanling County	52	4	48	13
辰溪县	Chenxi County	37	4	33	22
溆浦县	Xupu County	59	2	57	39
会同县	Huitong County	29	2	27	15
麻阳县	Mayang County	27	3	24	21
新晃县	Xinhuang County	23	1	22	18
芷江县	Zhijiang County	31	3	28	24
靖州县	Jingzhou County	17	1	16	14
通道县	Tongdao County	13	2	11	28
洪江市	Hongjiang City	39	6	33	25
洪江区	Hongjiang District	3	1	2	5
娄星区	Louxing District	32	5	27	48
双峰县	Shuangfeng County	67	2	65	198
新化县	Xinhua County	110	6	104	255
冷水江市	Lengshuijiang City	35	6	29	48
涟源市	Lianyuan County	64	4	60	221
吉首市	Jishou County	30	10	20	26
泸溪县	Luxi County	21	2	19	19
凤凰县	Fenghuang County	29	2	27	28
花垣县	Huayuan County	25	3	22	25
保靖县	Baojing County	20	2	18	27
古丈县	Guzhang County	13	2	11	10
永顺县	Yongshun County	40	2	38	33
龙山县	Longshan County	34	4	30	47

20-21 各级学校教职工(2016年)
Number of School Staff and workers by Level (2016)

单位:人 (person)

市县名称	Cities and Counties	中等学校 Secondary Schools	中等职业教育 Vocational Secondary Education	普通中学 Regular Secondary Schools	普通小学 Primary Schools
芙蓉区	Furong District	1896	606	1290	2084
天心区	Tianxin District	2174	187	1987	1808
岳麓区	Yuelu District	4984	587	4397	3732
开福区	Kaifu District	2531	34	2497	1970
雨花区	Yuhua District	6194	1543	4651	2560
望城区	Wangcheng District	2300	183	2117	1811
长沙县	Changsha County	4038	462	3576	3422
宁乡县	Ningxiang County	5712	418	5294	3948
浏阳市	Liuyang City	5232	305	4927	3960
荷塘区	Hetang District	2370	785	1585	922
芦淞区	Lusong District	1349		1349	991
石峰区	Shifeng District	987	20	967	705
天元区	Tianyuan District	1555		1555	1091
株洲县	Zhuzhou County	1675	175	1500	794
攸 县	You County	3933	209	3724	1854
茶陵县	Chaling County	2564	111	2453	1815
炎陵县	Yanling County	973	48	925	488
醴陵市	Liling City	3811	559	3252	2915
雨湖区	Yuhu District	2430	656	1774	1443
岳塘区	Yuetang District	1306	159	1147	1055
湘潭县	Xiangtan County	4419	495	3924	2469
湘乡市	Xiangxiang City	3445	149	3296	2799
韶山市	Shaoshan City	538	47	491	238
珠晖区	Zhuhui District	887	52	835	1150
雁峰区	Yanfeng District	2716	1492	1224	880
石鼓区	Shigu District	738	19	719	1076
蒸湘区	Zhengxiang District	2088	205	1883	1314
南岳区	Nanyue District	356	21	335	360
衡阳县	Hengyang County	4923	329	4594	3480
衡南县	Hengnan County	4979	241	4738	3715
衡山县	Hengshan County	2282	265	2017	1441
衡东县	Hengdong County	2940	88	2852	2187
祁东县	Qidong County	4625	347	4278	3261
耒阳市	Leiyang City	6186	379	5807	4956
常宁市	Changning City	3970	294	3676	3513
双清区	Shuangqing District	1293	114	1179	1108
大祥区	Daxiang District	2245	730	1515	1293
北塔区	Beita District	519	39	480	319

20-21 续表 1　continued

单位:人 (person)

市县名称	Cities and Counties	中等学校 Secondary Schools	中等职业教育 Vocational Secondary Education	普通中学 Regular Secondary Schools	普通小学 Primary Schools
邵东县	Shaodong County	4645	297	4348	3341
新邵县	Xinshao County	3172	180	2992	2467
邵阳县	Shaoyang County	3282	173	3109	2720
隆回县	Longhui County	4763	305	4458	3446
洞口县	Dongkou County	3683	316	3367	2331
绥宁县	Suining County	1592	93	1499	1208
新宁县	Xinning County	2017	144	1873	2033
城步县	Chengbu County	1344	68	1276	1095
武冈市	Wugang City	4032	612	3420	2377
岳阳楼区	Yueyanglou District	5183	862	4321	3197
云溪区	Yunxi District	929	24	905	540
君山区	Junshan District	640	32	608	620
岳阳县	Yueyang County	2572	304	2268	1775
华容县	Huarong County	3056	153	2903	2077
湘阴县	Xiangyin County	3361	285	3076	1579
平江县	Pingjiang City	4121	261	3860	3896
汨罗市	Miluo City	3671	412	3259	1761
临湘市	Linxiang County	2363	185	2178	1524
武陵区	Wuling District	4366	939	3427	1819
鼎城区	Dingcheng District	3186		3186	1817
安乡县	Anxiang County	2508	277	2231	1118
汉寿县	Hanshou County	3892	223	3669	1883
澧　县	Li County	3892	388	3504	2138
临澧县	Linli County	1980	145	1835	1306
桃源县	Taoyuan County	4742	490	4252	2008
石门县	Shimen County	2857	269	2588	1920
津市市	Jinshi City	1018	123	895	608
永定区	Yongdi District	2266	271	1995	1865
武陵源区	Wulingyuan District	318	24	294	213
慈利县	Cili County	2946	245	2701	1546
桑植县	Sangzhi County	2260	192	2068	1470
资阳区	Ziyang District	1462	175	1287	1404
赫山区	Heshan District	5046	559	4487	2380
南　县	Nan County	3308	254	3054	2523
大通湖区	Datonghu District	252		252	331
桃江县	Taojiang County	3402	304	3098	2227
安化县	Anhua County	3667	277	3390	2670
沅江市	Yuanjiang City	3800	320	3480	1713
北湖区	Beihu District	3972	479	3493	2055
苏仙区	Suxian District	2676	611	2065	1639
桂阳县	Guiyang County	2991	144	2847	3517
宜章县	Yizhang County	2522	113	2409	2553
永兴县	Yongxing County	3376	260	3116	1641

20-21 续表 2　continued

单位:人 (person)

市县名称	Cities and Counties	中等学校 Secondary Schools	中等职业教育 Vocational Secondary Education	普通中学 Regular Secondary Schools	普通小学 Primary Schools
嘉禾县	Jiahe County	1984	80	1904	1464
临武县	Linwu County	1664	80	1584	1740
汝城县	Rucheng County	1831	128	1703	1172
桂东县	Guidong County	958	52	906	620
安仁县	Anren County	2132	175	1957	1739
资兴市	Zixing City	2013	146	1867	1406
零陵区	Lingling District	2817	338	2479	2417
冷水滩区	Lengshuitan District	3605	288	3317	2134
祁阳县	Qiyang County	5351	520	4831	4028
东安县	DonganCounty	2697	196	2501	2245
双牌县	Shuangpai County	1017	109	908	706
道　县	Dao County	3096	595	2501	2509
江永县	Jiangyong County	1300	103	1197	1030
宁远县	Ningyuan County	2905	239	2666	3195
蓝山县	Lanshan County	1963	189	1774	1054
新田县	Xintian County	2074	199	1875	1291
江华县	Jianghua County	2054	200	1854	2084
鹤城区	Hecheng District	4624	1017	3607	1949
中方县	Zhongfang County	1648	120	1528	914
沅陵县	Yuanling County	3792	176	3616	1039
辰溪县	Chenxi County	2176	99	2077	1768
溆浦县	Xupu County	3380	221	3159	2865
会同县	Huitong County	1589	96	1493	1007
麻阳县	Mayang County	1652	130	1522	1218
新晃县	Xinhuang County	1253	92	1161	827
芷江县	Zhijiang County	1713	200	1513	1094
靖州县	Jingzhou County	1258	122	1136	1050
通道县	Tongdao County	995	96	899	1024
洪江市	Hongjiang City	2606	272	2334	1377
洪江区	Hongjiang District	275	33	242	291
娄星区	Louxing District	4095	212	3883	2086
双峰县	Shuangfeng County	4630	267	4363	3021
新化县	Xinhua County	5643	248	5395	3828
冷水江市	Lengshuijiang City	3189	617	2572	1077
涟源市	Lianyuan County	4360	230	4130	3417
吉首市	Jishou County	2434	481	1953	1541
泸溪县	Luxi County	1779	140	1639	1148
凤凰县	Fenghuang County	2023	168	1855	1558
花垣县	Huayuan County	1558	112	1446	1139
保靖县	Baojing County	1540	119	1421	986
古丈县	Guzhang County	856	24	832	449
永顺县	Yongshun County	2910	115	2795	1696
龙山县	Longshan County	2947	138	2809	2114

20-22 各级学校专任教师(2016年)
Number of Full-time Teachers by Level (2016)

单位:人 (person)

市县名称	Cities and Counties	中等学校 Secondary Schools	中等职业教育 Vocational Secondary Education	普通中学 Regular Secondary Schools	普通小学 Primary Schools
芙蓉区	Furong District	1499	326	1173	2059
天心区	Tianxin District	1876	98	1778	1831
岳麓区	Yuelu District	4241	505	3736	3947
开福区	Kaifu District	2093	27	2066	2071
雨花区	Yuhua District	4814	1039	3775	2700
望城区	Wangcheng District	1860	169	1691	2045
长沙县	Changsha County	3441	384	3057	3484
宁乡县	Ningxiang County	4971	321	4650	3956
浏阳市	Liuyang City	4810	261	4549	4202
荷塘区	Hetang District	1914	582	1332	964
芦淞区	Lusong District	1105		1105	1078
石峰区	Shifeng District	825	20	805	789
天元区	Tianyuan District	1061		1061	1265
株洲县	Zhuzhou County	1273	147	1126	1003
攸　县	You County	2648	140	2508	1883
茶陵县	Chaling County	1863	90	1773	2027
炎陵县	Yanling County	645	41	604	696
醴陵市	Liling City	3290	469	2821	3215
雨湖区	Yuhu District	1950	528	1422	1619
岳塘区	Yuetang District	1094	121	973	1118
湘潭县	Xiangtan County	3905	411	3494	2457
湘乡市	Xiangxiang City	2850	110	2740	3078
韶山市	Shaoshan City	362	45	317	380
珠晖区	Zhuhui District	760	23	737	1137
雁峰区	Yanfeng District	1838	804	1034	819
石鼓区	Shigu District	659	11	648	967
蒸湘区	Zhengxiang District	1475	148	1327	1398
南岳区	Nanyue District	269	17	252	312
衡阳县	Hengyang County	4105	264	3841	3560
衡南县	Hengnan County	4093	156	3937	3728
衡山县	Hengshan County	1733	201	1532	1520
衡东县	Hengdong County	2454	77	2377	2300
祁东县	Qidong County	3921	278	3643	3341
耒阳市	Leiyang City	4700	298	4402	4965
常宁市	Changning City	3265	197	3068	3716
双清区	Shuangqing District	1063	67	996	1047
大祥区	Daxiang District	1778	502	1276	1225
北塔区	Beita District	305	34	271	405

20-22 续表 1　continued

单位:人　(person)

市县名称	Cities and Counties	中等学校 Secondary Schools	中等职业教育 Vocational Secondary Education	普通中学 Regular Secondary Schools	普通小学 Primary Schools
邵东县	Shaodong County	3776	244	3532	3637
新邵县	Xinshao County	2755	166	2589	2682
邵阳县	Shaoyang County	2987	158	2829	2879
隆回县	Longhui County	3847	241	3606	3878
洞口县	Dongkou County	3125	257	2868	2624
绥宁县	Suining County	1148	83	1065	1475
新宁县	Xinning County	1709	119	1590	2096
城步县	Chengbu County	1017	63	954	1306
武冈市	Wugang City	3032	474	2558	2897
岳阳楼区	Yueyanglou District	4191	640	3551	3369
云溪区	Yunxi District	763	11	752	576
君山区	Junshan District	616	17	599	616
岳阳县	Yueyang County	2161	204	1957	1910
华容县	Huarong County	2552	115	2437	2181
湘阴县	Xiangyin County	2756	218	2538	1956
平江县	Pingjiang City	3582	249	3333	4043
汨罗市	Miluo City	2848	361	2487	2180
临湘市	Linxiang County	1946	131	1815	1638
武陵区	Wuling District	2956	535	2421	2159
鼎城区	Dingcheng District	2658		2658	1960
安乡县	Anxiang County	1987	209	1778	1206
汉寿县	Hanshou County	2886	209	2677	2644
澧　县	Li County	3423	359	3064	2335
临澧县	Linli County	1653	118	1535	1240
桃源县	Taoyuan County	3321	375	2946	2631
石门县	Shimen County	2366	237	2129	2071
津市市	Jinshi City	869	114	755	679
永定区	Yongdi District	1841	218	1623	1901
武陵源区	Wulingyuan District	228	24	204	234
慈利县	Cili County	2256	197	2059	1742
桑植县	Sangzhi County	1705	148	1557	1642
资阳区	Ziyang District	1221	130	1091	1340
赫山区	Heshan District	3780	417	3363	2950
南　县	Nan County	2470	213	2257	2151
大通湖区	Datonghu District	210		210	315
桃江县	Taojiang County	2680	225	2455	2207
安化县	Anhua County	2703	227	2476	2823
沅江市	Yuanjiang City	2777	276	2501	2341
北湖区	Beihu District	2662	393	2269	2778
苏仙区	Suxian District	1925	442	1483	1974
桂阳县	Guiyang County	2793	128	2665	3513
宜章县	Yizhang County	1951	97	1854	2690
永兴县	Yongxing County	2281	222	2059	2471

20-22 续表 2 continued

单位:人 (person)

市县名称	Cities and Counties	中等学校 Secondary Schools	中等职业教育 Vocational Secondary Education	普通中学 Regular Secondary Schools	普通小学 Primary Schools
嘉禾县	Jiahe County	1526	71	1455	1658
临武县	Linwu County	1375	70	1305	1845
汝城县	Rucheng County	1306	110	1196	1545
桂东县	Guidong County	701	37	664	768
安仁县	Anren County	1688	140	1548	1757
资兴市	Zixing City	1462	122	1340	1741
零陵区	Lingling District	2327	280	2047	2628
冷水滩区	Lengshuitan District	2569	245	2324	2771
祁阳县	Qiyang County	4164	361	3803	3964
东安县	DonganCounty	2089	154	1935	2467
双牌县	Shuangpai County	740	90	650	859
道　县	Dao County	2579	523	2056	2823
江永县	Jiangyong County	957	79	878	1196
宁远县	Ningyuan County	2445	198	2247	3116
蓝山县	Lanshan County	1207	167	1040	1554
新田县	Xintian County	1641	191	1450	1570
江华县	Jianghua County	1777	183	1594	2128
鹤城区	Hecheng District	3409	685	2724	2422
中方县	Zhongfang County	1181	111	1070	1257
沅陵县	Yuanling County	2325	153	2172	2334
辰溪县	Chenxi County	1663	89	1574	2157
溆浦县	Xupu County	2688	211	2477	3433
会同县	Huitong County	1198	92	1106	1261
麻阳县	Mayang County	1409	128	1281	1367
新晃县	Xinhuang County	902	63	839	1003
芷江县	Zhijiang County	1327	158	1169	1322
靖州县	Jingzhou County	1006	115	891	1122
通道县	Tongdao County	775	77	698	998
洪江市	Hongjiang City	1868	200	1668	1803
洪江区	Hongjiang District	270	33	237	287
娄星区	Louxing District	3141	147	2994	2663
双峰县	Shuangfeng County	3866	251	3615	3474
新化县	Xinhua County	4463	178	4285	4507
冷水江市	Lengshuijiang City	2337	513	1824	1681
涟源市	Lianyuan County	3695	200	3495	3645
吉首市	Jishou County	2062	381	1681	1630
泸溪县	Luxi County	1452	123	1329	1365
凤凰县	Fenghuang County	1519	139	1380	1863
花垣县	Huayuan County	1205	98	1107	1327
保靖县	Baojing County	1103	111	992	1284
古丈县	Guzhang County	594	15	579	646
永顺县	Yongshun County	2075	87	1988	2279
龙山县	Longshan County	2301	99	2202	2553

20-23 各级学校在校学生(2016年)
Number of Students Enrollment by Level (2016)

单位:人 (person)

市县名称	Cities and Counties	中等学校 Secondary Schools	中等职业教育 Vocational Secondary Education	普通中学 Regular Secondary Schools	普通小学 Primary Schools
芙蓉区	Furong District	20765	4264	16501	38762
天心区	Tianxin District	25777	3596	22181	35260
岳麓区	Yuelu District	69968	16687	53281	70101
开福区	Kaifu District	29302	378	28924	37553
雨花区	Yuhua District	91379	32538	58841	71153
望城区	Wangcheng District	29096	8008	21088	38236
长沙县	Changsha County	56699	15257	41442	67321
宁乡县	Ningxiang County	72703	6358	66345	77050
浏阳市	Liuyang City	71600	5941	65659	101022
荷塘区	Hetang District	29849	11367	18482	23085
芦淞区	Lusong District	15035	2022	13013	22099
石峰区	Shifeng District	12853	3632	9221	14686
天元区	Tianyuan District	13112		13112	24143
株洲县	Zhuzhou County	12453	2028	10425	13589
攸　县	You County	34654	2040	32614	47559
茶陵县	Chaling County	25552	1570	23982	44159
炎陵县	Yanling County	7665	458	7207	12613
醴陵市	Liling City	44064	8524	35540	62647
雨湖区	Yuhu District	25208	9736	15472	29100
岳塘区	Yuetang District	17216	5114	12102	20316
湘潭县	Xiangtan County	55648	6081	49567	45707
湘乡市	Xiangxiang City	38860	2691	36169	44803
韶山市	Shaoshan City	3303	546	2757	5483
珠晖区	Zhuhui District	16904	6746	10158	21039
雁峰区	Yanfeng District	41832	24506	17326	16862
石鼓区	Shigu District	16406	8578	7828	16556
蒸湘区	Zhengxiang District	26138	3983	22155	30008
南岳区	Nanyue District	4393	483	3910	6908
衡阳县	Hengyang County	66654	5052	61602	73428
衡南县	Hengnan County	61672	3140	58532	63954
衡山县	Hengshan County	23512	3587	19925	28541
衡东县	Hengdong County	36221	2503	33718	50232
祁东县	Qidong County	61723	5818	55905	70082
耒阳市	Leiyang City	84165	6341	77824	119169
常宁市	Changning City	54537	6048	48489	72890
双清区	Shuangqing District	22795	4071	18724	22566
大祥区	Daxiang District	41880	19311	22569	30011
北塔区	Beita District	4622	718	3904	8063

20-23 续表 1 continued

单位:人 (person)

市县名称	Cities and Counties	中等学校 Secondary Schools	中等职业教育 Vocational Secondary Education	普通中学 Regular Secondary Schools	普通小学 Primary Schools
邵东县	Shaodong County	80404	11657	68747	97666
新邵县	Xinshao County	48193	2734	45459	59076
邵阳县	Shaoyang County	45053	3132	41921	62095
隆回县	Longhui County	71118	6065	65053	111950
洞口县	Dongkou County	58434	9219	49215	71996
绥宁县	Suining County	17052	1256	15796	27528
新宁县	Xinning County	28988	2420	26568	50468
城步县	Chengbu County	11509	644	10865	22221
武冈市	Wugang City	62015	11417	50598	62184
岳阳楼区	Yueyanglou District	64037	18497	45540	63272
云溪区	Yunxi District	10193	1584	8609	9399
君山区	Junshan District	7046	371	6675	11107
岳阳县	Yueyang County	30793	5203	25590	38647
华容县	Huarong County	28208	4672	23536	30799
湘阴县	Xiangyin County	34867	4665	30202	34984
平江县	Pingjiang City	61031	10000	51031	76192
汨罗市	Miluo City	35043	6517	28526	43865
临湘市	Linxiang County	26788	3581	23207	34733
武陵区	Wuling District	46394	17857	28537	36364
鼎城区	Dingcheng District	23364	909	22455	32507
安乡县	Anxiang County	19389	5062	14327	20164
汉寿县	Hanshou County	39478	9498	29980	47674
澧　县	Li County	37763	7225	30538	43553
临澧县	Linli County	18499	1864	16635	22360
桃源县	Taoyuan County	41587	7862	33725	48707
石门县	Shimen County	27102	2539	24563	32094
津市市	Jinshi City	6976	817	6159	9067
永定区	Yongdi District	31356	6672	24684	36833
武陵源区	Wulingyuan District	3740	466	3274	4825
慈利县	Cili County	30764	3999	26765	36787
桑植县	Sangzhi County	24196	1762	22434	33862
资阳区	Ziyang District	19620	5118	14502	21820
赫山区	Heshan District	54669	12134	42535	55404
南　县	Nan County	27202	2731	24471	31981
大通湖区	Datonghu District	2509		2509	4829
桃江县	Taojiang County	38712	4713	33999	46705
安化县	Anhua County	41564	5062	36502	60268
沅江市	Yuanjiang City	23682	3161	20521	30312
北湖区	Beihu District	48016	11506	36510	58943
苏仙区	Suxian District	34110	12688	21422	36568
桂阳县	Guiyang County	45815	3746	42069	70917
宜章县	Yizhang County	38701	1647	37054	65129
永兴县	Yongxing County	33441	2861	30580	58674

20-23 续表 2 continued

单位:人 (person)

市县名称	Cities and Counties	中等学校 Secondary Schools	中等职业教育 Vocational Secondary Education	普通中学 Regular Secondary Schools	普通小学 Primary Schools
嘉禾县	Jiahe County	23830	1228	22602	34739
临武县	Linwu County	28267	1664	26603	41417
汝城县	Rucheng County	23358	1721	21637	37245
桂东县	Guidong County	10862	1728	9134	13817
安仁县	Anren County	25326	2216	23110	33519
资兴市	Zixing City	17748	2195	15553	24929
零陵区	Lingling District	39706	11427	28279	46494
冷水滩区	Lengshuitan District	40782	5273	35509	53975
祁阳县	Qiyang County	58962	11357	47605	73550
东安县	DonganCounty	26386	1592	24794	41703
双牌县	Shuangpai County	7585	785	6800	11712
道　县	Dao County	49553	9658	39895	68225
江永县	Jiangyong County	14977	1516	13461	26166
宁远县	Ningyuan County	45958	3517	42441	71375
蓝山县	Lanshan County	23463	4512	18951	35217
新田县	Xintian County	25850	4975	20875	34824
江华县	Jianghua County	27455	3789	23666	44631
鹤城区	Hecheng District	63473	25039	38434	55684
中方县	Zhongfang County	9765	1317	8448	14580
沅陵县	Yuanling County	26034	2995	23039	38333
辰溪县	Chenxi County	17771	782	16989	30622
溆浦县	Xupu County	37172	3200	33972	66406
会同县	Huitong County	16752	1964	14788	23628
麻阳县	Mayang County	18435	1819	16616	25880
新晃县	Xinhuang County	11214	1007	10207	17842
芷江县	Zhijiang County	19564	3944	15620	22956
靖州县	Jingzhou County	13498	2424	11074	17763
通道县	Tongdao County	10941	1240	9701	16524
洪江市	Hongjiang City	21186	4028	17158	24338
洪江区	Hongjiang District	2350	316	2034	2856
娄星区	Louxing District	59213	15196	44017	59026
双峰县	Shuangfeng County	49051	3943	45108	60103
新化县	Xinhua County	65571	2667	62904	114576
冷水江市	Lengshuijiang City	28262	7511	20751	34494
涟源市	Lianyuan County	50589	4921	45668	64092
吉首市	Jishou County	34163	11382	22781	29560
泸溪县	Luxi County	17356	1746	15610	20695
凤凰县	Fenghuang County	20806	1600	19206	29374
花垣县	Huayuan County	16667	1694	14973	25480
保靖县	Baojing County	14743	1487	13256	18093
古丈县	Guzhang County	6139	129	6010	7862
永顺县	Yongshun County	28275	2053	26222	36827
龙山县	Longshan County	30648	2392	28256	43379

20-24 卫生机构、人员与床位(2016年)
Health Care Institutions, Personnel and Beds (2016)

市县名称	Cities and Counties	机构(个) Number of Instituti-ons(unit)	床位(张) Number of Beds (unit)	卫生技术人员(人) Medical Technical Personnel (person) 合计 Total	执业(助理)医师 Assistant Doctors	注册护士 Senior Nurse	药师(士) Pharmaeist	技师(士) Laboratory Technician	其他 Others
芙蓉区	Furong District	297	9372	11558	3892	6213	384	416	653
天心区	Tianxin District	342	4401	4758	1896	2197	211	237	217
岳麓区	Yuelu District	360	10019	9921	3634	4733	467	585	502
开福区	Kaifu District	277	8323	11392	3771	5728	502	649	742
雨花区	Yuhua District	465	16199	14600	5184	7216	684	726	790
望城区	Wangcheng District	480	3175	3217	1262	1237	202	144	372
长沙县	Changsha County	450	5130	5354	2209	2335	283	265	262
宁乡县	Ningxiang County	819	6730	5460	2372	1967	419	269	433
浏阳市	Liuyang City	1115	7568	7331	3043	3009	424	388	467
荷塘区	Hetang District	257	3282	2735	1089	1327	119	110	90
芦淞区	Lusong District	191	3341	4064	1495	2019	213	194	143
石峰区	Shifeng District	151	1819	1865	661	907	90	109	98
天元区	Tianyuan District	199	3220	4233	1371	2101	190	281	290
株洲县	Zhuzhou County	281	1273	1172	526	415	73	49	109
攸　县	You County	470	3296	3116	1577	1068	141	141	189
茶陵县	Chaling County	633	2796	2485	1051	858	157	163	256
炎陵县	Yanling County	207	836	995	422	387	72	58	56
醴陵市	Liling City	596	5078	4332	1777	1838	249	215	253
雨湖区	Yuhu District	452	6363	5997	2147	2985	318	343	204
岳塘区	Yuetang District	339	3153	3604	1369	1743	181	181	130
湘潭县	Xiangtan County	815	3519	3646	1556	1381	245	191	273
湘乡市	Xiangxiang City	812	4218	3499	1637	1221	239	167	235
韶山市	Shaoshan City	98	522	434	194	133	58	27	22
珠晖区	Zhuhui District	247	3932	3064	1137	1501	171	131	124
雁峰区	Yanfeng District	50	2275	2605	981	1255	122	198	49
石鼓区	Shigu District	100	4077	3842	1223	2048	168	215	188
蒸湘区	Zhengxiang District	208	4632	4057	1445	1997	216	161	238
南岳区	Nanyue District	67	700	687	270	284	60	43	30
衡阳县	Hengyang County	1011	5062	3789	2238	1105	182	118	146
衡南县	Hengnan County	883	4184	3860	1945	1207	206	170	332
衡山县	Hengshan County	363	1783	1553	572	548	178	81	174
衡东县	Hengdong County	629	2741	2856	1465	809	297	96	189
祁东县	Qidong County	831	4318	4545	2195	1660	226	194	270
耒阳市	Leiyang City	760	4930	4766	2010	1943	254	154	405
常宁市	Changning City	720	3694	3870	1625	1367	300	212	366
双清区	Shuangqing District	196	3146	3273	1081	1631	154	174	233
大祥区	Daxiang District	224	5354	4652	1626	2329	182	290	225
北塔区	Beita District	83	212	198	78	84	6	24	6

注:本表资料包含医务室、卫生保健所、诊所和村卫生室。 The Infirmary, health care, Clinicc and Village health were included.

20-24 续表 1 continued

市县名称	Cities and Counties	机构(个) Number of Institutions(unit)	床位(张) Number of Beds (unit)	卫生技术人员（人） Medical Technical Personnel (person) 合计 Total	执业(助理)医师 Assistant Doctors	注册护士 Senior Nurse	药师(士) Pharmaeist	技师(士) Laboratory Technician	其他 Others
邵东县	Shaodong County	1229	4180	3890	1611	1669	192	190	228
新邵县	Xinshao County	838	2929	2080	844	704	137	152	243
邵阳县	Shaoyang County	957	3384	2600	998	999	171	167	265
隆回县	Longhui County	1251	3890	2913	1290	854	168	219	382
洞口县	Dongkou County	689	2332	2640	1262	835	182	165	196
绥宁县	Suining County	427	1628	1631	805	470	86	111	159
新宁县	Xinning County	750	2756	2601	902	1055	128	137	379
城步县	Chengbu County	220	1223	825	311	272	61	64	117
武冈市	Wugang City	602	3131	3286	1420	1155	146	174	391
岳阳楼区	Yueyanglou District	305	9284	8616	3062	4242	400	493	419
云溪区	Yunxi District	128	1265	1056	448	440	54	61	53
君山区	Junshan District	167	1092	1028	596	288	48	45	51
岳阳县	Yueyang County	679	4320	2426	1614	471	84	106	151
华容县	Huarong County	608	4064	3048	1734	923	94	118	179
湘阴县	Xiangyin County	607	3404	2954	1574	868	134	119	259
平江县	Pingjiang City	989	4457	4462	2309	1294	382	175	302
汨罗市	Miluo City	677	3286	3300	1763	982	207	171	177
临湘市	Linxiang County	470	2597	2270	1212	598	91	118	251
武陵区	Wuling District	583	6853	6908	2694	3275	250	360	329
鼎城区	Dingcheng District	839	4372	3197	1579	1084	161	178	195
安乡县	Anxiang County	376	3462	1911	705	796	122	130	158
汉寿县	Hanshou County	764	4110	3665	1746	1265	194	218	242
澧　县	Li County	671	4452	4197	2493	1217	144	166	177
临澧县	Linli County	425	1787	1775	719	635	125	102	194
桃源县	Taoyuan County	839	4687	3085	1447	984	207	182	265
石门县	Shimen County	721	3284	3429	1391	1359	217	188	274
津市市	Jinshi City	229	1192	1375	573	563	72	87	80
永定区	Yongdi District	316	3254	3592	1365	1577	222	210	218
武陵源区	Wulingyuan District	65	280	215	94	75	20	14	12
慈利县	Cili County	489	3040	2722	1017	1133	214	158	200
桑植县	Sangzhi County	393	1883	1737	699	621	108	97	212
资阳区	Ziyang District	339	2249	2228	989	865	122	120	132
赫山区	Heshan District	771	7732	7087	2985	3074	309	370	349
南　县	Nan County	638	2832	2971	1638	814	154	142	223
大通湖区	Datonghu District	91	422	408	168	186	26	15	13
桃江县	Taojiang County	318	4005	3732	1696	1367	203	184	282
安化县	Anhua County	957	4107	3549	1872	1081	261	181	154
沅江市	Yuanjiang City	705	3801	3460	1390	1300	226	233	311
北湖区	Beihu District	418	6817	6623	2461	3126	285	320	431
苏仙区	Suxian District	387	3290	3300	1332	1571	115	141	141
桂阳县	Guiyang County	668	3643	3051	1088	1216	173	125	449
宜章县	Yizhang County	553	3258	2734	961	1180	157	134	302
永兴县	Yongxing County	548	3008	2150	900	865	95	105	185

20-24 续表 2 continued

市县名称	Cities and Counties	机构(个) Number of Instituti-ons(unit)	床位(张) Number of Beds (unit)	卫生技术人员（人） Medical Technical Personnel (person) 合计 Total	执业(助理)医师 Assistant Doctors	注册护士 Senior Nurse	药师(士) Pharmaeist	技师(士) Laboratory Technician	其他 Others
嘉禾县	Jiahe County	354	1980	1758	648	713	119	108	170
临武县	Linwu County	384	1807	1414	522	564	61	90	177
汝城县	Rucheng County	386	1601	1312	536	537	53	77	109
桂东县	Guidong County	175	935	709	320	253	29	45	62
安仁县	Anren County	368	1941	1699	688	661	106	95	149
资兴市	Zixing City	356	2135	1841	705	790	87	95	164
零陵区	Lingling District	634	4349	3738	1478	1627	162	218	253
冷水滩区	Lengshuitan District	643	5912	4866	1892	2211	188	244	331
祁阳县	Qiyang County	973	6584	3780	1829	1263	215	219	254
东安县	DonganCounty	618	2444	2357	1132	817	121	128	159
双牌县	Shuangpai County	242	891	722	310	253	28	47	84
道　县	Dao County	640	2904	2309	899	865	105	169	271
江永县	Jiangyong County	245	1445	917	401	347	54	72	43
宁远县	Ningyuan County	699	4024	2764	1015	1065	154	188	342
蓝山县	Lanshan County	433	1787	1829	640	774	92	96	227
新田县	Xintian County	467	2526	1704	740	635	89	94	146
江华县	Jianghua County	354	3011	2395	938	860	116	150	331
鹤城区	Hecheng District	337	6116	7267	2988	3285	282	379	333
中方县	Zhongfang County	288	1000	835	460	197	36	44	98
沅陵县	Yuanling County	491	3316	2649	865	1099	155	164	366
辰溪县	Chenxi County	574	1997	2234	921	915	107	110	181
溆浦县	Xupu County	809	4849	3594	1298	1460	173	190	473
会同县	Huitong County	450	1835	1467	557	604	68	81	157
麻阳县	Mayang County	328	1952	1803	618	764	112	111	198
新晃县	Xinhuang County	156	1656	1147	442	443	51	75	136
芷江县	Zhijiang County	359	1654	1502	630	429	102	77	264
靖州县	Jingzhou County	281	1118	1267	503	480	48	61	175
通道县	Tongdao County	254	947	1123	423	428	47	55	170
洪江市	Hongjiang City	462	4284	3601	1252	1569	182	257	341
洪江区	Hongjiang District	46	510	503	195	174	43	35	56
娄星区	Louxing District	247	7013	6260	2183	3161	306	356	254
双峰县	Shuangfeng County	1079	3469	3230	1622	1125	172	174	137
新化县	Xinhua County	1339	5835	3679	1724	1027	309	224	395
冷水江市	Lengshuijiang City	303	2239	2472	980	1063	168	121	140
涟源市	Lianyuan County	1056	4665	3481	1722	922	286	170	381
吉首市	Jishou County	438	4570	5003	1766	2426	191	293	327
泸溪县	Luxi County	252	1118	1118	357	473	59	60	169
凤凰县	Fenghuang County	417	1567	1292	490	453	76	96	177
花垣县	Huayuan County	386	1619	1622	506	557	96	109	354
保靖县	Baojing County	467	1285	1448	547	511	76	83	231
古丈县	Guzhang County	164	580	585	177	228	44	37	99
永顺县	Yongshun County	487	2921	1988	636	826	99	132	295
龙山县	Longshan County	579	2884	2097	691	899	96	150	261

20-25 城乡居民收入、支出和住房情况(2016年)
Urban and Rural Residents Income Expenditure and Houssing Conditions(2016)

市县名称	Cities and Counties	全体居民人均可支配收入(元) Per Capita Annual Disposable Income of Residents (yuan)	城镇居民人均可支配收入 Per Capita Annual Disposable Income of Urban Residents		农村居民人均可支配收入 Per Capita Annual Disposable Income of rural Residents		全体居民人均生活消费支出(元) Per Capita Consumption Expenditure of living (yuan)	全体居民人均现住房建筑面积(平方米) Now all Residents Per Capita Housing Floor Space (sq.m)
			绝对值(元) value (yuan)	增速(%) Growth Rate (%)	绝对值(元) value (yuan)	增速(%) Growth Rate (%)		
芙蓉区	Furong District	46382	46382	8.6			34648	32.1
天心区	Tianxin District	46561	46561	8.0	33809	8.0	38493	39.5
岳麓区	Yuelu District	45911	45911	8.5	29460	8.5	30477	49.5
开福区	Kaifu District	45719	45719	8.3	33283	8.3	29999	38.1
雨花区	Yuhua District	46435	46435	8.2	33319	8.2	39462	40.7
望城区	Wangcheng District	34025	40179	8.3	27639	7.9	22191	61.4
长沙县	Changsha County	33952	39765	8.5	27171	7.8	23862	45.7
宁乡县	Ningxiang County	29446	36714	8.2	23145	7.8	21422	57.8
浏阳市	Liuyang City	33492	39641	8.2	27182	7.9	20680	59.8
荷塘区	Hetang District	38100	38893	8.5	25547	8.3	24490	36.8
芦淞区	Lusong District	37821	40567	8.6	23324	8.2	26862	44.1
石峰区	Shifeng District	37962	39180	8.1	19208	7.3	23412	29.1
天元区	Tianyuan District	39638	44887	8.2	23032	7.5	30244	57.5
株洲县	Zhuzhou County	19476	29089	8.6	15982	8.9	13018	67.4
攸 县	You County	27719	33044	8.2	22183	8.0	16157	94.7
茶陵县	Chaling County	17872	28567	8.4	7916	8.9	11371	72.3
炎陵县	Yanling County	14720	24607	8.1	7362	9.5	11617	58.5
醴陵市	Liling City	28236	33744	8.5	22419	8.1	18320	63.1
雨湖区	Yuhu District	32057	32540	8.3	26265	7.6	23965	38.7
岳塘区	Yuetang District	31410	31732	8.0	26481	8.0	24967	43.1
湘潭县	Xiangtan County	20435	29927	8.0	15718	8.1	13830	53.4
湘乡市	Xiangxiang City	20367	30074	8.2	15474	7.9	16255	57.2
韶山市	Shaoshan City	29245	34582	7.9	22037	8.8	21209	51.8
珠晖区	Zhuhui District	29946	30343	9.4	17483	8.8	23693	37.9
雁峰区	Yanfeng District	29338	29338	10.1	17454	9.6	18483	45.1
石鼓区	Shigu District	30908	30908	9.8	17466	9.9	21953	38.7
蒸湘区	Zhenxiang District	30002	30116	10.1	17437	8.6	23472	37.4
南岳区	Nanyue District	33518	33818	8.8	17432	8.5	24550	56.0
衡阳县	Hengyang County	19514	28320	8.7	14785	9.9	14025	61.0
衡南县	Hengnan County	21215	27841	8.6	17581	8.3	13566	59.6
衡山县	Hengshan County	21290	28171	8.7	17681	8.2	15490	52.7
衡东县	Hengdong County	20760	28226	9.0	16989	8.1	13989	57.4
祁东县	Qidong County	16000	22695	8.6	11987	8.1	10997	63.6
耒阳市	Leiyang City	23078	29444	8.7	17461	8.2	14532	43.9
常宁市	Changning City	20263	27491	8.6	14080	9.9	13361	62.5
双清区	Shuangqing District	22847	24180	10.1	16122	11.4	18045	65.0
大祥区	Daxiang District	21759	23581	9.9	15810	12.0	17595	56.0
北塔区	Beita District	19527	21595	10.1	14458	11.1	12622	57.1

20-25 续表 1 continued

市县名称	Cities and Counties	全体居民人均可支配收入(元) Per Capita Annual Disposable Income of Residents (yuan)	城镇居民人均可支配收入 Per Capita Annual Disposable Income of Urban Residents 绝对值(元) value (yuan)	增速(%) Growth Rate (%)	农村居民人均可支配收入 Per Capita Annual Disposable Income of rural Residents 绝对值(元) value (yuan)	增速(%) Growth Rate (%)	全体居民人均生活消费支出(元) Per Capita Consumption Expenditure of living (yuan)	全体居民人均现住房建筑面积(平方米) Now all Residents Per Capita Housing Floor Space (sq.m)
邵东县	Shaodong County	21344	26746	10.0	16939	11.4	13145	57.6
新邵县	Xinshao County	13138	22484	9.6	9065	11.2	10495	61.6
邵阳县	Shaoyang County	13131	22417	8.8	8780	11.3	10061	66.1
隆回县	Longhui County	11570	21391	8.9	8094	13.5	6934	49.5
洞口县	Dongkou County	13689	22830	8.6	8681	11.4	10714	75.1
绥宁县	Suining County	11396	20615	9.9	8221	11.8	7676	46.1
新宁县	Xinning County	12538	21310	9.0	8101	12.1	9550	47.5
城步县	Chengbu County	10015	19909	9.8	6176	15.8	7720	47.0
武冈市	Wugang City	14193	22393	8.7	9595	12.3	9830	42.3
岳阳楼区	Yueyanglou District	28566	30386	9.0	16452	7.9	23049	43.0
云溪区	YungXi District	25710	31913	9.1	16452	7.9	18755	45.3
君山区	JungShang District	21457	26918	10.0	15260	8.9	15375	40.7
岳阳县	Yueyang County	18211	24287	9.4	13822	8.4	11062	48.1
华容县	Huarong County	19898	24857	9.4	16449	8.5	12604	50.9
湘阴县	Xiangyin County	20410	26620	8.9	15702	7.8	16061	62.0
平江县	Pingjiang County	12547	20148	8.8	7994	10.4	11881	47.1
汨罗市	Miluo City	21211	27014	9.8	15277	8.2	16240	50.9
临湘市	Linxiang City	18122	24064	10.1	13364	9.1	12951	53.7
武陵区	Wuling District	30239	31288	8.8	21324	9.5	28476	58.8
鼎城区	Dingcheng District	19744	28362	8.8	13125	9.3	20466	67.0
安乡县	Anxiang County	16630	23078	7.8	13100	8.4	11735	67.7
汉寿县	Hanshou County	17635	25880	8.0	13560	8.3	14791	60.1
澧　县	Li County	17307	24872	7.9	14055	8.1	14136	55.9
临澧县	Linli County	19474	27139	8.1	14169	8.6	15383	66.0
桃源县	Taoyuan County	16410	25362	8.3	12261	9.1	12954	56.4
石门县	Shimen County	13744	21205	8.2	9592	9.3	11843	65.8
津市市	Jinshi City	22587	28236	8.5	13142	8.9	17965	47.1
永定区	Yongding District	15947	23646	7.9	8175	10.9	12514	49.3
武陵源区	Wulingyuan District	19945	25364	10.5	10985	9.8	13844	50.3
慈利县	Cili County	13078	20222	7.9	8730	10.9	10208	46.9
桑植县	Sangzhi County	8953	14115	10.8	6264	15.4	7616	47.1
资阳区	Ziyang District	20747	25459	10.0	16000	8.6	15614	52.5
赫山区	Heshan District	25068	30927	9.9	15814	9.0	19096	51.2
南县	Nan County	17864	24164	9.9	13765	9.3	12895	51.5
大通湖区	Datonghu District	17700	24069	9.7	13258	8.1	12903	47.4
桃江县	Taojiang County	17637	25070	9.3	13134	8.9	15152	64.1
安化县	Anhua County	9713	15694	9.7	7423	9.2	7803	52.1
沅江市	Yuanjiang City	21614	28610	9.0	15606	8.6	15511	57.2
北湖区	Beihu District	28425	30816	9.4	18774	9.0	18332	46.6
苏仙区	Suxian District	25096	29662	9.0	17366	8.5	18221	56.0
桂阳县	Guiyang County	22092	29543	9.2	16687	8.2	14365	44.5
宜章县	Yizhang County	15135	26013	8.9	7965	10.4	12438	58.3
永兴县	Yongxing County	20532	27595	8.4	15296	8.0	11498	38.2

20-25 续表 2 continued

市县名称	Cities and Counties	全体居民人均可支配收入（元） Per Capita Annual Disposable Income of Residents (yuan)	城镇居民人均可支配收入 Per Capita Annual Disposable Income of Urban Residents 绝对值（元） value (yuan)	增速（%） Growth Rate (%)	农村居民人均可支配收入 Per Capita Annual Disposable Income of rural Residents 绝对值（元） value (yuan)	增速（%） Growth Rate (%)	全体居民人均生活消费支出（元） Per Capita Consumption Expenditure of living (yuan)	全体居民人均现住房建筑面积（平方米） Now all Residents Per Capita Housing Floor Space (sq.m)
嘉禾县	Jiahe County	18164	24241	9.3	13835	8.0	11055	47.9
临武县	Linwu County	15118	23396	8.4	10549	14.6	11293	45.5
汝城县	Rucheng County	11416	18410	8.6	8323	10.1	9875	40.1
桂东县	Guidong County	11220	17253	8.7	7817	10.4	9378	52.6
安仁县	Anren County	13651	20957	8.5	9078	10.5	11322	75.7
资兴市	Zixing City	24422	29331	9.2	17104	8.0	14106	49.2
零陵区	Lingling District	20524	24572	9.7	16064	10.0	15710	60.4
冷水滩区	Lengshuitan District	23649	27183	10.2	17337	8.9	12590	62.1
祁阳县	Qiyang County	17625	26143	9.8	11784	8.5	14917	75.5
东安县	Dongan County	16719	24965	8.8	12288	7.9	12386	53.5
双牌县	Shuangpai County	12581	21465	9.7	7324	8.9	9378	70.2
道　县	Dao County	16850	23008	10.4	13159	8.9	14374	51.4
江永县	Jiangyong County	12089	20432	9.0	8353	9.1	9991	52.4
宁远县	Ningyuan County	15530	22144	9.9	11755	10.6	12614	61.8
蓝山县	Lanshan County	16816	23796	10.6	12014	9.9	10539	74.3
新田县	Xintian County	12057	20871	9.2	7661	9.9	9813	71.9
江华县	Jianghua County	12630	20812	10.1	8561	10.5	9327	60.2
鹤城区	Hecheng District	26383	27719	8.4	11818	10.9	20457	35.0
中方县	Zhongfang County	13319	23426	8.1	9275	10.0	9423	46.3
沅陵县	Yuanling County	11578	19277	9.4	7796	10.7	10035	45.5
辰溪县	Chenxi County	11802	19553	9.2	8187	10.1	10144	40.9
溆浦县	Xupu County	12731	19918	9.0	9300	11.0	9871	58.1
会同县	Huitong County	11257	18649	8.8	8181	10.4	10105	47.0
麻阳县	Mayang County	10499	19507	8.8	6763	9.8	8196	43.2
新晃县	Xinhuang County	9829	17305	9.1	6732	12.1	8343	37.5
芷江县	Zhijiang County	10986	20211	9.2	7285	11.5	8723	43.9
靖州县	Jingzhou County	12480	18522	8.0	7914	10.6	8945	39.0
通道县	Tongdao County	9046	17635	8.3	5906	10.6	7151	36.3
洪江市	Hongjiang City	13313	20294	9.0	9148	9.9	10584	50.1
洪江区	Hongjiang District	17412	18442	9.6	9022	10.7	11989	44.8
娄星区	Louxing District	25673	27226	8.7	14985	10.1	17823	40.3
双峰县	Shuangfeng County	11947	17963	8.3	9702	10.1	9194	61.7
新化县	Xinhua County	10166	17839	9.0	7174	10.8	10816	56.2
冷水江市	Lengshuijiang City	27179	29456	6.6	19614	7.5	16377	50.1
涟源市	Lianyuan City	11486	18696	9.5	8180	10.5	11307	73.8
吉首市	Jishou City	20942	25532	8.6	8749	11.1	12640	39.7
泸溪县	Luxi County	11748	19581	8.6	6724	12.7	9073	34.0
凤凰县	Fenghuang County	11849	20729	8.9	8213	12.7	9047	35.1
花垣县	Huayuan County	11994	20589	8.4	7055	12.4	7812	41.7
保靖县	Baojing County	11596	18499	8.8	7772	11.8	7606	31.3
古丈县	Guzhang County	10067	17940	7.8	5981	13.6	7078	47.3
永顺县	Yongshun County	10297	18196	7.8	6288	12.7	8623	47.7
龙山县	Longshan County	11120	18297	8.5	7632	11.1	9000	38.5

20-26 规模工业增加值能耗降低率(2016年)

Decreasing Rate of Added Value Energy Consumption of Scale Industry (2016)

市县名称	Cities and Counties	综合能源消费量(万吨标准煤) Total Consumption of Energy (10,000 tons of SCE)	综合能源消费量增速(%) Increasing Speed of Total Consumption of Energy (%)	增加值能耗上升或下降(±%) Decreasing Rate of Added Value Energy Consumption Increase or Decrease (±%)
芙蓉区	Furong District	34.48	-0.7	-7.9
天心区	Tianxin District	29.51	7.0	0.4
岳麓区	Yuelu District	24.36	-20.5	-25.7
开福区	Kaifu District	8.04	-12.0	-17.4
雨花区	Yuhua District	15.01	3.1	5.1
望城区	Wangcheng District	123.18	11.3	-2.0
长沙县	Changsha County	75.41	3.4	-5.1
宁乡县	Ningxiang County	85.77	-4.9	-16.0
浏阳市	Liuyang City	101.06	-9.0	-19.8
荷塘区	Hetang District	36.53	-0.3	-7.2
芦淞区	Lusong District	4.38	-6.1	-12.7
石峰区	Shifeng District	115.15	-0.1	-1.9
天元区	Tianyuan District	8.15	-11.0	-21.1
株洲县	Zhuzhou County	19.18	20.4	6.4
攸　县	You County	63.22	54.9	44.1
茶陵县	Chaling County	26.20	1.9	-7.2
炎陵县	Yanling County	4.60	-0.5	-10.2
醴陵市	Liling City	98.60	3.6	-5.6
雨湖区	Yuhu District	26.82	2.9	-5.5
岳塘区	Yuetang District	536.10	3.0	-1.9
湘潭县	Xiangtan County	6.36	-22.6	-29.2
湘乡市	Xiangxiang City	58.10	-11.0	-18.3
韶山市	Shaoshan City	1.29	-14.6	-21.9
珠晖区	Zhuhui District	30.67	20.0	12.7
雁峰区	Yanfeng District	7.08	-5.0	-12.0
石鼓区	Shigu District	47.57	-19.6	-22.5
蒸湘区	Zhengxiang District	77.89	-7.1	-11.7
南岳区	Nanyue District	0.00	-8.5	-8.6
衡阳县	Hengyang County	13.27	-10.1	-16.3
衡南县	Hengnan County	11.04	-40.2	-44.6
衡山县	Hengshan County	11.04	31.4	22.9
衡东县	Hengdong County	29.32	38.6	29.4
祁东县	Qidong County	11.16	-27.1	-31.9
耒阳市	Leiyang City	134.48	3.8	-3.3
常宁市	Changning City	29.03	22.9	14.6
双清区	Shuangqing District	20.32	-8.7	-14.0
大祥区	Daxiang District	97.90	-4.4	-9.5
北塔区	Beita District	3.72	-7.7	-12.9

20-26 续表 1 continued

市县名称	Cities and Counties	综合能源消费量（万吨标准煤） Total Consumption of Energy (10,000 tons of SCE)	综合能源消费量增速(%) Increasing Speed of Total Consumption of Energy (%)	增加值能耗上升或下降(±%) Decreasing Rate of Added Value Energy Consumption Increase or Decrease (±%)
邵东县	Shaodong County	24.98	-5.8	-12.7
新邵县	Xinshao County	28.39	-4.5	-10.4
邵阳县	Shaoyang County	9.93	2.7	-3.8
隆回县	Longhui County	18.82	-4.0	-11.0
洞口县	Dongkou County	19.73	1.4	-5.0
绥宁县	Suining County	34.04	-1.8	-7.2
新宁县	Xinning County	5.14	2.7	-4.8
城步县	Chengbu County	4.23	-6.2	-12.0
武冈市	Wugang City	12.69	-18.1	-22.4
岳阳楼区	Yueyanglou District	232.98	-0.4	-4.7
云溪区	Yunxi District	462.82	4.7	-0.9
君山区	Junshan District	9.57	2.9	-6.1
岳阳县	Yueyang County	70.14	3.5	-8.0
华容县	Huarong County	39.78	-16.1	-10.5
湘阴县	Xiangyin County	37.61	-1.3	-3.8
平江县	Pingjiang County	12.81	8.9	-7.0
汨罗市	Miluo City	38.81	-2.6	-4.5
临湘市	Linxiang City	69.87	3.6	-8.6
武陵区	Wuling District	96.63	146.2	143.0
鼎城区	Dingcheng District	23.66	14.7	6.1
安乡县	Anxiang County	7.44	-42.6	-48.6
汉寿县	Hanshou County	12.99	-14.4	-20.0
澧 县	Li County	32.22	0.9	-6.6
临澧县	Linli County	51.47	-2.8	-10.0
桃源县	Taoyuan County	36.47	-76.8	-78.1
石门县	Shimen County	126.00	4.1	-5.2
津市市	Jinshi City	19.42	-20.5	-27.9
永定区	Yongding District	12.95	1.8	-4.5
武陵源区	Wulingyuan District	0.01		
慈利县	Cili County	5.52	-3.7	-9.8
桑植县	Sangzhi County	22.97	3.9	-2.8
资阳区	Ziyang District	9.07	2.3	-4.7
赫山区	Heshan District	146.73	-0.6	-6.9
南 县	Nan County	9.85	6.2	-0.7
大通湖区	Datonghu District	4.74	-1.3	-3.40
桃江县	Taojiang County	80.55	-1.8	-7.9
安化县	Anhua County	29.14	-5.8	-11.7
沅江市	Yuanjiang City	62.30	1.7	-4.5
北湖区	Beihu District	28.88	0.4	-5.6
苏仙区	Suxian District	182.81	1.6	-4.9
桂阳县	Guiyang County	37.80	-5.5	-11.7
宜章县	Yizhang County	27.13	-14.2	-19.6
永兴县	Yongxing County	35.23	1.1	-5.6

20-26 续表 2 continued

市县名称	Cities and Counties	综合能源消费量（万吨标准煤） Total Consumption of Energy (10,000 tons of SCE)	综合能源消费量增速 (%) Increasing Speed of Total Consumption of Energy (%)	增加值能耗上升或下降 (±%) Decreasing Rate of Added Value Energy Consumption Increase or Decrease (±%)
嘉禾县	Jiahe County	16.99	-0.4	-6.6
临武县	Linwu County	3.17	1.6	-4.7
汝城县	Rucheng County	2.41	-9.6	-15.2
桂东县	Guidong County	0.94	-85.6	-86.4
安仁县	Anren County	17.92	4.2	-2.5
资兴市	Zixing City	149.59	0.5	-5.9
零陵区	Lingling District	6.38	-11.6	-13.4
冷水滩区	Lengshuitan District	20.89	-18.4	-24.2
祁阳县	Qiyang County	46.11	-0.7	-8.4
东安县	Dongan County	14.51	-22.6	-26.2
双牌县	Shuangpai County	2.95	-20.9	-25.2
道　县	Dao County	18.39	-1.0	-8.6
江永县	Jiangyong County	2.20	-14.1	-19.5
宁远县	Ningyuan County	23.49	-0.3	-8.2
蓝山县	Lanshan County	4.81	-15.5	-21.5
新田县	Xintian County	4.41	-17.4	-23.0
江华县	Jianghua County	22.28	-1.1	-8.9
鹤城区	Hecheng District	16.77	3.2	-3.6
中方县	Zhongfang County	50.78	0.6	-7.3
沅陵县	Yuanling County	8.56	-15.2	-21.0
辰溪县	Chenxi County	16.95	-30.8	-34.9
溆浦县	Xupu County	20.96	-4.4	-10.4
会同县	Huitong County	4.13	-8.0	-13.4
麻阳县	Mayang County	5.36	4.8	-1.5
新晃县	Xinhuang County	16.59	-1.5	-7.9
芷江县	Zhijiang County	4.18	4.9	-1.6
靖州县	Jingzhou County	19.08	14.3	7.2
通道县	Tongdao County	9.28	3.1	-2.7
洪江市	Hongjiang City	10.93	11.2	5.0
洪江区	Hongjiang District	7.73	-23.4	-28.2
娄星区	Louxing District	470.60	4.3	-2.1
双峰县	Shuangfeng County	45.35	-0.5	-7.4
新化县	Xinhua County	44.60	3.2	-4.0
冷水江市	Lengshuijiang City	347.93	-7.6	-12.9
涟源市	Lianyuan City	140.89	-8.8	-15.3
吉首市	Jishou City	14.65	3.7	-9.1
泸溪县	Luxi County	13.52	-10.0	-1.6
凤凰县	Fenghuang County	1.20	-5.5	-12.6
花垣县	Huayuan County	11.58	-5.6	-2.7
保靖县	Baojing County	3.02	-7.3	-14.4
古丈县	Guzhang County	9.87	-6.6	-14.6
永顺县	Yongshun County	1.85	-9.1	-12.6
龙山县	Longshan County	8.18	27.6	12.9

20-27 分行业法人单位数(2016年)
Corporate Units by Sector(2016)

单位:个 (unit)

市县名称	Cities and Counties	合计 Total	农、林、牧、渔业 Agriculture, Forestry, Animal Husbandry and Fishing	采矿业 Mining	制造业 Manufacturing	电力、燃气及水的生产和供应业 Production and Supply of Electricity, Gas and Water	建筑业 Construction	批发和零售业 Wholesale and Retail Trade	交通运输、仓储和邮政业 Transport, Storage and Post	住宿和餐饮业 Lodging and Catering Services	信息传输、计算机服务和软件业 Information Transmission, Computer Services and Software
芙蓉区	Furong Distract	18378	43	2	583	8	625	7352	266	347	1459
天心区	Tianxin Distract	16574	74	12	828	24	831	5700	192	264	1099
岳麓区	Yuelu Distract	19279	328	23	1786	34	864	3924	193	394	2759
开福区	Kaifu Distract	14248	111	7	1071	15	564	4394	301	270	944
雨花区	Yuhua Distract	20909	114	11	1156	18	1104	7840	473	328	1191
望城区	Wangcheng Distract	8451	1801	26	1467	37	636	1451	169	164	169
长沙县	Changsha County	17741	1635	30	2642	35	861	5045	733	288	665
宁乡县	Ningxiang County	8516	945	132	1782	48	292	2093	127	104	154
浏阳市	Liuyang City	14630	3322	103	3707	139	302	2785	197	118	244
荷塘区	Hetang Distract	2925	54	4	598	5	125	953	83	63	59
芦淞区	Lusong Distract	3432	56	1	403	6	146	1207	56	99	159
石峰区	Shifeng Distract	2797	80	5	748	4	122	866	86	86	34
天元区	Tianyuan Distract	5184	195	7	658	17	291	1347	76	153	178
株洲县	Zhuzhou County	2095	403	20	330	22	69	345	47	20	17
攸　县	You County	3410	465	279	468	59	134	623	52	68	24
茶陵县	Chaling County	2709	234	97	300	56	78	672	46	51	29
炎陵县	Yanling County	1530	151	11	193	150	27	203	19	25	7
醴陵市	Liling City	7000	537	48	1894	32	188	1436	89	60	41
雨湖区	Yuhu Distract	5129	174	50	965	12	149	1455	72	94	129
岳塘区	Yuetang Distract	4879	58	11	979	16	212	1154	128	92	180
湘潭县	Xiangtan County	3763	481	77	785	22	83	496	49	23	21
湘乡市	Xiangxiang City	3508	363	40	617	17	136	458	59	78	23
韶山市	Shaoshan City	1354	226	6	176	7	59	152	24	19	20
珠晖区	Zhuhui Distract	2657	114	13	451	3	125	635	91	75	43
雁峰区	Yanfeng Distract	2503	53	6	459	4	107	560	74	63	96
石鼓区	Shigu Distract	3141	94	2	303	6	134	1052	98	62	97
蒸湘区	Zhengxiang Distract	5148	102	1	269	11	404	1602	108	137	222
南岳区	Nanyue Distract	769	30		58	6	17	80	8	33	12
衡阳县	Hengyang County	5980	421	190	704	52	99	512	55	113	15
衡南县	Hengnan County	5368	1019	74	622	55	75	499	95	40	25
衡山县	Hengshan County	2143	119	111	270	16	60	316	34	20	7
衡东县	Hengdong County	4225	606	61	616	33	226	390	73	110	26
祁东县	Qidong County	5066	721	48	482	24	108	589	63	49	18
耒阳市	Leiyang City	7461	975	205	577	49	192	1385	141	345	84
常宁市	Changning City	5338	662	125	756	62	110	597	67	73	34
双清区	Shuangqing Distract	3447	91	11	531	7	182	1232	102	52	54
大祥区	Daxiang Distract	2682	59	22	234	5	99	340	33	57	40
北塔区	Beita Distract	728	52	15	152	5	26	102	8	21	13

20-27 续表 1 Continued

单位:个 (unit)

市县名称	Cities and Counties	合计 Total	农、林、牧、渔业 Agriculture, Forestry, Animal Husbandry and Fishing	采矿业 Mining	制造业 Manufacturing	电力、燃气及水的生产和供应业 Production and Supply of Electricity, Gas and Water	建筑业 Construction	批发和零售业 Wholesale and Retail Trade	交通运输、仓储和邮政业 Transport, Storage and Post	住宿和餐饮业 Lodging and Catering Services	信息传输、计算机服务和软件业 Information Transmission, Computer Services and Software
邵东县	Shaodong County	4876	333	74	1127	30	85	947	74	82	28
新邵县	Xinshao County	2933	421	99	401	39	145	286	32	32	26
邵阳县	Shaoyang County	4521	422	155	446	37	52	486	37	70	13
隆回县	Longhui County	4580	503	111	580	114	95	467	46	115	44
洞口县	Dongkou County	2974	179	95	579	108	34	479	48	82	23
绥宁县	Suining County	1663	614	9	151	48	21	91	15	9	22
新宁县	Xinning County	2415	386	58	182	103	40	206	26	33	18
城步县	Chengbu County	1504	182	33	119	125	14	101	10	12	9
武冈市	Wugang City	2335	252	80	338	59	37	261	36	28	15
岳阳楼区	Yueyanglou Distract	13961	359	11	985	27	692	4202	391	219	398
云溪区	Yunxi Distract	1904	99	10	309	7	47	474	142	19	29
君山区	Junshan Distract	1476	223	3	317	13	45	242	45	15	12
岳阳县	Yueyang County	4958	342	33	292	20	74	1839	101	253	112
华容县	Huarong County	3821	232	8	770	19	72	677	68	287	13
湘阴县	Xiangyin County	4564	712	11	947	15	213	754	70	115	158
平江县	Pingjiang County	4735	559	112	898	96	122	584	69	123	31
汨罗市	Miluo City	5207	495	47	1429	30	222	897	83	110	44
临湘市	Linxiang City	3633	335	152	686	37	108	744	82	119	32
武陵区	Wuling Distract	14816	268	4	1466	41	486	5765	277	539	375
鼎城区	Dingcheng Distract	6538	470	20	676	49	76	2365	146	107	84
安乡县	Anxiang County	3871	299	1	518	52	46	1171	89	193	30
汉寿县	Hanshou County	4738	472	15	637	44	81	1205	109	181	67
澧　县	Li County	5894	407	119	707	40	125	2205	83	97	21
临澧县	Linli County	2935	198	84	704	35	39	371	74	118	21
桃源县	Taoyuan County	3874	413	49	546	75	107	625	88	51	46
石门县	Shimen County	3417	218	91	497	37	63	612	60	39	26
津市市	Jinshi City	2113	134	12	474	18	39	358	69	73	16
永定区	Yongding Distract	4820	366	70	365	59	219	956	102	162	131
武陵源区	Wulingyuan Distract	630	68	1	13	11	12	49	20	82	6
慈利县	Cili County	3242	673	129	438	48	23	154	37	108	28
桑植县	Sangzhi County	1770	129	56	101	55	21	128	18	52	35
资阳区	Ziyang Distract	3260	504		548	10	84	1006	42	57	39
赫山区	Heshan Distract	11284	874	42	1953	43	400	3615	218	228	233
南　县	Nan County	4852	413	4	589	48	82	1844	100	170	45
大通湖区	Datonghu District	887	201	1	119	7	25	215	8	13	4
桃江县	Taojiang County	5818	551	70	1121	46	140	1886	69	129	38
安化县	Anhua County	4774	549	69	720	69	82	1037	74	154	37
沅江市	Yuanjiang City	5968	535	2	1060	33	182	1792	137	188	47
北湖区	Beihu Distract	6467	272	37	316	77	241	2194	175	222	218
苏仙区	Suxian Distract	4272	172	148	445	80	165	786	74	132	76
桂阳县	Guiyang County	4358	435	166	435	194	66	854	47	201	42
宜章县	Yizhang County	3620	348	141	795	125	80	500	77	72	15
永兴县	Yongxing County	3819	434	74	499	83	26	732	61	110	28

20-27 续表 2 Continued

单位:个 (unit)

市县名称	Cities and Counties	合计 Total	农、林、牧、渔业 Agriculture, Forestry, Animal Husbandry and Fishing	采矿业 Mining	制造业 Manufacturing	电力、燃气及水的生产和供应业 Production and Supply of Electricity, Gas and Water	建筑业 Construction	批发和零售业 Wholesale and Retail Trade	交通运输、仓储和邮政业 Transport, Storage and Post	住宿和餐饮业 Lodging and Catering Services	信息传输、计算机服务和软件业 Information Transmission, Computer Services and Software
嘉禾县	Jiahe County	1570	162	43	310	29	9	178	18	35	7
临武县	Linwu County	1722	379	93	109	67	17	284	30	31	9
汝城县	Rucheng County	1670	162	95	157	127	32	166	22	23	18
桂东县	Guidong County	1346	203	23	81	154	17	202	25	13	13
安仁县	Anren County	2521	348	32	266	46	43	475	57	81	12
资兴市	Zixing City	2608	263	66	259	116	66	399	81	51	24
零陵区	Lingling Distract	3079	336	67	421	57	78	395	59	44	34
冷水滩区	Lengshuitan Distract	5270	279	54	636	25	226	1062	131	80	149
祁阳县	Qiyang County	4202	468	49	526	64	123	314	71	49	28
东安县	Dongan County	2542	217	56	347	65	35	192	46	27	15
双牌县	Shuangpai County	1282	174	5	124	49	34	73	22	7	8
道　县	Dao County	2394	269	39	197	76	30	203	49	19	10
江永县	Jiangyong County	1294	68	15	86	41	6	197	25	13	8
宁远县	Ningyuan County	2409	241	20	256	40	54	267	41	22	16
蓝山县	Lanshan County	2132	306	34	310	140	33	155	27	12	16
新田县	Xintian County	2296	302	14	188	14	35	173	38	15	20
江华县	Jianghua County	2650	213	31	209	188	28	268	47	23	12
鹤城区	Hecheng Distract	8235	365	22	579	46	399	2325	186	261	225
中方县	Zhongfang County	1799	215	41	250	50	28	118	36	16	16
沅陵县	Yuanling County	1951	138	23	135	30	18	117	25	32	15
辰溪县	Chenxi County	2339	295	126	193	37	26	195	35	23	8
溆浦县	Xupu County	3231	498	144	335	122	31	301	46	83	21
会同县	Huitong County	1544	224	8	108	30	23	104	20	14	12
麻阳县	Mayang County	1550	298	21	83	32	21	119	23	2	4
新晃县	Xinhuang County	1600	275	15	102	31	16	173	28	16	22
芷江县	Zhijiang County	1933	301	27	179	36	26	188	26	26	16
靖州县	Jingzhou County	1422	264	28	163	33	13	137	35	17	8
通道县	Tongdao County	1261	346	18	117	50	14	76	18	11	21
洪江市	Hongjiang City	1747	356	35	125	113	34	182	35	33	10
洪江区	Hongjiang District	412	40		87	5	12	23	11	6	5
娄星区	Louxing Distract	9969	376	83	878	37	618	3741	214	170	274
双峰县	Shuangfeng County	4475	560	94	729	30	142	862	50	98	18
新化县	Xinhua County	5026	906	178	636	116	72	541	70	66	27
冷水江市	Lengshuijiang City	2967	309	140	365	19	40	810	104	47	29
涟源市	Lianyuan City	5323	707	235	689	76	122	905	145	97	35
吉首市	Jishou City	4506	220	26	293	33	157	990	74	69	102
泸溪县	Luxi County	1825	112	109	229	23	88	127	30	14	18
凤凰县	Fenghuang County	2451	195	67	90	24	96	152	21	33	12
花垣县	Huayuan County	2539	391	312	109	66	39	270	23	25	27
保靖县	Baojing County	2095	205	62	134	25	41	241	24	15	17
古丈县	Guzhang County	1444	298	32	116	22	56	78	15	10	9
永顺县	Yongshun County	2342	168	69	107	57	99	217	43	25	8
龙山县	Longshan County	2575	194	34	123	32	73	264	52	27	12

20-27 续表 3 Continued

单位:个 (unit)

市县名称	Cities and Counties	金融业 Finance	房地产业 Real Estate Trade	租赁和商务服务业 Tenancy and Business Services	科学研究和技术服务业 Scientific Research, Technical Services	水利、环境和公共设施管理业 Management of Water Conser-vancy, Environ-ment and Public Establish-ment	居民服务、修理和其他服务业 Resident services, repairs and other services	教育 Educ-ation	卫生和社会工作 Health and social work sector	文化、体育和娱乐业 Culture, Sports and Entertain-ment	公共管理、社会保障和社会组织 Public administra-tion, social security and social organiza-tions	国际组织 Inter-natio-nal Orga-niza-tion
芙蓉区	Furong Distract	234	598	3690	1397	63	316	334	124	347	590	
天心区	Tianxin Distract	177	609	3864	1103	101	381	288	128	485	414	
岳麓区	Yuelu Distract	127	732	3423	2291	143	407	491	224	484	652	
开福区	Kaifu Distract	165	515	2838	1034	95	456	313	125	531	499	
雨花区	Yuhua Distract	170	735	3982	1799	120	486	417	189	356	420	
望城区	Wangcheng Distract	30	277	653	248	102	241	329	100	160	391	
长沙县	Changsha County	110	510	2038	972	150	359	486	91	380	711	
宁乡县	Ningxiang County	34	254	531	335	106	172	334	122	159	792	
浏阳市	Liuyang City	53	227	734	469	106	202	482	163	212	1065	
荷塘区	Hetang Distract	31	156	185	60	13	80	152	34	55	215	
芦淞区	Lusong Distract	45	217	364	50	16	77	144	37	88	261	
石峰区	Shifeng Distract	13	123	118	50	18	55	128	31	71	159	
天元区	Tianyuan Distract	93	248	647	188	40	149	179	35	141	542	
株洲县	Zhuzhou County	12	57	98	23	11	24	99	42	41	415	
攸　县	You County	22	79	150	77	25	32	197	47	76	533	
茶陵县	Chaling County	10	61	104	58	34	26	171	56	69	557	
炎陵县	Yanling County	5	36	38	25	12	6	73	124	15	410	
醴陵市	Liling City	34	126	189	211	31	45	392	608	141	898	
雨湖区	Yuhu Distract	29	186	489	173	54	64	254	76	194	510	
岳塘区	Yuetang Distract	65	191	575	171	38	93	175	64	135	542	
湘潭县	Xiangtan County	12	76	158	51	44	40	214	78	98	955	
湘乡市	Xiangxiang City	15	65	145	131	38	45	104	58	62	1054	
韶山市	Shaoshan City	10	34	135	27	22	18	62	86	53	218	
珠晖区	Zhuhui Distract	16	129	166	71	16	60	163	114	99	273	
雁峰区	Yanfeng Distract	34	125	213	58	14	49	129	55	95	309	
石鼓区	Shigu Distract	30	152	345	92	23	80	99	69	116	287	
蒸湘区	Zhengxiang Distract	105	369	615	255	33	144	174	98	173	326	
南岳区	Nanyue Distract	3	29	57	29	20	9	54	45	36	243	
衡阳县	Hengyang County	24	91	162	129	48	63	370	916	229	1787	
衡南县	Hengnan County	16	118	123	253	69	64	230	553	271	1167	
衡山县	Hengshan County	12	39	35	81	35	13	123	189	136	527	
衡东县	Hengdong County	12	79	147	120	52	31	236	575	188	644	
祁东县	Qidong County	20	64	104	150	53	54	292	731	161	1335	
耒阳市	Leiyang City	45	238	319	58	24	272	417	727	318	1090	
常宁市	Changning City	11	98	121	61	35	129	363	711	264	1059	
双清区	Shuangqing Distract	16	178	250	68	6	97	143	71	68	288	
大祥区	Daxiang Distract	58	130	230	92	28	51	208	126	80	790	
北塔区	Beita Distract	4	29	31	14	2	15	40	21	27	151	

20-27 续表 4 Continued

单位:个 (unit)

市县名称	Cities and Counties	金融业 Finance	房地产业 Real Estate Trade	租赁和商务服务业 Tenancy and Business Services	科学研究和技术服务业 Scientific Research, Technical Services	水利、环境和公共设施管理业 Management of Water Conservancy, Environment and Public Establishment	居民服务、修理和其他服务业 Resident services, repairs and other services	教育 Education	卫生和社会工作 Health and social work sector	文化、体育和娱乐业 Culture, Sports and Entertainment	公共管理、社会保障和社会组织 Public administration, social security and social organizations	国际组织 International Organization
邵东县	Shaodong County	11	124	149	47	27	77	125	112	145	1279	
新邵县	Xinshao County	8	41	54	18	23	25	310	33	56	884	
邵阳县	Shaoyang County	5	46	105	99	32	47	382	962	101	1024	
隆回县	Longhui County	13	98	188	41	39	56	409	67	197	1397	
洞口县	Dongkou County	9	55	74	35	23	34	232	54	48	783	
绥宁县	Suining County	10	15	45	47	15	5	79	48	19	400	
新宁县	Xinning County	6	25	122	57	23	15	80	60	65	910	
城步县	Chengbu County	3	14	41	48	14	1	72	32	23	651	
武冈市	Wugang City	11	35	80	74	37	16	109	68	49	750	
岳阳楼区	Yueyanglou Distract	131	696	1483	330	87	1969	597	173	348	863	
云溪区	Yunxi Distract	4	35	131	60	25	68	56	31	38	320	
君山区	Junshan Distract	16	41	33	58	11	10	35	22	81	254	
岳阳县	Yueyang County	6	48	174	109	48	136	218	87	162	904	
华容县	Huarong County	8	89	114	262	47	103	134	58	91	769	
湘阴县	Xiangyin County	14	151	143	117	52	100	131	92	92	677	
平江县	Pingjiang County	21	63	217	130	45	65	315	118	84	1083	
汨罗市	Miluo City	44	84	162	101	46	106	172	100	194	841	
临湘市	Linxiang City	16	85	154	74	55	38	116	65	147	588	
武陵区	Wuling Distract	123	427	1503	435	116	859	410	201	364	1157	
鼎城区	Dingcheng Distract	12	82	257	133	59	317	141	124	158	1262	
安乡县	Anxiang County	15	53	127	57	53	157	83	68	199	660	
汉寿县	Hanshou County	12	81	135	78	60	154	156	107	110	1034	
澧　县	Li County	13	92	213	184	60	296	176	126	113	817	
临澧县	Linli County	8	40	88	69	16	73	61	51	80	805	
桃源县	Taoyuan County	9	45	181	68	39	51	154	119	150	1058	
石门县	Shimen County	7	47	115	80	35	59	185	101	58	1087	
津市市	Jinshi City	5	52	67	45	35	75	88	67	82	404	
永定区	Yongding Distract	32	232	721	126	71	127	256	62	80	683	
武陵源区	Wulingyuan Distract	4	11	41	8	24	3	14	17	17	229	
慈利县	Cili County	11	37	75	95	49	29	109	123	75	1001	
桑植县	Sangzhi County	10	25	20	69	23	16	117	80	42	773	
资阳区	Ziyang Distract	7	58	139	91	15	76	112	52	103	317	
赫山区	Heshan Distract	84	331	884	347	80	266	338	175	324	849	
南　县	Nan County	15	44	189	72	41	85	179	86	197	649	
大通湖区	Datonghu District	3	13	24	26	3	8	22	10	23	162	
桃江县	Taojiang County	16	72	269	128	60	106	136	80	126	775	
安化县	Anhua County	18	77	198	130	58	61	135	78	199	1029	
沅江市	Yuanjiang City	8	118	235	269	56	168	194	95	268	581	
北湖区	Beihu Distract	92	427	586	287	45	175	203	106	190	604	
苏仙区	Suxian Distract	45	164	337	169	61	51	173	110	153	931	
桂阳县	Guiyang County	9	90	181	258	39	79	218	142	117	785	
宜章县	Yizhang County	8	41	123	342	29	83	131	46	72	592	
永兴县	Yongxing County	29	63	126	175	30	46	186	93	131	893	

20-27 续表 5 Continued

单位:个 (unit)

市县名称	Cities and Counties	金融业 Finance	房地产业 Real Estate Trade	租赁和商务服务业 Tenancy and Business Services	科学研究和技术服务业 Scientific Research, Technical Services	水利、环境和公共设施管理业 Management of Water Conservancy, Environment and Public Establishment	居民服务、修理和其他服务业 Resident services, repairs and other services	教育 Education	卫生和社会工作 Health and social work sector	文化、体育和娱乐业 Culture, Sports and Entertainment	公共管理、社会保障和社会组织 Public administration, social security and social organizations	国际组织 International Organization
嘉禾县	Jiahe County	8	23	32	30	13	27	120	25	73	428	
临武县	Linwu County	5	34	39	32	13	19	90	34	44	393	
汝城县	Rucheng County	9	50	68	23	21	22	71	30	44	530	
桂东县	Guidong County	8	15	48	34	12	15	46	39	31	367	
安仁县	Anren County	6	53	61	116	31	46	100	266	74	408	
资兴市	Zixing City	10	55	122	150	56	21	140	82	32	615	
零陵区	Lingling Distract	4	94	186	202	34	42	252	71	62	641	
冷水滩区	Lengshuitan Distract	71	299	564	146	42	85	295	111	136	879	
祁阳县	Qiyang County	17	49	122	60	36	93	461	145	62	1465	
东安县	Dongan County	10	60	72	72	43	36	194	100	50	905	
双牌县	Shuangpai County	8	23	40	70	22	14	69	134	38	368	
道　县	Dao County	5	81	106	73	29	14	270	48	99	777	
江永县	Jiangyong County	6	24	41	29	23	11	98	27	34	542	
宁远县	Ningyuan County	13	69	84	46	24	19	136	76	33	952	
蓝山县	Lanshan County	8	38	58	54	15	13	117	66	42	688	
新田县	Xintian County	4	62	57	45	16	24	91	446	36	716	
江华县	Jianghua County	6	62	77	37	12	18	129	233	60	997	
鹤城区	Hecheng Distract	69	488	1001	238	73	228	349	148	250	983	
中方县	Zhongfang County	7	33	27	54	12	15	62	37	57	725	
沅陵县	Yuanling County	10	48	41	69	19	16	160	100	106	849	
辰溪县	Chenxi County	4	44	40	52	19	18	102	72	87	963	
溆浦县	Xupu County	19	45	79	56	29	41	187	89	38	1067	
会同县	Huitong County	2	13	31	21	16	16	85	50	83	684	
麻阳县	Mayang County	10	38	41	29	17	15	91	63	50	593	
新晃县	Xinhuang County	2	21	50	44	19	18	69	76	50	573	
芷江县	Zhijiang County	2	32	61	53	39	15	81	81	53	691	
靖州县	Jingzhou County	2	16	50	31	20	13	72	37	65	418	
通道县	Tongdao County	4	25	38	17	12	11	53	30	23	377	
洪江市	Hongjiang City	4	40	36	32	18	14	85	52	67	476	
洪江区	Hongjiang District	1	22	25	10	13	6	15	13	9	109	
娄星区	Louxing District	105	516	957	238	53	258	348	126	268	709	
双峰县	Shuangfeng County	19	59	131	33	16	67	218	54	111	1184	
新化县	Xinhua County	19	66	166	50	46	32	281	86	165	1503	
冷水江市	Lengshuijiang City	12	85	114	51	19	49	177	51	127	419	
涟源市	Lianyuan City	4	60	169	148	22	60	228	99	238	1284	
吉首市	Jishou City	62	230	388	240	39	75	231	103	302	872	
泸溪县	Luxi County	1	19	57	48	27	17	91	49	179	587	
凤凰县	Fenghuang County	17	82	122	68	78	22	87	405	126	754	
花垣县	Huayuan County	10	35	64	38	29	30	109	66	166	730	
保靖县	Baojing County	6	21	45	95	38	22	101	98	309	596	
古丈县	Guzhang County	3	7	40	59	23	18	53	66	48	491	
永顺县	Yongshun County	4	39	55	87	71	18	190	163	231	691	
龙山县	Longshan County	2	56	74	74	46	30	170	144	202	966